2012 机电产品报价手册

交通运输设备分册

机械工业信息研究院　编

机械工业出版社
China Machine Press

《2012 机电产品报价手册》(共 9 分册)是机电产品价格信息数据库 2012 年版(配套光盘)的纸质出版物,书中收录的 20 多万条数据是从近 40 万条产品数据库中精心挑选的,涵盖了 4000 多家大中型企业的主要产品。其产品价格信息由各单位自报,并参照国家标准 GB/T 7635. 1—2002《全国主要产品分类与代码》分类编辑,其内容包括:产品名称、型号规格、主要技术参数、参考价格、生产厂家、地址、邮政编码和电话等。

该书是了解机电产品价格信息的重要参考工具书。其主要读者对象包括:资产评估公司、会计师事务所、招投标机构、咨询机构、价格认证中心、企业销售与采购部门和海关等部门的相关人员。

图书在版编目(CIP)数据

2012 机电产品报价手册. 交通运输设备分册 / 机械工业信息研究院编. —北京:机械工业出版社,2012. 1

ISBN 978-7-111-36728-4

Ⅰ. ①2… Ⅱ. ①机… Ⅲ. ①机电设备—价格—中国—2012—手册②交通运输—设备—价格—中国—2012—手册 Ⅳ. ①F724. 744-62

中国版本图书馆 CIP 数据核字(2011)第 255481 号

机械工业出版社(北京市百万庄大街 22 号 邮政编码 100037)

责任编辑:孙立新 封面设计:张慕原 责任印制:王书来

法律顾问:北京市逢时律师事务所 周 砳

保定市中画美凯印刷有限公司印刷

2012 年 1 月第 1 版 · 第 1 次印刷

184mm × 260mm · 31. 5 印张 · 950 千字

本分册定价:230. 00 元

全套定价:2600. 00 元(共 9 分册,含光盘)

《机电产品报价手册》编辑委员会

（按姓氏笔画排序）

《机电产品报价手册》编辑出版工作人员

总 编 辑 郭 锐
主 编 李卫玲
副 主 编 刘世博 肖新军

编辑部主任 曹 军
编 辑 王 良 王 鬣 孙立新 陈 苑
录入排版 刘超琼
发行部主任 王海臣
客户服务 杨丽娟 汪成垒 秦日升 蒋 斌
电 话 (010)68326643 68326017 88379824
传 真 (010)68326643 88379825
地 址 北京市西城区百万庄大街22号
邮 编 100037
网 址 www. cmiy. com
price. mepfair. com
电子邮箱 jjjprice@263. net

开 户 行 工商行北京百万庄支行
账 户 机械工业信息研究院
账 号 0200001409014473834

编 辑 说 明

《机电产品报价手册》是由机械工业信息研究院编辑、机械工业出版社出版的大型工具书。依靠机械工业信息研究院全方位的信息采集渠道和完善的信息处理能力、机械工业出版社专业的编辑和出版能力，自 1994 年以来，共出版了 18 版**《机电产品报价手册》**（主要收录国内产品价格信息）和 3 版**《国外机电产品报价手册》**，这些图书自出版之日起就受到广大读者的青睐和好评。**《2012 机电产品报价手册》**（共 9 分册 15 本）是该手册的第 16 次正式出版，编委会由中国机械工业联合会、机械工业各行业协会及资产评估协会等有关领导、专家组成。

一、本书特点

(1)出版格式规范。包括：产品名称、型号规格、参考价格、生产厂家、电话、主要参数及备注。

(2)数据新。收集的报价数据均为 2011 年 1 ~ 11 月份的价格，参考价格（除特殊说明外）均指出厂价和含税价格，不包含包装费和运输费。

(3)权威性强。价格信息直接来源于企业当年的产品市场报价。

(4)实用性强。参照国家标准 GB/T 7635.1—2002《全国主要产品分类与代码》编辑出版。

(5)代表性强。本套书所含 20 多万条数据是从近 40 万条产品数据库中精心挑选的，涵盖了 4000 多家大中型企业的主要产品。

二、本书内容

(1)机床分册：包括金属切削机床、锻压机械、拉拔设备、石材加工机床、木材加工机床、气动工具、电动工具、金属切割和焊接设备、热处理设备和机床附件。

(2)升降搬运设备分册：包括轻小起重设备、起重机、水利闸门启闭机、叉车及搬运车辆、升降机、输送机械、给料机械、装卸机械和其他升降搬运设备。

(3)工业专用设备分册：包括农林牧渔机械、非金属矿物制品工业专用设备、陶瓷机械设备、粮油及饮料加工设备、食品加工设备、纺织机械、缝纫服饰及制革机械、日用化工机械设备、电工专用设备、木材处理设备、造纸及纸加工设备、印刷工业专用设备、橡胶工业专用设备、塑料工业专用设备、社会公共安全设备及器材、机械维修专用设备、文化办公设备、矿山采掘设备、建筑工程机械、钻探机械、铸造设备和其他工业专用设备以及娱乐设备。

(4)仪器仪表与医疗器械分册：包括自动化仪表及系统、电工仪器仪表、气体/液体或电力用的计量仪表、光学仪器、分析仪器、试验机、实验仪器及装置、电子和通信测量仪器、钟表及定时仪器、专用仪器仪表、仪器仪表元器件及器材、长度测量仪器/量具、机械量仪表、速度测量仪表/加速度计/计数器/计步器/频闪仪、量仪和医疗器械。

(5)交通运输设备分册：包括牵引车、客车、货车、专用汽车、专用载人汽车、专用作业车、专用货车、越野车、商务车、轿车、MUV、SUV、皮卡、电动车和船艇。

(6)通用设备分册：包括锅炉、原动机、通用真空应用设备、气体压缩机、烘箱、热交换设备、制冷空调设备、液体或气体净化设备、通用包装机械、衡器、通用消防设备、风机、分离机械、其他通用设备和通用零部件。

(7)泵阀分册:包括离心泵、轴流泵、混流泵、旋涡泵和其他泵;闸阀、截止阀、节流阀、球阀、蝶阀、隔膜阀、旋塞阀、专用阀门、液压阀、控制阀、调节阀、柱塞阀、浆液阀、排污阀、电磁阀、切断阀和其他阀门。

(8)电气设备及器材分册:包括电动机、发电机、潜水电泵、变压器、互感器、电抗器、调压器、电力电容器、低压电器、高压电器设备、电线电缆、蓄电池、防盗(火灾)报警设备及类似装置、广播电视设备、变频器和可编程序控制器。

(9)制药及炼油化工设备分册:包括原料药设备、制剂机械、药用粉碎机械、饮片机械、制药用水设备、药品包装设备、混合设备、干燥设备、过滤设备、搅拌设备、传质设备及反应设备。

三、书中非法定计量单位及其换算

非法定计量单位	单位换算	非法定计量单位	单位换算
ft	1ft = 0.3048m	in	1in = 0.0254m
Å	1Å = 10^{-10} m	lb	1lb = 0.45359237kg
den	1den = 0.111111 × 10^{-6}kg/m	lbf · in	1lbf · in = 0.112985N · m
kgf · m	1kgf · m = 9.80665N · m	hp	1hp = 745.7W
马力	1 马力 = 735.5W	mmH_2O	1mmH_2O = 9.80665Pa
mmHg	1mmHg = 133.322Pa	bar	1bar = 10^5Pa
psi	1psi = 6894.76Pa	kcal	1kcal = 4.1868 kJ
fc	1fc = 10.764lx	Gs	1Gs = 10^{-4}T
kcal/h	1kcal/h = 0.001163kW	cP	1cP = 0.001Pa · s
亩	1 亩≈666.7m^2	°F	1°F = $\frac{5}{9}$K (注)

注:表示温度数值时:$\frac{t}{℃} = \frac{5}{9}(\frac{\theta}{°F} - 32)$

四、特别声明

(1)在未特别注明的情况下,本书所收录的产品报价均为厂家申报的参考出厂价格。鉴于市场瞬息万变,影响产品价格的因素众多,本书产品价格仅为订货提供参考,不作为订货的依据。

(2)由于机电产品门类繁杂,有些产品在国家标准GB/T 7635.1—2002上尚未编入,有些产品难以对号入座,所以在分类上难免有诸多不妥之处,敬请广大企业、用户及各行业专家予以指正。

(3)未经本编辑部的许可,本书中的数据不得以任何形式转载、复印。

(4)针对目前市场上出现的多种与本书名称相近或直接盗用本书书名的伪劣图书(内容采用前几年出版的《**机电产品报价手册**》的数据,其数据的真实性和时效性难以保证),编辑部提醒广大读者直接与我们联系(010-68326643、68326017、88379824)或到当地的新华书店购书,以免上当,详情请见本书封三“严正声明”。

本书在编撰过程中,得到了有关协会领导以及广大企业的大力支持和帮助,在此深表感谢!

机械工业信息研究院
机械工业出版社 **机电产品报价手册 编辑部**

2012年1月

目　录

新能源汽车简介及分类

新能源汽车是指除汽油、柴油发动机之外所有其他能源汽车。包括燃料电池汽车、混合动力汽车、氢能源动力汽车和太阳能汽车等。其废气排放量比较低。据不完全统计,全世界现有超过400万辆液化石油气汽车,100多万辆天然气汽车。

《新能源汽车生产企业及产品准入管理规则》已于2009年7月1日正式实施,《规则》强调说明:新能源汽车是指采用非常规的车用燃料作为动力来源(或使用常规的车用燃料、采用新型车载动力装置),综合车辆的动力控制和驱动方面的先进技术,形成的技术原理先进、具有新技术、新结构的汽车。新能源汽车包括混合动力汽车(HEV)、纯电动汽车(BEV,包括太阳能汽车)、燃料电池电动汽车(FCEV)、氢发动机汽车、其他新能源(如高效储能器、二甲醚)汽车等各类别产品。

一、混合动力汽车

混合动力是指那些采用传统燃料的,同时配以电动机/发动机来改善低速动力输出和燃油消耗的车型。按照燃料种类的不同,主要又可以分为汽油混合动力和柴油混合动力两种。目前国内市场上,混合动力车辆的主流都是汽油混合动力,而国际市场上柴油混合动力车型发展也很快。

混合动力汽车的优点是:

1、采用混合动力后可按平均需用的功率来确定内燃机的最大功率,此时处于油耗低、污染少的最优工况下工作。需要大功率内燃机功率不足时,由电池来补充;负荷少时,富余的功率可发电给电池充电,由于内燃机可持续工作,电池又可以不断得到充电,故其行程和普通汽车一样。

2、因为有了电池,可以十分方便地回收制动时、下坡时、怠速时的能量。

3、在繁华市区,可关停内燃机,由电池单独驱动,实现"零"排放。

4、有了内燃机可以十分方便地解决耗能大的空调、取暖、除霜等纯电动汽车遇到的难题。

5、可以利用现有的加油站加油,不必再投资。

6、可让电池保持在良好的工作状态,不发生过充、过放,延长其使用寿命,降低成本。缺点:长距离高速行驶基本不能省油。

二、纯电动汽车

电动汽车顾名思义就是主要采用电力驱动的汽车,大部分车辆直接采用电机驱动,有一部分车辆把电动机装在发动机舱内,也有一部分直接以车轮作为四台电动机的转子,其难点在于电力储存技术。本身不排放污染大气的有害气体,即使按所耗电量换算为发电厂的排放,除硫和微粒外,其他污染物也显著减少,由于电厂大多建于远离人口密集的城市,对人类伤害较少,而且电厂是固定不动的,集中的排放,清除各种有害排放物较容易,也已有了相关技术。由于电力可以从多种一次能源获得,如煤、核能、水力、风力、光、热等,解除人们对石油资源日见枯竭的担心。电动汽车还可以充分利用晚间用电低谷时富余的电力充电,使发电设备日夜都能充分利用,大大提高其经济效益。有关研究表明,同样的原油经过粗炼,送至电厂发电,经充入电池,再由电池驱动汽车,其能量利用效率比经过精炼变为汽油，再经汽油机驱动汽车高，因此有利于节约能源和减少二氧化碳的排量，正是这些优点，使电动汽车的研究和应用成为汽车工业的一个“热点”。有专家认为，对于电动车而言，目前最大的障碍就是基础设施建设以及价格影响了产业化的进程，与混合动力相比，电动车更需要基础设施的配套，而这不是一家企业能解决的，需要各企业联合起来与当地政府部门一起建设，才会有大规模推广的机会。

优点：技术相对简单成熟，只要有电力供应的地方都能够充电。

缺点：目前蓄电池单位重量储存的能量太少，还因电动车的电池较贵，又没形成经济规模，故购买价格较贵，至于使用成本，有些试用结果比汽车贵，有些结果仅为汽车的1/3，这主要取决于电池的寿命及当地的油、电价格。

三、燃料电池汽车

燃料电池汽车是指以氢气、甲醇等为燃料，通过化学反应产生电流，依靠电机驱动的汽车。其电池的能量是通过氢气和氧气的化学作用，而不是经过燃烧，直接变成电能或的。燃料电池的化学反应过程不会产生有害产物，因此燃料电池车辆是无污染汽车，燃料电池的能量转换效率比内燃机要高2～3倍，因此从能源的利用和环境保护方面，燃料电池汽车是一种理想的车辆。

单个的燃料电池必须结合成燃料电池组，以便获得必需的动力，满足车辆使用的要求。

近几年来，燃料电池技术已经取得了重大的进展。但在开发燃料电池汽车中仍然存在着技术性挑战，如燃料电池组的一体化，提高商业化电动汽车燃料处理器和辅助部汽车制造厂都在朝着集成部件和减少部件成本的方向努力，并已取得了显著的进步。

与传统汽车相比，燃料电池汽车具有以下优点：

1、零排放或近似零排放。

2、减少了机油泄露带来的水污染。

3、降低了温室气体的排放。

4、提高了燃油经济性。

5、提高了发动机燃烧效率。

6、运行平稳、无噪声。

由此分析看出，燃料电池汽车将成为全球汽车行业未来的发展方向，或最终发展目标。但是短期内纯电动车由于在电池容量、寿命以及安全性等技术问题有待进一步完善，不具备大面积普遍的条件，因此，在一段时间内油电混合动力车将作为过渡车型存在。

第1章　牵　引　车

产品名称	型号规格	参考价格（元）	生产厂家	电话	主要参数及备注
牵引车	CGC4220PB25 WPD38	217000	山西大运汽车制造有限公司	（0359）2537888	高顶，6×4驱动，牵引量37.885t，发动机型号WP 10.290，290马力，排量9.726L，变速器型号法士特9JS135，9前进位
牵引车	CGC4220PB25 WPD3A	223000	山西大运汽车制造有限公司	（0359）2537888	平顶，6×2驱动，牵引量34.08t，发动机型号WP 10.270N，270马力，排量9.726L，变速器型号法士特9JS135，9前进位
牵引车	CGC4250	251000	山西大运汽车制造有限公司	（0359）2537888	高顶，6×4驱动，牵引量40t，发动机型号WP 10.310E32，310马力，排量9.726L，变速器型号法士特9JS135，9前进位
牵引车	CGC4250	255000	山西大运汽车制造有限公司	（0359）2537888	高顶，6×4驱动，牵引量40t，发动机型号WP 10.336N，336马力，排量9.726L，变速器型号法士特9JS135，9前进位
牵引车	DYX4181PB35 WPD3A－12C3 FC16A	211000	山西大运汽车制造有限公司	（0359）2537888	高顶，4×2驱动，牵引量45t，发动机型号WP 10.290，290马力，排量9.726L，变速器型号法士特9JS135B，9前进位
牵引车	DYX4222PB25 WPD3B－24F3 AB16E－01	250000	山西大运汽车制造有限公司	（0359）2537888	高顶，6×2驱动，牵引量37.885t，发动机型号WP 10.336N32，336马力，排量9.726L，变速器型号法士特12JS160TA（铝合金），12前进位
牵引车	DYX4252PB32 WPD3D－14F3 FC26A－01	260000	山西大运汽车制造有限公司	（0359）2537888	高顶，6×4驱动，牵引量40t，发动机型号WP 10.340E32，340马力，排量9.726L，变速器型号法士特12JSD160TA，12前进位
牵引车	ND4187A38J	257800	包头北奔重型汽车有限公司	（0472）3116048	4×2驱动，牵引量35.5t，发动机型号BF6M1013－30E3，300马力，排量7.14L，变速器型号綦江5S－111GP，9前进位
牵引车	ND4243L25J	240000	包头北奔重型汽车有限公司	（0472）3116048	6×2驱动，牵引量35.87t，发动机型号WP 10.336N，336马力，排量9.726L，变速器型号法士特12JS160TA，12前进位
牵引车	ND4250B38J7	365000	包头北奔重型汽车有限公司	（0472）3116048	6×4驱动，发动机型号WP10NG300E40，300马力，变速器型号法士特12JS160TA，12前进位
防爆蓄电池牵引车	QSD2	86000	深圳霸特尔防爆科技有限公司	（0755）89485850	牵引量2t，进口电控
防爆蓄电池牵引车	QSD3	94600	深圳霸特尔防爆科技有限公司	（0755）89485850	牵引量3t，进口电控
防爆蓄电池牵引车	QSD4	114000	深圳霸特尔防爆科技有限公司	（0755）89485850	牵引量4t，进口电控
防爆蓄电池牵引车	QSD5	138000	深圳霸特尔防爆科技有限公司	（0755）89485850	牵引量5t，进口电控
防爆蓄电池牵引车	QSD6	146000	深圳霸特尔防爆科技有限公司	（0755）89485850	牵引量6t，进口电控
防爆蓄电池牵引车	QSD8	164000	深圳霸特尔防爆科技有限公司	（0755）89485850	牵引量8t，进口电控

产品名称	型号规格	参考价格(元)	生产厂家	电话	主要参数及备注
防爆蓄电池牵引车	QSD10	188000	深圳霸特尔防爆科技有限公司	(0755)89485850	牵引量10t,进口电控
防爆蓄电池牵引车	QSD15	228000	深圳霸特尔防爆科技有限公司	(0755)89485850	牵引量15t,进口电控
防爆蓄电池牵引车	QSD20	362000	深圳霸特尔防爆科技有限公司	(0755)89485850	牵引量20t,进口电控
牵引车	V3 ND4252B32J7	275000	包头北奔重型汽车有限公司	(0472)3116048	6×4驱动,牵引量39.955t,发动机型号WP 12.336 E40,336马力,排量11.596L,变速器型号法士特12JS160TA,12前进位
牵引车	霸龙 507 LZ4250MDB	229000	东风柳州汽车有限公司	(0772)3836524	6×4驱动,牵引量39.5t,发动机型号WP 10.340 E32,340马力,排量9.726L,变速器型号法士特12JS160TA,12前进位
牵引车	霸龙 507 LZ4251M3	228000	东风柳州汽车有限公司	(0772)3836524	6×4驱动,牵引量40t,发动机型号YC6M375-30,375马力,排量9.839L,变速器型号法士特12JS160T,12前进位
牵引车	乘龙 LZ4150LAD	160000	东风柳州汽车有限公司	(0772)3836524	4×2驱动,牵引量24.5t,发动机型号东风康明斯ISDE210-30,210马力,排量6.7L,变速器型号哈齿CA6-85A1,6前进位
牵引车	红岩杰狮 CQ4254 HTVG324	245000	上汽依维柯红岩商用车有限公司	(023)63119909	6×4驱动,牵引量40t,发动机型号F2CE0681B*B,380马力,排量8.709L,变速器型号法士特12JS160TA,12前进位
牵引车	红岩杰狮 CQ4254 HTVG324	240000	上汽依维柯红岩商用车有限公司	(023)63119909	高顶,6×4驱动,牵引量40t,发动机型号依维柯F2CE0681B*B,380马力,排量8.709L,变速器型号法士特12JS160TA,12前进位
牵引车	红岩杰狮 CQ4254 HTVG324B	240000	上汽依维柯红岩商用车有限公司	(023)63119909	高顶,6×4驱动,牵引量40t,发动机型号F2CE0681C*B,340马力,排量8.709L,变速器型号法士特12JS160TA,12前进位
牵引车	红岩杰狮 CQ4255 HTVG324V	255000	上汽依维柯红岩商用车有限公司	(023)63119909	高顶双卧,6×4驱动,牵引量40t,发动机型号F2CE3681E,400马力,排量8.71L,变速器型号法士特12JS160TA,12前进位
牵引车	红岩新大康 CQ4184 TPWG351	242000	上汽依维柯红岩商用车有限公司	(023)63119909	高顶双卧,4×2驱动,牵引量36t,发动机型号WP 10 336,336马力,排量9.726L,变速器型号法士特9JS119,9前进位
牵引车	红岩新大康 CQ4254 HTVG324	260000	上汽依维柯红岩商用车有限公司	(023)63119909	高顶双卧,6×4驱动 牵引量40t,发动机型号WP 10.380,380马力,排量9.726L,变速器型号法士特12JS160TA,12前进位
牵引车	红岩新大康 CQ4254T8W29 G253K	186000	上汽依维柯红岩商用车有限公司	(023)63119909	平顶,6×2驱动,牵引量40t,发动机型号WP 10.290,290马力,排量9.726L,变速器型号法士特9JS119A,9前进位
牵引车	解放 CA4250P66 K24T3E	317000	一汽解放青岛汽车厂	(0532)84913615	6×2驱动,车身长度7.3m,370马力,排量11.04L,变速器型号一汽CA10TA,10速
牵引车	龙卡 EQ4151AE	170000	东风柳州汽车有限公司	(0772)3836524	4×2驱动,牵引量32t,发动机型号WD 615.50,290马力,排量9.726L,变速器型号法士特8JS118,8前进位
牵引车	龙卡 LZ4230JCQ	180001	东风柳州汽车有限公司	(0772)3836524	6×2驱动,牵引量37t,发动机型号WD 615.93E,290马力,排量9.726L,变速器型号法士特9JS119,9前进位

产品名称	型号规格	参考价格（元）	生产厂家	电话	主要参数及备注
牵引车	龙卡 LZ4231JCQ	198000	东风柳州汽车有限公司	（0772）3836524	高顶双卧/平顶单卧，6×2 驱动，牵引量 39t，发动机型号 WP10.290E32，290 马力，排量9.726L，变速器型号法士特 9JS119A，9前进位
牵引车	龙卡 LZ4253JDF	208800	东风柳州汽车有限公司	（0772）3836524	6×4 驱动，牵引量 40t，发动机型号东风康明斯 ISDe340－30，340马力，排量8.9L，变速器型号法士特 9JS150TA－B，9 前进位
牵引车	陕汽 奥龙重卡 SX4185UM351	183500	陕西重卡专用车有限公司	（029）86951616	4×2 驱动，牵引总重量31.5t，发动机型号潍柴 WP 10.270，270 马力，排量 9.726 L，法士特 9JS119 变速器
牵引车	陕汽 奥龙重卡 SX4185UM351	204600	陕西重卡专用车有限公司	（029）86951616	4×2 驱动，牵引总重量34.3t，发动机型号潍柴 WP 10.290，290 马力，排量 9.726 L，法士特 9JS119 变速器
牵引车	陕汽 德龙 F2000 重卡 SX4184JR351	215300	陕西重卡专用车有限公司	（029）86951616	加宽加长平顶，4×2 驱动，牵引总重量35.1t，发动机型号潍柴 WD 615.44，340 马力，排量9.726L，法士特 9JS119 变速器
牵引车	陕汽 德龙 F2000 重卡 SX4184NM351	195300	陕西重卡专用车有限公司	（029）86951616	加宽加长高顶，4×2 驱动，牵引总重量29.91t，发动机型号潍柴 WD 615.50，280 马力，排量9.726L，法士特 9JS119 变速器
牵引车	陕汽 德龙 F2000 重卡 SX4184NP351	218300	陕西重卡专用车有限公司	（029）86951616	加宽加长高顶，4×2 驱动，牵引总重量35.11t，发动机型号潍柴 WD 615.44，320 马力，排量9.726L，法士特 9JS119 变速器
牵引车	陕汽 德龙 F2000 重卡 SX4185NM351	233000	陕西重卡专用车有限公司	（029）86951616	高顶双卧铺，4×2 驱动，牵引总重量31.5t，发动机型号潍柴 WP 10.290，290 马力，排量9.726L，法士特 9JS119 变速器
牵引车	陕汽 德龙 F2000 重卡 SX4204DM279	204300	陕西重卡专用车有限公司	（029）86951616	加宽中长平顶，6×2 驱动，牵引总重量30.2t，发动机型号潍柴 WD 615.50，290 马力，排量9.726L，法士特 9JS119 变速器
牵引车	陕汽 德龙 F2000 重卡 SX4204NM279	207300	陕西重卡专用车有限公司	（029）86951616	加宽加长高顶，4×2 驱动，牵引总重量29.9t，发动机型号潍柴 WD 615.50，290 马力，排量9.726L，法士特 9JS119 变速器
牵引车	陕汽 德龙 F2000 重卡 SX4205NR279	265000	陕西重卡专用车有限公司	（029）86951616	加长高顶，加强型，6×2 驱动，牵引总重量33.7t，发动机型号潍柴 WP 10.336，336 马力，排量9.726L，法士特 9JS135 变速器
牵引车	陕汽 德龙 F2000 重卡 SX4255NR384T	377700	陕西重卡专用车有限公司	（029）86951616	6×4 驱动，发动机型号潍柴 WD615Z300NG，300 马力，排量9.726L，法士特 9JS119 变速器
牵引车	陕汽 德龙 F3000 重卡 SX4255NT324	292000	陕西重卡专用车有限公司	（029）86951616	高速版，6×4 驱动，牵引总重量39.5t，发动机型号潍柴 WP 12.375N，375 马力，排量11.596L，法士特 12JSD200TA 变速器
牵引车	陕汽 德龙 F3000 重卡 SX4255NT324	290000	陕西重卡专用车有限公司	（029）86951616	轻量化，6×4 驱动，牵引总重量40t，发动机型号潍柴 WP 12.375N，375 马力，排量11.596L，法士特 12JSD200TA 变速器
牵引车	陕汽 德龙 F3000 重卡 SX4257NT279	260500	陕西重卡专用车有限公司	（029）86951616	高速版，6×2 驱动，牵引总重量38.5t，发动机型号潍柴 WP 12.336N，336 马力，排量11.596L，法士特 12JS160TA 变速器

产品名称	型号规格	参考价格(元)	生产厂家	电话	主要参数及备注
牵引车	陕汽 德龙 F3000 重卡 SX4257NT324K1	287000	陕西重卡专用车有限公司	(029)86951616	高速版,6×4驱动,牵引总重量40t,发动机型号潍柴WP 12.336N,336马力,排量11 596L,法士特12JS160TA变速器
牵引车	陕汽 德龙 F3000 重卡 SX4257NT324K1	283000	陕西重卡专用车有限公司	(029)86951616	轻量化,6×4驱动,牵引总重量40t,发动机型号潍柴WP 12.336N,336马力,排量11 596L,法士特10JSD140变速器
牵引车	陕汽 德龙 F3000 重卡 SX4257NT324K1	290000	陕西重卡专用车有限公司	(029)86951616	轻量化,6×4驱动,牵引总重量40t,发动机型号潍柴WP 12.375N,375马力,排量11 596L,法士特10JSD160变速器
牵引车	陕汽 德龙 F3000 重卡 SX4257NU324	350000	陕西重卡专用车有限公司	(029)86951616	6×2驱动,牵引总重量39.4t,发动机型号潍柴WP 10.400N,400马力,排量11.596L
牵引车	陕汽 德龙 FC 重卡 SX4185NR351CA	273000	陕西重卡专用车有限公司	(029)86951616	加长高顶,4×2驱动,牵引总重量32.7t,发动机型号康明斯ISME30830,308马力,排量10.8L,法士特12JS180TA变速器
牵引车	陕汽 德龙 FC 重卡 SX4185NR351CA	301000	陕西重卡专用车有限公司	(029)86951616	加长高顶,4×2驱动,牵引总重量35.8t,发动机型号康明斯ISME34530,345马力,排量10.8L,法士特12JS160TA变速器
牵引车	陕汽 德龙 FC 重卡 SX4255NN294C	309000	陕西重卡专用车有限公司	(029)86951616	加长高顶,6×4驱动,牵引总重量35.1t,发动机型号康明斯ISME30830,308马力,排量10.8L,法士特12JS160TA变速器
牵引车	陕汽 德龙 FC 重卡 SX4255JT294C	342000	陕西重卡专用车有限公司	(029)86951616	加长平顶,6×4驱动,牵引总重量39.8t,发动机型号康明斯ISME38530,385马力,排量10.8L,法士特12JS180TA变速器
牵引车	陕汽 德御重卡 SX4255VM2941	257000	陕西重卡专用车有限公司	(029)86951616	高顶,6×4驱动,牵引总重量33t,发动机型号潍柴WP 10.290,290马力,排量9.726L,法士特9JS119变速器
牵引车	陕汽 德御重卡 SX4255XL2796	224000	陕西重卡专用车有限公司	(029)86951616	高顶,6×2驱动,牵引总重量26.9t,发动机型号潍柴WP 10.240,240马力,排量9.726L,法士特9JS119变速器

第2章　挂　　车

产品名称	型号规格	参考价格(元)	生产厂家	电话	主要参数及备注
全挂车	解放 J6M CA1250P63 K2L1T1A1E	310000	一汽解放青岛汽车厂	(0532)84913615	外形尺寸(mm):8780×2495×2970，轴距 5650mm，车重9260kg,最高车速 94 km/h,发动机型号一汽 BF6M1013－28E3,排量7.146L,额定功率 209kW,2门2座,6×4,排放标准国Ⅲ
集装箱运输半挂车	8.2m	108000	湖北程力专用汽车有限公司	(0722)7020979	上户吨位10.5t,轴距(mm):4450+1300
半挂车	8.3m	56000	湖北程力专用汽车有限公司	(0722)7020979	上户吨位 10t,轴距 5700mm
半挂车	10.1m	68000	湖北程力专用汽车有限公司	(0722)7020979	上户吨位 10t,轴距 7200mm
半挂车	12.2m	73000	湖北程力专用汽车有限公司	(0722)7020979	上户吨位 15t,轴距(mm):7650+1300
半挂车	12.4m	75000	湖北程力专用汽车有限公司	(0722)7020979	上户吨位 21t,轴距(mm):7650+1300
标准半挂车	13m	55000	山东梁山恒源挂车制造有限公司	(0537)6783062	长×宽(mm):13000×2500,不含轮胎
半挂车	13m	80000	湖北程力专用汽车有限公司	(0722)7020979	上户吨位 25t,轴距(mm):8100+1300
半挂车	13.5m	85000	湖北程力专用汽车有限公司	(0722)7020979	上户吨位 26t,轴距(mm):8300+1300
集装箱运输半挂车	14m	128000	湖北程力专用汽车有限公司	(0722)7020979	上户吨位20.4t,轴距(mm):7440+1300
低平板半挂车	17.5m	117000	山东梁山恒源挂车制造有限公司	(0537)6783062	长×宽(mm):17500×3000,轮胎1100－1200,全套价格,含轮胎
运输半挂车	9131	86000	湖北江南专用特种汽车有限公司	(0722)3328333	额定载质量 10000kg
低平板半挂车	9230TDP	98000	湖北江南专用特种汽车有限公司	(0722)3328333	额定载质量 14000kg,两轴,货台承载面离地高度为 890mm,8.25－20、8.25R20 轮胎,整备质量8500kg
运油半挂车	9250 双桥	125000	随州双龙专用汽车有限公司	(0722)3242369	额定载质量 15000kg,容积 25～40m³,富华桥,1000 轮胎,拖头可选东风、解放、欧曼、斯太尔
运油半挂车	9250 双桥	125000	湖北华胜特种汽车制造有限公司	(0722)3315993	额定载质量 15000kg,容积 25～40m³,富华桥,1000 轮胎,拖头可选东风、解放、欧曼、斯太尔
低平板半挂车	9340TDP	126000	湖北江南专用特种汽车有限公司	(0722)3328333	额定载质量 22000kg,三轴,货台承载面离地高度为 1150mm,8.25－20、8.25R20 轮胎,整备质量 12500kg
运油半挂车	9350GY	127000	湖北大力专用汽车制造有限公司	(0722)7609688	额定载质量 24000kg,容积 37～45m³,1100 轮胎,富华桥,半挂长12m,双桥
运油半挂车	9350GY	130000	随州市晨阳专用汽车销售有限公司	(0722)3801178	额定载质量 24000kg,容积 37～45m³,1100 轮胎,富华桥,半挂长12m,双桥
运油半挂车	9350GY	130000	厦工楚胜(湖北)专用汽车有限公司	(0722)7067946	额定载质量 24000kg,容积 37～45m³,1100 轮胎,富华桥,半挂长12m,双桥

产品名称	型号规格	参考价格(元)	生产厂家	电话	主要参数及备注
低平板半挂车	9370TDP	128000	湖北江南专用特种汽车有限公司	(0722)3328333	额定载质量25000kg,三轴,货台承载面离地高度为1140mm,8.25–20、8.25R20轮胎,整备质量12050kg
运油半挂车	9400三桥	138000	随州双龙专用汽车有限公司	(0722)3242369	额定载质量28000kg,容积40~50m³,富华桥,1100轮胎,拖头可选东风、解放、欧曼、斯太尔
运油半挂车	9400三桥	138000	湖北华胜特种汽车制造有限公司	(0722)3315993	额定载质量28000kg,容积40~50m³,富华桥,1100轮胎,拖头可选东风、解放、欧曼、斯太尔
运油半挂车	9400三桥	145000	湖北江南专用特种汽车有限公司	(0722)3328333	额定载质量28000kg,容积40~55m³,上户吨位28t、29t、30t、32t,外形尺寸(mm):12900(12990)×2500×3100(3800),整备质量10000kg、12000kg,总质量40000kg
运油半挂车	9401三桥	155000	随州双龙专用汽车有限公司	(0722)3242369	额定载质量27650kg,容积50m³,富华桥,1100轮胎,拖头可选东风、解放、欧曼、斯太尔
运油半挂车	9401三桥	155000	湖北华胜特种汽车制造有限公司	(0722)3315993	额定载质量27650kg,容积50m³,富华桥,1100轮胎,拖头可选东风、解放、欧曼、斯太尔
运油半挂车	9401三桥	290000	湖北江南专用特种汽车有限公司	(0722)3328333	额定载质量31600kg,容积47.2m³,上户吨位15t、20t、24t、26t,外形尺寸(mm):12800(12500、10500)×2500×3100(3800),整备质量8000kg、10000kg,总质量35000kg,不锈钢罐
化工液体运输半挂车	9403GHY	141000	湖北大力专用汽车制造有限公司	(0722)7609688	额定载质量30000kg,容积41~55m³,1100轮胎,富华桥,半挂长12.98m,三桥
化工液体运输半挂车	9403GHY	145000	随州市晨阳专用汽车销售有限公司	(0722)3801178	额定载质量30000kg,容积41~55m³,1100轮胎,富华桥,半挂长12.98m,三桥
化工液体运输半挂车	9403GHY	145000	厦工楚胜(湖北)专用汽车有限公司	(0722)7067946	额定载质量30000kg,容积41~55m³,1100轮胎,富华桥,半挂长12.98m,三桥
车辆运输半挂车	CLW9170TCL	117000	湖北大力专用汽车制造有限公司	(0722)7609688	厢式,双桥14m
车辆运输半挂车	CLW9170TCL	120000	随州市晨阳专用汽车销售有限公司	(0722)3801178	厢式,双桥14m
车辆运输半挂车	CLW9170TCL	120000	厦工楚胜(湖北)专用汽车有限公司	(0722)7067946	厢式,双桥14m
仓栅半挂车	CLW9280CXY	122000	湖北大力专用汽车制造有限公司	(0722)7609688	三桥,货厢长12.82m,高2m
仓栅半挂车	CLW9280CXY	126000	随州市晨阳专用汽车销售有限公司	(0722)3801178	三桥,货厢长12.82m,高2m
仓栅半挂车	CLW9280CXY	126000	厦工楚胜(湖北)专用汽车有限公司	(0722)7067946	三桥,货厢长12.82m,高2m
低平板半挂车	CLW9370TDP	124000	湖北大力专用汽车制造有限公司	(0722)7609688	三桥,货厢长15.4m,承载面离地高度1.14m
低平板半挂车	CLW9370TDP	128000	随州市晨阳专用汽车销售有限公司	(0722)3801178	三桥,货厢长15.4m,承载面离地高度1.14m
低平板半挂车	CLW9370TDP	128000	厦工楚胜(湖北)专用汽车有限公司	(0722)7067946	三桥,货厢长15.4m,承载面离地高度1.14m
厢式运输半挂车	EQ9260XXY	96000	湖北大力专用汽车制造有限公司	(0722)7609688	双桥,厢长9.83m,车厢顶部封闭
厢式运输半挂车	EQ9260XXY	100000	随州市晨阳专用汽车销售有限公司	(0722)3801178	双桥,厢长9.83m,车厢顶部封闭

产品名称	型号规格	参考价格(元)	生产厂家	电话	主要参数及备注
厢式运输半挂车	EQ9260XXY	100000	厦工楚胜(湖北)专用汽车有限公司	(0722)7067946	双桥,厢长9.83m,车厢顶部封闭
半挂运输车	EQ9310B	74000	湖北大力专用汽车制造有限公司	(0722)7609688	双桥,厢长9.83m
半挂运输车	EQ9310B	78000	随州市晨阳专用汽车销售有限公司	(0722)3801178	双桥,厢长9.83m
半挂运输车	EQ9310B	78000	厦工楚胜(湖北)专用汽车有限公司	(0722)7067946	双桥,厢长9.83m
集装箱半挂车	EQ9350TJZ	84000	湖北大力专用汽车制造有限公司	(0722)7609688	双桥,厢长12.35m,运载40ft集装箱
集装箱半挂车	EQ9350TJZ	88000	随州市晨阳专用汽车销售有限公司	(0722)3801178	双桥,厢长12.35m,运载40ft集装箱
集装箱半挂车	EQ9350TJZ	88000	厦工楚胜(湖北)专用汽车有限公司	(0722)7067946	双桥,厢长12.35m,运载40ft集装箱
半挂运输车	EQ9390BT	97000	湖北大力专用汽车制造有限公司	(0722)7609688	三桥,厢长12.83m
半挂运输车	EQ9390BT	100000	随州市晨阳专用汽车销售有限公司	(0722)3801178	三桥,厢长12.83m
半挂运输车	EQ9390BT	100000	厦工楚胜(湖北)专用汽车有限公司	(0722)7067946	三桥,厢长12.83m
厢式运输半挂车	EQ9390XXY	120000	湖北大力专用汽车制造有限公司	(0722)7609688	三桥,厢长12.83m,车厢顶部封闭
厢式运输半挂车	EQ9390XXY	128000	随州市晨阳专用汽车销售有限公司	(0722)3801178	三桥,厢长12.83m,车厢顶部封闭
厢式运输半挂车	EQ9390XXY	128000	厦工楚胜(湖北)专用汽车有限公司	(0722)7067946	三桥,厢长12.83m,车厢顶部封闭
低平板半挂车	FHQ9402TDP	115000	梁山挂车集团专用汽车制造有限公司	(0537)7601898	外形尺寸(mm):17500×3000×1700,3轴,自重8.7t,广东佛山永力泰牌车桥,载荷14t,3根大梁,大梁高度500mm
仓栅式半挂车	FHX9390CXY	75400	梁山挂车集团专用汽车制造有限公司	(0537)7601898	外形尺寸(mm):13000×2500×3980,3轴,自重5.5t,富华车桥,载荷13t,大梁高度500mm,整挂采用进口高强度钢材,带ABS
低平板半挂车	HLQ9192TDP	87000	湖北大力专用汽车制造有限公司	(0722)7609688	双桥,厢长12.5m,承载面离地高度1.15m
低平板半挂车	HLQ9192TDP	90000	随州市晨阳专用汽车销售有限公司	(0722)3801178	双桥,厢长12.5m,承载面离地高度1.15m
低平板半挂车	HLQ9192TDP	90000	厦工楚胜(湖北)专用汽车有限公司	(0722)7067946	双桥,厢长12.5m,承载面离地高度1.15m
集装箱半挂车	HLQ9400TJZ	91000	湖北大力专用汽车制造有限公司	(0722)7609688	三桥,厢长12.45m,运载40ft集装箱
集装箱半挂车	HLQ9400TJZ	95000	随州市晨阳专用汽车销售有限公司	(0722)3801178	三桥,厢长12.45m,运载40ft集装箱
集装箱半挂车	HLQ9400TJZ	95000	厦工楚胜(湖北)专用汽车有限公司	(0722)7067946	三桥,厢长12.45m,运载40ft集装箱
集装箱运输半挂车	SCD9402TJZG	78000	梁山挂车集团专用汽车制造有限公司	(0537)7601898	外形尺寸(mm):12500×2500×1650,大梁高度500mm,自重6.2t,广东富华车桥13t,加宽3根,该车用来运输40ft的集装箱,小鹅颈结构
仓栅半挂车	SGZ9190CXY	97000	湖北大力专用汽车制造有限公司	(0722)7609688	双桥,货厢长9.9m,高1.8m
仓栅半挂车	SGZ9190CXY	100000	随州市晨阳专用汽车销售有限公司	(0722)3801178	双桥,货厢长9.9m,高1.8m
仓栅半挂车	SGZ9190CXY	100000	厦工楚胜(湖北)专用汽车有限公司	(0722)7067946	双桥,货厢长9.9m,高1.8m

产品名称	型号规格	参考价格(元)	生产厂家	电话	主要参数及备注
集装箱半挂运输车	SLS9280TJZ	66000	随州市力神专用汽车有限公司	(0722)3818777	上户吨位24t,20ft2轴骨架,1100钢丝胎,总长7.2m,轴距(mm):4100+1300,可配用26m³厢罐
集装箱半挂运输车	SLS9300TJZ	70000	随州市力神专用汽车有限公司	(0722)3818777	上户吨位24t,30ft2轴骨架,1100钢丝胎,总长9.5m,轴距(mm):5600+1310,可配用36m³厢罐
集装箱半挂运输车	SLS9350TJZ	74000	随州市力神专用汽车有限公司	(0722)3818777	上户吨位30.5t,40ft2轴骨架,1100钢丝胎,总长12.46m,轴距(mm):7900+1300,可配用50m³厢罐
集装箱半挂运输车	SLS9380TJZ	92000	随州市力神专用汽车有限公司	(0722)3818777	上户吨位32t,40ft3轴骨架,1100钢丝胎,总长12.45m,轴距(mm):7400+1310+1310,可配用50m³厢罐
集装箱半挂运输车	SLS9381TJZ	89000	随州市力神专用汽车有限公司	(0722)3818777	上户吨位31t,30ft3轴骨架,1100钢丝胎,总长9.5m,轴距(mm):4500+1310+1310,可配用36m³厢罐
集装箱半挂运输车	SLS9400TJZ	99000	随州市力神专用汽车有限公司	(0722)3818777	上户吨位32t,48ft3轴骨架,1100钢丝胎,总长14.96m,轴距(mm):7300+1320+1320,可配用62m³厢罐
集装箱半挂运输车	SLS9400TJZP	100000	随州市力神专用汽车有限公司	(0722)3818777	上户吨位31.6t,40ft3轴平板,1100钢丝胎,总长12.45m,轴距(mm):7300+1320+1320,可配用50m³厢罐
集装箱半挂运输车	SLS9402TJZ	107000	随州市力神专用汽车有限公司	(0722)3818777	上户吨位31t,53ft3轴骨架,1200钢丝胎,总长16.45m,轴距(mm):9800+1310+1310,可配用70m³厢罐
半挂教练车	楚风	108000	湖北江南专用特种汽车有限公司	(0722)3328333	玉柴发动机,带副变速,副制动,副喇叭,可选装机械离合
运油半挂车	单桥	158000	随州市力神专用汽车有限公司	(0722)3818777	上户吨位31.6t,容积47.2m³,1100钢丝胎,总长12.98m,富华轴
半挂洒水车	东风1208后双桥	435000	随州市晨阳专用汽车销售有限公司	(0722)3801178	容积40~50m³,多功能,牵引头为平头带卧,康明斯210马力
半挂洒水车	东风EQ140	279000	随州市晨阳专用汽车销售有限公司	(0722)3801178	容积18~20m³,多功能,牵引头为尖头,玉柴发动机
半挂洒水车	东风EQ145	328000	随州市晨阳专用汽车销售有限公司	(0722)3801178	容积23~25m³,多功能,牵引头为平头带卧,康明斯150马力发动机
半挂洒水车	东风EQ153	396000	随州市晨阳专用汽车销售有限公司	(0722)3801178	容积35~40m³,多功能,牵引头为平头带卧,康明斯180马力发动机
半挂运油车	三桥	131000	湖北大力专用汽车制造有限公司	(0722)7609688	上户吨位28t,容积44m³,富华桥,1100轮胎,车长11m
半挂运油车	三桥	135000	湖北合力专用汽车制造有限公司	(0722)3989579	上户吨位28t,容积44m³,富华桥,1100轮胎,车长11m
半挂运油车	三桥	135000	随州市晨阳专用汽车销售有限公司	(0722)3801178	上户吨位28t,容积44m³,富华桥,1100轮胎,车长11m
半挂运油车	三桥	135000	湖北东正专用汽车有限公司	(0722)3233567	上户吨位28t,容积44m³,富华桥,1100轮胎,车长11m
半挂运油车	三桥	135000	随州东正(惠通)专用汽车有限公司	(0722)3330357	上户吨位28t,容积44m³,富华桥,1100轮胎,车长11m
半挂运油车	三桥	135000	湖北程力专用汽车有限公司	(0722)7020979	上户吨位28t,容积44m³,富华桥,1100轮胎,车长11m
半挂运油车	三桥	135000	随州市天龙专用汽车有限公司	(0722)3330008	上户吨位28t,容积44m³,富华桥,1100轮胎,车长11m

产品名称	型号规格	参考价格（元）	生产厂家	电话	主要参数及备注
半挂运油车	三桥	135000	随州市圣丰专用汽车有限公司	（0722）7095688	上户吨位 28t，容积 44m³，富华桥，1100 轮胎，车长 11m
半挂散装水泥车	三桥	198000	随州东正（惠通）专用汽车有限公司	（0722）3330357	上户吨位 28t，容积 55～70m³，15t 富华桥，1100 轮胎
半挂运油车	三桥	144000	湖北大力专用汽车制造有限公司	（0722）7609688	上户吨位29.8t，容积 51m³，富华桥，1100 轮胎，车长 12.98m
半挂运油车	三桥	148000	湖北合力专用汽车制造有限公司	（0722）3989579	上户吨位29.8t，容积 51m³，富华桥，1100 轮胎，车长 12.98m
半挂运油车	三桥	148000	随州市晨阳专用汽车销售有限公司	（0722）3801178	上户吨位29.8t，容积 51m³，富华桥，1100 轮胎，车长 12.98m
半挂运油车	三桥	148000	湖北东正专用汽车有限公司	（0722）3233567	上户吨位29.8t，容积 51m³，富华桥，1100 轮胎，车长 12.98m
半挂运油车	三桥	148000	随州东正（惠通）专用汽车有限公司	（0722）3330357	上户吨位29.8t，容积 51m³，富华桥，1100 轮胎，车长 12.98m
半挂运油车	三桥	148000	湖北程力专用汽车有限公司	（0722）7020979	上户吨位29.8t，容积 51m³，富华桥，1100 轮胎，车长 12.98m
半挂运油车	三桥	148000	随州市天龙专用汽车有限公司	（0722）3330008	上户吨位29.8t，容积 51m³，富华桥，1100 轮胎，车长 12.98m
半挂运油车	三桥	148000	随州市圣丰专用汽车有限公司	（0722）7095688	上户吨位29.8t，容积 51m³，富华桥，1100 轮胎，车长 12.98m
半挂运油车	三桥	142000	湖北大力专用汽车制造有限公司	（0722）7609688	上户吨位31.6t，容积 48m³，富华桥，1100 轮胎，车长 12.98m
半挂运油车	三桥	146000	湖北合力专用汽车制造有限公司	（0722）3989579	上户吨位31.6t，容积 48m³，富华桥，1100 轮胎，车长 12.98m
半挂运油车	三桥	146000	随州市晨阳专用汽车销售有限公司	（0722）3801178	上户吨位31.6t，容积 48m³，富华桥，1100 轮胎，车长 12.98m
半挂运油车	三桥	146000	湖北东正专用汽车有限公司	（0722）3233567	上户吨位31.6t，容积 48m³，富华桥，1100 轮胎，车长 12.98m
半挂运油车	三桥	146000	随州东正（惠通）专用汽车有限公司	（0722）3330357	上户吨位31.6t，容积 48m³，富华桥，1100 轮胎，车长 12.98m
半挂运油车	三桥	146000	湖北程力专用汽车有限公司	（0722）7020979	上户吨位31.6t，容积 48m³，富华桥，1100 轮胎，车长 12.98m
半挂运油车	三桥	146000	随州市天龙专用汽车有限公司	（0722）3330008	上户吨位31.6t，容积 48m³，富华桥，1100 轮胎，车长 12.98m
半挂运油车	三桥	146000	随州市圣丰专用汽车有限公司	（0722）7095688	上户吨位31.6t，容积 48m³，富华桥，1100 轮胎，车长 12.98m
半挂罐式车	三桥	138000	湖北元通专用汽车有限公司	（0722）3332112	上户吨位 45～50t，挂长 12.9m
半挂罐式车	三桥	138000	湖北俊龙专用汽车有限公司	（0722）3309005	上户吨位 45～50t，挂长 12.9m
半挂罐式车	三桥	133000	湖北元通专用汽车有限公司	（0722）3332112	上户吨位 48～52t，挂长 12.8m
半挂罐式车	三桥	133000	湖北俊龙专用汽车有限公司	（0722）3309005	上户吨位 48～52t，挂长 12.8m
半挂罐式车	三桥	142000	湖北元通专用汽车有限公司	（0722）3332112	上户吨位 50～55t，挂长 12.98m
半挂罐式车	三桥	142000	湖北俊龙专用汽车有限公司	（0722）3309005	上户吨位 50～55t，挂长 12.98m
半挂油罐车	三桥半挂	154000	湖北天威专用汽车有限公司	（0722）3308885	上户吨位 45～50t，挂长 12.9m
半挂油罐车	三桥半挂	156000	湖北天威专用汽车有限公司	（0722）3308885	上户吨位 45～50t，挂长 12.9m
半挂油罐车	三桥半挂	151000	湖北天威专用汽车有限公司	（0722）3308885	上户吨位 48～52t，挂长 12.8m
半挂油罐车	三桥半挂	160000	湖北天威专用汽车有限公司	（0722）3308885	上户吨位 50～55t，挂长 12.98m

产品名称	型号规格	参考价格（元）	生产厂家	电话	主要参数及备注
粮食运输半挂车	散装	196000	湖北东正专用汽车有限公司	（0722）3233567	上户吨位28t，容积45～55m^3，富华桥，1100轮胎
粮食运输半挂车	散装	196000	湖北程力专用汽车有限公司	（0722）7020979	上户吨位28t，容积45～55m^3，富华桥，1100轮胎
粮食运输半挂车	散装	196000	随州市天龙专用汽车有限公司	（0722）3330008	上户吨位28t，容积45～55m^3，富华桥，1100轮胎
粮食运输半挂车	散装	196000	随州市圣丰专用汽车有限公司	（0722）7095688	上户吨位28t，容积45～55m^3，富华桥，1100轮胎
半挂罐式车	双桥	140000	湖北成龙威专用汽车有限公司	（0722）3308899	吨位35～40t，挂长9.96m
半挂罐式车	双桥	143000	湖北成龙威专用汽车有限公司	（0722）3308899	吨位37～38t，挂长10.8m
半挂罐式车	双桥	146000	湖北成龙威专用汽车有限公司	（0722）3308899	吨位38～42t，挂长12m
半挂罐式车	双桥	149000	湖北成龙威专用汽车有限公司	（0722）3308899	吨位40～45t，挂长12.5m
半挂罐式车	双桥	122000	随州市东风专用汽车有限公司	（0722）3308618	吨位35～40t，挂长9.96m
半挂罐式车	双桥	125000	随州市东风专用汽车有限公司	（0722）3308618	吨位37～38t，挂长10.8m
半挂罐式车	双桥	128000	随州市东风专用汽车有限公司	（0722）3308618	吨位38～42t，挂长12m
半挂罐式车	双桥	131000	随州市东风专用汽车有限公司	（0722）3308618	吨位40～45t，挂长12.5m
半挂罐式车	双桥	122000	随州市东风专用汽车销售中心	（0722）3817209	吨位35～40t，挂长9.96m
半挂罐式车	双桥	125000	随州市东风专用汽车销售中心	（0722）3817209	吨位37～38t，挂长10.8m
半挂罐式车	双桥	128000	随州市东风专用汽车销售中心	（0722）3817209	吨位38～42t，挂长12m
半挂罐式车	双桥	131000	随州市东风专用汽车销售中心	（0722）3817209	吨位40～45t，挂长12.5m
半挂洒水车	双桥	128000	随州双龙专用汽车有限公司	（0722）3242369	上户吨位17.5t，容积25～30m^3，拖头选配，多功能
运油半挂车	双桥	125000	随州市力神专用汽车有限公司	（0722）3818777	上户吨位24t，容积37.7m^3，1100钢丝胎，总长10.8m，富华轴
半挂运油车	双桥	117000	湖北大力专用汽车制造有限公司	（0722）7609688	上户吨位24t，容积38m^3，富华桥，1100轮胎，车长10.5m
半挂运油车	双桥	122000	湖北合力专用汽车制造有限公司	（0722）3989579	上户吨位24t，容积38m^3，富华桥，1100轮胎，车长10.5m
半挂运油车	双桥	122000	随州市晨阳专用汽车销售有限公司	（0722）3801178	上户吨位24t，容积38m^3，富华桥，1100轮胎，车长10.5m
半挂运油车	双桥	122000	湖北东正专用汽车有限公司	（0722）3233567	上户吨位24t，容积38m^3，富华桥，1100轮胎，车长10.5m
半挂运油车	双桥	122000	湖北程力专用汽车有限公司	（0722）7020979	上户吨位24t，容积38m^3，富华桥，1100轮胎，车长10.5m
半挂运油车	双桥	122000	随州市圣丰专用汽车有限公司	（0722）7095688	上户吨位24t，容积38m^3，富华桥，1100轮胎，车长10.5m
半挂罐式车	双桥	122000	湖北元通专用汽车有限公司	（0722）3332112	上户吨位35～40t，挂长9.96m
半挂罐式车	双桥	125000	湖北元通专用汽车有限公司	（0722）3332112	上户吨位37～38t，挂长10.8m
半挂罐式车	双桥	128000	湖北元通专用汽车有限公司	（0722）3332112	上户吨位38～42t，挂长12m
半挂罐式车	双桥	131000	湖北元通专用汽车有限公司	（0722）3332112	上户吨位40～45t，挂长12.5m

第3章 客 车

产品名称	型号规格	参考价格（元）	生产厂家	电话	主要参数及备注
客车	BFC6120B	720000	北京北方华德尼奥普兰客车股份有限公司	(010) 83807309	外形尺寸(mm):12000×2500×3520,轴距5800mm,整备质量12800kg,总质量17200kg,发动机型号WP10.336,排量9.726L,功率247kW,最高车速120km/h,座位数≤45+1+1,排放标准欧Ⅲ,大型高二级
客车	BFC6123A-1	1100000	北京北方华德尼奥普兰客车股份有限公司	(010) 83807309	外形尺寸(mm):12000×2500×3650,轴距5800mm,整备质量13000kg,总质量18000kg,发动机型号MD9M,排量9.203L,功率257kW,最高车速125km/h,手动变速,座位数≤51,排放标准欧Ⅲ,大型高一级
客车	BFC6123B1-2	820000	北京北方华德尼奥普兰客车股份有限公司	(010) 83807309	外形尺寸(mm):12000×2500×3650,轴距5800mm,整备质量13000kg,总质量18000kg,发动机型号WP10.375,排量9.726L,功率276kW,最高车速125km/h,座位数≤43+1+1,排放标准欧Ⅲ,大型高二级
轻型客车	JMC运霸JX6500T3	93800	蚌埠连城江铃汽车销售服务有限公司	(0552) 3111155	侧翻座椅,云白单色,10~11座位
轻型客车	JMC运霸JX6500T3	94400	蚌埠连城江铃汽车销售服务有限公司	(0552) 3111155	侧翻座椅,金属漆裙边双色漆,10~11座位
轻型客车	JMC运霸JX6500T3	93800	蚌埠连城江铃汽车销售服务有限公司	(0552) 3111155	固定座椅,云白单色,10~11座位
轻型客车	JMC运霸JX6500T3	94400	蚌埠连城江铃汽车销售服务有限公司	(0552) 3111155	固定座椅,金属漆裙边双色漆,10~11座位
轻型客车	JMC运霸JX6503T3	95800	蚌埠连城江铃汽车销售服务有限公司	(0552) 3111155	云白单色,5~7座位
轻型客车	JMC运霸JX6503T3	96400	蚌埠连城江铃汽车销售服务有限公司	(0552) 3111155	金属漆裙边双色漆,5~7座位
客车	XMQ6101Y	501700	厦门金龙联合汽车工业有限公司	(0592) 6371888	发动机型号CA6DF3-24E3,旅游版
客车	XMQ6101Y	508500	厦门金龙联合汽车工业有限公司	(0592) 6371888	发动机型号ISDE245-30,团体版
客车	XMQ6101Y	618100	厦门金龙联合汽车工业有限公司	(0592) 6371888	发动机型号J08E-UT,客运版
客车	XMQ6101Y	502900	厦门金龙联合汽车工业有限公司	(0592) 6371888	发动机型号WP6.240,旅游版
客车	XMQ6101Y	500600	厦门金龙联合汽车工业有限公司	(0592) 6371888	发动机型号YC6A240-30,旅游版
客车	XMQ6101Y	553700	厦门金龙联合汽车工业有限公司	(0592) 6371888	发动机型号YC6G270-30,客运版
客车	XMQ6101Y	485900	厦门金龙联合汽车工业有限公司	(0592) 6371888	发动机型号YC6J24530,团体版
客车	XMQ6111Y5	671200	厦门金龙联合汽车工业有限公司	(0592) 6371888	发动机型号CA6DL1-29E3,旅游团体版
客车	XMQ6111Y5	689300	厦门金龙联合汽车工业有限公司	(0592) 6371888	发动机型号CA6DL1-29E3,客运版

产品名称	型号规格	参考价格（元）	生产厂家	电话	主要参数及备注
客车	XMQ6111Y5	758200	厦门金龙联合汽车工业有限公司	（0592）6371888	发动机型号 ISLE+300，旅游团体版
客车	XMQ6111Y5	769500	厦门金龙联合汽车工业有限公司	（0592）6371888	发动机型号 ISLE+300，客运版
客车	XMQ6111Y5	673500	厦门金龙联合汽车工业有限公司	（0592）6371888	发动机型号 ISLE310－30，旅游团体版
客车	XMQ6111Y5	692700	厦门金龙联合汽车工业有限公司	（0592）6371888	发动机型号 ISLE310－30，客运版
客车	XMQ6111Y5	754800	厦门金龙联合汽车工业有限公司	（0592）6371888	发动机型号 P11C－UH，旅游团体版
客车	XMQ6111Y5	766100	厦门金龙联合汽车工业有限公司	（0592）6371888	发动机型号 P11C－UH，客运版
客车	XMQ6111Y5	666700	厦门金龙联合汽车工业有限公司	（0592）6371888	发动机型号 WP10.300N，旅游团体版
客车	XMQ6111Y5	684800	厦门金龙联合汽车工业有限公司	（0592）6371888	发动机型号 WP10.300N，客运版
客车	XMQ6111Y5	649700	厦门金龙联合汽车工业有限公司	（0592）6371888	发动机型号 YC6G270－30，旅游团体版
客车	XMQ6111Y5	669000	厦门金龙联合汽车工业有限公司	（0592）6371888	发动机型号 YC6G270－30，客运版
客车	XMQ6111Y5	663300	厦门金龙联合汽车工业有限公司	（0592）6371888	发动机型号 YC6L310－30，旅游团体版
客车	XMQ6111Y5	681400	厦门金龙联合汽车工业有限公司	（0592）6371888	发动机型号 YC6L310－30，客运版
客车	XMQ6116F1B3	459900	厦门金龙联合汽车工业有限公司	（0592）6371888	发动机型号 CA6DF3－24E3
客车	XMQ6116F1B3	455400	厦门金龙联合汽车工业有限公司	（0592）6371888	发动机型号 YC6G240－30
客车	XMQ6116F1B3	458800	厦门金龙联合汽车工业有限公司	（0592）6371888	发动机型号 YC6G270－30
客车	XMQ6117Y	515300	厦门金龙联合汽车工业有限公司	（0592）6371888	发动机型号 CA6DF3－24E3，旅游版
客车	XMQ6117Y	600000	厦门金龙联合汽车工业有限公司	（0592）6371888	发动机型号 CA6DL1－26E3，客运版
客车	XMQ6117Y	606800	厦门金龙联合汽车工业有限公司	（0592）6371888	发动机型号 ISBE250－30，客运版
客车	XMQ6117Y	513000	厦门金龙联合汽车工业有限公司	（0592）6371888	发动机型号 ISDE245－30，团体版
客车	XMQ6117Y	631700	厦门金龙联合汽车工业有限公司	（0592）6371888	发动机型号 J08E－UT，客运版
客车	XMQ6117Y	510800	厦门金龙联合汽车工业有限公司	（0592）6371888	发动机型号 WP6.240，旅游版
客车	XMQ6117Y	510800	厦门金龙联合汽车工业有限公司	（0592）6371888	发动机型号 YC6A240－30，旅游版
客车	XMQ6117Y	575200	厦门金龙联合汽车工业有限公司	（0592）6371888	发动机型号 YC6G270－30，客运版
客车	XMQ6117Y	499500	厦门金龙联合汽车工业有限公司	（0592）6371888	发动机型号 YC6J24530，团体版
客车	XMQ6117Y2	607900	厦门金龙联合汽车工业有限公司	（0592）6371888	发动机型号 YC6G260N－30，旅游版
客车	XMQ6118C3	858800	厦门金龙联合汽车工业有限公司	（0592）6371888	发动机型号 CGE280－30
客车	XMQ6118Y1	627100	厦门金龙联合汽车工业有限公司	（0592）6371888	发动机型号 YC6L310－30
客车	XMQ6118Y2	639600	厦门金龙联合汽车工业有限公司	（0592）6371888	发动机型号 CA6DL1－29E3

产品名称	型号规格	参考价格（元）	生产厂家	电话	主要参数及备注
客车	XMQ6118Y2	724300	厦门金龙联合汽车工业有限公司	（0592）6371888	发动机型号 ISLE+300
客车	XMQ6118Y2	639600	厦门金龙联合汽车工业有限公司	（0592）6371888	发动机型号 ISLE310－30
客车	XMQ6118Y2	641800	厦门金龙联合汽车工业有限公司	（0592）6371888	发动机型号 WP 10.300N
客车	XMQ6118Y2	619200	厦门金龙联合汽车工业有限公司	（0592）6371888	发动机型号 YC6G270－30
客车	XMQ6120Y	756000	厦门金龙联合汽车工业有限公司	（0592）6371888	发动机型号 ISLE+300
客车	XMQ6120Y	678000	厦门金龙联合汽车工业有限公司	（0592）6371888	发动机型号 ISLE31030
客车	XMQ6120Y1	900600	厦门金龙联合汽车工业有限公司	（0592）6371888	发动机型号 MD9M
客车	XMQ6120Y2	680300	厦门金龙联合汽车工业有限公司	（0592）6371888	发动机型号 YC6L330－30
客车	XMQ6121Y1	760500	厦门金龙联合汽车工业有限公司	（0592）6371888	发动机型号 ISLE+300
客车	XMQ6121Y3	716400	厦门金龙联合汽车工业有限公司	（0592）6371888	发动机型号 YC6L310－40
客车	XMQ6121Y4	663300	厦门金龙联合汽车工业有限公司	（0592）6371888	发动机型号 YC6L280－30
客车	XMQ6121Y5	759400	厦门金龙联合汽车工业有限公司	（0592）6371888	发动机型号 P11C－UH
客车	XMQ6121Y5	669000	厦门金龙联合汽车工业有限公司	（0592）6371888	发动机型号 SC9DK320Q3
客车	XMQ6121Y5	657700	厦门金龙联合汽车工业有限公司	（0592）6371888	发动机型号 YC6L310－30
客车	XMQ6122Y	645200	厦门金龙联合汽车工业有限公司	（0592）6371888	发动机型号 CA6DL1－32E3
客车	XMQ6122Y	715300	厦门金龙联合汽车工业有限公司	（0592）6371888	发动机型号 ISLE+300
客车	XMQ6122Y	707400	厦门金龙联合汽车工业有限公司	（0592）6371888	发动机型号 P11C－UH
客车	XMQ6122Y	623800	厦门金龙联合汽车工业有限公司	（0592）6371888	发动机型号 YC6L310－30
客车	XMQ6126Y2	754800	厦门金龙联合汽车工业有限公司	（0592）6371888	发动机型号 YC6L310－30，旅游团体版
客车	XMQ6126Y3	698300	厦门金龙联合汽车工业有限公司	（0592）6371888	发动机型号 CA6DL1－32E3，旅游团体版
客车	XMQ6126Y3	725500	厦门金龙联合汽车工业有限公司	（0592）6371888	发动机型号 CA6DL1－32E3，客运版
客车	XMQ6126Y3	775200	厦门金龙联合汽车工业有限公司	（0592）6371888	发动机型号 ISLE+300，旅游团体版
客车	XMQ6126Y3	796600	厦门金龙联合汽车工业有限公司	（0592）6371888	发动机型号 ISLE+300，客运版
客车	XMQ6126Y3	691600	厦门金龙联合汽车工业有限公司	（0592）6371888	发动机型号 ISLE310－30，旅游团体版
客车	XMQ6126Y3	719800	厦门金龙联合汽车工业有限公司	（0592）6371888	发动机型号 ISLE310－30，客运版
客车	XMQ6126Y3	922100	厦门金龙联合汽车工业有限公司	（0592）6371888	发动机型号 MD9M，旅游团体版
客车	XMQ6126Y3	942400	厦门金龙联合汽车工业有限公司	（0592）6371888	发动机型号 MD9M，客运版
客车	XMQ6126Y3	771800	厦门金龙联合汽车工业有限公司	（0592）6371888	发动机型号 P11C－UH，旅游团体版

产品名称	型号规格	参考价格（元）	生产厂家	电话	主要参数及备注
客车	XMQ6126Y3	793300	厦门金龙联合汽车工业有限公司	(0592)6371888	发动机型号 P11C－UH，客运版
客车	XMQ6126Y3	696100	厦门金龙联合汽车工业有限公司	(0592)6371888	发动机型号 SC9DK320Q3，旅游团体版
客车	XMQ6126Y3	724300	厦门金龙联合汽车工业有限公司	(0592)6371888	发动机型号 SC9DK320Q3，客运版
客车	XMQ6126Y3	689300	厦门金龙联合汽车工业有限公司	(0592)6371888	发动机型号 WP 10.336N，旅游团体版
客车	XMQ6126Y3	710800	厦门金龙联合汽车工业有限公司	(0592)6371888	发动机型号 WP 10.336N，客运版
客车	XMQ6126Y3	680300	厦门金龙联合汽车工业有限公司	(0592)6371888	发动机型号 YC6L310－30，旅游团体版
客车	XMQ6126Y3	708500	厦门金龙联合汽车工业有限公司	(0592)6371888	发动机型号 YC6L310－30，客运版
客车	XMQ6126Y3	687000	厦门金龙联合汽车工业有限公司	(0592)6371888	发动机型号 YC6L330－30，旅游团体版
客车	XMQ6126Y3	714200	厦门金龙联合汽车工业有限公司	(0592)6371888	发动机型号 YC6L330－30，客运版
客车	XMQ6128Y	704000	厦门金龙联合汽车工业有限公司	(0592)6371888	发动机型号 CA6DL2－35E3
客车	XMQ6128Y	742400	厦门金龙联合汽车工业有限公司	(0592)6371888	发动机型号 ISME33530
客车	XMQ6128Y	763900	厦门金龙联合汽车工业有限公司	(0592)6371888	发动机型号 P11C－UH
客车	XMQ6128Y	697200	厦门金龙联合汽车工业有限公司	(0592)6371888	发动机型号 WP 10.336N
客车	XMQ6128Y	689300	厦门金龙联合汽车工业有限公司	(0592)6371888	发动机型号 YC6L330－30
客车	XMQ6129Y	935600	厦门金龙联合汽车工业有限公司	(0592)6371888	发动机型号 CA6DL2－35E3，客运版
客车	XMQ6129Y	1128900	厦门金龙联合汽车工业有限公司	(0592)6371888	发动机型号 ISME34530，客运版
客车	XMQ6129Y	1237400	厦门金龙联合汽车工业有限公司	(0592)6371888	发动机型号 MD9M，客运版
客车	XMQ6129Y	1098400	厦门金龙联合汽车工业有限公司	(0592)6371888	发动机型号 P11C－HJ，客运版
客车	XMQ6129Y	1087100	厦门金龙联合汽车工业有限公司	(0592)6371888	发动机型号 P11C－UH，客运版
客车	XMQ6129Y	910800	厦门金龙联合汽车工业有限公司	(0592)6371888	发动机型号 WP 10.336，客运版
客车	XMQ6129Y	923200	厦门金龙联合汽车工业有限公司	(0592)6371888	发动机型号 YC6M340－30，客运版
客车	XMQ6129Y2	885900	厦门金龙联合汽车工业有限公司	(0592)6371888	发动机型号 CA6DL2－35E3，旅游版
客车	XMQ6129Y2	1116500	厦门金龙联合汽车工业有限公司	(0592)6371888	发动机型号 MD9M，旅游版
客车	XMQ6129Y2	979700	厦门金龙联合汽车工业有限公司	(0592)6371888	发动机型号 P11C－HJ，旅游版
客车	XMQ6129Y2	1047500	厦门金龙联合汽车工业有限公司	(0592)6371888	外形尺寸(mm)：11950×2550×3690，最大总质量 17200kg，发动机型号康明斯 ISME345－30，额定功率 254kW(1900 r/min)，最大扭矩 1710 N·m (1200 r/min)，排量 10.8 L，油耗≤24 L/100km，排放标准欧Ⅲ，标配座位数 45+1+1，旅游版

产品名称	型号规格	参考价格（元）	生产厂家	电话	主要参数及备注
客车	XMQ6129Y2	968400	厦门金龙联合汽车工业有限公司	（0592）6371888	外形尺寸（mm）：11950×2550×3690，最大总质量17200kg，发动机型号日野P11C－UH，额定功率240kW（2200 r/min），最大扭矩1420 N·m（1100 r/min），排量10.52 L，油耗≤24 L/100km，排放标准欧Ⅲ，标配座位数53+1+1，旅游版
客车	XMQ6129Y2	866700	厦门金龙联合汽车工业有限公司	（0592）6371888	外形尺寸（mm）：11950×2550×3690，最大总质量17200kg，发动机型号潍柴WP10.336，额定功率247kW（1900 r/min），最大扭矩1500 N·m（1200～1500 r/min），排量9.726 L，油耗≤24 L/100km，排放标准欧Ⅲ，标配座位数53+1+1，旅游版
客车	XMQ6129Y2	871200	厦门金龙联合汽车工业有限公司	（0592）6371888	外形尺寸（mm）：11950×2550×3690，最大总质量17200kg，发动机型号玉柴YC6M340－30，额定功率250kW（2100 r/min），最大扭矩1460 N·m（1600 r/min），排量9.83L，油耗≤24 L/100km，排放标准欧Ⅲ，标配座位数53+1+1，旅游版
客车	XMQ6129Y3	961600	厦门金龙联合汽车工业有限公司	（0592）6371888	发动机型号YC6L310－40
客车	XMQ6129Y5	789900	厦门金龙联合汽车工业有限公司	（0592）6371888	发动机型号CA6DL2－35E3，双玻璃
客车	XMQ6129Y5	839600	厦门金龙联合汽车工业有限公司	（0592）6371888	发动机型号ISME33530，双玻璃
客车	XMQ6129Y5	849800	厦门金龙联合汽车工业有限公司	（0592）6371888	发动机型号P11C－UH，双玻璃
客车	XMQ6129Y5	783100	厦门金龙联合汽车工业有限公司	（0592）6371888	发动机型号WP10.336N，双玻璃
客车	XMQ6129Y5	775200	厦门金龙联合汽车工业有限公司	（0592）6371888	发动机型号YC6L330－30，双玻璃
客车	XMQ6140Y	1226000	厦门金龙联合汽车工业有限公司	（0592）6371888	发动机型号ISLE375－30
客车	XMQ6140Y	1385400	厦门金龙联合汽车工业有限公司	（0592）6371888	发动机型号ISME380－30
客车	XMQ6140Y	1314200	厦门金龙联合汽车工业有限公司	（0592）6371888	发动机型号P11C－UR380
客车	XMQ6140Y	1230600	厦门金龙联合汽车工业有限公司	（0592）6371888	发动机型号WP12.375N
客车	XMQ6140Y	1223800	厦门金龙联合汽车工业有限公司	（0592）6371888	发动机型号YC6M390－30
客车	XMQ6606NA3	211300	厦门金龙联合汽车工业有限公司	（0592）6371888	发动机型号SOFIM 8140.43S3
客车	XMQ6606NA3	185300	厦门金龙联合汽车工业有限公司	（0592）6371888	发动机型号YC4F115－30
客车	XMQ6606NE3	233900	厦门金龙联合汽车工业有限公司	（0592）6371888	发动机型号SOFIM 8140.43S3
客车	XMQ6608NE3	162700	厦门金龙联合汽车工业有限公司	（0592）6371888	发动机型号SOFIM 8140.43S3
客车	XMQ6608NE3	137900	厦门金龙联合汽车工业有限公司	（0592）6371888	发动机型号YC4F115－30
客车	XMQ6660NE3	151400	厦门金龙联合汽车工业有限公司	（0592）6371888	发动机型号YC4F115－30

产品名称	型号规格	参考价格（元）	生产厂家	电话	主要参数及备注
客车	XMQ6706NE3	211300	厦门金龙联合汽车工业有限公司	（0592）6371888	发动机型号 CY4102 - C3C
客车	XMQ6706NE3	236200	厦门金龙联合汽车工业有限公司	（0592）6371888	发动机型号 SOFIM 8140.43S3
客车	XMQ6706NE3	306200	厦门金龙联合汽车工业有限公司	（0592）6371888	发动机型号 TD42Ti
客车	XMQ6706NE3A	263300	厦门金龙联合汽车工业有限公司	（0592）6371888	发动机型号 SOFIM 8140.43S3
客车	XMQ6728NE1	184200	厦门金龙联合汽车工业有限公司	（0592）6371888	发动机型号 CY4102 - C3C
客车	XMQ6728NE1	196600	厦门金龙联合汽车工业有限公司	（0592）6371888	发动机型号 SOFIM 8140.43S3
客车	XMQ6740NE3	228300	厦门金龙联合汽车工业有限公司	（0592）6371888	发动机型号 CY4102 - C3B
客车	XMQ6740NE3	239600	厦门金龙联合汽车工业有限公司	（0592）6371888	发动机型号 YC4E140 - 30
客车	XMQ6752NE	276800	厦门金龙联合汽车工业有限公司	（0592）6371888	发动机型号 YC4E160 - 30
客车	XMQ6759Y	285900	厦门金龙联合汽车工业有限公司	（0592）6371888	发动机型号 YC4E160 - 30
客车	XMQ6759Y	296100	厦门金龙联合汽车工业有限公司	（0592）6371888	发动机型号 ISDE180 - 30
客车	XMQ6762NEG3	214700	厦门金龙联合汽车工业有限公司	（0592）6371888	发动机型号 CA4DF3 - 13E3
客车	XMQ6762NEG3	222600	厦门金龙联合汽车工业有限公司	（0592）6371888	发动机型号 CA4DF3 - 15E3
客车	XMQ6762NEG3	226000	厦门金龙联合汽车工业有限公司	（0592）6371888	发动机型号 YC4E140 - 30
客车	XMQ6771Y	304000	厦门金龙联合汽车工业有限公司	（0592）6371888	发动机型号 ISDE180 - 30
客车	XMQ6771Y	295000	厦门金龙联合汽车工业有限公司	（0592）6371888	发动机型号 YC4G180 - 30
客车	XMQ6799Y	318700	厦门金龙联合汽车工业有限公司	（0592）6371888	发动机型号 CA4DL1 - 20E3
客车	XMQ6799Y	320900	厦门金龙联合汽车工业有限公司	（0592）6371888	发动机型号 ISDE180 - 30
客车	XMQ6799Y	313000	厦门金龙联合汽车工业有限公司	（0592）6371888	发动机型号 YC4G190 - 30
客车	XMQ6799Y	319800	厦门金龙联合汽车工业有限公司	（0592）6371888	发动机型号 YC4G200 - 30
客车	XMQ6800Y	309600	厦门金龙联合汽车工业有限公司	（0592）6371888	发动机型号 CA4DL1 - 20E3
客车	XMQ6800Y	334500	厦门金龙联合汽车工业有限公司	（0592）6371888	发动机型号 ISBE180 - 30
客车	XMQ6800Y	311900	厦门金龙联合汽车工业有限公司	（0592）6371888	发动机型号 ISDE180 - 30
客车	XMQ6800Y	304000	厦门金龙联合汽车工业有限公司	（0592）6371888	发动机型号 YC4G190 - 30
客车	XMQ6800Y	310800	厦门金龙联合汽车工业有限公司	（0592）6371888	发动机型号 YC4G200 - 30
客车	XMQ6800Y2	359400	厦门金龙联合汽车工业有限公司	（0592）6371888	发动机型号 YC4G180N - 30
客车	XMQ6801Y	339000	厦门金龙联合汽车工业有限公司	（0592）6371888	发动机型号 ISBE180 - 30
客车	XMQ6801Y	308500	厦门金龙联合汽车工业有限公司	（0592）6371888	发动机型号 YC4G180 - 30

产品名称	型号规格	参考价格（元）	生产厂家	电话	主要参数及备注
客车	XMQ6802Y	318700	厦门金龙联合汽车工业有限公司	（0592）6371888	发动机型号 CA4DL1－20E3
客车	XMQ6802Y	321000	厦门金龙联合汽车工业有限公司	（0592）6371888	发动机型号 ISDE180－30
客车	XMQ6802Y	313000	厦门金龙联合汽车工业有限公司	（0592）6371888	发动机型号 YC4G190－30
客车	XMQ6802Y	319800	厦门金龙联合汽车工业有限公司	（0592）6371888	发动机型号 YC4G200－30
客车	XMQ6858Y	341300	厦门金龙联合汽车工业有限公司	（0592）6371888	发动机型号 CA4DL1－20E3
客车	XMQ6858Y	382000	厦门金龙联合汽车工业有限公司	（0592）6371888	发动机型号 ISBE185－32
客车	XMQ6858Y	356000	厦门金龙联合汽车工业有限公司	（0592）6371888	发动机型号 ISDE185－30
客车	XMQ6858Y	359300	厦门金龙联合汽车工业有限公司	（0592）6371888	发动机型号 ISDE210－30
客车	XMQ6858Y	335600	厦门金龙联合汽车工业有限公司	（0592）6371888	发动机型号 YC4G190－30
客车	XMQ6858Y	342400	厦门金龙联合汽车工业有限公司	（0592）6371888	发动机型号 YC4G200－30
客车	XMQ6858Y	353700	厦门金龙联合汽车工业有限公司	（0592）6371888	发动机型号 YC6J220－30
客车	XMQ6858Y2	409100	厦门金龙联合汽车工业有限公司	（0592）6371888	发动机型号 YC6J210N－30
客车	XMQ6859Y	367300	厦门金龙联合汽车工业有限公司	（0592）6371888	发动机型号 ISDE185－30
客车	XMQ6859Y	370600	厦门金龙联合汽车工业有限公司	（0592）6371888	发动机型号 ISDE210－30
客车	XMQ6859Y	346900	厦门金龙联合汽车工业有限公司	（0592）6371888	发动机型号 YC4G190－30
客车	XMQ6859Y1	352600	厦门金龙联合汽车工业有限公司	（0592）6371888	发动机型号 CA4DL1－20E3
客车	XMQ6859Y1	353700	厦门金龙联合汽车工业有限公司	（0592）6371888	发动机型号 YC4G200－30
客车	XMQ6859Y1	365000	厦门金龙联合汽车工业有限公司	（0592）6371888	发动机型号 YC6J220－30
客车	XMQ6898Y	417000	厦门金龙联合汽车工业有限公司	（0592）6371888	发动机型号 CA6DF3－22E3
客车	XMQ6898Y	463300	厦门金龙联合汽车工业有限公司	（0592）6371888	发动机型号 ISB 6.7E3230B
客车	XMQ6898Y	424900	厦门金龙联合汽车工业有限公司	（0592）6371888	发动机型号 ISDE230－30
客车	XMQ6898Y	475700	厦门金龙联合汽车工业有限公司	（0592）6371888	发动机型号 J08E－UU
客车	XMQ6898Y	423800	厦门金龙联合汽车工业有限公司	（0592）6371888	发动机型号 YC6A240－30
客车	XMQ6898Y	421500	厦门金龙联合汽车工业有限公司	（0592）6371888	发动机型号 YC6J230－30
客车	XMQ6900Y	405700	厦门金龙联合汽车工业有限公司	（0592）6371888	发动机型号 CA6DF3－22E3
客车	XMQ6900Y	436200	厦门金龙联合汽车工业有限公司	（0592）6371888	发动机型号 ISBE220－31
客车	XMQ6900Y	513000	厦门金龙联合汽车工业有限公司	（0592）6371888	发动机型号 ISBE4＋225，排放标准欧Ⅳ
客车	XMQ6900Y	413600	厦门金龙联合汽车工业有限公司	（0592）6371888	发动机型号 ISDE230－30

产品名称	型号规格	参考价格（元）	生产厂家	电话	主要参数及备注
客车	XMQ6900Y	412500	厦门金龙联合汽车工业有限公司	（0592）6371888	发动机型号 YC6A240 - 30
客车	XMQ6900Y	474600	厦门金龙联合汽车工业有限公司	（0592）6371888	发动机型号 YC6G230N - 30
客车	XMQ6900Y	463300	厦门金龙联合汽车工业有限公司	（0592）6371888	发动机型号 YC6J220 - 42，排放标准欧Ⅳ
客车	XMQ6900Y	410200	厦门金龙联合汽车工业有限公司	（0592）6371888	发动机型号 YC6J230 - 30
客车	XMQ6902Y	417000	厦门金龙联合汽车工业有限公司	（0592）6371888	发动机型号 CA6DF3 - 22E3
客车	XMQ6902Y	463300	厦门金龙联合汽车工业有限公司	（0592）6371888	发动机型号 ISB 6.7E3230B
客车	XMQ6902Y	424900	厦门金龙联合汽车工业有限公司	（0592）6371888	发动机型号 ISDE23030
客车	XMQ6902Y	475700	厦门金龙联合汽车工业有限公司	（0592）6371888	发动机型号 J08E - UL
客车	XMQ6902Y	423800	厦门金龙联合汽车工业有限公司	（0592）6371888	发动机型号 YC6A240 - 30
客车	XMQ6902Y	421500	厦门金龙联合汽车工业有限公司	（0592）6371888	发动机型号 YC6J230 - 30
客车	XMQ6996Y	475700	厦门金龙联合汽车工业有限公司	（0592）6371888	发动机型号 CA6DF3 - 22E3
客车	XMQ6996Y	479100	厦门金龙联合汽车工业有限公司	（0592）6371888	发动机型号 CA6DF3 - 24E3
客车	XMQ6996Y	506200	厦门金龙联合汽车工业有限公司	（0592）6371888	发动机型号 ISBE25030
客车	XMQ6996Y	484800	厦门金龙联合汽车工业有限公司	（0592）6371888	发动机型号 ISDE245 - 30
客车	XMQ6996Y	491600	厦门金龙联合汽车工业有限公司	（0592）6371888	发动机型号 YC6A240 - 30
客车	XMQ6996Y	494900	厦门金龙联合汽车工业有限公司	（0592）6371888	发动机型号 YC6G240 - 30
客车	XMQ6996Y	479100	厦门金龙联合汽车工业有限公司	（0592）6371888	发动机型号 YC6J245 - 30
客车	XMQ6996Y2	582000	厦门金龙联合汽车工业有限公司	（0592）6371888	发动机型号 ISBE4 + 225，排放标准欧Ⅳ
客车	XMQ6996Y2	534500	厦门金龙联合汽车工业有限公司	（0592）6371888	发动机型号 YC6J245 - 42，排放标准欧Ⅳ
客车	XMQ6996Y3	545800	厦门金龙联合汽车工业有限公司	（0592）6371888	发动机型号 YC6G260N - 30
客车	XMQ6998Y	487000	厦门金龙联合汽车工业有限公司	（0592）6371888	发动机型号 CA6DF3 - 22E3
客车	XMQ6998Y	490400	厦门金龙联合汽车工业有限公司	（0592）6371888	发动机型号 CA6DF3 - 24E3
客车	XMQ6998Y	534500	厦门金龙联合汽车工业有限公司	（0592）6371888	发动机型号 ISB 6.7E3230B
客车	XMQ6998Y	496100	厦门金龙联合汽车工业有限公司	（0592）6371888	发动机型号 ISDE245 - 30
客车	XMQ6998Y	546900	厦门金龙联合汽车工业有限公司	（0592）6371888	发动机型号 J08E - UT
客车	XMQ6998Y	501700	厦门金龙联合汽车工业有限公司	（0592）6371888	发动机型号 WP 7.240E30
客车	XMQ6998Y	491600	厦门金龙联合汽车工业有限公司	（0592）6371888	发动机型号 YC6A240 - 30
客车	XMQ6998Y	495000	厦门金龙联合汽车工业有限公司	（0592）6371888	发动机型号 YC6G240 - 30

产品名称	型号规格	参考价格（元）	生产厂家	电话	主要参数及备注
客车	XMQ6998Y	490400	厦门金龙联合汽车工业有限公司	(0592)6371888	发动机型号 YC6J245－30
客车	YBL6123H/WH	670000	扬州亚星客车股份有限公司	(0514)82989099	外形尺寸(mm):12000×2550×3750,轴距6130mm,最大总质量18000kg,座位数49+1+1,发动机型号YC6L330－30,最高车速120 km/h,油耗23 L/100km
客车	ZK6100DA	418000	郑州宇通客车股份有限公司	4006596666	外形尺寸(mm):9980×2430×3150,整备质量9000kg,最高车速105 km/h,座位数55,发动机型号YC6J200－30,5速变速带同步器
客车	ZK6107H	508000	郑州宇通客车股份有限公司	4006596666	外形尺寸(mm):10490×2500×3670,整备质量11350kg,最高车速120 km/h,座位数51,发动机型号YC6A260－30
客车	ZK6107H	515000	郑州宇通客车股份有限公司	4006596666	外形尺寸(mm):10490×2500×3670,整备质量11350kg,最高车速120 km/h,座位数51,发动机型号YC6G270－30,功率270马力
客车	ZK6107H	489000	郑州宇通客车股份有限公司	4006596666	外形尺寸(mm):10490×2500×3670,整备质量11350kg,最高车速120 km/h,座位数51,发动机型号YC6J245－30
客车	ZK6107H	508000	郑州宇通客车股份有限公司	4006596666	外形尺寸(mm):10490×2500×3670,整备质量11350kg,最高车速120 km/h,座位数51,进口发动机,康明斯ISDE245－30
客车	ZK6879H	373000	郑州宇通客车股份有限公司	4006596666	外形尺寸(mm):8720×2450×3230,整备质量8525kg,最高车速115 km/h,座位数39,发动机型号YC4G220－30,5速变速
客车	ZK6899H	428000	郑州宇通客车股份有限公司	4006596666	外形尺寸(mm):8945×2480×3330,整备质量9300kg,最高车速115 km/h,座位数41,发动机型号YC6J245－30,5速变速
客车	ZK6899H	521000	郑州宇通客车股份有限公司	4006596666	外形尺寸(mm):8945×2480×3330,整备质量9300kg,最高车速115 km/h,座位数41,发动机型号五十铃6HK1E3E,5速变速
客车	ZK6930H	457000	郑州宇通客车股份有限公司	4006596666	外形尺寸(mm):9325×2480×3330,整备质量9580kg,最高车速115 km/h,座位数43,发动机型号YC6J245－30,5速变速
客车	ZK6930H	544000	郑州宇通客车股份有限公司	4006596666	外形尺寸(mm):9325×2480×3330,整备质量9580kg,最高车速115 km/h,座位数43,发动机型号五十铃6HK1E3E,5速变速
客车	ZK6999H	463000	郑州宇通客车股份有限公司	4006596666	外形尺寸(mm):9945×2480×3330,整备质量10100kg,最高车速115 km/h,座位数45,发动机型号YC6A240－30,5速变速
轻型客车	宝迪 NJ6493AT6	177500	南京依维柯汽车有限公司	(025)85402923	10～13座
轻型客车	宝迪 NJ6543ER6	215000	南京依维柯汽车有限公司	(025)85402923	10～15座
轻型客车	宝迪 NJ6552ER61	215000	南京依维柯汽车有限公司	(025)85402923	5、6、9座,后单胎
轻型客车	宝迪 NJ6552ERS6	215000	南京依维柯汽车有限公司	(025)85402923	5、6、7、9座,后双胎

产品名称	型号规格	参考价格（元）	生产厂家	电话	主要参数及备注
轻型客车	宝迪 NJ6593ER6	263000	南京依维柯汽车有限公司	（025）85402923	10～17座
轻型客车	宝迪 NJ6606DA	283000	南京依维柯汽车有限公司	（025）85402923	10～17座
轻型客车	宝迪 NJ6713TR1	329700	南京依维柯汽车有限公司	（025）85402923	24座
轻型客车	宝迪 NJ6713TR6	327200	南京依维柯汽车有限公司	（025）85402923	17～19座
轻型客车	宝迪 NJ6716DA	347200	南京依维柯汽车有限公司	（025）85402923	17～20座
轻型客车	宝迪 NJ6716DAZ	349700	南京依维柯汽车有限公司	（025）85402923	24座
小型客车	大海狮 翔龙2.0	81800	华晨汽车集团控股有限公司	（024）31666338	外形尺寸（mm）：5310×1690×2040，轴距2920mm，乘员11人，发动机型号V19，排量1.997L，最大功率78kW（4600～4800r/min），最大扭矩180N·m（2400～3200r/min），后驱，手动变速，排放标准欧Ⅳ，经典型
小型客车	大海狮 翔龙2.0	85800	华晨汽车集团控股有限公司	（024）31666338	外形尺寸（mm）：5310×1690×2040，轴距2920mm，乘员11人，发动机型号V19，排量1.997L，最大功率78kW（4600～4800r/min），最大扭矩180N·m（2400～3200r/min），后驱，手动变速，排放标准欧Ⅳ，标准型
小型客车	大海狮 翔龙2.0	79800	华晨汽车集团控股有限公司	（024）31666338	外形尺寸（mm）：5310×1690×2040，轴距2920mm，乘员6人，发动机型号V19，排量1.997L，最大功率78kW（4600～4800r/min），最大扭矩180N·m（2400～3200r/min），后驱，手动变速，排放标准欧Ⅳ，经典型
小型客车	大海狮 翔龙2.0	83800	华晨汽车集团控股有限公司	（024）31666338	外形尺寸（mm）：5310×1690×2040，轴距2920mm，乘员6人，发动机型号V19，排量1.997L，最大功率78kW（4600～4800r/min），最大扭矩180N·m（2400～3200r/min），后驱，手动变速，排放标准欧Ⅳ，标准型
小型客车	大海狮 翔龙2.2	84800	华晨汽车集团控股有限公司	（024）31666338	外形尺寸（mm）：5310×1690×2040，轴距2920mm，乘员6～14人，发动机型号4G22D4，排量2.237L，最大功率104kW（5400r/min），最大扭矩205N·m（4000～4400r/min），后驱，手动变速，经典型
小型客车	大海狮 翔龙2.2	89800	华晨汽车集团控股有限公司	（024）31666338	外形尺寸（mm）：5310×1690×2040，轴距2920mm，乘员6～14人，发动机型号4G22D4，排量2.237L，最大功率104kW（5400r/min），最大扭矩205N·m（4000～4400r/min），后驱，手动变速，标准型
小型客车	大海狮 翔龙2.4	87800	华晨汽车集团控股有限公司	（024）31666338	外形尺寸（mm）：5310×1690×2040，轴距2920mm，乘员6～14人，发动机型号4RB2，排量2.438L，最大功率102kW（4600～5000r/min），最大扭矩217N·m（2600～3200r/min），后驱，手动变速，排放标准欧Ⅳ，经典型

产品名称	型号规格	参考价格（元）	生产厂家	电话	主要参数及备注
小型客车	大海狮 翔龙2.4	93800	华晨汽车集团控股有限公司	(024) 31666338	外形尺寸(mm):5310×1690×2040,轴距2920mm,乘员6～14人,发动机型号4RB2,排量2.438L,最大功率102kW(4600～5000 r/min),最大扭矩217 N·m(2600～3200 r/min),后驱,手动变速,排放标准欧Ⅳ,标准型
小型客车	大海狮 翔龙2.4	116800	华晨汽车集团控股有限公司	(024) 31666338	外形尺寸(mm):5310×1690×2040,轴距2920mm,乘员6～14人,发动机型号4RB2,排量2.438L,最大功率102kW(4600～5000 r/min),最大扭矩217 N·m(2600～3200 r/min),后驱,手动变速,排放标准欧Ⅳ,豪华型
小型客车	大海狮 翔运2.0	66300	华晨汽车集团控股有限公司	(024) 31666338	外形尺寸(mm):5400×1690×2225,轴距2920mm,乘员6～14人,发动机型号4G20D4,排量1.997L,最大功率90kW(5200 r/min),最大扭矩180 N·m(3600～4400 r/min),后驱,手动变速,排放标准欧Ⅳ,经典型
小型客车	大海狮 翔运2.0	70300	华晨汽车集团控股有限公司	(024) 31666338	外形尺寸(mm):5400×1690×2225,轴距2920mm,乘员6～14人,发动机型号4G20D4,排量1.997L,最大功率90kW(5200 r/min),最大扭矩180 N·m(3600～4400 r/min),后驱,手动变速,排放标准欧Ⅳ,标准型
小型客车	大海狮 翔运2.0	74300	华晨汽车集团控股有限公司	(024) 31666338	外形尺寸(mm):5400×1690×2225,轴距2920mm,乘员6～14人,发动机型号4G20D4,排量1.997L,最大功率90kW(5200 r/min),最大扭矩180 N·m(3600～4400 r/min),后驱,手动变速,排放标准欧Ⅳ,舒适型
小型客车	大海狮 翔运2.0	85800	华晨汽车集团控股有限公司	(024) 31666338	外形尺寸(mm):5400×1690×2225,轴距2920mm,乘员6～14人,发动机型号4G20D4,排量1.997L,最大功率90kW(5200 r/min),最大扭矩180 N·m(3600～4400 r/min),后驱,手动变速,排放标准欧Ⅳ,豪华型
小型客车	大海狮 翔运2.4	97300	华晨汽车集团控股有限公司	(024) 31666338	外形尺寸(mm):5400×1690×2225,轴距2920mm,乘员6～14人,发动机型号4RB2,排量2.438L,最大功率102kW(4600～5000 r/min),最大扭矩217 N·m(2600～3200 r/min),后驱,手动变速,排放标准欧Ⅳ,豪华型
小型客车	大海狮 翔运2.4	106300	华晨汽车集团控股有限公司	(024) 31666338	外形尺寸(mm):5400×1690×2225,轴距2920mm,乘员6～14人,发动机型号4RB2,排量2.438L,最大功率102kW(4600～5000 r/min),最大扭矩217 N·m(2600～3200 r/min),后驱,手动变速,排放标准欧Ⅳ,商务型

产品名称	型号规格	参考价格(元)	生产厂家	电话	主要参数及备注
小型客车	得利卡创业先锋 2.0 MT	69800	东南(福建)汽车工业有限公司	(0591)22766566	外形尺寸(mm):4945×1695×1970,轴距2435mm,油箱容积56L,整备质量2400kg、2500kg,乘员5~11人,发动机型号4G63S4M,排量1.997L,最大功率89.7kW(6000 r/min),最大扭矩167 N·m(4000 r/min),后驱,5速手动,排放标准欧Ⅲ,标准型
小型客车	得利卡创业先锋 2.0 MT	76800	东南(福建)汽车工业有限公司	(0591)22766566	外形尺寸(mm):4945×1695×1970,轴距2435mm,油箱容积56L,整备质量2400kg、2500kg,乘员5~11人,发动机型号4G63S4M,排量1.997L,最大功率89.7kW(6000 r/min),最大扭矩167 N·m(4000 r/min),后驱,5速手动,排放标准欧Ⅲ,舒适型
小型客车	得利卡创业先锋 2.0 MT	82800	东南(福建)汽车工业有限公司	(0591)22766566	外形尺寸(mm):4945×1695×1970,轴距2435mm,油箱容积56L,整备质量2400kg、2500kg,乘员5~11人,发动机型号4G63S4M,排量1.997L,最大功率89.7kW(6000 r/min),最大扭矩167 N·m(4000 r/min),后驱,5速手动,排放标准欧Ⅲ,豪华型
轻型客车	得意 NJ5045XXYS	112900	南京依维柯汽车有限公司	(025)85402923	总重3550kg,物流版
轻型客车	得意 NJ5046XXY5S	192800	南京依维柯汽车有限公司	(025)85402923	总重4000kg,物流版
轻型客车	得意 NJ6487SDE6	119900	南京依维柯汽车有限公司	(025)85402923	10~13座
轻型客车	得意 NJ6487SDES6	112900	南京依维柯汽车有限公司	(025)85402923	6~9座
轻型客车	得意 NJ6606SFF6	206900	南京依维柯汽车有限公司	(025)85402923	11~17座
轻型客车	都灵 NJ5045XXYNS	149900	南京依维柯汽车有限公司	(025)85402923	总重3550kg,物流版
轻型客车	都灵 NJ5046XXY3NS	185000	南京依维柯汽车有限公司	(025)85402923	总重4200kg,物流版
轻型客车	都灵 NJ5046XXYNS	204800	南京依维柯汽车有限公司	(025)85402923	总重4200kg,物流版
轻型客车	都灵 NJ6483ATS6	149900	南京依维柯汽车有限公司	(025)85402923	6~9座
小型客车	风景 6516B1DWA-S1Z059	62000	北汽福田汽车股份有限公司	(010)69738888	外形尺寸(mm):5020×1690×1935,轴距2590mm,油箱容积65L,整备质量1672kg,乘员11人,发动机型号BJ491EQ3,排量2.237L,最大功率76kW(4600 r/min),最大扭矩193 N·m(2600 r/min),最高车速120 km/h,前置后驱,5速手动,排放标准欧Ⅲ
小型客车	风景 6536B1DAA-S1Z004	77300	北汽福田汽车股份有限公司	(010)69738888	外形尺寸(mm):5320×1690×2050,轴距2890mm,油箱容积65L,整备质量1745kg,乘员6人,发动机型号4D20,排量1.998L,最大功率52kW(3300 r/min),最大扭矩175 N·m(2300 r/min),最高车速95 km/h,前置后驱,5速手动,排放标准欧Ⅲ

产品名称	型号规格	参考价格（元）	生产厂家	电话	主要参数及备注
小型客车	福瑞达 CH6390E3	34900	江西昌河汽车有限责任公司	(0798)8442019-204	外形尺寸(mm):3868×1528×1848,轴距2405mm,油箱容积37L,整备质量1065kg,乘员8人,发动机型号DA465QE-1A,排量1.051L,功率38.5kW(5200r/min),最大扭矩83 N·m(3000~3500 r/min),最高车速115 km/h,燃汽油,5速手动,后驱,排放标准国Ⅲ,标准型
小型客车	福瑞达 CH6390E3	39400	江西昌河汽车有限责任公司	(0798)8442019-204	外形尺寸(mm):3868×1528×1848,轴距2405mm,油箱容积37L,整备质量1065kg,乘员8人,发动机型号DA465QE-1A,排量1.051L,功率38.5kW(5200r/min),最大扭矩83 N·m(3000~3500 r/min),最高车速115 km/h,燃汽油,5速手动,后驱,排放标准国Ⅲ,豪华型
小型客车	福瑞达 CH6390HE3	35700	江西昌河汽车有限责任公司	(0798)8442019-204	外形尺寸(mm):3868×1528×1848,轴距2405mm,油箱容积37L,整备质量1065kg,乘员8人,发动机型号DA465QE-1A,排量1.051L,功率38.5kW(5200r/min),最大扭矩83 N·m(3000~3500 r/min),最高车速115 km/h,燃汽油,5速手动,后驱,排放标准国Ⅲ,标准型
客车	海风 XML6103J23	857800	厦门金龙旅行车有限公司	(0592)5654488	
客车	海风 XML6103J93	1058000	厦门金龙旅行车有限公司	(0592)5654488	外形尺寸(mm):10490×2500×3620,轴距(mm):5300,座位数24~47,发动机型号YC6J245-30,最大功率180kW(2500 r/min),最大扭矩890 N·m(1200~1700 r/min),最高车速120 km/h,排放标准欧Ⅲ
客车	海风 XML6113J13	8678	厦门金龙旅行车有限公司	(0592)5654488	
客车	海风 XML6113J93	1088000	厦门金龙旅行车有限公司	(0592)5654488	
客车	海格 A90 KLQ6127Q	2728000	金龙联合汽车工业(苏州)有限公司	(0512)62581658	外形尺寸(mm):12000×2500×3800,轴距5950mm,整备质量14490kg,最大总质量18000kg,座位数43+1+1,最高车速125 km/h,发动机型号SCANIADC1213,后置,最大输出功率280kW,排放标准国Ⅳ
客车	海格 A90 KLQ6147Q	3058000	金龙联合汽车工业(苏州)有限公司	(0512)62581658	外形尺寸(mm):13700×2580×3800,轴距(mm):6395+1500,整备质量16500kg,满载总质量23500kg,座位数53+1+1,最高车速125 km/h,发动机型号SCANIIADT1212,后置,最大输出功率309kW(2200min),排放标准国Ⅳ
客车	海格 H8 KLQ6858	376200	金龙联合汽车工业(苏州)有限公司	(0512)62581658	外形尺寸(mm):8490×2450×3365,轴距4100mm,座位数37+1,发动机型号玉柴YC4G200-30
客车	海格 H8 KLQ6898	438900	金龙联合汽车工业(苏州)有限公司	(0512)62581658	外形尺寸(mm):8949×2450×3245(3365),最高车速115 km/h,座位数37+1+1,整备质量8720kg,最大总质量11920kg

产品名称	型号规格	参考价格（元）	生产厂家	电话	主要参数及备注
客车	海格 H90 KLQ6115H	570900	金龙联合汽车工业（苏州）有限公司	(0512) 62581658	外形尺寸(mm):10740×2500×3610,轴距 5420mm,最高车速 120 km/h,座位数 45+1+1,发动机型号 YC6G270－30,最大输出功率 199kW(2200 r/min),最大扭矩 1080 N·m(1400～1600 r/min),排放标准欧Ⅱ
客车	海格 H91 KLQ6115	644812	金龙联合汽车工业（苏州）有限公司	(0512) 62581658	外形尺寸(mm):11490×2500×3610,轴距 5600mm,整备质量 13000kg,最大总质量 17150kg,最高车速 120 km/h,座位数 49+1+1,排放标准国Ⅲ
客车	海格 H92 KLQ6125	797500	金龙联合汽车工业（苏州）有限公司	(0512) 62581658	外形尺寸(mm):12000×2500×3610,轴距 6000mm,整备质量 13700kg,最大总质量 18000kg,座位数 51+1+1,最高车速 120 km/h,发动机型号 YC6L280－30,后置,最大输出功率 206kW(2200 r/min),最大扭矩 1100 N·m(1400～1600 r/min),排放标准国Ⅲ
客车	海格 V8 KLQ6856E3	361900	金龙联合汽车工业（苏州）有限公司	(0512) 62581658	外形尺寸(mm):8490×2450×3165(3365),轴距 4100mm,座位数 33+1+1,整备质量 8850kg,最大总质量 11000kg
客车	海格 V8 KLQ6896	423500	金龙联合汽车工业（苏州）有限公司	(0512) 62581658	外形尺寸(mm):8490×2450×3365,最高车速 110 km/h,座位数 35+1,国产 6 速变速器
客车	海格 V9 KLQ6920	434500	金龙联合汽车工业（苏州）有限公司	(0512) 62581658	外形尺寸(mm):9690×2440×2900(3100),轴距 4400mm,最高车速 90 km/h,整备质量 9200kg,最大总质量 12200kg
客车	海格 V9 KLQ6977	503800	金龙联合汽车工业（苏州）有限公司	(0512) 62581658	外形尺寸(mm):9690×2500×3445,轴距 4700mm,最高车速 120 km/h,整备质量 10100kg,最大总质量 13700kg,座位数 41+1
客车	海格 V90 KLQ6109	541200	金龙联合汽车工业（苏州）有限公司	(0512) 62581658	外形尺寸(mm):10490×2500×3590,轴距 5170mm,最高车速 115 km/h,座位数 45－1+1
客车	海格 V91 KLQ6119E3	655600	金龙联合汽车工业（苏州）有限公司	(0512) 62581658	外形尺寸(mm):11490×2500×3700,轴距 5870mm,整备质量 12300kg,最大总质量 16500kg,最高车速 120 km/h,座位数 49+1+1,排放标准国Ⅲ
客车	海格 V92 KLQ6129	657022	金龙联合汽车工业（苏州）有限公司	(0512) 62581658	外形尺寸(mm):12000×2500×3700,轴距 6000mm,整备质量 13400kg,最大总质量 17500kg,油箱容积 410L,发动机型号进口韩国大宇 DE12TIS,排量 11.051 L,最大功率 265kW(2100 r/min),最大扭矩 1422 N·m(1260 r/min),最高车速 120 km/h,油耗 26 L/100km,座位数 49+1+1
小型客车	海狮第五代 动力王2.0	61800	华晨汽车集团控股有限公司	(024) 31666338	外形尺寸(mm):5070×1690×1935(2225),轴距 2590mm,乘员 6～11 人,发动机型号 4G20D4,排量 1.997 L,最大功率 90kW(5200 r/min),最大扭矩 180 N·m(3600～4400 r/min),后驱,手动变速,排放标准欧Ⅳ,经典型

产品名称	型号规格	参考价格(元)	生产厂家	电话	主要参数及备注
小型客车	海狮第五代 动力王2.0	67800	华晨汽车集团控股有限公司	(024)31666338	外形尺寸(mm):5070×1690×1935(2225),轴距2590mm,乘员6~11人,发动机型号4G20D4,排量1.997L,最大功率90kW(5200r/min),最大扭矩180N·m(3600~4400r/min),后驱,手动变速,排放标准欧Ⅳ,标准型
小型客车	海狮第五代 动力王2.0	71800	华晨汽车集团控股有限公司	(024)31666338	外形尺寸(mm):5070×1690×1935(2225),轴距2590mm,乘员6~11人,发动机型号4G20D4,排量1.997L,最大功率90kW(5200r/min),最大扭矩180N·m(3600~4400r/min),后驱,手动变速,排放标准欧Ⅳ,舒适型
小型客车	海狮第五代 快运2.0	59800	华晨汽车集团控股有限公司	(024)31666338	外形尺寸(mm):5070×1690×1935(2225),轴距2590mm,乘员6~11人,发动机型号4G19,排量1.997L,最大功率73.5kW(4200~4600r/min),最大扭矩178N·m(2800~3200r/min),后驱,手动变速,排放标准欧Ⅲ,标准型
小型客车	海狮第五代 快运2.0	63800	华晨汽车集团控股有限公司	(024)31666338	外形尺寸(mm):5070×1690×1935(2225),轴距2590mm,乘员6~11人,发动机型号4G19,排量1.997L,最大功率73.5kW(4200~4600r/min),最大扭矩178N·m(2800~3200r/min),后驱,手动变速,排放标准欧Ⅲ,豪华型
小型客车	海狮第五代 快运2.0U	59800	华晨汽车集团控股有限公司	(024)31666338	外形尺寸(mm):5070×1690×1935(2225),轴距2590mm,乘员6~11人,发动机型号V19,排量1.997L,最大功率78kW(4600~4800r/min),最大扭矩180N·m(2400~3200r/min),后驱,手动变速,排放标准欧Ⅳ,经典型
小型客车	海狮第五代 快运2.0U	65800	华晨汽车集团控股有限公司	(024)31666338	外形尺寸(mm):5070×1690×1935(2225),轴距2590mm,乘员6~11人,发动机型号V19,排量1.997L,最大功率78kW(4600~4800r/min),最大扭矩180N·m(2400~3200r/min),后驱,手动变速,排放标准欧Ⅳ,标准型
小型客车	海狮第五代 快运2.0U	69800	华晨汽车集团控股有限公司	(024)31666338	外形尺寸(mm):5070×1690×1935(2225),轴距2590mm,乘员6~11人,发动机型号V19,排量1.997L,最大功率78kW(4600~4800r/min),最大扭矩180N·m(2400~3200r/min),后驱,手动变速,排放标准欧Ⅳ,豪华型
小型客车	海狮第五代 快运2.5	78000	华晨汽车集团控股有限公司	(024)31666338	外形尺寸(mm):5070×1690×1935(2225),轴距2590mm,乘员6~11人,发动机型号YC4F90,排量2.488L,最大功率65kW(3600r/min),最大扭矩220N·m(1600~2400r/min),后驱,手动变速,排放标准欧Ⅲ,经典型,燃柴油

产品名称	型号规格	参考价格（元）	生产厂家	电话	主要参数及备注
小型客车	海狮第五代 快运2.5	80000	华晨汽车集团控股有限公司	（024）31666338	外形尺寸（mm）：5070×1690×1935（2225），轴距2590mm，乘员6～11人，发动机型号YC4F90，排量2.488L，最大功率65kW（3600 r/min），最大扭矩220 N·m（1600～2400 r/min），后驱，手动变速，排放标准欧Ⅲ，标准型，燃柴油
小型客车	海狮第五代 快运2.5	83800	华晨汽车集团控股有限公司	（024）31666338	外形尺寸（mm）：5070×1690×1935（2225），轴距2590mm，乘员6～11人，发动机型号YC4F90，排量2.488L，最大功率65kW（3600 r/min），最大扭矩220 N·m（1600～2400 r/min），后驱，手动变速，排放标准欧Ⅲ，豪华型，燃柴油
小型客车	海狮第五代 三菱动力2.4	101800	华晨汽车集团控股有限公司	（024）31666338	外形尺寸（mm）：5070×1690×1935（2225），轴距2590mm，乘员6～11人，发动机型号4G64，排量2.35L，最大功率95.5kW（5250 r/min），最大扭矩196 N·m（2750 r/min），后驱，手动变速，排放标准欧Ⅲ，豪华型
小型客车	海狮第六代 畅领2.4	107800	华晨汽车集团控股有限公司	（024）31666338	外形尺寸（mm）：4980×1690×2040，轴距2590mm，整备质量1750kg，乘员6～11人，发动机型号4RB2，排量2.438L，最大功率102kW（4600～5000 r/min），最大扭矩217 N·m（2600～3200 r/min），后驱，手动变速，排放标准欧Ⅳ，标准型
小型客车	海狮第六代 畅领2.4	124800	华晨汽车集团控股有限公司	（024）31666338	外形尺寸（mm）：4980×1690×2040，轴距2590mm，整备质量1750kg，乘员6～11人，发动机型号4RB2，排量2.438L，最大功率102kW（4600～5000 r/min），最大扭矩217 N·m（2600～3200 r/min），后驱，手动变速，排放标准欧Ⅳ，豪华型
小型客车	海狮第六代 畅享2.0	92800	华晨汽车集团控股有限公司	（024）31666338	外形尺寸（mm）：4980×1690×2040，轴距2590mm，整备质量1750kg，乘员6～11人，发动机型号4G20D4，排量1.997L，最大功率90kW（5200 r/min），最大扭矩180 N·m（3800～4400 r/min），后驱，手动变速，排放标准欧Ⅳ，标准型
小型客车	海狮第六代 畅享2.0	100800	华晨汽车集团控股有限公司	（024）31666338	外形尺寸（mm）：4980×1690×2040，轴距2590mm，整备质量1750kg，乘员6～11人，发动机型号4G20D4，排量1.997L，最大功率90kW（5200 r/min），最大扭矩180 N·m（3800～4400 r/min），后驱，手动变速，排放标准欧Ⅳ，经典型
小型客车	海狮第六代 畅享2.0	109800	华晨汽车集团控股有限公司	（024）31666338	外形尺寸（mm）：4980×1690×2040，轴距2590mm，整备质量1750kg，乘员6～11人，发动机型号4G20D4，排量1.997L，最大功率90kW（5200 r/min），最大扭矩180 N·m（3800～4400 r/min），后驱，手动变速，排放标准欧Ⅳ，豪华型

产品名称	型号规格	参考价格(元)	生产厂家	电话	主要参数及备注
小型客车	海狮第六代 畅享 2.2	102800	华晨汽车集团控股有限公司	(024) 31666338	外形尺寸(mm):4980×1690×2040,轴距2590mm,整备质量1750kg,乘员6~11人,发动机型号4G22D4,排量2.237L,最大功率104kW(5400 r/min),最大扭矩 205 N·m (4000 ~ 4400 r/min),后驱,手动变速,排放标准欧Ⅲ,标准型
小型客车	海狮第六代 畅享 2.2	112800	华晨汽车集团控股有限公司	(024) 31666338	外形尺寸(mm):4980×1690×2040,轴距2590mm,整备质量1750kg,乘员6~11人,发动机型号4G22D4,排量2.237L,最大功率104kW(5400 r/min),最大扭矩 205 N·m (4000 ~ 4400 r/min),后驱,手动变速,排放标准欧Ⅲ,豪华型
小型客车	海狮第六代 畅行 2.0	75800	华晨汽车集团控股有限公司	(024) 31666338	外形尺寸(mm):4980×1690×2040,轴距2590mm,整备质量1750kg,乘员6~11人,发动机型号4G20D4,排量1.997L,最大功率90kW(5200 r/min),最大扭矩180 N·m(3800~4400 r/min),后驱,手动变速,排放标准欧Ⅳ,标准型
小型客车	海狮第六代 畅行 2.0	80800	华晨汽车集团控股有限公司	(024) 31666338	外形尺寸(mm):4980×1690×2040,轴距2590mm,整备质量1750kg,乘员6~11人,发动机型号4G20D4,排量1.997L,最大功率90kW(5200 r/min),最大扭矩180 N·m(3800~4400 r/min),后驱,手动变速,排放标准欧Ⅳ,经典型
客车	海狮瑞喜 XML6502E33	99800	厦门金龙旅行车有限公司	(0592) 5654488	
客车	海狮瑞喜 XML6502E73	140000	厦门金龙旅行车有限公司	(0592) 5654488	
客车	海狮瑞喜 XML6502E83	140000	厦门金龙旅行车有限公司	(0592) 5654488	
客车	海狮瑞喜 XML6502EA3	117000	厦门金龙旅行车有限公司	(0592) 5654488	
客车	海狮瑞喜 XML6502EB3	117000	厦门金龙旅行车有限公司	(0592) 5654488	
客车	海狮瑞喜 XML6532E43	104300	厦门金龙旅行车有限公司	(0592) 5654488	
客车	海狮瑞喜 XML6532E73	143800	厦门金龙旅行车有限公司	(0592) 5654488	
客车	海狮瑞喜 XML6532E83	143800	厦门金龙旅行车有限公司	(0592) 5654488	
客车	海狮瑞喜 XML6532EB3	121500	厦门金龙旅行车有限公司	(0592) 5654488	
客车	幻影 XML6126J13	788800	厦门金龙旅行车有限公司	(0592) 5654488	
客车	幻影 XML6126J53	888000	厦门金龙旅行车有限公司	(0592) 5654488	
客车	幻影 XML6126J63	698000	厦门金龙旅行车有限公司	(0592) 5654488	

产品名称	型号规格	参考价格(元)	生产厂家	电话	主要参数及备注
小型客车	佳宝 V52 CA6371Ⅲ	30800	一汽吉林汽车有限公司	(0432)4641333	外形尺寸(mm):3741×1475×1870,轴距2450mm,油箱容积35L,整备质量985kg,乘员5~8人,发动机型号LJ465QE1,排量0.97L,最大功率35.5kW(5000 r/min),最大扭矩74 N·m(3000~3500 r/min),最高车速100 km/h,后驱,5速手动,排放标准国Ⅲ
小型客车	佳宝 V52 CA6371A4	32000	一汽吉林汽车有限公司	(0432)4641333	外形尺寸(mm):3741×1475×1870,轴距2450mm,油箱容积35L,整备质量985kg,乘员5~8人,发动机型号DA465QA,排量0.97L,最大功率43kW(5500 r/min),最大扭矩84 N·m(3000~4000 r/min),最高车速110 km/h,后驱,5速手动,排放标准国Ⅳ
小型客车	佳宝 V70 CA6390	35900	一汽吉林汽车有限公司	(0432)4641333	外形尺寸(mm):3930×1585×1857,油箱容积40L,整备质量1123kg,乘员5~8人,发动机型号DA465QA,排量0.97L,额定功率44kW(5500 r/min),最大扭矩84 N·m(3000~4000 r/min),最高车速105 km/h,后驱,5速手动,排放标准国Ⅲ、国Ⅳ,标准型
小型客车	佳宝 V70 CA6390	37500	一汽吉林汽车有限公司	(0432)4641333	外形尺寸(mm):3930×1585×1857,油箱容积40L,整备质量1123kg,乘员5~8人,发动机型号DA465QA,排量0.97L,额定功率44kW(5500 r/min),最大扭矩84 N·m(3000~4000 r/min),最高车速105 km/h,后驱,5速手动,排放标准国Ⅲ、国Ⅳ,舒适型
小型客车	佳宝 V70 CA6390B1	41500	一汽吉林汽车有限公司	(0432)4641333	外形尺寸(mm):3930×1585×1857,油箱容积40L,整备质量1123kg,乘员5~8人,发动机型号CA4GA3,排量1.339L,额定功率67kW(6000 r/min),最大扭矩120 N·m(4400 r/min),最高车速135 km/h,后驱,5速手动,排放标准国Ⅲ、国Ⅳ,舒适型
小型客车	佳宝 V70 CA6390B1/CA6390B2	48500	一汽吉林汽车有限公司	(0432)4641333	外形尺寸(mm):3930×1585×1857,油箱容积40L,整备质量1123kg,乘员5~8人,发动机型号CA4GA3,排量1.339L,额定功率67kW(6000 r/min),最大扭矩120 N·m(4400 r/min),最高车速135 km/h,后驱,5速手动,排放标准国Ⅲ、国Ⅳ,豪华型
小型客车	佳宝 V70 CA6390B2	41800	一汽吉林汽车有限公司	(0432)4641333	外形尺寸(mm):3930×1585×1857,油箱容积40L,整备质量1123kg,乘员5~8人,发动机型号CA4GA3,排量1.339L,额定功率67kW(6000 r/min),最大扭矩120 N·m(4400 r/min),最高车速135 km/h,后驱,5速手动,排放标准国Ⅲ、国Ⅳ,舒适型
小型客车	佳宝 V70 CA6390E	38900	一汽吉林汽车有限公司	(0432)4641333	外形尺寸(mm):3930×1585×1857,油箱容积40L,整备质量1123kg,乘员5~8人,发动机型号DA465QA,排量0.97L,额定功率44kW(5500 r/min),最大扭矩84 N·m(3000~4000 r/min),最高车速105 km/h,后驱,5速手动,排放标准国Ⅲ、国Ⅳ,带空调,标准型

产品名称	型号规格	参考价格(元)	生产厂家	电话	主要参数及备注
小型客车	佳宝 V70 CA6390E	40500	一汽吉林汽车有限公司	(0432)4641333	外形尺寸(mm):3930×1585×1857,油箱容积40L,整备质量1123kg,乘员5~8人,发动机型号DA465QA,排量0.97L,额定功率44kW(5500 r/min),最大扭矩84 N·m(3000~4000 r/min),最高车速105 km/h,后驱,5速手动,排放标准国Ⅲ、国Ⅳ,带空调,舒适型
小型客车	经典全顺 JX6466DF-M	119900	江铃汽车股份有限公司	(0791)5232888	外形尺寸(mm):4666×1974×2228,轴距2835mm,油箱容积80L,乘员6人,最高车速120 km/h,发动机型号JX493ZLQ3,排量2.771L,功率85kW,最大扭矩285 N·m(2000 r/min),油耗7 L/100km,后驱,5速手动,排放标准国Ⅲ
客车	开拓者 XML6125J13	2598000	厦门金龙旅行车有限公司	(0592)5654488	
客车	开拓者 XML6125J23	1368000	厦门金龙旅行车有限公司	(0592)5654488	
客车	考斯特 XML6601J23	286000	厦门金龙旅行车有限公司	(0592)5654488	
客车	考斯特 XML6700H13	418000	厦门金龙旅行车有限公司	(0592)5654488	
客车	考斯特 XML6700H23	418000	厦门金龙旅行车有限公司	(0592)5654488	
客车	柯斯达 TRB53L-ZCMEK (SCT6702TR B53LEX)	509500	北京奥德行丰田汽车销售服务有限公司	(010)83520100	外形尺寸(mm):7005×2040×2645,轴距3935mm,整备质量3320kg,发动机型号2TR,排量2.694L,最大功率108kW(4800 r/min),最大扭矩235 N·m(3800 r/min),最高车速135 km/h,排放标准欧Ⅲ+OBD,豪华,燃汽油,20座,NLG0
客车	柯斯达 TRB53L-ZCMSK (SCT6702TR B53L)	369500	北京奥德行丰田汽车销售服务有限公司	(010)83520100	外形尺寸(mm):7005×2040×2645,轴距3935mm,整备质量3320kg,发动机型号2TR,排量2.694L,最大功率108kW(4800 r/min),最大扭矩235 N·m(3800 r/min),最高车速135 km/h,排放标准欧Ⅲ+OBD,高级,燃汽油,20座,NDG6
客车	柯斯达 TRB53L-ZEMNK (SCT6702TR B53LEX)	507300	北京奥德行丰田汽车销售服务有限公司	(010)83520100	外形尺寸(mm):7005×2040×2645,轴距3935mm,整备质量3320kg,发动机型号2TR,排量2.694L,最大功率108kW(4800 r/min),最大扭矩235 N·m(3800 r/min),最高车速135 km/h,排放标准欧Ⅲ+OBD,豪华,燃汽油,23座,NLG9
客车	柯斯达 TRB53L-ZEMSK (SCT6702 TRB53L)	371500	北京奥德行丰田汽车销售服务有限公司	(010)83520100	外形尺寸(mm):7005×2040×2645,轴距3935mm,整备质量3320kg,发动机型号2TR,排量2.694L,最大功率108kW(4800 r/min),最大扭矩235 N·m(3800 r/min),最高车速135 km/h,排放标准欧Ⅲ+OBD,高级,燃汽油,23座,升级版NDG4

产品名称	型号规格	参考价格（元）	生产厂家	电话	主要参数及备注
客车	柯斯达 XZB53L－ZCMEY（SCT6702XZB53LEX）	533500	北京奥德行丰田汽车销售服务有限公司	（010）83520100	外形尺寸（mm）：7005×2040×2645，轴距 3935mm，整备质量 3532kg，发动机型号 NO4C，排量 4.01L，最大功率 100kW（3000 r/min），最大扭矩 353 N·m（1600 r/min），最高车速 120 km/h，排放标准欧Ⅲ＋OBD，豪华，燃柴油，20 座，NLD8
客车	柯斯达 XZB53L－ZCMSY（SCT6702 XZB53L）	393500	北京奥德行丰田汽车销售服务有限公司	（010）83520100	外形尺寸（mm）：7005×2040×2645，轴距 3935mm，整备质量 3294kg，发动机型号 NO4C，排量 4.01L，最大功率 100kW（3000 r/min），最大扭矩 353 N·m（1600 r/min），最高车速 120 km/h，排放标准欧Ⅲ＋OBD，高级，燃柴油，20 座，NLD3
客车	柯斯达 XZB53L－ZEMN-YSC T6702XZB53LEX）	531300	北京奥德行丰田汽车销售服务有限公司	（010）83520100	外形尺寸（mm）：7005×2040×2645，轴距 3935mm，整备质量 3532kg，发动机型号 NO4C，排量 4.01L，最大功率 100kW（3000 r/min），最大扭矩 353 N·m（1600 r/min），最高车速 120 km/h，排放标准欧Ⅲ＋OBD，豪华，燃柴油，23 座，NLD7
客车	柯斯达 XZB53L－ZEMSY（SCT6702 XZB53L）	395500	北京奥德行丰田汽车销售服务有限公司	（010）83520100	外形尺寸（mm）：7005×2040×2645，轴距 3935mm，整备质量 3294kg，发动机型号 NO4C，排量 4.01L，最大功率 100kW（3000 r/min），最大扭矩 353 N·m（1600 r/min），最高车速 120 km/h，排放标准欧Ⅲ＋OBD，高级，燃柴油，23 座，升级版 NDD1
客车	空客 XML6111J13	638000	厦门金龙旅行车有限公司	（0592）5654488	
客车	空客 XML6121J13	595800	厦门金龙旅行车有限公司	（0592）5654488	
客车	空客 XML6121J83	658000	厦门金龙旅行车有限公司	（0592）5654488	
客车	空客 XML6121J93	828000	厦门金龙旅行车有限公司	（0592）5654488	
客车	龙翔 XML6758J23	288000	厦门金龙旅行车有限公司	（0592）5654488	
客车	龙翔 XML6807J13	457800	厦门金龙旅行车有限公司	（0592）5654488	
客车	龙翔 XML6807J23	488000	厦门金龙旅行车有限公司	（0592）5654488	
客车	龙翔 XML6808J13	308000	厦门金龙旅行车有限公司	（0592）5654488	
客车	龙翔 XML6857J13	386000	厦门金龙旅行车有限公司	（0592）5654488	
客车	龙翔 XML6857J23	508000	厦门金龙旅行车有限公司	（0592）5654488	
客车	龙翔 XML6858J13	396000	厦门金龙旅行车有限公司	（0592）5654488	
客车	龙翔 XML6858J23	518000	厦门金龙旅行车有限公司	（0592）5654488	
客车	龙翔 XML6897J13	578000	厦门金龙旅行车有限公司	（0592）5654488	
客车	龙翔 XML6908J13	588000	厦门金龙旅行车有限公司	（0592）5654488	

产品名称	型号规格	参考价格（元）	生产厂家	电话	主要参数及备注
客车	龙翔 XML6909J23	588000	厦门金龙旅行车有限公司	（0592）5654488	
客车	龙翔 XML6957J13	628000	厦门金龙旅行车有限公司	（0592）5654488	24～43 座，日野发动机 J08E－TU
客车	龙翔 XML6957J13	478000	厦门金龙旅行车有限公司	（0592）5654488	24～43 座，玉柴发动机
客车	龙翔 XML6997J13	498000	厦门金龙旅行车有限公司	（0592）5654488	
客车	龙翔 XML6998J13	498000	厦门金龙旅行车有限公司	（0592）5654488	
小型客车	路尊大霸王 1.3L	50900	哈尔滨哈飞汽车工业集团销售总公司	（0451）86506688	外形尺寸（mm）：4180×1695×1875，轴距 2620mm，整备质量 1265kg，5 门 8 座，发动机型号 DA471QR，排量 1.299L，最大功率 58kW（5400 r/min），最大扭矩 108 N·m（3500～4000 r/min），最高车速 125 km/h，5 速手动，中置后驱，排放标准国Ⅲ，标准型，2011 款
小型客车	路尊大霸王 1.3L	54900	哈尔滨哈飞汽车工业集团销售总公司	（0451）86506688	外形尺寸（mm）：4180×1695×1875，轴距 2620mm，整备质量 1265kg，5 门 8 座，发动机型号 DA471QR，排量 1.299L，最大功率 58kW（5400 r/min），最大扭矩 108 N·m（3500～4000 r/min），最高车速 125 km/h，5 速手动，中置后驱，排放标准国Ⅲ，舒适型，2011 款
小型客车	路尊大霸王 1.5L	59800	哈尔滨哈飞汽车工业集团销售总公司	（0451）86506688	外形尺寸（mm）：4180×1695×1875，轴距 2620mm，整备质量 1325kg，5 门 8 座，发动机型号 4G15S，排量 1.488L，最大功率 76kW（6000 r/min），最大扭矩 134 N·m（4500 r/min），最高车速 145 km/h，5 速手动，中置后驱，排放标准国Ⅲ，尊贵型，2011 款
小型客车	路尊大霸王 1.5L	57800	哈尔滨哈飞汽车工业集团销售总公司	（0451）86506688	外形尺寸（mm）：4180×1695×1875，轴距 2620mm，整备质量 1325kg，5 门 8 座，发动机型号 4G15S，排量 1.488L，最大功率 76kW（6000 r/min），最大扭矩 134 N·m（4500 r/min），最高车速 145 km/h，5 速手动，中置后驱，排放标准国Ⅳ，尊享型，2011 款
小型客车	路尊大霸王 1.5L	60800	哈尔滨哈飞汽车工业集团销售总公司	（0451）86506688	外形尺寸（mm）：4180×1695×1875，轴距 2620mm，整备质量 1325kg，5 门 8 座，发动机型号 4G15S，排量 1.488L，最大功率 76kW（6000 r/min），最大扭矩 134 N·m（4500 r/min），最高车速 145 km/h，5 速手动，中置后驱，排放标准国Ⅳ，尊贵型，2011 款
小型客车	路尊小霸王 心动版	36900	哈尔滨哈飞汽车工业集团销售总公司	（0451）86506688	外形尺寸（mm）：3948×1525×1855，轴距 2470mm，整备质量 1045kg，乘员 5～8 人，发动机型号 DA465Q，排量 0.97L，额定功率 35.5kW，最大扭矩 74 N·m，最高车速 105 km/h，5 速手动，后驱，排放标准国Ⅲ，标准型

产品名称	型号规格	参考价格（元）	生产厂家	电话	主要参数及备注
小型客车	路尊小霸王 心动版	37900	哈尔滨哈飞汽车工业集团销售总公司	（0451）86506688	外形尺寸（mm）：3948×1525×1855，轴距2470mm，整备质量1045kg，乘员5～8人，发动机型号DA465Q，排量0.97L，额定功率35.5kW，最大扭矩74 N·m，最高车速105 km/h，5速手动，后驱，排放标准国Ⅳ，标准型
小型客车	路尊小霸王 心动版	39900	哈尔滨哈飞汽车工业集团销售总公司	（0451）86506688	外形尺寸（mm）：3948×1525×1855，轴距2470mm，整备质量1045kg，乘员5～8人，发动机型号DA465QA，排量0.97L，额定功率44kW，最大扭矩84 N·m，最高车速110 km/h，5速手动，后驱，排放标准国Ⅲ，舒适型
小型客车	路尊小霸王 心动版	40900	哈尔滨哈飞汽车工业集团销售总公司	（0451）86506688	外形尺寸（mm）：3948×1525×1855，轴距2470mm，整备质量1045kg，乘员5～8人，发动机型号DA465QA，排量0.97L，额定功率44kW，最大扭矩84 N·m，最高车速110 km/h，5速手动，后驱，排放标准国Ⅳ，舒适型
小型客车	路尊小霸王 心动版	42900	哈尔滨哈飞汽车工业集团销售总公司	（0451）86506688	外形尺寸（mm）：3948×1525×1855，轴距2470mm，整备质量1045kg，乘员5～8人，发动机型号DA465QA－1A，排量1.051L，额定功率46kW，最大扭矩90 N·m，最高车速110 km/h，5速手动，后驱，排放标准国Ⅲ，豪华型
小型客车	路尊小霸王 心动版	43900	哈尔滨哈飞汽车工业集团销售总公司	（0451）86506688	外形尺寸（mm）：3948×1525×1855，轴距2470mm，整备质量1045kg，乘员5～8人，发动机型号DA465QA－1A，排量1.051L，额定功率46kW，最大扭矩90 N·m，最高车速110 km/h，5速手动，后驱，排放标准国Ⅳ，豪华型
客车	马可波罗 XML6117J13	734600	厦门金龙旅行车有限公司	（0592）5654488	
客车	马可波罗 XML6117J23	1046000	厦门金龙旅行车有限公司	（0592）5654488	
客车	马可波罗 XML6117J33	698000	厦门金龙旅行车有限公司	（0592）5654488	
客车	马可波罗 XML6117J93	1188000	厦门金龙旅行车有限公司	（0592）5654488	
客车	马可波罗 XML6127J13	755000	厦门金龙旅行车有限公司	（0592）5654488	
客车	马可波罗 XML6127J23	1066000	厦门金龙旅行车有限公司	（0592）5654488	
客车	马可波罗 XML6127J63	608000	厦门金龙旅行车有限公司	（0592）5654488	
客车	马可波罗 XML6127J93	1288000	厦门金龙旅行车有限公司	（0592）5654488	
小型客车	民意 1.0L	29980	哈尔滨哈飞汽车工业集团销售总公司	（0451）86506688	外形尺寸（mm）：3745（3760、3825）×1505×1925，轴距2370mm，整备质量1000kg，乘员5～8人，发动机型号DA465Q，排量0.97L，额定功率35.5kW，最大扭矩74 N·m，5速手动，后驱，排放标准国Ⅲ，超值版

产品名称	型号规格	参考价格（元）	生产厂家	电话	主要参数及备注
小型客车	民意 1.0L	32800	哈尔滨哈飞汽车工业集团销售总公司	（0451）86506688	外形尺寸（mm）：3745（3760、3825）×1505×1925，轴距2370mm，整备质量1000kg，乘员5～8人，发动机型号DA465Q，排量0.97L，额定功率35.5kW，最大扭矩74 N·m，5速手动，后驱，排放标准国Ⅲ，基本型
小型客车	民意 1.0L	33650	哈尔滨哈飞汽车工业集团销售总公司	（0451）86506688	外形尺寸（mm）：3745（3760、3825）×1505×1925，轴距2370mm，整备质量1000kg，乘员5～8人，发动机型号DA465Q，排量0.97L，额定功率35.5kW，最大扭矩74 N·m，5速手动，后驱，排放标准国Ⅳ，基本型
小型客车	民意 1.0L	35950	哈尔滨哈飞汽车工业集团销售总公司	（0451）86506688	外形尺寸（mm）：3745（3760、3825）×1505×1925，轴距2370mm，整备质量1000kg，乘员5～8人，发动机型号DA465QA，排量0.97L，额定功率44kW，最大扭矩74 N·m，5速手动，后驱，排放标准国Ⅳ，标准型
小型客车	民意 1.1L	33800	哈尔滨哈飞汽车工业集团销售总公司	（0451）86506688	外形尺寸（mm）：3885×1695×1635，轴距2400mm，整备质量1180kg，2厢5门，乘员5人，发动机型号DA465QA－1A，排量1.051L，额定功率38.5kW，最大扭矩83 N·m（3000～3500 r/min），5速手动，后驱，排放标准国Ⅲ，标准型
小型客车	民意 1.1L	34000	哈尔滨哈飞汽车工业集团销售总公司	（0451）86506688	外形尺寸（mm）：3885×1695、1635，轴距2400mm，整备质量1180kg，2厢5门，乘员5人，发动机型号DA465QA－1A，排量1.051L，额定功率38.5kW，最大扭矩83 N·m（3000～3500 r/min），5速手动，后驱，排放标准国Ⅲ，清爽型
小型客车	民意 1.1L	36300	哈尔滨哈飞汽车工业集团销售总公司	（0451）86506688	外形尺寸（mm）：3885×1695×1635，轴距2400mm，整备质量1180kg，2厢5门，乘员5人，发动机型号DA465QA－1A，排量1.051L，额定功率38.5kW，最大扭矩83 N·m（3000～3500 r/min），5速手动，后驱，排放标准国Ⅲ，豪华型
轻型客车	威尼斯 NJ6606SFH16	220600	南京依维柯汽车有限公司	（025）85402923	10～18座
轻型客车	威尼斯 NJ6606SFH56	178000	南京依维柯汽车有限公司	（025）85402923	10～22座
轻型客车	威尼斯 NJ6707SJH6	289800	南京依维柯汽车有限公司	（025）85402923	17～26座
小型客车	五菱宏光 6430K 1.2L	44800	上汽通用五菱汽车股份有限公司	（0772）8895050	外形尺寸（mm）：4305×1680×1750（1780），轴距2720mm，油箱容积50L，发动机型号LMU，排量1.206L，最大功率63kW（6000 r/min），最大扭矩108 N·m（4400 r/min），最高车速140 km/h，前置后驱，5速手动，排放标准国Ⅳ，实用型

产品名称	型号规格	参考价格(元)	生产厂家	电话	主要参数及备注
小型客车	五菱宏光 6430K 1.2L	47800	上汽通用五菱汽车股份有限公司	(0772) 8895050	外形尺寸(mm):4305×1680×1750(1780),轴距2720mm,油箱容积50L,发动机型号LMU,排量1.206L,最大功率63kW(6000 r/min),最大扭矩108 N·m(4400 r/min),最高车速140 km/h,前置后驱,5速手动,排放标准国Ⅳ,基本型
小型客车	五菱宏光 6430K 1.2L	50800	上汽通用五菱汽车股份有限公司	(0772) 8895050	外形尺寸(mm):4305×1680×1750(1780),轴距2720mm,油箱容积50L,发动机型号LMU,排量1.206L,最大功率63kW(6000 r/min),最大扭矩108 N·m(4400 r/min),最高车速140 km/h,前置后驱,5速手动,排放标准国Ⅳ,标准型
小型客车	五菱宏光 6430K 1.2L	53800	上汽通用五菱汽车股份有限公司	(0772) 8895050	外形尺寸(mm):4305×1680×1750(1780),轴距2720mm,油箱容积50L,发动机型号LMU,排量1.206L,最大功率63kW(6000 r/min),最大扭矩108 N·m(4400 r/min),最高车速140 km/h,前置后驱,5速手动,排放标准国Ⅳ,舒适型
小型客车	五菱宏光 6430M 1.4L	47800	上汽通用五菱汽车股份有限公司	(0772) 8895050	外形尺寸(mm):4305×1680×1750(1780),轴距2720mm,油箱容积50L,发动机型号LCU,排量1.399L,最大功率75kW(6000 r/min),最大扭矩131 N·m(4200 r/min),最高车速150 km/h,前置后驱,5速手动,排放标准国Ⅳ,实用型
小型客车	五菱宏光 6430M 1.4L	50800	上汽通用五菱汽车股份有限公司	(0772) 8895050	外形尺寸(mm):4305×1680×1750(1780),轴距2720mm,油箱容积50L,发动机型号LCU,排量1.399L,最大功率75kW(6000 r/min),最大扭矩131 N·m(4200 r/min),最高车速150 km/h,前置后驱,5速手动,排放标准国Ⅳ,基本型
小型客车	五菱宏光 6430M 1.4L	54800	上汽通用五菱汽车股份有限公司	(0772) 8895050	外形尺寸(mm):4305×1680×1750(1780),轴距2720mm,油箱容积50L,发动机型号LCU,排量1.399L,最大功率75kW(6000 r/min),最大扭矩131 N·m(4200 r/min),最高车速150 km/h,前置后驱,5速手动,排放标准国Ⅳ,标准型
小型客车	五菱宏光 6430M 1.4L	57800	上汽通用五菱汽车股份有限公司	(0772) 8895050	外形尺寸(mm):4305×1680×1750(1780),轴距2720mm,油箱容积50L,发动机型号LCU,排量1.399L,最大功率75kW(6000 r/min),最大扭矩131 N·m(4200 r/min),最高车速150 km/h,前置后驱,5速手动,排放标准国Ⅳ,舒适型
小型客车	五菱宏光 6430M 1.4L	60800	上汽通用五菱汽车股份有限公司	(0772) 8895050	外形尺寸(mm):4305×1680×1750(1780),轴距2720mm,油箱容积50L,发动机型号LCU,排量1.399L,最大功率75kW(6000 r/min),最大扭矩131 N·m(4200 r/min),最高车速150 km/h,前置后驱,5速手动,排放标准国Ⅳ,豪华型

产品名称	型号规格	参考价格(元)	生产厂家	电话	主要参数及备注
小型客车	五菱之光 LZW6376N	32800	上汽通用五菱汽车股份有限公司	(0772) 8895050	外形尺寸(mm):3730×1510×1860,轴距2500mm,油箱容积40L,发动机型号LJ465QR1E6,排量0.998 L,最大功率45kW(5600 r/min),最大扭矩85 N·m(3500~4000 r/min),5速全同步变速器,立业型
小型客车	新得利卡2.0 MT	76800	东南(福建)汽车工业有限公司	(0591) 22766566	外形尺寸(mm):4945×1695×1970,轴距2435mm,油箱容积56L,整备质量2400kg、2500kg,乘员5~11人,发动机型号4G63S4M,排量1.997 L,最大功率89.7kW(6000 r/min),最大扭矩167 N·m(4000 r/min),后驱,5速手动,排放标准欧Ⅲ、欧Ⅳ,经济型
小型客车	新得利卡2.0 MT	81800	东南(福建)汽车工业有限公司	(0591) 22766566	外形尺寸(mm):4945×1695×1970,轴距2435mm,油箱容积56L,整备质量2400kg、2500kg,乘员5~11人,发动机型号4G63S4M,排量1.997 L,最大功率89.7kW(6000 r/min),最大扭矩167 N·m(4000 r/min),后驱,5速手动,排放标准欧Ⅲ、欧Ⅳ,经典型
小型客车	新得利卡2.0 MT	94800	东南(福建)汽车工业有限公司	(0591) 22766566	外形尺寸(mm):4945×1695×1970,轴距2435mm,油箱容积56L,整备质量2400kg、2500kg,乘员5~11人,发动机型号4G63S4M,排量1.997 L,最大功率89.7kW(6000 r/min),最大扭矩167 N·m(4000 r/min),后驱,5速手动,排放标准欧Ⅲ、欧Ⅳ,时尚型
小型客车	新得利卡2.0 MT	109800	东南(福建)汽车工业有限公司	(0591) 22766566	外形尺寸(mm):4945×1695×1970,轴距2435mm,油箱容积56L,整备质量2400kg、2500kg,乘员5~11人,发动机型号4G63S4M,排量1.997 L,最大功率89.7kW(6000 r/min),最大扭矩167 N·m(4000 r/min),后驱,5速手动,排放标准欧Ⅲ、欧Ⅳ,豪华型
轻型客车	新世代全顺 JX6490TA–L3	159800	江铃汽车股份有限公司	(0791) 5232888	短轴,6座,低顶,普通型
轻型客车	新世代全顺 JX6490TA–L3	182800	江铃汽车股份有限公司	(0791) 5232888	短轴,7座,低顶,豪华型
轻型客车	新世代全顺 JX6490TA–L3	172800	江铃汽车股份有限公司	(0791) 5232888	短轴,7座,低顶,普通型
轻型客车	新世代全顺 JX6490TA–M3	164800	江铃汽车股份有限公司	(0791) 5232888	短轴,6座,中顶,普通型
轻型客车	新世代全顺 JX6490TA–M3	187800	江铃汽车股份有限公司	(0791) 5232888	短轴,7座,中顶,豪华型
轻型客车	新世代全顺 JX6490TA–M3	177800	江铃汽车股份有限公司	(0791) 5232888	短轴,7座,中顶,普通型
中型客车	新世代全顺 JX6491P–L4	173800	江铃汽车股份有限公司	(0791) 5232888	短轴,12座,低顶,普通,汽油车
中型客车	新世代全顺 JX6491P–L4	172800	江铃汽车股份有限公司	(0791) 5232888	短轴,10座,低顶,普通,汽油车
中型客车	新世代全顺 JX6491P–M4	178800	江铃汽车股份有限公司	(0791) 5232888	短轴,12座,中顶,普通,汽油车

产品名称	型号规格	参考价格（元）	生产厂家	电话	主要参数及备注
中型客车	新世代全顺 JX6491P－M4	177800	江铃汽车股份有限公司	（0791）5232888	短轴,10座,中顶,普通,汽油车
中型客车	新世代全顺 JX6491TA－L3	172800	江铃汽车股份有限公司	（0791）5232888	短轴,10座,低顶,普通型
中型客车	新世代全顺 JX6491TA－L3	173800	江铃汽车股份有限公司	（0791）5232888	短轴,12座,低顶,普通型
中型客车	新世代全顺 JX6491TA－M3	177800	江铃汽车股份有限公司	（0791）5232888	短轴,10座,中顶,普通型
中型客车	新世代全顺 JX6491TA－M3	178800	江铃汽车股份有限公司	（0791）5232888	短轴,12座,中顶,普通型
小型客车	新世代全顺 JX6570MC	243800	江铃汽车股份有限公司	（0791）5232888	外形尺寸（mm）：5680×2000×2360,轴距3750mm,油箱容积80L,乘员9人,最高车速145 km/h,发动机型号 DURATORQ4D243H,排量2.402L,功率103kW,最大扭矩375 N·m（2000～2500 r/min）,后驱,6速手动,排放标准国Ⅲ,豪华商务舱
小型客车	新世代全顺 JX6570TA－M3	184800	江铃汽车股份有限公司	（0791）5232888	长轴,6座,中顶,普通型
轻型客车	新世代全顺 JX6571P－M4	249800	江铃汽车股份有限公司	（0791）5232888	长轴,9座,中顶,豪华舱汽油车
中型客车	新世代全顺 JX6571P－M4	215100	江铃汽车股份有限公司	（0791）5232888	长轴,10座,中顶,豪华,汽油车
中型客车	新世代全顺 JX6571P－M4	204800	江铃汽车股份有限公司	（0791）5232888	长轴,10座,中顶,普通,汽油车
中型客车	新世代全顺 JX6571P－M4	214600	江铃汽车股份有限公司	（0791）5232888	长轴,14座,中顶,豪华,汽油车
中型客车	新世代全顺 JX6571P－M4	204600	江铃汽车股份有限公司	（0791）5232888	长轴,14座,中顶,普通,汽油车
中型客车	新世代全顺 JX6571P－M4	215100	江铃汽车股份有限公司	（0791）5232888	长轴,15座,中顶,豪华型,汽油车
中型客车	新世代全顺 JX6571P－M4	204800	江铃汽车股份有限公司	（0791）5232888	长轴,15座,中顶,普通,汽油车
中型客车	新世代全顺 JX6571TA－H3	211800	江铃汽车股份有限公司	（0791）5232888	长轴,15座,高顶,普通型
轻型客车	新世代全顺 JX6571TA－M3	249800	江铃汽车股份有限公司	（0791）5232888	长轴,9座,中顶,豪华舱
中型客车	新世代全顺 JX6571TA－M3	215100	江铃汽车股份有限公司	（0791）5232888	长轴,10座,中顶,豪华型
小型客车	新世代全顺 JX6571TA－M3	204800	江铃汽车股份有限公司	（0791）5232888	长轴,10座,中顶,普通型
中型客车	新世代全顺 JX6571TA－M3	204600	江铃汽车股份有限公司	（0791）5232888	长轴,14座,中顶,普通型
中型客车	新世代全顺 JX6571TA－M3	215100	江铃汽车股份有限公司	（0791）5232888	长轴,15座,中顶,豪华型
小型客车	新世代全顺 JX6571TA－M3	209100	江铃汽车股份有限公司	（0791）5232888	外形尺寸（mm）：5680×2000×2360,轴距3750mm,油箱容积80L,乘员15人,最高车速170 km/h,发动机型号 DURATORQ4D243H,排量2.402L,功率103kW,最大扭矩375 N·m（2000～2500 r/min）,后驱,6速手动,排放标准国Ⅲ,中顶,豪华型
中型客车	新世代全顺 JX6641TA－N3	228800	江铃汽车股份有限公司	（0791）5232888	加长轴,17座,中顶,普通型,后双胎
中型客车	新世代全顺 JX6641TA－S3	234800	江铃汽车股份有限公司	（0791）5232888	加长轴,17座,高顶,普通型,后双胎

产品名称	型号规格	参考价格（元）	生产厂家	电话	主要参数及备注
小型客车	新世代全顺 JX6641T－S3	228800	江铃汽车股份有限公司	（0791）5232888	外形尺寸（mm）：6503×2095×2595，轴距 3750mm，油箱容积 80L，乘员 17 人，最高车速 170 km/h，发动机型号 DURA-TORQ4D243H，排量2.402L，功率 103kW，最大扭矩 375 N·m（2000～2500 r/min），后驱，6 速手动，排放标准国Ⅲ，高顶，普通型
中小型客车	新世代全顺豪华舱 JX6490MB	228800	蚌埠连城江铃汽车销售服务有限公司	（0552）3111155	外形尺寸（mm）：4963×2000×2398，轴距 2933mm，车身质量 2245kg，发动机排量2.4L，最大功率 103kW（3500 r/min），最大扭矩 375 N·m（2000～2250 r/min），前置后驱，最高车速 140 km/h，油耗 8.63 L/100km，燃柴油，排放标准国Ⅲ，6 速手动，短轴，7 座，豪华型，银灰色
中小型客车	新世代全顺豪华舱 JX6570MC	250600	蚌埠连城江铃汽车销售服务有限公司	（0552）3111155	外形尺寸（mm）：5780×2000×2360，轴距 3750mm，车身质量 2450kg，发动机排量2.4L，最大功率 103kW（3500 r/min），最大扭矩 375 N·m（2000～2250 r/min），前置后驱，最高车速 145 km/h，油耗 8.7 L/100km，燃柴油，排放标准国Ⅲ，6 速手动，长轴，7 座，豪华型，银灰色
中小型客车	新世代全顺豪华舱 JX6570MC	251800	蚌埠连城江铃汽车销售服务有限公司	（0552）3111155	外形尺寸（mm）：5780×2000×2360，轴距 3750mm，车身质量 2450kg，发动机排量2.4L，最大功率 103kW（3500 r/min），最大扭矩 375 N·m（2000～2250 r/min），前置后驱，最高车速 145 km/h，油耗 8.7 L/100km，燃柴油，排放标准国Ⅲ，6 速手动，长轴，9 座，豪华型，银灰色
小型客车	新中意 1.0L	29800	哈尔滨哈飞汽车工业集团销售总公司	（0451）86506688	外形尺寸（mm）：3745×1480×1918，轴距 1960mm，整备质量 960kg，乘员 5～8 人，发动机型号 DA465Q，排量0.97L，额定功率35.5kW，最大扭矩 74 N·m（3000～3500 r/min），最高车速 100 km/h，5 速手动，后驱，排放标准国Ⅲ，基本型
小型客车	新中意 1.0L	30800	哈尔滨哈飞汽车工业集团销售总公司	（0451）86506688	外形尺寸（mm）：3745×1480×1918，轴距 1960mm，整备质量 960kg，乘员 5～8 人，发动机型号 DA465Q，排量0.97L，额定功率35.5kW，最大扭矩 74 N·m（3000～3500 r/min），最高车速 100 km/h，5 速手动，后驱，排放标准国Ⅳ，基本型

第4章 货 车

产品名称	型号规格	参考价格（元）	生产厂家	电话	主要参数及备注
轻型厢式货车	JMC 运霸 JX5030XXYTA3	90400	蚌埠连城江铃汽车销售服务有限公司	(0552) 3111155	盲窗,金属漆裙边双色漆,2座位
轻型厢式货车	JMC 运霸 JX5030XXYTA3	89800	蚌埠连城江铃汽车销售服务有限公司	(0552) 3111155	盲窗,云白单色,2座位
厢式货车	JX1030TA3	78800	蚌埠连城江铃汽车销售服务有限公司	(0552) 3111155	单标,发动机型号 4JB1－TDCi,燃柴油,排量2.8L,功率85kW,扭矩285 N·m(2200 r/min),油耗8 L/100km,最高车速100 km/h,排放标准国Ⅲ,上户吨位1.45t,乘坐2人
厢式货车	JX1030TAA3	78800	蚌埠连城江铃汽车销售服务有限公司	(0552) 3111155	单标,发动机型号 4JB1－TDCi,燃柴油,排量2.8L,功率85kW,扭矩285 N·m(2200 r/min),油耗8 L/100km,最高车速100 km/h,排放标准国Ⅲ,上户吨位0.995t,乘坐2人
厢式货车	JX1030TSA3	78800	蚌埠连城江铃汽车销售服务有限公司	(0552) 3111155	双标,发动机型号 4JB1－TDCi,燃柴油,排量2.8L,功率85kW,扭矩285 N·m(2200 r/min),油耗8 L/100km,最高车速100 km/h,排放标准国Ⅲ,上户吨位1.41t,乘坐5人
厢式货车	JX1030TSAA3	78800	蚌埠连城江铃汽车销售服务有限公司	(0552) 3111155	双标,发动机型号 4JB1－TDCi,燃柴油,排量2.8L,功率85kW,扭矩285 N·m(2200 r/min),油耗8 L/100km,最高车速100 km/h,排放标准国Ⅲ,上户吨位0.86t,乘坐5人
厢式货车	JX5031XXYXA	85600	蚌埠连城江铃汽车销售服务有限公司	(0552) 3111155	单标,发动机型号 4JB1－TDCi,燃柴油,排量2.8L,功率85kW,扭矩285 N·m(2200 r/min),油耗8 L/100km,最高车速100 km/h,排放标准国Ⅲ,上户吨位1.335t,乘坐2人,波纹板/平板铝合金厢
厢式货车	JX5031XXYXA	81800	蚌埠连城江铃汽车销售服务有限公司	(0552) 3111155	单标,发动机型号 4JB1－TDCi,燃柴油,排量2.8L,功率85kW,扭矩285 N·m(2200 r/min),油耗8 L/100km,最高车速100 km/h,排放标准国Ⅲ,上户吨位1.335t,乘坐2人,坑板铁厢
厢式货车	JX5031XXYXA	87000	蚌埠连城江铃汽车销售服务有限公司	(0552) 3111155	单标,发动机型号 4JB1－TDCi,燃柴油,排量2.8L,功率85kW,扭矩285 N·m(2200 r/min),油耗8 L/100km,最高车速100 km/h,排放标准国Ⅲ,上户吨位1.335t,乘坐2人,铝塑厢
厢式货车	JX5031XXYXA	82300	蚌埠连城江铃汽车销售服务有限公司	(0552) 3111155	单标,发动机型号 4JB1－TDCi,燃柴油,排量2.8L,功率85kW,扭矩285 N·m(2200 r/min),油耗8 L/100km,最高车速100 km/h,排放标准国Ⅲ,上户吨位1.335t,乘坐2人,平板铁厢

产品名称	型号规格	参考价格（元）	生产厂家	电话	主要参数及备注
厢式货车	JX5031 XXYXAA	85600	蚌埠连城江铃汽车销售服务有限公司	(0552) 3111155	单标，发动机型号 4JB1 - TDCi，燃柴油，排量2.8L，功率 85kW，扭矩 285 N·m(2200 r/min)，油耗 8 L/100km，最高车速 100 km/h，排放标准国Ⅲ，上户吨位 0.83t，乘坐 2 人，波纹板/平板铝合金厢
厢式货车	JX5031 XXYXAA	81800	蚌埠连城江铃汽车销售服务有限公司	(0552) 3111155	单标，发动机型号 4JB1 - TDCi，燃柴油，排量2.8L，功率 85kW，扭矩 285 N·m(2200 r/min)，油耗 8 L/100km，最高车速 100 km/h，排放标准国Ⅲ，上户吨位 0.83t，乘坐 2 人，坑板铁厢
厢式货车	JX5031 XXYXAA	87000	蚌埠连城江铃汽车销售服务有限公司	(0552) 3111155	单标，发动机型号 4JB1 - TDCi，燃柴油，排量2.8L，功率 85kW，扭矩 285 N·m(2200 r/min)，油耗 8 L/100km，最高车速 100 km/h，排放标准国Ⅲ，上户吨位 0.83t，乘坐 2 人，铝塑厢
厢式货车	JX5031 XXYXAA	82300	蚌埠连城江铃汽车销售服务有限公司	(0552) 3111155	单标，发动机型号 4JB1 - TDCi，燃柴油，排量2.8L，功率 85kW，扭矩 285 N·m(2200 r/min)，油耗 8 L/100km，最高车速 100 km/h，排放标准国Ⅲ，上户吨位 0.83t，乘坐 2 人，平板铁厢
厢式货车	JX5031 XXYXSA	86700	蚌埠连城江铃汽车销售服务有限公司	(0552) 3111155	双标，发动机型号 4JB1 - TDCi，燃柴油，排量2.8L，功率 85kW，扭矩 285 N·m(2200 r/min)，油耗 8 L/100km，最高车速 100 km/h，排放标准国Ⅲ，上户吨位 0.995t，乘坐 5 人，探头，波纹板/平板铝合金厢
厢式货车	JX5031 XXYXSA	82300	蚌埠连城江铃汽车销售服务有限公司	(0552) 3111155	双标，发动机型号 4JB1 - TDCi，燃柴油，排量2.8L，功率 85kW，扭矩 285 N·m(2200 r/min)，油耗 8 L/100km，最高车速 100 km/h，排放标准国Ⅲ，上户吨位 0.995t，乘坐 5 人，探头，坑板铁厢
厢式货车	JX5031 XXYXSA	85400	蚌埠连城江铃汽车销售服务有限公司	(0552) 3111155	双标，发动机型号 4JB1 - TDCi，燃柴油，排量2.8L，功率 85kW，扭矩 285 N·m(2200 r/min)，油耗 8 L/100km，最高车速 100 km/h，排放标准国Ⅲ，上户吨位 0.995t，乘坐 5 人，探头，铝塑厢
厢式货车	JX5031 XXYXSA	82800	蚌埠连城江铃汽车销售服务有限公司	(0552) 3111155	双标，发动机型号 4JB1 - TDCi，燃柴油，排量2.8L，功率 85kW，扭矩 285 N·m(2200 r/min)，油耗 8 L/100km，最高车速 100 km/h，排放标准国Ⅲ，上户吨位 0.995t，乘坐 5 人，探头，平板铁厢
货车	NKR77 GLEACJA	136900	庆铃汽车股份有限公司	(023) 65263350	600P 短单后双轮，1.97t，2 座，单碟 CD，前排空调，方向助力
货车	NKR77 GLEACJAX1	141300	庆铃汽车股份有限公司	(023) 65263350	600P 短单后双轮，1.65t，2 座，单碟 CD，前排空调，方向助力
货车	NKR77 LLCWCJA	139500	庆铃汽车股份有限公司	(023) 65263350	600P 长双后双轮，1.75t，5 座，单碟 CD，前排空调，方向助力
货车	NKR77 LLCWCJAXS	143600	庆铃汽车股份有限公司	(023) 65263350	600P 长双后双轮，1.25t，5 座，单碟 CD，前排空调，方向助力
货车	NKR77 LLDACJA	136900	庆铃汽车股份有限公司	(023) 65263350	600P 长单后双轮，1.85t，2 座，单碟 CD，前排空调，方向助力

产品名称	型号规格	参考价格(元)	生产厂家	电话	主要参数及备注
货车	NKR77 LLEACJAX1	141300	庆铃汽车股份有限公司	(023)65263350	600P 长单后双轮,1.4t,2 座,单碟 CD,前排空调,方向助力
货车	QL10408EAR	94000	庆铃汽车股份有限公司	(023)65263350	100P 短单后单轮,1.99t,2 座,中冷增压
货车	QL10408EWR1	96500	庆铃汽车股份有限公司	(023)65263350	100P 标双后单轮,1.25t,5 座,中冷增压
货车	QL10408FAR	96300	庆铃汽车股份有限公司	(023)65263350	100P 短单后双轮,1.99t,2 座,中冷增压
货车	QL10408HAR	111000	庆铃汽车股份有限公司	(023)65263350	100P 长单后双轮,1.75t,2 座,中冷增压
货车	QL10408HWR	113500	庆铃汽车股份有限公司	(023)65263350	100P 长双后双轮,1.49t,5 座,中冷增压
货车	QL1040HEAR	125700	庆铃汽车股份有限公司	(023)65263350	600P 短单后单轮,1.45t,2 座,单碟 CD,前排空调
货车	QL1040HEWR	125400	庆铃汽车股份有限公司	(023)65263350	600P 标双后单轮,1.25t,5 座,单碟 CD,前排空调
货车	QL10508FWR	98800	庆铃汽车股份有限公司	(023)65263350	100P 双排后双轮,1.98t,5 座,中冷增压
厢式货车	QL5040X8EAR	95300	庆铃汽车股份有限公司	(023)65263350	100P 短单后单轮,1.45t,2 座,中冷增压
厢式货车	QL5040X8EWR	97800	庆铃汽车股份有限公司	(023)65263350	100P 标双后单轮,1.25t,5 座,中冷增压
厢式货车	QL5040X8FAR	98300	庆铃汽车股份有限公司	(023)65263350	100P 单排后双轮,1.45t,2 座,中冷增压
厢式货车	QL5040X8FWR	100800	庆铃汽车股份有限公司	(023)65263350	100P 双排后双轮,1.35t,5 座,中冷增压
厢式货车	QL5040X8HAR	113300	庆铃汽车股份有限公司	(023)65263350	100P 长单后双轮,1.49t,2 座,中冷增压
厢式货车	QL5040X8HWR	115800	庆铃汽车股份有限公司	(023)65263350	100P 长双后双轮,1.35t,5 座,中冷增压
厢式货车	QL5041XHEAR	129500	庆铃汽车股份有限公司	(023)65263350	600P 短单后单轮,1.25t,2 座,单碟 CD,前排空调
厢式货车	QL5042XHEWR	128500	庆铃汽车股份有限公司	(023)65263350	600P 标双后单轮,1.25t,5 座,单碟 CD,前排空调
厢式货车	宝典 JX5023 XXYMG1	110600	蚌埠连城江铃汽车销售服务有限公司	(0552)3111155	豪华型,4×2 驱动,连体货厢,金属单色
厢式货车	宝典 JX5023 XXYMG1	110600	蚌埠连城江铃汽车销售服务有限公司	(0552)3111155	豪华型,4×2 驱动,连体货厢,金属双色
厢式货车	宝典 JX5023 XXYMG1	109200	蚌埠连城江铃汽车销售服务有限公司	(0552)3111155	豪华型,4×2 驱动,连体厢货
厢式货车	宝典 JX5023 XXYMG1	104200	蚌埠连城江铃汽车销售服务有限公司	(0552)3111155	基本型,4×2 驱动,连体货厢,白色
厢式货车	宝典 JX5023 XXYMS1	91300	蚌埠连城江铃汽车销售服务有限公司	(0552)3111155	基本型,4×2 驱动,分体铁柜,白色
厢式货车	宝典 JX5023 XXYMS1	96700	蚌埠连城江铃汽车销售服务有限公司	(0552)3111155	基本型,4×2 驱动,分体铁柜,金属单/皓白双色
厢式货车	宝典 JX5023 XXYMS1	98200	蚌埠连城江铃汽车销售服务有限公司	(0552)3111155	基本型,4×2 驱动,分体铁柜,金属双色
厢式货车	宝典 JX5023 XXYMS1	94800	蚌埠连城江铃汽车销售服务有限公司	(0552)3111155	基本型,4×2 驱动,分体铁柜
厢式货车	宝典 JX5025 XXYMG1	125900	蚌埠连城江铃汽车销售服务有限公司	(0552)3111155	豪华型,4×4 驱动,连体货厢,金属单色
厢式货车	宝典 JX5025 XXYMG1	125900	蚌埠连城江铃汽车销售服务有限公司	(0552)3111155	豪华型,4×4 驱动,连体货厢,金属双色
厢式货车	宝典 JX5025 XXYMG1	124300	蚌埠连城江铃汽车销售服务有限公司	(0552)3111155	豪华型,4×4 驱动,连体厢货

产品名称	型号规格	参考价格(元)	生产厂家	电话	主要参数及备注
厢式货车	宝典 JX5025 XXYMG1	119300	蚌埠连城江铃汽车销售服务有限公司	(0552)3111155	基本型,4×4 驱动,连体货厢,白色
厢式货车	宝典 JX5025 XXYMS1	112300	蚌埠连城江铃汽车销售服务有限公司	(0552)3111155	豪华型,4×4 驱动,分体铁柜,金属单/皓白双色
厢式货车	宝典 JX5025 XXYMS1	113800	蚌埠连城江铃汽车销售服务有限公司	(0552)3111155	豪华型,4×4 驱动,分体铁柜,金属双色
厢式货车	宝典 JX5025 XXYMS1	110400	蚌埠连城江铃汽车销售服务有限公司	(0552)3111155	豪华型,4×4 驱动,分体铁柜
厢式货车	宝典 JX5025 XXYMS1	107500	蚌埠连城江铃汽车销售服务有限公司	(0552)3111155	基本型,4×4 驱动,分体铁柜,白色
厢式货车	德龙 F2000 SX5244 XXYNM406	269000	中集陕汽重卡专用车有限公司	(029)86216977	加宽加长高顶,车身长度 12m,货厢长度 9m,280 马力,排量 9.726 L,变速器型号法士特 9JS119,9 速,额定载重 8t,8×4 驱动
厢式货车	东风 8×4	336000	湖北天威专用汽车有限公司	(0722)3308885	上户吨位 16t,外部尺寸(mm):9500×2300×2200
厢式货车	东风 145	324000	湖北天威专用汽车有限公司	(0722)3308885	上户吨位 4.58 t,外部尺寸(mm):7200×2200×2200
厢式货车	东风 145	193000	湖北天威专用汽车有限公司	(0722)3308885	上户吨位4.5t,外部尺寸(mm):7200×2200×2200
厢式货车	东风 153	353000	湖北天威专用汽车有限公司	(0722)3308885	上户吨位 8t,外部尺寸(mm):7200×2200×2200
厢式货车	东风 1208	284000	湖北天威专用汽车有限公司	(0722)3308885	上户吨位 11t,外部尺寸(mm):9500×2300×2200
厢式货车	东风多利卡	134000	湖北天威专用汽车有限公司	(0722)3308885	上户吨位1.98~3.99t,外部尺寸(mm):6150×2050×2050
厢式货车	东风三平柴	153000	湖北天威专用汽车有限公司	(0722)3308885	上户吨位 2.99 t,外部尺寸(mm):5750×1910×2050
厢式货车	东风小霸王	93000	湖北天威专用汽车有限公司	(0722)3308885	上户吨位0.8~1.98t,外部尺寸(mm):4300×1800×1900
轻型载货车	江淮骏铃 HFC1045 K103R1	62500	上海奥狮汽车销售有限公司	(021)68063421	额定载重1.82t,轴距 3308mm,发动机型号朝柴 CY4102-C3D,109 马力,排量3.805L,4×2 驱动,5 速变速器,型号六安 LC5T28,货厢长度3.85m
轻型载货车	江淮骏铃 HFC1045KS	82500	上海奥狮汽车销售有限公司	(021)68063421	额定载重1.95t,轴距 3308mm,发动机 4D30Y(B),93 马力,排量2.977L,4×2 驱动,5 速变速器,货厢长度4.18m
轻型载货车	江淮骏铃 HFC1048K103	68000	上海奥狮汽车销售有限公司	(021)68063421	额定载重1.725t,轴距 3308mm,发动机型号朝柴 CY4102-C3D,109 马力,排量3.805L,4×2 驱动,5 速变速器,型号六安 LC5T28,货厢长度4.13m
轻型载货车	江淮骏铃 HFC5045 XXYKT	69000	上海奥狮汽车销售有限公司	(021)68063421	额定载重1.49t,轴距 3308mm,发动机朝柴 CY4102-C3D,109 马力,排量3.805L,4×2 驱动,5 速变速器,型号六安 LC5T28,货厢长度4.15m
轻型载货车	江淮威铃 HFC1081K9	94900	上海奥狮汽车销售有限公司	(021)68063421	额定载重4.705t,轴距 4150mm,发动机型号朝柴 CY4102-C3C,120 马力,排量3.856L,4×2 驱动,5 速变速器,货厢长度5.53m
轻型载货车	江淮威铃 HFC1081KR1T	97500	上海奥狮汽车销售有限公司	(021)68063421	额定载重3.5t,轴距 3815mm,发动机型号朝柴 CY4102-C3D,109 马力,排量3.856L,4×2 驱动,5 速变速器

第5章 专用汽车

5.1 专用载人汽车

5.1.1 房车

产品名称	型号规格	参考价格（元）	生产厂家	电话	主要参数及备注
房车	A32	288000	长城汽车股份有限公司	(0312) 2192888	4床位，自行式B型
房车	A37 CC5040XLJ	298800	长城汽车股份有限公司	(0312) 2192888	发动机型号 SOFIM 8140.43S3，排量2.798L，额定载客6人，4床位，自行式B型，标配
房车	A37 CC5040XLJ	328800	长城汽车股份有限公司	(0312) 2192888	发动机型号 SOFIM 8140.43S3，排量2.798L，额定载客6人，4床位，自行式B型，高配
旅居房车	NV200 ZN6440V1B4	198000	河南五洲行特种车辆有限公司	(0371) 67391981	外形尺寸(mm)：4620×1695×2480，轴距2725mm 乘坐6人，整车质量1500kg，发动机型号PSATU5JP4，排量1.6L，最大功率142kW(4000 r/min)，最大扭矩142 N·m(4000 r/min，前置前驱，5速手动，标准配置：双功能双人座，折叠商务桌，整车可铺床，储物柜，天窗，电动隐藏式厨房，LED筒灯，800Ah蓄电池，1000W逆变器，充电器，控制面板，220V插座，水泵，外接电源插座，30L净水箱，水路开关，外接重力注水口，灭火器
房车	TC5045XLJ－C	478000	北京中天行投资管理有限公司	(010) 64229339	外形尺寸(mm)：5990×2300(2360)×3110(3250)，轴距3310mm，底盘型号 IVECONJ1047SFX6，发动机型号SOFIM 8140.43S3，排量2.789L，额定功率92kW，最大总质量4450kg，额定载客4～6人(含驾驶员)，最高车速115 km/h，后轮驱动，5速手动，标准配置，自行式
房车	TC5045XLJ－C	498000	北京中天行投资管理有限公司	(010) 64229339	外形尺寸(mm)：5990×2300(2360)×3110(3250)，轴距3310mm，底盘型号 IVECONJ1047SFX6，发动机型号SOFIM 8140.43S3，排量2.789L，额定功率92kW，最大总质量4450kg，额定载客4～6人(含驾驶员)，最高车速115 km/h，后轮驱动，5速手动，标准配置，自行式，升级版
房车	风骏 CC5021XLJ	223800	长城汽车股份有限公司	(0312) 2192888	发动机型号4G69S4N，排量2.378L，额定功率100kW，额定载客2+3人，二驱，自行式C型
房车	风骏 CC5031XLJ	238800	长城汽车股份有限公司	(0312) 2192888	发动机型号4G69S4N，排量2.378L，额定功率100kW，额定载客2+3人，四驱，自行式C型

产品名称	型号规格	参考价格(元)	生产厂家	电话	主要参数及备注
房车	风骏 CC5033XLJ	253800	长城汽车股份有限公司	(0312)2192888	外形尺寸(mm):5980×2010(2100)×2890(2985),整备质量2470kg,最大总质量2795kg,额定载5人,发动机型号GW 2.8TC-2,排量2.771L,最大功率70kW,油箱容积70L,最高车速100 km/h,排放标准国Ⅲ,自行式C型
房车	假日风情	1180000	浙江中誉汽车有限公司	(0571)82839988	4床位,自行式B型
房车	金龙总裁级	8000000	厦门金龙礼宾车有限公司	(0592)3159888-281	前滑移舱尺寸(mm):4419×1828×762,后滑移舱(mm)尺寸:2438×1568×610,康明斯涡轮式充电柴油机,420hp,6速自动变速器,4台Coleman房车专用空调,柴油加热系统,独立厨房和淋浴房,进口洗漱化妆台、进口马桶,水净化系统,离子注入,反渗透饮水系统,净水箱400L,废水箱400L,2台Phill、1台Sony40in液晶电视,2台10.4inDVD液晶电视一体机,卫星电视,以色列专用车载移动卫星电视系统,先锋数字家庭影院系统,多功能的打印机/传真机/扫描仪惠普一体机,厨房电器洗碗机,Amana微波炉,电磁炉,Panasonic三门冰箱,Siemens洗衣干衣一体机,可视报警系统内外监控,可视报警系统
房车	陶彼 TC9010TLJ	138000	北京中天行投资管理有限公司	(010)64229339	外廓尺寸(mm):4320×2030×2410(2550),室内尺寸(mm):3220×1914×1800,最大总质量1150kg,适宜居住2~3人,三明治式复合车身结构,配有U型沙发(可拼成1640mm×1940mm的床),卫生间,影音系统,房车专用冰箱,燃气暖风,燃气热水器,燃气灶等各种设施,还可选装窗式驻车空调,拖挂式A型

5.1.2 救护车

产品名称	型号规格	参考价格(元)	生产厂家	电话	主要参数及备注
重症监护救护车	HFC5036XJHH2LF(A)	298000	北京城市捷运汽车贸易有限公司	(010)80772869	前后盘式制动,安全气囊,倒车雷达,加强钢板弹簧
重症监护救护车	HFC5036XJHH2LF(B)	269800	北京城市捷运汽车贸易有限公司	(010)80772869	外形尺寸(mm):5035×1820×2350,轴距3080mm,医疗舱尺寸(mm):2400×1550×1680,发动机型号HFC4GA1-C,排量2.4L,额定功率110kW(5500r/min),最大扭矩210N·m(2500r/min),5速手动,排放标准欧Ⅲ,前盘后鼓式制动,加强钢板弹簧
专业救护车	HFC5036XJHHLBE3	169800	北京城市捷运汽车贸易有限公司	(010)80772869	5座,简配高顶
专业救护车	HFC5036XJHHLBE3	189800	北京城市捷运汽车贸易有限公司	(010)80772869	5座,标配高顶

产品名称	型号规格	参考价格（元）	生产厂家	电话	主要参数及备注
专业救护车	HFC5036 XJHLA3BE3	129800	北京城市捷运汽车贸易有限公司	(010) 80772869	标配
专业救护车	HFC5036XJHLF	149800	北京城市捷运汽车贸易有限公司	(010) 80772869	简配
专业救护车	HFC5036XJHLF	169800	北京城市捷运汽车贸易有限公司	(010) 80772869	标配
救护车	JX5035XJHZCB	229900	蚌埠连城江铃汽车销售服务有限公司	(0552) 3111155	全顺,15 座,福星Ⅱ型,排放标准欧Ⅲ
救护车	JX5035XJHZCB	313800	蚌埠连城江铃汽车销售服务有限公司	(0552) 3111155	全顺,15 座,新款福星Ⅲ型,燃汽油,排放标准欧Ⅲ
救护车	JX5038XJHMA	197800	蚌埠连城江铃汽车销售服务有限公司	(0552) 3111155	V348 全顺,12 座,普低,排放标准欧Ⅲ
救护车	JX5038XJHMB	202800	蚌埠连城江铃汽车销售服务有限公司	(0552) 3111155	V348 全顺,12 座,普中,排放标准欧Ⅲ
救护车	JX5047XJHMCB	233600	蚌埠连城江铃汽车销售服务有限公司	(0552) 3111155	全顺,15 座,福星Ⅱ型,排放标准欧Ⅲ
救护车	JX5047XJHMCB	317500	蚌埠连城江铃汽车销售服务有限公司	(0552) 3111155	全顺,15 座,新款福星Ⅲ型,排放标准欧Ⅲ
救护车	JX5047XJHMEC	340500	蚌埠连城江铃汽车销售服务有限公司	(0552) 3111155	全顺,17 座,福星Ⅲ型,排放标准欧Ⅲ
救护车	JX5048XJHMC	229300	蚌埠连城江铃汽车销售服务有限公司	(0552) 3111155	V348 全顺,15 座,普中,排放标准欧Ⅲ
救护车	JX5048XJHMCA	281100	蚌埠连城江铃汽车销售服务有限公司	(0552) 3111155	V348 全顺,长轴,福星Ⅱ型,排放标准欧Ⅲ
救护车	JX5048XJHMCA	271300	蚌埠连城江铃汽车销售服务有限公司	(0552) 3111155	V348 全顺,长轴,福星Ⅱ型,物流车底盘,排放标准欧Ⅲ
救护车	JX5048XJHMCA	360500	蚌埠连城江铃汽车销售服务有限公司	(0552) 3111155	V348 全顺,15 座,福星Ⅲ型,排放标准欧Ⅲ
救护车	JX5048XJHMCA	352900	蚌埠连城江铃汽车销售服务有限公司	(0552) 3111155	V348 全顺,15 座,福星Ⅲ型,物流车底盘,排放标准欧Ⅲ
救护车	JX5048XJHMCB	498000	蚌埠连城江铃汽车销售服务有限公司	(0552) 3111155	V348 全顺,长轴,福星Ⅴ型,不含进口吸引器、监护仪、呼吸机,排放标准欧Ⅲ
救护车	JX5048XJHMD	236300	蚌埠连城江铃汽车销售服务有限公司	(0552) 3111155	V348 全顺,15 座,普高,排放标准欧Ⅲ
救护车	JX5048XJHMF2	264300	蚌埠连城江铃汽车销售服务有限公司	(0552) 3111155	V348 全顺,17 座,普高,后双胎,排放标准欧Ⅲ
救护车	海狮 XML5031XJH13	115800	厦门金龙旅行车有限公司	(0592) 5654488	
救护车	海狮 XML5031XJH23	116800	厦门金龙旅行车有限公司	(0592) 5654488	
救护车	海狮 XML5031XJH43	155800	厦门金龙旅行车有限公司	(0592) 5654488	
救护车	海狮 XML5032XJH13	118800	厦门金龙旅行车有限公司	(0592) 5654488	
救护车	海狮 XML5032XJH23	119800	厦门金龙旅行车有限公司	(0592) 5654488	
救护车	海狮 XML5032XJH43	158800	厦门金龙旅行车有限公司	(0592) 5654488	
救护车	全顺 JX5035XJHZA/MGW1	146800	蚌埠连城江铃汽车销售服务有限公司	(0552) 3111155	12 座,普通低顶,内饰米黄色,燃汽油,排放标准欧Ⅲ
救护车	全顺 JX5035XJHZA/MGW7	153300	蚌埠连城江铃汽车销售服务有限公司	(0552) 3111155	12 座,普通低顶,内饰米黄色,燃汽油,排放标准欧Ⅲ
救护车	全顺 JX5035XJHZB/MGW1	151800	蚌埠连城江铃汽车销售服务有限公司	(0552) 3111155	12 座,普通中顶,内饰米黄色,燃汽油,排放标准欧Ⅲ
救护车	全顺 JX5035XJHZB/MGW7	158300	蚌埠连城江铃汽车销售服务有限公司	(0552) 3111155	12 座,普通中顶,内饰米黄色,燃汽油,排放标准欧Ⅲ

产品名称	型号规格	参考价格（元）	生产厂家	电话	主要参数及备注
救护车	全顺 JX5035XJH ZC/MGW1	181900	蚌埠连城江铃汽车销售服务有限公司	（0552）3111155	15 座，普通中顶，内饰米黄色，燃汽油，排放标准欧Ⅲ
救护车	全顺 JX5035XJH ZC/MGW7	188400	蚌埠连城江铃汽车销售服务有限公司	（0552）3111155	15 座，普通中顶，内饰米黄色，燃汽油，排放标准欧Ⅲ
救护车	全顺 JX5035XJH ZD/MGW1	188900	蚌埠连城江铃汽车销售服务有限公司	（0552）3111155	15 座，普通高顶，内饰米黄色，燃汽油，排放标准欧Ⅲ
救护车	全顺 JX5035XJH ZD/MGW7	195400	蚌埠连城江铃汽车销售服务有限公司	（0552）3111155	15 座，普通高顶，内饰米黄色，燃汽油，排放标准欧Ⅲ
救护车	全顺 JX5047XJH MB/MGW1	157700	蚌埠连城江铃汽车销售服务有限公司	（0552）3111155	12 座，普通中顶，内饰米黄色，燃柴油，排放标准欧Ⅲ
救护车	全顺 JX5047XJH MB/MGW7	164200	蚌埠连城江铃汽车销售服务有限公司	（0552）3111155	12 座，普通中顶，内饰米黄色，燃柴油，排放标准欧Ⅲ
救护车	全顺 JX5047XJH MC/MGW1	185200	蚌埠连城江铃汽车销售服务有限公司	（0552）3111155	15 座，普通中顶，内饰米黄色，燃柴油，排放标准欧Ⅲ
救护车	全顺 JX5047XJH MC/MGW7	197900	蚌埠连城江铃汽车销售服务有限公司	（0552）3111155	15 座，普通中顶，内饰米黄色，燃柴油，排放标准欧Ⅲ
救护车	全顺 JX5047XJH MD/MGW1	192300	蚌埠连城江铃汽车销售服务有限公司	（0552）3111155	15 座，普通高顶，内饰米黄色，燃柴油，排放标准欧Ⅲ
救护车	全顺 JX5047XJH MD/MGW7	198800	蚌埠连城江铃汽车销售服务有限公司	（0552）3111155	15 座，普通高顶，内饰米黄色，燃柴油，排放标准欧Ⅲ
救护车	全顺 JX5047XJH MF/NW1	203200	蚌埠连城江铃汽车销售服务有限公司	（0552）3111155	17 座，普通高顶，内饰米黄色，燃柴油，排放标准欧Ⅲ

5.1.3 教练车

产品名称	型号规格	参考价格（元）	生产厂家	电话	主要参数及备注
柴油教练车	HQG1120GD3 型载货汽车	75600	随州义兴和汽车工贸有限责任公司	（0722）3234688	外形尺寸（mm）：9000 × 2480 × 2880，轴距 5350mm，货厢内部尺寸（mm）：6500 × 2300 × 550，额定载质量 5980kg，整备质量 5875kg，总质量 12050kg，驾驶室准乘人数 3 人，发动机型号玉柴 YC4E140－31，燃柴油，排量4.26 L，功率 103kW，最高车速 90 km/h
汽油教练车	HQG1121FD 型载货汽车	68600	随州义兴和汽车工贸有限责任公司	（0722）3234688	外形尺寸（mm）：9000 × 2470 × 2650，轴距 5300mm，货厢内部尺寸（mm）：5350 × 2294 × 550，额定载质量 6200kg，整备质量 6010kg，总质量 12600kg，驾驶室双排座，准乘人数 6 人，发动机型号东风 EQ6100－1，燃汽油，排量5.42L，功率 99kW，最高车速 90 km/h，发动机化油器型
汽油教练车	HQG1121FD 型载货汽车	71600	随州义兴和汽车工贸有限责任公司	（0722）3234688	外形尺寸（mm）：9000 × 2470 × 2650，轴距 5300mm，货厢内部尺寸（mm）：6150 × 2294 × 550，额定载质量 6700kg，整备质量 6305kg，总质量 13200kg，驾驶室双排座，准乘人数 6 人，发动机型号东风 EQ6100－1，燃汽油，排量5.42L，功率 99kW，最高车速 90 km/h，发动机电喷型

产品名称	型号规格	参考价格(元)	生产厂家	电话	主要参数及备注
柴油教练车	HQG1131FD3 型载货汽车	66000	随州义兴和汽车工贸有限责任公司	(0722)3234688	外形尺寸(mm):9000×2470×2650,轴距5300mm,货厢内部尺寸(mm):6150×2294×550,额定载质量6700kg,整备质量6305kg,总质量13200kg,驾驶室准乘人数3人,发动机型号玉柴YC4E140-31,燃柴油,排量4.26L,功率103kW,最高车速90 km/h
汽油教练车	HQG1132FD 型载货汽车	59600	随州义兴和汽车工贸有限责任公司	(0722)3234688	外形尺寸(mm):9000×2470×2650,轴距5300mm,货厢内部尺寸(mm):6150×2294×550,额定载质量6700kg,整备质量6305kg,总质量13200kg,驾驶室准乘人数3人,发动机型号东风EQ6100-1,燃汽油,排量5.42L,功率99kW,最高车速90 km/h,发动机化油器型
汽油教练车	HQG1132FD 型载货汽车	64600	随州义兴和汽车工贸有限责任公司	(0722)3234688	外形尺寸(mm):9000×2470×2650,轴距5300mm,货厢内部尺寸(mm):6150×2294×550,额定载质量6700kg,整备质量6305kg,总质量13200kg,驾驶室准乘人数3人,发动机型号东风EQ6100-1,燃汽油,排量5.42L,功率99kW,最高车速90 km/h,发动机电喷型
尖头半挂教练车	HQG4110FD3 型载货汽车	93600	随州义兴和汽车工贸有限责任公司	(0722)3234688	外形尺寸(mm):6120×2370×2490,轴距3950mm,半挂车鞍座最大允许承载质量5600kg,2轴,准拖挂质量15600kg,整备质量4160kg,总质量9955kg,发动机型号玉柴YC4E135-20,燃柴油,排量4.26L,功率118kW,最高车速80 km/h
教练车	楚风半挂	108000	湖北江南东风专用特种汽车改装厂	(0722)3588620	玉柴发动机,带副变速,副制动,副喇叭,可选装机械离合
教练车	楚风柴油	73000	湖北江南专用特种汽车有限公司	(0722)3328333	额定载质量6200kg,车长9m,厢长6.15m,玉柴4102发动机,带副变速,副制动,副喇叭,学员爬梯,座椅,6速变速器,电喷发动机
教练车	楚风柴油	73000	湖北江南东风专用特种汽车改装厂	(0722)3588620	额定载质量6200kg,车长9m,厢长6.15m,玉柴4102发动机,带副变速,副制动,副喇叭,学员爬梯,座椅,教练车可选装机械离合,6速变速器
教练车	楚风柴油	68000	湖北江南专用特种汽车有限公司	(0722)3328333	额定载质量6700kg,车长9m,厢长6.15m,玉柴4108/495(增压)发动机,带副变速,副制动,副喇叭,学员爬梯,座椅
教练车	楚风柴油	68000	湖北江南东风专用特种汽车改装厂	(0722)3588620	额定载质量6700kg,车长9m,厢长6.15m,玉柴4108/495(增压)发动机,带副变速,副制动,副喇叭,学员爬梯,座椅
教练车	楚风柴油	57000	湖北东正专用汽车有限公司	(0722)3233567	广西玉柴机YC4E135-20,135马力
教练车	楚风城市客车	158000	湖北江南专用特种汽车有限公司	(0722)3328333	排放标准欧Ⅲ
教练车	楚风城市客车	158000	湖北江南东风专用特种汽车改装厂	(0722)3588620	广西玉柴发动机,排放标准欧Ⅲ
教练车	楚风尖头	55000	随州市广益专用汽车销售有限公司	(0722)3813608	玉柴发动机,带方向助力,副制动,副喇叭,学员座椅,爬梯,厢长6.12m

产品名称	型号规格	参考价格(元)	生产厂家	电话	主要参数及备注
教练车	楚风客车	158000	湖北江南东风专用特种汽车改装厂	(0722)3588620	排放标准欧Ⅲ
教练车	楚风客车	158000	湖北东正专用汽车有限公司	(0722)3233567	东风商用机 EQ6102DT－20,140马力
教练车	楚风平头	86000	湖北江南专用特种汽车有限公司	(0722)3328333	额定载质量8000kg,车长9m,厢长5.35m,玉柴YC4110、4108发动机,带副制动,副喇叭,学员爬梯,座椅
教练车	楚风平头	86000	湖北江南东风专用特种汽车改装厂	(0722)3588620	额定载质量8000kg,车长9m,厢长5.35m,玉柴YC4110、4108发动机,带副制动,副喇叭,学员爬梯,座椅
教练车	楚风平头	69000	随州市广益专用汽车销售有限公司	(0722)3813608	玉柴发动机,带方向助力,副制动,副喇叭,学员座椅,爬梯,厢长6.12m
教练车	楚风汽油	63000	湖北江南专用特种汽车有限公司	(0722)3328333	额定载质量6700kg,教练车长9m,厢长6.15m,EQ6100－1发动机,带副制动,副喇叭,学员爬梯,座椅
教练车	楚风汽油	63000	湖北江南东风专用特种汽车改装厂	(0722)3588620	额定载质量6700kg,教练车长9m,厢长6.15m,EQ6100－1发动机,带副制动,副喇叭,学员爬梯,座椅
教练车	楚风汽油	53000	湖北东正专用汽车有限公司	(0722)3233567	东风汽油EQ6100－1发动机,135马力
教练车	东风	88000	随州市天龙专用汽车有限公司	(0722)3330008	尖头,汽油发动机,135马力,电喷,带蓬杆,座椅,梯子,副制动,副喇叭,900轮胎,5速变速器
教练车	东风尖头	85000	随州市广益专用汽车销售有限公司	(0722)3813608	汽油电喷发动机,带方向助力,副制动,副喇叭,学员座椅,爬梯,厢长6.12m
教练车	东风尖头	83000	随州市广益专用汽车销售有限公司	(0722)3813608	玉柴发动机,带方向助力,副制动,副喇叭,学员座椅,爬梯,厢长6.12m
教练车	东风尖头	85000	湖北东正专用汽车有限公司	(0722)3233567	东风汽油机EQ6100－1发动机,135马力
教练车	东风平头	82000	湖北东正专用汽车有限公司	(0722)3233567	玉柴机YC6J160－21,160马力
爆破器材运输教练车	福田奥铃	155000	湖北江南东风专用特种汽车改装厂	(0722)3588620	额定载质量4800kg,新型豪华加宽驾驶室,一汽大柴,6速变速器,选配方向助力,断气制动,8.25－16轮胎
爆破器材运输教练车	江淮轻卡	148000	湖北江南东风专用特种汽车改装厂	(0722)3588620	额定载质量2400kg,平头排半,前翻驾驶室,朝柴、锡柴发动机,方向助力,气制动
教练车	客车	236000	随州市天龙专用汽车有限公司	(0722)3330008	玉柴发动机,140马力,5速变速器,带副制动,19座,中开门,900轮胎

5.1.4 其他专用载人汽车

产品名称	型号规格	参考价格(元)	生产厂家	电话	主要参数及备注
囚车	JX5035XQCZCB	251600	蚌埠连城江铃汽车销售服务有限公司	(0552)3111155	全顺,15座,福星Ⅲ型,燃汽油,排放标准欧Ⅲ
囚车	JX5038XQCMA	194800	蚌埠连城江铃汽车销售服务有限公司	(0552)3111155	V348全顺,12座,低顶,排放标准欧Ⅲ

产品名称	型号规格	参考价格(元)	生产厂家	电话	主要参数及备注
囚车	JX5038XQCMB	199800	蚌埠连城江铃汽车销售服务有限公司	(0552)3111155	V348 全顺,12 座,普中,排放标准欧Ⅲ
囚车	JX5047XQCMCB	255500	蚌埠连城江铃汽车销售服务有限公司	(0552)3111155	全顺,15 座,福星Ⅲ型,排放标准欧Ⅲ
囚车	JX5048XQCMC	225700	蚌埠连城江铃汽车销售服务有限公司	(0552)3111155	V348 全顺,15 座,普中,排放标准欧Ⅲ
囚车	JX5048XQCMF2	257000	蚌埠连城江铃汽车销售服务有限公司	(0552)3111155	V348 全顺,17 座,高顶,双胎,排放标准欧Ⅲ
囚车	海狮 XML5031XQC13	106800	厦门金龙旅行车有限公司	(0592)5654488	
囚车	海狮 XML5031XQC23	106800	厦门金龙旅行车有限公司	(0592)5654488	
囚车	海狮 XML5031XQC43	146800	厦门金龙旅行车有限公司	(0592)5654488	
囚车	海狮 XML5031XQCA3	124800	厦门金龙旅行车有限公司	(0592)5654488	
囚车	海狮 XML5032XQC13	109800	厦门金龙旅行车有限公司	(0592)5654488	
囚车	海狮 XML5032XQC23	109800	厦门金龙旅行车有限公司	(0592)5654488	
囚车	海狮 XML5032XQC43	149800	厦门金龙旅行车有限公司	(0592)5654488	
囚车	海狮 XML5032XQCA3	127800	厦门金龙旅行车有限公司	(0592)5654488	
殡仪车	福田风景	139000	随州市烈山专用汽车有限公司	(0722)3818156	汽油发动机
殡仪车	福田风景面包	149000	随州市烈山专用汽车有限公司	(0722)3818156	柴油发动机
殡仪车	福田蒙派克	166000	随州市烈山专用汽车有限公司	(0722)3818156	汽油发动机
殡仪车	福田蒙派克面包	176000	随州市烈山专用汽车有限公司	(0722)3818156	柴油发动机

5.2 专用作业车

5.2.1 高空作业车

产品名称	型号规格	参考价格(元)	生产厂家	电话	主要参数及备注
高空作业车	北京奥铃平头双排	185000	湖北大力专用汽车制造有限公司	(0722)7609688	底盘型号 BJ1049V9AD6-SB,举升高度 14m,福田 115 马力柴油机,排放标准欧Ⅲ,液压式,2 节折臂,上下操作,360°回转
高空作业车	北京奥铃平头双排	189000	随州市晨阳专用汽车销售有限公司	(0722)3801178	底盘型号 BJ1049V9AD6-SB,举升高度 14m,福田 115 马力柴油机,排放标准欧Ⅲ,液压式,2 节折臂,上下操作,360°回转
高空作业车	北京奥铃平头双排	189000	随州双龙专用汽车有限公司	(0722)3242369	底盘型号 BJ1049V9AD6-SB,举升高度 14m,福田 115 马力柴油机,排放标准欧Ⅲ,液压式,2 节折臂,上下操作,360°回转
高空作业车	北京奥铃平头双排	189000	湖北东正专用汽车有限公司	(0722)3233567	底盘型号 BJ1049V9AD6-SB,举升高度 14m,福田 115 马力柴油机,排放标准欧Ⅲ,液压式,2 节折臂,上下操作,360°回转

产品名称	型号规格	参考价格(元)	生产厂家	电话	主要参数及备注
高空作业车	北京福田平头	175000	湖北大力专用汽车制造有限公司	(0722)7609688	底盘型号 BJ1053VBAEA～S,举升高度14m,大连109马力柴油机,排放标准欧Ⅲ,液压式,2节折臂,上下操作,360°回转
高空作业车	北京福田平头	179000	随州市晨阳专用汽车销售有限公司	(0722)3801178	底盘型号 BJ1053VBAEA～S,举升高度14m,大连109马力柴油机,排放标准欧Ⅲ,液压式,2节折臂,上下操作,360°回转
高空作业车	北京福田平头	179000	随州双龙专用汽车有限公司	(0722)3242369	底盘型号 BJ1053VBAEA－S,举升高度14m,大连109马力柴油机,排放标准欧Ⅲ,液压式,2节折臂,上下操作,360°回转
高空作业车	北京福田平头	179000	湖北东正专用汽车有限公司	(0722)3233567	底盘型号 BJ1053VBAEA－S,举升高度14m,大连109马力柴油机,排放标准欧Ⅲ,液压式,2节折臂,上下操作,360°回转
高空作业车	北汽福田奥铃	176000	湖北江南专用特种汽车有限公司	(0722)3328333	额定载质量160kg,双排,豪华驾驶室,BJ493ZLQ3发动机,5速变速器,6.50－16轮胎,作业高度14m
高空作业车	东风145	269000	湖北程力专用汽车有限公司	(0722)7020979	作业高度18m,容积8m^3,康明斯160马力柴油机,液压式,3节折臂,可吊1.5t,排放标准欧Ⅱ
高空作业车	东风145	279000	湖北合力专用汽车制造有限公司	(0722)3989579	举升高度18m,康明斯160马力,液压式,3节折臂,可吊1.5t,排放标准欧Ⅱ
高空作业车	东风145	279000	随州东正(惠通)专用汽车有限公司	(0722)3330357	上户吨位18t,容积8m^3,康明斯160马力发动机,液压式,3节折臂,可吊1.5t,排放标准欧Ⅱ
高空作业车	东风145	420000	湖北江南东风专用特种汽车改装厂	(0722)3588620	底盘型号EQ1120GLJ,发动机型号ISDE185－30,功率136kW,4节折臂,作业高度24m
高空作业车	东风153	298000	湖北程力专用汽车有限公司	(0722)7020979	作业高度22m,容积9m^3,康明斯180马力柴油机,液压式,3节折臂,可吊1.5t,排放标准欧Ⅱ
高空作业车	东风153	299000	湖北合力专用汽车制造有限公司	(0722)3989579	举升高度22m,康明斯180马力,液压式,3节折臂,可吊2t,排放标准欧Ⅱ
高空作业车	东风153	299000	随州东正(惠通)专用汽车有限公司	(0722)3330357	上户吨位22t,容积9m^3,康明斯180马力发动机,液压式,3节折臂,可吊2t,排放标准欧Ⅱ
高空作业车	东风153	322000	湖北东风大运汽车有限公司	(0722)3311666	容积22m^3,平头带卧,康明斯发动机,180马力,排放标准国Ⅲ
高空作业车	东风多利卡	180000	湖北东风大运汽车有限公司	(0722)3311666	容积16m^3,排放标准国Ⅱ,平头排半驾驶室,朝柴120马力发动机
高空作业车	东风多利卡	186000	湖北程力专用汽车有限公司	(0722)7020979	作业高度16m,容积6.2m^3,朝柴120马力柴油机,液压式,2节折臂,可吊1t,排放标准欧Ⅱ
高空作业车	东风多利卡	199000	湖北合力专用汽车制造有限公司	(0722)3989579	举升高度16m,朝柴120马力柴油机,液压式,2节折臂,可吊1t,排放标准欧Ⅱ
高空作业车	东风多利卡	199000	随州东正(惠通)专用汽车有限公司	(0722)3330357	上户吨位16t,容积6.2m^3,朝柴120马力柴油机,排放标准欧Ⅱ,液压式,2节折臂,可吊1t
高空作业车	东风多利卡	213000	湖北江南东风专用特种汽车改装厂	(0722)3588620	底盘型号EQ1070TJ9AD3,发动机型号CY4102－E3C,功率91kW,3节折臂,作业高度16m
高空作业车	东风多利卡带卧	206000	湖北程力专用汽车有限公司	(0722)7020979	作业高度16m,容积6.2m^3,朝柴120马力柴油机,液压式,2节折臂,可吊1t,排放标准欧Ⅲ

产品名称	型号规格	参考价格(元)	生产厂家	电话	主要参数及备注
高空作业车	东风多利卡带卧	228000	湖北合力专用汽车制造有限公司	(0722)3989579	举升高度16m,朝柴120马力柴油机,康明斯140马力加2.5万元,液压式,2节折臂,可吊1t,排放标准欧Ⅲ
高空作业车	东风多利卡带卧	239000	随州东正(惠通)专用汽车有限公司	(0722)3330357	上户吨位16t,容积6.2m³,朝柴120马力柴油机,排放标准欧Ⅲ,康明斯140马力加2.5万元,液压式,2节折臂,可吊1t
高空作业车	东风金霸	148000	湖北东风大运汽车有限公司	(0722)3311666	容积12~14m³,排放标准国Ⅲ,平头单排,玉柴95马力发动机
高空作业车	东风金霸	158000	湖北江南东风专用特种汽车改装厂	(0722)3588620	底盘型号EQ1050NJ20D3,发动机型号YC4F90-30,功率66kW,2节折臂,作业高度14m
高空作业车	东风金霸双排	158000	湖北合力专用汽车制造有限公司	(0722)3989579	举升高度12m,玉柴发动机90马力柴油机,液压式,2节折臂,可吊1t,排放标准欧Ⅲ
高空作业车	东风金霸双排	163000	湖北程力专用汽车有限公司	(0722)7020979	作业高度12m,容积5m³,玉柴发动机90马力柴油机,液压式,2节折臂,可吊1t,排放标准欧Ⅲ
高空作业车	东风金霸双排	167000	湖北程力专用汽车有限公司	(0722)7020979	作业高度14m,容积5.7m³,玉柴发动机90马力柴油机,液压式,2节折臂,可吊1t,排放标准欧Ⅲ
高空作业车	东风金霸双排	168000	湖北合力专用汽车制造有限公司	(0722)3989579	举升高度14m,玉柴发动机90马力柴油机,液压式,2节折臂,可吊1t,排放标准欧Ⅲ
高空作业车	东风金霸双排	168000	随州东正(惠通)专用汽车有限公司	(0722)3330357	上户吨位12t,容积5m³,玉柴发动机90马力柴油机,排放标准欧Ⅲ,液压式,2节折臂,可吊1t
高空作业车	东风金霸双排	179000	随州东正(惠通)专用汽车有限公司	(0722)3330357	上户吨位14t,容积5.7m³,玉柴发动机90马力柴油机,排放标准欧Ⅲ,液压式,2节折臂,可吊1t
高空作业车	东风平头145	276000	湖北程力专用汽车有限公司	(0722)7020979	作业高度18m,容积8m³,玉柴160马力柴油机,康明斯160马力加2.3万元,康明斯180马力加3.5万元,液压式,3节折臂,可吊1.5t,排放标准欧Ⅲ
高空作业车	东风平头145	292000	湖北程力专用汽车有限公司	(0722)7020979	作业高度20m,容积9m³,玉柴160马力柴油机,康明斯160马力加2.3万元,康明斯180马力加3.5万元,液压式,3节折臂,可吊1.5t,排放标准欧Ⅲ
高空作业车	东风平头145	308000	湖北合力专用汽车制造有限公司	(0722)3989579	举升高度18m,玉柴160马力柴油机,康明斯160马力加0.8万元,康明斯180马力加1.5万元,液压式,3节折臂,可吊1.5t,排放标准欧Ⅲ
高空作业车	东风平头145	308000	随州东正(惠通)专用汽车有限公司	(0722)3330357	上户吨位18t,容积8m³,玉柴160马力柴油机,排放标准欧Ⅲ,康明斯160马力加0.8万元,康明机180马力加1.5万元,液压式,3节折臂,可吊1.5t
高空作业车	东风平头145	329000	湖北合力专用汽车制造有限公司	(0722)3989579	举升高度22m,玉柴160马力柴油机,康明斯160马力加0.8万元,康明斯180马力加1.5万元,液压式,3节折臂,可吊1.5t,排放标准欧Ⅲ
高空作业车	东风平头145	329000	随州东正(惠通)专用汽车有限公司	(0722)3330357	上户吨位22t,容积9m³,玉柴160马力柴油机,排放标准欧Ⅲ,康明斯160马力加0.8万元,康明机180马力加1.5万元,液压式,3节折臂,可吊1.5t

产品名称	型号规格	参考价格（元）	生产厂家	电话	主要参数及备注
高空作业车	东风平头 1108	335000	湖北元通专用汽车有限公司	（0722）3332112	额定载重 1650kg，斗载 200kg，康明斯发动机，型号 EQ160－20，160 马力
高空作业车	东风平头 1108	335000	随州市东风专用汽车销售中心	（0722）3817209	额定载重 1650kg，斗载 200kg，康明斯 EQ160－20 发动机，160 马力
高空作业车	东风平头 EQ145 带卧	321000	湖北大力专用汽车制造有限公司	（0722）7609688	底盘型号 EQ1101GLJ2，举升高度 18～22m，康明斯 160 马力柴油机，液压式，3 节折臂，上下操作，360°回转
高空作业车	东风平头 EQ145 带卧	325000	随州市晨阳专用汽车销售有限公司	（0722）3801178	底盘型号 EQ1101GLJ2，举升高度 18～22m，康明斯 160 马力柴油机，液压式，3 节折臂，上下操作，360°回转
高空作业车	东风平头 EQ145 带卧	325000	随州双龙专用汽车有限公司	（0722）3242369	底盘型号 EQ1101GLJ2，举升高度 18～22m，康明斯 160 马力柴油机，液压式，3 节折臂，上下操作，360°回转
高空作业车	东风平头 EQ145 带卧	325000	湖北东正专用汽车有限公司	（0722）3233567	底盘型号 EQ1101GLJ2，举升高度 18～22m，康明斯 160 马力柴油机，液压式，3 节折臂，上下操作，360°回转
高空作业车	东风平头带卧	333000	湖北江南专用特种汽车有限公司	（0722）3328333	平头单桥，带卧，动力转向，6 速变速器，9.00－20 轮胎，作业高度 20m，玉柴发动机 YC6J180－30
高空作业车	东风平头多利卡带卧	245000	随州双龙专用汽车有限公司	（0722）3242369	底盘型号 EQ1070GJ9AD3，举升高度 16m，朝阳 120 马力柴油机，液压式，3 节折臂，上下操作，360°回转，排放标准欧Ⅲ
高空作业车	东风平头多利卡带卧	241000	湖北大力专用汽车制造有限公司	（0722）7609688	底盘型号 EQ1070GJ9AD3，举升高度 16m，朝阳 120 马力柴油机，液压式，3 节折臂，上下操作，360°回转，排放标准欧Ⅲ
高空作业车	东风平头多利卡带卧	245000	随州市晨阳专用汽车销售有限公司	（0722）3801178	底盘型号 EQ1070GJ9AD3，举升高度 16m，朝阳 120 马力柴油机，液压式，3 节折臂，上下操作，360°回转，排放标准欧Ⅲ
高空作业车	东风平头多利卡带卧	245000	湖北东正专用汽车有限公司	（0722）3233567	底盘型号 EQ1070GJ9AD3，举升高度 16m，朝阳 120 马力柴油机，液压式，3 节折臂，上下操作，360°回转，排放标准欧Ⅲ
高空作业车	东风平头金霸双排	175000	湖北大力专用汽车制造有限公司	（0722）7609688	底盘型号 EQ1042NJ20D3，举升高度 14m，玉林 90 马力柴油机，液压式，2 节折臂，上下操作，360°回转，排放标准欧Ⅲ
高空作业车	东风平头金霸双排	179000	随州市晨阳专用汽车销售有限公司	（0722）3801178	底盘型号 EQ1042NJ20D3，举升高度 14m，玉林 90 马力柴油机，液压式，2 节折臂，上下操作，360°回转，排放标准欧Ⅲ
高空作业车	东风平头金霸双排	179000	随州双龙专用汽车有限公司	（0722）3242369	底盘型号 EQ1042NJ20D3，举升高度 14m，玉林 90 马力柴油机，液压式，2 节折臂，上下操作，360°回转，排放标准欧Ⅲ
高空作业车	东风平头金霸双排	179000	湖北东正专用汽车有限公司	（0722）3233567	底盘型号 EQ1042NJ20D3，举升高度 14m，玉林 90 马力柴油机，液压式，2 节折臂，上下操作，360°回转，排放标准欧Ⅲ
高空作业车	东风平头小霸王	145000	湖北元通专用汽车有限公司	（0722）3332112	额定载重 455kg，斗载 200kg，云内 4100QBZL、朝阳柴油机 CY4100ZLQ，95 马力

产品名称	型号规格	参考价格（元）	生产厂家	电话	主要参数及备注
高空作业车	东风平头小霸王	145000	随州市东风专用汽车销售中心	（0722）3817209	额定载重 455kg，斗载 200kg，云内 4100QBZL、朝阳柴油机 CY4100ZLQ，95 马力
高空作业车	东风平头小霸王双排	143000	随州市晨阳专用汽车销售有限公司	（0722）3801178	底盘型号 EQ1042N14DJ3A，举升高度 14m，云内、朝柴 95 马力柴油机，液压式，2 节折臂，上下操作，360°回转
高空作业车	东风平头小霸王双排	143000	随州双龙专用汽车有限公司	（0722）3242369	底盘型号 EQ1042N14DJ3A，举升高度 14m，云内、朝柴 95 马力柴油机，液压式，2 节折臂，上下操作，360°回转
高空作业车	东风平头小霸王双排	143000	湖北东正专用汽车有限公司	（0722）3233567	底盘型号 EQ1042N14DJ3A，举升高度 14m，云内、朝柴 95 马力柴油机，液压式，2 节折臂，上下操作，360°回转
高空作业车	东风平头小霸王双排	154000	湖北大力专用汽车制造有限公司	（0722）7609688	底盘型号 EQ1042N14DJ3A，举升高度 14m，云内、朝柴 95 马力柴油机，液压式，2 节折臂，上下操作，360°回转
高空作业车	东风平头小霸王双排座	145000	湖北元通专用汽车有限公司	（0722）3332112	额定载重 160kg，斗载 200kg，云内柴油机，型号 4100QBZL，95 马力
高空作业车	东风平头小霸王双排座	145000	随州市东风专用汽车销售中心	（0722）3817209	额定载重 160kg，斗载 200kg，云内柴油机 4100QBZL，95 马力
高空作业车	东风轻卡	215000	湖北江南专用特种汽车有限公司	（0722）3328333	朝柴发动机，作业高度 14m
高空作业车	东风升降平台	119000	湖北江南专用特种汽车有限公司	（0722）3328333	作业高度 8～10m，平头单排，气制动，助力方向，700 轮胎
高空作业车	东风天锦	380000	湖北江南东风专用特种汽车改装厂	（0722）3588620	底盘型号 DFL1120B，发动机型号 ISDE180－30，功率 132kW，3 节折臂，作业高度 20m
高空作业车	东风小霸王	178000	湖北江南专用特种汽车有限公司	（0722）3328333	额定载质量 160kg，作业高度 14m，玉柴发动机，6.50－16 轮胎，厢长 3.37m，排放标准欧Ⅲ
高空作业车	东风小霸王	108000	湖北东风大运汽车有限公司	（0722）3311666	平头单排，容积 12m³，云内、朝柴 95 马力发动机，排放标准国Ⅱ
高空作业车	福田双排座	186000	湖北合力专用汽车制造有限公司	（0722）3989579	举升高度 14m，朝柴 95 马力柴油机，大柴 103 马力柴油机加 1 万元，液压式，2 节折臂，可吊 1t，排放标准欧Ⅲ
高空作业车	福田双排座	196000	随州东正（惠通）专用汽车有限公司	（0722）3330357	上户吨位 14t，容积 5.7m³，朝柴 95 马力柴油机，排放标准欧Ⅲ，大柴 103 马力柴油机加 1 万元，液压式，2 节折臂，可吊 1t
高空作业车	福田双排座	196000	湖北程力专用汽车有限公司	（0722）7020979	作业高度 14m，容积 5.7m³，朝柴 95 马力柴油机，大柴 103 马力柴油机加 1 万元，液压式，2 节折臂，可吊 1t，排放标准欧Ⅲ
高空作业车	江淮	280000	湖北江南东风专用特种汽车改装厂	（0722）3588620	底盘型号 HFC1071KR1T，发动机型号 YC4F115－30，功率 85kW，3 节折臂，作业高度 18m
高空作业车	江淮轻卡	208000	湖北江南专用特种汽车有限公司	（0722）3328333	额定载质量 160kg，作业高度 14m，平头双排，前翻驾驶室，玉柴 YC4F115－30 发动机，方向助力，7.50－16 轮胎，吊 1t
高空作业车	江铃	173000	湖北江南东风专用特种汽车改装厂	（0722）3588620	底盘型号 JX1060TSG23 发动机型号 JX493ZLQ3，功率 85kW，3 节折臂，作业高度 14m
高空作业车	江铃	203000	湖北江南东风专用特种汽车改装厂	（0722）3588620	底盘型号 JX1060TSG23 发动机型号 JX493ZLQ3，功率 85kW，3 节折臂，作业高度 16m

产品名称	型号规格	参考价格(元)	生产厂家	电话	主要参数及备注
高空作业车	江铃	160000	湖北东风大运汽车有限公司	(0722)3311666	容积 12～14m^3，排放标准国Ⅲ，平头双排驾驶室，江铃 115 马力发动机
高空作业车	江铃平头双排	185000	湖北大力专用汽车制造有限公司	(0722)7609688	底盘型号 JX1060TSG23，举升高度 14m，江铃 115 马力柴油机，液压式，2 节折臂，上下操作，360°回转，排放标准欧Ⅲ
高空作业车	江铃平头双排	189000	随州市晨阳专用汽车销售有限公司	(0722)3801178	底盘型号 JX1060TSG23，举升高度 14m，江铃 115 马力柴油机，液压式，2 节折臂，上下操作，360°回转，排放标准欧Ⅲ
高空作业车	江铃平头双排	189000	随州双龙专用汽车有限公司	(0722)3242369	底盘型号 JX1060TSG23，举升高度 14m，江铃 115 马力柴油机，液压式，2 节折臂，上下操作，360°回转，排放标准欧Ⅲ
高空作业车	江铃平头双排	189000	湖北东正专用汽车有限公司	(0722)3233567	底盘型号 JX1060TSG23，举升高度 14m，江铃 115 马力柴油机，液压式，2 节折臂，上下操作，360°回转，排放标准欧Ⅲ
高空作业车	江铃轻卡	186000	湖北江南专用特种汽车有限公司	(0722)3328333	额定载质量 160kg，作业高度 14m，采用 JX493ZLQ3 型发动机，油制动，吊 1t
高空作业车	江铃双排座	178000	湖北合力专用汽车制造有限公司	(0722)3989579	举升高度 14m，江铃 115 马力柴油机，液压式，2 节折臂，可吊 1t，排放标准欧Ⅲ
高空作业车	江铃双排座	188000	随州东正（惠通）专用汽车有限公司	(0722)3330357	上户吨位 14t，容积5.7m^3，江铃 115 马力柴油机，排放标准欧Ⅲ，液压式，2 节折臂，可吊 1t
高空作业车	江铃双排座	181000	湖北程力专用汽车有限公司	(0722)7020979	作业高度 14m，容积5.7m^3，江铃 115 马力柴油机，液压式，2 节折臂，可吊 1t，排放标准欧Ⅲ
高空作业车	平头江西五十铃双排	189000	湖北元通专用汽车有限公司	(0722)3332112	额定载重 1000kg，斗载 200kg，江铃柴油机，型号 JX493ZQ4，95 马力
高空作业车	平头江西五十铃双排	189000	随州市东风专用汽车销售中心	(0722)3817209	额定载重 1000kg，斗载 200kg，江铃柴油机，型号 JX493ZQ4，95 马力
高空作业车	庆铃	250000	湖北江南东风专用特种汽车改装厂	(0722)3588620	底盘型号 QL10508HWRY，发动机型号 4JB1－TC1，功率 70kW，3 节折臂，作业高度 16m
高空作业车	庆铃双排座	238000	湖北合力专用汽车制造有限公司	(0722)3989579	举升高度 14m，庆铃 135 马力柴油机，液压式，2 节折臂，可吊 1t，排放标准欧Ⅲ
高空作业车	庆铃双排座	248000	随州东正（惠通）专用汽车有限公司	(0722)3330357	上户吨位 14t，容积5.7m^3，庆铃 135 马力柴油机，液压式，2 节折臂，可吊 1t，排放标准欧Ⅲ
高空作业车	庆铃双排座	239000	湖北程力专用汽车有限公司	(0722)7020979	作业高度 14m，容积5.7m^3，庆铃 135 马力柴油机，液压式，2 节折臂，可吊 1t，排放标准欧Ⅲ
高空作业车	小霸王双排座	118000	湖北合力专用汽车制造有限公司	(0722)3989579	举升高度 12m，云内，朝柴 95 马力柴油机，液压式，2 节折臂，可吊 1t，排放标准欧Ⅱ
高空作业车	小霸王双排座	136000	湖北合力专用汽车制造有限公司	(0722)3989579	举升高度 14m，云内，朝柴 95 马力柴油机，液压式，2 节折臂，可吊 1t，排放标准欧Ⅱ
高空作业车	小霸王双排座	136000	随州东正（惠通）专用汽车有限公司	(0722)3330357	上户吨位 12t，容积 5m^3，云内、朝柴 95 马力柴油机，排放标准欧Ⅱ，液压式，2 节折臂，可吊 1t
高空作业车	小霸王双排座	156000	随州东正（惠通）专用汽车有限公司	(0722)3330357	上户吨位 14t，容积5.7m^3，云内、朝柴 95 马力柴油机，排放标准欧Ⅱ，液压式，2 节折臂，可吊 1t

产品名称	型号规格	参考价格(元)	生产厂家	电话	主要参数及备注
高空作业车	小霸王双排座	136000	湖北程力专用汽车有限公司	(0722)7020979	作业高度 12m,容积 $5m^3$,云内、朝柴 95 马力柴油机,液压式,2 节折臂,可吊 1t,排放标准欧Ⅱ
高空作业车	小霸王双排座	143000	湖北程力专用汽车有限公司	(0722)7020979	作业高度 14m,容积 $5.7m^3$,云内、朝柴 95 马力柴油机,液压式,2 节折臂,可吊 1t,排放标准欧Ⅱ
高空作业车	重庆五十铃平头双排	231000	湖北大力专用汽车制造有限公司	(0722)7609688	底盘型号 NKR77LLEWCJAY,举升高度 14m,发动机型号 4KH1-TC,130 马力,液压式,2 节折臂,上下操作,360°回转,排放标准欧Ⅲ
高空作业车	重庆五十铃平头双排	235000	随州市晨阳专用汽车销售有限公司	(0722)3801178	底盘型号 NKR77LLEWCJAY,举升高度 14m,发动机型号 4KH1-TC,130 马力,液压式,2 节折臂,上下操作,360°回转,排放标准欧Ⅲ
高空作业车	重庆五十铃平头双排	235000	随州双龙专用汽车有限公司	(0722)3242369	底盘型号 NKR77LLEWCJAY,举升高度 14m,发动机型号 4KH1-TC,130 马力,液压式,2 节折臂,上下操作,360°回转,排放标准欧Ⅲ
高空作业车	重庆五十铃平头双排	235000	湖北东正专用汽车有限公司	(0722)3233567	底盘型号 NKR77LLEWCJAY,举升高度 14m,发动机型号 4KH1-TC,130 马力,液压式,2 节折臂,上下操作,360°回转,排放标准欧Ⅲ

5.2.2 混凝土专用车

产品名称	型号规格	参考价格(元)	生产厂家	电话	主要参数及备注
混凝土搅拌运输车	AH5253GJB6	490000	安徽华菱汽车股份有限公司	(0555)8323600	车身长度9.8m,6×4 驱动,350 马力,排量10.52L,变速器型号法士特 9JS119,9 速,额定载重9.8t
混凝土搅拌车	AH5256GJBB	405000	安徽华菱汽车股份有限公司	(0555)8323600	车身长度9.65m,6×4 驱动,336 马力,排量9.726L,9 速,额定载重10.67t
混凝土搅拌车	AH5257GJB2	480000	安徽华菱汽车股份有限公司	(0555)8323600	车身长度 9m,6×4 驱动,日野发动机,350 马力,排量10.52L,变速器型号法士特 9JS119,9 速,额定载重 12t
混凝土搅拌车	AH5311GJB3	350000	安徽华菱汽车股份有限公司	(0555)8323600	车身长度10.58m,8×4 驱动,380 马力,排量9.726L,变速器型号法士特 9JS119,9 速,额定载重15t
混凝土搅拌车	AH5311GJB4	490000	安徽华菱汽车股份有限公司	(0555)8323600	车身长度10.4m,8×4 驱动,平顶卧铺,375 马力,排量11.596L,变速器型号法士特 9JS119,9 速,额定载重 15t
混凝土搅拌车	BJ5253GJB-S	371000	湖北东正专用汽车有限公司	(0722)3233567	轴距(mm):3825+1350,发动机型号欧康,功率 280 马力,容积 $9m^3$,6×4 驱动
混凝土搅拌车	CA1252P2K2T1S2E	378000	湖北东正专用汽车有限公司	(0722)3233567	轴距(mm):3900+1350,发动机型号 CA6DL1-32E3C,功率 320 马力,容积 $9m^3$,6×4 驱动

产品名称	型号规格	参考价格（元）	生产厂家	电话	主要参数及备注
混凝土搅拌车	CA1252P2 K2T1S2E	395000	湖北东正专用汽车有限公司	(0722)3233567	轴距(mm):3900+1350,发动机型号CA6DL2-35E3CB0S,功率350马力,容积$9m^3$,6×4驱动
混凝土搅拌车	CA3312P2K2T4E	450000	湖北东正专用汽车有限公司	(0722)3233567	轴距(mm):2000+3100+1350,发动机型号CA6DL1-32E3CDEN,功率320马力,容积$12m^3$
混凝土搅拌车	DFL1310A-K80-000-010J	450000	湖北东正专用汽车有限公司	(0722)3233567	轴距(mm):1850+3400+1350,发动机型号雷诺DCI340-30,功率340马力,容积$12m^3$
混凝土搅拌车	DFL5250GJBA-K47-000-010	385000	湖北东正专用汽车有限公司	(0722)3233567	轴距(mm):3650+1350,发动机型号康明斯ISLE340-30,功率340马力,容积$9m^3$,6×4驱动
混凝土搅拌车	DFL5251GJBA-T26A-000-010	388000	湖北东正专用汽车有限公司	(0722)3233567	轴距(mm):3800+1350,发动机型号诺DCI340-30雷诺,功率340马力,容积$9m^3$,6×4驱动
混凝土搅拌车	DFL5251GJBA-T26A-000-010	390000	湖北东正专用汽车有限公司	(0722)3233567	轴距(mm):4000+1350,发动机型号诺DCI340-30雷诺,功率340马力,容积$9m^3$,6×4驱动
混凝土搅拌车	DFL5251GJBA-T26A-000-010	392000	湖北东正专用汽车有限公司	(0722)3233567	轴距(mm):4000+1350,发动机型号诺DCI340-30雷诺,功率375马力,容积$9m^3$,6×4驱动
混凝土搅拌运输车	奥龙SX5255GJBUR384	260600	中集陕汽重卡专用车有限公司	(029)86216977	中长半高顶,车身长度9.186m,336马力,排量9.726L,变速器型号法士特9JS119,9速,额定载重11.42t,6×4驱动
混凝土搅拌车	北方奔驰三轴ND52502GJBZ	438000	湖北江南专用特种汽车有限公司	(0722)3328333	额定载质量12000kg,容积7~$10m^3$,平头带卧,后双桥,变速器型号9JS150,WP10.300N潍柴发动机
混凝土搅拌车	北方奔驰四轴ND5313GJBZ	468000	湖北江南专用特种汽车有限公司	(0722)3328333	额定载质量16800kg,容积7~$10m^3$,平头带卧,后双桥,变速器型号9JS150,潍柴WP10.336N
混凝土搅拌车	德龙F2000 SX5255GJBJR404	390000	中集陕汽重卡专用车有限公司	(029)86216977	车身长度9.345m,336马力,排量9.726L,变速器型号法士特9JS119,9速,额定载重11.17t,6×4驱动
混凝土搅拌车	德龙F3000 SX5315GJBJT306C	314000	中集陕汽重卡专用车有限公司	(029)86216977	加长平顶,车身长度10.45m,336马力,排量9.726L,变速器型号法士特9JS119,9速,额定载重16.055t,8×4驱动
混凝土搅拌车	德龙F3000 SX5315GJBJT306C	346000	中集陕汽重卡专用车有限公司	(029)86216977	加长平顶,车身长度10.45m,385马力,排量10.8L,变速器型号法士特RT-11509C,9速,额定载重16.055t,8×4驱动
混凝土搅拌车	德龙FC SX5255GJBDR384	300000	中集陕汽重卡专用车有限公司	(029)86216977	中长平顶,车身长度9.135m,308马力,排量10.8L,变速器型号法士特9JS135,9速,额定载重11.7t,6×4驱动
混凝土搅拌车	东风EQ3251	365000	湖北华胜特种汽车制造有限公司	(0722)3315993	上户吨位12.8t,容积$8m^3$,底盘型号东风EQ3251GJ,3轴
混凝土搅拌车	东风EQ3251GJ	385000	随州市晨阳专用汽车销售有限公司	(0722)3801178	上户吨位12.9t,容积8~$10m^3$,康明斯300马力,平头带卧,后双桥
混凝土搅拌车	东风EQ3251GJ	385000	厦工楚胜(湖北)专用汽车有限公司	(0722)7067946	上户吨位12.9t,容积8~$10m^3$,康明斯300马力,平头带卧,后双桥
混凝土搅拌车	东风EQ3251GJ	365000	随州市晨阳专用汽车销售有限公司	(0722)3801178	上户吨位12.9t,容积8~$9m^3$,玉林320马力柴油机,平头带卧,后双桥

产品名称	型号规格	参考价格(元)	生产厂家	电话	主要参数及备注
混凝土搅拌车	东风 EQ3251GJ	365000	厦工楚胜(湖北)专用汽车有限公司	(0722)7067946	上户吨位12.9t,容积8~9m³,玉林320马力柴油机,平头带卧,后双桥
混凝土搅拌运输车	东风大力神	367000	湖北大力专用汽车制造有限公司	(0722)7609688	容积9~10m³,东风350马力、380马力发动机,玉柴340马力、375马力发动机
混凝土搅拌运输车	东风单桥尖头	183000	湖北江南专用特种汽车有限公司	(0722)3328333	额定载质量5000kg,容积2.0m³,发动机型号YC4E140-20
混凝土搅拌运输车	东风单桥平头	185000	湖北江南专用特种汽车有限公司	(0722)3328333	额定载质量2995kg,容积2~3m³,平头新内饰,玉柴发动机
混凝土搅拌车	东风后八轮	405000	湖北东风大运汽车有限公司	(0722)3311666	容积8m³,康明斯340马力,减速机、液压马达、液压泵都是进口产品
混凝土搅拌车	东风后单桥	306000	湖北元通专用汽车有限公司	(0722)3332112	额定载质量5000kg,底盘型号EQ1141KJ,康明斯发动机,180马力、185马力、210马力
混凝土搅拌车	东风后双桥	360000	湖北元通专用汽车有限公司	(0722)3332112	额定载质量11900kg,底盘型号EQ1252GSJ3,玉柴发动机,340马力
混凝土搅拌车	东风尖头	136000	湖北元通专用汽车有限公司	(0722)3332112	额定载质量4990kg,底盘型号EQ3102FJ,玉柴发动机,140马力,排放标准国Ⅱ
混凝土搅拌车	东风尖头 EQ1092	165000	随州市晨阳专用汽车销售有限公司	(0722)3801178	容积3.5m³,玉林143马力增压柴油机
混凝土搅拌车	东风尖头 EQ1092	165000	厦工楚胜(湖北)专用汽车有限公司	(0722)7067946	容积3.5m³,玉林143马力增压柴油机
混凝土搅拌车	东风平头 EQ3161	255000	随州市晨阳专用汽车销售有限公司	(0722)3801178	容积6m³,玉林230马力增压柴油机,平头后双桥
混凝土搅拌车	东风平头 EQ3161	255000	厦工楚胜(湖北)专用汽车有限公司	(0722)7067946	容积6m³,玉林230马力增压柴油机,平头后双桥
混凝土搅拌车	东风平头 EQ3166	195000	随州市晨阳专用汽车销售有限公司	(0722)3801178	容积5m³,玉林210马力增压柴油机,平头后单桥
混凝土搅拌车	东风平头 EQ3166	195000	厦工楚胜(湖北)专用汽车有限公司	(0722)7067946	容积5m³,玉林210马力增压柴油机,平头后单桥
混凝土搅拌车	东风日产 DND5251	685000	湖北华胜特种汽车制造有限公司	(0722)3315993	上户吨位13.2t,容积8m³,底盘型号东风日产DND5251GJBCWB459K1,3轴
混凝土搅拌车	东风日产柴油机	560000	湖北东正专用汽车有限公司	(0722)3233567	发动机功率320马力,容积9m³,6×4驱动
混凝土搅拌车	东风日产柴油机	620000	湖北东正专用汽车有限公司	(0722)3233567	发动机功率340马力,容积9m³,6×4驱动
混凝土搅拌车	东风天龙8×4	495000	随州市晨阳专用汽车销售有限公司	(0722)3801178	上户吨位16.5t,容积12~13m³,东风DCI340-30柴油机,排放标准欧Ⅲ,平头带卧,前四后八轮
混凝土搅拌车	东风天龙8×4	495000	厦工楚胜(湖北)专用汽车有限公司	(0722)7067946	上户吨位16.5t,容积12~13m³,东风DCI340-30柴油机,排放标准欧Ⅲ,平头带卧,前四后八轮
混凝土搅拌车	东风天龙 DFL3250	378000	湖北华胜特种汽车制造有限公司	(0722)3315993	上户吨位11.8t,容积8m³,底盘型号东风天龙DFL3250A1,3轴
混凝土搅拌车	东风天龙 DFL5251	386000	湖北华胜特种汽车制造有限公司	(0722)3315993	上户吨位10.8t,容积8m³,底盘型号东风天龙DFL5251GJBA,3轴
混凝土搅拌车	东风天龙后双桥	395000	湖北元通专用汽车有限公司	(0722)3332112	额定载质量12000kg,底盘型号DFL5251GJBA1,康明斯发动机,340马力
混凝土搅拌车	东风天龙前四后八	446000	湖北元通专用汽车有限公司	(0722)3332112	额定载质量15000kg,底盘型号DFL1310A,康明斯发动机,375马力、420马力

产品名称	型号规格	参考价格(元)	生产厂家	电话	主要参数及备注
混凝土搅拌运输车	东风天龙三轴	428000	湖北江南专用特种汽车有限公司	(0722)3328333	额定载质量12300kg,容积7～10m³,平头带卧,后双桥,陕齿8速变速器,11.00－20轮胎,带空调,康明斯发动机ISLE340－30,排放标准国Ⅲ
混凝土搅拌运输车	东风天龙四轴	465000	湖北江南专用特种汽车有限公司	(0722)3328333	额定载质量16500kg、16565kg,容积8～12m³,平头带卧,前四后八
混凝土搅拌运输车	东风小型单桥	188000	湖北江南专用特种汽车有限公司	(0722)3328333	额定载质量2995kg,容积2～3m³,尖头单桥,6速变速器,8.25－20轮胎
混凝土搅拌运输车	福田欧曼	361000	湖北大力专用汽车制造有限公司	(0722)7609688	上户吨位12.9t,容积8～9m³,潍柴336马力发动机
混凝土搅拌车	江淮HFC5251G型	425000	湖北江南专用特种汽车有限公司	(0722)3328333	额定载质量12000kg,容积7～10m³,平头带卧,后双桥,上海日野、潍柴发动机
混凝土搅拌车	解放CA1223	359000	随州市晨阳专用汽车销售有限公司	(0722)3801178	上户吨位11.3t,容积8m³,大连、无锡240马力柴油机,平头带卧,后双桥
混凝土搅拌车	解放CA1223	359000	厦工楚胜(湖北)专用汽车有限公司	(0722)7067946	上户吨位11.3t,容积8m³,大连、无锡240马力柴油机,平头带卧,后双桥
混凝土搅拌车	解放CA5252G型	413000	湖北江南专用特种汽车有限公司	(0722)3328333	额定载质量12300kg,容积7～10m³,平头带卧,后双桥,发动机型号CA6DL1－32E3,1100轮胎
混凝土搅拌车	解放奥威CA5252GJBP2K2T1	388000	一汽解放青岛汽车厂	(0532)84913615	车身长度9.05m,6×4驱动,320马力,排量7.7L,变速器法士特8JS118,8速,额定载重12.3t
混凝土搅拌车	解放奥威CA5252GJBP2K2T1	398000	一汽解放青岛汽车厂	(0532)84913615	车身长度9.05m,6×4驱动,350马力,排量8.6L,变速器法士特9JS135,9速,额定载重12.3t
混凝土搅拌车	欧曼BJ3258	365000	随州市晨阳专用汽车销售有限公司	(0722)3801178	上户吨位11.8t,容积8～9m³,潍柴290马力,平头带卧,后双桥
混凝土搅拌车	欧曼BJ3258	365000	厦工楚胜(湖北)专用汽车有限公司	(0722)7067946	上户吨位11.8t,容积8～9m³,潍柴290马力,平头带卧,后双桥
混凝土搅拌车	欧曼BJ3258	352000	湖北华胜特种汽车制造有限公司	(0722)3315993	上户吨位12t,容积8m³,底盘型号欧曼BJ3258DLPJB－1,3轴
混凝土搅拌车	欧曼BJ5254G型	412000	湖北江南专用特种汽车有限公司	(0722)3328333	额定载质量11565kg,容积7～10m³,平头带卧,后双桥,陕齿9速变速器,457后桥,维柴336马力,轴距3.6m
混凝土搅拌车	欧曼后八轮	398000	湖北东风大运汽车有限公司	(0722)3311666	容积8m³,潍柴336马力,减速机、液压马达、液压泵是进口产品
混凝土搅拌车	欧曼前四后八	458000	湖北东风大运汽车有限公司	(0722)3311666	容积10m³,潍柴336马力,减速机、液压马达、液压泵是进口产品
混凝土搅拌车	欧曼前四后八	480000	湖北东风大运汽车有限公司	(0722)3311666	容积12m³,潍柴375马力,减速机、液压马达、液压泵是进口产品
混凝土搅拌运输车	欧曼四轴	466000	湖北江南专用特种汽车有限公司	(0722)3328333	额定载质量16605kg,容积10～12m³,平头带卧,后双桥,陕齿9速变速器,457后桥,潍柴336马力
混凝土搅拌车	斯太尔三轴	368000	湖北江南专用特种汽车有限公司	(0722)3328333	额定载质量11870kg,容积7～10m³,平头带卧,驾驶室半高顶、高顶,重汽WD615.92发动机
混凝土搅拌车	斯太尔四轴	413000	湖北江南专用特种汽车有限公司	(0722)3328333	额定载质量16670kg,容积7～12m³,平头带卧,驾驶室半高顶、高顶,重汽WD615.96发动机

产品名称	型号规格	参考价格(元)	生产厂家	电话	主要参数及备注
混凝土搅拌运输车	重汽豪泺	371000	湖北大力专用汽车制造有限公司	(0722)7609688	容积9~10m^3,重汽335马力、338马力、375马力柴油机
混凝土搅拌运输车	重汽金王子	343000	湖北大力专用汽车制造有限公司	(0722)7609688	容积9~10m^3,重汽266马力、290马力、300马力柴油机,6×4驱动

5.2.3 消防车

产品名称	型号规格	参考价格(元)	生产厂家	电话	主要参数及备注
消防车	东风140	186000	随州市东风专用汽车销售中心	(0722)3817209	容量3.5~5t,长头,汽油机,多功能
消防车	东风140	192000	随州市东风专用汽车销售中心	(0722)3817209	容量3.5~5t,长头,玉林柴油机,多功能
消防车	东风140	186000	湖北合力专用汽车制造有限公司	(0722)3989579	上户吨位3.5~5t,长头,汽油机,多功能
消防车	东风140	192000	湖北合力专用汽车制造有限公司	(0722)3989579	上户吨位3.5~5t,长头,玉林柴油机,多功能
消防车	东风140/47	190000	湖北合力专用汽车制造有限公司	(0722)3989579	上户吨位5~6t,长头,汽油机,多功能,加长型
消防车	东风140/47	198000	湖北合力专用汽车制造有限公司	(0722)3989579	上户吨位5~6t,长头,玉林柴油机,多功能,加长型
消防车	东风140/47柴油	198000	湖北元通专用汽车有限公司	(0722)3332112	容积5~6m^3,长头,玉林柴油机,多功能,加长型
消防车	东风140/47柴油	198000	随州市东风专用汽车销售中心	(0722)3817209	上户吨位5~6t,长头,玉林柴油机,多功能,加长型
消防车	东风140/47汽油	190000	随州市东风专用汽车销售中心	(0722)3817209	上户吨位5~6t,长头,汽油机,多功能,加长型
消防车	东风140/47汽油	190000	湖北元通专用汽车有限公司	(0722)3332112	容积5~6m^3,长头,汽油机,多功能,加长型
消防车	东风140柴油	192000	湖北元通专用汽车有限公司	(0722)3332112	容积3.5~5m^3,长头,玉林柴油机,多功能
消防车	东风140尖头	198000	湖北东风大运汽车有限公司	(0722)3311666	容积6m^3,长头单排,玉柴140马力,排放标准国Ⅲ
消防车	东风140汽油	186000	湖北元通专用汽车有限公司	(0722)3332112	容积3.5~5m^3,长头,汽油机,多功能
消防车	东风145	295000	湖北元通专用汽车有限公司	(0722)3332112	容积5~7m^3,多功能,康明斯发动机,160马力,平头带卧,加强型
消防车	东风145	295000	随州市东风专用汽车销售中心	(0722)3817209	上户吨位5~7t,多功能,康明斯加强型160马力,平头带卧
消防车	东风145	295000	湖北合力专用汽车制造有限公司	(0722)3989579	上户吨位5~7t,多功能,康明斯加强型160马力,平头带卧
消防车	东风145	289000	湖北东风大运汽车有限公司	(0722)3311666	容积8m^3,平头双排,康明斯发动机,160马力,排放标准国Ⅲ
消防车	东风153	318000	随州市东风专用汽车销售中心	(0722)3817209	上户吨位5.5~8t,多功能,康明斯加强型180马力,平头带卧
消防车	东风153	318000	湖北合力专用汽车制造有限公司	(0722)3989579	上户吨位5.5~8t,多功能,康明斯加强型180马力,平头带卧
消防车	东风153	318000	湖北元通专用汽车有限公司	(0722)3332112	容积5.5~8m^3,多功能,康明斯发动机,180马力,平头带卧,加强型
消防车	东风1208	396000	湖北俊龙专用汽车有限公司	(0722)3309005	容积0~13m^3,多功能,平头带卧,康明斯加强型发动机,210马力,双桥

产品名称	型号规格	参考价格(元)	生产厂家	电话	主要参数及备注
消防车	东风 1208	396000	随州市东风专用汽车有限公司	(0722)3308618	上户吨位 8t,多功能,平头带卧,康明斯加强型发动机,210 马力,双桥
消防车	东风 1208	396000	随州市东风专用汽车销售中心	(0722)3817209	上户吨位 10~13t,多功能,平头带卧,康明斯加强型 210 马力,双桥
消防车	东风 1208	396000	湖北合力专用汽车制造有限公司	(0722)3989579	上户吨位 10~13t,多功能,平头带卧,康明斯 210 马力,加强型,双桥
消防车	东风 1208 双桥	396000	湖北元通专用汽车有限公司	(0722)3332112	容积 10~13m³,多功能,平头带卧,康明斯发动机,210 马力,双桥,加强型
消防车	东风 EQ140	193000	湖北俊龙专用汽车有限公司	(0722)3309005	容积3.5~5m³,长头,汽油机,多功能
消防车	东风 EQ140	198000	湖北俊龙专用汽车有限公司	(0722)3309005	容积3.5~5m³,长头,玉林柴油机,多功能
消防车	东风 EQ140	186000	随州市东风专用汽车有限公司	(0722)3308618	上户吨位 3t,长头,汽油机,多功能
消防车	东风 EQ140	192000	随州市东风专用汽车有限公司	(0722)3308618	上户吨位 3t,长头,玉林柴油机,多功能
消防车	东风 EQ140/47	190000	随州市东风专用汽车有限公司	(0722)3308618	上户吨位3.5t,长头,汽油机,多功能,加长型
消防车	东风 EQ140/47	198000	随州市东风专用汽车有限公司	(0722)3308618	上户吨位3.5t,长头,玉林柴油机,多功能,加长型
消防车	东风 EQ140/47	198000	湖北俊龙专用汽车有限公司	(0722)3309005	容积 5~6m³,长头,汽油机,多功能,加长型
消防车	东风 EQ140/47	203000	湖北俊龙专用汽车有限公司	(0722)3309005	容积 5~6m³,长头,玉林柴油机,多功能,加长型
消防车	东风 EQ145	295000	随州市东风专用汽车有限公司	(0722)3308618	上户吨位 4t,多功能,康明斯加强型,160 马力,平头带卧
消防车	东风 EQ145	296000	湖北俊龙专用汽车有限公司	(0722)3309005	容积 5~7m³,多功能,康明斯加强型,160 马力,平头带卧
消防车	东风 EQ153	326000	湖北俊龙专用汽车有限公司	(0722)3309005	容积5.5~8m³,多功能,康明斯加强型,180 马力,平头带卧
消防车	东风 EQ153	318000	随州市东风专用汽车有限公司	(0722)3308618	上户吨位 5t,多功能,康明斯加强型,180 马力,平头带卧
消防车	东风后八轮	546000	湖北东风大运汽车有限公司	(0722)3311666	容积 15m³,平头双排,康明斯发动机,245 马力,排放标准国Ⅲ
消防车	东风金霸	168000	湖北东风大运汽车有限公司	(0722)3311666	容积 3m³,平头单排,玉柴 90 马力,排放标准国Ⅲ
消防车	东风小霸王	153000	湖北元通专用汽车有限公司	(0722)3332112	容积 2m³,多功能,平头,云内柴油机
消防车	东风小霸王	158000	湖北俊龙专用汽车有限公司	(0722)3309005	容积 2m³,多功能,平头,云内柴油机
消防车	东风小霸王	153000	随州市东风专用汽车有限公司	(0722)3308618	容积 2m³,多功能,平头,云内柴油机
消防车	东风小霸王	153000	随州市东风专用汽车销售中心	(0722)3817209	容积 2m³,多功能,平头,云内柴油机
消防车	东风小霸王	158000	湖北元通专用汽车有限公司	(0722)3332112	容积2.5m³,多功能,平头,云内、朝柴柴油机,加强型
消防车	东风小霸王	158000	随州市东风专用汽车销售中心	(0722)3817209	容积2.5m³,多功能,平头,云内、朝柴柴油机,加强型
消防车	东风小霸王	158000	湖北俊龙专用汽车有限公司	(0722)3309005	容积2.5m³,多功能,平头,云内、朝柴柴油机,加强型
消防车	东风小霸王	158000	随州市东风专用汽车有限公司	(0722)3308618	容积2.5m³,多功能,平头,云内、朝柴柴油机,加强型
消防车	东风小霸王	142000	湖北东风大运汽车有限公司	(0722)3311666	平头单排,容积 3m³,云内、朝柴 95 马力发动机,排放标准国Ⅱ

产品名称	型号规格	参考价格(元)	生产厂家	电话	主要参数及备注
消防车	东风小霸王	153000	湖北合力专用汽车制造有限公司	(0722)3989579	上户吨位2t,多功能,平头,云内柴油机
消防车	东风小霸王	185000	随州市天龙专用汽车有限公司	(0722)3330008	上户吨位2t,平头,排半,云内、朝柴、玉柴柴油机90马力,5速变速器,650轮胎
消防车	东风小霸王	158000	湖北合力专用汽车制造有限公司	(0722)3989579	上户吨位2.5t,多功能,平头,云内、朝柴柴油机,加强型
泡沫消防车	东风140	186000	湖北江南东风专用特种汽车改装厂	(0722)3588620	玉柴发动机,140马力,泡沫容量1t,水罐容量2.5t
泡沫消防车	东风145	368000	湖北江南东风专用特种汽车改装厂	(0722)3588620	底盘型号EQ1108GEJ,发动机型号ISDE160-30,功率118kW,中低压泵,水罐容量3.5t,泡沫容量1t
泡沫消防车	东风145	328000	湖北江南专用特种汽车有限公司	(0722)3328333	额定载质量4000kg,容积水罐2.5m³、泡沫1.5m³,平头单桥,带卧,动力转向,6速变速器,900轮胎
泡沫消防车	东风153	398000	湖北江南东风专用特种汽车改装厂	(0722)3588620	底盘型号EQ1141KJ,发动机型号ISDE180-30,功率132kW,中低压泵,水罐容量3.5t,泡沫容量2t
泡沫消防车	东风153	312000	湖北江南东风专用特种汽车改装厂	(0722)3588620	康明斯发动机,170马力,泡沫容量1t,水罐容量5t
泡沫消防车	东风1092型	198000	湖北江南专用特种汽车有限公司	(0722)3328333	额定载质量3900kg,容积3.5m³,尖头单桥,6速变速器,900轮胎
泡沫消防车	东风1141型	375000	湖北江南专用特种汽车有限公司	(0722)3328333	额定载质量5300kg,容积水罐3.5m³、泡沫1.8m³,平头单桥,带卧,动力转向,6速变速器,1000轮胎
泡沫消防车	东风后双桥	538000	湖北江南东风专用特种汽车改装厂	(0722)3588620	底盘型号EQ5253GFJ2,发动机型号EQB220-30,功率161kW,中低压泵,水罐容量8t,泡沫容量4t
泡沫消防车	东风尖头140	233000	湖北江南东风专用特种汽车改装厂	(0722)3588620	底盘型号EQ1092F,发动机型号EQ6100-1,功率99kW,常压泵,水罐容量2.5t,泡沫容量1t
泡沫消防车	东风平头145	358000	随州市天龙专用汽车有限公司	(0722)3330008	平头,排半,康明斯发动机,160马力、180马力,6速变速器,900轮胎,装水4t,泡沫1t
泡沫消防车	东风平头153	418000	随州市天龙专用汽车有限公司	(0722)3330008	平头,排半,康明斯发动机,160马力、180马力、185马力,6速变速器,1000轮胎,装水5t,泡沫1t
泡沫消防车	斯太尔单桥	480000	湖北江南东风专用特种汽车改装厂	(0722)3588620	底盘型号ZZ1256M4646F,发动机型号WD 615.61 A,功率193kW,中低压泵,水罐容量6t,泡沫容量2t
泡沫消防车	斯太尔单桥	458000	湖北江南专用特种汽车有限公司	(0722)3328333	额定载质量5500kg 水罐容积6m³、泡沫2m³
泡沫消防车	斯太尔后双桥	560000	湖北江南东风专用特种汽车改装厂	(0722)3588620	底盘型号ZZ1256M4546C,发动机型号WD 615.92,功率219kW,中低压泵,水罐容量8t,泡沫容量4t
泡沫消防车	斯太尔后双桥	598000	随州市天龙专用汽车有限公司	(0722)3330008	平头,排半,斯太尔增压发动机,260~290马力,7速变速器,1100轮胎,装水6~12t,泡沫2~3t
泡沫消防车	斯太尔后双桥	498000	湖北江南专用特种汽车有限公司	(0722)3328333	额定载质量12000kg 水罐容积12m³,泡沫容积3m³
泡沫消防车	五十铃单桥	680000	湖北江南东风专用特种汽车改装厂	(0722)3588620	底盘型号FVR34J2,发动机型号6HK1-TC,功率191kW,中低压泵,水罐容量3.5t,泡沫容量1.5t

产品名称	型号规格	参考价格（元）	生产厂家	电话	主要参数及备注
泡沫消防车	五十铃后双桥	870000	湖北江南东风专用特种汽车改装厂	(0722)3588620	底盘型号 CXA34T,发动机型号 6HK1－TC,功率 191kW,中低压泵,水罐容量 8t,泡沫容量 4t
泡沫消防车	重汽豪沃后双桥	570000	湖北江南东风专用特种汽车改装厂	(0722)3588620	底盘型号 ZZ1257N4341W,发动机型号 WD 615.69,功率 219kW,中低压泵,水罐容量 8t,泡沫容量 4t
水罐消防车	东风 145	350000	湖北江南东风专用特种汽车改装厂	(0722)3588620	底盘型号 EQ1108GKJ,发动机型号 ISDE160－30,功率 118kW,常压泵,罐体容量 5t
水罐消防车	东风 145	288000	湖北江南东风专用特种汽车改装厂	(0722)3588620	康明斯发动机,160 马力,水罐容量 5t
水罐消防车	东风 145	318000	湖北江南专用特种汽车有限公司	(0722)3328333	额定载质量 4000kg,容积 $4m^3$,平头单桥,带卧,动力转向,6 速变速器,900 轮胎
水罐消防车	东风 153	380000	湖北江南东风专用特种汽车改装厂	(0722)3588620	底盘型号 EQ1141KJ,发动机型号 ISDE180－30,功率 132kW,常压泵,罐体容量 5.5t
水罐消防车	东风 1092	193000	湖北江南专用特种汽车有限公司	(0722)3328333	额定载质量 3900kg,容积 $3.5m^3$,尖头单桥,6 速变速器,9.00－20 轮胎,汽油电喷 EQ6100－1 发动机
水罐消防车	东风 1141	365000	湖北江南专用特种汽车有限公司	(0722)3328333	额定载质量 5500kg,容积 $5.5m^3$,平头单桥,带卧,动力转向,6 速变速器,1000 轮胎
水罐消防车	东风 EQ145	298000	随州市晨阳专用汽车销售有限公司	(0722)3801178	上户吨位 4t,容积 $5m^3$,康明斯 160 马力柴油机,平头带卧
水罐消防车	东风 EQ145	298000	随州双龙专用汽车有限公司	(0722)3242369	上户吨位 4t,容积 $5m^3$,康明斯 160 马力柴油机,平头带卧
水罐消防车	东风 EQ145	298000	湖北东正专用汽车有限公司	(0722)3233567	上户吨位 4t,容积 $5m^3$,康明斯 160 马力柴油机,平头带卧
水罐消防车	东风 EQ145	298000	厦工楚胜(湖北)专用汽车有限公司	(0722)7067946	上户吨位 4t,容积 $5m^3$,康明斯 160 马力柴油机,平头带卧
水罐消防车	东风 EQ145	294000	湖北大力专用汽车制造有限公司	(0722)7609688	上户吨位 4t,容积 $5m^3$,康明斯 160 马力柴油机,平头带卧
水罐消防车	东风 EQ153	355000	随州市晨阳专用汽车销售有限公司	(0722)3801178	上户吨位 5t,容积 $6m^3$,康明斯 180 马力柴油机,平头带卧
水罐消防车	东风 EQ153	355000	随州双龙专用汽车有限公司	(0722)3242369	上户吨位 5t,容积 $6m^3$,康明斯 180 马力柴油机,平头带卧
水罐消防车	东风 EQ153	355000	湖北东正专用汽车有限公司	(0722)3233567	上户吨位 5t,容积 $6m^3$,康明斯 180 马力柴油机,平头带卧
水罐消防车	东风 EQ153	355000	厦工楚胜(湖北)专用汽车有限公司	(0722)7067946	上户吨位 5t,容积 $6m^3$,康明斯 180 马力柴油机,平头带卧
水罐消防车	东风 EQ153	351000	湖北大力专用汽车制造有限公司	(0722)7609688	上户吨位 5t,容积 $6m^3$,康明斯 180 马力柴油机,平头带卧
水罐消防车	东风多利卡	173000	湖北江南东风专用特种汽车改装厂	(0722)3588620	朝柴发动机,120 马力,水罐容量 3.5t
水罐消防车	东风后双桥	500000	湖北江南东风专用特种汽车改装厂	(0722)3588620	底盘型号 EQ5253GFJ2,发动机型号 EQB220－30,功率 161kW,常压泵,罐体容量 12t
水罐消防车	东风尖头 140	228000	湖北江南东风专用特种汽车改装厂	(0722)3588620	底盘型号 EQ1092F,发动机型号 EQ6100－1,功率 99kW,常压泵,罐体容量 3.5t
水罐消防车	东风尖头 140	175000	随州市晨阳专用汽车销售有限公司	(0722)3801178	上户吨位 3t,容积 $3.5m^3$,EQ6100－1 汽油机,双排座,玉林柴油机另加 1 万元
水罐消防车	东风尖头 140	175000	随州双龙专用汽车有限公司	(0722)3242369	上户吨位 3t,容积 $3.5m^3$,EQ6100－1 汽油机,双排座,玉林柴油机另加 1 万元

产品名称	型号规格	参考价格（元）	生产厂家	电话	主要参数及备注
水罐消防车	东风尖头 140	175000	湖北东正专用汽车有限公司	(0722) 3233567	上户吨位 3t,容积3.5m³,EQ6100－1 汽油机,双排座,玉林柴油机另加 1 万元
水罐消防车	东风尖头 140	175000	厦工楚胜(湖北)专用汽车有限公司	(0722) 7067946	上户吨位 3t,容积3.5m³,EQ6100－1 汽油机,双排座,玉林柴油机另加 1 万元
水罐消防车	东风尖头 140	171000	湖北大力专用汽车制造有限公司	(0722) 7609688	上户吨位 3t,容积3.5m³,EQ6100－1 汽油机,双排座,玉林柴油机另加 1 万元
水罐消防车	东风平头 145	348000	随州市天龙专用汽车有限公司	(0722) 3330008	平头,排半,康明斯,160－180 马力,6 速变速器,900 轮胎,装水 5t
水罐消防车	东风平头 153	398000	随州市天龙专用汽车有限公司	(0722) 3330008	平头,排半,康明斯,160－180－185 马力,6 速变速器,1000 轮胎,装水 6t
水罐消防车	东风平头小霸王	135000	随州市晨阳专用汽车销售有限公司	(0722) 3801178	上户吨位1.5t,容积 2m³,云内、朝阳 95 马力柴油机
水罐消防车	东风平头小霸王	148000	随州双龙专用汽车有限公司	(0722) 3242369	上户吨位1.5t,容积 2m³,云内、朝阳 95 马力柴油机
水罐消防车	东风平头小霸王	135000	湖北东正专用汽车有限公司	(0722) 3233567	上户吨位1.5t,容积 2m³,云内、朝阳 95 马力柴油机
水罐消防车	东风平头小霸王	148000	厦工楚胜(湖北)专用汽车有限公司	(0722) 7067946	上户吨位1.5t,容积 2m³,云内、朝阳 95 马力柴油机
水罐消防车	东风平头小霸王	131000	湖北大力专用汽车制造有限公司	(0722) 7609688	上户吨位1.5t,容积 2m³,云内、朝阳 95 马力柴油机
水罐消防车	东风天锦	400000	湖北江南东风专用特种汽车改装厂	(0722) 3588620	底盘型号 DFL1120B,发动机型号 ISDE180－30,功率 132kW,常压泵,罐体容量 6t
水罐消防车	东风小霸王	135000	湖北江南东风专用特种汽车改装厂	(0722) 3588620	朝柴发动机,95 马力,水罐容量 2t
水罐消防车	东风小霸王	148000	湖北江南东风专用特种汽车改装厂	(0722) 3588620	底盘型号 EQ1032T51DJ3,发动机型号 CY4100ZLQ,功率 70kW,常压泵,罐体容量 2t
水罐消防车	东风小霸王	158000	湖北江南专用特种汽车有限公司	(0722) 3328333	额定载质量 1100kg,容积 2m³,平头双排,云内发动机,7.00－16 轮胎
水罐消防车	福田小卡	165000	湖北江南专用特种汽车有限公司	(0722) 3328333	额定载质量 860kg,容积≤2m³
水罐消防车	豪沃单桥	438000	湖北江南东风专用特种汽车改装厂	(0722) 3588620	重汽发动机,266 马力,泡沫容量 2t,水罐容量 6t
水罐消防车	斯太尔 ZZ1162	435000	随州市晨阳专用汽车销售有限公司	(0722) 3801178	上户吨位 7t,容积 8m³,重汽 260 马力柴油机,平头带卧
水罐消防车	斯太尔 ZZ1162	435000	随州双龙专用汽车有限公司	(0722) 3242369	上户吨位 7t,容积 8m³,重汽 260 马力柴油机,平头带卧
水罐消防车	斯太尔 ZZ1162	435000	湖北东正专用汽车有限公司	(0722) 3233567	上户吨位 7t,容积 8m³,重汽 260 马力柴油机,平头带卧
水罐消防车	斯太尔 ZZ1162	435000	厦工楚胜(湖北)专用汽车有限公司	(0722) 7067946	上户吨位 7t,容积 8m³,重汽 260 马力柴油机,平头带卧
水罐消防车	斯太尔 ZZ1162	431000	湖北大力专用汽车制造有限公司	(0722) 7609688	上户吨位 7t,容积 8m³,重汽 260 马力柴油机,平头带卧
水罐消防车	斯太尔 ZZ1256	495000	随州市晨阳专用汽车销售有限公司	(0722) 3801178	上户吨位 10t,容积 15m³,重汽 260 马力柴油机,平头、后双桥
水罐消防车	斯太尔 ZZ1256	495000	随州双龙专用汽车有限公司	(0722) 3242369	上户吨位 10t,容积 15m³,重汽 260 马力柴油机,平头、后双桥
水罐消防车	斯太尔 ZZ1256	495000	湖北东正专用汽车有限公司	(0722) 3233567	上户吨位 10t,容积 15m³,重汽 260 马力柴油机,平头、后双桥
水罐消防车	斯太尔 ZZ1256	495000	厦工楚胜(湖北)专用汽车有限公司	(0722) 7067946	上户吨位 10t,容积 15m³,重汽 260 马力柴油机,平头、后双桥

产品名称	型号规格	参考价格(元)	生产厂家	电话	主要参数及备注
水罐消防车	斯太尔 ZZ1256	491000	湖北大力专用汽车制造有限公司	(0722)7609688	上户吨位 10t,容积 15m³,重汽 260 马力柴油机,平头、后双桥
水罐消防车	斯太尔单桥	450000	湖北江南东风专用特种汽车改装厂	(0722)3588620	底盘型号 ZZ1256M4646F,发动机型号 WD 615.61 A,功率 193kW,常压泵,罐体容量 8t
水罐消防车	斯太尔单桥	438000	湖北江南专用特种汽车有限公司	(0722)3328333	额定载质量 5500kg,容积 8m³
水罐消防车	斯太尔后双桥	530000	湖北江南东风专用特种汽车改装厂	(0722)3588620	底盘型号 ZZ1256M4646C,发动机型号 WD 615.92,功率 219kW,常压泵,罐体容量 12t
水罐消防车	斯太尔后双桥	488000	湖北江南专用特种汽车有限公司	(0722)3328333	额定载质量 12000kg,容积 12~15m³,斯太尔平顶驾驶室,尼龙胎
水罐消防车	五十铃单桥	650000	湖北江南东风专用特种汽车改装厂	(0722)3588620	底盘型号 FVR34J2,发动机型号 6HK1-TC,功率 191kW,常压泵,罐体容量 5t
水罐消防车	五十铃后双桥	850000	湖北江南东风专用特种汽车改装厂	(0722)3588620	底盘型号 CXA34T,发动机型号 6HK1-TC,功率 191kW,常压泵,罐体容量 12t
水罐消防车	重汽豪沃后双桥	550000	湖北江南东风专用特种汽车改装厂	(0722)3588620	底盘型号 ZZ1257N4341W,发动机型号 WD 615.69,功率 219kW,常压泵,罐体容量 12t
水泡两用消防车	东风 EQ145	325000	随州双龙专用汽车有限公司	(0722)3242369	上户吨位3.5t,容积水 4m³、泡沫 1m³,康明斯 160 马力柴油机,平头带卧
水泡两用消防车	东风 EQ145	325000	随州市晨阳专用汽车销售有限公司	(0722)3801178	上户吨位3.5t,容量水 4t、泡沫 1t,康明斯 160 马力柴油机,平头带卧
水泡两用消防车	东风 EQ145	325000	湖北东正专用汽车有限公司	(0722)3233567	上户吨位3.5t,容量水 4t、泡沫 1t,康明斯 160 马力柴油机,平头带卧
水泡两用消防车	东风 EQ145	325000	厦工楚胜(湖北)专用汽车有限公司	(0722)7067946	上户吨位3.5t,容量水 4t、泡沫 1t,康明斯 160 马力柴油机,平头带卧
水泡两用消防车	东风 EQ145	321000	湖北大力专用汽车制造有限公司	(0722)7609688	上户吨位3.5t,容量水 4t、泡沫 1t,康明斯 160 马力柴油机,平头带卧
水泡两用消防车	东风 EQ153	375000	随州双龙专用汽车有限公司	(0722)3242369	上户吨位 5t,容积水 5m³、泡沫 1m³,康明斯 180 马力柴油机,平头带卧
水泡两用消防车	东风 EQ153	375000	随州市晨阳专用汽车销售有限公司	(0722)3801178	上户吨位5t,容量水 5t、泡沫 1t,康明斯 180 马力柴油机,平头带卧
水泡两用消防车	东风 EQ153	375000	湖北东正专用汽车有限公司	(0722)3233567	上户吨位5t,容量水 5t、泡沫 1t,康明斯 180 马力柴油机,平头带卧
水泡两用消防车	东风 EQ153	375000	厦工楚胜(湖北)专用汽车有限公司	(0722)7067946	上户吨位 5t,容量水 5t、泡沫 1t,康明斯 180 马力柴油机,平头带卧
水泡两用消防车	东风 EQ153	371000	湖北大力专用汽车制造有限公司	(0722)7609688	上户吨位 5t,容量水 5t、泡沫 1t,康明斯 180 马力柴油机,平头带卧
水泡两用消防车	东风尖头 140	195000	随州双龙专用汽车有限公司	(0722)3242369	上户吨位 3t,容积水2.5m³、泡沫 1m³,EQ6100-1 汽油机,双排座,玉林柴油机另加 1 万元
水泡两用消防车	东风尖头 140	195000	随州市晨阳专用汽车销售有限公司	(0722)3801178	上户吨位 3t,容量水2.5t、泡沫 1t,EQ6100-1 汽油机,双排座,玉林柴油机另加 1 万元
水泡两用消防车	东风尖头 140	195000	湖北东正专用汽车有限公司	(0722)3233567	上户吨位 3t,容量水2.5t、泡沫 1t,EQ6100-1 汽油机,双排座,玉林柴油机另加 1 万元

产品名称	型号规格	参考价格（元）	生产厂家	电话	主要参数及备注
水泡两用消防车	东风尖头140	195000	厦工楚胜（湖北）专用汽车有限公司	(0722)7067946	上户吨位3t，容量水2.5t、泡沫1t，EQ6100－1汽油机，双排座，玉林柴油机另加1万元
水泡两用消防车	东风尖头140	191000	湖北大力专用汽车制造有限公司	(0722)7609688	上户吨位3t，容量水2.5t、泡沫1t，EQ6100－1汽油机，双排座，玉林柴油机另加1万元
水泡两用消防车	斯太尔ZZ1162	461000	湖北大力专用汽车制造有限公司	(0722)7609688	上户吨位7t，容量水6t、泡沫2t，重汽260马力柴油机，平头带卧
水泡两用消防车	斯太尔ZZ1162	465000	随州双龙专用汽车有限公司	(0722)3242369	上户吨位7t，容积水6m^3、泡沫2m^3，重汽260马力柴油机，平头带卧
水泡两用消防车	斯太尔ZZ1162	465000	随州市晨阳专用汽车销售有限公司	(0722)3801178	上户吨位7t，容量水6t、泡沫2t，重汽260马力柴油机，平头带卧
水泡两用消防车	斯太尔ZZ1162	465000	湖北东正专用汽车有限公司	(0722)3233567	上户吨位7t，容量水6t、泡沫2t，重汽260马力柴油机，平头带卧
水泡两用消防车	斯太尔ZZ1162	465000	厦工楚胜（湖北）专用汽车有限公司	(0722)7067946	上户吨位7t，容量水6t、泡沫2t，重汽260马力柴油机，平头带卧
消防洒水车	东风140	152000	湖北俊龙专用汽车有限公司	(0722)3309005	上户吨位6～7t，采用消防车专用消防泵、消防取力器、消防炮，具备洒水和消防车功能，消防炮射程可达50m，洒水炮射程可达30m
消防洒水车	东风140	152000	湖北元通专用汽车有限公司	(0722)3332112	上户吨位6～7t，具备洒水和消防车功能，消防炮射程可达50m，洒水炮射程可达30m
消防洒水车	东风140	152000	随州市东风专用汽车有限公司	(0722)3308618	上户吨位6～7t，采用消防车专用消防泵、消防取力器、消防炮，具备洒水和消防车功能，消防炮射程可达50m，洒水炮射程可达30m
消防洒水车	东风140	152000	随州市东风专用汽车销售中心	(0722)3817209	上户吨位6～7t，采用消防车专用消防泵、消防取力器、消防炮，具备洒水和消防车功能，消防炮射程可达50m，洒水炮射程可达30m
消防洒水车	东风140	158000	湖北金元专用汽车有限公司	(0722)7078338	上户吨位5t，容积5～6m^3，尖头单排驾驶室，玉柴发动机143马力
消防洒水车	东风140	164000	湖北大力专用汽车制造有限公司	(0722)7609688	上户吨位5～6t，兼具洒水和消防车功能，消防射程可达50m
消防洒水车	东风140	168000	随州市晨阳专用汽车销售有限公司	(0722)3801178	容积5～6m^3，采用消防车的消防取力器，消防泵，消防炮，兼具洒水和消防车功能，消防射程可达50m
消防洒水车	东风140	186000	湖北成龙威专用汽车有限公司	(0722)3308899	上户吨位5～6t，兼具洒水和消防车功能，消防射程可达50m
消防洒水车	东风140	186000	湖北天威专用汽车有限公司	(0722)3308885	上户吨位5～6t，兼具洒水和消防车功能，消防射程可达50m
消防洒水车	东风140/47	158000	湖北俊龙专用汽车有限公司	(0722)3309005	上户吨位8～9t，采用消防车专用消防泵、消防取力器、消防炮，具备洒水和消防车功能，消防炮射程可达50m，洒水炮射程可达30m
消防洒水车	东风140/47	158000	湖北元通专用汽车有限公司	(0722)3332112	上户吨位8～9t，具备洒水和消防车功能，消防炮射程可达50m，洒水炮射程可达30m
消防洒水车	东风140/47	158000	随州市东风专用汽车有限公司	(0722)3308618	上户吨位8～9t，采用消防车专用消防泵、消防取力器、消防炮，具备洒水和消防车功能，消防炮射程可达50m，洒水炮射程可达30m

产品名称	型号规格	参考价格(元)	生产厂家	电话	主要参数及备注
消防洒水车	东风 140/47	158000	随州市东风专用汽车销售中心	(0722)3817209	上户吨位 8~9t,采用消防车专用消防泵、消防取力器、消防炮,具备洒水和消防车功能,消防炮射程可达 50m,洒水炮射程可达 30m
消防带吸污车	东风 145	242000	随州市东风专用汽车有限公司	(0722)3308618	上户吨位 6~8t,平头带卧,康明斯环保增压六缸中冷柴油机,160 马力
消防带吸污车	东风 145	242000	随州市东风专用汽车销售中心	(0722)3817209	上户吨位 6~8t,平头带卧,康明斯环保增压六缸中冷柴油机,160 马力
消防带吸污车	东风 145	242000	湖北俊龙专用汽车有限公司	(0722)3309005	上户吨位 6~8t,平头带卧,康明斯环保增压六缸中冷柴油机,160 马力
消防洒水车	东风 145	185000	随州双龙专用汽车有限公司	(0722)3242369	上户吨位4.5t,容积 10m³,康明斯 160 马力、玉柴 143 马力柴油发动机
消防洒水车	东风 145	194000	湖北大力专用汽车制造有限公司	(0722)7609688	上户吨位 8~10t,兼具洒水和消防车功能,消防射程可达 50m
消防洒水车	东风 145	198000	随州市晨阳专用汽车销售有限公司	(0722)3801178	容积 8~10m³,采用消防车的消防取力器,消防泵,消防炮,兼具洒水和消防车功能,消防射程可达 50m
消防洒水车	东风 145	198000	湖北金元专用汽车有限公司	(0722)7078338	上户吨位 5t,容积 8~10m³,平头带卧型驾驶室,康明斯发动机 160 马力
消防洒水车	东风 145	216000	湖北天威专用汽车有限公司	(0722)3308885	上户吨位 8~10t,兼具洒水和消防车功能,消防射程可达 50m
消防洒水车	东风 145	216000	湖北成龙威专用汽车有限公司	(0722)3308899	上户吨位 8~10t,兼具洒水和消防车功能,消防射程可达 50m
消防洒水车	东风 145	218000	湖北元通专用汽车有限公司	(0722)3332112	容积 8~10m³,采用消防车的消防取力器,消防泵,兼具洒水和消防车功能,消防射程可达 50m
消防洒水车	东风 145	218000	湖北俊龙专用汽车有限公司	(0722)3309005	容积 8~10m³,兼具洒水和消防车功能,消防射程 50m
消防洒水车	东风 145	218000	随州市东风专用汽车有限公司	(0722)3308618	上户吨位 8~10t,兼具洒水和消防车功能,消防射程 50m
消防洒水车	东风 145	218000	随州市东风专用汽车销售中心	(0722)3817209	上户吨位 8~10t,采用消防车的消防取力器,消防泵,兼具洒水和消防车功能,消防射程可达 50m
消防洒水车	东风 145	218000	湖北俊龙专用汽车有限公司	(0722)3309005	上户吨位 8~10t,采用消防车专用消防泵、消防取力器、消防炮,具备洒水和消防车功能,消防炮射程可达 50m,洒水炮射程可达 30m
消防洒水车	东风 145	218000	湖北合力专用汽车制造有限公司	(0722)3989579	上户吨位 8~10t,采用消防车的消防取力器,消防泵,兼具洒水和消防车功能,消防射程可达 50m
消防洒水车	东风 145	218000	湖北元通专用汽车有限公司	(0722)3332112	上户吨位 8~10t,具备洒水和消防车功能,消防炮射程可达 50m,洒水炮射程可达 30m
消防洒水车	东风 145	218000	随州市东风专用汽车有限公司	(0722)3308618	上户吨位 8~10t,采用消防车专用消防泵、消防取力器、消防炮,具备洒水和消防车功能,消防炮射程可达 50m,洒水炮射程可达 30m
消防洒水车	东风 145	218000	随州市东风专用汽车销售中心	(0722)3817209	上户吨位 8~10t,采用消防车专用消防泵、消防取力器、消防炮,具备洒水和消防车功能,消防炮射程可达 50m,洒水炮射程可达 30m

产品名称	型号规格	参考价格(元)	生产厂家	电话	主要参数及备注
消防洒水车	东风153	215000	随州双龙专用汽车有限公司	(0722)3242369	上户吨位7t,容积12m^3,康明斯180马力柴油机
消防洒水车	东风153	228000	湖北金元专用汽车有限公司	(0722)7078338	上户吨位8t,容积10~12m^3,平头带卧型驾驶室,康明斯发动机180马力
消防洒水车	东风153	234000	湖北大力专用汽车制造有限公司	(0722)7609688	上户吨位10~12t,兼具洒水和消防车功能,消防射程可达50m
消防洒水车	东风153	238000	随州市晨阳专用汽车销售有限公司	(0722)3801178	容积10~12m^3,采用消防车的消防取力器,消防泵,消防炮,兼具洒水和消防车功能,消防射程可达50m
消防洒水车	东风153	238000	湖北元通专用汽车有限公司	(0722)3332112	容积10~12m^3,采用消防车的消防取力器,消防泵,兼具洒水和消防车功能,消防射程可达50m
消防洒水车	东风153	238000	湖北俊龙专用汽车有限公司	(0722)3309005	上户吨位10~12t,采用消防车专用消防泵、消防取力器、消防炮,具备洒水和消防车功能,消防炮射程可达50m,洒水炮射程可达30m
消防洒水车	东风153	238000	湖北合力专用汽车制造有限公司	(0722)3989579	上户吨位10~12t,采用消防车的消防取力器,消防泵,兼具洒水和消防车功能,消防射程可达50m
消防洒水车	东风153	238000	湖北元通专用汽车有限公司	(0722)3332112	上户吨位10~12t,具备洒水和消防车功能,消防炮射程可达50m,洒水炮射程可达30m
消防洒水车	东风153	238000	随州市东风专用汽车有限公司	(0722)3308618	上户吨位10~12t,采用消防车专用消防泵、消防取力器、消防炮,具备洒水和消防车功能,消防炮射程可达50m,洒水炮射程可达30m
消防洒水车	东风153	238000	随州市东风专用汽车销售中心	(0722)3817209	上户吨位10~12t,采用消防车专用消防泵、消防取力器、消防炮,具备洒水和消防车功能,消防炮射程可达50m,洒水炮射程可达30m
消防洒水车	东风153	238000	湖北俊龙专用汽车有限公司	(0722)3309005	容积10~12m^3,兼具洒水和消防车功能,消防射程50m
消防洒水车	东风153	238000	随州市东风专用汽车有限公司	(0722)3308618	上户吨位10~12t,兼具洒水和消防车功能,消防射程50m
消防洒水车	东风153	256000	湖北天威专用汽车有限公司	(0722)3308885	上户吨位10~12t,兼具洒水和消防车功能,消防射程可达50m
消防洒水车	东风153	256000	湖北成龙威专用汽车有限公司	(0722)3308899	上户吨位10~12t,兼具洒水和消防车功能,消防射程可达50m
消防洒水车	东风1208	275000	随州双龙专用汽车有限公司	(0722)3242369	上户吨位11t,容积16~20m^3,康明斯210马力柴油机
消防洒水车	东风1208	294000	湖北大力专用汽车制造有限公司	(0722)7609688	上户吨位12~16t,兼具洒水和消防车功能,消防射程可达50m
消防洒水车	东风1208	298000	随州市晨阳专用汽车销售有限公司	(0722)3801178	容积12~16m^3,采用消防车的消防取力器,消防泵,消防炮,兼具洒水和消防车功能,消防射程可达50m
消防洒水车	东风1208	308000	湖北元通专用汽车有限公司	(0722)3332112	容积12~16m^3,采用消防车的消防取力器,消防泵,兼具洒水和消防车功能,消防射程可达50m
消防洒水车	东风1208	308000	湖北俊龙专用汽车有限公司	(0722)3309005	上户吨位12~16t,采用消防车专用消防泵、消防取力器、消防炮,具备洒水和消防车功能,消防炮射程可达50m,洒水炮射程可达30m

产品名称	型号规格	参考价格(元)	生产厂家	电话	主要参数及备注
消防洒水车	东风 1208	308000	随州市东风专用汽车有限公司	(0722)3308618	上户吨位 12~16t,兼具洒水和消防车功能,消防射程 50m
消防洒水车	东风 1208	308000	湖北合力专用汽车制造有限公司	(0722)3989579	上户吨位 12~16t,采用消防车的消费取力器,消防泵,兼具洒水和消防车功能,消防射程可达 50m
消防洒水车	东风 1208	308000	随州市东风专用汽车销售中心	(0722)3817209	上户吨位 12~16t,采用消防车专用消防泵、消防取力器、消防炮,具备洒水和消防车功能,消防炮射程可达 50m,洒水炮射程可达 30m
消防洒水车	东风 1208	308000	随州市东风专用汽车有限公司	(0722)3308618	上户吨位 12~16t,采用消防车专用消防泵、消防取力器、消防炮,具备洒水和消防车功能,消防炮射程可达 50m,洒水炮射程可达 30m
消防洒水车	东风 1208	308800	湖北元通专用汽车有限公司	(0722)3332112	上户吨位 12~16t,具备洒水和消防车功能,消防炮射程可达 50m,洒水炮射程可达 30m
消防洒水车	东风 1208	316000	湖北天威专用汽车有限公司	(0722)3308885	上户吨位 12~16t,兼具洒水和消防车功能,消防射程可达 50m
消防洒水车	东风 1208	316000	湖北成龙威专用汽车有限公司	(0722)3308899	上户吨位 12~16t,兼具洒水和消防车功能,消防射程可达 50m
消防洒水车	东风多利卡	146000	湖北合力专用汽车制造有限公司	(0722)3989579	上户吨位3.7t,容积 4~8m³,朝柴 120 马力,玉柴 140 马力加0.8万元
消防洒水车	东风多利卡	146000	湖北东正专用汽车有限公司	(0722)3233567	上户吨位3.7t,容积 4~8m³,朝柴 120 马力,玉柴 140 马力加0.8万元
消防洒水车	东风多利卡	146000	随州东正(惠通)专用汽车有限公司	(0722)3330357	上户吨位3.7t,容积 4~8m³,朝柴 120 马力,玉柴 140 马力加0.8万元
消防洒水车	东风多利卡	146000	湖北程力专用汽车有限公司	(0722)7020979	上户吨位3.7t,容积 4~8m³,朝柴 120 马力,玉柴 140 马力加0.8万元
消防洒水车	东风多利卡	146000	随州市天龙专用汽车有限公司	(0722)3330008	上户吨位3.7t,容积 4~8m³,朝柴 120 马力,玉柴 140 马力加0.8万元
消防洒水车	东风尖头 140	125000	随州双龙专用汽车有限公司	(0722)3242369	上户吨位 4t,容积 8m³,东风 135 马力汽油机,玉林 143 马力柴油机加 10000 元
消防洒水车	东风平头 145	201000	湖北合力专用汽车制造有限公司	(0722)3989579	上户吨位4.5t、5t,容积 7~10m³,玉柴发动机 160 马力,康明斯 160 马力加0.8万元,康明斯 180 马力加 1.5 万元
消防洒水车	东风平头 145	201000	湖北东正专用汽车有限公司	(0722)3233567	上户吨位4.5t、5t,容积 7~10m³,玉柴发动机 160 马力,康明斯 160 马力加0.8万元,康明斯 180 马力加 1.5 万元
消防洒水车	东风平头 145	201000	湖北程力专用汽车有限公司	(0722)7020979	上户吨位4.5t、5t,容积 7~10m³,玉柴发动机 160 马力,康明斯 160 马力加0.8万元,康明斯 180 马力加 1.5 万元
消防洒水车	东风平头 145	201000	随州市天龙专用汽车有限公司	(0722)3330008	上户吨位4.5t、5t,容积 7~10m³,玉柴发动机 160 马力,康明斯 160 马力加0.8万元,康明斯 180 马力加 1.5 万元
消防洒水车	东风平头 145	201000	随州东正(惠通)专用汽车有限公司	(0722)3330357	上户吨位4.5t、5t,容积 7~10m³,玉柴发动机 160 马力,康明斯 160 马力加0.8万元,康明斯 180 马力加 1.5 万元

产品名称	型号规格	参考价格（元）	生产厂家	电话	主要参数及备注
消防洒水车	东风平头153	242000	湖北合力专用汽车制造有限公司	（0722）3989579	上户吨位7～8t,容积10～15m³,玉柴180马力,康明斯180马力加1万元
消防洒水车	东风平头153	242000	湖北东正专用汽车有限公司	（0722）3233567	上户吨位7～8t,容积10～15m³,玉柴180马力,康明斯180马力加1万元
消防洒水车	东风平头153	242000	随州东正（惠通）专用汽车有限公司	（0722）3330357	上户吨位7～8t,容积10～15m³,玉柴180马力,康明斯180马力加1万元
消防洒水车	东风平头153	242000	湖北程力专用汽车有限公司	（0722）7020979	上户吨位7～8t,容积10～15m³,玉柴180马力,康明斯180马力加1万元
消防洒水车	东风平头153	242000	随州市天龙专用汽车有限公司	（0722）3330008	上户吨位7～8t,容积10～15m³,玉柴180马力,康明斯180马力加1万元
消防洒水车	东风平头多利卡	129000	随州双龙专用汽车有限公司	（0722）3242369	上户吨位2.5t,容积5～7m³,朝阳120马力柴油机
消防洒水车	东风平头小霸王	95000	随州双龙专用汽车有限公司	（0722）3242369	上户吨位1.5t,容积3～4m³,云内95马力柴油机
消防洒水车	东风小霸王	92000	湖北合力专用汽车制造有限公司	（0722）3989579	上户吨位1.5t,容积3～4m³,云内95马力柴油机
消防洒水车	东风小霸王	92000	湖北东正专用汽车有限公司	（0722）3233567	上户吨位1.5t,容积3～4m³,云内95马力柴油机
消防洒水车	东风小霸王	92000	随州东正（惠通）专用汽车有限公司	（0722）3330357	上户吨位1.5t,容积3～4m³,云内95马力柴油机
消防洒水车	东风小霸王	92000	湖北程力专用汽车有限公司	（0722）7020979	上户吨位1.5t,容积3～4m³,云内95马力柴油机
消防洒水车	东风小霸王	92000	随州市天龙专用汽车有限公司	（0722）3330008	上户吨位1.5t,容积3～4m³,云内95马力柴油机
消防洒水车	东风小金霸	128000	湖北合力专用汽车制造有限公司	（0722）3989579	上户吨位1.5t,容积3～5m³,玉柴发动机90马力柴油机
消防洒水车	东风小金霸	128000	湖北东正专用汽车有限公司	（0722）3233567	上户吨位1.5t,容积3～5m³,玉柴发动机90马力柴油机
消防洒水车	东风小金霸	128000	随州东正（惠通）专用汽车有限公司	（0722）3330357	上户吨位1.5t,容积3～5m³,玉柴发动机90马力柴油机
消防洒水车	东风小金霸	128000	湖北程力专用汽车有限公司	（0722）7020979	上户吨位1.5t,容积3～5m³,玉柴发动机90马力柴油机
消防洒水车	东风小金霸	128000	随州市天龙专用汽车有限公司	（0722）3330008	上户吨位1.5t,容积3～5m³,玉柴发动机90马力柴油机
消防洒水车	尖头140	135000	湖北合力专用汽车制造有限公司	（0722）3989579	上户吨位4t、4.5t、5t,容积6～10m³,135马力汽油发动机,玉柴140马力加2.5万元
消防洒水车	尖头140	135000	湖北东正专用汽车有限公司	（0722）3233567	上户吨位4t、4.5t、5t,容积6～10m³,135马力汽油发动机,玉柴140马力加2.5万元
消防洒水车	尖头140	135000	湖北程力专用汽车有限公司	（0722）7020979	上户吨位4t、4.5t、5t,容积6～10m³,135马力汽油发动机,玉柴140马力加2.5万元
消防洒水车	尖头140	135000	随州市天龙专用汽车有限公司	（0722）3330008	上户吨位4t、4.5t、5t,容积6～10m³,135马力汽油发动机,玉柴140马力加2.5万元
消防洒水车	尖头140	135000	随州东正（惠通）专用汽车有限公司	（0722）3330357	上户吨位4t、4.5t、5t,容积6～10m³,135马力汽油发动机,玉柴140马力加2.5万元
消防洒水车	天龙双桥	322000	湖北合力专用汽车制造有限公司	（0722）3989579	上户吨位14t,容积15～20m³,康明斯230马力柴油机,245马力加0.3万元

产品名称	型号规格	参考价格(元)	生产厂家	电话	主要参数及备注
消防洒水车	天龙双桥	322000	湖北东正专用汽车有限公司	(0722)3233567	上户吨位14t,容积15~20m³,康明斯230马力柴油机,245马力加0.3万元
消防洒水车	天龙双桥	322000	随州东正(惠通)专用汽车有限公司	(0722)3330357	上户吨位14t,容积15~20m³,康明斯230马力柴油机,245马力加0.3万元
消防洒水车	天龙双桥	322000	湖北程力专用汽车有限公司	(0722)7020979	上户吨位14t,容积15~20m³,康明斯230马力柴油机,245马力加0.3万元
消防洒水车	天龙双桥	322000	随州市天龙专用汽车有限公司	(0722)3330008	上户吨位14t,容积15~20m³,康明斯230马力柴油机,245马力加0.3万元

5.2.4 垃圾车

产品名称	型号规格	参考价格(元)	生产厂家	电话	主要参数及备注
垃圾车	EQ140	145000	湖北天威专用汽车有限公司	(0722)3308885	容积6~7m³,拉臂式,汽油机
垃圾车	EQ140	113000	湖北天威专用汽车有限公司	(0722)3308885	容积8m³,摆臂式,汽油机
垃圾车	EQ140	141000	湖北天威专用汽车有限公司	(0722)3308885	容积8m³,摆臂式,柴油机
垃圾车	EQ140	119000	湖北天威专用汽车有限公司	(0722)3308885	容积10m³,密封式,自卸,汽油机
垃圾车	EQ140	123000	湖北天威专用汽车有限公司	(0722)3308885	容积10m³,挂桶式,汽油机
垃圾车	EQ140	139000	湖北天威专用汽车有限公司	(0722)3308885	容积10m³,密封式,自卸,柴油机
垃圾车	EQ140	146000	湖北天威专用汽车有限公司	(0722)3308885	容积10m³,挂桶式,柴油机
垃圾车	EQ145	195000	湖北天威专用汽车有限公司	(0722)3308885	容积7~8m³,摆臂式
垃圾车	长安微型	56000	随州东正(惠通)专用汽车有限公司	(0722)3330357	上户吨位0.5t,容积2~3m³,长安40马力汽油机
垃圾车	东风140	146000	湖北元通专用汽车有限公司	(0722)3332112	容积6~7m³,拉臂式
垃圾车	东风140	126000	湖北金元专用汽车有限公司	(0722)7078338	容积7m³,拉臂式,也称车厢可卸式
垃圾车	东风140	125000	湖北金元专用汽车有限公司	(0722)7078338	容积8m³,摆臂式
垃圾车	东风140	118000	湖北金元专用汽车有限公司	(0722)7078338	容积8m³,挂桶式,汽油机
垃圾车	东风140	122000	湖北金元专用汽车有限公司	(0722)7078338	容积10m³,密封式,自卸式
垃圾车	东风140	123000	湖北元通专用汽车有限公司	(0722)3332112	容积10m³,挂桶式,汽油机
垃圾车	东风140	128000	湖北元通专用汽车有限公司	(0722)3332112	容积10m³,挂桶式,柴油机
垃圾车	东风140柴油	128000	湖北元通专用汽车有限公司	(0722)3332112	容积6~8m³,摆臂式
垃圾车	东风140汽油	123000	湖北元通专用汽车有限公司	(0722)3332112	容积6~8m³,摆臂式

产品名称	型号规格	参考价格（元）	生产厂家	电话	主要参数及备注
垃圾车	东风 145	175000	湖北元通专用汽车有限公司	（0722）3332112	容积 7～8m^3，摆臂式
垃圾车	东风 145	179000	湖北金元专用汽车有限公司	（0722）7078338	容积 7～8m^3，摆臂式
垃圾车	东风 145	192000	湖北元通专用汽车有限公司	（0722）3332112	容积 7～8m^3，拉臂式
垃圾车	东风 145	198000	湖北金元专用汽车有限公司	（0722）7078338	容积 7～8m^3，拉臂式，也称车厢可卸式
垃圾车	东风 145	198000	湖北合力专用汽车制造有限公司	（0722）3989579	上户吨位 4t，容积 8～10m^3，玉柴 160 马力柴油机，摆臂式
垃圾车	东风 153	198000	湖北元通专用汽车有限公司	（0722）3332112	容积 7～8m^3，摆臂式
垃圾车	东风 153	198000	湖北金元专用汽车有限公司	（0722）7078338	容积 7～8m^3，摆臂式
垃圾车	东风 153	248000	湖北合力专用汽车制造有限公司	（0722）3989579	上户吨位 7t，容积 10～12m^3，玉柴 180 马力柴油机，康明斯 180 马力柴油机加 1 万元，摆臂式
垃圾车	东风 EQ140	168000	湖北金元专用汽车有限公司	（0722）7078338	容积 10m^3，压缩式
垃圾车	东风 EQ140	216000	湖北天威专用汽车有限公司	（0722）3308885	容积 10m^3，压缩式
垃圾车	东风 EQ145	249000	湖北金元专用汽车有限公司	（0722）7078338	容积 12m^3，压缩式
垃圾车	东风 EQ145	286000	湖北天威专用汽车有限公司	（0722）3308885	容积 12m^3，压缩式
垃圾车	东风 EQ145	215000	湖北天威专用汽车有限公司	（0722）3308885	容积 7～8m^3，拉臂式
垃圾车	东风 EQ153	286000	湖北金元专用汽车有限公司	（0722）7078338	容积 15m^3，压缩式
垃圾车	东风 EQ153	345000	湖北天威专用汽车有限公司	（0722）3308885	容积 15m^3，压缩式
垃圾车	东风 EQ1208	366000	湖北金元专用汽车有限公司	（0722）7078338	容积 20m^3，压缩式
垃圾车	东风朝锐	386000	湖北天威专用汽车有限公司	（0722）3308885	容积 20m^3，压缩式
垃圾车	东风大金刚	132000	湖北元通专用汽车有限公司	（0722）3332112	容积 6～7m^3，摆臂式
垃圾车	东风大金刚	105000	湖北金元专用汽车有限公司	（0722）7078338	容积 6m^3，摆臂式
垃圾车	东风多利卡	135000	湖北元通专用汽车有限公司	（0722）3332112	容积 5～6m^3，拉臂式
垃圾车	东风多利卡	188000	湖北金元专用汽车有限公司	（0722）7078338	容积 5～6m^3，拉臂式，也称车厢可卸式
垃圾车	东风多利卡	98000	湖北金元专用汽车有限公司	（0722）7078338	容积 6m^3，密封式，自卸式
垃圾车	东风多利卡	115000	湖北天威专用汽车有限公司	（0722）3308885	容积 6m^3，密封式，自卸
垃圾车	东风多利卡	155000	湖北金元专用汽车有限公司	（0722）7078338	容积 6m^3，压缩式
垃圾车	东风多利卡	173000	湖北天威专用汽车有限公司	（0722）3308885	容积 6m^3，压缩式
垃圾车	东风多利卡	175000	湖北天威专用汽车有限公司	（0722）3308885	容积 6m^3，车厢可卸式
垃圾车	东风尖头	118000	湖北合力专用汽车制造有限公司	（0722）3989579	上户吨位 4t，容积 6～8m^3，135 马力汽油发动机，玉柴 140 马力柴油机加 2.5 万元，摆臂式

产品名称	型号规格	参考价格(元)	生产厂家	电话	主要参数及备注
垃圾车	东风三平柴	178000	湖北金元专用汽车有限公司	(0722)7078338	容积 $8m^3$,压缩式
垃圾车	东风三平柴	196000	湖北天威专用汽车有限公司	(0722)3308885	容积 $8m^3$,压缩式
垃圾车	东风小霸王	87000	湖北金元专用汽车有限公司	(0722)7078338	容积 $3m^3$,摆臂式
垃圾车	东风小霸王	88000	湖北元通专用汽车有限公司	(0722)3332112	容积 $3m^3$,摆臂式
垃圾车	东风小霸王	105000	湖北天威专用汽车有限公司	(0722)3308885	容积 $3m^3$,车厢可卸式,摆臂式
垃圾车	东风小霸王	106000	湖北天威专用汽车有限公司	(0722)3308885	容积 $3m^3$,车厢可卸式
垃圾车	东风小霸王	88000	湖北金元专用汽车有限公司	(0722)7078338	容积 $4\sim5m^3$,拉臂式,也称车厢可卸式
垃圾车	东风小霸王	98000	湖北元通专用汽车有限公司	(0722)3332112	容积 $4\sim5m^3$,拉臂式
垃圾车	东风小霸王	66000	湖北金元专用汽车有限公司	(0722)7078338	容积 $4m^3$,柴油机,双顶自卸,适用于生活小区
垃圾车	东风小霸王	83000	湖北天威专用汽车有限公司	(0722)3308885	容积 $4m^3$,柴油机,双顶自卸,适用于生活小区
垃圾车	东风小霸王	87000	湖北金元专用汽车有限公司	(0722)7078338	容积 $4m^3$,密封式,自卸式,双顶自卸,密封带液压盖
垃圾车	东风小霸王	105000	湖北天威专用汽车有限公司	(0722)3308885	容积 $4m^3$,双顶自卸,货厢带自动液压密封盖
垃圾车	东风小霸王	95000	湖北天威专用汽车有限公司	(0722)3308885	容积 $5m^3$,柴油机,双顶自卸,密封滑盖
垃圾车	东风小霸王	112000	湖北金元专用汽车有限公司	(0722)7078338	容积 $5m^3$,压缩式
垃圾车	东风小霸王	130000	湖北天威专用汽车有限公司	(0722)3308885	容积 $5m^3$,压缩式
垃圾车	东风小霸王	78000	湖北金元专用汽车有限公司	(0722)7078338	容积 $6m^3$,挂桶式
垃圾车	东风小霸王	86000	湖北元通专用汽车有限公司	(0722)3332112	容积 $6m^3$,挂桶式
垃圾车	东风小霸王	106000	湖北天威专用汽车有限公司	(0722)3308885	容积 $6m^3$,挂桶式
垃圾车	福田微型	63000	随州东正(惠通)专用汽车有限公司	(0722)3330357	上户吨位 1t,容积 $3\sim4m^3$,全柴65马力柴油机
垃圾车	福田小卡	98000	湖北合力专用汽车制造有限公司	(0722)3989579	上户吨位 1t,容积 $4\sim5m^3$,朝柴95马力柴油机,大柴104马力柴油机加1万元,摆臂式
垃圾车	微型	59000	湖北元通专用汽车有限公司	(0722)3332112	容积 $2m^3$,密封式
垃圾车	微型	59000	湖北元通专用汽车有限公司	(0722)3332112	容积 $2m^3$,翻转式
垃圾车	微型	76000	湖北天威专用汽车有限公司	(0722)3308885	容积 $2m^3$,密封式
垃圾车	微型	76000	湖北天威专用汽车有限公司	(0722)3308885	容积 $2m^3$,翻转式
垃圾车	小金霸	112000	湖北合力专用汽车制造有限公司	(0722)3989579	上户吨位 1t,容积 $4\sim5m^3$,玉柴90马力柴油机,摆臂式
摆臂垃圾洒水车	东风1092	158000	随州双龙专用汽车有限公司	(0722)3242369	上户吨位 4t,容积 $5\sim6m^3$,135马力汽油发动机,具有洒水车和垃圾车功能
摆臂垃圾洒水车	尖头	168000	随州东正(惠通)专用汽车有限公司	(0722)3330357	上户吨位 5t,容积 $6\sim8m^3$,玉柴140马力柴油机,同时具有洒水车和垃圾车功能

产品名称	型号规格	参考价格(元)	生产厂家	电话	主要参数及备注
摆臂式垃圾车	东风140	128000	随州市东风专用汽车有限公司	(0722)3308618	容积6～8m³
摆臂式垃圾车	东风140	143000	随州市烈山专用汽车有限公司	(0722)3818156	容积7m³，汽油发动机，功率99kW
摆臂式垃圾车	东风140汽油	123000	随州市东风专用汽车销售中心	(0722)3817209	容积6～8m³
摆臂式垃圾车	东风140柴油	128000	随州市东风专用汽车销售中心	(0722)3817209	容积6～8m³
摆臂式垃圾车	东风140汽油	115000	湖北江南东风专用特种汽车改装厂	(0722)3588620	额定载质量4000kg，容积6～10m³，尖头140汽油电喷发动机，900轮胎，厢长4.05m
摆臂式垃圾车	东风140柴油	128000	湖北江南东风专用特种汽车改装厂	(0722)3588620	额定载质量4500kg，容积6～10m³，尖头，玉柴143马力，900轮胎，厢长4.05m，排放标准欧Ⅱ
摆臂式垃圾车	东风145	199000	湖北江南东风专用特种汽车改装厂	(0722)3588620	额定载质量4000kg，容积6～10m³，平头单桥带卧，9.00－20轮胎，厢长4.8m，排放标准欧Ⅲ
摆臂式垃圾车	东风145	175000	随州市东风专用汽车销售中心	(0722)3817209	容积7～8m³
摆臂式垃圾车	东风145	175000	随州市东风专用汽车有限公司	(0722)3308618	容积7～8m³
摆臂式垃圾车	东风145	193000	随州市烈山专用汽车有限公司	(0722)3818156	容积8m³，康明斯125kW发动机
摆臂式垃圾车	东风145	171000	湖北大力专用汽车制造有限公司	(0722)7609688	上户吨位4t，容积8～10m³，康明斯160马力柴油机
摆臂式垃圾车	东风145	175000	随州市晨阳专用汽车销售有限公司	(0722)3801178	上户吨位4t，容积8～10m³，康明斯160马力柴油机
摆臂式垃圾车	东风145	175000	随州双龙专用汽车有限公司	(0722)3242369	上户吨位4t，容积8～10m³，康明斯160马力柴油机
摆臂式垃圾车	东风145	208000	湖北东正专用汽车有限公司	(0722)3233567	上户吨位4t，容积8～10m³，玉柴160马力柴油机，康明斯160马力柴油机加0.8万元，康明斯180马力柴油机加1.5万元
摆臂式垃圾车	东风145	208000	随州东正(惠通)专用汽车有限公司	(0722)3330357	上户吨位4t，容积8～10m³，玉柴160马力柴油机，康明斯160马力柴油机加0.8万元，康明斯180马力柴油机加1.5万元
摆臂式垃圾车	东风145	208000	湖北程力专用汽车有限公司	(0722)7020979	上户吨位4t，容积8～10m³，玉柴160马力柴油机，康明斯160马力柴油机加0.8万元，康明斯180马力柴油机加1.5万元
摆臂式垃圾车	东风145	208000	随州市天龙专用汽车有限公司	(0722)3330008	上户吨位4t，容积8～10m³，玉柴160马力柴油机，康明斯160马力柴油机加0.8万元，康明斯180马力柴油机加1.5万元
摆臂式垃圾车	东风145	176000	湖北东正专用汽车有限公司	(0722)3233567	上户吨位5t，容积10m³，康明斯160马力柴油机，排放标准欧Ⅱ
摆臂式垃圾车	东风145	176000	随州东正(惠通)专用汽车有限公司	(0722)3330357	上户吨位5t，容积10m³，康明斯160马力柴油机，排放标准欧Ⅱ
摆臂式垃圾车	东风145	176000	湖北程力专用汽车有限公司	(0722)7020979	上户吨位5t，容积10m³，康明斯160马力柴油机
摆臂式垃圾车	东风145	176000	随州市天龙专用汽车有限公司	(0722)3330008	上户吨位5t，容积10m³，康明斯160马力柴油机，排放标准欧Ⅱ
摆臂式垃圾车	东风153	198000	湖北江南东风专用特种汽车改装厂	(0722)3588620	额定载质量7000kg，容积8～12m³，平头单桥，带卧，动力转向，康明斯发动机，排放标准国Ⅲ，6速变速器，1000轮胎

产品名称	型号规格	参考价格(元)	生产厂家	电话	主要参数及备注
摆臂式垃圾车	东风153	198000	随州市东风专用汽车销售中心	(0722)3817209	容积7~8m^3
摆臂式垃圾车	东风153	248000	湖北东正专用汽车有限公司	(0722)3233567	上户吨位7t,容积10~12m^3,玉柴180马力柴油机,康明斯180马力柴油机加1万元
摆臂式垃圾车	东风153	248000	随州东正(惠通)专用汽车有限公司	(0722)3330357	上户吨位7t,容积10~12m^3,玉柴180马力柴油机,康明斯180马力柴油机加1万元
摆臂式垃圾车	东风153	248000	湖北程力专用汽车有限公司	(0722)7020979	上户吨位7t,容积10~12m^3,玉柴180马力柴油机,康明斯180马力柴油机加1万元
摆臂式垃圾车	东风153	248000	随州市天龙专用汽车有限公司	(0722)3330008	上户吨位7t,容积10~12m^3,玉柴180马力柴油机,康明斯180马力柴油机加1万元
摆臂式垃圾车	东风1535	198000	随州市东风专用汽车有限公司	(0722)3308618	容积7~8m^3
摆臂式垃圾车	东风EQ140	126000	随州市广益专用汽车销售有限公司	(0722)3813608	上户吨位4.6t,容积7~8m^3,东风长头,140马力,轴距3.95m
摆臂式垃圾车	东风EQ140	126000	随州五环同盛专用汽车有限公司	(0722)3586612	上户吨位4.6t,容积7~8m^3,东风长头,140马力,轴距3.95m
摆臂式垃圾车	东风EQ145	176000	随州市广益专用汽车销售有限公司	(0722)3813608	上户吨位5t,容积7~8m^3,平头带卧,康明斯发动机160马力,轴距3.95m
摆臂式垃圾车	东风EQ145	176000	随州五环同盛专用汽车有限公司	(0722)3586612	上户吨位5t,容积7~8m^3,平头带卧,康明斯发动机160马力,轴距3.95m
摆臂式垃圾车	东风EQ153	208000	随州市广益专用汽车销售有限公司	(0722)3813608	上户吨位8t,容积8~10m^3,平头带卧,康明斯发动机180马力,轴距3.95m
摆臂式垃圾车	东风EQ153	208000	随州五环同盛专用汽车有限公司	(0722)3586612	上户吨位8t,容积8~10m^3,平头带卧,康明斯发动机180马力,轴距3.95m
摆臂式垃圾车	东风大金刚	132000	随州市东风专用汽车销售中心	(0722)3817209	容积6~7m^3
摆臂式垃圾车	东风大金刚	132000	随州市东风专用汽车有限公司	(0722)3308618	容积6~7m^3
摆臂式垃圾车	东风多利卡	142000	随州市烈山专用汽车有限公司	(0722)3818156	容积7m^3,朝柴发动机,功率88kW
摆臂式垃圾车	东风福瑞卡	96000	随州市烈山专用汽车有限公司	(0722)3818156	容积4m^3,玉柴发动机,功率66kW、四达发动机,功率70kW、朝柴发动机,功率70kW
摆臂式垃圾车	东风尖头	142000	随州市烈山专用汽车有限公司	(0722)3818156	容积7m^3,玉柴发动机,功率105kW
摆臂式垃圾车	东风尖头	128000	湖北东正专用汽车有限公司	(0722)3233567	上户吨位4t,容积6~8m^3,135马力汽油发动机,玉柴140马力柴油机加2.5万元
摆臂式垃圾车	东风尖头	128000	随州东正(惠通)专用汽车有限公司	(0722)3330357	上户吨位4t,容积6~8m^3,135马力汽油发动机,玉柴140马力柴油机加2.5万元
摆臂式垃圾车	东风尖头	128000	湖北程力专用汽车有限公司	(0722)7020979	上户吨位4t,容积6~8m^3,135马力汽油发动机,玉柴140马力柴油机加2.5万元
摆臂式垃圾车	东风尖头	128000	随州市天龙专用汽车有限公司	(0722)3330008	上户吨位4t,容积6~8m^3,135马力汽油发动机,玉柴140马力柴油机加2.5万元
摆臂式垃圾车	东风尖头	121000	湖北大力专用汽车制造有限公司	(0722)7609688	上户吨位4t,容积8m^3,135马力汽油发动机,排放标准欧Ⅲ

产品名称	型号规格	参考价格(元)	生产厂家	电话	主要参数及备注
摆臂式垃圾车	东风尖头	122000	湖北东正专用汽车有限公司	(0722)3233567	上户吨位4t,容积8m³,135马力汽油发动机,玉柴发动机143马力柴油机加0.8万元,排放标准欧Ⅱ
摆臂式垃圾车	东风尖头	122000	随州东正(惠通)专用汽车有限公司	(0722)3330357	上户吨位4t,容积8m³,135马力汽油发动机,玉柴发动机143马力柴油机加0.8万元,排放标准欧Ⅱ
摆臂式垃圾车	东风尖头	122000	湖北程力专用汽车有限公司	(0722)7020979	上户吨位4t,容积8m³,135马力汽油发动机,玉柴发动机143马力柴油机加0.8万元
摆臂式垃圾车	东风尖头	122000	随州市天龙专用汽车有限公司	(0722)3330008	上户吨位4t,容积8m³,135马力汽油发动机,玉柴发动机143马力柴油机加0.8万元,排放标准欧Ⅱ
摆臂式垃圾车	东风尖头	122000	湖北大力专用汽车制造有限公司	(0722)7609688	上户吨位4t,容积8m³,玉林143马力柴油机
摆臂式垃圾车	东风尖头	125000	随州市晨阳专用汽车销售有限公司	(0722)3801178	上户吨位4t,容积8m³,135马力汽油发动机,排放标准欧Ⅲ
摆臂式垃圾车	东风尖头	125000	随州双龙专用汽车有限公司	(0722)3242369	上户吨位4t,容积8m³,135马力汽油发动机,排放标准欧Ⅲ
摆臂式垃圾车	东风尖头	126000	随州市晨阳专用汽车销售有限公司	(0722)3801178	上户吨位4t,容积8m³,玉林143马力柴油机
摆臂式垃圾车	东风尖头	126000	随州双龙专用汽车有限公司	(0722)3242369	上户吨位4t,容积8m³,玉林143马力柴油机
摆臂式垃圾车	东风尖头	123000	湖北程力专用汽车有限公司	(0722)7020979	上户吨位4t,容积8~10m³,135马力汽油发动机,玉柴140马力柴油机加2.5万元,地坑式
摆臂式垃圾车	东风尖头	123000	湖北东正专用汽车有限公司	(0722)3233567	上户吨位4t,容积8~10m³,135马力汽油发动机,玉柴140马力柴油机加2.5万元,地坑式
摆臂式垃圾车	东风尖头	123000	随州市天龙专用汽车有限公司	(0722)3330008	上户吨位4t,容积8~10m³,135马力汽油发动机,玉柴140马力柴油机加2.5万元,地坑式
摆臂式垃圾车	东风平头金霸	119000	随州市晨阳专用汽车销售有限公司	(0722)3801178	上户吨位1t,容积4m³,玉林90马力柴油机,排放标准欧Ⅲ
摆臂式垃圾车	东风平头金霸	119000	随州双龙专用汽车有限公司	(0722)3242369	上户吨位1t,容积4m³,玉林90马力柴油机,排放标准欧Ⅲ
摆臂式垃圾车	东风平头金霸	115000	湖北大力专用汽车制造有限公司	(0722)7609688	上户吨位1t,容积4m³,玉林90马力柴油机,排放标准欧Ⅲ
摆臂式垃圾车	东风轻卡	132000	湖北江南东风专用特种汽车改装厂	(0722)3588620	额定载质量4215kg,容积6~8m³,平头单桥,带卧,玉柴YC4D120-21发动机,9.00-20轮胎
摆臂式垃圾车	东风小霸王	122000	湖北江南东风专用特种汽车改装厂	(0722)3588620	额定载质量685kg,容积3~4m³,玉柴发动机,排放标准欧Ⅲ,6.50-16轮胎,厢长选配4.3m
摆臂式垃圾车	东风小霸王	88000	随州市东风专用汽车销售中心	(0722)3817209	容积3m³
摆臂式垃圾车	东风小霸王	88000	随州市东风专用汽车有限公司	(0722)3308618	容积3m³
摆臂式垃圾车	东风小霸王	85000	湖北大力专用汽车制造有限公司	(0722)7609688	上户吨位1t,容积4m³,云内95马力柴油机
摆臂式垃圾车	东风小霸王	89000	随州市晨阳专用汽车销售有限公司	(0722)3801178	上户吨位1t,容积4m³,云内95马力柴油机
摆臂式垃圾车	东风小霸王	89000	随州双龙专用汽车有限公司	(0722)3242369	上户吨位1t,容积4m³,云内95马力柴油机

产品名称	型号规格	参考价格（元）	生产厂家	电话	主要参数及备注
摆臂式垃圾车	东风小霸王	88000	随州市广益专用汽车销售有限公司	(0722)3813608	上户吨位1.5t,容积3m^3,平头单排,朝柴或云内发动机95马力,轴距3m
摆臂式垃圾车	东风小霸王	88000	随州五环同盛专用汽车有限公司	(0722)3586612	上户吨位1.5t,容积3m^3,平头单排,朝柴或云内发动机95马力,轴距3m
摆臂式垃圾车	东风小霸王	86000	湖北东正专用汽车有限公司	(0722)3233567	上户吨位1.5t,容积4m^3,云内95马力柴油机,排放标准欧Ⅱ
摆臂式垃圾车	东风小霸王	86000	随州东正(惠通)专用汽车有限公司	(0722)3330357	上户吨位1.5t,容积4m^3,云内95马力柴油机,排放标准欧Ⅱ
摆臂式垃圾车	东风小霸王	86000	湖北程力专用汽车有限公司	(0722)7020979	上户吨位1.5t,容积4m^3,云内95马力柴油机
摆臂式垃圾车	东风小霸王	86000	随州市天龙专用汽车有限公司	(0722)3330008	上户吨位1.5t,容积4m^3,云内95马力柴油机,排放标准欧Ⅱ
摆臂式垃圾车	福田小卡	98000	湖北东正专用汽车有限公司	(0722)3233567	上户吨位1t,容积4~5m^3,朝柴95马力柴油机,大柴104马力柴油机加1万元
摆臂式垃圾车	福田小卡	98000	随州东正(惠通)专用汽车有限公司	(0722)3330357	上户吨位1t,容积4~5m^3,朝柴95马力柴油机,大柴104马力柴油机加1万元
摆臂式垃圾车	福田小卡	98000	湖北程力专用汽车有限公司	(0722)7020979	上户吨位1t,容积4~5m^3,朝柴95马力柴油机,大柴104马力柴油机加1万元
摆臂式垃圾车	福田小卡	98000	随州市天龙专用汽车有限公司	(0722)3330008	上户吨位1t,容积4~5m^3,朝柴95马力柴油机,大柴104马力柴油机加1万元
摆臂式垃圾车	小霸王带卧	87000	湖北江南东风专用特种汽车改装厂	(0722)3588620	额定载质量1070kg,容积3~4m^3,平头带卧,成都云内490发动机,7.50-16轮胎
摆臂式垃圾车	小金霸	125000	湖北东正专用汽车有限公司	(0722)3233567	上户吨位1t,容积4~5m^3,玉柴发动机90马力柴油机
摆臂式垃圾车	小金霸	125000	随州东正(惠通)专用汽车有限公司	(0722)3330357	上户吨位1t,容积4~5m^3,玉柴发动机90马力柴油机
摆臂式垃圾车	小金霸	125000	湖北程力专用汽车有限公司	(0722)7020979	上户吨位1t,容积4~5m^3,玉柴发动机90马力柴油机
摆臂式垃圾车	小金霸	125000	随州市天龙专用汽车有限公司	(0722)3330008	上户吨位1t,容积4~5m^3,玉柴发动机90马力柴油机
摆臂式垃圾车	东风140型汽油	115000	湖北江南专用特种汽车有限公司	(0722)3328333	额定载质量4000kg,容积6~10m^3,尖头140汽油电喷发动机,900轮胎,厢长4.05m
摆臂式垃圾车	东风140型柴油	128000	湖北江南专用特种汽车有限公司	(0722)3328333	额定载质量4500kg,容积6~10m^3,尖头,900轮胎,厢长4.05m,排放标准欧Ⅱ,YC6J140-21柴油发动机
摆臂式垃圾车	东风145型	199000	湖北江南专用特种汽车有限公司	(0722)3328333	额定载质量4000kg,容积6~10m^3,平头单桥带卧,9.00-20轮胎,厢长4.8m,康明斯ISDE160-30发动机,排放标准欧Ⅲ
摆臂式垃圾车	东风153型	198000	湖北江南专用特种汽车有限公司	(0722)3328333	额定载质量7000kg,容积8~12m^3,平头单桥,带卧,动力转向,康明斯发动机,6速变速器,1000轮胎,排放标准国Ⅲ
摆臂式垃圾车	东风1092	112000	湖北华胜特种汽车制造有限公司	(0722)3315993	上户吨位4000kg,容量7t,汽油机YC4E140-20,135马力,地面式
摆臂式垃圾车	东风1092F19DJ	125000	湖北华胜特种汽车制造有限公司	(0722)3315993	上户吨位4000kg,容量8t,玉柴发动机YC4E140-20,143马力,地坑式

产品名称	型号规格	参考价格(元)	生产厂家	电话	主要参数及备注
摆臂式垃圾车	东风平头 EQ1126	173000	湖北华胜特种汽车制造有限公司	(0722)3315993	上户吨位5000kg,容量8t,东风康明斯发动机 YC4E140-20,143马力,可分地面式、地坑式
摆臂式垃圾车	东风轻卡	132000	湖北江南专用特种汽车有限公司	(0722)3328333	额定载质量4215kg,容积6~8m³,平头单桥,带卧,玉柴YC4D120-21发动机,9.00-20轮胎
摆臂式垃圾车	东风小霸王	79500	湖北华胜特种汽车制造有限公司	(0722)3315993	上户吨位1490kg,容量3t,云内机 4100QBZL、朝柴机 CY4100ZLQ,95马力,可分地面式、地坑式
摆臂式垃圾车	东风小霸王	122000	湖北江南专用特种汽车有限公司	(0722)3328333	额定载质量685kg,容积3~4m³,玉柴发动机,6.50-16轮胎,厢长选配4.3m,排放标准欧Ⅲ
摆臂式垃圾车	小霸王带卧	87000	湖北江南专用特种汽车有限公司	(0722)3328333	额定载质量1070kg,容积3~4m³,平头带卧,成都云内490发动机,7.50-16轮胎
车厢可卸式垃圾车	东风145	199000	随州市烈山专用汽车有限公司	(0722)3818156	容积8m³,康明斯发动机,功率125kW、118kW;玉柴发动机,功率118kW
车厢可卸式垃圾车	东风145	209000	随州东正(惠通)专用汽车有限公司	(0722)3330357	上户吨位5t,容积10m³,玉柴160马力柴油机,康明斯160马力柴油机加1万元
车厢可卸式垃圾车	东风153	256000	随州市烈山专用汽车有限公司	(0722)3818156	容积9m³,康明斯发动机,功率140kW、136kW、132kW
车厢可卸式垃圾车	东风多利卡	137000	随州市烈山专用汽车有限公司	(0722)3818156	容积6m³,朝柴发动机,功率88kW
车厢可卸式垃圾车	东风福瑞卡	93000	随州市烈山专用汽车有限公司	(0722)3818156	容积4m³,玉柴66kW发动机、四达70kW发动机、朝柴70kW发动机
车厢可卸式垃圾车	东风尖头	148000	随州市烈山专用汽车有限公司	(0722)3818156	容积7m³,玉柴发动机,功率105kW
车厢可卸式垃圾车	东风尖头	158000	随州东正(惠通)专用汽车有限公司	(0722)3330357	上户吨位4t,容积8m³,玉柴143马力柴油机
车厢可卸式垃圾车	东风金霸	126000	随州东正(惠通)专用汽车有限公司	(0722)3330357	上户吨位1.5t,容积4m³,玉柴发动机90马力柴油机
车厢可卸式垃圾车	东风天龙后双桥	398000	随州市烈山专用汽车有限公司	(0722)3818156	容积13m³,康明斯发动机,功率180kW、177kW
车厢可卸式垃圾车	东风小霸王	86000	湖北东正专用汽车有限公司	(0722)3233567	上户吨位2t,容积4m³,云内95马力柴油机,排放标准欧Ⅱ
车厢可卸式垃圾车	东风小霸王	86000	湖北程力专用汽车有限公司	(0722)7020979	上户吨位2t,容积4m³,云内95马力柴油机
车厢可卸式垃圾车	东风小霸王	86000	随州市天龙专用汽车有限公司	(0722)3330008	上户吨位2t,容积4m³,云内95马力柴油机,排放标准欧Ⅱ
车厢可卸式垃圾车	多利卡	115000	湖北东正专用汽车有限公司	(0722)3233567	上户吨位3t,容积6m³,朝柴120马力柴油机,排放标准欧Ⅱ
车厢可卸式垃圾车	多利卡	188000	随州东正(惠通)专用汽车有限公司	(0722)3330357	上户吨位3t,容积6m³,朝柴120马力柴油机,康明斯140马力柴油机加2.5万元
车厢可卸式垃圾车	多利卡	115000	随州东正(惠通)专用汽车有限公司	(0722)3330357	上户吨位3t,容积6m³,朝柴120马力柴油机,排放标准欧Ⅱ
车厢可卸式垃圾车	多利卡	115000	湖北程力专用汽车有限公司	(0722)7020979	上户吨位3t,容积6m³,朝柴120马力柴油机
车厢可卸式垃圾车	多利卡	115000	随州市天龙专用汽车有限公司	(0722)3330008	上户吨位3t,容积6m³,朝柴120马力柴油机,排放标准欧Ⅱ
翻转式垃圾车	微型	59000	随州市东风专用汽车有限公司	(0722)3308618	容积2m³

产品名称	型号规格	参考价格（元）	生产厂家	电话	主要参数及备注
挂桶式垃圾车	东风140	123000	随州市东风专用汽车销售中心	（0722）3817209	容积10m³，汽油机
挂桶式垃圾车	东风140	128000	随州市东风专用汽车销售中心	（0722）3817209	容积10m³，柴油机
挂桶式垃圾车	东风140	146000	随州市双诚专用汽车销售有限公司	（0722）3805158	容积8m³，底盘型号EQ1102FLJ5，车长4.05m，玉柴发动机，型号YC4F140－30，140马力，排放标准欧Ⅲ
挂桶式垃圾车	东风140	129000	随州市广益专用汽车销售有限公司	（0722）3813608	上户吨位5t，容积8～10m³，长头，玉柴发动机140马力，轴距3.95m
挂桶式垃圾车	东风140	129000	随州五环同盛专用汽车有限公司	（0722）3586612	上户吨位5t，容积8～10m³，长头，玉柴发动机140马力，轴距3.95m
挂桶式垃圾车	东风145	221000	随州市双诚专用汽车销售有限公司	（0722）3805158	容积12m³，底盘型号EQ1108KJ，车长4.8m，康明斯发动机，型号ISDE160－30，160马力，排放标准欧Ⅲ
挂桶式垃圾车	东风145	211000	随州市双诚专用汽车销售有限公司	（0722）3805158	容积12m³，底盘型号EQ1110GLJ，车长4.8m，康明斯发动机，型号ISDE160－30，160马力，排放标准欧Ⅲ
挂桶式垃圾车	东风145	199000	湖北东正专用汽车有限公司	（0722）3233567	上户吨位4.5t，容积10～12m³，玉柴160马力柴油机，康明斯160马力柴油机加1万元
挂桶式垃圾车	东风145	199000	随州东正（惠通）专用汽车有限公司	（0722）3330357	上户吨位4.5t，容积10～12m³，玉柴160马力柴油机，康明斯160马力柴油机加1万元
挂桶式垃圾车	东风145	199000	湖北程力专用汽车有限公司	（0722）7020979	上户吨位4.5t，容积10～12m³，玉柴160马力柴油机，康明斯160马力柴油机加1万元
挂桶式垃圾车	东风145	199000	随州市天龙专用汽车有限公司	（0722）3330008	上户吨位4.5t，容积10～12m³，玉柴160马力柴油机，康明斯160马力柴油机加1万元
挂桶式垃圾车	东风EQ1092	109000	湖北华胜特种汽车制造有限公司	（0722）3315993	上户吨位4200kg，容量10t，汽油机EQ6100－1，135马力，货厢尺寸（mm）：4000×2410×1470
挂桶式垃圾车	东风EQ1092	115000	湖北华胜特种汽车制造有限公司	（0722）3315993	上户吨位4000kg，容量10t，玉柴发动机YC4E140－20，143马力，货厢尺寸（mm）：4000×2300×1470
挂桶式垃圾车	东风多利卡	138000	湖北东正专用汽车有限公司	（0722）3233567	上户吨位3t，容积6m³，朝柴120马力柴油机，康明斯140马力柴油机加2.5万元
挂桶式垃圾车	东风多利卡	138000	随州东正（惠通）专用汽车有限公司	（0722）3330357	上户吨位3t，容积6m³，朝柴120马力柴油机，康明斯140马力柴油机加2.5万元
挂桶式垃圾车	东风多利卡	138000	湖北程力专用汽车有限公司	（0722）7020979	上户吨位3t，容积6m³，朝柴120马力柴油机，康明斯140马力柴油机加2.5万元
挂桶式垃圾车	东风多利卡	138000	随州市天龙专用汽车有限公司	（0722）3330008	上户吨位3t，容积6m³，朝柴120马力柴油机，康明斯140马力柴油机加2.5万元
挂桶式垃圾车	东风尖头	119000	随州市晨阳专用汽车销售有限公司	（0722）3801178	上户吨位4t，容积10m³，135马力汽油发动机，排放标准欧Ⅲ
挂桶式垃圾车	东风尖头	119000	随州市晨阳专用汽车销售有限公司	（0722）3801178	上户吨位4t，容积10m³，玉林143马力柴油机
挂桶式垃圾车	东风尖头	119000	随州双龙专用汽车有限公司	（0722）3242369	上户吨位4t，容积10m³，135马力汽油发动机，排放标准欧Ⅲ

产品名称	型号规格	参考价格（元）	生产厂家	电话	主要参数及备注
挂桶式垃圾车	东风尖头	119000	随州双龙专用汽车有限公司	(0722)3242369	上户吨位4t，容积$10m^3$，玉林143马力柴油机
挂桶式垃圾车	东风尖头	115000	湖北大力专用汽车制造有限公司	(0722)7609688	上户吨位4t，容积$10m^3$，135马力汽油发动机，排放标准欧Ⅲ
挂桶式垃圾车	东风尖头	115000	湖北大力专用汽车制造有限公司	(0722)7609688	上户吨位4t，容积$10m^3$，玉林143马力柴油机
挂桶式垃圾车	东风尖头140	125000	湖北东正专用汽车有限公司	(0722)3233567	上户吨位4t，容积$10m^3$，玉柴发动机143马力柴油机，排放标准欧Ⅱ
挂桶式垃圾车	东风尖头140	125000	随州东正（惠通）专用汽车有限公司	(0722)3330357	上户吨位4t，容积$10m^3$，玉柴发动机143马力柴油机，排放标准欧Ⅱ
挂桶式垃圾车	东风尖头140	125000	湖北程力专用汽车有限公司	(0722)7020979	上户吨位4t，容积$10m^3$，玉柴发动机143马力柴油机
挂桶式垃圾车	东风尖头140	125000	随州市天龙专用汽车有限公司	(0722)3330008	上户吨位4t，容积$10m^3$，玉柴发动机143马力柴油机，排放标准欧Ⅱ
挂桶式垃圾车	东风金霸	119000	湖北东正专用汽车有限公司	(0722)3233567	上户吨位0.9t，容积$5m^3$，玉柴90马力柴油机
挂桶式垃圾车	东风金霸	119000	随州东正（惠通）专用汽车有限公司	(0722)3330357	上户吨位0.9t，容积$5m^3$，玉柴90马力柴油机
挂桶式垃圾车	东风金霸	119000	湖北程力专用汽车有限公司	(0722)7020979	上户吨位0.9t，容积$5m^3$，玉柴90马力柴油机
挂桶式垃圾车	东风金霸	119000	随州市天龙专用汽车有限公司	(0722)3330008	上户吨位0.9t，容积$5m^3$，玉柴90马力柴油机
挂桶式垃圾车	东风平头145	165000	随州市晨阳专用汽车销售有限公司	(0722)3801178	上户吨位4.5t，容积$12m^3$，康明斯160马力发动机
挂桶式垃圾车	东风平头145	165000	随州双龙专用汽车有限公司	(0722)3242369	上户吨位4.5t，容积$12m^3$，康明斯160马力发动机
挂桶式垃圾车	东风平头145	162000	湖北大力专用汽车制造有限公司	(0722)7609688	上户吨位4.5t，容积$12m^3$，康明斯160马力发动机
挂桶式垃圾车	东风平头金霸	115000	随州市晨阳专用汽车销售有限公司	(0722)3801178	上户吨位0.9t，容积$5m^3$，玉林90马力柴油机，排放标准欧Ⅲ
挂桶式垃圾车	东风平头金霸	115000	随州双龙专用汽车有限公司	(0722)3242369	上户吨位0.9t，容积$5m^3$，玉林90马力柴油机，排放标准欧Ⅲ
挂桶式垃圾车	东风平头金霸	111000	湖北大力专用汽车制造有限公司	(0722)7609688	上户吨位0.9t，容积$5m^3$，玉林90马力柴油机，排放标准欧Ⅲ
挂桶式垃圾车	东风小霸王	86000	随州市东风专用汽车销售中心	(0722)3817209	容积$6m^3$
挂桶式垃圾车	东风小霸王	86000	随州市东风专用汽车有限公司	(0722)3308618	容积$6m^3$
挂桶式垃圾车	东风小霸王	79000	随州市晨阳专用汽车销售有限公司	(0722)3801178	上户吨位1t，容积$5m^3$，云内95马力柴油机
挂桶式垃圾车	东风小霸王	79000	随州双龙专用汽车有限公司	(0722)3242369	上户吨位1t，容积$5m^3$，云内95马力柴油机
挂桶式垃圾车	东风小霸王	75000	湖北大力专用汽车制造有限公司	(0722)7609688	上户吨位1t，容积$5m^3$，云内95马力柴油机
挂桶式垃圾车	东风小霸王	98000	随州市广益专用汽车销售有限公司	(0722)3813608	上户吨位1.5t，容积4～$5m^3$，平头单排，云内95马力发动机，轴距3m
挂桶式垃圾车	东风小霸王	98000	随州五环同盛专用汽车有限公司	(0722)3586612	上户吨位1.5t，容积4～$5m^3$，平头单排，云内95马力发动机，轴距3m
挂桶式垃圾车	东风小霸王	79000	湖北东正专用汽车有限公司	(0722)3233567	上户吨位2t，容积$5m^3$，云内95马力柴油机，排放标准欧Ⅱ
挂桶式垃圾车	东风小霸王	79000	湖北程力专用汽车有限公司	(0722)7020979	上户吨位2t，容积$5m^3$，云内95马力柴油机

产品名称	型号规格	参考价格（元）	生产厂家	电话	主要参数及备注
挂桶式垃圾车	东风小霸王	79000	随州市天龙专用汽车有限公司	(0722)3330008	上户吨位 2t,容积 $5m^3$,云内 95 马力柴油机,排放标准欧Ⅱ
挂桶式垃圾车	东风小霸王	70000	湖北华胜特种汽车制造有限公司	(0722)3315993	上户吨位 1980kg,容积 $6m^3$,云内柴油机 4100QBZL,95 马力
挂桶式垃圾车	东风小霸王	79000	随州东正(惠通)专用汽车有限公司	(0722)3330357	上户吨位 2t,容积 $6m^3$,云内 95 马力柴油机,排放标准欧Ⅱ
挂桶式垃圾车	东风窄金霸	121000	随州市双诚专用汽车销售有限公司	(0722)3805158	容积 $5m^3$,底盘型号 EQ1040TJ20D3,车长 4.17 m,玉柴发动机,型号 YC4F90－30,90 马力,排放标准欧Ⅲ
挂桶式垃圾车	尖头 140	123000	随州东正(惠通)专用汽车有限公司	(0722)3330357	上户吨位 4t,容积 8～$10m^3$,135 马力汽油发动机,玉柴 140 马力柴油机加 2.5 万元
垃圾带洒水车	东风 140	161000	湖北大力专用汽车制造有限公司	(0722)7609688	装水容量 5t,具有垃圾车和洒水车双功能
垃圾带洒水车	东风 140	183000	湖北天威专用汽车有限公司	(0722)3308885	装水容量 5t,具有垃圾车和洒水车双功能
垃圾带洒水车	东风 140	165000	随州市晨阳专用汽车销售有限公司	(0722)3801178	装水容量 5t,具有垃圾车和洒水车双功能
垃圾带洒水车	东风 140	165000	湖北俊龙专用汽车有限公司	(0722)3309005	装水容量 5t,具有垃圾车和洒水车双功能
垃圾带洒水车	东风 140	165000	湖北元通专用汽车有限公司	(0722)3332112	装水容量 5t,具有垃圾车和洒水车双功能
垃圾带洒水车	东风 140	165000	随州市东风专用汽车有限公司	(0722)3308618	装水容量 5t,具有垃圾车和洒水车双功能
垃圾带洒水车	东风 140	165000	随州市东风专用汽车销售中心	(0722)3817209	装水容量 5t,具有垃圾车和洒水车双功能
垃圾带洒水车	尖头摆臂	168000	湖北东正专用汽车有限公司	(0722)3233567	上户吨位 5t,容积 6～$8m^3$,玉柴 140 马力柴油机,同时具有洒水车和垃圾车功能
垃圾带洒水车	尖头摆臂	168000	湖北程力专用汽车有限公司	(0722)7020979	上户吨位 5t,容积 6～$8m^3$,玉柴 140 马力柴油机,同时具有洒水车和垃圾车功能
垃圾带洒水车	尖头摆臂	168000	随州市天龙专用汽车有限公司	(0722)3330008	上户吨位 5t,容积 6～$8m^3$,玉柴 140 马力柴油机,同时具有洒水车和垃圾车功能
拉臂式垃圾车	东风 140	146000	随州市东风专用汽车销售中心	(0722)3817209	容积 6～$7m^3$
拉臂式垃圾车	东风 140	146000	随州市东风专用汽车有限公司	(0722)3308618	容积 6～$7m^3$
拉臂式垃圾车	东风 140	135000	湖北江南东风专用特种汽车改装厂	(0722)3588620	额定载质量 5350kg,容积 6～$8m^3$,尖头,汽油电喷发动机,900 轮胎,厢长 4.05m
拉臂式垃圾车	东风 145	168000	湖北江南东风专用特种汽车改装厂	(0722)3588620	额定载质量 4500kg,容积 6～$8m^3$,平头带卧,康明斯 160 马力,900 轮胎,厢长 4.8m
拉臂式垃圾车	东风 145	192000	随州市东风专用汽车销售中心	(0722)3817209	容积 7～$8m^3$
拉臂式垃圾车	东风 145	192000	随州市东风专用汽车有限公司	(0722)3308618	容积 7～$8m^3$
拉臂式垃圾车	东风 145	196000	湖北东正专用汽车有限公司	(0722)3233567	容积 $7m^3$,康明斯 160 马力柴油机,排放标准欧Ⅱ
拉臂式垃圾车	东风 145	196000	随州东正(惠通)专用汽车有限公司	(0722)3330357	容积 $7m^3$,康明斯 160 马力柴油机,排放标准欧Ⅱ
拉臂式垃圾车	东风 145	196000	湖北程力专用汽车有限公司	(0722)7020979	容积 $7m^3$,康明斯 160 马力柴油机
拉臂式垃圾车	东风 145	196000	随州市天龙专用汽车有限公司	(0722)3330008	容积 $7m^3$,康明斯 160 马力柴油机,排放标准欧Ⅱ

产品名称	型号规格	参考价格（元）	生产厂家	电话	主要参数及备注
拉臂式垃圾车	东风145	209000	湖北东正专用汽车有限公司	(0722) 3233567	上户吨位5t，容积10m^3，玉柴160马力柴油机，康明斯160马力柴油机加1万元
拉臂式垃圾车	东风145	209000	湖北程力专用汽车有限公司	(0722) 7020979	上户吨位5t，容积10m^3，玉柴160马力柴油机，康明斯160马力柴油机加1万元
拉臂式垃圾车	东风145	209000	随州市天龙专用汽车有限公司	(0722) 3330008	上户吨位5t，容积10m^3，玉柴160马力柴油机，康明斯160马力柴油机加1万元
拉臂式垃圾车	东风145	196000	随州市晨阳专用汽车销售有限公司	(0722) 3801178	上户吨位5t，容积7m^3，康明斯160马力柴油机
拉臂式垃圾车	东风145	196000	随州双龙专用汽车有限公司	(0722) 3242369	上户吨位5t，容积7m^3，康明斯160马力柴油机
拉臂式垃圾车	东风145	192000	湖北大力专用汽车制造有限公司	(0722) 7609688	康明斯160马力柴油机
拉臂式垃圾车	东风多利卡	108000	湖北江南东风专用特种汽车改装厂	(0722) 3588620	额定载质量3905kg，容积4～6m^3，平头单排，朝柴120马力，750轮胎，厢长4.05m
拉臂式垃圾车	东风多利卡	135000	随州市东风专用汽车销售中心	(0722) 3817209	容积5～6m^3
拉臂式垃圾车	东风多利卡	135000	随州市东风专用汽车有限公司	(0722) 3308618	容积5～6m^3
拉臂式垃圾车	东风多利卡	115000	随州市晨阳专用汽车销售有限公司	(0722) 3801178	上户吨位3t，容积6m^3，朝柴120马力柴油机
拉臂式垃圾车	东风多利卡	115000	随州双龙专用汽车有限公司	(0722) 3242369	上户吨位3t，容积6m^3，朝柴120马力柴油机
拉臂式垃圾车	东风多利卡	111000	湖北大力专用汽车制造有限公司	(0722) 7609688	朝柴120马力柴油机
拉臂式垃圾车	东风尖头	135000	随州市晨阳专用汽车销售有限公司	(0722) 3801178	上户吨位4t，容积6m^3，玉林143马力柴油机
拉臂式垃圾车	东风尖头	135000	随州双龙专用汽车有限公司	(0722) 3242369	上户吨位4t，容积6m^3，玉林143马力柴油机
拉臂式垃圾车	东风尖头	158000	湖北东正专用汽车有限公司	(0722) 3233567	上户吨位4t，容积8m^3，玉柴143马力柴油机
拉臂式垃圾车	东风尖头	158000	湖北程力专用汽车有限公司	(0722) 7020979	上户吨位4t，容积8m^3，玉柴143马力柴油机
拉臂式垃圾车	东风尖头	158000	随州市天龙专用汽车有限公司	(0722) 3330008	上户吨位4t，容积8m^3，玉柴143马力柴油机
拉臂式垃圾车	东风尖头	131000	湖北大力专用汽车制造有限公司	(0722) 7609688	玉林143马力柴油机
拉臂式垃圾车	东风尖头140	148000	湖北东正专用汽车有限公司	(0722) 3233567	容积6m^3，玉林143马力柴油机，排放标准欧Ⅱ
拉臂式垃圾车	东风尖头140	148000	随州东正（惠通）专用汽车有限公司	(0722) 3330357	容积6m^3，玉林143马力柴油机，排放标准欧Ⅱ
拉臂式垃圾车	东风尖头140	148000	湖北程力专用汽车有限公司	(0722) 7020979	容积6m^3，玉林143马力柴油机
拉臂式垃圾车	东风尖头140	148000	随州市天龙专用汽车有限公司	(0722) 3330008	容积6m^3，玉林143马力柴油机，排放标准欧Ⅱ
拉臂式垃圾车	东风金霸	126000	湖北东正专用汽车有限公司	(0722) 3233567	上户吨位1.5t，容积4m^3，玉柴90马力柴油机
拉臂式垃圾车	东风金霸	126000	湖北程力专用汽车有限公司	(0722) 7020979	上户吨位1.5t，容积4m^3，玉柴90马力柴油机
拉臂式垃圾车	东风金霸	126000	随州市天龙专用汽车有限公司	(0722) 3330008	上户吨位1.5t，容积4m^3，玉柴发动机90马力柴油机
拉臂式垃圾车	东风小霸王	89000	湖北江南东风专用特种汽车改装厂	(0722) 3588620	额定载质量1760kg，容积3～4m^3，云内发动机，650轮胎，厢长选配3.8m

产品名称	型号规格	参考价格（元）	生产厂家	电话	主要参数及备注
拉臂式垃圾车	东风小霸王	85000	湖北大力专用汽车制造有限公司	（0722）7609688	云内95马力柴油机
拉臂式垃圾车	东风小霸王	86000	随州东正（惠通）专用汽车有限公司	（0722）3330357	上户吨位2t，容积4m³，云内95马力柴油机，排放标准欧Ⅱ
拉臂式垃圾车	东风小霸王	89000	随州市晨阳专用汽车销售有限公司	（0722）3801178	上户吨位2t，容积4m³，云内95马力柴油机
拉臂式垃圾车	东风小霸王	89000	随州双龙专用汽车有限公司	（0722）3242369	上户吨位2t，容积4m³，云内95马力柴油机
拉臂式垃圾车	东风小霸王	98000	随州市东风专用汽车销售中心	（0722）3817209	容积4～5m³，也称车厢可卸式垃圾车
拉臂式垃圾车	多利卡	188000	湖北东正专用汽车有限公司	（0722）3233567	上户吨位3t，容积6m³，朝柴120马力柴油机，康明斯140马力柴油机加2.5万元
拉臂式垃圾车	多利卡	188000	湖北程力专用汽车有限公司	（0722）7020979	上户吨位3t，容积6m³，朝柴120马力柴油机，康明斯140马力柴油机加2.5万元
拉臂式垃圾车	多利卡	188000	随州市天龙专用汽车有限公司	（0722）3330008	上户吨位3t，容积6m³，朝柴120马力柴油机，康明斯140马力柴油机加2.5万元
拉臂式垃圾车	东风145	168000	湖北江南专用特种汽车有限公司	（0722）3328333	额定载质量4500kg，容积6～8m³，平头带卧，康明斯160马力，900轮胎，厢长4.8m
拉臂式垃圾车	东风EQ1092	139000	湖北华胜特种汽车制造有限公司	（0722）3315993	上户吨位4500kg，容量6～7t，玉柴发动机YC4E140－20，143马力
拉臂式垃圾车	东风多利卡	108000	湖北江南专用特种汽车有限公司	（0722）3328333	额定载质量3905kg，容积4～6m³，平头单排，朝柴120马力，750轮胎，厢长4.05m
拉臂式垃圾车	东风平头多利卡	108000	湖北华胜特种汽车制造有限公司	（0722）3315993	上户吨位3905kg，容量5～6t，朝阳柴油机CY4102BQ，90马力
拉臂式垃圾车	东风小霸王	79000	湖北华胜特种汽车制造有限公司	（0722）3315993	上户吨位2000kg，容量3t，云内柴油机4100QBZL，95马力
拉臂式垃圾车	东风小霸王	89000	湖北江南专用特种汽车有限公司	（0722）3328333	额定载质量1760kg，容积3～4m³，云内发动机，650轮胎，厢长选配3.8m
密封式垃圾车	东风金霸	113000	随州东正（惠通）专用汽车有限公司	（0722）3330357	上户吨位2.4t，容积4～5m³，玉柴发动机90马力柴油机
密封式垃圾车	长安微型	58000	湖北江南东风专用特种汽车改装厂	（0722）3588620	额定载质量450kg，容积2～3m³，发动机型号JC462Q3，排放标准欧
密封式垃圾车	东风140	120000	随州市广益专用汽车销售有限公司	（0722）3813608	上户吨位5t，容积7～8m³，长头，玉柴发动机140马力，轴距3.95m
密封式垃圾车	东风140	120000	随州五环同盛专用汽车有限公司	（0722）3586612	上户吨位5t，容积7～8m³，长头，玉柴发动机140马力，轴距3.95m
密封式垃圾车	东风小霸王	86000	随州市广益专用汽车销售有限公司	（0722）3813608	上户吨位1.5t，容积4m³，平头单排，云内95马力发动机，轴距3m
密封式垃圾车	东风小霸王	86000	随州五环同盛专用汽车有限公司	（0722）3586612	上户吨位1.5t，容积4m³，平头单排，云内95马力发动机，轴距3m
密封式垃圾车	微型	59000	随州市东风专用汽车销售中心	（0722）3817209	容积2m³
密封式垃圾车	微型	59000	随州市东风专用汽车有限公司	（0722）3308618	容积2m³
密封式垃圾车	长安微型	58000	湖北江南专用特种汽车有限公司	（0722）3328333	额定载质量450kg，容积2～3m³，JC462Q3发动机，排放标准欧Ⅲ
密封式垃圾收集车	长安	78000	随州市烈山专用汽车有限公司	（0722）3818156	容积3m³，汽油发动机，功率39kW

产品名称	型号规格	参考价格(元)	生产厂家	电话	主要参数及备注
密封式垃圾收集车	东风福瑞卡	93000	随州市烈山专用汽车有限公司	(0722)3818156	容积 $5m^3$，玉柴发动机，功率66kW、四达发动机，功率70kW、朝柴发动机，功率70kW
密封式自卸垃圾车	东风140柴油	122000	随州市东风专用汽车销售中心	(0722)3817209	容积 $10m^3$
密封式自卸垃圾车	东风140汽油	118000	随州市东风专用汽车销售中心	(0722)3817209	容积 $10m^3$
密封式自卸垃圾车	东风3208型	242000	湖北华胜特种汽车制造有限公司	(0722)3315993	上户吨位9705kg，容量20t，康明斯发动机EQB210-20，210马力
密封式自卸垃圾车	东风EQ1092	102000	湖北华胜特种汽车制造有限公司	(0722)3315993	上户吨位4300kg，容量10t，东风汽油机EQ6100-1，135马力，货厢尺寸(mm)：3300×2200×788
密封式自卸垃圾车	东风多利卡	98000	随州市东风专用汽车销售中心	(0722)3817209	容积 $6m^3$
密封式自卸垃圾车	东风多利卡	98000	随州市东风专用汽车有限公司	(0722)3308618	容积 $6m^3$
密封式自卸垃圾车	东风多利卡	98000	湖北华胜特种汽车制造有限公司	(0722)3315993	上户吨位2500kg，容量6t，朝阳柴油机CY4100ZLQ，95马力，货厢尺寸(mm)：3600×1750×600
密封式自卸垃圾车	东风小霸王	66000	随州市东风专用汽车有限公司	(0722)3308618	容积 $4m^3$，双顶，柴油机
密封式自卸垃圾车	东风小霸王	78000	随州市东风专用汽车有限公司	(0722)3308618	容积 $5m^3$，双顶，柴油，带液压密封盖
密封式自卸垃圾车	东风小霸王	68000	湖北华胜特种汽车制造有限公司	(0722)3315993	上户吨位1500kg，容量3t，云内机4100QBZL，95马力，货厢尺寸(mm)：3750×1750×800
密封自卸垃圾车	长安	49000	随州市晨阳专用汽车销售有限公司	(0722)3801178	上户吨位0.5t，容积 $3m^3$，长安40马力汽油机
密封自卸垃圾车	东风145	168000	随州市晨阳专用汽车销售有限公司	(0722)3801178	上户吨位5t，容积 $14m^3$，康明斯160马力
密封自卸垃圾车	东风153	188000	随州市晨阳专用汽车销售有限公司	(0722)3801178	上户吨位7t，容积 $7m^3$，康明斯180马力柴油机
密封自卸垃圾车	东风多利卡	99000	随州市晨阳专用汽车销售有限公司	(0722)3801178	上户吨位2.5t，容积 $6m^3$，朝柴120马力柴油机
密封自卸垃圾车	东风尖头	115000	随州市晨阳专用汽车销售有限公司	(0722)3801178	上户吨位4t，容积 $10m^3$，135马力汽油发动机，排放标准欧Ⅲ
密封自卸垃圾车	东风尖头	118000	随州市晨阳专用汽车销售有限公司	(0722)3801178	上户吨位4t，容积 $10m^3$，玉林143马力柴油机
密封自卸垃圾车	东风金霸	105000	随州市晨阳专用汽车销售有限公司	(0722)3801178	上户吨位2.4t，容积 $4m^3$，玉林90马力柴油机，排放标准欧Ⅲ
密封自卸垃圾车	东风双桥	239000	随州市晨阳专用汽车销售有限公司	(0722)3801178	上户吨位10t，容积 $18.5m^3$，康明斯210马力柴油机
密封自卸垃圾车	东风小霸王	66000	随州市晨阳专用汽车销售有限公司	(0722)3801178	上户吨位2t，容积 $4m^3$，云内95马力柴油机
密封自卸垃圾车	东风小霸王	78000	随州市东风专用汽车销售中心	(0722)3817209	容积 $5m^3$，柴油机，双顶自卸，密封带液压盖
密封自卸式垃圾车	长安	49000	随州双龙专用汽车有限公司	(0722)3242369	上户吨位0.5t，容积 $3m^3$，长安40马力汽油机
密封自卸式垃圾车	长安	45000	湖北大力专用汽车制造有限公司	(0722)7609688	上户吨位0.5t，容积 $3m^3$，长安40马力汽油机
密封自卸式垃圾车	东风140	122000	随州东正(惠通)专用汽车有限公司	(0722)3330357	上户吨位4t，容积 $10m^3$，玉林143马力，排放标准欧Ⅱ
密封自卸式垃圾车	东风145	199000	随州东正(惠通)专用汽车有限公司	(0722)3330357	上户吨位5t，容积 $10\sim12m^3$，玉柴160马力柴油机，康明斯160马力柴油机加1万元
密封自卸式垃圾车	东风145	169000	随州东正(惠通)专用汽车有限公司	(0722)3330357	上户吨位5t，容积 $12m^3$，柴油机康明斯160马力，排放标准欧Ⅱ

产品名称	型号规格	参考价格（元）	生产厂家	电话	主要参数及备注
密封自卸式垃圾车	东风145	168000	随州双龙专用汽车有限公司	（0722）3242369	上户吨位5t，容积14m³，康明斯160马力发动机
密封自卸式垃圾车	东风145	164000	湖北大力专用汽车制造有限公司	（0722）7609688	上户吨位5t，容积14m³，康明斯160马力发动机
密封自卸式垃圾车	东风153	184000	湖北大力专用汽车制造有限公司	（0722）7609688	上户吨位7t，容积7m³，康明斯180马力柴油机
密封自卸式垃圾车	东风153	188000	随州双龙专用汽车有限公司	（0722）3242369	上户吨位7t，容积7m³，康明斯180马力柴油机
密封自卸式垃圾车	东风153	236000	随州东正（惠通）专用汽车有限公司	（0722）3330357	上户吨位7t，容积12～14m³，玉柴180马力柴油机，康明斯180马力柴油机加1万元
密封自卸式垃圾车	东风153	189000	随州东正（惠通）专用汽车有限公司	（0722）3330357	上户吨位7t，容积15m³，柴油机康明斯180马力柴油机，排放标准欧Ⅱ
密封自卸式垃圾车	东风多利卡	99000	随州双龙专用汽车有限公司	（0722）3242369	上户吨位2.5t，容积6m³，朝柴120马力柴油机
密封自卸式垃圾车	东风多利卡	95000	湖北大力专用汽车制造有限公司	（0722）7609688	上户吨位2.5t，容积6m³，朝柴120马力柴油机
密封自卸式垃圾车	东风尖头	111000	湖北大力专用汽车制造有限公司	（0722）7609688	上户吨位4t，容积10m³，135马力汽油发动机，排放标准欧Ⅲ
密封自卸式垃圾车	东风尖头	114000	湖北大力专用汽车制造有限公司	（0722）7609688	上户吨位4t，容积10m³，玉林143马力柴油机
密封自卸式垃圾车	东风尖头	115000	随州双龙专用汽车有限公司	（0722）3242369	上户吨位4t，容积10m³，135马力汽油发动机，排放标准欧Ⅲ
密封自卸式垃圾车	东风尖头	118000	随州双龙专用汽车有限公司	（0722）3242369	上户吨位4t，容积10m³，玉林143马力柴油机
密封自卸式垃圾车	东风金霸	101000	湖北大力专用汽车制造有限公司	（0722）7609688	上户吨位2.4t，容积4m³，玉林90马力柴油机，排放标准欧Ⅲ
密封自卸式垃圾车	东风金霸	105000	随州双龙专用汽车有限公司	（0722）3242369	上户吨位2.4t，容积4m³，玉林90马力柴油机，排放标准欧Ⅲ
密封自卸式垃圾车	东风双桥	235000	湖北大力专用汽车制造有限公司	（0722）7609688	上户吨位10t，容积18.5m³，康明斯210马力柴油机
密封自卸式垃圾车	东风双桥	239000	随州双龙专用汽车有限公司	（0722）3242369	上户吨位10t，容积18.5m³，康明斯210马力柴油机
密封自卸式垃圾车	东风小霸王	62000	湖北大力专用汽车制造有限公司	（0722）7609688	上户吨位2t，容积4m³，云内95马力柴油机
密封自卸式垃圾车	东风小霸王	66000	随州双龙专用汽车有限公司	（0722）3242369	上户吨位2t，容积4m³，云内95马力柴油机
密封自卸式垃圾车	多利卡	106000	随州东正（惠通）专用汽车有限公司	（0722）3330357	上户吨位3t，容积6m³，朝柴120马力柴油机，排放标准欧Ⅱ
密封自卸式垃圾车	尖头140	142000	随州东正（惠通）专用汽车有限公司	（0722）3330357	上户吨位4t，容积8～10m³，玉柴140马力柴油机
密封自卸式垃圾车	小霸王	78000	随州东正（惠通）专用汽车有限公司	（0722）3330357	上户吨位2.5t，容积5m³，云内95马力柴油机，排放标准欧Ⅱ
压缩式垃圾车	SLS5080ZYSE	173000	随州市力神专用汽车有限公司	（0722）3818777	上户吨位3.7t，容积4m³，平头单排，朝阳4102增压机120马力，5速变速，750胎
压缩式垃圾车	东风140	189000	湖北江南东风专用特种汽车改装厂	（0722）3588620	额定载质量2605kg，容积6～8m³，东风140型，尖头单桥，6速变速器，900轮胎，厢长4.05m
压缩式垃圾车	东风140	183000	随州市东风专用汽车销售中心	（0722）3817209	容积8～9m³，尖头，环保电喷汽油机
压缩式垃圾车	东风140	188000	随州市东风专用汽车销售中心	（0722）3817209	容积8～9m³，尖头，广西玉柴环保增压柴油机
压缩式垃圾车	东风140汽油	183000	随州市东风专用汽车有限公司	（0722）3308618	容量8～9m³，尖头，环保电喷汽油机

产品名称	型号规格	参考价格（元）	生产厂家	电话	主要参数及备注
压缩式垃圾车	东风 140 汽油	183000	湖北俊龙专用汽车有限公司	(0722)3309005	容量 8～9m³，尖头，环保电喷汽油机
压缩式垃圾车	东风 140 柴油	188000	随州市东风专用汽车有限公司	(0722)3308618	容量 8～9m³，尖头，广西玉柴环保增压柴油机
压缩式垃圾车	东风 140 柴油	188000	湖北俊龙专用汽车有限公司	(0722)3309005	容量 8～9m³，尖头，广西玉柴环保增压柴油机
压缩式垃圾车	东风 145	248000	随州市东风专用汽车销售中心	(0722)3817209	容积 10m³，平头带卧，康明斯六缸环保增压柴油机，160 马力
压缩式垃圾车	东风 145	248000	随州市东风专用汽车有限公司	(0722)3308618	容量 10m³，平头带卧，康明斯六缸环保增压柴油机，160 马力
压缩式垃圾车	东风 145	248000	湖北俊龙专用汽车有限公司	(0722)3309005	容量 10m³，平头带卧，康明斯六缸环保增压柴油机，160 马力
压缩式垃圾车	东风 145	255000	随州市晨阳专用汽车销售有限公司	(0722)3801178	上户吨位 2.8t，容积 10m³，康明斯 160 马力发动机
压缩式垃圾车	东风 145	255000	随州双龙专用汽车有限公司	(0722)3242369	上户吨位 2.8t，容积 10m³，康明斯 160 马力发动机
压缩式垃圾车	东风 145	251000	湖北大力专用汽车制造有限公司	(0722)7609688	上户吨位 2.8t，容积 10m³，康明斯 160 马力发动机
压缩式垃圾车	东风 145	268000	随州市东风专用汽车销售中心	(0722)3817209	容积 12～14m³，平头带卧，加长型，康明斯六缸环保增压柴油机，160 马力
压缩式垃圾车	东风 145	268000	随州市东风专用汽车有限公司	(0722)3308618	容量 12～14m³，平头带卧，康明斯六缸环保增压柴油机，160 马力，加长型
压缩式垃圾车	东风 145	268000	湖北俊龙专用汽车有限公司	(0722)3309005	容量 12～14m³，平头带卧，康明斯六缸环保增压柴油机，160 马力，加长型
压缩式垃圾车	东风 145	272000	湖北江南东风专用特种汽车改装厂	(0722)3588620	额定载质量 3000kg，容积 6～10m³，平头带卧，康明斯发动机 EQB160－3，160 马力，900 轮胎，厢长 4.8m，轴距 3.95m
压缩式垃圾车	东风 145	298000	随州市烈山专用汽车有限公司	(0722)3818156	容积 10m³，玉柴发动机，功率 118kW
压缩式垃圾车	东风 153	281000	湖北大力专用汽车制造有限公司	(0722)7609688	上户吨位 5t，容积 12m³，康明斯 180 马力柴油机
压缩式垃圾车	东风 153	285000	随州市晨阳专用汽车销售有限公司	(0722)3801178	上户吨位 5t，容积 12m³，康明斯 180 马力柴油机
压缩式垃圾车	东风 153	285000	随州双龙专用汽车有限公司	(0722)3242369	上户吨位 5t，容积 12m³，康明斯 180 马力柴油机
压缩式垃圾车	东风 153	288000	随州市东风专用汽车有限公司	(0722)3308618	容量 12～14m³，平头带卧，康明斯六缸环保增压柴油机，180 马力
压缩式垃圾车	东风 153	288000	湖北俊龙专用汽车有限公司	(0722)3309005	容量 12～14m³，平头带卧，康明斯六缸环保增压柴油机，180 马力
压缩式垃圾车	东风 153	288000	随州市东风专用汽车销售中心	(0722)3817209	容积 12～14m³，平头带卧，康明斯六缸环保增压柴油机，180 马力
压缩式垃圾车	东风 153	326000	随州市烈山专用汽车有限公司	(0722)3818156	容积 12m³，康明斯发动机，功率 140kW、136kW、132kW、玉柴发动机，功率 132kW
压缩式垃圾车	东风 153 EQ1110GLJ	278000	湖北江南专用特种汽车有限公司	(0722)3328333	额定载质量 4000kg，容积 10～15m³，平头带卧，6 速变速器，9.00－20 轮胎，厢长 5.3m，发动机型号 YC6J180－30
压缩式垃圾车	东风 153 EQ1110GLJ	278000	湖北江南东风专用特种汽车改装厂	(0722)3588620	额定载质量 4000kg，容积 10～15m³，平头带卧，6 速变速器，9.00－20 轮胎，厢长 5.3m，发动机型号 YC6J180－30

产品名称	型号规格	参考价格（元）	生产厂家	电话	主要参数及备注
压缩式垃圾车	东风 EQ140	196000	随州市广益专用汽车销售有限公司	（0722）3813608	上户吨位 5t，容积 7～8m^3，长头，玉柴发动机 140 马力，厢长 4.05m
压缩式垃圾车	东风 EQ140	196000	随州五环同盛专用汽车有限公司	（0722）3586612	上户吨位 5t，容积 7～8m^3，长头，玉柴发动机 140 马力，厢长 4.05m
压缩式垃圾车	东风 EQ145	265000	随州市广益专用汽车销售有限公司	（0722）3813608	上户吨位 5t，容积 8～10m^3，平头带卧，康明斯发动机 160 马力，厢长 4.8m
压缩式垃圾车	东风 EQ145	265000	随州五环同盛专用汽车有限公司	（0722）3586612	上户吨位 5t，容积 8～10m^3，平头带卧，康明斯发动机 160 马力，厢长 4.8m
压缩式垃圾车	东风八平柴	326000	随州市烈山专用汽车有限公司	（0722）3818156	容积 13m^3，康明斯发动机，功率 140kW、136kW、132kW
压缩式垃圾车	东风多利卡	168000	随州市东风专用汽车销售中心	（0722）3817209	容积 5～6m^3，平头单排，朝阳环保增压柴油机
压缩式垃圾车	东风多利卡	168000	随州市东风专用汽车有限公司	（0722）3308618	容量 5～6m^3，平头单排，朝阳环保增压柴油机
压缩式垃圾车	东风多利卡	168000	湖北俊龙专用汽车有限公司	（0722）3309005	容量 5～6m^3，平头单排，朝阳环保增压柴油机
压缩式垃圾车	东风多利卡	188000	湖北江南东风专用特种汽车改装厂	（0722）3588620	额定载质量 2400kg，容积 5～8m^3，平头单排，朝柴 120 马力，750 轮胎，厢长 4.65m
压缩式垃圾车	东风多利卡	187000	随州市烈山专用汽车有限公司	（0722）3818156	容积 6m^3，朝柴发动机，功率 88kW
压缩式垃圾车	东风多利卡	198000	湖北东正专用汽车有限公司	（0722）3233567	上户吨位 1.2t，容积 6m^3，朝柴 120 马力柴油机
压缩式垃圾车	东风多利卡	198000	随州东正（惠通）专用汽车有限公司	（0722）3330357	上户吨位 1.2t，容积 6m^3，朝柴 120 马力柴油机康明斯 140 马力柴油机加 2.5 万元
压缩式垃圾车	东风多利卡	198000	湖北程力专用汽车有限公司	（0722）7020979	上户吨位 1.2t，容积 6m^3，朝柴 120 马力柴油机
压缩式垃圾车	东风多利卡	198000	随州市天龙专用汽车有限公司	（0722）3330008	上户吨位 1.2t，容积 6m^3，朝柴 120 马力柴油机
压缩式垃圾车	东风多利卡	158000	湖北东正专用汽车有限公司	（0722）3233567	上户吨位 1.5t，容积 5.7m^3，朝柴 120 马力柴油机，排放标准欧Ⅱ
压缩式垃圾车	东风多利卡	158000	随州东正（惠通）专用汽车有限公司	（0722）3330357	上户吨位 1.5t，容积 5.7m^3，朝柴 120 马力柴油机，排放标准欧Ⅱ
压缩式垃圾车	东风多利卡	158000	湖北程力专用汽车有限公司	（0722）7020979	上户吨位 1.5t，容积 5.7m^3，朝柴 120 马力柴油机
压缩式垃圾车	东风多利卡	158000	随州市天龙专用汽车有限公司	（0722）3330008	上户吨位 1.5t，容积 5.7m^3，朝柴 120 马力柴油机，排放标准欧Ⅱ
压缩式垃圾车	东风多利卡	180000	随州五环同盛专用汽车有限公司	（0722）3586612	上户吨位 3t，容积 5～6m^3，平头单排，朝柴机 120 马力，4.0m 底盘
压缩式垃圾车	东风多利卡	148000	随州市广益专用汽车销售有限公司	（0722）3813608	上户吨位 3t，容积 6m^3，平头单排，朝柴机 120 马力，3.88m 底盘
压缩式垃圾车	东风福瑞卡	145000	随州市烈山专用汽车有限公司	（0722）3818156	容积 5m^3，玉柴发动机，功率 66kW、四达发动机，功率 70kW、朝柴发动机，功率 70kW
压缩式垃圾车	东风尖头	171000	湖北大力专用汽车制造有限公司	（0722）7609688	上户吨位 3t，容积 8m^3，玉林 143 马力柴油机
压缩式垃圾车	东风尖头	175000	随州市晨阳专用汽车销售有限公司	（0722）3801178	上户吨位 3t，容积 8m^3，玉林 143 马力柴油机
压缩式垃圾车	东风尖头	175000	随州双龙专用汽车有限公司	（0722）3242369	上户吨位 3t，容积 8m^3，玉林 143 马力柴油机
压缩式垃圾车	东风尖头	184000	随州市烈山专用汽车有限公司	（0722）3818156	容积 8m^3，玉柴发动机，功率 105kW
压缩式垃圾车	东风尖头 140	208000	湖北东正专用汽车有限公司	（0722）3233567	上户吨位 2.5t，容积 8m^3，玉柴 140 马力柴油机

产品名称	型号规格	参考价格（元）	生产厂家	电话	主要参数及备注
压缩式垃圾车	东风尖头 140	208000	随州东正（惠通）专用汽车有限公司	（0722）3330357	上户吨位2.5t，容积 $8m^3$，玉柴140马力柴油机
压缩式垃圾车	东风尖头 140	208000	湖北程力专用汽车有限公司	（0722）7020979	上户吨位2.5t，容积 $8m^3$，玉柴140马力柴油机
压缩式垃圾车	东风尖头 140	208000	随州市天龙专用汽车有限公司	（0722）3330008	上户吨位2.5t，容积 $8m^3$，玉柴140马力柴油机
压缩式垃圾车	东风尖头 140	172000	湖北东正专用汽车有限公司	（0722）3233567	上户吨位3t，容积 $8m^3$，玉柴发动机143马力柴油机，排放标准欧Ⅱ
压缩式垃圾车	东风尖头 140	172000	随州东正（惠通）专用汽车有限公司	（0722）3330357	上户吨位3t，容积 $8m^3$，玉柴发动机143马力柴油机，排放标准欧Ⅱ
压缩式垃圾车	东风尖头 140	172000	湖北程力专用汽车有限公司	（0722）7020979	上户吨位3t，容积 $8m^3$，玉柴发动机143马力柴油机
压缩式垃圾车	东风尖头 140	172000	随州市天龙专用汽车有限公司	（0722）3330008	上户吨位3t，容积 $8m^3$，玉柴发动机143马力柴油机，排放标准欧Ⅱ
压缩式垃圾车	东风康霸平头带卧	235000	湖北大力专用汽车制造有限公司	（0722）7609688	上户吨位1.2t，容积 $6m^3$，康明斯140马力柴油机，排放标准欧Ⅲ
压缩式垃圾车	东风康霸平头带卧	239000	随州市晨阳专用汽车销售有限公司	（0722）3801178	上户吨位1.2t，容积 $6m^3$，康明斯140马力柴油机，排放标准欧Ⅲ
压缩式垃圾车	东风康霸平头带卧	239000	随州双龙专用汽车有限公司	（0722）3242369	上户吨位1.2t，容积 $6m^3$，康明斯140马力柴油机，排放标准欧Ⅲ
压缩式垃圾车	东风平头 145	268000	随州东正（惠通）专用汽车有限公司	（0722）3330357	上户吨位2.8t，容积 $10m^3$，玉柴160马力柴油机，康明斯160马力柴油机加0.8万元，康明斯180马力柴油机加1.5万元
压缩式垃圾车	东风平头 145	268000	湖北东正专用汽车有限公司	（0722）3233567	上户吨位2.8t，容积 $10m^3$，玉柴160马力柴油机，康明斯160马力柴油机加0.8万元，康明斯180马力柴油机加1.5万元
压缩式垃圾车	东风平头 145	268000	湖北程力专用汽车有限公司	（0722）7020979	上户吨位2.8t，容积 $10m^3$，玉柴160马力柴油机，康明斯160马力柴油机加0.8万元，康明斯180马力柴油机加1.5万元
压缩式垃圾车	东风平头 145	268000	随州市天龙专用汽车有限公司	（0722）3330008	上户吨位2.8t，容积 $10m^3$，玉柴160马力柴油机，康明斯160马力柴油机加0.8万元，康明斯180马力柴油机加1.5万元
压缩式垃圾车	东风平头 145	258000	湖北东正专用汽车有限公司	（0722）3233567	上户吨位3t，容积 $10m^3$，康明斯160马力柴油机，排放标准欧Ⅱ
压缩式垃圾车	东风平头 145	258000	随州东正（惠通）专用汽车有限公司	（0722）3330357	上户吨位3t，容积 $10m^3$，康明斯160马力柴油机，排放标准欧Ⅱ
压缩式垃圾车	东风平头 145	258000	湖北程力专用汽车有限公司	（0722）7020979	上户吨位3t，容积 $10m^3$，康明斯160马力柴油机
压缩式垃圾车	东风平头 145	258000	随州市天龙专用汽车有限公司	（0722）3330008	上户吨位3t，容积 $10m^3$，康明斯160马力柴油机，排放标准欧Ⅱ
压缩式垃圾车	东风平头 153	278000	湖北东正专用汽车有限公司	（0722）3233567	上户吨位5t，容积 $12m^3$，康明斯180马力柴油机，排放标准欧Ⅱ
压缩式垃圾车	东风平头 153	278000	随州东正（惠通）专用汽车有限公司	（0722）3330357	上户吨位5t，容积 $12m^3$，康明斯180马力柴油机，排放标准欧Ⅱ
压缩式垃圾车	东风平头 153	278000	湖北程力专用汽车有限公司	（0722）7020979	上户吨位5t，容积 $12m^3$，康明斯180马力柴油机
压缩式垃圾车	东风平头 153	278000	随州市天龙专用汽车有限公司	（0722）3330008	上户吨位5t，容积 $12m^3$，康明斯180马力柴油机，排放标准欧Ⅱ
压缩式垃圾车	东风平头 153	306000	湖北东正专用汽车有限公司	（0722）3233567	上户吨位5～7t，容积 $12m^3$，玉柴180马力柴油机，康明斯180马力柴油机加1万元
压缩式垃圾车	东风平头 153	306000	随州东正（惠通）专用汽车有限公司	（0722）3330357	上户吨位5～7t，容积 $12m^3$，玉柴180马力柴油机，康明斯180马力柴油机加1万元

产品名称	型号规格	参考价格（元）	生产厂家	电话	主要参数及备注
压缩式垃圾车	东风平头153	306000	湖北程力专用汽车有限公司	（0722）7020979	上户吨位5~7t，容积12m³，玉柴180马力柴油机，康明斯180马力柴油机加1万元
压缩式垃圾车	东风平头153	306000	随州市天龙专用汽车有限公司	（0722）3330008	上户吨位5~7t，容积12m³，玉柴180马力柴油机，康明斯180马力柴油机加1万元
压缩式垃圾车	东风平头多利卡	161000	湖北大力专用汽车制造有限公司	（0722）7609688	上户吨位1.2t，容积6m³，朝柴120马力柴油机
压缩式垃圾车	东风平头多利卡	165000	随州市晨阳专用汽车销售有限公司	（0722）3801178	上户吨位1.2t，容积6m³，朝柴120马力柴油机
压缩式垃圾车	东风平头多利卡	165000	随州双龙专用汽车有限公司	（0722）3242369	上户吨位1.2t，容积6m³，朝柴120马力柴油机
压缩式垃圾车	东风平头金霸	171000	湖北大力专用汽车制造有限公司	（0722）7609688	上户吨位1t，容积4m³，玉林90马力柴油机，排放标准欧Ⅲ
压缩式垃圾车	东风平头金霸	175000	随州市晨阳专用汽车销售有限公司	（0722）3801178	上户吨位1t，容积4m³，玉林90马力柴油机，排放标准欧Ⅲ
压缩式垃圾车	东风平头金霸	175000	随州双龙专用汽车有限公司	（0722）3242369	上户吨位1t，容积4m³，玉林90马力柴油机，排放标准欧Ⅲ
压缩式垃圾车	东风平头小霸王	135000	湖北大力专用汽车制造有限公司	（0722）7609688	上户吨位1t，容积4m³，云内、朝阳95马力柴油机
压缩式垃圾车	东风平头小霸王	139000	随州市晨阳专用汽车销售有限公司	（0722）3801178	上户吨位1t，容积4m³，云内、朝阳95马力柴油机
压缩式垃圾车	东风平头小霸王	139000	随州双龙专用汽车有限公司	（0722）3242369	上户吨位1t，容积4m³，云内、朝阳95马力柴油机
压缩式垃圾车	东风三平柴	185000	随州市东风专用汽车销售中心	（0722）3817209	容积7~8m³，平头带卧，风神六缸环保增压柴油机
压缩式垃圾车	东风三平柴	185000	随州市东风专用汽车有限公司	（0722）3308618	容积7~8m³，平头带卧，风神六缸环保增压柴油机
压缩式垃圾车	东风三平柴	185000	湖北俊龙专用汽车有限公司	（0722）3309005	容积7~8m³，平头带卧，风神六缸环保增压柴油机
压缩式垃圾车	东风天锦	329000	随州市烈山专用汽车有限公司	（0722）3818156	容积12m³，康明斯发动机，功率140kW、136kW、132kW
压缩式垃圾车	东风天龙	278000	湖北江南东风专用特种汽车改装厂	（0722）3588620	上户吨位4.99t，容积6~8m³，平头单桥，带卧，动力转向，6速变速器，900轮胎
压缩式垃圾车	东风天龙	308000	湖北东正专用汽车有限公司	（0722）3233567	上户吨位4.99t，容积12m³，康明斯160马力、180马力柴油机
压缩式垃圾车	东风天龙	308000	随州东正（惠通）专用汽车有限公司	（0722）3330357	上户吨位4.99t，容积12m³，康明斯160马力、180马力柴油机
压缩式垃圾车	东风天龙	308000	湖北程力专用汽车有限公司	（0722）7020979	上户吨位4.99t，容积12m³，康明斯160马力、180马力柴油机
压缩式垃圾车	东风天龙	308000	随州市天龙专用汽车有限公司	（0722）3330008	上户吨位4.99t，容积12m³，康明斯160马力、180马力柴油机
压缩式垃圾车	东风天龙后双桥	393000	随州市烈山专用汽车有限公司	（0722）3818156	容积16m³，康明斯发动机，功率180kW、177kW
压缩式垃圾车	东风小霸王	173000	湖北江南东风专用特种汽车改装厂	（0722）3588620	额定载质量2500kg，容积3~5m³，平头单排，玉柴120马力，7.00-16轮胎
压缩式垃圾车	东风小霸王	138000	随州市东风专用汽车销售中心	（0722）3817209	容积4m³，平头单排，云内环保柴油机
压缩式垃圾车	东风小霸王	138000	随州市东风专用汽车有限公司	（0722）3308618	容积4m³，平头单排，云内环保柴油机
压缩式垃圾车	东风小霸王	138000	湖北俊龙专用汽车有限公司	（0722）3309005	容积4m³，平头单排，云内环保柴油机
压缩式垃圾车	东风小霸王	130000	随州市广益专用汽车销售有限公司	（0722）3813608	上户吨位1.5t，容积4m³，平头单排，云内95马力发动机，3.88m底盘

产品名称	型号规格	参考价格(元)	生产厂家	电话	主要参数及备注
压缩式垃圾车	东风小霸王	130000	随州五环同盛专用汽车有限公司	(0722)3586612	上户吨位1.5t,容积4m^3,平头单排,云内95马力发动机,3.88m底盘
压缩式垃圾车	东风小霸王	132000	湖北东正专用汽车有限公司	(0722)3233567	上户吨位1.5t,容积4m^3,云内95马力柴油机,排放标准欧Ⅱ
压缩式垃圾车	东风小霸王	132000	随州东正(惠通)专用汽车有限公司	(0722)3330357	上户吨位1.5t,容积4m^3,云内95马力柴油机,排放标准欧Ⅱ
压缩式垃圾车	东风小霸王	132000	湖北程力专用汽车有限公司	(0722)7020979	上户吨位1.5t,容积4m^3,云内95马力柴油机
压缩式垃圾车	东风小霸王	132000	随州市天龙专用汽车有限公司	(0722)3330008	上户吨位1.5t,容积4m^3,云内95马力柴油机,排放标准欧Ⅱ
压缩式垃圾车	东风小金霸	168000	湖北东正专用汽车有限公司	(0722)3233567	上户吨位1t,容积4m^3,玉柴发动机90马力柴油机
压缩式垃圾车	东风小金霸	168000	随州东正(惠通)专用汽车有限公司	(0722)3330357	上户吨位1t,容积4m^3,玉柴发动机90马力柴油机
压缩式垃圾车	东风小金霸	168000	湖北程力专用汽车有限公司	(0722)7020979	上户吨位1t,容积4m^3,玉柴发动机90马力柴油机
压缩式垃圾车	东风小金霸	168000	随州市天龙专用汽车有限公司	(0722)3330008	上户吨位1t,容积4m^3,玉柴发动机90马力柴油机
压缩式垃圾车	东风之星	168000	随州市烈山专用汽车有限公司	(0722)3818156	容积6m^3,玉柴发动机,功率85kW
压缩式垃圾车	多利卡带卧	202000	湖北东正专用汽车有限公司	(0722)3233567	上户吨位1.2t,容积6m^3,朝柴120马力柴油机,康明斯140马力柴油机加2.5万元
压缩式垃圾车	多利卡带卧	202000	随州东正(惠通)专用汽车有限公司	(0722)3330357	上户吨位1.2t,容积6m^3,朝柴120马力柴油机,康明斯140马力柴油机加2.5万元
压缩式垃圾车	多利卡带卧	202000	湖北程力专用汽车有限公司	(0722)7020979	上户吨位1.2t,容积6m^3,朝柴120马力柴油机,康明斯140马力柴油机加2.5万元
压缩式垃圾车	多利卡带卧	202000	随州市天龙专用汽车有限公司	(0722)3330008	上户吨位1.2t,容积6m^3,朝柴120马力柴油机,康明斯140马力柴油机加2.5万元
压缩式垃圾车	解放后双桥	325000	随州市烈山专用汽车有限公司	(0722)3818156	容积15m^3,无锡发动机,功率136kW
压缩式垃圾车	重庆五十铃	243000	随州市烈山专用汽车有限公司	(0722)3818156	容积5m^3,庆铃发动机
压缩式垃圾车	东风140	189000	湖北江南专用特种汽车有限公司	(0722)3328333	额定载质量2605kg,容积6~8m^3,东风140型,尖头单桥,6速变速器,900轮胎,厢长4.05m
压缩式垃圾车	东风145	272000	湖北江南专用特种汽车有限公司	(0722)3328333	额定载质量3000kg,容积6~10m^3,平头带卧,轴距3.95m,康明斯发动机EQB160-30,160马力,900轮胎,厢长4.8m
压缩式垃圾车	东风EQ1092	165000	湖北华胜特种汽车制造有限公司	(0722)3315993	上户吨位3800kg,容量10t,玉柴发动机YC4E140-20,143马力
压缩式垃圾车	东风EQ1108	249000	湖北华胜特种汽车制造有限公司	(0722)3315993	上户吨位3000kg,容量12t,东风康明斯发动机EQB160-20,160马力
压缩式垃圾车	东风EQ1141	285000	湖北华胜特种汽车制造有限公司	(0722)3315993	上户吨位5000kg,容量15t,东风康明斯发动机EQB180-20,180马力
压缩式垃圾车	东风多利卡	148000	湖北华胜特种汽车制造有限公司	(0722)3315993	上户吨位1950kg,容量6t,朝柴机CY4102BQ,95马力
压缩式垃圾车	东风多利卡	188000	湖北江南专用特种汽车有限公司	(0722)3328333	额定载质量2400kg,容积5~8m^3,平头单排,朝柴120马力,750轮胎,厢长4.65m
压缩式垃圾车	东风三平柴带卧	159000	湖北华胜特种汽车制造有限公司	(0722)3315993	上户吨位2000kg,容量6t,风神柴油机EQ6102DT-20 143马力

产品名称	型号规格	参考价格（元）	生产厂家	电话	主要参数及备注
压缩式垃圾车	东风天龙	278000	湖北江南专用特种汽车有限公司	（0722）3328333	额定载质量 4990kg，容积 6～8m³，平头单桥，带卧，动力转向，6 速变速器，900 轮胎
压缩式垃圾车	东风小霸王	173000	湖北江南专用特种汽车有限公司	（0722）3328333	额定载质量 2500kg，容积 3～5m³，平头单排，玉柴 120 马力，7.00－16 轮胎
液体垃圾车	东风福瑞卡	116000	随州市烈山专用汽车有限公司	（0722）3818156	容积 4m³，玉柴发动机，功率 66kW、四达发动机，功率 70kW、朝柴发动机，功率 70kW
自卸式垃圾车	北汽福田	78000	湖北江南东风专用特种汽车改装厂	（0722）3588620	额定载质量 1450kg，容积 3～4m³，可翻驾驶室，带天窗，五十铃变速器、后桥，一汽大连柴油机，排放标准欧Ⅲ
自卸式垃圾车	长安微型	56000	湖北东正专用汽车有限公司	（0722）3233567	上户吨位0.5t，容积 2～3m³，长安 40 马力汽油机
自卸式垃圾车	长安微型	56000	湖北程力专用汽车有限公司	（0722）7020979	上户吨位0.5t，容积 2～3m³，长安 40 马力汽油机
自卸式垃圾车	长安微型	56000	随州市天龙专用汽车有限公司	（0722）3330008	上户吨位0.5t，容积 2～3m³，长安 40 马力汽油机
自卸式垃圾车	东风 140	98000	湖北元通专用汽车有限公司	（0722）3332112	容积 8m³
自卸式垃圾车	东风 140	98000	随州市东风专用汽车销售中心	（0722）3817209	容积 8m³
自卸式垃圾车	东风 140	98000	随州市东风专用汽车有限公司	（0722）3308618	容积 8m³
自卸式垃圾车	东风 140 柴油	122000	湖北元通专用汽车有限公司	（0722）3332112	容积 10m³，密封式
自卸式垃圾车	东风 140 密封	122000	湖北东正专用汽车有限公司	（0722）3233567	上户吨位 4t，容积 10m³，玉林 143 马力，排放标准欧Ⅱ
自卸式垃圾车	东风 140 密封	122000	湖北程力专用汽车有限公司	（0722）7020979	上户吨位 4t，容积 10m³，玉林 143 马力
自卸式垃圾车	东风 140 密封	122000	随州市天龙专用汽车有限公司	（0722）3330008	上户吨位 4t，容积 10m³，玉林 143 马力，排放标准欧Ⅱ
自卸式垃圾车	东风 140 汽油	118000	湖北元通专用汽车有限公司	（0722）3332112	容积 10m³，密封式
自卸式垃圾车	东风 140 柴油	148000	湖北江南东风专用特种汽车改装厂	（0722）3588620	额定载质量 4000kg，容积 6～7m³，东风 140 尖头，6 速变速器，9.00－20 轮胎，厢长4.05m
自卸式垃圾车	东风 145 密封	199000	湖北东正专用汽车有限公司	（0722）3233567	上户吨位 5t，容积 10～12m³，玉柴 160 马力柴油机，康明斯 160 马力柴油机加 1 万元
自卸式垃圾车	东风 145 密封	199000	湖北程力专用汽车有限公司	（0722）7020979	上户吨位 5t，容积 10～12m³，玉柴 160 马力柴油机，康明斯 160 马力柴油机加 1 万元
自卸式垃圾车	东风 145 密封	199000	随州市天龙专用汽车有限公司	（0722）3330008	上户吨位 5t，容积 10～12m³，玉柴 160 马力柴油机，康明斯 160 马力柴油机加 1 万元
自卸式垃圾车	东风 145 密封	169000	湖北东正专用汽车有限公司	（0722）3233567	上户吨位 5t，容积 12m³，柴油机康明斯 160 马力，排放标准欧Ⅱ
自卸式垃圾车	东风 145 密封	169000	湖北程力专用汽车有限公司	（0722）7020979	上户吨位 5t，容积 12m³，柴油机康明斯 160 马力
自卸式垃圾车	东风 145 密封	169000	随州市天龙专用汽车有限公司	（0722）3330008	上户吨位 5t，容积 12m³，柴油机康明斯 160 马力，排放标准欧Ⅱ
自卸式垃圾车	东风 153	198000	湖北江南东风专用特种汽车改装厂	（0722）3588620	额定载质量 7050kg，容积 7～9m³，平头带卧，康明斯 180 马力，1000 轮胎，厢长 5.3m

产品名称	型号规格	参考价格(元)	生产厂家	电话	主要参数及备注
自卸式垃圾车	东风153密封	236000	湖北东正专用汽车有限公司	(0722)3233567	上户吨位7t,容积12～14m^3,玉柴180马力柴油机,康明斯180马力柴油机加1万元
自卸式垃圾车	东风153密封	236000	湖北程力专用汽车有限公司	(0722)7020979	上户吨位7t,容积12～14m^3,玉柴180马力柴油机,康明斯180马力柴油机加1万元
自卸式垃圾车	东风153密封	236000	随州市天龙专用汽车有限公司	(0722)3330008	上户吨位7t,容积12～14m^3,玉柴180马力柴油机,康明斯180马力柴油机加1万元
自卸式垃圾车	东风153密封	189000	湖北东正专用汽车有限公司	(0722)3233567	上户吨位7t,容积15m^3,柴油机康明斯180马力柴油机,排放标准欧Ⅱ
自卸式垃圾车	东风153密封	189000	湖北程力专用汽车有限公司	(0722)7020979	上户吨位7t,容积15m^3,柴油机康明斯180马力柴油机
自卸式垃圾车	东风153密封	189000	随州市天龙专用汽车有限公司	(0722)3330008	上户吨位7t,容积15m^3,柴油机康明斯180马力柴油机,排放标准欧Ⅱ
自卸式垃圾车	东风多利卡	98000	湖北元通专用汽车有限公司	(0722)3332112	容积6m^3,密封式
自卸式垃圾车	东风金霸密封	113000	湖北东正专用汽车有限公司	(0722)3233567	上户吨位2.4t,容积4～5m^3,玉柴发动机90马力柴油机
自卸式垃圾车	东风金霸密封	113000	湖北程力专用汽车有限公司	(0722)7020979	上户吨位2.4t,容积4～5m^3,玉柴发动机90马力柴油机
自卸式垃圾车	东风金霸密封	113000	随州市天龙专用汽车有限公司	(0722)3330008	上户吨位2.4t,容积4～5m^3,玉柴发动机90马力柴油机
自卸式垃圾车	东风小霸王	118000	湖北江南东风专用特种汽车改装厂	(0722)3588620	额定载质量2380kg,容积3～4m^3,玉柴、朝柴、云内发动机,650轮胎,厢长选配3.8m
自卸式垃圾车	东风小霸王	66000	湖北元通专用汽车有限公司	(0722)3332112	容积4m^3,柴油机、双顶自卸,适用于生活小区
自卸式垃圾车	东风小霸王	66000	随州市东风专用汽车销售中心	(0722)3817209	容积4m^3,柴油机,双顶自卸
自卸式垃圾车	东风小霸王	78000	湖北元通专用汽车有限公司	(0722)3332112	容积5m^3,柴油机、双顶自卸,密封带液压盖
自卸式垃圾车	多利卡密封	106000	湖北东正专用汽车有限公司	(0722)3233567	上户吨位3t,容积6m^3,朝柴120马力柴油机,排放标准欧Ⅱ
自卸式垃圾车	多利卡密封	106000	湖北程力专用汽车有限公司	(0722)7020979	上户吨位3t,容积6m^3,朝柴120马力柴油机
自卸式垃圾车	多利卡密封	106000	随州市天龙专用汽车有限公司	(0722)3330008	上户吨位3t,容积6m^3,朝柴120马力柴油机,排放标准欧Ⅱ
自卸式垃圾车	福田微型	63000	湖北东正专用汽车有限公司	(0722)3233567	上户吨位1t,容积3～4m^3,全柴65马力柴油机
自卸式垃圾车	福田微型	63000	湖北程力专用汽车有限公司	(0722)7020979	上户吨位1t,容积3～4m^3,全柴65马力柴油机
自卸式垃圾车	福田微型	63000	随州市天龙专用汽车有限公司	(0722)3330008	上户吨位1t,容积3～4m^3,全柴65马力柴油机
自卸式垃圾车	尖头140密封	142000	湖北东正专用汽车有限公司	(0722)3233567	上户吨位4t,容积8～10m^3,玉柴140马力柴油机
自卸式垃圾车	尖头140密封	142000	湖北程力专用汽车有限公司	(0722)7020979	上户吨位4t,容积8～10m^3,玉柴140马力柴油机
自卸式垃圾车	尖头140密封	142000	随州市天龙专用汽车有限公司	(0722)3330008	上户吨位4t,容积8～10m^3,玉柴140马力柴油机
自卸式垃圾车	小霸王密封	78000	湖北东正专用汽车有限公司	(0722)3233567	上户吨位2.5t,容积5m^3,云内95马力柴油机,排放标准欧Ⅱ
自卸式垃圾车	小霸王密封	78000	湖北程力专用汽车有限公司	(0722)7020979	上户吨位2.5t,容积5m^3,云内95马力柴油机

产品名称	型号规格	参考价格（元）	生产厂家	电话	主要参数及备注
自卸式垃圾车	小霸王密封	78000	随州市天龙专用汽车有限公司	（0722）3330008	上户吨位2.5t，容积$5m^3$，云内95马力柴油机，排放标准欧Ⅱ
自卸式垃圾车	北汽福田	78000	湖北江南专用特种汽车有限公司	（0722）3328333	额定载质量1450kg，容积3～$4m^3$，可翻驾驶室，带天窗，五十铃变速器、后桥，排放标准欧Ⅲ，厢长4.3m
自卸式垃圾车	东风140	148000	湖北江南专用特种汽车有限公司	（0722）3328333	额定载质量4000kg，容积6～$7m^3$，尖头，6速变速器9.00－20轮胎，厢长4.05m，玉柴发动机YC4E140－30
自卸式垃圾车	东风153	198000	湖北江南专用特种汽车有限公司	（0722）3328333	额定载质量7050kg，容积7～$9m^3$，平头带卧，康明斯180马力，1000轮胎，厢长5.3m
自卸式垃圾车	东风小霸王	118000	湖北江南专用特种汽车有限公司	（0722）3328333	额定载质量2380kg，容积3～$4m^3$，东风玉柴、朝柴、云内发动机，650轮胎，厢长选配3.8m
自装卸式垃圾车	东风140	105000	湖北江南东风专用特种汽车改装厂	（0722）3588620	额定载质量4200kg，容积6～$10m^3$，尖头，140汽油电喷发动机，900轮胎，厢长4.05m
自装卸式垃圾车	东风140	149000	湖北江南东风专用特种汽车改装厂	（0722）3588620	额定载质量4000kg，容积8～$12m^3$，尖头，玉柴143马力发动机，9.00－20轮胎，厢长4.05m，排放标准欧Ⅲ
自装卸式垃圾车	东风140	138000	随州市烈山专用汽车有限公司	（0722）3818156	容积9～$11m^3$，汽油发动机，功率99kW
自装卸式垃圾车	东风145	199000	湖北江南东风专用特种汽车改装厂	（0722）3588620	额定载质量4500kg，容积8～$12m^3$，平头带卧，康明斯发动机，ISDE160－30、轴距3.95m
自装卸式垃圾车	东风145	136000	随州市烈山专用汽车有限公司	（0722）3818156	容积12～$14m^3$，康明斯发动机，功率125kW、118kW、玉柴发动机，功率118kW
自装卸式垃圾车	东风多利卡	133000	随州市烈山专用汽车有限公司	（0722）3818156	容积9～$11m^3$，朝柴发动机，功率88kW
自装卸式垃圾车	东风福瑞卡	95000	随州市烈山专用汽车有限公司	（0722）3818156	容积$5m^3$，玉柴发动机，功率66kW、四达发动机，功率70kW、朝柴发动机，功率70kW
自装卸式垃圾车	东风尖头	137000	随州市烈山专用汽车有限公司	（0722）3818156	容积9～$11m^3$，玉柴发动机，功率105kW
自装卸式垃圾车	东风平头	126000	湖北江南东风专用特种汽车改装厂	（0722）3588620	额定载质量4000kg，容积6～$8m^3$，玉柴143马力，900轮胎，厢长4.05m
自装卸式垃圾车	东风小霸王	128000	湖北江南东风专用特种汽车改装厂	（0722）3588620	额定载质量935kg，容积3～$4m^3$，玉柴、朝柴发动机，650轮胎，厢长选配3.8m
自装卸式垃圾车	东风140	149000	湖北江南专用特种汽车有限公司	（0722）3328333	额定载质量4000kg，容积8～$12m^3$，尖头，9.00－20轮胎，厢长4.05m，排放标准欧Ⅲ，玉柴YC4E140－30发动机
自装卸式垃圾车	东风140	105000	湖北江南专用特种汽车有限公司	（0722）3328333	额定载质量4200kg，容积6～$10m^3$，尖头，140汽油电喷发动机，900轮胎，厢长4.05m
自装卸式垃圾车	东风145	199000	湖北江南专用特种汽车有限公司	（0722）3328333	额定载质量4500kg，容积8～$12m^3$，平头带卧，厢长4.8m，康明斯ISDE160－30发动机，轴距3.95m
自装卸式垃圾车	东风平头	126000	湖北江南专用特种汽车有限公司	（0722）3328333	额定载质量4000kg，容积6～$8m^3$，玉柴143马力发动机，900轮胎，厢长4.05m
自装卸式垃圾车	东风小霸王	128000	湖北江南专用特种汽车有限公司	（0722）3328333	额定载质量935kg，容积3～$4m^3$，玉柴、朝柴发动机，650轮胎，厢长选配3.8m

5.2.5 清洗车

产品名称	型号规格	参考价格(元)	生产厂家	电话	主要参数及备注
高压清洗车	东风 140	196000	湖北元通专用汽车有限公司	(0722)3332112	上户吨位 6~7t,平头带卧,广西玉柴环保增压柴油机,进口泵加5000 元
高压清洗车	东风 140	192000	湖北元通专用汽车有限公司	(0722)3332112	上户吨位 6~7t,平头单排,环保电喷汽油机
高压清洗车	东风 140	192000	随州市东风专用汽车销售中心	(0722)3817209	上户吨位 6~7t,平头单排,环保电喷汽油机
高压清洗车	东风 140	196000	随州市东风专用汽车销售中心	(0722)3817209	上户吨位 6~7t,平头带卧,广西玉柴环保增压柴油机,进口泵加5000 元
高压清洗车	东风 145	248000	湖北元通专用汽车有限公司	(0722)3332112	上户吨位 7~8t,平头带卧,康明斯六缸环保增压柴油机,160 马力,进口泵加 5000 元
高压清洗车	东风 145	248000	随州市东风专用汽车销售中心	(0722)3817209	上户吨位 7~8t,平头带卧,康明斯六缸环保增压柴油机,160 马力,进口泵加 5000 元
高压清洗车	东风 153	268000	湖北元通专用汽车有限公司	(0722)3332112	容积 9~10t,平头带卧,康明斯六缸环保增压柴油机,180 马力,进口泵加 5000 元
高压清洗车	东风 153	268000	随州市东风专用汽车销售中心	(0722)3817209	容积 9~10t,平头带卧,康明斯六缸环保增压柴油机,180 马力,进口泵加 5000 元
高压清洗车	东风 EQ140	192000	随州市东风专用汽车有限公司	(0722)3308618	上户吨位 5~6t,平头单排,环保电喷汽油机
高压清洗车	东风 EQ140	196000	随州市东风专用汽车有限公司	(0722)3308618	上户吨位 5~6t,平头带卧,广西玉柴环保增压柴油机,进口泵加5000 元
高压清洗车	东风 EQ145	248000	随州市东风专用汽车有限公司	(0722)3308618	上户吨位 6~8t,平头带卧,康明斯六缸环保增压柴油机,160 马力,进口泵加 5000 元
高压清洗车	东风 EQ153	268000	随州市东风专用汽车有限公司	(0722)3308618	上户吨位 8~10t,平头带卧,康明斯六缸环保增压柴油机,180 马力,进口泵加 5000 元
高压清洗车	东风多利卡	202000	湖北东正专用汽车有限公司	(0722)3233567	上户吨位2.5t,容积 5m³,朝柴 120 马力柴油机,进口高压泵,排放标准欧Ⅱ
高压清洗车	东风多利卡	202000	随州东正(惠通)专用汽车有限公司	(0722)3330357	上户吨位2.5t,容积 5m³,朝柴 120 马力柴油机,排放标准欧Ⅱ,进口高压泵
高压清洗车	东风多利卡	202000	湖北合力专用汽车制造有限公司	(0722)3989579	上户吨位2.5t,容积 5m³,朝柴 120 马力柴油机,进口高压泵,排放标准欧Ⅱ
高压清洗车	东风多利卡	228000	湖北东正专用汽车有限公司	(0722)3233567	上户吨位3t,容积 5m³,朝柴 120 马力柴油机,康明斯 140 马力柴油机加 2.5 万元,进口高压泵,排放标准欧Ⅲ
高压清洗车	东风多利卡	228000	随州东正(惠通)专用汽车有限公司	(0722)3330357	上户吨位3t,容积 5m³,朝柴 120 马力柴油机,康明斯 140 马力柴油机加 2.5 万元,进口高压泵,排放标准欧Ⅲ
高压清洗车	东风多利卡	228000	湖北合力专用汽车制造有限公司	(0722)3989579	上户吨位3t,容积 5m³,朝柴 120 马力柴油机,康明斯 140 马力柴油机加2.5万元,进口高压泵,排放标准欧Ⅲ
高压清洗车	东风多利卡	205000	随州双龙专用汽车有限公司	(0722)3242369	上户吨位 4~5t,朝阳 120 马力柴油机,进口泵

产品名称	型号规格	参考价格(元)	生产厂家	电话	主要参数及备注
高压清洗车	东风多利卡	186000	湖北元通专用汽车有限公司	(0722)3332112	上户吨位4～5t,平头单排,朝阳环保增压柴油机,进口泵加5000元
高压清洗车	东风多利卡	186000	随州市东风专用汽车有限公司	(0722)3308618	上户吨位4～5t,平头单排,朝阳环保增压柴油机,进口泵加5000元
高压清洗车	东风多利卡	186000	随州市东风专用汽车销售中心	(0722)3817209	上户吨位4～5t,平头单排,朝阳环保增压柴油机,进口泵加5000元
高压清洗车	东风尖头140	199000	湖北东正专用汽车有限公司	(0722)3233567	上户吨位4.2t,容积6m^3,135马力汽油发动机,进口高压泵加2.5万元,排放标准欧Ⅲ
高压清洗车	东风尖头140	199000	随州东正(惠通)专用汽车有限公司	(0722)3330357	上户吨位4.2t,容积6m^3,135马力汽油发动机,进口高压泵加2.5万元,排放标准欧Ⅲ
高压清洗车	东风尖头140	199000	湖北合力专用汽车制造有限公司	(0722)3989579	上户吨位4.2t,容积6m^3,135马力汽油发动机,进口高压泵加2.5万元,排放标准欧Ⅲ
高压清洗车	东风尖头140	223000	湖北东正专用汽车有限公司	(0722)3233567	上户吨位4.3t,容积6m^3,玉柴140马力柴油机,进口高压泵加2.5万元,排放标准欧Ⅲ
高压清洗车	东风尖头140	223000	随州东正(惠通)专用汽车有限公司	(0722)3330357	上户吨位4.3t,容积6m^3,玉柴140马力柴油机,进口高压泵加2.5万元,排放标准欧Ⅲ
高压清洗车	东风尖头140	223000	湖北合力专用汽车制造有限公司	(0722)3989579	上户吨位4.3t,容积6m^3,玉柴140马力柴油机,进口高压泵加2.5万元,排放标准欧Ⅲ
高压清洗车	东风尖头140	193000	湖北东正专用汽车有限公司	(0722)3233567	上户吨位4.5t,容积6m^3,135马力汽油发动机,进口高压泵加2.5万元,排放标准欧Ⅱ
高压清洗车	东风尖头140	193000	随州东正(惠通)专用汽车有限公司	(0722)3330357	上户吨位4.5t,容积6m^3,135马力汽油发动机,排放标准欧Ⅱ,进口高压泵加2.5万元
高压清洗车	东风尖头140	199000	湖北东正专用汽车有限公司	(0722)3233567	上户吨位4.5t,容积6m^3,玉柴发动机143马力柴油机,进口高压泵加2.5万元,排放标准欧Ⅱ
高压清洗车	东风尖头140	193000	湖北合力专用汽车制造有限公司	(0722)3989579	上户吨位4.5t,容积6m^3,135马力汽油发动机,进口高压泵加2.5万元,排放标准欧Ⅱ
高压清洗车	东风尖头140	199000	随州东正(惠通)专用汽车有限公司	(0722)3330357	上户吨位4.5t,容积6m^3,玉柴发动机143马力柴油机,排放标准欧Ⅱ,进口高压泵加2.5万元
高压清洗车	东风尖头140	199000	湖北合力专用汽车制造有限公司	(0722)3989579	上户吨位4.5t,容积6m^3,玉柴发动机143马力柴油机,进口高压泵加2.5万元,排放标准欧Ⅱ
高压清洗车	东风尖头EQ1092F19	198000	随州双龙专用汽车有限公司	(0722)3242369	容积4～6m^3,玉林143马力柴油机
高压清洗车	东风尖头EQ1092FJ	195000	随州双龙专用汽车有限公司	(0722)3242369	上户吨位4.5t,容积4～6m^3,汽油135马力汽油发动机,排放标准欧Ⅲ
高压清洗车	东风平头145	306000	湖北东正专用汽车有限公司	(0722)3233567	上户吨位4.5t,容积8m^3,玉柴160马力柴油机,康明斯160马力加0.8万元,康明斯180马力加1.5万元,进口高压泵加2.5万元,排放标准欧Ⅲ
高压清洗车	东风平头145	306000	随州东正(惠通)专用汽车有限公司	(0722)3330357	上户吨位4.5t,容积8m^3,玉柴160马力柴油机,康明斯160马力加0.8万元,康明斯180马力加1.5万元,进口高压泵加2.5万元,排放标准欧Ⅲ

产品名称	型号规格	参考价格（元）	生产厂家	电话	主要参数及备注
高压清洗车	东风平头145	306000	湖北合力专用汽车制造有限公司	(0722)3989579	上户吨位4.5t,容积8m^3,玉柴160马力柴油机,康明斯160马力加0.8万元,康明斯180马力加1.5万元,进口高压泵加2.5万元,排放标准欧Ⅲ
高压清洗车	东风平头145	256000	湖北东正专用汽车有限公司	(0722)3233567	上户吨位5t,容积8m^3,康明斯160马力柴油机,进口高压泵加2.5万元,排放标准欧Ⅱ
高压清洗车	东风平头145	256000	随州东正(惠通)专用汽车有限公司	(0722)3330357	上户吨位5t,容积8m^3,康明斯160马力柴油机,排放标准欧Ⅱ,进口高压泵加2.5万元
高压清洗车	东风平头145	256000	湖北合力专用汽车制造有限公司	(0722)3989579	上户吨位5t,容积8m^3,康明斯160马力柴油机,进口高压泵加2.5万元,排放标准欧Ⅱ
高压清洗车	东风平头153	283000	湖北东正专用汽车有限公司	(0722)3233567	上户吨位7.5t,容积10m^3,康明斯180马力柴油机,进口高压泵加2.5万元,排放标准欧Ⅱ
高压清洗车	东风平头153	283000	随州东正(惠通)专用汽车有限公司	(0722)3330357	上户吨位7.5t,容积10m^3,康明斯180马力柴油机,排放标准欧Ⅱ,进口高压泵加2.5万元
高压清洗车	东风平头153	283000	湖北合力专用汽车制造有限公司	(0722)3989579	上户吨位7.5t,容积10m^3,康明斯180马力柴油机,进口高压泵加2.5万元,排放标准欧Ⅱ
高压清洗车	东风平头153	328000	湖北东正专用汽车有限公司	(0722)3233567	上户吨位7.5t,容积12m^3,玉柴180马力,康明斯180马力加1万元,进口高压泵加2.5万元,排放标准欧Ⅲ
高压清洗车	东风平头153	328000	随州东正(惠通)专用汽车有限公司	(0722)3330357	上户吨位7.5t,容积12m^3,玉柴180马力,康明斯180马力加1万元,进口高压泵加2.5万元,排放标准欧Ⅲ
高压清洗车	东风平头153	328000	湖北合力专用汽车制造有限公司	(0722)3989579	上户吨位7.5t,容积12m^3,玉柴180马力,康明斯180马力加1万元,进口高压泵加2.5万元,排放标准欧Ⅲ
高压清洗车	东风平头EQ145	255000	随州双龙专用汽车有限公司	(0722)3242369	容积6~8m^3,康明斯160马力柴油机,排放标准欧Ⅱ
高压清洗车	东风平头EQ145	299000	随州双龙专用汽车有限公司	(0722)3242369	上户吨位4.5t,容积6~8m^3,康明斯160马力柴油机,排放标准欧Ⅲ
高压清洗车	东风平头EQ153	285000	随州双龙专用汽车有限公司	(0722)3242369	容积6~10m^3,康明斯180马力柴油机,排放标准欧Ⅱ
高压清洗车	东风平头EQ153	325000	随州双龙专用汽车有限公司	(0722)3242369	上户吨位7.5t,容积6~10m^3,康明斯180马力柴油机,排放标准欧Ⅲ
高压清洗车	东风三平柴	195000	随州市东风专用汽车有限公司	(0722)3308618	容积4~5.5m^3,平头带卧,风神六缸环保增压柴油机
高压清洗车	东风三平柴	195000	湖北元通专用汽车有限公司	(0722)3332112	容积4~5.5m^3,平头带卧,风神六缸环保增压柴油机
高压清洗车	东风三平柴	195000	随州市东风专用汽车销售中心	(0722)3817209	容积4~5.5m^3,平头带卧,风神六缸环保增压柴油机
高压清洗车	东风小霸王	158000	湖北元通专用汽车有限公司	(0722)3332112	容积3m^3,平头单排,云内环保柴油机,进口泵
高压清洗车	东风小霸王	158000	随州市东风专用汽车有限公司	(0722)3308618	容积3m^3,平头单排,云内环保柴油机,进口泵
高压清洗车	东风小霸王	158000	随州市东风专用汽车销售中心	(0722)3817209	容积3m^3,平头单排,云内环保柴油机,进口泵
高压清洗车	东风小霸王	169000	随州双龙专用汽车有限公司	(0722)3242369	容积3m^3,云内、朝阳95马力柴油机,进口泵

产品名称	型号规格	参考价格(元)	生产厂家	电话	主要参数及备注
高压清洗车	东风小霸王	168000	湖北东正专用汽车有限公司	(0722)3233567	上户吨位1.5t,容积3m^3,云内95马力柴油机,进口高压泵,排放标准欧Ⅱ
高压清洗车	东风小霸王	168000	随州东正(惠通)专用汽车有限公司	(0722)3330357	上户吨位1.5t,容积3m^3,云内95马力柴油机,排放标准欧Ⅱ,进口高压泵
高压清洗车	东风小霸王	168000	湖北合力专用汽车制造有限公司	(0722)3989579	上户吨位1.5t,容积3m^3,云内95马力柴油机,进口高压泵,排放标准欧Ⅱ
高压清洗车	东风小金霸	198000	湖北东正专用汽车有限公司	(0722)3233567	上户吨位2.5t,容积3m^3,玉柴发动机90马力柴油机,进口高压泵,排放标准欧Ⅲ
高压清洗车	东风小金霸	198000	随州东正(惠通)专用汽车有限公司	(0722)3330357	上户吨位2.5t,容积3m^3,玉柴发动机90马力柴油机,进口高压泵,排放标准欧Ⅲ
高压清洗车	东风小金霸	198000	湖北合力专用汽车制造有限公司	(0722)3989579	上户吨位2.5t,容积3m^3,玉柴发动机90马力柴油机,进口高压泵,排放标准欧Ⅲ
高压清洗车	解放平头CA1060	215000	随州双龙专用汽车有限公司	(0722)3242369	容积5m^3,大连120马力柴油机,进口泵
高压清洗车	解放平头CA1163	325000	随州双龙专用汽车有限公司	(0722)3242369	上户吨位7.5t,容积6~10m^3,大连180马力柴油机,排放标准欧Ⅲ
高压清洗车	东风140	186000	湖北江南专用特种汽车有限公司	(0722)3328333	额定载质量4200kg,容积5~6m^3,尖头140汽油电喷发动机,900轮胎,厢长4.05m
高压清洗车	东风140	199000	湖北江南专用特种汽车有限公司	(0722)3328333	额定载质量4300kg,容积5~6m^3,东风140尖头,玉柴143马力,900轮胎,厢长选配4.05m
高压清洗车	东风145	348000	湖北江南专用特种汽车有限公司	(0722)3328333	额定载质量4500kg,容积6~8m^3,平头带卧,900轮胎,厢长4.8m,康明斯ISDE160-30发动机
高压清洗车	东风1092	172000	湖北华胜特种汽车制造有限公司	(0722)3315993	上户吨位4000kg,容积6m^3,东风EQ6100-1汽油机,135马力
高压清洗车	东风1108	203000	湖北华胜特种汽车制造有限公司	(0722)3315993	上户吨位4000kg,容积8m^3,东风康明斯发动机,160马力
高压清洗车	东风1110G	338000	湖北江南专用特种汽车有限公司	(0722)3328333	额定载质量5000kg,容积6~8m^3,平头带卧,方向助力,900轮胎,厢长5.3m,康明斯ISDE180-30发动机,排放标准欧Ⅲ
高压清洗车	东风EQ153	368000	湖北江南专用特种汽车有限公司	(0722)3328333	额定载质量7500kg,容积10~12m^3,平头带卧,康明斯180马力发动机,1000轮胎,厢长5.3m
高压清洗车	东风小霸王	178000	湖北江南专用特种汽车有限公司	(0722)3328333	额定载质量1500kg、1435kg,容积2~3m^3,东风朝柴、玉柴发动机,650轮胎,夹心取力器,低压泵,60m高压管

5.2.6 吸粪吸污车

产品名称	型号规格	参考价格(元)	生产厂家	电话	主要参数及备注
吸粪车	北京福田小卡	58000	湖北东正专用汽车有限公司	(0722)3233567	上户吨位1t,容积2.5m^3,全柴45马力柴油机,全柴65马力加0.6万元
吸粪车	北京福田小卡	58000	湖北程力专用汽车有限公司	(0722)7020979	上户吨位1t,容积2.5m^3,全柴45马力柴油机,全柴65马力加0.6万元

产品名称	型号规格	参考价格（元）	生产厂家	电话	主要参数及备注
吸粪车	北京福田小卡	58000	随州市天龙专用汽车有限公司	(0722) 3330008	上户吨位 1t,容积2.5m^3,全柴 45 马力柴油机,全柴 65 马力加 0.6 万元
吸粪车	北京福田小卡	58000	随州市圣丰专用汽车有限公司	(0722) 7095688	上户吨位 1t,容积2.5m^3,全柴 45 马力柴油机,全柴 65 马力加 0.6 万元
吸粪车	北京福田小卡	58000	湖北合力专用汽车制造有限公司	(0722) 3989579	上户吨位 1t,容积 3m^3,全柴 45 马力柴油机,全柴 65 马力加 0.6 万元
吸粪车	北京福田小卡	58000	随州东正(惠通)专用汽车有限公司	(0722) 3330357	上户吨位 1t,容积 3m^3,全柴 45 马力柴油机,全柴 65 马力加 0.6 万元
吸粪车	北京福田小卡	68000	湖北东正专用汽车有限公司	(0722) 3233567	上户吨位1.5t,容积 4m^3,朝柴 95 马力柴油机,大柴 103 马力柴油机加 0.5 万元
吸粪车	北京福田小卡	68000	湖北程力专用汽车有限公司	(0722) 7020979	上户吨位1.5t,容积 4m^3,朝柴 95 马力柴油机,大柴 103 马力柴油机加 0.5 万元
吸粪车	北京福田小卡	68000	随州市天龙专用汽车有限公司	(0722) 3330008	上户吨位1.5t,容积 4m^3,朝柴 95 马力柴油机,大柴 103 马力柴油机加 0.5 万元
吸粪车	北京福田小卡	68000	随州市圣丰专用汽车有限公司	(0722) 7095688	上户吨位1.5t,容积 4m^3,朝柴 95 马力柴油机,大柴 103 马力柴油机加 0.5 万元
吸粪车	北京福田小卡	108000	湖北合力专用汽车制造有限公司	(0722) 3989579	上户吨位1.5t,容积 4m^3,朝柴 95 马力柴油机,大柴 103 马力柴油机加 0.5 万元
吸粪车	北京福田小卡	108000	随州东正(惠通)专用汽车有限公司	(0722) 3330357	上户吨位1.5t,容积 4m^3,朝柴 95 马力柴油机,大柴 103 马力柴油机加 0.5 万元
吸粪车	北汽福田平头	65000	随州双龙专用汽车有限公司	(0722) 3242369	容积 3～4m^3,全柴 65 马力柴油机
吸粪车	东风 140	153000	随州市双诚专用汽车销售有限公司	(0722) 3805158	容积 5.85～7m^3,底盘型号 EQ1102FLJ5,车长 4.05 m,玉柴发动机,型号 YC4F140－30,140 马力,排放标准欧Ⅲ
吸粪车	东风 145	221000	随州市双诚专用汽车销售有限公司	(0722) 3805158	容积 6.7～8m^3,底盘型号 EQ1108KJ,车长 4.8 m,康明斯发动机,型号 ISDE160－30,160 马力,排放标准欧Ⅲ
吸粪车	东风 145	249000	随州市双诚专用汽车销售有限公司	(0722) 3805158	容积 10.5～12m^3,底盘型号 EQ1141KJ,车长5.3 m,康明斯发动机,型号 ISDE180－30,180 马力,排放标准欧Ⅲ
吸粪车	东风 153	211000	随州市双诚专用汽车销售有限公司	(0722) 3805158	容积 6.5～8m^3,底盘型号 EQ1110GLJ,车长4.8 m,康明斯发动机,型号 ISDE160－30,160 马力,排放标准欧Ⅲ
吸粪车	东风 153	221000	随州市双诚专用汽车销售有限公司	(0722) 3805158	容积 7.48 m^3,底盘型号 EQ1126KBJ,车长4.8 m,康明斯发动机,型号 ISDE160－30,160 马力,排放标准欧Ⅲ
吸粪车	东风 153	241000	随州市双诚专用汽车销售有限公司	(0722) 3805158	容积 8.15 m^3,底盘型号 EQ5140KLJ,车长5.3 m,康明斯发动机,型号 ISDE180－30,180 马力,排放标准欧Ⅲ
吸粪车	东风 153	249000	随州市双诚专用汽车销售有限公司	(0722) 3805158	容积 12m^3,底盘型号 EQ1168KJ,车长5.3 m,康明斯发动机,型号 ISDE180－30,180 马力,排放标准欧Ⅲ

产品名称	型号规格	参考价格(元)	生产厂家	电话	主要参数及备注
吸粪车	东风 1141	193000	湖北华胜特种汽车制造有限公司	(0722)3315993	上户吨位 7000kg,容量 $10m^3$,东风康明斯 EQB180－20 发动机,180 马力
吸粪车	东风 EQ140	145000	湖北成龙威专用汽车有限公司	(0722)3308899	上户吨位 6～6.5t,长头,汽油机,多功能
吸粪车	东风 EQ140	159000	湖北成龙威专用汽车有限公司	(0722)3308899	上户吨位 6～6.5t,长头,玉林柴油机,多功能
吸粪车	东风 EQ140	101000	湖北大力专用汽车制造有限公司	(0722)7609688	上户吨位 6～6.5t,长头,汽油机,多功能
吸粪车	东风 EQ140	107000	湖北大力专用汽车制造有限公司	(0722)7609688	上户吨位 6～6.5t,长头,玉林柴油机,多功能
吸粪车	东风 EQ140	143000	湖北天威专用汽车有限公司	(0722)3308885	上户吨位 6～6.5t,长头,汽油机,多功能
吸粪车	东风 EQ140	157000	湖北天威专用汽车有限公司	(0722)3308885	上户吨位 6～6.5t,长头,玉林柴油机,多功能
吸粪车	东风 EQ140	105000	随州市晨阳专用汽车销售有限公司	(0722)3801178	上户吨位 6～6.5t,长头,汽油机,多功能
吸粪车	东风 EQ140	110000	随州市晨阳专用汽车销售有限公司	(0722)3801178	上户吨位 6～6.5t,长头,玉林柴油机,多功能
吸粪车	东风 EQ145	188000	湖北成龙威专用汽车有限公司	(0722)3308899	上户吨位 7～8t,多功能,康明斯加强型 160 马力,平头带卧
吸粪车	东风 EQ145	152000	湖北大力专用汽车制造有限公司	(0722)7609688	上户吨位 7～8t,多功能,康明斯加强型 160 马力,平头带卧
吸粪车	东风 EQ145	186000	湖北天威专用汽车有限公司	(0722)3308885	上户吨位 7～8t,多功能,康明斯加强型 160 马力,平头带卧
吸粪车	东风 EQ145	156000	随州市晨阳专用汽车销售有限公司	(0722)3801178	上户吨位 7～8t,多功能,康明斯加强型 160 马力,平头带卧
吸粪车	东风 EQ153	179000	湖北大力专用汽车制造有限公司	(0722)7609688	上户吨位 8～9t,多功能,康明斯加强型 180 马力,平头带卧
吸粪车	东风 EQ153	183000	随州市晨阳专用汽车销售有限公司	(0722)3801178	上户吨位 8～9t,多功能,康明斯加强型 180 马力,平头带卧
吸粪车	东风 EQ153	216000	湖北天威专用汽车有限公司	(0722)3308885	上户吨位 8～9t,多功能,康明斯加强型 180 马力,平头带卧
吸粪车	东风 EQ153	218000	湖北成龙威专用汽车有限公司	(0722)3308899	上户吨位 8～9t,多功能,康明斯加强型 180 马力,平头带卧
吸粪车	东风多利卡	96000	湖北华胜特种汽车制造有限公司	(0722)3315993	上户吨位 1740kg,容量 $5m^3$,朝阳柴油机 CY4102BQ,95 马力
吸粪车	东风多利卡	128000	湖北东正专用汽车有限公司	(0722)3233567	上户吨位 3t,容积 $5m^3$,朝柴 120 马力柴油机,康明斯 140 马力柴油机加 2.5 万元
吸粪车	东风多利卡	128000	湖北程力专用汽车有限公司	(0722)7020979	上户吨位 3t,容积 $5m^3$,朝柴 120 马力柴油机,康明斯 140 马力柴泊机加 2.5 万元
吸粪车	东风多利卡	128000	随州市天龙专用汽车有限公司	(0722)3330008	上户吨位 3t,容积 $5m^3$,朝柴 120 马力柴油机,康明斯 140 马力柴油机加 2.5 万元
吸粪车	东风多利卡	128000	随州市圣丰专用汽车有限公司	(0722)7095688	上户吨位 3t,容积 $5m^3$,朝柴 120 马力柴油机,康明斯 140 马力柴油机加 2.5 万元
吸粪车	东风多利卡	103000	湖北东正专用汽车有限公司	(0722)3233567	上户吨位 3t,容积 $6m^3$,朝柴 120 马力柴油机,排放标准欧Ⅱ
吸粪车	东风多利卡	103000	湖北程力专用汽车有限公司	(0722)7020979	上户吨位 3t,容积 $6m^3$,朝柴 120 马力柴油机,排放标准欧Ⅱ
吸粪车	东风多利卡	103000	随州市圣丰专用汽车有限公司	(0722)7095688	上户吨位 3t,容积 $6m^3$,朝柴 120 马力柴油机,排放标准欧Ⅱ
吸粪车	东风多利卡	108000	湖北合力专用汽车制造有限公司	(0722)3989579	上户吨位 3t,容积 $6m^3$,朝柴 120 马力柴油机

产品名称	型号规格	参考价格（元）	生产厂家	电话	主要参数及备注
吸粪车	东风多利卡	108000	随州东正（惠通）专用汽车有限公司	（0722）3330357	上户吨位3t，容积6m^3，朝柴120马力柴油机，排放标准欧Ⅱ
吸粪车	东风多利卡	108000	随州市天龙专用汽车有限公司	（0722）3330008	上户吨位3t，容积6m^3，朝柴120马力柴油机，排放标准欧Ⅱ
吸粪车	东风多利卡	139000	湖北合力专用汽车制造有限公司	（0722）3989579	上户吨位3t，容积5～7m^3，朝柴120马力柴油机，康明斯140马力柴油机加2.5万元
吸粪车	东风多利卡	139000	随州东正（惠通）专用汽车有限公司	（0722）3330357	上户吨位3t，容积5～7m^3，朝柴120马力柴油机，康明斯140马力柴油机加2.5万元
吸粪车	东风多利卡	94000	湖北大力专用汽车制造有限公司	（0722）7609688	上户吨位4～5t，多功能，平头，朝阳柴油机
吸粪车	东风多利卡	98000	随州市晨阳专用汽车销售有限公司	（0722）3801178	上户吨位4～5t，多功能，平头，朝阳柴油机
吸粪车	东风多利卡	134000	湖北天威专用汽车有限公司	（0722）3308885	上户吨位4～5t，多功能，平头，朝阳柴油机
吸粪车	东风多利卡	136000	湖北成龙威专用汽车有限公司	（0722）3308899	上户吨位4～5t，多功能，平头，朝阳柴油机
吸粪车	东风多利卡	109000	湖北大力专用汽车制造有限公司	（0722）7609688	上户吨位5～6t，多功能，加强型，平头，朝阳柴油机，带卧
吸粪车	东风多利卡	112000	随州市晨阳专用汽车销售有限公司	（0722）3801178	上户吨位5～6t，多功能，加强型，平头，朝阳柴油机，带卧
吸粪车	东风多利卡	197000	湖北天威专用汽车有限公司	（0722）3308885	上户吨位5～6t，多功能，加强型，平头，朝阳柴油机，带卧
吸粪车	东风多利卡	199000	湖北成龙威专用汽车有限公司	（0722）3308899	上户吨位5～6t，多功能，加强型，平头，朝阳柴油机，带卧
吸粪车	东风尖头	115000	随州双龙专用汽车有限公司	（0722）3242369	上户吨位4t，容积6m^3，135马力汽油发动机，排放标准欧Ⅲ
吸粪车	东风尖头	115000	随州双龙专用汽车有限公司	（0722）3242369	上户吨位4t，容积6m^3，玉林143马力柴油机
吸粪车	东风尖头140	119000	湖北合力专用汽车制造有限公司	（0722）3989579	上户吨位4t，容积5～8m^3，135马力汽油发动机，玉柴140马力柴油机加2.5万元
吸粪车	东风尖头140	119000	随州东正（惠通）专用汽车有限公司	（0722）3330357	上户吨位4t，容积5～8m^3，135马力汽油发动机，玉柴140马力柴油机加2.5万元
吸粪车	东风尖头140	113000	湖北东正专用汽车有限公司	（0722）3233567	上户吨位4t，容积6m^3，135马力汽油发动机，玉柴140马力柴油机加2.5万元
吸粪车	东风尖头140	113000	湖北程力专用汽车有限公司	（0722）7020979	上户吨位4t，容积6m^3，135马力汽油发动机，玉柴140马力柴油机加2.5万元
吸粪车	东风尖头140	113000	随州市天龙专用汽车有限公司	（0722）3330008	上户吨位4t，容积6m^3，135马力汽油发动机，玉柴140马力柴油机加2.5万元
吸粪车	东风尖头140	113000	随州市圣丰专用汽车有限公司	（0722）7095688	上户吨位4t，容积6m^3，135马力汽油发动机，玉柴140马力柴油机加2.5万元
吸粪车	东风尖头140	112000	湖北合力专用汽车制造有限公司	（0722）3989579	上户吨位4t，容积8m^3，135马力汽油发动机，玉柴机143马力柴油机加0.5万元
吸粪车	东风尖头140	112000	随州东正（惠通）专用汽车有限公司	（0722）3330357	上户吨位4t，容积8m^3，135马力汽油发动机，排放标准欧Ⅱ
吸粪车	东风尖头140	112000	随州市天龙专用汽车有限公司	（0722）3330008	上户吨位4t，容积8m^3，135马力汽油发动机，玉柴发动机143马力柴油机加0.5万元，排放标准欧Ⅱ

产品名称	型号规格	参考价格(元)	生产厂家	电话	主要参数及备注
吸粪车	东风尖头 140	117000	随州东正(惠通)专用汽车有限公司	(0722)3330357	上户吨位4t,容积 $8m^3$,玉柴发动机 143 马力柴油机,排放标准欧Ⅱ
吸粪车	东风尖头 140	118000	湖北东正专用汽车有限公司	(0722)3233567	上户吨位4t,容积 $8m^3$,135 马力汽油发动机,玉柴发动机 143 马力柴油机加 0.5 万元,排放标准欧Ⅱ
吸粪车	东风尖头 140	118000	湖北程力专用汽车有限公司	(0722)7020979	上户吨位4t,容积 $8m^3$,135 马力汽油发动机,玉柴发动机 143 马力柴油机加 0.5 万元,排放标准欧Ⅱ
吸粪车	东风尖头 140	118000	随州市圣丰专用汽车有限公司	(0722)7095688	上户吨位4t,容积 $8m^3$,135 马力汽油发动机,玉柴发动机 143 马力柴油机加 0.5 万元,排放标准欧Ⅱ
吸粪车	东风尖头 1092	105000	湖北华胜特种汽车制造有限公司	(0722)3315993	上户吨位 4255kg,容量 $6m^3$,东风 EQ6100－1 汽油发动机,135 马力
吸粪车	东风劲诺	132000	随州市双诚专用汽车销售有限公司	(0722)3805158	容积 4.5 m^3,底盘型号 EQ3093GD4JAC,车长4.3m,玉柴发动机,型号 YC4F130－30,1305 马力,排放标准欧Ⅲ
吸粪车	东风康霸	185000	随州市双诚专用汽车销售有限公司	(0722)3805158	容积 $5m^3$,底盘型号 EQ1110G9ADJ3AC,车长 5m,康明斯发动机,型号 ISDE140－30,140 马力,排放标准欧Ⅲ
吸粪车	东风平头 145	163000	湖北东正专用汽车有限公司	(0722)3233567	上户吨位 5t,容积 $8m^3$,康明斯 160 马力柴油机,排放标准欧Ⅱ
吸粪车	东风平头 145	163000	湖北程力专用汽车有限公司	(0722)7020979	上户吨位 5t,容积 $8m^3$,康明斯 160 马力柴油机,排放标准欧Ⅱ
吸粪车	东风平头 145	163000	随州市圣丰专用汽车有限公司	(0722)7095688	上户吨位 5t,容积 $8m^3$,康明斯 160 马力柴油机,排放标准欧Ⅱ
吸粪车	东风平头 145	176000	湖北合力专用汽车制造有限公司	(0722)3989579	上户吨位 5t,容积 $8m^3$,康明斯 160 马力柴油机
吸粪车	东风平头 145	176000	随州东正(惠通)专用汽车有限公司	(0722)3330357	上户吨位 5t,容积 $8m^3$,康明斯 160 马力柴油机,排放标准欧Ⅱ
吸粪车	东风平头 145	176000	随州市天龙专用汽车有限公司	(0722)3330008	上户吨位 5t,容积 $8m^3$,康明斯 160 马力柴油机,排放标准欧Ⅱ
吸粪车	东风平头 145	198000	湖北合力专用汽车制造有限公司	(0722)3989579	上户吨位5.5t,容积 5～$8m^3$,玉柴 160 马力柴油机,康明斯 160 马力柴油机加0.8万元,康明斯 180 马力柴油机加 1.5 万元
吸粪车	东风平头 145	198000	随州东正(惠通)专用汽车有限公司	(0722)3330357	上户吨位5.5t,容积 5～$8m^3$,玉柴 160 马力柴油机,康明斯 160 马力柴油机加0.8万元,康明斯 180 马力柴油机加 1.5 万元
吸粪车	东风平头 145	165000	随州双龙专用汽车有限公司	(0722)3242369	上户吨位5.5t,容积 $8m^3$,康明斯 160 马力柴油机
吸粪车	东风平头 145	165000	湖北东正专用汽车有限公司	(0722)3233567	上户吨位5.5t,容积 $8m^3$,玉柴 160 马力柴油机,康明斯 160 马力柴油机加 2.3 万元,康明斯 180 马力柴油机加3.5 万元
吸粪车	东风平头 145	165000	湖北程力专用汽车有限公司	(0722)7020979	上户吨位5.5t,容积 $8m^3$,玉柴 160 马力柴油机,康明斯 160 马力柴油机加 2.3 万元,康明斯 180 马力柴油机加3.5 万元
吸粪车	东风平头 145	165000	随州市天龙专用汽车有限公司	(0722)3330008	上户吨位5.5t,容积 $8m^3$,玉柴 160 马力柴油机,康明斯 160 马力柴油机加 2.3 万元,康明斯 180 马力柴油机加3.5 万元

产品名称	型号规格	参考价格（元）	生产厂家	电话	主要参数及备注
吸粪车	东风平头145	165000	随州市圣丰专用汽车有限公司	(0722)7095688	上户吨位5.5t，容积8m³，玉柴160马力柴油机，康明斯160马力柴油机加2.3万元，康明斯180马力柴油机加3.5万元
吸粪车	东风平头153	225000	湖北合力专用汽车制造有限公司	(0722)3989579	上户吨位7t，容积8～10m³，玉柴180马力柴油机，康明斯180马力柴油机加1万元
吸粪车	东风平头153	208000	湖北东正专用汽车有限公司	(0722)3233567	上户吨位7t，容积8～10m³，玉柴180马力柴油机，康明斯180马力柴油机加1万元
吸粪车	东风平头153	225000	随州东正（惠通）专用汽车有限公司	(0722)3330357	上户吨位7t，容积8～10m³，玉柴180马力柴油机，康明斯180马力柴油机加1万元
吸粪车	东风平头153	208000	湖北程力专用汽车有限公司	(0722)7020979	上户吨位7t，容积8～10m³，玉柴180马力柴油机，康明斯180马力柴油机加1万元
吸粪车	东风平头153	208000	随州市天龙专用汽车有限公司	(0722)3330008	上户吨位7t，容积8～10m³，玉柴180马力柴油机，康明斯180马力柴油机加1万元
吸粪车	东风平头153	208000	随州市圣丰专用汽车有限公司	(0722)7095688	上户吨位7t，容积8～10m³，玉柴180马力柴油机，康明斯180马力柴油机加1万元
吸粪车	东风平头153	196000	湖北合力专用汽车制造有限公司	(0722)3989579	上户吨位7t，容积10m³，康明斯180马力柴油机
吸粪车	东风平头153	195000	随州双龙专用汽车有限公司	(0722)3242369	上户吨位7t，容积10m³，康明斯180马力柴油机
吸粪车	东风平头153	176000	湖北东正专用汽车有限公司	(0722)3233567	上户吨位7t，容积10m³，康明斯180马力柴油机，排放标准欧Ⅱ
吸粪车	东风平头153	196000	随州东正（惠通）专用汽车有限公司	(0722)3330357	上户吨位7t，容积10m³，康明斯180马力柴油机，排放标准欧Ⅱ
吸粪车	东风平头153	176000	湖北程力专用汽车有限公司	(0722)7020979	上户吨位7t，容积10m³，康明斯180马力柴油机，排放标准欧Ⅱ
吸粪车	东风平头153	196000	随州市天龙专用汽车有限公司	(0722)3330008	上户吨位7t，容积10m³，康明斯180马力柴油机，排放标准欧Ⅱ
吸粪车	东风平头153	176000	随州市圣丰专用汽车有限公司	(0722)7095688	上户吨位7t，容积10m³，康明斯180马力柴油机，排放标准欧Ⅱ
吸粪车	东风平头EQ1108(145)	159000	湖北华胜特种汽车制造有限公司	(0722)3315993	上户吨位5000kg，容量6m³，东风康明斯EQB160－20发动机，160马力
吸粪车	东风平头多利卡	108000	随州双龙专用汽车有限公司	(0722)3242369	容积5m³，朝柴120马力
吸粪车	东风平头金霸	115000	随州双龙专用汽车有限公司	(0722)3242369	上户吨位1.5t，容积3～4m³，玉林90马力柴油机，排放标准欧Ⅲ
吸粪车	东风平头小霸王	75000	随州双龙专用汽车有限公司	(0722)3242369	容积3～4m³，云内95马力柴油机
吸粪车	东风小霸王	61000	湖北大力专用汽车制造有限公司	(0722)7609688	容积2～3.5m³，多功能，平头，云内柴油机
吸粪车	东风小霸王	71000	湖北大力专用汽车制造有限公司	(0722)7609688	容积3.5～4m³，多功能，平头，云内、朝柴柴油机，加强型
吸粪车	东风小霸王	69000	湖北华胜特种汽车制造有限公司	(0722)3315993	上户吨位1305kg，容量3m³，扬动、云内发动机，65马力
吸粪车	东风小霸王	70000	湖北合力专用汽车制造有限公司	(0722)3989579	上户吨位2t，容积3～4m³，云内95马力柴油机，朝柴95马力柴油机加0.5万元
吸粪车	东风小霸王	72000	湖北东正专用汽车有限公司	(0722)3233567	上户吨位2t，容积3～4m³，云内95马力柴油机，朝柴95马力柴油机加0.5万元

产品名称	型号规格	参考价格(元)	生产厂家	电话	主要参数及备注
吸粪车	东风小霸王	72000	随州东正(惠通)专用汽车有限公司	(0722)3330357	上户吨位2t,容积3~4m^3,云内95马力柴油机,朝柴95马力柴油机加0.5万元
吸粪车	东风小霸王	72000	湖北程力专用汽车有限公司	(0722)7020979	上户吨位2t,容积3~4m^3,云内95马力柴油机,朝柴95马力柴油机加0.5万元
吸粪车	东风小霸王	72000	随州市天龙专用汽车有限公司	(0722)3330008	上户吨位2t,容积3~4m^3,云内95马力柴油机,朝柴95马力柴油机加0.5万元
吸粪车	东风小霸王	72000	随州市圣丰专用汽车有限公司	(0722)7095688	上户吨位2t,容积3~4m^3,云内95马力柴油机,朝柴95马力柴油机加0.5万元
吸粪车	东风小霸王	78000	湖北合力专用汽车制造有限公司	(0722)3989579	上户吨位2t,容积4m^3,云内95马力柴油机
吸粪车	东风小霸王	78000	随州东正(惠通)专用汽车有限公司	(0722)3330357	上户吨位2t,容积4m^3,云内95马力柴油机,排放标准欧Ⅱ
吸粪车	东风小霸王	78000	随州市天龙专用汽车有限公司	(0722)3330008	上户吨位2t,容积4m^3,云内95马力柴油机,排放标准欧Ⅱ
吸粪车	东风小霸王	79000	湖北东正专用汽车有限公司	(0722)3233567	上户吨位2t,容积4m^3,云内95马力柴油机,排放标准欧Ⅱ
吸粪车	东风小霸王	79000	湖北程力专用汽车有限公司	(0722)7020979	上户吨位2t,容积4m^3,云内95马力柴油机,排放标准欧Ⅱ
吸粪车	东风小霸王	79000	随州市圣丰专用汽车有限公司	(0722)7095688	上户吨位2t,容积4m^3,云内95马力柴油机,排放标准欧Ⅱ
吸粪车	东风小霸王	65000	随州市晨阳专用汽车销售有限公司	(0722)3801178	上户吨位2~3.5t,多功能,平头,云内柴油机
吸粪车	东风小霸王	114000	湖北天威专用汽车有限公司	(0722)3308885	上户吨位2~3.5t,多功能,平头,云内柴油机
吸粪车	东风小霸王	116000	湖北成龙威专用汽车有限公司	(0722)3308899	上户吨位2~3.5t,多功能,平头,云内柴油机
吸粪车	东风小霸王	75000	随州市晨阳专用汽车销售有限公司	(0722)3801178	上户吨位3.5~4t,多功能,平头,云内、朝柴柴油机,加强型
吸粪车	东风小霸王	117000	湖北天威专用汽车有限公司	(0722)3308885	上户吨位3.5~4t,多功能,平头,云内、朝柴柴油机,加强型
吸粪车	东风小霸王	119000	湖北成龙威专用汽车有限公司	(0722)3308899	上户吨位3.5~4t,多功能,平头,云内、朝柴柴油机,加强型
吸粪车	东风小金霸	99800	湖北东正专用汽车有限公司	(0722)3233567	上户吨位1.5t,容积4m^3,玉柴发动机90马力柴油机
吸粪车	东风小金霸	99800	湖北程力专用汽车有限公司	(0722)7020979	上户吨位1.5t,容积4m^3,玉柴发动机90马力柴油机
吸粪车	东风小金霸	99800	随州市天龙专用汽车有限公司	(0722)3330008	上户吨位1.5t,容积4m^3,玉柴发动机90马力柴油机
吸粪车	东风小金霸	99800	随州市圣丰专用汽车有限公司	(0722)7095688	上户吨位1.5t,容积4m^3,玉柴发动机90马力柴油机
吸粪车	东风小金霸	100000	湖北合力专用汽车制造有限公司	(0722)3989579	上户吨位1.5t,容积4m^3,玉柴发动机90马力柴油机
吸粪车	东风小金霸	112000	随州东正(惠通)专用汽车有限公司	(0722)3330357	上户吨位1.5t,容积4m^3,玉柴发动机90马力柴油机
吸粪车	东风窄金霸	121000	随州市双诚专用汽车销售有限公司	(0722)3805158	容积1.56~4m^3,底盘型号EQ1040TJ20D3,车长4.17m,玉柴发动机,型号YC4F90-30,90马力,排放标准欧Ⅲ
吸粪车	东风窄金霸	134000	随州市双诚专用汽车销售有限公司	(0722)3805158	容积1.596~4m^3,底盘型号EQ1051TJ35D3,车长4.15m,玉柴发动机,型号YC4F115-30,115马力,排放标准欧Ⅲ
吸粪车	福田欧马可	126000	湖北东正专用汽车有限公司	(0722)3233567	上户吨位2.5t,容积5m^3,新款驾驶室,福田115马力柴油机

产品名称	型号规格	参考价格(元)	生产厂家	电话	主要参数及备注
吸粪车	福田欧马可	126000	湖北程力专用汽车有限公司	(0722)7020979	上户吨位2.5t,容积5m^3,新款驾驶室,福田115马力柴油机
吸粪车	福田欧马可	126000	随州市天龙专用汽车有限公司	(0722)3330008	上户吨位2.5t,容积5m^3,新款驾驶室,福田115马力柴油机
吸粪车	福田欧马可	126000	随州市圣丰专用汽车有限公司	(0722)7095688	上户吨位2.5t,容积5m^3,新款驾驶室,福田115马力柴油机
吸粪车	福田欧马可	138000	湖北合力专用汽车制造有限公司	(0722)3989579	上户吨位2.5t,容积5m^3,新款驾驶室,福田115马力柴油机
吸粪车	福田欧马可	138000	随州东正(惠通)专用汽车有限公司	(0722)3330357	上户吨位2.5t,容积5m^3,新款驾驶室,福田115马力柴油机
吸粪车	福田微卡	58000	湖北合力专用汽车制造有限公司	(0722)3989579	上户吨位1t,容积2~3m^3,全柴45马力柴油机,全柴65马力加0.6万元
吸粪车	福田微卡	58000	湖北东正专用汽车有限公司	(0722)3233567	上户吨位1t,容积2~3m^3,全柴45马力柴油机,全柴65马力加0.6万元,排放标准欧Ⅱ
吸粪车	福田微卡	58000	随州东正(惠通)专用汽车有限公司	(0722)3330357	上户吨位1t,容积2~3m^3,全柴45马力柴油机,排放标准欧Ⅱ
吸粪车	福田微卡	58000	湖北程力专用汽车有限公司	(0722)7020979	上户吨位1t,容积2~3m^3,全柴45马力柴油机,全柴65马力加0.6万元,排放标准欧Ⅱ
吸粪车	福田微卡	58000	随州市天龙专用汽车有限公司	(0722)3330008	上户吨位1t,容积2~3m^3,全柴45马力柴油机,全柴65马力加0.6万元,排放标准欧Ⅱ
吸粪车	福田微卡	58000	随州市圣丰专用汽车有限公司	(0722)7095688	上户吨位1t,容积2~3m^3,全柴45马力柴油机,全柴65马力加0.6万元,排放标准欧Ⅱ
吸粪车	福田微卡	64000	随州东正(惠通)专用汽车有限公司	(0722)3330357	上户吨位1t,容积2~3m^3,全柴65马力柴油机,排放标准欧Ⅱ
吸粪车	解放141	138000	随州市晨阳专用汽车销售有限公司	(0722)3801178	上户吨位6~6.5t,长头,大连、无锡发动机,多功能
吸粪车	解放141	159000	湖北成龙威专用汽车有限公司	(0722)3308899	上户吨位6~6.5t,长头,大连、无锡机,多功能
吸粪车	解放141	134000	湖北大力专用汽车制造有限公司	(0722)7609688	上户吨位6~6.5t,长头,大连、无锡机,多功能
吸粪车	解放141	157000	湖北天威专用汽车有限公司	(0722)3308885	上户吨位6~6.5t,长头,大连、无锡发动机,多功能
吸粪车	解放尖头	118000	随州双龙专用汽车有限公司	(0722)3242369	容积6m^3,大连,无锡柴油机160马力
吸粪车	东风140柴油	146000	湖北江南专用特种汽车有限公司	(0722)3328333	额定载质量4490kg,容积5~6m^3,尖头,玉柴143马力,900轮胎,厢长4.05m
吸粪车	东风140汽油	126000	湖北江南专用特种汽车有限公司	(0722)3328333	额定载质量4000kg,容积5~6m^3,尖头140汽油电喷发动机,900轮胎,厢长4.05m
吸粪车	东风145	198000	湖北江南专用特种汽车有限公司	(0722)3328333	额定载质量5000kg,容积6~8m^3,玉柴YC6J180-30发动机,排放标准欧Ⅱ,厢长4.8m
吸粪车	东风153	238000	湖北江南专用特种汽车有限公司	(0722)3328333	额定载质量7000kg,容积6~10m^3,平头带卧,康明斯180马力,1000轮胎,厢长5.3m
吸粪车	东风多利卡	129000	湖北江南专用特种汽车有限公司	(0722)3328333	额定载质量2600kg,容积3~4m^3,新型驾驶室,朝柴、康明斯发动机,6速变速器
吸粪车	东风小霸王	108000	湖北江南专用特种汽车有限公司	(0722)3328333	额定载质量1385kg,容积3~4m^3,平头单排,5速变速器,厢长4.3m,玉柴CY4102-C3F发动机,排放标准欧Ⅲ

产品名称	型号规格	参考价格（元）	生产厂家	电话	主要参数及备注
吸粪车	福田轻卡	129000	湖北江南专用特种汽车有限公司	(0722)3328333	额定载质量3800kg，容积3～5m^3，新型加宽驾驶室，扬柴、朝柴发动机，排放标准国Ⅲ，6速变速器，选配方向助力，断气制动，8.25－16轮胎
吸粪车	福田时代	105000	湖北江南专用特种汽车有限公司	(0722)3328333	额定载质量1500kg，容积2～3m^3，驾驶室前翻，带天窗，五十铃变速器、后桥，安徽全柴发动机，排放标准欧Ⅲ，厢长3.8m
吸粪车	江铃轻卡	118000	湖北江南专用特种汽车有限公司	(0722)3328333	额定载质量2715kg，容积2～3m^3，平头单排驾驶室，五十铃发动机，115马力，油制动，带空调，7.00轮胎
吸粪带洒水车	东风140	145000	随州市东风专用汽车销售中心	(0722)3817209	容量装粪5t，装水2t，水罐与粪罐独立分仓，具备吸粪车和洒水车双重功能
吸粪带洒水车	东风140	145000	湖北俊龙专用汽车有限公司	(0722)3309005	容量装粪5t，装水2t，水罐与粪罐独立分仓，具备吸粪车和洒水车双重功能
吸粪带洒水车	东风140	145000	湖北元通专用汽车有限公司	(0722)3332112	装粪5t，装水2t，水罐与粪罐独立分仓，具备吸粪车和洒水车双重功能
吸粪带洒水车	东风EQ140	145000	随州市东风专用汽车有限公司	(0722)3308618	装粪5t、装水2t，水罐与粪罐独立分仓，具备吸粪车和洒水车双重功能
吸粪洒水两用车	东风平头多利卡	125000	随州双龙专用汽车有限公司	(0722)3242369	上户吨位2.98t，容积5m^3，朝阳120马力柴油机
吸粪洒水两用车	东风平头小霸王	95000	随州双龙专用汽车有限公司	(0722)3242369	上户吨位1.5t，容积3m^3，云内、朝阳95马力柴油机
吸粪洒水货运三用车	东风小霸王	84000	湖北大力专用汽车制造有限公司	(0722)7609688	容积3～4m^3，一车三用，同时具有洒水、吸粪、拉货三种功能
吸粪洒水货运三用车	东风小霸王	109000	湖北成龙威专用汽车有限公司	(0722)3308899	容积3～4m^3，一车三用，同时具有洒水、吸粪、拉货三种功能
吸粪洒水货运三用车	东风小霸王	107000	湖北天威专用汽车有限公司	(0722)3308885	容积3～4m^3，一车三用
吸粪洒水货运三用车	东风小霸王	88000	随州市晨阳专用汽车销售有限公司	(0722)3801178	上户吨位3～4t，一车三用，同时具有洒水、吸粪、拉货三种功能
吸粪洒水货运三用车	小霸王	98000	随州双龙专用汽车有限公司	(0722)3242369	容积2m^3，一车三用，同时具有洒水、吸粪、拉货三种功能
吸污车	东风140	173000	随州市双诚专用汽车销售有限公司	(0722)3805158	容积4.41 m^3，底盘型号EQ1102FLJ5，车长4.05m，玉柴发动机，型号YC4F140－30，140马力，排放标准欧Ⅲ
吸污车	东风145	245000	随州市双诚专用汽车销售有限公司	(0722)3805158	容积4.72 m^3，底盘型号EQ1108KJ，车长4.8m，康明斯发动机，型号ISDE160－30，160马力，排放标准欧Ⅲ
吸污车	东风145	241000	随州市双诚专用汽车销售有限公司	(0722)3805158	容积5.25 m^3，底盘型号EQ1110GLJ，车长4.8m，康明斯发动机，型号ISDE160－30，160马力，排放标准欧Ⅲ
吸污车	东风153	245000	随州双龙专用汽车有限公司	(0722)3242369	上户吨位6t，容积8m^3，康明斯180马力柴油机
吸污车	东风153	277000	随州市双诚专用汽车销售有限公司	(0722)3805158	容积8.9 m^3，底盘型号EQ1141KJ，车长5.3m，康明斯发动机，型号ISDE180－30，180马力，排放标准欧Ⅲ
吸污车	东风153	277000	随州市双诚专用汽车销售有限公司	(0722)3805158	容积10.42 m^3，底盘型号EQ1168KJ，车长5.3m，康明斯发动机，型号ISDE180－30，180马力，排放标准欧Ⅲ

产品名称	型号规格	参考价格(元)	生产厂家	电话	主要参数及备注
吸污车	东风 EQ140	154000	湖北大力专用汽车制造有限公司	(0722)7609688	上户吨位7~8t,长头,汽油机,多功能
吸污车	东风 EQ140	164000	湖北大力专用汽车制造有限公司	(0722)7609688	上户吨位7~8t,长头,玉林柴油机,多功能
吸污车	东风 EQ140	203000	湖北天威专用汽车有限公司	(0722)3308885	上户吨位7~8t,长头,汽油机,多功能
吸污车	东风 EQ140	205000	湖北成龙威专用汽车有限公司	(0722)3308899	上户吨位7~8t,长头,汽油机,多功能
吸污车	东风 EQ140	217000	湖北天威专用汽车有限公司	(0722)3308885	上户吨位7~8t,长头,玉林柴油机,多功能
吸污车	东风 EQ140	219000	湖北成龙威专用汽车有限公司	(0722)3308899	上户吨位7~8t,长头,玉林柴油机,多功能
吸污车	东风 EQ145	201000	湖北大力专用汽车制造有限公司	(0722)7609688	上户吨位10~12t,多功能,康明斯加强型160马力,平头带卧
吸污车	东风 EQ145	243000	湖北天威专用汽车有限公司	(0722)3308885	上户吨位10~12t,多功能,康明斯加强型160马力,平头带卧
吸污车	东风 EQ145	245000	湖北成龙威专用汽车有限公司	(0722)3308899	上户吨位10~12t,多功能,康明斯加强型160马力,平头带卧
吸污车	东风 EQ153	247000	湖北大力专用汽车制造有限公司	(0722)7609688	上户吨位13~15t,多功能,康明斯加强型180马力,平头带卧
吸污车	东风 EQ153	286000	湖北天威专用汽车有限公司	(0722)3308885	上户吨位13~15t,多功能,康明斯加强型180马力,平头带卧
吸污车	东风 EQ153	288000	湖北成龙威专用汽车有限公司	(0722)3308899	上户吨位13~15t,多功能,康明斯加强型180马力,平头带卧
吸污车	东风多利卡	134000	湖北大力专用汽车制造有限公司	(0722)7609688	上户吨位5~6t,多功能,平头,朝阳柴油机
吸污车	东风多利卡	164000	湖北天威专用汽车有限公司	(0722)3308885	上户吨位5~6t,多功能,平头,朝阳柴油机
吸污车	东风多利卡	166000	湖北成龙威专用汽车有限公司	(0722)3308899	上户吨位5~6t,多功能,平头,朝阳柴油机
吸污车	东风多利卡	149000	湖北东正专用汽车有限公司	(0722)3233567	上户吨位3t,容积4m³,朝柴120马力柴油机,康明斯140马力柴油机加2.5万元
吸污车	东风多利卡	149000	湖北程力专用汽车有限公司	(0722)7020979	上户吨位3t,容积4m³,朝柴120马力柴油机,康明斯140马力柴油机加2.5万元
吸污车	东风多利卡	149000	随州市天龙专用汽车有限公司	(0722)3330008	上户吨位3t,容积4m³,朝柴120马力柴油机,康明斯140马力柴油机加2.5万元
吸污车	东风多利卡	149000	随州市圣丰专用汽车有限公司	(0722)7095688	上户吨位3t,容积4m³,朝柴120马力柴油机,康明斯140马力柴油机加2.5万元
吸污车	东风多利卡	173000	湖北合力专用汽车制造有限公司	(0722)3989579	上户吨位3t,容积4m³,朝柴120马力柴油机,康明斯140马力柴油机加2.5万元
吸污车	东风多利卡	173000	随州东正(惠通)专用汽车有限公司	(0722)3330357	上户吨位3t,容积4m³,朝柴120马力柴油机,康明斯140马力柴油机加2.5万元
吸污车	东风多利卡	119000	湖北东正专用汽车有限公司	(0722)3233567	上户吨位3t,容积4.4m³,朝柴120马力柴油机,排放标准欧Ⅱ
吸污车	东风多利卡	119000	湖北程力专用汽车有限公司	(0722)7020979	上户吨位3t,容积4.4m³,朝柴120马力柴油机,排放标准欧Ⅱ
吸污车	东风多利卡	119000	随州市圣丰专用汽车有限公司	(0722)7095688	上户吨位3t,容积4.4m³,朝柴120马力柴油机,排放标准欧Ⅱ
吸污车	东风多利卡	136000	湖北合力专用汽车制造有限公司	(0722)3989579	上户吨位3t,容积4.4m³,朝柴120马力柴油机

产品名称	型号规格	参考价格（元）	生产厂家	电话	主要参数及备注
吸污车	东风多利卡	136000	随州东正（惠通）专用汽车有限公司	（0722）3330357	上户吨位 3t，容积 4.4 m^3，朝柴 120 马力柴油机，排放标准欧Ⅱ
吸污车	东风多利卡	136000	随州市天龙专用汽车有限公司	（0722）3330008	上户吨位 3t，容积 4.4 m^3，朝柴 120 马力柴油机，排放标准欧Ⅱ
吸污车	东风尖头	148000	随州双龙专用汽车有限公司	（0722）3242369	上户吨位3.6t，容积 5～6m^3，135 马力汽油发动机，排放标准欧Ⅲ
吸污车	东风尖头	155000	随州双龙专用汽车有限公司	（0722）3242369	上户吨位4.2t，容积 5～6m^3，玉林 143 马力柴油发动机
吸污车	东风尖头 140	139000	湖北东正专用汽车有限公司	（0722）3233567	上户吨位 4t，容积 7m^3，135 马力汽油发动机，玉柴 143 马力柴油机加 0.5 万元，排放标准欧Ⅱ
吸污车	东风尖头 140	139000	湖北程力专用汽车有限公司	（0722）7020979	上户吨位 4t，容积 7m^3，135 马力汽油发动机，玉柴 143 马力柴油机加 0.5 万元，排放标准欧Ⅱ
吸污车	东风尖头 140	139000	随州市圣丰专用汽车有限公司	（0722）7095688	上户吨位 4t，容积 7m^3，135 马力汽油发动机，玉柴 143 马力柴油机加 0.5 万元，排放标准欧Ⅱ
吸污车	东风尖头 140	148000	湖北合力专用汽车制造有限公司	（0722）3989579	上户吨位 4t，容积 7m^3，135 马力汽油发动机，玉柴 143 马力柴油机加 0.5 万元
吸污车	东风尖头 140	148000	随州东正（惠通）专用汽车有限公司	（0722）3330357	上户吨位 4t，容积 7m^3，135 马力汽油发动机，排放标准欧Ⅱ元
吸污车	东风尖头 140	148000	随州市天龙专用汽车有限公司	（0722）3330008	上户吨位 4t，容积 7m^3，135 马力汽油发动机，玉柴 143 马力柴油机加 0.5 万元，排放标准欧Ⅱ
吸污车	东风尖头 140	153000	随州东正（惠通）专用汽车有限公司	（0722）3330357	上户吨位 4t，容积 7m^3，玉柴 143 马力柴油机，排放标准欧Ⅱ
吸污车	东风尖头 140	148000	湖北合力专用汽车制造有限公司	（0722）3989579	上户吨位4.2t，容积 5m^3，135 马力汽油发动机，玉柴 140 马力柴油机加 2.5 万元
吸污车	东风尖头 140	148000	随州东正（惠通）专用汽车有限公司	（0722）3330357	上户吨位4.2t，容积 5m^3，135 马力汽油发动机，玉柴 140 马力柴油机加 2.5 万元
吸污车	东风尖头 140	156000	湖北东正专用汽车有限公司	（0722）3233567	上户吨位4.2t，容积 5m^3，135 马力汽油发动机，玉柴 140 马力柴油机加 2.5 万元
吸污车	东风尖头 140	156000	湖北程力专用汽车有限公司	（0722）7020979	上户吨位4.2t，容积 5m^3，135 马力汽油发动机，玉柴 140 马力柴油机加 2.5 万元
吸污车	东风尖头 140	156000	随州市天龙专用汽车有限公司	（0722）3330008	上户吨位4.2t，容积 5m^3，135 马力汽油发动机，玉柴 140 马力柴油机加 2.5 万元
吸污车	东风尖头 140	156000	随州市圣丰专用汽车有限公司	（0722）7095688	上户吨位4.2t，容积 5m^3，135 马力汽油发动机，玉柴 140 马力柴油机加 2.5 万元
吸污车	东风平头 145	179000	湖北东正专用汽车有限公司	（0722）3233567	上户吨位 5t，容积 6m^3，玉柴 160 马力柴油机，康明斯 160 马力柴油机加 2.3 万元，康明斯 180 马力柴油机加 3.5 万元
吸污车	东风平头 145	179000	湖北程力专用汽车有限公司	（0722）7020979	上户吨位 5t，容积 6m^3，玉柴 160 马力柴油机，康明斯 160 马力柴油机加 2.3 万元，康明斯 180 马力柴油机加 3.5 万元
吸污车	东风平头 145	179000	随州市天龙专用汽车有限公司	（0722）3330008	上户吨位 5t，容积 6m^3，玉柴 160 马力柴油机，康明斯 160 马力柴油机加 2.3 万元，康明斯 180 马力柴油机加 3.5 万元

产品名称	型号规格	参考价格（元）	生产厂家	电话	主要参数及备注
吸污车	东风平头 145	179000	随州市圣丰专用汽车有限公司	(0722)7095688	上户吨位 5t,容积 $6m^3$,玉柴 160 马力柴油机,康明斯 160 马力柴油机加 2.3 万元,康明斯 180 马力柴油机加 3.5 万元
吸污车	东风平头 145	232000	湖北合力专用汽车制造有限公司	(0722)3989579	上户吨位 5t,容积 $6m^3$,玉柴 160 马力柴油机,康明斯 160 马力柴油机加0.8万元,康明斯 180 马力柴油机加 1.5 万元
吸污车	东风平头 145	232000	随州东正(惠通)专用汽车有限公司	(0722)3330357	上户吨位 5t,容积 $6m^3$,玉柴 160 马力柴油机,康明斯 160 马力柴油机加0.8万元,康明斯 180 马力柴油机加 1.5 万元
吸污车	东风平头 145	205000	随州双龙专用汽车有限公司	(0722)3242369	上户吨位 5t,容积 6～$7m^3$,康明斯 160 马力柴油机元
吸污车	东风平头 145	186000	湖北东正专用汽车有限公司	(0722)3233567	上户吨位 5t,容积 $7.7m^3$,玉柴 160 马力、康明斯 160 马力柴油机,排放标准欧Ⅱ
吸污车	东风平头 145	186000	湖北程力专用汽车有限公司	(0722)7020979	上户吨位 5t,容积 $7.7m^3$,玉柴 160 马力、康明斯 160 马力柴油机,排放标准欧Ⅱ
吸污车	东风平头 145	186000	随州市圣丰专用汽车有限公司	(0722)7095688	上户吨位 5t,容积 $7.7m^3$,玉柴 160 马力、康明斯 160 马力柴油机,排放标准欧Ⅱ
吸污车	东风平头 145	208000	湖北合力专用汽车制造有限公司	(0722)3989579	上户吨位 5t,容积 $7.7m^3$,康明斯 160 马力柴油机
吸污车	东风平头 145	208000	随州东正(惠通)专用汽车有限公司	(0722)3330357	上户吨位 5t,容积 $7.7m^3$,康明斯 160 马力柴油机,排放标准欧Ⅱ
吸污车	东风平头 145	208000	随州市天龙专用汽车有限公司	(0722)3330008	上户吨位 5t,容积 $7.7m^3$,玉柴 160 马力、康明斯 160 马力柴油机,排放标准欧Ⅱ
吸污车	东风平头 153	198000	湖北东正专用汽车有限公司	(0722)3233567	上户吨位 6t,容积 $8m^3$,康明斯 180 马力柴油机,排放标准欧Ⅱ
吸污车	东风平头 153	198000	湖北程力专用汽车有限公司	(0722)7020979	上户吨位 6t,容积 $8m^3$,康明斯 180 马力柴油机,排放标准欧Ⅱ
吸污车	东风平头 153	198000	随州市圣丰专用汽车有限公司	(0722)7095688	上户吨位 6t,容积 $8m^3$,康明斯 180 马力柴油机,排放标准欧Ⅱ
吸污车	东风平头 153	206000	湖北合力专用汽车制造有限公司	(0722)3989579	上户吨位 6t,容积 $8m^3$,康明斯 180 马力柴油机
吸污车	东风平头 153	206000	随州东正(惠通)专用汽车有限公司	(0722)3330357	上户吨位 6t,容积 $8m^3$,康明斯 180 马力柴油机,排放标准欧Ⅱ
吸污车	东风平头 153	206000	随州市天龙专用汽车有限公司	(0722)3330008	上户吨位 6t,容积 $8m^3$,康明斯 180 马力柴油机,排放标准欧Ⅱ
吸污车	东风平头 153	226000	湖北东正专用汽车有限公司	(0722)3233567	上户吨位 7t,容积 $8m^3$,玉柴 180 马力柴油机,康明斯 180 马力柴油机加 1 万元
吸污车	东风平头 153	226000	湖北程力专用汽车有限公司	(0722)7020979	上户吨位 7t,容积 $8m^3$,玉柴 180 马力柴油机,康明斯 180 马力柴油机加 1 万元
吸污车	东风平头 153	226000	随州市天龙专用汽车有限公司	(0722)3330008	上户吨位 7t,容积 $8m^3$,玉柴 180 马力柴油机,康明斯 180 马力柴油机加 1 万元
吸污车	东风平头 153	268000	湖北合力专用汽车制造有限公司	(0722)3989579	上户吨位 7t,容积 $8m^3$,玉柴 180 马力柴油机,康明斯 180 马力柴油机加 1 万元
吸污车	东风平头 153	268000	随州东正(惠通)专用汽车有限公司	(0722)3330357	上户吨位 7t,容积 $8m^3$,玉柴 180 马力柴油机,康明斯 180 马力柴油机加 1 万元

产品名称	型号规格	参考价格(元)	生产厂家	电话	主要参数及备注
吸污车	东风平头153	226000	随州市圣丰专用汽车有限公司	(0722)7095688	上户吨位7t,容积8m³,玉柴180马力柴油机,康明斯180马力柴油机加1万元
吸污车	东风平头多利卡	136000	随州双龙专用汽车有限公司	(0722)3242369	上户吨位3t,容积4.4m³,朝阳120马力柴油机
吸污车	东风平头金霸	139000	随州双龙专用汽车有限公司	(0722)3242369	上户吨位2t,容积3.5m³,玉林90马力柴油机,排放标准欧Ⅲ
吸污车	东风平头小霸王	105000	随州双龙专用汽车有限公司	(0722)3242369	上户吨位1.5t,容积3m³,云内95马力柴油机
吸污车	东风双桥	315000	随州双龙专用汽车有限公司	(0722)3242369	上户吨位9.6t,容积14m³,康明斯210马力柴油机
吸污车	东风小霸王	98000	湖北东正专用汽车有限公司	(0722)3233567	上户吨位1.5t,容积3m³,云内95马力柴油机,排放标准欧Ⅱ
吸污车	东风小霸王	98000	湖北程力专用汽车有限公司	(0722)7020979	上户吨位1.5t,容积3m³,云内95马力柴油机,排放标准欧Ⅱ
吸污车	东风小霸王	98000	随州市圣丰专用汽车有限公司	(0722)7095688	上户吨位1.5t,容积3m³,云内95马力柴油机,排放标准欧Ⅱ
吸污车	东风小霸王	106000	湖北合力专用汽车制造有限公司	(0722)3989579	上户吨位1.5t,容积3m³,云内95马力柴油机
吸污车	东风小霸王	106000	随州东正(惠通)专用汽车有限公司	(0722)3330357	上户吨位1.5t,容积3m³,云内95马力柴油机,排放标准欧Ⅱ
吸污车	东风小霸王	106000	随州市天龙专用汽车有限公司	(0722)3330008	上户吨位1.5t,容积3m³,云内95马力柴油机,排放标准欧Ⅱ
吸污车	东风小霸王	111000	湖北大力专用汽车制造有限公司	(0722)7609688	上户吨位3~4.5t,多功能,平头,云内柴油机
吸污车	东风小霸王	146000	湖北天威专用汽车有限公司	(0722)3308885	上户吨位3~4.5t,多功能,平头,云内柴油机
吸污车	东风小霸王	148000	湖北成龙威专用汽车有限公司	(0722)3308899	上户吨位3~4.5t,多功能,平头,云内柴油机
吸污车	东风小霸王	117000	湖北大力专用汽车制造有限公司	(0722)7609688	上户吨位4.5~5t,多功能,平头,朝柴柴油机,加强型
吸污车	东风小霸王	150000	湖北天威专用汽车有限公司	(0722)3308885	上户吨位4.5~5t,多功能,平头,云内、朝柴柴油机,加强型
吸污车	东风小霸王	152000	湖北成龙威专用汽车有限公司	(0722)3308899	上户吨位4.5~5t,多功能,平头,云内、朝柴柴油机,加强型
吸污车	东风小金霸	123000	湖北东正专用汽车有限公司	(0722)3233567	上户吨位1.98t,容积3m³,玉柴发动机90马力柴油机
吸污车	东风小金霸	123000	湖北程力专用汽车有限公司	(0722)7020979	上户吨位1.98t,容积3m³,玉柴发动机90马力柴油机
吸污车	东风小金霸	123000	随州市天龙专用汽车有限公司	(0722)3330008	上户吨位1.98t,容积3m³,玉柴发动机90马力柴油机
吸污车	东风小金霸	123000	随州市圣丰专用汽车有限公司	(0722)7095688	上户吨位1.98t,容积3m³,玉柴发动机90马力柴油机
吸污车	东风小金霸	128000	湖北合力专用汽车制造有限公司	(0722)3989579	上户吨位1.98t,容积3m³,玉柴发动机90马力柴油机
吸污车	东风小金霸	138000	随州东正(惠通)专用汽车有限公司	(0722)3330357	上户吨位1.98t,容积3m³,玉柴发动机90马力柴油机
吸污车	东风窄金霸	145000	随州市双诚专用汽车销售有限公司	(0722)3805158	容积1.5m³,底盘型号EQ1040TJ20D3,车长4.17m,玉柴发动机,型号YC4F90-30,90马力,排放标准欧Ⅲ
吸污车	东风窄金霸	145000	随州市双诚专用汽车销售有限公司	(0722)3805158	容积2.5m³,底盘型号EQ1060TJ20D3,车长4.17m,玉柴发动机,型号YC4F90-30,90马力,排放标准欧Ⅲ

产品名称	型号规格	参考价格(元)	生产厂家	电话	主要参数及备注
吸污车	东风窄金霸	154000	随州市双诚专用汽车销售有限公司	(0722) 3805158	容积 3.67 m^3，底盘型号 EQ1070T35DJ3AC，车长4.17m，玉柴发动机，型号 YC4F115－30，115 马力，排放标准欧Ⅲ
吸污车	东风 140	159000	湖北江南专用特种汽车有限公司	(0722) 3328333	额定载质量 4200kg，容积 4～6m^3，东风尖头 1，900 轮胎，厢长 4.05m，玉柴 YC4E140－30 发动机，排放标准欧Ⅲ
吸污车	东风 1092	145000	湖北华胜特种汽车制造有限公司	(0722) 3315993	上户吨位 4000kg，容量 6m^3，广西玉柴 YC140－20 发动机，143 马力
吸污车	东风 1108	205000	湖北华胜特种汽车制造有限公司	(0722) 3315993	上户吨位 4000kg，容量 6m^3，东风康明斯 EQB160－20 发动机，160 马力
吸污车	东风平头多利卡	129000	湖北华胜特种汽车制造有限公司	(0722) 3315993	上户吨位 2980kg，容量 5m^3，朝阳柴油机 CY4100ZLQ，95 马力
吸污车	东风小霸王	99000	湖北华胜特种汽车制造有限公司	(0722) 3315993	上户吨位 2000kg，容量2.5m^3，云内柴油机 4100QBZL，95 马力
真空吸粪车	东风 140	159000	随州市烈山专用汽车有限公司	(0722) 3818156	容积 6～7m^3，汽油发动机，功率 99kW
真空吸粪车	东风 140	126000	湖北俊龙专用汽车有限公司	(0722) 3309005	上户吨位 6～7t，尖头，东风环保电喷汽油机，135 马力
真空吸粪车	东风 140	126000	随州市东风专用汽车销售中心	(0722) 3817209	上户吨位 6～7t，尖头，东风环保电喷汽油机，135 马力
真空吸粪车	东风 140	132000	湖北俊龙专用汽车有限公司	(0722) 3309005	上户吨位 6～7t，尖头，广西玉林环保增压柴油机，145 马力
真空吸粪车	东风 140	132000	随州市东风专用汽车销售中心	(0722) 3817209	上户吨位 6～7t，尖头，广西玉林环保增压柴油机，145 马力
真空吸粪车	东风 145	166000	随州市东风专用汽车销售中心	(0722) 3817209	上户吨位 6～8t，平头带卧，康明斯环保增压六缸中冷柴油机，160 马力
真空吸粪车	东风 145	166000	湖北俊龙专用汽车有限公司	(0722) 3309005	上户吨位 6～8t，平头带卧，康明斯环保增压六缸中冷柴油机，160 马力
真空吸粪车	东风 153	196000	随州市东风专用汽车销售中心	(0722) 3817209	上户吨位 8～10t，平头带卧，康明斯环保增压六缸中冷柴油机，180 马力
真空吸粪车	东风 153	196000	湖北俊龙专用汽车有限公司	(0722) 3309005	上户吨位 8～10t，平头带卧，康明斯环保增压六缸中冷柴油机，180 马力
真空吸粪车	东风 EQ140	126000	随州市东风专用汽车有限公司	(0722) 3308618	上户吨位 6～7t，尖头，东风环保电喷汽油机，135 马力
真空吸粪车	东风 EQ140	132000	随州市东风专用汽车有限公司	(0722) 3308618	上户吨位 6～7t，尖头，广西玉林环保增压柴油机，145 马力
真空吸粪车	东风 EQ145	166000	随州市东风专用汽车有限公司	(0722) 3308618	容积 6～8t，平头带卧，康明斯环保增压六缸中冷柴油机，160 马力
真空吸粪车	东风 EQ153	196000	随州市东风专用汽车有限公司	(0722) 3308618	上户吨位 8～10t，平头带卧，康明斯环保增压六缸中冷柴油机，180 马力
真空吸粪车	东风多利卡	139000	随州市烈山专用汽车有限公司	(0722) 3818156	容积 5～6m^3，朝柴发动机，功率 88kW
真空吸粪车	东风多利卡	113000	随州市东风专用汽车有限公司	(0722) 3308618	上户吨位 4～5t，平头，朝阳四缸环保增压柴油机，120 马力
真空吸粪车	东风多利卡	113000	随州市东风专用汽车销售中心	(0722) 3817209	上户吨位 4～5t，平头，朝阳四缸环保增压柴油机，120 马力
真空吸粪车	东风多利卡	113000	湖北俊龙专用汽车有限公司	(0722) 3309005	上户吨位 4～5t，平头，朝阳四缸环保增压柴油机，120 马力

产品名称	型号规格	参考价格（元）	生产厂家	电话	主要参数及备注
真空吸粪车	东风尖头	158000	随州市烈山专用汽车有限公司	（0722）3818156	容积6～7m^3，玉柴发动机，功率105kW
真空吸粪车	东风劲诺	196000	随州市烈山专用汽车有限公司	（0722）3818156	容积 8m^3，玉柴发动机，功率88kW
真空吸粪车	东风小霸王	93000	随州市东风专用汽车有限公司	（0722）3308618	容积3～3.5t，平头，云内、朝阳柴油机，加强型、宽大梁，大后桥
真空吸粪车	东风小霸王	88000	随州市东风专用汽车有限公司	（0722）3308618	上户吨位2～3t，平头，云内柴油机
真空吸粪车	东风小霸王	88000	随州市东风专用汽车销售中心	（0722）3817209	上户吨位2～3t，平头，云内柴油机
真空吸粪车	东风小霸王	88000	湖北俊龙专用汽车有限公司	（0722）3309005	上户吨位2～3t，平头，云内柴油机
真空吸粪车	东风小霸王	93000	随州市东风专用汽车销售中心	（0722）3817209	上户吨位3～3.5t，平头，云内、朝阳柴油机，加强型
真空吸粪车	东风小霸王	93000	湖北俊龙专用汽车有限公司	（0722）3309005	上户吨位3～3.5t，平头，云内、朝阳柴油机，加强型，宽大梁，大后桥
真空吸粪车	福田时代	89000	随州市烈山专用汽车有限公司	（0722）3818156	容积3～4m^3，全柴发动机，功率67kW
真空吸粪车	江铃顺达	135000	随州市烈山专用汽车有限公司	（0722）3818156	容积2～4m^3，江铃发动机，功率75kW
真空吸粪车	解放	135000	随州市东风专用汽车销售中心	（0722）3817209	上户吨位6～7t，长头，大连、无锡环保增压柴油机
真空吸粪车	解放	135000	湖北俊龙专用汽车有限公司	（0722）3309005	上户吨位6～7t，长头，大连、无锡环保增压柴油机
真空吸粪车	解放长头	135000	随州市东风专用汽车有限公司	（0722）3308618	容积6～7t，长头，大连、无锡环保增压柴油机
真空吸粪车	东风140汽油	112000	湖北元通专用汽车有限公司	（0722）3332112	容积6～7m^3，尖头，东风环保电喷汽油机，140马力
真空吸粪车	东风140柴油	114000	湖北元通专用汽车有限公司	（0722）3332112	容积6～7m^3，尖头，广西玉林环保增压柴油机，140马力
真空吸粪车	东风145	146000	湖北元通专用汽车有限公司	（0722）3332112	容积7～10m^3，平头带卧，康明斯170马力EGR发动机
真空吸粪车	东风153	159000	湖北元通专用汽车有限公司	（0722）3332112	容积8～11m^3，平头带卧，康明斯190马力EGR发动机
真空吸粪车	东风多利卡	109000	湖北元通专用汽车有限公司	（0722）3332112	容积6～7m^3，平头，朝阳四缸环保增压柴油机，120马力
真空吸粪车	东风金霸	99000	湖北元通专用汽车有限公司	（0722）3332112	容积3～4m^3，平头，玉柴柴油机90马力
真空吸粪车	东风双桥	239000	湖北元通专用汽车有限公司	（0722）3332112	容积12～16m^3，平头带卧，康明斯210马力EGR发动机，双联泵
真空吸粪车	东风天锦	169000	湖北元通专用汽车有限公司	（0722）3332112	容积7～8m^3，东风天锦高端底盘，EQH180－33高压共轨电喷180马力发动机
真空吸粪车	东风天龙双桥	299000	湖北元通专用汽车有限公司	（0722）3332112	容积12～16m^3，东风天龙平头带卧，康明斯245马力EGR发动机，双联泵
真空吸粪车	东风小霸王（福瑞卡）	72000	湖北元通专用汽车有限公司	（0722）3332112	容积3～4m^3，平头，江苏四达95马力发动机
真空吸粪车	东风小霸王（福瑞卡）	78000	湖北元通专用汽车有限公司	（0722）3332112	容积3～4m^3，平头，朝阳95马力柴油机，加强型，宽大梁，大后桥
真空吸污车	东风140	158000	随州市烈山专用汽车有限公司	（0722）3818156	容积5～7m^3，汽油发动机，功率99kW
真空吸污车	东风140	156000	随州市东风专用汽车销售中心	（0722）3817209	上户吨位5～6t，尖头，东风环保电喷汽油机，135马力
真空吸污车	东风140	162000	随州市东风专用汽车销售中心	（0722）3817209	上户吨位5～6t，尖头，广西玉林环保增压柴油机，145马力

产品名称	型号规格	参考价格（元）	生产厂家	电话	主要参数及备注
真空吸污车	东风 140 柴油	159000	湖北江南东风专用特种汽车改装厂	(0722) 3588620	额定载质量 4200kg，容积 4 ~ $6m^3$，尖头，900 轮胎，厢长4.05m，玉柴 YC4E140 - 30 发动机，排放标准欧Ⅲ
真空吸污车	东风 140 柴油	136000	湖北元通专用汽车有限公司	(0722) 3332112	容积 5 ~ $6m^3$，尖头，动力转向，广西玉林环保增压柴油机，140 马力
真空吸污车	东风 140 柴油	162000	随州市东风专用汽车有限公司	(0722) 3308618	上户吨位 5 ~ 6t，尖头，广西玉林环保增压柴油机，145 马力
真空吸污车	东风 140 柴油	162000	湖北俊龙专用汽车有限公司	(0722) 3309005	上户吨位 5 ~ 6t，尖头，广西玉林环保增压柴油机，145 马力
真空吸污车	东风 140 汽油	132000	湖北元通专用汽车有限公司	(0722) 3332112	容积 5 ~ $6m^3$，尖头，东风环保电喷汽油机，135 马力
真空吸污车	东风 140 汽油	156000	随州市东风专用汽车有限公司	(0722) 3308618	上户吨位 5 ~ 6t，尖头，东风环保电喷汽油机，135 马力
真空吸污车	东风 140 汽油	156000	湖北俊龙专用汽车有限公司	(0722) 3309005	上户吨位 5 ~ 6t，尖头，东风环保电喷汽油机，135 马力
真空吸污车	东风 145	205000	湖北江南东风专用特种汽车改装厂	(0722) 3588620	平头单桥，带卧，动力转向，6 速变速器，900 轮胎，上户吨位 5t，玉柴 YC4E160 - 30 发动机，厢长4.8m，罐体容积 ≤ $7m^3$
真空吸污车	东风 145	168000	湖北元通专用汽车有限公司	(0722) 3332112	容积 6 ~ $8m^3$，平头带卧，康明斯 170 马力
真空吸污车	东风 145	208000	随州市东风专用汽车有限公司	(0722) 3308618	上户吨位 6 ~ 8t，平头带卧，康明斯环保增压六缸中冷柴油机，160 马力
真空吸污车	东风 145	208000	随州市东风专用汽车销售中心	(0722) 3817209	上户吨位 6 ~ 8t，平头带卧，康明斯环保增压六缸中冷柴油机，160 马力
真空吸污车	东风 145	208000	湖北俊龙专用汽车有限公司	(0722) 3309005	上户吨位 6 ~ 8t，平头带卧，康明斯环保增压六缸中冷柴油机，160 马力
真空吸污车	东风 153	222000	湖北江南东风专用特种汽车改装厂	(0722) 3588620	额定载质量 4500kg，容积 6 ~ $8m^3$，平头带卧，康明斯 180 马力，1000 轮胎，厢长 5.3m
真空吸污车	东风 153	179000	湖北元通专用汽车有限公司	(0722) 3332112	容积 10 ~ $12m^3$，平头带卧，康明斯环保增压六缸中冷柴油机，190 马力
真空吸污车	东风 153	235000	随州市东风专用汽车有限公司	(0722) 3308618	上户吨位 8 ~ 10t，平头带卧，康明斯环保增压六缸中冷柴油机，180 马力
真空吸污车	东风 153	235000	随州市东风专用汽车销售中心	(0722) 3817209	上户吨位 8 ~ 10t，平头带卧，康明斯环保增压六缸中冷柴油机，180 马力
真空吸污车	东风 153	235000	湖北俊龙专用汽车有限公司	(0722) 3309005	上户吨位 8 ~ 10t，平头带卧，康明斯环保增压六缸中冷柴油机，180 马力
真空吸污车	东风 3208	332000	随州市东风专用汽车有限公司	(0722) 3308618	容积 12 ~ 14t，平头带卧，康明斯环保增压六缸中冷柴油机，后双桥驱动
真空吸污车	东风 3208	332000	随州市东风专用汽车销售中心	(0722) 3817209	上户吨位 12 ~ 14t，平头带卧，康明斯环保增压六缸中冷柴油机，后双桥驱动
真空吸污车	东风 3208	332000	湖北俊龙专用汽车有限公司	(0722) 3309005	上户吨位 12 ~ 14t，平头带卧，康明斯环保增压六缸中冷柴油机，后双桥驱动
真空吸污车	东风多利卡	148000	湖北江南东风专用特种汽车改装厂	(0722) 3588620	额定载质量 4700kg，容积 4 ~ $6m^3$，新型驾驶室，朝柴 CY4102 - C3C 发动机，6 速变速器

产品名称	型号规格	参考价格(元)	生产厂家	电话	主要参数及备注
真空吸污车	东风多利卡	153000	随州市烈山专用汽车有限公司	(0722)3818156	容积5~6m^3,朝柴发动机,功率88kW
真空吸污车	东风多利卡	136000	湖北元通专用汽车有限公司	(0722)3332112	容积6m^3,平头,动力转向,朝阳四缸环保增压柴油机,120马力
真空吸污车	东风多利卡	138000	随州市东风专用汽车有限公司	(0722)3308618	上户吨位4~4.5t,平头,朝阳四缸环保增压柴油机,120马力
真空吸污车	东风多利卡	138000	随州市东风专用汽车销售中心	(0722)3817209	上户吨位4~4.5t,平头,朝阳四缸环保增压柴油机,120马力
真空吸污车	东风多利卡	138000	湖北俊龙专用汽车有限公司	(0722)3309005	上户吨位4~4.5t,平头,朝阳四缸环保增压柴油机,120马力
真空吸污车	东风福瑞卡	126000	随州市烈山专用汽车有限公司	(0722)3818156	容积3~4m^3,四达发动机,功率70kW、朝柴发动机,功率70kW
真空吸污车	东风后双桥	306000	湖北江南东风专用特种汽车改装厂	(0722)3588620	额定载质量9670kg,容积8~14m^3,平头带卧,康明斯210马力,后双桥
真空吸污车	东风尖头	157000	随州市烈山专用汽车有限公司	(0722)3818156	容积5~7m^3,玉柴发动机,功率105kW
真空吸污车	东风金霸	145000	湖北江南东风专用特种汽车改装厂	(0722)3588620	额定载质量3500kg,容积2~3m^3,平头单排,气制动,助力方向,700轮胎,玉柴发动机,排放标准欧Ⅲ
真空吸污车	东风天龙	336000	湖北元通专用汽车有限公司	(0722)3332112	容积14m^3,平头带卧,康明斯环保增压六缸中冷柴油机,245马力,后双桥驱动
真空吸污车	东风小霸王	102000	湖北江南东风专用特种汽车改装厂	(0722)3588620	额定载质量1980kg,容积2~3m^3,平头单排驾驶室,玉柴发动机,6.50-16轮胎,排放标准欧Ⅲ
真空吸污车	东风小霸王	108000	随州市东风专用汽车有限公司	(0722)3308618	上户吨位2~3t,平头,云内柴油机
真空吸污车	东风小霸王	108000	随州市东风专用汽车销售中心	(0722)3817209	上户吨位2~3t,平头,云内柴油机
真空吸污车	东风小霸王	108000	湖北俊龙专用汽车有限公司	(0722)3309005	上户吨位2~3t,平头,云内柴油机
真空吸污车	东风小霸王	112000	随州市东风专用汽车有限公司	(0722)3308618	上户吨位3~3.5t,平头,云内、朝阳柴油机,加强型,宽大梁,大后
真空吸污车	东风小霸王	112000	随州市东风专用汽车销售中心	(0722)3817209	上户吨位3~3.5t,平头,云内、朝阳柴油机,加强型,宽大梁,大后桥
真空吸污车	东风小霸王	112000	湖北俊龙专用汽车有限公司	(0722)3309005	上户吨位3~3.5t,平头,云内、朝阳柴油机,加强型,宽大梁,大后桥
真空吸污车	东风小霸王(福瑞卡)	95000	湖北元通专用汽车有限公司	(0722)3332112	容积3.5~4m^3,平头,江苏四达柴油机,95马力
真空吸污车	东风小霸王(福瑞卡)	99000	湖北元通专用汽车有限公司	(0722)3332112	容积3.5~4m^3,平头、朝阳柴油机(加强型),95马力
真空吸污车	东风小金霸	148000	随州市烈山专用汽车有限公司	(0722)3818156	容积3~4m^3,玉柴发动机,功率66kW
真空吸污车	东风之星	146000	随州市烈山专用汽车有限公司	(0722)3818156	容积4~5m^3,玉柴发动机,功率85kW
真空吸污车	福田奥铃	145000	湖北江南东风专用特种汽车改装厂	(0722)3588620	额定载质量1990kg,容积2~3m^3,新型豪华单排驾驶室,前翻,5速变速器,排气制动,电控熄火,7.00-16轮胎,一汽大柴发动机,排放标准欧Ⅲ
真空吸污车	福田时代	128000	湖北江南东风专用特种汽车改装厂	(0722)3588620	额定载质量1350kg,容积2~3m^3,可翻驾驶室,带天窗,后桥,一汽大连柴油机,120马力,排放标准欧Ⅲ

产品名称	型号规格	参考价格(元)	生产厂家	电话	主要参数及备注
真空吸污车	江铃顺达	183000	随州市烈山专用汽车有限公司	(0722)3818156	容积2~4m^3,江铃发动机,功率75kW
真空吸污车	解放单桥	215000	湖北江南东风专用特种汽车改装厂	(0722)3588620	额定载质量4990kg,容积6~8m^3,平头单桥,带卧,解放大柴、锡柴发动机,180马力,6速变速器
真空吸污车	解放单桥	265000	湖北江南东风专用特种汽车改装厂	(0722)3588620	额定载质量6500kg,容积6~8m^3,平头单桥带卧,解放大柴、锡柴发动机,180马力,6速变速器
真空吸污车	解放轻卡	168000	湖北江南东风专用特种汽车改装厂	(0722)3588620	额定载质量3000kg,容积3~4m^3,平头单桥,带卧,解放大柴、锡柴发动机,140马力
真空吸污车	欧曼单桥	195000	随州市烈山专用汽车有限公司	(0722)3818156	容积8~10m^3,无锡发动机,功率103kW
真空吸污车	东风145	205000	湖北江南专用特种汽车有限公司	(0722)3328333	额定载质量4500kg,容积4~6m^3,平头单桥,带卧,动力转向,6速变速器,900轮胎,玉柴YC6J180-30发动机,厢长4.8m
真空吸污车	东风153	222000	湖北江南专用特种汽车有限公司	(0722)3328333	额定载质量4500kg,容积6~8m^3,平头带卧,康明斯180马力,1000轮胎,厢长5.3m
真空吸污车	东风多利卡	148000	湖北江南专用特种汽车有限公司	(0722)3328333	额定载质量4700kg,容积4~6m^3,新型驾驶室,朝柴CY4102-C3C发动机,6速变速器
真空吸污车	东风后双桥	306000	湖北江南专用特种汽车有限公司	(0722)3328333	额定载质量9670kg,容积8~14m^3,平头带卧,康明斯210马力发动机,后双桥
真空吸污车	东风金霸	145000	湖北江南专用特种汽车有限公司	(0722)3328333	额定载质量3500kg,容积2~3m^3,平头单排,气制动,助力方向,700轮胎,玉柴发动机,排放标准欧Ⅲ
真空吸污车	东风小霸王	102000	湖北江南专用特种汽车有限公司	(0722)3328333	额定载质量1980kg,容积2~3m^3,平头单排驾驶室,朝柴、云内发动机,排放标准欧Ⅱ
真空吸污车	福田奥铃	145000	湖北江南专用特种汽车有限公司	(0722)3328333	额定载质量1990kg,容积2~3m^3,新型豪华单排驾驶室前翻,一汽大柴发动机,120马力,排放标准欧Ⅲ,5速变速器,排气制动,电控熄火,7.00-16轮胎
真空吸污车	福田时代	128000	湖北江南专用特种汽车有限公司	(0722)3328333	额定载质量1350kg,容积2~3m^3,可翻驾驶室,带天窗,五十铃变速器,后桥,一汽大连柴油机,120马力,排放标准欧Ⅲ
真空吸污车	解放单桥	215000	湖北江南专用特种汽车有限公司	(0722)3328333	额定载质量4990kg,容积6~8m^3,平头单桥带卧,解放大柴、锡柴发动机,180马力,6速变速器
真空吸污车	解放单桥	255000	湖北江南专用特种汽车有限公司	(0722)3328333	额定载质量6500kg,容积6~8m^3,平头单桥带卧,解放大柴、锡柴发动机,180马力,6速变速器
真空吸污车	解放轻卡	168000	湖北江南专用特种汽车有限公司	(0722)3328333	额定载质量3000kg,容积3~4m^3,平头单桥带卧,解放大柴、锡柴发动机,140马力
农村沼气池专用吸污车	福田时代	146000	随州市烈山专用汽车有限公司	(0722)3818156	容积2~4m^3,云内发动机,功率76kW
清洗吸污两用车	两用车	368000	湖北江南东风专用特种汽车改装厂	(0722)3588620	额定载质量4000kg,容积(3+3)m^3,平头单桥,带卧,动力转向,6速变速器,900轮胎

5.2.7 洒水车

产品名称	型号规格	参考价格(元)	生产厂家	电话	主要参数及备注
洒水车	北京奥铃平头	125000	随州双龙专用汽车有限公司	(0722)3242369	上户吨位2t,容积5~7m³,大连120马力增压柴油机,排放标准欧Ⅲ
洒水车	北京福田单桥	143000	湖北合力专用汽车制造有限公司	(0722)3989579	上户吨位4.5t,容积4~7m³,扬柴130马力柴油机
洒水车	北京福田单桥	143000	湖北东正专用汽车有限公司	(0722)3233567	上户吨位4.5t,容积4~7m³,扬柴130马力柴油机
洒水车	北京福田单桥	143000	随州东正(惠通)专用汽车有限公司	(0722)3330357	上户吨位4.5t,容积4~7m³,扬柴130马力柴油机
洒水车	北京福田单桥	143000	湖北程力专用汽车有限公司	(0722)7020979	上户吨位4.5t,容积4~7m³,扬柴130马力柴油机
洒水车	北京福田单桥	143000	随州市天龙专用汽车有限公司	(0722)3330008	上户吨位4.5t,容积4~7m³,扬柴130马力柴油机
洒水车	北京福田平头	78000	随州双龙专用汽车有限公司	(0722)3242369	上户吨位1.5t,容积3~6m³,朝柴95马力柴油机
洒水车	北京福田平头	105000	随州双龙专用汽车有限公司	(0722)3242369	上户吨位1.5t,容积3~6m³,大连109马力增压柴油机,排放标准欧Ⅲ
洒水车	北京福田轻卡	71000	湖北东正专用汽车有限公司	(0722)3233567	上户吨位1.5t,容积3~5m³,朝柴95马力柴油机,可翻转驾驶室
洒水车	北京福田轻卡	71000	随州东正(惠通)专用汽车有限公司	(0722)3330357	上户吨位1.5t,容积3~5m³,朝柴95马力柴油机,可翻转驾驶室,排放标准欧Ⅱ
洒水车	北京福田轻卡	71000	湖北程力专用汽车有限公司	(0722)7020979	上户吨位1.5t,容积3~5m³,朝柴95马力柴油机,可翻转驾驶室
洒水车	北京福田轻卡	71000	随州市天龙专用汽车有限公司	(0722)3330008	上户吨位1.5t,容积3~5m³,朝柴95马力柴油机,可翻转驾驶室
洒水车	北京福田双桥	158000	湖北合力专用汽车制造有限公司	(0722)3989579	上户吨位7.5t,容积8~12m³,玉柴140马力柴油机,带动力转向
洒水车	北京福田双桥	158000	湖北东正专用汽车有限公司	(0722)3233567	上户吨位7.5t,容积8~12m³,玉柴140马力柴油机,带动力转向
洒水车	北京福田双桥	158000	随州东正(惠通)专用汽车有限公司	(0722)3330357	上户吨位7.5t,容积8~12m³,玉柴140马力柴油机,带动力转向
洒水车	北京福田双桥	158000	湖北程力专用汽车有限公司	(0722)7020979	上户吨位7.5t,容积8~12m³,玉柴140马力柴油机,带动力转向
洒水车	北京福田双桥	158000	随州市天龙专用汽车有限公司	(0722)3330008	上户吨位7.5t,容积8~12m³,玉柴140马力柴油机,带动力转向
洒水车	北京福田微卡	56000	湖北东正专用汽车有限公司	(0722)3233567	上户吨位1t,容积2~3m³,全柴45马力柴油机
洒水车	北京福田微卡	56000	随州东正(惠通)专用汽车有限公司	(0722)3330357	上户吨位1t,容积2~3m³,全柴45马力柴油机,排放标准欧Ⅱ
洒水车	北京福田微卡	56000	湖北程力专用汽车有限公司	(0722)7020979	上户吨位1t,容积2~3m³,全柴45马力柴油机
洒水车	北京福田微卡	56000	随州市天龙专用汽车有限公司	(0722)3330008	上户吨位1t,容积2~3m³,全柴45马力柴油机
洒水车	北京福田小卡	59000	湖北东正专用汽车有限公司	(0722)3233567	上户吨位1.5t,容积3~4m³,全柴65马力柴油机
洒水车	北京福田小卡	59000	随州东正(惠通)专用汽车有限公司	(0722)3330357	上户吨位1.5t,容积3~4m³,全柴65马力柴油机,排放标准欧Ⅱ
洒水车	北京福田小卡	59000	湖北程力专用汽车有限公司	(0722)7020979	上户吨位1.5t,容积3~4m³,全柴65马力柴油机
洒水车	北京福田小卡	59000	随州市天龙专用汽车有限公司	(0722)3330008	上户吨位1.5t,容积3~4m³,全柴65马力柴油机

产品名称	型号规格	参考价格(元)	生产厂家	电话	主要参数及备注
洒水车	北京福田小卡	98000	湖北合力专用汽车制造有限公司	(0722)3989579	上户吨位1.5t,容积3~5m^3,全柴93马力柴油机,大柴104马力加1万元
洒水车	北京福田小卡	98000	湖北东正专用汽车有限公司	(0722)3233567	上户吨位1.5t,容积3~5m^3,全柴93马力柴油机,大柴104马力加1万元
洒水车	北京福田小卡	98000	随州东正(惠通)专用汽车有限公司	(0722)3330357	上户吨位1.5t,容积3~5m^3,全柴93马力柴油机,大柴104马力加1万元
洒水车	北京福田小卡	98000	湖北程力专用汽车有限公司	(0722)7020979	上户吨位1.5t,容积3~5m^3,全柴93马力柴油机,大柴104马力加1万元
洒水车	北京福田小卡	98000	随州市天龙专用汽车有限公司	(0722)3330008	上户吨位1.5t,容积3~5m^3,全柴93马力柴油机,大柴104马力加1万元
洒水车	楚风平头	171000	湖北成龙威专用汽车有限公司	(0722)3308899	吨位11~12t,多功能,玉林发动机
洒水车	楚风平头	150000	湖北大力专用汽车制造有限公司	(0722)7609688	吨位11~12t,多功能,玉林发动机
洒水车	楚风平头	171000	湖北天威专用汽车有限公司	(0722)3308885	吨位11~12t,多功能,玉林发动机
洒水车	楚风平头	153000	随州市晨阳专用汽车销售有限公司	(0722)3801178	容积11~12m^3,多功能,玉林发动机
洒水车	楚风平头	146000	湖北俊龙专用汽车有限公司	(0722)3309005	容量11~12t,多功能,广西玉林柴油机
洒水车	楚风平头	146000	随州市东风专用汽车有限公司	(0722)3308618	装水11~12t,多功能,广西玉林柴油机
洒水车	楚风平头	146000	随州市东风专用汽车销售中心	(0722)3817209	装水容量11~12t,多功能,广西玉林柴油机
洒水车	东风140	102000	湖北金元专用汽车有限公司	(0722)7078338	上户吨位5t,容积6~8m^3,尖头单排,广西玉柴发动机143马力,轴距3950mm,可选装6缸发动机
洒水车	东风140	125000	随州市烈山专用汽车有限公司	(0722)3818156	上户吨位5t,容积6~8m^3,玉柴发动机,功率105kW
洒水车	东风140	108000	湖北俊龙专用汽车有限公司	(0722)3309005	装水7~8t,多功能,长头,东风公司环保电喷汽油机,140马力
洒水车	东风140	115000	湖北俊龙专用汽车有限公司	(0722)3309005	装水7~8t,多功能,长头,广西玉林环保增压柴油机,140马力
洒水车	东风140/47	112000	湖北金元专用汽车有限公司	(0722)7078338	上户吨位5t,容积8~10m^3,尖头单排,广西玉柴发动机143马力,加长型底盘,轴距4700mm,可选装6缸发动机
洒水车	东风140/47	105000	湖北俊龙专用汽车有限公司	(0722)3309005	上户吨位9~10t,多功能,长头,东风公司环保电喷汽油机,加长加强型,145马力
洒水车	东风140/47	122000	湖北俊龙专用汽车有限公司	(0722)3309005	上户吨位9~10t,多功能,长头,广西玉林环保增压柴油机,加长加强型,145马力
洒水车	东风140/47柴油	99000	湖北元通专用汽车有限公司	(0722)3332112	上户吨位9~10t,多功能,长头,2.8t前桥,8t后桥,250mm大梁,9.00-20轮胎,广西玉林环保增压柴油机,加长加强型,140马力
洒水车	东风140/47汽油	105000	随州市东风专用汽车销售中心	(0722)3817209	上户吨位9~10t,多功能,长头,东风公司环保电喷汽油机,加长加强型,145马力
洒水车	东风140/47柴油	122000	随州市东风专用汽车销售中心	(0722)3817209	上户吨位9~10t,多功能,长头,广西玉林环保增压柴油机,加长加强型,145马力

产品名称	型号规格	参考价格（元）	生产厂家	电话	主要参数及备注
洒水车	东风 140 半挂	279000	随州市东风专用汽车销售中心	（0722）3817209	上户吨位 18～20t，多功能，牵引头为尖头，玉柴发动机
洒水车	东风 140 汽油	108000	随州市东风专用汽车销售中心	（0722）3817209	上户吨位 7～8t，多功能，长头，东风公司环保电喷汽油机，134 马力
洒水车	东风 140 柴油	115000	随州市东风专用汽车销售中心	（0722）3817209	上户吨位 7～8t，多功能，长头，广西玉林环保增压柴油机，145 马力
洒水车	东风 140 柴油	96000	湖北元通专用汽车有限公司	（0722）3332112	上户吨位 7～9t，多功能，长头，2.8t 前桥，8t 后桥，250mm 大梁，9.00－20 轮胎，广西玉林环保增压柴油机，140 马力
洒水车	东风 145	128000	随州双龙专用汽车有限公司	（0722）3242369	上户吨位4.5t，容积 8～10m^3，玉林 143 马力柴油机，康明斯 160 马力柴油机加 30000 元
洒水车	东风 145	158000	湖北东正专用汽车有限公司	（0722）3233567	上户吨位4.5t，容积 8～10m^3，玉柴 140 马力柴油机
洒水车	东风 145	158000	随州东正（惠通）专用汽车有限公司	（0722）3330357	上户吨位4.5t，容积 8～10m^3，玉柴 140 马力柴油机，排放标准欧Ⅱ
洒水车	东风 145	158000	湖北程力专用汽车有限公司	（0722）7020979	上户吨位4.5t，容积 8～10m^3，玉柴 140 马力柴油机，康明斯 160 马力柴油机
洒水车	东风 145	158000	随州市天龙专用汽车有限公司	（0722）3330008	上户吨位4.5t，容积 8～10m^3，玉柴 140 马力柴油机
洒水车	东风 145	178000	随州双龙专用汽车有限公司	（0722）3242369	上户吨位4.5t，容积 8～10m^3，玉林 160 马力柴油机，排放标准欧Ⅲ
洒水车	东风 145	196000	湖北金元专用汽车有限公司	（0722）7078338	上户吨位 5t，容积 7～9m^3，平头带卧驾驶室，康明斯发动机型号 ISDE160－30，160 马力，排放标准国Ⅲ
洒水车	东风 145	142000	湖北金元专用汽车有限公司	（0722）7078338	上户吨位 5t，容积 8m^3，平头带卧驾驶室，康明斯发动机 160 马力
洒水车	东风 145	146000	湖北金元专用汽车有限公司	（0722）7078338	上户吨位 5t，容积 8～10m^3，平头带卧驾驶室，康明斯发动机 160 马力，加长型底盘，轴距 4500mm
洒水车	东风 145	135000	湖北俊龙专用汽车有限公司	（0722）3309005	上户吨位 8～10t，多功能，平头带卧，广西玉林四缸环保增压柴油机，145 马力
洒水车	东风 145	152000	湖北俊龙专用汽车有限公司	（0722）3309005	上户吨位 9～10t，多功能，平头带卧，广西玉林六缸环保增压柴油机，170 马力
洒水车	东风 145	158000	湖北俊龙专用汽车有限公司	（0722）3309005	上户吨位 9～12t，多功能，平头带卧，康明斯环保增压柴油机，160 马力
洒水车	东风 145	158000	随州市东风专用汽车销售中心	（0722）3817209	上户吨位 9～12t，多功能，平头带卧，康明斯环保增压柴油机，160 马力
洒水车	东风 145	126000	湖北元通专用汽车有限公司	（0722）3332112	上户吨位 10～12t，多功能，平头带卧，3.6t 前桥，8t 后桥，9.00－20 轮胎，康明斯环保增压柴油机，170 马力
洒水车	东风 145	165000	湖北俊龙专用汽车有限公司	（0722）3309005	上户吨位 10～13t，多功能，平头带卧，康明斯环保增压柴油机，160 马力，加长加强型
洒水车	东风 145	131000	湖北元通专用汽车有限公司	（0722）3332112	上户吨位 12～15t，多功能，平头带卧，3.6t 前桥，8t 后桥，9.00－20 轮胎，康明斯环保增压柴油机，170 马力，加长加强型

产品名称	型号规格	参考价格（元）	生产厂家	电话	主要参数及备注
洒水车	东风145半挂	328000	随州市东风专用汽车销售中心	（0722）3817209	上户吨位23～25t，多功能，牵引头为平头带卧，康明斯210马力发动机
洒水车	东风145加长型	165000	随州市东风专用汽车销售中心	（0722）3817209	上户吨位10～13t，多功能，平头带卧，康明斯环保增压柴油机，160马力，加长加强型
洒水车	东风145平头玉柴	135000	随州市东风专用汽车销售中心	（0722）3817209	上户吨位8～10t，多功能，平头带卧，广西玉林四缸环保增压柴油机，145马力
洒水车	东风145平头玉柴	152000	随州市东风专用汽车销售中心	（0722）3817209	上户吨位9～10t，多功能，平头带卧，广西玉林六缸环保增压柴油机，170马力
洒水车	东风145轻卡	108000	湖北元通专用汽车有限公司	（0722）3332112	上户吨位8～10t，多功能，平头带卧，2.8t前桥，8t后桥，9.00－20轮胎，玉柴发动机，135马力
洒水车	东风153	175000	随州双龙专用汽车有限公司	（0722）3242369	上户吨位7t，容积10～15m^3，康明斯180马力
洒水车	东风153	186000	湖北东正专用汽车有限公司	（0722）3233567	上户吨位7t，容积10～15m^3，康明斯180马力柴油机
洒水车	东风153	186000	随州东正（惠通）专用汽车有限公司	（0722）3330357	上户吨位7t，容积10～15m^3，康明斯180马力柴油机
洒水车	东风153	186000	湖北程力专用汽车有限公司	（0722）7020979	上户吨位7t，容积10～15m^3，康明斯180马力柴油机
洒水车	东风153	186000	随州市天龙专用汽车有限公司	（0722）3330008	上户吨位7t，容积10～15m^3，康明斯180马力柴油机
洒水车	东风153	162000	湖北金元专用汽车有限公司	（0722）7078338	上户吨位8t，容积10～12m^3，平头带卧驾驶室，康明斯发动机180马力
洒水车	东风153	218000	湖北金元专用汽车有限公司	（0722）7078338	上户吨位8t，容积10～13m^3，平头带卧驾驶室，康明斯发动机型号ISDE180－30，180马力，排放标准国Ⅲ
洒水车	东风153	183000	湖北金元专用汽车有限公司	（0722）7078338	上户吨位8t，容积12～14m^3，平头带卧驾驶室，康明斯发动机180马力，加长型底盘，轴距5000mm
洒水车	东风153	146000	湖北元通专用汽车有限公司	（0722）3332112	上户吨位12～15t，多功能，平头带卧，5t前桥，10t后桥，10.00－20轮胎，康明斯环保增压柴油机，190马力
洒水车	东风153	186000	湖北俊龙专用汽车有限公司	（0722）3309005	上户吨位12～15t，多功能，平头带卧，康明斯环保增压柴油机，180马力
洒水车	东风153	149000	湖北元通专用汽车有限公司	（0722）3332112	上户吨位13～16t，多功能，平头带卧，5t前桥，10t后桥，10.00－20轮胎，康明斯环保增压柴油机，190马力，加长加强型
洒水车	东风153	190000	湖北俊龙专用汽车有限公司	（0722）3309005	上户吨位13～16t，多功能，平头带卧，康明斯环保增压柴油机，180马力，加长加强型
洒水车	东风153	186000	随州市东风专用汽车销售中心	（0722）3817209	装水容量12～15t，多功能，平头带卧，康明斯环保增压柴油机，180马力
洒水车	东风153	190000	随州市东风专用汽车销售中心	（0722）3817209	装水容量13～16t，多功能，平头带卧，康明斯环保增压柴油机，180马力，加长加强型
洒水车	东风153半挂	396000	随州市东风专用汽车销售中心	（0722）3817209	装水容量35～40t，多功能，牵引头为平头带卧，康明斯210马力或230马力发动机

产品名称	型号规格	参考价格（元）	生产厂家	电话	主要参数及备注
洒水车	东风 1168G7DJ2型	188000	湖北华胜特种汽车制造有限公司	(0722)3315993	上户吨位8655kg，容量15～18t，多功能，康明斯180马力，6.2m底盘
洒水车	东风1208双桥	228000	湖北金元专用汽车有限公司	(0722)7078338	上户吨位11t，容积15～20m³，平头带卧双桥，康明斯发动机230马力
洒水车	东风1208双桥绿化	256000	湖北成龙威专用汽车有限公司	(0722)3308899	上户吨位16～20t，多功能，平头带卧，康明斯加强型210马力，双桥
洒水车	东风1230前四后八绿化	346000	湖北成龙威专用汽车有限公司	(0722)3308899	上户吨位25～30t，多功能，平头带卧，康明斯加强型230马力，前四后八
洒水车	东风1254	242000	湖北俊龙专用汽车有限公司	(0722)3309005	上户吨位16～20t，多功能，平头带卧，康明斯环保增压柴油机，210马力，后双桥
洒水车	东风1254双桥	242000	随州市东风专用汽车销售中心	(0722)3817209	装水容量16～20t，多功能，平头带卧，康明斯环保增压柴油机，210马力，后双桥
洒水车	东风1258双桥	204000	湖北元通专用汽车有限公司	(0722)3332112	装水容量16～20t，多功能，平头带卧，5t前桥，10t双后桥，10.00－20轮胎，康明斯环保增压柴油机，210马力，后双桥
洒水车	东风EQ140	89000	湖北大力专用汽车制造有限公司	(0722)7609688	吨位7～8t，长头，汽油机，多功能
洒水车	东风EQ140	92000	随州市晨阳专用汽车销售有限公司	(0722)3801178	容积7～8m³，长头，汽油机，多功能
洒水车	东风EQ140	108000	随州市东风专用汽车有限公司	(0722)3308618	装水7～8t，多功能，长头，东风公司环保电喷汽油机，134马力
洒水车	东风EQ140	110000	湖北成龙威专用汽车有限公司	(0722)3308899	吨位7～8t，长头，汽油机，多功能
洒水车	东风EQ140	110000	湖北天威专用汽车有限公司	(0722)3308885	吨位7～8t，长头，汽油机，多功能
洒水车	东风EQ140	115000	随州市东风专用汽车有限公司	(0722)3308618	装水7～8t，多功能，长头，广西玉林环保增压柴油机，145马力
洒水车	东风EQ140	117000	湖北大力专用汽车制造有限公司	(0722)7609688	吨位7～8t，长头，玉林柴油机，多功能
洒水车	东风EQ140	120000	随州市晨阳专用汽车销售有限公司	(0722)3801178	容积7～8m³，长头，玉林柴油机，多功能
洒水车	东风EQ140	127000	湖北成龙威专用汽车有限公司	(0722)3308899	吨位7～8t，长头，玉林柴油机，多功能
洒水车	东风EQ140	127000	湖北天威专用汽车有限公司	(0722)3308885	吨位7～8t，长头，玉林柴油机，多功能
洒水车	东风EQ140/47	94000	湖北大力专用汽车制造有限公司	(0722)7609688	吨位8～10t，长头，汽油机，多功能，加长型
洒水车	东风EQ140/47	98000	随州市晨阳专用汽车销售有限公司	(0722)3801178	容积8～10m³，长头，汽油机，多功能，加长型
洒水车	东风EQ140/47	105000	随州市东风专用汽车有限公司	(0722)3308618	装水8～10t，多功能，长头，东风公司环保电喷汽油机，加长加强型，145马力
洒水车	东风EQ140/47	113000	湖北成龙威专用汽车有限公司	(0722)3308899	吨位8～10t，长头，汽油机，多功能，加长型
洒水车	东风EQ140/47	113000	湖北天威专用汽车有限公司	(0722)3308885	吨位8～10t，长头，汽油机，多功能，加长型
洒水车	东风EQ140/47	122000	随州市东风专用汽车有限公司	(0722)3308618	装水8～10t，多功能，长头，广西玉林环保增压柴油机，加长加强型，145马力
洒水车	东风EQ140/47	124000	湖北大力专用汽车制造有限公司	(0722)7609688	吨位8～10t，长头，玉林柴油机，多功能，加长型

产品名称	型号规格	参考价格（元）	生产厂家	电话	主要参数及备注
洒水车	东风 EQ140/47	128000	随州市晨阳专用汽车销售有限公司	（0722）3801178	容积 8～10m³，长头，玉林柴油机，多功能，加长型
洒水车	东风 EQ140/47	133000	湖北成龙威专用汽车有限公司	（0722）3308899	吨位 8～10t，长头，玉林柴油机，多功能，加长型
洒水车	东风 EQ140/47	133000	湖北天威专用汽车有限公司	（0722）3308885	吨位 8～10t，长头，玉林柴油机，多功能，加长型
洒水车	东风 EQ145	158000	随州市东风专用汽车有限公司	（0722）3308618	装水 9～12t，多功能，平头带卧，康明斯环保增压柴油机，160 马力
洒水车	东风 EQ145	151000	湖北大力专用汽车制造有限公司	（0722）7609688	吨位 10～12t，多功能，康明斯加强型 160 马力，平头带卧
洒水车	东风 EQ145	155000	随州市晨阳专用汽车销售有限公司	（0722）3801178	容积 10～12m³，多功能，康明斯加强型 160 马力，平头带卧
洒水车	东风 EQ145	176000	湖北成龙威专用汽车有限公司	（0722）3308899	吨位 10～12t，多功能，康明斯加强型 160 马力，平头带卧
洒水车	东风 EQ145	176000	湖北天威专用汽车有限公司	（0722）3308885	吨位 10～12t，多功能，康明斯加强型 160 马力，平头带卧
洒水车	东风 EQ145	165000	随州市东风专用汽车有限公司	（0722）3308618	装水 10～13t，多功能，平头带卧，康明斯环保增压柴油机，160 马力，加长加强型
洒水车	东风 EQ153	187000	湖北大力专用汽车制造有限公司	（0722）7609688	吨位 13～15t，多功能，康明斯加强型 180 马力，平头带卧
洒水车	东风 EQ153	206000	湖北成龙威专用汽车有限公司	（0722）3308899	吨位 13～15t，多功能，康明斯加强型 180 马力，平头带卧
洒水车	东风 EQ153	206000	湖北天威专用汽车有限公司	（0722）3308885	吨位 13～15t，多功能，康明斯加强型 180 马力，平头带卧
洒水车	东风 EQ153	190000	随州市晨阳专用汽车销售有限公司	（0722）3801178	容积 13～15m³，多功能，康明斯加强型 180 马力，平头带卧
洒水车	东风 EQ153	186000	随州市东风专用汽车有限公司	（0722）3308618	装水 12～15t，多功能，平头带卧，康明斯环保增压柴油机，180 马力
洒水车	东风 EQ153	190000	随州市东风专用汽车有限公司	（0722）3308618	装水 13～16t，多功能，平头带卧，康明斯环保增压柴油机，180 马力，加长加强型
洒水车	东风 EQ1101	152000	湖北华胜特种汽车制造有限公司	（0722）3315993	上户吨位 4500kg，容量 10～12t，多功能，平头带卧，康明斯 160 马力
洒水车	东风 EQ1141	179000	湖北华胜特种汽车制造有限公司	（0722）3315993	上户吨位 7000kg，容量 13～15t，多功能，平头带卧，康明斯发动机，180 马力，环保加强型
洒水车	东风 EQ1208 后双桥	229000	随州双龙专用汽车有限公司	（0722）3242369	上户吨位 11t，容积 18～20m³，康明斯 210 马力柴油机
洒水车	东风 EQ1208 双后桥	229000	湖北华胜特种汽车制造有限公司	（0722）3315993	上户吨位 11000kg，容量 16～20t，多功能，康明斯 210 马力发动机，环保加强型
洒水车	东风 EQ1254	242000	随州市东风专用汽车有限公司	（0722）3308618	装水 16～20t，多功能，平头带卧，康明斯环保增压柴油机，210 马力，后双桥
洒水车	东风朝锐	135000	随州市晨阳专用汽车销售有限公司	（0722）3801178	容积 7～8m³，多功能，平头，朝阳柴油机
洒水车	东风朝锐	146000	湖北成龙威专用汽车有限公司	（0722）3308899	吨位 7～8t，多功能，平头，朝阳柴油机
洒水车	东风大金霸	105000	湖北合力专用汽车制造有限公司	（0722）3989579	上户吨位 1.7t、2.5t，容积 3～6m³，玉柴发动机 115 马力、朝柴 108 马力柴油机
洒水车	东风大金霸	129000	湖北东正专用汽车有限公司	（0722）3233567	上户吨位 1.7t、2.5t，容积 3～6m³，玉柴发动机 115 马力、朝柴 108 马力柴油机

产品名称	型号规格	参考价格（元）	生产厂家	电话	主要参数及备注
洒水车	东风大金霸	129000	湖北程力专用汽车有限公司	（0722）7020979	上户吨位1.7t、2.5t，容积3～6m^3，玉柴发动机115马力、朝柴108马力柴油机
洒水车	东风大金霸	129000	随州市天龙专用汽车有限公司	（0722）3330008	上户吨位1.7t、2.5t，容积3～6m^3，玉柴发动机115马力、朝柴108马力柴油机
洒水车	东风大金霸	129000	随州东正（惠通）专用汽车有限公司	（0722）3330357	上户吨位1.7t、2.5t，容积3～6m^3，玉柴发动机115马力、朝柴108马力柴油机
洒水车	东风大金霸	133000	随州市烈山专用汽车有限公司	（0722）3818156	上户吨位1.5t、3.5t，容积5～7m^3，玉柴发动机，功率85kW
洒水车	东风大金刚	132000	湖北俊龙专用汽车有限公司	（0722）3309005	装水7～9t，多功能，平头带卧，加强型、大后桥，带动力转向，带方向助力，8.25轮胎，风神六缸环保增压柴油机，140马力
洒水车	东风大金刚	132000	随州市东风专用汽车销售中心	（0722）3817209	装水7～9t，多功能，平头带卧，加强型8t后桥，带方向助力，9.00轮胎，玉柴环保增压柴油机，125马力
洒水车	东风多利卡	96000	湖北大力专用汽车制造有限公司	（0722）7609688	吨位5～6t，多功能，平头，朝阳柴油机
洒水车	东风多利卡	100000	随州市晨阳专用汽车销售有限公司	（0722）3801178	容积5～6m^3，多功能，平头，朝阳柴油机
洒水车	东风多利卡	106000	湖北成龙威专用汽车有限公司	（0722）3308899	吨位5～6t，多功能，平头，朝阳柴油机
洒水车	东风多利卡	106000	湖北天威专用汽车有限公司	（0722）3308885	吨位5～6t，多功能，平头，朝阳柴油机
洒水车	东风多利卡	97000	湖北大力专用汽车制造有限公司	（0722）7609688	吨位6～8t，多功能，加强型，平头带卧，朝阳柴油机
洒水车	东风多利卡	116000	湖北天威专用汽车有限公司	（0722）3308885	吨位6～8t，多功能，加强型，平头带卧，朝阳柴油机
洒水车	东风多利卡	95000	随州双龙专用汽车有限公司	（0722）3242369	上户吨位3t，容积5～6m^3，多功能，朝柴120马力柴油机
洒水车	东风多利卡	88000	湖北金元专用汽车有限公司	（0722）7078338	上户吨位3t，容积5～6m^3，平头带卧型驾驶室，朝柴发动机120马力，轴距3800mm
洒水车	东风多利卡	99000	湖北东正专用汽车有限公司	（0722）3233567	上户吨位3t，容积5～7m^3，朝柴120马力柴油机
洒水车	东风多利卡	99000	随州东正（惠通）专用汽车有限公司	（0722）3330357	上户吨位3t，容积5～7m^3，朝柴120马力柴油机
洒水车	东风多利卡	99000	湖北程力专用汽车有限公司	（0722）7020979	上户吨位3t，容积5～7m^3，朝柴120马力柴油机
洒水车	东风多利卡	99000	随州市天龙专用汽车有限公司	（0722）3330008	上户吨位3t，容积5～7m^3，朝柴120马力柴油机
洒水车	东风多利卡	125000	随州双龙专用汽车有限公司	（0722）3242369	上户吨位3t，容积5～7m^3，朝柴120马力增压柴油机，排放标准欧Ⅲ，带卧另加3000元
洒水车	东风多利卡	123000	湖北合力专用汽车制造有限公司	（0722）3989579	上户吨位3.7t，容积4～8m^3，朝柴120马力柴油机，玉柴140马力加0.8万元
洒水车	东风多利卡	123000	湖北东正专用汽车有限公司	（0722）3233567	上户吨位3.7t，容积4～8m^3，朝柴120马力柴油机，玉柴140马力加0.8万元
洒水车	东风多利卡	123000	随州东正（惠通）专用汽车有限公司	（0722）3330357	上户吨位3.7t，容积4～8m^3，朝柴120马力柴油机，玉柴140马力加0.8万元
洒水车	东风多利卡	123000	湖北程力专用汽车有限公司	（0722）7020979	上户吨位3.7t，容积4～8m^3，朝柴120马力柴油机，玉柴140马力加0.8万元

产品名称	型号规格	参考价格（元）	生产厂家	电话	主要参数及备注
洒水车	东风多利卡	123000	随州市天龙专用汽车有限公司	（0722）3330008	上户吨位3.7t，容积4～8m^3，朝柴120马力柴油机，玉柴140马力加0.8万元
洒水车	东风多利卡	89000	湖北金元专用汽车有限公司	（0722）7078338	上户吨位4t，容积5～6m^3，平头单排驾驶室，朝柴发动机120马力
洒水车	东风多利卡	127000	随州市烈山专用汽车有限公司	（0722）3818156	上户吨位5t，容积6～8m^3，朝柴发动机，功率88kW
洒水车	东风多利卡	98000	随州市东风专用汽车有限公司	（0722）3308618	装水5～6t，多功能，平头单排，朝阳四缸环保增压柴油机，120马力
洒水车	东风多利卡	98000	湖北俊龙专用汽车有限公司	（0722）3309005	装水5～6t，多功能，平头单排，朝阳四缸环保增压柴油机，120马力
洒水车	东风多利卡	98000	随州市东风专用汽车销售中心	（0722）3817209	装水5～6t，多功能，平头单排，朝阳四缸环保增压中冷柴油机，120马力
洒水车	东风多利卡	95000	随州市东风专用汽车有限公司	（0722）3308618	装水6～7t，多功能，加强型，平头带卧，朝阳四缸环保增压柴油机，120马力
洒水车	东风多利卡	95000	湖北俊龙专用汽车有限公司	（0722）3309005	装水6～7t，多功能，加强型，平头带卧，朝阳四缸环保增压柴油机，120马力
洒水车	东风多利卡	95000	湖北元通专用汽车有限公司	（0722）3332112	装水6～8t，多功能，平头单排，动力转向，朝阳四缸环保增压中冷柴油机，120马力
洒水车	东风多利卡带卧	102000	湖北东正专用汽车有限公司	（0722）3233567	上户吨位2.5t，容积5～7m^3，朝柴120马力柴油机，一排半可翻驾驶室
洒水车	东风多利卡带卧	102000	随州东正（惠通）专用汽车有限公司	（0722）3330357	上户吨位2.5t，容积5～7m^3，朝柴120马力柴油机，一排半可翻驾驶室
洒水车	东风多利卡带卧	102000	湖北程力专用汽车有限公司	（0722）7020979	上户吨位2.5t，容积5～7m^3，朝柴120马力柴油机，一排半可翻驾驶室
洒水车	东风多利卡带卧	102000	随州市天龙专用汽车有限公司	（0722）3330008	上户吨位2.5t，容积5～7m^3，朝柴120马力柴油机，一排半可翻驾驶室
洒水车	东风多利卡带卧	102000	随州双龙专用汽车有限公司	（0722）3242369	上户吨位2.5t，容积6～7m^3，多功能，朝柴120马力柴油机
洒水车	东风多利卡带卧	95000	随州市东风专用汽车销售中心	（0722）3817209	装水容量6～7t，多功能，加强型，平头带卧，朝阳四缸柴油机，120马力（不带增压、中冷）
洒水车	东风多利卡带卧	110000	随州市晨阳专用汽车销售有限公司	（0722）3801178	容积6～8m^3，多功能，加强型，平头，朝阳柴油机带卧
洒水车	东风多利卡带卧	116000	湖北成龙威专用汽车有限公司	（0722）3308899	吨位6～8t，多功能，加强型，平头，朝阳柴油机带卧
洒水车	东风福瑞卡	89000	随州市烈山专用汽车有限公司	（0722）3818156	上户吨位2.8t，容积3～5m^3，四达发动机，功率70kW、朝柴发动机，功率70kW
洒水车	东风尖头	112000	湖北合力专用汽车制造有限公司	（0722）3989579	上户吨位4t、4.5t、5t，容积6～10m^3，汽油发动机135马力，玉柴140马力加2.5万元
洒水车	东风尖头	112000	湖北东正专用汽车有限公司	（0722）3233567	上户吨位4t、4.5t、5t，容积6～10m^3，135马力汽油发动机，玉柴140马力加2.5万元
洒水车	东风尖头	112000	湖北程力专用汽车有限公司	（0722）7020979	上户吨位4t、4.5t、5t，容积6～10m^3，135马力汽油发动机，玉柴140马力加2.5万元

产品名称	型号规格	参考价格(元)	生产厂家	电话	主要参数及备注
洒水车	东风尖头	112000	随州市天龙专用汽车有限公司	(0722)3330008	上户吨位4t、4.5t、5t,容积6~10m³,135马力汽油发动机,玉柴140马力加2.5万元
洒水车	东风尖头	112000	随州东正(惠通)专用汽车有限公司	(0722)3330357	上户吨位4t、4.5t、5t,容积6~10m³,135马力汽油发动机,玉柴140马力加2.5万元
洒水车	东风尖头	127000	随州市烈山专用汽车有限公司	(0722)3818156	上户吨位4.5t,容积6~8m³,汽油发动机,功率99kW
洒水车	东风尖头	112000	随州双龙专用汽车有限公司	(0722)3242369	上户吨位4t,容积8m³,135马力汽油发动机,排放标准欧Ⅲ
洒水车	东风尖头140	112000	湖北东正专用汽车有限公司	(0722)3233567	上户吨位4t,容积6~8m³,135马力汽油发动机
洒水车	东风尖头140	112000	随州东正(惠通)专用汽车有限公司	(0722)3330357	上户吨位4t,容积6~8m³,135马力汽油发动机,排放标准欧Ⅱ
洒水车	东风尖头140	112000	湖北程力专用汽车有限公司	(0722)7020979	上户吨位4t,容积6~8m³,135马力汽油发动机
洒水车	东风尖头140	112000	随州市天龙专用汽车有限公司	(0722)3330008	上户吨位4t,容积6~8m³,135马力汽油发动机
洒水车	东风尖头140	118000	湖北东正专用汽车有限公司	(0722)3233567	上户吨位4t,容积8~10m³,玉柴143马力柴油机
洒水车	东风尖头140	118000	随州东正(惠通)专用汽车有限公司	(0722)3330357	上户吨位4t,容积8~10m³,玉柴143马力柴油机,排放标准欧Ⅱ
洒水车	东风尖头140	118000	湖北程力专用汽车有限公司	(0722)7020979	上户吨位4t,容积8~10m³,玉柴143马力柴油机
洒水车	东风尖头140	118000	随州市天龙专用汽车有限公司	(0722)3330008	上户吨位4t,容积8~10m³,玉柴143马力柴油机
洒水车	东风尖头140/47	122000	湖北东正专用汽车有限公司	(0722)3233567	上户吨位4.3t,容积8~10m³,玉柴143马力柴油机
洒水车	东风尖头140/47	122000	随州东正(惠通)专用汽车有限公司	(0722)3330357	上户吨位4.3t,容积8~10m³,玉柴143马力柴油机,排放标准欧Ⅱ
洒水车	东风尖头140/47	122000	湖北程力专用汽车有限公司	(0722)7020979	上户吨位4.3t,容积8~10m³,玉柴143马力柴油机
洒水车	东风尖头140/47	122000	随州市天龙专用汽车有限公司	(0722)3330008	上户吨位4.3t,容积8~10m³,玉柴143马力柴油机
洒水车	东风尖头1092F19DJ	105000	湖北华胜特种汽车制造有限公司	(0722)3315993	上户吨位4000kg,容量7~8t,玉柴四缸增压机,143马力
洒水车	东风尖头1092F19DJ1加长型	113000	湖北华胜特种汽车制造有限公司	(0722)3315993	上户吨位4300kg,容量9~10t,玉柴四缸增压机,143马力
洒水车	东风尖头1092FJ	95000	湖北华胜特种汽车制造有限公司	(0722)3315993	上户吨位4000kg,容量7~8t,多功能,汽油机,135马力
洒水车	东风尖头1092FJ1加长	103000	湖北华胜特种汽车制造有限公司	(0722)3315993	上户吨位4100kg,容量9~10t,多功能,汽油机,135马力
洒水车	东风尖头柴油	105000	随州双龙专用汽车有限公司	(0722)3242369	上户吨位4t,容积8m³,玉林143马力柴油机
洒水车	东风尖头柴油	129000	随州双龙专用汽车有限公司	(0722)3242369	上户吨位5t,容积8m³,玉林143马力增压柴油机,排放标准欧Ⅲ
洒水车	东风尖头加长型	113000	随州双龙专用汽车有限公司	(0722)3242369	上户吨位4.3t,容积8~10m³,玉林143马力柴油机
洒水车	东风金霸	108000	随州双龙专用汽车有限公司	(0722)3242369	上户吨位1.5t,容积2~5m³,多功能,玉林90马力增压柴油机,排放标准欧Ⅲ
洒水车	东风金刚	106000	湖北金元专用汽车有限公司	(0722)7078338	上户吨位4t,容积7~8m³,平头带卧驾驶室,玉柴增压120马力发动机,带动力转向,双层加厚型大梁
洒水车	东风劲诺	118000	湖北东正专用汽车有限公司	(0722)3233567	上户吨位2.8t,容积6~8m³,玉柴发动机120马力柴油机,900轮胎,加强钢板

产品名称	型号规格	参考价格(元)	生产厂家	电话	主要参数及备注
洒水车	东风劲诺	118000	随州东正(惠通)专用汽车有限公司	(0722)3330357	上户吨位2.8t,容积6~8m^3,玉柴发动机120马力柴油机,900轮胎,加强钢板
洒水车	东风劲诺	118000	湖北程力专用汽车有限公司	(0722)7020979	上户吨位2.8t,容积6~8m^3,玉柴发动机120马力柴油机,900轮胎,加强钢板
洒水车	东风劲诺	118000	随州市天龙专用汽车有限公司	(0722)3330008	上户吨位2.8t,容积6~8m^3,玉柴发动机120马力柴油机,900轮胎,加强钢板
洒水车	东风劲诺	118000	随州双龙专用汽车有限公司	(0722)3242369	上户吨位4t,容积8~10m^3,带卧,玉柴120马力增压柴油机
洒水车	东风康霸	126000	湖北合力专用汽车制造有限公司	(0722)3989579	上户吨位2.98t,容积3~7m^3,朝柴120马力柴油机,康明斯140马力加2.5万元
洒水车	东风康霸	126000	湖北东正专用汽车有限公司	(0722)3233567	上户吨位2.98t,容积3~7m^3,朝柴120马力柴油机,康明斯140马力加2.5万元
洒水车	东风康霸	126000	随州东正(惠通)专用汽车有限公司	(0722)3330357	上户吨位2.98t,容积3~7m^3,朝柴120马力柴油机,康明斯140马力加2.5万元
洒水车	东风康霸	126000	湖北程力专用汽车有限公司	(0722)7020979	上户吨位2.98t,容积3~7m^3,朝柴120马力柴油机,康明斯140马力加2.5万元
洒水车	东风康霸	126000	随州市天龙专用汽车有限公司	(0722)3330008	上户吨位2.98t,容积3~7m^3,朝柴120马力柴油机,康明斯140马力加2.5万元
洒水车	东风康霸	175000	随州市烈山专用汽车有限公司	(0722)3818156	上户吨位7t,容积7~9m^3,康明斯发动机,功率103kW
洒水车	东风康霸带卧	129000	湖北合力专用汽车制造有限公司	(0722)3989579	上户吨位2.98t,容积3~7m^3,朝柴120马力柴油机,康明斯140马力加2.5万元
洒水车	东风康霸带卧	129000	湖北东正专用汽车有限公司	(0722)3233567	上户吨位2.98t,容积3~7m^3,朝柴120马力柴油机,康明斯140马力加2.5万元
洒水车	东风康霸带卧	129000	随州东正(惠通)专用汽车有限公司	(0722)3330357	上户吨位2.98t,容积3~7m^3,朝柴120马力柴油机,康明斯140马力加2.5万元
洒水车	东风康霸带卧	129000	湖北程力专用汽车有限公司	(0722)7020979	上户吨位2.98t,容积3~7m^3,朝柴120马力柴油机,康明斯140马力加2.5万元
洒水车	东风康霸带卧	129000	随州市天龙专用汽车有限公司	(0722)3330008	上户吨位2.98t,容积3~7m^3,朝柴120马力柴油机,康明斯140马力加2.5万元
洒水车	东风平头145	178000	湖北合力专用汽车制造有限公司	(0722)3989579	上户吨位4.5/5t,容积7~10m^3,玉柴160马力柴油机,康明斯160马力加0.8万元,康明斯180马力加1.5万元
洒水车	东风平头145	188000	湖北合力专用汽车制造有限公司	(0722)3989579	上户吨位4.5/5t,容积7~10m^3,玉柴发动机160马力,康明斯160马力加0.8万元,康明斯180马力加1.5万元
洒水车	东风平头145	178000	湖北东正专用汽车有限公司	(0722)3233567	上户吨位4.5t、5t,容积7~10m^3,玉柴160马力柴油机,康明斯160马力加0.8万元,康明斯180马力加1.5万元
洒水车	东风平头145	178000	湖北程力专用汽车有限公司	(0722)7020979	上户吨位4.5t、5t,容积7~10m^3,玉柴160马力柴油机,康明斯160马力加0.8万元,康明斯180马力加1.5万元

产品名称	型号规格	参考价格（元）	生产厂家	电话	主要参数及备注
洒水车	东风平头 145	178000	随州市天龙专用汽车有限公司	(0722)3330008	上户吨位 4.5 t、5t，容积 7～10m³，玉柴 160 马力柴油机，康明斯 160 马力加0.8万元，康明斯 180 马力加 1.5 万元
洒水车	东风平头 145	178000	随州东正（惠通）专用汽车有限公司	(0722)3330357	上户吨位 4.5 t、5t，容积 7～10m³，玉柴 160 马力柴油机，康明斯 160 马力加0.8万元，康明斯 180 马力加 1.5 万元
洒水车	东风平头 145	188000	随州东正（惠通）专用汽车有限公司	(0722)3330357	上户吨位 4.5 t、5t，容积 7～10m³，玉柴发动机 160 马力，康明斯 160 马力加0.8万元，康明斯 180 马力加 1.5 万元
洒水车	东风平头 153	218000	湖北合力专用汽车制造有限公司	(0722)3989579	上户吨位 7～8t，容积 10～15m³，玉柴 180 马力柴油机，康明斯 180 马力加 1 万元
洒水车	东风平头 153	218000	湖北东正专用汽车有限公司	(0722)3233567	上户吨位 7～8t，容积 10～15m³，玉柴 180 马力柴油机，康明斯 180 马力加 1 万元
洒水车	东风平头 153	218000	随州东正（惠通）专用汽车有限公司	(0722)3330357	上户吨位 7～8t，容积 10～15m³，玉柴 180 马力柴油机，康明斯 180 马力加 1 万元
洒水车	东风平头 153	218000	湖北程力专用汽车有限公司	(0722)7020979	上户吨位 7～8t，容积 10～15m³，玉柴 180 马力柴油机，康明斯 180 马力加 1 万元
洒水车	东风平头 153	218000	随州市天龙专用汽车有限公司	(0722)3330008	上户吨位 7～8t，容积 10～15m³，玉柴 180 马力柴油机，康明斯 180 马力加 1 万元
洒水车	东风平头 153	228000	湖北合力专用汽车制造有限公司	(0722)3989579	上户吨位 7～8t，容积 10～15m³，玉柴 180 马力，康明斯 180 马力加 1 万元
洒水车	东风平头 153	228000	随州东正（惠通）专用汽车有限公司	(0722)3330357	上户吨位 7～8t，容积 10～15m³，玉柴发动机 180 马力，康明斯 180 马力加 1 万元
洒水车	东风平头 1050 多利卡	89000	湖北华胜特种汽车制造有限公司	(0722)3315993	上户吨位 1950kg，容量 5t，多功能，朝阳 4102 柴油机，95 马力
洒水车	东风平头小霸王	62000	湖北华胜特种汽车制造有限公司	(0722)3315993	上户吨位 1500kg，容量 4t，多功能，扬动、云内柴油机，95 马力
洒水车	东风平头	135000	随州市东风专用汽车有限公司	(0722)3308618	装水 8～10t，多功能，平头带卧，广西玉林环保增压柴油机，145 马力
洒水车	东风平头	152000	随州市东风专用汽车有限公司	(0722)3308618	装水 10～12t，多功能，平头带卧，广西玉林环保增压柴油机，180 马力，加强型
洒水车	东风前四后八	306000	随州东正（惠通）专用汽车有限公司	(0722)3330357	上户吨位14.8t，容积 20～30m³，玉柴 270 马力柴油机，排放标准欧Ⅱ
洒水车	东风前四后八	318000	湖北东正专用汽车有限公司	(0722)3233567	上户吨位14.8t，容积 20～30m³，康明斯 260 马力，玉柴 270 马力柴油机价 30.6 万元
洒水车	东风前四后八	318000	随州东正（惠通）专用汽车有限公司	(0722)3330357	上户吨位14.8t，容积 20～30m³，康明斯 260 马力，排放标准欧Ⅱ元
洒水车	东风前四后八	318000	湖北程力专用汽车有限公司	(0722)7020979	上户吨位14.8t，容积 20～30m³，康明斯 260 马力，玉柴 270 马力柴油机价 30.6 万元
洒水车	东风前四后八	318000	随州市天龙专用汽车有限公司	(0722)3330008	上户吨位14.8t，容积 20～30m³，康明斯 260 马力，玉柴 270 马力柴油机价 30.6 万元
洒水车	东风前四后八	318000	随州双龙专用汽车有限公司	(0722)3242369	上户吨位14.8t，容积 20～30m³，康明斯 260 马力柴油机

产品名称	型号规格	参考价格(元)	生产厂家	电话	主要参数及备注
洒水车	东风前四后八	316000	湖北金元专用汽车有限公司	(0722)7078338	上户吨位15t,容积25~30m³,平头带卧驾驶室,康明斯发动机260马力,可选装280马力或300马力发动机
洒水车	东风三平柴	111000	湖北大力专用汽车制造有限公司	(0722)7609688	吨位6~8t,多功能,平头带卧,风神柴油机
洒水车	东风三平柴	115000	随州市晨阳专用汽车销售有限公司	(0722)3801178	容积6~8m³,多功能,平头带卧,风神柴油机
洒水车	东风三平柴	115000	随州市东风专用汽车有限公司	(0722)3308618	装水6~8t,多功能,平头带卧,风神六缸环保增压柴油机,140马力
洒水车	东风三平柴	115000	湖北俊龙专用汽车有限公司	(0722)3309005	装水6~8t,多功能,平头带卧,风神六缸环保增压柴油机,140马力
洒水车	东风三平柴	115000	随州市东风专用汽车销售中心	(0722)3817209	装水6~8t,多功能,平头带卧,风神六缸环保增压柴油机,140马力
洒水车	东风三平柴	124000	湖北成龙威专用汽车有限公司	(0722)3308899	吨位6~8t,多功能,平头带卧,风神柴油机
洒水车	东风三平柴	124000	湖北天威专用汽车有限公司	(0722)3308885	吨位6~8t,多功能,平头带卧,风神柴油机
洒水车	东风三平柴	132000	随州市东风专用汽车有限公司	(0722)3308618	装水7~9t,多功能,平头带卧,加强型、大后桥,带动力转向,带方向助力,8.25轮胎,风神六缸环保增压柴油机,140马力
洒水车	东风三平柴	96000	湖北华胜特种汽车制造有限公司	(0722)3315993	上户吨位2830kg,容量7t,多功能,平头带卧,朝阳柴油机,120马力
洒水车	东风双桥	238000	湖北东正专用汽车有限公司	(0722)3233567	上户吨位11t,容积18~20m³,康明斯210马力柴油机
洒水车	东风双桥	238000	随州东正(惠通)专用汽车有限公司	(0722)3330357	上户吨位11t,容积18~20m³,康明斯210马力柴油机,排放标准欧Ⅱ
洒水车	东风双桥	238000	湖北程力专用汽车有限公司	(0722)7020979	上户吨位11t,容积18~20m³,康明斯210马力柴油机
洒水车	东风双桥	238000	随州市天龙专用汽车有限公司	(0722)3330008	上户吨位11t,容积18~20m³,康明斯210马力柴油机
洒水车	东风天锦	209000	随州市双诚专用汽车销售有限公司	(0722)3805158	容积5.25m³,底盘型号DFL1120B,车长6.1m,康明斯发动机,型号ISDE180-30,180马力,排放标准欧Ⅲ
洒水车	东风天锦	211000	随州市双诚专用汽车销售有限公司	(0722)3805158	容积6.3~10m³,底盘型号DFL1120B1,车长4.8m,康明斯发动机,型号ISDE180-30,180马力,排放标准欧Ⅲ
洒水车	东风天锦	214000	随州市双诚专用汽车销售有限公司	(0722)3805158	容积6.3m³,底盘型号DFL1120B2,车长5.3m,康明斯发动机,型号ISDE180-30,180马力,排放标准欧Ⅲ
洒水车	东风天锦	214000	随州市双诚专用汽车销售有限公司	(0722)3805158	容积7.87~12m³,底盘型号DFL1140B2,车长5.3m,康明斯发动机,型号ISDE180-30,180马力,排放标准欧Ⅲ
洒水车	东风天锦	159000	湖北元通专用汽车有限公司	(0722)3332112	装水10~15t,多功能,东风天锦豪华驾驶室,平头带卧,带空调,康明斯环保增压柴油机,170马力
洒水车	东风天锦D530	131000	湖北大力专用汽车制造有限公司	(0722)7609688	吨位7~8t,多功能,平头,朝阳柴油机

产品名称	型号规格	参考价格(元)	生产厂家	电话	主要参数及备注
洒水车	东风天锦 D530	146000	湖北天威专用汽车有限公司	(0722)3308885	吨位 7～8t，多功能，平头，朝阳柴油机
洒水车	东风天龙	262000	湖北金元专用汽车有限公司	(0722)7078338	上户吨位 13t，容积 20～25m^3，平头带卧，双桥，康明斯发动机 230 马力
洒水车	东风天龙单桥	198000	湖北合力专用汽车制造有限公司	(0722)3989579	上户吨位 5～6t，容积 7～10m^3，康明斯 160 马力柴油机，康明斯 180 马力加 1.3 万元
洒水车	东风天龙单桥	198000	湖北东正专用汽车有限公司	(0722)3233567	上户吨位 5～6t，容积 7～10m^3，康明斯 160 马力柴油机，康明斯 180 马力加 1.3 万元
洒水车	东风天龙单桥	198000	随州东正(惠通)专用汽车有限公司	(0722)3330357	上户吨位 5～6t，容积 7～10m^3，康明斯 160 马力柴油机，康明斯 180 马力加 1.3 万元
洒水车	东风天龙单桥	198000	湖北程力专用汽车有限公司	(0722)7020979	上户吨位 5～6t，容积 7～10m^3，康明斯 160 马力柴油机，康明斯 180 马力加 1.3 万元
洒水车	东风天龙单桥	198000	随州市天龙专用汽车有限公司	(0722)3330008	上户吨位 5～6t，容积 7～10m^3，康明斯 160 马力柴油机，康明斯 180 马力加 1.3 万元
洒水车	东风天龙后双桥	298000	随州双龙专用汽车有限公司	(0722)3242369	上户吨位 14t，容积 18～20m^3，康明斯 245 马力柴油机，排放标准欧Ⅲ
洒水车	东风天龙后双桥	269000	湖北元通专用汽车有限公司	(0722)3332112	装水 16～22t，多功能，平头带卧，康明斯发动机，加强型，230 马力或 245 马力，前四后八轮
洒水车	东风天龙双桥	306000	随州市双诚专用汽车销售有限公司	(0722)3805158	容积 14.7～20m^3，底盘型号 DFL1250A8，车长 7.2m，康明斯发动机，型号 ISDE245－30，245 马力，排放标准欧Ⅲ
洒水车	东风天龙双桥	297000	湖北合力专用汽车制造有限公司	(0722)3989579	上户吨位 14t，容积 15～20m^3，康明斯 230 马力柴油机，245 马力加 0.3 万元
洒水车	东风天龙双桥	297000	湖北东正专用汽车有限公司	(0722)3233567	上户吨位 14t，容积 15～20m^3，康明斯 230 马力柴油机，245 马力加 0.3 万元
洒水车	东风天龙双桥	297000	随州东正(惠通)专用汽车有限公司	(0722)3330357	上户吨位 14t，容积 15～20m^3，康明斯 230 马力柴油机，245 马力加 0.3 万元
洒水车	东风天龙双桥	297000	湖北程力专用汽车有限公司	(0722)7020979	上户吨位 14t，容积 15～20m^3，康明斯 230 马力柴油机，245 马力加 0.3 万元
洒水车	东风天龙双桥	297000	随州市天龙专用汽车有限公司	(0722)3330008	上户吨位 14t，容积 15～20m^3，康明斯 230 马力柴油机，245 马力加 0.3 万元
洒水车	东风小霸王	81000	湖北成龙威专用汽车有限公司	(0722)3308899	吨位 3～4.5t，多功能，平头，云内柴油机
洒水车	东风小霸王	73000	湖北大力专用汽车制造有限公司	(0722)7609688	吨位 3～4.5t，多功能，平头，云内柴油机
洒水车	东风小霸王	81000	湖北天威专用汽车有限公司	(0722)3308885	吨位 3～4.5t，多功能，平头，云内柴油机
洒水车	东风小霸王	81000	湖北大力专用汽车制造有限公司	(0722)7609688	吨位4.5～5t，多功能，平头，云内、朝柴柴油机，加强型
洒水车	东风小霸王	96000	湖北天威专用汽车有限公司	(0722)3308885	吨位4.5～5t，多功能，平头，云内、朝柴柴油机，加强型
洒水车	东风小霸王	77000	随州市晨阳专用汽车销售有限公司	(0722)3801178	容积 3～4.5m^3，多功能，平头，云内柴油机
洒水车	东风小霸王	68000	湖北东正专用汽车有限公司	(0722)3233567	上户吨位 1.5t，容积 2～4m^3，云内 95 马力，朝柴 95 马力柴油机

产品名称	型号规格	参考价格（元）	生产厂家	电话	主要参数及备注
洒水车	东风小霸王	68000	随州东正（惠通）专用汽车有限公司	(0722)3330357	上户吨位1.5t，容积2～4m^3，云内95马力，朝柴95马力柴油机，排放标准欧Ⅱ
洒水车	东风小霸王	68000	湖北程力专用汽车有限公司	(0722)7020979	上户吨位1.5t，容积2～4m^3，云内95马力，朝柴95马力柴油机
洒水车	东风小霸王	68000	随州市天龙专用汽车有限公司	(0722)3330008	上户吨位1.5t，容积2～4m^3，云内95马力，朝柴95马力柴油机
洒水车	东风小霸王	68000	随州双龙专用汽车有限公司	(0722)3242369	上户吨位1.5t，容积4m^3，云内95马力，朝柴装5吨水另加4000元
洒水车	东风小霸王	65000	湖北金元专用汽车有限公司	(0722)7078338	上户吨位2～3t，容积3～4m^3，平头单排，驾驶室不可翻转，单蓄电池，云内发动机，轴距3000mm
洒水车	东风小霸王	68000	湖北金元专用汽车有限公司	(0722)7078338	上户吨位2t，容积3～4m^3，平头单排，驾驶室可翻转，双蓄电池，加强型大梁，云内发动机
洒水车	东风小霸王	73000	随州市东风专用汽车有限公司	(0722)3308618	装水3～4t，多功能，平头单排，云内环保柴油机，扬动柴油机7.3万
洒水车	东风小霸王	73000	湖北俊龙专用汽车有限公司	(0722)3309005	装水3～4t，多功能，平头单排，云内环保柴油机，扬动柴油机7.3万
洒水车	东风小霸王	73000	随州市东风专用汽车销售中心	(0722)3817209	装水3～4t，多功能，平头单排，云内环保柴油机
洒水车	东风小霸王（福瑞卡）	59000	湖北元通专用汽车有限公司	(0722)3332112	装水3～5t，多功能，平头单排，江苏四达95马力柴油发动机
洒水车	东风小霸王	78000	随州市东风专用汽车有限公司	(0722)3308618	装水4～5t，多功能，平头单排，云内、朝阳环保柴油机，加强型
洒水车	东风小霸王	78000	湖北俊龙专用汽车有限公司	(0722)3309005	装水4～5t，多功能，平头单排，云内、朝阳环保柴油机，加强型
洒水车	东风小霸王加长加强型	69000	湖北华胜特种汽车制造有限公司	(0722)3315993	上户吨位1500kg，容量4～5t，多功能，云内、朝阳柴油机，95马力
洒水车	东风小霸王加强型	65000	湖北元通专用汽车有限公司	(0722)3332112	装水3～5t，多功能，平头单排，朝阳95马力柴油发动机
洒水车	东风小霸王加强型	78000	随州市东风专用汽车销售中心	(0722)3817209	装水容量4～5t，多功能，平头单排，云内、朝阳环保柴油机
洒水车	东风小霸王加强型	85000	随州市晨阳专用汽车销售有限公司	(0722)3801178	容积4.5～5m^3，多功能，平头，云内、朝柴柴油机
洒水车	东风小霸王加强型	96000	湖北成龙威专用汽车有限公司	(0722)3308899	吨位4.5～5t，多功能，平头，云内、朝柴柴油机
洒水车	东风小金霸	128000	随州市烈山专用汽车有限公司	(0722)3818156	上户吨位1.5t，容积2～4m^3，玉柴发动机，功率66kW
洒水车	东风小金霸	92000	湖北合力专用汽车制造有限公司	(0722)3989579	上户吨位1.5t，容积3～5m^3，玉柴90马力柴油机
洒水车	东风小金霸	106000	湖北东正专用汽车有限公司	(0722)3233567	上户吨位1.5t，容积3～5m^3，玉柴90马力柴油机
洒水车	东风小金霸	106000	随州东正（惠通）专用汽车有限公司	(0722)3330357	上户吨位1.5t，容积3～5m^3，玉柴90马力柴油机
洒水车	东风小金霸	106000	湖北程力专用汽车有限公司	(0722)7020979	上户吨位1.5t，容积3～5m^3，玉柴90马力柴油机
洒水车	东风小金霸	106000	随州市天龙专用汽车有限公司	(0722)3330008	上户吨位1.5t，容积3～5m^3，玉柴90马力柴油机
洒水车	东风小天锦	135000	湖北元通专用汽车有限公司	(0722)3332112	装水8～10t，多功能，平头，东风高压共轨电喷发动机，140马力
洒水车	东风之星	116000	随州市烈山专用汽车有限公司	(0722)3818156	上户吨位3.5t，容积5～7m^3，玉柴发动机，功率85kW
洒水车	福田	57000	湖北元通专用汽车有限公司	(0722)3332112	装水3～5t，多功能，平头单排，锡柴91马力柴油发动机，油制动

产品名称	型号规格	参考价格（元）	生产厂家	电话	主要参数及备注
洒水车	福田时代	88000	随州市烈山专用汽车有限公司	（0722）3818156	上户吨位1.5t，容积2～4m^3，全柴发动机，功率68kW、无锡发动机，功率67kW
洒水车	福田时代轻卡	59000	随州双龙专用汽车有限公司	（0722）3242369	容积2～3m^3，多功能，全柴65马力柴油机
洒水车	福田御威	157000	随州市烈山专用汽车有限公司	（0722）3818156	上户吨位7.5t，容积8～10m^3，无锡发动机，功率103kW
洒水车	江淮	135000	随州市烈山专用汽车有限公司	（0722）3818156	上户吨位4t，容积4～6m^3，玉柴发动机，功率85kW、朝柴发动机，功率88kW
洒水车	江铃顺达	132000	随州市烈山专用汽车有限公司	（0722）3818156	上户吨位2.7t，容积3～5m^3，玉柴发动机，功率75kW
洒水车	解放八平柴	195000	湖北大力专用汽车制造有限公司	（0722）7609688	吨位13～15t，多功能，平头带卧，大连、无锡柴油机
洒水车	解放八平柴	199000	随州市晨阳专用汽车销售有限公司	（0722）3801178	容积13～15m^3，多功能，平头带卧，大连、无锡柴油机
洒水车	解放八平柴	199000	湖北俊龙专用汽车有限公司	（0722）3309005	容量13～15t，多功能，平头带卧，大连、无锡柴油机
洒水车	解放八平柴	199000	随州市东风专用汽车有限公司	（0722）3308618	装水13～15t，多功能，平头带卧，大连、无锡柴油机
洒水车	解放八平柴	199000	随州市东风专用汽车销售中心	（0722）3817209	装水13～15t，多功能，平头带卧，大连、无锡柴油机
洒水车	解放八平柴	217000	湖北成龙威专用汽车有限公司	（0722）3308899	吨位13～15t，多功能，平头带卧，大连、无锡柴油机
洒水车	解放八平柴	217000	湖北天威专用汽车有限公司	（0722）3308885	吨位13～15t，多功能，平头带卧，大连、无锡柴油机
洒水车	解放单桥	238000	湖北合力专用汽车制造有限公司	（0722）3989579	上户吨位7.5t，容积8～12m^3，锡柴180马力柴油机，大柴185马力柴油机
洒水车	解放单桥	238000	湖北东正专用汽车有限公司	（0722）3233567	上户吨位7.5t，容积8～12m^3，锡柴180马力柴油机，大柴185马力柴油机
洒水车	解放单桥	238000	随州东正（惠通）专用汽车有限公司	（0722）3330357	上户吨位7.5t，容积8～12m^3，锡柴180马力柴油机，大柴185马力柴油机
洒水车	解放单桥	238000	湖北程力专用汽车有限公司	（0722）7020979	上户吨位7.5t，容积8～12m^3，锡柴180马力柴油机，大柴185马力柴油机
洒水车	解放单桥	238000	随州市天龙专用汽车有限公司	（0722）3330008	上户吨位7.5t，容积8～12m^3，锡柴180马力柴油机，大柴185马力柴油机
洒水车	解放单桥	236000	随州市烈山专用汽车有限公司	（0722）3818156	上户吨位7.5t，容积9～11m^3，大连发动机，功率、无锡发动机，功率136kW
洒水车	解放尖头	99000	湖北大力专用汽车制造有限公司	（0722）7609688	吨位7～8t，长头，多功能，大连、无锡柴油机
洒水车	解放尖头	102000	随州市晨阳专用汽车销售有限公司	（0722）3801178	容积7～8m^3，长头，多功能，大连、无锡柴油机
洒水车	解放尖头	102000	湖北俊龙专用汽车有限公司	（0722）3309005	容量7～8t，长头，多功能，大连、无锡柴油机
洒水车	解放尖头	102000	随州市东风专用汽车有限公司	（0722）3308618	装水7～8t，长头，多功能，大连、无锡柴油机
洒水车	解放尖头	102000	随州市东风专用汽车销售中心	（0722）3817209	装水容量7～8t，长头，多功能，大连、无锡柴油机
洒水车	解放尖头	120000	湖北成龙威专用汽车有限公司	（0722）3308899	吨位7～8t，长头，多功能，大连、无锡柴油机
洒水车	解放尖头	120000	湖北天威专用汽车有限公司	（0722）3308885	吨位7～8t，长头，多功能，大连、无锡柴油机

产品名称	型号规格	参考价格(元)	生产厂家	电话	主要参数及备注
洒水车	解放平头	119000	湖北华胜特种汽车制造有限公司	(0722)3315993	上户吨位1980kg,容量5~6t,多功能,大柴、锡柴120马力发动机,带卧
洒水车	解放三平柴	99000	随州双龙专用汽车有限公司	(0722)3242369	上户吨位2t,容积5~7m³,大连120马力柴油机
洒水车	解放三平柴	119000	湖北大力专用汽车制造有限公司	(0722)7609688	吨位7~8t,多功能,平头带卧,大连、无锡柴油机
洒水车	解放三平柴	122000	随州市晨阳专用汽车销售有限公司	(0722)3801178	容积7~8m³,多功能,平头带卧,大连、无锡柴油机
洒水车	解放三平柴	140000	湖北成龙威专用汽车有限公司	(0722)3308899	吨位7~8t,多功能,平头带卧,大连、无锡柴油机
洒水车	解放三平柴	140000	湖北天威专用汽车有限公司	(0722)3308885	吨位7~8t,多功能,平头带卧,大连、无锡柴油机
洒水车	解放双桥	289000	湖北合力专用汽车制造有限公司	(0722)3989579	上户吨位13t,容积19~25m³,大柴220马力柴油机,1000轮胎
洒水车	解放双桥	289000	湖北东正专用汽车有限公司	(0722)3233567	上户吨位13t,容积19~25m³,大柴220马力柴油机,1000轮胎
洒水车	解放双桥	289000	随州东正(惠通)专用汽车有限公司	(0722)3330357	上户吨位13t,容积19~25m³,大柴220马力柴油机,1000轮胎
洒水车	解放双桥	289000	湖北程力专用汽车有限公司	(0722)7020979	上户吨位13t,容积19~25m³,大柴220马力柴油机,1000轮胎
洒水车	解放双桥	289000	随州市天龙专用汽车有限公司	(0722)3330008	上户吨位13t,容积19~25m³,大柴220马力柴油机,1000轮胎
洒水车	解放五平柴	161000	湖北大力专用汽车制造有限公司	(0722)7609688	吨位10~12t,多功能,平头带卧,大连、无锡柴油机
洒水车	解放五平柴	165000	随州市晨阳专用汽车销售有限公司	(0722)3801178	容积10~12m³,多功能,平头带卧,大连、无锡柴油机
洒水车	解放五平柴	169000	湖北俊龙专用汽车有限公司	(0722)3309005	容量10~12t,多功能,平头带卧,大连、无锡柴油机
洒水车	解放五平柴	169000	随州市东风专用汽车有限公司	(0722)3308618	装水10~12t,多功能,平头带卧,大连、无锡柴油机
洒水车	解放五平柴	169000	随州市东风专用汽车销售中心	(0722)3817209	装水10~12t,多功能,平头带卧,大连、无锡柴油机
洒水车	解放五平柴	187000	湖北成龙威专用汽车有限公司	(0722)3308899	吨位10~12t,多功能,平头带卧,大连、无锡柴油机
洒水车	解放五平柴	187000	湖北天威专用汽车有限公司	(0722)3308885	吨位10~12t,多功能,平头带卧,大连、无锡柴油机
洒水车	天龙前四后八	368000	湖北合力专用汽车制造有限公司	(0722)3989579	上户吨位15t,容积23~30m³,康明斯290马力柴油机,康明斯315马力加1.5万元
洒水车	天龙前四后八	368000	湖北东正专用汽车有限公司	(0722)3233567	上户吨位15t,容积23~30m³,康明斯290马力柴油机,康明斯315马力加1.5万元
洒水车	天龙前四后八	368000	随州东正(惠通)专用汽车有限公司	(0722)3330357	上户吨位15t,容积23~30m³,康明斯290马力柴油机,康明斯315马力加1.5万元
洒水车	天龙前四后八	368000	湖北程力专用汽车有限公司	(0722)7020979	上户吨位15t,容积23~30m³,康明斯290马力柴油机,康明斯315马力加1.5万元
洒水车	天龙前四后八	368000	随州市天龙专用汽车有限公司	(0722)3330008	上户吨位15t,容积23~30m³,康明斯290马力柴油机,康明斯315马力加1.5万元
洒水车	小霸王加强型	78000	湖北东正专用汽车有限公司	(0722)3233567	上户吨位2t,容积3~5m³,云内95马力,朝柴95马力柴油机
洒水车	小霸王加强型	78000	随州东正(惠通)专用汽车有限公司	(0722)3330357	上户吨位2t,容积3~5m³,云内95马力,朝柴95马力柴油机,排放标准欧Ⅱ

产品名称	型号规格	参考价格(元)	生产厂家	电话	主要参数及备注
洒水车	小霸王加强型	78000	湖北程力专用汽车有限公司	(0722)7020979	上户吨位2t,容积3~5m^3,云内95马力,朝柴95马力柴油机
洒水车	小霸王加强型	78000	随州市天龙专用汽车有限公司	(0722)3330008	上户吨位2t,容积3~5m^3,云内95马力,朝柴95马力柴油机
洒水车	云汽东风尖头	92000	随州双龙专用汽车有限公司	(0722)3242369	容积8m^3,135马力汽油发动机
洒水车	重汽单桥	253000	随州市烈山专用汽车有限公司	(0722)3818156	上户吨位8.8t,容积12~14m^3,玉柴发动机,功率140kW
洒水车	重汽前四后八	326000	随州市烈山专用汽车有限公司	(0722)3818156	上户吨位16.8t,容积17~20m^3,发动机型号WD615.92E,功率196kW
洒水车	东风 140 EQ1092FJ	105000	湖北江南专用特种汽车有限公司	(0722)3328333	额定载质量4500kg,容积6~10m^3,尖头单桥,6速变速器,9.00-20轮胎,汽油EQ6100-1发动机,排放标准欧Ⅲ,厢长4.05m
洒水车	东风 140 EQ1092FJ	115000	湖北江南专用特种汽车有限公司	(0722)3328333	额定载质量4575kg,容积6.8m^3,尖头单桥,6速变速器,9.00-20轮胎,汽油EQ6100-1发动机,排放标准欧Ⅲ,厢长4.05m
洒水车	东风 145 EQ1101GLJ	145000	湖北江南专用特种汽车有限公司	(0722)3328333	额定载质量4500kg,容积8~12m^3,平头单桥,带卧,6速变速器,玉柴YC6J180-30发动机,厢长4.8m
洒水车	东风 145 EQ1101GLJ	148000	湖北江南专用特种汽车有限公司	(0722)3328333	额定载质量4500kg,容积8~12m^3,平头单桥,带卧,6速变速器,康明斯ISDE160-30发动机,排放标准欧Ⅱ,厢长4.8m
洒水车	东风 145 EQ1110GLJ	195000	湖北江南专用特种汽车有限公司	(0722)3328333	额定载质量4500kg,容积8~12m^3,平头单桥,带卧,6速变速器,玉柴YC6J180-30发动机,排放标准欧Ⅲ,厢长4.8m
洒水车	东风 145 EQ1110GLJ	196000	湖北江南专用特种汽车有限公司	(0722)3328333	额定载质量4500kg,容积8~12m^3,平头单桥,带卧,6速变速器,康明斯ISDE160-30发动机,排放标准欧Ⅲ,厢长4.8m
洒水车	东风多利卡	128000	湖北江南专用特种汽车有限公司	(0722)3328333	额定载质量2980kg,容积4~6m^3,平头带卧,朝柴CY4102-C3B
洒水车	东风多利卡	155000	湖北江南专用特种汽车有限公司	(0722)3328333	额定载质量2980kg,容积4~6m^3,平头带卧,康明斯发动机
洒水车	东风后双桥	266000	湖北江南专用特种汽车有限公司	(0722)3328333	额定载质量13000kg,容积15~25m^3,平头带卧.后双桥,康明斯210马力,10.00-20轮胎,厢长7.2m
洒水车	东风天龙后双桥	250000	湖北江南专用特种汽车有限公司	(0722)3328333	额定载质量13805kg,容积14.49m^3,洒水车罐体容积15m^3,厢长7.2m,采用国内外优质二类汽车底盘改装而成,采用武钢4mm碳钢制作,选装高顶驾驶室
洒水车	东风天龙后双桥	265000	湖北江南专用特种汽车有限公司	(0722)3328333	额定载质量13000kg,容积15~20m^3,平头后双桥,带卧,动力转向,6速变速器,上户吨位13t,康明斯ISDE230-30、ISDE245-30发动机,排放标准欧Ⅲ
洒水车	东风小霸王	116000	湖北江南专用特种汽车有限公司	(0722)3328333	额定载质量1485kg,容积3~5m^3,玉柴四缸发动机,650轮胎,厢长4.3m,东风朝柴、云内发动机,排放标准欧Ⅱ

产品名称	型号规格	参考价格（元）	生产厂家	电话	主要参数及备注
洒水车	福田	65000	湖北江南专用特种汽车有限公司	(0722)3328333	额定载质量3800kg，容积3.99m³，洒水车水罐容积3～5t，平头单卧，采用玉柴发动机，自吸式专用水泵，带消防接头，自吸自排，罐体尾部带工作平台，上装绿化喷洒炮
洒水车	福田奥铃	109000	湖北江南专用特种汽车有限公司	(0722)3328333	额定载质量1495kg，容积3～4m³，驾驶室前翻，带天窗，后桥，排放标准欧Ⅲ，厢长4.3m
洒水车	福田轻卡	128000	湖北江南专用特种汽车有限公司	(0722)3328333	额定载质量3800kg，容积7～10m³，新型加宽驾驶室，扬柴、朝柴发动机，排放标准国Ⅲ，6速变速器
洒水车	福田时代	105000	湖北江南专用特种汽车有限公司	(0722)3328333	额定载质量1490kg，容积3～5m³，罐体有效容积1.56m³，罐体外形尺寸(长×长轴×短轴)(mm)：3000×1120×690，采用自吸式或圆弧轮式洒水车泵，洒水车罐体为椭圆柱形，用钢板制成，整车罐体水仓为2～3室，中间隔板下端有通孔，仓内隔板具有防波作用，以减低汽车行驶罐内液体的冲击
洒水车	福田御威	142000	湖北江南专用特种汽车有限公司	(0722)3328333	额定载质量7200kg，容积8～10m³，玉柴YC4E140－31发动机，排放标准国Ⅲ，气制动
洒水车	江淮轻卡	108000	湖北江南专用特种汽车有限公司	(0722)3328333	额定载质量1500kg，容积3～5m³，平头单排，前翻驾驶室，方向助力，气制动
洒水车	江铃轻卡	109000	湖北江南专用特种汽车有限公司	(0722)3328333	额定载质量2715kg，容积3～5m³，平头单排驾驶室，五十铃发动机，115马力，油制动，带空调，7.00轮胎
洒水车	解放3～6t	105000	湖北江南专用特种汽车有限公司	(0722)3328333	额定载质量8000kg，罐体容积8.4m³，罐体尺寸长5000mm，长轴1960mm，短轴1280mm，后部不带工作台时整车长度为7850mm，带工作台时整车长度为8350mm，洒水车厢长5.3m，锡柴CA6DF3－18E3发动机，136马力
洒水车	解放单桥	235000	湖北江南专用特种汽车有限公司	(0722)3328333	额定载质量7500kg，容积12～15m³，平头单桥带卧，解放大柴、锡柴发动机，180马力
洒水车	解放后双桥	259000	湖北江南专用特种汽车有限公司	(0722)3328333	额定载质量13000kg，容积15～20m³，平顶单卧，解放大柴、锡柴发动机，220马力，7速变速器
洒水车	解放轻卡	145000	湖北江南专用特种汽车有限公司	(0722)3328333	额定载质量3000kg，容积4～6m³，解放锡柴发动机，8.25－16轮胎，厢长5.3m
洒水车	天龙四轴绿化	358000	湖北江南专用特种汽车有限公司	(0722)3328333	额定载质量15000kg，容积20～30m³，平头带卧，四轴，康明斯加强型230马力或260马力，11.00－20钢丝胎
洒水喷药车	东风140	122000	随州双龙专用汽车有限公司	(0722)3242369	上户吨位4t，容积8m³，玉林143马力柴油机，带打药机
洒水喷药车	东风145	175000	随州双龙专用汽车有限公司	(0722)3242369	上户吨位4.5t，容积10m³，康明斯160马力，玉柴143马力柴油机，带打药机
洒水喷药车	东风1208	255000	随州双龙专用汽车有限公司	(0722)3242369	上户吨位11t，容积16.5～20m³，康明斯210马力柴油机，带打药机，后双桥

产品名称	型号规格	参考价格（元）	生产厂家	电话	主要参数及备注
洒水喷药车	东风多利卡	109000	随州双龙专用汽车有限公司	（0722）3242369	上户吨位2.5t，容积5～7m³，朝柴120马力，带打药机
洒水喷药车	东风多利卡	96000	湖北金元专用汽车有限公司	（0722）7078338	上户吨位3t，容积5～6m³，平头带卧，朝柴发动机120马力
洒水喷药车	东风多利卡	133000	湖北东正专用汽车有限公司	（0722）3233567	上户吨位3.7t，容积4～8m³，朝柴120马力
洒水喷药车	东风多利卡	133000	随州东正（惠通）专用汽车有限公司	（0722）3330357	上户吨位3.7t，容积4～8m³，朝柴120马力
洒水喷药车	东风多利卡	133000	湖北程力专用汽车有限公司	（0722）7020979	上户吨位3.7t，容积4～8m³，朝柴120马力
洒水喷药车	东风多利卡	133000	随州市天龙专用汽车有限公司	（0722）3330008	上户吨位3.7t，容积4～8m³，朝柴120马力
洒水喷药车	东风多利卡	96000	湖北大力专用汽车制造有限公司	（0722）7609688	吨位4～5t，另带专业喷药、洒药、药位计装置
洒水喷药车	东风多利卡	100000	随州市晨阳专用汽车销售有限公司	（0722）3801178	容积4～5m³
洒水喷药车	东风多利卡	109000	湖北成龙威专用汽车有限公司	（0722）3308899	吨位4～5t，采用国内领先玻璃钢罐制作，耐腐蚀，另带专业喷药、洒药、药位计装置
洒水喷药车	东风多利卡	109000	湖北天威专用汽车有限公司	（0722）3308885	吨位4～5t，另带专业喷药、洒药、药位计装置
洒水喷药车	东风金霸	116000	湖北东正专用汽车有限公司	（0722）3233567	上户吨位1.5t，容积3～5m³，玉柴发动机90马力柴油机
洒水喷药车	东风金霸	116000	随州东正（惠通）专用汽车有限公司	（0722）3330357	上户吨位1.5t，容积3～5m³，玉柴发动机90马力柴油机
洒水喷药车	东风金霸	116000	湖北程力专用汽车有限公司	（0722）7020979	上户吨位1.5t，容积3～5m³，玉柴发动机90马力柴油机
洒水喷药车	东风金霸	116000	随州市天龙专用汽车有限公司	（0722）3330008	上户吨位1.5t，容积3～5m³，玉柴发动机90马力柴油机
洒水喷药车	东风平头145	188000	湖北东正专用汽车有限公司	（0722）3233567	上户吨位4.5t、5t，容积7～10m³，玉柴发动机160马力，康明斯160马力加0.8万元，康明斯180马力加1.5万元
洒水喷药车	东风平头145	188000	湖北程力专用汽车有限公司	（0722）7020979	上户吨位4.5t、5t，容积7～10m³，玉柴发动机160马力，康明斯160马力加0.8万元，康明斯180马力加1.5万元
洒水喷药车	东风平头145	188000	随州市天龙专用汽车有限公司	（0722）3330008	上户吨位4.5t、5t，容积7～10m³，玉柴发动机160马力，康明斯160马力加0.8万元，康明斯180马力加1.5万元
洒水喷药车	东风平头153	228000	湖北东正专用汽车有限公司	（0722）3233567	上户吨位7～8t，容积10～15m³，玉柴180马力，康明斯180马力加1万元
洒水喷药车	东风平头153	228000	湖北程力专用汽车有限公司	（0722）7020979	上户吨位7～8t，容积10～15m³，玉柴180马力，康明斯180马力加1万元
洒水喷药车	东风平头153	228000	随州市天龙专用汽车有限公司	（0722）3330008	上户吨位7～8t，容积10～15m³，玉柴180马力，康明斯180马力加1万元
洒水喷药车	东风小霸王	77000	湖北大力专用汽车制造有限公司	（0722）7609688	吨位2～3t，另带专业喷药、洒药、药位计装置
洒水喷药车	东风小霸王	80000	随州市晨阳专用汽车销售有限公司	（0722）3801178	容积2～3m³
洒水喷药车	东风小霸王	84000	湖北成龙威专用汽车有限公司	（0722）3308899	吨位2～3t，采用国内领先玻璃钢罐制作，耐腐蚀，另带专业喷药、洒药、药位计装置

产品名称	型号规格	参考价格（元）	生产厂家	电话	主要参数及备注
洒水喷药车	东风小霸王	84000	湖北天威专用汽车有限公司	(0722)3308885	吨位2～3t，另带专业喷药、洒药、药位计装置
洒水喷药车	东风小霸王	80000	湖北东正专用汽车有限公司	(0722)3233567	上户吨位1.5t，容积3～4m^3，云内95马力柴油机
洒水喷药车	东风小霸王	80000	随州东正（惠通）专用汽车有限公司	(0722)3330357	上户吨位1.5t，容积3～4m^3，云内95马力柴油机
洒水喷药车	东风小霸王	80000	湖北程力专用汽车有限公司	(0722)7020979	上户吨位1.5t，容积3～4m^3，云内95马力柴油机
洒水喷药车	东风小霸王	80000	随州市天龙专用汽车有限公司	(0722)3330008	上户吨位1.5t，容积3～4m^3，云内95马力柴油机
洒水喷药车	东风小霸王	85000	随州双龙专用汽车有限公司	(0722)3242369	上户吨位1.5t，容积3m^3，云内95马力，带打药机
洒水喷药车	东风小霸王	68000	湖北金元专用汽车有限公司	(0722)7078338	上户吨位2t，容积3～4m^3，平头单排，云内发动机
洒水喷药车	尖头140	122000	湖北东正专用汽车有限公司	(0722)3233567	上户吨位4t、4.5t、5t，容积6～10m^3，135马力汽油发动机，玉柴140马力加2.5万元
洒水喷药车	尖头140	122000	湖北程力专用汽车有限公司	(0722)7020979	上户吨位4t、4.5t、5t，容积6～10m^3，135马力汽油发动机，玉柴140马力加2.5万元
洒水喷药车	尖头140	122000	随州市天龙专用汽车有限公司	(0722)3330008	上户吨位4t、4.5t、5t，容积6～10m^3，135马力汽油发动机，玉柴140马力加2.5万元
洒水喷药车	尖头140	122000	随州东正（惠通）专用汽车有限公司	(0722)3330357	上户吨位4.0t、4.5t、5t，容积6～10m^3，135马力汽油发动机，玉柴140马力加2.5万元
半挂洒水车	9200双桥	115000	湖北江南专用特种汽车有限公司	(0722)3328333	额定载质量17500kg，容积24～30m^3，多功能，双桥，拖头另配，随通桥，富华桥，外形尺寸（mm）：10000×2500×3100（3800），整备质量10000（12000）kg，总质量40000kg
半挂洒水车	9200双桥	115000	湖北华胜特种汽车制造有限公司	(0722)3315993	额定载质量17500kg，容积25m^3，13t，双后桥，1000胎，高压水泵，水防炮
半挂洒水车	东风140	279000	湖北俊龙专用汽车有限公司	(0722)3309005	容量18～20t，多功能，牵引头为尖头，玉柴发动机
半挂洒水车	东风145	328000	湖北俊龙专用汽车有限公司	(0722)3309005	容量23～25t，多功能，牵引头为平头带卧，康明斯210马力
半挂洒水车	东风153	396000	湖北俊龙专用汽车有限公司	(0722)3309005	容量35～40t，多功能，牵引头为平头带卧，康明斯210马力或230马力
半挂洒水车	东风EQ140	275000	湖北大力专用汽车制造有限公司	(0722)7609688	吨位18～20t，多功能，牵引头为尖头，玉柴发动机
半挂洒水车	东风EQ140	279000	随州市东风专用汽车有限公司	(0722)3308618	装水18～20t，多功能，牵引头为尖头，玉柴发动机
半挂洒水车	东风EQ140	297000	湖北成龙威专用汽车有限公司	(0722)3308899	吨位18～20t，多功能，牵引头为尖头，玉柴发动机
半挂洒水车	东风EQ140	297000	湖北天威专用汽车有限公司	(0722)3308885	吨位18～20t，多功能，牵引头为尖头，玉柴发动机
半挂洒水车	东风EQ145	324000	湖北大力专用汽车制造有限公司	(0722)7609688	吨位23～25t，多功能，牵引头为平头带卧，康明斯160马力
半挂洒水车	东风EQ145	328000	随州市东风专用汽车有限公司	(0722)3308618	装水23～25t，多功能，牵引头为平头带卧，康明斯210马力
半挂洒水车	东风EQ145	346000	湖北成龙威专用汽车有限公司	(0722)3308899	吨位23～25t，多功能，牵引头为平头带卧，康明斯160马力
半挂洒水车	东风EQ145	346000	湖北天威专用汽车有限公司	(0722)3308885	吨位23～25t，多功能，牵引头为平头带卧，康明斯160马力

产品名称	型号规格	参考价格（元）	生产厂家	电话	主要参数及备注
半挂洒水车	东风 EQ153	392000	湖北大力专用汽车制造有限公司	（0722）7609688	吨位35～40t,多功能,牵引头为平头带卧,康明斯180马力
半挂洒水车	东风 EQ153	396000	随州市东风专用汽车有限公司	（0722）3308618	装水35～40t,多功能,牵引头为平头带卧,康明斯210马力或230马力
半挂洒水车	东风 EQ153	414000	湖北成龙威专用汽车有限公司	（0722）3308899	吨位35～40t,多功能,牵引头为平头带卧,康明斯180马力
半挂洒水车	东风 EQ153	414000	湖北天威专用汽车有限公司	（0722）3308885	吨位35～40t,多功能,牵引头为平头带卧,康明斯180马力
半挂洒水车	东风1208后双桥	431000	湖北大力专用汽车制造有限公司	（0722）7609688	吨位40～50t,多功能,牵引头为平头带卧,康明斯210马力
半挂洒水车	东风1208	435000	随州市东风专用汽车有限公司	（0722）3308618	装水40～50t,多功能,牵引头为平头带卧,康明斯230或260马力,后双桥
半挂洒水车	东风1208后双桥	435000	湖北俊龙专用汽车有限公司	（0722）3309005	容量40～50t,多功能,牵引头为平头带卧,康明斯230马力或260马力
半挂洒水车	东风1208后双桥	435000	随州市东风专用汽车销售中心	（0722）3817209	容量40～50t,多功能,牵引头为平头带卧,康明斯230或260马力
半挂洒水车	东风1208后双桥	453000	湖北成龙威专用汽车有限公司	（0722）3308899	吨位40～50t,多功能,牵引头为平头带卧,康明斯210马力
半挂洒水车	东风1208后双桥	453000	湖北天威专用汽车有限公司	（0722）3308885	吨位40～50t,多功能,牵引头为平头带卧,康明斯210马力
高空作业洒水车	东风140	158000	湖北金元专用汽车有限公司	（0722）7078338	上户吨位5t,容积4～5m³,尖头单排,玉柴发动机143马力
高空作业洒水车	东风145	206000	湖北金元专用汽车有限公司	（0722）7078338	上户吨位5t,容积6～7m³,平头带卧型驾驶室,康明斯发动机160马力
高空作业洒水车	东风153	238000	湖北金元专用汽车有限公司	（0722）7078338	上户吨位6t,容积8～10m³,平头带卧型驾驶室,康明斯发动机180马力
高空作业洒水车	东风 EQ140	135000	湖北大力专用汽车制造有限公司	（0722）7609688	吨位5t,一车四用,高空作业剪枝、洒水喷药、随车吊装卸货物、拉树苗拉货物
高空作业洒水车	东风 EQ140	139000	随州市晨阳专用汽车销售有限公司	（0722）3801178	容积5m³
高空作业洒水车	东风 EQ140	186000	湖北天威专用汽车有限公司	（0722）3308885	吨位5t,一车四用,高空作业剪枝、洒水喷药、随车吊装卸货物、拉树苗拉货物
高空作业洒水车	东风 EQ140/47	182000	湖北大力专用汽车制造有限公司	（0722）7609688	吨位6～8t,一车四用,高空作业剪枝、洒水喷药、随车吊装卸货物、拉树苗拉货物
高空作业洒水车	东风 EQ140/47	186000	随州市晨阳专用汽车销售有限公司	（0722）3801178	容积6～8m³
高空作业洒水车	东风 EQ140/47	198000	随州市晨阳专用汽车销售有限公司	（0722）3801178	容积6～8m³,10m
高空作业洒水车	东风 EQ140/47	204000	湖北天威专用汽车有限公司	（0722）3308885	吨位6～8t,一车四用,高空作业剪枝、洒水喷药、随车吊装卸货物、拉树苗拉货物
高空作业洒水车	东风 EQ145	199000	湖北大力专用汽车制造有限公司	（0722）7609688	吨位10～11t,一车四用,高空作业剪枝、洒水喷药、随车吊装卸货物、拉树苗拉货物
高空作业洒水车	东风 EQ145	203000	随州市晨阳专用汽车销售有限公司	（0722）3801178	容积10～11m³
高空作业洒水车	东风 EQ145	243000	湖北天威专用汽车有限公司	（0722）3308885	吨位10～11t,一车四用,高空作业剪枝、洒水喷药、随车吊装卸货物、拉树苗拉货物

产品名称	型号规格	参考价格（元）	生产厂家	电话	主要参数及备注
高空作业洒水车	东风 EQ153	265000	湖北大力专用汽车制造有限公司	（0722）7609688	吨位12～14t，一车四用，高空作业剪枝、洒水喷药、随车吊装卸货物、拉树苗拉货物
高空作业洒水车	东风 EQ153	269000	随州市晨阳专用汽车销售有限公司	（0722）3801178	容积12～14m^3
高空作业洒水车	东风 EQ153	287000	湖北天威专用汽车有限公司	（0722）3308885	吨位12～14t，一车四用，高空作业剪枝、洒水喷药、随车吊装卸货物、拉树苗拉货物
高空作业洒水车	东风多利卡	138000	湖北金元专用汽车有限公司	（0722）7078338	上户吨位4t，容积3～4m^3，平头单排，朝柴发动机120马力
高空作业洒水车	东风尖头 EQ1092	139000	湖北华胜特种汽车制造有限公司	（0722）3315993	上户吨位3970kg，容量5t，玉柴发动机，143马力，配3.2t2节伸缩臂吊机，一车四用
高空作业洒水车	东风平头带卧 145	203000	湖北华胜特种汽车制造有限公司	（0722）3315993	上户吨位3505kg，容量6～8t，康明斯发动机，160马力，配3.2t2节伸缩臂吊机，一车四用
环卫洒水车	SLS5051GSSC	86000	随州市力神专用汽车有限公司	（0722）3818777	上户吨位2.2t，容积3.3m^3，平头带卧，大柴CA4D32－09型90马力，650胎，5速变速，厢长4.2m
环卫洒水车	SLS5070GSSC	110000	随州市力神专用汽车有限公司	（0722）3818777	上户吨位3.5t，容积5.3m^3，平头带卧，锡柴4缸130马力，5速变速，825胎，动力转向，厢长5m
环卫洒水车	SLS5080GSSE	100000	随州市力神专用汽车有限公司	（0722）3818777	上户吨位3.7t，容积4m^3，平头单排，朝阳4102增压机120马力，5速变速，750胎，厢长3.8m，前冲后洒，带炮，可自吸水
环卫洒水车	SLS5120GSSE	115000	随州市力神专用汽车有限公司	（0722）3818777	上户吨位7t，容积8m^3，长头驾驶室，玉柴4缸机140马力，5速变速，900胎，厢长4m，前冲后洒，带炮，可自吸水
环卫洒水车	SLS5122GSSE	160000	随州市力神专用汽车有限公司	（0722）3818777	上户吨位5t，容积7.5m^3，平头新款大标驾驶室，6速变速，153后桥，1000胎，康明斯160马力，前冲后洒，带炮，可自吸水
环卫洒水车	SLS5160GSSC	178000	随州市力神专用汽车有限公司	（0722）3818777	上户吨位8t，容积12m^3，平头带卧，大柴锡柴180马力，6速变速，8t桥（390），900胎
环卫洒水车	SLS5162GSSE	175000	随州市力神专用汽车有限公司	（0722）3818777	上户吨位7t，容积10m^3，平头新款大标驾驶室，6速变速，153后桥，1000胎，康明斯180马力，前冲后洒，带炮，可自吸水
环卫洒水车	SLS5250GSSC	245000	随州市力神专用汽车有限公司	（0722）3818777	上户吨位12t，容积15m^3，平头带卧驾驶室，大柴锡柴240马力，7速变速，457桥，1000胎
环卫洒水车	SLS5250GSSE	228000	随州市力神专用汽车有限公司	（0722）3818777	上户吨位12t，容积15m^3，平头带卧，康明斯210马力，6速变速，10t双后桥，1000胎，厢长7.2m，前冲后洒，带炮，可自吸水
绿化洒水车	东风 1208 双桥	241000	湖北大力专用汽车制造有限公司	（0722）7609688	吨位16～20t，多功能，平头带卧，康明斯加强型210马力，双桥
绿化洒水车	东风 1208 双桥	245000	随州市晨阳专用汽车销售有限公司	（0722）3801178	容积16～20m^3，多功能，平头带卧，康明斯加强型210马力，双桥
绿化洒水车	东风 1208 双桥	256000	湖北天威专用汽车有限公司	（0722）3308885	吨位16～20t，多功能，平头带卧，康明斯加强型210马力，双桥
绿化洒水车	东风 1230 后双桥	326000	随州市晨阳专用汽车销售有限公司	（0722）3801178	容积25～30m^3，多功能，平头带卧，康明斯加强型230马力，前四后八

产品名称	型号规格	参考价格（元）	生产厂家	电话	主要参数及备注
绿化洒水车	东风 1230 前四后八	322000	湖北大力专用汽车制造有限公司	（0722）7609688	吨位 25～30t，多功能，平头带卧，康明斯加强型 230 马力，前四后八
绿化洒水车	东风 1230 前四后八	344000	湖北天威专用汽车有限公司	（0722）3308885	吨位 25～30t，多功能，平头带卧，康明斯加强型 230 马力，前四后八
绿化洒水车	东风 1290	332000	湖北俊龙专用汽车有限公司	（0722）3309005	容量 25～32t，多功能，平头带卧，康明斯加强型，230 马力或 260 马力，前四后八轮
绿化洒水车	东风 1290 前四后八	332000	随州市东风专用汽车销售中心	（0722）3817209	容量 25～32t，多功能，平头带卧，康明斯加强型，230 马力或 260 马力，前四后八轮
绿化洒水车	东风 EQ1290	332000	随州市东风专用汽车有限公司	（0722）3308618	装水 25～32t，多功能，平头带卧，康明斯加强型，230 马力或 260，马力，前四后八轮
绿化洒水车	解放双桥	265000	湖北大力专用汽车制造有限公司	（0722）7609688	吨位 20～23t，多功能，平头带卧，后双桥，大连、无锡柴油机
绿化洒水车	解放双桥	269000	随州市晨阳专用汽车销售有限公司	（0722）3801178	容积 20～23m^3，多功能，平头带卧，后双桥，大连、无锡柴油机
绿化洒水车	解放双桥	287000	湖北天威专用汽车有限公司	（0722）3308885	吨位 20～23t，多功能，平头带卧，后双桥，大连、无锡柴油机
洒水货运两用车	东风平头	92000	湖北俊龙专用汽车有限公司	（0722）3309005	装水3.5t、5t，可绿化洒水，卸下水罐可拉货
洒水货运两用车	东风平头	92000	随州市东风专用汽车有限公司	（0722）3308618	装水3.5t、5t，可绿化洒水，卸下水罐可拉货
洒水货运两用车	东风平头	92000	随州市东风专用汽车销售中心	（0722）3817209	装水3.5t、5t，可绿化洒水，卸下水罐可拉货
洒水货运两用车	东风	64000	湖北大力专用汽车制造有限公司	（0722）7609688	吨位3.5t、5t，平时可绿化洒水，卸下水罐可拉货用
洒水货运两用车	东风	86000	湖北天威专用汽车有限公司	（0722）3308885	吨位3.5t、5t，平时可绿化洒水，卸下水罐可拉货用
洒水货运两用车	东风	68000	随州市晨阳专用汽车销售有限公司	（0722）3801178	容积3.5/5m^3，平时可绿化洒水，卸下水罐可拉货用
随车吊高空作业洒水车	东风 140	166000	湖北元通专用汽车有限公司	（0722）3332112	装水 5～6t，3t 2 节臂吊机
随车吊高空作业洒水车	东风 140	168000	湖北俊龙专用汽车有限公司	（0722）3309005	容量 5～6t，3t 2 节臂吊机，高空作业剪枝、修路灯、洒水喷药、随车吊装卸货物、拉树苗拉货，一车四用，3 节臂加 1.1 万元
随车吊高空作业洒水车	东风 140	168000	随州市东风专用汽车销售中心	（0722）3817209	容量 5～6t，3t 2 节臂吊机，高空作业剪枝、修路灯、洒水喷药、随车吊装卸货物、拉树苗拉货，一车四月
随车吊高空作业洒水车	东风 140	182000	湖北俊龙专用汽车有限公司	（0722）3309005	容量 6～8t，3t 2 节臂吊机，高空作业剪枝、修路灯、洒水喷药、随车吊装卸货物、拉树苗拉货，一车四用
随车吊高空作业洒水车	东风 140	193000	湖北俊龙专用汽车有限公司	（0722）3309005	容量 6～8t，10m，3t 3 节臂吊机，高空作业剪枝、修路灯、洒水喷药、随车吊装卸货物、拉树苗拉货，一车四用
随车吊高空作业洒水车	东风 140/47	176000	湖北元通专用汽车有限公司	（0722）3332112	装水 6～8t，3t 2 节臂吊机
随车吊高空作业洒水车	东风 140/47	182000	随州市东风专用汽车销售中心	（0722）3817209	装水 6～8t，3t 2 节臂吊机，高空作业剪枝、修路灯、洒水喷药、随车吊装卸货物、拉树苗拉货，一车四用
随车吊高空作业洒水车	东风 140/47	186000	湖北元通专用汽车有限公司	（0722）3332112	装水 6～8t，10m 高，3t 3 节臂吊机

产品名称	型号规格	参考价格(元)	生产厂家	电话	主要参数及备注
随车吊高空作业洒水车	东风 140/47	193000	随州市东风专用汽车销售中心	(0722)3817209	装水 6～8t,10m 高,3t 3 节臂吊机,高空作业剪枝、修路灯、洒水喷药、随车吊装卸货物、拉树苗拉货,一车四用
随车吊高空作业洒水车	东风 145	216000	湖北元通专用汽车有限公司	(0722)3332112	装水 7～9t,3t 2 节臂吊机
随车吊高空作业洒水车	东风 145	222000	湖北俊龙专用汽车有限公司	(0722)3309005	容量 7～9t,3t 2 节臂吊机,高空作业剪枝、修路灯、洒水喷药、随车吊装卸货物、拉树苗拉货,一车四用,三节臂加 1.1 万
随车吊高空作业洒水车	东风 145	222000	随州市东风专用汽车销售中心	(0722)3817209	装水 7～9t,3t 2 节臂吊机,高空作业剪枝、修路灯、洒水喷药、随车吊装卸货物、拉树苗拉货,一车四用
随车吊高空作业洒水车	东风 153	236000	湖北元通专用汽车有限公司	(0722)3332112	装水 8～10t,3t 2 节臂吊机
随车吊高空作业洒水车	东风 153	242000	湖北俊龙专用汽车有限公司	(0722)3309005	容量 8～10t,3t 2 节臂吊机,高空作业剪枝、修路灯、洒水喷药、随车吊装卸货物、拉树苗拉货,一车四用,三节臂加 1.1 万
随车吊高空作业洒水车	东风 153	242000	随州市东风专用汽车销售中心	(0722)3817209	装水 8～10t,3t 2 节臂吊机,高空作业剪枝、修路灯、洒水喷药、随车吊装卸货物、拉树苗拉货,一车四用
随车吊高空作业洒水车	东风平头 145	205000	随州双龙专用汽车有限公司	(0722)3242369	上户吨位 4t,容积 8～10m^3,康明斯 160 马力柴油机,配 2～3.2t 吊机,举升高度 6.8～9m
随车吊高空作业洒水车	东风平头 153	265000	随州双龙专用汽车有限公司	(0722)3242369	上户吨位 4.7t,容积 10～15m^3,康明斯 180 马力柴油机,配 5t 吊机,举升高度 10.5m
随车吊高空作业洒水车	东风平头多利卡	148000	随州双龙专用汽车有限公司	(0722)3242369	上户吨位 2.8t,容积 4m^3,朝柴 120 马力柴油机,配 2～3.2t 吊机,举升高度 6.8～9m
随车吊洒水车	东风 145	248000	湖北合力专用汽车制造有限公司	(0722)3989579	上户吨位 4.4t,容积 7～9m^3,康明斯 160 马力
随车吊洒水车	东风 145	248000	湖北东正专用汽车有限公司	(0722)3233567	上户吨位 4.4t,容积 7～9m^3,康明斯 160 马力柴油机,配 3.2t 吊机
随车吊洒水车	东风 145	248000	随州东正(惠通)专用汽车有限公司	(0722)3330357	上户吨位 4.4t,容积 7～9m^3,康明斯 160 马力柴油机,配 3.2t 吊机
随车吊洒水车	东风 145	248000	湖北程力专用汽车有限公司	(0722)7020979	上户吨位 4.4t,容积 7～9m^3,康明斯 160 马力柴油机,配 3.2t 吊机
随车吊洒水车	东风 145	248000	随州市天龙专用汽车有限公司	(0722)3330008	上户吨位 4.4t,容积 7～9m^3,康明斯 160 马力柴油机,配 3.2t 吊机
随车吊洒水车	东风 153	298000	湖北东正专用汽车有限公司	(0722)3233567	上户吨位 3.95t,容积 8～10m^3,康明斯 180 马力柴油机,配 5t 吊机
随车吊洒水车	东风 153	298000	随州东正(惠通)专用汽车有限公司	(0722)3330357	上户吨位 3.95t,容积 8～10m^3,康明斯 180 马力柴油机,配 5t 吊机
随车吊洒水车	东风 153	298000	湖北程力专用汽车有限公司	(0722)7020979	上户吨位 3.95t,容积 8～10m^3,康明斯 180 马力柴油机,配 5t 吊机
随车吊洒水车	东风 153	298000	随州市天龙专用汽车有限公司	(0722)3330008	上户吨位 3.95t,容积 8～10m^3,康明斯 180 马力柴油机,配 5t 吊机

产品名称	型号规格	参考价格（元）	生产厂家	电话	主要参数及备注
随车吊洒水车	东风双桥	358000	湖北东正专用汽车有限公司	(0722) 3233567	上户吨位9.4t，容积12～15m^3，康明斯210马力柴油机，配5t吊机
随车吊洒水车	东风双桥	358000	随州东正（惠通）专用汽车有限公司	(0722) 3330357	上户吨位9.4t，容积12～15m^3，康明斯210马力柴油机，配5t吊机
随车吊洒水车	东风双桥	358000	湖北程力专用汽车有限公司	(0722) 7020979	上户吨位9.4t，容积12～15m^3，康明斯210马力柴油机，配5t吊机
随车吊洒水车	东风双桥	358000	随州市天龙专用汽车有限公司	(0722) 3330008	上户吨位9.4t，容积12～15m^3，康明斯210马力柴油机，配5t吊机
随车吊洒水车	尖头140	159000	湖北合力专用汽车制造有限公司	(0722) 3989579	上户吨位4t，容积6～7m^3，135马力汽油发动机，玉柴140马力柴油机加2.5万元，配3.2t吊机
随车吊洒水车	尖头140	159000	湖北东正专用汽车有限公司	(0722) 3233567	上户吨位4t，容积6～7m^3，135马力汽油发动机，玉柴140马力柴油机加2.5万元，配3.2t吊机
随车吊洒水车	尖头140	159000	随州东正（惠通）专用汽车有限公司	(0722) 3330357	上户吨位4t，容积6～7m^3，135马力汽油发动机，玉柴140马力柴油机加2.5万元，配3.2t吊机
随车吊洒水车	尖头140	159000	湖北程力专用汽车有限公司	(0722) 7020979	上户吨位4t，容积6～7m^3，135马力汽油发动机，玉柴140马力柴油机加2.5万元，配3.2t吊机
随车吊洒水车	尖头140	159000	随州市天龙专用汽车有限公司	(0722) 3330008	上户吨位4t，容积6～7m^3，135马力汽油发动机，玉柴140马力柴油机加2.5万元，配3.2t吊机
随车吊洒水车	尖头140/47	165000	湖北合力专用汽车制造有限公司	(0722) 3989579	上户吨位4.5t，容积6～8m^3，135马力汽油发动机，玉柴140马力柴油机加2.5万元，配3.2t吊机
随车吊洒水车	尖头140/47	165000	湖北东正专用汽车有限公司	(0722) 3233567	上户吨位4.5t，容积6～8m^3，135马力汽油发动机，玉柴140马力柴油机加2.5万元，配3.2t吊机
随车吊洒水车	尖头140/47	165000	随州东正（惠通）专用汽车有限公司	(0722) 3330357	上户吨位4.5t，容积6～8m^3，135马力汽油发动机，玉柴140马力柴油机加2.5万元，配3.2t吊机
随车吊洒水车	尖头140/47	165000	湖北程力专用汽车有限公司	(0722) 7020979	上户吨位4.5t，容积6～8m^3，135马力汽油发动机，玉柴140马力柴油机加2.5万元，配3.2t吊机
随车吊洒水车	尖头140/47	165000	随州市天龙专用汽车有限公司	(0722) 3330008	上户吨位4.5t，容积6～8m^3，135马力汽油发动机，玉柴140马力柴油机加2.5万元，配3.2t吊机

5.2.8 加油车

产品名称	型号规格	参考价格（元）	生产厂家	电话	主要参数及备注
加油车	东风尖头140	103000	湖北俊龙专用汽车有限公司	(0722) 3309005	上户吨位4.5t，容积6～8m^3，玉柴发动机140马力，长头（尖头）驾驶室，厢长4.05m
加油车	东风尖头140	103000	湖北元通专用汽车有限公司	(0722) 3332112	上户吨位4.5t，容积6～8m^3，玉柴发动机，140马力，长头（尖头）驾驶室，厢长4.05m
加油车	东风尖头140	103000	随州市东风专用汽车有限公司	(0722) 3308618	上户吨位4.5t，容积6～8m^3，玉柴发动机，140马力，长头（尖头）驾驶室，厢长4.05m

产品名称	型号规格	参考价格(元)	生产厂家	电话	主要参数及备注
加油车	东风尖头 140	103000	随州市东风专用汽车销售中心	(0722)3817209	上户吨位4.5t,容积6～8m³,长头(尖头)驾驶室,玉柴发动机,140马力,厢长4.05m
加油车	东风尖头 140/47	117000	湖北俊龙专用汽车有限公司	(0722)3309005	上户吨位4.7t、7.5t,容积8～12m³,玉柴发动机,140马力,长头(尖头)驾驶室,厢长5.15m
加油车	东风尖头 140/47	117000	随州市东风专用汽车有限公司	(0722)3308618	上户吨位4.7t、7.5t,容积8～12m³,玉柴发动机140马力,长头(尖头)驾驶室,厢长5.15m
加油车	东风尖头 140/47	117000	随州市东风专用汽车销售中心	(0722)3817209	上户吨位4.7t、7.5t,容积8～12m³,长头(尖头)驾驶室,玉柴发动机140马力,厢长5.15m
加油车	东风尖头 140/47	117000	湖北元通专用汽车有限公司	(0722)3332112	上户吨位4.7t、7.5t,容积8～12m³,玉柴发动机140马力,长头(尖头)驾驶室,厢长5.15m
加油车	东风平头 1141G7DJ2(153)	182000	随州双龙专用汽车有限公司	(0722)3242369	额定载质量7980kg,容积12～15m³,康明斯180马力增压柴油机,单桥,长6.2m
加油车	东风平头 1141G7DJ2(153)	182000	湖北华胜特种汽车制造有限公司	(0722)3315993	额定载质量7980kg,容积12～15m³,康明斯180马力增压柴油机,单桥,长6.2m
加油车	东风平头 1208GJ5	225000	随州双龙专用汽车有限公司	(0722)3242369	额定载质量10700kg,容积15～18m³,平头单排带卧,康明斯发动机210马力增压机,双后桥,长7.2m
加油车	东风平头 1208GJ5	225000	湖北华胜特种汽车制造有限公司	(0722)3315993	额定载质量10700kg,容积15～18m³,平头单排带卧,康明斯发动机210马力增压机,双后桥,长7.2m
加油车	东风平头 1208GJ6	236000	随州双龙专用汽车有限公司	(0722)3242369	额定载质量10500kg,容积16～23m³,平头单排带卧,康明斯210马力增压机,双后桥,长8.6m
加油车	东风平头 1208GJ6	236000	湖北华胜特种汽车制造有限公司	(0722)3315993	额定载质量10500kg,容积16～23m³,平头单排带卧,康明斯210马力增压机,双后桥,长8.6m
加油车	东风平头 1208GJ7	245000	随州双龙专用汽车有限公司	(0722)3242369	额定载质量11305kg,容积20～25m³,平头单排带卧,康明斯210马力增压机,双后桥,长9.5m
加油车	东风平头 1208GJ7	245000	湖北华胜特种汽车制造有限公司	(0722)3315993	额定载质量11305kg,容积20～25m³,平头单排带卧,康明斯210马力增压机,双后桥,长9.5m
加油车	东风平头 145	154000	湖北俊龙专用汽车有限公司	(0722)3309005	上户吨位4.6t、6t,容积7～12m³,康明斯发动机160马力,平头带卧驾驶室,厢长4.8m
加油车	东风平头 145	154000	随州市东风专用汽车有限公司	(0722)3308618	上户吨位4.6t、6t,容积7～12m³,康明斯发动机160马力,平头带卧驾驶室,厢长4.8m
加油车	东风平头 145	154000	随州市东风专用汽车销售中心	(0722)3817209	上户吨位4.6t、6t,容积7～12m³,平头带卧驾驶室,康明斯发动机,160马力,厢长4.8m
加油车	东风平头 145	154000	湖北元通专用汽车有限公司	(0722)3332112	上户吨位4.6t、6t,容积7～12m³,康明斯发动机,160马力,平头带卧驾驶室,厢长4.8m
加油车	东风平头 145	160000	湖北俊龙专用汽车有限公司	(0722)3309005	上户吨位5.2t、7t,容积10～14m³,康明斯发动机160马力,平头带卧驾驶室,厢长6.1m
加油车	东风平头 145	160000	随州市东风专用汽车有限公司	(0722)3308618	上户吨位5.2t、7t,容积10～14m³,康明斯发动机,160马力,平头带卧驾驶室,厢长6.1m

产品名称	型号规格	参考价格（元）	生产厂家	电话	主要参数及备注
加油车	东风平头145	160000	随州市东风专用汽车销售中心	(0722)3817209	上户吨位5.2t、7t,容积10～14m³,平头带卧驾驶室,康明斯发动机,160马力,厢长6.1m
加油车	东风平头145	160000	湖北元通专用汽车有限公司	(0722)3332112	上户吨位5.2t、7t,容积10～14m³,康明斯发动机,160马力,平头带卧驾驶室,厢长6.1m
加油车	东风平头153	186000	湖北俊龙专用汽车有限公司	(0722)3309005	上户吨位7t、8.5t,容积10～16m³,康明斯发动机,180马力,平头带卧驾驶室,厢长5.3m
加油车	东风平头153	186000	随州市东风专用汽车有限公司	(0722)3308618	上户吨位7t、8.5t,容积10～16m³,康明斯发动机,180马力,平头带卧驾驶室,厢长5.3m
加油车	东风平头153	186000	随州市东风专用汽车销售中心	(0722)3817209	上户吨位7t、8.5t,容积10～16m³,平头带卧驾驶室,康明斯发动机,180马力,厢长5.3m
加油车	东风平头153	186000	湖北元通专用汽车有限公司	(0722)3332112	上户吨位7t、8.5t,容积10～16m³,康明斯发动机,180马力,平头带卧驾驶室,厢长5.3m
加油车	东风平头153	195000	湖北俊龙专用汽车有限公司	(0722)3309005	上户吨位7.5t、8.4t,容积10～18m³,康明斯发动机,180马力,平头带卧驾驶室,厢长6.1m
加油车	东风平头153	195000	随州市东风专用汽车有限公司	(0722)3308618	上户吨位7.5t、8.4t,容积10～18m³,康明斯发动机,180马力,平头带卧驾驶室,厢长6.1m
加油车	东风平头153	195000	随州市东风专用汽车销售中心	(0722)3817209	上户吨位7.5t、8.4t,容积10～18m³,平头带卧驾驶室,康明斯发动机,180马力,厢长6.1m
加油车	东风平头153	195000	湖北元通专用汽车有限公司	(0722)3332112	上户吨位7.5t、8.4t,容积10～18m³,康明斯发动机,180马力,平头带卧驾驶室,厢长6.1m
加油车	东风前4后4	234000	湖北俊龙专用汽车有限公司	(0722)3309005	上户吨位9.6t、14.5t,容积16～24m³,康明斯发动机210马力,高顶双卧驾驶室,厢长8m、8.5m
加油车	东风前4后4	234000	随州市东风专用汽车有限公司	(0722)3308618	上户吨位9.6t、14.5t,容积16～24m³,康明斯发动机210马力,高顶双卧驾驶室,厢长8m、8.5m
加油车	东风前4后4	234000	随州市东风专用汽车销售中心	(0722)3817209	上户吨位9.6t、14.5t,容积16～24m³,高顶双卧驾驶室,康明斯发动机210马力,厢长8m、8.5m
加油车	东风前4后4	234000	湖北元通专用汽车有限公司	(0722)3332112	上户吨位9.6t、14.5t,容积16～24m³,康明斯发动机210马力,高顶双卧驾驶室,厢长8m、8.5m
加油车	东风三平	116000	湖北俊龙专用汽车有限公司	(0722)3309005	上户吨位3t,容积6～10m³,风神6缸机,140马力,平头一排半驾驶室,厢长5.65m,加长型
加油车	东风三平柴	105000	湖北俊龙专用汽车有限公司	(0722)3309005	上户吨位3t,容积5～8m³,风神6缸机,140马力,平头一排半驾驶室,厢长4.65m
加油车	东风三平柴	105000	湖北元通专用汽车有限公司	(0722)3332112	上户吨位3t,容积5～8m³,风神六缸140马力发动机,平头一排半驾驶室,厢长4.65m
加油车	东风三平柴	105000	随州市东风专用汽车有限公司	(0722)3308618	上户吨位3t,容积5～8m³,风神六缸140马力发动机,平头一排半驾驶室,厢长4.65m
加油车	东风三平柴	105000	随州市东风专用汽车销售中心	(0722)3817209	上户吨位3t,容积5～8m³,平头一排半驾驶室,风神六缸140马力发动机,厢长4.65m
加油车	东风三平柴	116000	湖北元通专用汽车有限公司	(0722)3332112	上户吨位3t,容积6～10m³,风神六缸140马力发动机,平头一排半驾驶室,厢长5.65m,加长型

产品名称	型号规格	参考价格（元）	生产厂家	电话	主要参数及备注
加油车	东风三平柴	116000	随州市东风专用汽车销售中心	(0722)3817209	上户吨位3t,容积6~10m^3,平头一排半驾驶室,风神六缸140马力发动机,加长型,厢长5.65m
加油车	东风三平柴	116000	随州市东风专用汽车有限公司	(0722)3308618	上户吨位3t,容积6~10m^3,风神六缸140马力发动机,平头一排半驾驶室,厢长5.65m
加油车	东风小霸王	99000	湖北成龙威专用汽车有限公司	(0722)3308899	上户吨位5~6t,多功能,平头,朝阳柴油机,加强型
加油车	东风小霸王	66500	湖北元通专用汽车有限公司	(0722)3332112	上户吨位1.5t,容积3~4m^3,云内80马力柴油机,平头单排驾驶室,厢长3.8m
加油车	东风小霸王	66500	随州市东风专用汽车有限公司	(0722)3308618	上户吨位1.5t,容积3~4m^3,云内80马力柴油机,平头单排驾驶室,厢长3.8m
加油车	东风小霸王	67000	随州市东风专用汽车销售中心	(0722)3817209	上户吨位1.5t,容积3~4m^3,平头单排驾驶室,云内80马力柴油机,厢长3.8m
加油车	东风小霸王	76500	湖北俊龙专用汽车有限公司	(0722)3309005	上户吨位1.5t,容积3~4m^3,云内80马力柴油机,平头单排驾驶室,厢长3.8m
加油车	东风小霸王	77500	湖北俊龙专用汽车有限公司	(0722)3309005	上户吨位1.5t,容积4~5m^3,云内或朝柴95马力,平头单排驾驶室,厢长4.3m
加油车	东风小霸王	77500	湖北元通专用汽车有限公司	(0722)3332112	上户吨位1.5t,容积4~5m^3,云内或朝柴95马力,平头单排驾驶室,厢长4.3m
加油车	东风小霸王	77500	随州市东风专用汽车有限公司	(0722)3308618	上户吨位1.5t,容积4~5m^3,云内或朝柴95马力,平头单排驾驶室,厢长4.3m
加油车	东风小霸王	78000	随州市东风专用汽车销售中心	(0722)3817209	上户吨位1.5t,容积4~5m^3,平头单排驾驶室,云内或朝柴95马力,厢长4.3m
加油车	东风小霸王	99000	湖北天威专用汽车有限公司	(0722)3308885	上户吨位5~6t,多功能,平头,朝阳柴油机
加油车	东风小金霸	92000	随州东正(惠通)专用汽车有限公司	(0722)3330357	上户吨位1.5t,容积3~5m^3,玉柴发动机90马力柴油机,带税控加油机
加油车	东风致福小卡	62000	随州东正(惠通)专用汽车有限公司	(0722)3330357	容积3~4m^3,485发动机,带税控加油机
加油车	解放CA1126	167000	湖北俊龙专用汽车有限公司	(0722)3309005	上户吨位6t,容积10~12m^3,锡柴180马力,平头带卧驾驶室,厢长5.1m
加油车	解放CA1126	177000	湖北俊龙专用汽车有限公司	(0722)3309005	上户吨位5t,容积15~18m^3,锡柴180马力,平头带卧驾驶室,厢长6.14m
加油车	解放CA1126	177000	湖北元通专用汽车有限公司	(0722)3332112	上户吨位5t,容积15~18m^3,锡柴180马力,平头带卧驾驶室,厢长6.14m
加油车	解放CA1126	177000	随州市东风专用汽车有限公司	(0722)3308618	上户吨位5t,容积15~18m^3,锡柴180马力,平头带卧驾驶室,厢长6.14m
加油车	解放CA1126	177000	随州市东风专用汽车销售中心	(0722)3817209	上户吨位5t,容积15~18m^3,平头带卧驾驶室,锡柴180马力,厢长6.14m
加油车	解放CA1126	167000	湖北元通专用汽车有限公司	(0722)3332112	上户吨位6t,容积10~12m^3,锡柴180马力,平头带卧驾驶室,厢长5.1m

产品名称	型号规格	参考价格(元)	生产厂家	电话	主要参数及备注
加油车	解放 CA1126	167000	随州市东风专用汽车有限公司	(0722)3308618	上户吨位6t,容积10~12m^3,锡柴180马力,平头带卧驾驶室,厢长5.1m
加油车	解放 CA1126	167000	随州市东风专用汽车销售中心	(0722)3817209	上户吨位6t,容积10~12m^3,平头带卧驾驶室,锡柴180马力,厢长5.1m
加油车	解放 CA1166	177000	湖北元通专用汽车有限公司	(0722)3332112	上户吨位8t,容积15~18m^3,锡柴180马力,平头带卧驾驶室,厢长6.14m
加油车	解放 CA1166	177000	随州市东风专用汽车有限公司	(0722)3308618	上户吨位8t,容积15~18m^3,锡柴180马力,平头带卧驾驶室,厢长6.14m
加油车	解放 CA5253 前四后四	231000	随州市东风专用汽车有限公司	(0722)3308618	上户吨位9.8t、14t,容积20~25m^3,锡柴220马力,平头带卧驾驶室,厢长8.5m
加油车	解放平头1228	275000	湖北华胜特种汽车制造有限公司	(0722)3315993	额定载质量10000kg,容积20~25m^3,大柴、锡柴240~260马力,1000轮胎,双后桥,厢长9.5m
加油车	解放平头1250	236000	随州双龙专用汽车有限公司	(0722)3242369	额定载质量14000kg,容积20~23m^3,大柴、锡柴240马力,1000胎,三桥,双后桥,长7.7m
加油车	解放平头1250	236000	湖北华胜特种汽车制造有限公司	(0722)3315993	额定载质量14000kg,容积20~23m^3,大柴、锡柴240马力,1000胎,三桥,双后桥,长7.7m
加油车	解放平头5250	195000	随州双龙专用汽车有限公司	(0722)3242369	额定载质量14980kg,容积20~25m^3,小三轴
加油车	解放平头柴	131000	湖北天威专用汽车有限公司	(0722)3308885	上户吨位6~8t,一汽解放柴油环保机,122马力,厢长5.4m
加油车	解放平头柴	182000	湖北天威专用汽车有限公司	(0722)3308885	上户吨位8~12t,一汽解放柴油环保机,180马力,厢长5.1m
加油车	解放平头柴	192000	湖北天威专用汽车有限公司	(0722)3308885	上户吨位10~15t,一汽解放柴油环保机,170马力、180马力可选,厢长6.2m
加油车	解放平头柴	196000	湖北天威专用汽车有限公司	(0722)3308885	上户吨位15~17t,一汽解放柴油环保机,170马力、180马力可选,厢长6.2m
加油车	解放平头柴(5.1m)	182000	湖北成龙威专用汽车有限公司	(0722)3308899	上户吨位8~12t,一汽解放柴油环保机,180马力,厢长5.1m
加油车	解放平头柴(5.4m)	131000	湖北成龙威专用汽车有限公司	(0722)3308899	上户吨位6~8t,一汽解放柴油环保机,122马力,厢长5.4m
加油车	解放平头柴(6.2m)	192000	湖北成龙威专用汽车有限公司	(0722)3308899	上户吨位10~15t,一汽解放柴油环保机,170马力、180马力可选,厢长6.2m
加油车	解放平头柴(6.2m)	196000	湖北成龙威专用汽车有限公司	(0722)3308899	上户吨位15~17t,一汽解放柴油环保机,170马力、180马力可选,厢长6.2m
加油车	解放前四后八	309000	湖北成龙威专用汽车有限公司	(0722)3308899	上户吨位26~30t,一汽解放柴油环保机,240马力、260马力可选
加油车	解放前四后八	309000	湖北天威专用汽车有限公司	(0722)3308885	上户吨位26~30t,一汽解放柴油环保机,240马力、260马力可选
加油车	解放前四后八	313000	湖北成龙威专用汽车有限公司	(0722)3308899	上户吨位29~32t,一汽解放柴油环保机,240马力、280马力
加油车	解放前四后八	313000	湖北天威专用汽车有限公司	(0722)3308885	上户吨位29~32t,一汽解放柴油环保机,240马力、280马力
加油车	解放前四后八	323000	湖北成龙威专用汽车有限公司	(0722)3308899	上户吨位38.5~39.5t,一汽解放柴油环保机,280马力

产品名称	型号规格	参考价格(元)	生产厂家	电话	主要参数及备注
加油车	解放前四后八	323000	湖北天威专用汽车有限公司	(0722)3308885	上户吨位38.5～39.5t,一汽解放柴油环保机,280马力
加油车	解放前四后八	325000	湖北成龙威专用汽车有限公司	(0722)3308899	上户吨位38～40t,一汽解放柴油环保机,280马力
加油车	解放前四后八	325000	湖北天威专用汽车有限公司	(0722)3308885	上户吨位38～40t,一汽解放柴油环保机,280马力
加油车	解放前四后十	385000	湖北成龙威专用汽车有限公司	(0722)3308899	上户吨位39～42t,一汽解放柴油环保机,280马力
加油车	解放前四后十	385000	湖北天威专用汽车有限公司	(0722)3308885	上户吨位39～42t,一汽解放柴油环保机,280马力
加油车	解放双桥	260000	湖北天威专用汽车有限公司	(0722)3308885	上户吨位22～23t,一汽解放柴油环保机,220马力、240马力、260马力可选,厢长7.2m
加油车	解放双桥	256000	湖北天威专用汽车有限公司	(0722)3308885	上户吨位25～26t,一汽解放柴油环保机,220马力马力、240马力、280马力可选,厢长7.6m
加油车	解放双桥(7.2m)	256000	湖北成龙威专用汽车有限公司	(0722)3308899	上户吨位25～26t,一汽解放柴油环保机,220马力、240马力、280马力可选,厢长7.2m
加油车	解放双桥(7.6m)	260000	湖北成龙威专用汽车有限公司	(0722)3308899	上户吨位22～23t,一汽解放柴油环保机,220马力、240马力、260马力可选,厢长7.6m
加油车	欧曼 BJ1043	77000	湖北俊龙专用汽车有限公司	(0722)3309005	上户吨位1.3t,容积3～4m³,平头单排驾驶室,朝柴或云内发动机95马力,厢长3.8m
加油车	欧曼 BJ1043	77000	湖北元通专用汽车有限公司	(0722)3332112	上户吨位1.3t,容积3～4m³,平头单排驾驶室,朝柴或云内发动机95马力,厢长3.8m
加油车	欧曼 BJ1043	77000	随州市东风专用汽车有限公司	(0722)3308618	上户吨位1.3t,容积3～4m³,平头单排驾驶室,朝柴或云内发动机95马力,厢长3.8m
加油车	欧曼 BJ1043	77000	随州市东风专用汽车销售中心	(0722)3817209	上户吨位1.3t,容积3～4m³,平头单排驾驶室,朝柴或云内95马力发动机,厢长3.8m
加油车	欧曼 BJ1138	149000	湖北俊龙专用汽车有限公司	(0722)3309005	上户吨位6t,容积10～16m³,平头带卧驾驶室,帕金斯发动机,160马力,厢长6.2m
加油车	欧曼 BJ1138	149000	湖北元通专用汽车有限公司	(0722)3332112	上户吨位6t,容积10～16m³,平头带卧驾驶室,帕金斯发动机160马力,厢长6.2m
加油车	欧曼 BJ1138	149000	随州市东风专用汽车有限公司	(0722)3308618	上户吨位6t,容积10～16m³,平头带卧驾驶室,帕金斯发动机160马力,厢长6.2m
加油车	欧曼 BJ1138	149000	随州市东风专用汽车销售中心	(0722)3817209	上户吨位6t,容积10～16m³,平头带卧驾驶室,帕金斯发动机160马力,厢长6.2m
加油车	东风金霸	129000	湖北江南专用特种汽车有限公司	(0722)3328333	额定载质量1900kg,容积5～6m³,平头单排,气制动,助力方向,700轮胎,可选配电脑税控加油机,厢长4.3m
加油车	福田轻卡流动	125000	湖北江南专用特种汽车有限公司	(0722)3328333	额定载质量3000kg,容积6～8m³,新型加宽驾驶室,扬柴、朝柴发动机,排放标准国Ⅲ,6速变速器
加油车	解放单桥	233000	湖北江南专用特种汽车有限公司	(0722)3328333	额定载质量7000kg,容积12～18m³,平头单桥带卧,悍威驾驶室,解放大柴180马力,6速变速器
加油车	解放轻卡	149000	湖北江南专用特种汽车有限公司	(0722)3328333	额定载质量3150kg,容积6～10m³,解放锡柴发动机,8.25－16轮胎,6速变速器

产品名称	型号规格	参考价格(元)	生产厂家	电话	主要参数及备注
加油车	柳州乘龙高顶双卧前四后八轮	295000	随州双龙专用汽车有限公司	(0722)3242369	额定载质量16500kg,容积20~30m^3,玉柴240马力、255马力发动机,8速变速器,1100胎,厢长9.5m
加油车	柳州乘龙高顶双卧前四后八轮	295000	湖北华胜特种汽车制造有限公司	(0722)3315993	额定载质量16500kg,容积20~30m^3,玉柴240马力、255马力,8速变速器,1100胎,厢长9.5m
加油车	欧曼单桥	189000	湖北江南专用特种汽车有限公司	(0722)3328333	额定载质量8805kg,容积12~18m^3,平顶单卧驾驶室,170马力锡柴发动机,大同6速变速器,9.00-20尼龙轮胎,厢长6.2m
加油车	欧曼后双桥	289000	湖北江南专用特种汽车有限公司	(0722)3328333	额定载质量15305kg,容积23~30m^3,平顶单卧驾驶室,240马力上柴发动机,10.00-20尼龙轮胎、陕齿8速变速器
加油车	欧曼前四后八	329000	湖北江南专用特种汽车有限公司	(0722)3328333	额定载质量16805kg,容积25~45m^3,高顶双卧驾驶室,上柴发动机,陕齿9速变速器,11.00-20尼龙轮胎
加油车	斯太尔单桥	199000	湖北江南专用特种汽车有限公司	(0722)3328333	额定载质量7980kg,容积13~18m^3,平顶驾驶室,玉柴发动机,6速变速器,10.00-20尼龙胎
加油车	斯太尔后双桥	298000	湖北江南专用特种汽车有限公司	(0722)3328333	额定载质量13000kg,容积20~30m^3,高顶双卧驾驶室,高压共轨发动机,HW10变速器,11.00-20尼龙胎
加油车	重汽斯太尔前四后八轮	315000	随州双龙专用汽车有限公司	(0722)3242369	额定载质量17800kg,容积25~35m^3,潍柴260马力发动机,9速变速器,1100胎
加油车	重汽斯太尔前四后八轮	315000	湖北华胜特种汽车制造有限公司	(0722)3315993	额定载质量17800kg,容积25~35m^3,潍柴260马力发动机,9速变速器,1100胎
电脑加油车	东风小霸王	96000	湖北成龙威专用汽车有限公司	(0722)3308899	上户吨位4~5t,多功能,平头,云内柴油机
电脑加油车	东风小霸王	96000	湖北天威专用汽车有限公司	(0722)3308885	上户吨位4~5t,多功能,平头,云内柴油机
流动加油车	北京福田BJ1043	82000	随州双龙专用汽车有限公司	(0722)3242369	额定载质量1300kg,容积2~4m^3,云内、朝柴95马力,可翻转驾驶室,带加油机
流动加油车	北京福田BJ1043	82000	湖北华胜特种汽车制造有限公司	(0722)3315993	额定载质量1300kg,容积2~4m^3,云内、朝柴95马力,可翻转驾驶室,带加油机
流动加油车	解放平头CA1041	81000	随州双龙专用汽车有限公司	(0722)3242369	额定载质量1500kg,容积3~4m^3,大柴100马力,可翻转驾驶室,带加油机
流动加油车	解放平头CA1041	81000	湖北华胜特种汽车制造有限公司	(0722)3315993	额定载质量1500kg,容积3~4m^3,大柴100马力,可翻转驾驶室,带加油机
流动加油车	欧曼BJ1046	82000	湖北俊龙专用汽车有限公司	(0722)3309005	上户吨位1.5t,容积3~4m^3,平头单排驾驶室,朝柴或云内发动机95马力,厢长4.2m
流动加油车	欧曼BJ1046	82000	湖北元通专用汽车有限公司	(0722)3332112	上户吨位1.5t,容积3~4m^3,平头单排驾驶室,朝柴或云内发动机95马力,厢长4.2m
流动加油车	欧曼BJ1046	82000	随州市东风专用汽车销售中心	(0722)3817209	上户吨位1.5t,容积3~4m^3,平头单排驾驶室,朝柴或云内95马力发动机,厢长4.2m
流动加油车	欧曼BJ1046	82000	随州市东风专用汽车有限公司	(0722)3308618	上户吨位1.5t,容积3~4m^3,平头单排驾驶室,朝柴或云内发动机95马力,厢长4.2m

产品名称	型号规格	参考价格(元)	生产厂家	电话	主要参数及备注
流动加油车	欧曼 BJ1049	105000	湖北俊龙专用汽车有限公司	(0722)3309005	上户吨位1.5t,容积3~5m^3,平头单排驾驶室,发动机型号493ZLQ,厢长4.2m
流动加油车	欧曼 BJ1049	105000	湖北元通专用汽车有限公司	(0722)3332112	上户吨位1.5t,容积3~5m^3,平头单排驾驶室,发动机型号493ZLQ,厢长4.2m
流动加油车	欧曼 BJ1049	105000	随州市东风专用汽车销售中心	(0722)3817209	上户吨位1.5t,容积3~5m^3,平头单排驾驶室,发动机型号493ZLQ,厢长4.2m
流动加油车	欧曼 BJ1049	105000	随州市东风专用汽车有限公司	(0722)3308618	上户吨位1.5t,容积3~5m^3,平头单排驾驶室,发动机型号493ZLQ,厢长4.2m

5.2.9 清障车

产品名称	型号规格	参考价格(元)	生产厂家	电话	主要参数及备注
清障车	东风 140	184000	湖北东日专用汽车有限公司	(0722)3801285	底盘型号 EQ1100FKJ,4缸,经济型,排放标准国Ⅲ
清障车	东风 140	194000	湖北东日专用汽车有限公司	(0722)3801285	底盘型号 EQ1100FKJ,6缸,经济型,排放标准国Ⅲ
清障车	东风 140	202000	湖北东日专用汽车有限公司	(0722)3801285	底盘型号 EQ1100FKJ,标准型,排放标准国Ⅲ
清障车	东风 140	190000	随州五环同盛专用汽车有限公司	(0722)3586612	尖头单排,玉柴140马力,托举2805kg,牵引3000kg
清障车	东风 140	198000	湖北江南东风专用特种汽车改装厂	(0722)3588620	玉柴发动机,140马力,额定拖举3t,牵引5t,拖吊型
清障车	东风 140 尖头	190000	随州市广益专用汽车销售有限公司	(0722)3813608	尖头单排,玉柴140马力发动机,托举2805kg,牵引3000kg
清障车	东风 145	245000	湖北江南东风专用特种汽车改装厂	(0722)3588620	托举质量2355kg,牵引质量10000kg,康明斯170马力,钢丝绳长度30m,吊5t,最大起吊高度3420mm,单卷扬,拖吊连体型
清障车	东风 145	250000	随州五环同盛专用汽车有限公司	(0722)3586612	平头单排,康明斯160马力发动机,托举2855kg,牵引5000kg×2
清障车	东风 145	250000	随州市广益专用汽车销售有限公司	(0722)3813608	平头单排,康明斯160马力发动机,托举2855kg,牵引5000kg×2
清障车	东风 145	328000	随州市天龙专用汽车有限公司	(0722)3330008	平头,带卧,康明斯增压发动机,160马力、180马力、185马力,6速变速器,900轮胎,拖吊连体型,排放标准欧Ⅲ
清障车	东风 153	185000	随州五环同盛专用汽车有限公司	(0722)3586612	平头单排,康明斯180马力发动机,托举2855kg,牵引5000kg×2
清障车	东风 153	263000	湖北江南东风专用特种汽车改装厂	(0722)3588620	康明斯发动机,190马力发动机,额定拖举5t,牵引15t,拖吊分离型
清障车	东风 153	265000	湖北江南东风专用特种汽车改装厂	(0722)3588620	托举质量4700kg,牵引质量10000kg,康明斯190马力,钢丝绳长度30m,吊5t,最大起吊高度3520mm,拖吊连体型
清障车	东风 153	338000	随州市天龙专用汽车有限公司	(0722)3330008	平头,带卧,康明斯发动机,180马力、185马力,6速变速器,900轮胎,拖吊连体型,排放标准欧Ⅲ
清障车	东风 153 平头	285000	随州市广益专用汽车销售有限公司	(0722)3813608	平头单排,康明斯180马力发动机,托举2855kg,牵引5000kg×2

产品名称	型号规格	参考价格（元）	生产厂家	电话	主要参数及备注
清障车	东风 1061	169000	湖北华胜特种汽车制造有限公司	(0722)3315993	托举质量 1305kg，牵引质量 3000kg，朝柴 120 马力发动机，拖吊连体钢丝绳长度 21m，可带 1.5t 吊，最大起吊高度 3.3m
清障车	东风 1071 轻卡	178000	湖北华胜特种汽车制造有限公司	(0722)3315993	托举质量 550kg，牵引质量 3000kg，东风 EQ6102DT－20，140 马力，平板一拖二型，平板尺寸（mm）：5240×2100，钢丝绳长度 21m
清障车	东风 1092	195000	湖北华胜特种汽车制造有限公司	(0722)3315993	托举质量 2805kg，牵引质量 3000kg，尖头玉柴 143 马力，钢丝绳长度 2m，可带 1.5t 吊，最大起吊高度 3.52m
清障车	东风 1108	279000	湖北华胜特种汽车制造有限公司	(0722)3315993	托举质量 2855kg，牵引质量 10000kg，康明斯 160 马力，钢丝绳长度 30m，可带 5t 吊，最大起吊高度 3.52m，单卷扬，液压支腿
清障车	东风 1141	297000	湖北华胜特种汽车制造有限公司	(0722)3315993	托举质量 2855kg，牵引质量 10000kg，东风康明斯 EQB180－20，180 马力，钢丝绳长度 30m，可带 5t 吊，最大起吊高度 3.52m，单卷扬，液压支腿
清障车	东风 1141	324000	湖北大力专用汽车制造有限公司	(0722)7609688	额定载质量 2760kg
清障车	东风 1141	328000	随州市晨阳专用汽车销售有限公司	(0722)3801178	额定载质量 2760kg
清障车	东风 1141 型	328000	湖北江南专用特种汽车有限公司	(0722)3328333	额定载质量 2760kg
清障车	东风 1208	465000	湖北华胜特种汽车制造有限公司	(0722)3315993	托举质量 4208kg，牵引质量 20000kg，东风康明斯 EQB210－20，210 马力，钢丝绳长度 4m，可带 8t 吊，最大起吊高度 9.6m，单卷扬，液压支腿
清障车	东风 3061	152000	湖北华胜特种汽车制造有限公司	(0722)3315993	托举质量 845kg，牵引质量 3000kg，朝柴 120 马力，平板一拖二型，平板尺寸（mm）：5240×2100，钢丝绳长度 21m
清障车	东风多功能	272000	湖北东日专用汽车有限公司	(0722)3801285	底盘型号 EQ1120GLJ，5t 四节臂
清障车	东风多功能	306000	湖北东日专用汽车有限公司	(0722)3801285	底盘型号 EQ1120GLJ，8t 四节臂
清障车	东风多利卡	135000	湖北江南东风专用特种汽车改装厂	(0722)3588620	托举质量 1800kg，牵引质量 3000kg，朝柴 120 马力，平板一拖二型，平板尺寸（mm）：5240×2100，钢丝绳长度 21m，排放标准国Ⅲ，经济型
清障车	东风多利卡	138000	湖北江南东风专用特种汽车改装厂	(0722)3588620	朝柴发动机，120 马力，平板型，平板载重 3t，牵引 3t，方向助力，蜗轮增压
清障车	东风多利卡	140000	湖北江南东风专用特种汽车改装厂	(0722)3588620	托举质量 1800kg，牵引质量 3000kg，朝柴 120 马力，平板一拖二型，平板尺寸（mm）：5600×2100，钢丝绳长度 21m
清障车	东风多利卡	158000	随州五环同盛专用汽车有限公司	(0722)3586612	平头单排，朝柴 120 马力，托举 845kg，牵引 3000kg
清障车	东风多利卡	158000	随州市广益专用汽车销售有限公司	(0722)3813608	平头单排，朝柴 120 马力发动机，托举 845kg，牵引 3000kg
清障车	东风多利卡	168000	湖北江南东风专用特种汽车改装厂	(0722)3588620	托举质量 1800kg，牵引质量 3000kg，朝柴 120 马力，拖吊连体钢丝绳长度 21m，吊 1.5t，最大起吊高度 3300mm，拖吊连体

产品名称	型号规格	参考价格(元)	生产厂家	电话	主要参数及备注
清障车	东风多利卡	179000	随州市天龙专用汽车有限公司	(0722)3330008	平头,单排,朝柴,120马力,增压,方向助力,5速变速器,气制动,750轮胎,一拖二型
清障车	东风后双桥	450000	随州五环同盛专用汽车有限公司	(0722)3586612	平头单排,康明斯210马力,托举4285kg,牵引10000kg×2
清障车	东风后双桥	450000	随州市广益专用汽车销售有限公司	(0722)3813608	平头单排,康明斯210马力发动机,托举4285kg,牵引10000kg×2
清障车	东风尖头	188000	湖北东日专用汽车有限公司	(0722)3801285	底盘型号EQ1092FJ,汽油机
清障车	东风尖头	175000	湖北江南东风专用特种汽车改装厂	(0722)3588620	托举质量2600kg,牵引质量3000kg,玉柴140马力,钢丝绳长度21m,吊3.0t,最大起吊高度3420mm,拖吊连体型
清障车	东风尖头1092	195000	随州双龙专用汽车有限公司	(0722)3242369	托举质量2805kg,牵引质量3000kg,玉柴143马力,钢丝绳长度21m,吊1.5t,最大起吊高度3520mm,拖吊连体
清障车	东风尖头1092	195000	湖北东正专用汽车有限公司	(0722)3233567	托举质量2805kg,牵引质量3000kg,玉柴143马力,钢丝绳长度21m,吊1.5t,最大起吊高度3.52m,拖吊连体
清障车	东风金霸	123000	湖北东日专用汽车有限公司	(0722)3801285	底盘型号EQ1061TJ21D5,托举质量900kg,该车选装警示灯
清障车	东风金霸	155000	湖北东日专用汽车有限公司	(0722)3801285	底盘型号EQ1070TJ9AD3,托举质量1100kg,可选装警示灯,排放标准国Ⅲ
清障车	东风金霸拖吊连体	128000	湖北东日专用汽车有限公司	(0722)3801285	底盘型号EQ1040TJ20D3,经济型,排放标准国Ⅲ
清障车	东风金霸拖吊连体	163000	湖北东日专用汽车有限公司	(0722)3801285	底盘型号EQ1040TJ20D3,标准型,排放标准国Ⅲ
清障车	东风平台	166000	湖北东日专用汽车有限公司	(0722)3801285	底盘型号EQ1051TJ35D3,经济型,排放标准国Ⅲ
清障车	东风平台	196000	湖北东日专用汽车有限公司	(0722)3801285	底盘型号EQ1051TJ35D3,标准型,排放标准国Ⅲ
清障车	东风平头EQ145	255000	随州双龙专用汽车有限公司	(0722)3242369	托举质量2855kg,牵引质量10000kg,康明斯160马力,钢丝绳长度30m,吊5t,最大起吊高度3520mm,单卷扬,拖吊连体
清障车	东风平头EQ145	255000	湖北东正专用汽车有限公司	(0722)3233567	托举质量2855kg,牵引质量10000kg,康明斯160马力,钢丝绳长度30m,吊5t,最大起吊高度3.52m,单卷扬,拖吊连体
清障车	东风平头EQ153	285000	随州双龙专用汽车有限公司	(0722)3242369	托举质量2855kg,牵引质量10000kg,康明斯180马力,钢丝绳长度30m,吊5t,最大起吊高度3520mm,单卷扬,拖吊连体
清障车	东风平头EQ153	285000	湖北东正专用汽车有限公司	(0722)3233567	托举质量2855kg,牵引质量10000kg,康明斯180马力,钢丝绳长度30m,吊5t,最大起吊高度3.52m,单卷扬,拖吊连体
清障车	东风平头多利卡	155000	随州双龙专用汽车有限公司	(0722)3242369	托举质量845kg,牵引质量3000kg,朝柴120马力,平板一拖二型,平板尺寸(mm):5240×2100,钢丝绳长度21m
清障车	东风平头多利卡	155000	湖北东正专用汽车有限公司	(0722)3233567	托举质量845kg,牵引质量3000kg,朝柴120马力,平板一拖二型,平板尺寸(mm):5240×2100,钢丝绳长度21m

产品名称	型号规格	参考价格（元）	生产厂家	电话	主要参数及备注
清障车	东风平头多利卡	169000	随州双龙专用汽车有限公司	（0722）3242369	托举质量 1305kg，牵引质量 3000kg，朝柴 120 马力，拖吊连体钢丝绳长度 21m，吊 1.5t，最大起吊高度 3300mm，拖吊连体
清障车	东风平头多利卡	169000	湖北东正专用汽车有限公司	（0722）3233567	托举质量 1305kg，牵引质量 3000kg，朝柴 120 马力，拖吊连体钢丝绳长度 21m，吊 1.5t，最大起吊高度 3.3m，拖吊连体
清障车	东风平头小霸王	128000	随州双龙专用汽车有限公司	（0722）3242369	托举质量 495kg，牵引质量 3000kg，云内、朝柴 95 马力，钢丝绳长度 21m，吊 1.5t，最大起吊高度 3300mm，拖吊连体
清障车	东风平头小霸王	128000	湖北东正专用汽车有限公司	（0722）3233567	托举质量 495kg，牵引质量 3000kg，云内、朝柴 95 马力，钢丝绳长度 21m，吊 1.5t，最大起吊高度 3.3m，拖吊连体
清障车	东风天锦平头	181000	湖北东日专用汽车有限公司	（0722）3801285	底盘型号 DFL1080B
清障车	东风天龙	480000	湖北江南东风专用特种汽车改装厂	（0722）3588620	康明斯发动机，245 马力，额定拖举 8t，牵引 35～40t，拖吊分离型
清障车	东风天龙后双桥	486000	湖北江南东风专用特种汽车改装厂	（0722）3588620	托举质量 5500kg，牵引质量 20000kg，康明斯 270 马力，钢丝绳长度 40m，吊 16t，最大起吊高度 5200mm，拖吊连体型
清障车	东风小霸王	126000	湖北江南东风专用特种汽车改装厂	（0722）3588620	托举质量 665kg，牵引质量 3000kg，云内、朝柴 95 马力，钢丝绳长度 21m，吊 1.5t，最大起吊高度 3300mm，拖吊连体
清障车	东风小霸王	128000	随州五环同盛专用汽车有限公司	（0722）3586612	平头单排，云内、朝柴 95 马力，托举 495kg，牵引 3000kg
清障车	东风小霸王	128000	随州市广益专用汽车销售有限公司	（0722）3813608	平头单排，云内、朝柴 95 马力发动机，托举 495kg，牵引 3000kg
清障车	东风小霸王	128000	湖北华胜特种汽车制造有限公司	（0722）3315993	托举质量 495kg，牵引质量 3000kg，云内、朝柴 95 马力发动机，钢丝绳长度 21m，可带 1.5t 吊，最大起吊高度 3.3m
清障车	东风小霸王	148000	随州市天龙专用汽车有限公司	（0722）3330008	平头，单排，朝柴，95 马力，5 速变速器，气制动，650 轮胎，拖吊连体型，排放标准欧Ⅱ
清障车	东风新款多利卡	129000	湖北江南东风专用特种汽车改装厂	（0722）3588620	朝柴发动机，95 马力，钢丝绳长度 21m，牵引 3t，拖吊型
清障车	多利卡	123000	湖北东日专用汽车有限公司	（0722）3801285	底盘型号 EQ1070TJ9AD3，选装空调加 2000 元，配 LED 警灯，经济型，排放标准国Ⅲ
清障车	多利卡	146000	湖北东日专用汽车有限公司	（0722）3801285	底盘型号 EQ1070TJ9AD3，选装空调加 2000 元，配 LED 警灯，标准型，排放标准国Ⅲ
清障车	多利卡加长型	166000	湖北东日专用汽车有限公司	（0722）3801285	底盘型号 EQ1081TJ12D5，板长 6.2m，适用于拖轻型货车系列，经济型，排放标准国Ⅲ
清障车	多利卡加长型	184000	湖北东日专用汽车有限公司	（0722）3801285	底盘型号 EQ1081TJ12D5，板长 6.2m，适用于拖轻型货车系列，标准型，排放标准国Ⅲ
清障车	福田	188000	随州市天龙专用汽车有限公司	（0722）3330008	平头，单排，朝柴，大柴，120～130 马力，5 速变速器，750 轮胎，一拖二型，排放标准欧Ⅲ
清障车	福田奥铃平板	148000	湖北东日专用汽车有限公司	（0722）3801285	底盘型号 BJ1069VCJEA－D，托举质量 1150kg，选装警示灯具，帕金斯 135 马力 EGR 发动机

产品名称	型号规格	参考价格(元)	生产厂家	电话	主要参数及备注
清障车	福田奥铃平板	153000	湖北东日专用汽车有限公司	(0722)3801285	底盘型号 BJ1069VCJEA－D，托举质量 1150kg，选装警示灯具，朝柴 120 马力共轨发动机
清障车	福田奥铃平板	158000	湖北东日专用汽车有限公司	(0722)3801285	底盘型号 BJ1069VCJEA－D，托举质量 1150kg，选装警示灯具，帕金斯 135 马力单体泵发动机
清障车	福田时代	138000	湖北东日专用汽车有限公司	(0722)3801285	底盘型号 BJ1069VCJEA－D，托举质量 1200kg，CA4DC2－12E3 发动机
清障车	福田时代	158000	湖北东日专用汽车有限公司	(0722)3801285	底盘型号 BJ1069VCJEA－D，托举质量 1200kg，CY4102－C3C 发动机
清障车	福田时代御威	136000	湖北东日专用汽车有限公司	(0722)3801285	底盘型号 BJ1083VDJFA
清障车	江淮	195000	随州市天龙专用汽车有限公司	(0722)3330008	平头，单排，朝柴，扬柴发动机，120 马力，5 速变速器，气制动，方向助力，750 轮胎，一拖二型，排放标准欧Ⅲ
清障车	江淮平板	126000	湖北东日专用汽车有限公司	(0722)3801285	底盘型号 HFC1061K93，经济型，排放标准国Ⅲ
清障车	江淮平板	138000	湖北江南东风专用特种汽车改装厂	(0722)3588620	托举质量 1800kg，牵引质量 3000kg，朝柴 120 马力，平板一拖二型，平板尺寸(mm)：5240 × 2100，钢丝绳长度 21m
清障车	江淮一拖二	146000	湖北东日专用汽车有限公司	(0722)3801285	底盘型号 HFC1063KT，经济型，排放标准国Ⅲ
清障车	江淮一拖二	162000	湖北东日专用汽车有限公司	(0722)3801285	底盘型号 HFC1063KT，标准型，排放标准国Ⅲ
清障车	江铃	156000	湖北东日专用汽车有限公司	(0722)3801285	底盘型号 JX1060TG23，经济型，排放标准国Ⅲ
清障车	江铃	167000	湖北东日专用汽车有限公司	(0722)3801285	底盘型号 JX1060TG23，标准型，排放标准国Ⅲ
清障车	江铃	189000	随州市天龙专用汽车有限公司	(0722)3330008	平头，单排，江铃发动机，120 马力，5 速变速器，气制动，700 轮胎，拖吊连体型，排放标准欧Ⅲ
清障车	解放	163500	湖北东日专用汽车有限公司	(0722)3801285	底盘型号 CA1083P9K2L2E，EGR 发动机
清障车	解放	168000	湖北东日专用汽车有限公司	(0722)3801285	底盘型号 CA1083P9K2L2E，单体泵发动机
清障车	解放	178000	湖北东日专用汽车有限公司	(0722)3801285	底盘型号 CA1083P9K2L2E，共轨发动机
清障车	凯普特平板	148000	湖北东日专用汽车有限公司	(0722)3801285	底盘型号 EQ1070TJ9AD3，东风凯普特平板，采用康明斯 140 马力，750R16 轮胎，断气制动，经济型，排放标准国Ⅲ
清障车	庆铃	224000	湖北东日专用汽车有限公司	(0722)3801285	底盘型号 QL1080TKARY
清障车	庆铃	238000	随州市天龙专用汽车有限公司	(0722)3330008	平头，单排，庆铃发动机，130 马力，5 速变速器，750 轮胎，一拖二型，排放标准欧Ⅲ
清障车	庆铃五十铃	196000	湖北东日专用汽车有限公司	(0722)3801285	底盘型号 NKR77PLPACJAY
清障车	庆铃五十铃	186000	湖北东日专用汽车有限公司	(0722)3801285	底盘型号 QL10508HARY，额定托举质量 1495kg，额定牵引质量 3000kg，钢丝绳长度 21m，带 1.5t 吊，最大起吊高度 3300mm
清障车	斯太尔 ZZ1256	475000	随州双龙专用汽车有限公司	(0722)3242369	托举质量 4208kg，牵引质量 20000kg，重汽 260 马力，钢丝绳长度 40m，吊 8t，最大起吊高度 9600mm，单卷扬，拖吊连体，后双桥

产品名称	型号规格	参考价格(元)	生产厂家	电话	主要参数及备注
清障车	斯太尔 ZZ1256	475000	湖北东正专用汽车有限公司	(0722)3233567	托举质量 4208kg,牵引质量 20000kg,重汽 260 马力,钢丝绳长度 40m,吊 8t,最大起吊高度 9.6m,单卷扬,拖吊连体,后双桥
清障车	斯太尔后双桥	475000	湖北江南东风专用特种汽车改装厂	(0722)3588620	托举质量 4990kg,牵引质量 20000kg,重汽 266 马力,钢丝绳长度 40m,吊 16t,最大起吊高度 9600mm,拖吊连体型
清障车	斯太尔双后桥	490000	湖北江南东风专用特种汽车改装厂	(0722)3588620	重汽发动机,336 马力,额定拖举 8t,牵引 40~45t,拖吊分离型
清障车	跃进一拖二	141000	湖北东日专用汽车有限公司	(0722)3801285	底盘型号 NJ1070HDCL,配 LED 警灯,依维柯发动机
清障车	跃进一拖二	145000	湖北东日专用汽车有限公司	(0722)3801285	底盘型号 NJ1070HDCL,配 LED 警灯,大柴发动机
清障车	重汽斯太尔后双桥	598000	随州市天龙专用汽车有限公司	(0722)3330008	平头,带卧,维柴,斯太尔发动机,260~290 马力,1100 尼龙轮胎,拖吊连体,拖吊分离
平板清障车	东风多利卡	123000	湖北东日专用汽车有限公司	(0722)3801285	底盘型号 EQ1070TJ9AD3,经济型,排放标准国Ⅲ
平板运输车	东风多利卡	139000	湖北江南专用特种汽车有限公司	(0722)3328333	额定载质量 1800kg,新型驾驶室,6 速变速器,朝柴 CY4102-C3C 发动机
平板运输车	东风天龙后双桥	315000	湖北江南专用特种汽车有限公司	(0722)3328333	额定载质量 11000kg,新型天龙四轴,高顶双卧,1100 钢丝胎,康明斯 ISDE230-30
平板清障车	东风一拖二	184000	湖北大力专用汽车制造有限公司	(0722)7609688	额定载质量 1005kg,平头单排,朝柴 120 马力,750 轮胎,车厢可整体移动,通过卷扬机装卸故障车,尾部可托举固定,牵引另一故障车
平板清障车	东风一拖二	186000	随州市晨阳专用汽车销售有限公司	(0722)3801178	额定载质量 1005kg,平头单排,朝柴 120 马力,750 轮胎,车厢可整体移动,通过卷扬机装卸故障车,尾部可托举固定,牵引另一故障车
平板清障车	东风一拖二	186000	湖北江南专用特种汽车有限公司	(0722)3328333	额定载质量 1005kg,平头单排,朝柴 120 马力,750 轮胎,车厢可整体移动,通过卷扬机装卸故障车,尾部可托举固定,牵引另一故障车,排放标准欧Ⅲ
平板清障车	福田一拖二	184000	湖北大力专用汽车制造有限公司	(0722)7609688	一汽大柴、朝柴发动机,六速变速器,选配方向助力、断气制动、8.25-16轮胎
平板清障车	福田一拖二	188000	随州市晨阳专用汽车销售有限公司	(0722)3801178	一汽大柴、朝柴发动机,6 速变速器,选配方向助力、断气制动、8.25-16轮胎
平板清障车	福田一拖二	188000	湖北江南专用特种汽车有限公司	(0722)3328333	一汽大柴,朝柴发动机,6 速变速器,选配方向助力,断气制动,8.25-16轮胎
平板清障车	江淮一拖二	181000	湖北大力专用汽车制造有限公司	(0722)7609688	平头单排、前翻驾驶室,扬柴发动机、方向助力、气制动
平板清障车	江淮一拖二	185000	随州市晨阳专用汽车销售有限公司	(0722)3801178	平头单排、前翻驾驶室,扬柴发动机、方向助力、气制动
平板清障车	江淮一拖二	185000	湖北江南专用特种汽车有限公司	(0722)3328333	平头单排,前翻驾驶室,扬柴发动机,方向助力,气制动
平板运输车	解放单桥	182000	湖北江南专用特种汽车有限公司	(0722)3328333	额定载质量 4990kg,平头单卧,悍威驾驶室,解放大柴,锡柴 180 马力,6 速变速器

产品名称	型号规格	参考价格（元）	生产厂家	电话	主要参数及备注
平板清障车	庆铃一拖二	224000	湖北大力专用汽车制造有限公司	(0722)7609688	平头单排，五十铃发动机（128马力），动力转向、冷暖空调、油制动、750轮胎，车厢可整体移动，通过卷扬机装卸故障车，尾部可托举固定，牵引另一故障车
平板清障车	庆铃一拖二	228000	随州市晨阳专用汽车销售有限公司	(0722)3801178	平头单排，五十铃发动机（128马力），动力转向、冷暖空调、油制动、750轮胎，车厢可整体移动，通过卷扬机装卸故障车，尾部可托举固定，牵引另一故障车
平板清障车	庆铃一拖二	228000	湖北江南专用特种汽车有限公司	(0722)3328333	平头单排，五十铃发动机（128马力），动力转向，冷暖空调，油制动，750轮胎，车厢可整体移动，通过卷扬机装卸故障车，尾部可托举固定，牵引另一故障车
拖吊连体清障车	东风140	185000	湖北大力专用汽车制造有限公司	(0722)7609688	尖头单桥，EQ6100－1汽油电喷发动机，6速变速器，9.00－20轮胎，排放标准欧Ⅲ
拖吊连体清障车	东风140	189000	随州市晨阳专用汽车销售有限公司	(0722)3801178	尖头单桥，EQ6100－1汽油电喷发动机，6速变速器，9.00－20轮胎，排放标准欧Ⅲ
拖吊连体清障车	东风140	189000	湖北江南专用特种汽车有限公司	(0722)3328333	东风140尖头单桥，EQ6100－1汽油电喷发动机，6速变速器，9.00－20轮胎，排放标准欧Ⅲ
拖吊连体清障车	东风153	305000	湖北大力专用汽车制造有限公司	(0722)7609688	平头单桥、带卧、康明斯ISDE180－30发动机，动力转向，6速变速器，900轮胎
拖吊连体清障车	东风153	309000	随州市晨阳专用汽车销售有限公司	(0722)3801178	平头单桥、带卧、康明斯ISDE180－30发动机，动力转向，6速变速器，900轮胎
拖吊连体清障车	东风153	309000	湖北江南专用特种汽车有限公司	(0722)3328333	平头单桥，带卧，康明斯ISDE180－30发动机，动力转向，6速变速器，900轮胎
拖吊连体清障车	东风天龙后双桥	494000	湖北大力专用汽车制造有限公司	(0722)7609688	平顶驾驶室，康明斯发动机，陕齿8速8JS118T－B变速器，11.00－20斜交胎，带空调
拖吊连体清障车	东风天龙后双桥	498000	随州市晨阳专用汽车销售有限公司	(0722)3801178	平顶驾驶室，康明斯发动机，陕齿8速8JS118T－B变速器，11.00－20斜交胎，带空调
拖吊连体清障车	东风天龙后双桥	498000	湖北江南专用特种汽车有限公司	(0722)3328333	平顶驾驶室，康明斯发动机，陕齿8速8JS118t－B变速器，11.00－20斜交胎，带空调
拖吊连体清障车	东风小霸王	161000	湖北大力专用汽车制造有限公司	(0722)7609688	东风轻型货车平头，玉柴YC4F90－30发动机，6.50－16轮胎
拖吊连体清障车	东风小霸王	165000	随州市晨阳专用汽车销售有限公司	(0722)3801178	东风轻型货车平头，玉柴YC4F90－30发动机，6.50－16轮胎
拖吊连体清障车	东风小霸王	165000	湖北江南专用特种汽车有限公司	(0722)3328333	东风轻型货车平头，玉柴YC4F90－30发动机，6.50－16轮胎
拖吊连体清障车	斯太尔单桥	419000	湖北大力专用汽车制造有限公司	(0722)7609688	平头带卧驾驶室，半高顶、高顶，中国重汽专用发动机，排放标准欧Ⅲ，8速变速器
拖吊连体清障车	斯太尔单桥	422000	随州市晨阳专用汽车销售有限公司	(0722)3801178	平头带卧驾驶室，半高顶、高顶，中国重汽专用发动机，排放标准欧Ⅲ，8速变速器
拖吊连体清障车	斯太尔单桥	422000	湖北江南专用特种汽车有限公司	(0722)3328333	平头带卧驾驶室，半高顶、高顶，中国重汽专用发动机WD615系列，排放标准欧Ⅲ

产品名称	型号规格	参考价格(元)	生产厂家	电话	主要参数及备注
拖吊连体清障车	斯太尔后双桥	474000	湖北大力专用汽车制造有限公司	(0722)7609688	平头带卧驾驶室,半高顶、高顶,中国重汽专用发动机,排放标准欧Ⅲ,8 速变速器
拖吊连体清障车	斯太尔后双桥	478000	随州市晨阳专用汽车销售有限公司	(0722)3801178	平头带卧驾驶室,半高顶、高顶,中国重汽专用发动机,排放标准欧Ⅲ,8 速变速器
拖吊连体清障车	斯太尔后双桥	478000	湖北江南专用特种汽车有限公司	(0722)3328333	平头带卧驾驶室,半高顶、高顶,潍柴 WD615.92 发动机,266 马力

5.2.10 其他专用作业车

产品名称	型号规格	参考价格(元)	生产厂家	电话	主要参数及备注
爆破器材运输车	东风小霸王	118000	湖北江南东风专用特种汽车改装厂	(0722)3588620	额定载质量 1200kg,扬柴发动机,6.00－14 轮胎
爆破器材运输车	福田轻卡	135000	湖北江南东风专用特种汽车改装厂	(0722)3588620	额定载质量975kg,可翻驾驶室,带天窗,五十铃变速器,后桥
超限监测车	JX5035XJEZB	285900	蚌埠连城江铃汽车销售服务有限公司	(0552)3111155	全顺,12 座,普通中顶,燃汽油,排放标准欧Ⅲ
超限监测车	JX5035XJEZC	316800	蚌埠连城江铃汽车销售服务有限公司	(0552)3111155	全顺,15 座,普通中顶,燃汽油,排放标准欧Ⅲ
超限监测车	JX5047XJCMF2	382100	蚌埠连城江铃汽车销售服务有限公司	(0552)3111155	全顺,17 座,高顶,双胎,排放标准欧Ⅲ
超限监测车	JX5047XJEMC	320700	蚌埠连城江铃汽车销售服务有限公司	(0552)3111155	全顺,15 座,普通中顶,排放标准欧Ⅲ
工程自卸车	鼎力霸 HFC3110K1R1T	14200	安徽江淮专用汽车有限公司	(0551)2293428	标配货厢内部尺寸(mm):4300×2350×(800＋400),吨位4.25t,发动机型号 YC4E140－30
工程自卸车	鼎力霸 HFC3111K1R1T	118500	安徽江淮专用汽车有限公司	(0551)2293428	标配货厢内部尺寸(mm):4150×2200×(800＋200),吨位4.48t,发动机型号 YC4D130－30
工程自卸车	鼎力峰 HFC3090KR1T2	99600	安徽江淮专用汽车有限公司	(0551)2293428	标配货厢内部尺寸(mm):4600×2100×500,吨位1.955t,发动机型号 YC4DA3－30
工程自卸车	鼎力威 HFC3072K1R1T	99600	安徽江淮专用汽车有限公司	(0551)2293428	标配货厢内部尺寸(mm):3800×2000×(800＋200),吨位2.98(4.48)t,发动机型号 YZ4DA3－30
工程自卸车	鼎力威 HFC3072K1R1T	89800	安徽江淮专用汽车有限公司	(0551)2293428	标配货厢内部尺寸(mm):3800×2000×800,吨位2.98t,发动机型号 YZ4A4－30
供电服务车	JX5035XFWZB	198000	蚌埠连城江铃汽车销售服务有限公司	(0552)3111155	全顺,12 座,普通中顶,燃汽油,排放标准欧Ⅲ
供电服务车	JX5047XFWMB	203900	蚌埠连城江铃汽车销售服务有限公司	(0552)3111155	全顺,12 座,普通中顶,排放标准欧Ⅲ
供电服务车	JX5047XFWMD	241500	蚌埠连城江铃汽车销售服务有限公司	(0552)3111155	全顺,15 座,普通高顶,排放标准欧Ⅲ
供电服务车	JX5047XFWMF2	255300	蚌埠连城江铃汽车销售服务有限公司	(0552)3111155	全顺,17 座,高顶,双胎,排放标准欧Ⅲ
供电服务车	JX5048XFWMD	281600	蚌埠连城江铃汽车销售服务有限公司	(0552)3111155	V348 全顺,15 座,高顶,排放标准欧Ⅲ

产品名称	型号规格	参考价格(元)	生产厂家	电话	主要参数及备注
警用车	HFC5036XZHLT	406600	北京城市捷运汽车贸易有限公司	(010)80772869	外形尺寸(mm):5035×1820×2470,轴距3080mm,发动机型号HFC4GA1-B,排量2.4L,额定功率100kW(5500 r/min),最大扭矩193 N·m(2500 r/min),5速手动,最高车速165 km/h,排放标准欧Ⅲ,标准配置
警用车	HFC5036XZHLT	406600	北京城市捷运汽车贸易有限公司	(010)80772869	外形尺寸(mm):5035×1820×2470,轴距3080mm,发动机型号HFC4GA1-B,排量2.4L,额定功率100kW(5500 r/min),最大扭矩193 N·m(2500 r/min),5速手动,最高车速165 km/h,排放标准欧Ⅲ,标准配置
沥青洒布车	奥龙 SX5165GLQ	204900	中集陕汽重卡专用车有限公司	(029)86216977	车身长度8.876m,270马力,排量9.726L,变速器型号法士特9JS119,9速,额定载重3.22t,4×2驱动,标准款
沥青洒布车	奥龙 SX5255GLQ	245000	中集陕汽重卡专用车有限公司	(029)86216977	车身长度10.251m,290马力,排量9.726L,变速器型号法士特9JS119,9速,额定载重9.18t,6×4驱动,标准款
路政巡查车	HFC5036XZFLT	458000	北京城市捷运汽车贸易有限公司	(010)80772869	外形尺寸(mm):5035×1820×2470,轴距3080mm,发动机型号HFC4GA1-B,排量2.4L,额定功率100kW(5500 r/min),最大扭矩199 N·m(2500 r/min),5速手动,最高车速165 km/h,排放标准欧Ⅲ,标准配置
路政巡查车	HFC5036XZFLT	458000	北京城市捷运汽车贸易有限公司	(010)80772869	外形尺寸(mm):5035×1820×2470,轴距3080mm,发动机型号HFC4GA1-B,排量2.4L,额定功率100kW(5500 r/min),最大扭矩199 N·m(2500 r/min),5速手动,最高车速165 km/h,排放标准欧Ⅲ,标准配置
扫路车	东风平头多利卡	315000	随州双龙专用汽车有限公司	(0722)3242369	上户吨位2t,容积吸尘$3m^3$、水罐$1m^3$,朝阳120马力柴油机,最大清扫宽度3m,清扫速度3~15 km/h
扫路车	东风平头小霸王	285000	随州双龙专用汽车有限公司	(0722)3242369	上户吨位1.5t,容积吸尘$2m^3$、水罐$0.8m^3$,云内、朝阳95马力柴油机,最大清扫宽度2.7m,清扫速度3~10 km/h
扫路车	东风轻卡	298000	湖北江南东风专用特种汽车改装厂	(0722)3588620	额定载质量2340kg,容积2~$3m^3$,平头单排,气制动,助力方向,700轮胎,发动机型号YC4F115-30,排放标准欧Ⅲ
扫路车	重庆五十铃平头	395000	随州双龙专用汽车有限公司	(0722)3242369	上户吨位1.6t,容积吸尘$3m^3$、水罐$1m^3$,庆铃130马力,柴油机,最大清扫宽度3m,清扫速度3~15 km/h
扫路车	东风145	200000	湖北程力专用汽车有限公司	(0722)7020979	上户吨位12.5t,容积$6m^3$,东风康明斯发动机,功率140kW
扫路车	东风多利卡	190000	湖北程力专用汽车有限公司	(0722)7020979	上户吨位8.5t,容积$6m^3$,东风朝阳柴油机,功率88kW
扫路车	东风金霸	168000	湖北程力专用汽车有限公司	(0722)7020979	上户吨位6.5t,容积$4.5m^3$,东风朝阳柴油机,功率70kW
扫路车	东风轻卡	298000	湖北江南专用特种汽车有限公司	(0722)3328333	额定载质量2340kg,容积2~$3m^3$,平头单排,气制动,助力方向,700轮胎,发动机型号YC4F115-30,排放标准欧Ⅲ

产品名称	型号规格	参考价格(元)	生产厂家	电话	主要参数及备注
扫路车	东风天锦 145	210000	湖北程力专用汽车有限公司	(0722)7020979	上户吨位 16t，容积 8m³，东风康明斯发动机，功率 155kW
扫路车	东风小霸王福瑞卡	180000	湖北程力专用汽车有限公司	(0722)7020979	上户吨位 2t，容积4.5m³，江西五十铃发动机，型号 JX493G，功率 75kW
扫路车	福田	172000	湖北程力专用汽车有限公司	(0722)7020979	上户吨位7.5t，容积5.5m³，朝阳柴油发动机，功率 88kW
扫路车	江铃	188000	湖北程力专用汽车有限公司	(0722)7020979	上户吨位5.8t，容积4.5m³，江铃发动机，功率 85kW
扫路车	庆铃	168000	湖北程力专用汽车有限公司	(0722)7020979	上户吨位7.3t，容积4.5m³，庆铃汽车发动机，功率 96kW
扫路车	五十铃	180000	湖北程力专用汽车有限公司	(0722)7020979	上户吨位 10t，容积4.5m³，庆铃五十铃（重庆）发动机，功率 129kW
扫路车	小型滚筒式	140000	湖北程力专用汽车有限公司	(0722)7020979	上户吨位 1t，容积1.5m³，长安汽车汽油发动机
邮政车	HFC5036 XYZLA1T	119800	北京城市捷运汽车贸易有限公司	(010)80772869	外形尺寸（mm）：5035 × 1820 × 2250，轴距 3080mm，发动机型号 HFC4GA1 – B，排量2.4L，额定功率 100kW（5500 r/min），最大扭矩 193 N · m（2500 r/min），排放标准欧Ⅲ，5 速手动，驾驶室准乘人数 2 +3 或 2 人，简配
邮政车	HFC5036 XYZLA3T（2.0）	99900	北京城市捷运汽车贸易有限公司	(010)80772869	外形尺寸（mm）：5035 × 1820 × 2250，轴距 3080mm，发动机型号 HFC4GA3 – B，排量2.0L，额定功率 95kW（6000 r/min），最大扭矩 175 N · m（4000 ~ 4500 r/min），排放标准欧Ⅳ，5 速手动，驾驶室准乘人数 2 +3 或 2 人，简配
运钞车	DMT5036XYC3	259800	北京城市捷运汽车贸易有限公司	(010)80772869	整车外形尺寸（mm）：5035（带前保险杠 5220）× 1820 × 1970，轴距 3080mm，运钞舱内空间尺寸（mm）：1260 × 1560 × 1280，容积 2.52 m³，底盘型号 HFC6500A1BE3，驱动形式 4 × 2，乘员 5 人，发动机型号 HFC4GA1 – B，排量2.35L，最大功率 100kw（5500 r/min），最大扭矩 193 N · m（2500 r/min），最高车速 150 km/h
随车起重运输车	东风 140 汽油	135000	湖北大力专用汽车制造有限公司	(0722)7609688	上户吨位 4t，吊机吨位3.2t，尖头单排驾驶室，排放标准国Ⅲ，134 马力汽油发动机，配备3.2t 2 节直臂吊机，厢长 3.2m，可选装 4t 直折臂吊机
随车起重运输车	东风 140 汽油	139000	随州市晨阳专用汽车销售有限公司	(0722)3801178	上户吨位 4t，吊机吨位3.2t，尖头单排驾驶室，排放标准国Ⅲ，134 马力汽油发动机，配备3.2t 2 节直臂吊机，厢长 3.2m，可选装 4t 直折臂吊机
随车起重运输车	东风 140/47	155000	湖北大力专用汽车制造有限公司	(0722)7609688	上户吨位 4t，吊机吨位3.2t，尖头单排驾驶室，排放标准国Ⅲ，玉柴 140 马力柴油发动机，配备 3.2t 2 节直臂吊机，厢长 4.5m，可选装 4t 直折臂吊机
随车起重运输车	东风 140/47	159500	随州市晨阳专用汽车销售有限公司	(0722)3801178	上户吨位 4t，吊机吨位3.2t，尖头单排驾驶室，排放标准国Ⅲ，玉柴 140 马力柴油发动机，配备 3.2t 2 节直臂吊机，厢长 4.5m，可选装 4t 直折臂吊机

产品名称	型号规格	参考价格（元）	生产厂家	电话	主要参数及备注
随车起重运输车	东风145	215000	湖北大力专用汽车制造有限公司	（0722）7609688	上户吨位5t，吊机吨位3.2t，平头排半驾驶室，排放标准国Ⅲ，康明斯160马力柴油发动机，配备3.2t 2节直臂吊机，厢长6.05m，可选装4t直折臂吊机
随车起重运输车	东风145	219000	随州市晨阳专用汽车销售有限公司	（0722）3801178	上户吨位5t，吊机吨位3.2t，平头排半驾驶室，排放标准国Ⅲ，康明斯160马力柴油发动机，配备3.2t 2节直臂吊机，厢长6.05m，可选装4t直折臂吊机
随车起重运输车	东风145	265000	湖北大力专用汽车制造有限公司	（0722）7609688	上户吨位5t，吊机吨位5t，平头排半驾驶室，排放标准国Ⅲ，康明斯160马力柴油发动机，配备5t 3节直臂吊机，厢长5.2m，可选装6t直折臂吊机，加长型
随车起重运输车	东风145	269000	随州市晨阳专用汽车销售有限公司	（0722）3801178	上户吨位5t，吊机吨位5t，平头排半驾驶室，排放标准国Ⅲ，康明斯160马力柴油发动机，配备5t 3节直臂吊机，厢长5.2m，可选装6t直折臂吊机，加长型
随车起重运输车	东风153	279000	湖北大力专用汽车制造有限公司	（0722）7609688	上户吨位6t，吊机吨位5t，平头排半驾驶室，排放标准国Ⅲ，康明斯180马力柴油发动机，配备5t 3节直臂吊机，4节加15000元，厢长4.73m，可选装6t直折臂吊机
随车起重运输车	东风153	283000	随州市晨阳专用汽车销售有限公司	（0722）3801178	上户吨位6t，吊机吨位5t，平头排半驾驶室，排放标准国Ⅲ，康明斯180马力柴油发动机，配备5t 3节直臂吊机，4节加15000元，厢长4.73m，可选装6t直折臂吊机
随车起重运输车	东风1208双桥	288000	湖北合力专用汽车制造有限公司	（0722）3989579	上户吨位5t、8t，2～3节臂，多功能，平头带卧，康明斯加强型发动机，210马力，双桥
随车起重运输车	东风1208双桥	298000	湖北合力专用汽车制造有限公司	（0722）3989579	上户吨位5t、8t，3节臂，多功能，平头带卧，康明斯加强型发动机，210马力，双桥，加长型
随车起重运输车	东风1208双桥	308000	湖北东正专用汽车有限公司	（0722）3233567	额定载重5t、8t，多功能，平头带卧，康明斯加强型210马力，双桥
随车起重运输车	东风1208双桥	316000	湖北合力专用汽车制造有限公司	（0722）3989579	上户吨位5t、8t，3节臂，多功能，平头带卧，康明斯加强型发动机，210马力，双桥，加长型
随车起重运输车	东风1208双桥加长型	318000	湖北东正专用汽车有限公司	（0722）3233567	额定载重5t、8t，多功能，平头带卧，康明斯加强型210马力，双桥
随车起重运输车	东风1208双桥加长型	336000	湖北东正专用汽车有限公司	（0722）3233567	额定载重5t、8t，多功能，平头带卧，康明斯加强型210马力，双桥
随车起重运输车	东风1290	368000	湖北合力专用汽车制造有限公司	（0722）3989579	上户吨位8t、10t，3节臂，多功能，平头带卧，康明斯加强型230马力，前四后八，加长型
随车起重运输车	东风1290加长型	388000	湖北东正专用汽车有限公司	（0722）3233567	额定载重8t、10t，多功能，平头带卧，康明斯加强型230马力，前四后八
随车起重运输车	东风EQ140	128000	湖北合力专用汽车制造有限公司	（0722）3989579	上户吨位3.2t，2～3节臂，长头，汽油机，多功能
随车起重运输车	东风EQ140	145000	湖北合力专用汽车制造有限公司	（0722）3989579	上户吨位3.2t，2～3节臂，长头，玉林柴油机，多功能
随车起重运输车	东风EQ140	148000	湖北东正专用汽车有限公司	（0722）3233567	额定载重3.2t，长头，汽油机，多功能

产品名称	型号规格	参考价格（元）	生产厂家	电话	主要参数及备注
随车起重运输车	东风 EQ140	165000	湖北东正专用汽车有限公司	（0722）3233567	额定载重3.2t，长头，玉林柴油机，多功能
随车起重运输车	东风 EQ140/47	135000	湖北合力专用汽车制造有限公司	（0722）3989579	上户吨位3.2t，2～3节臂，长头，汽油机，多功能，加长型
随车起重运输车	东风 EQ140/47	155000	湖北东正专用汽车有限公司	（0722）3233567	额定载重3.2t，长头，汽油机，多功能，加长型
随车起重运输车	东风 EQ140/47	158000	湖北合力专用汽车制造有限公司	（0722）3989579	上户吨位3.2t，2～3节臂，长头，玉林柴油机，多功能，加长型
随车起重运输车	东风 EQ140/47	178000	湖北东正专用汽车有限公司	（0722）3233567	额定载重3.2t，长头，玉林柴油机，多功能，加长型
随车起重运输车	东风 EQ145	178000	湖北合力专用汽车制造有限公司	（0722）3989579	上户吨位3.2t、5t，2～3节臂，多功能，康明斯加强型160马力，平头带卧
随车起重运输车	东风 EQ145	193000	湖北合力专用汽车制造有限公司	（0722）3989579	上户吨位3.2t、5t，2～3节臂，多功能，康明斯加强型160马力，平头，带卧，加长型
随车起重运输车	东风 EQ145	198000	湖北东正专用汽车有限公司	（0722）3233567	额定载重3.2t、5t，多功能，康明斯加强型160马力，平头带卧
随车起重运输车	东风 EQ145 加长型	213000	湖北东正专用汽车有限公司	（0722）3233567	额定载重3.2t、5t，多功能，康明斯加强型160马力，平头带卧
随车起重运输车	东风 EQ153	198000	湖北合力专用汽车制造有限公司	（0722）3989579	上户吨位3.2t、5t，2～3节臂，多功能，康明斯加强型180马力，平头带卧
随车起重运输车	东风 EQ153	218000	湖北东正专用汽车有限公司	（0722）3233567	额定载重3.2t、5t，多功能，康明斯加强型180马力，平头带卧
随车起重运输车	东风 EQ153	228000	湖北合力专用汽车制造有限公司	（0722）3989579	上户吨位3.2t、5t，2～3节臂，多功能，康明斯加强型180马力，平头带卧，加长型
随车起重运输车	东风 EQ153 加长型	248000	湖北东正专用汽车有限公司	（0722）3233567	额定载重3.2t、5t，多功能，康明斯加强型180马力，平头带卧
随车起重运输车	东风朝锐	168000	湖北合力专用汽车制造有限公司	（0722）3989579	上户吨位3.2t，2～3节臂，多功能，平头，朝阳柴油机
随车起重运输车	东风朝锐	188000	湖北东正专用汽车有限公司	（0722）3233567	额定载重3.2t，多功能，平头，朝阳柴油机
随车起重运输车	东风多利卡	148000	湖北合力专用汽车制造有限公司	（0722）3989579	上户吨位3.2t，2～3节臂，多功能，平头，朝阳柴油机
随车起重运输车	东风多利卡	158000	湖北合力专用汽车制造有限公司	（0722）3989579	上户吨位3.2t，2～3节臂，多功能，加强型，平头，朝阳柴油机，带卧
随车起重运输车	东风多利卡	168000	湖北东正专用汽车有限公司	（0722）3233567	额定载重2.3t，多功能，平头，朝阳柴油机
随车起重运输车	东风多利卡带卧	178000	湖北东正专用汽车有限公司	（0722）3233567	额定载重3.2t，多功能，加强型，平头带卧，朝阳柴油机
随车起重运输车	东风三平柴	166000	湖北合力专用汽车制造有限公司	（0722）3989579	上户吨位3.2t，2～3节臂，多功能，平头带卧，风神柴油机
随车起重运输车	东风三平柴	186000	湖北东正专用汽车有限公司	（0722）3233567	额定载重3.2t，多功能，平头带卧，风神柴油机
随车起重运输车	东风双桥	395000	湖北大力专用汽车制造有限公司	（0722）7609688	上户吨位8t，吊机吨位8t，平头带卧驾驶室，康明斯210马力柴油发动机，排放标准国Ⅲ，配备8t 4节直臂吊机，厢长7.55m，可选装8t 4节折臂吊机
随车起重运输车	东风双桥	399000	随州市晨阳专用汽车销售有限公司	（0722）3801178	上户吨位8t，吊机吨位8t，平头带卧驾驶室，康明斯210马力柴油发动机，排放标准国Ⅲ，配备8t 4节直臂吊机，厢长7.55m，可选装8t 4节折臂吊机

产品名称	型号规格	参考价格（元）	生产厂家	电话	主要参数及备注
随车起重运输车	东风天锦	231000	湖北大力专用汽车制造有限公司	(0722)7609688	上户吨位5t,吊机吨位3.2t,平头带卧新款驾驶室,康明斯160马力柴油发动机,排放标准国Ⅲ,配备3.2t 2节直臂吊机,厢长6.05m,可选装4t直折臂吊机
随车起重运输车	东风天锦	235000	随州市晨阳专用汽车销售有限公司	(0722)3801178	上户吨位5t,吊机吨位3.2t,平头带卧新款驾驶室,康明斯160马力柴油发动机,排放标准国Ⅲ,配备3.2t 2节直臂吊机,厢长6.05m,可选装4t直折臂吊机
随车起重运输车	东风天锦	279000	湖北大力专用汽车制造有限公司	(0722)7609688	上户吨位5t,吊机吨位5t,平头带卧新款驾驶室,康明斯180马力柴油发动机,排放标准国Ⅲ,配备5t 3节直臂吊机,厢长5.7m,可选装6t直折臂吊机
随车起重运输车	东风天锦	283000	随州市晨阳专用汽车销售有限公司	(0722)3801178	上户吨位5t,吊机吨位5t,平头带卧新款驾驶室,康明斯180马力柴油发动机,排放标准国Ⅲ,配备5t 3节直臂吊机,厢长5.7m,可选装6t直折臂吊机
随车起重运输车	东风天龙前四后八	553000	湖北大力专用汽车制造有限公司	(0722)7609688	上户吨位13t,吊机吨位12t,平头带卧新款驾驶室,康明斯245马力柴油发动机,排放标准国Ⅲ,配备12t 4节直臂吊机,厢长8.3m,可选装16t直折臂吊机
随车起重运输车	东风天龙前四后八	559000	随州市晨阳专用汽车销售有限公司	(0722)3801178	上户吨位13t,吊机吨位12t,平头带卧新款驾驶室,康明斯245马力柴油发动机,排放标准国Ⅲ,配备12t 4节直臂吊机,厢长8.3m,可选装16t直折臂吊机
随车起重运输车	东风天龙双桥	452000	湖北大力专用汽车制造有限公司	(0722)7609688	上户吨位10t,吊机吨位10t,平头带卧新款驾驶室,康明斯230马力柴油发动机,排放标准国Ⅲ,配备10t 4节直臂吊机,厢长7.45m,可选装12t 4节直折臂吊机
随车起重运输车	东风天龙双桥	456000	随州市晨阳专用汽车销售有限公司	(0722)3801178	上户吨位10t,吊机吨位10t,平头带卧新款驾驶室,康明斯230马力柴油发动机,排放标准国Ⅲ,配备10t 4节直臂吊机,厢长7.45m,可选装12t 4节直折臂吊机
随车起重运输车	东风小霸王	98000	湖北合力专用汽车制造有限公司	(0722)3989579	上户吨位2t,2节臂 多功能,平头,云内柴油机
随车起重运输车	东风小霸王	108000	湖北合力专用汽车制造有限公司	(0722)3989579	上户吨位2t,2节臂 多功能,平头,云内、朝柴柴油机,加强型
随车起重运输车	东风小霸王	118000	湖北东正专用汽车有限公司	(0722)3233567	额定载重2t,多功能,平头,云内柴油机
随车起重运输车	东风小霸王	132000	湖北大力专用汽车制造有限公司	(0722)7609688	上户吨位2.87t,吊机吨位2t,平头排半驾驶室,玉柴90马力柴油发动机,排放标准国Ⅲ,配备2t直臂或折臂吊机,厢长3.15m
随车起重运输车	东风小霸王	136000	随州市晨阳专用汽车销售有限公司	(0722)3801178	上户吨位2.87t,吊机吨位2t,平头排半驾驶室,玉柴90马力柴油发动机,排放标准国Ⅲ,配备2t直臂或折臂吊机,厢长3.15m
随车起重运输车	东风小霸王加强型	128000	湖北东正专用汽车有限公司	(0722)3233567	额定载重2t,多功能,平头,云内、朝柴柴油机
随车起重运输车	多利卡	165000	湖北大力专用汽车制造有限公司	(0722)7609688	上户吨位3t,吊机吨位3.2t,平头排半驾驶室,朝柴120马力柴油发动机,排放标准国Ⅲ,配备3.2t 2节直臂吊机,3节臂加1万元,厢长5.05m,可选装4t直折臂吊机

产品名称	型号规格	参考价格（元）	生产厂家	电话	主要参数及备注
随车起重运输车	多利卡	169000	随州市晨阳专用汽车销售有限公司	(0722)3801178	上户吨位3t,吊机吨位3.2t,平头排半驾驶室,朝柴120马力柴油发动机,排放标准国Ⅲ,配备3.2t 2节直臂吊机,3节臂加1万元,厢长5.05m,可选装4t直折臂吊机
随车起重运输车	江淮单桥	172000	湖北大力专用汽车制造有限公司	(0722)7609688	上户吨位3t,吊机吨位3.2t,平头双排驾驶室,锡柴130马力柴油发动机,排放标准国Ⅲ,配备3.2t 2节直臂吊机,厢长5.15m,可选装折臂吊机
随车起重运输车	江淮单桥	176000	随州市晨阳专用汽车销售有限公司	(0722)3801178	上户吨位3t,吊机吨位3.2t,平头双排驾驶室,锡柴130马力柴油发动机,排放标准国Ⅲ,配备3.2t 2节直臂吊机,厢长5.15m,可选装折臂吊机
随车起重运输车	江淮单桥	269000	湖北大力专用汽车制造有限公司	(0722)7609688	上户吨位5t,吊机吨位5t,平头双排驾驶室,锡柴170马力柴油发动机,排放标准国Ⅲ,配备5t 3节直臂吊机,厢长5.75m,可选装4t直折臂吊机
随车起重运输车	江淮单桥	273000	随州市晨阳专用汽车销售有限公司	(0722)3801178	上户吨位5t,吊机吨位5t,平头双排驾驶室,锡柴170马力柴油发动机,排放标准国Ⅲ,配备5t 3节直臂吊机,厢长5.75m,可选装4t直折臂吊机
随车起重运输车	江淮小三轴	339000	随州市晨阳专用汽车销售有限公司	(0722)3801178	上户吨位8t,吊机吨位5t,平头双排驾驶室,广西玉柴200马力柴油发动机,排放标准国Ⅲ,配备6.3t 3节直臂吊机,厢长8.72m,可选装8t折臂吊机
随车起重运输车	江淮小三轴	335000	湖北大力专用汽车制造有限公司	(0722)7609688	上户吨位8t,吊机吨位5t,平头双排驾驶室,广西玉柴200马力柴油发动机,排放标准国Ⅲ,配备6.3t 3节直臂吊机,厢长8.72m,可选装8t折臂吊机
随车起重运输车	江铃	145000	随州市晨阳专用汽车销售有限公司	(0722)3801178	上户吨位1.5t,吊机吨位2t,平头单排驾驶室,江铃115马力柴油发动机,排放标准国Ⅲ,配备2t 2节直臂吊机,厢长3.65m,可选装2t折臂吊机
随车起亘运输车	江铃	146000	随州市晨阳专用汽车销售有限公司	(0722)3801178	上户吨位1.5t,吊机吨位2t,平头双排驾驶室,江铃115马力柴油发动机,排放标准国Ⅲ,配备2t 2节直臂吊机,厢长3.15m,可选装2t折臂吊机
随车起重运输车	江铃	141000	湖北大力专用汽车制造有限公司	(0722)7609688	上户吨位1.5t,吊机吨位2t,平头单排驾驶室,江铃115马力柴油发动机,排放标准国Ⅲ,配备2t 2节直臂吊机,厢长3.65m,可选装2t折臂吊机
随车起重运输车	江铃	142000	湖北大力专用汽车制造有限公司	(0722)7609688	上户吨位1.5t,吊机吨位2t,平头双排驾驶室,江铃115马力柴油发动机,排放标准国Ⅲ,配备2t 2节直臂吊机,厢长3.15m,可选装2t折臂吊机
随车起重运输车	解放八平柴	249000	湖北东正专用汽车有限公司	(0722)3233567	额定载重3.2t、5t,多功能,牵引头为尖头,玉柴发动机
随车起重运输车	解放八平柴	229000	湖北合力专用汽车制造有限公司	(0722)3989579	上户吨位3.2t、5t,2~3节臂,多功能,牵引头为尖头,玉柴发动机

产品名称	型号规格	参考价格（元）	生产厂家	电话	主要参数及备注
随车起重运输车	解放单桥	239000	随州市晨阳专用汽车销售有限公司	(0722)3801178	上户吨位6t,吊机吨位5t,平头排半驾驶室,一汽168马力柴油发动机,排放标准国Ⅲ,配备5t 3节直臂吊机,4节加1.5万元,厢长5.7m,可选装6t直折臂吊机
随车起重运输车	解放单桥	235000	湖北大力专用汽车制造有限公司	(0722)7609688	上户吨位6t,吊机吨位5t,平头排半驾驶室,一汽168马力柴油发动机,排放标准国Ⅲ,配备5t 3节直臂吊机,4节加1.5万元,厢长5.7m,可选装6t直折臂吊机
随车起重运输车	解放单桥	298000	随州市晨阳专用汽车销售有限公司	(0722)3801178	上户吨位7t,吊机吨位5t,平头排半驾驶室,锡柴220马力柴油发动机,排放标准国Ⅲ,配备5t 3节直臂吊机,4节加1.5万元,厢长5.32m,可选装6t直折臂吊机
随车起重运输车	解放单桥	294000	湖北大力专用汽车制造有限公司	(0722)7609688	上户吨位7t,吊机吨位5t,平头排半驾驶室,锡柴220马力柴油发动机,排放标准国Ⅲ,配备5t 3节直臂吊机,4节加1.5万元,厢长5.32m,可选装6t直折臂吊机
随车起重运输车	解放五平柴	209000	湖北东正专用汽车有限公司	(0722)3233567	额定载重3.2t、5t,多功能,平头带卧,康明斯加强型230马力,前四后八
随车起重运输车	解放五平柴	179000	湖北合力专用汽车制造有限公司	(0722)3989579	上户吨位3.2t、5t,2~3节臂,多功能,平头带卧,康明斯加强型230马力,前四后八
随车起重运输车	解放小三轴	268000	随州市晨阳专用汽车销售有限公司	(0722)3801178	上户吨位7t,吊机吨位6.3t,平头排半驾驶室,锡柴180马力柴油发动机,排放标准国Ⅲ,配备6.3t 3节直臂吊机,厢长7.5m,可选装8t直折臂吊机
随车起重运输车	解放小三轴	264000	湖北大力专用汽车制造有限公司	(0722)7609688	上户吨位7t,吊机吨位6.3t,平头排半驾驶室,锡柴180马力柴油发动机,排放标准国Ⅲ,配备6.3t 3节直臂吊机,厢长7.5m,可选装8t直折臂吊机
随车起重运输车	欧曼前四后八	488000	随州市晨阳专用汽车销售有限公司	(0722)3801178	上户吨位15t,吊机吨位12t,平头排半高顶驾驶室,可调式转向盘,上柴240马力柴油发动机,排放标准国Ⅲ,配备10t 4节直臂吊机,厢长8.3m,可选装12t、16t直折臂吊机
随车起重运输车	欧曼前四后八	484000	湖北大力专用汽车制造有限公司	(0722)7609688	上户吨位15t,吊机吨位12t,平头排半高顶驾驶室,可调式转向盘,上柴240马力柴油发动机,排放标准国Ⅲ,配备10t 4节直臂吊机,厢长8.3m,可选装12t、16t直折臂吊机
随车起重运输车	庆铃五十铃	199000	随州市晨阳专用汽车销售有限公司	(0722)3801178	上户吨位3t,吊机吨位2t,平头双排驾驶室,庆铃130马力柴油发动机,排放标准国Ⅲ,配备2t 2节直臂吊机,厢长3.2m,可选装1t、2t、3t直折臂吊机
随车起重运输车	庆铃五十铃	195000	湖北大力专用汽车制造有限公司	(0722)7609688	上户吨位3t,吊机吨位2t,平头双排驾驶室,庆铃130马力柴油发动机,排放标准国Ⅲ,配备2t 2节直臂吊机,厢长3.2m,可选装1t、2t、3t直折臂吊机

5.3 专用货车

5.3.1 罐式车

产品名称	型号规格	参考价格(元)	生产厂家	电话	主要参数及备注
油罐车	东风 140	139000	随州市双诚专用汽车销售有限公司	(0722)3805158	容积 7.5 ~ 10m^3，底盘型号 EQ1102FLJ5，车长 4.05 m，康明斯发动机，型号 ISDE140 - 30，140 马力，排放标准欧Ⅲ
油罐车	东风 140/47	141000	随州市双诚专用汽车销售有限公司	(0722)3805158	容积 7.2 ~ 12m^3，底盘型号 EQ1102FLJ6，车长 5.1 m，康明斯发动机，型号 ISDE140 - 30，140 马力，排放标准欧Ⅲ
油罐车	东风 145	193000	随州市双诚专用汽车销售有限公司	(0722)3805158	容积 7.4 ~ 12m^3，底盘型号 EQ1110GLJ，车长 4.8 m，康明斯发动机，型号 ISDE160 - 30，160 马力，排放标准欧Ⅲ
油罐车	东风 145	195000	随州市双诚专用汽车销售有限公司	(0722)3805158	容积 7.8 ~ 12m^3，底盘型号 EQ1110GLJ3，车长 6.1 m，康明斯发动机，型号 ISDE160 - 30，160 马力，排放标准欧Ⅲ
油罐车	东风 145	209000	随州市双诚专用汽车销售有限公司	(0722)3805158	容积 7.8 ~ 18m^3，底盘型号 EQ1126KJ1，车长 6.1 m，康明斯发动机，型号 ISDE160 - 30，160 马力，排放标准欧Ⅲ
油罐车	东风 145	198000	随州市双诚专用汽车销售有限公司	(0722)3805158	容积 7.85 ~ 12m^3，底盘型号 EQ1108KJ，车长 4.8m，康明斯发动机，型号 ISDE160 - 30，160 马力，排放标准欧Ⅲ
油罐车	东风 145	207000	随州市双诚专用汽车销售有限公司	(0722)3805158	容积 9.42 ~ 18m^3，底盘型号 EQ1120GLJ，车长 6.6 m，康明斯发动机，型号 ISDE180 - 30，180 马力，排放标准欧Ⅲ
油罐车	东风 153	236000	随州市双诚专用汽车销售有限公司	(0722)3805158	容积 10.68 ~ 15m^3，底盘型号 EQ1141KJ2，车长 6.1 m，康明斯发动机，型号 ISDE185 - 30，185 马力，排放标准欧Ⅲ
油罐车	东风 153	237000	随州市双诚专用汽车销售有限公司	(0722)3805158	容积 10.94 ~ 18m^3，底盘型号 EQ5140KLJ，车长 6.14 m，康明斯发动机，型号 ISDE185 - 30，185 马力，排放标准欧Ⅲ
油罐车	东风 153	232000	随州市双诚专用汽车销售有限公司	(0722)3805158	容积 11.78 ~ 15m^3，底盘型号 EQ1141KJ，车长 5.3m，康明斯发动机，型号 ISDE185 - 30，185 马力，排放标准欧Ⅲ
油罐车	东风 153	236000	随州市双诚专用汽车销售有限公司	(0722)3805158	容积 12.57 ~ 18m^3，底盘型号 EQ1168KJ2，车长 6.1 m，康明斯发动机，型号 ISDE185 - 30，185 马力，排放标准欧Ⅲ
油罐车	东风 153	221000	随州市双诚专用汽车销售有限公司	(0722)3805158	容积 12.75 ~ 18m^3，底盘型号 EQ5161GFJ6，车长 6.1 m，康明斯发动机，型号 ISDE185 - 30，185 马力，排放标准欧Ⅲ
油罐车	东风 1208	255000	湖北天威专用汽车有限公司	(0722)3308885	上户吨位 16 ~ 18t，多功能，平头带卧，康明斯加强型 210 马力，双桥
油罐车	东风 1208	265000	湖北天威专用汽车有限公司	(0722)3308885	上户吨位 18 ~ 20t，多功能，平头带卧，康明斯加强型 210 马力，双桥
油罐车	东风 1208	275000	湖北天威专用汽车有限公司	(0722)3308885	上户吨位 20 ~ 22t，多功能，平头带卧，康明斯加强型 210 马力，双桥

产品名称	型号规格	参考价格(元)	生产厂家	电话	主要参数及备注
油罐车	东风 1208 双桥(7.2m)	255000	湖北成龙威专用汽车有限公司	(0722)3308899	上户吨位16～18t,多功能,平头带卧,康明斯加强型发动机,210马力,双桥
油罐车	东风 1208 双桥(8.6m)	265000	湖北成龙威专用汽车有限公司	(0722)3308899	上户吨位18～20t,多功能,平头带卧,康明斯加强型发动机,210马力,双桥
油罐车	东风 1208 双桥(9.5m)	275000	湖北成龙威专用汽车有限公司	(0722)3308899	上户吨位20～22t,多功能,平头带卧,康明斯加强型发动机,210马力,双桥
油罐车	东风1230	292000	湖北天威专用汽车有限公司	(0722)3308885	上户吨位25～30t,多功能,平头带卧,康明斯加强型230马力,后双桥
油罐车	东风1230(9.5m)	292000	湖北成龙威专用汽车有限公司	(0722)3308899	上户吨位25～30t,多功能,平头带卧,康明斯加强型230马力,后双桥
油罐车	东风1290	306000	湖北成龙威专用汽车有限公司	(0722)3308899	上户吨位25～30t,多功能,平头带卧,康明斯加强型230马力,前四后八
油罐车	东风1290	306000	湖北天威专用汽车有限公司	(0722)3308885	上户吨位25～30t,多功能,平头带卧,康明斯加强型230马力,前四后八
油罐车	东风1310	316000	湖北成龙威专用汽车有限公司	(0722)3308899	上户吨位28～32t,多功能,平头带卧,康明斯加强型260马力,前四后八
油罐车	东风1310	345000	湖北成龙威专用汽车有限公司	(0722)3308899	上户吨位33～36t,多功能,平头带卧,康明斯加强型280马力,前四后十
油罐车	东风1310	316000	湖北天威专用汽车有限公司	(0722)3308885	上户吨位28～32t,多功能,平头带卧,康明斯加强型260马力,前四后八
油罐车	东风1310	345000	湖北天威专用汽车有限公司	(0722)3308885	上户吨位33～36t,多功能,平头带卧,康明斯加强型280马力,前四后十
油罐车	东风 EQ140	119000	湖北成龙威专用汽车有限公司	(0722)3308899	上户吨位7～8t,长头,汽油机,多功能
油罐车	东风 EQ140	136000	湖北成龙威专用汽车有限公司	(0722)3308899	上户吨位7～8t,长头,玉林柴油机,多功能
油罐车	东风 EQ140	119000	湖北天威专用汽车有限公司	(0722)3308885	上户吨位7～8t,长头,汽油机,多功能
油罐车	东风 EQ140	136000	湖北天威专用汽车有限公司	(0722)3308885	上户吨位7～8t,长头,玉林柴油机,多功能
油罐车	东风 EQ140/47	122000	湖北成龙威专用汽车有限公司	(0722)3308899	上户吨位8～10t,长头,汽油机,多功能,加长型
油罐车	东风 EQ140/47	143000	湖北成龙威专用汽车有限公司	(0722)3308899	上户吨位8～10t,长头,玉林柴油机,多功能,加长型
油罐车	东风 EQ140/47	122000	湖北天威专用汽车有限公司	(0722)3308885	上户吨位8～10t,长头,汽油机,多功能,加长型
油罐车	东风 EQ140/47	143000	湖北天威专用汽车有限公司	(0722)3308885	上户吨位8～10t,长头,玉林柴油机,多功能,加长型
油罐车	东风 EQ145	185000	湖北天威专用汽车有限公司	(0722)3308885	上户吨位10～12t,多功能,康明斯加强型160马力,平头带卧
油罐车	东风 EQ145	195000	湖北天威专用汽车有限公司	(0722)3308885	上户吨位12～14t,多功能,康明斯加强型160马力,平头带卧
油罐车	东风 EQ145(4.8m)	185000	湖北成龙威专用汽车有限公司	(0722)3308899	上户吨位10～12t,多功能,康明斯加强型160马力,平头带卧
油罐车	东风 EQ145(6.1m)	195000	湖北成龙威专用汽车有限公司	(0722)3308899	上户吨位12～14t,多功能,康明斯加强型160马力,平头带卧

产品名称	型号规格	参考价格（元）	生产厂家	电话	主要参数及备注
油罐车	东风 EQ153	205000	湖北天威专用汽车有限公司	（0722）3308885	上户吨位 13～15t,多功能,康明斯加强型 180 马力,平头带卧
油罐车	东风 EQ153	225000	湖北天威专用汽车有限公司	（0722）3308885	上户吨位 15～16t,多功能,康明斯加强型 180 马力,平头带卧
油罐车	东风 EQ153（5.3m）	205000	湖北成龙威专用汽车有限公司	（0722）3308899	上户吨位 13～15t,多功能,康明斯加强型 180 马力,平头带卧
油罐车	东风 EQ153（6.1m）	225000	湖北成龙威专用汽车有限公司	（0722）3308899	上户吨位 15～16t,多功能,康明斯加强型 180 马力,平头带卧
油罐车	东风朝锐	135000	湖北成龙威专用汽车有限公司	（0722）3308899	上户吨位 7～8t,多功能,平头,朝阳柴油机
油罐车	东风朝锐	135000	湖北天威专用汽车有限公司	（0722）3308885	上户吨位 7～8t,多功能,平头,朝阳柴油机
油罐车	东风大金霸	106000	湖北合力专用汽车制造有限公司	（0722）3989579	上户吨位1.5t,容积 3～6m^3,玉柴发动机 115 马力,带动力转向,带税控加油机加 8000 元
油罐车	东风大金霸	106000	随州市晨阳专用汽车销售有限公司	（0722）3801178	上户吨位1.5t,容积 3～6m^3,玉柴发动机 115 马力,带动力转向,带税控加油机加 8000 元
油罐车	东风大金霸	106000	湖北东正专用汽车有限公司	（0722）3233567	上户吨位1.5t,容积 3～6m^3,玉柴发动机 115 马力,带动力转向,带税控加油机加 8000 元
油罐车	东风大金霸	106000	湖北程力专用汽车有限公司	（0722）7020979	上户吨位1.5t,容积 3～6m^3,玉柴发动机 115 马力,带动力转向,带税控加油机加 8000 元
油罐车	东风大金霸	106000	随州市天龙专用汽车有限公司	（0722）3330008	上户吨位1.5t,容积 3～6m^3,玉柴发动机 115 马力,带动力转向,带税控加油机加 8000 元
油罐车	东风大金霸	106000	随州市圣丰专用汽车有限公司	（0722）7095688	上户吨位1.5t,容积 3～6m^3,玉柴发动机 115 马力,带动力转向,带税控加油机加 8000 元
油罐车	东风多利卡	113000	湖北成龙威专用汽车有限公司	（0722）3308899	上户吨位 6～7t,多功能,平头,朝阳柴油机
油罐车	东风多利卡	115000	湖北成龙威专用汽车有限公司	（0722）3308899	上户吨位 6～8t,多功能,加强型,平头,朝阳柴油机,带卧
油罐车	东风多利卡	92500	湖北俊龙专用汽车有限公司	（0722）3309005	上户吨位 3t,容积 4～6m^3,朝柴机 120 马力,平头单排驾驶室,厢长 4m
油罐车	东风多利卡	95000	湖北合力专用汽车制造有限公司	（0722）3989579	上户吨位2.5t,容积 4～7m^3,朝柴 120 马力柴油机,带税控加油机加 8000 元
油罐车	东风多利卡	95000	随州市晨阳专用汽车销售有限公司	（0722）3801178	上户吨位2.5t,容积 4～7m^3,朝柴 120 马力柴油机,带税控加油机加 8000 元
油罐车	东风多利卡	95000	湖北东正专用汽车有限公司	（0722）3233567	上户吨位2.5t,容积 4～7m^3,朝柴 120 马力柴油机,带税控加油机加 8000 元
油罐车	东风多利卡	95000	随州东正（惠通）专用汽车有限公司	（0722）3330357	上户吨位2.5t,容积 4～7m^3,朝柴 120 马力柴油机,带税控加油机,排放标准欧Ⅱ
油罐车	东风多利卡	95000	随州市天龙专用汽车有限公司	（0722）3330008	上户吨位2.5t,容积 4～7m^3,朝柴 120 马力柴油机,带税控加油机加 8000 元
油罐车	东风多利卡	99000	随州市圣丰专用汽车有限公司	（0722）7095688	上户吨位2.5t,容积 4～7m^3,朝柴 120 马力柴油机,带税控加油机
油罐车	东风多利卡	91000	湖北大力专用汽车制造有限公司	（0722）7609688	上户吨位2.5t,容积 4～7m^3,朝柴 120 马力柴油机,带税控加油机加 8000 元

产品名称	型号规格	参考价格(元)	生产厂家	电话	主要参数及备注
油罐车	东风多利卡	99000	湖北程力专用汽车有限公司	(0722)7020979	上户吨位2.5t,容积7m³,朝柴120马力柴油机,带税控加油机,带15m卷盘加油枪等,排放标准欧Ⅱ
油罐车	东风多利卡	118000	湖北合力专用汽车制造有限公司	(0722)3989579	上户吨位2.8t,容积5～7m³,朝柴120马力,玉柴140马力加0.8万元,带税控加油机加8000元
油罐车	东风多利卡	118000	随州市晨阳专用汽车销售有限公司	(0722)3801178	上户吨位2.8t,容积5～7m³,朝柴120马力,玉柴140马力加0.8万元,带税控加油机加8000元
油罐车	东风多利卡	118000	湖北东正专用汽车有限公司	(0722)3233567	上户吨位2.8t,容积5～7m³,朝柴120马力,玉柴140马力加0.8万元,带税控加油机加8000元
油罐车	东风多利卡	119000	随州东正(惠通)专用汽车有限公司	(0722)3330357	上户吨位2.8t,容积5～7m³,朝柴120马力,带税控加油机
油罐车	东风多利卡	118000	随州市天龙专用汽车有限公司	(0722)3330008	上户吨位2.8t,容积5～7m³,朝柴120马力,玉柴140马力加0.8万元,带税控加油机加8000元
油罐车	东风多利卡	118000	随州市圣丰专用汽车有限公司	(0722)7095688	上户吨位2.8t,容积5～7m³,朝柴120马力,玉柴140马力加0.8万元,带税控加油机加8000元
油罐车	东风多利卡	107000	湖北大力专用汽车制造有限公司	(0722)7609688	上户吨位2.8t,容积5～7m³,朝柴120马力,玉柴140马力加0.8万元,带税控加油机加8000元
油罐车	东风多利卡	92500	湖北元通专用汽车有限公司	(0722)3332112	上户吨位3t,容积4～6m³,朝柴机120马力,平头单排驾驶室,厢长4m
油罐车	东风多利卡	93000	随州市东风专用汽车销售中心	(0722)3817209	上户吨位3t,容积4～6m³,平头单排驾驶室,朝柴机120马力,厢长4m
油罐车	东风多利卡	92500	随州市东风专用汽车有限公司	(0722)3308618	上户吨位3t,容积4～6m³,朝柴机120马力,平头单排驾驶室,厢长4m
油罐车	东风多利卡	125000	湖北程力专用汽车有限公司	(0722)7020979	上户吨位4.1t,容积7m³,朝柴125马力,带税控加油机、15m卷盘加油枪,排放标准国Ⅲ
油罐车	东风多利卡	113000	湖北天威专用汽车有限公司	(0722)3308885	上户吨位6～7t,多功能,平头,朝阳柴油机
油罐车	东风多利卡	115000	湖北天威专用汽车有限公司	(0722)3308885	上户吨位6～8t,多功能,加强型,平头,朝阳柴油机带卧
油罐车	东风尖头	108000	湖北合力专用汽车制造有限公司	(0722)3989579	上户吨位4.5t,容积7～9m³,135马力汽油发动机,玉柴140马力加2.5万元
油罐车	东风尖头	108000	随州市晨阳专用汽车销售有限公司	(0722)3801178	上户吨位4.5t,容积7～9m³,135马力汽油发动机,玉柴140马力加2.5万元
油罐车	东风尖头	108000	湖北东正专用汽车有限公司	(0722)3233567	上户吨位4.5t,容积7～9m³,135马力汽油发动机,玉柴140马力加2.5万元
油罐车	东风尖头	108000	随州市天龙专用汽车有限公司	(0722)3330008	上户吨位4.5t,容积7～9m³,135马力汽油发动机,玉柴140马力加2.5万元
油罐车	东风尖头	108000	随州市圣丰专用汽车有限公司	(0722)7095688	上户吨位4.5t,容积7～9m³,135马力汽油发动机,玉柴140马力加2.5万元
油罐车	东风尖头	128000	湖北程力专用汽车有限公司	(0722)7020979	上户吨位4.5t,容积10m³,135马力汽油发动机,带税控加油机、15m卷盘加油枪,排放标准国Ⅲ
油罐车	东风尖头EQ1102FLJ6	111000	湖北大力专用汽车制造有限公司	(0722)7609688	上户吨位4.5t,容积7～9m³,玉柴发动机140马力柴油机,可选装电脑税控加油机,带15m回位卷盘

产品名称	型号规格	参考价格（元）	生产厂家	电话	主要参数及备注
油罐车	东风尖头140	99000	湖北大力专用汽车制造有限公司	(0722)7609688	上户吨位4.5t，容积7～8m³，135马力汽油发动机
油罐车	东风尖头140	101000	湖北合力专用汽车制造有限公司	(0722)3989579	上户吨位4.5t，容积7～8m³，汽油发动机，135马力
油罐车	东风尖头140	101000	随州市晨阳专用汽车销售有限公司	(0722)3801178	上户吨位4.5t，容积7～8m³，135马力汽油发动机
油罐车	东风尖头140	101000	湖北东正专用汽车有限公司	(0722)3233567	上户吨位4.5t，容积7～8m³，135马力汽油发动机
油罐车	东风尖头140	101000	随州东正（惠通）专用汽车有限公司	(0722)3330357	上户吨位4.5t，容积7～8m³，135马力汽油发动机，排放标准欧Ⅱ
油罐车	东风尖头140	101000	随州市天龙专用汽车有限公司	(0722)3330008	上户吨位4.5t，容积7～8m³，135马力汽油发动机
油罐车	东风尖头140	89000	湖北程力专用汽车有限公司	(0722)7020979	上户吨位4.5t，容积8m³，135马力汽油发动机，带税控加油机，带15m卷盘加油枪，排放标准欧Ⅱ
油罐车	东风尖头140	89000	随州市圣丰专用汽车有限公司	(0722)7095688	上户吨位4.5t，容积8m³，135马力汽油发动机
油罐车	东风尖头140	104000	湖北大力专用汽车制造有限公司	(0722)7609688	上户吨位5t，容积7～10m³，玉柴143马力柴油机
油罐车	东风尖头140	108000	湖北合力专用汽车制造有限公司	(0722)3989579	上户吨位5t，容积7～10m³，玉柴143马力柴油机
油罐车	东风尖头140	108000	随州市晨阳专用汽车销售有限公司	(0722)3801178	上户吨位5t，容积7～10m³，玉柴143马力柴油机
油罐车	东风尖头140	108000	湖北东正专用汽车有限公司	(0722)3233567	上户吨位5t，容积7～10m³，玉柴143马力柴油机
油罐车	东风尖头140	108000	随州东正（惠通）专用汽车有限公司	(0722)3330357	上户吨位5t，容积7～10m³，玉柴143马力柴油机，排放标准欧Ⅱ
油罐车	东风尖头140	108000	随州市天龙专用汽车有限公司	(0722)3330008	上户吨位5t，容积7～10m³，玉柴143马力柴油机
油罐车	东风尖头140	106000	湖北程力专用汽车有限公司	(0722)7020979	上户吨位5t，容积8～10m³，玉柴143马力柴油机，带税控加油机，带15m卷盘加油枪，排放标准欧Ⅱ
油罐车	东风尖头140	106000	随州市圣丰专用汽车有限公司	(0722)7095688	上户吨位5t，容积8～10m³，玉柴143马力柴油机
油罐车	东风尖头140/47 EQ1102FLJ6	131000	湖北大力专用汽车制造有限公司	(0722)7609688	上户吨位5t，容积7～13m³，玉柴发动机140马力柴油机，高压共轨发动机，排放标准国Ⅲ，可选装电脑税控加油机，带15m回位卷盘
油罐车	东风尖头140/47	135000	湖北合力专用汽车制造有限公司	(0722)3989579	上户吨位5t，容积7～13m³，玉柴发动机140马力柴油机
油罐车	东风尖头140/47	135000	随州市晨阳专用汽车销售有限公司	(0722)3801178	上户吨位5t，容积7～13m³，玉柴发动机140马力柴油机
油罐车	东风尖头140/47	135000	湖北东正专用汽车有限公司	(0722)3233567	上户吨位5t，容积7～13m³，玉柴发动机140马力柴油机
油罐车	东风尖头140/47	135000	随州东正（惠通）专用汽车有限公司	(0722)3330357	上户吨位5t，容积7～13m³，玉柴发动机140马力柴油机
油罐车	东风尖头140/47	135000	随州市天龙专用汽车有限公司	(0722)3330008	上户吨位5t，容积7～13m³，玉柴发动机140马力柴油机
油罐车	东风尖头140/47	135000	随州市圣丰专用汽车有限公司	(0722)7095688	上户吨位5t，容积7～13m³，玉柴发动机140马力柴油机
油罐车	东风尖头140/47	109000	湖北程力专用汽车有限公司	(0722)7020979	上户吨位5t，容积8～11m³，玉柴143马力柴油机，带税控加油机，带15m卷盘加油枪，排放标准欧Ⅱ
油罐车	东风尖头140/47	109000	随州市圣丰专用汽车有限公司	(0722)7095688	上户吨位5t，容积8～11m³，玉柴143马力柴油机

产品名称	型号规格	参考价格（元）	生产厂家	电话	主要参数及备注
油罐车	东风尖头 140/47	112000	湖北大力专用汽车制造有限公司	(0722)7609688	上户吨位5t,容积8～11m³,玉柴143马力柴油机
油罐车	东风尖头 140/47	116000	湖北合力专用汽车制造有限公司	(0722)3989579	上户吨位5t,容积8～11m³,玉柴143马力柴油机
油罐车	东风尖头 140/47	116000	随州市晨阳专用汽车销售有限公司	(0722)3801178	上户吨位5t,容积8～11m³,玉柴143马力柴油机
油罐车	东风尖头 140/47	116000	湖北东正专用汽车有限公司	(0722)3233567	上户吨位5t,容积8～11m³,玉柴143马力柴油机
油罐车	东风尖头 140/47	116000	随州东正(惠通)专用汽车有限公司	(0722)3330357	上户吨位5t,容积8～11m³,玉柴143马力柴油机,排放标准欧Ⅱ
油罐车	东风尖头 140/47	116000	随州市天龙专用汽车有限公司	(0722)3330008	上户吨位5t,容积8～11m³,玉柴143马力柴油机
油罐车	东风尖头 140/47	135000	湖北程力专用汽车有限公司	(0722)7020979	上户吨位5t,容积10.5m³,玉柴发动机,带税控加油机、15m卷盘加油枪,排放标准国Ⅲ
油罐车	东风劲诺	103000	随州东正(惠通)专用汽车有限公司	(0722)3330357	容积5～10m³,玉柴发动机130马力柴油机,900轮胎,加强钢板,排放标准欧Ⅱ
油罐车	东风劲诺	104000	湖北大力专用汽车制造有限公司	(0722)7609688	容积5～10m³,玉柴发动机120马力柴油机,900轮胎,加强钢板
油罐车	东风劲诺	108000	随州市晨阳专用汽车销售有限公司	(0722)3801178	容积5～10m³,玉柴发动机120马力柴油机,900轮胎,加强钢板
油罐车	东风劲诺	108000	湖北东正专用汽车有限公司	(0722)3233567	容积5～10m³,玉柴发动机120马力柴油机,900轮胎,加强钢板
油罐车	东风劲诺	108000	湖北程力专用汽车有限公司	(0722)7020979	容积5～10m³,玉柴发动机120马力柴油机,900轮胎,加强钢板,排放标准欧Ⅱ
油罐车	东风劲诺	108000	随州市天龙专用汽车有限公司	(0722)3330008	容积5～10m³,玉柴发动机120马力柴油机,900轮胎,加强钢板
油罐车	东风劲诺	108000	随州市圣丰专用汽车有限公司	(0722)7095688	容积5～10m³,玉柴发动机120马力柴油机,900轮胎,加强钢板
油罐车	东风劲诺	108000	湖北合力专用汽车制造有限公司	(0722)3989579	容积5～10m³,玉柴120马力柴油机,900轮胎,加强钢板
油罐车	东风康霸	115000	湖北大力专用汽车制造有限公司	(0722)7609688	上户吨位3t,容积4～8m³,朝柴120马力,康明斯140马力加2.5万元,带税控加油机加8000元
油罐车	东风康霸	119000	湖北合力专用汽车制造有限公司	(0722)3989579	上户吨位3t,容积4～8m³,朝柴120马力,康明斯140马力加2.5万元,带税控加油机加8000元
油罐车	东风康霸	119000	随州市晨阳专用汽车销售有限公司	(0722)3801178	上户吨位3t,容积4～8m³,朝柴120马力,康明斯140马力加2.5万元,带税控加油机加8000元
油罐车	东风康霸	119000	湖北东正专用汽车有限公司	(0722)3233567	上户吨位3t,容积4～8m³,朝柴120马力,康明斯140马力加2.5万元,带税控加油机、15m卷盘加油枪
油罐车	东风康霸	119000	湖北程力专用汽车有限公司	(0722)7020979	上户吨位3t,容积4～8m³,朝柴120马力,康明斯140马力加2.5万元,带税控加油机、15m卷盘加油枪
油罐车	东风康霸	119000	随州市天龙专用汽车有限公司	(0722)3330008	上户吨位3t,容积4～8m³,朝柴120马力,康明斯140马力加2.5万元,带税控加油机、15m卷盘加油枪
油罐车	东风康霸	119000	随州市圣丰专用汽车有限公司	(0722)7095688	上户吨位3t,容积4～8m³,朝柴120马力,康明斯140马力加2.5万元,带税控加油机、15m卷盘加油枪

产品名称	型号规格	参考价格(元)	生产厂家	电话	主要参数及备注
油罐车	东风康霸	167000	随州市双诚专用汽车销售有限公司	(0722)3805158	容积4.4～6m^3,底盘型号EQ1070TJ9AD3,车长5m,康明斯发动机,型号ISDE140－30,140马力,排放标准欧Ⅲ
油罐车	东风康霸带卧	169000	随州市双诚专用汽车销售有限公司	(0722)3805158	容积4.4～6m^3,底盘型号EQ1070GJ9AD3,车长5m,康明斯发动机,型号ISDE140－30,140马力,排放标准欧Ⅲ
油罐车	东风康霸带卧	120000	湖北大力专用汽车制造有限公司	(0722)7609688	上户吨位3t,容积5～8m^3,朝柴120马力,康明斯140马力加2.5万元,带税控加油机加8000元
油罐车	东风康霸带卧	122000	湖北合力专用汽车制造有限公司	(0722)3989579	上户吨位3t,容积5～8m^3,朝柴120马力,康明斯140马力加2.5万元,带税控加油机加8000元
油罐车	东风康霸带卧	122000	随州市晨阳专用汽车销售有限公司	(0722)3801178	上户吨位3t,容积5～8m^3,朝柴120马力,康明斯140马力加2.5万元,带税控加油机加8000元
油罐车	东风康霸带卧	122000	湖北东正专用汽车有限公司	(0722)3233567	上户吨位3t,容积5～8m^3,朝柴120马力,康明斯140马力加2.5万元,带税控加油机加8000元
油罐车	东风康霸带卧	122000	湖北程力专用汽车有限公司	(0722)7020979	上户吨位3t,容积5～8m^3,朝柴120马力,康明斯140马力加2.5万元,带税控加油机加8000元
油罐车	东风康霸带卧	122000	随州市天龙专用汽车有限公司	(0722)3330008	上户吨位3t,容积5～8m^3,朝柴120马力,康明斯140马力加2.5万元,带税控加油机加8000元
油罐车	东风康霸带卧	122000	随州市圣丰专用汽车有限公司	(0722)7095688	上户吨位3t,容积5～8m^3,朝柴120马力,康明斯140马力加2.5万元,带税控加油机加8000元
油罐车	东风宽金霸	118000	随州市双诚专用汽车销售有限公司	(0722)3805158	容积2.25～5m^3,底盘型号EQ1040T35DJ3AC,车长4.15m,玉柴发动机,型号YC4F115－30,115马力,排放标准欧Ⅲ
油罐车	东风宽金霸	118000	随州市双诚专用汽车销售有限公司	(0722)3805158	容积2.98～5m^3,底盘型号EQ1051TJ35D3,车长4.15m,玉柴发动机,型号YC4F115－30,115马力,排放标准欧Ⅲ
油罐车	东风宽金霸	118000	随州市双诚专用汽车销售有限公司	(0722)3805158	容积3.75～5m^3,底盘型号EQ1061TJ21D5,车长5.07m,玉柴发动机,型号YC4F115－30,115马力,排放标准欧Ⅲ
油罐车	东风宽金霸	118000	随州市双诚专用汽车销售有限公司	(0722)3805158	容积3.87～5m^3,底盘型号EQ1060T35DJ3AC,车长4.15m,玉柴发动机,型号YC4F115－30,115马力,排放标准欧Ⅲ
油罐车	东风平头145	167000	湖北程力专用汽车有限公司	(0722)7020979	上户吨位5t,容积12m^3,玉柴发动机160马力,康明斯170马力,排放标准国Ⅲ,带税控加油机、15m卷盘加油枪另加6000元
油罐车	东风平头145	172000	湖北合力专用汽车制造有限公司	(0722)3989579	上户吨位5t,容积8～12m^3,玉柴发动机160马力,康明斯160马力加0.8万元,康明斯180马力加1.5万元
油罐车	东风平头145	172000	随州市晨阳专用汽车销售有限公司	(0722)3801178	上户吨位5t,容积8～12m^3,玉柴发动机160马力,康明斯160马力加0.8万元,康明斯180马力加1.5万元
油罐车	东风平头145	172000	湖北东正专用汽车有限公司	(0722)3233567	上户吨位5t,容积8～12m^3,玉柴发动机160马力,康明斯160马力加0.8万元,康明斯180马力加1.5万元

产品名称	型号规格	参考价格（元）	生产厂家	电话	主要参数及备注
油罐车	东风平头145	172000	随州东正（惠通）专用汽车有限公司	(0722) 3330357	上户吨位5t，容积8～12m³，玉柴发动机160马力，康明斯160马力加0.8万元，康明斯180马力加1.5万元
油罐车	东风平头145	172000	随州市天龙专用汽车有限公司	(0722) 3330008	上户吨位5t，容积8～12m³，玉柴发动机160马力，康明斯160马力加0.8万元，康明斯180马力加1.5万元
油罐车	东风平头145	172000	随州市圣丰专用汽车有限公司	(0722) 7095688	上户吨位5t，容积8～12m³，玉柴发动机160马力，康明斯160马力加0.8万元，康明斯180马力加1.5万元
油罐车	东风平头145	138000	湖北东正专用汽车有限公司	(0722) 3233567	上户吨位5t，容积8～13m³，玉柴140马力柴油机，康明斯160马力柴油机加2.5万元
油罐车	东风平头145	152000	湖北程力专用汽车有限公司	(0722) 7020979	上户吨位5t，容积8～13m³，玉柴160马力柴油机，带税控加油机，带15m卷盘加油枪，排放标准欧Ⅱ
油罐车	东风平头145	138000	随州市天龙专用汽车有限公司	(0722) 3330008	上户吨位5t，容积8～13m³，玉柴140马力柴油机，康明斯160马力柴油机加2.5万元
油罐车	东风平头145	152000	随州市圣丰专用汽车有限公司	(0722) 7095688	上户吨位5t，容积8～13m³，玉柴160马力柴油机
油罐车	东风平头145	134000	湖北大力专用汽车制造有限公司	(0722) 7609688	上户吨位5t，容积8～13m³，玉柴140马力柴油机，康明斯160马力柴油机加2.5万元
油罐车	东风平头145	138000	湖北合力专用汽车制造有限公司	(0722) 3989579	上户吨位5t，容积8～15m³，玉柴140马力柴油机，康明斯160马力柴油机加2.5万元
油罐车	东风平头145	138000	随州市晨阳专用汽车销售有限公司	(0722) 3801178	上户吨位5t，容积8～15m³，玉柴140马力柴油机，康明斯160马力柴油机加2.5万元
油罐车	东风平头145	138000	随州东正（惠通）专用汽车有限公司	(0722) 3330357	上户吨位5t，容积8～15m³，玉柴140马力柴油机
油罐车	东风平头145	163000	随州东正（惠通）专用汽车有限公司	(0722) 3330357	上户吨位5t，容积8～15m³，康明斯160马力柴油机
油罐车	东风平头145 EQ1108KJ	141000	湖北大力专用汽车制造有限公司	(0722) 7609688	上户吨位5t，容积8～12m³，康明斯170马力发动机，可选装电脑税控加油机，带15m回位卷盘
油罐车	东风平头153	199000	湖北合力专用汽车制造有限公司	(0722) 3989579	上户吨位6.8t，容积11～18m³，玉柴180马力，康明斯180马力加1万元
油罐车	东风平头153	199000	随州市晨阳专用汽车销售有限公司	(0722) 3801178	上户吨位6.8t，容积11～18m³，玉柴180马力，康明斯180马力加1万元
油罐车	东风平头153	199000	湖北东正专用汽车有限公司	(0722) 3233567	上户吨位6.8t，容积11～18m³，玉柴180马力，康明斯180马力加1万元
油罐车	东风平头153	199000	随州东正（惠通）专用汽车有限公司	(0722) 3330357	上户吨位6.8t，容积11～18m³，玉柴180马力，康明斯180马力加1万元
油罐车	东风平头153	199000	随州市天龙专用汽车有限公司	(0722) 3330008	上户吨位6.8t，容积11～18m³，玉柴180马力，康明斯180马力加1万元
油罐车	东风平头153	199000	随州市圣丰专用汽车有限公司	(0722) 7095688	上户吨位6.8t，容积11～18m³，玉柴180马力，康明斯180马力加1万元

产品名称	型号规格	参考价格（元）	生产厂家	电话	主要参数及备注
油罐车	东风平头153	189000	湖北程力专用汽车有限公司	（0722）7020979	上户吨位6.8t，容积14～16.5m^3，玉柴180马力，康明斯190马力任选，排放标准国Ⅲ，带税控加油机、15m卷盘加油枪另加6000元
油罐车	东风平头153	164000	湖北大力专用汽车制造有限公司	（0722）7609688	上户吨位8t，容积13～15m^3，康明斯180马力柴油机，玉柴170马力柴油机价16.5万元
油罐车	东风平头153	165000	随州东正（惠通）专用汽车有限公司	（0722）3330357	上户吨位8t，容积13～15m^3，玉柴170马力柴油机
油罐车	东风平头153	166000	湖北程力专用汽车有限公司	（0722）7020979	上户吨位8t，容积13～15m^3，康明斯180马力柴油机，带税控加油机，带15m卷盘加油枪，排放标准欧Ⅱ
油罐车	东风平头153	166000	随州市圣丰专用汽车有限公司	（0722）7095688	上户吨位8t，容积13～15m^3，康明斯180马力柴油机
油罐车	东风平头153	168000	湖北合力专用汽车制造有限公司	（0722）3989579	上户吨位8t，容积13～15m^3，康明斯180马力柴油机，玉柴170马力柴油机价16.5万元
油罐车	东风平头153	168000	随州市晨阳专用汽车销售有限公司	（0722）3801178	上户吨位8t，容积13～15m^3，康明斯180马力柴油机，玉柴170马力柴油机价16.5万元
油罐车	东风平头153	168000	湖北东正专用汽车有限公司	（0722）3233567	上户吨位8t，容积13～15m^3，康明斯180马力柴油机，玉柴170马力柴油机价16.5万元
油罐车	东风平头153	168000	随州东正（惠通）专用汽车有限公司	（0722）3330357	上户吨位8t，容积13～15m^3，康明斯180马力柴油机
油罐车	东风平头153	168000	随州市天龙专用汽车有限公司	（0722）3330008	上户吨位8t，容积13～15m^3，康明斯180马力柴油机，玉柴170马力柴油机价16.5万元
油罐车	东风平头153 EQ1141KJ2	164000	湖北大力专用汽车制造有限公司	（0722）7609688	上户吨位6.8t，容积11～18m^3，康明斯190马力发动机，可选装电脑税控加油机，带15m回位卷盘
油罐车	东风平头后八轮	232000	湖北俊龙专用汽车有限公司	（0722）3309005	上户吨位11t，容积22～26m^3，康明斯发动机210马力，平头带卧驾驶室，厢长8.6m
油罐车	东风平头后八轮	232000	湖北元通专用汽车有限公司	（0722）3332112	上户吨位11t，容积22～26m^3，康明斯发动机210马力，平头带卧驾驶室，厢长8.6m
油罐车	东风平头后八轮	232000	随州市东风专用汽车销售中心	（0722）3817209	上户吨位11t，容积22～26m^3，平头带卧驾驶室，康明斯发动机210马力，厢长8.6m
油罐车	东风平头后八轮	232000	随州市东风专用汽车有限公司	（0722）3308618	上户吨位11t，容积22～26m^3，康明斯发动机210马力，平头带卧驾驶室，厢长8.6m
油罐车	东风平头后八轮	245000	湖北俊龙专用汽车有限公司	（0722）3309005	上户吨位11.2t，容积24～28m^3，康明斯发动机210马力，平头带卧驾驶室，厢长9.5m
油罐车	东风平头后八轮	245000	湖北元通专用汽车有限公司	（0722）3332112	上户吨位11.2t，容积24～28m^3，康明斯发动机210马力，平头带卧驾驶室，厢长9.5m
油罐车	东风平头后八轮	245000	随州市东风专用汽车销售中心	（0722）3817209	上户吨位11.2t，容积24～28m^3，平头带卧驾驶室，康明斯发动机210马力，厢长9.5m
油罐车	东风平头后八轮	245000	随州市东风专用汽车有限公司	（0722）3308618	上户吨位11.2t，容积24～28m^3，康明斯发动机210马力，平头带卧驾驶室，厢长9.5m
油罐车	东风平头后八轮	270000	湖北俊龙专用汽车有限公司	（0722）3309005	上户吨位12.2t，容积25～28m^3，康明斯发动机230马力，高顶双卧驾驶室，厢长9.5m

产品名称	型号规格	参考价格(元)	生产厂家	电话	主要参数及备注
油罐车	东风平头后八轮	270000	湖北元通专用汽车有限公司	(0722)3332112	上户吨位12.2t,容积25~28m^3,康明斯发动机230马力
油罐车	东风平头后八轮	270000	随州市东风专用汽车销售中心	(0722)3817209	上户吨位12.2t,容积25~28m^3,高顶双卧驾驶室,康明斯发动机230马力,厢长9.5m
油罐车	东风平头后八轮	270000	随州市东风专用汽车有限公司	(0722)3308618	上户吨位12.2t,容积25~28m^3,康明斯发动机230马力,高顶双卧驾驶室,厢长9.5m
油罐车	东风平头后八轮	257000	湖北俊龙专用汽车有限公司	(0722)3309005	上户吨位13t,容积24~26m^3,康明斯发动机230马力,平头带卧驾驶室,厢长8.6m
油罐车	东风平头后八轮	257000	湖北元通专用汽车有限公司	(0722)3332112	上户吨位13t,容积24~26m^3,康明斯发动机230马力,平头带卧驾驶室,厢长8.6m
油罐车	东风平头后八轮	257000	随州市东风专用汽车销售中心	(0722)3817209	上户吨位13t,容积24~26m^3,平头带卧驾驶室,康明斯发动机230马力,厢长8.6m
油罐车	东风平头后八轮	257000	随州市东风专用汽车有限公司	(0722)3308618	上户吨位13t,容积24~26m^3,康明斯发动机230马力,平头带卧驾驶室,厢长8.6m
油罐车	东风平头后八轮	223000	湖北俊龙专用汽车有限公司	(0722)3309005	上户吨位14t,容积18~22m^3,康明斯发动机210马力,平头带卧驾驶室,厢长7.2m
油罐车	东风平头后八轮	223000	湖北元通专用汽车有限公司	(0722)3332112	上户吨位14t,容积18~22m^3,康明斯发动机210马力,平头带卧驾驶室,厢长7.2m
油罐车	东风平头后八轮	223000	随州市东风专用汽车销售中心	(0722)3817209	上户吨位14t,容积18~22m^3,平头带卧驾驶室,康明斯发动机210马力,厢长7.2m
油罐车	东风平头后八轮	223000	随州市东风专用汽车有限公司	(0722)3308618	上户吨位14t,容积18~22m^3,康明斯发动机210马力,平头带卧驾驶室,厢长7.2m
油罐车	东风平头后八轮	244000	湖北俊龙专用汽车有限公司	(0722)3309005	上户吨位14t,容积18~22m^3,康明斯发动机230马力,平头带卧驾驶室,厢长7.2m
油罐车	东风平头后八轮	244000	湖北元通专用汽车有限公司	(0722)3332112	上户吨位14t,容积18~22m^3,康明斯发动机230马力,平头带卧驾驶室,厢长7.2m
油罐车	东风平头后八轮	244000	随州市东风专用汽车销售中心	(0722)3817209	上户吨位14t,容积18~22m^3,平头带卧驾驶室,康明斯发动机230马力,厢长7.2m
油罐车	东风平头后八轮	244000	随州市东风专用汽车有限公司	(0722)3308618	上户吨位14t,容积18~22m^3,康明斯发动机230马力,平头带卧驾驶室,厢长7.2m
油罐车	东风前四后四	242000	随州市双诚专用汽车销售有限公司	(0722)3805158	容积12~18m^3,底盘型号EQ1161K3GJ,车长8.6m,康明斯发动机,型号ISDE185-30,185马力,排放标准欧Ⅲ
油罐车	东风前四后四	258000	随州市双诚专用汽车销售有限公司	(0722)3805158	容积14.98~25m^3 底盘型号EQ1191K3GBJ,车长8.6m,康明斯发动机,型号ISDE185-30,185马力,排放标准欧Ⅲ
油罐车	东风前四后八	316000	随州市东风专用汽车销售中心	(0722)3817209	上户吨位9~17t,容积28~35m^3,高顶双卧驾驶室,康明斯发动机260马力,厢长9.5m
油罐车	东风前四后八	316000	湖北元通专用汽车有限公司	(0722)3332112	上户吨位9~17t,容积28~35m^3,康明斯发动机260马力,高顶双卧驾驶室,厢长9.5m

产品名称	型号规格	参考价格(元)	生产厂家	电话	主要参数及备注
油罐车	东风前四后八	316000	随州市东风专用汽车有限公司	(0722)3308618	上户吨位9~17t,容积28~35m^3,康明斯发动机260马力,高顶双卧驾驶室,厢长9.5m
油罐车	东风前四后八	316000	湖北俊龙专用汽车有限公司	(0722)3309005	上户吨位9t、17t,容积28~35m^3,康明斯发动机260马力,高顶双卧驾驶室,厢长9.5m
油罐车	东风前四后八	358000	随州市晨阳专用汽车销售有限公司	(0722)3801178	上户吨位14.9t,容积22~38m^3,康明斯290马力柴油机,康明斯315马力加1.5万元
油罐车	东风前四后八	326000	湖北程力专用汽车有限公司	(0722)7020979	上户吨位16t,容积30m^3,康明斯245马力柴油机,康明斯270马力加万元,排放标准国Ⅲ
油罐车	东风前四后十	366000	随州市东风专用汽车有限公司	(0722)3308618	上户吨位18~24t,容积30~38m^3,康明斯260马力、300马力,高顶双卧驾驶室,厢长9.5m
油罐车	东风前四后十	366000	湖北俊龙专用汽车有限公司	(0722)3309005	上户吨位18t、24t,容积30~38m^3,康明斯260马力、300马力,高顶双卧驾驶室,厢长9.5m
油罐车	东风前四后十	366000	湖北元通专用汽车有限公司	(0722)3332112	上户吨位18t、24t,容积30~38m^3,康明斯发动机,260马力、300马力,高顶双卧驾驶室,厢长9.5m
油罐车	东风前四后十	366000	随州市东风专用汽车销售中心	(0722)3817209	上户吨位18t、24t,容积30~38m^3,高顶双卧驾驶室,康明斯260/300马力,厢长9.5m
油罐车	东风三平柴	125000	湖北成龙威专用汽车有限公司	(0722)3308899	上户吨位6~8t,多功能,平头带卧,风神柴油机
油罐车	东风三平柴	125000	湖北天威专用汽车有限公司	(0722)3308885	上户吨位6~8t,多功能,平头带卧,风神柴油机
油罐车	东风双桥	284000	随州市双诚专用汽车销售有限公司	(0722)3805158	容积19.9~22m^3,底盘型号EQ5253GFJ2,车长7.2m,康明斯发动机,型号ISDE210-30,210马力,排放标准欧Ⅲ
油罐车	东风双桥	219500	随州市圣丰专用汽车有限公司	(0722)7095688	上户吨位10.7t,容积15~20m^3,康明斯210马力柴油机
油罐车	东风双桥	224000	湖北大力专用汽车制造有限公司	(0722)7609688	上户吨位10.7t,容积15~20m^3,康明斯210马力柴油机
油罐车	东风双桥	228000	湖北合力专用汽车制造有限公司	(0722)3989579	上户吨位10.7t,容积15~20m^3,康明斯210马力柴油机
油罐车	东风双桥	228000	湖北东正专用汽车有限公司	(0722)3233567	上户吨位10.7t,容积15~20m^3,康明斯210马力柴油机
油罐车	东风双桥	228000	随州东正(惠通)专用汽车有限公司	(0722)3330357	上户吨位10.7t,容积15~20m^3,康明斯210马力柴油机,排放标准欧Ⅱ
油罐车	东风双桥	228000	随州市天龙专用汽车有限公司	(0722)3330008	上户吨位10.7t,容积15~20m^3,康明斯210马力柴油机
油罐车	东风双桥	228000	随州市晨阳专用汽车销售有限公司	(0722)3801178	上户吨位10.7t,容积22.8m^3,康明斯210马力柴油机
油罐车	东风双桥	258000	随州市晨阳专用汽车销售有限公司	(0722)3801178	上户吨位13.3t,容积20~25m^3,康明斯210马力柴油机,康明斯240马力加1.8万元
油罐车	东风双桥	254000	湖北大力专用汽车制造有限公司	(0722)7609688	上户吨位13.3t,容积20~26m^3,康明斯210马力柴油机,康明斯240马力加1.8万元
油罐车	东风双桥	258000	湖北东正专用汽车有限公司	(0722)3233567	上户吨位13.3t,容积20~26m^3,康明斯210马力柴油机,康明斯240马力加1.8万元
油罐车	东风双桥	258000	随州东正(惠通)专用汽车有限公司	(0722)3330357	上户吨位13.3t,容积20~26m^3,康明斯210马力柴油机,康明斯240马力加1.8万元

产品名称	型号规格	参考价格（元）	生产厂家	电话	主要参数及备注
油罐车	东风双桥	258000	随州市天龙专用汽车有限公司	（0722）3330008	上户吨位13.3t，容积20～26m^3，康明斯210马力柴油机，康明斯240马力加1.8万元
油罐车	东风双桥	258000	随州市圣丰专用汽车有限公司	（0722）7095688	上户吨位13.3t，容积20～26m^3，康明斯210马力柴油机，康明斯240马力加1.8万元
油罐车	东风双桥油	258000	湖北合力专用汽车制造有限公司	（0722）3989579	上户吨位13.3t，容积20～26m^3，康明斯210马力柴油机，康明斯240马力加1.8万元
油罐车	东风天锦	212000	随州市双诚专用汽车销售有限公司	（0722）3805158	容积7.5～15m^3，底盘型号DFL1120B2，车长5.3m，康明斯发动机，型号ISDE185－30，185马力，排放标准欧Ⅲ
油罐车	东风天锦	213000	随州市双诚专用汽车销售有限公司	（0722）3805158	容积8.98～18m^3，底盘型号DFL1120B，车长6.1m，康明斯发动机，型号ISDE185－30，185马力，排放标准欧Ⅲ
油罐车	东风天锦	207000	随州市双诚专用汽车销售有限公司	（0722）3805158	容积9m^3，底盘型号DFL1120B1，车长4.8m，康明斯发动机，型号ISDE185－30，185马力，排放标准欧Ⅲ
油罐车	东风天锦	211000	随州市双诚专用汽车销售有限公司	（0722）3805158	容积11.7～15m^3 底盘型号DFL1140B2，车长5.3m，康明斯发动机，型号ISDE185－30，185马力，排放标准欧Ⅲ
油罐车	东风天锦	225000	随州市双诚专用汽车销售有限公司	（0722）3805158	容积12.45～15m^3，底盘型号DFL1160BX2，车长5.3m，康明斯发动机，型号ISDE210－30，210马力，排放标准欧Ⅲ
油罐车	东风天锦	234000	随州市双诚专用汽车销售有限公司	（0722）3805158	容积12～18m^3，底盘型号DFL1160BX，车长6.1m，康明斯发动机，型号ISDE210－30，210马力，排放标准欧Ⅲ
油罐车	东风天锦单桥	191000	湖北合力专用汽车制造有限公司	（0722）3989579	上户吨位5t，容积8～14m^3，康明斯160马力柴油机，康明斯180马力加1.3万元
油罐车	东风天锦单桥	191000	随州市晨阳专用汽车销售有限公司	（0722）3801178	上户吨位5t，容积8～14m^3，康明斯160马力柴油机，康明斯180马力加1.3万元
油罐车	东风天锦单桥	191000	湖北东正专用汽车有限公司	（0722）3233567	上户吨位5t，容积8～14m^3，康明斯160马力柴油机，康明斯180马力加1.3万元
油罐车	东风天锦单桥	191000	随州东正（惠通）专用汽车有限公司	（0722）3330357	上户吨位5t，容积8～14m^3，康明斯160马力柴油机，康明斯180马力加1.3万元
油罐车	东风天锦单桥	191000	湖北程力专用汽车有限公司	（0722）7020979	上户吨位5t，容积8～14m^3，康明斯160马力柴油机，康明斯180马力加1.3万元
油罐车	东风天锦单桥	191000	随州市天龙专用汽车有限公司	（0722）3330008	上户吨位5t，容积8～14m^3，康明斯160马力柴油机，康明斯180马力加1.3万元
油罐车	东风天锦单桥	191000	随州市圣丰专用汽车有限公司	（0722）7095688	上户吨位5t，容积8～14m^3，康明斯160马力柴油机，康明斯180马力加1.3万元
油罐车	东风天锦单桥	187000	湖北大力专用汽车制造有限公司	（0722）7609688	上户吨位5t，容积8～14m^3，康明斯160马力柴油机，康明斯180马力加1.3万元

产品名称	型号规格	参考价格(元)	生产厂家	电话	主要参数及备注
油罐车	东风天龙前四后四	298000	随州市双诚专用汽车销售有限公司	(0722)3805158	容积13.5~32m³,底盘型号DFL1253AX,车长9.5m,康明斯发动机,型号ISDE210-30,210马力,排放标准欧Ⅲ
油罐车	东风天龙前四后八	354000	湖北大力专用汽车制造有限公司	(0722)7609688	上户吨位14.9t,容积22~38m³,康明斯290马力柴油机,康明斯315马力加1.5万元
油罐车	东风天龙前四后八	358000	湖北合力专用汽车制造有限公司	(0722)3989579	上户吨位14.9t,容积22~38m³,康明斯290马力柴油机,康明斯315马力加1.5万元
油罐车	东风天龙前四后八	358000	湖北东正专用汽车有限公司	(0722)3233567	上户吨位14.9t,容积22~38m³,康明斯290马力柴油机,康明斯315马力加1.5万元
油罐车	东风天龙前四后八	358000	随州东正(惠通)专用汽车有限公司	(0722)3330357	上户吨位14.9t,容积22~38m³,康明斯290马力柴油机,康明斯315马力加1.5万元
油罐车	东风天龙前四后八	358000	随州市天龙专用汽车有限公司	(0722)3330008	上户吨位14.9t,容积22~38m³,康明斯290马力柴油机,康明斯315马力加1.5万元
油罐车	东风天龙前四后八	358000	随州市圣丰专用汽车有限公司	(0722)7095688	上户吨位14.9t,容积22~38m³,康明斯290马力柴油机,康明斯315马力加1.5万元
油罐车	东风天龙前四后八	383000	随州市双诚专用汽车销售有限公司	(0722)3805158	容积22.3~32m³,底盘型号DFL1311A4,车长9.5m,康明斯发动机,型号ISDE315-30,315马力,排放标准欧Ⅲ
油罐车	东风天龙前四后八	377000	随州市双诚专用汽车销售有限公司	(0722)3805158	容积25.2~32m³,底盘型号DFL1311A3,车长9.5m,康明斯发动机,型号ISDE290-30,290马力,排放标准欧Ⅲ
油罐车	东风天龙双桥	311000	随州市双诚专用汽车销售有限公司	(0722)3805158	容积17.9~22m³,底盘型号DFL1250A8,车长7.2m,康明斯发动机,型号ISDE245-30,245马力,排放标准欧Ⅲ
油罐车	东风天龙双桥	308000	随州市双诚专用汽车销售有限公司	(0722)3805158	容积19.4~26m³,底盘型号DFL1250A9,车长8.6m,康明斯发动机,型号ISDE245-30,245马力,排放标准欧Ⅲ
油罐车	东风天龙双桥	289000	湖北合力专用汽车制造有限公司	(0722)3989579	上户吨位12t,容积18~28m³,康明斯230马力柴油机,245马力加0.3万元
油罐车	东风天龙双桥	289000	随州市晨阳专用汽车销售有限公司	(0722)3801178	上户吨位12t,容积18~28m³,康明斯230马力柴油机,245马力加0.3万元
油罐车	东风天龙双桥	289000	随州东正(惠通)专用汽车有限公司	(0722)3330357	上户吨位12t,容积18~28m³,康明斯230马力柴油机,245马力加0.3万元
油罐车	东风天龙双桥	278000	湖北程力专用汽车有限公司	(0722)7020979	上户吨位12t,容积22~26m³,康明斯245马力,排放标准国Ⅲ,带税控加油机、15m卷盘加油枪另加6000元
油罐车	东风天龙双桥	285000	湖北大力专用汽车制造有限公司	(0722)7609688	上户吨位12t,容积22~26m³,康明斯230马力柴油机,245马力加0.3万元
油罐车	东风天龙双桥	289000	湖北东正专用汽车有限公司	(0722)3233567	上户吨位12t,容积22~26m³,康明斯230马力柴油机,245马力加0.3万元
油罐车	东风天龙双桥	289000	随州市天龙专用汽车有限公司	(0722)3330008	上户吨位12t,容积22~26m³,康明斯230马力柴油机,245马力加0.3万元

产品名称	型号规格	参考价格(元)	生产厂家	电话	主要参数及备注
油罐车	东风天龙双桥	289000	随州市圣丰专用汽车有限公司	(0722)7095688	上户吨位12t,容积22～26m³,康明斯230马力柴油机,245马力加0.3万元
油罐车	东风天龙小三轴	244000	湖北大力专用汽车制造有限公司	(0722)7609688	上户吨位8t,容积12～28m³,康明斯210马力柴油机
油罐车	东风天龙小三轴	248000	湖北合力专用汽车制造有限公司	(0722)3989579	上户吨位8t,容积12～28m³,康明斯210马力柴油机
油罐车	东风天龙小三轴	248000	随州市晨阳专用汽车销售有限公司	(0722)3801178	上户吨位8t,容积12～28m³,康明斯210马力柴油机
油罐车	东风天龙小三轴	248000	湖北东正专用汽车有限公司	(0722)3233567	上户吨位8t,容积12～28m³,康明斯210马力柴油机
油罐车	东风天龙小三轴	248000	随州东正(惠通)专用汽车有限公司	(0722)3330357	上户吨位8t,容积12～28m³,康明斯210马力柴油机
油罐车	东风天龙小三轴	248000	湖北程力专用汽车有限公司	(0722)7020979	上户吨位8t,容积12～28m³,康明斯210马力柴油机
油罐车	东风天龙小三轴	248000	随州市天龙专用汽车有限公司	(0722)3330008	上户吨位8t,容积12～28m³,康明斯210马力柴油机
油罐车	东风天龙小三轴	248000	随州市圣丰专用汽车有限公司	(0722)7095688	上户吨位8t,容积12～28m³,康明斯210马力柴油机
油罐车	东风小霸王	85000	湖北成龙威专用汽车有限公司	(0722)3308899	上户吨位3～4.5t,多功能,平头,云内柴油机
油罐车	东风小霸王	93000	湖北成龙威专用汽车有限公司	(0722)3308899	上户吨位4.5～5t,多功能,平头,云内柴油机,加强型
油罐车	东风小霸王	59000	湖北大力专用汽车制造有限公司	(0722)7609688	上户吨位1.5t,容积3～4m³,云内、朝柴95马力柴油机,带税控加油机加7000元
油罐车	东风小霸王	62000	湖北合力专用汽车制造有限公司	(0722)3989579	上户吨位1.5t,容积3～4m³,云内、朝柴95马力柴油机,带税控加油机加7000元
油罐车	东风小霸王	62000	随州市晨阳专用汽车销售有限公司	(0722)3801178	上户吨位1.5t,容积3～4m³,云内、朝柴95马力柴油机,带税控加油机加7000元
油罐车	东风小霸王	62000	湖北东正专用汽车有限公司	(0722)3233567	上户吨位1.5t,容积3～4m³,云内、朝柴95马力柴油机,带税控加油机加7000元
油罐车	东风小霸王	62000	随州市天龙专用汽车有限公司	(0722)3330008	上户吨位1.5t,容积3～4m³,云内、朝柴95马力柴油机,带税控加油机加7000元
油罐车	东风小霸王	65000	随州东正(惠通)专用汽车有限公司	(0722)3330357	上户吨位1.5t,容积3～4m³,云内95马力,油制动,带税控加油机,排放标准欧Ⅱ
油罐车	东风小霸王	69000	随州市圣丰专用汽车有限公司	(0722)7095688	上户吨位1.5t,容积3～4m³,云内90马力柴油机,带税控加油机
油罐车	东风小霸王	85000	湖北天威专用汽车有限公司	(0722)3308885	上户吨位3～4.5t,多功能,平头,云内柴油机
油罐车	东风小霸王	93000	湖北天威专用汽车有限公司	(0722)3308885	上户吨位4.5～5t,多功能,平头,云内柴油机
油罐车	东风小霸王加强型	64000	湖北大力专用汽车制造有限公司	(0722)7609688	上户吨位1.5t,容积3～5m³,云内、朝柴95马力柴油机,带税控加油机加7000元
油罐车	东风小霸王加强型	68000	湖北合力专用汽车制造有限公司	(0722)3989579	上户吨位1.5t,容积3～5m³,云内、朝柴95马力柴油机,带税控加油机加7000元
油罐车	东风小霸王加强型	68000	随州市晨阳专用汽车销售有限公司	(0722)3801178	上户吨位1.5t,容积3～5m³,云内、朝柴95马力柴油机,带税控加油机加7000元
油罐车	东风小霸王加强型	68000	湖北东正专用汽车有限公司	(0722)3233567	上户吨位1.5t,容积3～5m³,云内、朝柴95马力柴油机,带税控加油机加7000元

产品名称	型号规格	参考价格（元）	生产厂家	电话	主要参数及备注
油罐车	东风小霸王加强型	68000	随州市天龙专用汽车有限公司	(0722)3330008	上户吨位1.5t,容积3～5m^3,云内、朝柴95马力柴油机,带税控加油机加7000元
油罐车	东风小霸王加强型	76000	湖北程力专用汽车有限公司	(0722)7020979	上户吨位1.5t,容积3～5m^3,云内95马力,朝柴95马力柴油机,带税控加油机,带15m卷盘加油枪,排放标准欧Ⅱ
油罐车	东风小霸王加强型	76000	随州市圣丰专用汽车有限公司	(0722)7095688	上户吨位1.5t,容积3～5m^3,云内95马力,朝柴95马力柴油机,带税控加油机
油罐车	东风小金霸	93000	湖北合力专用汽车制造有限公司	(0722)3989579	上户吨位1.5t,容积3～5m^3,玉柴发动机90马力柴油机,带税控加油机加7000元
油罐车	东风小金霸	93000	随州市晨阳专用汽车销售有限公司	(0722)3801178	上户吨位1.5t,容积3～5m^3,玉柴发动机90马力柴油机,带税控加油机加7000元
油罐车	东风小金霸	93000	湖北东正专用汽车有限公司	(0722)3233567	上户吨位1.5t,容积3～5m^3,玉柴发动机95马力柴油机,带税控加油机、带15m卷盘加油枪等,排放标准国Ⅲ
油罐车	东风小金霸	93000	随州市天龙专用汽车有限公司	(0722)3330008	上户吨位1.5t,容积3～5m^3,玉柴发动机95马力柴油机,带税控加油机、带15m卷盘加油枪等,排放标准国Ⅲ
油罐车	东风小金霸	93000	随州市圣丰专用汽车有限公司	(0722)7095688	上户吨位1.5t,容积3～5m^3,玉柴发动机95马力柴油机,带税控加油机、带15m卷盘加油枪等,排放标准国Ⅲ
油罐车	东风小金霸	96000	湖北程力专用汽车有限公司	(0722)7020979	上户吨位1.5t,容积5m^3,玉柴发动机95马力柴油机,带税控加油机、带15m卷盘加油枪等,排放标准国Ⅲ
油罐车	东风窄金霸	104000	随州市双诚专用汽车销售有限公司	(0722)3805158	容积2.15～5m^3,底盘型号EQ1040TJ20D3,车长4.17m,玉柴发动机,型号YC4F90－30,90马力,排放标准欧Ⅲ
油罐车	东风窄金霸	103000	随州市双诚专用汽车销售有限公司	(0722)3805158	容积2.3～5m^3,底盘型号EQ1041TJ20D3,车长4.17m,玉柴发动机,型号YC4F90－30,90马力,排放标准欧Ⅲ
油罐车	福田单桥	134000	湖北大力专用汽车制造有限公司	(0722)7609688	上户吨位6.5t,容积10～16m^3,玉柴140马力柴油机,带动力转向
油罐车	福田单桥	138000	湖北合力专用汽车制造有限公司	(0722)3989579	上户吨位6.5t,容积10～16m^3,玉柴140马力柴油机,带动力转向
油罐车	福田单桥	138000	随州市晨阳专用汽车销售有限公司	(0722)3801178	上户吨位6.5t,容积10～16m^3,玉柴140马力柴油机,带动力转向
油罐车	福田单桥	138000	湖北东正专用汽车有限公司	(0722)3233567	上户吨位6.5t,容积10～16m^3,玉柴140马力柴油机,带动力转向
油罐车	福田单桥	138000	随州东正(惠通)专用汽车有限公司	(0722)3330357	上户吨位6.5t,容积10～16m^3,玉柴140马力柴油机,带动力转向
油罐车	福田单桥	138000	湖北程力专用汽车有限公司	(0722)7020979	上户吨位6.5t,容积10～16m^3,玉柴140马力柴油机,带动力转向
油罐车	福田单桥	138000	随州市天龙专用汽车有限公司	(0722)3330008	上户吨位6.5t,容积10～16m^3,玉柴140马力柴油机,带动力转向
油罐车	福田单桥	138000	随州市圣丰专用汽车有限公司	(0722)7095688	上户吨位6.5t,容积10～16m^3,玉柴140马力柴油机,带动力转向
油罐车	福田轻卡	49000	随州市晨阳专用汽车销售有限公司	(0722)3801178	容积2～3m^3,全柴45马力柴油机,带税控加油机加7000元

产品名称	型号规格	参考价格(元)	生产厂家	电话	主要参数及备注
油罐车	福田轻卡	64000	湖北大力专用汽车制造有限公司	(0722)7609688	容积3～5m^3,朝柴95马力柴油机,可翻转驾驶室,带税控加油机加7000元
油罐车	福田轻卡	68000	随州市晨阳专用汽车销售有限公司	(0722)3801178	容积3～5m^3,朝柴95马力柴油机,可翻转驾驶室,带税控加油机加7000元
油罐车	福田轻卡	68000	湖北东正专用汽车有限公司	(0722)3233567	容积3～5m^3,朝柴95马力柴油机,可翻转驾驶室,带税控加油机加7000元
油罐车	福田轻卡	68000	随州市天龙专用汽车有限公司	(0722)3330008	容积3～5m^3,朝柴95马力柴油机,可翻转驾驶室,带税控加油机加7000元
油罐车	福田轻卡	68000	湖北合力专用汽车制造有限公司	(0722)3989579	容积3～5m^3,朝柴95马力柴油机,可翻转驾驶室,带税控加油机加7000元
油罐车	福田轻卡	69000	随州东正(惠通)专用汽车有限公司	(0722)3330357	容积3～5m^3,朝柴95马力柴油机,带税控加油机,排放标准欧Ⅱ
油罐车	福田轻卡	69000	湖北程力专用汽车有限公司	(0722)7020979	容积3～5m^3,朝柴95马力柴油机,可选油制动、可翻转驾驶室带税控加油机,带15m卷盘加油枪,排放标准欧Ⅱ
油罐车	福田轻卡	69000	随州市圣丰专用汽车有限公司	(0722)7095688	容积3～5m^3,朝柴95马力柴油机,可翻转驾驶室,带税控加油机
油罐车	福田微卡	45000	湖北大力专用汽车制造有限公司	(0722)7609688	容积2～3m^3,全柴45马力柴油机,带税控加油机加7000元
油罐车	福田微卡	49000	湖北东正专用汽车有限公司	(0722)3233567	容积2～3m^3,全柴45马力柴油机,带税控加油机加7000元
油罐车	福田微卡	49000	湖北合力专用汽车制造有限公司	(0722)3989579	容积2～3m^3,全柴45马力柴油机,带税控加油机加7000元
油罐车	福田微卡	53000	随州东正(惠通)专用汽车有限公司	(0722)3330357	容积2～3m^3,全柴45马力柴油机,带税控加油机 排放标准欧Ⅱ
油罐车	福田微卡	56000	随州市圣丰专用汽车有限公司	(0722)7095688	容积2.5m^3,全柴51马力柴油机,带税控加油机
油罐车	福田小卡	49000	湖北大力专用汽车制造有限公司	(0722)7609688	容积3～4m^3,全柴65马力柴油机,带税控加油机加7000元
油罐车	福田小卡	52000	随州市晨阳专用汽车销售有限公司	(0722)3801178	容积3～4m^3,全柴65马力柴油机,带税控加油机加7000元
油罐车	福田小卡	52000	湖北东正专用汽车有限公司	(0722)3233567	容积3～4m^3,全柴65马力柴油机,带税控加油机加7000元
油罐车	福田小卡	59000	随州市圣丰专用汽车有限公司	(0722)7095688	容积3～4m^3,全柴65马力柴油机,带税控加油机
油罐车	福田小卡	61000	随州东正(惠通)专用汽车有限公司	(0722)3330357	容积3～4m^3,全柴65马力柴油机,带税控加油机,排放标准欧Ⅱ
油罐车	福田小卡	97000	湖北大力专用汽车制造有限公司	(0722)7609688	上户吨位1.5t,容积3～5m^3,大柴104马力柴油机,带动力转向
油罐车	福田小卡	98000	湖北东正专用汽车有限公司	(0722)3233567	上户吨位1.5t,容积3～5m^3,大柴104马力柴油机 带动力转向、带税控加油机、15m卷盘加油枪等,排放标准国Ⅲ
油罐车	福田小卡	98000	湖北程力专用汽车有限公司	(0722)7020979	上户吨位1.5t,容积3～5m^3,大柴104马力柴油机 带动力转向、带税控加油机、15m卷盘加油枪等,排放标准国Ⅲ
油罐车	福田小卡	98000	随州市天龙专用汽车有限公司	(0722)3330008	上户吨位1.5t,容积3～5m^3,大柴104马力柴油机 带动力转向、带税控加油机、15m卷盘加油枪等,排放标准国Ⅱ

产品名称	型号规格	参考价格（元）	生产厂家	电话	主要参数及备注
油罐车	福田小卡	98000	随州市圣丰专用汽车有限公司	（0722）7095688	上户吨位1.5t，容积3～5m³，大柴104马力柴油机，带动力转向、带税控加油机、15m卷盘加油枪等，排放标准国Ⅲ
油罐车	福田小卡	101000	湖北合力专用汽车制造有限公司	（0722）3989579	上户吨位1.5t，容积3～5m³，大柴104马力柴油机，带动力转向
油罐车	福田小卡	101000	随州市晨阳专用汽车销售有限公司	（0722）3801178	上户吨位1.5t，容积3～5m³，大柴104马力柴油机，带动力转向
油罐车	福田小卡	101000	随州东正（惠通）专用汽车有限公司	（0722）3330357	上户吨位1.5t，容积3～5m³，大柴104马力柴油机，带动力转向
油罐车	福田小卡	52000	湖北合力专用汽车制造有限公司	（0722）3989579	容积3～4m³，全柴65马力柴油机，带税控加油机加7000元
油罐车	福田小卡排半	102000	湖北大力专用汽车制造有限公司	（0722）7609688	上户吨位2t，容积3～6m³，扬柴130马力柴油机，带动力转向
油罐车	福田小卡排半	106000	湖北合力专用汽车制造有限公司	（0722）3989579	上户吨位2t，容积3～6m³，扬柴130马力柴油机，带动力转向
油罐车	福田小卡排半	106000	随州市晨阳专用汽车销售有限公司	（0722）3801178	上户吨位2t，容积3～6m³，扬柴130马力柴油机，带动力转向
油罐车	福田小卡排半	106000	随州东正（惠通）专用汽车有限公司	（0722）3330357	上户吨位2t，容积3～6m³，扬柴130马力柴油机，带动力转向
油罐车	福田小卡排半	108000	湖北东正专用汽车有限公司	（0722）3233567	上户吨位2t，容积3～6m³，扬柴130马力柴油机，带动力转向
油罐车	福田小卡排半	108000	湖北程力专用汽车有限公司	（0722）7020979	上户吨位2t，容积3～6m³，扬柴130马力柴油机，带动力转向
油罐车	福田小卡排半	108000	随州市天龙专用汽车有限公司	（0722）3330008	上户吨位2t，容积3～6m³，扬柴130马力柴油机，带动力转向
油罐车	福田小卡排半	108000	随州市圣丰专用汽车有限公司	（0722）7095688	上户吨位2t，容积3～6m³，扬柴130马力柴油机，带动力转向
油罐车	江淮1045	105000	湖北大力专用汽车制造有限公司	（0722）7609688	上户吨位1.6t，容积3～5m³，玉柴115马力柴油机，带动力转向，带税控加油机加8000元
油罐车	江淮1045	109000	湖北合力专用汽车制造有限公司	（0722）3989579	上户吨位1.6t，容积3～5m³，玉柴115马力柴油机，带动力转向，带税控加油机加8000元
油罐车	江淮1045	109000	随州市晨阳专用汽车销售有限公司	（0722）3801178	上户吨位1.6t，容积3～5m³，玉柴115马力柴油机，带动力转向，带税控加油机加8000元
油罐车	江淮1045	109000	湖北东正专用汽车有限公司	（0722）3233567	上户吨位1.6t，容积3～5m³，玉柴115马力柴油机，带动力转向，带税控加油机加8000元
油罐车	江淮1045	109000	随州东正（惠通）专用汽车有限公司	（0722）3330357	上户吨位1.6t，容积3～5m³，玉柴115马力柴油机，带动力转向，带税控加油机加8000元
油罐车	江淮1045	109000	湖北程力专用汽车有限公司	（0722）7020979	上户吨位1.6t，容积3～5m³，玉柴115马力柴油机，带动力转向，带税控加油机加8000元
油罐车	江淮1045	109000	随州市天龙专用汽车有限公司	（0722）3330008	上户吨位1.6t，容积3～5m³，玉柴115马力柴油机，带动力转向，带税控加油机加8000元
油罐车	江淮1045	109000	随州市圣丰专用汽车有限公司	（0722）7095688	上户吨位1.6t，容积3～5m³，玉柴115马力柴油机，带动力转向，带税控加油机加8000元
油罐车	解放CA1083	117000	湖北俊龙专用汽车有限公司	（0722）3309005	上户吨位3t，容积6～9m³，锡柴130马力，平头一排半驾驶室
油罐车	解放CA1083	117000	湖北元通专用汽车有限公司	（0722）3332112	上户吨位3t，容积6～9m³，锡柴130马力，平头一排半驾驶室
油罐车	解放CA1083	117000	随州市东风专用汽车销售中心	（0722）3817209	上户吨位3t，容积6～9m³，平头一排半驾驶室，锡柴130马力

产品名称	型号规格	参考价格（元）	生产厂家	电话	主要参数及备注
油罐车	解放 CA1083	117000	随州市东风专用汽车有限公司	（0722）3308618	上户吨位 3t，容积 6～9m³，锡柴 130 马力，平头一排半驾驶室
油罐车	解放 CA1310 前四后八	304000	湖北俊龙专用汽车有限公司	（0722）3309005	上户吨位 17t，容积 28～35m³，锡柴 240－260－280 马力，高顶双卧驾驶室，厢长9.5m
油罐车	解放 CA1310 前四后八	304000	湖北元通专用汽车有限公司	（0722）3332112	上户吨位 17t，容积 28～35m³，锡柴 240 马力、260 马力、280 马力发动机，高顶双卧驾驶室，厢长 9.5m
油罐车	解放 CA1310 前四后八	304000	随州市东风专用汽车销售中心	（0722）3817209	上户吨位 17t，容积 28～35m³，高顶双卧驾驶室，锡柴 240 马力、260 马力、280 马力发动机，厢长 9.5m
油罐车	解放 CA1310 前四后八	304000	随州市东风专用汽车有限公司	（0722）3308618	上户吨位 17t，容积 28～35m³，锡柴 240/260/280 马力，高顶双卧驾驶室，厢长9.5m
油罐车	解放 CA1389 前四后十	352000	湖北俊龙专用汽车有限公司	（0722）3309005	上户吨位22.3t，容积 30～38m³，锡柴 260－280 马力，高顶双卧驾驶室，厢长9.5m
油罐车	解放 CA1389 前四后十	352000	湖北元通专用汽车有限公司	（0722）3332112	上户吨位22.3t，容积 30～38m³，锡柴 260 马力、280 马力发动机，高顶双卧驾驶室，厢长9.5m
油罐车	解放 CA1389 前四后十	352000	随州市东风专用汽车销售中心	（0722）3817209	上户吨位22.3t，容积 30～38m³，高顶双卧驾驶室，锡柴 260 马力、280 马力发动机，厢长9.5m
油罐车	解放 CA1389 前四后十	352000	随州市东风专用汽车有限公司	（0722）3308618	上户吨位22.3t，容积 30～38m³，锡柴 260/280 马力，高顶双卧驾驶室，厢长9.5m
油罐车	解放 CA5253 前四后四	231000	湖北俊龙专用汽车有限公司	（0722）3309005	上户吨位 9.8t、14t，容积 20～25m³，锡柴 220 马力，平头带卧驾驶室，8.5m 厢
油罐车	解放 CA5253 前四后四	231000	湖北元通专用汽车有限公司	（0722）3332112	上户吨位 9.8t、14t，容积 20～25m³，锡柴 220 马力，平头带卧驾驶室，8.5m 厢
油罐车	解放 CA5253 前四后四	231000	随州市东风专用汽车销售中心	（0722）3817209	上户吨位 9.8t、14t，容积 20～25m³，平头带卧驾驶室，锡柴 220 马力，8.5m 厢
油罐车	解放奥威前四后八	352000	湖北大力专用汽车制造有限公司	（0722）7609688	上户吨位14.8t，容积 28～42m³，大柴、锡柴 320 马力柴油机，带空调
油罐车	解放奥威前四后八	356000	湖北合力专用汽车制造有限公司	（0722）3989579	上户吨位14.8t，容积 28～42m³，大柴、锡柴 320 马力柴油机，带空调
油罐车	解放奥威前四后八	356000	随州市晨阳专用汽车销售有限公司	（0722）3801178	上户吨位14.8t，容积 28～42m³，大柴、锡柴 320 马力柴油机，带空调
油罐车	解放奥威前四后八	356000	湖北东正专用汽车有限公司	（0722）3233567	上户吨位14.8t，容积 28～42m³，大柴、锡柴 320 马力柴油机，带空调
油罐车	解放奥威前四后八	356000	随州东正（惠通）专用汽车有限公司	（0722）3330357	上户吨位14.8t，容积 28～42m³，大柴、锡柴 320 马力柴油机，带空调
油罐车	解放奥威前四后八	356000	湖北程力专用汽车有限公司	（0722）7020979	上户吨位14.8t，容积 28～42m³，大柴、锡柴 320 马力柴油机，带空调
油罐车	解放奥威前四后八	356000	随州市天龙专用汽车有限公司	（0722）3330008	上户吨位14.8t，容积 28～42m³，大柴、锡柴 320 马力柴油机，带空调

产品名称	型号规格	参考价格(元)	生产厂家	电话	主要参数及备注
油罐车	解放奥威前四后八	356000	随州市圣丰专用汽车有限公司	(0722)7095688	上户吨位14.8t,容积28～42m^3,大柴、锡柴320马力柴油机,带空调
油罐车	解放单桥	157000	湖北大力专用汽车制造有限公司	(0722)7609688	上户吨位4.2t,容积6～14m^3,大柴、锡柴135马力柴油机
油罐车	解放单桥	162000	湖北合力专用汽车制造有限公司	(0722)3989579	上户吨位4.2t,容积6～14m^3,大柴、锡柴135马力柴油机
油罐车	解放单桥	162000	随州市晨阳专用汽车销售有限公司	(0722)3801178	上户吨位4.2t,容积6～14m^3,大柴、锡柴135马力柴油机
油罐车	解放单桥	162000	湖北东正专用汽车有限公司	(0722)3233567	上户吨位4.2t,容积6～14m^3,大柴、锡柴135马力柴油机
油罐车	解放单桥	162000	随州东正(惠通)专用汽车有限公司	(0722)3330357	上户吨位4.2t,容积6～14m^3,大柴、锡柴135马力柴油机
油罐车	解放单桥	162000	湖北程力专用汽车有限公司	(0722)7020979	上户吨位4.2t,容积6～14m^3,大柴、锡柴135马力柴油机
油罐车	解放单桥	162000	随州市天龙专用汽车有限公司	(0722)3330008	上户吨位4.2t,容积6～14m^3,大柴、锡柴135马力柴油机
油罐车	解放单桥	162000	随州市圣丰专用汽车有限公司	(0722)7095688	上户吨位4.2t,容积6～14m^3,大柴、锡柴135马力柴油机
油罐车	解放单桥	227000	湖北大力专用汽车制造有限公司	(0722)7609688	上户吨位8t,容积12～18m^3,大柴、锡柴180马力柴油机,1000轮胎
油罐车	解放单桥	232000	湖北合力专用汽车制造有限公司	(0722)3989579	上户吨位8t,容积12～18m^3,大柴、锡柴180马力柴油机,1000轮胎
油罐车	解放单桥	232000	随州市晨阳专用汽车销售有限公司	(0722)3801178	上户吨位8t,容积12～18m^3,大柴、锡柴180马力柴油机,1000轮胎
油罐车	解放单桥	232000	湖北东正专用汽车有限公司	(0722)3233567	上户吨位8t,容积12～18m^3,大柴、锡柴180马力柴油机,1000轮胎
油罐车	解放单桥	232000	随州东正(惠通)专用汽车有限公司	(0722)3330357	上户吨位8t,容积12～18m^3,大柴、锡柴180马力柴油机,1000轮胎
油罐车	解放单桥	232000	湖北程力专用汽车有限公司	(0722)7020979	上户吨位8t,容积12～18m^3,大柴、锡柴180马力柴油机,1000轮胎
油罐车	解放单桥	232000	随州市天龙专用汽车有限公司	(0722)3330008	上户吨位8t,容积12～18m^3,大柴、锡柴180马力柴油机,1000轮胎
油罐车	解放单桥	232000	随州市圣丰专用汽车有限公司	(0722)7095688	上户吨位8t,容积12～18m^3,大柴、锡柴180马力柴油机,1000轮胎
油罐车	解放前四后八	324000	湖北大力专用汽车制造有限公司	(0722)7609688	上户吨位16t,容积24～38m^3,大柴、锡柴260马力柴油机
油罐车	解放前四后八	328000	湖北合力专用汽车制造有限公司	(0722)3989579	上户吨位16t,容积24～38m^3,大柴、锡柴260马力柴油机
油罐车	解放前四后八	328000	随州市晨阳专用汽车销售有限公司	(0722)3801178	上户吨位16t,容积24～38m^3,大柴、锡柴260马力柴油机
油罐车	解放前四后八	328000	随州东正(惠通)专用汽车有限公司	(0722)3330357	上户吨位16t,容积24～38m^3,大柴、锡柴260马力柴油机
油罐车	解放前四后八	306000	湖北东正专用汽车有限公司	(0722)3233567	上户吨位16t,容积30～35m^3,大柴、锡柴260马力柴油机
油罐车	解放前四后八	306000	湖北程力专用汽车有限公司	(0722)7020979	上户吨位16t,容积30～35m^3,大柴、锡柴260马力柴油机
油罐车	解放前四后八	306000	随州市天龙专用汽车有限公司	(0722)3330008	上户吨位16t,容积30～35m^3,大柴、锡柴260马力柴油机

产品名称	型号规格	参考价格（元）	生产厂家	电话	主要参数及备注
油罐车	解放前四后八	306000	随州市圣丰专用汽车有限公司	（0722）7095688	上户吨位16t，容积30～35m³，大柴、锡柴260马力柴油机
油罐车	解放轻卡	142000	湖北大力专用汽车制造有限公司	（0722）7609688	上户吨位3.5t，容积5～14m³，锡柴130马力，825轮胎
油罐车	解放轻卡	146000	湖北合力专用汽车制造有限公司	（0722）3989579	上户吨位3.5t，容积5～14m³，锡柴130马力，825轮胎
油罐车	解放轻卡	146000	随州市晨阳专用汽车销售有限公司	（0722）3801178	上户吨位3.5t，容积5～14m³，锡柴130马力，825轮胎
油罐车	解放轻卡	146000	湖北东正专用汽车有限公司	（0722）3233567	上户吨位3.5t，容积5～14m³，锡柴130马力，825轮胎
油罐车	解放轻卡	146000	随州东正（惠通）专用汽车有限公司	（0722）3330357	上户吨位3.5t，容积5～14m³，锡柴130马力，825轮胎
油罐车	解放轻卡	146000	湖北程力专用汽车有限公司	（0722）7020979	上户吨位3.5t，容积5～14m³，锡柴130马力，825轮胎
油罐车	解放轻卡	146000	随州市天龙专用汽车有限公司	（0722）3330008	上户吨位3.5t，容积5～14m³，锡柴130马力，825轮胎
油罐车	解放轻卡	146000	随州市圣丰专用汽车有限公司	（0722）7095688	上户吨位3.5t，容积5～14m³，锡柴130马力，825轮胎
油罐车	解放双桥	265000	湖北大力专用汽车制造有限公司	（0722）7609688	上户吨位13.4t，容积20～26m³，大柴220马力柴油机，1000轮胎
油罐车	解放双桥	269000	湖北合力专用汽车制造有限公司	（0722）3989579	上户吨位13.4t，容积20～26m³，大柴220马力柴油机，1000轮胎
油罐车	解放双桥	269000	随州市晨阳专用汽车销售有限公司	（0722）3801178	上户吨位13.4t，容积20～26m³，大柴220马力柴油机，1000轮胎
油罐车	解放双桥	269000	湖北东正专用汽车有限公司	（0722）3233567	上户吨位13.4t，容积20～26m³，大柴220马力柴油机，1000轮胎
油罐车	解放双桥	269000	随州东正（惠通）专用汽车有限公司	（0722）3330357	上户吨位13.4t，容积20～26m³，大柴220马力柴油机，1000轮胎
油罐车	解放双桥	269000	湖北程力专用汽车有限公司	（0722）7020979	上户吨位13.4t，容积20～26m³，大柴220马力柴油机，1000轮胎
油罐车	解放双桥	269000	随州市天龙专用汽车有限公司	（0722）3330008	上户吨位13.4t，容积20～26m³，大柴220马力柴油机，1000轮胎
油罐车	解放双桥	269000	随州市圣丰专用汽车有限公司	（0722）7095688	上户吨位13.4t，容积20～26m³，大柴220马力柴油机，1000轮胎
油罐车	解放小三轴	261000	湖北合力专用汽车制造有限公司	（0722）3989579	上户吨位14t，容积22～30m³，大柴、锡柴220马力发动机，底盘长8.5m
油罐车	解放小三轴	261000	随州市晨阳专用汽车销售有限公司	（0722）3801178	上户吨位14t，容积22～30m³，大柴、锡柴220马力发动机，底盘长8.5m
油罐车	解放小三轴	261000	随州东正（惠通）专用汽车有限公司	（0722）3330357	上户吨位14t，容积22～30m³，大柴、锡柴220马力，底盘长8.5m
油罐车	解放小三轴	205000	湖北大力专用汽车制造有限公司	（0722）7609688	上户吨位14.9t，容积21～25m³，锡柴200马力、220马力柴油机，底盘长7.2m
油罐车	解放小三轴	209000	湖北合力专用汽车制造有限公司	（0722）3989579	上户吨位14.9t，容积21～25m³，锡柴200马力、220马力柴油机，底盘长7.2m
油罐车	解放小三轴	209000	随州东正（惠通）专用汽车有限公司	（0722）3330357	上户吨位14.9t，容积21～25m³，锡柴200马力、220马力柴油机，底盘长7.2m
油罐车	解放小三轴	206000	湖北东正专用汽车有限公司	（0722）3233567	上户吨位14.9t，容积26～30m³，锡柴200马力、220马力柴油机，底盘长7.2m，排放标准国Ⅲ
油罐车	解放小三轴	206000	湖北程力专用汽车有限公司	（0722）7020979	上户吨位14.9t，容积26～30m³，锡柴200马力、220马力柴油机，底盘长7.2m，排放标准国Ⅲ

产品名称	型号规格	参考价格（元）	生产厂家	电话	主要参数及备注
油罐车	解放小三轴	206000	随州市天龙专用汽车有限公司	(0722) 3330008	上户吨位14.9t，容积 26～30m³，锡柴 200 马力、220 马力柴油机，底盘长 7.2m，排放标准国Ⅲ
油罐车	解放小三轴	206000	随州市圣丰专用汽车有限公司	(0722) 7095688	上户吨位14.9t，容积 26～30m³，锡柴 200 马力、220 马力柴油机，底盘长 7.2m，排放标准国Ⅲ
油罐车	解放小三轴	209000	随州市晨阳专用汽车销售有限公司	(0722) 3801178	上户吨位14.9t，容积 26～30m³，锡柴 200 马力、220 马力柴油机，底盘长 7.2m
油罐车	解放小三轴	257000	湖北大力专用汽车制造有限公司	(0722) 7609688	上户吨位 15t，容积 22～30m³，大柴、锡柴 220 马力，底盘长 8.5m
油罐车	解放小三轴	261000	湖北东正专用汽车有限公司	(0722) 3233567	上户吨位 15t，容积 26～30m³，大柴、锡柴 220 马力，底盘长 8.5m
油罐车	解放小三轴	261000	湖北程力专用汽车有限公司	(0722) 7020979	上户吨位 15t，容积 26～30m³，大柴、锡柴 220 马力，底盘长 8.5m
油罐车	解放小三轴	261000	随州市天龙专用汽车有限公司	(0722) 3330008	上户吨位 15t，容积 26～30m³，大柴、锡柴 220 马力，底盘长 8.5m
油罐车	解放小三轴	261000	随州市圣丰专用汽车有限公司	(0722) 7095688	上户吨位 15t，容积 26～30m³，大柴、锡柴 220 马力，底盘长 8.5m
油罐车	欧曼 BJ1188 前四后四	185000	湖北俊龙专用汽车有限公司	(0722) 3309005	上户吨位 8t，容积 15～20m³，帕金斯发动机 180 马力，厢长 8.6m
油罐车	欧曼 BJ1188 前四后四	185000	湖北元通专用汽车有限公司	(0722) 3332112	上户吨位 8t，容积 15～20m³，帕金斯发动机 180 马力，厢长 8.6m
油罐车	欧曼 BJ1188 前四后四	185000	随州市东风专用汽车销售中心	(0722) 3817209	上户吨位 8t，容积 15～20m³，帕金斯发动机 180 马力，厢长 8.6m
油罐车	欧曼 BJ1188 前四后四	185000	随州市东风专用汽车有限公司	(0722) 3308618	上户吨位 8t，容积 15～20m³，帕金斯发动机 180 马力，厢长 8.6m
油罐车	欧曼 BJ1319 前四后八	312000	湖北俊龙专用汽车有限公司	(0722) 3309005	上户吨位 18t，容积 29－35m³，潍柴 280 马力，高顶双卧驾驶室，厢长9.5m
油罐车	欧曼 BJ1319 前四后八	312000	湖北元通专用汽车有限公司	(0722) 3332112	上户吨位 18t，容积 29～35m³，潍柴 280 马力，高顶双卧驾驶室，厢长9.5m
油罐车	欧曼 BJ1319 前四后八	312000	随州市东风专用汽车销售中心	(0722) 3817209	上户吨位 18t，容积 29～35m³，高顶双卧驾驶室，潍柴 280 马力，厢长9.5m
油罐车	欧曼 BJ1319 前四后八	312000	随州市东风专用汽车有限公司	(0722) 3308618	上户吨位 18t，容积 29～35m³，潍柴 280 马力发动机，高顶双卧驾驶室，厢长9.5m
油罐车	欧曼 BJ1379 前四后十	350000	湖北俊龙专用汽车有限公司	(0722) 3309005	上户吨位 20t，容积 33－36m³，潍柴 280 马力，高顶双卧驾驶室，厢长9.5m
油罐车	欧曼 BJ1379 前四后十	350000	湖北元通专用汽车有限公司	(0722) 3332112	上户吨位 20t，容积 33～36m³，潍柴 280 马力，高顶双卧驾驶室，厢长9.5m
油罐车	欧曼 BJ1379 前四后十	350000	随州市东风专用汽车销售中心	(0722) 3817209	上户吨位 20t，容积 33～36m³，高顶双卧驾驶室，潍柴 280 马力，厢长9.5m
油罐车	欧曼 BJ1379 前四后十	350000	随州市东风专用汽车有限公司	(0722) 3308618	上户吨位 20t，容积 33～36m³，潍柴 280 马力发动机，高顶双卧驾驶室，厢长9.5m
油罐车	欧曼奇兵单桥	185000	湖北大力专用汽车制造有限公司	(0722) 7609688	上户吨位8.4t，容积 13～18m³，锡柴 180 马力柴油机
油罐车	欧曼奇兵单桥	189000	湖北合力专用汽车制造有限公司	(0722) 3989579	上户吨位8.4t，容积 13～18m³，锡柴 180 马力柴油机
油罐车	欧曼奇兵单桥	189000	随州市晨阳专用汽车销售有限公司	(0722) 3801178	上户吨位8.4t，容积 13～18m³，锡柴 180 马力柴油机

产品名称	型号规格	参考价格(元)	生产厂家	电话	主要参数及备注
油罐车	欧曼奇兵单桥	189000	湖北东正专用汽车有限公司	(0722)3233567	上户吨位8.4t,容积13~18m³,锡柴180马力柴油机
油罐车	欧曼奇兵单桥	189000	随州东正(惠通)专用汽车有限公司	(0722)3330357	上户吨位8.4t,容积13~18m³,锡柴180马力柴油机
油罐车	欧曼奇兵单桥	189000	湖北程力专用汽车有限公司	(0722)7020979	上户吨位8.4t,容积13~18m³,锡柴180马力柴油机
油罐车	欧曼奇兵单桥	189000	随州市天龙专用汽车有限公司	(0722)3330008	上户吨位8.4t,容积13~18m³,锡柴180马力柴油机
油罐车	欧曼奇兵单桥	189000	随州市圣丰专用汽车有限公司	(0722)7095688	上户吨位8.4t,容积13~18m³,锡柴180马力柴油机
油罐车	欧曼前四后八	313000	湖北东正专用汽车有限公司	(0722)3233567	上户吨位17.5t,容积26~35m³,上柴280马力柴油机,进口泵
油罐车	欧曼前四后八	313000	湖北程力专用汽车有限公司	(0722)7020979	上户吨位17.5t,容积26~35m³,上柴280马力柴油机,进口泵
油罐车	欧曼前四后八	313000	随州市天龙专用汽车有限公司	(0722)3330008	上户吨位17.5t,容积26~35m³,上柴280马力柴油机,进口泵
油罐车	欧曼前四后八	313000	随州市圣丰专用汽车有限公司	(0722)7095688	上户吨位17.5t,容积26~35m³,上柴280马力柴油机,进口泵
油罐车	欧曼前四后八	327000	湖北大力专用汽车制造有限公司	(0722)7609688	上户吨位17.5t,容积26~35m³,上柴280马力柴油机,进口泵
油罐车	欧曼前四后八	332000	随州市晨阳专用汽车销售有限公司	(0722)3801178	上户吨位17.5t,容积26~35m³,上柴280马力柴油机,进口泵
油罐车	欧曼前四后八	332000	湖北合力专用汽车制造有限公司	(0722)3989579	上户吨位17.5t,容积27~35m³,上柴280马力柴油机,进口泵
油罐车	欧曼前四后八	332000	随州东正(惠通)专用汽车有限公司	(0722)3330357	上户吨位17.5t,容积27~35m³,上柴280马力柴油机,进口泵
油罐车	欧曼双桥	282000	湖北大力专用汽车制造有限公司	(0722)7609688	上户吨位15t,容积23~30m³,上柴240马力柴油机,进口泵
油罐车	欧曼双桥	286000	湖北合力专用汽车制造有限公司	(0722)3989579	上户吨位15t,容积23~30m³,上柴240马力柴油机,进口泵
油罐车	欧曼双桥	286000	随州市晨阳专用汽车销售有限公司	(0722)3801178	上户吨位15t,容积23~30m³,上柴240马力柴油机,进口泵
油罐车	欧曼双桥	286000	湖北东正专用汽车有限公司	(0722)3233567	上户吨位15t,容积23~30m³,上柴240马力柴油机,进口泵
油罐车	欧曼双桥	286000	随州东正(惠通)专用汽车有限公司	(0722)3330357	上户吨位15t,容积23~30m³,上柴240马力柴油机,进口泵
油罐车	欧曼双桥	286000	湖北程力专用汽车有限公司	(0722)7020979	上户吨位15t,容积23~30m³,上柴240马力柴油机,进口泵
油罐车	欧曼双桥	286000	随州市天龙专用汽车有限公司	(0722)3330008	上户吨位15t,容积23~30m³,上柴240马力柴油机,进口泵
油罐车	欧曼双桥	286000	随州市圣丰专用汽车有限公司	(0722)7095688	上户吨位15t,容积23~30m³,上柴240马力柴油机,进口泵
油罐车	欧曼小三轴	234000	湖北大力专用汽车制造有限公司	(0722)7609688	上户吨位14.5t,容积23~28m³,康明斯210马力柴油机
油罐车	欧曼小三轴	238000	湖北合力专用汽车制造有限公司	(0722)3989579	上户吨位14.5t,容积23~28m³,康明斯210马力柴油机
油罐车	欧曼小三轴	238000	随州市晨阳专用汽车销售有限公司	(0722)3801178	上户吨位14.5t,容积23~28m³,康明斯210马力柴油机
油罐车	欧曼小三轴	238000	湖北东正专用汽车有限公司	(0722)3233567	上户吨位14.5t,容积23~28m³,康明斯210马力柴油机
油罐车	欧曼小三轴	238000	随州东正(惠通)专用汽车有限公司	(0722)3330357	上户吨位14.5t,容积23~28m³,康明斯210马力柴油机
油罐车	欧曼小三轴	238000	湖北程力专用汽车有限公司	(0722)7020979	上户吨位14.5t,容积23~28m³,康明斯210马力柴油机
油罐车	欧曼小三轴	238000	随州市天龙专用汽车有限公司	(0722)3330008	上户吨位14.5t,容积23~28m³,康明斯210马力柴油机

产品名称	型号规格	参考价格（元）	生产厂家	电话	主要参数及备注
油罐车	欧曼小三轴	238000	随州市圣丰专用汽车有限公司	（0722）7095688	上户吨位14.5t，容积23～28m^3，康明斯210马力柴油机
油罐车	斯太尔前四后八	324000	湖北俊龙专用汽车有限公司	（0722）3309005	上户吨位18t，容积35～38m^3，潍柴290马力
油罐车	斯太尔前四后八	324000	随州市东风专用汽车销售中心	（0722）3817209	上户吨位18t，容积35～38m^3，高顶双卧驾驶室，潍柴290马力，厢长9.5m
油罐车	斯太尔前四后八	324000	随州市东风专用汽车有限公司	（0722）3308618	上户吨位18t，容积35～38m^3，潍柴290马力发动机，高顶双卧驾驶室，厢长9.5m
油罐车	斯太尔前四后八	324000	湖北元通专用汽车有限公司	（0722）3332112	上户吨位18t，容积35～38m^3，潍柴290马力，高顶双卧驾驶室，厢长9.5m
油罐车	北汽奥铃轻卡	150000	湖北江南专用特种汽车有限公司	（0722）3328333	额定载质量4990kg，容积8～15m^3，平头单排带卧，方向助力，排气制动，电控熄火，6速变速器，8.25－16轮胎，帕金斯Phaser135ti发动机
油罐车	北汽福田	145000	湖北江南专用特种汽车有限公司	（0722）3328333	额定载质量6100kg，容积8～14m^3，排半驾驶室，6速变速器，方向助力，8.25－16轮胎，YC4E140－31玉柴发动机
油罐车	东风140型柴	129000	湖北江南专用特种汽车有限公司	（0722）3328333	额定载质量4500kg，容积8～12m^3，尖头单桥，6速变速器，900轮胎，EQ1092F19DJ，玉柴YC4E140－30，厢长4.05m
油罐车	东风单桥5161型	215000	湖北江南专用特种汽车有限公司	（0722）3328333	额定载质量8500kg，容积12～18m^3，平头单桥，带卧，动力转向，6速变速器，1000轮胎，双层大梁，康明斯ISDE185－30发动机，厢长5.3m
油罐车	东风多利卡	128000	湖北江南专用特种汽车有限公司	（0722）3328333	额定载质量3000kg，容积6～10m^3，新型驾驶室，朝柴、康明斯发动机，6速变速器
油罐车	东风轻卡	133000	湖北江南专用特种汽车有限公司	（0722）3328333	额定载质量3000kg，容积6～10m^3，东风平头单卧驾驶室前翻，玉柴发动机130马力，方向助力，8.25－16轮胎，6速变速器，选配税控加油机，15m自动回位加油卷盘，回零流量表，带加油枪
油罐车	东风轻型单桥	178000	湖北江南专用特种汽车有限公司	（0722）3328333	额定载质量2990kg，容积5～12m^3，平头单桥，带卧，动力转向，6速变速器，8.25－20轮胎，玉柴YC4E140－31发动机，厢长4.8m
油罐车	东风小霸王	109000	湖北江南专用特种汽车有限公司	（0722）3328333	额定载质量1500kg，容积3～6m^3，平头单排/排半（带卧）驾驶室，玉柴发动机，可选配电脑税控加油机，15m自动回位加油卷盘，回零流量表，带加油枪
油罐车	福田时代	109000	湖北江南专用特种汽车有限公司	（0722）3328333	额定载质量1495kg，容积3～6m^3，可翻驾驶室，带天窗，五十铃变速器，后桥，一汽大连柴油机，排放标准欧Ⅲ
化工液罐车	不锈钢罐半挂车	330000	随州市力神专用汽车有限公司	（0722）3818777	上户吨位31t，容积49.5m^3，1100钢丝胎，总长12.3m，富华轴，不锈钢304板
化工液罐车	不锈钢罐车	470000	随州市力神专用汽车有限公司	（0722）3818777	上户吨位20t，容积32.3m^3，EQ1310WJ，康明斯260马力，富勒9速变速，10t双后桥，不锈钢304板

产品名称	型号规格	参考价格(元)	生产厂家	电话	主要参数及备注
化工液罐车	钢衬塑罐车	200000	随州市力神专用汽车有限公司	(0722)3818777	上户吨位9.8t,容积15.8m^3,解放CA1166P1K2L2,大柴锡柴180马力,6速变速,900胎
化工液罐车	钢衬塑罐车	275000	随州市力神专用汽车有限公司	(0722)3818777	上户吨位16t,容积25.8m^3,解放CA5250P1K2L7T1A70,大柴锡柴220马力,6速变速,1000胎,420桥
化工液罐车	浓硫酸罐车	114000	随州市力神专用汽车有限公司	(0722)3818777	上户吨位4.3t,容积7m^3,东风EQ1092F19DJ,玉柴140马力,5速变速器,900胎
化工液罐车	浓硫酸罐车	162000	随州市力神专用汽车有限公司	(0722)3818777	上户吨位5t,容积8m^3,东风EQ5120GFJ,康明斯160马力,6速变速器,900胎
化工液罐车	浓硫酸罐车	240000	随州市力神专用汽车有限公司	(0722)3818777	上户吨位13t,容积21m^3,EQ1254VJ,康明斯210马力,6速变速器,10t双后桥,1000尼龙胎
化工液罐车	盐酸罐车	130000	随州市力神专用汽车有限公司	(0722)3818777	上户吨位4.4t,容积7.1m^3,东风EQ1092F19DJ1全塑罐,玉柴140马力,5速变速
化工液罐车	盐酸罐车	205000	随州市力神专用汽车有限公司	(0722)3818777	上户吨位7t,容积11.3m^3,解放CA1152P1K2L2A80全塑罐,大柴锡柴220马力,6速变速器,1000胎,435桥,厢长6.2m
化工液罐车	硝酸罐车	198000	随州市力神专用汽车有限公司	(0722)3818777	上户吨位8.5t,容积13.5m^3,东风EQ5161GFJ纯铝罐,康明斯180马力,6速变速器,10t桥,1000胎
流动加油车/油罐车	江铃	118000	湖北江南专用特种汽车有限公司	(0722)3328333	额定载质量2500kg,容积3~5m^3,平头单排驾驶室,五十铃发动机(115马力),油制动,带空调,7.00轮胎,可选配电脑税控加油机,15m自动回位加油卷盘,回零流量表,带加油枪
流动油罐车	江淮轻卡	119000	湖北江南专用特种汽车有限公司	(0722)3328333	额定载质量1650kg,容积3~6m^3,平头单排,前翻驾驶室,大柴、玉柴发动机,方向助力,气制动,轴距3308mm,厢长3.8m

5.3.2 厢式车

产品名称	型号规格	参考价格(元)	生产厂家	电话	主要参数及备注
厢式车	东风8×4	336000	湖北成龙威专用汽车有限公司	(0722)3308899	厢体尺寸(mm):9500×2300×2200,上户吨位16t
厢式车	东风145	324000	湖北成龙威专用汽车有限公司	(0722)3308899	厢体尺寸(mm):7200×2200×2200,上户吨位4.58t
厢式车	东风145	193000	湖北成龙威专用汽车有限公司	(0722)3308899	厢体尺寸(mm):7200×2200×2200,上户吨位4.5t
厢式车	东风153	216000	湖北成龙威专用汽车有限公司	(0722)3308899	厢体尺寸(mm):7200×2200×2200,上户吨位8t
厢式车	东风153	353000	湖北成龙威专用汽车有限公司	(0722)3308899	厢体尺寸(mm):7200×2200×2200,上户吨位8t
厢式车	东风1208	284000	湖北成龙威专用汽车有限公司	(0722)3308899	厢体尺寸(mm):9500×2300×2200,上户吨位11t
厢式车	东风多利卡	134000	湖北成龙威专用汽车有限公司	(0722)3308899	厢体尺寸(mm):6150×2050×2050,上户吨位1.98~3.99t

产品名称	型号规格	参考价格（元）	生产厂家	电话	主要参数及备注
厢式车	东风三平柴	153000	湖北成龙威专用汽车有限公司	(0722)3308899	厢体尺寸(mm):5750×1910×2050,上户吨位2.99t
厢式车	东风小霸王	93000	湖北成龙威专用汽车有限公司	(0722)3308899	厢体尺寸(mm):4300×1800×1900,上户吨位0.8~1.98t
厢式车	欧曼	266000	湖北成龙威专用汽车有限公司	(0722)3308899	厢体尺寸(mm):9500×2300×2200,上户吨位12t
半挂厢式车	三桥	368000	湖北成龙威专用汽车有限公司	(0722)3308899	厢体尺寸(mm):12000×2300×2200,上户吨位30.5t
厢式运输车	HFC5026 XXYLA3BE3	99900	北京城市捷运汽车贸易有限公司	(010)80772869	外形尺寸(mm):5035×1820×2250,轴距3080mm,发动机型号HFC4GA3-B,排量2.0L,额定功率95kW(6000 r/min),最大扭矩175 N·m(4000~4500 r/min),5速手动,最高车速150 km/h,排放标准欧Ⅲ,2座,额定载质量575kg
厢式运输车	HFC5026 XXYLBE3	119800	北京城市捷运汽车贸易有限公司	(010)80772869	外形尺寸(mm):5035×1820×2250,轴距3080mm,发动机型号HFC4GA1-B,排量2.4L,额定功率100kW(5500 r/min),最大扭矩193 N·m(2500 r/min),5速手动,最高车速165 km/h,排放标准欧Ⅲ,2座,额定载质量640kg
厢式运输车	HFC5036 XXYLA3BE3	99900	北京城市捷运汽车贸易有限公司	(010)80772869	外形尺寸(mm):5035×1820×2250,轴距3080mm,发动机型号HFC4GA3-B,排量2.0L,额定功率95kW(6000 r/min),最大扭矩175 N·m(4000~4500 r/min),5速手动,最高车速150 km/h,排放标准欧Ⅲ,5座,额定载质量520kg
厢式运输车	HFC5036 XXYLBE3	119800	北京城市捷运汽车贸易有限公司	(010)80772869	外形尺寸(mm):5035×1820×2250,轴距3080mm,发动机型号HFC4GA1-B,排量2.4L,额定功率100kW(5500 r/min),最大扭矩193 N·m(2500 r/min),5速手动,最高车速165 km/h,排放标准欧Ⅲ,5座,额定载质量585kg
厢式运输车	北汽福田轻卡	135000	湖北江南专用特种汽车有限公司	(0722)3328333	额定载质量2800kg,单排、排半驾驶室,扬柴、朝柴发动机
厢式运输车	北汽福田时代	115000	湖北江南专用特种汽车有限公司	(0722)3328333	额定载质量1300kg,单排、排半、双排驾驶室,带天窗,五十铃变速器,后桥,排放标准欧Ⅲ,一汽大连柴油机
厢式运输车	北汽福田御威	148000	湖北江南专用特种汽车有限公司	(0722)3328333	额定载质量4990kg,单排、排半驾驶室,玉柴发动机,6速变速器

5.3.3 仓栅车

产品名称	型号规格	参考价格（元）	生产厂家	电话	主要参数及备注
仓栅车	东风8×4	333000	湖北天威专用汽车有限公司	(0722)3308885	上户吨位17t,外部尺寸(mm):9500×2300×2200
仓栅车	东风8×4	333000	湖北成龙威专用汽车有限公司	(0722)3308899	上户吨位17t,外部尺寸(mm):9500×2300×2200
仓栅车	东风145	191000	湖北天威专用汽车有限公司	(0722)3308885	上户吨位6t,外部尺寸(mm):7200×2200×2200

产品名称	型号规格	参考价格(元)	生产厂家	电话	主要参数及备注
仓栅车	东风145	191000	湖北成龙威专用汽车有限公司	(0722)3308899	上户吨位6t,外部尺寸(mm):7200×2200×2200
仓栅车	东风153	174000	湖北天威专用汽车有限公司	(0722)3308885	上户吨位10t,外部尺寸(mm):7200×2200×2200
仓栅车	东风153	174000	湖北成龙威专用汽车有限公司	(0722)3308899	上户吨位10t,外部尺寸(mm):7200×2200×2200
仓栅车	东风1208	282000	湖北天威专用汽车有限公司	(0722)3308885	上户吨位11t,外部尺寸(mm):9500×2300×2200
仓栅车	东风1208	282000	湖北成龙威专用汽车有限公司	(0722)3308899	上户吨位11t,外部尺寸(mm):9500×2300×2200
仓栅车	东风多利卡	132000	湖北天威专用汽车有限公司	(0722)3308885	上户吨位2.5t,外部尺寸(mm):6150×2050×2050
仓栅车	东风多利卡	132000	湖北成龙威专用汽车有限公司	(0722)3308899	上户吨位2.5t,外部尺寸(mm):6150×2050×2050
仓栅车	东风三平柴	151000	湖北天威专用汽车有限公司	(0722)3308885	上户吨位2.99t,外部尺寸(mm):5750×1910×2050
仓栅车	东风三平柴	151000	湖北成龙威专用汽车有限公司	(0722)3308899	上户吨位2.99t,外部尺寸(mm):5750×1910×2050
仓栅车	东风小霸王	92000	湖北天威专用汽车有限公司	(0722)3308885	上户吨位1.98t,外部尺寸(mm):4300×1800×1900
仓栅车	东风小霸王	92000	湖北成龙威专用汽车有限公司	(0722)3308899	上户吨位1.98t,外部尺寸(mm):4300×1800×1900
仓栅车	欧曼双桥	282000	湖北天威专用汽车有限公司	(0722)3308885	上户吨位13t,外部尺寸(mm):9500×2300×2200
仓栅车	欧曼双桥	282000	湖北成龙威专用汽车有限公司	(0722)3308899	上户吨位13t,外部尺寸(mm):9500×2300×2200

5.3.4 自卸车

产品名称	型号规格	参考价格(元)	生产厂家	电话	主要参数及备注
自卸车	DYX3310	288000	山西大运汽车制造有限公司	(0359)2537888	高顶,8×4驱动,发动机型号WP10.300N,300马力,变速器型号法士特9JS135,9前进位,货厢长度8.2m
自卸车	东风140	113000	湖北华胜特种汽车制造有限公司	(0722)3315993	上户吨位5t,广西玉柴发动机,170马力,边三底四
自卸车	东风145	139000	湖北大力专用汽车制造有限公司	(0722)7609688	上户吨位5t,平头带卧,康明斯发动机,160马力,边三底四,可选装玉柴160马力、170马力发动机
自卸车	东风145	143000	随州市晨阳专用汽车销售有限公司	(0722)3801178	上户吨位5t,平头带卧,康明斯发动机,160马力,边三底四,可选装玉柴160马力、170马力发动机
自卸车	东风145	143000	湖北东正专用汽车有限公司	(0722)3233567	上户吨位5t,平头带卧,康明斯发动机,160马力,边三底四,可选装玉柴160马力、170马力发动机
自卸车	东风145	143000	湖北华胜特种汽车制造有限公司	(0722)3315993	上户吨位5t,平头带卧,康明斯发动机,160马力,边三底四
自卸车	东风153	162000	湖北大力专用汽车制造有限公司	(0722)7609688	上户吨位5t,平头带卧,康明斯发动机EQB180-20,180马力,边三底四

产品名称	型号规格	参考价格（元）	生产厂家	电话	主要参数及备注
自卸车	东风153	166000	随州市晨阳专用汽车销售有限公司	(0722)3801178	上户吨位5t,平头带卧,康明斯发动机EQB180－20,180马力,边三底四
自卸车	东风153	166000	湖北东正专用汽车有限公司	(0722)3233567	上户吨位5t,平头带卧,康明斯发动机EQB180－20,180马力,边三底四
自卸车	东风153	166000	湖北华胜特种汽车制造有限公司	(0722)3315993	上户吨位5t,平头带卧,康明斯发动机EQB180－20,180马力,边三底四
自卸车	东风3033	72000	湖北华胜特种汽车制造有限公司	(0722)3315993	上户吨位0.98t,成都云内490发动机,81马力,边三底四
自卸车	东风3055	105000	湖北华胜特种汽车制造有限公司	(0722)3315993	上户吨位1.98t,平头带卧,广西玉柴发动机,135马力,边三底四
自卸车	东风3208	226000	湖北天威专用汽车有限公司	(0722)3308885	上户吨位15～20t,平头带卧,玉柴加强型210马力,后双桥
自卸车	东风3208	236000	湖北天威专用汽车有限公司	(0722)3308885	上户吨位15～20t,平头带卧,康明斯加强型210马力,双桥
自卸车	东风3208	246000	湖北天威专用汽车有限公司	(0722)3308885	上户吨位20～22t,平头带卧,康明斯加强型230马力,后双桥
自卸车	东风3208G5	221000	湖北大力专用汽车制造有限公司	(0722)7609688	上户吨位9.9t,平头带卧,后双桥,康明斯发动机210马力,边四底五
自卸车	东风3208G5	225000	随州市晨阳专用汽车销售有限公司	(0722)3801178	上户吨位9.9t,平头带卧,后双桥,康明斯发动机210马力,边四底五
自卸车	东风3208G5	225000	湖北东正专用汽车有限公司	(0722)3233567	上户吨位9.9t,平头带卧,后双桥,康明斯发动机210马力,边四底五
自卸车	东风3208G5	225000	湖北华胜特种汽车制造有限公司	(0722)3315993	上户吨位9.9t,平头带卧,后双桥,康明斯发动机210马力,边四底五
自卸车	东风3208G6	224000	湖北大力专用汽车制造有限公司	(0722)7609688	上户吨位10.6t,平头带卧,后双桥,康明斯发动机210马力,边四底五
自卸车	东风3208G6	228000	随州市晨阳专用汽车销售有限公司	(0722)3801178	上户吨位10.6t,平头带卧,后双桥,康明斯发动机210马力,边四底五
自卸车	东风3208G6	228000	湖北东正专用汽车有限公司	(0722)3233567	上户吨位10.6t,平头带卧,后双桥,康明斯发动机210马力,边四底五
自卸车	东风3208G6	228000	湖北华胜特种汽车制造有限公司	(0722)3315993	上户吨位10.6t,平头带卧,后双桥,康明斯发动机210马力,边四底五
自卸车	东风3218	241000	湖北大力专用汽车制造有限公司	(0722)7609688	上户吨位11.2t,平头带卧,后双桥,康明斯发动机210马力,边四底五
自卸车	东风3218	245000	随州市晨阳专用汽车销售有限公司	(0722)3801178	上户吨位11.2t,平头带卧,后双桥,康明斯发动机210马力,边四底五
自卸车	东风3218	245000	湖北东正专用汽车有限公司	(0722)3233567	上户吨位11.2t,平头带卧,后双桥,康明斯发动机210马力,边四底五
自卸车	东风3218	238000	湖北华胜特种汽车制造有限公司	(0722)3315993	上户吨位12t,平头带卧,后双桥,康明斯发动机210马力,边四底五
自卸车	东风3218G7	482000	湖北大力专用汽车制造有限公司	(0722)7609688	上户吨位8t,多功能,平头带卧,康明斯加强型210马力,双桥
自卸车	东风3218G7	486000	随州市晨阳专用汽车销售有限公司	(0722)3801178	上户吨位8t,多功能,平头带卧,康明斯加强型210马力,双桥

产品名称	型号规格	参考价格（元）	生产厂家	电话	主要参数及备注
自卸车	东风 3218G7	486000	湖北东正专用汽车有限公司	(0722)3233567	上户吨位8t,多功能,平头带卧,康明斯加强型210马力,双桥
自卸车	东风 3218G7	245000	湖北华胜特种汽车制造有限公司	(0722)3315993	上户吨位11.2t,平头带卧,后双桥,康明斯发动机210马力,边四底五
自卸车	东风 3238	274000	湖北大力专用汽车制造有限公司	(0722)7609688	上户吨位11.7t,平头带卧,后双桥,康明斯发动机230马力,边四底五,可选装260马力
自卸车	东风 3238	278000	随州市晨阳专用汽车销售有限公司	(0722)3801178	上户吨位11.7t,平头带卧,后双桥,康明斯发动机230马力,边四底五,可选装260马力
自卸车	东风 3238	278000	湖北东正专用汽车有限公司	(0722)3233567	上户吨位11.7t,平头带卧,后双桥,康明斯发动机230马力,边四底五,可选装260马力
自卸车	东风 3238	278000	湖北华胜特种汽车制造有限公司	(0722)3315993	上户吨位11.7t,平头带卧,后双桥,康明斯发动机230马力,边四底五
自卸车	东风 3242	267000	湖北天威专用汽车有限公司	(0722)3308885	上户吨位20~22t,平头带卧,康明斯加强型210马力,后双桥
自卸车	东风 3242	266000	湖北天威专用汽车有限公司	(0722)3308885	上户吨位22~25t,平头带卧,玉柴加强型230马力,后双桥
自卸车	东风 3242	277000	湖北天威专用汽车有限公司	(0722)3308885	上户吨位22~25t,平头带卧,康明斯加强型230马力,后双桥
自卸车	东风 3242	287000	湖北天威专用汽车有限公司	(0722)3308885	上户吨位25~30t,平头带卧,康明斯加强型260马力,后双桥
自卸车	东风 3250A	274000	湖北大力专用汽车制造有限公司	(0722)7609688	上户吨位12.46t,康明斯柴油发动机,260马力
自卸车	东风 3250A	278000	湖北东正专用汽车有限公司	(0722)3233567	上户吨位12.46t,康明斯柴油发动机,260马力
自卸车	东风 3250A	290000	湖北大力专用汽车制造有限公司	(0722)7609688	上户吨位12.46t,康明斯柴油发动机,280马力
自卸车	东风 3250A	294000	湖北东正专用汽车有限公司	(0722)3233567	上户吨位12.46t,康明斯柴油发动机,280马力
自卸车	东风 3250A	279000	随州市晨阳专用汽车销售有限公司	(0722)3801178	上户吨位12.5t,康明斯柴油发动机,260马力
自卸车	东风 3250A	279000	湖北东正专用汽车有限公司	(0722)3233567	上户吨位12.5t,康明斯柴油发动机,260马力
自卸车	东风 3250A	293000	湖北大力专用汽车制造有限公司	(0722)7609688	上户吨位12.5t,康明斯柴油发动机,280马力
自卸车	东风 3250A	297000	随州市晨阳专用汽车销售有限公司	(0722)3801178	上户吨位12.5t,康明斯柴油发动机,280马力
自卸车	东风 3250A	297000	湖北东正专用汽车有限公司	(0722)3233567	上户吨位12.5t,康明斯柴油发动机,280马力
自卸车	东风 3250A	280000	湖北大力专用汽车制造有限公司	(0722)7609688	上户吨位12.56t,康明斯柴油发动机,260马力
自卸车	东风 3250A	284000	随州市晨阳专用汽车销售有限公司	(0722)3801178	上户吨位12.56t,康明斯柴油发动机,260马力
自卸车	东风 3250A	284000	湖北东正专用汽车有限公司	(0722)3233567	上户吨位12.56t,康明斯柴油发动机,260马力
自卸车	东风 3250A	296000	湖北大力专用汽车制造有限公司	(0722)7609688	上户吨位12.56t,康明斯柴油发动机,280马力
自卸车	东风 3250A	300000	随州市晨阳专用汽车销售有限公司	(0722)3801178	上户吨位12.56t,康明斯柴油发动机,280马力
自卸车	东风 3250A	300000	湖北东正专用汽车有限公司	(0722)3233567	上户吨位12.56t,康明斯柴油发动机,280马力
自卸车	东风 3250A	275000	湖北大力专用汽车制造有限公司	(0722)7609688	上户吨位12.5t,康明斯柴油发动机,260马力

产品名称	型号规格	参考价格(元)	生产厂家	电话	主要参数及备注
自卸车	东风 3250A－001	278000	湖北华胜特种汽车制造有限公司	(0722)3315993	上户吨位12.46t,康明斯柴油发动机,260 马力,排放标准欧Ⅱ
自卸车	东风 3250A－002	279000	湖北华胜特种汽车制造有限公司	(0722)3315993	上户吨位12.5t,康明斯柴油发动机,260 马力,排放标准欧Ⅱ
自卸车	东风 3250A－003	284000	湖北华胜特种汽车制造有限公司	(0722)3315993	上户吨位12.56t,康明斯柴油发动机,260 马力,排放标准欧Ⅱ
自卸车	东风 3250A－010	294000	湖北华胜特种汽车制造有限公司	(0722)3315993	上户吨位12.46t,康明斯柴油发动机,280 马力,排放标准欧Ⅱ
自卸车	东风 3250A－020	297000	湖北华胜特种汽车制造有限公司	(0722)3315993	上户吨位12.5t,康明斯柴油发动机,280 马力,排放标准欧Ⅱ
自卸车	东风 3250A－030	300000	湖北华胜特种汽车制造有限公司	(0722)3315993	上户吨位12.56t,康明斯柴油发动机,280 马力,排放标准欧Ⅱ
自卸车	东风 3251A	292000	湖北大力专用汽车制造有限公司	(0722)7609688	上户吨位12.27t,康明斯柴油发动机,280 马力
自卸车	东风 3251A	296000	随州市晨阳专用汽车销售有限公司	(0722)3801178	上户吨位12.27t,康明斯柴油发动机,280 马力
自卸车	东风 3251A	296000	湖北东正专用汽车有限公司	(0722)3233567	上户吨位12.27t,康明斯柴油发动机,280 马力
自卸车	东风 3251A	296000	湖北华胜特种汽车制造有限公司	(0722)3315993	上户吨位12.27t,康明斯柴油发动机,280 马力,排放标准欧Ⅱ
自卸车	东风 3251A	307000	湖北大力专用汽车制造有限公司	(0722)7609688	上户吨位12.3t,康明斯柴油发动机,300 马力
自卸车	东风 3251A	310000	随州市晨阳专用汽车销售有限公司	(0722)3801178	上户吨位12.3t,康明斯柴油发动机,300 马力
自卸车	东风 3251A	310000	湖北东正专用汽车有限公司	(0722)3233567	上户吨位12.3t,康明斯柴油发动机,300 马力
自卸车	东风 3251A	310000	湖北华胜特种汽车制造有限公司	(0722)3315993	上户吨位12.3t,康明斯柴油发动机,300 马力,排放标准欧Ⅱ
自卸车	东风 3251A	311000	湖北大力专用汽车制造有限公司	(0722)7609688	上户吨位12.37t,康明斯柴油发动机,300 马力
自卸车	东风 3251A	315000	随州市晨阳专用汽车销售有限公司	(0722)3801178	上户吨位12.37t,康明斯柴油发动机,300 马力
自卸车	东风 3251A	315000	湖北东正专用汽车有限公司	(0722)3233567	上户吨位12.37t,康明斯柴油发动机,300 马力
自卸车	东风 3251A	315000	湖北华胜特种汽车制造有限公司	(0722)3315993	上户吨位12.37t,康明斯柴油发动机,300 马力,排放标准欧Ⅱ
自卸车	东风 3290	316000	湖北天威专用汽车有限公司	(0722)3308885	上户吨位 25～30t,平头带卧,康明斯加强型 260 马力,前四后八
自卸车	东风 3290	326000	湖北天威专用汽车有限公司	(0722)3308885	上户吨位 25～30t,平头带卧,玉柴加强型 280 马力,前四后八
自卸车	东风 3318	354000	湖北大力专用汽车制造有限公司	(0722)7609688	上户吨位15.8t,平头带卧,前四后八,康明斯发动机 300 马力,边四底五
自卸车	东风 3318	358000	随州市晨阳专用汽车销售有限公司	(0722)3801178	上户吨位15.8t,平头带卧,前四后八,康明斯发动机 300 马力,边四底五
自卸车	东风 3318	358000	湖北东正专用汽车有限公司	(0722)3233567	上户吨位15.8t,平头带卧,前四后八,康明斯发动机 300 马力,边四底五
自卸车	东风 3318	358000	湖北华胜特种汽车制造有限公司	(0722)3315993	上户吨位15.8t,平头带卧,前四后八,康明斯发动机 300 马力,边四底五
自卸车	东风 EQ140	80000	湖北天威专用汽车有限公司	(0722)3308885	上户吨位 7～8t,长头,汽油机
自卸车	东风 EQ140	93000	湖北天威专用汽车有限公司	(0722)3308885	上户吨位 7～8t,长头,玉林柴油机

产品名称	型号规格	参考价格（元）	生产厂家	电话	主要参数及备注
自卸车	东风 EQ153	171000	湖北天威专用汽车有限公司	(0722)3308885	上户吨位 10～15t 玉柴加强型 180 马力,平头带卧
自卸车	东风 EQ153	176000	湖北天威专用汽车有限公司	(0722)3308885	上户吨位 10～15t 康明斯加强型 180 马力,平头带卧
自卸车	东风 EQ145	151000	湖北天威专用汽车有限公司	(0722)3308885	上户吨位 10t,玉柴加强型 160 马力,平头带卧
自卸车	东风 EQ145	156000	湖北天威专用汽车有限公司	(0722)3308885	上户吨位 10t,康明斯加强型 160 马力,平头带卧
自卸车	东风 EQ3118VP	132000	湖北江南专用特种汽车有限公司	(0722)3328333	额定载质量 4800kg
自卸车	东风多利卡	83000	湖北天威专用汽车有限公司	(0722)3308885	上户吨位 5～6t,平头,朝阳柴油机
自卸车	东风尖头	92000	湖北华胜特种汽车制造有限公司	(0722)3315993	上户吨位 5t,广西三柴发动机,143 马力,边三底四
自卸车	东风尖头 3030	72000	随州市晨阳专用汽车销售有限公司	(0722)3801178	上户吨位0.99t,玉林 120 马力柴油机,双顶自卸,边三底四
自卸车	东风尖头 3030	72000	湖北东正专用汽车有限公司	(0722)3233567	上户吨位0.99t,玉林 120 马力柴油机,双顶自卸,边三底四
自卸车	东风尖头 3030	69000	湖北大力专用汽车制造有限公司	(0722)7609688	上户吨位0.99t,玉林 120 马力柴油机,双顶自卸,边三底四
自卸车	东风尖头 3092	91000	湖北大力专用汽车制造有限公司	(0722)7609688	上户吨位4.5t,汽油发动机 EQ6100－1,排放标准欧Ⅲ,双顶自卸,边三底四
自卸车	东风尖头 3092	95000	随州市晨阳专用汽车销售有限公司	(0722)3801178	上户吨位4.5t,汽油发动机 EQ6100－1,排放标准欧Ⅲ,双顶自卸,边三底四
自卸车	东风尖头 3092	95000	湖北东正专用汽车有限公司	(0722)3233567	上户吨位4.5t,汽油发动机 EQ6100－1,排放标准欧Ⅲ,双顶自卸,边三底四
自卸车	东风尖头 3092	95000	湖北大力专用汽车制造有限公司	(0722)7609688	上户吨位4.5t,广西玉林 143 马力柴油机,双顶自卸,边三底四
自卸车	东风尖头 3092	99000	随州市晨阳专用汽车销售有限公司	(0722)3801178	上户吨位4.5t,广西玉林 143 马力柴油机,双顶自卸,边三底四
自卸车	东风尖头 3092	99000	湖北东正专用汽车有限公司	(0722)3233567	上户吨位4.5t,广西玉林 143 马力柴油机,双顶自卸,边三底四
自卸车	东风劲诺	108000	湖北江南专用特种汽车有限公司	(0722)3328333	额定载质量 4000kg,平头带卧,动力转向,6 速变速器,玉柴发动机 130 马力
自卸车	东风平头双排	94000	湖北大力专用汽车制造有限公司	(0722)7609688	上户吨位1.49t,广西玉林 90 马力柴油机,排放标准欧Ⅲ,双顶自卸,边三底四
自卸车	东风平头双排	98000	随州市晨阳专用汽车销售有限公司	(0722)3801178	上户吨位1.49t,广西玉林 90 马力柴油机,排放标准欧Ⅲ,双顶自卸,边三底四
自卸车	东风平头双排	98000	湖北东正专用汽车有限公司	(0722)3233567	上户吨位1.49t,广西玉林 90 马力柴油机,排放标准欧Ⅲ,双顶自卸,边三底四
自卸车	东风平头小霸王	61000	湖北大力专用汽车制造有限公司	(0722)7609688	上户吨位1.5t,云内、朝阳 95 马力柴油机,双顶自卸,三开门
自卸车	东风平头小霸王	65000	随州市晨阳专用汽车销售有限公司	(0722)3801178	上户吨位1.5t,云内、朝阳 95 马力柴油机,双顶自卸,三开门
自卸车	东风平头小霸王	65000	湖北东正专用汽车有限公司	(0722)3233567	上户吨位1.5t,云内、朝阳 95 马力柴油机,双顶自卸,三开门
自卸车	东风小霸王	68000	湖北江南专用特种汽车有限公司	(0722)3328333	额定载质量 2805kg,增压中冷发动机,环保节能,标配动力转向,操作更轻松,断气制动
自卸车	东风小霸王	66000	湖北天威专用汽车有限公司	(0722)3308885	上户吨位 3～4.5t,平头,云内柴油机

产品名称	型号规格	参考价格（元）	生产厂家	电话	主要参数及备注
自卸车	东风天龙后双桥	329000	湖北江南专用特种汽车有限公司	(0722)3328333	额定载质量11935kg、12000kg，平头一排半标准顶驾驶室，东风DCI290－30发动机，装电加热(预热塞)冷起动装置，全钢350L主燃油箱，陕齿9速9JS150J变速器，液压机械翻转，装空调
自卸车	东风小霸王加强型	70000	湖北天威专用汽车有限公司	(0722)3308885	上户吨位4.5～5t，平头，朝阳柴油机
自卸车	陕汽德龙F3000重卡SX3255DN3841	261600	陕西重卡专用车有限公司	(029)86951616	额定载重12.47t，发动机型号潍柴潍柴WP10.290，290马力，法士特10JSD120变速器，货厢长度5.6m，货厢后翻自卸，6×4驱动
自卸车	陕汽德龙F3000重卡SX3255DR324C1	230000	陕西重卡专用车有限公司	(029)86951616	中长平顶，额定载重12.92t，发动机型号潍柴潍柴WP10.336N，336马力，法士特9JS135变速器，货厢长度4.8m，货厢后翻自卸，6×4驱动
自卸车	陕汽德龙F3000重卡SX3315DR306	365000	陕西重卡专用车有限公司	(029)86951616	额定载重15.93t，发动机型号潍柴潍柴WP10.340E32，340马力，法士特9JS135变速器，货厢长度4.8m，货厢后翻自卸，8×4驱动
自卸车	陕汽德龙F3000重卡SX3315DR366	385000	陕西重卡专用车有限公司	(029)86951616	额定载重15.93t，发动机型号潍柴潍柴WP10.310E32，310马力，法士特12JSD160T变速器，货厢长度7.6m，货厢后翻自卸，8×4驱动
自卸车	陕汽德龙F3000重卡SX3315DT456TL	472300	陕西重卡专用车有限公司	(029)86951616	额定载重15.57t，发动机型号潍柴潍柴WP12.NG380E40，380马力，法士特9JSD150变速器，货厢长度9.5m，货厢自卸，8×4驱动
自卸车	陕汽德龙F3000重卡SX3315NR366	305000	陕西重卡专用车有限公司	(029)86951616	发动机型号潍柴潍柴WP10.336，336马力，法士特9JS13变速器，货厢长度7.6m，货厢自卸，8×4驱动
自卸车	陕汽德龙F3000重卡SX3315NR406	297800	陕西重卡专用车有限公司	(029)86951616	加长高顶，额定载重15.93t，发动机型号潍柴潍柴WP10.336，336马力，法士特12JS160T变速器，货厢长度8m，货厢后翻自卸，8×4驱动
自卸车	陕汽奥龙SX3255BM354	286000	陕西重卡专用车有限公司	(029)86951616	额定载重12.85t，最大总重量25t，货厢长度5.4m，后翻自卸式，轴距(mm)：3525＋1350，发动机型号潍柴WP10.290E32，290马力，排量9.726L，6×4驱动，排放标准国Ⅲ
自卸车	陕汽奥龙重卡SX3255UN384	295000	陕西重卡专用车有限公司	(029)86951616	额定载重12.67t，发动机型号潍柴WP10.375，375马力，6×4驱动，货厢长度5.6m，货厢后翻自卸式
自卸车	陕汽奥龙重卡SX3315TR456	304800	陕西重卡专用车有限公司	(029)86951616	额定载重16.04t，发动机型号潍柴WP10.336N，336马力，法士特9JS135变速器，货厢长度8.2m，货厢自卸，8×4驱动
自卸车	陕汽德御重卡SX3255VL324	245000	陕西重卡专用车有限公司	(029)86951616	平顶，额定载重12.37t，发动机型号潍柴WP10.270，270马力，6×4驱动，法士特9JS119变速器，货厢长度4.8m，货厢自卸

产品名称	型号规格	参考价格(元)	生产厂家	电话	主要参数及备注
自卸车	陕汽德御重卡SX3255VM354	246000	陕西重卡专用车有限公司	(029)86951616	平顶,额定载重12.67t,发动机型号潍柴WP 10.270,270马力,6×4驱动,法士特9JS119变速器,货厢长度5.2m,货厢后翻自卸
自卸车	陕汽德御重卡SX3255VM354	253000	陕西重卡专用车有限公司	(029)86951616	平顶,额定载重12.37t,发动机型号潍柴WP 10.290,290马力,6×4驱动,法士特9JS119变速器,货厢长度5.4m,货厢后翻自卸
自卸车	陕汽德御重卡SX3255VR434	255000	陕西重卡专用车有限公司	(029)86951616	平顶,额定载重12.47t,发动机型号潍柴WP 10.290,290马力,6×4驱动,法士特9JS119变速器,货厢长度6.5m,货厢后翻自卸
自卸车	顺达双长JX3041XSG2	93200	蚌埠连城江铃汽车销售服务有限公司	(0552)3111155	上户吨位1.38t,乘坐5人,白色

5.3.5 冷藏、保温车

产品名称	型号规格	参考价格(元)	生产厂家	电话	主要参数及备注
冷藏车	长安SC1011	66000	湖北华胜特种汽车制造有限公司	(0722)3315993	上户吨位1t,冷藏,国产
冷藏车	东风145	238000	随州市天龙专用汽车有限公司	(0722)3330008	上户吨位5.9t,平头,带卧,康明斯,160-180马力,增压,6速变速器,900轮胎,排放标准欧Ⅲ
冷藏车	东风145	190000	随州五环同盛专用汽车有限公司	(0722)3586612	上户吨位5t,容积28m³,尖头单排,康明斯160马力,非独立制冷机组
冷藏车	东风145平头	190000	随州市广益专用汽车销售有限公司	(0722)3813608	上户吨位5t,容积28m³,尖头单排,康明斯发动机160马力,非独立制冷机组
冷藏车	东风153	250000	随州五环同盛专用汽车有限公司	(0722)3586612	上户吨位7t,容积30m³,平头单排,康明斯180马力发动机,非独立制冷机组
冷藏车	东风153平头	250000	随州市广益专用汽车销售有限公司	(0722)3813608	上户吨位7t,容积30m³,平头单排,康明斯发动机180马力,非独立制冷机组
冷藏车	东风EQ1050T	96000	湖北华胜特种汽车制造有限公司	(0722)3315993	上户吨位2t,保温
冷藏车	东风EQ1050T	175000	湖北华胜特种汽车制造有限公司	(0722)3315993	上户吨位2t,冷藏,进口
冷藏车	东风EQ1060G	187000	湖北华胜特种汽车制造有限公司	(0722)3315993	上户吨位3t,冷藏,进口
冷藏车	东风EQ1108G6D15	316000	湖北华胜特种汽车制造有限公司	(0722)3315993	上户吨位5t,冷藏,进口
冷藏车	东风EQ1108G6D16	174000	湖北华胜特种汽车制造有限公司	(0722)3315993	上户吨位5t,保温
冷藏车	东风EQ1108G6D16	258000	湖北华胜特种汽车制造有限公司	(0722)3315993	上户吨位5t,冷藏,进口
冷藏车	东风多利卡	158000	随州五环同盛专用汽车有限公司	(0722)3586612	上户吨位1.8t,容积195m³,平头单排,康明斯125马力,非独立制冷机组
冷藏车	东风多利卡	158000	随州市广益专用汽车销售有限公司	(0722)3813608	上户吨位1.8t,容积19m³,平头单排,康明斯发动机125马力,非独立制冷机组

产品名称	型号规格	参考价格(元)	生产厂家	电话	主要参数及备注
冷藏车	东风多利卡	218000	随州市天龙专用汽车有限公司	(0722)3330008	上户吨位3.3t,平头,带卧,朝柴,玉柴发动机,120－140马力,增压,5速变速器,825轮胎,厢长6.1m,排放标准欧Ⅲ
冷藏车	东风三平柴	231000	湖北天威专用汽车有限公司	(0722)3308885	上户吨位2.99t,外部尺寸(mm):5750×1910×2050
冷藏车	东风天锦	238000	随州市天龙专用汽车有限公司	(0722)3330008	上户吨位5.9t,平头,带卧,康明斯,160－180－185马力,增压,6速变速器,900－1000轮胎,排放标准欧Ⅲ
冷藏车	东风天龙8×4	398000	随州市天龙专用汽车有限公司	(0722)3330008	上户吨位17.1t,平头,高顶双卧,带空调,康明斯,290－315马力,9速变速器,1100钢丝胎,厢长9.3m,排放标准欧Ⅲ
冷藏车	东风小霸王	128000	随州市广益专用汽车销售有限公司	(0722)3813608	上户吨位2t,容积15m³,平头单排,云内、朝柴95马力,非独立制冷机组
冷藏车	东风小霸王	128000	随州五环同盛专用汽车有限公司	(0722)3586612	上户吨位2t,容积15m³,平头单排,云内、朝柴95马力,非独立制冷机组
冷藏车	福田奥铃	159000	随州市天龙专用汽车有限公司	(0722)3330008	上户吨位1.56t,平头,单排,福田发动机,130马力,5速变速器,700轮胎,厢长4.1m,排放标准欧Ⅲ
冷藏车	江淮 HFC1061	182000	湖北华胜特种汽车制造有限公司	(0722)3315993	上户吨位3t,冷藏,国产
冷藏车	江铃	128000	随州市天龙专用汽车有限公司	(0722)3330008	上户吨位1.28t,平头,单排,江铃发动机,78－90马力,5速变速器,650轮胎,厢长3m,排放标准欧Ⅲ
冷藏车	顺达单长 X5041XLCXG2	147000	蚌埠连城江铃汽车销售服务有限公司	(0552)3111155	上户吨位1.34t,乘坐2人,白色,XL200机组,麦斯通保温材料,无铝导轨
冷藏车	顺达单长 X5041XLCXG2	151300	蚌埠连城江铃汽车销售服务有限公司	(0552)3111155	上户吨位1.34t,乘坐2人,白色,XL200机组,麦斯通保温材料,有铝导轨
冷藏车	顺达单长 X5041XLCXG2	152300	蚌埠连城江铃汽车销售服务有限公司	(0552)3111155	上户吨位1.34t,乘坐2人,白色,XL250机组,麦斯通保温材料,无铝导轨
冷藏车	顺达单长 X5041XLCXG2	156600	蚌埠连城江铃汽车销售服务有限公司	(0552)3111155	上户吨位1.34t,乘坐2人,白色,XL250机组,麦斯通保温材料,有铝导轨
冷藏车	顺达单长 X5041XLCXG2	152500	蚌埠连城江铃汽车销售服务有限公司	(0552)3111155	上户吨位1.34t,乘坐2人,白色,XL300机组,麦斯通保温材料,无铝导轨
冷藏车	顺达单长 X5041XLCXG2	156800	蚌埠连城江铃汽车销售服务有限公司	(0552)3111155	上户吨位1.34t,乘坐2人,白色,XL300机组,麦斯通保温材料,有铝导轨
冷藏车	顺达单长 X5041XLCXG2	172600	蚌埠连城江铃汽车销售服务有限公司	(0552)3111155	上户吨位1.34t,乘坐2人,白色,冷王V300机组,麦斯通保温材料,无铝导轨
冷藏车	顺达单长 X5041XLCXG2	176900	蚌埠连城江铃汽车销售服务有限公司	(0552)3111155	上户吨位1.34t,乘坐2人,白色,冷王VL300机组,麦斯通保温材料,有铝导轨
保温车	顺达单长 JX5041XBWXG2	114300	蚌埠连城江铃汽车销售服务有限公司	(0552)3111155	上户吨位1.48t,乘坐2人,白色
厢式冷藏车	东风三平柴	231000	湖北成龙威专用汽车有限公司	(0722)3308899	厢体尺寸(mm):5750×1910×2050,上户吨位2.99t

5.3.6 化工液体运输车

产品名称	型号规格	参考价格（元）	生产厂家	电话	主要参数及备注
化工液体运输半挂车	三桥	149000	湖北江南专用特种汽车有限公司	(0722) 3328333	额定载质量 28000kg，容积38.2 m^3，碳钢罐
化工液体运输半挂车	双桥	132000	湖北江南专用特种汽车有限公司	(0722) 3328333	额定载质量 20000kg，容积23.3 ~40m^3，选配随通桥，富华桥，1100/1200 轮胎，采用武钢 6mm 碳钢板材制作，隔板间距小于 170cm，不锈钢罐，内衬橡胶
化工液体运输车	东风 140	156000	湖北江南专用特种汽车有限公司	(0722) 3328333	额定载质量 4980kg，容积 8 ~ 12m^3，东风 140 尖头单桥，6 速变速器，900 轮胎
化工液体运输车	东风 140/47	164000	随州市双诚专用汽车销售有限公司	(0722) 3805158	容积 8.52 ~ 10m^3，底盘型号 EQ1102FLJ6，车长5.1m，广西玉柴发动机，型号 YC4E140 - 30，140 马力，排放标准欧Ⅲ
化工液体运输车	东风 145	228000	湖北江南专用特种汽车有限公司	(0722) 3328333	额定载质量 4990kg，容积 6 ~ 10m^3，平头带卧，康明斯 160 马力、玉柴 143 马力，9.00 - 20 轮胎，厢长 4.8m/6.14m
化工液体运输车	东风 145	251000	随州市双诚专用汽车销售有限公司	(0722) 3805158	容积 7.85 ~ 16m^3，底盘型号 EQ1126KJ1，车长6.1m，康明斯发动机，型号 ISDE160 - 30，160 马力，排放标准欧Ⅲ
化工液体运输车	东风 145	221000	随州市双诚专用汽车销售有限公司	(0722) 3805158	容积 8.4 m^3，底盘型号 EQ5120GFJ6，车长4.8m，康明斯发动机，型号 ISDE160 - 30，160 马力，排放标准欧Ⅲ
化工液体运输车	东风 145	222000	随州市双诚专用汽车销售有限公司	(0722) 3805158	容积 8.5 ~ 10m^3，底盘型号 EQ1110GLJ，车长4.8m，康明斯发动机，型号 ISDE160 - 30，160 马力，排放标准欧Ⅲ
化工液体运输车	东风 145	229000	随州市双诚专用汽车销售有限公司	(0722) 3805158	容积 8.5 ~ 15m^3，底盘型号 EQ1110GLJ3，车长6.1m，康明斯发动机，型号 ISDE160 - 30，160 马力，排放标准欧Ⅲ
化工液体运输车	东风 145	246000	随州市双诚专用汽车销售有限公司	(0722) 3805158	容积 10.47 ~ 16m^3，底盘型号 EQ1120GLJ，车长6.6m，康明斯发动机，型号 ISDE180 - 30，180 马力，排放标准欧Ⅲ
化工液体运输车	东风 145	268000	随州市双诚专用汽车销售有限公司	(0722) 3805158	容积 12.13 ~ 15m^3，底盘型号 EQ1141KJ，车长5.3m，康明斯发动机，型号 ISDE180 - 30，180 马力，排放标准欧Ⅲ
化工液体运输车	东风 145 加长型	238000	湖北江南专用特种汽车有限公司	(0722) 3328333	额定载质量 4980kg，容积 8 ~ 15m^3，平头带卧，康明斯 160 马力，9.00 - 20 轮胎，厢长 6.14m
化工液体运输车	东风 153	276000	随州市双诚专用汽车销售有限公司	(0722) 3805158	容积 11.24 m^3，底盘型号 EQ1141KJ2，车长6.1m，康明斯发动机，型号 ISDE185 - 30，185 马力，排放标准欧Ⅲ
化工液体运输车	东风 153	276000	随州市双诚专用汽车销售有限公司	(0722) 3805158	容积 13.3 ~ 16m^3，底盘型号 EQ1168KJ2，车长6.1m，康明斯发动机，型号 ISDE180 - 30，180 马力，排放标准欧Ⅲ
化工液体运输车	东风 1108	165000	湖北华胜特种汽车制造有限公司	(0722) 3315993	额定载质量 4000kg，容积 8m^3
化工液体运输车	东风 1108(145)	175000	湖北华胜特种汽车制造有限公司	(0722) 3315993	额定载质量 4980kg，容积外钢内塑罐 10m^3

产品名称	型号规格	参考价格（元）	生产厂家	电话	主要参数及备注
化工液体运输车	东风 1126	174000	湖北大力专用汽车制造有限公司	(0722) 7609688	额定载质量 5000kg，容积 8～10m³，平头带卧，康明斯发动机，160 马力带增压，6 速变速器，900 尼龙轮胎，厢长 4.8m
化工液体运输车	东风 1126	178000	随州市晨阳专用汽车销售有限公司	(0722) 3801178	额定载质量 5000kg，容积 8～10m³，平头带卧，康明斯发动机，160 马力带增压，6 速变速器，900 尼龙轮胎，厢长 4.8m
化工液体运输车	东风 1126	178000	厦工楚胜（湖北）专用汽车有限公司	(0722) 7067946	额定载质量 5000kg，容积 8～10m³，平头带卧，康明斯发动机，160 马力带增压，6 速变速器，900 尼龙轮胎，厢长 4.8m
化工液体运输车	东风 1126	182000	湖北大力专用汽车制造有限公司	(0722) 7609688	额定载质量 6200kg，容积 10～13m³，平头带卧，康明斯发动机，160 马力带增压，6 速变速器，900 尼龙轮胎，厢长 6.2m
化工液体运输车	东风 1126	186000	随州市晨阳专用汽车销售有限公司	(0722) 3801178	额定载质量 6200kg，容积 10～13m³，平头带卧，康明斯发动机，160 马力带增压，6 速变速器，900 尼龙轮胎，厢长 6.2m
化工液体运输车	东风 1126	186000	厦工楚胜（湖北）专用汽车有限公司	(0722) 7067946	额定载质量 6200kg，容积 10～13m³，平头带卧，康明斯发动机，160 马力带增压，6 速变速器，900 尼龙轮胎，厢长 6.2m
化工液体运输车	东风 1141	215000	湖北华胜特种汽车制造有限公司	(0722) 3315993	额定载质量 7000kg，容积 10.5m³，康明斯 180 马力，可选配 210 马力
化工液体运输车	东风 1141/1146	188000	湖北华胜特种汽车制造有限公司	(0722) 3315993	额定载质量 7000kg，外钢内塑罐，容积 10m³，康明斯 180 马力，可选配 210 马力
化工液体运输车	东风 1168	207000	湖北大力专用汽车制造有限公司	(0722) 7609688	额定载质量 8000kg，容积 12～15m³，平头带卧，康明斯发动机，180 马力带增压，1000 尼龙轮胎，厢长 5.3m
化工液体运输车	东风 1168	211000	随州市晨阳专用汽车销售有限公司	(0722) 3801178	额定载质量 8000kg，容积 12～15m³，平头带卧，康明斯发动机，180 马力带增压，1000 尼龙轮胎，厢长 5.3m
化工液体运输车	东风 1168	211000	厦工楚胜（湖北）专用汽车有限公司	(0722) 7067946	额定载质量 8000kg，容积 12～15m³，平头带卧，康明斯发动机，180 马力带增压，1000 尼龙轮胎，厢长 5.3m
化工液体运输车	东风 1208	261000	湖北华胜特种汽车制造有限公司	(0722) 3315993	额定载质量 10000kg，容积 15m³，8mm 钢板，自流
化工液体运输车	东风 1208G/1230V	268000	湖北华胜特种汽车制造有限公司	(0722) 3315993	额定载质量 11300kg，容积塑钢罐 18m³，康明斯 210 马力发动机，厢长 7.2m
化工液体运输车	东风 1230	279000	湖北华胜特种汽车制造有限公司	(0722) 3315993	额定载质量 11000kg，容积 16.5m³，8mm 钢板，自流
化工液体运输车	东风 1310 型	307000	湖北大力专用汽车制造有限公司	(0722) 7609688	额定载质量 18000kg，容积 28～33m³，平头高顶双卧驾驶室，康明斯发动机，260 马力、300 马力带增压，1100 钢丝胎，带空调，厢长 9.6m，前双桥后双桥
化工液体运输车	东风 1310 型	310000	随州市晨阳专用汽车销售有限公司	(0722) 3801178	额定载质量 18000kg，容积 28～33m³，平头高顶双卧驾驶室，康明斯发动机，260 马力、300 马力带增压，1100 钢丝胎，带空调，厢长 9.6m，前双桥后双桥

产品名称	型号规格	参考价格（元）	生产厂家	电话	主要参数及备注
化工液体运输车	东风 1310 型	310000	厦工楚胜（湖北）专用汽车有限公司	（0722）7067946	额定载质量 18000kg，容积 28～33m³，平头高顶双卧驾驶室，康明斯发动机，260 马力、300 马力带增压，1100 钢丝胎，带空调，厢长 9.6m，前双桥后双桥
化工液体运输车	东风 EQ1181WJ	239000	湖北大力专用汽车制造有限公司	（0722）7609688	额定载质量 9500kg，容积 15～20m³，平头带卧，康明斯发动机，210 马力带增压，1000 尼龙轮胎，厢长 8.5m，前双桥后单桥
化工液体运输车	东风 EQ1181WJ	242000	随州市晨阳专用汽车销售有限公司	（0722）3801178	额定载质量 9500kg，容积 15～20m³，平头带卧，康明斯发动机，210 马力带增压，1000 尼龙轮胎，厢长 8.5m，前双桥后单桥
化工液体运输车	东风 EQ1181WJ	242000	厦工楚胜（湖北）专用汽车有限公司	（0722）7067946	额定载质量 9500kg，容积 15～20m³，平头带卧，康明斯发动机，210 马力带增压，1000 尼龙轮胎，厢长 8.5m，前双桥后单桥
化工液体运输车	东风 EQ1254	259000	湖北大力专用汽车制造有限公司	（0722）7609688	额定载质量 14000kg，容积 15～22m³，平头带卧，康明斯发动机，210 马力、230 马力带增压，1000/1100 轮胎，厢长7.2m，后双桥
化工液体运输车	东风 EQ1254	262000	随州市晨阳专用汽车销售有限公司	（0722）3801178	额定载质量 14000kg，容积 15～22m³，平头带卧，康明斯发动机，210 马力、230 马力带增压，1000/1100 轮胎，厢长7.2m，后双桥
化工液体运输车	东风 EQ1254	262000	厦工楚胜（湖北）专用汽车有限公司	（0722）7067946	额定载质量 14000kg，容积 15～22m³，平头带卧，康明斯发动机，210 马力、230 马力带增压，1000/1100 轮胎，厢长7.2m，后双桥
化工液体运输车	东风 EQ5120	173000	湖北大力专用汽车制造有限公司	（0722）7609688	额定载质量 5000kg，容积 9～13m³，平头带卧，玉柴发动机，170 马力带增压，1000 尼龙轮胎，厢长 5.3～6.2m
化工液体运输车	东风 EQ5120	177000	随州市晨阳专用汽车销售有限公司	（0722）3801178	额定载质量 5000kg，容积 9～13m³，平头带卧，玉柴发动机，170 马力带增压，1000 尼龙轮胎，厢长 5.3～6.2m
化工液体运输车	东风 EQ5120	177000	厦工楚胜（湖北）专用汽车有限公司	（0722）7067946	额定载质量 5000kg，容积 9～13m³，平头带卧，玉柴发动机，170 马力带增压，1000 尼龙轮胎，厢长 5.3～6.2m
化工液体运输车	东风多利卡	117000	湖北大力专用汽车制造有限公司	（0722）7609688	额定载质量 3000kg，容积 5～6m³，平头带卧，朝柴或风神发动机，120－140 马力，5 速变速器，750 胎，气制动，厢长 4.65m
化工液体运输车	东风多利卡	120000	随州市晨阳专用汽车销售有限公司	（0722）3801178	额定载质量 3000kg，容积 5～6m³，平头带卧，朝柴或风神发动机，120－140 马力，5 速变速器，750 胎，气制动，厢长 4.65m
化工液体运输车	东风多利卡	120000	厦工楚胜（湖北）专用汽车有限公司	（0722）7067946	额定载质量 3000kg，容积 5～6m³，平头带卧，朝柴或风神发动机，120－140 马力，5 速变速器，750 胎，气制动，厢长 4.65m
化工液体运输车	东风后双桥	259000	湖北江南专用特种汽车有限公司	（0722）3328333	额定载质量 11900kg、11835kg，容积 15～30m³，平头带卧，康明斯 210 马力，后双桥、1000 轮胎，厢长7.2m

产品名称	型号规格	参考价格(元)	生产厂家	电话	主要参数及备注
化工液体运输车	东风尖头	131000	湖北大力专用汽车制造有限公司	(0722)7609688	额定载质量4300kg,容积7~8m³,尖头,玉柴发动机,140马力带增压,5速变速器,900尼龙轮胎,厢长4.1~5.3m
化工液体运输车	东风尖头	135000	随州市晨阳专用汽车销售有限公司	(0722)3801178	额定载质量4300kg,容积7~8m³,尖头,玉柴发动机,140马力带增压,5速变速器,900尼龙轮胎,厢长4.1~5.3m
化工液体运输车	东风尖头	135000	厦工楚胜(湖北)专用汽车有限公司	(0722)7067946	额定载质量4300kg,容积7~8m³,尖头,玉柴发动机,140马力带增压,5速变速器,900尼龙轮胎,厢长4.1~5.3m
化工液体运输车	东风康霸	167000	随州市双诚专用汽车销售有限公司	(0722)3805158	容积5.98m³,底盘型号EQ1090GJ,车长5.7m,康明斯发动机,型号ISDE140-30,140马力,排放标准欧Ⅲ
化工液体运输车	东风天锦	249000	随州市双诚专用汽车销售有限公司	(0722)3805158	容积11.9m³,底盘型号DFL1140B2,车长5.3m,康明斯发动机,型号ISDE180-30,180马力,排放标准欧Ⅲ
化工液体运输车	东风天锦	247000	随州市双诚专用汽车销售有限公司	(0722)3805158	容积8.45m³,底盘型号DFL1120B,车长6.1m,康明斯发动机,型号ISDE180-30,180马力,排放标准欧Ⅲ
化工液体运输车	东风天龙	218000	湖北江南专用特种汽车有限公司	(0722)3328333	额定载质量7500kg,容积10~15m³,平头单桥,带卧,动力转向,6速变速器,900轮胎,康明斯ISDE180-30发动机,排放标准欧Ⅲ
化工液体运输车	东风天龙后双桥	283000	湖北大力专用汽车制造有限公司	(0722)7609688	额定载质量12000kg,容积20~23m³,平头带卧,全浮驾驶室,康明斯发动机,230马力、260马力带增压,1100钢丝胎,厢长7.2m,后双桥
化工液体运输车	东风天龙后双桥	287000	随州市晨阳专用汽车销售有限公司	(0722)3801178	额定载质量12000kg,容积20~23m³,平头带卧,全浮驾驶室,康明斯发动机,230马力、260马力带增压,1100钢丝胎,厢长7.2m,后双桥
化工液体运输车	东风天龙后双桥	287000	厦工楚胜(湖北)专用汽车有限公司	(0722)7067946	额定载质量12000kg,容积20~23m³,平头带卧,全浮驾驶室,康明斯发动机,230马力、260马力带增压,1100钢丝胎,厢长7.2m,后双桥
化工液体运输车	东风天龙前四后八	329000	湖北大力专用汽车制造有限公司	(0722)7609688	额定载质量14990kg,容积24.87m³,平头带卧,全浮高顶驾驶室,康明斯发动机,280马力、300马力带增压,带空调,1100钢丝胎,厢长9.6m,前双桥后双桥
化工液体运输车	东风天龙前四后八	333000	随州市晨阳专用汽车销售有限公司	(0722)3801178	额定载质量14990kg,容积24.87m³,平头带卧,全浮高顶驾驶室,康明斯发动机,280马力、300马力带增压,带空调,1100钢丝胎,厢长9.6m,前双桥后双桥
化工液体运输车	东风天龙前四后八	333000	厦工楚胜(湖北)专用汽车有限公司	(0722)7067946	额定载质量14990kg,容积24.87m³,平头带卧,全浮高顶驾驶室,康明斯发动机,280马力、300马力带增压,带空调,1100钢丝胎,厢长9.6m,前双桥后双桥

产品名称	型号规格	参考价格(元)	生产厂家	电话	主要参数及备注
化工液体运输车	东风天龙前四后八	433000	随州市双诚专用汽车销售有限公司	(0722)3805158	容积23.76～30m^3,底盘型号DFL1311A3,车长9.5m,康明斯发动机,型号ISLE290－30,290马力,排放标准欧Ⅲ
化工液体运输车	东风天龙前四后八	439000	随州市双诚专用汽车销售有限公司	(0722)3805158	容积26.25～35m^3,底盘型号DFL1311A4,车长9.5m,康明斯发动机,型号ISLE340－30,340马力,排放标准欧Ⅲ
化工液体运输车	东风天龙双桥	358000	随州市双诚专用汽车销售有限公司	(0722)3805158	容积20.2～25m^3,底盘型号DFL1250A8,车长7.2m,康明斯发动机,型号ISDE245－30,245马力,排放标准欧Ⅲ
化工液体运输车	东风天龙双桥	361000	随州市双诚专用汽车销售有限公司	(0722)3805158	容积7.72～25m^3,底盘型号DFL1250A9,车长8.6m,康明斯发动机,型号ISDE245－30,245马力,排放标准欧Ⅲ
化工液体运输车	东风天龙四轴	358000	湖北江南专用特种汽车有限公司	(0722)3328333	额定载质量16635kg、16700kg,容积30～40m^3,新型天龙四轴,高顶双卧液压电动翻转驾驶室,冷暖空调,东风康明斯发动机,陕齿9速变速器
化工液体运输车	东风小霸王	71000	湖北大力专用汽车制造有限公司	(0722)7609688	额定载质量1500kg,容积2.3～4m^3,平头单排,云内、朝柴发动机,95马力,5速变速器,650胎,厢长4.3m
化工液体运输车	东风小霸王	75000	随州市晨阳专用汽车销售有限公司	(0722)3801178	额定载质量1500kg,容积2.3～4m^3,平头单排,云内、朝柴发动机,95马力,5速变速器,650胎,厢长4.3m
化工液体运输车	东风小霸王	75000	厦工楚胜(湖北)专用汽车有限公司	(0722)7067946	额定载质量1500kg,容积2.3～4m^3,平头单排,云内、朝柴发动机,95马力,5速变速器,650胎,厢长4.3m
化工液体运输车	东风窄金霸	134000	随州市双诚专用汽车销售有限公司	(0722)3805158	容积4.6 m^3,底盘型号EQ1060TJ20D3,车长4.17m,广西玉柴发动机,,型号YC4F90－30,90马力,排放标准欧Ⅲ
化工液体运输车	福田前双桥	299000	湖北江南专用特种汽车有限公司	(0722)3328333	额定载质量12000kg,容积18～25m^3,康明斯发动机,210马力
化工液体运输车	福田前四后八	338000	湖北江南专用特种汽车有限公司	(0722)3328333	额定载质量17500kg,容积30～45m^3,高顶双卧驾驶室,上柴发动机,280马力,陕齿9速变速器,11.00－20尼龙轮胎
化工液体运输车	江淮单桥	235000	湖北江南专用特种汽车有限公司	(0722)3328333	额定载质量7000kg,容积12～18m^3,平头带卧,锡柴发动机
化工液体运输车	江淮前双桥	258000	湖北江南专用特种汽车有限公司	(0722)3328333	额定载质量13000kg,容积20～25m^3,平头带卧,锡柴CA6DF3－18E3、CA6DF3－20E3发动机
化工液体运输车	江淮四轴	336000	湖北江南专用特种汽车有限公司	(0722)3328333	额定载质量16000kg,容积30～40m^3,平顶单卧、锡柴CA6DL1－29E3发动机
化工液体运输车	解放1258	278000	湖北华胜特种汽车制造有限公司	(0722)3315993	上户吨位14000kg,容积25～28tm^3,大柴、锡柴机CA6DE2(F2)－24,240马力
化工液体运输车	解放CA1310	335000	湖北华胜特种汽车制造有限公司	(0722)3315993	上户吨位18000kg,容积25～30tm^3,大柴、锡柴CA6DE2－24/CA6DF2－24,240马力
化工液体运输车	解放单桥	255000	湖北江南专用特种汽车有限公司	(0722)3328333	额定载质量8000kg,容积12～18m^3,平头单桥带卧,解放大柴、锡柴发动机,180马力

产品名称	型号规格	参考价格(元)	生产厂家	电话	主要参数及备注
化工液体运输车	解放后双桥	328000	湖北江南专用特种汽车有限公司	(0722)3328333	额定载质量 13500kg,容积 22~30m³,平顶单卧,解放大柴、锡柴发动机,220 马力,8 速变速器,厢长 8.5m
化工液体运输车	解放前双桥	275000	湖北江南专用特种汽车有限公司	(0722)3328333	额定载质量 14000kg,容积 22~30m³,平顶单卧,解放大柴、锡柴发动机,220 马力,6 速变速器,厢长 8.5m
化工液体运输车	解放轻卡	156000	湖北江南专用特种汽车有限公司	(0722)3328333	额定载质量 4400kg,容积 8~12m³,平顶驾驶室,锡柴发动机,9.00-20 轮胎,6 速变速器
化工液体运输车	解放四轴	396000	湖北江南专用特种汽车有限公司	(0722)3328333	额定载质量 14800kg,容积16.5m³,国Ⅲ排放,锡柴发动机,型号 BF6M1013-28E3,汉威驾驶室高顶双卧,陕齿 9 速变速器,11.00-20轮胎,厢长9.5m
化工液体运输车	解放小三轴	213000	湖北大力专用汽车制造有限公司	(0722)7609688	额定载质量 14980kg,容积 24~25m³,平头带卧驾驶室,无锡发动机,210 马力、230 马力带增压,1000 尼龙轮胎,厢长7.2m,前双桥后单桥
化工液体运输车	解放小三轴	217000	随州市晨阳专用汽车销售有限公司	(0722)3801178	额定载质量 14980kg,容积 24~25m³,平头带卧驾驶室,无锡发动机,210 马力、230 马力带增压,1000 尼龙轮胎,厢长7.2m,前双桥后单桥
化工液体运输车	解放小三轴	217000	厦工楚胜(湖北)专用汽车有限公司	(0722)7067946	额定载质量 14980kg,容积 24~25m³,平头带卧驾驶室,无锡发动机,210 马力、230 马力带增压,1000 尼龙轮胎,厢长7.2m,前双桥后单桥
化工液体运输车	斯太尔单桥	199000	湖北江南专用特种汽车有限公司	(0722)3328333	额定载质量 7980kg,容积 13~18m³,平顶驾驶室,玉柴发动机,6 速变速器
化工液体运输车	斯太尔后双桥	268000	湖北江南专用特种汽车有限公司	(0722)3328333	额定载质量 12980kg,容积 20~30m³,平顶单卧驾驶室,高压共轨发动机,型号 WD615.92,HW10 变速器,11.00-20尼龙胎

5.3.7 运油车

产品名称	型号规格	参考价格(元)	生产厂家	电话	主要参数及备注
运油车	奥威前四后十	360000	随州市力神专用汽车有限公司	(0722)3818777	上户吨位24.9t,容积39.2m³,J5P驾驶室,奥威 280 马力发动机,9速变速器,1000 胎,厢长 9.6m
运油车	北京欧曼 BJ1208	258000	随州双龙专用汽车有限公司	(0722)3242369	额定载质量 9900kg,容积 20~25m³,欧康 230 马力、250 马力发动机,7 速变速器,1000 胎,三桥,双后桥,长9.5m
运油车	北京欧曼 BJ1208	258000	湖北华胜特种汽车制造有限公司	(0722)3315993	额定载质量 9900kg,容积 20~25m³,欧康 230 马力、250 马力发动机,7 速变速器,1000 胎,三桥,双后桥,长9.5m
运油车	北京欧曼高顶双卧前四后八轮	295000	随州双龙专用汽车有限公司	(0722)3242369	额定载质量 16500kg,容积 30m³,欧康、潍柴 260 马力发动机,8 速变速器,1100 胎,长9.5m

产品名称	型号规格	参考价格(元)	生产厂家	电话	主要参数及备注
运油车	北京欧曼高顶双卧前四后八轮	295000	湖北华胜特种汽车制造有限公司	(0722)3315993	额定载质量16500kg,容积$30m^3$,欧康、潍柴260马力发动机,8速变速器,1100胎,长9.5m
运油车	北京欧曼高顶双卧前四后十轮	348000	随州双龙专用汽车有限公司	(0722)3242369	额定载质量20800kg,容积25~$33m^3$,潍柴280马力发动机,9速变速器,1100胎,长9.5m
运油车	北京欧曼高顶双卧前四后十轮	348000	湖北华胜特种汽车制造有限公司	(0722)3315993	额定载质量20800kg,容积25~$33m^3$,潍柴280马力发动机,9速变速器,1100胎,长9.5m
运油车	北汽奥铃轻卡	122000	湖北江南专用特种汽车有限公司	(0722)3328333	额定载质量2000kg,容积3~$6m^3$,新型豪华单排驾驶室前翻,一汽大柴发动机,105马力,5速变速器,排气制动,电控熄火,7.00-16轮胎
运油车	东风140尖头柴油	129000	湖北江南专用特种汽车有限公司	(0722)3328333	额定载质量4300kg,容积6~$8m^3$,尖头单桥,6速变速器,900轮胎,玉柴YC4E140-30发动机,排放标准欧Ⅲ,厢长4.05m
运油车	东风140尖头加长型	139000	湖北江南专用特种汽车有限公司	(0722)3328333	额定载质量4500kg,容积8~$12m^3$,东风140尖头单桥,6速变速器,900轮胎,玉柴YC4E140-30发动机,排放标准欧Ⅲ,厢长5.3m
运油车	东风145单桥	188000	湖北江南专用特种汽车有限公司	(0722)3328333	额定载质量5000kg,容积10~$12m^3$,平头单桥,带卧,动力转向,6速变速器,9.00-20轮胎,康明斯ISDE160-30发动机,厢长4.8m
运油车	东风145平头	158000	随州市力神专用汽车有限公司	(0722)3818777	上户吨位5t,容积$8m^3$,康明斯160马力发动机,6速变速器,1000胎,厢长6.2m
运油车	东风153平头	188000	随州市力神专用汽车有限公司	(0722)3818777	上户吨位8.5t,容积$13.5m^3$,康明斯180马力,6速变速器,1000胎,厢长6.2m
运油车	东风多利卡	98000	随州市力神专用汽车有限公司	(0722)3818777	上户吨位3t,容积$4.7m^3$,朝柴120马力,5速变速器,750胎,厢长4.65m
运油车	东风高顶双卧	348000	随州双龙专用汽车有限公司	(0722)3242369	额定载质量24000kg,容积38,康明斯260马力,可选装300马力,前四后十轮,厢长9.5m
运油车	东风高顶双卧1290	305000	随州双龙专用汽车有限公司	(0722)3242369	额定载质量17300kg,容积25~$30m^3$,四桥,康明斯260马力发动机,前四后八轮,厢长9.5m
运油车	东风高顶双卧1290	305000	湖北华胜特种汽车制造有限公司	(0722)3315993	额定载质量17300kg,容积25~$30m^3$,四桥,康明斯260马力发动机,前四后八轮,厢长9.5m
运油车	东风后八轮	232000	随州市力神专用汽车有限公司	(0722)3818777	上户吨位14t,容积$22m^3$,康明斯210马力,6速变速器,1000胎,厢长7.2m
运油车	东风后双桥	279000	湖北江南专用特种汽车有限公司	(0722)3328333	额定载质量13300kg,容积20~$30m^3$,平头带卧,康明斯210马力发动机,后双桥,钢丝胎,厢长7.2m
运油车	东风尖头	109000	随州市力神专用汽车有限公司	(0722)3818777	上户吨位4.3t,容积$7m^3$,玉柴140马力,5速变速器,900胎,厢长4m
运油车	东风尖头1092F	108000	随州双龙专用汽车有限公司	(0722)3242369	额定载质量4980kg,容积6~$10m^3$,玉柴四缸增压143马力发动机,加长型

产品名称	型号规格	参考价格(元)	生产厂家	电话	主要参数及备注
运油车	东风尖头 1092F	108000	湖北华胜特种汽车制造有限公司	(0722)3315993	额定载质量 4980kg,容积 6~10m^3,玉柴四缸增压 143 马力发动机,加长型
运油车	东风尖头 1092F19DJ	102000	随州双龙专用汽车有限公司	(0722)3242369	额定载质量 4600kg,容积 6~8m^3,玉柴四缸增压 143 马力发动机
运油车	东风尖头 1092F19DJ	102000	湖北华胜特种汽车制造有限公司	(0722)3315993	额定载质量 4600kg,容积 6~8m^3,玉柴四缸增压 143 马力发动机
运油车	东风尖头 1092FJ	92000	随州双龙专用汽车有限公司	(0722)3242369	额定载质量 4505kg,容积 5~7m^3,东风商用汽油发动机
运油车	东风尖头 1092FJ	92000	湖北华胜特种汽车制造有限公司	(0722)3315993	额定载质量 4505kg,容积 5~7m^3,东风商用汽油发动机
运油车	东风平头 1108G6D15(145)	155000	随州双龙专用汽车有限公司	(0722)3242369	额定载质量 4980kg,容积 8~12m^3,康明斯 160 马力增压柴油机,长 6.2m
运油车	东风平头 1108G6D15(145)	155000	湖北华胜特种汽车制造有限公司	(0722)3315993	额定载质量 4980kg,容积 8~12m^3,康明斯 160 马力增压柴油机,长 6.2m
运油车	东风平头 1108G6DJ16(145)	146000	随州双龙专用汽车有限公司	(0722)3242369	额定载质量 4980kg,容积 7~10m^3,康明斯 160 马力增压柴油机
运油车	东风平头 1108G6DJ16(145)	146000	湖北华胜特种汽车制造有限公司	(0722)3315993	额定载质量 4980kg,容积 7~10m^3,康明斯 160 马力增压柴油机
运油车	东风平头 1141G7DJ(153)	173000	随州双龙专用汽车有限公司	(0722)3242369	额定载质量 7980kg,容积 10m^3,康明斯 180 马力增压机,单桥,长 5.3m
运油车	东风平头 1141G7DJ(153)	173000	湖北华胜特种汽车制造有限公司	(0722)3315993	额定载质量 7980kg,容积 10m^3,康明斯 180 马力增压机,单桥,长 5.3m
运油车	东风平头 1168GJ1	188000	随州双龙专用汽车有限公司	(0722)3242369	额定载质量 8910kg,容积 13~16m^3,康明斯 180 马力增压柴油机,单桥,长 7.2m
运油车	东风平头 1168GJ1	188000	湖北华胜特种汽车制造有限公司	(0722)3315993	额定载质量 8910kg,容积 13~16m^3,康明斯 180 马力增压柴油机,单桥,长 7.2m
运油车	东风平头 1181WJ	225000	随州双龙专用汽车有限公司	(0722)3242369	额定载质量 9600kg,容积 15~23m^3,前双后单桥(三桥),康明斯 210 马力发动机,1000 胎,高顶双卧,6 速变速器,长 8.5m
运油车	东风平头 1181WJ	225000	湖北华胜特种汽车制造有限公司	(0722)3315993	额定载质量 9600kg,容积 15~23m^3,前双后单桥(三桥),康明斯 210 马力发动机,1000 胎,高顶双卧,6 速变速器,长 8.5m
运油车	东风平头 1230VJ6	255000	随州双龙专用汽车有限公司	(0722)3242369	额定载质量 14000kg,容积 20~25m^3,康明斯 230 马力发动机,1100 钢丝胎,双后桥,长 8.6m
运油车	东风平头 1230VJ6	255000	湖北华胜特种汽车制造有限公司	(0722)3315993	额定载质量 14000kg,容积 20~25m^3,康明斯 230 马力发动机,1100 钢丝胎,双后桥,长 8.6m
运油车	东风平头 1230WJ7	273000	随州双龙专用汽车有限公司	(0722)3242369	额定载质量 12205kg,容积 18~30m^3,平头单排高顶双卧,康明斯 230 马力发动机,双后桥,长 9.5m
运油车	东风平头 1230WJ7	273000	湖北华胜特种汽车制造有限公司	(0722)3315993	额定载质量 12205kg,容积 18~30m^3,平头单排高顶双卧,康明斯 230 马力发动机,双后桥,长 9.5m

产品名称	型号规格	参考价格（元）	生产厂家	电话	主要参数及备注
运油车	东风平头 1242GJ1	238000	湖北华胜特种汽车制造有限公司	（0722）3315993	额定载质量 13805kg，容积 20～25m³，康明斯发动机，210 马力、230 马力、260 马力，双后桥，长 8.6m
运油车	东风平头带卧 1032G51	68000	湖北华胜特种汽车制造有限公司	（0722）3315993	额定载质量 990kg，容积 2～5m³，云内、朝柴 95 马力发动机，加强型底盘，长4.3m
运油车	东风平头多利卡 1061T	89000	随州双龙专用汽车有限公司	（0722）3242369	额定载质量 2000kg，容积 3～6m³，朝阳柴油发动机 CY4100BZLQ，120 马力
运油车	东风平头多利卡 1061T	89000	湖北华胜特种汽车制造有限公司	（0722）3315993	额定载质量 2000kg，容积 3～6m³，朝阳柴油发动机 CY4100BZLQ，120 马力
运油车	东风平头多利卡 1071GJ3	92000	随州双龙专用汽车有限公司	（0722）3242369	额定载质量 2705kg，容积 5～7m³，朝柴 120 马力增压机，气制动，750 胎，带卧
运油车	东风平头多利卡 1071GJ3	92000	湖北华胜特种汽车制造有限公司	（0722）3315993	额定载质量 2705kg，容积 5～7m³，朝柴 120 马力增压机，气制动，750 胎，带卧
运油车	东风平头小霸王 1032	58000	随州双龙专用汽车有限公司	（0722）3242369	额定载质量 1380kg，容积 3～4m³，扬柴、云内柴油机，带税控电脑加油机 6.5 万元
运油车	东风平头小霸王 1032	58000	湖北华胜特种汽车制造有限公司	（0722）3315993	额定载质量 1380kg，容积 3～4m³，扬柴、云内柴油机，带税控电脑加油机 6.5 万元
运油车	东风前双后单	219000	湖北江南专用特种汽车有限公司	（0722）3328333	额定载质量 8000kg，容积 15～25m³，高顶双卧新内饰驾驶室，东风 6 速变速器，动力转向，10.00－20轮胎，厢长 8.5m，康明斯 ISDE180－30 发动机
运油车	东风前四后四	196000	随州市力神专用汽车有限公司	（0722）3818777	上户吨位 8t，容积 14.1m³，康明斯 180 马力发动机，6 速变速器，1000 胎，厢长 8m
运油车	东风前四后四	232000	随州市力神专用汽车有限公司	（0722）3818777	上户吨位 12t，容积 19.4m³，康明斯 210 马力发动机，6 速变速器，1000 胎，厢长 8.5m
运油车	东风前四后八	310000	随州市力神专用汽车有限公司	（0722）3818777	上户吨位 17t，容积 26.7m³，康明斯 260 马力发动机，9 速变速器，1100 钢丝胎，厢长 9.6m
运油车	东风前四后十	356000	随州市力神专用汽车有限公司	（0722）3818777	上户吨位 24t，容积 37.7m³，康明斯 300 马力发动机，9 速变速器，1100 钢丝胎，厢长 9.6m
运油车	东风三平柴 1071G2DJ3	99000	随州双龙专用汽车有限公司	（0722）3242369	额定载质量 2980kg，容积 5～8m³，风神 140 马力增压柴油机，气制动，750 胎，带卧
运油车	东风三平柴 1071G2DJ3	99000	湖北华胜特种汽车制造有限公司	（0722）3315993	额定载质量 2980kg，容积 5～8m³，风神 140 马力增压柴油机，气制动，750 胎，带卧
运油车	东风天锦单桥	198000	湖北江南专用特种汽车有限公司	（0722）3328333	额定载质量 8000kg，容积 10～18m³，平头单卧，康明斯发动机，型号 ISDE160－30，动力转向，6 速变速器，900 轮胎
运油车	东风天龙	275000	随州市力神专用汽车有限公司	（0722）3818777	上户吨位12.5t，容积19.6m³，康明斯 230 马力，7 速变速器，1100 胎，厢长 8.6m
运油车	东风天龙后双桥	298000	湖北江南专用特种汽车有限公司	（0722）3328333	额定载质量 10920kg，容积 20～30m³，新型天龙后双桥，康明斯斯 ISDE230－30 发动机，230 马力，1100 钢丝胎，厢长 8.6m

产品名称	型号规格	参考价格(元)	生产厂家	电话	主要参数及备注
运油车	东风天龙前四后八	358000	湖北江南专用特种汽车有限公司	(0722)3328333	额定载质量 14980kg,容积 25~40m^3,新型天龙四轴,高顶双卧液压电动翻转驾驶室,冷暖空调,东风康明斯发动机,陕齿 9 速变速器,11.00-20钢丝胎,厢长 9.4m
运油车	东风小霸王	70000	随州市力神专用汽车有限公司	(0722)3818777	上户吨位1.5t,容积2.5m^3,云内 95 马力,5 速变速器,650 轮胎,厢长 4.2m
运油车	东风小霸王 1032T51DJ3	65000	随州双龙专用汽车有限公司	(0722)3242369	额定载质量 1500kg,容积 3~5m^3,云内、朝柴 95 马力,加强型底盘,长4.3m
运油车	东风小霸王 1032T51DJ3	65000	湖北华胜特种汽车制造有限公司	(0722)3315993	额定载质量 1500kg,容积 3~5m^3,云内、朝柴 95 马力,加强型底盘,长4.3m
运油车	东风小霸王金霸	68000	随州双龙专用汽车有限公司	(0722)3242369	额定载质量 990kg,容积 2~5m^3,云内、朝柴 95 马力,加强型底盘,长4.3m
运油车	华菱前四后八	300000	随州市力神专用汽车有限公司	(0722)3818777	上户吨位 18t,容积28.2m^3,潍柴 280 马力,富勒 8 速变速器,1100 胎,厢长 9.6m
运油车	豪沃前四后八	322000	随州市力神专用汽车有限公司	(0722)3818777	上户吨位 18t,容积 29m^3,重汽 260 马力,富勒 9 速变速器,1200 胎,厢长 9.6m
运油车	江淮平头 HFC1040KS	68000	随州双龙专用汽车有限公司	(0722)3242369	额定载质量 1030kg,容积 2~3m^3,扬动、新昌柴油机,可翻驾驶室
运油车	江淮平头 HFC1040KS	68000	湖北华胜特种汽车制造有限公司	(0722)3315993	额定载质量 1030kg,容积 2~3m^3,扬动、新昌柴油机,可翻驾驶室
运油车	江淮平头 HFC1045KS	72500	随州双龙专用汽车有限公司	(0722)3242369	额定载质量 1145kg,容积 3~5m^3,朝柴 85 马力,气制动,可翻转驾驶室
运油车	江淮平头 HFC1045KS	72500	湖北华胜特种汽车制造有限公司	(0722)3315993	额定载质量 1145kg,容积 3~5m^3,朝柴 85 马力,气制动,可翻转驾驶室
运油车	江淮前双后单	253000	湖北江南专用特种汽车有限公司	(0722)3328333	额定载质量 12990kg,容积 20~30m^3,平顶单卧,大柴、锡柴发动机,220 马力,7 速变速器
运油车	解放 CA1166	177000	湖北俊龙专用汽车有限公司	(0722)3309005	上户吨位 8t,容积 15~18m^3,锡柴 180 马力,平头带卧驾驶室,厢长 6.14m
运油车	解放 CA1166	177000	随州市东风专用汽车销售中心	(0722)3817209	上户吨位 8t,容积 15~18m^3,平头带卧驾驶室,锡柴 180 马力,厢长 6.14m
运油车	解放奥威前四后八	330000	随州市力神专用汽车有限公司	(0722)3818777	上户吨位 18t,容积28.2m^3,J5P 驾驶室,奥威 280 马力,9 速变速器,1000 胎,厢长 9.6m
运油车	解放高顶双卧 1310	285000	随州双龙专用汽车有限公司	(0722)3242369	额定载质量 18000kg,容积 25~30m^3,四桥,大柴、锡柴发动机,前四后八轮
运油车	解放高顶双卧 1310	285000	湖北华胜特种汽车制造有限公司	(0722)3315993	额定载质量 18000kg,容积 25~30m^3,四桥,大柴、锡柴发动机,前四后八轮
运油车	解放高顶双卧 1389	335000	随州双龙专用汽车有限公司	(0722)3242369	额定载质量 22800kg,容积 25~33m^3,五桥,大柴、锡柴 260 马力发动机,前四后十轮
运油车	解放高顶双卧 1389	335000	湖北华胜特种汽车制造有限公司	(0722)3315993	额定载质量 22800kg,容积 25~33m^3,五桥,大柴、锡柴 260 马力发动机,前四后十轮

产品名称	型号规格	参考价格（元）	生产厂家	电话	主要参数及备注
运油车	解放后八轮	233000	随州市力神专用汽车有限公司	(0722)3818777	上户吨位14t,容积22m³,大柴锡柴220马力,6速变速器,1000胎,厢长7.7m
运油车	解放后双桥	269000	湖北江南专用特种汽车有限公司	(0722)3328333	额定载质量13400kg,容积18.8m³,平顶单卧,带空调,发动机型号CA6DE3-22E3,厢长7.7m,6速变速器
运油车	解放平头	164000	随州市力神专用汽车有限公司	(0722)3818777	上户吨位5t,容积8.2m³,大柴锡柴180马力,6速变速器,900胎,厢长5.2m
运油车	解放平头	178000	随州市力神专用汽车有限公司	(0722)3818777	上户吨位8.7t,容积13.8m³,大柴锡柴180马力发动机,6速变速器,900胎,厢长6.2m
运油车	解放平头1116P1K2L	161000	随州双龙专用汽车有限公司	(0722)3242369	额定载质量4300kg,容积8~10m³,二桥,大柴、锡柴180马力发动机,6速变速器,900胎,厢长5.3m
运油车	解放平头1116P1K2L	161000	湖北华胜特种汽车制造有限公司	(0722)3315993	额定载质量4300kg,容积8~10m³,二桥,大柴、锡柴180马力发动机,6速变速器,900胎,厢长5.3m
运油车	解放平头1258	245000	随州双龙专用汽车有限公司	(0722)3242369	额定载质量14000kg,容积20~25m³,大柴、锡柴220马力发动机,1000胎,三桥,双后桥,厢长8.2~8.7m
运油车	解放平头1258	245000	湖北华胜特种汽车制造有限公司	(0722)3315993	额定载质量14000kg,容积20~25m³,大柴、锡柴220马力发动机,1000胎,三桥,双后桥,厢长8.2~8.7m
运油车	解放平头5116XXYP1K2L2	165000	随州双龙专用汽车有限公司	(0722)3242369	额定载质量4400kg,容积8~12m³,二桥,大柴、锡柴180马力发动机,6速变速器,900胎,厢长6.2m
运油车	解放平头5116XXYP1K2L2	165000	湖北华胜特种汽车制造有限公司	(0722)3315993	额定载质量4400kg,容积8~12m³,二桥,大柴、锡柴180马力发动机,6速变速器,900胎,厢长6.2m
运油车	解放平头带卧1083K28L3	115000	随州双龙专用汽车有限公司	(0722)3242369	额定载质量3000kg,容积6~10m³,玉柴、锡柴130马力发动机,方向助力,825胎,厢长5.4m
运油车	解放平头带卧1083K28L3	115000	湖北华胜特种汽车制造有限公司	(0722)3315993	额定载质量3000kg,容积6~10m³,玉柴、锡柴130马力发动机,方向助力,825胎,厢长5.4m
运油车	解放前双后单	256000	湖北江南专用特种汽车有限公司	(0722)3328333	额定载质量13500kg,容积20~25m³,平顶单卧,带空调,解放大柴、锡柴发动机,220马力,7速变速器,435后桥
运油车	解放前四后四	190000	随州市力神专用汽车有限公司	(0722)3818777	上户吨位8t,容积14.1m³,大柴、锡柴180马力,6速变速器,900胎,厢长8.2m
运油车	解放前四后四	226000	随州市力神专用汽车有限公司	(0722)3818777	上户吨位12t,容积18m³,大柴、锡柴220马力,7速变速器,1000胎,厢长8.7m
运油车	解放前四后八四轴	335000	湖北江南专用特种汽车有限公司	(0722)3328333	额定载质量17000kg,容积24.1m³,汉威驾驶室高顶双卧,陕齿8速变速器,大柴发动机,型号BF6M1013-26E3,11.00-20轮胎,厢长9.5m
运油车	欧曼BJ1099	123000	湖北俊龙专用汽车有限公司	(0722)3309005	上户吨位3t,容积6~9m³,平头一排半驾驶室,帕金斯发动机135马力,厢长5.4m

产品名称	型号规格	参考价格(元)	生产厂家	电话	主要参数及备注
运油车	欧曼 BJ1099	123000	湖北元通专用汽车有限公司	(0722)3332112	上户吨位3t,容积6~9m³,平头一排半驾驶室,帕金斯发动机135马力,厢长5.4m
运油车	欧曼 BJ1099	123000	随州市东风专用汽车销售中心	(0722)3817209	上户吨位3t,容积6~9m³,平头一排半驾驶室,帕金斯发动机135马力,厢长5.4m
运油车	欧曼 BJ1099	123000	随州市东风专用汽车有限公司	(0722)3308618	上户吨位3t,容积6~9m³,平头一排半驾驶室,帕金斯发动机135马力,厢长5.4m
运油车	欧曼 BJ1258	242000	湖北元通专用汽车有限公司	(0722)3332112	上户吨位14t,容积18~22m³,230马力发动机,平头带卧驾驶室,厢长7.2m
运油车	欧曼 BJ1258	242000	随州市东风专用汽车有限公司	(0722)3308618	上户吨位14t,容积18~22m³,6C230发动机,230马力,平头带卧驾驶室,厢长7.2m
运油车	欧曼 BJ1258	242000	随州市东风专用汽车销售中心	(0722)3817209	上户吨位14t,容积18~22m³,平头带卧驾驶室,230马力发动机,厢长7.2m
运油车	欧曼 BJ1258	242000	湖北俊龙专用汽车有限公司	(0722)3309005	上户吨位14t,容积18~22m³,230马力发动机,平头带卧驾驶室,厢长7.2m
运油车	欧曼前双后单	246000	湖北江南专用特种汽车有限公司	(0722)3328333	额定载质量14525kg,容积22~30m³,平顶单卧驾驶室,康明斯发动机,210马力,大同7速变速器,厢长8.5m
运油车	欧曼前四后八	303000	随州市力神专用汽车有限公司	(0722)3818777	上户吨位18t,容积29m³,潍柴280马力,富勒8速变速器,1000胎,厢长9.6m
运油车	斯尔太王前四后八	316000	随州市力神专用汽车有限公司	(0722)3818777	上户吨位18t,容积29m³,重汽260马力,富勒9速变速器,1200胎,厢长9.6m
运油车	斯太尔豪沃前四后八	342000	湖北江南专用特种汽车有限公司	(0722)3328333	额定载质量15000kg,容积25~40m³,高顶双卧驾驶室,高压共轨发动机,HW10变速器,11.00-20尼龙胎
运油车	天龙前四后八	344000	随州市力神专用汽车有限公司	(0722)3818777	上户吨位16t,容积28.3m³,康明斯发动机,280马力,9速变速器,1100钢丝胎,厢长9.6m

5.3.8 其他专用货车

产品名称	型号规格	参考价格(元)	生产厂家	电话	主要参数及备注
粉粒物料运输半挂车	9350型	169000	湖北江南专用特种汽车有限公司	(0722)3328333	额定载质量24200kg,容积30~45m³,外形尺寸(mm):11200/12990×2500×3100/3800,整备质量10000kg/12000kg 总质量40000kg
粉粒物料运输半挂车	9400型	185000	湖北江南专用特种汽车有限公司	(0722)3328333	外形尺寸(mm):12980/12990×2500×3100/3800,整备质量12000kg/12500kg,总质量40000kg,额定载质量27500kg、26000kg,容积35~50m³
粉粒物料运输车	奥威前四后八	343000	随州市力神专用汽车有限公司	(0722)3818777	上户吨位15t,容积37.5m³,奥威280马力发动机,豪华内饰,富勒9速变速器,1100胎,457桥

产品名称	型号规格	参考价格（元）	生产厂家	电话	主要参数及备注
粉粒物料运输车	东风 1108	178000	湖北华胜特种汽车制造有限公司	(0722) 3315993	上户吨位 4500kg，容积 $6m^3$，东风康明斯发动机，型号 EQB160-20，160 马力
粉粒物料运输车	东风 1141	203000	湖北华胜特种汽车制造有限公司	(0722) 3315993	上户吨位 5000kg，容积 $10m^3$，东风康明斯发动机，型号 EQB180-20，180 马力
粉粒物料运输车	东风 1166	216000	湖北华胜特种汽车制造有限公司	(0722) 3315993	上户吨位 7000kg，容积 $10.5m^3$，东风康明斯发动机，型号 EQB210-20，210 马力
粉粒物料运输车	东风 1208	255000	湖北华胜特种汽车制造有限公司	(0722) 3315993	上户吨位 9805kg，容积 $30m^3 m^3$，康明斯 210 马力发动机
粉粒物料运输车	东风 1230	275000	湖北华胜特种汽车制造有限公司	(0722) 3315993	上户吨位 12500kg，容积 $30m^3$，康明斯 230 马力发动机
粉粒物料运输车	东风 1254	292000	湖北华胜特种汽车制造有限公司	(0722) 3315993	上户吨位 12000kg，容积 $30m^3$，东风康明斯 260 马力发动机
粉粒物料运输车	东风 1254	310000	湖北合力专用汽车制造有限公司	(0722) 3989579	外形尺寸(mm)：11200×2495×3700，上户吨位 12t，容积 $18.2m^3$，底盘型号 EQ1254VJ1
粉粒物料运输车	东风 1310	330000	湖北华胜特种汽车制造有限公司	(0722) 3315993	上户吨位 16000kg，容积 $35m^3$，东风康明斯 EQB210-20 发动机，210 马力
粉粒物料运输车	东风 140 尖头	145000	湖北东风大运汽车有限公司	(0722) 3311666	容积 $10m^3$，长头单排，玉柴 140 马力，轴距 3950mm、4700mm
粉粒物料运输车	东风 145	200000	湖北东风大运汽车有限公司	(0722) 3311666	容积 $12m^3$，平头带卧，康明斯发动机，160 马力
粉粒物料运输车	东风高顶双卧 1290(8X4)	328000	湖北华胜特种汽车制造有限公司	(0722) 3315993	上户吨位 15000kg，容积 $35m^3$，东风康明斯 260 马力发动机
粉粒物料运输车	东风前四后八	323000	随州市力神专用汽车有限公司	(0722) 3818777	上户吨位 14t，容积 $34.5m^3$，高顶双卧，康明斯 260 马力发动机，富勒 9 速变速器，1100 钢丝胎，空调，$8m^3$ 空压机
粉粒物料运输车	东风前四后八	352000	湖北东风大运汽车有限公司	(0722) 3311666	容积 $40 \sim 45m^3$，平头带卧，康明斯发动机，270 马力
粉粒物料运输车	东风天龙前四后八	421000	随州市双诚专用汽车销售有限公司	(0722) 3805158	容积 $34.7 \sim 40m^3$，底盘型号 DFL1311A3，车长 9.5m，康明斯发动机，型号 ISDE290-30，290 马力，排放标准欧Ⅲ
粉粒物料运输车	东风天龙前四后八	432000	随州市双诚专用汽车销售有限公司	(0722) 3805158	容积 $37.3 \sim 40m^3$，底盘型号 DFL1311A4，车长 9.5m，康明斯发动机，型号 ISDE315-30，315 马力，排放标准欧Ⅲ
粉粒物料运输车	东风天龙前四后八	353000	随州市力神专用汽车有限公司	(0722) 3818777	上户吨位 14t，容积 $36.7m^3$，全浮驾驶室，康明斯 280 马力，富勒 9 速变速器，1100 钢丝胎，空调，$8m^3$ 空压机
粉粒物料运输车	东风天龙双桥	355000	随州市双诚专用汽车销售有限公司	(0722) 3805158	容积 $23.5 \sim 25m^3$，底盘型号 DFL1250A8，车长 7.2m，康明斯发动机，型号 ISDE245-30，245 马力，排放标准欧Ⅲ
粉粒物料运输车	东风天龙双桥	359000	随州市双诚专用汽车销售有限公司	(0722) 3805158	容积 $28.08 \sim 30m^3$，底盘型号 DFL1250A9，车长 8.6m，康明斯发动机，型号 ISDE245-30，245 马力，排放标准欧Ⅲ
粉粒物料运输车	豪运前四后八	382000	湖北东正专用汽车有限公司	(0722) 3233567	上户吨位 13t，容积 $34 \sim 42m^3$，重汽 336 马力柴油机，排放标准欧Ⅲ
粉粒物料运输车	豪运前四后八	382000	随州东正(惠通)专用汽车有限公司	(0722) 3330357	上户吨位 13t，容积 $34 \sim 42m^3$，重汽 336 马力柴油机，排放标准欧Ⅲ

产品名称	型号规格	参考价格（元）	生产厂家	电话	主要参数及备注
粉粒物料运输车	豪运前四后八	382000	湖北程力专用汽车有限公司	(0722) 7020979	上户吨位13t，容积34～42m^3，重汽336马力柴油机，排放标准欧Ⅲ
粉粒物料运输车	豪运前四后八	382000	随州市天龙专用汽车有限公司	(0722) 3330008	上户吨位13t，容积34～42m^3，重汽336马力柴油机，排放标准欧Ⅲ
粉粒物料运输车	豪运前四后八	382000	随州市圣丰专用汽车有限公司	(0722) 7095688	上户吨位13t，容积34～42m^3，重汽336马力柴油机，排放标准欧Ⅲ
粉粒物料运输车	华菱前四后八	318000	随州市力神专用汽车有限公司	(0722) 3818777	上户吨位14t，容积35m^3，高顶双卧，潍柴280马力，富勒9速变速器，13t桥，1100胎
粉粒物料运输车	豪沃前四后八	324000	随州市力神专用汽车有限公司	(0722) 3818777	上户吨位14t，容积36.7m^3，重汽290马力，富勒9速变速器，13t双减桥，1200胎
粉粒物料运输车	解放1310	305000	湖北华胜特种汽车制造有限公司	(0722) 3315993	上户吨位15000kg，容积35～40m^3，大柴、锡柴CA6DF2－26，260马力，前四后八轮，7速变速器
粉粒物料运输车	解放1310	310000	湖北合力专用汽车制造有限公司	(0722) 3989579	外形尺寸（mm）：11995×2495×3750，上户吨位15t，容积22.49m^3，底盘型号CA1310P5K2L11T4A70
粉粒物料运输车	欧曼前四后八	303000	随州市力神专用汽车有限公司	(0722) 3818777	上户吨位14t，容积34m^3，高顶双卧，上柴260马力，富勒8速变速器，457桥，1100尼龙胎
粉粒物料运输车	解放前四后八	307000	随州市力神专用汽车有限公司	(0722) 3818777	上户吨位15t，容积37.5m^3，高顶双卧，大柴锡柴260马力，7速变速器，457桥，1100胎
粉粒物料运输车	三桥	178000	湖北东正专用汽车有限公司	(0722) 3233567	上户吨位25.8t，容积35～45m^3，富华桥，1000轮胎
粉粒物料运输车	三桥	178000	随州东正（惠通）专用汽车有限公司	(0722) 3330357	上户吨位25.8t，容积35～45m^3，富华桥，1000轮胎
粉粒物料运输车	三桥	178000	湖北程力专用汽车有限公司	(0722) 7020979	上户吨位25.8t，容积35～45m^3，富华桥，1000轮胎
粉粒物料运输车	三桥	178000	随州市天龙专用汽车有限公司	(0722) 3330008	上户吨位25.8t，容积35～45m^3，富华桥，1000轮胎
粉粒物料运输车	三桥	178000	随州市圣丰专用汽车有限公司	(0722) 7095688	上户吨位25.8t，容积35～45m^3，富华桥，1000轮胎
粉粒物料运输车	斯太尔双桥	351000	湖北东正专用汽车有限公司	(0722) 3233567	上户吨位11t，容积29～36m^3，重汽266马力柴油机，排放标准欧Ⅲ
粉粒物料运输车	斯太尔双桥	351000	随州东正（惠通）专用汽车有限公司	(0722) 3330357	上户吨位11t，容积29～36m^3，重汽266马力柴油机，排放标准欧Ⅲ
粉粒物料运输车	斯太尔双桥	351000	湖北程力专用汽车有限公司	(0722) 7020979	上户吨位11t，容积29～36m^3，重汽266马力柴油机，排放标准欧Ⅲ
粉粒物料运输车	斯太尔双桥	351000	随州市天龙专用汽车有限公司	(0722) 3330008	上户吨位11t，容积29～36m^3，重汽266马力柴油机，排放标准欧Ⅲ
粉粒物料运输车	斯太尔双桥	351000	随州市圣丰专用汽车有限公司	(0722) 7095688	上户吨位11t，容积29～36m^3，重汽266马力柴油机，排放标准欧Ⅲ
粉粒物料运输车	斯太尔王前四后八	312000	随州市力神专用汽车有限公司	(0722) 3818777	上户吨位14t，容积36.7m^3，重汽290马力，富勒9速变速器，13t双减桥，1200胎
粉粒物料运输车	油田下灰车	280000	随州市力神专用汽车有限公司	(0722) 3818777	上户吨位12t，容积18m^3，陕汽奥龙或重汽斯太尔王底盘290马力，富勒9速变速器，13t双减桥，1200胎，厢长7.8m

产品名称	型号规格	参考价格(元)	生产厂家	电话	主要参数及备注
粉粒物料运输车	油田下灰车	323000	随州市力神专用汽车有限公司	(0722)3818777	上户吨位14t,容积$21m^3$,斯太尔王前四后八,重汽290马力发动机,富勒9速变速器,13t桥,1200胎
粉粒物料运输车	重汽豪泺前四后八	389000	湖北东正专用汽车有限公司	(0722)3233567	上户吨位14t,容积$35\sim42m^3$,平头、高顶双卧,重汽290马力柴油机,排放标准欧Ⅲ
粉粒物料运输车	重汽豪泺前四后八	389000	随州东正(惠通)专用汽车有限公司	(0722)3330357	上户吨位14t,容积$35\sim42m^3$,平头、高顶双卧,重汽290马力柴油机,排放标准欧Ⅲ
粉粒物料运输车	重汽豪泺前四后八	389000	湖北程力专用汽车有限公司	(0722)7020979	上户吨位14t,容积$35\sim42m^3$,平头、高顶双卧,重汽290马力柴油机,排放标准欧Ⅲ
粉粒物料运输车	重汽豪泺前四后八	389000	随州市天龙专用汽车有限公司	(0722)3330008	上户吨位14t,容积$35\sim42m^3$,平头、高顶双卧,重汽290马力柴油机,排放标准欧Ⅲ
粉粒物料运输车	重汽豪泺前四后八	389000	随州市圣丰专用汽车有限公司	(0722)7095688	上户吨位14t,容积$35\sim42m^3$,平头、高顶双卧,重汽290马力柴油机,排放标准欧Ⅲ
粉粒物料运输车	重汽豪泺双桥	363000	湖北东正专用汽车有限公司	(0722)3233567	上户吨位10.5t,容积$25\sim32m^3$,重汽266马力柴油机,排放标准欧Ⅲ
粉粒物料运输车	重汽豪泺双桥	363000	随州东正(惠通)专用汽车有限公司	(0722)3330357	上户吨位10.5t,容积$25\sim32m^3$,重汽266马力柴油机,排放标准欧Ⅲ
粉粒物料运输车	重汽豪泺双桥	363000	湖北程力专用汽车有限公司	(0722)7020979	上户吨位10.5t,容积$25\sim32m^3$,重汽266马力柴油机,排放标准欧Ⅲ
粉粒物料运输车	重汽豪泺双桥	363000	随州市天龙专用汽车有限公司	(0722)3330008	上户吨位10.5t,容积$25\sim32m^3$,重汽266马力柴油机,排放标准欧Ⅲ
粉粒物料运输车	重汽豪泺双桥	363000	随州市圣丰专用汽车有限公司	(0722)7095688	上户吨位10.5t,容积$25\sim32m^3$,重汽266马力柴油机,排放标准欧Ⅲ
粉粒物料运输车	东风140	148000	湖北江南专用特种汽车有限公司	(0722)3328333	额定载质量3800kg,容积$10\sim15m^3$,尖头单桥,6速变速器,900轮胎,玉柴发动机
粉粒物料运输车	东风单桥	198000	湖北江南专用特种汽车有限公司	(0722)3328333	额定载质量7000kg,容积$10\sim15m^3$,东风平头单桥,6速变速器,9.00-20轮胎,康明斯ISDE160-30发动机
粉粒物料运输车	东风后双桥	285000	湖北江南专用特种汽车有限公司	(0722)3328333	额定载质量1000kg,容积$25\sim30m^3$,平头单卧,康明斯210马力,后双桥,钢丝胎,ISDE210-30,厢长7.2m
粉粒物料运输车	东风前四后八	388000	湖北江南专用特种汽车有限公司	(0722)3328333	额定载质量14900kg,容积$37\sim40m^3$,高顶双卧驾驶室,动力转向,陕齿9速变速器,1100钢丝胎,康明斯ISDE270-30发动机
粉粒物料运输车	东风天龙后双桥	288000	湖北江南专用特种汽车有限公司	(0722)3328333	额定载质量12000kg,容积$25\sim30m^3$,新型天龙后双桥,康明斯230马力、260马力发动机,1100钢丝胎,DF1250A,厢长7.2m
粉粒物料运输车	解放后双桥	312000	湖北江南专用特种汽车有限公司	(0722)3328333	额定载质量10000kg,容积$25\sim30m^3$,平顶单卧,带空调、解放大柴、锡柴发动机,6速变速器,BF6M1013-24E3
粉粒物料运输车	解放前四后八	383000	湖北江南专用特种汽车有限公司	(0722)3328333	额定载质量13000kg,容积$34\sim40m^3$,奥威新高顶双卧驾驶室,11.00-20轮胎,带空调,CA6DL1-32E3,320马力,9速变速器

产品名称	型号规格	参考价格（元）	生产厂家	电话	主要参数及备注
粉粒物料运输车	欧曼前四后八	348000	湖北江南专用特种汽车有限公司	(0722)3328333	额定载质量 14700kg，容积 36～40m³，高顶双卧驾驶室，上柴发动机，280 马力，陕齿 9 速变速器，11.00－20尼龙轮胎
粉粒物料运输车	斯太尔后双桥	313000	湖北江南专用特种汽车有限公司	(0722)3328333	额定载质量 10800kg，容积 25～30m³，平顶单卧驾驶室，动力转向，HW10 变速器，1100 尼龙胎，金王子 WD615.92 发动机
粉粒物料运输车	斯太尔前四后八	358000	湖北江南专用特种汽车有限公司	(0722)3328333	额定载质量 14000kg，容积 36～40m³，高顶双卧驾驶室，动力转向，HW10 变速器，1100 尼龙胎，斯太尔王 WD615.92 发动机
沥青运输半挂车	9340GLQ	179000	湖北江南专用特种汽车有限公司	(0722)3328333	外形尺寸(mm)：13000×2500×3800 整备质量 10150kg/12000kg 总质量 34050kg，额定载质量 23900kg，容积 30～45m³，三桥，选配，随通桥、富华桥，1100/1200 轮胎，采用武钢 6mm 碳钢板材制作，隔板间距小于 170cm
沥青运输车	解放后双桥	289000	湖北江南专用特种汽车有限公司	(0722)3328333	额定载质量 12900kg，容积 20～30m³，平顶单卧，带空调，发动机型号 CA6DE3－22E3，6 速变速器，厢长 7.7m
散装水泥车	9350 半挂	178000	湖北合力专用汽车制造有限公司	(0722)3989579	外形尺寸(mm)：11200×2500×3750，上户吨位 24.5t，容积 35m³
散装水泥车	9400 半挂	208000	湖北合力专用汽车制造有限公司	(0722)3989579	外形尺寸(mm)：12980×2500×3980，上户吨位 24.2t，容积 55m³
散装水泥车	东风 153	205000	湖北合力专用汽车制造有限公司	(0722)3989579	外形尺寸(mm)：8650×2490×3400，上户吨位 5t，容积 11.6m³，底盘型号 EQ1141G7DJ2
散装水泥车	东风 153	245000	湖北东风大运汽车有限公司	(0722)3311666	容积 17m³，平头带卧，康明斯发动机，180 马力
散装水泥车	东风 1108	162000	湖北合力专用汽车制造有限公司	(0722)3989579	外形尺寸(mm)：7250×2495×3300，上户吨位 4.5t，容积 6m³，底盘型号 EQ1108G6DJ16
散装水泥车	东风 1141	210000	湖北元通专用汽车有限公司	(0722)3332112	上户吨位 5t，容积 12m³，底盘型号 EQ1141G7DJ2，康明斯发动机，180 马力
散装水泥车	东风 1166	252000	湖北合力专用汽车制造有限公司	(0722)3989579	外形尺寸(mm)：11000×2495×3750，上户吨位 7t，容积 10.5m³，底盘型号 EQ1166GJ6
散装水泥车	东风 1208	265000	湖北合力专用汽车制造有限公司	(0722)3989579	外形尺寸(mm)：9650×2500×3700，上户吨位 9.55t，容积 14.3m³，底盘型号 EQ1208GJ5
散装水泥车	东风 1230	288000	湖北合力专用汽车制造有限公司	(0722)3989579	外形尺寸(mm)：11200×2495×3800，上户吨位 12.5t，容积 18.75m³，底盘型号 EQ1230VJ6
散装水泥车	东风 1290	335000	湖北合力专用汽车制造有限公司	(0722)3989579	外形尺寸(mm)：11950×2495×3850，上户吨位 16t，容积 24m³，底盘型号 EQ1290WJ
散装水泥车	东风 1310	352000	湖北合力专用汽车制造有限公司	(0722)3989579	外形尺寸(mm)：11990×2495×3750，上户吨位 13.8t，容积 20.69m³，底盘型号 EQ1310WJ
散装水泥车	东风后单桥	180000	湖北元通专用汽车有限公司	(0722)3332112	上户吨位 5t，容积 12m³，底盘型号 EQ1126GJ1，康明斯发动机，160 马力
散装水泥车	东风后双桥	270000	湖北元通专用汽车有限公司	(0722)3332112	上户吨位9.5t，容积 20m³，底盘型号 EQ1208GJ5，康明斯发动机，210 马力

产品名称	型号规格	参考价格（元）	生产厂家	电话	主要参数及备注
散装水泥车	东风后双桥	280000	湖北元通专用汽车有限公司	（0722）3332112	上户吨位12t，容积20m^3，底盘型号EQ1254VJ1，康明斯发动机，260马力
散装水泥车	东风尖头	120000	湖北元通专用汽车有限公司	（0722）3332112	上户吨位3.8t，容积9m^3，底盘型号EQ1092F19DJ1，玉柴发动机，140马力
散装水泥车	东风尖头	136000	湖北东正专用汽车有限公司	（0722）3233567	上户吨位4.3t，容积9～12m^3，玉柴140马力柴油机，排放标准欧Ⅱ
散装水泥车	东风尖头	136000	随州东正（惠通）专用汽车有限公司	（0722）3330357	上户吨位4.3t，容积9～12m^3，玉柴140马力柴油机，排放标准欧Ⅱ
散装水泥车	东风尖头	136000	湖北程力专用汽车有限公司	（0722）7020979	上户吨位4.3t，容积9～12m^3，玉柴140马力柴油机，排放标准欧Ⅱ
散装水泥车	东风尖头	136000	随州市天龙专用汽车有限公司	（0722）3330008	上户吨位4.3t，容积9～12m^3，玉柴140马力柴油机，排放标准欧Ⅱ
散装水泥车	东风尖头	136000	随州市圣丰专用汽车有限公司	（0722）7095688	上户吨位4.3t，容积9～12m^3，玉柴140马力柴油机，排放标准欧Ⅱ
散装水泥车	东风尖头EQ1092	121000	湖北大力专用汽车制造有限公司	（0722）7609688	上户吨位4.3t，容积9～12m^3，玉林143马力增压柴油机
散装水泥车	东风尖头EQ1092	125000	随州市晨阳专用汽车销售有限公司	（0722）3801178	上户吨位4.3t，容积9～12m^3，玉林143马力增压柴油机
散装水泥车	东风平头145	178000	湖北东正专用汽车有限公司	（0722）3233567	上户吨位5t，容积12～15m^3，康明斯160马力柴油机，排放标准欧Ⅱ
散装水泥车	东风平头145	178000	随州东正（惠通）专用汽车有限公司	（0722）3330357	上户吨位5t，容积12～15m^3，康明斯160马力柴油机，排放标准欧Ⅱ
散装水泥车	东风平头145	178000	湖北程力专用汽车有限公司	（0722）7020979	上户吨位5t，容积12～15m^3，康明斯160马力柴油机，排放标准欧Ⅱ
散装水泥车	东风平头145	178000	随州市天龙专用汽车有限公司	（0722）3330008	上户吨位5t，容积12～15m^3，康明斯160马力柴油机，排放标准欧Ⅱ
散装水泥车	东风平头145	178000	随州市圣丰专用汽车有限公司	（0722）7095688	上户吨位5t，容积12～15m^3，康明斯160马力柴油机，排放标准欧Ⅱ
散装水泥车	东风平头153	192000	湖北东正专用汽车有限公司	（0722）3233567	上户吨位7t，容积12～16m^3，康明斯180马力柴油机，排放标准欧Ⅱ
散装水泥车	东风平头153	192000	随州东正（惠通）专用汽车有限公司	（0722）3330357	上户吨位7t，容积12～16m^3，康明斯180马力柴油机，排放标准欧Ⅱ
散装水泥车	东风平头153	192000	湖北程力专用汽车有限公司	（0722）7020979	上户吨位7t，容积12～16m^3，康明斯180马力柴油机，排放标准欧Ⅱ
散装水泥车	东风平头153	192000	随州市天龙专用汽车有限公司	（0722）3330008	上户吨位7t，容积12～16m^3，康明斯180马力柴油机，排放标准欧Ⅱ
散装水泥车	东风平头153	192000	随州市圣丰专用汽车有限公司	（0722）7095688	上户吨位7t，容积12～16m^3，康明斯180马力柴油机，排放标准欧Ⅱ
散装水泥车	东风平头1230	271000	湖北大力专用汽车制造有限公司	（0722）7609688	上户吨位12t，容积18～25m^3，康明斯230马力环保发动机，双后桥
散装水泥车	东风平头1230	275000	随州市晨阳专用汽车销售有限公司	（0722）3801178	上户吨位12t，容积18～25m^3，康明斯230马力环保发动机，双后桥

产品名称	型号规格	参考价格(元)	生产厂家	电话	主要参数及备注
散装水泥车	东风平头 EQ145	165000	湖北大力专用汽车制造有限公司	(0722)7609688	上户吨位5t,容积12~15m^3,康明斯160马力环保发动机
散装水泥车	东风平头 EQ145	169000	随州市晨阳专用汽车销售有限公司	(0722)3801178	上户吨位5t,容积12~15m^3,康明斯160马力环保发动机
散装水泥车	东风平头 EQ153	185000	湖北大力专用汽车制造有限公司	(0722)7609688	上户吨位7t,容积12~16m^3,康明斯180马力环保发动机
散装水泥车	东风平头 EQ153	189000	随州市晨阳专用汽车销售有限公司	(0722)3801178	上户吨位7t,容积12~16m^3,康明斯180马力环保发动机
散装水泥车	东风平头 EQ1208	251000	湖北大力专用汽车制造有限公司	(0722)7609688	上户吨位9.5t,容积20~22m^3,康明斯210马力环保发动机,双后桥
散装水泥车	东风平头 EQ1208	255000	随州市晨阳专用汽车销售有限公司	(0722)3801178	上户吨位9.5t,容积20~22m^3,康明斯210马力环保发动机,双后桥
散装水泥车	东风前四后八	340000	湖北元通专用汽车有限公司	(0722)3332112	上户吨位15.7t,容积23.6m^3,底盘型号EQ1290WJ,康明斯发动机,260马力
散装水泥车	东风前四后八	331000	湖北大力专用汽车制造有限公司	(0722)7609688	上户吨位15t,容积25~35m^3,康明斯260马力环保发动机,平头、高顶双卧
散装水泥车	东风前四后八	335000	随州市晨阳专用汽车销售有限公司	(0722)3801178	上户吨位15t,容积25~35m^3,康明斯260马力环保发动机,平头、高顶双卧
散装水泥车	东风前四后八	381000	湖北大力专用汽车制造有限公司	(0722)7609688	上户吨位15t,容积25~40m^3,康明斯300马力环保发动机,平头、高顶双卧
散装水泥车	东风前四后八	385000	随州市晨阳专用汽车销售有限公司	(0722)3801178	上户吨位15t,容积25~40m^3,康明斯300马力环保发动机,平头、高顶双卧
散装水泥车	东风双桥1208	256000	湖北东正专用汽车有限公司	(0722)3233567	上户吨位9.5t,容积20~22m^3,平头带卧,康明斯210马力柴油机,排放标准欧Ⅱ
散装水泥车	东风双桥1208	256000	随州东正(惠通)专用汽车有限公司	(0722)3330357	上户吨位9.5t,容积20~22m^3,平头带卧,康明斯210马力柴油机,排放标准欧Ⅱ
散装水泥车	东风双桥1208	256000	湖北程力专用汽车有限公司	(0722)7020979	上户吨位9.5t,容积20~22m^3,平头带卧,康明斯210马力柴油机,排放标准欧Ⅱ
散装水泥车	东风双桥1208	256000	随州市天龙专用汽车有限公司	(0722)3330008	上户吨位9.5t,容积20~22m^3,平头带卧,康明斯210马力柴油机,排放标准欧Ⅱ
散装水泥车	东风双桥1208	256000	随州市圣丰专用汽车有限公司	(0722)7095688	上户吨位9.5t,容积20~22m^3,平头带卧,康明斯210马力柴油机,排放标准欧Ⅱ
散装水泥车	东风双桥1230	276000	湖北东正专用汽车有限公司	(0722)3233567	上户吨位12t,容积19~28m^3,康明斯230马力柴油机,排放标准欧Ⅱ
散装水泥车	东风双桥1230	276000	随州东正(惠通)专用汽车有限公司	(0722)3330357	上户吨位12t,容积19~28m^3,康明斯230马力柴油机,排放标准欧Ⅱ
散装水泥车	东风双桥1230	276000	湖北程力专用汽车有限公司	(0722)7020979	上户吨位12t,容积19~28m^3,康明斯230马力柴油机,排放标准欧Ⅱ
散装水泥车	东风双桥1230	276000	随州市天龙专用汽车有限公司	(0722)3330008	上户吨位12t,容积19~28m^3,康明斯230马力柴油机,排放标准欧Ⅱ
散装水泥车	东风双桥1230	276000	随州市圣丰专用汽车有限公司	(0722)7095688	上户吨位12t,容积19~28m^3,康明斯230马力柴油机,排放标准欧Ⅱ

产品名称	型号规格	参考价格（元）	生产厂家	电话	主要参数及备注
散装水泥车	东风天龙后双桥	350000	湖北元通专用汽车有限公司	(0722)3332112	上户吨位 9t，容积23.5m³，底盘型号 DFL1250A8，康明斯发动机，245 马力，排放标准国Ⅲ
散装水泥车	东风天龙后双桥	293000	湖北大力专用汽车制造有限公司	(0722)7609688	上户吨位 12t，容积 25～35m³，康明斯 230 马力环保发动机，平头、高顶双卧
散装水泥车	东风天龙后双桥	297000	随州市晨阳专用汽车销售有限公司	(0722)3801178	上户吨位 12t，容积 25～35m³，康明斯 230 马力环保发动机，平头、高顶双卧
散装水泥车	东风天龙前四后八	399000	湖北东正专用汽车有限公司	(0722)3233567	上户吨位14.9t，容积 34～40m³，平头、高顶双卧，康明斯 290 马力发动机，排放标准欧Ⅲ
散装水泥车	东风天龙前四后八	399000	随州东正（惠通）专用汽车有限公司	(0722)3330357	上户吨位14.9t，容积 34～40m³，平头、高顶双卧，康明斯 290 马力欧Ⅲ发动机
散装水泥车	东风天龙前四后八	399000	湖北程力专用汽车有限公司	(0722)7020979	上户吨位14.9t，容积 34～40m³，平头、高顶双卧，康明斯 290 马力发动机，排放标准欧Ⅲ
散装水泥车	东风天龙前四后八	399000	随州市天龙专用汽车有限公司	(0722)3330008	上户吨位14.9t，容积 34～40m³，平头、高顶双卧，康明斯 290 马力发动机，排放标准欧Ⅲ
散装水泥车	东风天龙前四后八	399000	随州市圣丰专用汽车有限公司	(0722)7095688	上户吨位14.9t，容积 34～40m³，平头、高顶双卧，康明斯 290 马力发动机，排放标准欧Ⅲ
散装水泥车	东风天龙前四后八	390000	湖北元通专用汽车有限公司	(0722)3332112	上户吨位14.9t，容积39.1m³，底盘型号 DFL1311A3，康明斯发动机，290 马力，排放标准国Ⅲ
散装水泥车	东风天龙前四后八	395000	湖北大力专用汽车制造有限公司	(0722)7609688	上户吨位 16t，容积 25～40m³，康明斯 290 马力发动机，排放标准欧Ⅲ，平头、高顶双卧
散装水泥车	东风天龙前四后八	399000	随州市晨阳专用汽车销售有限公司	(0722)3801178	上户吨位 16t，容积 25～40m³，康明斯 290 马力发动机，排放标准欧Ⅲ，平头、高顶双卧
散装水泥车	华菱前四后八	389000	湖北东正专用汽车有限公司	(0722)3233567	上户吨位 10t，容积 26～38m³，潍柴 270 马力柴油机
散装水泥车	华菱前四后八	389000	随州东正（惠通）专用汽车有限公司	(0722)3330357	上户吨位 10t，容积 26～38m³，潍柴 270 马力柴油机
散装水泥车	华菱前四后八	389000	湖北程力专用汽车有限公司	(0722)7020979	上户吨位 10t，容积 26～38m³，潍柴 270 马力柴油机
散装水泥车	华菱前四后八	389000	随州市天龙专用汽车有限公司	(0722)3330008	上户吨位 10t，容积 26～38m³，潍柴 270 马力柴油机
散装水泥车	华菱前四后八	389000	随州市圣丰专用汽车有限公司	(0722)7095688	上户吨位 10t，容积 26～38m³，潍柴 270 马力柴油机
散装水泥车	华菱双桥	302000	湖北大力专用汽车制造有限公司	(0722)7609688	上户吨位 11t，容积 25～30m³，康明斯 230 马力柴油机
散装水泥车	华菱双桥	306000	随州市晨阳专用汽车销售有限公司	(0722)3801178	上户吨位 11t，容积 25～30m³，康明斯 230 马力柴油机
散装水泥车	解放 1258	285000	湖北合力专用汽车制造有限公司	(0722)3989579	外形尺寸(mm)：11900×2495×3700，上户吨位 10t，容积26.2m³，底盘型号 CA1258P1K2L11T1A
散装水泥车	解放 1389	330000	湖北合力专用汽车制造有限公司	(0722)3989579	外形尺寸(mm)：11980×2495×3800，上户吨位 22.3t，容积33.5m³，底盘型号 CA1389P4K2L11T6
散装水泥车	解放 5116	202000	湖北合力专用汽车制造有限公司	(0722)3989579	外形尺寸(mm)：8000×2495×3350，上户吨位 4t，容积 6.2m³，底盘型号 CA5116XXYP1K2L2
散装水泥车	解放平头 CA1163	235000	湖北大力专用汽车制造有限公司	(0722)7609688	上户吨位 5t，容积 12～15m³，大柴、锡柴 180 马力发动机，排放标准欧Ⅲ

产品名称	型号规格	参考价格（元）	生产厂家	电话	主要参数及备注
散装水泥车	解放平头 CA1163	239000	随州市晨阳专用汽车销售有限公司	(0722)3801178	上户吨位 5t,容积 12～15m³,大柴、锡柴 180 马力发动机,排放标准欧Ⅲ
散装水泥车	解放平头 CA1163	253000	湖北东正专用汽车有限公司	(0722)3233567	上户吨位 5t,容积 12～15m³,大柴、锡柴 180 马力发动机,排放标准欧Ⅲ
散装水泥车	解放平头 CA1163	253000	随州东正(惠通)专用汽车有限公司	(0722)3330357	上户吨位 5t,容积 12～15m³,大柴、锡柴 180 马力欧Ⅲ发动机
散装水泥车	解放平头 CA1163	253000	湖北程力专用汽车有限公司	(0722)7020979	上户吨位 5t,容积 12～15m³,大柴、锡柴 180 马力发动机,排放标准欧Ⅲ
散装水泥车	解放平头 CA1163	253000	随州市天龙专用汽车有限公司	(0722)3330008	上户吨位 5t,容积 12～15m³,大柴、锡柴 180 马力发动机,排放标准欧Ⅲ
散装水泥车	解放平头 CA1163	253000	随州市圣丰专用汽车有限公司	(0722)7095688	上户吨位 5t,容积 12～15m³,大柴、锡柴 180 马力发动机,排放标准欧Ⅲ
散装水泥车	解放平头双桥	348000	湖北东正专用汽车有限公司	(0722)3233567	上户吨位 10t,容积 27～35m³,锡柴,大柴 240 马力柴油机,排放标准欧Ⅲ
散装水泥车	解放平头双桥	348000	随州东正(惠通)专用汽车有限公司	(0722)3330357	上户吨位 10t,容积 27～35m³,锡柴,大柴 240 马力柴油机,排放标准欧Ⅲ
散装水泥车	解放平头双桥	348000	湖北程力专用汽车有限公司	(0722)7020979	上户吨位 10t,容积 27～35m³,锡柴,大柴 240 马力柴油机,排放标准欧Ⅲ
散装水泥车	解放平头双桥	348000	随州市天龙专用汽车有限公司	(0722)3330008	上户吨位 10t,容积 27～35m³,锡柴,大柴 240 马力柴油机,排放标准欧Ⅲ
散装水泥车	解放平头双桥	348000	随州市圣丰专用汽车有限公司	(0722)7095688	上户吨位 10t,容积 27～35m³,锡柴,大柴 240 马力柴油机,排放标准欧Ⅲ
散装水泥车	解放平头双桥	295000	湖北大力专用汽车制造有限公司	(0722)7609688	上户吨位 12t,容积 25～35m³,锡柴,大柴 220 马力柴油机,排放标准欧Ⅲ
散装水泥车	解放平头双桥	299000	随州市晨阳专用汽车销售有限公司	(0722)3801178	上户吨位 12t,容积 25～35m³,锡柴,大柴 220 马力柴油机,排放标准欧Ⅲ
散装水泥车	解放前四后八	371000	湖北大力专用汽车制造有限公司	(0722)7609688	上户吨位 13t,容积 25～40m³,奥威 320 马力柴油机,排放标准欧Ⅲ,平头、高顶双卧
散装水泥车	解放前四后八	375000	随州市晨阳专用汽车销售有限公司	(0722)3801178	上户吨位 13t,容积 25～40m³,奥威 320 马力柴油机,排放标准欧Ⅲ,平头、高顶双卧
散装水泥车	解放前四后八	379000	湖北东正专用汽车有限公司	(0722)3233567	上户吨位 14t,容积 36～45m³,平头、高顶双卧,道依茨 260 马力柴油机,排放标准欧Ⅲ
散装水泥车	解放前四后八	379000	随州东正(惠通)专用汽车有限公司	(0722)3330357	上户吨位 14t,容积 36～45m³,平头、高顶双卧,道依茨 260 马力柴油机,排放标准欧Ⅲ
散装水泥车	解放前四后八	379000	湖北程力专用汽车有限公司	(0722)7020979	上户吨位 14t,容积 36～45m³,平头、高顶双卧,道依茨 260 马力柴油机,排放标准欧Ⅲ
散装水泥车	解放前四后八	379000	随州市天龙专用汽车有限公司	(0722)3330008	上户吨位 14t,容积 36～45m³,平头、高顶双卧,道依茨 260 马力柴油机,排放标准欧Ⅲ
散装水泥车	解放前四后八	379000	随州市圣丰专用汽车有限公司	(0722)7095688	上户吨位 14t,容积 36～45m³,平头、高顶双卧,道依茨 260 马力柴油机,排放标准欧Ⅲ

产品名称	型号规格	参考价格（元）	生产厂家	电话	主要参数及备注
散装水泥车	欧曼 1208	261000	湖北合力专用汽车制造有限公司	(0722)3989579	外形尺寸(mm):11750×2495×3800,上户吨位8t,容积12m³,底盘型号 BJ1208VLPJP
散装水泥车	欧曼 1251	298000	湖北合力专用汽车制造有限公司	(0722)3989579	外形尺寸(mm):11100×2500×3800,上户吨位10t,容积26.2m³,底盘型号 BJ1251VMPJL-1
散装水泥车	欧曼前四后八	360000	湖北东风大运汽车有限公司	(0722)3311666	容积40~45m³,豪华内饰,潍柴发动机,290马力
散装水泥车	欧曼前四后八	371000	湖北大力专用汽车制造有限公司	(0722)7609688	上户吨位16t,容积30~40m³,欧康280柴油机,排放标准欧Ⅲ,平头、高顶双卧
散装水泥车	欧曼前四后八	375000	随州市晨阳专用汽车销售有限公司	(0722)3801178	上户吨位16t,容积30~40m³,欧康280柴油机,排放标准欧Ⅲ,平头、高顶双卧
散装水泥车	欧曼前四后八	379000	湖北东正专用汽车有限公司	(0722)3233567	上户吨位16t,容积30~40m³,平头、高顶双卧,欧康280马力柴油机,排放标准欧Ⅲ
散装水泥车	欧曼前四后八	379000	随州东正(惠通)专用汽车有限公司	(0722)3330357	上户吨位16t,容积30~40m³,平头、高顶双卧,欧康280马力柴油机,排放标准欧Ⅲ
散装水泥车	欧曼前四后八	379000	湖北程力专用汽车有限公司	(0722)7020979	上户吨位16t,容积30~40m³,平头、高顶双卧,欧康280马力柴油机,排放标准欧Ⅲ
散装水泥车	欧曼前四后八	379000	随州市天龙专用汽车有限公司	(0722)3330008	上户吨位16t,容积30~40m³,平头、高顶双卧,欧康280马力柴油机,排放标准欧Ⅲ
散装水泥车	欧曼前四后八	379000	随州市圣丰专用汽车有限公司	(0722)7095688	上户吨位16t,容积30~40m³,平头、高顶双卧,欧康280马力柴油机,排放标准欧Ⅲ
散装水泥车	欧曼小三轴	255000	湖北东风大运汽车有限公司	(0722)3311666	容积20~25m³,豪华内饰,康明斯发动机,210马力
散装水泥车	三桥半挂	191000	湖北大力专用汽车制造有限公司	(0722)7609688	上户吨位28t,容积35~55m³,15t富华桥,1100轮胎
散装水泥车	三桥半挂	195000	随州市晨阳专用汽车销售有限公司	(0722)3801178	上户吨位28t,容积35~55m³,15t富华桥,1100轮胎
散装水泥车	三桥半挂	198000	湖北东正专用汽车有限公司	(0722)3233567	上户吨位28t,容积55~70m³,15t富华桥,1100轮胎
散装水泥车	三桥半挂	198000	湖北程力专用汽车有限公司	(0722)7020979	上户吨位28t,容积55~70m³,15t富华桥,1100轮胎
散装水泥车	三桥半挂	198000	随州市天龙专用汽车有限公司	(0722)3330008	上户吨位28t,容积55~70m³,15t富华桥,1100轮胎
散装水泥车	三桥半挂	198000	随州市圣丰专用汽车有限公司	(0722)7095688	上户吨位28t,容积55~70m³,15t富华桥,1100轮胎
散装水泥车	斯太尔 1234	295000	湖北合力专用汽车制造有限公司	(0722)3989579	外形尺寸(mm):11050×2500×3750,上户吨位11t,容积16m³,底盘型号 ZZ1234FC70
散装水泥车	斯太尔前四后八	361000	湖北大力专用汽车制造有限公司	(0722)7609688	上户吨位15t,容积30~40m³,重汽290马力柴油机,排放标准欧Ⅲ,平头、高顶双卧
散装水泥车	斯太尔前四后八	365000	随州市晨阳专用汽车销售有限公司	(0722)3801178	上户吨位15t,容积30~40m³,重汽290马力柴油机,排放标准欧Ⅲ,平头、高顶双卧
散装水泥车	斯太尔前四后八	378000	湖北东正专用汽车有限公司	(0722)3233567	上户吨位15t,容积36~45m³,平头、高顶双卧,重汽290马力柴油机,排放标准欧Ⅲ
散装运输车	星马 AH5240GFL	345000	安徽华菱汽车股份有限公司	(0555)8323600	车身长度10.93m,6×4,290马力,排量9.728L,变速器型号法士特9JS119,9速,额定载重9t

第6章 商务用车

产品名称	型号规格	参考价格(元)	生产厂家	电话	主要参数及备注
商务车	瑞风 彩色之旅	119800	北京城市捷运汽车贸易有限公司	(010) 80772869	外形尺寸(mm):5035×1820×1970,轴距3080mm,发动机型号4GA1,排量2.351 L,额定功率100.7kW(5000 r/min),最大扭矩193 N·m(2500 r/min),5速手动,3门7(8)座
商务车	瑞风 彩色之旅	119800	北京城市捷运汽车贸易有限公司	(010) 80772869	外形尺寸(mm):5035×1820×1970,轴距3080mm,发动机型号4GA1,排量2.351 L,额定功率100.7kW(5000 r/min),最大扭矩193 N·m(2500 r/min),5速手动,3门11座
商务车	瑞风 彩色之旅	119800	北京城市捷运汽车贸易有限公司	(010) 80772869	外形尺寸(mm):5035×1820×1970,轴距3080mm,发动机型号CBR,排量2.4L,额定功率100.7kW(5000 r/min),最大扭矩220 N·m(2800~4500 r/min),5速手动,3门11座,油耗9 L/100km,排放标准国Ⅳ,新动力,简配
商务车	瑞风 彩色之旅	145000	北京城市捷运汽车贸易有限公司	(010) 80772869	外形尺寸(mm):5035×1820×1970,轴距3080mm,发动机型号CBR,排量2.4L,额定功率100.7kW(5000 r/min),最大扭矩220 N·m(2800~4500 r/min),5速手动,3门11座,油耗9 L/100km,排放标准国Ⅳ,新动力,标配
商务车	瑞风 穿梭	99900	北京城市捷运汽车贸易有限公司	(010) 80772869	外形尺寸(mm):5035×1820×(1950~1970),轴距3080mm,发动机型号4GA3,排量2.0L,额定功率94kW(5400 r/min),最大扭矩170 N·m(3500 r/min),5速手动,3门7座,油耗8 L/100km,加长型,单空调
商务车	瑞风 穿梭	105800	北京城市捷运汽车贸易有限公司	(010) 80772869	外形尺寸(mm):5035×1820×(1950~1970),轴距3080mm,发动机型号4GA3,排量2.0L,额定功率94kW(5400 r/min),最大扭矩170 N·m(3500 r/min),5速手动,3门7座,油耗8 L/100km,加长型,双空调
商务车	瑞风 穿梭	119800	北京城市捷运汽车贸易有限公司	(010) 80772869	外形尺寸(mm):4695×1820×1950,轴距2810mm,发动机型号4GA3,排量2.0 L,额定功率94kW(5400 r/min),最大扭矩170 N·m(3500 r/min),5速手动,3门7座,油耗8 L/100km,标准型
商务车	瑞风 祥和	149800	北京城市捷运汽车贸易有限公司	(010) 80772869	外形尺寸(mm):4740×1820×1950,轴距2810mm,发动机型号G4JS,排量2.351 L,最大功率100.7kW(5500 r/min),最大扭矩193 N·m(2500 r/min),5速手动,3门7座,标准型

产品名称	型号规格	参考价格（元）	生产厂家	电话	主要参数及备注
商务车	瑞风 祥和	155800	北京城市捷运汽车贸易有限公司	(010)80772869	外形尺寸(mm):4740×1820×1950,轴距2810mm,发动机型号G4JS,排量2.351L,最大功率100.7kW(5500 r/min),最大扭矩193 N·m(2500 r/min),5速手动,3门7座,豪华型
商务车	瑞风 祥和	169800	北京城市捷运汽车贸易有限公司	(010)80772869	外形尺寸(mm):4740×1820×(1880～1950),轴距2810mm,发动机型号G4JS,排量2.351L,最大功率100.7kW(5500 r/min),最大扭矩193 N·m(2500 r/min),4速自动,3门7座,四轮ABS、三屏DVD、倒车雷达、可视倒车系统、CCS巡航、自动带副冷空调
商务车	瑞风 祥和	175800	北京城市捷运汽车贸易有限公司	(010)80772869	外形尺寸(mm):4740×1820×(1880～1950),轴距2810mm,发动机型号G4JS,排量2.351L,最大功率100.7kW(5500 r/min),最大扭矩193 N·m(2500 r/min),4速自动,3门7座,四轮ABS,三屏DVD,倒车雷达,可视倒车系统,CCS巡航,GPS巡航定速,自动带副冷空调
商务车	瑞风一家亲2.0汽油	119800	北京城市捷运汽车贸易有限公司	(010)80772869	外形尺寸(mm):4695×1820×1880(1950),轴距2810mm,发动机型号HFC4GA3－B,排量1.997L,额定功率95kW(6000 r/min),最大扭矩175 N·m(4000～4500 r/min),5速手动,7座,后驱,最高车速165 km/h,排放标准国Ⅲ,标准型
商务车	瑞风一家亲2.4汽油	143000	北京城市捷运汽车贸易有限公司	(010)80772869	外形尺寸(mm):4695×1820×1880(1950),轴距2810mm,发动机型号HFC4GA1－B,排量2.35L,额定功率100kW(5500 r/min),最大扭矩193 N·m(5300 r/min),5速手动,7座,后驱,最高车速165 km/h,排放标准国Ⅲ,标准型
商务车	瑞风一家亲2.4汽油	151000	北京城市捷运汽车贸易有限公司	(010)80772869	外形尺寸(mm):4695×1820×1880(1950),轴距2810mm,发动机型号HFC4GA1－B,排量2.35L,额定功率100kW(5500 r/min),最大扭矩193 N·m(5300 r/min),5速手动,7座,后驱,最高车速165 km/h,排放标准国Ⅲ,豪华型
多功能商用车	NISSAN 2WD	146800	郑州日产汽车有限公司	(0371)66033666	外形尺寸(mm):4975×1690×1875,轴距2950mm,油箱容积60L,整备质量1590kg,乘员7人,发动机型号KA24,排量2.388L,功率110kW,最大扭矩208 N·m(3600 r/min),最高车速160 km/h,二驱,5速手动,排放标准国Ⅲ＋OBD,标准型
多功能商用车	NISSAN 2WD	151800	郑州日产汽车有限公司	(0371)66033666	外形尺寸(mm):4975×1690×1875,轴距2950mm,油箱容积60L,整备质量1590kg,乘员7人,发动机型号KA24,排量2.388L,功率110kW,最大扭矩208 N·m(3600 r/min),最高车速160 km/h,二驱,5速手动,排放标准国Ⅳ＋OBD,标准型

产品名称	型号规格	参考价格（元）	生产厂家	电话	主要参数及备注
多功能商用车	NISSAN 2WD	158800	郑州日产汽车有限公司	(0371) 66033666	外形尺寸(mm):4975×1690×1875,轴距2950mm,油箱容积60L,整备质量1590kg,乘员7人,发动机型号KA24,排量2.388L,功率110kW,最大扭矩208 N·m(3600 r/min),最高车速160 km/h,二驱,5速手动,排放标准国Ⅲ+OBD,高级型
多功能商用车	NISSAN 2WD	163800	郑州日产汽车有限公司	(0371) 66033666	外形尺寸(mm):4975×1690×1875,轴距2950mm,油箱容积60L,整备质量1590kg,乘员7人,发动机型号KA24,排量2.388L,功率110kW,最大扭矩208 N·m(3600 r/min),最高车速160 km/h,二驱,5速手动,排放标准国Ⅳ+OBD,高级型
多功能商用车	NISSAN 4WD	181800	郑州日产汽车有限公司	(0371) 66033666	外形尺寸(mm):4975×1690×1875,轴距2950mm,油箱容积60L,整备质量1820kg,乘员7人,发动机型号KA24,排量2.388L,功率110kW,最大扭矩208 N·m(3600 r/min),最高车速155 km/h,四驱,5速手动,排放标准国Ⅲ+OBD,标准型
多功能商用车	NISSAN 4WD	186800	郑州日产汽车有限公司	(0371) 66033666	外形尺寸(mm):4975×1690×1875,轴距2950mm,油箱容积60L,整备质量1820kg,乘员7人,发动机型号KA24,排量2.388L,功率110kW,最大扭矩208 N·m(3600 r/min),最高车速155 km/h,四驱,5速手动,排放标准国Ⅳ+OBD,标准型
多功能商用车	NISSAN 4WD	188800	郑州日产汽车有限公司	(0371) 66033666	外形尺寸(mm):4975×1690×1875,轴距2950mm,油箱容积60L,整备质量1820kg,乘员7人,发动机型号KA24,排量2.388L,功率110kW,最大扭矩208 N·m(3600 r/min),最高车速155 km/h,四驱,5速手动,排放标准国Ⅲ+OBD,高级型
多功能商用车	NISSAN 4WD	193800	郑州日产汽车有限公司	(0371) 66033666	外形尺寸(mm):4975×1690×1875,轴距2950mm,油箱容积60L,整备质量1820kg,乘员7人,发动机型号KA24,排量2.388L,功率110kW,最大扭矩208 N·m(3600 r/min),最高车速155 km/h,四驱,5速手动,排放标准国Ⅳ+OBD,高级型
多功能商用车	锐骐 ZN6493H2N	100800	郑州日产汽车有限公司	(0371) 66033666	外形尺寸(mm):4949×1690×1895,轴距2950mm,油箱容积60L,整备质量1635kg,乘员7人,发动机型号4RB2,排量2.438L,额定功率102kW(4600～5000 r/min),最大扭矩217 N·m(2600～3200 r/min),最高车速160 km/h,二驱,5速手动,排放标准国Ⅲ,标准型
多功能商用车	锐骐 ZN6493H2X	119800	郑州日产汽车有限公司	(0371) 66033666	外形尺寸(mm):4975×1690×1895,轴距2950mm,油箱容积60L,整备质量1725kg,乘员7人,发动机型号ZD25TCR,排量2.494L,最大功率80kW(3800 r/min),最大扭矩260 N·m(1600～2400 r/min),最高车速150 km/h,二驱,5速手动,排放标准国Ⅲ,标准型

第7章 轿　车

产品名称	型号规格	参考价格（元）	生产厂家	电话	主要参数及备注
轿车	C2 1.4L MT	71800	神龙汽车有限公司	(027)84299881	外形尺寸(mm):3878×1676×1438,轴距2443mm,整备质量1040kg,2厢5门,乘员5人,发动机型号TU3AF,排量1.36L,最大功率56kW(5300 r/min),最大扭矩120 N·m(3400 r/min),最高车速165 km/h,5速手动,前驱,排放标准国Ⅳ,舒适型
轿车	C2 1.4VTS MT	73800	神龙汽车有限公司	(027)84299881	外形尺寸(mm):3878×1676×1438,轴距2443mm,整备质量1040kg,2厢5门,乘员5人,发动机型号TU3AF,排量1.36L,最大功率56kW(5300 r/min),最大扭矩120 N·m(3400 r/min),最高车速165 km/h,5速手动,前驱,排放标准国Ⅳ,运动型
轿车	C5 2.0L AT	186900	神龙汽车有限公司	(027)84299881	外形尺寸(mm):4805×1860×1458,轴距2815mm,整备质量1541kg,3厢4门,乘员5人,发动机排量1.997 L,最大功率108kW(6000 r/min),最大扭矩200 N·m(4000 r/min),最高车速200 km/h,前驱,4速手自一体,排放标准国Ⅳ,舒适型
轿车	C5 2.0L MT	176900	神龙汽车有限公司	(027)84299881	外形尺寸(mm):4805×1860×1458,轴距2815mm,整备质量1510kg,3厢4门,乘员5人,发动机排量1.997L,最大功率108kW(6000 r/min),最大扭矩200 N·m(4000 r/min),最高车速205 km/h,前驱,5速手动,排放标准国Ⅳ,舒适型
轿车	C5 2.3L AT	199900	神龙汽车有限公司	(027)84299881	外形尺寸(mm):4805×1860×1458,轴距2815mm,整备质量1600kg,3厢4门,乘员5人,发动机排量2.253 L,最大功率126kW(5875 r/min),最大扭矩230 N·m(4150 r/min),最高车速218 km/h,前驱,6速手自一体,排放标准国Ⅳ,尊雅型
轿车	C5 2.3L AT	211900	神龙汽车有限公司	(027)84299881	外形尺寸(mm):4805×1860×1458,轴距2815mm,整备质量1600kg,3厢4门,乘员5人,发动机排量2.253 L,最大功率126kW(5875 r/min),最大扭矩230 N·m(4150 r/min),最高车速218 km/h,前驱,6速手自一体,排放标准国Ⅳ,尊雅型导航版
轿车	C5 2.3L AT	226900	神龙汽车有限公司	(027)84299881	外形尺寸(mm):4805×1860×1458,轴距2815mm,整备质量1600kg,3厢4门,乘员5人,发动机排量2.253 L,最大功率126kW(5875 r/min),最大扭矩230 N·m(4150 r/min),最高车速218 km/h,前驱,6速手自一体,排放标准国Ⅳ,尊贵型

产品名称	型号规格	参考价格（元）	生产厂家	电话	主要参数及备注
轿车	C5 3.0L AT	298900	神龙汽车有限公司	（027）84299881	外形尺寸（mm）：4805×1860×1458，轴距 2815mm，整备质量 1710kg，3 厢 4 门，乘员 5 人，发动机排量 2.953 L，最大功率 162kW（6000 r/min），最大扭矩 300 N·m（3750 r/min），最高车速 230 km/h，前驱，6 速手自一体，排放标准国Ⅳ，旗舰型
轿车	CC 1.8TSI	253800	一汽大众汽车有限公司	（0431）85990888	外形尺寸（mm）：4799×1855×1417，轴距 2712mm，整备质量 1535kg，3 厢 4 门，乘员 5 人，发动机型号 EA888，排量 1.784 L，最大功率 118kW（6000 r/min），最大扭矩 250 N·m（1500～4200 r/min），前驱，7 速双离合变速器，排放标准国Ⅳ＋OBD，尊贵型
轿车	CC 1.8TSI	263800	一汽大众汽车有限公司	（0431）85990888	外形尺寸（mm）：4799×1855×1417，轴距 2712mm，整备质量 1535kg，3 厢 4 门，乘员 5 人，发动机型号 EA888，排量 1.784 L，最大功率 118kW（6000 r/min），最大扭矩 250 N·m（1500～4200 r/min），前驱，7 速双离合变速器，排放标准国Ⅳ＋OBD，豪华型
轿车	CC 2.0TSI	268800	一汽大众汽车有限公司	（0431）85990888	外形尺寸（mm）：4799×1855×1417，轴距 2712mm，整备质量 1545kg，3 厢 4 门，乘员 5 人，发动机排量 1.984 L，最大功率 147kW（5100～6000 r/min），最大扭矩 280 N·m（1700～5000 r/min），前驱，6 速双离合变速器，排放标准国Ⅳ＋OBD，尊贵型
轿车	CC 2.0TSI	278800	一汽大众汽车有限公司	（0431）85990888	外形尺寸（mm）：4799×1855×1417，轴距 2712mm，整备质量 1545kg，3 厢 4 门，乘员 5 人，发动机排量 1.984 L，最大功率 147kW（5100～6000 r/min），最大扭矩 280 N·m（1700～5000 r/min），前驱，6 速双离合变速器，排放标准国Ⅳ＋OBD，豪华型
轿车	CC 2.0TSI	300800	一汽大众汽车有限公司	（0431）85990888	外形尺寸（mm）：4799×1855×1417，轴距 2712mm，整备质量 1545kg，3 厢 4 门，乘员 5 人，发动机排量 1.984 L，最大功率 147kW（5100～6000 r/min），最大扭矩 280 N·m（1700～5000 r/min），前驱，6 速双离合变速器，排放标准国Ⅳ＋OBD，至尊型
轿车	Cross－POLO 1.6 AT	118000	上海大众汽车有限公司	（021）95000789	外形尺寸（mm）：3916×1650×1520，轴距 2460mm，整备质量 1201kg，2 厢 5 门，乘员 5 人，发动机型号 CDE，排量 1.598 L，最大功率 77kW（5500 r/min），最大扭矩 155 N·m（3800 r/min），最高车速 175 km/h，油耗 5.7 L/100km，前驱，排放标准国Ⅳ，6 速手自一体

产品名称	型号规格	参考价格（元）	生产厂家	电话	主要参数及备注
轿车	Cross - POLO 1.6 MT	106000	上海大众汽车有限公司	(021) 95000789	外形尺寸(mm):3916×1650×1520,轴距2460mm,整备质量1158kg,2厢5门,乘员5人,发动机型号CDE,排量1.598L,最大功率77kW(5500 r/min),最大扭矩155 N·m(3800 r/min),最高车速180 km/h,油耗5.5 L/100km,前驱,排放标准国Ⅳ,5速手动
轿车	i30 1.6L	109800	北京现代汽车有限公司	(010) 59638122	外形尺寸(mm):4245×1775×1485,轴距2650mm,油箱容积48L,2厢5门,乘员5人,最高车速180 km/h,发动机排量1.6L,最大功率90.4kW(6300 r/min),最大扭矩155 N·m(4200 r/min),前置前驱,排放标准国Ⅲ+OBD、国Ⅳ+OBD,4速自动,舒享型
轿车	i30 1.6L	129800	北京现代汽车有限公司	(010) 59638122	外形尺寸(mm):4245×1775×1485,轴距2650mm,油箱容积48L,2厢5门,乘员5人,最高车速180 km/h,发动机排量1.6L,最大功率90.4kW(6300 r/min),最大扭矩155 N·m(4200 r/min),前置前驱,排放标准国Ⅲ+OBD、国Ⅳ+OBD,4速自动,豪享型
轿车	i30 1.6L	99800	北京现代汽车有限公司	(010) 59638122	外形尺寸(mm):4245×1775×1485,轴距2650mm,油箱容积48L,2厢5门,乘员5人,最高车速185 km/h,发动机排量1.6L,最大功率90.4kW(6300 r/min),最大扭矩155 N·m(4200 r/min),前置前驱,排放标准国Ⅲ+OBD、国Ⅳ+OBD,5速手动,舒享型
轿车	i30 1.6L	112800	北京现代汽车有限公司	(010) 59638122	外形尺寸(mm):4245×1775×1485,轴距2650mm,油箱容积48L,2厢5门,乘员5人,最高车速185 km/h,发动机排量1.6L,最大功率90.4kW(6300 r/min),最大扭矩155 N·m(4200 r/min),前置前驱,排放标准国Ⅲ+OBD、国Ⅳ+OBD,5速手动,劲享型
轿车	i30 1.6L	120800	北京现代汽车有限公司	(010) 59638122	外形尺寸(mm):4245×1775×1485,轴距2650mm,油箱容积48L,2厢5门,乘员5人,最高车速185 km/h,发动机排量1.6L,最大功率90.4kW(6300 r/min),最大扭矩155 N·m(4200 r/min),前置前驱,排放标准国Ⅲ+OBD、国Ⅳ+OBD,5速手动,豪享型
轿车	i30 2.0L	141800	北京现代汽车有限公司	(010) 59638122	外形尺寸(mm):4245×1775×1485,轴距2650mm,油箱容积48L,2厢5门,乘员5人,最高车速190 km/h,发动机排量2.0L,最大功率105kW(6000 r/min),最大扭矩186 N·m(4200 r/min),前置前驱,排放标准国Ⅳ+OBD,4速自动,尊享型

产品名称	型号规格	参考价格（元）	生产厂家	电话	主要参数及备注
轿车	i30 2.0L	131800	北京现代汽车有限公司	(010) 59638122	外形尺寸(mm)：4245×1775×1485，轴距 2650mm，油箱容积 48L，2 厢 5 门，乘员 5 人，最高车速 200 km/h，发动机排量 2.0L，最大功率 105kW（6000 r/min），最大扭矩 186 N·m（4200 r/min），前置前驱，排放标准国Ⅳ+OBD，5 速手动，尊享型
轿车	MG TF 1.8CVT	264600	上海汽车集团股份有限公司	(021) 22011888	外形尺寸(mm)：3943×1628×1249，轴距 2375mm，整备质量 1128kg，3 厢 2 门，软顶敞篷，乘员 5 人，发动机型号 18N4S2，排量 1.796L，最大功率 88kW（5500 r/min），最大扭矩 165 N·m（3000 r/min），最高车速 200 km/h，后驱，无级变速，排放标准国Ⅲ，标准版
轿车	MG TF 1.8MT	249600	上海汽车集团股份有限公司	(021) 22011888	外形尺寸(mm)：3943×1628×1249，轴距 2375mm，整备质量 1128kg，3 厢 2 门，软顶敞篷，乘员 5 人，发动机型号 18N4S2，排量 1.796 L，最大功率 100kW（6750 r/min），最大扭矩 165 N·m（5500 r/min），最高车速 215 km/h，后驱，5 速手动，排放标准国Ⅲ、国Ⅳ，标准版
轿车	MG3 1.3L AT	76700	上海汽车集团股份有限公司	(021) 22011888	外形尺寸(mm)：3999×1728×1520，轴距 2520mm，发动机排量 1.343L，最大功率 68kW（6000 r/min），最大扭矩 118 N·m（5000 r/min），最高车速 173 km/h，5 速自动，排放标准国Ⅳ，豪华版
轿车	MG3 1.3L MT	69700	上海汽车集团股份有限公司	(021) 22011888	外形尺寸(mm)：3999×1728×1520，轴距 2520mm，发动机排量 1.343L，最大功率 68kW（6000 r/min），最大扭矩 118 N·m（5000 r/min），最高车速 175 km/h，5 速手动，排放标准国Ⅳ，舒适版
轿车	MG3 1.5L AT	89700	上海汽车集团股份有限公司	(021) 22011888	外形尺寸(mm)：3999×1728×1520，轴距 2520mm，发动机排量 1.498L，最大功率 80kW（6000 r/min），最大扭矩 135 N·m（4500 r/min），最高车速 180 km/h，5 速自动，排放标准国Ⅳ，豪华版
轿车	MG3 1.5L MT	83700	上海汽车集团股份有限公司	(021) 22011888	外形尺寸(mm)：3999×1728×1520，轴距 2520mm，发动机排量 1.498L，最大功率 80kW（6000 r/min），最大扭矩 135 N·m（4500 r/min），最高车速 182 km/h，5 速手动，排放标准国Ⅳ，舒适版
轿车	MG3 1.5L Xeoss	103700	上海汽车集团股份有限公司	(021) 22011888	外形尺寸(mm)：4079×1739×1528，轴距 2520mm，发动机排量 1.498L，最大功率 80kW（6000 r/min），最大扭矩 135 N·m（4500 r/min），最高车速 180 km/h，5 速自动，排放标准国Ⅳ，豪华版

产品名称	型号规格	参考价格（元）	生产厂家	电话	主要参数及备注
轿车	MG3 1.5L Xeoss	91700	上海汽车集团股份有限公司	(021)22011888	外形尺寸(mm):4079×1739×1528,轴距2520mm,发动机排量1.498L,最大功率80kW(6000 r/min),最大扭矩135 N·m(4500 r/min),最高车速182 km/h,5速手动,排放标准国Ⅳ,舒适版
轿车	MG3 SW 1.4 L CVT	89800	上海汽车集团股份有限公司	(021)22011888	外形尺寸(mm):3980×1736×1495,轴距2500mm,2厢4门5座,发动机型号14N4S1,排量1.396L,最大功率76kW(6000 r/min),最大扭矩123 N·m(4500 r/min),油耗5.6L/100km,最高车速170 km/h,无级变速,排放标准国Ⅲ,舒适版
轿车	MG3 SW 1.4 L CVT	109800	上海汽车集团股份有限公司	(021)22011888	外形尺寸(mm):3980×1736×1495,轴距2500mm,2厢4门5座,发动机型号14N4S1,排量1.396L,最大功率76kW(6000 r/min),最大扭矩123 N·m(4500 r/min),油耗5.6L/100km,最高车速170 km/h,无级变速,排放标准国Ⅲ,豪华版
轿车	MG3 SW 1.4L MT	79800	上海汽车集团股份有限公司	(021)22011888	外形尺寸(mm):3980×1736×1495,轴距2500mm,整备质量1090kg,2厢4门5座,发动机型号14N4S1,排量1.396L,最大功率76kW(6000 r/min),最大扭矩123 N·m(4500 r/min),最高车速180 km/h,5速手动,排放标准国Ⅲ、国Ⅳ,舒适版
轿车	MG3 SW 1.4L MT	89800	上海汽车集团股份有限公司	(021)22011888	外形尺寸(mm):3980×1736×1495,轴距2500mm,整备质量1090kg,2厢4门5座,发动机型号14N4S1,排量1.396L,最大功率76kW(6000 r/min),最大扭矩123 N·m(4500 r/min),最高车速180 km/h,5速手动,排放标准国Ⅲ、国Ⅳ,豪华版
轿车	MG3 SW 1.8 L CVT	95800	上海汽车集团股份有限公司	(021)22011888	外形尺寸(mm):3980×1736×1495,轴距2500mm,整备质量1120kg,2厢4门5座,发动机型号18N4S5,排量1.796L,最大功率88kW(5500 r/min),最大扭矩160 N·m(4500 r/min),最高车速185 km/h,无级变速,排放标准国Ⅲ,舒适版
轿车	MG3 SW 1.8 L CVT	109800	上海汽车集团股份有限公司	(021)22011888	外形尺寸(mm):3980×1736×1495,轴距2500mm,整备质量1120kg,2厢4门5座,发动机型号18N4S5,排量1.796L,最大功率88kW(5500 r/min),最大扭矩160 N·m(4500 r/min),最高车速185 km/h,无级变速,排放标准国Ⅲ,豪华版
轿车	MG6 1.8DVVT AT	149800	上海汽车集团股份有限公司	(021)22011888	外形尺寸(mm):4653×1827×1478,轴距2705mm,整备质量1535kg,2厢5门5座,发动机型号18K4C,排量1.795L,最大功率98kW(6000 r/min),最大扭矩170 N·m(4800 r/min),最高车速185 km/h,前置前驱,5速手自一体,排放标准国Ⅲ、国Ⅳ,精英版

产品名称	型号规格	参考价格（元）	生产厂家	电话	主要参数及备注
轿车	MG6 1.8DVVT MT	128800	上海汽车集团股份有限公司	(021) 22011888	外形尺寸(mm):4653×1827×1478,轴距2705mm,整备质量1510kg,2厢5门5座,发动机型号18K4C,排量1.796L,最大功率98kW(6000 r/min),最大扭矩170 N·m(4800 r/min),最高车速188 km/h,前置前驱,5速手动,排放标准国Ⅲ、国Ⅳ,舒适版
轿车	MG6 1.8T AT	166800	上海汽车集团股份有限公司	(021) 22011888	外形尺寸(mm):4653×1827×1478,轴距2705mm,整备质量1540kg,2厢5门5座,发动机型号18K4G,排量1.796L,最大功率118kW(5500 r/min),最大扭矩215 N·m(2500~4500 r/min),最高车速205 km/h,5速手自一体,排放标准国Ⅲ、国Ⅳ,精英版
轿车	MG6 1.8T AT	192800	上海汽车集团股份有限公司	(021) 22011888	外形尺寸(mm):4653×1827×1478,轴距2705mm,整备质量1540kg,2厢5门5座,发动机型号18K4G,排量1.796L,最大功率118kW(5500 r/min),最大扭矩215 N·m(2500~4500 r/min),最高车速205 km/h,5速手自一体,排放标准国Ⅲ、国Ⅳ,豪华版
轿车	MG6 1.8T MT	146800	上海汽车集团股份有限公司	(021) 22011888	外形尺寸(mm):4653×1827×1478,轴距2705mm,整备质量1520kg,2厢5门5座,发动机型号18K4G,排量1.796L,最大功率118kW(5500 r/min),最大扭矩215 N·m(2500~4500 r/min),最高车速205 km/h,5速手动,排放标准国Ⅲ、国Ⅳ,舒适版
轿车	MG7 1.8T AT	174800	上海汽车集团股份有限公司	(021) 22011888	外形尺寸(mm):4749×1761×1421,轴距2749mm,整备质量1500kg,3厢4门,乘员5人,发动机型号18N4T,排量1.796L,最大功率118kW(5500 r/min),最大扭矩215 N·m(2100~4000 r/min),最高车速205 km/h,5速手自一体,前驱,排放标准国Ⅳ,舒适版
轿车	MG7 1.8T AT	186800	上海汽车集团股份有限公司	(021) 22011888	外形尺寸(mm):4749×1761×1421,轴距2749mm,整备质量1500kg,3厢4门,乘员5人,发动机型号18N4T,排量1.796L,最大功率118kW(5500 r/min),最大扭矩215 N·m(2100~4000 r/min),最高车速205 km/h,5速手自一体,前驱,排放标准国Ⅳ,豪华版
轿车	MG7 1.8T AT	202800	上海汽车集团股份有限公司	(021) 22011888	外形尺寸(mm):4749×1761×1421,轴距2749mm,整备质量1500kg,3厢4门,乘员5人,发动机型号18N4T,排量1.796L,最大功率118kW(5500 r/min),最大扭矩215 N·m(2100~4000 r/min),最高车速205 km/h,5速手自一体,前驱,排放标准国Ⅳ,超豪华版

产品名称	型号规格	参考价格（元）	生产厂家	电话	主要参数及备注
轿车	MG7 1.8T MT	162600	上海汽车集团股份有限公司	（021）22011888	外形尺寸（mm）：4749×1761×1421，轴距 2749mm，整备质量 1454kg，3 厢 4 门，乘员 5 人，发动机型号 18N4T，排量1.796L，最大功率 118kW（5500 r/min），最大扭矩 215 N·m（2100～4000 r/min），最高车速 215 km/h，5 速手动，前驱，排放标准国Ⅳ，精英版
轿车	MG7 1.8T MT	171600	上海汽车集团股份有限公司	（021）22011888	外形尺寸（mm）：4749×1761×1421，轴距 2749mm，整备质量 1454kg，3 厢 4 门，乘员 5 人，发动机型号 18N4T，排量1.796L，最大功率 118kW（5500 r/min），最大扭矩 215 N·m（2100～4000 r/min），最高车速 215 km/h，5 速手动，前驱，排放标准国Ⅳ，舒适版
轿车	MG7L 1.8T AT	214800	上海汽车集团股份有限公司	（021）22011888	外形尺寸（mm）：4949×1761×1421，轴距 2949mm，整备质量 1645kg，3 厢 4 门，乘员 5 人，发动机型号 18N4T，排量1.796L，最大功率 118kW（5500 r/min），最大扭矩 215 N·m（2100～4000 r/min），最高车速 188 km/h，5 速手自一体，前驱，排放标准国Ⅳ，舒适版
轿车	MG7L 1.8T AT	244800	上海汽车集团股份有限公司	（021）22011888	外形尺寸（mm）：4949×1761×1421，轴距 2949mm，整备质量 1645kg，3 厢 4 门，乘员 5 人，发动机型号 18N4T，排量1.796L，最大功率 118kW（5500 r/min），最大扭矩 215 N·m（2100～4000 r/min），最高车速 188 km/h，5 速手自一体，前驱，排放标准国Ⅳ，豪华版
轿车	MG7L 2.5L AT	265800	上海汽车集团股份有限公司	（021）22011888	外形尺寸（mm）：4949×1761×1421，轴距 2949mm，整备质量 1645kg，3 厢 4 门，乘员 5 人，发动机型号 25V6S，排量2.497L，最大功率 135kW（6500 r/min），最大扭矩 240 N·m（4000 r/min），最高车速 215 km/h，前驱，5 速自动，排放标准国Ⅳ，豪华版
轿车	MG7L 2.5L AT	288800	上海汽车集团股份有限公司	（021）22011888	外形尺寸（mm）：4949×1761×1421，轴距 2949mm，整备质量 1645kg，3 厢 4 门，乘员 5 人，发动机型号 25V6S，排量2.497L，最大功率 135kW（6500 r/min），最大扭矩 240 N·m（4000 r/min），最高车速 215 km/h，前驱，5 速自动，排放标准国Ⅳ，旗舰版
轿车	爱迪尔Ⅱ 1.4L	47900	江西昌河汽车有限责任公司	（0798）8442019－204	外形尺寸（mm）：3600×1600×1670，轴距 2335mm，整备质量 930kg，2 厢 5 门，乘员 5 人，发动机型号 K14B，排量1.372L，最大功率 67kW，最大扭矩 112 N·m（4000 r/min），最高车速 156 km/h，燃汽油，5 速手动，前驱，排放标准国Ⅲ，标准型

产品名称	型号规格	参考价格（元）	生产厂家	电话	主要参数及备注
轿车	爱迪尔Ⅱ 1.4L	48400	江西昌河汽车有限责任公司	（0798）8442019-204	外形尺寸(mm):3600×1600×1670,轴距2335mm,整备质量930kg,2厢5门,乘员5人,发动机型号K14B,排量1.372L,最大功率67kW,最大扭矩112 N·m(4000 r/min),最高车速156 km/h,燃汽油,5速手动,前驱,排放标准国Ⅳ,标准型
轿车	奥迪 A4L 1.8TFSI	291000	一汽大众汽车有限公司	（0431）85990888	外形尺寸(mm):4763×1826×1426,轴距2869mm,油箱容积65L,整备质量1610kg,发动机排量1.798 L,最大功率118kW(4500～6200 r/min),最大扭矩250 N·m(1500～4500 r/min),最高车速216 km/h,前驱,无级/手动一体式变速,舒适型
轿车	奥迪 A4L 2.0TFSI	309800	一汽大众汽车有限公司	（0431）85990888	外形尺寸(mm):4763×1826×1426,轴距2869mm,油箱容积65L,整备质量1615kg,发动机排量1.984 L,最大功率132kW(4000～6000 r/min),最大扭矩320 N·m(1500～3900 r/min),最高车速225 km/h,前驱,无级/手动一体式变速,标准型
轿车	奥迪 A4L 2.0TFSI	329900	一汽大众汽车有限公司	（0431）85990888	外形尺寸(mm):4763×1826×1426,轴距2869mm,油箱容积65L,整备质量1615kg,发动机排量1.984 L,最大功率132kW(4000～6000 r/min),最大扭矩320 N·m(1500～3900 r/min),最高车速225 km/h,前驱,无级/手动一体式变速,舒适型
轿车	奥迪 A4L 2.0TFSI	369800	一汽大众汽车有限公司	（0431）85990888	外形尺寸(mm):4763×1826×1426,轴距2869mm,油箱容积65L,整备质量1615kg,发动机排量1.984 L,最大功率132kW(4000～6000 r/min),最大扭矩320 N·m(1500～3900 r/min),最高车速225 km/h,前驱,无级/手动一体式变速,技术型
轿车	奥迪 A4L 2.0TFSI	399000	一汽大众汽车有限公司	（0431）85990888	外形尺寸(mm):4763×1826×1426,轴距2869mm,油箱容积65L,整备质量1615kg,发动机排量1.984 L,最大功率132kW(4000～6000 r/min),最大扭矩320 N·m(1500～3900 r/min),最高车速225 km/h,前驱,无级/手动一体式变速,豪华型
轿车	奥迪 A4L 2.0TFSI	423800	一汽大众汽车有限公司	（0431）85990888	外形尺寸(mm):4763×1826×1426,轴距2869mm,油箱容积65L,整备质量1630kg,发动机排量1.984 L,最大功率155kW(4300～6000 r/min),最大扭矩350 N·m(1500～4200 r/min),最高车速235 km/h,前驱,无级/手动一体式变速,运动型
轿车	奥迪 A4L 3.2TFSI	578000	一汽大众汽车有限公司	（0431）85990888	外形尺寸(mm):4763×1826×1426,轴距2869mm,油箱容积64L,整备质量1750kg,发动机排量3.123 L,最大功率195kW(6500 r/min),最大扭矩330 N·m(3000～5000 r/min),最高车速250 km/h,四驱,手动/自动一体式变速,旗舰型

产品名称	型号规格	参考价格（元）	生产厂家	电话	主要参数及备注
轿车	奥迪 A6L 2.0 TFSI	355000	一汽大众汽车有限公司	(0431)85990888	外形尺寸(mm):5035×1855×1485,轴距2945mm,行李箱容积501L,油箱容积80L,整备质量1715kg,最高车速224km/h,发动机排量1.984L,最大功率125kW(4300～4600r/min),最大扭矩280N·m(1800～4200r/min),前驱,6速手动,基本型
轿车	奥迪 A6L 2.0 TFSI	377500	一汽大众汽车有限公司	(0431)85990888	外形尺寸(mm):5035×1855×1485,轴距2945mm,行李箱容积501L,油箱容积80L,整备质量1715kg,最高车速224km/h,发动机排量1.984L,最大功率125kW(4300～4600r/min),最大扭矩280N·m(1800～4200r/min),前驱,6速手动,标准型
轿车	奥迪 A6L 2.0 TFSI	399900	一汽大众汽车有限公司	(0431)85990888	外形尺寸(mm):5035×1855×1485,轴距2945mm,行李箱容积501L,油箱容积80L,整备质量1750kg,最高车速220km/h,发动机排量1.984L,最大功率125kW(4300～4600r/min),最大扭矩280N·m(1800～4200r/min),前驱,无级/手动一体式变速,标准型
轿车	奥迪 A6L 2.4	431500	一汽大众汽车有限公司	(0431)85990888	外形尺寸(mm):5035×1855×1485,轴距2945mm,行李箱容积501L,油箱容积80L,整备质量1755kg,最高车速222km/h,发动机排量2.393L,最大功率130kW(6000r/min),最大扭矩230N·m(3000～5000r/min),前驱,无级/手动一体式变速,技术型
轿车	奥迪 A6L 2.4	475800	一汽大众汽车有限公司	(0431)85990888	外形尺寸(mm):5035×1855×1485,轴距2945mm,行李箱容积501L,油箱容积80L,整备质量1755kg,最高车速222km/h,发动机排量2.393L,最大功率130kW(6000r/min) 最大扭矩230N·m(3000～5000r/min),前驱,无级/手动一体式变速,舒适型
轿车	奥迪 A6L 2.4	533300	一汽大众汽车有限公司	(0431)85990888	外形尺寸(mm):5035×1855×1485,轴距2945mm,行李箱容积501L,油箱容积80L,整备质量1755kg,最高车速222km/h,发动机排量2.393L,最大功率130kW(6000r/min),最大扭矩230N·m(3000～5000r/min),前驱,无级/手动一体式变速,尊贵型
轿车	奥迪 A6L 2.7 TDI	488800	一汽大众汽车有限公司	(0431)85990888	外形尺寸(mm):5035×1855×1485,轴距2945mm,行李箱容积501L,油箱容积80L,整备质量1870kg,最高车速222km/h,发动机排量2.698L,最大功率140kW(3500～4400r/min),最大扭矩380N·m(1400～3500r/min),前驱,无级/手动一体式变速,舒适型

产品名称	型号规格	参考价格（元）	生产厂家	电话	主要参数及备注
轿车	奥迪 A6L 2.8 FSI	537700	一汽大众汽车有限公司	(0431)85990888	外形尺寸(mm):5035×1855×1485,轴距2945mm,行李箱容积501L,油箱容积80L,整备质量1765kg,最高车速236 km/h,发动机排量2.773 L,最大功率162kW(5750~6800 r/min),最大扭矩280 N·m(3000~5000 r/min),前驱,无级/手动一体式变速,舒适型
轿车	奥迪 A6L 2.8 FSI	618200	一汽大众汽车有限公司	(0431)85990888	外形尺寸(mm):5035×1855×1485,轴距2945mm,行李箱容积501L,油箱容积80L,整备质量1765kg,最高车速236 km/h,发动机排量2.773 L,最大功率162kW(5750~6800 r/min),最大扭矩280 N·m(3000~5000 r/min),前驱,无级/手动一体式变速,豪华型
轿车	奥迪 A6L 2.8 FSI quattro	650200	一汽大众汽车有限公司	(0431)85990888	外形尺寸(mm):5035×1855×1485,轴距2945mm,行李箱容积501L,油箱容积80L,整备质量1860kg,最高车速236 km/h,发动机排量2.773 L,最大功率162kW(5750~6800 r/min),最大扭矩280 N·m(3000~5000 r/min),四驱,手动/自动一体式变速,豪华型
轿车	奥迪 A6L 3.0 FSI quattro	696000	一汽大众汽车有限公司	(0431)85990888	外形尺寸(mm):5035×1855×1485,轴距2945mm,行李箱容积501L,油箱容积80L,整备质量1900kg,最高车速251 km/h,发动机排量2.995 L,最大功率213kW(4850~6800 r/min),最大扭矩420 N·m(2500~4850 r/min),四驱,手动/自动一体式变速,豪华型
轿车	宝来 1.4L AT	142800	一汽大众汽车有限公司	(0431)85990888	外形尺寸(mm):4540×1775×1467,轴距2610mm,整备质量1315kg,3厢4门,乘员5人,发动机排量1.39L,最大功率96kW(5000 r/min),最大扭矩220 N·m(1750~3500 r/min),最高车速200 km/h,前驱,7速手自一体双离合,排放标准国Ⅳ,舒适型
轿车	宝来 1.4L AT	147800	一汽大众汽车有限公司	(0431)85990888	外形尺寸(mm):4540×1775×1467,轴距2610mm,整备质量1315kg,3厢4门,乘员5人,发动机排量1.39L,最大功率96kW(5000 r/min),最大扭矩220 N·m(1750~3500 r/min),最高车速200 km/h,前驱,7速手自一体双离合,排放标准国Ⅳ,豪华型
轿车	宝来 1.4L MT	128800	一汽大众汽车有限公司	(0431)85990888	外形尺寸(mm):4540×1775×1467,轴距2610mm,整备质量1315kg,3厢4门,乘员5人,发动机排量1.39L,最大功率96kW(5000 r/min),最大扭矩220 N·m(1750~3500 r/min),最高车速200 km/h,前驱,5速手动,排放标准国Ⅳ,舒适型

产品名称	型号规格	参考价格（元）	生产厂家	电话	主要参数及备注
轿车	宝来 1.4L MT	133800	一汽大众汽车有限公司	(0431) 85990888	外形尺寸(mm):4540×1775×1467,轴距2610mm,整备质量1315kg,3厢4门,乘员5人,发动机排量1.39L,最大功率96kW(5000 r/min),最大扭矩220 N·m(1750～3500 r/min),最高车速200 km/h,前驱,5速手动,排放标准国Ⅳ,豪华型
轿车	宝来 1.6L AT	119800	一汽大众汽车有限公司	(0431) 85990888	外形尺寸(mm):4540×1775×1467,轴距2610mm,整备质量1305kg,3厢4门,乘员5人,发动机排量1.598 L,最大功率74kW(5600 r/min),最大扭矩145 N·m(3800 r/min),最高车速174 km/h,前驱,6速手自一体,排放标准国Ⅳ,时尚型
轿车	宝来 1.6L AT	130800	一汽大众汽车有限公司	(0431) 85990888	外形尺寸(mm):4540×1775×1467,轴距2610mm,整备质量1305kg,3厢4门,乘员5人,发动机排量1.598 L,最大功率74kW(5600 r/min),最大扭矩145 N·m(3800 r/min),最高车速174 km/h,前驱,6速手自一体,排放标准国Ⅳ,舒适型
轿车	宝来 1.6L MT	107800	一汽大众汽车有限公司	(0431) 85990888	外形尺寸(mm):4540×1775×1467,轴距2610mm,整备质量1265kg,3厢4门,乘员5人,发动机排量1.598L,最大功率74kW(5600 r/min),最大扭矩145 N·m(3800 r/min),最高车速180 km/h,前驱,5速手动,排放标准国Ⅳ,时尚型
轿车	宝来 1.6L MT	118800	一汽大众汽车有限公司	(0431) 85990888	外形尺寸(mm):4540×1775×1467,轴距2610mm,整备质量1265kg,3厢4门,乘员5人,发动机排量1.598 L,最大功率74kW(5600 r/min),最大扭矩145 N·m(3800 r/min),最高车速180 km/h,前驱,5速手动,排放标准国Ⅳ,舒适型
轿车	宝马 318i	293000	华晨宝马汽车有限公司	(010) 84557000	外形尺寸(mm):4531×1817×1421,轴距2760mm,整备质量1465kg,油箱容积83L,3厢4门,乘员5人,最高车速208 km/h,发动机排量1.995L,最大功率100kW,最大扭矩180 N·m(3250 r/min),后驱,6速手自一体,排放标准欧Ⅳ,领先型,2011款
轿车	宝马 318i	283000	华晨宝马汽车有限公司	(010) 84557000	外形尺寸(mm):4531×1817×1421,轴距2760mm,整备质量1465kg,油箱容积83L,3厢4门,乘员5人,最高车速208 km/h,发动机排量1.995L,最大功率100kW,最大扭矩180 N·m(3250 r/min),后驱,6速手自一体,排放标准欧Ⅳ,进取型,2011款
轿车	宝马 320i	345000	华晨宝马汽车有限公司	(010) 84557000	外形尺寸(mm):4531×1817×1421,轴距2760mm,整备质量1465kg,油箱容积63L,3厢4门,乘员5人,最高车速218 km/h,发动机型号N46B20,排量1.995 L,最大功率115kW,最大扭矩200 N·m(3600 r/min),油耗8.0 L/100km,后驱,6速手自一体,排放标准欧Ⅳ,时尚型,2011款

产品名称	型号规格	参考价格（元）	生产厂家	电话	主要参数及备注
轿车	宝马 320i	383000	华晨宝马汽车有限公司	（010）84557000	外形尺寸（mm）：4531×1817×1421，轴距 2760mm，整备质量 1465kg，油箱容积 63L，3 厢 4 门，乘员 5 人，最高车速 218 km/h，发动机型号 N46B20，排量1.995 L，最大功率 115kW，最大扭矩 200 N·m（3600 r/min），油耗8.0 L/100km，后驱，6 速手自一体，排放标准欧Ⅳ，豪华型，2011 款
轿车	宝马 325i	409000	华晨宝马汽车有限公司	（010）84557000	外形尺寸（mm）：4531×1817×1421，轴距 2760mm，整备质量 1535kg，油箱容积 63L，3 厢 4 门，乘员 5 人，最高车速 242 km/h，发动机型号 N52B25，排量2.497 L，最大功率 160kW，最大扭矩 250 N·m（2750 r/min），油耗8.8 L/100km，后驱，6 速手自一体，排放标准欧Ⅳ，时尚型，2011 款
轿车	宝马 325i	445000	华晨宝马汽车有限公司	（010）84557000	外形尺寸（mm）：4531×1817×1421，轴距 2760mm，整备质量 1535kg，油箱容积 63L，3 厢 4 门，乘员 5 人，最高车速 242 km/h，发动机型号 N52B25，排量2.497 L，最大功率 160kW，最大扭矩 250 N·m（2750 r/min），油耗8.8 L/100km，后驱，6 速手自一体，排放标准欧Ⅳ，豪华型，2011 款
轿车	宝马 325i	498000	华晨宝马汽车有限公司	（010）84557000	外形尺寸（mm）：4531×1817×1421，轴距 2760mm，整备质量 1535kg，油箱容积 63L，3 厢 4 门，乘员 5 人，最高车速 242 km/h，发动机型号 N52B25，排量2.497 L，最大功率 160kW，最大扭矩 250 N·m（2750 r/min），油耗8.8 L/100km，后驱，6 速手自一体，排放标准欧Ⅳ，运动型，2011 款
轿车	宝马 520Li	418600	华晨宝马汽车有限公司	（010）84557000	外形尺寸（mm）：5039×1860×1471，轴距 3108mm，油箱容积 70L，3 厢 4 门，乘员 5 人，发动机排量 2.0 L，最大功率 115kW（6400 r/min），最大扭矩 200 N·m（4250 r/min），最高车速 217 km/h，8 速手自一体，排放标准欧Ⅳ，典雅型，2011 款
轿车	宝马 523Li	449600	华晨宝马汽车有限公司	（010）84557000	外形尺寸（mm）：5039×1860×1471，轴距 3108mm，整备质量 1825kg，油箱容积 70L，3 厢 4 门，乘员 5 人，发动机型号 N52B25O2，排量2.497L，最大功率 150kW（6300 r/min），最大扭矩 250 N·m（2750 r/min），最高车速 234 km/h，后驱，8 速手自一体，排放标准欧Ⅳ，领先型，2011 款
轿车	宝马 523Li	489600	华晨宝马汽车有限公司	（010）84557000	外形尺寸（mm）：5039×1860×1471，轴距 3108mm，整备质量 1825kg，油箱容积 70L，3 厢 4 门，乘员 5 人，发动机型号 N52B25O2，排量2.497L，最大功率 150kW（6300 r/min），最大扭矩 250 N·m（2750 r/min），最高车速 234 km/h，后驱，8 速手自一体，排放标准欧Ⅳ，豪华型，2011 款

产品名称	型号规格	参考价格（元）	生产厂家	电话	主要参数及备注
轿车	宝马 528Li	550600	华晨宝马汽车有限公司	(010)84557000	外形尺寸(mm):5039×1860×1471,轴距3108mm,整备质量1855kg,油箱容积70L,3厢4门,乘员5人,发动机型号N52B30O2,排量2.996L,最大功率190kW(6600r/min),最大扭矩310N·m(2600r/min),最高车速250km/h,后驱,8速手自一体,排放标准欧Ⅳ,领先型,2011款
轿车	宝马 528Li	625600	华晨宝马汽车有限公司	(010)84557000	外形尺寸(mm):5039×1860×1471,轴距3108mm,整备质量1855kg,油箱容积70L,3厢4门,乘员5人,发动机型号N52B30O2,排量2.996L,最大功率190kW(6600r/min),最大扭矩310N·m(2600r/min),最高车速250km/h,后驱,8速手自一体,排放标准欧Ⅳ,豪华型,2011款
轿车	宝马 535Li	627600	华晨宝马汽车有限公司	(010)84557000	外形尺寸(mm):5039×1860×1471,轴距3108mm,整备质量1935kg,油箱容积70L,3厢4门,乘员5人,发动机型号N55B30MO,排量2.979L,最大功率225kW(5800r/min),最大扭矩400N·m(1200~5000r/min),最高车速250km/h,后驱,8速手自一体,排放标准欧Ⅳ,领先型,2011款
轿车	宝马 535Li	696600	华晨宝马汽车有限公司	(010)84557000	外形尺寸(mm):5039×1860×1471,轴距3108mm,整备质量1935kg,油箱容积70L,3厢4门,乘员5人,发动机型号N55B30MO,排量2.979L,最大功率225kW(5800r/min),最大扭矩400N·m(1200~5000r/min),最高车速250km/h,后驱,8速手自一体,排放标准欧Ⅳ,豪华型,2011款
轿车	宝马 535Li	791600	华晨宝马汽车有限公司	(010)84557000	外形尺寸(mm):5039×1860×1471,轴距3108mm,整备质量1935kg,油箱容积70L,3厢4门,乘员5人,发动机型号N55B30MO,排量2.979L,最大功率225kW(5800r/min),最大扭矩400N·m(1200~5000r/min),最高车速250km/h,后驱,8速手自一体,排放标准欧Ⅳ,领行政型,2011款
轿车	北斗星 CH7140A	43900	江西昌河铃木汽车有限责任公司	(0798)8462010	外形尺寸(mm):3400×1575×1670,轴距2335mm,油箱容积42L,整备质量900kg,2厢5门,乘员5人,发动机型号K14B,排量1.372L,最大功率70kW(6000r/min),最大扭矩112N·m(4000r/min),最高车速156km/h,5速手动,前驱,排放标准国Ⅲ,经济型EC
轿车	北斗星 CH7140A	45900	江西昌河铃木汽车有限责任公司	(0798)8462010	外形尺寸(mm):3400×1575×1670,轴距2335mm,油箱容积42L,整备质量900kg,2厢5门,乘员5人,发动机型号K14B,排量1.372L,最大功率70kW(6000r/min),最大扭矩112N·m(4000r/min),最高车速156km/h,5速手动,前驱,排放标准国Ⅲ,实用型ES

产品名称	型号规格	参考价格(元)	生产厂家	电话	主要参数及备注
轿车	北斗星 CH7140A	48100	江西昌河铃木汽车有限责任公司	(0798)8462010	外形尺寸(mm):3400×1575×1670,轴距2335mm,油箱容积42L,整备质量900kg,2厢5门,乘员5人,发动机型号K14B,排量1.372L,最大功率70kW(6000r/min),最大扭矩112N·m(4000r/min),最高车速156km/h,5速手动,前驱,排放标准国Ⅲ,标准型STD
轿车	北斗星 CH7140A	58900	江西昌河铃木汽车有限责任公司	(0798)8462010	外形尺寸(mm):3400×1575×1670,轴距2335mm,油箱容积42L,整备质量900kg,2厢5门,乘员5人,发动机型号K14B,排量1.372L,最大功率70kW(6000r/min),最大扭矩112N·m(4000r/min),最高车速156km/h,5速手动,前驱,排放标准国Ⅲ,豪华型DLX
轿车	北斗星 CH7140A1	44900	江西昌河铃木汽车有限责任公司	(0798)8462010	外形尺寸(mm):3400×1575×1670,轴距2335mm,油箱容积42L,整备质量900kg,2厢5门,乘员5人,发动机型号K14B,排量1.372L,最大功率70kW(6000r/min),最大扭矩112N·m(4000r/min),最高车速156km/h,5速手动,前驱,排放标准国Ⅳ,经济型EC
轿车	北斗星 CH7140A1	46900	江西昌河铃木汽车有限责任公司	(0798)8462010	外形尺寸(mm):3400×1575×1670,轴距2335mm,油箱容积42L,整备质量900kg,2厢5门,乘员5人,发动机型号K14B,排量1.372L,最大功率70kW(6000r/min),最大扭矩112N·m(4000r/min),最高车速156km/h,5速手动,前驱,排放标准国Ⅳ,实用型ES
轿车	北斗星 CH7140A1	49100	江西昌河铃木汽车有限责任公司	(0798)8462010	外形尺寸(mm):3400×1575×1670,轴距2335mm,油箱容积42L,整备质量900kg,2厢5门,乘员5人,发动机型号K14B,排量1.372L,最大功率70kW(6000r/min),最大扭矩112N·m(4000r/min),最高车速156km/h,5速手动,前驱,排放标准国Ⅳ,标准型STD
轿车	北斗星 CH7140A1	59900	江西昌河铃木汽车有限责任公司	(0798)8462010	外形尺寸(mm):3400×1575×1670,轴距2335mm,油箱容积42L,整备质量900kg,2厢5门,乘员5人,发动机型号K14B,排量1.372L,最大功率70kW(6000r/min),最大扭矩112N·m(4000r/min),最高车速156km/h,5速手动,前驱,排放标准国Ⅳ,豪华型DLX
轿车	北斗星 CH7140D	56530	江西昌河铃木汽车有限责任公司	(0798)8462010	外形尺寸(mm):3400×1575×1670,轴距2335mm,油箱容积42L,整备质量900kg,2厢5门,乘员5人,发动机型号K14B,排量1.372L,最大功率70kW(6000r/min),最大扭矩112N·m(4000r/min),最高车速156km/h,手自一体,前驱,排放标准国Ⅲ,标准型STD

产品名称	型号规格	参考价格（元）	生产厂家	电话	主要参数及备注
轿车	北斗星 CH7140D1	57530	江西昌河铃木汽车有限责任公司	(0798)8462010	外形尺寸(mm):3400×1575×1670,轴距 2335mm,油箱容积42L,整备质量900kg,2厢5门,乘员5人,发动机型号 K14B,排量1.372L,最大功率70kW(6000 r/min),最大扭矩 112 N·m(4000 r/min),最高车速 156 km/h,手自一体,前驱,排放标准国Ⅳ,标准型 STD
轿车	北斗星 e + CH7140B	50300	江西昌河铃木汽车有限责任公司	(0798)8462010	外形尺寸(mm):3450×1575×1670,轴距 2335mm,油箱容积42L,整备质量900kg,2厢5门,乘员5人,发动机型号 K14B,排量1.372L,最大功率67kW(6000 r/min),最大扭矩 112 N·m(4000 r/min),最高车速 156 km/h,5速手动,前驱,排放标准国Ⅲ,标准型 STD
轿车	北斗星 e + CH7140B1	51300	江西昌河铃木汽车有限责任公司	(0798)8462010	外形尺寸(mm):3450×1575×1670,轴距 2335mm,油箱容积42L,整备质量900kg,2厢5门,乘员5人,发动机型号 K14B,排量1.372L,最大功率67kW(6000 r/min),最大扭矩 112 N·m(4000 r/min),最高车速 156 km/h,5速手动,前驱,排放标准国Ⅳ,标准型 STD
轿车	北斗星 e + CH7140C	56000	江西昌河铃木汽车有限责任公司	(0798)8462010	外形尺寸(mm):3450×1575×1670,轴距 2335mm,油箱容积42L,整备质量900kg,2厢5门,乘员5人,发动机型号 K14B,排量1.372L,最大功率67kW(6000 r/min),最大扭矩 112 N·m(4000 r/min),最高车速 156 km/h,5速手动,前驱,排放标准国Ⅲ,标准型 STD
轿车	北斗星 e + CH7140C1	57000	江西昌河铃木汽车有限责任公司	(0798)8462010	外形尺寸(mm):3450×1575×1670,轴距 2335mm,油箱容积42L,整备质量900kg,2厢5门,乘员5人,发动机型号 K14B,排量1.372L,最大功率67kW(6000 r/min),最大扭矩 112 N·m(4000 r/min),最高车速 156 km/h,5速手动,前驱,排放标准国Ⅳ,标准型 STD
轿车	奔奔1.0L MT	36900	重庆长安汽车股份有限公司	(023)67591278	外形尺寸(mm):3525×1650×1550,轴距 2365mm,油箱容积41L,2厢5门5座,最高车速110 km/h,发动机型号 JL465QG,排量0.997L,最大功率39kW(5300 r/min),最大扭矩78 N·m(3000~4000 r/min),5速手动,排放标准国Ⅲ、国Ⅳ,标准型
轿车	奔奔1.0L MT	39900	重庆长安汽车股份有限公司	(023)67591278	外形尺寸(mm):3525×1650×1550,轴距 2365mm,油箱容积41L,2厢5门5座,最高车速110 km/h,发动机型号 JL465QG,排量0.997L,最大功率39kW(5300 r/min),最大扭矩78 N·m(3000~4000 r/min),5速手动,排放标准国Ⅲ、国Ⅳ,舒适型

产品名称	型号规格	参考价格（元）	生产厂家	电话	主要参数及备注
轿车	奔奔1.3 F1	50900	重庆长安汽车股份有限公司	(023)67591278	外形尺寸(mm):3525×1650×1550,轴距2365mm,油箱容积41L,2厢5门5座,最高车速145 km/h,发动机型号JL474Q2,排量1.301L,最大功率63kW(6000 r/min),最大扭矩110 N·m(3500 r/min),5速手动,排放标准国Ⅲ、国Ⅳ,运动型
轿车	奔奔1.3 F2	46500	重庆长安汽车股份有限公司	(023)67591278	外形尺寸(mm):3525×1650×1550,轴距2365mm,油箱容积41L,2厢5门5座,最高车速145 km/h,发动机型号JL474Q2,排量1.301L,最大功率63kW(6000 r/min),最大扭矩110 N·m(3500 r/min),5速手动,排放标准国Ⅲ、国Ⅳ,运动型
轿车	奔奔1.3 F3	43900	重庆长安汽车股份有限公司	(023)67591278	外形尺寸(mm):3525×1650×1550,轴距2365mm,油箱容积41L,2厢5门5座,最高车逗145 km/h,发动机型号JL474Q2,排量1.301L,最大功率63kW(6000 r/min),最大扭矩110 N·m(3500 r/min),5速手动,排放标准国Ⅲ、国Ⅳ,运动型
轿车	奔奔1.3L AT	49800	重庆长安汽车股份有限公司	(023)67591278	外形尺寸(mm):3525×1650×1550,轴距2365mm,油箱容积41L,2厢5门5座,最高车速148 km/h,发动机型号JL474Q2,排量1.301L,最大功率63kW(5000 r/min),最大扭矩110 N·m(3500 r/min),4速自动,排放标准国Ⅲ、国Ⅳ,舒适型
轿车	奔奔1.3L AT	54800	重庆长安汽车股份有限公司	(023)67591278	外形尺寸(mm):3525×1650×1550,轴距2365mm,油箱容积41L,2厢5门5座,最高车速148 km/h,发动机型号JL474Q2,排量1.301L,最大功率63kW(6000 r/min),最大扭矩110 N·m(3500 r/min),4速自动,排放标准国Ⅲ、国Ⅳ,精英型
轿车	奔奔1.3L AT	58800	重庆长安汽车股份有限公司	(023)67591278	外形尺寸(mm):3525×1650×1550,轴距2365mm,油箱容积41L,2厢5门5座,最高车速148 km/h,发动机型号JL474Q2,排量1.301L,最大功率63kW(6000 r/min),最大扭矩110 N·m(3500 r/min),4速自动,排放标准国Ⅲ、国Ⅳ,超值型
轿车	奔奔1.3L MT	38900	重庆长安汽车股份有限公司	(023)67591278	外形尺寸(mm):3525×1650×1550,轴距2365mm,油箱容积41L,2厢5门5座,最高车速145 km/h,发动机型号JL474Q2,排量1.301L,最大功率63kW(6000 r/min),最大扭矩110 N·m(3500 r/min),5速手动,排放标准国Ⅲ、国Ⅳ,舒适型
轿车	奔奔1.3L MT	42900	重庆长安汽车股份有限公司	(023)67591278	外形尺寸(mm):3525×1650×1550,轴距2365mm,油箱容积41L,2厢5门5座,最高车速145 km/h,发动机型号JL474Q2,排量1.301L,最大功率63kW(6000 r/min),最大扭矩110 N·m(3500 r/min),5速手动,排放标准国Ⅲ、国Ⅳ,经典型

产品名称	型号规格	参考价格(元)	生产厂家	电话	主要参数及备注
轿车	奔奔1.3L MT	46900	重庆长安汽车股份有限公司	(023)67591278	外形尺寸(mm):3525×1650×1550,轴距2365mm,油箱容积41L,2厢5门5座,最高车速145km/h,发动机型号JL474Q2,排量1.301L,最大功率63kW(6000r/min),最大扭矩110N·m(3500r/min),5速手动,排放标准国Ⅲ、国Ⅳ,豪华型
轿车	奔奔1.3L MT	48900	重庆长安汽车股份有限公司	(023)67591278	外形尺寸(mm):3525×1650×1550,轴距2365mm,油箱容积41L,2厢5门5座,最高车速145km/h,发动机型号JL474Q2,排量1.301L,最大功率63kW(6000r/min),最大扭矩110N·m(3500r/min),5速手动,排放标准国Ⅲ、国Ⅳ,超值型
轿车	奔奔LOVE 1.3AT	58900	重庆长安汽车股份有限公司	(023)67591278	外形尺寸(mm):3655×1650×1550,轴距2375mm,油箱容积41L,2厢5门5座,最高车速150km/h,发动机型号JL474QK,排量1.298L,最大功率63kW(6000r/min),最大扭矩110N·m(3500~4500r/min),前驱,4速自动,排放标准国Ⅳ,超值型
轿车	奔奔LOVE 1.3MT	38900	重庆长安汽车股份有限公司	(023)67591278	外形尺寸(mm):3655×1650×1550,轴距2375mm,油箱容积41L,2厢5门5座,最高车速150km/h,发动机型号JL474QK,排量1.298L,最大功率63kW(6000r/min),最大扭矩110N·m(3500~4500r/min),前驱,5速手动,排放标准国Ⅳ,基本型
轿车	奔奔LOVE 1.3MT	41900	重庆长安汽车股份有限公司	(023)67591278	外形尺寸(mm):3655×1650×1550,轴距2375mm,油箱容积41L,2厢5门5座,最高车速150km/h,发动机型号JL474QK,排量1.298L,最大功率63kW(6000r/min),最大扭矩110N·m(3500~4500r/min),前驱,5速手动,排放标准国Ⅳ,标准版
轿车	奔奔LOVE 1.3MT	44900	重庆长安汽车股份有限公司	(023)67591278	外形尺寸(mm):3655×1650×1550,轴距2375mm,油箱容积41L,2厢5门5座,最高车速150km/h,发动机型号JL474QK,排量1.298L,最大功率63kW(6000r/min),最大扭矩110N·m(3500~4500r/min),前驱,5速手动,排放标准国Ⅳ,时尚型
轿车	奔奔LOVE 1.3MT	47900	重庆长安汽车股份有限公司	(023)67591278	外形尺寸(mm):3655×1650×1550,轴距2375mm,油箱容积41L,2厢5门5座,最高车速150km/h,发动机型号JL474QK,排量1.298L,最大功率63kW(6000r/min),最大扭矩110N·m(3500~4500r/min),前驱,5速手动,排放标准国Ⅳ,超值型
轿车	奔奔MINI 1.0L	32900	重庆长安汽车股份有限公司	(023)67591278	外形尺寸(mm):3520×1570×1490,轴距2345mm,油箱容积38L,2厢5门5座,最高车速158km/h,发动机型号JL466Q5,排量0.999L,最大功率51.2kW(5600r/min),最大扭矩90N·m(4600r/min),油耗5.8L/100km,5速手动,排放标准国Ⅳ,标准型

产品名称	型号规格	参考价格（元）	生产厂家	电话	主要参数及备注
轿车	奔奔 MINI 1.0L	35900	重庆长安汽车股份有限公司	(023)67591278	外形尺寸(mm):3520×1570×1490,轴距 2345mm,油箱容积38L,2厢5门5座,最高车速158 km/h,发动机型号 JL466Q5,排量0.999 L,最大功率51.2 kW (5600 r/min),最大扭矩 90 N·m(4600 r/min),油耗5.8 L/100km,5速手动,排放标准国Ⅳ,舒适型
轿车	奔奔 MINI 1.0L	39900	重庆长安汽车股份有限公司	(023)67591278	外形尺寸(mm):3520×1570×1490,轴距 2345mm,油箱容积38L,2厢5门5座,最高车速158 km/h,发动机型号 JL466Q5,排量0.999 L,最大功率51.2 kW (5600 r/min),最大扭矩 90 N·m(4600 r/min),油耗5.8 L/100km,5速手动,排放标准国Ⅳ,豪华型
轿车	奔奔 MINI 1.0L	41900	重庆长安汽车股份有限公司	(023)67591278	外形尺寸(mm):3520×1570×1490,轴距 2345mm,油箱容积38L,2厢5门5座,最高车速158 km/h,发动机型号 JL466Q5,排量0.999 L,最大功率51.2 kW (5600 r/min),最大扭矩 90 N·m(4600 r/min),油耗5.8 L/100km,5速手动,排放标准国Ⅳ,尊贵型
轿车	奔驰 C180 K	308000	北京奔驰汽车有限公司	(010)67824888	外形尺寸(mm):4581×1770×1448,轴距 2760mm,整备质量1615kg,油箱容积66L,3厢4门,乘员5人,发动机型号271910,排量1.597 L,额定功率 115kW (5200 r/min),最大扭矩 230 N·m(3000~4500 r/min),最高车速 223 km/h,后驱,5 速手自一体,排放标准欧Ⅳ,经典型
轿车	奔驰 C200 CGI	348000	北京奔驰汽车有限公司	(010)67824888	外形尺寸(mm):4581×1770×1448,轴距 2760mm,整备质量1630kg,油箱容积66L,3厢4门,乘员5人,发动机型号271860,排量1.796 L,额定功率 135kW (5250 r/min),最大扭矩 270 N·m(1800~4600 r/min),最高车速 232 km/h,后驱,5 速手自一体,排放标准欧Ⅳ,优雅型
轿车	奔驰 C200 CGI	395000	北京奔驰汽车有限公司	(010)67824888	外形尺寸(mm):4581×1770×1448,轴距 2760mm,整备质量1630kg,油箱容积66L,3厢4门,乘员5人,发动机型号271860,排量1.796 L,额定功率 135kW (5250 r/min),最大扭矩 270 N·m(1800~4600 r/min),最高车速 232 km/h,后驱,5 速手自一体,排放标准欧Ⅳ,时尚型
轿车	奔驰 C260 CGI	428000	北京奔驰汽车有限公司	(010)67824888	外形尺寸(mm):4581×1770×1448,轴距 2760mm,整备质量1630kg,油箱容积66L,3厢4门,乘员5人,发动机型号271860,排量1.796 L,额定功率 150kW (5500 r/min),最大扭矩 310 N·m(2000~4300 r/min),最高车速 240 km/h,后驱,5 速手自一体,排放标准欧Ⅳ,时尚型

产品名称	型号规格	参考价格（元）	生产厂家	电话	主要参数及备注
轿车	奔驰 C260 CGI	458000	北京奔驰汽车有限公司	(010) 67824888	外形尺寸(mm):4581×1770×1448,轴距 2760mm,整备质量 1630kg,油箱容积 66L,3 厢 4 门,乘员 5 人,发动机型号 271860,排量 1.796L,额定功率 150kW (5500 r/min),最大扭矩 310 N·m(2000～4300 r/min),最高车速 240 km/h,后驱,5 速手自一体,排放标准欧Ⅳ,运动型
轿车	奔驰 C300	478000	北京奔驰汽车有限公司	(010) 67824888	外形尺寸(mm):4581×1770×1448,轴距 2760mm,整备质量 1695kg,油箱容积 66L,3 厢 4 门,乘员 5 人,发动机型号 272947,排量 2.996L,额定功率 170kW (6000 r/min),最大扭矩 300 N·m(2500～5000 r/min),最高车速 246 km/h,后驱,7 速手自一体,排放标准欧Ⅳ,时尚型
轿车	奔驰 C300	508000	北京奔驰汽车有限公司	(010) 67824888	外形尺寸(mm):4581×1770×1448,轴距 2760mm,整备质量 1695kg,油箱容积 66L,3 厢 4 门,乘员 5 人,发动机型号 272947,排量 2.996L,额定功率 170kW (6000 r/min),最大扭矩 300 N·m(2500～5000 r/min),最高车速 246 km/h,后驱,7 速手自一体,排放标准欧Ⅳ,运动型
轿车	奔驰 E260L CGI	515000	北京奔驰汽车有限公司	(010) 67824888	外形尺寸(mm):5012×1855×1464,轴距 3014mm,整备质量 1750kg,油箱容积 80L,3 厢 4 门,乘员 5 人,发动机型号 271860,排量 1.796L,最大功率 150kW (5500 r/min),最大扭矩 310 N·m(2000～4300 r/min),最高车速 238 km/h,后驱,5 速手自一体,排放标准欧Ⅳ,优雅型
轿车	奔驰 E300L	675000	北京奔驰汽车有限公司	(010) 67824888	外形尺寸(mm):5012×1855×1464,轴距 3014mm,整备质量 1845kg,油箱容积 80L,3 厢 4 门,乘员 5 人,发动机型号 272952,排量 2.996L,最大功率 180kW (6000 r/min),最大扭矩 300 N·m(2500～5000 r/min),最高车速 245 km/h,后驱,7 速手自一体,排放标准欧Ⅳ,时尚型
轿车	奔腾 B50 AT	109800	一汽轿车股份有限公司	(0431) 85781240	外形尺寸(mm):4600×1785×1435,轴距 2675mm,整备质量 1325kg,发动机型号 BWH,排量 1.595L,额定功率 76kW (5600 r/min),最大扭矩 145 N·m (3800 r/min),最高车速 185 km/h,前驱,6 速手自一体,排放标准欧Ⅳ,豪华型
轿车	奔腾 B50 AT	115800	一汽轿车股份有限公司	(0431) 85781240	外形尺寸(mm):4600×1785×1435,轴距 2675mm,整备质量 1325kg,发动机型号 BWH,排量 1.595L,额定功率 76kW (5600 r/min),最大扭矩 145 N·m (3800 r/min),最高车速 185 km/h,前驱,6 速手自一体,排放标准欧Ⅳ,尊贵型

产品名称	型号规格	参考价格（元）	生产厂家	电话	主要参数及备注
轿车	奔腾 B50 AT	125800	一汽轿车股份有限公司	(0431)85781240	外形尺寸（mm）：4600×1785×1435，轴距 2675mm，整备质量 1325kg，发动机型号 BWH，排量 1.595 L，额定功率 76kW（5600 r/min），最大扭矩 145 N·m（3800 r/min），最高车速 185 km/h，前驱，6 速手自一体，排放标准欧Ⅳ，3G 型
轿车	奔腾 B50 MT	98800	一汽轿车股份有限公司	(0431)85781240	外形尺寸（mm）：4600×1785×1435，轴距 2675mm，整备质量 1285kg，发动机型号 BWH，排量 1.595 L，额定功率 76kW（5600 r/min），最大扭矩 145 N·m（3800 r/min），最高车速 190 km/h，前驱，5 速手动，排放标准欧Ⅳ，豪华型
轿车	奔腾 B50 MT	104800	一汽轿车股份有限公司	(0431)85781240	外形尺寸（mm）：4600×1785×1435，轴距 2675mm，整备质量 1285kg，发动机型号 BWH，排量 1.595 L，额定功率 76kW（5600 r/min），最大扭矩 145 N·m（3800 r/min），最高车速 190 km/h，前驱，5 速手动，排放标准欧Ⅳ，尊贵型
轿车	奔腾 B70 2.0AT	141800	一汽轿车股份有限公司	(0431)85781240	外形尺寸（mm）：4705×1782×1465，轴距 2675mm，整备质量 1460kg，3 厢 4 门 5 座，发动机型号 LF，排量 1.999 L，额定功率 108kW（6500 r/min），最大扭矩 183 N·m（4000 r/min），最高车速 200 km/h，前驱，5 速手自一体，排放标准欧Ⅳ，舒适型
轿车	奔腾 B70 2.0AT	143800	一汽轿车股份有限公司	(0431)85781240	外形尺寸（mm）：4705×1782×1465，轴距 2675mm，整备质量 1460kg，3 厢 4 门 5 座，发动机型号 LF，排量 1.999 L，额定功率 108kW（6500 r/min），最大扭矩 183 N·m（4000 r/min），最高车速 200 km/h，前驱，5 速手自一体，排放标准欧Ⅳ，时尚型
轿车	奔腾 B70 2.0AT	155800	一汽轿车股份有限公司	(0431)85781240	外形尺寸（mm）：4705×1782×1465，轴距 2675mm，整备质量 1460kg，3 厢 4 门 5 座，发动机型号 LF，排量 1.999 L，额定功率 108kW（6500 r/min），最大扭矩 183 N·m（4000 r/min），最高车速 200 km/h，前驱，5 速手自一体，排放标准欧Ⅳ，豪华型
轿车	奔腾 B70 2.0MT	129800	一汽轿车股份有限公司	(0431)85781240	外形尺寸（mm）：4705×1782×1465，轴距 2675mm，整备质量 1450kg，3 厢 4 门 5 座，发动机型号 LF，排量 1.999 L，额定功率 108kW（6500 r/min），最大扭矩 183 N·m（4000 r/min），最高车速 200 km/h，前驱，6 速手动，排放标准欧Ⅳ，舒适型
轿车	奔腾 B70 2.0MT	131800	一汽轿车股份有限公司	(0431)85781240	外形尺寸（mm）：4705×1782×1465，轴距 2675mm，整备质量 1450kg，3 厢 4 门 5 座，发动机型号 LF，排量 1.999 L，额定功率 108kW（6500 r/min），最大扭矩 183 N·m（4000 r/min），最高车速 200 km/h，前驱，6 速手动，排放标准欧Ⅳ，时尚型

产品名称	型号规格	参考价格（元）	生产厂家	电话	主要参数及备注
轿车	奔腾 B70 2.0MT	138800	一汽轿车股份有限公司	(0431) 85781240	外形尺寸(mm):4705×1782×1465,轴距2675mm,整备质量1450kg,3厢4门5座,发动机型号LF,排量1.999L,额定功率108kW(6500 r/min),最大扭矩183 N·m(4000 r/min),最高车速200 km/h,前驱,6速手动,排放标准欧Ⅳ,精英型
轿车	奔腾 B70 2.3AT	165800	一汽轿车股份有限公司	(0431) 85781240	外形尺寸(mm):4705×1782×1465,轴距2675mm,整备质量1470kg,3厢4门5座,发动机型号L3,排量2.261 L,额定功率120kW(6500 r/min),最大扭矩204 N·m(4000 r/min),最高车速205 km/h,前驱,5速手自一体,排放标准欧Ⅳ,豪华型
轿车	奔腾 B70 2.3AT	188800	一汽轿车股份有限公司	(0431) 85781240	外形尺寸(mm):4705×1782×1465,轴距2675mm,整备质量1470kg,3厢4门5座,发动机型号L3,排量2.261 L,额定功率120kW(6500 r/min),最大扭矩204 N·m(4000 r/min),最高车速205 km/h,前驱,5速手自一体,排放标准欧Ⅳ,导航型
轿车	比亚迪 F0	48900	比亚迪汽车有限公司	(0755) 84218038	外形尺寸(mm):3460×1618×1465,轴距2340mm,整备质量870kg,2厢5门,乘员5人,发动机排量0.998 L,最大功率50kW(6000 r/min),最大扭矩90 N·m(4000～4500 r/min),最高车速151 km/h,前驱,5速手动,排放标准国Ⅳ,尊贵型
轿车	比亚迪 F0	46900	比亚迪汽车有限公司	(0755) 84218038	外形尺寸(mm):3460×1618×1465,轴距2340mm,整备质量870kg,2厢5门,乘员5人,发动机排量0.998 L,最大功率50kW(6000 r/min),最大扭矩90 N·m(4000～4500 r/min),最高车速151 km/h,前驱,5速手动,排放标准国Ⅳ,豪华型
轿车	比亚迪 F0	40900	比亚迪汽车有限公司	(0755) 84218038	外形尺寸(mm):3460×1618×1465,轴距2340mm,整备质量870kg,2厢5门,乘员5人,发动机排量0.998L,最大功率50kW(6000 r/min),最大扭矩90 N·m(4000～4500 r/min),最高车速151 km/h,前驱,5速手动,排放标准国Ⅳ,舒适型
轿车	比亚迪 F0	36900	比亚迪汽车有限公司	(0755) 84218038	外形尺寸(mm):3460×1618×1465,轴距2340mm,整备质量870kg,2厢5门,乘员5人,发动机排量0.998 L,最大功率50kW(6000 r/min),最大扭矩90 N·m(4000～4500 r/min),最高车速151 km/h,前驱,5速手动,排放标准国Ⅳ,实用型
轿车	比亚迪 F3 1.5G－i	59800	比亚迪汽车有限公司	(0755) 84218038	外形尺寸(mm):4533×1705×1490,轴距2600mm,油箱容积50L,整备质量1200kg,3厢4门,乘员5人,发动机型号4G15S,排量1.488L,最大功率78kW(6000 r/min),最大扭矩134 N·m(4500 r/min),最高车速180 km/h,油耗4.7L/100km,前驱,5速手动,排放标准欧Ⅳ,实用型

产品名称	型号规格	参考价格（元）	生产厂家	电话	主要参数及备注
轿车	比亚迪 F3 1.5GL－i	67800	比亚迪汽车有限公司	（0755）84218038	外形尺寸（mm）：4533×1705×1490，轴距 2600mm，油箱容积 50L，整备质量 1200kg，3 厢 4 门，乘员 5 人，发动机型号 4G15S，排量1.488L，最大功率 78kW（6000 r/min），最大扭矩 134 N·m（4500 r/min），最高车速 180 km/h，油耗4.7L/100km，前驱，5 速手动，排放标准欧Ⅳ，标准型
轿车	比亚迪 F3 1.5 GLX－i	76800	比亚迪汽车有限公司	（0755）84218038	外形尺寸（mm）：4533×1705×1490，轴距 2600mm，油箱容积 50L，整备质量 1200kg，3 厢 4 门，乘员 5 人，发动机型号 4G15S，排量1.488L，最大功率 78kW（6000 r/min），最大扭矩 134 N·m（4500 r/min），最高车速 180 km/h，油耗4.7L/100km，前驱，5 速手动，排放标准欧Ⅳ，豪华型
轿车	比亚迪 F3 1.5 GLX－i Navi	89800	比亚迪汽车有限公司	（0755）84218038	外形尺寸（mm）：4533×1705×1490，轴距 2600mm，油箱容积 50L，整备质量 1200kg，3 厢 4 门，乘员 5 人，发动机型号 4G15S，排量1.488L，最大功率 78kW（6000 r/min），最大扭矩 134 N·m（4500 r/min），最高车速 180 km/h，油耗4.7L/100km，前驱，5 速手动，排放标准欧Ⅳ，智能型
轿车	比亚迪 F3DM	169800	比亚迪汽车有限公司	（0755）84218038	外形尺寸（mm）：4533×1705×1520，整备质量 1560kg，最高车速 150 km/h，双模电动
轿车	比亚迪 F3R AT	75900	比亚迪汽车有限公司	（0755）84218038	外形尺寸（mm）：4325×1705×1490，轴距 2600mm，油箱容积 50L，整备质量 1170kg，2 厢 5 门，乘员 5 人，发动机型号 4G18，排量1.584L，最大功率73.5kW（6000 r/min），最大扭矩 134 N·m（4500 r/min），最高车速 170 km/h，前驱，4 速自动，排放标准欧Ⅳ
轿车	比亚迪 F3R MT	50800	比亚迪汽车有限公司	（0755）84218038	外形尺寸（mm）：4325×1705×1490，轴距 2600mm，油箱容积 50L，整备质量 1170kg，2 厢 5 门，乘员 5 人，发动机型号 4G15S，排量1.488 L，最大功率 78kW（6000 r/min），最大扭矩 134 N·m（4500 r/min），最高车速 170 km/h，前驱，5 速手动，排放标准欧Ⅳ，实用型
轿车	比亚迪 F3R MT	63900	比亚迪汽车有限公司	（0755）84218038	外形尺寸（mm）：4325×1705×1490，轴距 2600mm，油箱容积 50L，整备质量 1170kg，2 厢 5 门，乘员 5 人，发动机型号 4G15S，排量1.488 L，最大功率 78kW（6000 r/min），最大扭矩 134 N·m（4500 r/min），最高车速 170 km/h，前驱，5 速手动，排放标准欧Ⅳ，舒适型
轿车	比亚迪 F3R MT	68900	比亚迪汽车有限公司	（0755）84218038	外形尺寸（mm）：4325×1705×1490，轴距 2600mm，油箱容积 50L，整备质量 1170kg，2 厢 5 门，乘员 5 人，发动机型号 4G15S，排量1.488L，最大功率 78kW（6000 r/min），最大扭矩 134 N·m（4500 r/min），最高车速 170 km/h，前驱，5 速手动，排放标准欧Ⅳ，时尚型

产品名称	型号规格	参考价格(元)	生产厂家	电话	主要参数及备注
轿车	比亚迪 F6 2.0L	89800	比亚迪汽车有限公司	(0755)84218038	外形尺寸(mm):4846×1822×1465,轴距2740mm,油箱容积65L,整备质量1435kg,3厢4门,乘员5人,发动机型号BYD483QB,排量1.991L,最大功率103kW(6000 r/min),最大扭矩186 N·m(4000~4500 r/min),最高车速185 km/h,前驱,5速手动,排放标准国Ⅲ、国Ⅳ,舒适型
轿车	比亚迪 F6 2.0L	109800	比亚迪汽车有限公司	(0755)84218038	外形尺寸(mm):4846×1822×1465,轴距2740mm,油箱容积65L,整备质量1435kg,3厢4门,乘员5人,发动机型号BYD483QB,排量1.991L,最大功率103kW(6000 r/min),最大扭矩186 N·m(4000~4500 r/min),最高车速185 km/h,前驱,5速手动,排放标准国Ⅲ、国Ⅳ,尊贵型
轿车	比亚迪 F6 2.4L	119800	比亚迪汽车有限公司	(0755)84218038	外形尺寸(mm):4846×1822×1465,轴距2740mm,油箱容积65L,整备质量1480kg,3厢4门,乘员5人,发动机型号4G69S4M,排量2.378L,最大功率118kW(5800 r/min),最大扭矩215 N·m(3500~4500 r/min),最高车速200 km/h,前驱,手自一体变速,排放标准国Ⅲ、国Ⅳ,尊贵型
轿车	比亚迪 F6 2.4L	159800	比亚迪汽车有限公司	(0755)84218038	外形尺寸(mm):4846×1822×1465,轴距2740mm,油箱容积65L,整备质量1480kg,3厢4门,乘员5人,发动机型号4G69S4M,排量2.378L,最大功率118kW(5800 r/min),最大扭矩215 N·m(3500~4500 r/min),最高车速200 km/h,前驱,手自一体变速,排放标准国Ⅲ、国Ⅳ,旗舰型
轿车	比亚迪 G3 1.8 CVT	96900	比亚迪汽车有限公司	(0755)84218038	外形尺寸(mm):4600×1705×1490,轴距2610mm,整备质量1200kg,3厢4门,乘员5人,发动机型号483QA,排量1.839L,最大功率90kW(6000 r/min),最大扭矩160 N·m(3700~4200 r/min),油耗8.2L/100km,CVT无级变速,排放标准国Ⅳ,豪雅型
轿车	比亚迪 G3 1.8 CVT	109900	比亚迪汽车有限公司	(0755)84218038	外形尺寸(mm):4600×1705×1490,轴距2610mm,整备质量1200kg,3厢4门,乘员5人,发动机型号483QA,排量1.839L,最大功率90kW(6000 r/min),最大扭矩160 N·m(3700~4200 r/min),油耗8.2L/100km,CVT无级变速,排放标准国Ⅳ,祺雅型
轿车	比亚迪 G3 1.5MT	77900	比亚迪汽车有限公司	(0755)84218038	外形尺寸(mm):4600×1705×1490,轴距2610mm,整备质量1180kg,3厢4门,乘员5人,发动机型号4G15S,排量1.468L,最大功率78kW(6000 r/min),最大扭矩134 N·m(4500 r/min),前置前驱,油耗7.3 L/100km,5速手动,排放标准国Ⅳ,鑫雅型

产品名称	型号规格	参考价格（元）	生产厂家	电话	主要参数及备注
轿车	比亚迪 G3 1.5MT	80900	比亚迪汽车有限公司	（0755）84218038	外形尺寸（mm）：4600×1705×1490，轴距 2610mm，整备质量 1180kg，3 厢 4 门，乘员 5 人，发动机型号 4G15S，排量 1.468L，最大功率 78kW（6000 r/min），最大扭矩 134 N·m（4500 r/min），前置前驱，油耗 7.3L/100km，5 速手动，排放标准国Ⅳ，豪雅型
轿车	标致 207 二厢 1.4 MT	71800	神龙汽车有限公司	（027）84299881	外形尺寸（mm）：3900×1680×1468，轴距 2450mm，整备质量 1051kg，2 厢 5 门，乘员 5 人，发动机型号 TU3AF，排量1.36L，最大功率 56kW（5300 r/min），最大扭矩 120 N·m（3400 r/min），最高车速 165 km/h，5 速手动，排放标准欧Ⅳ，驭乐版
轿车	标致 207 二厢 1.4 MT	76800	神龙汽车有限公司	（027）84299881	外形尺寸（mm）：3900×1680×1468，轴距 2450mm，整备质量 1051kg，2 厢 5 门，乘员 5 人，发动机型号 TU3AF，排量1.36L，最大功率 56kW（5300 r/min），最大扭矩 120 N·m（3400 r/min），最高车速 165 km/h，5 速手动，排放标准欧Ⅳ，品乐版
轿车	标致 207 二厢 1.6 AT	91800	神龙汽车有限公司	（027）84299881	外形尺寸（mm）：3900×1680×1468，轴距 2450mm，整备质量 1116kg，2 厢 5 门，乘员 5 人，发动机型号 N6A10XA3APSA，排量 1.587L，最大功率 78kW（5750 r/min），最大扭矩 142 N·m（4000 r/min），最高车速 180 km/h，4 速手自一体，前驱，排放标准欧Ⅳ，驭乐版
轿车	标致 207 二厢 1.6 AT	96800	神龙汽车有限公司	（027）84299881	外形尺寸（mm）：3900×1680×1468，轴距 2450mm，整备质量 1116kg，2 厢 5 门，乘员 5 人，发动机型号 N6A10XA3APSA，排量 1.587L，最大功率 78kW（5750 r/min），最大扭矩 142 N·m（4000 r/min），最高车速 180 km/h，4 速手自一体，前驱，排放标准欧Ⅳ，品乐版
轿车	标致 207 二厢 1.6 AT	104800	神龙汽车有限公司	（027）84299881	外形尺寸（mm）：3900×1680×1468，轴距 2450mm，整备质量 1116kg，2 厢 5 门，乘员 5 人，发动机型号 N6A10XA3APSA，排量 1.587L，最大功率 78kW（5750 r/min），最大扭矩 142 N·m（4000 r/min），最高车速 180 km/h，4 速手自一体，前驱，排放标准欧Ⅳ，享乐版
轿车	标致 207 二厢 1.6 MT	80800	神龙汽车有限公司	（027）84299881	外形尺寸（mm）：3900×1680×1468，轴距 2450mm，整备质量 1082kg，2 厢 5 门，乘员 5 人，发动机型号 N6A10XA3APSA，排量 1.587L，最大功率 78kW（5750 r/min），最大扭矩 142 N·m（4000 r/min），最高车速 185 km/h，5 速手动，排放标准欧Ⅳ，驭乐版

产品名称	型号规格	参考价格（元）	生产厂家	电话	主要参数及备注
轿车	标致 207 二厢 1.6 MT	85800	神龙汽车有限公司	（027）84299881	外形尺寸（mm）：3900 × 1680 × 1468，轴距 2450mm，整备质量 1082kg，2 厢 5 门，乘员 5 人，发动机型号 N6A10XA3APSA，排量 1.587L，最大功率 78kW（5750 r/min），最大扭矩 142 N · m（4000 r/min），最高车速 185 km/h，5 速手动，排放标准欧Ⅳ，品乐版
轿车	标致 207 三厢 1.4 MT	74800	神龙汽车有限公司	（027）84299881	外形尺寸（mm）：4260 × 1680 × 1468，轴距 2450mm，整备质量 1079kg，3 厢 4 门，乘员 5 人，发动机型号 TU3AF，排量1.36L，最大功率 56kW（5300 r/min），最大扭矩 120 N · m（3400 r/min），最高车速 165 km/h，5 速手动，排放标准欧Ⅳ，驭乐版
轿车	标致 207 三厢 1.4 MT	79800	神龙汽车有限公司	（027）84299881	外形尺寸（mm）：4260 × 1680 × 1468，轴距 2450mm，整备质量 1079kg，3 厢 4 门，乘员 5 人，发动机型号 TU3AF，排量1.36L，最大功率 56kW（5300 r/min），最大扭矩 120 N · m（3400 r/min），最高车速 165 km/h，5 速手动，排放标准欧Ⅳ，品乐版
轿车	标致 207 三厢 1.6 AT	94800	神龙汽车有限公司	（027）84299881	外形尺寸（mm）：4260 × 1680 × 1468，轴距 2450mm，整备质量 1144kg，3 厢 4 门，乘员 5 人，发动机型号 N6A10XA3APSA，排量 1.587L，最大功率 78kW（5750 r/min），最大扭矩 142 N · m（4000 r/min），最高车速 180 km/h，4 速手自一体，前驱，排放标准欧Ⅳ，驭乐版
轿车	标致 207 三厢 1.6 AT	99800	神龙汽车有限公司	（027）84299881	外形尺寸（mm）：4260 × 1680 × 1468，轴距 2450mm，整备质量 1144kg，3 厢 4 门，乘员 5 人，发动机型号 N6A10XA3APSA，排量 1.587L，最大功率 78kW（5750 r/min），最大扭矩 142 N · m（4000 r/min），最高车速 180 km/h，4 速手自一体，前驱，排放标准欧Ⅳ，品乐版
轿车	标致 207 三厢 1.6 AT	107800	神龙汽车有限公司	（027）84299881	外形尺寸（mm）：4260 × 1680 × 1468，轴距 2450mm，整备质量 1144kg，3 厢 4 门，乘员 5 人，发动机型号 N6A10XA3APSA，排量 1.587L，最大功率 78kW（5750 r/min），最大扭矩 142 N · m（4000 r/min），最高车速 180 km/h，4 速手自一体，前驱，排放标准欧Ⅳ，享乐版
轿车	标致 207 三厢 1.6 MT	83800	神龙汽车有限公司	（027）84299881	外形尺寸（mm）：4260 × 1680 × 1468，轴距 2450mm，整备质量 1110kg，3 厢 4 门，乘员 5 人，发动机型号 N6A10XA3APSA，排量 1.587L，最大功率 78kW（5750 r/min），最大扭矩 142 N · m（4000 r/min），最高车速 185 km/h，5 速手动，排放标准欧Ⅳ，驭乐版

产品名称	型号规格	参考价格(元)	生产厂家	电话	主要参数及备注
轿车	标致 207 三厢 1.6 MT	88800	神龙汽车有限公司	(027) 84299881	外形尺寸(mm):4260×1680×1468,轴距 2450mm,整备质量 1110kg,3 厢 4 门,乘员 5 人,发动机型号 N6A10XA3APSA,排量 1.587L,最大功率 78kW(5750 r/min),最大扭矩 142 N·m(4000 r/min),最高车速 185 km/h,5 速手动,排放标准欧Ⅳ,品乐版
轿车	标致 307 二厢 1.6 L AT	116800	神龙汽车有限公司	(027) 84299881	外形尺寸(mm):4212×1762×1531,轴距 2608mm,油箱容积 60L,整备质量 1288kg,2 厢 5 门,乘员 5 人,发动机型号 N6A10XA3APSA,排量 1.578 L,最大功率 78kW(5750 r/min),最大扭矩 142 N·m(4000 r/min),最高车速 177 km/h,4 速手自一体,前驱,排放标准国Ⅳ,舒适型
轿车	标致 307 二厢 1.6 L AT	130800	神龙汽车有限公司	(027) 84299881	外形尺寸(mm):4212×1762×1531,轴距 2608mm,油箱容积 60L,整备质量 1288kg,2 厢 5 门,乘员 5 人,发动机型号 N6A10XA3APSA,排量 1.578 L,最大功率 78kW(5750 r/min),最大扭矩 142 N·m(4000 r/min),最高车速 177 km/h,4 速手自一体,前驱,排放标准国Ⅳ,豪华型
轿车	标致 307 二厢 1.6 L MT	103800	神龙汽车有限公司	(027) 84299881	外形尺寸(mm):4212×1762×1531,轴距 2608mm,油箱容积 60L,整备质量 1247kg,2 厢 5 门,乘员 5 人,发动机型号 N6A10XA3APSA,排量 1.578 L,最大功率 78kW(5750 r/min),最大扭矩 142 N·m(4000 r/min),最高车速 187 km/h,5 速手动,前驱,排放标准国Ⅳ,舒适型
轿车	标致 307 二厢 1.6 L MT	117800	神龙汽车有限公司	(027) 84299881	外形尺寸(mm):4212×1762×1531,轴距 2608mm,油箱容积 60L,整备质量 1247kg,2 厢 5 门,乘员 5 人,发动机型号 N6A10XA3APSA,排量 1.578 L,最大功率 78kW(5750 r/min),最大扭矩 142 N·m(4000 r/min),最高车速 187 km/h,5 速手动,前驱,排放标准国Ⅳ,豪华型
轿车	标致 307 二厢 2.0 L AT	129800	神龙汽车有限公司	(027) 84299881	外形尺寸(mm):4212×1762×1531,轴距 2608mm,油箱容积 60L,整备质量 1261kg,2 厢 5 门,乘员 5 人,发动机型号 PSARFN10LH3X,排量 1.997 L,最大功率 108kW(6000 r/min),最大扭矩 200 N·m(4000 r/min),最高车速 204 km/h,4 速手自一体,前驱,排放标准国Ⅳ,舒适型
轿车	标致 307 二厢 2.0 L AT	153800	神龙汽车有限公司	(027) 84299881	外形尺寸(mm):4212×1762×1531,轴距 2608mm,油箱容积 60L,整备质量 1261kg,2 厢 5 门,乘员 5 人,发动机型号 PSARFN10LH3X,排量 1.997 L,最大功率 108kW(6000 r/min),最大扭矩 200 N·m(4000 r/min),最高车速 204 km/h,4 速手自一体,前驱,排放标准国Ⅳ,豪华型

产品名称	型号规格	参考价格(元)	生产厂家	电话	主要参数及备注
轿车	标致 307 二厢 2.0 L MT	116800	神龙汽车有限公司	(027) 84299881	外形尺寸(mm):4212 × 1762 × 1531,轴距 2608mm,油箱容积 60L,整备质量 1261kg,2 厢 5 门,乘员 5 人,发动机型号 PSARFN10LH3X,排量 1.997 L,最大功率 108kW (6000 r/min),最大扭矩 200 N·m (4000 r/min),最高车速 204 km/h,5 速手动,前驱,排放标准国Ⅳ,舒适型
轿车	标致 307 三厢 1.6 L AT	119800	神龙汽车有限公司	(027) 84299881	外形尺寸(mm):4481 × 1746 × 1526,轴距 2612mm,油箱容积 60L,整备质量 1320kg,3 厢 4 门,乘员 5 人,发动机型号 N6A10XA3APSA,排量 1.578 L,最大功率 78kW(5750 r/min),最大扭矩 142 N·m(4000 r/min),最高车速 173 km/h,4 速手自一体,前驱,排放标准国Ⅳ,舒适型
轿车	标致 307 三厢 1.6 L AT	133800	神龙汽车有限公司	(027) 84299881	外形尺寸(mm):4481 × 1746 × 1526,轴距 2612mm,油箱容积 60L,整备质量 1320kg,3 厢 4 门,乘员 5 人,发动机型号 N6A10XA3APSA,排量 1.578 L,最大功率 78kW(5750 r/min),最大扭矩 142 N·m(4000 r/min),最高车速 173 km/h,4 速手自一体,前驱,排放标准国Ⅳ,豪华型
轿车	标致 307 三厢 1.6 L MT	106800	神龙汽车有限公司	(027) 84299881	外形尺寸(mm):4481 × 1746 × 1526,轴距 2612mm,油箱容积 60L,整备质量 1290kg,3 厢 4 门,乘员 5 人,发动机型号 N6A10XA3APSA,排量 1.578 L,最大功率 78kW(5750 r/min),最大扭矩 142 N·m(4000 r/min),最高车速 179 km/h,5 速手动,前驱,排放标准国Ⅳ,舒适型
轿车	标致 307 三厢 1.6 L MT	120800	神龙汽车有限公司	(027) 84299881	外形尺寸(mm):4481 × 1746 × 1526,轴距 2612mm,油箱容积 60L,整备质量 1290kg,3 厢 4 门,乘员 5 人,发动机型号 N6A10XA3APSA,排量 1.578 L,最大功率 78kW(5750 r/min),最大扭矩 142 N·m(4000 r/min),最高车速 179 km/h,5 速手动,前驱,排放标准国Ⅳ,豪华型
轿车	标致 307 三厢 2.0 L AT	132800	神龙汽车有限公司	(027) 84299881	外形尺寸(mm):4481 × 1746 × 1526,轴距 2612mm,油箱容积 60L,整备质量 1337kg,3 厢 4 门,乘员 5 人,发动机型号 PSARFN10LH3X,排量 1.997 L,最大功率 108kW (6000 r/min),最大扭矩 200 N·m (4000 r/min),最高车速 189 km/h,4 速手自一体,前驱,排放标准国Ⅳ,舒适型
轿车	标致 307 三厢 2.0 L AT	146800	神龙汽车有限公司	(027) 84299881	外形尺寸(mm):4481 × 1746 × 1526,轴距 2612mm,油箱容积 60L,整备质量 1337kg,3 厢 4 门,乘员 5 人,发动机型号 PSARFN10LH3X,排量 1.997 L,最大功率 108kW(6000 r/min),最大扭矩 200 N·m (4000 r/min),最高车速 189 km/h,4 速手自一体,前驱,排放标准国Ⅳ,豪华型

产品名称	型号规格	参考价格（元）	生产厂家	电话	主要参数及备注
轿车	标致 307 三厢 2.0 L MT	119800	神龙汽车有限公司	(027)84299881	外形尺寸(mm):4481×1746×1526,轴距2612mm,油箱容积60L,整备质量1318kg,3厢4门,乘员5人,发动机型号PSARFN10LH3X,排量1.997 L,最大功率108kW(6000 r/min),最大扭矩200 N·m(4000 r/min),最高车速196 km/h,5速手动,前驱,排放标准国Ⅳ,舒适型
轿车	标致 408 1.6L AT	133900	神龙汽车有限公司	(027)84299881	外形尺寸(mm):4680×1815×1525,轴距2710mm,油箱容积60L,整备质量1420kg,3厢4门,乘员5人,发动机型号N6A10XA3APSA,排量1.578 L,最大功率78kW(5750 r/min),最大扭矩142 N·m(4000 r/min),最高车速169 km/h,4速手自一体,前驱,排放标准欧Ⅳ,舒适型
轿车	标致 408 1.6L AT	147900	神龙汽车有限公司	(027)84299881	外形尺寸(mm):4680×1815×1525,轴距2710mm,油箱容积60L,整备质量1420kg,3厢4门,乘员5人,发动机型号N6A10XA3APSA,排量1.578 L,最大功率78kW(5750 r/min),最大扭矩142 N·m(4000 r/min),最高车速169 km/h,4速手自一体,前驱,排放标准欧Ⅳ,豪华型
轿车	标致 408 1.6L MT	121900	神龙汽车有限公司	(027)84299881	外形尺寸(mm):4680×1815×1525,轴距2710mm,油箱容积60L,整备质量1390kg,3厢4门,乘员5人,发动机型号N6A10XA3APSA,排量1.578 L,最大功率78kW(5750 r/min),最大扭矩142 N·m(4000 r/min),最高车速183 km/h,5速手动,前驱,排放标准欧Ⅳ,舒适型
轿车	标致 408 1.6L MT	135900	神龙汽车有限公司	(027)84299881	外形尺寸(mm):4680×1815×1525,轴距2710mm,油箱容积60L,整备质量1390kg,3厢4门,乘员5人,发动机型号N6A10XA3APSA,排量1.578 L,最大功率78kW(5750 r/min),最大扭矩142 N·m(4000 r/min),最高车速183 km/h,5速手动,前驱,排放标准欧Ⅳ,豪华型
轿车	标致 408 2.0L AT	141900	神龙汽车有限公司	(027)84299881	外形尺寸(mm):4680×1815×1525,轴距2710mm,油箱容积60L,整备质量1425kg,3厢4门,乘员5人,发动机型号PSARFN10LH3X,排量1.997 L,最大功率108kW(6000 r/min),最大扭矩200 N·m(4000 r/min),最高车速195 km/h,4速手自一体,前驱,排放标准欧Ⅳ,舒适型
轿车	标致 408 2.0L AT	155900	神龙汽车有限公司	(027)84299881	外形尺寸(mm):4680×1815×1525,轴距2710mm,油箱容积60L,整备质量1425kg,3厢4门,乘员5人,发动机型号PSARFN10LH3X,排量1.997 L,最大功率108kW(6000 r/min),最大扭矩200 N·m(4000 r/min),最高车速195 km/h,4速手自一体,前驱,排放标准欧Ⅳ,豪华型

产品名称	型号规格	参考价格（元）	生产厂家	电话	主要参数及备注
轿车	标致408 2.0L AT	169900	神龙汽车有限公司	(027) 84299881	外形尺寸(mm):4680×1815×1525,轴距2710mm,油箱容积60L,整备质量1425kg,3厢4门,乘员5人,发动机型号PSARFN10LH3X,排量1.997 L,最大功率108kW(6000 r/min),最大扭矩200 N·m(4000 r/min),最高车速195 km/h,4速手自一体,前驱,排放标准欧Ⅳ,尊贵型
轿车	标致408 2.0L MT	129900	神龙汽车有限公司	(027) 84299881	外形尺寸(mm):4680×1815×1525,轴距2710mm,油箱容积60L,整备质量1402kg,3厢4门,乘员5人,发动机型号PSARFN10LH3X,排量1.997 L,最大功率108kW(6000 r/min),最大扭矩200 N·m(4000 r/min),最高车速201 km/h,5速手动,前驱,排放标准欧Ⅳ,舒适型
轿车	标致408 2.0L MT	143900	神龙汽车有限公司	(027) 84299881	外形尺寸(mm):4680×1815×1525,轴距2710mm,油箱容积60L,整备质量1402kg,3厢4门,乘员5人,发动机型号PSARFN10LH3X,排量1.997 L,最大功率108kW(6000 r/min),最大扭矩200 N·m(4000 r/min),最高车速201 km/h,5速手动,前驱,排放标准欧Ⅳ,豪华型
轿车	别克林荫大道3.0 L	329900	上海通用汽车有限公司	(021) 28902890	外形尺寸(mm):5175×1899×1480,轴距3009mm,油箱容积75L,行李箱容积505L,整备质量1885kg,3厢4门,乘员5人,发动机排量2.997 L,最大功率187kW(6700 r/min),最大扭矩296 N·m(2900 r/min),最高车速220 km/h,6速手自一体,后驱,排放标准欧Ⅳ,舒适版
轿车	别克林荫大道3.0 L	369900	上海通用汽车有限公司	(021) 28902890	外形尺寸(mm):5175×1899×1480,轴距3009mm,油箱容积75L,行李箱容积505L,整备质量1885kg,3厢4门,乘员5人,发动机排量2.997 L,最大功率187kW(6700 r/min),最大扭矩296 N·m(2900 r/min),最高车速220 km/h,6速手自一体,后驱,排放标准欧Ⅳ,豪华版
轿车	别克林荫大道3.0 L	429900	上海通用汽车有限公司	(021) 28902890	外形尺寸(mm):5175×1899×1480,轴距3009mm,油箱容积75L,行李箱容积505L,整备质量1920kg,3厢4门,乘员5人,发动机排量2.997 L,最大功率187kW(6700 r/min),最大扭矩296 N·m(2900 r/min),最高车速220 km/h,6速手自一体,后驱,排放标准欧Ⅳ,旗舰版
轿车	宾悦2.0 MT	88800	安徽江淮汽车股份有限公司	(0551) 2296577	外形尺寸(mm):4865×1805×1450,轴距2790mm,整备质量1470kg,3厢4门,乘员5人,发动机型号HFC4GA 3. B,排量1.997L,最大功率95kW(5500 r/min),最大扭矩172 N·m(3000~4500 r/min),最高车速175 km/h,5速手动,前驱,排放标准国Ⅲ、国Ⅳ,精英型

产品名称	型号规格	参考价格（元）	生产厂家	电话	主要参数及备注
轿车	宾悦2.0 MT	112800	安徽江淮汽车股份有限公司	(0551)2296577	外形尺寸(mm):4865×1805×1450,轴距2790mm,整备质量1470kg,3厢4门,乘员5人,发动机型号HFC4GA 3. B,排量1.997L,最大功率95kW(5500 r/min),最大扭矩172 N·m(3000～4500 r/min),最高车速175 km/h,5速手动,前驱,排放标准国Ⅲ、国Ⅳ,豪华型
轿车	宾悦2.0 MT	136700	安徽江淮汽车股份有限公司	(0551)2296577	外形尺寸(mm):4865×1805×1450,轴距2790mm,整备质量1470kg,3厢4门,乘员5人,发动机型号HFC4GA 3. B,排量1.997L,最大功率95kW(5500 r/min),最大扭矩172 N·m(3000～4500 r/min),最高车速175 km/h,5速手动,前驱,排放标准国Ⅲ、国Ⅳ,高级型
轿车	宾悦2.0L AT	127800	安徽江淮汽车股份有限公司	(0551)2296577	外形尺寸(mm):4865×1805×1450,轴距2790mm,3厢4门,乘员5人,发动机型号4G63S4N,排量1.997L,最大功率100kW(6000 r/min),最大扭矩180 N·m(4000 r/min),最高车速175 km/h,4速自动,排放标准国Ⅳ,豪华型
轿车	宾悦2.0L AT	149700	安徽江淮汽车股份有限公司	(0551)2296577	外形尺寸(mm):4865×1805×1450,轴距2790mm,3厢4门,乘员5人,发动机型号4G63S4N,排量1.997L,最大功率100kW(6000 r/min),最大扭矩180 N·m(4000 r/min),最高车速175 km/h,4速自动,排放标准国Ⅳ,尊崇型
轿车	波罗劲情1.4L	85800	上海大众汽车有限公司	(021)95000789	外形尺寸(mm):3916×1650×1465,轴距2460mm,整备质量1127kg,2厢5门,乘员5人,发动机型号CCD,排量1.390L,最大功率55kW(4750 r/min),最大扭矩130 N·m(3750 r/min),最高车速172 km/h,油耗5.0 L/100km,前驱,排放标准国Ⅲ、国Ⅳ,5速手动,时尚版
轿车	波罗劲情1.4L	90800	上海大众汽车有限公司	(021)95000789	外形尺寸(mm):3916×1650×1465,轴距2460mm,整备质量1127kg,2厢5门,乘员5人,发动机型号CCD,排量1.390L,最大功率55kW(4750 r/min),最大扭矩130 N·m(3750 r/min),最高车速172 km/h,油耗5.0 L/100km,前驱,排放标准国Ⅲ、国Ⅳ,5速手动,舒尚版
轿车	波罗劲情1.4L	102800	上海大众汽车有限公司	(021)95000789	外形尺寸(mm):3916×1650×1465,轴距2460mm,整备质量1168kg,2厢5门,乘员5人,发动机型号CCD,排量1.390L,最大功率55kW(4750 r/min),最大扭矩130 N·m(3750 r/min),最高车速168 km/h,油耗5.5L/100km,前驱,排放标准国Ⅲ、国Ⅳ,6速手自一体,舒尚版

产品名称	型号规格	参考价格(元)	生产厂家	电话	主要参数及备注
轿车	波罗劲情 1.6L	101600	上海大众汽车有限公司	(021) 95000789	外形尺寸(mm):3916×1650×1465,轴距 2460mm,整备质量 1143kg,2 厢 5 门,乘员 5 人,发动机型号 CDE,排量1.598L,最大功率 77kW(5500 r/min),最大扭矩 155 N·m(3800 r/min),最高车速 188 km/h,油耗 5.5 L/100km,前驱,排放标准国Ⅲ、国Ⅳ,5 速手动,风尚版
轿车	波罗劲情 1.6L	96000	上海大众汽车有限公司	(021) 95000789	外形尺寸(mm):3916×1650×1465,轴距 2460mm,整备质量 1143kg,2 厢 5 门,乘员 5 人,发动机型号 CDE,排量1.598L,最大功率 77kW(5500 r/min),最大扭矩 155 N·m(3800 r/min),最高车速 188 km/h,油耗 5.5 L/100km,前驱,排放标准国Ⅲ、国Ⅳ,5 速手动,运动版
轿车	波罗劲情 1.6L	113600	上海大众汽车有限公司	(021) 95000789	外形尺寸(mm):3916×1650×1465,轴距 2460mm,整备质量 1186kg,2 厢 5 门,乘员 5 人,发动机型号 CDE,排量1.598L,最大功率 77kW(5500 r/min),最大扭矩 155 N·m(3800 r/min),最高车速 182 km/h,油耗 5.7 L/100km,前驱,排放标准国Ⅲ、国Ⅳ,6 速手自一体,风尚版
轿车	波罗劲情 1.6L	108000	上海大众汽车有限公司	(021) 95000789	外形尺寸(mm):3916×1650×1465,轴距 2460mm,整备质量 1186kg,2 厢 5 门,乘员 5 人,发动机型号 CDE,排量1.598L,最大功率 77kW(5500 r/min),最大扭矩 155 N·m(3800 r/min),最高车速 182 km/h,油耗 5.7 L/100km,前驱,排放标准国Ⅲ、国Ⅳ,6 速手自一体,运动版
轿车	波罗劲取 1.4L	85800	上海大众汽车有限公司	(021) 95000789	外形尺寸(mm):4200×1650×1465,轴距 2460mm,整备质量 1139kg,3 厢 4 门,乘员 5 人,发动机型号 CDD,排量1.390L,最大功率 55kW(4750 r/min),最大扭矩 130 N·m(3750 r/min),最高车速 172 km/h,油耗 5.0 L/100km,前驱,排放标准国Ⅲ、国Ⅳ,5 速手动,雅适版
轿车	波罗劲取 1.4L	92600	上海大众汽车有限公司	(021) 95000789	外形尺寸(mm):4200×1650×1465,轴距 2460mm,整备质量 1139kg,3 厢 4 门,乘员 5 人,发动机型号 CDD,排量1.390L,最大功率 55kW(4750 r/min),最大扭矩 130 N·m(3750 r/min),最高车速 172 km/h,油耗 5.0 L/100km,前驱,排放标准国Ⅲ、国Ⅳ,5 速手动,雅致版
轿车	波罗劲取 1.4L	104600	上海大众汽车有限公司	(021) 95000789	外形尺寸(mm):4200×1650×1465,轴距 2460mm,整备质量 1180kg,3 厢 4 门,乘员 5 人,发动机型号 CDD,排量1.390L,最大功率 55kW(4750 r/min),最大扭矩 130 N·m(3750 r/min),最高车速 168 km/h,油耗 5.5 L/100km,前驱,排放标准国Ⅲ、国Ⅳ,6 速手自一体,雅致版

产品名称	型号规格	参考价格(元)	生产厂家	电话	主要参数及备注
轿车	波罗劲取 1.6L	97600	上海大众汽车有限公司	(021)95000789	外形尺寸(mm):4200×1650×1465,轴距 2460mm,整备质量1155kg,3 厢 4 门,乘员 5 人,发动机型号 CDE,排量1.598L,最大功率77kW(5500 r/min),最大扭矩 155 N·m(3800 r/min),最高车速 188 km/h,油耗 5.5 L/100km,前驱,排放标准国Ⅲ、国Ⅳ,5 速手动,雅致版
轿车	波罗劲取 1.6L	109600	上海大众汽车有限公司	(021)95000789	外形尺寸(mm):4200×1650×1465,轴距 2460mm,整备质量1198kg,3 厢 4 门,乘员 5 人,发动机型号 CDE,排量1.598L,最大功率77kW(5500 r/min),最大扭矩 155 N·m(3800 r/min),最高车速 182 km/h,油耗 5.7 L/100km,前驱,排放标准国Ⅲ、国Ⅳ,6 速手自一体,雅致版
轿车	博悦1.4T AT	163900	广汽菲亚特汽车有限公司	(0731)89989998	外形尺寸(mm):4336×1792×1498,轴距 2600mm,油箱容积58L,整备质量 1260kg,2 厢 5 门5 座,发动机型号 198A4000,排量1.368 L,功率 88kW(5000 r/min),最大扭矩 206 N·m(1750 r/min),最高车速 197 km/h,前置前驱,6 速手自一体,排放标准欧 IV,自动时尚版,2011 款
轿车	博悦1.4T AT	174900	广汽菲亚特汽车有限公司	(0731)89989998	外形尺寸(mm):4336×1792×1498,轴距2600mm,油箱容积58L,整备质量1260kg,2 厢5 门5 座,发动机型号 198A4000,排量1.368L,功率88kW(5000 r/min),最大扭矩206 N·m(1750 r/min),最高车速197 km/h,前置前驱,6 速手自一体,排放标准欧 IV,自动舒适版,2011 款
轿车	博悦1.4T AT	189900	广汽菲亚特汽车有限公司	(0731)89989998	外形尺寸(mm):4336×1792×1498,轴距2600mm,油箱容积58L,整备质量1260kg,2 厢5 门5 座,发动机型号 198A4000,排量1.368L,功率88kW(5000 r/min),最大扭矩206 N·m(1750 r/min),最高车速197 km/h,前置前驱,6 速手自一体,排放标准欧 IV,自动运动版,2011 款
轿车	博悦1.4T AT	204900	广汽菲亚特汽车有限公司	(0731)89989998	外形尺寸(mm):4336×1792×1498,轴距2600mm,油箱容积58L,整备质量1260kg,2 厢5 门5 座,发动机型号 198A4000,排量1.368L,功率88kW(5000 r/min),最大扭矩206 N·m(1750 r/min),最高车速197 km/h,前置前驱,6 速手自一体,排放标准欧 IV,自动至尊版,2011 款
轿车	博悦1.4T MT	195900	广汽菲亚特汽车有限公司	(0731)89989998	外形尺寸(mm):4336×1792×1498,轴距 2600mm,油箱容积58L,整备质量 1275kg,2 厢 5 门5 座,发动机型号 198A4000,排量1.368 L,功率 110kW(5500 r/min),最大扭矩 230 N·m(3000 r/min),最高车速 212 km/h,前置前驱,6 速手动,排放标准欧 IV,手动运动版,2011 款

产品名称	型号规格	参考价格（元）	生产厂家	电话	主要参数及备注
轿车	博悦1.4T MT	207900	广汽菲亚特汽车有限公司	（0731）89989998	外形尺寸(mm)：4336×1792×1498，轴距2600mm，油箱容积58L，整备质量1275kg，2厢5门5座，发动机型号198A4000，排量1.368 L，功率110kW（5500 r/min），最大扭矩230 N·m（3000 r/min），最高车速212 km/h，前置前驱，6速手动，排放标准欧Ⅳ，手动运动天窗版，2011款
轿车	长安 CX30 1.6 L MT	68800	重庆长安汽车股份有限公司	（023）67591278	外形尺寸(mm)：4450×1800×1475(1505)，轴距2650mm，整备质量1325kg，2厢4门5座，发动机型号JL475QK，排量1.59 L，额定功率78kW，最大扭矩151 N·m，最高车速170 km/h，5速手动，排放标准国Ⅲ、国Ⅳ，舒适型
轿车	长安 CX30 1.6 L MT	73800	重庆长安汽车股份有限公司	（023）67591278	外形尺寸(mm)：4450×1800×1475(1505)，轴距2650mm，整备质量1325kg，2厢4门5座，发动机型号JL475QK，排量1.59 L，额定功率78kW，最大扭矩151 N·m，最高车速170 km/h，5速手动，排放标准国Ⅲ、国Ⅳ，时尚型
轿车	长安 CX30 1.6 L MT	75800	重庆长安汽车股份有限公司	（023）67591278	外形尺寸(mm)：4450×1800×1475(1505)，轴距2650mm，整备质量1325kg，2厢4门5座，发动机型号JL475QK，排量1.59 L，额定功率78kW，最大扭矩151 N·m，最高车速170 km/h，5速手动，排放标准国Ⅲ、国Ⅳ，豪华型
轿车	长安 CX30 1.6 L MT	76800	重庆长安汽车股份有限公司	（023）67591278	外形尺寸(mm)：4450×1800×1475(1505)，轴距2650mm，整备质量1325kg，2厢4门5座，发动机型号JL475QK，排量1.59L，额定功率78kW，最大扭矩151 N·m，最高车速170 km/h，5速手动，排放标准国Ⅲ、国Ⅳ，运动型
轿车	长安 CX30 1.6 L MT	75800	重庆长安汽车股份有限公司	（023）67591278	外形尺寸(mm)：4450×1800×1475(1505)，轴距2650mm，整备质量1325kg，2厢4门5座，发动机型号JL475QK，排量1.59L，额定功率78kW，最大扭矩151 N·m，最高车速170 km/h，5速手动，排放标准国Ⅲ、国Ⅳ，时尚低碳版
轿车	长安 CX30 1.6 L MT	77500	重庆长安汽车股份有限公司	（023）67591278	外形尺寸(mm)：4450×1800×1475(1505)，轴距2650mm，整备质量1325kg，2厢4门5座，发动机型号JL475QK，排量1.59L，额定功率78kW，最大扭矩151 N·m，最高车速170 km/h，5速手动，排放标准国Ⅲ、国Ⅳ，豪华低碳版
轿车	长安 CX30 2.0 L AT	91800	重庆长安汽车股份有限公司	（023）67591278	外形尺寸(mm)：4450×1800×1475(1505)，轴距2650mm，整备质量1355kg，2厢4门5座，发动机型号JL486Q1、JL486Q2，排量1.998L，额定功率112kW，最大扭矩192 N·m，最高车速185 km/h，4速自动，排放标准国Ⅲ、国Ⅳ，精英型

产品名称	型号规格	参考价格（元）	生产厂家	电话	主要参数及备注
轿车	长安 CX30 2.0L AT	99800	重庆长安汽车股份有限公司	(023) 67591278	外形尺寸(mm):4450×1800×1475(1505),轴距 2650mm,整备质量1355kg,2厢4门5座,发动机型号JL486Q1、JL486Q2,排量1.998L,额定功率 112kW,最大扭矩 192 N·m,最高车速185 km/h,4速自动,排放标准国Ⅲ、国Ⅳ,豪华型
轿车	长安 CX30 2.0L MT	79800	重庆长安汽车股份有限公司	(023) 67591278	外形尺寸(mm):4450×1800×1475(1505),轴距 2650mm,整备质量1355kg,2厢4门5座,发动机型号JL486Q1、JL486Q2,排量1.998L,额定功率 112kW,最大扭矩 192 N·m,最高车速185 km/h,5速手动,排放标准国Ⅲ、国Ⅳ,时尚型
轿车	帝豪 EC715 - RV 1.5 MT	75800	浙江吉利控股集团汽车销售有限公司	(0571) 87766666	外形尺寸(mm):4397×1789×1470,轴距 2650mm,整备质量1258kg,2厢5门,乘员5人,发动机型号 JL4G15 - G,排量1.498L,最大功率 78kW(6000～6200 r/min),最大扭矩 135 N·m(4800 r/min),最高车速 185 km/h,5速手动,前驱,排放标准国Ⅳ,舒适型
轿车	帝豪 EC715 - RV 1.5 MT	82800	浙江吉利控股集团汽车销售有限公司	(0571) 87766666	外形尺寸(mm):4397×1789×1470,轴距 2650mm,整备质量1258kg,2厢5门,乘员5人,发动机型号 JL4G15 - G,排量1.498L,最大功率78kW(6000～6200 r/min),最大扭矩 135 N·m(4800 r/min),最高车速185 km/h,5速手动,前驱,排放标准国Ⅳ,豪华型
轿车	帝豪 EC715 - RV 1.5 MT	88800	浙江吉利控股集团汽车销售有限公司	(0571) 87766666	外形尺寸(mm):4397×1789×1470,轴距 2650mm,整备质量1258kg,2厢5门,乘员5人,发动机型号 JL4G15 - G,排量1.498L,最大功率 78kW(6000～6200 r/min),最大扭矩 135 N·m(4800 r/min),最高车速 185 km/h,5速手动,前驱,排放标准国Ⅳ,尊贵型
轿车	帝豪 EC718 MT	79800	浙江吉利控股集团汽车销售有限公司	(0571) 87766666	外形尺寸(mm):4635×1789×1470,轴距2650mm,3厢4门,乘员5人,发动机型号 JL4G18,排量1.798 L,最大功率 102kW(6000 r/min),最大扭矩 172 N·m(3600～4000 r/min),最高车速185 km/h,5速手动,前驱,排放标准国Ⅳ,标准型
轿车	帝豪 EC718 MT	82800	浙江吉利控股集团汽车销售有限公司	(0571) 87766666	外形尺寸(mm):4635×1789×1470,轴距2650mm,3厢4门,乘员5人,发动机型号 JL4G18,排量1.798 L,最大功率 102kW(6000 r/min),最大扭矩 172 N·m(3600～4000 r/min),最高车速185 km/h,5速手动,前驱,排放标准国Ⅳ,舒适型
轿车	帝豪 EC718 MT	89800	浙江吉利控股集团汽车销售有限公司	(0571) 87766666	外形尺寸(mm):4635×1789×1470,轴距2650mm,3厢4门,乘员5人,发动机型号 JL4G18,排量1.798 L,最大功率 102kW(6000 r/min),最大扭矩 172 N·m(3600～4000 r/min),最高车速185 km/h,5速手动,前驱,排放标准国Ⅳ,豪华型

产品名称	型号规格	参考价格（元）	生产厂家	电话	主要参数及备注
轿车	帝豪 EC718 MT	96800	浙江吉利控股集团汽车销售有限公司	（0571）87766666	外形尺寸（mm）：4635×1789×1470，轴距2650mm，3厢4门，乘员5人，发动机型号JL4G18，排量1.798 L，最大功率102kW（6000 r/min），最大扭矩172 N·m（3600～4000 r/min），最高车速185 km/h，5速手动，前驱，排放标准国Ⅳ，尊贵型
轿车	帝豪 EC718 MT	118000	浙江吉利控股集团汽车销售有限公司	（0571）87766666	外形尺寸（mm）：4635×1789×1470，轴距2650mm，3厢4门，乘员5人，发动机型号JL4G18，排量1.798 L，最大功率102kW（6000 r/min），最大扭矩172 N·m（3600～4000 r/min），最高车速185 km/h，5速手动，前驱，排放标准国Ⅳ，旗舰型
轿车	帝豪 EC718－RV 1.8 MT	79800	浙江吉利控股集团汽车销售有限公司	（0571）87766666	外形尺寸（mm）：4397×1789×1470，轴距2650mm，整备质量1266kg，2厢5门，乘员5人，发动机型号JL4G18，排量1.792L，最大功率102kW（6200 r/min），最大扭矩172 N·m（4200 r/min），最高车速185 km/h，5速手动，前驱，排放标准国Ⅳ，舒适型
轿车	帝豪 EC718－RV 1.8 MT	86800	浙江吉利控股集团汽车销售有限公司	（0571）87766666	外形尺寸（mm）：4397×1789×1470，轴距2650mm，整备质量1266kg，2厢5门，乘员5人，发动机型号JL4G18，排量1.792L，最大功率102kW（6200 r/min），最大扭矩172 N·m（4200 r/min），最高车速185 km/h，5速手动，前驱，排放标准国Ⅳ，豪华型
轿车	帝豪 EC718－RV 1.8 MT	92800	浙江吉利控股集团汽车销售有限公司	（0571）87766666	外形尺寸（mm）：4397×1789×1470，轴距2650mm，整备质量1266kg，2厢5门，乘员5人，发动机型号JL4G18，排量1.792L，最大功率102kW（6200 r/min），最大扭矩172 N·m（4200 r/min），最高车速185 km/h，5速手动，前驱，排放标准国Ⅳ，尊贵型
轿车	帝豪 EC8 2.0－AT	117800	浙江吉利控股集团汽车销售有限公司	（0571）87766666	外形尺寸（mm）：4905×1830×1495，轴距2805mm，整备质量1540kg，3厢4门，乘员5人，发动机型号4G63S4N，排量1.997 L，最大功率100kW（6000 r/min），最大扭矩180 N·m（4000 r/min），最高车速174 km/h，4速自动，前驱，排放标准国Ⅳ，标准型
轿车	帝豪 EC8 2.0－AT	121800	浙江吉利控股集团汽车销售有限公司	（0571）87766666	外形尺寸（mm）：4905×1830×1495，轴距2805mm，整备质量1540kg，3厢4门，乘员5人，发动机型号4G63S4N，排量1.997 L，最大功率100kW（6000 r/min），最大扭矩180 N·m（4000 r/min），最高车速174 km/h，4速自动，前驱，排放标准国Ⅳ，舒适型

产品名称	型号规格	参考价格（元）	生产厂家	电话	主要参数及备注
轿车	帝豪 EC8 2.0－AT	128800	浙江吉利控股集团汽车销售有限公司	（0571）87766666	外形尺寸（mm）：4905×1830×1495，轴距 2805mm，整备质量 1540kg，3 厢 4 门，乘员 5 人，发动机型号 4G63S4N，排量 1.997L，最大功率 100kW（6000r/min），最大扭矩 180 N·m（4000 r/min），最高车速 174km/h，4 速自动，前驱，排放标准国Ⅳ，豪华型
轿车	帝豪 EC8 2.0－AT	136800	浙江吉利控股集团汽车销售有限公司	（0571）87766666	外形尺寸（mm）：4905×1830×1495，轴距 2805mm，整备质量 1540kg，3 厢 4 门，乘员 5 人，发动机型号 4G63S4N，排量 1.997L，最大功率 100kW（6000r/min），最大扭矩 180 N·m（4000 r/min），最高车速 174km/h，4 速自动，前驱，排放标准国Ⅳ，尊贵型
轿车	帝豪 EC8 2.0－AT	149800	浙江吉利控股集团汽车销售有限公司	（0571）87766666	外形尺寸（mm）：4905×1830×1495，轴距 2805mm，整备质量 1540kg，3 厢 4 门，乘员 5 人，发动机型号 4G63S4N，排量 1.997L，最大功率 100kW（6000r/min），最大扭矩 180 N·m（4000 r/min），最高车速 174km/h，4 速自动，前驱，排放标准国Ⅳ，行政型
轿车	帝豪 EC8 2.0－MT	105800	浙江吉利控股集团汽车销售有限公司	（0571）87766666	外形尺寸（mm）：4905×1830×1495，轴距 2805mm，整备质量 1520kg，3 厢 4 门，乘员 5 人，发动机型号 4G63S4N，排量 1.997L，最大功率 100kW（6000r/min），最大扭矩 180 N·m（4000 r/min），最高车速 190km/h，5 速手动，前驱，排放标准国Ⅳ，标准型
轿车	帝豪 EC8 2.0－MT	109800	浙江吉利控股集团汽车销售有限公司	（0571）87766666	外形尺寸（mm）：4905×1830×1495，轴距 2805mm，整备质量 1520kg，3 厢 4 门，乘员 5 人，发动机型号 4G63S4N，排量 1.997L，最大功率 100kW（6000r/min），最大扭矩 180 N·m（4000 r/min），最高车速 190km/h，5 速手动，前驱，排放标准国Ⅳ，舒适型
轿车	帝豪 EC8 2.40－AT	136800	浙江吉利控股集团汽车销售有限公司	（0571）87766666	外形尺寸（mm）：4905×1830×1495，轴距 2805mm，整备质量 1570kg，3 厢 4 门，乘员 5 人，发动机型号 4G69S4M，排量 2.378L，最大功率 115kW（6000r/min），最大扭矩 213 N·m（4000 r/min），最高车速 182km/h，4 速自动，前驱，排放标准国Ⅳ，豪华型
轿车	帝豪 EC8 2.40－AT	145800	浙江吉利控股集团汽车销售有限公司	（0571）87766666	外形尺寸（mm）：4905×1830×1495，轴距 2805mm，整备质量 1570kg，3 厢 4 门，乘员 5 人，发动机型号 4G69S4M，排量 2.378L，最大功率 115kW（6000r/min），最大扭矩 213 N·m（4000 r/min），最高车速 182km/h，4 速自动，前驱，排放标准国Ⅳ，尊贵型

产品名称	型号规格	参考价格(元)	生产厂家	电话	主要参数及备注
轿车	帝豪 EC8 2.40 - AT	159800	浙江吉利控股集团汽车销售有限公司	(0571)87766666	外形尺寸(mm):4905×1830×1495,轴距 2805mm,整备质量1570kg,3 厢 4 门,乘员 5 人,发动机型号 4G69S4M,排量2.378L,最大功率 115kW(6000 r/min),最大扭矩 213 N·m(4000 r/min),最高车速 182 km/h,4 速自动,前驱,排放标准国Ⅳ,行政型
轿车	飞度 1.3AT	99800	广州本田汽车有限公司	(020)82270620	外形尺寸(mm):3900×1695×1525,轴距 2500mm,2 厢 5 门,乘员 5 人,发动机排量1.339L,最大功率 73kW(6000 r/min),最大扭矩 127 N·m(4800 r/min),5 速自动,前驱,排放标准欧Ⅳ,舒适版
轿车	飞度 1.3MT	89800	广州本田汽车有限公司	(020)82270620	外形尺寸(mm):3900×1695×1525,轴距 2500mm,2 厢 5 门,乘员 5 人,发动机排量1.339L,最大功率 73kW(6000 r/min),最大扭矩 127 N·m(4800 r/min),5 速手动,前驱,排放标准欧Ⅳ,舒适版
轿车	飞度 1.5AT	114200	广州本田汽车有限公司	(020)82270620	外形尺寸(mm):3920×1695×1525,轴距 2500mm,2 厢 5 门,乘员 5 人,发动机排量1.497L,最大功率 88kW(6600 r/min),最大扭矩 145 N·m(4800 r/min),前置前驱,5 速自动,排放标准欧Ⅳ,豪华版
轿车	飞度 1.5AT	129800	广州本田汽车有限公司	(020)82270620	外形尺寸(mm):3920×1695×1525,轴距 2500mm,2 厢 5 门,乘员 5 人,发动机排量1.497L,最大功率 88kW(6600 r/min),最大扭矩 145 N·m(4800 r/min),前置前驱,5 速自动,排放标准欧Ⅳ,炫酷运动版
轿车	飞度 1.5MT	104200	广州本田汽车有限公司	(020)82270620	外形尺寸(mm):3920×1695×1525,轴距 2500mm,2 厢 5 门,乘员 5 人,发动机排量1.497L,最大功率 88kW(6600 r/min),最大扭矩 145 N·m(4800 r/min),前置前驱,5 速手动,排放标准欧Ⅳ,豪华版
轿车	风神 H30 1.6AT	83800	东风汽车集团股份有限公司乘用车公司	80088066008	外形尺寸(mm):4268×1740×1482,轴距 2610mm,整备质量 1230kg,2 厢 5 门,乘员 5 人,发动机排量1.587L,最大功率 78kW(5750 r/min),最大扭矩 142 N·m(4000 r/min),最高车速 171 km/h,5 速手动,前置前驱,排放标准国Ⅲ、国Ⅳ,尊雅型
轿车	风神 H30 1.6AT	94800	东风汽车集团股份有限公司乘用车公司	80088066008	外形尺寸(mm):4268×1740×1482,轴距 2610mm,整备质量 1230kg,2 厢 5 门,乘员 5 人,发动机排量1.587L,最大功率 78kW(5750 r/min),最大扭矩 142 N·m(4000 r/min),最高车速 171 km/h,5 速手动,前置前驱,排放标准国Ⅲ、国Ⅳ,尊贵型

产品名称	型号规格	参考价格(元)	生产厂家	电话	主要参数及备注
轿车	风神 H30 1.6AT	99800	东风汽车集团股份有限公司乘用车公司	800880 66008	外形尺寸(mm):4268×1740×1482,轴距2610mm,整备质量1230kg,2厢5门,乘员5人,发动机排量1.587L,最大功率78kW(5750 r/min),最大扭矩142 N·m(4000 r/min),最高车速171 km/h,5速手动,前置前驱,排放标准国Ⅲ、国Ⅳ,电子导航型
轿车	风神 H30 1.6MT	75800	东风汽车集团股份有限公司乘用车公司	800880 66008	外形尺寸(mm):4268×1740×1482,轴距2610mm,整备质量1206kg,2厢5门,乘员5人,发动机排量1.587L,最大功率78kW(5750 r/min),最大扭矩142 N·m(4000 r/min),最高车速183 km/h,5速手动,前置前驱,排放标准国Ⅲ、国Ⅳ,尊雅型
轿车	风神 H30 1.6MT	83800	东风汽车集团股份有限公司乘用车公司	800880 66008	外形尺寸(mm):4268×1740×1482,轴距2610mm,整备质量1206kg,2厢5门,乘员5人,发动机排量1.587L,最大功率78kW(5750 r/min),最大扭矩142 N·m(4000 r/min),最高车速183 km/h,5速手动,前置前驱,排放标准国Ⅲ、国Ⅳ,尊贵型
轿车	风神 S30 1.6AT	83800	东风汽车集团股份有限公司乘用车公司	800880 66008	外形尺寸(mm):4502×1740×1465,轴距2610mm,3厢4门,乘员5人,发动机排量1.587L,最大功率78kW(5750 r/min),最大扭矩142 N·m(4000 r/min),最高车速180 km/h,油耗6.0 L/100km,4速自动,排放标准国Ⅳ,尊雅型
轿车	风神 S30 1.6AT	94800	东风汽车集团股份有限公司乘用车公司	800880 66008	外形尺寸(mm):4502×1740×1465,轴距2610mm,3厢4门,乘员5人,发动机排量1.587L,最大功率78kW(5750 r/min),最大扭矩142 N·m(4000 r/min),最高车速180 km/h,油耗6.0 L/100km,4速自动,排放标准国Ⅳ,尊贵型
轿车	风神 S30 1.6AT	99800	东风汽车集团股份有限公司乘用车公司	800880 66008	外形尺寸(mm):4502×1740×1465,轴距2610mm,3厢4门,乘员5人,发动机排量1.587L,最大功率78kW(5750 r/min),最大扭矩142 N·m(4000 r/min),最高车速180 km/h,油耗6.0L/100km,4速自动,排放标准国Ⅳ,NAVI型
轿车	风神 S30 1.6MT	75800	东风汽车集团股份有限公司乘用车公司	800880 66008	外形尺寸(mm):4502×1740×1465,轴距2610mm,3厢4门,乘员5人,发动机排量1.587L,最大功率78kW(5750 r/min),最大扭矩142 N·m(4000 r/min),最高车速187 km/h,油耗5.7L/100km,5速手动,排放标准国Ⅳ,尊雅型
轿车	风神 S30 1.6MT	83800	东风汽车集团股份有限公司乘用车公司	800880 66008	外形尺寸(mm):4502×1740×1465,轴距2610mm,3厢4门,乘员5人,发动机排量1.587L,最大功率78kW(5750 r/min),最大扭矩142 N·m(4000 r/min),最高车速187 km/h,油耗5.7 L/100km,5速手动,排放标准国Ⅳ,尊贵型

产品名称	型号规格	参考价格(元)	生产厂家	电话	主要参数及备注
轿车	风云 2 二厢 1.5 MT	51800	奇瑞汽车有限公司	(0553)5951286	外形尺寸(mm):4139×1686×1492,轴距 2527mm,整备质量 1200kg,2 厢 5 门,乘员 5 人,发动机型号 ACTECO－SQR477F,排量 1.497 L,额定功率 80kW(6000 r/min),最大扭矩 140 N·m(3000 r/min),最高车速 160 km/h,5 速手动,排放标准国Ⅳ,实力型
轿车	风云 2 二厢 1.5 MT	55800	奇瑞汽车有限公司	(0553)5951286	外形尺寸(mm):4139×1686×1492,轴距 2527mm,整备质量 1200kg,2 厢 5 门,乘员 5 人,发动机型号 ACTECO－SQR477F,排量 1.497 L,额定功率 80kW(6000 r/min),最大扭矩 140 N·m(3000 r/min),最高车速 160 km/h,5 速手动,排放标准国Ⅳ,进取型
轿车	风云 2 二厢 1.5 MT	58800	奇瑞汽车有限公司	(0553)5951286	外形尺寸(mm):4139×1686×1492,轴距 2527mm,整备质量 1200kg,2 厢 5 门,乘员 5 人,发动机型号 ACTECO－SQR477F,排量 1.497 L,额定功率 80kW(6000 r/min),最大扭矩 140 N·m(3000 r/min),最高车速 160 km/h,5 速手动,排放标准国Ⅳ,豪华型
轿车	风云 2 二厢 1.5 MT	60800	奇瑞汽车有限公司	(0553)5951286	外形尺寸(mm):4139×1686×1492,轴距 2527mm,整备质量 1200kg,2 厢 5 门,乘员 5 人,发动机型号 ACTECO－SQR477F,排量 1.497 L,额定功率 80kW(6000 r/min),最大扭矩 140 N·m(3000 r/min),最高车速 160 km/h,5 速手动,排放标准国Ⅳ,尊贵型
轿车	风云 2 三厢 1.5 MT	52800	奇瑞汽车有限公司	(0553)5951286	外形尺寸(mm):4269×1686×1492,轴距 2527mm,整备质量 1200kg,3 厢 4 门,乘员 5 人,发动机型号 ACTECO－SQR477F,排量 1.497 L,额定功率 80kW(6000 r/min),最大扭矩 140 N·m(3000 r/min),最高车速 160 km/h,5 速手动,排放标准国Ⅳ,实力型
轿车	风云 2 三厢 1.5 MT	56800	奇瑞汽车有限公司	(0553)5951286	外形尺寸(mm):4269×1686×1492,轴距 2527mm,整备质量 1200kg,3 厢 4 门,乘员 5 人,发动机型号 ACTECO－SQR477F,排量 1.497 L,额定功率 80kW(6000 r/min),最大扭矩 140 N·m(3000 r/min),最高车速 160 km/h,5 速手动,排放标准国Ⅳ,进取型
轿车	风云 2 三厢 1.5 MT	59800	奇瑞汽车有限公司	(0553)5951286	外形尺寸(mm):4269×1686×1492,轴距 2527mm,整备质量 1200kg,3 厢 4 门,乘员 5 人,发动机型号 ACTECO－SQR477F,排量 1.497 L,额定功率 80kW(6000 r/min),最大扭矩 140 N·m(3000 r/min),最高车速 160 km/h,5 速手动,排放标准国Ⅳ,豪华型

产品名称	型号规格	参考价格（元）	生产厂家	电话	主要参数及备注
轿车	风云 2 三厢 1.5 MT	61800	奇瑞汽车有限公司	(0553) 5951286	外形尺寸(mm):4269×1686×1492,轴距 2527mm,整备质量 1200kg,3 厢 4 门,乘员 5 人,发动机型号 ACTECO－SQR477F,排量 1.497 L,额定功率 80kW(6000 r/min),最大扭矩 140 N·m(3000 r/min),最高车速 160 km/h,5 速手动,排放标准国Ⅳ,尊贵型
轿车	锋范 1.5L AT	116800	广州本田汽车有限公司	(020) 82270620	外形尺寸(mm):4400×1695×1470,轴距 2550mm,3 厢 4 门,乘员 5 人,发动机排量 1.497 L,最大功率 88kW(6600 r/min),最大扭矩 145 N·m(4800 r/min),最高车速 183 km/h,5 速自动,前驱,排放标准欧Ⅳ,精英版
轿车	锋范 1.5L MT	96800	广州本田汽车有限公司	(020) 82270620	外形尺寸(mm):4400×1695×1470,轴距 2550mm,3 厢 4 门,乘员 5 人,发动机排量 1.497 L,最大功率 88kW(6600 r/min),最大扭矩 145 N·m(4800 r/min),最高车速 188 km/h,5 速手动,前驱,排放标准欧Ⅳ,舒适版
轿车	锋范 1.5L MT	106800	广州本田汽车有限公司	(020) 82270620	外形尺寸(mm):4400×1695×1470,轴距 2550mm,3 厢 4 门,乘员 5 人,发动机排量 1.497 L,最大功率 88kW(6600 r/min),最大扭矩 145 N·m(4800 r/min),最高车速 188 km/h,5 速手动,前驱,排放标准欧Ⅳ,精英版
轿车	锋范 1.8L AT	129800	广州本田汽车有限公司	(020) 82270620	外形尺寸(mm):4400×1695×1470,轴距 2550mm,3 厢 4 门,乘员 5 人,发动机排量 1.799 L,最大功率 103kW(6300 r/min),最大扭矩 174 N·m(4300 r/min),最高车速 198 km/h,5 速自动,前驱,排放标准欧Ⅳ,舒适版
轿车	锋范 1.8L AT	149800	广州本田汽车有限公司	(020) 82270620	外形尺寸(mm):4400×1695×1470,轴距 2550mm,3 厢 4 门,乘员 5 人,发动机排量 1.799 L,最大功率 103kW(6300 r/min),最大扭矩 174 N·m(4300 r/min),最高车速 198 km/h,5 速自动,前驱,排放标准欧Ⅳ,豪华版
轿车	福克斯二厢 1.8 L AT	127800	长安福特马自达汽车有限公司	(023) 67458888	外形尺寸(mm):4342×1840×1500,轴距 2640mm,油箱容积 55L,整备质量 1330kg,2 厢 5 门,乘员 5 人,发动机型号 CAF483Q0,排量 1.798 L,最大功率 91kW(6000 r/min),最大扭矩 161 N·m(4000 r/min),最高车速 180 km/h,前驱,4 速手自一体,排放标准欧Ⅳ,时尚型
轿车	福克斯二厢 1.8 L MT	104800	长安福特马自达汽车有限公司	(023) 67458888	外形尺寸(mm):4342×1840×1500,轴距 2640mm,油箱容积 55L,整备质量 1321kg,2 厢 5 门,乘员 5 人,发动机型号 CAF483Q0,排量 1.798 L,最大功率 91kW(6000 r/min),最大扭矩 161 N·m(4000 r/min),最高车速 195 km/h,前驱,5 速手动,排放标准欧Ⅳ,经典型

产品名称	型号规格	参考价格(元)	生产厂家	电话	主要参数及备注
轿车	福克斯二厢1.8L MT	114800	长安福特马自达汽车有限公司	(023)67458888	外形尺寸(mm):4342×1840×1500,轴距2640mm,油箱容积55L,整备质量1321kg,2厢5门,乘员5人,发动机型号CAF483Q0,排量1.798L,最大功率91kW(6000 r/min),最大扭矩161 N·m(4000 r/min),最高车速195 km/h,前驱,5速手动,排放标准欧Ⅳ,舒适型
轿车	福克斯二厢2.0L AT	148800	长安福特马自达汽车有限公司	(023)67458888	外形尺寸(mm):4382×1840×1450,轴距2640mm,油箱容积55L,整备质量1360kg,2厢5门,乘员5人,发动机型号CAF488Q1,排量1.999L,最大功率104kW(6000 r/min),最大扭矩180 N·m(4000 r/min),最高车速185 km/h,前驱,4速手自一体,排放标准欧Ⅳ,运动型
轿车	福克斯二厢2.0L MT	142800	长安福特马自达汽车有限公司	(023)67458888	外形尺寸(mm):4382×1840×1450,轴距2640mm,油箱容积55L,整备质量1345kg,2厢5门,乘员5人,发动机型号CAF488Q1,排量1.999L,最大功率104kW(6000 r/min),最大扭矩180 N·m(4000 r/min),最高车速200 km/h,前驱,5速手动,排放标准欧Ⅳ,运动型
轿车	福克斯三厢1.8L AT	127800	长安福特马自达汽车有限公司	(023)67458888	外形尺寸(mm):4480×1840×1500,轴距2640mm,油箱容积55L,整备质量1340kg,3厢4门,乘员5人,发动机型号CAF483Q0,排量1.798L,最大功率91kW(6000 r/min),最大扭矩161 N·m(4000 r/min),最高车速180 km/h,前驱,4速手自一体,排放标准欧Ⅳ,时尚型
轿车	福克斯三厢1.8L AT	140800	长安福特马自达汽车有限公司	(023)67458888	外形尺寸(mm):4480×1840×1500,轴距2640mm,油箱容积55L,整备质量1340kg,3厢4门,乘员5人,发动机型号CAF483Q0,排量1.798L,最大功率91kW(6000 r/min),最大扭矩161 N·m(4000 r/min),最高车速180 km/h,前驱,4速手自一体,排放标准欧Ⅳ,豪华型
轿车	福克斯三厢1.8L MT	104800	长安福特马自达汽车有限公司	(023)67458888	外形尺寸(mm):4480×1840×1500,轴距2640mm,油箱容积55L,整备质量1325kg,3厢4门,乘员5人,发动机型号CAF483Q0,排量1.798L,最大功率91kW(6000 r/min),最大扭矩161 N·m(4000 r/min),最高车速195 km/h,前驱,5速手动,排放标准欧Ⅳ,经典型
轿车	福克斯三厢1.8L MT	114800	长安福特马自达汽车有限公司	(023)67458888	外形尺寸(mm):4480×1840×1500,轴距2640mm,油箱容积55L,整备质量1325kg,3厢4门,乘员5人,发动机型号CAF483Q0,排量1.798L,最大功率91kW(6000 r/min),最大扭矩161 N·m(4000 r/min),最高车速195 km/h,前驱,5速手动,排放标准欧Ⅳ,舒适型

产品名称	型号规格	参考价格(元)	生产厂家	电话	主要参数及备注
轿车	福克斯三厢2.0L AT	146800	长安福特马自达汽车有限公司	(023)67458888	外形尺寸(mm):4480×1840×1500,轴距2640mm,油箱容积55L,整备质量1370kg,3厢4门,乘员5人,发动机型号CAF488Q1,排量1.999L,最大功率104kW,最大扭矩180 N·m,最高车速185 km/h,前驱,4速手自一体,排放标准欧Ⅳ,豪华型
轿车	福美来1.6L AT	89800	一汽海马汽车有限公司	(0898)66820333	外形尺寸(mm):4466×1695×1410,轴距2610mm,整备质量1205kg,3厢4门,乘员5人,发动机型号ZM 1.6,排量1.598L,额定功率70.7kW(5000 r/min),最大扭矩140.2 N·m(4000 r/min),前驱,4速自动,排放标准国Ⅲ,豪华型
轿车	福美来1.6L MT	76800	一汽海马汽车有限公司	(0898)66820333	外形尺寸(mm):4466×1695×1410,轴距2610mm,整备质量1180kg,3厢4门,乘员5人,发动机型号479Q－A,排量1.598L,额定功率88.2 kW(6000 r/min),最大扭矩158 N·m(4500 r/min),前驱,5速手动,排放标准国Ⅳ,舒适型
轿车	福美来1.6L MT	81800	一汽海马汽车有限公司	(0898)66820333	外形尺寸(mm):4466×1695×1410,轴距2610mm,整备质量1180kg,3厢4门,乘员5人,发动机型号479Q－A,排量1.598L,额定功率88.2 kW(6000 r/min),最大扭矩158 N·m(4500 r/min),前驱,5速手动,排放标准国Ⅳ,豪华型
轿车	福美来3代	76800	一汽海马汽车有限公司	(0898)66820333	外形尺寸(mm):4535×1740×1480,轴距26150mm,整备质量1270kg,发动机型号HA－VVT－1.6,排量1.598L,额定功率88.2kW(6000 r/min),最大扭矩158 N·m(4500 r/min),前驱,5速手动,排放标准国Ⅳ,手动舒适型
轿车	福美来3代	79800	一汽海马汽车有限公司	(0898)66820333	外形尺寸(mm):4535×1740×1480,轴距26150mm,整备质量1270kg,发动机型号HA－VVT－1.6,排量1.598L,额定功率88.2kW(6000 r/min),最大扭矩158 N·m(4500 r/min),前驱,5速手动,排放标准国Ⅳ,手动宜居型
轿车	福美来3代	85600	一汽海马汽车有限公司	(0898)66820333	外形尺寸(mm):4535×1740×1480,轴距26150mm,整备质量1270kg,发动机型号HA－VVT－1.6,排量1.598L,额定功率88.2kW(6000 r/min),最大扭矩158 N·m(4500 r/min),前驱,5速手动,排放标准国Ⅳ,手动豪华型
轿车	福美来3代	84800	一汽海马汽车有限公司	(0898)66820333	外形尺寸(mm):4535×1740×1480,轴距26150mm,整备质量1325kg,发动机型号HA－VVT－1.6,排量1.598L,额定功率88.2kW(6000 r/min),最大扭矩158 N·m(4500 r/min),前驱,6速手自一体,排放标准国Ⅳ,自动舒适型

产品名称	型号规格	参考价格（元）	生产厂家	电话	主要参数及备注
轿车	福美来3代	89800	一汽海马汽车有限公司	(0898)66820333	外形尺寸(mm):4535×1740×1480,轴距26150mm,整备质量1325kg,发动机型号HA－VVT－1.6,排量1.598L,额定功率88.2kW(6000 r/min),最大扭矩158 N·m(4500 r/min),前驱,6速手自一体,排放标准国Ⅳ,自动宜居型
轿车	福美来3代	98800	一汽海马汽车有限公司	(0898)66820333	外形尺寸(mm):4535×1740×1480,轴距26150mm,整备质量1325kg,发动机型号HA－VVT－1.6,排量1.598L,额定功率88.2kW(6000 r/min),最大扭矩158 N·m(4500 r/min),前驱,6速手自一体,排放标准国Ⅳ,自动豪华型
轿车	福瑞迪1.6L GL AT	108800	东风悦达起亚汽车有限公司	(025)83186908	外形尺寸(mm):4530×1775×1460,轴距2650mm,整备质量1210kg,发动机排量1.6L,最大功率90kW(6300 r/min),最大扭矩155 N·m(4200 r/min),最高车速181 km/h,油耗7.05 L/100km,排放标准国Ⅳ,4速手自一体
轿车	福瑞迪1.6L GL MT	98800	东风悦达起亚汽车有限公司	(025)83186908	外形尺寸(mm):4530×1775×1460,轴距2650mm,整备质量1190kg,发动机排量1.6L,最大功率90kW(6300 r/min),最大扭矩155 N·m(4200 r/min),最高车速189 km/h,油耗6.95L/100km,排放标准国Ⅳ,5速手动
轿车	福瑞迪1.6L GLS AT	119800	东风悦达起亚汽车有限公司	(025)83186908	外形尺寸(mm):4530×1775×1460,轴距2650mm,整备质量1210kg,发动机排量1.6L,最大功率90kW(6300 r/min),最大扭矩155 N·m(4200 r/min),最高车速181 km/h,油耗7.05L/100km,排放标准国Ⅳ,4速手自一体
轿车	福瑞迪1.6L GLS MT	109800	东风悦达起亚汽车有限公司	(025)83186908	外形尺寸(mm):4530×1775×1460,轴距2650mm,整备质量1190kg,发动机排量1.6L,最大功率90kW(6300 r/min),最大扭矩155 N·m(4200 r/min),最高车速189 km/h,油耗6.95L/100km,排放标准国Ⅳ,5速手动
轿车	福瑞迪1.6L Premium AT	122800	东风悦达起亚汽车有限公司	(025)83186908	外形尺寸(mm):4530×1775×1460,轴距2650mm,整备质量1210kg,发动机排量1.6L,最大功率90kW(6300 r/min),最大扭矩155 N·m(4200 r/min),最高车速181 km/h,油耗7.05 L/100km,排放标准国Ⅳ,4速手自一体
轿车	福瑞迪2.0L TOP AT	139800	东风悦达起亚汽车有限公司	(025)83186908	外形尺寸(mm):4530×1775×1460,轴距2650mm,整备质量1269kg,发动机排量2.0L,最大功率115kW(6200 r/min),最大扭矩194 N·m(4300 r/min),最高车速190 km/h,油耗7.72 L/100km,排放标准国Ⅳ,4速手自一体

产品名称	型号规格	参考价格（元）	生产厂家	电话	主要参数及备注
轿车	福特麦柯斯 S－MAX 2.3L	194800	长安福特马自达汽车有限公司	（023）67458888	外形尺寸(mm):4760×1910×1640,轴距 2850mm,油箱容积70L,整备质量1715kg,2厢5门,5座,发动机排量2.26L,最大功率117.6kW(6500 r/min),最大扭矩205 N·m(4000 r/min),最高车速 186 km/h,油耗 7.4 L/100km,前驱,6速手自一体变速器,排放标准欧Ⅳ,时尚型
轿车	福特麦柯斯 S－MAX 2.3L	199800	长安福特马自达汽车有限公司	（023）67458888	外形尺寸(mm):4760×1910×1640,轴距 2850mm,油箱容积70L,整备质量1715kg,2厢5门,7座,发动机排量2.26L,最大功率117.6kW(6500 r/min),最大扭矩205 N·m(4000 r/min),最高车速 186 km/h,油耗 7.4 L/100km,前驱,6速手自一体变速器,排放标准欧Ⅳ,时尚型
轿车	福特麦柯斯 S－MAX 2.3L	219800	长安福特马自达汽车有限公司	（023）67458888	外形尺寸(mm):4760×1910×1640,轴距 2850mm,油箱容积70L,整备质量1715kg,2厢5门,7座,发动机排量2.26L,最大功率117.6kW(6500 r/min),最大扭矩205 N·m(4000 r/min),最高车速 186 km/h,油耗 7.4 L/100km,前驱,6速手自一体变速器,排放标准欧Ⅳ,豪华型
轿车	福特麦柯斯 S－MAX 2.3L	245800	长安福特马自达汽车有限公司	（023）67458888	外形尺寸(mm):4760×1910×1640,轴距 2850mm,油箱容积70L,整备质量1715kg,2厢5门,7座,发动机排量2.26L,最大功率117.6kW(6500 r/min),最大扭矩205 N·m(4000 r/min),最高车速 186 km/h,油耗 7.4 L/100km,前驱,6速手自一体变速器,排放标准欧Ⅳ,旗舰导航版
轿车	福特麦柯斯 S－MAX 2.3L	239800	长安福特马自达汽车有限公司	（023）67458888	外形尺寸(mm):4760×1910×1640,轴距 2850mm,油箱容积70L,整备质量1715kg,2厢5门,7座,发动机排量2.26L,最大功率117.6kW(6500 r/min),最大扭矩205 N·m(4000 r/min),最高车速 186 km/h,油耗 7.6 L/100km,前驱,6速手自一体变速器,排放标准欧Ⅳ,旗舰型
轿车	高尔夫1.4T	149800	一汽大众汽车有限公司	（0431）85990888	外形尺寸(mm):4199×1786×1479,轴距2578mm,2厢5门,乘员5人,发动机排量1.39L,最大功率96kW(5000 r/min),最大扭矩 220 N·m(1750～3500 r/min),最高车速200 km/h,油耗6.0L/100km,排放标准国Ⅳ,7速双离合变速器,自动舒适型
轿车	高尔夫1.4T	166800	一汽大众汽车有限公司	（0431）85990888	外形尺寸(mm):4199×1786×1479,轴距2578mm,2厢5门,乘员5人,发动机排量1.39L,最大功率96kW(5000 r/min),最大扭矩 220 N·m(1750～3500 r/min),最高车速200 km/h,油耗6.0L/100km,排放标准国Ⅳ,7速双离合变速器,自动豪华型

产品名称	型号规格	参考价格（元）	生产厂家	电话	主要参数及备注
轿车	高尔夫1.4T	135800	一汽大众汽车有限公司	(0431)85990888	外形尺寸(mm):4199×1786×1479,轴距2578mm,2厢5门,乘员5人,发动机排量1.39L,最大功率96kW(5000 r/min),最大扭矩 220 N·m(1750～3500 r/min),最高车速 200 km/h,油耗6.3L/100km,排放标准国Ⅳ,5速手动,手动舒适型
轿车	高尔夫1.6	132800	一汽大众汽车有限公司	(0431)85990888	外形尺寸(mm):4199×1786×1479,轴距2578mm,2厢5门,乘员5人,发动机排量1.598L,最大功率77kW(5600 r/min),最大扭矩155 N·m(3500 r/min),最高车速 180 km/h,油耗6.6 L/100km,排放标准国Ⅳ,7速双离合变速器,自动时尚型
轿车	高尔夫1.6	139800	一汽大众汽车有限公司	(0431)85990888	外形尺寸(mm):4199×1786×1479,轴距2578mm,2厢5门,乘员5人,发动机排量1.598L,最大功率77kW(5600 r/min),最大扭矩155 N·m(3500 r/min),最高车速 180 km/h,油耗6.6 L/100km,排放标准国Ⅳ,7速双离合变速器,自动舒适型
轿车	高尔夫1.6	156800	一汽大众汽车有限公司	(0431)85990888	外形尺寸(mm):4199×1786×1479,轴距2578mm,2厢5门,乘员5人,发动机排量1.598L,最大功率77kW(5600 r/min),最大扭矩155 N·m(3500 r/min),最高车速 180 km/h,油耗6.6 L/100km,排放标准国Ⅳ,7速双离合变速器,自动豪华型
轿车	高尔夫1.6	118800	一汽大众汽车有限公司	(0431)85990888	外形尺寸(mm):4199×1786×1479,轴距2578mm,2厢5门,乘员5人,发动机排量1.598L,最大功率77kW(5600 r/min),最大扭矩155 N·m(3500 r/min),最高车速 185 km/h,油耗6.9 L/100km,排放标准国Ⅳ,5速手动,手动时尚型
轿车	高尔夫1.6	125800	一汽大众汽车有限公司	(0431)85990888	外形尺寸(mm):4199×1786×1479,轴距2578mm,2厢5门,乘员5人,发动机排量1.598L,最大功率77kW(5600 r/min),最大扭矩155 N·m(3500 r/min),最高车速 185 km/h,油耗6.9 L/100km,排放标准国Ⅳ,5速手动,手动舒适型
轿车	高尔夫2.0 TSI + DSG	235800	一汽大众汽车有限公司	(0431)85990888	外形尺寸(mm):4213×1786×1469,轴距2578mm,2厢5门,乘员5人,发动机排量1.984L,最大功率 147kW(5100～6000 r/min),最大扭矩 280 N·m(1700～5000 r/min),最高车速235 km/h,前驱,6速双离合手自一体变速器,排放标准国Ⅳ
轿车	戈蓝 2.0	149800	东南(福建)汽车工业有限公司	(0591)22766566	外形尺寸(mm):4860×1845×1485,轴距 2750mm,整备质量1600kg,3厢4门,乘员5人,发动机排量1.998L,最大功率118kW(6000 r/min),最大扭矩213 N·m(4000 r/min),4速手自动一体,前驱,排放标准欧Ⅳ,精锐版

产品名称	型号规格	参考价格（元）	生产厂家	电话	主要参数及备注
轿车	戈蓝 2.0	161800	东南（福建）汽车工业有限公司	（0591）22766566	外形尺寸（mm）：4860×1845×1485，轴距 2750mm，整备质量 1600kg，3 厢 4 门，乘员 5 人，发动机排量 1.998 L，最大功率 118kW（6000 r/min），最大扭矩 213 N·m（4000 r/min），4 速手自动一体，前驱，排放标准欧Ⅳ，铭仕版
轿车	戈蓝 2.4L AT	179800	东南（福建）汽车工业有限公司	（0591）22766566	外形尺寸（mm）：4860×1845×1485，轴距 2750mm，整备质量 1630kg，3 厢 4 门，乘员 5 人，发动机型号 4G69S4N，排量 2.378 L，最大功率 127kW（5500 r/min），最大扭矩 213 N·m（4000 r/min），4 速手自动一体，前驱，排放标准欧Ⅳ，尊贵升级版
轿车	戈蓝 2.4L AT	183000	东南（福建）汽车工业有限公司	（0591）22766566	外形尺寸（mm）：4860×1845×1485，轴距 2750mm，整备质量 1630kg，3 厢 4 门，乘员 5 人，发动机型号 4G69S4N，排量 2.378 L，最大功率 127kW（5500 r/min），最大扭矩 213 N·m（4000 r/min），4 速手自动一体，前驱，排放标准欧Ⅳ，尊贵韵动版
轿车	戈蓝 2.4L AT	199800	东南（福建）汽车工业有限公司	（0591）22766566	外形尺寸（mm）：4860×1845×1485，轴距 2750mm，整备质量 1630kg，3 厢 4 门，乘员 5 人，发动机型号 4G69S4N，排量 2.378 L，最大功率 127kW（5500 r/min），最大扭矩 213 N·m（4000 r/min），4 速手自动一体，前驱，排放标准欧Ⅳ，旗舰升级版
轿车	戈蓝 2.4L AT	203000	东南（福建）汽车工业有限公司	（0591）22766566	外形尺寸（mm）：4860×1845×1485，轴距 2750mm，整备质量 1630kg，3 厢 4 门，乘员 5 人，发动机型号 4G69S4N，排量 2.378 L，最大功率 127kW（5500 r/min），最大扭矩 213 N·m（4000 r/min），4 速手自动一体，前驱，排放标准欧Ⅳ，旗舰韵动版
轿车	海福星 1.6 MT	59800	一汽海马汽车有限公司	（0898）66820333	外形尺寸（mm）：4365×1695×1410，轴距 2610mm，整备质量 1155kg，3 厢 4 门，乘员 5 人，油箱容积 55L，发动机型号 479Q－BA，排量 1.598 L，额定功率 85.8 kW（6000 r/min），最大扭矩 154 N·m（4500 r/min），最高车速 170 km/h，前驱，5 速手动，排放标准国Ⅳ，标准版
轿车	海福星 1.6 MT	70800	一汽海马汽车有限公司	（0898）66820333	外形尺寸（mm）：4365×1695×1410，轴距 2610mm，整备质量 1155kg，3 厢 4 门，乘员 5 人，油箱容积 55L，发动机型号 479Q－BA，排量 1.598 L，额定功率 85.8 kW（6000 r/min），最大扭矩 154 N·m（4500 r/min），最高车速 170 km/h，前驱，5 速手动，排放标准国Ⅳ，舒适天窗版

产品名称	型号规格	参考价格(元)	生产厂家	电话	主要参数及备注
轿车	海马3 1.6GLX	105600	一汽海马汽车有限公司	(0898)66820333	外形尺寸(mm):4466×1730×1474,轴距2607mm,整备质量1290kg,3厢4门,乘员5人,发动机型号479Q-A,排量1.598L,额定功率88.2kW(6000r/min),最大扭矩158N·m(4500r/min),前驱,5速手动,排放标准国Ⅳ,运动型
轿车	海马3 1.6SDX	115600	一汽海马汽车有限公司	(0898)66820333	外形尺寸(mm):4466×1730×1474,轴距2607mm,整备质量1330kg,3厢4门,乘员5人,发动机型号479Q-A,排量1.598L,额定功率88.2kW(6000r/min),最大扭矩158N·m(4500r/min),前驱,6速手自一体,排放标准国Ⅳ,豪华型
轿车	海马王子	33800	海马汽车销售有限公司	(0371)67399797	外形尺寸(mm):3590×1540×1486,轴距2332mm,油箱容积38L,整备质量895kg,乘员5人,发动机型号LJ465Q-2ANE6,排量1.051L,额定功率45kW(5600r/min),最大扭矩85N·m(3200~3600r/min),最高车速140km/h,5速手动,前驱,排放标准国Ⅳ,实力型
轿车	海马王子	35800	海马汽车销售有限公司	(0371)67399797	外形尺寸(mm):3590×1540×1486,轴距2332mm,油箱容积38L,整备质量895kg,乘员5人,发动机型号LJ465Q-2ANE6,排量1.051L,额定功率45kW(5600r/min),最大扭矩85N·m(3200~3600r/min),最高车速140km/h,5速手动,前驱,排放标准国Ⅳ,标准型
轿车	海马王子	38800	海马汽车销售有限公司	(0371)67399797	外形尺寸(mm):3590×1540×1486,轴距2332mm,油箱容积38L,整备质量895kg,乘员5人,发动机型号LJ465Q-2ANE6,排量1.051L,额定功率45kW(5600r/min),最大扭矩85N·m(3200~3600r/min),最高车速140km/h,5速手动,前驱,排放标准国Ⅳ,进取型
轿车	海马王子	42800	海马汽车销售有限公司	(0371)67399797	外形尺寸(mm):3590×1540×1486,轴距2332mm,油箱容积38L,整备质量895kg,乘员5人,发动机型号LJ465Q-2ANE6,排量1.051L,额定功率45kW(5600r/min),最大扭矩85N·m(3200~3600r/min),最高车速140km/h,5速手动,前驱,排放标准国Ⅳ,精英型
轿车	昊锐1.4TSI AT	185900	上海大众汽车有限公司	(021)95000789	外形尺寸(mm):4838×1817×1462,轴距2761mm,整备质量1480kg,3厢4门,乘员5人,发动机型号CFB,排量1.39L,额定功率96kW(5000r/min),最大扭矩220N·m(1750~3500r/min),最高车速210km/h,7速双离合手自一体,排放标准国Ⅳ,智雅版

产品名称	型号规格	参考价格(元)	生产厂家	电话	主要参数及备注
轿车	昊锐 1.4TSI AT	199900	上海大众汽车有限公司	(021)95000789	外形尺寸(mm):4838×1817×1462,轴距 2761mm,整备质量 1480kg,3 厢 4 门,乘员 5 人,发动机型号 CFB,排量1.39L,额定功率 96kW(5000 r/min),最大扭矩 220 N·m(1750 ~ 3500 r/min),最高车速 210 km/h,7 速双离合手自一体,排放标准国Ⅳ,优雅版
轿车	昊锐 1.4TSI MT	171900	上海大众汽车有限公司	(021)95000789	外形尺寸(mm):4838×1817×1462,轴距 2761mm,整备质量 1450kg,3 厢 4 门,乘员 5 人,发动机型号 CFB,排量1.39L,额定功率 96kW(5000 r/min),最大扭矩 220 N·m(1750 ~ 3500 r/min),最高车速 200 km/h,5 速手动,排放标准国Ⅳ,智雅版
轿车	昊锐 1.8TSI AT	191900	上海大众汽车有限公司	(021)95000789	外形尺寸(mm):4838×1817×1462,轴距 2761mm,整备质量 1530kg,3 厢 4 门,乘员 5 人,发动机排量 1.798 L,最大功率 118kW(4500 ~ 6200 r/min),最大扭矩 250 N·m(1500 ~ 4500 r/min),最高车速 210 km/h,6 速手自一体,排放标准国Ⅳ,智雅版
轿车	昊锐 1.8TSI AT	205900	上海大众汽车有限公司	(021)95000789	外形尺寸(mm):4838×1817×1462,轴距 2761mm,整备质量 1530kg,3 厢 4 门,乘员 5 人,发动机排量 1.798 L,最大功率 118kW(4500 ~ 6200 r/min),最大扭矩 250 N·m(1500 ~ 4500 r/min),最高车速 210 km/h,6 速手自一体,排放标准国Ⅳ,优雅版
轿车	昊锐 1.8TSI AT	215900	上海大众汽车有限公司	(021)95000789	外形尺寸(mm):4838×1817×1462,轴距 2761mm,整备质量 1530kg,3 厢 4 门,乘员 5 人,发动机排量 1.798 L,最大功率 118kW(4500 ~ 6200 r/min),最大扭矩 250 N·m(1500 ~ 4500 r/min),最高车速 210 km/h,6 速手自一体,排放标准国Ⅳ,贵雅版
轿车	昊锐 1.8TSI AT	253900	上海大众汽车有限公司	(021)95000789	外形尺寸(mm):4838×1817×1462,轴距 2761mm,整备质量 1530kg,3 厢 4 门,乘员 5 人,发动机排量 1.798 L,最大功率 118kW(4500 ~ 6200 r/min),最大扭矩 250 N·m(1500 ~ 4500 r/min),最高车速 210 km/h,6 速手自一体,排放标准国Ⅳ,尊雅版
轿车	昊锐 1.8TSI MT	179900	上海大众汽车有限公司	(021)95000789	外形尺寸(mm):4838×1817×1462,轴距 2761mm,整备质量 1465kg,3 厢 4 门,乘员 5 人,发动机排量 1.798 L,最大功率 118kW(4500 ~ 6200 r/min),最大扭矩 250 N·m(1500 ~ 4500 r/min),最高车速 215 km/h,5 速手动,排放标准国Ⅳ,智雅版

产品名称	型号规格	参考价格（元）	生产厂家	电话	主要参数及备注
轿车	昊锐 2.0TSI AT	220900	上海大众汽车有限公司	(021) 95000789	外形尺寸(mm):4838 × 1817 × 1462,轴距 2761mm,整备质量 1555kg,3 厢 4 门,乘员 5 人,发动机排量1.984 L,最大功率 147kW (5100 ~6000 r/min),最大扭矩 280 N·m(1700 ~5000 r/min),最高车速 220 km/h,6 速手自一体,排放标准国Ⅳ,优雅版
轿车	昊锐 2.0TSI AT	230900	上海大众汽车有限公司	(021) 95000789	外形尺寸(mm):4838 × 1817 × 1462,轴距 2761mm,整备质量 1555kg,3 厢 4 门,乘员 5 人,发动机排量1.984 L,最大功率 147kW (5100 ~6000 r/min),最大扭矩 280 N·m(1700 ~5000 r/min),最高车速 220 km/h,6 速手自一体,排放标准国Ⅳ,贵雅版
轿车	昊锐 2.0TSI AT	250900	上海大众汽车有限公司	(021) 95000789	外形尺寸(mm):4838 × 1817 × 1462,轴距 2761mm,整备质量 1555kg,3 厢 4 门,乘员 5 人,发动机排量 1.984 L,最大功率 147kW(5100 ~ 6000 r/min),最大扭矩 280 N·m(1700 ~ 5000 r/min),最高车速 220 km/h,6 速手自一体,排放标准国Ⅳ,尊雅版
轿车	昊锐 2.0TSI AT	271300	上海大众汽车有限公司	(021) 95000789	外形尺寸(mm):4838 × 1817 × 1462,轴距 2761mm,整备质量 1555kg,3 厢 4 门,乘员 5 人,发动机排量 1.984 L,最大功率 147kW(5100 ~ 6000 r/min),最大扭矩 280 N·m(1700 ~ 5000 r/min),最高车速 220 km/h,6 速手自一体,排放标准国Ⅳ,旗舰版
轿车	和悦 MT	74800	安徽江淮汽车股份有限公司	(0551) 2296577	外形尺寸(mm):4590 × 1765 × 1465,轴距 2710mm,整备质量 1315kg,3 厢 4 门,乘员 5 人,发动机型号 HFC4GB 2.3 C,排量 1.499 L,最大功率 83kW(6000 r/min),最大扭矩 146 N·m (4000 r/min),油耗 7.2 L/100km,最高车速 175 km/h,5 速手动,前驱,排放标准国Ⅳ,豪华型
轿车	和悦 MT	84800	安徽江淮汽车股份有限公司	(0551) 2296577	外形尺寸(mm):4590 × 1765 × 1465,轴距 2710mm,整备质量 1315kg,3 厢 4 门,乘员 5 人,发动机型号 HFC4GB 2.3 C,排量 1.499 L,最大功率 83kW(6000 r/min),最大扭矩 146 N·m (4000 r/min),油耗 7.2 L/100km,最高车速 175 km/h,5 速手动,前驱,排放标准国Ⅳ,尊贵型
轿车	和悦 MT	65800	安徽江淮汽车股份有限公司	(0551) 2296577	外形尺寸(mm):4590 × 1765 × 1465,轴距 2710mm,整备质量 1315kg,3 厢 4 门,乘员 5 人,发动机型号三菱 4G15S,排量1.488 L,最大功率 76kW(6000 r/min),最大扭矩 130 N·m (4500 r/min),油耗7.3 L/100km,最高车速 175 km/h,5 速手动,前驱,排放标准国Ⅳ,标准型

产品名称	型号规格	参考价格（元）	生产厂家	电话	主要参数及备注
轿车	和悦 MT	68800	安徽江淮汽车股份有限公司	（0551）2296577	外形尺寸（mm）：4590×1765×1465，轴距 2710mm，整备质量 1315kg，3 厢 4 门，乘员 5 人，发动机型号三菱 4G15S，排量1.488 L，最大功率 76kW（6000 r/min），最大扭矩 130 N·m（4500 r/min），油耗7.3 L/100km，最高车速 175 km/h，5 速手动，前驱，排放标准国Ⅳ，舒适型
轿车	花冠 1.6L	92800	天津一汽丰田汽车有限公司	（022）27944050	外形尺寸（mm）：4530×1705×1490，轴距 2600mm，油箱容积 50L，整备质量 1145kg，3 厢 4 门，乘员 5 人，发动机型号 1ZR－FE，排量1.598L，最大功率 88kW（6000 r/min），最大扭矩 154 N·m（5200 r/min），最高车速 195 km/h，油耗6.8L/100km，5 速手动，前驱，特惠版
轿车	花冠 1.6L	97800	天津一汽丰田汽车有限公司	（022）27944050	外形尺寸（mm）：4530×1705×1490，轴距 2600mm，油箱容积 50L，整备质量 1145kg，3 厢 4 门，乘员 5 人，发动机型号 1ZR－FE，排量1.598L，最大功率 88kW（6000 r/min），最大扭矩 154 N·m（5200 r/min），最高车速 195 km/h，油耗6.8L/100km，5 速手动，前驱，经典版
轿车	花冠 1.6L	106800	天津一汽丰田汽车有限公司	（022）27944050	外形尺寸（mm）：4530×1705×1490，轴距 2600mm，油箱容积 50L，整备质量 1145kg，3 厢 4 门，乘员 5 人，发动机型号 1ZR－FE，排量1.598L，最大功率 88kW（6000 r/min），最大扭矩 154 N·m（5200 r/min），最高车速 195 km/h，油耗6.8L/100km，5 速手动，前驱，豪华版
轿车	花冠 1.6L	105800	天津一汽丰田汽车有限公司	（022）27944050	外形尺寸（mm）：4530×1705×1490，轴距 2600mm，油箱容积 50L，整备质量 1160kg，3 厢 4 门，乘员 5 人，发动机型号 1ZR－FE，排量1.598L，最大功率 88kW（6000 r/min），最大扭矩 154 N·m（5200 r/min），最高车速 185 km/h，油耗7.0L/100km，4 速自动，前驱，经典版
轿车	花冠 1.6L	114800	天津一汽丰田汽车有限公司	（022）27944050	外形尺寸（mm）：4530×1705×1490，轴距 2600mm，油箱容积 50L，整备质量 1160kg，3 厢 4 门，乘员 5 人，发动机型号 1ZR－FE，排量1.598L，最大功率 88kW（6000 r/min），最大扭矩 154 N·m（5200 r/min），最高车速 185 km/h，油耗7.0L/100km，4 速自动，前驱，豪华版
轿车	欢动 AT	93600	一汽海马汽车有限公司	（0898）66820333	外形尺寸（mm）：4342×1730×1474，轴距 2607mm，整备质量 1340kg，2 厢 4 门，乘员 5 人，发动机型号 479Q－A，排量1.598 L，额定功率 88.2 kW（6000 r/min），最大扭矩 158 N·m（4500 r/min），前驱，6 速手自一体，排放标准国Ⅳ，舒适型

产品名称	型号规格	参考价格(元)	生产厂家	电话	主要参数及备注
轿车	欢动 AT	102600	一汽海马汽车有限公司	(0898)66820333	外形尺寸(mm):4342×1730×1474,轴距 2607mm,整备质量 1340kg,2 厢 4 门,乘员 5 人,发动机型号 479Q－A,排量1.598 L,额定功率 88.2 kW(6000 r/min),最大扭矩 158 N·m(4500 r/min),前驱,6 速手自一体,排放标准国Ⅳ,运动型
轿车	欢动 MT	83800	一汽海马汽车有限公司	(0898)66820333	外形尺寸(mm):4342×1730×1474,轴距 2607mm,整备质量 1325kg,2 厢 4 门,乘员 5 人,发动机型号 479Q－A,排量1.598 L,额定功率 88.2 kW(6000 r/min),最大扭矩 158 N·m(4500 r/min),前驱,5 速手动,排放标准国Ⅳ,舒适型
轿车	欢动 MT	92600	一汽海马汽车有限公司	(0898)66820333	外形尺寸(mm):4342×1730×1474,轴距 2607mm,整备质量 1325kg,2 厢 4 门,乘员 5 人,发动机型号 479Q－A,排量1.598 L,额定功率 88.2 kW(6000 r/min),最大扭矩 158 N·m(4500 r/min),前驱,5 速手动,排放标准国Ⅳ,运动型
轿车	皇冠 2.5 Royal	326800	天津一汽丰田汽车有限公司	(022)27944050	外形尺寸(mm):5005×1810×1500,轴距 2925mm,整备质量 1675kg,3 厢 4 门,乘员 5 人,发动机排量2.497 L,最大功率 142kW(6200 r/min),最大扭矩 236 N·m(4400 r/min),最高车速 219 km/h,油耗7.1L/100km,后驱,6 速手自一体,排放标准欧Ⅳ
轿车	皇冠 2.5 Royal	339800	天津一汽丰田汽车有限公司	(022)27944050	外形尺寸(mm):5005×1810×1500,轴距 2925mm,整备质量 1675kg,3 厢 4 门,乘员 5 人,发动机排量2.497L,最大功率 142kW(6200 r/min),最大扭矩 236 N·m(4400 r/min),最高车速 219 km/h,油耗7.1L/100km,后驱,6 速手自一体,排放标准欧Ⅳ,真皮天窗版
轿车	皇冠 2.5 Royal	369800	天津一汽丰田汽车有限公司	(022)27944050	外形尺寸(mm):5005×1810×1500,轴距 2925mm,整备质量 1675kg,3 厢 4 门,乘员 5 人,发动机排量2.497L,最大功率 142kW(6200 r/min),最大扭矩 236 N·m(4400 r/min),最高车速 219 km/h,油耗7.1L/100km,后驱,6 速手自一体,排放标准欧Ⅳ,天窗导航版
轿车	皇冠 3.0 Royal	390800	天津一汽丰田汽车有限公司	(022)27944050	外形尺寸(mm):5005×1810×1500,轴距 2925mm,整备质量 1700kg,3 厢 4 门,乘员 5 人,发动机排量 2.995 L,最大功率 167kW(6200 r/min),最大扭矩 293 N·m(4400 r/min),最高车速 230 km/h,后驱,6 速手自一体,排放标准欧Ⅳ,真皮版
轿车	皇冠 3.0 Royal Saloon	425300	天津一汽丰田汽车有限公司	(022)27944050	外形尺寸(mm):5005×1810×1500,轴距 2925mm,整备质量 1700kg,3 厢 4 门,乘员 5 人,发动机排量2.995L,最大功率 167kW(6200 r/min),最大扭矩 293 N·m(4400 r/min),最高车速 230 km/h,后驱,6 速手自一体,排放标准欧Ⅳ

产品名称	型号规格	参考价格(元)	生产厂家	电话	主要参数及备注
轿车	皇冠 3.0 Royal Saloon	467600	天津一汽丰田汽车有限公司	(022)27944050	外形尺寸(mm):5005×1810×1500,轴距2925mm,整备质量1700kg,3厢4门,乘员5人,发动机排量2.995 L,最大功率167kW(6200 r/min),最大扭矩293 N·m(4400 r/min),最高车速230 km/h,后驱,6速手自一体,排放标准欧Ⅳ,尊享版
轿车	皇冠 3.0 Royal Saloon	499800	天津一汽丰田汽车有限公司	(022)27944050	外形尺寸(mm):5005×1810×1500,轴距2925mm,整备质量1700kg,3厢4门,乘员5人,发动机排量2.995 L,最大功率167kW(6200 r/min),最大扭矩293 N·m(4400 r/min),最高车速230 km/h,后驱,6速手自一体,排放标准欧Ⅳ,VIP版
轿车	皇冠 4.3 Royal Saloon	799500	天津一汽丰田汽车有限公司	(022)27944050	外形尺寸(mm):5005×1810×1500,轴距2925mm,整备质量1825kg,3厢4门,乘员5人,发动机排量4.293 L,最大功率208kW(5600 r/min),最大扭矩420 N·m(3500 r/min),最高车速250 km/h,油耗8.21 L/100km,后驱,6速手自一体,排放标准欧Ⅳ
轿车	皇冠 4.3 Royal Saloon	899500	天津一汽丰田汽车有限公司	(022)27944050	外形尺寸(mm):5005×1810×1500,轴距2925mm,整备质量1825kg,3厢4门,乘员5人,发动机排量4.293L,最大功率208kW(5600 r/min),最大扭矩420 N·m(3500 r/min),最高车速250 km/h,油耗8.21L/100km,后驱,6速手自一体,排放标准欧Ⅳ,VIP版
轿车	嘉年华 三厢 1.3 MT	81900	长安福特马自达汽车有限公司	(023)67458888	外形尺寸(mm):4297×1722×1467,轴距2495mm,油箱容积42L,3厢4门,乘员5人,发动机型号ZJ,排量1.349 L,额定功率63kW(6000 r/min),最大扭矩123 N·m(3500 r/min),前驱,最高车速172 km/h,5速手动,排放标准欧Ⅲ、欧Ⅳ,风尚型
轿车	嘉年华 三厢 1.5 AT	98900	长安福特马自达汽车有限公司	(023)67458888	外形尺寸(mm):4297×1722×1467,轴距2495mm,油箱容积42L,3厢4门,乘员5人,发动机型号ZY,排量1.498 L,最大功率76kW(6000 r/min),最大扭矩138 N·m(4000 r/min),前置前驱,最高车速169 km/h,4速手自一体,排放标准欧Ⅲ、欧Ⅳ,时尚型
轿车	嘉年华 三厢 1.5 AT	111900	长安福特马自达汽车有限公司	(023)67458888	外形尺寸(mm):4297×1722×1467,轴距2495mm,油箱容积42L,3厢4门,乘员5人,发动机型号ZY,排量1.498 L,最大功率76kW(6000 r/min),最大扭矩138 N·m(4000 r/min),前置前驱,最高车速169 km/h,4速手自一体,排放标准欧Ⅲ、欧Ⅳ,豪华版
轿车	嘉年华 三厢 1.5 MT	90900	长安福特马自达汽车有限公司	(023)67458888	外形尺寸(mm):4297×1722×1467,轴距2495mm,油箱容积42L,3厢4门,乘员5人,发动机型号ZY,排量1.498 L,最大功率76kW(6000 r/min),最大扭矩138 N·m(4000 r/min),前置前驱,最高车速183 km/h,5速手动,排放标准欧Ⅲ、欧Ⅳ,时尚型

产品名称	型号规格	参考价格(元)	生产厂家	电话	主要参数及备注
轿车	江南奥拓 JNJ7082	21800	众泰控股集团有限公司	(0579) 87229888	外形尺寸(mm):3300×1405×1410(1480 带行李架),轴距2175mm,整备质量645kg,2厢5门,乘员5人,发动机型号JN368QA,排量0.796L,最大功率26.5kW(5500 r/min),最大扭矩60.5N·m(3500~4500 r/min),最高车速120 km/h,油箱容积30L,4速手动,前驱,排放标准国Ⅲ,标准型
轿车	江南奥拓 JNJ7082	23800	众泰控股集团有限公司	(0579) 87229888	外形尺寸(mm):3300×1405×1410(1480 带行李架),轴距2175mm,整备质量645kg,2厢5门,乘员5人,发动机型号JN368QA,排量0.796L,最大功率26.5kW(5500 r/min),最大扭矩60.5N·m(3500~4500 r/min),最高车速120 km/h,油箱容积30L,4速手动,前驱,排放标准国Ⅲ,豪华型
轿车	捷达 柴油先锋	98800	一汽大众汽车有限公司	(0431) 85990888	外形尺寸(mm):4415×1674×1415,轴距2471mm,整备质量1114kg,3厢4门,乘员5人,发动机排量1.896 L,额定功率47kW(4000 r/min),最大扭矩125 N·m(2000~2600 r/min),最高车速150 km/h,5速手动,前驱,排放标准国Ⅲ
轿车	捷达 伙伴	75800	一汽大众汽车有限公司	(0431) 85990888	外形尺寸(mm):4415×1674×1415,轴距2471mm,整备质量1091kg,3厢4门,乘员5人,发动机型号EA113,排量1.595L,额定功率70kW(5600 r/min),最大扭矩140 N·m(3500 r/min),最高车速175 km/h,5速手动,前驱,排放标准国Ⅳ
轿车	捷达 前卫	88800	一汽大众汽车有限公司	(0431) 85990888	外形尺寸(mm):4415×1674×1415,轴距2471mm,整备质量1091kg,3厢4门,乘员5人,发动机型号EA113,排量1.595L,额定功率70kW(5600 r/min),最大扭矩140 N·m(3500 r/min),最高车速175 km/h,5速手动,前驱,排放标准国Ⅳ
轿车	金鹰1.5L-4AT	51800	浙江吉利控股集团汽车销售有限公司	(0571) 87766666	外形尺寸(mm):3995×1692×1435,轴距2502mm,整备质量1080kg,2厢4门,乘员5人,发动机型号JL4G15-F,排量1.498 L,最大功率78kW(6000 r/min),最大扭矩135 N·m(4800 r/min),最高车速160 km/h,燃汽油,4速自动,前驱,排放标准国Ⅲ、国Ⅳ,基本型
轿车	金鹰1.5L-4AT	53800	浙江吉利控股集团汽车销售有限公司	(0571) 87766666	外形尺寸(mm):3995×1692×1435,轴距2502mm,整备质量1080kg,2厢4门,乘员5人,发动机型号JL4G15-F,排量1.498 L,最大功率78kW(6000 r/min),最大扭矩135 N·m(4800 r/min),最高车速160 km/h,燃汽油,4速自动,前驱,排放标准国Ⅲ、国Ⅳ,无敌版

产品名称	型号规格	参考价格(元)	生产厂家	电话	主要参数及备注
轿车	金鹰1.5L－4AT	55800	浙江吉利控股集团汽车销售有限公司	(0571)87766666	外形尺寸(mm):3995×1692×1435,轴距2502mm,整备质量1080kg,2厢4门,乘员5人,发动机型号JL4G15－F,排量1.498L,最大功率78kW(6000 r/min),最大扭矩135 N·m(4800 r/min),最高车速160 km/h,燃汽油,4速自动,前驱,排放标准国Ⅲ、国Ⅳ,标准型
轿车	金鹰1.5L－4AT	59800	浙江吉利控股集团汽车销售有限公司	(0571)87766666	外形尺寸(mm):3995×1692×1435,轴距2502mm,整备质量1080kg,2厢4门,乘员5人,发动机型号JL4G15－F,排量1.498L,最大功率78kW(6000 r/min),最大扭矩135 N·m(4800 r/min),最高车速160 km/h,燃汽油,4速自动,前驱,排放标准国Ⅲ、国Ⅳ,豪华型
轿车	金鹰1.5L－4AT	62800	浙江吉利控股集团汽车销售有限公司	(0571)87766666	外形尺寸(mm):3995×1692×1435,轴距2502mm,整备质量1080kg,2厢4门,乘员5人,发动机型号JL4G15－F,排量1.498L,最大功率78kW(6000 r/min),最大扭矩135 N·m(4800 r/min),最高车速160 km/h,燃汽油,4速自动,前驱,排放标准国Ⅲ、国Ⅳ,导航型
轿车	金鹰1.5L－5MT	45800	浙江吉利控股集团汽车销售有限公司	(0571)87766666	外形尺寸(mm):3995×1692×1435,轴距2502mm,整备质量1060kg,2厢4门,乘员5人,发动机型号MR479QA,排量1.498L,最大功率69kW(6000 r/min),最大扭矩128 N·m(3400 r/min),最高车速165 km/h,燃汽油,5速手动,前驱,排放标准国Ⅲ、国Ⅳ,基本型
轿车	金鹰1.5L－5MT	47800	浙江吉利控股集团汽车销售有限公司	(0571)87766666	外形尺寸(mm):3995×1692×1435,轴距2502mm,整备质量1060kg,2厢4门,乘员5人,发动机型号MR479QA,排量1.498L,最大功率69kW(6000 r/min),最大扭矩128 N·m(3400 r/min),最高车速165 km/h,燃汽油,5速手动,前驱,排放标准国Ⅲ、国Ⅳ,无敌版
轿车	金鹰1.5L－5MT	49800	浙江吉利控股集团汽车销售有限公司	(0571)87766666	外形尺寸(mm):3995×1692×1435,轴距2502mm,整备质量1060kg,2厢4门,乘员5人,发动机型号MR479QA,排量1.498L,最大功率69kW(6000 r/min),最大扭矩128 N·m(3400 r/min),最高车速165 km/h,燃汽油,5速手动,前驱,排放标准国Ⅲ、国Ⅳ,标准型
轿车	金鹰1.5L－5MT	53800	浙江吉利控股集团汽车销售有限公司	(0571)87766666	外形尺寸(mm):3995×1692×1435,轴距2502mm,整备质量1060kg,2厢4门,乘员5人,发动机型号MR479QA,排量1.498L,最大功率69kW(6000 r/min),最大扭矩128 N·m(3400 r/min),最高车速165 km/h,燃汽油,5速手动,前驱,排放标准国Ⅲ、国Ⅳ,豪华型

产品名称	型号规格	参考价格（元）	生产厂家	电话	主要参数及备注
轿车	金鹰1.5L－5MT	56800	浙江吉利控股集团汽车销售有限公司	（0571）87766666	外形尺寸（mm）：3995×1692×1435，轴距 2502mm，整备质量1060kg，2 厢 4 门，乘员 5 人，发动机型号 MR479QA 排量1.498 L，最大功率69kW（6000 r/min），最大扭矩 128 N·m（3400 r/min），最高车速 165 km/h，燃汽油，5 速手动，前驱，排放标准国Ⅲ、国Ⅳ，导航型
轿车	经典版自由舰 1.3 L－MT	42800	浙江吉利控股集团汽车销售有限公司	（0571）87766666	外形尺寸（mm）：4194×1680×1440，轴距 2434mm，整备质量1052kg，油箱容积45L，3 厢4 门，乘员 5 人，发动机型号 MR479Q，排量1.342 L，最大功率 63kW（6000 r/min），最大扭矩 110 N·m（5200 r/min），最高车速150 km/h，5 速手动，前驱，排放标准国Ⅲ、国Ⅳ，基本型
轿车	经典版自由舰 1.3 L－MT	46800	浙江吉利控股集团汽车销售有限公司	（0571）87766666	外形尺寸（mm）：4194×1680×1440，轴距 2434mm，整备质量1052kg，油箱容积45L，3 厢4 门，乘员 5 人，发动机型号 MR479Q，排量1.342 L，最大功率 63kW（6000 r/min），最大扭矩 110 N·m（5200 r/min），最高车速150 km/h，5 速手动，前驱，排放标准国Ⅲ、国Ⅳ，标准型
轿车	晶锐 1.4 AT	93900	上海大众汽车有限公司	（021）95000789	外形尺寸（mm）：3992×1642×1500，轴距 2465mm，5 门，乘员 5 人，发动机排量1.39L，最大功率63kW（5000 r/min），最大扭矩130 N·m（3750 r/min），最高车速 167 km/h，6 速手自一体，排放标准国Ⅳ，晶致版
轿车	晶锐 1.4 AT	104900	上海大众汽车有限公司	（021）95000789	外形尺寸（mm）：3992×1642×1500，轴距 2465mm，5 门，乘员 5 人，发动机排量1.39L，最大功率63kW（5000 r/min），最大扭矩130 N·m（3750 r/min），最高车速 167 km/h，6 速手自一体，排放标准国Ⅳ，晶灵版
轿车	晶锐 1.4 AT	112900	上海大众汽车有限公司	（021）95000789	外形尺寸（mm）：3992×1642×1500，轴距 2465mm，5 门，乘员 5 人，发动机排量1.39L，最大功率63kW（5000 r/min），最大扭矩130 N·m（3750 r/min），最高车速 167 km/h，6 速手自一体，排放标准国Ⅳ，晶享版
轿车	晶锐 1.4 MT	81900	上海大众汽车有限公司	（021）95000789	外形尺寸（mm）：3992×1642×1500，轴距 2465mm，5 门，乘员 5 人，发动机排量1.39L，最大功率63kW（5000 r/min），最大扭矩130 N·m（3750 r/min），最高车速 173 km/h，5 速手动，排放标准国Ⅳ，晶致版
轿车	晶锐 1.4 MT	92900	上海大众汽车有限公司	（021）95000789	外形尺寸（mm）：3992×1642×1500，轴距 2465mm，5 门，乘员 5 人，发动机排量1.39L，最大功率63kW（5000 r/min），最大扭矩130 N·m（3750 r/min），最高车速 173 km/h，5 速手动，排放标准国Ⅳ，晶灵版

产品名称	型号规格	参考价格（元）	生产厂家	电话	主要参数及备注
轿车	晶锐 1.6 AT	109900	上海大众汽车有限公司	（021）95000789	外形尺寸（mm）：3992×1642×1500，轴距 2465mm，5 门，乘员 5 人，发动机排量 1.598 L，最大功率 77kW（5000 r/min），最大扭矩 155 N·m（3800 r/min），最高车速 180 km/h，6 速手自一体，排放标准国Ⅳ，晶灵版
轿车	晶锐 1.6 AT	117900	上海大众汽车有限公司	（021）95000789	外形尺寸（mm）：3992×1642×1500，轴距 2465mm，5 门，乘员 5 人，发动机排量 1.598 L，最大功率 77kW（5000 r/min），最大扭矩 155 N·m（3800 r/min），最高车速 180 km/h，6 速手自一体，排放标准国Ⅳ，晶享版
轿车	晶锐 1.6 MT	97900	上海大众汽车有限公司	（021）95000789	外形尺寸（mm）：3992×1642×1500，轴距 2465mm，5 门，乘员 5 人，发动机排量 1.598L，最大功率 77kW（5000 r/min），最大扭矩 155 N·m（3800 r/min），最高车速 185 km/h，5 速手动，排放标准国Ⅳ，晶灵版
轿车	精致版自由舰 1.3 L－MT	48800	浙江吉利控股集团汽车销售有限公司	（0571）87766666	外形尺寸（mm）：4194×1680×1440，轴距 2434mm，整备质量 1052kg，油箱容积 45L，3 厢 4 门，乘员 5 人，发动机型号 MR479Q，排量 1.342 L，最大功率 63kW（6000 r/min），最大扭矩 110 N·m（5200 r/min），最高车速 150 km/h，5 速手动，前驱，排放标准国Ⅲ、国Ⅳ，标准型
轿车	精致版自由舰 1.3 L－MT	50800	浙江吉利控股集团汽车销售有限公司	（0571）87766666	外形尺寸（mm）：4194×1680×1440，轴距 2434mm，整备质量 1052kg，油箱容积 45L，3 厢 4 门，乘员 5 人，发动机型号 MR479Q，排量 1.342 L，最大功率 63kW（6000 r/min），最大扭矩 110 N·m（5200 r/min），最高车速 150 km/h，5 速手动，前驱，排放标准国Ⅲ、国Ⅳ，舒适型
轿车	精致版自由舰 1.3 L－MT	53800	浙江吉利控股集团汽车销售有限公司	（0571）87766666	外形尺寸（mm）：4194×1680×1440，轴距 2434mm，整备质量 1052kg，油箱容积 45L，3 厢 4 门，乘员 5 人，发动机型号 MR479Q，排量 1.342 L，最大功率 63kW（6000 r/min），最大扭矩 110 N·m（5200 r/min），最高车速 150 km/h，5 速手动，前驱，排放标准国Ⅲ、国Ⅳ，豪华型
轿车	精致版自由舰 1.5 L－4AT	55800	浙江吉利控股集团汽车销售有限公司	（0571）87766666	外形尺寸（mm）：4194×1680×1440，轴距 2434mm，整备质量 1052kg，油箱容积 45L，3 厢 4 门，乘员 5 人，发动机型号 MR479QA，排量 1.498L，最大功率 69kW（6000 r/min），最大扭矩 128 N·m（3400 r/min），最高车速 160 km/h，4 速自动，前驱，排放标准国Ⅲ、国Ⅳ，标准型
轿车	景程 1.8L SE AT	139900	上海通用汽车有限公司	（021）28902890	外形尺寸（mm）：4820×1807×1450，轴距 2700mm，整备质量 1485kg，3 厢 4 门，乘员 5 人，发动机排量 1.798 L，最大功率 105kW（6200 r/min），最大扭矩 177 N·m（3800 r/min），最高车速 185 km/h，油耗 6.3L/100km，6 速手自一体，排放标准欧Ⅳ，舒适型

产品名称	型号规格	参考价格(元)	生产厂家	电话	主要参数及备注
轿车	景程 1.8L SE MT	129900	上海通用汽车有限公司	(021)28902890	外形尺寸(mm):4820×1807×1450,轴距 2700mm,整备质量 1460kg,3 厢 4 门,乘员 5 人,发动机排量 1.798 L,最大功率 105kW(6200 r/min),最大扭矩 177 N·m(3800 r/min),最高车速 190 km/h,油耗6.3L/100km,5 速手动,排放标准欧Ⅳ,舒适型
轿车	景程 1.8L SL MT	108800	上海通用汽车有限公司	(021)28902890	外形尺寸(mm):4820×1807×1450,轴距 2700mm,整备质量 1460kg,3 厢 4 门,乘员 5 人,发动机排量 1.798 L,最大功率 105kW(6200 r/min),最大扭矩 177 N·m(3800 r/min),最高车速 190 km/h,油耗6.3L/100km,5 速手动,排放标准欧Ⅳ,致真型
轿车	景程 1.8L SX AT	154900	上海通用汽车有限公司	(021)28902890	外形尺寸(mm):4820×1807×1450,轴距 2700mm,整备质量 1485kg,3 厢 4 门,乘员 5 人,发动机排量1.798L,最大功率 105kW(6200 r/min),最大扭矩 177 N·m(3800 r/min),最高车速 185 km/h,油耗6.3L/100km,6 速手自一体,排放标准欧Ⅳ,豪华型
轿车	景程 1.8L SX AT	161900	上海通用汽车有限公司	(021)28902890	外形尺寸(mm):4820×1807×1450,轴距 2700mm,整备质量 1485kg,3 厢 4 门,乘员 5 人,发动机排量1.798L,最大功率 105kW(6200 r/min),最大扭矩 177 N·m(3800 r/min),最高车速 185 km/h,油耗6.3L/100km,6 速手自一体,排放标准欧Ⅳ,豪华导航型
轿车	景程 1.8L SX MT	144900	上海通用汽车有限公司	(021)28902890	外形尺寸(mm):4820×1807×1450,轴距 2700mm,整备质量 1460kg,3 厢 4 门,乘员 5 人,发动机排量 1.798 L,最大功率 105kW(6200 r/min),最大扭矩 177 N·m(3800 r/min),最高车速 190 km/h,油耗6.3L/100km,5 速手动,排放标准欧Ⅳ,豪华型
轿车	景程 1.8L SX MT	151900	上海通用汽车有限公司	(021)28902890	外形尺寸(mm):4820×1807×1450,轴距 2700mm,整备质量 1460kg,3 厢 4 门,乘员 5 人,发动机排量1.798L,最大功率 105kW(6200 r/min),最大扭矩 177 N·m(3800 r/min),最高车速 190 km/h,油耗6.3L/100km,5 速手动,排放标准欧Ⅳ,豪华导航型
轿车	景逸 1.5XL AMT	69900	东风柳州汽车有限公司	(0772)3281111	外形尺寸(mm):4320×1804×1620,轴距 2685mm,整备质量 1300kg,2 厢 5 门,乘员 5 人,发动机型号 4A91S,排量1.499L,最大功率 88kW(6000 r/min),最大扭矩 143 N·m(4000 r/min),最高车速 165 km/h,前置前驱,6 速序列变速,排放标准国Ⅳ,舒适型
轿车	景逸 1.5XL AMT	73900	东风柳州汽车有限公司	(0772)3281111	外形尺寸(mm):4320×1804×1620,轴距 2685mm,整备质量 1300kg,2 厢 5 门 5 座,发动机型号 4A91S,排量 1.499 L,最大功率 88kW(6000 r/min),最大扭矩 143 N·m(4000 r/min),最高车速 165 km/h,前置前驱,6 速序列变速,排放标准国Ⅳ,豪华型

产品名称	型号规格	参考价格(元)	生产厂家	电话	主要参数及备注
轿车	景逸 1.5XL AMT	76900	东风柳州汽车有限公司	(0772)3281111	外形尺寸(mm):4320×1804×1620,轴距 2685mm,整备质量1300kg,2厢5门5座,发动机型号4A91S,排量1.499L,最大功率88kW(6000 r/min),最大扭矩143 N·m(4000 r/min),最高车速165 km/h,前置前驱,6速序列变速,排放标准国Ⅳ,尊享型
轿车	景逸 1.5XL AMT	81900	东风柳州汽车有限公司	(0772)3281111	外形尺寸(mm):4320×1804×1620,轴距 2685mm,整备质量1300kg,2厢5门5座,发动机型号4A91S,排量1.499L,最大功率88kW(6000 r/min),最大扭矩143 N·m(4000 r/min),最高车速165 km/h,前置前驱,6速序列变速,排放标准国Ⅳ,尊贵型
轿车	景逸 1.5XL AMT	86900	东风柳州汽车有限公司	(0772)3281111	外形尺寸(mm):4320×1804×1620,轴距 2685mm,整备质量1300kg,2厢5门5座,发动机型号4A91S,排量1.499L,最大功率88kW(6000 r/min),最大扭矩143 N·m(4000 r/min),最高车速165 km/h,前置前驱,6速序列变速,排放标准国Ⅳ,旗舰型
轿车	景逸 1.5XL MT	59900	东风柳州汽车有限公司	(0772)3281111	外形尺寸(mm):4320×1804×1620,轴距 2685mm,整备质量1280kg,2厢5门5座,发动机型号4A91S,排量1.499L,最大功率88kW(6000 r/min),最大扭矩143 N·m(4000 r/min),最高车速170 km/h,前置前驱,5速手动,排放标准国Ⅳ,标准型
轿车	景逸 1.5XL MT	63900	东风柳州汽车有限公司	(0772)3281111	外形尺寸(mm):4320×1804×1620,轴距 2685mm,整备质量1280kg,2厢5门5座,发动机型号4A91S,排量1.499L,最大功率88kW(6000 r/min),最大扭矩143 N·m(4000 r/min),最高车速170 km/h,前置前驱,5速手动,排放标准国Ⅳ,舒适型
轿车	景逸 1.5XL MT	66900	东风柳州汽车有限公司	(0772)3281111	外形尺寸(mm):4320×1804×1620,轴距 2685mm,整备质量1280kg,2厢5门5座,发动机型号4A91S,排量1.499L,最大功率88kW(6000 r/min),最大扭矩143 N·m(4000 r/min),最高车速170 km/h,前置前驱,5速手动,排放标准国Ⅳ,豪华型
轿车	景逸 1.5XL MT	69900	东风柳州汽车有限公司	(0772)3281111	外形尺寸(mm):4320×1804×1620,轴距 2685mm,整备质量1280kg,2厢5门5座,发动机型号4A91S,排量1.499L,最大功率88kW(6000 r/min),最大扭矩143 N·m(4000 r/min),最高车速170 km/h,前置前驱,5速手动,排放标准国Ⅳ,尊享型
轿车	景逸 1.5XL MT	74900	东风柳州汽车有限公司	(0772)3281111	外形尺寸(mm):4320×1804×1620,轴距 2685mm,整备质量1280kg,2厢5门5座,发动机型号4A91S,排量1.499L,最大功率88kW(6000 r/min),最大扭矩143 N·m(4000 r/min),最高车速170 km/h,前置前驱,5速手动,排放标准国Ⅳ,尊贵型

产品名称	型号规格	参考价格(元)	生产厂家	电话	主要参数及备注
轿车	景逸 1.5XL MT	79900	东风柳州汽车有限公司	(0772)3281111	外形尺寸(mm):4320×1804×1620,轴距 2685mm,整备质量 1280kg,2 厢 5 门 5 座,发动机型号 4A91S,排量1.499L,最大功率 88kW(6000 r/min),最大扭矩 143 N·m(4000 r/min),最高车速 170 km/h,前置前驱,5 速手动,排放标准国Ⅳ,旗舰型
轿车	景逸 1.8L	89800	东风柳州汽车有限公司	(0772)3281111	外形尺寸(mm):4320×1804×1620,整备质量 1500kg,乘员 5 人,发动机排量1.834L,最大功率 103kW(6500 r/min),最大扭矩 168 N·m(5000 r/min),最高车速 180 km/h,油耗 6.8 L/100km,5 速手动,排放标准欧Ⅳ,舒适型
轿车	景逸 1.8L	108800	东风柳州汽车有限公司	(0772)3281111	外形尺寸(mm):4320×1804×1620,整备质量 1500kg,乘员 5 人,发动机排量1.834L,最大功率 103kW(6500 r/min),最大扭矩 168 N·m(5000 r/min),最高车速 180 km/h,油耗 6.8 L/100km,5 速手动,排放标准欧Ⅳ,豪华型
轿车	景逸 1.8L	85800	东风柳州汽车有限公司	(0772)3281111	外形尺寸(mm):4320×1804×1620,轴距 2650mm,整备质量 1450kg,乘员 5 人,发动机型号 4G93,排量 1.834 L,最大功率 103kW(6500 r/min),最大扭矩 168 N·m(5000 r/min),最高车速 180 km/h,油耗6.8L/100km,5 速手动,排放标准国Ⅳ,舒适型
轿车	景逸 TT 1.8T AT	129800	东风柳州汽车有限公司	(0772)3281111	外形尺寸(mm):4320×1804×1620,轴距 2685mm,2 厢 5 门 5 座,发动机型号 18K4G,排量 1.796L,最大功率 118kW(5500 r/min),最大扭矩 215 N·m(2100~4000 r/min),最高车速 195 km/h,5 速自动,排放标准国Ⅳ,劲悦版
轿车	景逸 TT 1.8T AT	145800	东风柳州汽车有限公司	(0772)3281111	外形尺寸(mm):4320×1804×1620,轴距 2685mm,2 厢 5 门 5 座,发动机型号 18K4G,排量 1.796L,最大功率 118kW(5500 r/min),最大扭矩 215 N·m(2100~4000 r/min),最高车速 195 km/h,5 速自动,排放标准国Ⅳ,逸动版
轿车	景逸 TT 1.8T MT	119800	东风柳州汽车有限公司	(0772)3281111	外形尺寸(mm):4320×1804×1620,轴距 2685mm,2 厢 5 门 5 座,发动机型号 18E4G,排量 1.796L,最大功率 118kW(5500 r/min),最大扭矩 215 N·m(2100~4000 r/min),最高车速 195 km/h,5 速手动,排放标准国Ⅳ,劲悦版
轿车	君威2.0T	258900	上海通用汽车有限公司	(021)28902890	外形尺寸(mm):4830×1856×1484,轴距 2737mm,发动机排量 1.998L,最大功率 162kW(5300 r/min),最大扭矩 350 N·m(2000~4000 r/min),最高车速 232 km/h,前驱,6 速三自一体,排放标准国Ⅳ,豪华运动版

产品名称	型号规格	参考价格（元）	生产厂家	电话	主要参数及备注
轿车	君威2.0T	269900	上海通用汽车有限公司	(021) 28902890	外形尺寸(mm):4830×1856×1484,轴距2737mm,发动机排量1.998L,最大功率162kW(5300 r/min),最大扭矩350 N·m(2000~4000 r/min),最高车速232 km/h,前驱,6速手自一体,排放标准国Ⅳ,旗舰运动版
轿车	君威2.4	203900	上海通用汽车有限公司	(021) 28902890	外形尺寸(mm):4830×1856×1484,轴距2737mm,发动机排量2.384L,最大功率125kW(6400 r/min),最大扭矩225 N·m(4800 r/min),最高车速205 km/h,前驱,6速手自一体,排放标准国Ⅳ,舒适版
轿车	君威2.4	228900	上海通用汽车有限公司	(021) 28902890	外形尺寸(mm):4830×1856×1484,轴距2737mm,发动机排量2.384L,最大功率125kW(6400 r/min),最大扭矩225 N·m(4800 r/min),最高车速205 km/h,前驱,6速手自一体,排放标准国Ⅳ,豪华版
轿车	君威2.4	248900	上海通用汽车有限公司	(021) 28902890	外形尺寸(mm):4830×1856×1484,轴距2737mm,发动机排量2.384L,最大功率125kW(6400 r/min),最大扭矩225 N·m(4800 r/min),最高车速205 km/h,前驱,6速手自一体,排放标准国Ⅳ,旗舰版
轿车	君越 2.0T	259900	上海通用汽车有限公司	(021) 28902890	外形尺寸(mm):5000×1858×1497,轴距2837mm,3厢4门5座,发动机排量1.998 L,最大功率162kW(5300 r/min),最大扭矩350 N·m(2000~4000 r/min),最高车速230 km/h,6速手自一体,排放标准国Ⅳ,舒适版
轿车	君越 2.0T	287900	上海通用汽车有限公司	(021) 28902890	外形尺寸(mm):5000×1858×1497,轴距2837mm,3厢4门5座,发动机排量1.998 L,最大功率162kW(5300 r/min),最大扭矩350 N·m(2000~4000 r/min),最高车速230 km/h,6速手自一体,排放标准国Ⅳ,豪雅版
轿车	君越 2.4L	219900	上海通用汽车有限公司	(021) 28902890	外形尺寸(mm):5000×1858×1497,轴距2837mm,3厢4门5座,发动机排量2.384L,最大功率125kW(6400 r/min),最大扭矩225 N·m(4800 r/min),最高车速200 km/h,6速手自一体,排放标准国Ⅳ,舒适版
轿车	君越 2.4L	232900	上海通用汽车有限公司	(021) 28902890	外形尺寸(mm):5000×1858×1497,轴距2837mm,3厢4门5座,发动机排量2.384L,最大功率125kW(6400 r/min),最大扭矩225 N·m(4800 r/min),最高车速200 km/h,6速手自一体,排放标准国Ⅳ,雅致版
轿车	君越 2.4L	252900	上海通用汽车有限公司	(021) 28902890	外形尺寸(mm):5000×1858×1497,轴距2837mm,3厢4门5座,发动机排量2.384L,最大功率125kW(6400 r/min),最大扭矩225 N·m(4800 r/min),最高车速200 km/h,6速手自一体,排放标准国Ⅳ,豪雅版

产品名称	型号规格	参考价格(元)	生产厂家	电话	主要参数及备注
轿车	君越 2.4L	272900	上海通用汽车有限公司	(021)28902890	外形尺寸(mm):5000×1858×1497,轴距 2837mm,3 厢 4 门 5 座,发动机排量2.384L,最大功率 125kW(6400 r/min),最大扭矩 225 N·m(4800 r/min),最高车速 200 km/h,6 速手自一体,排放标准国Ⅳ,豪华版
轿车	君越 3.0L	322900	上海通用汽车有限公司	(021)28902890	外形尺寸(mm):5000×1858×1497,轴距 2837mm,3 厢 4 门 5 座,发动机排量2.994L,最大功率 190kW(6800 r/min),最大扭矩 296 N·m(5600 r/min),最高车速 215 km/h,6 速手自一体,排放标准国Ⅳ,旗舰版
轿车	卡罗拉 1.6GL AT	131800	天津一汽丰田汽车有限公司	(022)27944050	外形尺寸(mm):4545×1760×1490,轴距 2600mm,油箱容积 55L,整备质量 1280kg,3 厢 4 门 5 座,发动机型号 1ZR－FE,排量 1.598L,最大功率 90kW(6000 r/min),最大扭矩 154 N·m(5200 r/min),最高车速 180 km/h,4 速自动,排放标准国Ⅳ
轿车	卡罗拉 1.6GL AT	140800	天津一汽丰田汽车有限公司	(022)27944050	外形尺寸(mm):4545×1760×1490,轴距 2600mm,油箱容积 55L,整备质量 1290kg,3 厢 4 门 5 座,发动机型号 1ZR－FE,排量1.598L,最大功率 90kW(6000 r/min),最大扭矩 154 N·m(5200 r/min),最高车速 180 km/h,4 速自动,排放标准国Ⅳ,纪念版
轿车	卡罗拉 1.6GL MT	123800	天津一汽丰田汽车有限公司	(022)27944050	外形尺寸(mm):4545×1760×1490,轴距 2600mm,油箱容积 55L,整备质量 1265kg,3 厢 4 门 5 座,发动机型号 1ZR－FE,排量 1.598L,最大功率 90kW(6000 r/min),最大扭矩 154 N·m(5200 r/min),最高车速 195 km/h,5 速手动,排放标准国Ⅳ
轿车	卡罗拉 1.6GL MT	132800	天津一汽丰田汽车有限公司	(022)27944050	外形尺寸(mm):4545×1760×1490,轴距 2600mm,油箱容积 55L,整备质量 1275kg,3 厢 4 门 5 座,发动机型号 1ZR－FE,排量1.598L,最大功率 90kW(6000 r/min),最大扭矩 154 N·m(5200 r/min),最高车速 195 km/h,5 速手动,排放标准国Ⅳ,纪念版
轿车	卡罗拉 1.8GL－I CVT	147800	天津一汽丰田汽车有限公司	(022)27944050	外形尺寸(mm):4545×1760×1490,轴距 2600mm,油箱容积 55L,整备质量 1320kg,3 厢 4 门 5 座,发动机型号 2ZR－FE,排量 1.798L,最大功率 100kW(6000 r/min),最大扭矩 175 N·m(4400 r/min),最高车速 185 km/h,无级变速,排放标准国Ⅳ
轿车	卡罗拉 1.8GL－I CVT	151800	天津一汽丰田汽车有限公司	(022)27944050	外形尺寸(mm):4545×1760×1490,轴距 2600mm,油箱容积 55L,整备质量 1320kg,3 厢 4 门 5 座,发动机型号 2ZR－FE,排量 1.798L,最大功率 100kW(6000 r/min),最大扭矩 175 N·m(4400 r/min),最高车速 185 km/h,无级变速,排放标准国Ⅳ,纪念版

产品名称	型号规格	参考价格（元）	生产厂家	电话	主要参数及备注
轿车	卡罗拉 1.8GL – I MT	137800	天津一汽丰田汽车有限公司	（022）27944050	外形尺寸（mm）：4545×1760×1490，轴距 2600mm，油箱容积 55L，整备质量 1305kg，3 厢 4 门 5 座，发动机型号 2ZR – FE，排量 1.798L，最大功率 100kW（6000 r/min），最大扭矩 175 N·m（4400 r/min），最高车速 195 km/h，6 速手动，排放标准国Ⅳ
轿车	卡罗拉 1.8GL – I MT	141800	天津一汽丰田汽车有限公司	（022）27944050	外形尺寸（mm）：4545×1760×1490，轴距 2600mm，油箱容积 55L，整备质量 1305kg，3 厢 4 门 5 座，发动机型号 2ZR – FE，排量 1.798L，最大功率 100kW（6000 r/min），最大扭矩 175 N·m（4400 r/min），最高车速 195 km/h，6 速手动，排放标准国Ⅳ，纪念版
轿车	卡罗拉 GL – S CVT	152800	天津一汽丰田汽车有限公司	（022）27944050	外形尺寸（mm）：4555×1760×1490，轴距 2600mm，油箱容积 55L，整备质量 1320kg，3 厢 4 门 5 座，发动机型号 2ZR – FE，排量 1.798L，最大功率 100kW（6000 r/min），最大扭矩 175 N·m（4400 r/min），最高车速 185 km/h，无级变速，排放标准国Ⅳ
轿车	卡罗拉 GL – S MT	142800	天津一汽丰田汽车有限公司	（022）27944050	外形尺寸（mm）：4555×1760×1490，轴距 2600mm，油箱容积 55L，整备质量 1305kg，3 厢 4 门 5 座，发动机型号 2ZR – FE，排量 1.798L，最大功率 100kW（6000 r/min），最大扭矩 175 N·m（4400 r/min），最高车速 195 km/h，6 速手动，排放标准国Ⅳ
轿车	卡罗拉 GLX – i	150800	天津一汽丰田汽车有限公司	（022）27944050	外形尺寸（mm）：4545×1760×1490，轴距 2600mm，油箱容积 55L，整备质量 1315kg，3 厢 4 门 5 座，发动机型号 2ZR – FE，排量 1.798L，最大功率 100kW（6000 r/min），最大扭矩 175 N·m（4400 r/min），最高车速 195 km/h，6 速手动，排放标准国Ⅳ
轿车	卡罗拉 GLX – i	160800	天津一汽丰田汽车有限公司	（022）27944050	外形尺寸（mm）：4545×1760×1490，轴距 2600mm，油箱容积 55L，整备质量 1335kg，3 厢 4 门 5 座，发动机型号 2ZR – FE，排量 1.798L，最大功率 100kW（6000 r/min），最大扭矩 175 N·m（4400 r/min），最高车速 185 km/h，无级变速，排放标准国Ⅳ
轿车	卡罗拉 GLX – S	155800	天津一汽丰田汽车有限公司	（022）27944050	外形尺寸（mm）：4555×1760×1490，轴距 2600mm，油箱容积 55L，整备质量 1320kg，3 厢 4 门 5 座，发动机型号 2ZR – FE，排量 1.798L，最大功率 100kW（6000 r/min），最大扭矩 175 N·m（4400 r/min），最高车速 195 km/h，6 速手动，排放标准国Ⅳ
轿车	卡罗拉 GLX – S	165800	天津一汽丰田汽车有限公司	（022）27944050	外形尺寸（mm）：4555×1760×1490，轴距 2600mm，油箱容积 55L，整备质量 1340kg，3 厢 4 门 5 座，发动机型号 2ZR – FE，排量 1.798L，最大功率 100kW（6000 r/min），最大扭矩 175 N·m（4400 r/min），最高车速 185 km/h，无级变速，排放标准国Ⅳ

产品名称	型号规格	参考价格(元)	生产厂家	电话	主要参数及备注
轿车	凯美瑞 200E	182800	广州丰田汽车有限公司	(020)39398888	外形尺寸(mm):4825×1820×1485,轴距 2775mm,整备质量 1490kg,3 厢 4 门 5 座 发动机型号 1AZ－FE,排量 1.998L,最大功率 108kW(6000 r/min),最大扭矩 190 N·m(4000 r/min),最高车速 196 km/h,前置前驱,油箱容积 70L,4 速自动,排放标准国Ⅳ,精英版
轿车	凯美瑞 200G	192800	广州丰田汽车有限公司	(020)39398888	外形尺寸(mm):4825×1820×1485,轴距 2775mm,整备质量 1520kg,3 厢 4 门 5 座 发动机型号 1AZ－FE,排量 1.998L,最大功率 108kW(6000 r/min),最大扭矩 190 N·m(4000 r/min),最高车速 196 km/h,前置前驱,油箱容积 70L,4 速自动,排放标准国Ⅳ,经典版
轿车	凯美瑞 200G	202800	广州丰田汽车有限公司	(020)39398888	外形尺寸(mm):4825×1820×1485,轴距 2775mm,整备质量 1520kg,3 厢 4 门 5 座,发动机型号 1AZ－FE,排量 1.998L,最大功率 108kW(6000 r/min),最大扭矩 190 N·m(4000 r/min),最高车速 196 km/h,前置前驱,油箱容积 70L,4 速自动,排放标准国Ⅳ,豪华版
轿车	凯美瑞 200G G－BOOK	231800	广州丰田汽车有限公司	(020)39398888	外形尺寸(mm):4825×1820×1485,轴距 2775mm,整备质量 1520kg,3 厢 4 门 5 座,发动机型号 1AZ－FE,排量 1.998L,最大功率 108kW(6000 r/min),最大扭矩 190 N·m(4000 r/min),最高车速 196 km/h,前置前驱,油箱容积 70L,4 速自动,排放标准国Ⅳ,智能领航版
轿车	凯美瑞 200G Navi	223800	广州丰田汽车有限公司	(020)39398888	外形尺寸(mm):4825×1820×1485,轴距 2775mm,整备质量 1520kg,3 厢 4 门 5 座,发动机型号 1AZ－FE,排量 1.998L,最大功率 108kW(6000 r/min),最大扭矩 190 N·m(4000 r/min),最高车速 196 km/h,前置前驱,油箱容积 70L,4 速自动,排放标准国Ⅳ,豪华导航版
轿车	凯美瑞 240G	214800	广州丰田汽车有限公司	(020)39398888	外形尺寸(mm):4825×1820×1485,轴距 2775mm,整备质量 1520kg,3 厢 4 门 5 座,发动机型号 2AZ－FE,排量 2.362L,最大功率 123kW(6000 r/min),最大扭矩 224 N·m(4000 r/min),最高车速 202 km/h,前置前驱,5 速手自动一体,排放标准国Ⅳ,经典版
轿车	凯美瑞 240G	226800	广州丰田汽车有限公司	(020)39398888	外形尺寸(mm):4825×1820×1485,轴距 2775mm,整备质量 1520kg,3 厢 4 门 5 座,发动机型号 2AZ－FE,排量 2.362L,最大功率 123kW(6000 r/min),最大扭矩 224 N·m(4000 r/min),最高车速 202 km/h,前置前驱,5 速手自动一体,排放标准国Ⅳ,豪华版

产品名称	型号规格	参考价格(元)	生产厂家	电话	主要参数及备注
轿车	凯美瑞 240G G-BOOK	253800	广州丰田汽车有限公司	(020)39398888	外形尺寸(mm):4825×1820×1485,轴距2775mm,整备质量1520kg,3厢4门5座,发动机型号2AZ-FE,排量2.362L,最大功率123kW(6000 r/min),最大扭矩224 N·m(4000 r/min),最高车速202 km/h,前置前驱,5速手自动一体,排放标准国Ⅳ,智能领航版
轿车	凯美瑞 240G Navi	247800	广州丰田汽车有限公司	(020)39398888	外形尺寸(mm):4825×1820×1485,轴距2775mm,整备质量1520kg,3厢4门5座,发动机型号2AZ-FE,排量2.362L,最大功率123kW(6000 r/min),最大扭矩224 N·m(4000 r/min),最高车速202 km/h,前置前驱,5速手自动一体,排放标准国Ⅳ,豪华导航版
轿车	凯美瑞 240V	253800	广州丰田汽车有限公司	(020)39398888	外形尺寸(mm):4825×1820×1485,轴距2775mm,整备质量1550kg,3厢4门5座,发动机型号2AZ-FE,排量2.362L,最大功率123kW(6000 r/min),最大扭矩224 N·m(4000 r/min),最高车速202 km/h,前置前驱,5速手自动一体,排放标准国Ⅳ,至尊版
轿车	凯美瑞 240V G-BOOK	283800	广州丰田汽车有限公司	(020)39398888	外形尺寸(mm):4825×1820×1485,轴距2775mm,整备质量1550kg,3厢4门5座,发动机型号2AZ-FE,排量2.362L,最大功率123kW(6000 r/min),最大扭矩224 N·m(4000 r/min),最高车速202 km/h,前置前驱,5速手自动一体,排放标准国Ⅳ,智能领航版
轿车	凯美瑞 240V Navi	273800	广州丰田汽车有限公司	(020)39398888	外形尺寸(mm):4825×1820×1485,轴距2775mm,整备质量1550kg,3厢4门5座,发动机型号2AZ-FE,排量2.362L,最大功率123kW(6000 r/min),最大扭矩224 N·m(4000 r/min),最高车速202 km/h,前置前驱,5速手自动一体,排放标准国Ⅳ,至尊导航版
轿车	凯旋 2.0L AT	162800	神龙汽车有限公司	(027)84299881	外形尺寸(mm):4802×1773×1512,轴距2710mm,整备质量1424kg,3厢4门5座,发动机型号PSARFN10LH3X,排量1.997L,最大功率108kW(6000 r/min),最大扭矩200 N·m(4000 r/min),最高车速205 km/h,4速手自一体变速,前驱,排放标准国Ⅳ,经典版
轿车	凯旋 2.0L AT	172800	神龙汽车有限公司	(027)84299881	外形尺寸(mm):4802×1773×1512,轴距2710mm,整备质量1424kg,3厢4门5座,发动机型号PSARFN10LH3X,排量1.997L,最大功率108kW(6000 r/min),最大扭矩200 N·m(4000 r/min),最高车速205 km/h,4速手自一体变速,前驱,排放标准国Ⅳ,科技版

产品名称	型号规格	参考价格（元）	生产厂家	电话	主要参数及备注
轿车	凯旋 2.0L MT	149800	神龙汽车有限公司	（027）84299881	外形尺寸（mm）：4802 × 1773 × 1512，轴距 2710mm，整备质量 1397kg，3 厢 4 门 5 座，发动机型号 PSARFN10LH3X，排量1.997L，最大功率 108kW（6000 r/min），最大扭矩 200 N · m（4000 r/min），最高车速 205 km/h，5 速手动，前驱，排放标准国Ⅳ，经典版
轿车	凯旋 2.0L MT	159800	神龙汽车有限公司	（027）84299881	外形尺寸（mm）：4802 × 1773 × 1512，轴距 2710mm，整备质量 1397kg，3 厢 4 门 5 座，发动机型号 PSARFN10LH3X，排量1.997L，最大功率 108kW（6000 r/min），最大扭矩 200 N · m（4000 r/min），最高车速 205 km/h，5 速手动，前驱，排放标准国Ⅳ，科技版
轿车	蓝瑟1.6L EXi AT	104800	东南（福建）汽车工业有限公司	（0591）22766566	外形尺寸（mm）：4400 × 1700 × 1415，轴距 2500mm，整备质量 1370kg，3 厢 4 门 5 座，发动机型号 DA4G18，排量1.584L，额定功率73.5kW（6000 r/min），最大扭矩 133 N · m（4250 r/min），前置前驱，4 速手自一体，排放标准欧Ⅳ，卓越版，豪华型
轿车	蓝瑟1.6L EXi MT	94800	东南（福建）汽车工业有限公司	（0591）22766566	外形尺寸（mm）：4400 × 1700 × 1415，轴距 2500mm，整备质量 1330kg，3 厢 4 门 5 座，发动机型号 DA4G18，排量1.584L，额定功率73.5kW（6000 r/min），最大扭矩 133 N · m（4250 r/min），前置前驱，5 速手动，排放标准欧Ⅳ，卓越版，豪华型
轿车	蓝瑟1.6L EXi MT	104800	东南（福建）汽车工业有限公司	（0591）22766566	外形尺寸（mm）：4400 × 1700 × 1415，轴距 2500mm，整备质量 1330kg，3 厢 4 门 5 座，发动机型号 DA4G18，排量 1.584 L，额定功率 73.5 kW（6000 r/min），最大扭矩 133 N · m（4250 r/min），前置前驱，5 速手动，排放标准欧Ⅳ，豪华运动型
轿车	蓝瑟1.6L SEi AT	99800	东南（福建）汽车工业有限公司	（0591）22766566	外形尺寸（mm）：4400 × 1700 × 1415，轴距 2500mm，整备质量 1370kg，3 厢 4 门 5 座，发动机型号 DA4G18，排量1.584L，额定功率73.5kW（6000 r/min），最大扭矩 133 N · m（4250 r/min），前置前驱，4 速手自一体，排放标准欧Ⅳ，舒适运动型
轿车	蓝瑟1.6L SEi MT	85800	东南（福建）汽车工业有限公司	（0591）22766566	外形尺寸（mm）：4400 × 1700 × 1415，轴距 2500mm，整备质量 1330kg，3 厢 4 门 5 座，发动机型号 DA4G18，排量1.584L，额定功率73.5kW（6000 r/min），最大扭矩 133 N · m（4250 r/min），前置前驱，5 速手动，排放标准欧Ⅳ，卓越版，舒适型
轿车	蓝瑟1.6L SEi MT	89800	东南（福建）汽车工业有限公司	（0591）22766566	外形尺寸（mm）：4400 × 1700 × 1415，轴距 2500mm，整备质量 1330kg，3 厢 4 门 5 座，发动机型号 DA4G18，排量1.584L，额定功率73.5kW（6000 r/min），最大扭矩 133 N · m（4250 r/min），前置前驱，5 速手动，排放标准欧Ⅳ，舒适运动型

产品名称	型号规格	参考价格（元）	生产厂家	电话	主要参数及备注
轿车	蓝瑟翼神 1.8 L CVT	129800	东南（福建）汽车工业有限公司	(0591) 22766566	外形尺寸(mm):4570×1760×1490,轴距2635mm,整备质量1365kg,3厢4门5座,发动机型号4B10,排量1.798 L,最大功率100kW(6000 r/min),最大扭矩175 N·m(4250 r/min),最高车速190 km/h,6速CVT,排放标准欧Ⅳ,舒适型
轿车	蓝瑟翼神 1.8 L CVT	147800	东南（福建）汽车工业有限公司	(0591) 22766566	外形尺寸(mm):4570×1760×1490,轴距2635mm,整备质量1365kg,3厢4门5座,发动机型号4B10,排量1.798L,最大功率100kW(6000 r/min),最大扭矩175 N·m(4250 r/min),最高车速190 km/h,6速CVT,排放标准欧Ⅳ,豪华型
轿车	蓝瑟翼神 1.8 L MT	109800	东南（福建）汽车工业有限公司	(0591) 22766566	外形尺寸(mm):4570×1760×1490,轴距2635mm,整备质量1335kg,3厢4门5座,发动机型号4B10,排量1.798L,最大功率100kW(6000 r/min),最大扭矩175 N·m(4250 r/min),最高车速200 km/h,5速手动,排放标准欧Ⅳ,睿智型
轿车	蓝瑟翼神 1.8 L MT	116800	东南（福建）汽车工业有限公司	(0591) 22766566	外形尺寸(mm):4570×1760×1490,轴距2635mm,整备质量1335kg,3厢4门5座,发动机型号4B10,排量1.798L,最大功率100kW(6000 r/min),最大扭矩175 N·m(4250 r/min),最高车速200 km/h,5速手动,排放标准欧Ⅳ,舒适型
轿车	蓝瑟翼神 2.0 L CVT	169800	东南（福建）汽车工业有限公司	(0591) 22766566	外形尺寸(mm):4570×1760×1490,轴距2635mm,整备质量1400kg,3厢4门5座,发动机型号4B11,排量1.998L,最大功率112kW(6000 r/min),最大扭矩197 N·m(4250 r/min),最高车速195 km/h,6速CVT,排放标准欧Ⅳ,旗舰型
轿车	蓝瑟翼神 2.0 L MT	148800	东南（福建）汽车工业有限公司	(0591) 22766566	外形尺寸(mm):4570×1760×1490,轴距2635mm,整备质量1360kg,3厢4门5座,发动机型号4B11,排量1.998 L,最大功率112kW(6000 r/min),最大扭矩197 N·m(4250 r/min),最高车速200 km/h,5速手动,排放标准欧Ⅳ,豪华型
轿车	朗逸1.4TSI DSG	162800	上海大众汽车有限公司	(021) 95000789	外形尺寸(mm):4608×1743×1465,轴距2610mm,油箱容积55L,整备质量1325kg,3厢4门5座,发动机型号CFB,排量1.39L,最大功率96kW(5000 r/min),最大扭矩220 N·m(1750～3500 r/min),最高车速200 km/h,排放标准国Ⅳ,7速双离合自动变速,运动版
轿车	朗逸1.6L	112800	上海大众汽车有限公司	(021) 95000789	外形尺寸(mm):4608×1740×1465,轴距2610mm,油箱容积55L,整备质量1245kg,3厢4门5座,发动机型号CDE,排量1.598L,最大功率77kW(5000 r/min),最大扭矩155 N·m(3800 r/min),最高车速180 km/h,油耗5.8 L/100km,前驱,排放标准国Ⅳ,5速手动,品悠版

产品名称	型号规格	参考价格（元）	生产厂家	电话	主要参数及备注
轿车	朗逸1.6L	122800	上海大众汽车有限公司	（021）95000789	外形尺寸（mm）：4608×1740×1465，轴距2610mm，油箱容积55L，整备质量1245kg，3厢4门5座，发动机型号CDE，排量1.598L，最大功率77kW（5000r/min），最大扭矩155N·m（3800r/min），最高车速180km/h，油耗5.8L/100km，前驱，排放标准国Ⅳ，5速手动，品雅版
轿车	朗逸1.6L	133800	上海大众汽车有限公司	（021）95000789	外形尺寸（mm）：4608×1740×1465，轴距2610mm，油箱容积55L，整备质量1245kg，3厢4门5座，发动机型号CDE，排量1.598L，最大功率77kW（5000r/min），最大扭矩155N·m（3800r/min），最高车速180km/h，油耗5.8L/100km，前驱，排放标准国Ⅳ，5速手动，品轩版
轿车	朗逸1.6L	114800	上海大众汽车有限公司	（021）95000789	外形尺寸（mm）：4608×1740×1465，轴距2610mm，油箱容积55L，整备质量1245kg，3厢4门5座，发动机型号CDE，排量1.598L，最大功率77kW（5000r/min），最大扭矩155N·m（3800r/min），最高车速180km/h，油耗5.8L/100km，前驱，排放标准国Ⅳ，5速手动，品悠进享版
轿车	朗逸1.6L	124300	上海大众汽车有限公司	（021）95000789	外形尺寸（mm）：4608×1740×1465，轴距2610mm，油箱容积55L，整备质量1245kg，3厢4门5座，发动机型号CDE，排量1.598L，最大功率77kW（5000r/min），最大扭矩155N·m（3800r/min），最高车速180km/h，油耗5.8L/100km，前驱，排放标准国Ⅳ，5速手动，品雅进享版
轿车	朗逸1.6L	124800	上海大众汽车有限公司	（021）95000789	外形尺寸（mm）：4608×1740×1465，轴距2610mm，油箱容积55L，整备质量1285kg，3厢4门5座，发动机型号CDE，排量1.598L，最大功率77kW（5000r/min），最大扭矩155N·m（3800r/min），最高车速174km/h，油耗6.0L/100km，前驱，排放标准国Ⅳ，6速手自动一体，品悠版
轿车	朗逸1.6L	134800	上海大众汽车有限公司	（021）95000789	外形尺寸（mm）：4608×1740×1465，轴距2610mm，油箱容积55L，整备质量1285kg，3厢4门5座，发动机型号CDE，排量1.598L，最大功率77kW（5000r/min），最大扭矩155N·m（3800r/min），最高车速174km/h，油耗6.0L/100km，前驱，排放标准国Ⅳ，6速手自动一体，品雅版
轿车	朗逸1.6L	145800	上海大众汽车有限公司	（021）95000789	外形尺寸（mm）：4608×1740×1465，轴距2610mm，油箱容积55L，整备质量1285kg，3厢4门5座，发动机型号CDE，排量1.598L，最大功率77kW（5000r/min），最大扭矩155N·m（3800r/min），最高车速174km/h，油耗6.0L/100km，前驱，排放标准国Ⅳ，6速手自动一体，品轩版

产品名称	型号规格	参考价格（元）	生产厂家	电话	主要参数及备注
轿车	朗逸1.6L	136300	上海大众汽车有限公司	(021) 95000789	外形尺寸(mm):4608×1740×1465,轴距2610mm,油箱容积55L,整备质量1285kg,3厢4门5座,发动机型号CDE,排量1.598L,最大功率77kW(5000r/min),最大扭矩155N·m(3800r/min),最高车速174km/h,油耗6.0L/100km,前驱,排放标准国Ⅳ,6速手自动一体,品雅进享版
轿车	朗逸1.6L	153800	上海大众汽车有限公司	(021) 95000789	外形尺寸(mm):4608×1740×1465,轴距2610mm,油箱容积55L,整备质量1285kg,3厢4门5座,发动机型号CDE,排量1.598L,最大功率77kW(5000r/min),最大扭矩155N·m(3800r/min),最高车速174km/h,油耗6.0L/100km,前驱,排放标准国Ⅳ,6速手自动一体,品轩进享版
轿车	朗逸2.0L	126800	上海大众汽车有限公司	(021) 95000789	外形尺寸(mm):4608×1743×1465,轴距2610mm,油箱容积55L,整备质量1283kg,3厢4门5座,发动机型号CEN,排量1.984L,最大功率88kW(5000r/min),最大扭矩180N·m(3750r/min),最高车速190km/h,油耗6.0L/100km,排放标准国Ⅳ,5速手动,品雅版
轿车	朗逸2.0L	137800	上海大众汽车有限公司	(021) 95000789	外形尺寸(mm):4608×1743×1465,轴距2610mm,油箱容积55L,整备质量1283kg,3厢4门5座,发动机型号CEN,排量1.984L,最大功率88kW(5000r/min),最大扭矩180N·m(3750r/min),最高车速190km/h,油耗6.0L/100km,排放标准国Ⅳ,5速手动,品轩版
轿车	朗逸2.0L	149800	上海大众汽车有限公司	(021) 95000789	外形尺寸(mm):4608×1743×1465,轴距2610mm,油箱容积55L,整备质量1323kg,3厢4门5座,发动机型号CEN,排量1.984L,最大功率88kW(5000r/min),最大扭矩180N·m(3750r/min),最高车速185km/h,油耗6.3L/100km,排放标准国Ⅳ,6速手自动一体,品轩版
轿车	乐驰1.0L MT	39800	上汽通用五菱汽车股份有限公司	(0772) 8895050	外形尺寸(mm):3545×1495×1523,轴距2340mm,油箱容积35L,整备质量880kg,2厢5门5座,发动机型号F8CV,排量0.995L,最大功率51kW(6000r/min),最大扭矩90N·m(4800r/min),最高车速140km/h,前置前驱,5速手动,排放标准国Ⅳ,优越型
轿车	乐驰1.0L MT	43300	上汽通用五菱汽车股份有限公司	(0772) 8895050	外形尺寸(mm):3545×1495×1523,轴距2340mm,油箱容积35L,整备质量880kg,2厢5门5座,发动机型号F8CV,排量0.995L,最大功率51kW(6000r/min),最大扭矩90N·m(4800r/min),最高车速140km/h,前置前驱,5速手动,排放标准国Ⅳ,活力型

产品名称	型号规格	参考价格（元）	生产厂家	电话	主要参数及备注
轿车	乐驰1.0L MT	46800	上汽通用五菱汽车股份有限公司	(0772)8895050	外形尺寸(mm):3545×1495×1523,轴距2340mm 油箱容积35L,整备质量880kg,2厢5门5座,发动机型号F8CV,排量0.995L,最大功率51kW(6000r/min),最大扭矩90N·m(4800r/min),最高车速140km/h,前置前驱,5速手动,排放标准国Ⅳ,时尚型
轿车	乐驰1.2L MT	42800	上汽通用五菱汽车股份有限公司	(0772)8895050	外形尺寸(mm):3565×1515×1510,轴距2340mm 油箱容积35L,整备质量880kg,2厢5门5座,发动机型号LMU,排量1.206L,最大功率63kW(6000r/min),最大扭矩108N·m(4000r/min),最高车速160km/h,前置前驱,5速手动,排放标准国Ⅲ、国Ⅳ,运动版优越型
轿车	乐驰1.2L MT	45800	上汽通用五菱汽车股份有限公司	(0772)8895050	外形尺寸(mm):3565×1515×1510,轴距2340mm,油箱容积35L,整备质量880kg,2厢5门5座,发动机型号LMU,排量1.206L,最大功率63kW(6000r/min),最大扭矩108N·m(4000r/min),最高车速160km/h,前置前驱,5速手动,排放标准国Ⅲ、国Ⅳ,运动版活力型
轿车	乐驰1.2L MT	49800	上汽通用五菱汽车股份有限公司	(0772)8895050	外形尺寸(mm):3565×1515×1510,轴距2340mm,油箱容积35L,整备质量880kg,2厢5门5座,发动机型号LMU,排量1.206L,最大功率63kW(6000r/min),最大扭矩108N·m(4000r/min),最高车速160km/h,前置前驱,5速手动,排放标准国Ⅲ、国Ⅳ,运动版时尚型
轿车	乐风1.4AT	89900	上海通用汽车有限公司	(021)28902890	外形尺寸(mm):4345×1690×1507,轴距2480mm,行李箱容积400L,油箱容积45L,整备质量1145kg,3厢4门5座,发动机排量1.399L,最大功率69kW(6200r/min),最大扭矩128N·m(3200r/min),最高车速165km/h,4速自动,前驱,排放标准欧Ⅳ,风尚版
轿车	乐风1.4MT	81900	上海通用汽车有限公司	(021)28902890	外形尺寸(mm):4345×1690×1507,轴距2480mm,行李箱容积400L,油箱容积45L 整备质量1140kg,3厢4门5座,发动机排量1.399L,最大功率69kW(6200r/min),最大扭矩128N·m(3200r/min),最高车速170km/h,5速手动,前驱,排放标准欧Ⅳ,风度版
轿车	乐风1.6AT	101900	上海通用汽车有限公司	(021)28902890	外形尺寸(mm):4345×1690×1507,轴距2480mm,行李箱容积400L,油箱容积45L,整备质量1160kg,3厢4门5座,发动机排量1.598L,最大功率78kW(6000r/min),最大扭矩146N·m(3600r/min),最高车速170km/h,4速自动,前驱,排放标准欧Ⅳ,格调版

产品名称	型号规格	参考价格(元)	生产厂家	电话	主要参数及备注
轿车	乐风 1.6MT	93900	上海通用汽车有限公司	(021)28902890	外形尺寸(mm):4345×1690×1507,轴距2480mm,行李箱容积400L,油箱容积45L,整备质量1155kg,3厢4门5座,发动机排量1.598L,最大功率78kW(6000 r/min),最大扭矩146 N·m(3600 r/min),最高车速172 km/h,5速手动,前驱,排放标准欧Ⅳ,魅动版
轿车	乐睿1.3 CVT	62800	众泰控股集团有限公司	(0579)87229888	外形尺寸(mm):3970×1570×1730,轴距2420mm,整备质量1130kg,2厢5门5座,发动机型号4G13,排量1.299L,最大功率68.5kW(6000 r/min),最大扭矩113.5N·m(4500 r/min),最高车速140 km/h,手自一体,前置后驱,排放标准国Ⅲ、国Ⅳ,标准型
轿车	乐睿1.3 MT	53800	众泰控股集团有限公司	(0579)87229888	外形尺寸(mm):3970×1570×1730,轴距2420mm,整备质量1130kg,2厢5门5座,发动机型号4G13,排量1.299L,最大功率68.5kW(6000 r/min),最大扭矩113.5N·m(4500 r/min),最高车速140 km/h,5速手动,前置后驱,排放标准国Ⅲ、国Ⅳ,标准型
轿车	乐睿1.3 MT	58800	众泰控股集团有限公司	(0579)87229888	外形尺寸(mm):3970×1570×1730,轴距2420mm,整备质量1130kg,2厢5门5座,发动机型号4G13,排量1.299L,最大功率68.5kW(6000 r/min),最大扭矩113.5N·m(4500 r/min),最高车速140 km/h,5速手动,前置后驱,排放标准国Ⅲ、国Ⅳ,舒适型
轿车	乐睿1.3 MT	61800	众泰控股集团有限公司	(0579)87229888	外形尺寸(mm):3970×1570×1730,轴距2420mm,整备质量1130kg,2厢5门5座,发动机型号4G13,排量1.299L,最大功率68.5kW(6000 r/min),最大扭矩113.5N·m(4500 r/min),最高车速140 km/h,5速手动,前置后驱,排放标准国Ⅲ、国Ⅳ,豪华型
轿车	乐睿1.5 MT	62800	众泰控股集团有限公司	(0579)87229888	外形尺寸(mm):3970×1570×1730,轴距2420mm,整备质量1130kg,2厢5门5座,发动机型号4G15,排量1.488L,最大功率78kW(6000 r/min),最大扭矩134 N·m(4500 r/min),最高车速145 km/h,5速手动,前置后驱,排放标准国Ⅲ、国Ⅳ,舒适型
轿车	乐睿1.5 MT	65800	众泰控股集团有限公司	(0579)87229888	外形尺寸(mm):3970×1570×1730,轴距2420mm,整备质量1130kg,2厢5门5座,发动机型号4G15,排量1.488L,最大功率78kW(6000 r/min),最大扭矩134 N·m(4500 r/min),最高车速145 km/h,5速手动,前置后驱,排放标准国Ⅲ、国Ⅳ,豪华型

产品名称	型号规格	参考价格(元)	生产厂家	电话	主要参数及备注
轿车	骊威1.6GI AT	95800	东风日产乘用车公司	8008308899	外形尺寸(mm):4178×1690×1565,轴距2600mm,整备质量1125kg,2厢5门5座,发动机型号HR16DE,排量1.598L,最大功率77kW(6000 r/min),最大扭矩150 N·m(4400 r/min),最高车速170 km/h,油耗6.3L/100km,4速自动,前驱,排放标准欧Ⅳ,劲悦版,全能型
轿车	骊威1.6GI MT	85800	东风日产乘用车公司	8008308899	外形尺寸(mm):4178×1690×1565,轴距2600mm,整备质量1101kg,2厢5门5座,发动机型号HR16DE,排量1.598L,最大功率77kW(6000 r/min),最大扭矩150 N·m(4400 r/min),最高车速180 km/h,5速手动,前驱,排放标准欧Ⅳ,劲悦版,全能型
轿车	骊威1.6GS AT	105800	东风日产乘用车公司	8008308899	外形尺寸(mm):4178×1690×1565,轴距2600mm,整备质量1154kg,2厢5门5座,发动机型号HR16DE,排量1.598L,最大功率77kW(6000 r/min),最大扭矩150 N·m(4400 r/min),最高车速170 km/h,油耗6.3L/100km,4速自动,前驱,排放标准欧Ⅳ,劲悦版,超能型
轿车	骊威1.6GS MT	95800	东风日产乘用车公司	8008308899	外形尺寸(mm):4178×1690×1565,轴距2600mm,整备质量1130kg,2厢5门5座,发动机型号HR16DE,排量1.598L,最大功率77kW(6000 r/min),最大扭矩150 N·m(4400 r/min),最高车速180 km/h,5速手动,前驱,排放标准欧Ⅳ,劲悦版,超能型
轿车	骊威1.6GT AT	111800	东风日产乘用车公司	8008308899	外形尺寸(mm):4178×1690×1565,轴距2600mm,整备质量1154kg,2厢5门5座,发动机型号HR16DE,排量1.598L,最大功率77kW(6000 r/min),最大扭矩150 N·m(4400 r/min),最高车速170 km/h,油耗6.3L/100km,4速自动,前驱,排放标准欧Ⅳ,劲悦版,炫能型
轿车	骊威1.6GV AT	112800	东风日产乘用车公司	8008308899	外形尺寸(mm):4275×1730×1615,轴距2600mm,整备质量1140kg,2厢5门5座,发动机型号HR16DE,排量1.598L,最大功率77kW(6000 r/min),最大扭矩150 N·m(4400 r/min),最高车速170 km/h,油耗6.3L/100km,4速自动,前驱,排放标准欧Ⅳ,劲锐版,智能型
轿车	骊威1.6GV MT	102800	东风日产乘用车公司	8008308899	外形尺寸(mm):4275×1730×1615,轴距2600mm,整备质量1115kg,2厢5门5座,发动机型号HR16DE,排量1.598L,最大功率77kW(5200 r/min),最大扭矩150 N·m(4400 r/min),最高车速180 km/h,油耗6.2L/100km,5速手动,前驱,排放标准欧Ⅳ,劲锐版,智能型

产品名称	型号规格	参考价格(元)	生产厂家	电话	主要参数及备注
轿车	骊威1.6GX AT	109800	东风日产乘用车公司	8008308899	外形尺寸(mm):4275×1730×1615,轴距2600mm,整备质量1140kg,2厢5门5座,发动机型号HR16DE,排量1.598L,最大功率77kW(6000 r/min),最大扭矩150 N·m(4400 r/min),最高车速170 km/h,油耗6.3L/100km,4速自动,前驱,排放标准欧Ⅳ,劲锐版,标准型
轿车	骊威1.6GX MT	99800	东风日产乘用车公司	8008308899	外形尺寸(mm):4275×1730×1615,轴距2600mm,整备质量1115kg,2厢5门5座,发动机型号HR16DE,排量1.598L,最大功率77kW(5200 r/min),最大扭矩150 N·m(4400 r/min),最高车速180 km/h,油耗6.2L/100km,5速手动,前驱,排放标准欧Ⅳ,劲锐版,标准型
轿车	骊威1.8XE AT	129800	东风日产乘用车公司	8008308899	外形尺寸(mm):4420×1690×1590,轴距2600mm,整备质量1280kg,2厢5门5座,发动机型号MR18DE,排量1.798 L,最大功率93kW(5200 r/min),最大扭矩174 N·m(4800 r/min),最高车速180 km/h,油耗6.5 L/100km,4速自动,前驱,排放标准欧Ⅳ,劲逸版,标准型
轿车	骊威1.8XE MT	119800	东风日产乘用车公司	8008308899	外形尺寸(mm):4420×1690×1590,轴距2600mm,整备质量1260kg,2厢5门5座,发动机型号MR18DE,排量1.798L,最大功率93kW(5200 r/min),最大扭矩174 N·m(4800 r/min),最高车速190 km/h,油耗6.2 L/100km,6速手动,前驱,排放标准欧Ⅳ,劲逸版,标准型
轿车	力帆320 DX	39800	重庆力帆乘用车有限公司	(023)61663956	外形尺寸(mm):3745×1620×1430,轴距2340mm,5门5座,发动机排量1.342 L,最大功率65kW(6000 r/min),最大扭矩110 N·m(3000~5000 r/min),最高车速155 km/h,油耗4.5 L/100km,5速手动,前驱,排放标准国Ⅲ、国Ⅳ,标准型
轿车	力帆320 EX	45800	重庆力帆乘用车有限公司	(023)61663956	外形尺寸(mm):3745×1620×1430,轴距2340mm,5门5座,发动机排量1.342 L,最大功率65kW(6000 r/min),最大扭矩110 N·m(3000~5000 r/min),最高车速155 km/h,油耗4.5 L/100km,5速手动,前驱,排放标准国Ⅲ、国Ⅳ,豪华型
轿车	力帆320 LX	42800	重庆力帆乘用车有限公司	(023)61663956	外形尺寸(mm):3745×1620×1430,轴距2340mm,5门5座,发动机排量1.342 L,最大功率65kW(6000 r/min),最大扭矩110 N·m(3000~5000 r/min),最高车速155 km/h,油耗4.5 L/100km,5速手动,前驱,排放标准国Ⅲ、国Ⅳ,舒适型

产品名称	型号规格	参考价格(元)	生产厂家	电话	主要参数及备注
轿车	力帆 520 1.3L	43900	重庆力帆乘用车有限公司	(023)61663956	外形尺寸(mm):4370×1700×1473,轴距 2540mm,3 厢 4 门 5 座,发动机型号 LF479Q1,排量 1.342L,最大功率 65kW(6000 r/min),最大扭矩 110 N·m(3500~5000 r/min),最高车速 155 km/h,5 速手动,前驱,排放标准国Ⅳ,领航版,标准型
轿车	力帆 520 1.3L	45900	重庆力帆乘用车有限公司	(023)61663956	外形尺寸(mm):4370×1700×1473,轴距 2540mm,3 厢 4 门 5 座,发动机型号 LF479Q1,排量 1.342L,最大功率 65kW(6000 r/min),最大扭矩 110 N·m(3500~5000 r/min),最高车速 155 km/h,5 速手动,前驱,排放标准国Ⅳ,领航版,实用型
轿车	力帆 520 1.3L	48900	重庆力帆乘用车有限公司	(023)61663956	外形尺寸(mm):4370×1700×1473,轴距 2540mm,3 厢 4 门 5 座,发动机型号 LF479Q1,排量 1.342L,最大功率 65kW(6000 r/min),最大扭矩 110 N·m(3500~5000 r/min),最高车速 155 km/h,5 速手动,前驱,排放标准国Ⅳ,领航版,舒适型
轿车	力帆 520 1.6L	51900	重庆力帆乘用车有限公司	(023)61663956	外形尺寸(mm):4370×1700×1473,轴距 2540mm,3 厢 4 门 5 座,发动机型号 LF481Q3,发动机排量1.587L,最大功率 78kW(6000 r/min),最大扭矩 137 N·m(3500~5000 r/min),最高车速 160 km/h,5 速手动,前驱,排放标准国Ⅳ,领航版,豪华型
轿车	力帆 620 1.5MT	56800	重庆力帆乘用车有限公司	(023)61663956	外形尺寸(mm):4550×1705×1495,轴距 2605mm,3 厢 4 门 5 座,发动机型号 LF479Q2,排量 1.498L,最大功率 69kW(6000 r/min),最大扭矩 128 N·m(3500~5000 r/min),最高车速 160 km/h,5 速手动,前驱,排放标准国Ⅲ、国Ⅳ,精典版
轿车	力帆 620 1.5MT	59980	重庆力帆乘用车有限公司	(023)61663956	外形尺寸(mm):4550×1705×1495,轴距 2605mm,3 厢 4 门 5 座,发动机型号 LF479Q2,排量 1.498L,最大功率 69kW(6000 r/min),最大扭矩 128 N·m(3500~5000 r/min),最高车速 160 km/h,5 速手动,前驱,排放标准国Ⅲ、国Ⅳ,精英版
轿车	力帆 620 1.5MT	62800	重庆力帆乘用车有限公司	(023)61663956	外形尺寸(mm):4550×1705×1495,轴距 2605mm,3 厢 4 门 5 座,发动机型号 LF479Q2,排量 1.498L,最大功率 69kW(6000 r/min),最大扭矩 128 N·m(3500~5000 r/min),最高车速 160 km/h,5 速手动,前驱,排放标准国Ⅲ、国Ⅳ,精锐版
轿车	力帆 620 1.5MT	68800	重庆力帆乘用车有限公司	(023)61663956	外形尺寸(mm):4550×1705×1495,轴距 2605mm,3 厢 4 门 5 座,发动机型号 LF479Q2,排量 1.498L,最大功率 69kW(6000 r/min),最大扭矩 128 N·m(3500~5000 r/min),最高车速 160 km/h,5 速手动,前驱,排放标准国Ⅲ、国Ⅳ,精钻版

产品名称	型号规格	参考价格（元）	生产厂家	电话	主要参数及备注
轿车	力帆 620 1.6CVT	72800	重庆力帆乘用车有限公司	（023）61663956	外形尺寸（mm）：4550×1705×1495，轴距 2605mm，3 厢 4 门 5 座，发动机型号 LF481Q3，排量1.587L，最大功率 78kW（6000 r/min），最大扭矩 137 N·m（3500～5000 r/min），最高车速 160 km/h，CVT 无级变速，前驱，排放标准国Ⅲ、国Ⅳ，精锐版
轿车	力帆 620 1.6CVT	78800	重庆力帆乘用车有限公司	（023）61663956	外形尺寸（mm）：4550×1705×1495，轴距 2605mm，3 厢 4 门 5 座，发动机型号 LF481Q3，排量1.587L，最大功率 78kW（6000 r/min），最大扭矩 137 N·m（3500～5000 r/min），最高车速 160 km/h，CVT 无级变速，前驱，排放标准国Ⅲ、国Ⅳ，精钻版
轿车	力帆 620 1.6MT	70800	重庆力帆乘用车有限公司	（023）61663956	外形尺寸（mm）：4550×1705×1495，轴距 2605mm，3 厢 4 门 5 座，发动机型号 LF481Q3，排量1.587L，最大功率 78kW（6000 r/min），最大扭矩 137 N·m（3500～5000 r/min），最高车速 160 km/h，5 速手动，前驱，排放标准国Ⅲ、国Ⅳ，精英版
轿车	力帆 620 1.6MT	73800	重庆力帆乘用车有限公司	（023）61663956	外形尺寸（mm）：4550×1705×1495，轴距 2605mm，3 厢 4 门 5 座，发动机型号 LF481Q3，排量1.587L，最大功率 78kW（6000 r/min），最大扭矩 137 N·m（3500～5000 r/min），最高车速 160 km/h，5 速手动，前驱，排放标准国Ⅲ、国Ⅳ，精锐版
轿车	力帆 620 1.6MT	78800	重庆力帆乘用车有限公司	（023）61663956	外形尺寸（mm）：4550×1705×1495，轴距 2605mm，3 厢 4 门 5 座，发动机型号 LF481Q3，排量1.587L，最大功率 78kW（6000 r/min），最大扭矩 137 N·m（3500～5000 r/min），最高车速 160 km/h，5 速手动，前驱，排放标准国Ⅲ、国Ⅳ，精钻版
轿车	利亚纳二厢 CH7161AC	101600	江西昌河铃木汽车有限责任公司	（0798）8462010	外形尺寸（mm）：4230×1690×1550，轴距 2480mm，整备质量 1200kg，2 厢 5 门 5 座，发动机型号 M16A，排量1.586L，最大功率 80kW（5500 r/min），最大扭矩 144 N·m（4000 r/min），最高车速 175 km/h，燃汽油，自动变速，前驱，排放标准国Ⅳ，标准型 STD
轿车	利亚纳二厢 CH7161AC	106600	江西昌河铃木汽车有限责任公司	（0798）8462010	外形尺寸（mm）：4230×1690×1550，轴距 2480mm，整备质量 1200kg，2 厢 5 门 5 座，发动机型号 M16A，排量1.586L，最大功率 80kW（5500 r/min），最大扭矩 144 N·m（4000 r/min），最高车速 175 km/h，燃汽油，自动变速，前驱，排放标准国Ⅳ，豪华型 DLX

产品名称	型号规格	参考价格(元)	生产厂家	电话	主要参数及备注
轿车	利亚纳二厢 CH7161C	91600	江西昌河铃木汽车有限责任公司	(0798) 8462010	外形尺寸(mm):4230×1690×1550,轴距 2480mm,整备质量 1200kg,2 厢 5 门 5 座,发动机型号 M16A,排量1.586L,最大功率 80kW(5500 r/min),最大扭矩 144 N·m(4000 r/min),最高车速 180 km/h,燃汽油,5 速手动,前驱,排放标准国Ⅳ,标准型 STD
轿车	利亚纳二厢 CH7161C	96600	江西昌河铃木汽车有限责任公司	(0798) 8462010	外形尺寸(mm):4230×1690×1550,轴距 2480mm,整备质量 1200kg,2 厢 5 门 5 座,发动机型号 M16A,排量1.586L,最大功率 80kW(5500 r/min),最大扭矩 144 N·m(4000 r/min),最高车速 180 km/h,燃汽油,5 速手动,前驱,排放标准国Ⅳ,豪华型 DLX
轿车	利亚纳三厢 CH7160AC	101600	江西昌河铃木汽车有限责任公司	(0798) 8462010	外形尺寸(mm):4350×1690×1545,轴距 2480mm,整备质量 1180kg,3 厢 4 门 5 座,发动机型号 M16A,排量1.586L,最大功率 80kW(5500 r/min),最大扭矩 144 N·m(4000 r/min),最高车速 175 km/h,燃汽油,自动变速,前驱,排放标准国Ⅳ,标准型 STD
轿车	利亚纳三厢 CH7160AC	106600	江西昌河铃木汽车有限责任公司	(0798) 8462010	外形尺寸(mm):4350×1690×1545,轴距 2480mm,整备质量 1180kg,3 厢 4 门 5 座,发动机型号 M16A,排量1.586L,最大功率 80kW(5500 r/min),最大扭矩 144 N·m(4000 r/min),最高车速 175 km/h,燃汽油,自动变速,前驱,排放标准国Ⅳ,豪华型 DLX
轿车	利亚纳三厢 CH7160C	91600	江西昌河铃木汽车有限责任公司	(0798) 8462010	外形尺寸(mm):4350×1690×1545,轴距 2480mm,整备质量 1180kg,3 厢 4 门 5 座,发动机型号 M16A,排量1.586L,最大功率 80kW(5500 r/min),最大扭矩 144 N·m(4000 r/min),最高车速 180 km/h,燃汽油,5 速手动,前驱,排放标准国Ⅳ,标准型 STD
轿车	利亚纳三厢 CH7160C	96600	江西昌河铃木汽车有限责任公司	(0798) 8462010	外形尺寸(mm):4350×1690×1545,轴距 2480mm,整备质量 1180kg,3 厢 4 门 5 座,发动机型号 M16A,排量1.586L,最大功率 80kW(5500 r/min),最大扭矩 144 N·m(4000 r/min),最高车速 180 km/h,燃汽油,5 速手动,前驱,排放标准国Ⅳ,豪华型 DLX
轿车	莲花1.6L AT	101600	浙江青年乘用车集团有限公司	(0579) 89186388	外形尺寸(mm):4477×1725×1465,轴距 2600mm,油箱容积 50L,整备质量 1245kg,3 厢 4 门 5 座,发动机型号 S4PH,排量 1.597L,额定功率 82kW(6000 r/min),最大扭矩 148 N·m(4000 r/min),最高车速 185 km/h,4 速自动,前驱,排放标准欧Ⅳ,精英型

产品名称	型号规格	参考价格（元）	生产厂家	电话	主要参数及备注
轿车	莲花1.6L AT	108600	浙江青年乘用车集团有限公司	（0579）89186388	外形尺寸（mm）：4477×1725×1465，轴距2600mm，油箱容积50L，整备质量1245kg，3厢4门5座，发动机型号S4PH，排量1.597L，额定功率82kW（6000 r/min），最大扭矩148 N·m（4000 r/min），最高车速185 km/h，4速自动，前驱，排放标准欧Ⅳ，豪华型
轿车	莲花1.6L MT	91600	浙江青年乘用车集团有限公司	（0579）89186388	外形尺寸（mm）：4477×1725×1465，轴距2600mm，油箱容积50L，整备质量1220kg，3厢4门5座，发动机型号S4PH，排量1.597L，额定功率82kW（6000 r/min），最大扭矩148 N·m（4000 r/min），最高车速190 km/h，5速手动，前驱，排放标准欧Ⅳ，精英型
轿车	莲花1.6L MT	98600	浙江青年乘用车集团有限公司	（0579）89186388	外形尺寸（mm）：4477×1725×1465，轴距2600mm，油箱容积50L，整备质量1220kg，3厢4门5座，发动机型号S4PH，排量1.597L，额定功率82kW（6000 r/min），最大扭矩148 N·m（4000 r/min），最高车速190 km/h，5速手动，前驱，排放标准欧Ⅳ，豪华型
轿车	凌傲 1.3MT	54900	长城汽车股份有限公司	（0312）2192888	外形尺寸（mm）：3810×1705×1540，轴距2460mm，2厢5门5座，整备质量1100kg，发动机型号GW4G13，排量1.298 L，最大功率68kW（6000 r/min），最大扭矩118 N·m（4200 r/min），最高车速175 km/h，5速手动，排放标准欧Ⅳ，锋尚版
轿车	凌傲 1.3MT	57900	长城汽车股份有限公司	（0312）2192888	外形尺寸（mm）：3810×1705×1540，轴距2460mm，2厢5门5座，整备质量1100kg，发动机型号GW4G13，排量1.298 L，最大功率68kW（6000 r/min），最大扭矩118 N·m（4200 r/min），最高车速175 km/h，5速手动，排放标准欧Ⅳ，锋锐版
轿车	凌傲 1.3MT	61900	长城汽车股份有限公司	（0312）2192888	外形尺寸（mm）：3810×1705×1540，轴距2460mm，2厢5门5座，整备质量1100kg，发动机型号GW4G13，排量1.298 L，最大功率68kW（6000 r/min），最大扭矩118 N·m（4200 r/min），最高车速175 km/h，5速手动，排放标准欧Ⅳ，精英版
轿车	凌傲 1.5CVT	67900	长城汽车股份有限公司	（0312）2192888	外形尺寸（mm）：3810×1705×1540，轴距2460mm，2厢5门5座，整备质量1100kg，发动机型号GW4G15，排量1.497 L，最大功率77kW（6000 r/min），最大扭矩138 N·m（4200 r/min），最高车速175 km/h，无级变速，排放标准欧Ⅳ，超值版
轿车	凌傲 1.5CVT	68900	长城汽车股份有限公司	（0312）2192888	外形尺寸（mm）：3810×1705×1540，轴距2460mm，2厢5门5座，整备质量1100kg，发动机型号GW4G15，排量1.497 L，最大功率77kW（6000 r/min），最大扭矩138 N·m（4200 r/min），最高车速175 km/h，无级变速，排放标准欧Ⅳ，锋尚版

产品名称	型号规格	参考价格(元)	生产厂家	电话	主要参数及备注
轿车	凌傲 1.5CVT	71900	长城汽车股份有限公司	(0312)2192888	外形尺寸(mm):3810×1705×1540,轴距2460mm,2厢5门5座,整备质量1100kg,发动机型号GW4G15,排量1.497L,最大功率77kW(6000r/min),最大扭矩138N·m(4200r/min),最高车速175km/h,无级变速,排放标准欧Ⅳ,锋锐版
轿车	凌傲 1.5CVT	71900	长城汽车股份有限公司	(0312)2192888	外形尺寸(mm):3810×1705×1540,轴距2460mm,2厢5门5座,整备质量1100kg,发动机型号GW4G15,排量1.497L,最大功率77kW(6000r/min),最大扭矩138N·m(4200r/min),最高车速175km/h,无级变速,排放标准欧Ⅳ,尊贵版
轿车	凌傲 1.5CVT	75900	长城汽车股份有限公司	(0312)2192888	外形尺寸(mm):3810×1705×1540,轴距2460mm,2厢5门5座,整备质量1100kg,发动机型号GW4G15,排量1.497L,最大功率77kW(6000r/min),最大扭矩138N·m(4200r/min),最高车速175km/h,无级变速,排放标准欧Ⅳ,精英版
轿车	凌傲 1.5CVT	80900	长城汽车股份有限公司	(0312)2192888	外形尺寸(mm):3810×1705×1540,轴距2460mm,2厢5门5座,整备质量1100kg,发动机型号GW4G15,排量1.497L,最大功率77kW(6000r/min),最大扭矩138N·m(4200r/min),最高车速175km/h,无级变速,排放标准欧Ⅳ,天窗版
轿车	凌傲 1.5MT	57900	长城汽车股份有限公司	(0312)2192888	外形尺寸(mm):3810×1705×1540,轴距2460mm,2厢5门5座,整备质量1100kg,发动机型号GW4G15,排量1.497L,最大功率77kW(6000r/min),最大扭矩138N·m(4200r/min),最高车速175km/h,5速手动,排放标准欧Ⅳ,超值版
轿车	凌傲 1.5MT	58900	长城汽车股份有限公司	(0312)2192888	外形尺寸(mm):3810×1705×1540,轴距2460mm,2厢5门5座,整备质量1100kg,发动机型号GW4G15,排量1.497L,最大功率77kW(6000r/min),最大扭矩138N·m(4200r/min),最高车速175km/h,5速手动,排放标准欧Ⅳ,锋尚版
轿车	凌傲 1.5MT	61900	长城汽车股份有限公司	(0312)2192888	外形尺寸(mm):3810×1705×1540,轴距2460mm,2厢5门5座,整备质量1100kg,发动机型号GW4G15,排量1.497L,最大功率77kW(6000r/min),最大扭矩138N·m(4200r/min),最高车速175km/h,5速手动,排放标准欧Ⅳ,锋锐版
轿车	凌傲 1.5MT	61900	长城汽车股份有限公司	(0312)2192888	外形尺寸(mm):3810×1705×1540,轴距2460mm,2厢5门5座,整备质量1100kg,发动机型号GW4G15,排量1.497L,最大功率77kW(6000r/min),最大扭矩138N·m(4200r/min),最高车速175km/h,5速手动,排放标准欧Ⅳ,尊贵版

产品名称	型号规格	参考价格(元)	生产厂家	电话	主要参数及备注
轿车	凌傲 1.5MT	65900	长城汽车股份有限公司	(0312)2192888	外形尺寸(mm):3810×1705×1540,轴距2460mm,2厢5门5座,整备质量1100kg,发动机型号GW4G15,排量1.497L,最大功率77kW(6000 r/min),最大扭矩138 N·m(4200 r/min),最高车速175 km/h,5速手动,排放标准欧Ⅳ,精英版
轿车	凌傲 1.5MT	70900	长城汽车股份有限公司	(0312)2192888	外形尺寸(mm):3810×1705×1540,轴距2460mm,2厢5门5座,整备质量1100kg,发动机型号GW4G15,排量1.497L,最大功率77kW(6000 r/min),最大扭矩138 N·m(4200 r/min),最高车速175 km/h,5速手动,排放标准欧Ⅳ,天窗版
轿车	菱悦 V3 GL Xi CVT New	77900	东南(福建)汽车工业有限公司	(0591)22766566	外形尺寸(mm):4405×1700×1415,轴距2500mm,整备质量1130kg,3厢4门5座,发动机型号4A91,排量1.499L,最大功率88kW(6000 r/min),最大扭矩143 N·m(4000 r/min),无级变速,前驱,排放标准欧Ⅳ,豪华版
轿车	菱悦 V3 SEi CVT New	81900	东南(福建)汽车工业有限公司	(0591)22766566	外形尺寸(mm):4405×1700×1415,轴距2500mm,整备质量1130kg,3厢4门5座,发动机型号4A91,排量1.499L,最大功率88kW(6000 r/min),最大扭矩143 N·m(4000 r/min),无级变速,前驱,排放标准欧Ⅳ,旗舰版
轿车	菱悦 V3 SEi CVT New	87900	东南(福建)汽车工业有限公司	(0591)22766566	外形尺寸(mm):4405×1700×1415,轴距2500mm,整备质量1130kg,3厢4门5座,发动机型号4A91,排量1.499L,最大功率88kW(6000 r/min),最大扭矩143 N·m(4000 r/min),无级变速,前驱,排放标准欧Ⅳ,旗舰导航版
轿车	菱悦 V3 SEi MT New	77800	东南(福建)汽车工业有限公司	(0591)22766566	外形尺寸(mm):4405×1700×1415,轴距2500mm,整备质量1105kg,3厢4门5座,发动机型号4A91,排量1.499L,最大功率88kW(6000 r/min),最大扭矩143 N·m(4000 r/min),5速手动,前驱,排放标准欧Ⅳ,旗舰导航版
轿车	路宝灵动 1.0L MT	39900	哈尔滨哈飞汽车工业集团销售总公司	(0451)86506688	外形尺寸(mm):3658×1563×1547,轴距2335mm,整备质量895kg,2厢5门5座,发动机型号DAK10A,排量0.999L,额定功率68kW,最大扭矩85 N·m,最高车速140 km/h,手动变速,前驱,排放标准国Ⅲ,舒适型
轿车	路宝灵动 1.0L MT	42900	哈尔滨哈飞汽车工业集团销售总公司	(0451)86506688	外形尺寸(mm):3658×1563×1547,轴距2335mm,整备质量895kg,2厢5门5座,发动机型号DAK10A,排量0.999L,额定功率68kW,最大扭矩85 N·m,最高车速140 km/h,手动变速,前驱,排放标准国Ⅲ,豪华型

产品名称	型号规格	参考价格(元)	生产厂家	电话	主要参数及备注
轿车	路宝灵动 1.1 L AT	47500	哈尔滨哈飞汽车工业集团销售总公司	(0451) 86506688	外形尺寸(mm):3658 × 1563 × 1547,轴距 2335mm,整备质量 895kg,2 厢 5 门 5 座,发动机型号 DA468QA,排量1.075 L,额定功率 68kW,最大扭矩 87 N·m,最高车速 140 km/h,自动变速,前驱,排放标准国Ⅳ,舒适型
轿车	路宝灵动 1.1 L AT	50500	哈尔滨哈飞汽车工业集团销售总公司	(0451) 86506688	外形尺寸(mm):3658 × 1563 × 1547,轴距 2335mm,整备质量 895kg,2 厢 5 门 5 座,发动机型号 DA468QA,排量1.075 L,额定功率 68kW,最大扭矩 87 N·m,最高车速 140 km/h,自动变速,前驱,排放标准国Ⅳ,豪华型
轿车	路宝灵动 1.1 L MT	41000	哈尔滨哈飞汽车工业集团销售总公司	(0451) 86506688	外形尺寸(mm):3658 × 1563 × 1547,轴距 2335mm,整备质量 895kg,2 厢 5 门 5 座,发动机型号 DA468QA,排量1.075 L,额定功率 68kW,最大扭矩 87 N·m,最高车速 140 km/h,手动变速,前驱,排放标准国Ⅳ,舒适型
轿车	路宝灵动 1.1 L MT	44000	哈尔滨哈飞汽车工业集团销售总公司	(0451) 86506688	外形尺寸(mm):3658 × 1563 × 1547,轴距 2335mm,整备质量 895kg,2 厢 5 门 5 座,发动机型号 DA468QA,排量1.075 L,额定功率 68kW,最大扭矩 87 N·m,最高车速 140 km/h,手动变速,前驱,排放标准国Ⅳ,豪华型
轿车	路宝灵动 1.3 L MT	43400	哈尔滨哈飞汽车工业集团销售总公司	(0451) 86506688	外形尺寸(mm):3658 × 1563 × 1547,轴距 2335mm,整备质量 900kg,2 厢 5 门 5 座,发动机型号 DA471QL,排量1.302 L,额定功率 79kW,最大扭矩 108 N·m (4000 ~ 4500 r/min),最高车速 150 km/h,手动变速,前驱,排放标准国Ⅲ,舒适型
轿车	马 6 睿翼 2.0 AT	194800	一汽轿车股份有限公司	(0431) 85781240	外形尺寸(mm):4755 × 1795 × 1440,轴距 2725mm,整备质量 1423kg,3 厢 4 门 5 座,发动机排量 1.999 L,额定功率 108kW (6500 r/min),最大扭矩 184 N·m(4000 r/min),最高车速 200 km/h,油耗 8 L/100km,前置前驱,5 速手自一体,排放标准欧Ⅳ + OBD,豪华型
轿车	马 6 睿翼 2.0 MT	176800	一汽轿车股份有限公司	(0431) 85781240	外形尺寸(mm):4755 × 1795 × 1440,轴距 2725mm,整备质量 1389kg,3 厢 4 门 5 座,发动机排量 1.999 L,额定功率 108kW (6500 r/min),最大扭矩 184 N·m(4000 r/min),最高车速 205 km/h,油耗7.82L/100km,前置前驱,6 速手动,排放标准欧Ⅳ OBD
轿车	马 6 睿翼 2.5	216800	一汽轿车股份有限公司	(0431) 85781240	外形尺寸(mm):4755 × 1795 × 1440,轴距 2725mm,整备质量 1485kg,3 厢 4 门 5 座,发动机型号 L5,排量2.488 L,额定功率 124kW(6000 r/min),最大扭矩 226 N·m(4000 r/min),最高车速 203 km/h,油耗8.3L/100km,5 速手自一体,排放标准欧Ⅳ + OBD,至尊版

产品名称	型号规格	参考价格(元)	生产厂家	电话	主要参数及备注
轿车	马6 睿翼 2.5	229800	一汽轿车股份有限公司	(0431)85781240	外形尺寸(mm):4755×1795×1440,轴距 2725mm,整备质量1485kg,3厢4门5座,发动机型号 L5,排量2.488 L,额定功率124kW(6000 r/min),最大扭矩226 N·m(4000 r/min),最高车速 203 km/h,油耗8.3L/100km,5速手自一体,排放标准欧Ⅳ+OBD,尊贵版
轿车	马自达6 2.0L DX	189800	一汽轿车股份有限公司	(0431)85781240	外形尺寸(mm):4670×1780×1435,轴距 2675mm,整备质量1427kg,油箱容积 64L,3厢4门5座,发动机排量1.999L,额定功率 108kW(6500 r/min),最大扭矩 183 N·m(4000 r/min),最高车速 201 km/h,油耗 6.0 L/100km,前置前驱,5速手自一体,排放标准欧Ⅳ,豪华型
轿车	马自达6 2.0L MT	170800	一汽轿车股份有限公司	(0431)85781240	外形尺寸(mm):4670×1780×1435,轴距 2675mm,整备质量1386kg,油箱容积 64L,3厢4门5座,发动机排量1.999L,额定功率 108kW(6500 r/min),最大扭矩 183 N·m(4000 r/min),最高车速 211 km/h,油耗 5.9 L/100km,前置前驱,6速手动,排放标准欧Ⅳ
轿车	马自达 6 2.0 L SDX	199800	一汽轿车股份有限公司	(0431)85781240	外形尺寸(mm):4670×1780×1435,轴距 2675mm,整备质量1427kg,油箱容积 64L,3厢4门5座,发动机排量1.999L,额定功率 108kW(6500 r/min),最大扭矩 183 N·m(4000 r/min),最高车速 201 km/h,油耗 6.0 L/100km,前置前驱,5速手自一体,排放标准欧Ⅳ,超豪华型
轿车	马自达 6 2.0 L STD	179800	一汽轿车股份有限公司	(0431)85781240	外形尺寸(mm):4670×1780×1435,轴距 2675mm,整备质量1427kg,油箱容积 64L,3厢4门5座,发动机排量1.999L,额定功率 108kW(6500 r/min),最大扭矩 183 N·m(4000 r/min),最高车速 201 km/h,油耗 6.0 L/100km,前置前驱,5速手自一体,排放标准欧Ⅳ,时尚型
轿车	迈腾1.4TSI	193800	一汽大众汽车有限公司	(0431)85990888	外形尺寸(mm):4765×1820×1472,轴距 2709mm,整备质量1460kg,3厢4门5座,发动机排量1.390L,最大功率 96kW(5000 r/min),最大扭矩 220 N·m(1750~3500 r/min),最高车速200 km/h,油耗5.8L/100km,7速双离合变速器,排放标准国Ⅳ,标准型
轿车	迈腾1.4TSI	203800	一汽大众汽车有限公司	(0431)85990888	外形尺寸(mm):4765×1820×1472,轴距 2709mm,整备质量1460kg,3厢4门5座,发动机排量1.390L,最大功率 96kW(5000 r/min),最大扭矩 220 N·m(1750~3500 r/min),最高车速200 km/h,油耗5.8L/100km,7速双离合变速器,排放标准国Ⅳ,精英型

产品名称	型号规格	参考价格（元）	生产厂家	电话	主要参数及备注
轿车	迈腾1.8TSI	212800	一汽大众汽车有限公司	（0431）85990888	外形尺寸（mm）：4765×1820×1472，轴距 2709mm，油箱容积70L，整备质量 1540kg，3 厢 4 门5 座，发动机排量1.798L，最大功率 118kW（5000～6200 r/min），最大扭矩 250 N·m（1500～4200 r/min），最高车速 211 km/h，油耗7.7 L/100km，5 速手动，排放标准国Ⅳ，舒适型
轿车	迈腾1.8TSI+DSG	226800	一汽大众汽车有限公司	（0431）85990888	外形尺寸（mm）：4765×1820×1472，轴距 2709mm，油箱容积70L，整备质量 1570kg，3 厢 4 门5 座，发动机排量1.798L，最大功率 118kW（5000～6200 r/min），最大扭矩 250 N·m（1500～4200 r/min），最高车速 210 km/h，油耗8.5L/100km，6 速手自一体变速器，排放标准国Ⅳ，舒适型
轿车	迈腾1.8TSI+DSG	236800	一汽大众汽车有限公司	（0431）85990888	外形尺寸（mm）：4765×1820×1472，轴距 2709mm，油箱容积70L，整备质量 1570kg，3 厢 4 门5 座，发动机排量1.798L，最大功率 118kW（5000～6200 r/min），最大扭矩 250 N·m（1500～4200 r/min），最高车速 210 km/h，油耗8.5L/100km，6 速手自一体变速器，排放标准国Ⅳ，豪华型
轿车	迈腾2.0TSI+DSG	251800	一汽大众汽车有限公司	（0431）85990888	外形尺寸（mm）：4765×1820×1472，轴距 2709mm，油箱容积70L，整备质量 1575kg，3 厢 4 门5 座，发动机排量1.984L，最大功率 147kW（5000～6000 r/min），最大扭矩 280 N·m（1800～5000 r/min），最高车速 230 km/h，油耗8.6 L/100km，前置前驱，6 速手自一体变速器，排放标准国Ⅳ，舒适型
轿车	迈腾2.0TSI+DSG	263800	一汽大众汽车有限公司	（0431）85990888	外形尺寸（mm）：4765×1820×1472，轴距 2709mm，油箱容积70L，整备质量 1575kg，3 厢 4 门5 座，发动机排量1.984L，最大功率 147kW（5000～6000 r/min），最大扭矩 280 N·m（1800～5000 r/min），最高车速 230 km/h，油耗8.6 L/100km，前置前驱，6 速手自一体变速器，排放标准国Ⅳ，豪华型
轿车	蒙迪欧-致胜2.0	169800	长安福特马自达汽车有限公司	（023）67458888	外形尺寸（mm）：4854×1886×1495，轴距 2850mm，油箱容积70L，整备质量 1495kg，3 厢 4 门5 座，发动机型号 CAF488Q2，排量 1.998 L，最大功率 107kW（6000 r/min），最大扭矩 184 N·m（4500 r/min），最高车速205 km/h，前驱，5 速手动，排放标准欧Ⅳ，舒适型
轿车	蒙迪欧-致胜2.3	179800	长安福特马自达汽车有限公司	（023）67458888	外形尺寸（mm）：4854×1886×1495，轴距 2850mm，油箱容积70L，整备质量 1586kg，3 厢 4 门5 座，发动机排量2.26L，最大功率117.6kW（6500 r/min），最大扭矩 205 N·m（4500 r/min），最高车速 200 km/h，前驱，6 速手自一体，排放标准欧Ⅳ，时尚型

产品名称	型号规格	参考价格（元）	生产厂家	电话	主要参数及备注
轿车	蒙迪欧 - 致胜2.3	199800	长安福特马自达汽车有限公司	（023）67458888	外形尺寸（mm）：4854 × 1886 × 1495，轴距 2850mm，油箱容积 70L，整备质量 1586kg，3 厢 4 门 5 座，发动机排量2.26L，最大功率117.6kW（6500 r/min），最大扭矩 205 N·m（4500 r/min），最高车速 200 km/h，前驱，6 速手自一体，排放标准欧Ⅳ，豪华型
轿车	蒙迪欧 - 致胜2.3	223800	长安福特马自达汽车有限公司	（023）67458888	外形尺寸（mm）：4854 × 1886 × 1495，轴距 2850mm，油箱容积 70L，整备质量 1586kg，3 厢 4 门 5 座，发动机排量2.26L，最大功率117.6kW（6500 r/min），最大扭矩 205 N·m（4500 r/min），最高车速 200 km/h，前驱，6 速手自一体，排放标准欧Ⅳ，豪华运动型
轿车	蒙迪欧 - 致胜2.3	226800	长安福特马自达汽车有限公司	（023）67458888	外形尺寸（mm）：4854 × 1886 × 1495，轴距 2850mm，油箱容积 70L，整备质量 1586kg，3 厢 4 门 5 座，发动机排量2.26L，最大功率117.6kW（6500 r/min），最大扭矩 205 N·m（4500 r/min），最高车速 200 km/h，前驱，6 速手自一体，排放标准欧Ⅳ，至尊型
轿车	蒙迪欧 - 致胜2.3	229800	长安福特马自达汽车有限公司	（023）67458888	外形尺寸（mm）：4854 × 1886 × 1495，轴距 2850mm，油箱容积 70L，整备质量 1586kg，3 厢 4 门 5 座，发动机排量2.26L，最大功率117.6kW（6500 r/min），最大扭矩 205 N·m（4500 r/min），最高车速 200 km/h，前驱，6 速手自一体，排放标准欧Ⅳ，豪华运动型导航版
轿车	梦迪博朗 汽油	138800	众泰控股集团有限公司	（0579）87229888	外形尺寸（mm）：4089 × 1871 × 1695，轴距 2666mm，整备质量 1400kg，2 厢 5 门，发动机型号 FIAT182B6000，排量1.596L，额定功率 76kW，最大扭矩 145 N·m（4000 r/min），燃汽油，最高车速 160 km/h，5 速手动，前驱，排放标准欧Ⅳ，精锐型
轿车	梦迪博朗 汽油	141800	众泰控股集团有限公司	（0579）87229888	外形尺寸（mm）：4089 × 1871 × 1695，轴距 2666mm，整备质量 1400kg，2 厢 5 门，发动机型号 FIAT182B6000，排量1.596L，额定功率 76kW，最大扭矩 145 N·m（4000 r/min），燃汽油，最高车速 160 km/h，5 速手动，前驱，排放标准欧Ⅳ，精锐增配型
轿车	梦迪博朗 汽油	149800	众泰控股集团有限公司	（0579）87229888	外形尺寸（mm）：4089 × 1871 × 1695，轴距 2666mm，整备质量 1400kg，2 厢 5 门，发动机型号 FIAT182B6000，排量1.596L，额定功率 76kW，最大扭矩 145 N·m（4000 r/min），燃汽油，最高车速 160 km/h，5 速手动，前驱，排放标准欧Ⅳ，5 座，豪华型
轿车	梦迪博朗 汽油	158800	众泰控股集团有限公司	（0579）87229888	外形尺寸（mm）：4089 × 1871 × 1695，轴距 2666mm，整备质量 1400kg，2 厢 5 门，发动机型号 FIAT182B6000，排量1.596L，额定功率 76kW，最大扭矩 145 N·m（4000 r/min），燃汽油，最高车速 160 km/h，5 速手动，前驱，排放标准欧Ⅳ，5 座，豪华型，双天窗

产品名称	型号规格	参考价格(元)	生产厂家	电话	主要参数及备注
轿车	梦迪博朗 双燃料	149800	众泰控股集团有限公司	(0579)87229888	外形尺寸(mm):4089×1871×1695,轴距2666mm,整备质量1578kg,2厢5门,发动机型号FIAT182B6000,排量1.596L,额定功率76kW,最大扭矩143 N·m(4000 r/min)(燃汽油)、126 N·m(4000 r/min)(天然气),最高车速155 km/h,5速手动,前驱,排放标准欧Ⅳ,精锐型
轿车	梦迪博朗 双燃料	154800	众泰控股集团有限公司	(0579)87229888	外形尺寸(mm):4089×1871×1695,轴距2666mm,整备质量1578kg,2厢5门,发动机型号FIAT182B6000,排量1.596L,额定功率76kW,最大扭矩143 N·m(4000 r/min)(燃汽油)、126 N·m(4000 r/min)(天然气),最高车速155 km/h,5速手动,前驱,排放标准欧Ⅳ,精锐增配型
轿车	梦迪博朗 双燃料	159800	众泰控股集团有限公司	(0579)87229888	外形尺寸(mm):4089×1871×1695,轴距2666mm,整备质量1578kg,2厢5门,发动机型号FIAT182B6000,排量1.596L,额定功率76kW,最大扭矩143 N·m(4000 r/min)(燃汽油)、126 N·m(4000 r/min)(天然气),最高车速155 km/h,5速手动,前驱,排放标准欧Ⅳ,5座,豪华型
轿车	名驭2.0L	116800	北京现代汽车有限公司	(010)59638122	外形尺寸(mm):4770×1820×1420,3厢4门5座,发动机排量1.975L,最大功率101kW(6000 r/min),最大扭矩180 N·m(4500 r/min),前置前驱,排放标准国Ⅳ,5速手动,舒适型
轿车	名驭2.0L	121800	北京现代汽车有限公司	(010)59638122	外形尺寸(mm):4770×1820×1420,3厢4门5座,发动机排量1.975L,最大功率101kW(6000 r/min),最大扭矩180 N·m(4500 r/min),前置前驱,排放标准国Ⅳ,5速手动,豪华型
轿车	名驭2.0L	127800	北京现代汽车有限公司	(010)59638122	外形尺寸(mm):4770×1820×1420,3厢4门5座,发动机排量1.975L,最大功率101kW(6000 r/min),最大扭矩180 N·m(4500 r/min),前置前驱,排放标准国Ⅳ,4速自动,舒适型
轿车	名驭2.0L	134800	北京现代汽车有限公司	(010)59638122	外形尺寸(mm):4770×1820×1420,3厢4门5座,发动机排量1.975L,最大功率101kW(6000 r/min),最大扭矩180 N·m(4500 r/min),前置前驱,排放标准国Ⅳ,4速自动,尊贵型
轿车	名驭2.0L	139800	北京现代汽车有限公司	(010)59638122	外形尺寸(mm):4770×1820×1420,3厢4门5座,发动机排量1.975L,最大功率101kW(6000 r/min),最大扭矩180 N·m(4500 r/min),前置前驱,排放标准国Ⅳ,4速自动,导航型

产品名称	型号规格	参考价格（元）	生产厂家	电话	主要参数及备注
轿车	明锐 1.4TSI AT	161000	上海大众汽车有限公司	(021)95000789	外形尺寸(mm):4569×1769×1462,轴距2578mm,油箱容积55L,整备质量1380kg,3厢5门5座,发动机型号CFB,排量1.39L,额定功率96kW(5000 r/min),最大扭矩220 N·m(1750～3500 r/min),最高车速200 km/h,前驱,排放标准国Ⅳ,7速双离合手自一体,逸俊版
轿车	明锐 1.4TSI AT	177500	上海大众汽车有限公司	(021)95000789	外形尺寸(mm):4569×1769×1462,轴距2578mm,油箱容积55L,整备质量1380kg,3厢5门5座,发动机型号CFB,排量1.39L,额定功率96kW(5000 r/min),最大扭矩220 N·m(1750～3500 r/min),最高车速200 km/h,前驱,排放标准国Ⅳ,7速双离合手自一体,逸尊版
轿车	明锐 1.4TSI MT	147000	上海大众汽车有限公司	(021)95000789	外形尺寸(mm):4569×1769×1462,轴距2578mm,油箱容积55L,整备质量1360kg,3厢5门5座,发动机型号CFB,排量1.39L,额定功率96kW(5000 r/min),最大扭矩220 N·m(1750～3500 r/min),最高车速200 km/h,前驱,排放标准国Ⅳ,5速手动,逸俊版
轿车	明锐 1.6L AT	135400	上海大众汽车有限公司	(021)95000789	外形尺寸(mm):4569×1769×1462,轴距2578mm,油箱容积55L,整备质量1318kg,3厢5门5座,发动机型号KKQ,排量1.598L,最大功率77kW(5000 r/min),最大扭矩155 N·m(3800 r/min),最高车速180 km/h,油耗6.1L/100km,前驱,排放标准国Ⅳ,6速手自一体,逸致版
轿车	明锐 1.6L AT	149000	上海大众汽车有限公司	(021)95000789	外形尺寸(mm):4569×1769×1462,轴距2578mm,油箱容积55L,整备质量1318kg,3厢5门5座,发动机型号KKQ,排量1.598L,最大功率77kW(5000 r/min),最大扭矩155 N·m(3800 r/min),最高车速180 km/h,油耗6.1L/100km,前驱,排放标准国Ⅳ,6速手自一体,逸俊版
轿车	明锐 1.6L AT	165500	上海大众汽车有限公司	(021)95000789	外形尺寸(mm):4569×1769×1462,轴距2578mm,油箱容积55L,整备质量1318kg,3厢5门5座,发动机型号KKQ,排量1.598L,最大功率77kW(5000 r/min),最大扭矩155 N·m(3300 r/min),最高车速180 km/h,油耗6.1L/100km,前驱,排放标准国Ⅳ,6速手自一体,逸尊版
轿车	明锐 1.6L MT	123400	上海大众汽车有限公司	(021)95000789	外形尺寸(mm):4569×1769×1462,轴距2578mm,油箱容积55L,整备质量1285kg,3厢5门5座,发动机型号KHW,排量1.598L,最大功率77kW(5000 r/min),最大扭矩155 N·m(3800 r/min),最高车速185 km/h,油耗5.9L/100km,前驱,排放标准国Ⅳ,5速手动,逸致版

产品名称	型号规格	参考价格（元）	生产厂家	电话	主要参数及备注
轿车	明锐 1.6L MT	137000	上海大众汽车有限公司	（021）95000789	外形尺寸（mm）：4569×1769×1462，轴距 2578mm，油箱容积 55L，整备质量 1285kg，3 厢 5 门 5 座，发动机型号 KHW，排量 1.598L，最大功率 77kW（5000 r/min），最大扭矩 155 N·m（3800 r/min），最高车速 185 km/h，油耗 5.9 L/100km，前驱，排放标准国Ⅳ，5 速手动，逸俊版
轿车	明锐 1.8TSI AT	169000	上海大众汽车有限公司	（021）95000789	外形尺寸（mm）：4569×1769×1462，轴距 2578mm，油箱容积 55L，整备质量 1410kg，3 厢 5 门 5 座，发动机型号 BYJ，排量 1.798L，最大功率 118kW（5000～6200 r/min），最大扭矩 250 N·m（1500～4200 r/min），油耗 6.3 L/100km，最高车速 213 km/h，排放标准国Ⅳ，6 速手自动一体，逸俊版
轿车	明锐 1.8TSI AT	185500	上海大众汽车有限公司	（021）95000789	外形尺寸（mm）：4569×1769×1462，轴距 2578mm，油箱容积 55L，整备质量 1410kg，3 厢 5 门 5 座，发动机型号 BYJ，排量 1.798L，最大功率 118kW（5000～6200 r/min），最大扭矩 250 N·m（1500～4200 r/min），油耗 6.3 L/100km，最高车速 213 km/h，排放标准国Ⅳ，6 速手自动一体，逸尊版
轿车	明锐 2.0MPI AT	152000	上海大众汽车有限公司	（021）95000789	外形尺寸（mm）：4569×1769×1462，轴距 2578mm，油箱容积 55L，整备质量 1346kg，3 厢 5 门 5 座，发动机型号 BXX，排量 1.984L，最大功率 85kW（5200 r/min），最大扭矩 170 N·m（4000 r/min），油耗 6.3 L/100km，最高车速 186 km/h，排放标准国Ⅳ，6 速手自动一体，逸俊版
轿车	明锐 2.0MPI MT	140000	上海大众汽车有限公司	（021）95000789	外形尺寸（mm）：4569×1769×1462，轴距 2578mm，油箱容积 55L，整备质量 1310kg，3 厢 5 门 5 座，发动机型号 BXX，排量 1.984L，最大功率 85kW（5200 r/min），最大扭矩 170 N·m（4000 r/min），油耗 6.0 L/100km，最高车速 192 km/h，排放标准国Ⅳ，5 速手动，逸俊版
轿车	奇瑞 A1 1.3 AMT	56800	奇瑞汽车有限公司	（0553）5951286	外形尺寸（mm）：3700×1578×1564，轴距 2390mm，整备质量 1049kg，2 厢 5 门 5 座，发动机排量 1.297L，额定功率 61kW（6000 r/min），最大扭矩 114 N·m（3800～4500 r/min），最高车速 156 km/h，5 速手自一体，前驱，排放标准国Ⅳ，舒适型
轿车	奇瑞 A1 1.3 MT	45800	奇瑞汽车有限公司	（0553）5951286	外形尺寸（mm）：3700×1578×1564，轴距 2390mm，整备质量 1040kg，2 厢 5 门 5 座，发动机排量 1.297L，额定功率 61kW（6000 r/min），最大扭矩 114 N·m（3800～4500 r/min），最高车速 156 km/h，5 速手动，前驱，排放标准国Ⅲ、国Ⅳ，实力型

产品名称	型号规格	参考价格（元）	生产厂家	电话	主要参数及备注
轿车	奇瑞 A1 1.3 MT	49800	奇瑞汽车有限公司	(0553)5951286	外形尺寸(mm):3700×1578×1564,轴距 2390mm,整备质量 1040kg,2 厢 5 门 5 座,发动机排量1.297L,额定功率 61kW(6000 r/min),最大扭矩 114 N·m(3800~4500 r/min),最高车速 156 km/h,5 速手动,前驱,排放标准国Ⅲ、国Ⅳ,舒适型
轿车	奇瑞 A1 1.3 MT	55800	奇瑞汽车有限公司	(0553)5951286	外形尺寸(mm):3700×1578×1564,轴距 2390mm,整备质量 1040kg,2 厢 5 门 5 座,发动机排量1.297L,额定功率 61kW(6000 r/min),最大扭矩 114 N·m(3800~4500 r/min),最高车速 156 km/h,5 速手动,前驱,排放标准国Ⅲ、国Ⅳ,豪华型
轿车	奇瑞 QQ me 1.3－AMT	65000	奇瑞汽车有限公司	(0553)5951286	外形尺寸(mm):3747×1597×1514,轴距 2315mm,2 厢 2 门,乘员 4 人,发动机排量1.297L,最大功率 61kW(6000 r/min),最大扭矩 114 N·m(3800~4500 r/min),最高车速 161 km/h,经济油耗 4.5 L/100km,5 速手自一体,前驱,排放标准国Ⅳ,自由巡航型
轿车	奇瑞 QQ me 1.3－AMT	69000	奇瑞汽车有限公司	(0553)5951286	外形尺寸(mm):3747×1597×1514,轴距 2315mm,2 厢 2 门,乘员 4 人,发动机排量1.297L,最大功率 61kW(6000 r/min),最大扭矩 114 N·m(3800~4500 r/min),最高车速 161 km/h,经济油耗 4.5 L/100km,5 速手自一体,前驱,排放标准国Ⅳ,快乐巡航型
轿车	奇瑞 QQ me 1.3－MT	55000	奇瑞汽车有限公司	(0553)5951286	外形尺寸(mm):3747×1597×1514,轴距 2315mm,2 厢 2 门,乘员 4 人,发动机排量1.297 L,最大功率 61kW(6000 r/min),最大扭矩 114 N·m(3800~4500 r/min),最高车速 167 km/h,经济油耗4.6 L/100km,5 速手动,前驱,排放标准国Ⅳ,欢心型
轿车	奇瑞 QQ me 1.3－MT	58000	奇瑞汽车有限公司	(0553)5951286	外形尺寸(mm):3747×1597×1514,轴距 2315mm,2 厢 2 门,乘员 4 人,发动机排量1.297 L,最大功率 61kW(6000 r/min),最大扭矩 114 N·m(3800~4500 r/min),最高车速 167 km/h,经济油耗4.6 L/100km,5 速手动,前驱,排放标准国Ⅳ,欢动型
轿车	奇瑞 QQ me 1.3－MT	62000	奇瑞汽车有限公司	(0553)5951286	外形尺寸(mm):3747×1597×1514,轴距 2315mm,2 厢 2 门,乘员 4 人,发动机排量1.297 L,最大功率 61kW(6000 r/min),最大扭矩 114 N·m(3800~4500 r/min),最高车速 167 km/h,经济油耗4.6 L/100km,5 速手动,前驱,排放标准国Ⅳ,欢乐型
轿车	奇瑞 QQ3 0.8－MT	30800	奇瑞汽车有限公司	(0553)5951286	外形尺寸(mm):3550×1495×1485,轴距 2340mm,整备质量 880kg,油箱容积 35L,2 厢 5 门 5 座,发动机型号 CAC－SQR372,排量0.812 L,最大功率 38kW(6000 r/min),最大扭矩 70 N·m(3500 r/min),最高车速 130 km/h,5 速手动,前驱,排放标准国Ⅳ,基本型

产品名称	型号规格	参考价格(元)	生产厂家	电话	主要参数及备注
轿车	奇瑞 QQ3 0.8–MT	33800	奇瑞汽车有限公司	(0553)5951286	外形尺寸(mm):3550×1495×1485,轴距2340mm,整备质量880kg,油箱容积35L,2厢5门5座,发动机型号CAC–SQR372,排量0.812 L,最大功率38kW(6000 r/min),最大扭矩70 N·m(3500 r/min),最高车速130 km/h,5速手动,前驱,排放标准国Ⅳ,启航型
轿车	奇瑞 QQ3 0.8–MT	36800	奇瑞汽车有限公司	(0553)5951286	外形尺寸(mm):3550×1495×1485,轴距2340mm,整备质量880kg,油箱容积35L,2厢5门5座,发动机型号CAC–SQR372,排量0.812 L,最大功率38kW(6000 r/min),最大扭矩70 N·m(3500 r/min),最高车速130 km/h,5速手动,前驱,排放标准国Ⅳ,舒适型
轿车	奇瑞 QQ3 1.0–AMT	47800	奇瑞汽车有限公司	(0553)5951286	外形尺寸(mm):3550×1495×1530,轴距2340mm,整备质量897kg,油箱容积35L,2厢5门5座,发动机型号CAC–SQR472FB,排量0.993L,最大功率50kW(6000 r/min),最大扭矩93 N·m(3500~4000 r/min),最高车速130 km/h,5速手自一体,前驱,排放标准国Ⅳ,自由巡航型
轿车	奇瑞 QQ3 1.0–AMT	50800	奇瑞汽车有限公司	(0553)5951286	外形尺寸(mm):3550×1495×1530,轴距2340mm,整备质量897kg,油箱容积35L,2厢5门5座,发动机型号CAC–SQR472FB,排量0.993L,最大功率50kW(6000 r/min),最大扭矩93 N·m(3500~4000 r/min),最高车速130 km/h,5速手自一体,前驱,排放标准国Ⅳ,快乐巡航型
轿车	奇瑞 QQ3 1.0–MT	36800	奇瑞汽车有限公司	(0553)5951286	外形尺寸(mm):3550×1495×1530,轴距2340mm,整备质量887kg,油箱容积35L,2厢5门5座,发动机型号CAC–SQR472FB,排量0.993L,最大功率50kW(6000 r/min),最大扭矩93 N·m(3500~4000 r/min),最高车速130 km/h,5速手动,前驱,排放标准国Ⅳ,启航型
轿车	奇瑞 QQ3 1.0–MT	40800	奇瑞汽车有限公司	(0553)5951286	外形尺寸(mm):3550×1495×1530,轴距2340mm,整备质量887kg,油箱容积35L,2厢5门5座,发动机型号CAC–SQR472FB,排量0.993L,最大功率50kW(6000 r/min),最大扭矩93 N·m(3500~4000 r/min),最高车速130 km/h,5速手动,前驱,排放标准国Ⅳ,舒适型
轿车	奇瑞 QQ3 1.0–MT	43800	奇瑞汽车有限公司	(0553)5951286	外形尺寸(mm):3550×1495×1530,轴距2340mm,整备质量887kg,油箱容积35L,2厢5门5座,发动机型号CAC–SQR472FB,排量0.993L,最大功率50kW(6000 r/min),最大扭矩93 N·m(3500~4000 r/min),最高车速130 km/h,5速手动,前驱,排放标准国Ⅳ,豪华型

产品名称	型号规格	参考价格(元)	生产厂家	电话	主要参数及备注
轿车	奇瑞二厢 A3 1.6 MT	74800	奇瑞汽车有限公司	(0553)5951286	外形尺寸(mm):4282×1792×1467,轴距2550mm,发动机排量1.597L,最大功率87.5kW(6150 r/min),最大扭矩147 N·m(4300 r/min),最高车速174 km/h,油耗5.1L/100km,5速手动,排放标准欧Ⅳ,进取型
轿车	奇瑞二厢 A3 1.6 MT	84800	奇瑞汽车有限公司	(0553)5951286	外形尺寸(mm):4282×1792×1467,轴距2550mm,发动机排量1.597L,最大功率87.5kW(6150 r/min),最大扭矩147 N·m(4300 r/min),最高车速174 km/h,油耗5.1L/100km,5速手动,排放标准欧Ⅳ,豪华型
轿车	奇瑞二厢 A3 1.8 MT	90800	奇瑞汽车有限公司	(0553)5951286	外形尺寸(mm):4282×1792×1467,轴距2550mm,发动机排量1.845L,最大功率97kW(5750 r/min),最大扭矩170 N·m(4300~4500 r/min),最高车速168 km/h,5速手动,排放标准国Ⅳ,尊贵型
轿车	奇瑞二厢 A3 2.0 AT	100800	奇瑞汽车有限公司	(0553)5951286	外形尺寸(mm):4282×1792×1467,轴距2550mm,发动机排量1.971L,最大功率102kW(5750 r/min),最大扭矩182 N·m(4300~4500 r/min),最高车速183 km/h,4速手自一体,排放标准国Ⅳ,尊贵型
轿车	奇瑞三厢 A3 1.6 MT	76800	奇瑞汽车有限公司	(0553)5951286	外形尺寸(mm):4352×1794×1464,轴距2550mm,3厢4门5座,发动机排量1.597L,最大功率87.5kW(6150 r/min),最大扭矩147 N·m(4300 r/min),最高车速180 km/h,5速手动,排放标准欧Ⅳ,进取型
轿车	奇瑞三厢 A3 1.6 MT	86800	奇瑞汽车有限公司	(0553)5951286	外形尺寸(mm):4352×1794×1464,轴距2550mm,3厢4门5座,发动机排量1.597L,最大功率87.5kW(6150 r/min),最大扭矩147 N·m(4300 r/min),最高车速180 km/h,5速手动,排放标准欧Ⅳ,豪华型
轿车	奇瑞三厢 A3 1.8 MT	92800	奇瑞汽车有限公司	(0553)5951286	外形尺寸(mm):4352×1794×1464,轴距2550mm,3厢4门5座,发动机排量1.845L,最大功率97kW(5750 r/min),最大扭矩170 N·m(4300~4500 r/min),最高车速168 km/h,5速手动,排放标准欧Ⅳ,尊贵型
轿车	奇瑞三厢 A3 2.0 AT	102800	奇瑞汽车有限公司	(0553)5951286	外形尺寸(mm):4352×1794×1464,轴距2550mm,3厢4门5座,发动机排量1.971L,最大功率102kW(5750 r/min),最大扭矩182 N·m(4300~4500 r/min),最高车速182 km/h,4速手自一体,排放标准国Ⅳ,尊贵型
轿车	骐达1.6 CVT	115300	东风日产乘用车公司	8008308899	外形尺寸(mm):4295×1760×1520,轴距2700mm,整备质量1211kg,2厢5门5座,发动机型号HR16DE,排量1.598L,最大功率93kW(5600 r/min),最大扭矩154 N·m(4000 r/min),最高车速175 km/h,无级变速,前驱,排放标准欧Ⅳ+OBD,舒适型,2011款

产品名称	型号规格	参考价格（元）	生产厂家	电话	主要参数及备注
轿车	骐达1.6 CVT	125300	东风日产乘用车公司	8008308899	外形尺寸(mm):4295×1760×1520,轴距 2700mm,整备质量 1211kg,2厢5门5座,发动机型号 HR16DE,排量1.598L,最大功率93kW(5600 r/min),最大扭矩154 N·m(4000 r/min),最高车速 175 km/h,无级变速,前驱,排放标准欧 IV + OBD,智能型,2011 款
轿车	骐达1.6 CVT	137300	东风日产乘用车公司	8008308899	外形尺寸(mm):4295×1760×1520,轴距 2700mm,整备质量 1211kg,2厢5门5座,发动机型号 HR16DE,排量1.598L,最大功率93kW(5600 r/min),最大扭矩154 N·m(4000 r/min),最高车速 175 km/h,无级变速,前驱,排放标准欧 IV + OBD,豪华型,2011 款
轿车	骐达1.6 MT	105300	东风日产乘用车公司	8008308899	外形尺寸(mm):4295×1760×1520,轴距 2700mm,整备质量 1206kg,2厢5门5座,发动机型号 HR16DE,排量1.598L,最大功率93kW(5600 r/min),最大扭矩154 N·m(4000 r/min),最高车速 184 km/h,5速手动,前驱,排放标准欧 IV + OBD,舒适型,2011 款
轿车	骐达1.6 MT	115300	东风日产乘用车公司	8008308899	外形尺寸(mm):4295×1760×1520,轴距 2700mm,整备质量 1206kg,2厢5门5座,发动机型号 HR16DE,排量1.598L,最大功率93kW(5600 r/min),最大扭矩154 N·m(4000 r/min),最高车速 184 km/h,5速手动,前驱,排放标准欧 IV + OBD,智能型,2011 款
轿车	骐达1.6G AT	116800	东风日产乘用车公司	8008308899	外形尺寸(mm):4250×1695×1535,轴距 2600mm,整备质量 1182kg,2厢5门5座,发动机型号 HR16DE,排量1.598L,最大功率80kW(6000 r/min),最大扭矩153 N·m(4400 r/min),最高车速 180 km/h,油耗6.0L/100km,4速自动,前驱,排放标准国Ⅳ,时尚型,2010 款
轿车	骐达1.6G MT	106800	东风日产乘用车公司	8008308899	外形尺寸(mm):4250×1695×1535,轴距 2600mm,整备质量 1160kg,2厢5门5座,发动机型号 HR16DE,排量1.598L,最大功率80kW(6000 r/min),最大扭矩153 N·m(4400 r/min),最高车速 190 km/h,油耗5.6L/100km,5速手动,前驱,排放标准国Ⅳ,时尚型,2010 款
轿车	骐达1.6GE AT	126800	东风日产乘用车公司	8008308899	外形尺寸(mm):4250×1695×1535,轴距 2600mm,整备质量 1182kg,2厢5门5座,发动机型号 HR16DE,排量1.598L,最大功率80kW(6000 r/min),最大扭矩153 N·m(4400 r/min),最高车速 180 km/h,油耗6.0L/100km,4速自动,前驱,排放标准国Ⅳ,智能型,2010 款

产品名称	型号规格	参考价格(元)	生产厂家	电话	主要参数及备注
轿车	骐达1.6GE AT	132800	东风日产乘用车公司	8008308899	外形尺寸(mm):4250×1695×1535,轴距 2600mm,整备质量1182kg,2 厢 5 门 5 座,发动机型号 HR16DE,排量1.598L,最大功率 80kW(6000 r/min),最大扭矩153 N·m(4400 r/min),最高车速 180 km/h,油耗6.0L/100km,4速自动,前驱,排放标准国Ⅳ,科技型,2010 款
轿车	骐达1.6GE MT	116800	东风日产乘用车公司	8008308899	外形尺寸(mm):4250×1695×1535,轴距 2600mm,整备质量1160kg,2 厢 5 门 5 座,发动机型号 HR16DE,排量1.598L,最大功率 80kW(6000 r/min),最大扭矩153 N·m(4400 r/min),最高车速 190 km/h,油耗5.6L/100km,5速手动,前驱,排放标准国Ⅳ,智能型,2010 款
轿车	骐达1.6GS NAVI AT	149800	东风日产乘用车公司	8008308899	外形尺寸(mm):4250×1695×1535,轴距 2600mm,整备质量1182kg,2 厢 5 门 5 座,发动机型号 HR16DE,排量1.598L,最大功率 80kW(6000 r/min),最大扭矩153 N·m(4400 r/min),最高车速 180 km/h,油耗6.0L/100km,4速自动,前驱,排放标准国Ⅳ,尊贵型,2010 款
轿车	骐达 1.6T M-CVT	148800	东风日产乘用车公司	8008308899	外形尺寸(mm):4295×1760×1520,轴距 2700mm,整备质量1326kg,2 厢 5 门 5 座,发动机型号 MR16DDT,排量1.618L,最大功率 140kW(5600 r/min),最大扭矩 240 N·m(2400 ~ 5200 r/min),最高车速 205 km/h,6 速手自一体,前驱,排放标准欧 IV + OBD,炫动版,2011 款
轿车	骐达 1.6T M-CVT	156800	东风日产乘用车公司	8008308899	外形尺寸(mm):4295×1760×1520,轴距 2700mm,整备质量1326kg,2 厢 5 门 5 座,发动机型号 MR16DDT,排量1.618L,最大功率 140kW(5600 r/min),最大扭矩 240 N·m(2400 ~ 5200 r/min),最高车速 205 km/h,6 速手自一体,前驱,排放标准欧 IV + OBD,致酷版,2011 款
轿车	骐达1.6T MT	138800	东风日产乘用车公司	8008308899	外形尺寸(mm):4295×1760×1520,轴距 2700mm,整备质量1321kg,2 厢 5 门 5 座,发动机型号 MR16DDT,排量1.618L,最大功率 140kW(5600 r/min),最大扭矩 240 N·m(2400 ~ 5200 r/min),最高车速 220 km/h,6 速手动,前驱,排放标准欧 IV + OBD,炫动版,2011 款
轿车	骐达1.6T MT	146800	东风日产乘用车公司	8008308899	外形尺寸(mm):4295×1760×1520,轴距 2700mm,整备质量1321kg,2 厢 5 门 5 座,发动机型号 MR16DDT,排量1.618L,最大功率 140kW(5600 r/min),最大扭矩 240 N·m(2400 ~ 5200 r/min),最高车速 220 km/h,6 速手动,前驱,排放标准欧 IV + OBD,致酷版,2011 款

产品名称	型号规格	参考价格(元)	生产厂家	电话	主要参数及备注
轿车	骐菱 CFA6422A	59800	广汽长丰汽车股份有限公司	(0731)82881800	外形尺寸(mm):4239×1735×1603(1643),轴距2580mm,整备质量1265kg,2厢5门5座,发动机型号4G18S,排量1.584L,最大功率74.2kW(6000 r/min),最大扭矩134 N·m(4500 r/min),最高车速168 km/h,油耗5.2 L/100km,5速手动,前置前驱,排放标准国Ⅲ,舒适型
轿车	骐菱 CFA6422A	65800	广汽长丰汽车股份有限公司	(0731)82881800	外形尺寸(mm):4239×1735×1603(1643),轴距2580mm,整备质量1265kg,2厢5门5座,发动机型号4G18S,排量1.584L,最大功率74.2kW(6000 r/min),最大扭矩134 N·m(4500 r/min),最高车速168 km/h,油耗5.2 L/100km,5速手动,前置前驱,排放标准国Ⅲ,尊贵型
轿车	旗云1 1.0 MT	38800	奇瑞汽车有限公司	(0553)5951286	外形尺寸(mm):4150×1640×1535,轴距2340mm,油箱容积45L,整备质量990kg,3厢4门5座,发动机型号CAC-SQR472FB,排量0.993L,额定功率50kW(6000 r/min),最大扭矩93 N·m(3500~4000 r/min),最高车速130 km/h,5速手动,前驱,排放标准国Ⅳ,舒适型
轿车	旗云1 1.0 MT	40800	奇瑞汽车有限公司	(0553)5951286	外形尺寸(mm):4150×1640×1535,轴距2340mm,油箱容积45L,整备质量990kg,3厢4门5座,发动机型号CAC-SQR472FB,排量0.993L,额定功率50kW(6000 r/min),最大扭矩93 N·m(3500~4000 r/min),最高车速130 km/h,5速手动,前驱,排放标准国Ⅳ,精英型
轿车	旗云1 1.0 MT	44800	奇瑞汽车有限公司	(0553)5951286	外形尺寸(mm):4150×1640×1535,轴距2340mm,油箱容积45L,整备质量990kg,3厢4门5座,发动机型号CAC-SQR472FB,排量0.993L,额定功率50kW(6000 r/min),最大扭矩93 N·m(3500~4000 r/min),最高车速130 km/h,5速手动,前驱,排放标准国Ⅳ,华贵型
轿车	旗云1 1.3 AMT	53800	奇瑞汽车有限公司	(0553)5951286	外形尺寸(mm):4150×1640×1535,轴距2340mm,油箱容积45L,整备质量1040kg,3厢4门5座,发动机型号ACTECO-SQR473F,排量1.297L,额定功率62kW(5750 r/min),最大扭矩122 N·m(3800~4500 r/min),最高车速160 km/h,5速手自一体,前驱,排放标准国Ⅳ,舒适型
轿车	旗云1 1.3 MT	49800	奇瑞汽车有限公司	(0553)5951286	外形尺寸(mm):4150×1640×1535,轴距2340mm,油箱容积45L,整备质量1030kg,3厢4门5座,发动机型号ACTECO-SQR473F,排量1.297L,额定功率62kW(5750 r/min),最大扭矩122 N·m(3800~4500 r/min),最高车速160 km/h,5速手动,前驱,排放标准国Ⅳ,豪华型

产品名称	型号规格	参考价格(元)	生产厂家	电话	主要参数及备注
轿车	旗云2 1.5 MT	47800	奇瑞汽车有限公司	(0553)5951286	外形尺寸(mm):4393×1682×1424,轴距2468mm,油箱容积55L,整备质量1100kg,3厢4门5座,发动机排量1.497L,最大功率80kW(6000 r/min),最大扭矩140 N·m(3000 r/min),最高车速160 km/h,5速手动,前驱,排放标准国Ⅳ,标准型
轿车	旗云2 1.5 MT	50800	奇瑞汽车有限公司	(0553)5951286	外形尺寸(mm):4393×1682×1424,轴距2468mm,油箱容积55L,整备质量1100kg,3厢4门5座,发动机排量1.497L,最大功率80kW(6000 r/min),最大扭矩140 N·m(3000 r/min),最高车速160 km/h,5速手动,前驱,排放标准国Ⅳ,舒适型
轿车	旗云2 1.5 MT	52800	奇瑞汽车有限公司	(0553)5951286	外形尺寸(mm):4393×1682×1424,轴距2468mm,油箱容积55L,整备质量1100kg,3厢4门5座,发动机排量1.497L,最大功率80kW(6000 r/min),最大扭矩140 N·m(3000 r/min),最高车速160 km/h,5速手动,前驱,排放标准国Ⅳ,豪华型
轿车	旗云3 1.5 MT	57800	奇瑞汽车有限公司	(0553)5951286	外形尺寸(mm):4552×1750×1483,轴距2600mm,油箱容积52L,整备质量1285kg,3厢4门5座,发动机排量1.497L,最大功率80kW(6000 r/min),最大扭矩140 N·m(3000 r/min),最高车速172 km/h,5速手动,前驱,排放标准国Ⅳ,舒适型
轿车	旗云3 1.5 MT	61800	奇瑞汽车有限公司	(0553)5951286	外形尺寸(mm):4552×1750×1483,轴距2600mm,油箱容积52L,整备质量1285kg,3厢4门5座,发动机排量1.497L,最大功率80kW(6000 r/min),最大扭矩140 N·m(3000 r/min),最高车速172 km/h,5速手动,前驱,排放标准国Ⅳ,精英型
轿车	旗云3 1.5 MT	68800	奇瑞汽车有限公司	(0553)5951286	外形尺寸(mm):4552×1750×1483,轴距2600mm,油箱容积52L,整备质量1285kg,3厢4门5座,发动机排量1.497L,最大功率80kW(6000 r/min),最大扭矩140 N·m(3000 r/min),最高车速172 km/h,5速手动,前驱,排放标准国Ⅳ,华贵型
轿车	旗云3 1.8 MT	77800	奇瑞汽车有限公司	(0553)5951286	外形尺寸(mm):4552×1750×1483,轴距2600mm,油箱容积52L,整备质量1285kg,3厢4门5座,发动机排量1.497L,最大功率80kW(6000 r/min),最大扭矩140 N·m(4300~4500 r/min),最高车速185 km/h,4手自一体,前驱,排放标准国Ⅲ、国Ⅳ,精英型
轿车	旗云3 1.8 MT	82800	奇瑞汽车有限公司	(0553)5951286	外形尺寸(mm):4552×1750×1483,轴距2600mm,油箱容积52L,整备质量1285kg,3厢4门5座,发动机排量1.497L,最大功率80kW(6000 r/min),最大扭矩140 N·m(4300~4500 r/min),最高车速185 km/h,4手自一体,前驱,排放标准国Ⅲ、国Ⅳ,豪华型

产品名称	型号规格	参考价格(元)	生产厂家	电话	主要参数及备注
轿车	旗云 3 2.0 AT	93800	奇瑞汽车有限公司	(0553)5951286	外形尺寸(mm):4552×1750×1483,轴距2600mm,油箱容积52L,整备质量1326kg,3厢4门5座,发动机排量1.971L,最大功率102kW(5750 r/min),最大扭矩182 N·m(4300~4500 r/min),最高车速185 km/h,4速手自一体,前驱,排放标准国Ⅲ、国Ⅳ,豪华型
轿车	丘比特1.3GL MT	53900	一汽海马汽车有限公司	(0898)66820333	外形尺寸(mm):3890×1695×1480,轴距2500mm,整备质量1055kg,2厢5门5座,油箱容积55L,发动机型号4A90S,排量1.332L,额定功率73kW(6000 r/min),最大扭矩126 N·m(4000 r/min),最高车速155 km/h,前驱,5速手动,排放标准国Ⅳ,实用型
轿车	丘比特1.3 GLS C-sport	66900	一汽海马汽车有限公司	(0898)66820333	外形尺寸(mm):3918×1725×1518,轴距2500mm,整备质量1055kg,2厢5门5座,油箱容积55L,发动机型号4A90S,排量1.332L,额定功率73kW(6000 r/min),最大扭矩126 N·m(4000 r/min),最高车速155 km/h,前驱,5速手动,排放标准国Ⅳ
轿车	丘比特1.3GLS MT	62900	一汽海马汽车有限公司	(0898)66820333	外形尺寸(mm):3890×1695×1480,轴距2500mm,整备质量1055kg,2厢5门5座,油箱容积55L,发动机型号4A90S,排量1.332L,额定功率73kW(6000 r/min),最大扭矩126 N·m(4000 r/min),最高车速155 km/h,前驱,5速手动,排放标准国Ⅳ,豪华型
轿车	丘比特1.3 GLX MT	58900	一汽海马汽车有限公司	(0898)66820333	外形尺寸(mm):3890×1695×1480,轴距2500mm,整备质量1055kg,2厢5门5座,油箱容积55L,发动机型号4A90S,排量1.332L,额定功率73kW(6000 r/min),最大扭矩126 N·m(4000 r/min),最高车速155 km/h,前驱,5速手动,排放标准国Ⅳ,舒适型
轿车	丘比特1.5 GLS C-sport	69900	一汽海马汽车有限公司	(0898)66820333	外形尺寸(mm):3918×1725×1518,轴距2500mm,2厢5门5座,发动机型号4A91S,排量1.499L,额定功率83kW(6000 r/min),最大扭矩141 N·m(4000 r/min),前驱,5速手动,排放标准国Ⅳ
轿车	丘比特1.5GLS MT	65900	一汽海马汽车有限公司	(0898)66820333	外形尺寸(mm):3890×1695×1480,轴距2500mm,2厢5门5座,发动机型号4A91S,排量1.499L,额定功率83kW(6000 r/min),最大扭矩141 N·m(4000 r/min),前驱,5速手动,排放标准国Ⅳ,豪华型
轿车	荣威350C 1.5AT	114700	上海汽车集团股份有限公司	(021)22011688	外形尺寸(mm):4521×1788×1492,轴距2650mm,整备质量1280kg,3厢4门5座,发动机型号15S4U,排量1.498L,最大功率80kW(6000 r/min),最大扭矩135 N·m(4500 r/min),最高车速170 km/h,油耗8.3L/100km,4速自动,前驱,排放标准国Ⅳ,迅逸版

产品名称	型号规格	参考价格（元）	生产厂家	电话	主要参数及备注
轿车	荣威 350C 1.5MT	102700	上海汽车集团股份有限公司	(021)22011688	外形尺寸(mm):4521×1788×1492,轴距 2650mm,整备质量1265kg,3 厢 4 门 5 座,发动机型号 15S4U,排量1.498L,最大功率 80kW(6000 r/min),最大扭矩135 N·m(4500 r/min),最高车速 180 km/h,油耗7.8L/100km,5速手动,前驱,排放标准国Ⅳ,迅智版
轿车	荣威 350D 1.5AT	124700	上海汽车集团股份有限公司	(021)22011688	外形尺寸(mm):4521×1788×1492,轴距 2650mm,整备质量1280kg,3 厢 4 门 5 座,发动机型号 15S4U,排量1.498L,最大功率 80kW(6000 r/min),最大扭矩135 N·m(4500 r/min),最高车速 170 km/h,油耗8.3L/100km,4速自动,前驱,排放标准国Ⅳ,迅豪版
轿车	荣威 350S 1.5AT	100700	上海汽车集团股份有限公司	(021)22011688	外形尺寸(mm):4521×1788×1492,轴距 2650mm,整备质量1280kg,3 厢 4 门 5 座,发动机型号 15S4U,排量1.498L,最大功率 80kW(6000 r/min),最大扭矩135 N·m(4500 r/min),最高车速 170 km/h,油耗8.3L/100km,4速自动,前驱,排放标准国Ⅳ,迅达版
轿车	荣威 350S 1.5MT	89700	上海汽车集团股份有限公司	(021)22011688	外形尺寸(mm):4521×1788×1492,轴距 2650mm,整备质量1265kg,3 厢 4 门 5 座,发动机型号 15S4U,排量1.498L,最大功率 80kW(6000 r/min),最大扭矩135 N·m(4500 r/min),最高车速 180 km/h,油耗7.8L/100km,5速手动,前驱,排放标准国Ⅳ,迅驰版
轿车	荣威 550 1.8 DVVT AT	149800	上海汽车集团股份有限公司	(021)22011688	外形尺寸(mm):4624×1827×1480,轴距 2705mm,整备质量1519kg,3 厢 4 门 5 座,发动机型号 18K4C,排量1.796L,最大功率 98kW(6000 r/min),最大扭矩170 N·m(4800 r/min),最高车速 188 km/h,油耗 6 L/100km,5速手自一体,前驱,排放标准国Ⅲ、国Ⅳ,品臻版
轿车	荣威 550 1.8 DVVT AT	138800	上海汽车集团股份有限公司	(021)22011688	外形尺寸(mm):4624×1827×1480,轴距 2705mm,整备质量1532kg,3 厢 4 门 5 座,发动机型号 18K4C,排量1.796L,最大功率 98kW(6000 r/min),最大扭矩170 N·m(4800 r/min),最高车速 188 km/h,油耗 6 L/100km,5速手自一体,前驱,排放标准国Ⅲ、国Ⅳ,品智版
轿车	荣威 550 1.8 DVVT MT	126800	上海汽车集团股份有限公司	(021)22011688	外形尺寸(mm):4624×1827×1480,轴距 2705mm,整备质量1483kg,3 厢 4 门 5 座,发动机型号 18K4C,排量1.796L,最大功率 98kW(6000 r/min),最大扭矩170 N·m(4800 r/min),最高车速 188 km/h,油耗5.6L/100km,5速手动,前驱,排放标准国Ⅲ、国Ⅳ,启悦版

产品名称	型号规格	参考价格(元)	生产厂家	电话	主要参数及备注
轿车	荣威 550 1.8 DVVT MT	138800	上海汽车集团股份有限公司	(021)22011688	外形尺寸(mm):4624×1827×1480,轴距 2705mm,整备质量1483kg,3 厢 4 门 5 座,发动机型号 18K4C,排量1.796L,最大功率 98kW(6000 r/min),最大扭矩170 N·m(4800 r/min),最高车速 188 km/h,油耗5.6L/100km,5速手动,前驱,排放标准国Ⅲ、国Ⅳ,启逸版
轿车	荣威 550 1.8T	154800	上海汽车集团股份有限公司	(021)22011688	外形尺寸(mm):4624×1827×1480,轴距 2705mm,整备质量1486kg,3 厢 4 门 5 座,发动机型号 18K4G,排量1.796L,最大功率 118kW(5500 r/min),最大扭矩 215 N·m(2500 ~ 4500 r/min),最高车速 205 km/h,5 速手动,前驱,排放标准国Ⅲ、国Ⅳ,品逸版
轿车	荣威 550 1.8T	166800	上海汽车集团股份有限公司	(021)22011688	外形尺寸(mm):4624×1827×1480,轴距 2705mm,整备质量1522kg,3 厢 4 门 5 座,发动机型号 18K4G,排量1.796L,最大功率 118kW(5500 r/min),最大扭矩 215 N·m(2500 ~ 4500 r/min),最高车速 205 km/h,5 速手自一体,前驱,排放标准国Ⅲ、国Ⅳ,品臻版
轿车	荣威 550 1.8T	192800	上海汽车集团股份有限公司	(021)22011688	外形尺寸(mm):4624×1827×1480,轴距 2705mm,整备质量1532kg,3 厢 4 门 5 座,发动机型号 18K4G,排量1.796L,最大功率 118kW(5500 r/min),最大扭矩 215 N·m(2500 ~ 4500 r/min),最高车速 205 km/h,5 速手自一体,前驱,排放标准国Ⅲ、国Ⅳ,品仕版
轿车	荣威 750D 1.8	187800	上海汽车集团股份有限公司	(021)22011688	外形尺寸(mm):4865×1765×1422,轴距 2849mm,整备质量1487kg,3 厢 4 门 5 座,发动机型号 18K4G,排量1.796L,最大功率 118kW(5500 r/min),最大扭矩 215 N·m(2500 ~ 4500 r/min),最高车速 205 km/h,5 速手动,前驱,排放标准欧Ⅳ,商雅版
轿车	荣威 750D 1.8	197800	上海汽车集团股份有限公司	(021)22011688	外形尺寸(mm):4865×1765×1422,轴距 2849mm,整备质量1567kg,3 厢 4 门 5 座,发动机型号 18K4G,排量1.796L,最大功率 118kW(5500 r/min),最大扭矩 215 N·m(2500 ~ 4500 r/min),最高车速 205 km/h,5 速自动,前驱,排放标准欧Ⅳ,商雅版
轿车	荣威 750E NAVI	231800	上海汽车集团股份有限公司	(021)22011688	外形尺寸(mm):4865×1765×1422,轴距 2849mm,整备质量1598kg,3 厢 4 门 5 座,发动机型号 25K4F,排量2.497L,最大功率 135kW(6500 r/min),最大扭矩 230 N·m(4000 r/min),最高车速 220 km/h,5 速自动,前驱,排放标准欧Ⅳ,贵雅版

产品名称	型号规格	参考价格（元）	生产厂家	电话	主要参数及备注
轿车	荣威 750EX NAVI 1.8	230800	上海汽车集团股份有限公司	(021)22011688	外形尺寸(mm):4865×1765×1422,轴距 2849mm,整备质量 1567kg,3 厢 4 门 5 座,发动机型号 18K4G,排量1.796L,最大功率 118kW(5500 r/min),最大扭矩 215 N·m (2500 ~ 4500 r/min),最高车速 205 km/h,5 速自动,前驱,排放标准欧Ⅳ,祺雅版
轿车	荣威 750FL NAVI	258800	上海汽车集团股份有限公司	(021)22011688	外形尺寸(mm):4865×1765×1422,轴距 2849mm,整备质量 1598kg,3 厢 4 门 5 座,发动机型号 25K4F,排量2.497L,最大功率 135kW(6500 r/min),最大扭矩 230 N·m(4000 r/min),最高车速 220 km/h,5 速自动,前驱,排放标准欧Ⅳ,豪雅版
轿车	荣威 750S 1.8 T AT	183800	上海汽车集团股份有限公司	(021)22011688	外形尺寸(mm):4865×1765×1422,轴距 2849mm,整备质量 1567kg,3 厢 4 门 5 座,发动机型号 18K4G,排量1.796L,最大功率 118kW(5500 r/min),最大扭矩 215 N·m (2500 ~ 4500 r/min),最高车速 205 km/h,5 速自动,前驱,排放标准欧Ⅳ,迅雅版
轿车	荣威 750S 1.8 T MT	172800	上海汽车集团股份有限公司	(021)22011688	外形尺寸(mm):4865×1765×1422,轴距 2849mm,整备质量 1487kg,3 厢 4 门 5 座,发动机型号 18K4G,排量1.796L,最大功率 118kW(5500 r/min),最大扭矩 215 N·m (2500 ~ 4500 r/min),最高车速 205 km/h,5 速手动,前驱,排放标准欧Ⅳ,迅雅版
轿车	锐欧1.4GL MT	69800	东风悦达起亚汽车有限公司	(025)83186908	外形尺寸(mm):4290×1695×1480,轴距 2500mm,油箱容积 45L,3 厢 4 门 5 座,整备质量 1136kg,最高车速 167 km/h,发动机型号 G4EE,排量1.399L,最大功率69.9kW(6000 r/min),最大扭矩 124 N·m(4700 r/min),油耗5.71L/100km,前驱,排放标准国Ⅲ、国Ⅳ,5 速手动
轿车	锐欧1.4GLS AT	84800	东风悦达起亚汽车有限公司	(025)83186908	外形尺寸(mm):4290×1695×1480,轴距 2500mm,油箱容积 45L,3 厢 4 门 5 座,整备质量 1158kg,最高车速 156 km/h,发动机型号 G4EE,排量1.399L,最大功率69.9kW(6000 r/min),最大扭矩 124 N·m(4700 r/min),油耗5.81L/100km,前驱,排放标准国Ⅲ、国Ⅳ,4 速自动
轿车	锐欧1.4GLS MT	77800	东风悦达起亚汽车有限公司	(025)83186908	外形尺寸(mm):4290×1695×1480,轴距 2500mm,油箱容积 45L,3 厢 4 门 5 座,整备质量 1136kg,最高车速 167 km/h,发动机型号 G4EE,排量1.399L,最大功率69.9kW(6000 r/min),最大扭矩 124 N·m(4700 r/min),油耗5.71L/100km,前驱,排放标准国Ⅲ、国Ⅳ,5 速手动

产品名称	型号规格	参考价格（元）	生产厂家	电话	主要参数及备注
轿车	锐欧1.6GLS AT	104800	东风悦达起亚汽车有限公司	（025）83186908	外形尺寸（mm）：4290×1695×1480，轴距 2500mm，油箱容积 45L，3 厢 4 门 5 座，整备质量 1160kg，最高车速 164 km/h，发动机型号 G4ED，排量 1.599L，最大功率82.4kW（6000 r/min），最大扭矩 145 N·m（4500 r/min），油耗5.78L/100km，前驱，排放标准国Ⅲ、国Ⅳ，4 速自动
轿车	锐欧1.6GLS MT	91800	东风悦达起亚汽车有限公司	（025）83186908	外形尺寸（mm）：4290×1695×1480，轴距 2500mm，油箱容积 45L，3 厢 4 门 5 座，整备质量 1138kg，最高车速 180 km/h，发动机型号 G4ED，排量 1.599L，最大功率82.4kW（6000 r/min），最大扭矩 145 N·m（4500 r/min），油耗5.77L/100km，前驱，排放标准国Ⅲ、国Ⅳ，5 速手动
轿车	锐志 2.5S	209800	天津一汽丰田汽车有限公司	（022）27944050	外形尺寸（mm）：4735×1775×1450，轴距 2850mm，油箱容积 70L，整备质量 1520kg，3 厢 4 门 5 座，发动机型号 5GR，排量 2.497L，最大功率 142kW（6200 r/min），最大扭矩 236 N·m（4400 r/min），最高车速 225 km/h，后驱，6 速手自一体，排放标准国Ⅳ，风度菁华版
轿车	锐志 2.5S	234800	天津一汽丰田汽车有限公司	（022）27944050	外形尺寸（mm）：4735×1775×1450，轴距 2850mm，油箱容积 70L，整备质量 1560kg，3 厢 4 门 5 座，发动机型号 5GR，排量 2.497L，最大功率 142kW（6200 r/min），最大扭矩 236 N·m（4400 r/min），最高车速 225 km/h，后驱，6 速手自一体，排放标准国Ⅳ，风尚菁华版
轿车	锐志 2.5V	229800	天津一汽丰田汽车有限公司	（022）27944050	外形尺寸（mm）：4735×1775×1450，轴距 2850mm，油箱容积 70L，整备质量 1545kg，3 厢 4 门 5 座，发动机型号 5GR，排量 2.497L，最大功率 142kW（6200 r/min），最大扭矩 236 N·m（4400 r/min），最高车速 225 km/h，后驱，6 速手自一体，排放标准国Ⅳ，风度菁华版
轿车	锐志 2.5V	259800	天津一汽丰田汽车有限公司	（022）27944050	外形尺寸（mm）：4735×1775×1450，轴距 2850mm，油箱容积 70L，整备质量 1580kg，3 厢 4 门 5 座，发动机型号 5GR，排量 2.497L，最大功率 142kW（6200 r/min），最大扭矩 236 N·m（4400 r/min），最高车速 225 km/h，后驱，6 速手自一体，排放标准国Ⅳ，风尚菁华版
轿车	锐志 2.5V	314800	天津一汽丰田汽车有限公司	（022）27944050	外形尺寸（mm）：4735×1775×1450，轴距 2850mm，油箱容积 70L，整备质量 1580kg，3 厢 4 门 5 座，发动机型号 5GR，排量 2.497L，最大功率 142kW（6200 r/min），最大扭矩 236 N·m（4400 r/min），最高车速 225 km/h，后驱，6 速手自一体，排放标准国Ⅳ，风尚豪华导航版

产品名称	型号规格	参考价格（元）	生产厂家	电话	主要参数及备注
轿车	锐志 3.0V	299800	天津一汽丰田汽车有限公司	（022）27944050	外形尺寸（mm）：4735×1775×1450，轴距 2850mm，油箱容积 70L，整备质量 1615kg，3 厢 4 门 5 座，发动机型号 3GR，排量 2.995L，最大功率 167kW（6200 r/min），最大扭矩 293 N·m（4400 r/min），最高车速 235 km/h，后驱，6 速手自一体，排放标准国Ⅳ，风尚旗舰版
轿车	锐志 3.0V	326800	天津一汽丰田汽车有限公司	（022）27944050	外形尺寸（mm）：4735×1775×1450，轴距 2850mm，油箱容积 70L，整备质量 1615kg，3 厢 4 门 5 座，发动机型号 3GR，排量 2.995L，最大功率 167kW（6200 r/min），最大扭矩 293 N·m（4400 r/min），最高车速 235 km/h，后驱，6 速手自一体，排放标准国Ⅳ，风尚旗舰导航版
轿车	瑞纳 1.4L BLUE AT	101900	北京现代汽车有限公司	（010）59638122	外形尺寸（mm）：4340×1700×1460，轴距 2570mm，油箱容积 43L，整备质量 1065kg，3 厢 4 门 5 座，发动机排量1.396L，最大功率78.7kW（6300 r/min），最大扭矩135.4 N·m（5000 r/min），最高车速 175 km/h，前驱，排放标准国Ⅳ + OBD，4 速自动，BLUE 型，2011 款
轿车	瑞纳 1.4L GL MT	73900	北京现代汽车有限公司	（010）59638122	外形尺寸（mm）：4340×1700×1460，轴距 2570mm，油箱容积 43L，整备质量 1030kg，3 厢 4 门 5 座，发动机排量1.396L，最大功率78.7kW（6300 r/min），最大扭矩135.4 N·m（5000 r/min），最高车速 180 km/h，前驱，排放标准国Ⅳ + OBD，5 速手动，标准型，2011 款
轿车	瑞纳 1.4L GLS AT	99900	北京现代汽车有限公司	（010）59638122	外形尺寸（mm）：4340×1700×1460，轴距 2570mm，油箱容积 43L，整备质量 1065kg，3 厢 4 门 5 座，发动机排量1.396L，最大功率78.7kW（6300 r/min），最大扭矩135.4 N·m（5000 r/min），最高车速 175 km/h，前驱，排放标准国Ⅳ + OBD，4 速自动，豪华型，2011 款
轿车	瑞纳 1.4L GS AT	86900	北京现代汽车有限公司	（010）59638122	外形尺寸（mm）：4340×1700×1460，轴距 2570mm，油箱容积 43L，整备质量 1065kg，3 厢 4 门 5 座，发动机排量1.396L，最大功率78.7kW（6300 r/min），最大扭矩135.4 N·m（5000 r/min），最高车速 175 km/h，前驱，排放标准国Ⅳ + OBD，4 速自动，舒适型，2011 款
轿车	瑞纳 1.4L GS MT	78900	北京现代汽车有限公司	（010）59638122	外形尺寸（mm）：4340×1700×1460，轴距 2570mm，油箱容积 43L，整备质量 1030kg，3 厢 4 门 5 座，发动机排量1.396L，最大功率78.7kW（6300 r/min），最大扭矩135.4 N·m（5000 r/min），最高车速 180 km/h，前驱，排放标准国Ⅳ + OBD，5 速手动，舒适型，2011 款

产品名称	型号规格	参考价格（元）	生产厂家	电话	主要参数及备注
轿车	瑞纳 1.4L GT AT	90900	北京现代汽车有限公司	(010)59638122	外形尺寸(mm):4340×1700×1460,轴距 2570mm,油箱容积 43L,整备质量 1065kg,3厢4门5座,发动机排量1.396L,最大功率 78.7kW(6300 r/min),最大扭矩135.4N·m(5000 r/min),最高车速 175 km/h,前驱,排放标准国Ⅳ+OBD,4速自动,时尚型,2011款
轿车	瑞纳 1.6L GLS AT	106900	北京现代汽车有限公司	(010)59638122	外形尺寸(mm):4340×1700×1460,轴距 2570mm,油箱容积43L,整备质量 1080kg,3厢4门5座,发动机排量1.591L,最大功率90.4kW(6300 r/min),最大扭矩 155 N·m(4200 r/min),最高车速 180 km/h,前驱,排放标准国Ⅳ+OBD,4速自动,尊贵型,2011款
轿车	瑞麒 G5 2.0TCI	148800	奇瑞汽车有限公司	(0553)5951286	外形尺寸(mm):4717×1794×1473,轴距 2700mm,整备质量1598kg,3厢4门5座,发动机型号 ACTECO－SQR484B,排量1.971L,最大功率 125kW(5500 r/min),最大扭矩 235 N·m(1900 r/min),最高车速 210 km/h,前驱,6速手动,排放标准国Ⅳ,豪华型
轿车	瑞麒 G5 2.0TCI	162800	奇瑞汽车有限公司	(0553)5951286	外形尺寸(mm):4717×1794×1473,轴距 2700mm,整备质量1598kg,3厢4门5座,发动机型号 ACTECO－SQR484B,排量1.971L,最大功率 125kW(5500 r/min),最大扭矩 235 N·m(1900 r/min),最高车速 210 km/h,前驱,6速手动,排放标准国Ⅳ,尊贵型
轿车	瑞麒 M1 1.0－MT	38800	奇瑞汽车有限公司	(0553)5951286	外形尺寸(mm):3601×1587×1527,轴距 2330mm,整备质量990kg,3门,乘员4人,发动机排量0.993L,额定功率 50kW(6000 r/min),最大扭矩 93 N·m(3500～4000 r/min),最高车速 140 km/h,前驱,5速手动,排放标准国Ⅳ,基本型
轿车	瑞麒 M1 1.0－MT	43800	奇瑞汽车有限公司	(0553)5951286	外形尺寸(mm):3601×1587×1527,轴距 2330mm,整备质量990kg,3门,乘员4人,发动机排量0.993L,额定功率 50kW(6000 r/min),最大扭矩 93 N·m(3500～4000 r/min),最高车速 140 km/h,前驱,5速手动,排放标准国Ⅳ,舒适型
轿车	瑞麒 M1 1.0－MT	48800	奇瑞汽车有限公司	(0553)5951286	外形尺寸(mm):3601×1587×1527,轴距 2330mm,整备质量990kg,3门,乘员4人,发动机排量0.993L,额定功率 50kW(6000 r/min),最大扭矩 93 N·m(3500～4000 r/min),最高车速 140 km/h,前驱,5速手动,排放标准国Ⅳ,豪华型

产品名称	型号规格	参考价格(元)	生产厂家	电话	主要参数及备注
轿车	瑞麒 M1 1.0 - MT	53800	奇瑞汽车有限公司	(0553)5951286	外形尺寸(mm):3601×1587×1527,轴距2330mm,整备质量990kg,3门,乘员4人,发动机排量0.993L,额定功率50kW(6000 r/min),最大扭矩93 N·m(3500~4000 r/min),最高车速140 km/h,前驱,5速手动,排放标准国Ⅳ,尊贵型
轿车	瑞麒 M1 1.3 - AT	55800	奇瑞汽车有限公司	(0553)5951286	外形尺寸(mm):3601×1587×1527,轴距2330mm,整备质量1036kg,3门,乘员4人,发动机排量1.297 L,最大功率62kW(6000 r/min),最大扭矩122 N·m(3500~4000 r/min),最高车速150 km/h,5速手自一体,前驱,排放标准国Ⅳ,舒适型
轿车	瑞麒 M1 1.3 - AT	60800	奇瑞汽车有限公司	(0553)5951286	外形尺寸(mm):3601×1587×1527,轴距2330mm,整备质量1036kg,3门,乘员4人,发动机排量1.297 L,最大功率62kW(6000 r/min),最大扭矩122 N·m(3500~4000 r/min),最高车速150 km/h,5速手自一体,前驱,排放标准国Ⅳ,豪华型
轿车	瑞麒 M1 1.3 - AT	66800	奇瑞汽车有限公司	(0553)5951286	外形尺寸(mm):3601×1587×1527,轴距2330mm,整备质量1036kg,3门,乘员4人,发动机排量1.297 L,最大功率62kW(6000 r/min),最大扭矩122 N·m(3500~4000 r/min),最高车速150 km/h,5速手自一体,前驱,排放标准国Ⅳ,尊贵型
轿车	瑞麒 M1 1.3 - MT	42800	奇瑞汽车有限公司	(0553)5951286	外形尺寸(mm):3601×1587×1527,轴距2330mm,整备质量1028kg,3门,乘员4人,发动机排量1.297 L,最大功率62kW(6000 r/min),最大扭矩122 N·m(3500~4000 r/min),最高车速150 km/h,前驱,5速手动,排放标准国Ⅳ,标准型
轿车	瑞麒 M1 1.3 - MT	48800	奇瑞汽车有限公司	(0553)5951286	外形尺寸(mm):3601×1587×1527,轴距2330mm,整备质量1028kg,3门,乘员4人,发动机排量1.297 L,最大功率62kW(6000 r/min),最大扭矩122 N·m(3500~4000 r/min),最高车速150 km/h,前驱,5速手动,排放标准国Ⅳ,舒适型
轿车	瑞麒 M1 1.3 - MT	53800	奇瑞汽车有限公司	(0553)5951286	外形尺寸(mm):3601×1587×1527,轴距2330mm,整备质量1028kg,3门,乘员4人,发动机排量1.297 L,最大功率62kW(6000 r/min),最大扭矩122 N·m(3500~4000 r/min),最高车速150 km/h,前驱,5速手动,排放标准国Ⅳ,豪华型
轿车	瑞麒 M1 1.3 - MT	56800	奇瑞汽车有限公司	(0553)5951286	外形尺寸(mm):3601×1587×1527,轴距2330mm,整备质量1028kg,3门,乘员4人,发动机排量1.297 L,最大功率62kW(6000 r/min),最大扭矩122 N·m(3500~4000 r/min),最高车速150 km/h,前驱,5速手动,排放标准国Ⅳ,精英型

产品名称	型号规格	参考价格(元)	生产厂家	电话	主要参数及备注
轿车	瑞麒 M1 1.3 – MT	59800	奇瑞汽车有限公司	(0553)5951286	外形尺寸(mm):3601 × 1587 × 1527,轴距 2330mm 整备质量1028kg,3 门,乘员 4 人,发动机排量 1.297 L,最大功率 62kW(6000 r/min),最大扭矩 122 N·m(3500～4000 r/min),最高车速 150 km/h,前驱,5 速手动,排放标准国Ⅳ,尊贵型
轿车	赛豹 1.6L	63800	哈尔滨哈飞汽车工业集团销售总公司	(0451)86506688	外形尺寸(mm):4434 × 1708 × 1471,轴距 2600mm,整备质量1180kg,3 厢 4 门 5 座,发动机型号 DA4G18,排量1.584L,最大功率74.2kW(6000 r/min),最大扭矩133.4 N·m(4500 r/min),最高车速 180 km/h,5 速手动,前驱,排放标准国Ⅲ,标准型
轿车	赛豹 1.6L	71800	哈尔滨哈飞汽车工业集团销售总公司	(0451)86506688	外形尺寸(mm):4434 × 1708 × 1471,轴距 2600mm,整备质量1180kg,3 厢 4 门 5 座,发动机型号 DA4G18,排量1.584L,最大功率74.2kW(6000 r/min),最大扭矩133.4 N·m(4500 r/min),最高车速 180 km/h,5 速手动,前驱,排放标准国Ⅲ,舒适型
轿车	赛豹 1.6L	76800	哈尔滨哈飞汽车工业集团销售总公司	(0451)86506688	外形尺寸(mm):4434 × 1708 × 1471,轴距 2600mm,整备质量1180kg,3 厢 4 门 5 座,发动机型号 DA4G18,排量1.584L,最大功率74.2kW(6000 r/min),最大扭矩133.4 N·m(4500 r/min),最高车速 180 km/h,5 速手动,前驱,排放标准国Ⅲ,天窗版
轿车	赛豹 1.6L	63990	哈尔滨哈飞汽车工业集团销售总公司	(0451)86506688	外形尺寸(mm):4434 × 1708 × 1471,轴距 2600mm,整备质量1180kg,3 厢 4 门 5 座,发动机型号 DA4G18,排量1.584L,最大功率74.2kW(6000 r/min),最大扭矩133.4 N·m(4500 r/min),最高车速 180 km/h,5 速手动,前驱,排放标准国Ⅳ,标准型
轿车	赛豹 1.6L	72300	哈尔滨哈飞汽车工业集团销售总公司	(0451)86506688	外形尺寸(mm):4434 × 1708 × 1471,轴距 2600mm,整备质量1180kg,3 厢 4 门 5 座,发动机型号 DA4G18,排量1.584L,最大功率74.2kW(6000 r/min),最大扭矩133.4 N·m(4500 r/min),最高车速 180 km/h,5 速手动,前驱,排放标准国Ⅳ,舒适型
轿车	赛拉图1.6GL AT	100800	东风悦达起亚汽车有限公司	(025)83186908	外形尺寸(mm):4500 × 1735 × 1470,轴距2610mm,油箱容积 55L,3 厢 4 门 5 座,整备质量 1255kg,最高车速 179 km/h,发动机型号G4ED,排量1.599L,最大功率82.4 kW(6000 r/min),最大扭矩 145 N·m(4500 r/min),前驱,排放标准国Ⅲ、国Ⅳ,4 速自动
轿车	赛拉图1.6GL MT	89800	东风悦达起亚汽车有限公司	(025)83186908	外形尺寸(mm):4500 × 1735 × 1470,轴距2610mm,油箱容积 55L,3 厢 4 门 5 座,整备质量 1235kg,最高车速 186 km/h,发动机型号G4ED,排量1.599L,最大功率82.4 kW(6000 r/min),最大扭矩 145 N·m(4500 r/min),前驱,排放标准国Ⅲ、国Ⅳ,5 速手动

产品名称	型号规格	参考价格(元)	生产厂家	电话	主要参数及备注
轿车	赛拉图1.6GLS AT	114800	东风悦达起亚汽车有限公司	(025) 83186908	外形尺寸(mm):4500×1735×1470,轴距2610mm,油箱容积55L,3厢4门5座,整备质量1255kg,最高车速179 km/h,发动机型号G4ED,排量1.599L,最大功率82.4kW(6000 r/min),最大扭矩145 N·m(4500 r/min),前驱,排放标准国Ⅲ、国Ⅳ,4速自动
轿车	赛拉图1.6GLS MT	103800	东风悦达起亚汽车有限公司	(025) 83186908	外形尺寸(mm):4500×1735×1470,轴距2610mm,油箱容积55L,3厢4门5座,整备质量1235kg,最高车速186 km/h,发动机型号G4ED,排量1.599L,最大功率82.4kW(6000 r/min),最大扭矩145 N·m(4500 r/min),前驱,排放标准国Ⅲ、国Ⅳ,5速手动
轿车	赛拉图1.8TOP AT	133800	东风悦达起亚汽车有限公司	(025) 83186908	外形尺寸(mm):4500×1735×1470,轴距2610mm,油箱容积55L,3厢4门5座,整备质量1290kg,最高车速183 km/h,发动机型号G4GB,排量1.795L,最大功率94.1kW(6000 r/min),最大扭矩161 N·m(4500 r/min),前驱,排放标准国Ⅲ、国Ⅳ,4速自动
轿车	赛拉图1.8 TOP MT	123800	东风悦达起亚汽车有限公司	(025) 83186908	外形尺寸(mm):4500×1735×1470,轴距2610mm,油箱容积55L,3厢4门5座,整备质量1270kg,最高车速198 km/h,发动机型号G4GB,排量1.795L,最大功率94.1kW(6000 r/min),最大扭矩161 N·m(4500 r/min),前驱,排放标准国Ⅲ、国Ⅳ,5速手动
轿车	赛拉图欧风1.6GL AT	99800	东风悦达起亚汽车有限公司	(025) 83186908	外形尺寸(mm):4350×1735×1470,轴距2610mm,2厢5门5座,油箱容积55L,整备质量1275kg,最高车速171 km/h,发动机型号G4ED,排量1.599L,最大功率82.4kW(6000 r/min),最大扭矩145 N·m(4500 r/min),前驱,排放标准国Ⅲ、国Ⅳ,4速自动
轿车	赛拉图欧风1.6GL MT	88800	东风悦达起亚汽车有限公司	(025) 83186908	外形尺寸(mm):4350×1735×1470,轴距2610mm,2厢5门5座,油箱容积55L,整备质量1255kg,最高车速181 km/h,发动机型号G4ED,排量1.599L,最大功率82.4kW(6000 r/min),最大扭矩145 N·m(4500 r/min),前驱,排放标准国Ⅲ、国Ⅳ,5速手动
轿车	赛拉图欧风1.6 GLS AT	113800	东风悦达起亚汽车有限公司	(025) 83186908	外形尺寸(mm):4350×1735×1470,轴距2610mm,2厢5门5座,油箱容积55L,整备质量1275kg,最高车速171 km/h,发动机型号G4ED,排量1.599L,最大功率82.4kW(6000 r/min),最大扭矩145 N·m(4500 r/min),前驱,排放标准国Ⅲ、国Ⅳ,4速自动

产品名称	型号规格	参考价格(元)	生产厂家	电话	主要参数及备注
轿车	赛拉图欧风 1.6 GLS MT	102800	东风悦达起亚汽车有限公司	(025)83186908	外形尺寸(mm):4350×1735×1470,轴距2610mm,2厢5门5座,油箱容积55L,整备质量1255kg,最高车速181 km/h,发动机型号G4ED,排量1.599L,最大功率82.4kW(6000 r/min),最大扭矩145 N·m(4500 r/min),前驱,排放标准国Ⅲ、国Ⅳ,5速手动
轿车	赛威 SLS 3.0L	448000	上海通用汽车有限公司	(021)28902890	外形尺寸(mm):5120×1845×1479,轴距3057mm,整备质量1905kg,4门5座,发动机排量2.997L,最大功率200kW(7000 r/min),最大扭矩300 N·m(5600 r/min),最高车速215 km/h,油耗8.4L/100km,6速手自一体,排放标准欧Ⅳ,精英型
轿车	赛威 SLS 3.0L	528000	上海通用汽车有限公司	(021)28902890	外形尺寸(mm):5120×1845×1479,轴距3057mm,整备质量1905kg,4门5座,发动机排量2.997L,最大功率200kW(7000 r/min),最大扭矩300 N·m(5600 r/min),最高车速215 km/h,油耗8.4L/100km,6速手自一体,排放标准欧Ⅳ,豪华型
轿车	赛威 SLS 3.6L	698000	上海通用汽车有限公司	(021)28902890	外形尺寸(mm):5120×1845×1479,轴距3057mm,整备质量1930kg,4门,乘员4人,发动机排量3.564L,最大功率229kW(6400 r/min),最大扭矩374 N·m(5200 r/min),最高车速245 km/h,油耗7.4L/100km,6速手自一体,排放标准欧Ⅳ,旗舰型
轿车	赛威 SLS 3.6L	638000	上海通用汽车有限公司	(021)28902890	外形尺寸(mm):5120×1845×1479,轴距3057mm,整备质量1930kg,4门5座,发动机排量3.564L,最大功率229kW(6400 r/min),最大扭矩374 N·m(5200 r/min),最高车速245 km/h,油耗7.4L/100km,6速手自一体,排放标准欧Ⅳ,运动型
轿车	桑塔纳 1.8L	76800	上海大众汽车有限公司	(021)95000789	外形尺寸(mm):4545×1710×1427,轴距2548mm,整备质量1100kg,3厢4门5座,发动机型号BSA,排量1.781L,最大功率70kW(5200 r/min),最大扭矩145 N·m(3000 r/min),最高车速165 km/h,油耗6.2L/100km,5速手动,前驱,排放标准国Ⅳ
轿车	桑塔纳志俊1.8MT	89800	上海大众汽车有限公司	(021)95000789	外形尺寸(mm):4687×1700×1450,轴距2656mm,整备质量1220kg,3厢4门5座,发动机型号BKT,排量1.781L,最大功率74kW(5200 r/min),最大扭矩155 N·m(3800 r/min),最高车速187 km/h,油耗6.6L/100km,5速手动,前驱,排放标准国Ⅳ,休闲版
轿车	桑塔纳志俊1.8MT	99800	上海大众汽车有限公司	(021)95000789	外形尺寸(mm):4687×1700×1450,轴距2656mm,整备质量1220kg,3厢4门5座,发动机型号BKT,排量1.781L,最大功率74kW(5200 r/min),最大扭矩155 N·m(3800 r/min),最高车速187 km/h,油耗6.6L/100km,5速手动,前驱,排放标准国Ⅳ,舒适版

产品名称	型号规格	参考价格(元)	生产厂家	电话	主要参数及备注
轿车	桑塔纳志俊2.0AT	124800	上海大众汽车有限公司	(021)95000789	外形尺寸(mm):4687×1700×1450,轴距2656mm,整备质量1263kg,3厢4门5座,发动机型号BTL,排量1.984L,最大功率80kW(5000 r/min),最大扭矩168 N·m(3800 r/min),最高车速185 km/h,油耗7.2L/100km,4速手自一体,前驱,排放标准国Ⅲ,豪华版
轿车	桑塔纳志俊2.0MT	114800	上海大众汽车有限公司	(021)95000789	外形尺寸(mm):4687×1700×1450,轴距2656mm,整备质量1228kg,3厢4门5座,发动机型号BTL,排量1.984L,最大功率80kW(5000 r/min),最大扭矩168 N·m(3800 r/min),最高车速192 km/h,油耗6 L/100km,5速手动,前驱,排放标准国Ⅲ,豪华版
轿车	森雅 1.3CC MT	54900	一汽吉林汽车有限公司	(0432)4641333	外形尺寸(mm):4120×1640×1700(1695),轴距2655mm,整备质量1130kg,2厢5门5座,发动机型号K3－VE3,排量1.298L,额定功率67kW(6000 r/min),最大扭矩120 N·m(4400 r/min),最高车速160 km/h,前置后驱,5速手动,排放标准国Ⅲ,标准型
轿车	森雅 1.3CC MT	56900	一汽吉林汽车有限公司	(0432)4641333	外形尺寸(mm):4120×1640×1700(1695),轴距2655mm,整备质量1130kg,2厢5门,乘员7人,发动机型号K3－VE3,排量1.298L,额定功率67kW(6000 r/min),最大扭矩120 N·m(4400 r/min),最高车速160 km/h,前置后驱,5速手动,排放标准国Ⅲ,标准型
轿车	森雅 1.5CL MT	62900	一汽吉林汽车有限公司	(0432)4641333	外形尺寸(mm):4120×1640×1695,轴距2655mm,整备质量1140kg,2厢5门5座,发动机型号3SZ－VE2,排量1.495L,最大功率75kW(6000 r/min),最大扭矩135 N·m(4400 r/min),最高车速170 km/h,前置后驱,5速手动,排放标准国Ⅲ,标准型
轿车	森雅 1.5CL MT	64400	一汽吉林汽车有限公司	(0432)4641333	外形尺寸(mm):4120×1640×1695,轴距2655mm,整备质量1140kg,2厢5门5座,发动机型号3SZ－VE2,排量1.495L,最大功率75kW(6000 r/min),最大扭矩135 N·m(4400 r/min),最高车速170 km/h,前置后驱,5速手动,排放标准国Ⅳ,标准型
轿车	森雅 1.5CL MT	64900	一汽吉林汽车有限公司	(0432)4641333	外形尺寸(mm):4120×1640×1695,轴距2655mm,整备质量1160kg,2厢5门,乘员7人,发动机型号3SZ－VE2,排量1.495L,最大功率75kW(6000 r/min),最大扭矩135 N·m(4400 r/min),最高车速170 km/h,前置后驱,5速手动,排放标准国Ⅲ,标准型

产品名称	型号规格	参考价格（元）	生产厂家	电话	主要参数及备注
轿车	森雅 1.5CL MT	66400	一汽吉林汽车有限公司	(0432)4641333	外形尺寸(mm):4120×1640×1695,轴距2655mm,整备质量1160kg,2厢5门,乘员7人,发动机型号3SZ－VE2,排量1.495L,最大功率75kW(6000 r/min),最大扭矩135 N·m(4400 r/min),最高车速170 km/h,前置后驱,5速手动,排放标准国Ⅳ,标准型
轿车	森雅 1.5CX AT	75900	一汽吉林汽车有限公司	(0432)4641333	外形尺寸(mm):4120×1640×1695,轴距2655mm,整备质量1155kg,2厢5门5座,发动机型号3SZ－VE3,排量1.495L,最大功率80kW(6000 r/min),最大扭矩141 N·m(4400 r/min),最高车速160 km/h,前置后驱,4速自动,排放标准国Ⅲ,豪华型
轿车	森雅 1.5CX AT	77400	一汽吉林汽车有限公司	(0432)4641333	外形尺寸(mm):4120×1640×1695,轴距2655mm,整备质量1155kg,2厢5门5座,发动机型号3SZ－VE3,排量1.495L,最大功率80kW(6000 r/min),最大扭矩141 N·m(4400 r/min),最高车速160 km/h,前置后驱,4速自动,排放标准国Ⅳ,豪华型
轿车	森雅 1.5CX AT	77900	一汽吉林汽车有限公司	(0432)4641333	外形尺寸(mm):4120×1640×1695,轴距2655mm,整备质量1175kg,2厢5门,乘员7人,发动机型号3SZ－VE3,排量1.495L,最大功率80kW(6000 r/min),最大扭矩141 N·m(4400 r/min),最高车速160 km/h,前置后驱,4速自动,排放标准国Ⅲ,豪华型
轿车	森雅 1.5CX AT	79400	一汽吉林汽车有限公司	(0432)4641333	外形尺寸(mm):4120×1640×1695,轴距2655mm,整备质量1175kg,2厢5门,乘员7人,发动机型号3SZ－VE3,排量1.495L,最大功率80kW(6000 r/min),最大扭矩141 N·m(4400 r/min),最高车速160 km/h,前置后驱,4速自动,排放标准国Ⅳ,豪华型
轿车	森雅 1.5CX MT	67900	一汽吉林汽车有限公司	(0432)4641333	外形尺寸(mm):4120×1640×1695,轴距2655mm,整备质量1140kg,2厢5门5座,发动机型号3SZ－VE2,排量1.495L,最大功率75kW(6000 r/min),最大扭矩135 N·m(4400 r/min),最高车速170 km/h,前置后驱,5速手动,排放标准国Ⅲ,舒适型
轿车	森雅 1.5CX MT	69400	一汽吉林汽车有限公司	(0432)4641333	外形尺寸(mm):4120×1640×1695,轴距2655mm,整备质量1140kg,2厢5门5座,发动机型号3SZ－VE2,排量1.495L,最大功率75kW(6000 r/min),最大扭矩135 N·m(4400 r/min),最高车速170 km/h,前置后驱,5速手动,排放标准国Ⅳ,舒适型

产品名称	型号规格	参考价格（元）	生产厂家	电话	主要参数及备注
轿车	森雅 1.5CX MT	69900	一汽吉林汽车有限公司	（0432）4641333	外形尺寸（mm）：4120×1640×1695，轴距 2655mm，整备质量 1160kg，2 厢 5 门，乘员 7 人，发动机型号 3SZ－VE2，排量1.495 L，最大功率 75kW（6000 r/min），最大扭矩 135 N·m（4400 r/min），最高车速 170 km/h，前置后驱，5 速手动，排放标准国Ⅲ，舒适型
轿车	森雅 1.5CX MT	71400	一汽吉林汽车有限公司	（0432）4641333	外形尺寸（mm）：4120×1640×1695，轴距 2655mm，整备质量 1160kg，2 厢 5 门，乘员 7 人，发动机型号 3SZ－VE2，排量1.495 L，最大功率 75kW（6000 r/min），最大扭矩 135 N·m（4400 r/min），最高车速 170 km/h，前置后驱，5 速手动，排放标准国Ⅳ，舒适型
轿车	世嘉二厢 1.6 L AT	121800	神龙汽车有限公司	（027）84299881	外形尺寸（mm）：4282×1773×1483，轴距 2610mm，整备质量 1321kg，2 厢 5 门 5 座，发动机排量 1.587 L，最大功率 78kW（5750 r/min），最大扭矩 142 N·m（4000 r/min），最高车速 178 km/h，前置前驱，智能手自一体，排放标准国Ⅲ、国Ⅳ，时尚型
轿车	世嘉二厢 1.6 L AT	131800	神龙汽车有限公司	（027）84299881	外形尺寸（mm）：4282×1773×1483，轴距 2610mm，整备质量 1321kg，2 厢 5 门 5 座，发动机排量 1.587 L，最大功率 78kW（5750 r/min），最大扭矩 142 N·m（4000 r/min），最高车速 178 km/h，前置前驱，智能手自一体，排放标准国Ⅲ、国Ⅳ，舒适型
轿车	世嘉二厢 1.6 L MT	108800	神龙汽车有限公司	（027）84299881	外形尺寸（mm）：4282×1773×1483，轴距 2610mm，整备质量 1270kg，2 厢 5 门 5 座，发动机排量1.587L，最大功率 78kW（5750 r/min），最大扭矩 142 N·m（4000 r/min），最高车速 185 km/h，前置前驱，5 速手动，排放标准国Ⅲ、国Ⅳ，时尚型
轿车	世嘉二厢 1.6 L MT	118800	神龙汽车有限公司	（027）84299881	外形尺寸（mm）：4282×1773×1483，轴距 2610mm，整备质量 1270kg，2 厢 5 门 5 座，发动机排量 1.587 L，最大功率 78kW（5750 r/min），最大扭矩 142 N·m（4000 r/min），最高车速 185 km/h，前置前驱，5 速手动，排放标准国Ⅲ、国Ⅳ，舒适型
轿车	世嘉二厢 2.0 L AT	138800	神龙汽车有限公司	（027）84299881	外形尺寸（mm）：4282×1773×1483，轴距 2610mm，整备质量 1325kg，2 厢 5 门 5 座，发动机排量 1.997 L，最大功率 108kW（6000 r/min），最大扭矩 200 N·m（4000 r/min），最高车速 205 km/h，前置前驱，智能手自一体，排放标准国Ⅲ、国Ⅳ，时尚型

产品名称	型号规格	参考价格(元)	生产厂家	电话	主要参数及备注
轿车	世嘉二厢 2.0 L AT	151800	神龙汽车有限公司	(027) 84299881	外形尺寸(mm):4282×1773×1483,轴距 2610mm,整备质量 1325kg,2 厢 5 门 5 座,发动机排量 1.997 L,最大功率 108kW(6000 r/min),最大扭矩 200 N·m(4000 r/min),最高车速 205 km/h,前置前驱,智能手自一体,排放标准国Ⅲ、国Ⅳ,豪华型
轿车	世嘉二厢 2.0 L MT	121800	神龙汽车有限公司	(027) 84299881	外形尺寸(mm):4282×1773×1483,轴距 2610mm,整备质量 1304kg,2 厢 5 门 5 座,发动机排量 1.997 L,最大功率 108kW(6000 r/min),最大扭矩 200 N·m(4000 r/min),最高车速 205 km/h,5 速手动,前置前驱,排放标准国Ⅲ、国Ⅳ,夺冠版,时尚型
轿车	世嘉二厢 2.0 L MT	138800	神龙汽车有限公司	(027) 84299881	外形尺寸(mm):4282×1773×1483,轴距 2610mm,整备质量 1304kg,2 厢 5 门 5 座,发动机排量 1.997 L,最大功率 108kW(6000 r/min),最大扭矩 200 N·m(4000 r/min),最高车速 205 km/h,5 速手动,前置前驱,排放标准国Ⅲ、国Ⅳ,运动版,豪华型
轿车	世嘉三厢1.6 AT	121800	神龙汽车有限公司	(027) 84299881	外形尺寸(mm):4556×1773×1486,轴距 2610mm,整备质量 1340kg,3 厢 4 门 5 座,发动机排量1.587L,最大功率 78kW(5750 r/min),最大扭矩 142 N·m(4000 r/min),最高车速 176 km/h,4 速手自一体,排放标准国Ⅲ、国Ⅳ,时尚型
轿车	世嘉三厢1.6 AT	131800	神龙汽车有限公司	(027) 84299881	外形尺寸(mm):4556×1773×1486,轴距 2610mm,整备质量 1340kg,3 厢 4 门 5 座,发动机排量1.587L,最大功率 78kW(5750 r/min),最大扭矩 142 N·m(4000 r/min),最高车速 176 km/h,4 速手自一体,排放标准国Ⅲ、国Ⅳ,舒适型
轿车	世嘉三厢1.6 MT	108800	神龙汽车有限公司	(027) 84299881	外形尺寸(mm):4556×1773×1486,轴距 2610mm,整备质量 1300kg,3 厢 4 门 5 座,发动机排量 1.587 L,最大功率 78kW(5750 r/min),最大扭矩 142 N·m(4000 r/min),最高车速 186 km/h,5 速手动,排放标准国Ⅲ、国Ⅳ,时尚型
轿车	世嘉三厢1.6 MT	118800	神龙汽车有限公司	(027) 84299881	外形尺寸(mm):4556×1773×1486,轴距 2610mm,整备质量 1300kg,3 厢 4 门 5 座,发动机排量1.587L,最大功率 78kW(5750 r/min),最大扭矩 142 N·m(4000 r/min),最高车速 186 km/h,5 速手动,排放标准国Ⅲ、国Ⅳ,舒适型
轿车	世嘉三厢2.0 AT	134800	神龙汽车有限公司	(027) 84299881	外形尺寸(mm):4556×1773×1486,轴距 2610mm,整备质量 1360kg,3 厢 4 门 5 座,发动机排量 1.997 L,最大功率 108kW(6000 r/min),最大扭矩 200 N·m(4000 r/min),最高车速 200 km/h,4 速手自一体,排放标准国Ⅲ、国Ⅳ,时尚型

产品名称	型号规格	参考价格（元）	生产厂家	电话	主要参数及备注
轿车	世嘉三厢2.0 AT	144800	神龙汽车有限公司	(027)84299881	外形尺寸(mm):4556×1773×1486,轴距2610mm,整备质量1360kg,3厢4门5座,发动机排量1.997 L,最大功率108kW(6000 r/min),最大扭矩200 N·m(4000 r/min),最高车速200 km/h,4速手自一体,排放标准国Ⅲ、国Ⅳ,舒适型
轿车	世嘉三厢2.0 AT	153800	神龙汽车有限公司	(027)84299881	外形尺寸(mm):4556×1773×1486,轴距2610mm,整备质量1360kg,3厢4门5座,发动机排量1.997 L,最大功率108kW(6000 r/min),最大扭矩200 N·m(4000 r/min),最高车速200 km/h,4速手自一体,排放标准国Ⅲ、国Ⅳ,豪华型
轿车	世嘉三厢2.0 AT	157800	神龙汽车有限公司	(027)84299881	外形尺寸(mm):4556×1773×1486,轴距2610mm,整备质量1360kg,3厢4门5座,发动机排量1.997 L,最大功率108kW(6000 r/min),最大扭矩200 N·m(4000 r/min),最高车速200 km/h,4速手自一体,排放标准国Ⅲ、国Ⅳ,豪华天窗型
轿车	世嘉三厢2.0 MT	121800	神龙汽车有限公司	(027)84299881	外形尺寸(mm):4556×1773×1486,轴距2610mm,整备质量1328kg,3厢4门5座,发动机排量1.997 L,最大功率108kW(6000 r/min),最大扭矩200 N·m(4000 r/min),最高车速205 km/h,5速手动,排放标准国Ⅲ、国Ⅳ,时尚型
轿车	世嘉三厢2.0 MT	131800	神龙汽车有限公司	(027)84299881	外形尺寸(mm):4556×1773×1486,轴距2610mm,整备质量1328kg,3厢4门5座,发动机排量1.997 L,最大功率108kW(6000 r/min),最大扭矩200 N·m(4000 r/min),最高车速205 km/h,5速手动,排放标准国Ⅲ、国Ⅳ,舒适型
轿车	思铂睿 2.4L VTi	237800	东风本田汽车有限公司	(027)84826000	外形尺寸(mm):4730×1840×1450,轴距2705mm,整备质量1575kg,3厢4门5座,发动机型号K24Z5,排量2.354 L,最大功率133kW(6500 r/min),最大扭矩225 N·m(4300 r/min),最高车速212 km/h,油箱容积70L,5速自动,前驱,排放标准国Ⅳ,豪华版
轿车	思铂睿 2.4L VTi-S	249800	东风本田汽车有限公司	(027)84826000	外形尺寸(mm):4730×1840×1450,轴距2705mm,整备质量1585kg,3厢4门5座,发动机型号K24Z5,排量2.354 L,最大功率133kW(6500 r/min),最大扭矩225 N·m(4300 r/min),最高车速212 km/h,油箱容积70L,5速自动,前驱,排放标准国Ⅳ,尊贵版
轿车	思铂睿 2.4L VTi-S NAVI	265800	东风本田汽车有限公司	(027)84826000	外形尺寸(mm):4730×1840×1450,轴距2705mm,整备质量1590kg,3厢4门5座,发动机型号K24Z5,排量2.354 L,最大功率133kW(6500 r/min),最大扭矩225 N·m(4300 r/min),最高车速212 km/h,油箱容积70L,5速自动,前驱,排放标准国Ⅳ,尊贵导航版

产品名称	型号规格	参考价格(元)	生产厂家	电话	主要参数及备注
轿车	思铂睿 TYPE－S	255800	东风本田汽车有限公司	(027)84826000	外形尺寸(mm):4730×1840×1450,轴距2705mm,整备质量1590kg,3厢4门5座,发动机型号K24Z5,排量2.354L,最大功率133kW(6500 r/min),最大扭矩225 N·m(4300 r/min),最高车速212 km/h,油箱容积70L,5速自动,前驱,排放标准国Ⅳ
轿车	思铂睿 TYPE－S NAVI	271800	东风本田汽车有限公司	(027)84826000	外形尺寸(mm):4730×1850×1450,轴距2705mm,整备质量1595kg,3厢4门5座,发动机型号K24Z5,排量2.354L,最大功率133kW(6500 r/min),最大扭矩225 N·m(4300 r/min),最高车速212 km/h,油箱容积70L,5速自动,前驱,排放标准国Ⅳ
轿车	思域1.8 EXi AT	149800	东风本田汽车有限公司	(027)84826000	外形尺寸(mm):4500×1755×1450,轴距2700mm,整备质量1240kg,3厢4门5座,发动机型号R18A1,排量1.799L,最大功率103kW(6300 r/min),最大扭矩174 N·m(4300 r/min),最高车速190 km/h,油箱容积50L,油耗7.2L/100km,5速自动,前驱,排放标准国Ⅳ,舒适版
轿车	思域1.8 EXi MT	141800	东风本田汽车有限公司	(027)84826000	外形尺寸(mm):4500×1755×1450,轴距2700mm,整备质量1210kg,3厢4门5座,发动机型号R18A1,排量1.799L,最大功率103kW(6300 r/min),最大扭矩174 N·m(4300 r/min),最高车速190 km/h,油箱容积50L,油耗6.9L/100km,5速手动,前驱,排放标准国Ⅳ,舒适版
轿车	思域1.8 LXi AT	137800	东风本田汽车有限公司	(027)84826000	外形尺寸(mm):4500×1755×1450,轴距2700mm,整备质量1240kg,3厢4门5座,发动机型号R18A1,排量1.799L,最大功率103kW(6300 r/min),最大扭矩174 N·m(4300 r/min),最高车速190 km/h,油箱容积50L,油耗7.2L/100km,5速自动,前驱,排放标准国Ⅳ,经典版
轿车	思域1.8 LXi MT	129800	东风本田汽车有限公司	(027)84826000	外形尺寸(mm):4500×1755×1450,轴距2700mm,整备质量1210kg,3厢4门5座,发动机型号R18A1,排量1.799L,最大功率103kW(6300 r/min),最大扭矩174 N·m(4300 r/min),最高车速190 km/h,油箱容积50L,油耗6.9L/100km,5速手动,前驱,排放标准国Ⅳ,经典版
轿车	思域1.8 VTi AT	167800	东风本田汽车有限公司	(027)84826000	外形尺寸(mm):4500×1755×1450,轴距2700mm,整备质量1280kg,3厢4门5座,发动机型号R18A1,排量1.799L,最大功率103kW(6300 r/min),最大扭矩174 N·m(4300 r/min),最高车速190 km/h,油箱容积50L,油耗7.2L/100km,5速自动,前驱,排放标准国Ⅳ,豪华版

产品名称	型号规格	参考价格（元）	生产厂家	电话	主要参数及备注
轿车	思域1.8 VTi MT	159800	东风本田汽车有限公司	(027) 84826000	外形尺寸(mm):4500×1755×1450,轴距2700mm,整备质量1250kg,3厢4门5座,发动机型号R18A1,排量1.799L,最大功率103kW(6300 r/min),最大扭矩174 N·m(4300 r/min),最高车速190 km/h,油箱容积50L,油耗6.9 L/100km,5速手动,前驱,排放标准国Ⅳ,豪华版
轿车	思域1.8 VTi-S AT	176800	东风本田汽车有限公司	(027) 84826000	外形尺寸(mm):4500×1755×1450,轴距2700mm,整备质量1290kg,3厢4门5座,发动机型号R18A1,排量1.799L,最大功率103kW(6300 r/min),最大扭矩174 N·m(4300 r/min),最高车速190 km/h,油箱容积50L,油耗7.2 L/100km,5速自动,前驱,排放标准国Ⅳ,尊贵版
轿车	速腾1.4TSI	148800	一汽大众汽车有限公司	(0431) 85990888	外形尺寸(mm):4544×1760×1461,轴距2578mm,整备质量1405kg,3厢4门5座,发动机型号EA111,排量1.39L,最大功率96kW(5000 r/min),最大扭矩220 N·m(1750~3500 r/min),最高车速203 km/h,前置前驱,5速手动,排放标准欧Ⅳ,技术型
轿车	速腾1.4TSI	155800	一汽大众汽车有限公司	(0431) 85990888	外形尺寸(mm):4544×1760×1461,轴距2578mm,整备质量1405kg,3厢4门5座,发动机型号EA111,排量1.39L,最大功率96kW(5000 r/min),最大扭矩220 N·m(1750~3500 r/min),最高车速203 km/h,前置前驱,5速手动,排放标准欧Ⅳ,豪华型
轿车	速腾1.4TSI	169800	一汽大众汽车有限公司	(0431) 85990888	外形尺寸(mm):4544×1760×1461,轴距2578mm,整备质量1425kg,3厢4门5座,发动机型号EA111,排量1.39L,最大功率96kW(5000 r/min),最大扭矩220 N·m(1750~3500 r/min),最高车速200 km/h,前置前驱,7速双离合变速器,排放标准欧Ⅳ,豪华型
轿车	速腾1.4TSI	162800	一汽大众汽车有限公司	(0431) 85990888	外形尺寸(mm):4544×1760×1461,轴距2578mm,整备质量1425kg,3厢4门5座,发动机型号EA111,排量1.39L,最大功率96kW(5000 r/min),最大扭矩220 N·m(1750~3500 r/min),最高车速200 km/h,前置前驱,7速双离合变速器,排放标准欧Ⅳ,技术型
轿车	速腾1.6L AT	144800	一汽大众汽车有限公司	(0431) 85990888	外形尺寸(mm):4544×1760×1461,轴距2578mm,油箱容积55L,整备质量1379kg,3厢4门5座,发动机型号BWH,排量1.595L,最大功率74kW(6000 r/min),最大扭矩145 N·m(3800 r/min),最高车速180 km/h,前置前驱,6速手自一体变速器,排放标准欧Ⅳ,时尚型

产品名称	型号规格	参考价格（元）	生产厂家	电话	主要参数及备注
轿车	速腾1.6L AT	147800	一汽大众汽车有限公司	(0431) 85990888	外形尺寸(mm):4544×1760×1461,轴距2578mm,油箱容积55L,整备质量1379kg,3厢4门5座,发动机型号BWH,排量1.595L,最大功率74kW(6000 r/min),最大扭矩145 N·m(3800 r/min),最高车速180 km/h,前置前驱,6速手自一体变速器,排放标准欧Ⅳ,舒适型
轿车	速腾1.6L MT	132800	一汽大众汽车有限公司	(0431) 85990888	外形尺寸(mm):4544×1760×1461,轴距2578mm,油箱容积55L,整备质量1353kg,3厢4门5座,发动机型号BWH,排量1.595L,最大功率74kW(6000 r/min),最大扭矩145 N·m(3800 r/min),最高车速185 km/h,前置前驱,5速手动,排放标准欧Ⅳ,时尚型
轿车	速腾1.6L MT	135800	一汽大众汽车有限公司	(0431) 85990888	外形尺寸(mm):4544×1760×1461,轴距2578mm,油箱容积55L,整备质量1353kg,3厢4门5座,发动机型号BWH,排量1.595L,最大功率74kW(6000 r/min),最大扭矩145 N·m(3800 r/min),最高车速185 km/h,前置前驱,5速手动,排放标准欧Ⅳ,舒适型
轿车	速腾1.8TSI	177800	一汽大众汽车有限公司	(0431) 85990888	外形尺寸(mm):4544×1760×1461,轴距2578mm,油箱容积55L,整备质量1413kg,3厢4门5座,发动机排量1.798L,最大功率118kW(5000~6200 r/min),最大扭矩250 N·m(1500~4200 r/min),最高车速210 km/h,油耗7.4L/100km,5速手动,排放标准欧Ⅳ,冠军版
轿车	速腾1.8TSI	185800	一汽大众汽车有限公司	(0431) 85990888	外形尺寸(mm):4544×1760×1461,轴距2578mm,油箱容积55L,整备质量1446kg,3厢4门5座,发动机排量1.798L,最大功率118kW(5000~6200 r/min),最大扭矩250 N·m(1500~4200 r/min),最高车速216 km/h,油耗7.9L/100km,6速手自一体变速器,排放标准欧Ⅳ,冠军版
轿车	索纳塔 2.0DLX	197900	北京现代汽车有限公司	(010) 59638122	外形尺寸(mm):4820×1835×1475,轴距2795mm,整备质量1460kg,3厢4门5座,发动机排量1.998 L,最大功率121kW(6200 r/min),最大扭矩198 N·m(4600 r/min),最高车速202 km/h,6速手自一体,前置前驱,排放标准国Ⅳ+OBD,尊贵版
轿车	索纳塔 2.0GLS	179900	北京现代汽车有限公司	(010) 59638122	外形尺寸(mm):4820×1835×1475,轴距2795mm,整备质量1460kg,3厢4门5座,发动机排量1.998 L,最大功率121kW(6200 r/min),最大扭矩198 N·m(4600 r/min),最高车速202 km/h,6速手自一体,前置前驱,排放标准国Ⅳ+OBD,领先版

产品名称	型号规格	参考价格（元）	生产厂家	电话	主要参数及备注
轿车	索纳塔 2.0GS	166900	北京现代汽车有限公司	(010) 59638122	外形尺寸(mm):4820×1835×1475,轴距 2795mm,整备质量 1460kg,3 厢 4 门 5 座,发动机排量 1.998 L,最大功率 121kW(6200 r/min),最大扭矩 198 N·m(4600 r/min),最高车速 202 km/h,6 速手自一体,前置前驱,排放标准国Ⅳ+OBD,时尚版
轿车	索纳塔 2.0LUX	203900	北京现代汽车有限公司	(010) 59638122	外形尺寸(mm):4820×1835×1475,轴距 2795mm,整备质量 1460kg,3 厢 4 门 5 座,发动机排量 1.998 L,最大功率 121kW(6200 r/min),最大扭矩 198 N·m(4600 r/min),最高车速 202 km/h,6 速手自一体,前置前驱,排放标准国Ⅳ+OBD,至尊版
轿车	索纳塔 2.0TOP	232900	北京现代汽车有限公司	(010) 59638122	外形尺寸(mm):4820×1835×1475,轴距 2795mm,整备质量 1460kg,3 厢 4 门 5 座,发动机排量 1.998 L,最大功率 121kW(6200 r/min),最大扭矩 198 N·m(4600 r/min),最高车速 202 km/h,6 速手自一体,前置前驱,排放标准国Ⅳ+OBD,高级版
轿车	索纳塔 2.4DLX	228900	北京现代汽车有限公司	(010) 59638122	外形尺寸(mm):4820×1835×1475,轴距 2795mm,整备质量 1518kg,3 厢 4 门 5 座,发动机排量 2.359 L,最大功率 132kW(6000 r/min),最大扭矩 231 N·m(4000 r/min),最高车速 210 km/h,6 速手自一体,前置前驱,排放标准国Ⅳ+OBD,尊贵版
轿车	索纳塔 2.4TOP	249900	北京现代汽车有限公司	(010) 59638122	外形尺寸(mm):4820×1835×1475,轴距 2795mm,整备质量 1518kg,3 厢 4 门 5 座,发动机排量 2.359 L,最大功率 132kW(6000 r/min),最大扭矩 231 N·m(4000 r/min),最高车速 210 km/h,6 速手自一体,前置前驱,排放标准国Ⅳ+OBD,高级版
轿车	腾翼 C30 1.5 L CVT	74500	长城汽车股份有限公司	(0312) 2192888	外形尺寸(mm):4452×1705×1480,轴距 2610mm,油箱容积 40L,3 厢 4 门 5 座,整备质量 1145kg,发动机型号 GW4G15,排量1.497L,最大功率 78kW(6000 r/min),最大扭矩 138 N·m(4200 r/min),无级变速,排放标准欧Ⅳ,舒适型,2011 款
轿车	腾翼 C30 1.5L MT	64500	长城汽车股份有限公司	(0312) 2192888	外形尺寸(mm):4452×1705×1480,轴距 2610mm,油箱容积 40L,3 厢 4 门 5 座,整备质量 1125kg,发动机型号 GW4G15,排量1.497L,最大功率 78kW(6000 r/min),最大扭矩 138 N·m(4200 r/min),5 速手动,排放标准欧Ⅳ,舒适型,2011 款
轿车	腾翼 C30 1.5L MT	67500	长城汽车股份有限公司	(0312) 2192888	外形尺寸(mm):4452×1705×1480,轴距 2610mm,油箱容积 40L,3 厢 4 门 5 座,整备质量 1125kg,发动机型号 GW4G15,排量1.497L,最大功率 78kW(6000 r/min),最大扭矩 138 N·m(4200 r/min),5 速手动,排放标准欧Ⅳ,豪华型,2011 款

产品名称	型号规格	参考价格（元）	生产厂家	电话	主要参数及备注
轿车	腾翼 C30 1.5L MT	73500	长城汽车股份有限公司	（0312）2192888	外形尺寸（mm）：4452×1705×1480，轴距 2610mm，油箱容积 40L，3 厢 4 门 5 座，整备质量 1125kg，发动机型号 GW4G15，排量1.497L，最大功率 78kW（6000 r/min），最大扭矩 138 N·m（4200 r/min），5 速手动，排放标准欧Ⅳ，精英型，2011 款
轿车	天籁2.0L XE	190800	东风日产乘用车公司	8008308899	外形尺寸（mm）：4850×1795×1475，轴距 2775mm，油箱容积 70L，整备质量 1444kg，3 厢 4 门 5 座，发动机型号 MR20DE，排量 1.997L，最大功率 100kW（5600 r/min），最大扭矩 190 N·m（4400 r/min），无级变速，前驱，排放标准欧 IV + OBD，标准版，2011 款
轿车	天籁2.0L XL	199800	东风日产乘用车公司	8008308899	外形尺寸（mm）：4850×1795×1475，轴距 2775mm，油箱容积 70L，整备质量 1457kg，3 厢 4 门 5 座，发动机型号 MR20DE，排量 1.997L，最大功率 100kW（5600 r/min），最大扭矩 190 N·m（4400 r/min），无级变速，前驱，排放标准欧 IV + OBD，舒适版，2011 款
轿车	天籁2.0L XL	219800	东风日产乘用车公司	8008308899	外形尺寸（mm）：4850×1795×1475，轴距 2775mm，油箱容积 70L，整备质量 1457kg，3 厢 4 门 5 座，发动机型号 MR20DE，排量 1.997L，最大功率 100kW（5600 r/min），最大扭矩 190 N·m（4400 r/min），无级变速，前驱，排放标准欧 IV + OBD，荣耀版，2011 款
轿车	天籁 2.0 L XL - NAVI	225800	东风日产乘用车公司	8008308899	外形尺寸（mm）：4850×1795×1475，轴距 2775mm，油箱容积 70L，整备质量 1457kg，3 厢 4 门 5 座，发动机型号 MR20DE，排量 1.997L，最大功率 100kW（5600 r/min），最大扭矩 190 N·m（4400 r/min），无级变速，前驱，排放标准欧 IV + OBD，智尚版，2011 款
轿车	天籁2.5L XL	224800	东风日产乘用车公司	8008308899	外形尺寸（mm）：4850×1795×1475，轴距 2775mm，油箱容积 70L，整备质量 1533kg，3 厢 4 门 5 座，发动机型号 VQ25DE，排量 2.496L，最大功率 136kW（6000 r/min），最大扭矩 232 N·m（4400 r/min），6 速手自一体，前驱，排放标准欧 IV + OBD，领先版，2011 款
轿车	天籁2.5L XL	244800	东风日产乘用车公司	8008308899	外形尺寸（mm）：4850×1795×1475，轴距 2775mm，油箱容积 70L，整备质量 1533kg，3 厢 4 门 5 座，发动机型号 VQ25DE，排量 2.496L，最大功率 136kW（6000 r/min），最大扭矩 232 N·m（4400 r/min），6 速手自一体，前驱，排放标准欧 IV + OBD，荣耀版，2011 款

产品名称	型号规格	参考价格（元）	生产厂家	电话	主要参数及备注
轿车	天籁2.5L XL－NAVI	249800	东风日产乘用车公司	8008308899	外形尺寸（mm）：4850×1795×1475，轴距2775mm，油箱容积70L，整备质量1533kg，3厢4门5座，发动机型号VQ25DE，排量2.496L，最大功率136kW（6000 r/min），最大扭矩232 N·m（4400 r/min），6速手自一体，前驱，排放标准欧Ⅳ＋OBD，智领版，2011款
轿车	天籁2.5L XV	264800	东风日产乘用车公司	8008308899	外形尺寸（mm）：4930×1795×1475，轴距2775mm，油箱容积70L，整备质量1581kg，3厢4门5座，发动机型号VQ25DE，排量2.496L，最大功率136kW（6000 r/min），最大扭矩232 N·m（4400 r/min），6速手自一体，前驱，排放标准欧Ⅳ＋OBD，尊雅版，2011款
轿车	天籁2.5L XV	296800	东风日产乘用车公司	8008308899	外形尺寸（mm）：4930×1795×1475，轴距2775mm，油箱容积70L，整备质量1581kg，3厢4门5座，发动机型号VQ25DE，排量2.496L，最大功率136kW（6000 r/min），最大扭矩232 N·m（4400 r/min），6速手自一体，前驱，排放标准欧Ⅳ＋OBD，尊尚版，2011款
轿车	天籁公爵3.5L XV VIP	371800	东风日产乘用车公司	8008308899	外形尺寸（mm）：4930×1795×1475，轴距2775mm，油箱容积70L，整备质量1624kg，3厢4门5座，发动机型号VQ35DE，排量3.498L，最大功率185kW（6000 r/min），最大扭矩326 N·m（4400 r/min），6速手自一体，前驱，排放标准欧Ⅳ＋OBD，NAVI型，2011款
轿车	天语 SX4 二厢 1.6L MT	108800	重庆长安铃木汽车有限公司	（023）66288623	外形尺寸（mm）：4115×1730×1555，轴距2500mm，整备质量1181kg，2厢5门5座，发动机型号M16A，排量1.586L，最大功率80kW（5500 r/min），最大扭矩144 N·m（3500～4500 r/min），最高车速180 km/h，前驱，5速手动，排放标准国Ⅳ
轿车	天语 SX4 二厢 1.6L AT	118800	重庆长安铃木汽车有限公司	（023）66288623	外形尺寸（mm）：4115×1730×1555，轴距2500mm，整备质量1206kg，2厢5门5座，发动机型号M16A，排量1.586L，最大功率80kW（5500 r/min），最大扭矩144 N·m（3500～4500 r/min），最高车速175 km/h，前驱，4速自动，排放标准国Ⅳ
轿车	天语 SX4 二厢 1.8L AT	133800	重庆长安铃木汽车有限公司	（023）66288623	外形尺寸（mm）：4115×1730×1555，轴距2500mm，整备质量1210kg，2厢5门5座，发动机型号M18A，排量1796L，最大功率96kW（6200 r/min），最大扭矩170 N·m（3500～4500 r/min），最高车速188 km/h，前驱，4速自动，排放标准国Ⅳ
轿车	天语 SX4 二厢 1.8L MT	123800	重庆长安铃木汽车有限公司	（023）66288623	外形尺寸（mm）：4115×1730×1555，轴距2500mm，整备质量1185kg，2厢5门5座，发动机型号M18A，排量1796L，最大功率96kW（6200 r/min），最大扭矩170 N·m（3500～4500 r/min），最高车速190 km/h，前驱，5速手动，排放标准国Ⅳ

产品名称	型号规格	参考价格（元）	生产厂家	电话	主要参数及备注
轿车	天语 SX4 三厢 1.6L AT	108800	重庆长安铃木汽车有限公司	(023) 66288623	外形尺寸(mm):4490×1730×1555,轴距 2500mm,整备质量 1210kg,3 厢 4 门 5 座,发动机型号 M16A,排量1.586L,最大功率 80kW(5500 r/min),最大扭矩 144 N·m(3500～4500 r/min),最高车速 175 km/h,油耗 5.9 L/100km,前驱,4 速自动,排放标准国Ⅳ,精英型
轿车	天语 SX4 三厢 1.6L AT	118800	重庆长安铃木汽车有限公司	(023) 66288623	外形尺寸(mm):4490×1730×1555,轴距 2500mm,整备质量 1210kg,3 厢 4 门 5 座,发动机型号 M16A,排量1.586L,最大功率 80kW(5500 r/min),最大扭矩 144 N·m(3500～4500 r/min),最高车速 175 km/h,油耗 5.9 L/100km,前驱,4 速自动,排放标准国Ⅳ,豪华型
轿车	天语 SX4 三厢 1.6L MT	98800	重庆长安铃木汽车有限公司	(023) 66288623	外形尺寸(mm):4490×1730×1555,轴距 2500mm,整备质量 1185kg,3 厢 4 门 5 座,发动机型号 M16A,排量1.586L,最大功率 80kW(5500 r/min),最大扭矩 144 N·m(3500～4500 r/min),最高车速 180 km/h,油耗 5.6 L/100km,前驱,5 速手动,排放标准国Ⅳ,精英型
轿车	天语 SX4 三厢 1.8L MT	123800	重庆长安铃木汽车有限公司	(023) 66288623	外形尺寸(mm):4490×1730×1555,轴距 2500mm,整备质量 1190kg,3 厢 4 门 5 座,发动机型号 M18A,排量 1796L,最大功率 96kW(6200 r/min),最大扭矩 170 N·m(3500～4500 r/min),最高车速 190 km/h,前驱,5 速手动,排放标准国Ⅳ,豪华型
轿车	天语 SX4 三厢 1.8L AT	133800	重庆长安铃木汽车有限公司	(023) 66288623	外形尺寸(mm):4490×1730×1555,轴距 2500mm,整备质量 1215kg,3 厢 4 门 5 座,发动机型号 M18A,排量 1796L,最大功率 96kW(6200 r/min),最大扭矩 170 N·m(3500～4500 r/min),最高车速 188 km/h,前驱,4 速自动,排放标准国Ⅳ,豪华型
轿车	同悦 1.3L AMT	59800	安徽江淮汽车股份有限公司	(0551) 2296577	外形尺寸(mm):4155×1650×1465,轴距 2410mm,整备质量 1100kg,3 厢 4 门 5 座,发动机型号 HFC4GB 1.3C,排量1.322L,最大功率 73kW(6000 r/min),最大扭矩 126 N·m(4500 r/min),最高车速 170 km/h,AMT 手自一体,排放标准国Ⅲ、国Ⅳ,舒适型
轿车	同悦 1.3L AMT	63800	安徽江淮汽车股份有限公司	(0551) 2296577	外形尺寸(mm):4155×1650×1465,轴距 2410mm,整备质量 1100kg,3 厢 4 门 5 座,发动机型号 HFC4GB 1.3C,排量1.322L,最大功率 73kW(6000 r/min),最大扭矩 126 N·m(4500 r/min),最高车速 170 km/h,AMT 手自一体,排放标准国Ⅲ、国Ⅳ,豪华型

产品名称	型号规格	参考价格(元)	生产厂家	电话	主要参数及备注
轿车	同悦 1.3L MT	49800	安徽江淮汽车股份有限公司	(0551)2296577	外形尺寸(mm):4155×1650×1465,轴距2410mm,整备质量1100kg,3厢4门5座,发动机型号HFC4GB 1.3C,排量1.322L,最大功率73kW(6000 r/min),最大扭矩126 N·m(4500 r/min),最高车速170 km/h,5速手动,排放标准国Ⅲ、国Ⅳ,标准型
轿车	同悦 1.3L MT	52800	安徽江淮汽车股份有限公司	(0551)2296577	外形尺寸(mm):4155×1650×1465,轴距2410mm,整备质量1100kg,3厢4门5座,发动机型号HFC4GB 1.3C,排量1.322L,最大功率73kW(6000 r/min),最大扭矩126 N·m(4500 r/min),最高车速170 km/h,5速手动,排放标准国Ⅲ、国Ⅳ,舒适型
轿车	同悦 1.3L MT	55800	安徽江淮汽车股份有限公司	(0551)2296577	外形尺寸(mm):4155×1650×1465,轴距2410mm,整备质量1100kg,3厢4门5座,发动机型号HFC4GB 1.3C,排量1.322L,最大功率73kW(6000 r/min),最大扭矩126 N·m(4500 r/min),最高车速170 km/h,5速手动,排放标准国Ⅲ、国Ⅳ,豪华型
轿车	同悦 1.5L MT	59800	安徽江淮汽车股份有限公司	(0551)2296577	外形尺寸(mm):4155×1650×1465,轴距2410mm,整备质量1100kg,3厢4门5座,发动机型号三菱4G15,排量1.488L,最大功率76kW(6000 r/min),最大扭矩130 N·m(4500 r/min),最高车速185 km/h,5速手动,排放标准国Ⅲ、国Ⅳ,舒适型
轿车	同悦 1.5L MT	62800	安徽江淮汽车股份有限公司	(0551)2296577	外形尺寸(mm):4155×1650×1465,轴距2410mm,整备质量1100kg,3厢4门5座,发动机型号三菱4G15,排量1.488L,最大功率76kW(6000 r/min),最大扭矩130 N·m(4500 r/min),最高车速185 km/h,5速手动,排放标准国Ⅲ、国Ⅳ,豪华型
轿车	同悦 RS 1.3 L AMT	59800	安徽江淮汽车股份有限公司	(0551)2296577	外形尺寸(mm):3965×1650×1465,轴距2410mm,整备质量1100kg,2厢5门5座,发动机型号HFC4GB 1.3C,排量1.322L,最大功率73kW(6000 r/min),最大扭矩126 N·m(4500 r/min),最高车速170 km/h,AMT手自一体,排放标准国Ⅲ、国Ⅳ,舒适型
轿车	同悦 RS 1.3 L AMT	63800	安徽江淮汽车股份有限公司	(0551)2296577	外形尺寸(mm):3965×1650×1465,轴距2410mm,整备质量1100kg,2厢5门5座,发动机型号HFC4GB 1.3C,排量1.322L,最大功率73kW(6000 r/min),最大扭矩126 N·m(4500 r/min),最高车速170 km/h,AMT手自一体,排放标准国Ⅲ、国Ⅳ,豪华型

产品名称	型号规格	参考价格（元）	生产厂家	电话	主要参数及备注
轿车	同悦 RS 1.3L MT	52800	安徽江淮汽车股份有限公司	(0551)2296577	外形尺寸(mm):3965×1650×1465,轴距2410mm,整备质量1100kg,2厢5门5座,发动机型号HFC4GB 1.3C,排量1.322L,最大功率73kW(6000 r/min),最大扭矩126 N·m(4500 r/min),最高车速170 km/h,5速手动,排放标准国Ⅲ、国Ⅳ,舒适型
轿车	同悦 RS 1.3L MT	55800	安徽江淮汽车股份有限公司	(0551)2296577	外形尺寸(mm):3965×1650×1465,轴距2410mm,整备质量1100kg,2厢5门5座,发动机型号HFC4GB 1.3C,排量1.322L,最大功率73kW(6000 r/min),最大扭矩126 N·m(4500 r/min),最高车速170 km/h,5速手动,排放标准国Ⅲ、国Ⅳ,豪华型
轿车	同悦 RS 1.5L MT	59800	安徽江淮汽车股份有限公司	(0551)2296577	外形尺寸(mm):3965×1650×1465,轴距2410mm,整备质量1100kg,2厢5门5座,发动机型号三菱4G15,排量1.488L,最大功率76kW(6000 r/min),最大扭矩130 N·m(4500 r/min),最高车速185 km/h,5速手动,排放标准国Ⅲ、国Ⅳ,舒适型
轿车	同悦 RS 1.5L MT	62800	安徽江淮汽车股份有限公司	(0551)2296577	外形尺寸(mm):3965×1650×1465,轴距2410mm,整备质量1100kg,2厢5门5座,发动机型号三菱4G15,排量1.488L,最大功率76kW(6000 r/min),最大扭矩130 N·m(4500 r/min),最高车速185 km/h,5速手动,排放标准国Ⅲ、国Ⅳ,豪华型
轿车	威驰 1.3 GL－I AT	97500	天津一汽丰田汽车有限公司	(022)27944050	外形尺寸(mm):4300×1690×1490,轴距2550mm,油箱容积42L,整备质量1075kg,3厢4门5座,发动机型号2NZ－FE,排量1.299 L,最大功率63kW(6000 r/min),最大扭矩121 N·m(4400 r/min),最高车速170 km/h,油耗6.9 L/100km,4速自动,前驱,排放标准欧Ⅳ,标准版
轿车	威驰 1.3 GL－I AT	99400	天津一汽丰田汽车有限公司	(022)27944050	外形尺寸(mm):4300×1690×1490,轴距2550mm,油箱容积42L,整备质量1075kg,3厢4门5座,发动机型号2NZ－FE,排量1.299L,最大功率63kW(6000 r/min),最大扭矩121 N·m(4400 r/min),最高车速170 km/h,油耗6.9 L/100km,4速自动,前驱,排放标准欧Ⅳ,特别纪念版
轿车	威驰 1.3 GL－I MT	89500	天津一汽丰田汽车有限公司	(022)27944050	外形尺寸(mm):4300×1690×1490,轴距2550mm,油箱容积42L,整备质量1070kg,3厢4门5座,发动机型号2NZ－FE,排量1.299 L,最大功率63kW(6000 r/min),最大扭矩121 N·m(4400 r/min),最高车速170 km/h,油耗6.4 L/100km,5速手动,前驱,排放标准欧Ⅳ,标准版

产品名称	型号规格	参考价格(元)	生产厂家	电话	主要参数及备注
轿车	威驰 1.3 GL – I MT	91400	天津一汽丰田汽车有限公司	(022) 27944050	外形尺寸(mm):4300×1690×1490,轴距 2550mm,油箱容积 42L,整备质量 1070kg,3 厢 4 门 5 座,发动机型号 2NZ – FE,排量 1.299L,最大功率 63kW(6000 r/min),最大扭矩 121 N·m(4400 r/min),最高车速 170 km/h,油耗 6.4L/100km,5 速手动,前驱,排放标准欧Ⅳ,特别纪念版
轿车	威驰 1.6 GL – I AT	107900	天津一汽丰田汽车有限公司	(022) 27944050	外形尺寸(mm):4300×1690×1490,轴距 2550mm,油箱容积 42L,整备质量 1115kg,3 厢 4 门 5 座,发动机型号 1ZR – FE,排量 1.598L,最大功率 87kW(6000 r/min),最大扭矩 150 N·m(4400 r/min),最高车速 185 km/h,油耗 7.1 L/100km,4 速自动,前驱,排放标准欧Ⅳ
轿车	威驰 1.6 GL – I MT	99900	天津一汽丰田汽车有限公司	(022) 27944050	外形尺寸(mm):4300×1690×1490,轴距 2550mm,油箱容积 42L,整备质量 1095kg,3 厢 4 门 5 座,发动机型号 1ZR – FE,排量 1.598L,最大功率 87kW(6000 r/min),最大扭矩 150 N·m(4400 r/min),最高车速 200 km/h,油耗 6.7L/100km,5 速手动,前驱,排放标准欧Ⅳ
轿车	威驰1.6 GL – S	118900	天津一汽丰田汽车有限公司	(022) 27944050	外形尺寸(mm):4320×1690×1490,轴距 2550mm,油箱容积 42L,整备质量 1115kg,3 厢 4 门 5 座,发动机型号 1ZR – FE,排量 1.598L,最大功率 87kW(6000 r/min),最大扭矩 150 N·m(4400 r/min),最高车速 185 km/h,油耗 7.1L/100km,4 速自动,前驱,排放标准欧Ⅳ,炫酷运动版
轿车	威志 1.5L 二厢	65800	天津一汽夏利汽车股份有限公司	(022) 87915010	外形尺寸(mm):3855×1680×1500,轴距 2425mm,2 厢 4 门 5 座,发动机排量 1.498L,最大功率 75kW(6000 r/min),最大扭矩 130 N·m(4400 r/min),前驱,最高车速 174 km/h,手自一体变速,排放标准国Ⅲ、国Ⅳ,旗舰型
轿车	威志 1.5L 二厢	57800	天津一汽夏利汽车股份有限公司	(022) 87915010	外形尺寸(mm):3855×1680×1500,轴距 2425mm,2 厢 5 门 5 座,发动机排量 1.498L,最大功率 75kW(6000 r/min),最大扭矩 130 N·m(4400 r/min),前驱,最高车速 174 km/h,5 速手动,排放标准国Ⅲ、国Ⅳ,精英型
轿车	威志 1.5L 三厢	56800	天津一汽夏利汽车股份有限公司	(022) 87915010	外形尺寸(mm):4245×1680×1500,轴距 2425mm,油箱容积 45L,整备质量 995kg,3 厢 4 门 5 座,最高车速 178 km/h,发动机型号 5A +,排量 1.498L,最大功率 75kW(6000 r/min),最大扭矩 130 N·m(4400 r/min),前驱,5 速手动,排放标准国Ⅲ、国Ⅳ,舒适型

产品名称	型号规格	参考价格（元）	生产厂家	电话	主要参数及备注
轿车	威志 1.5L 三厢	59800	天津一汽夏利汽车股份有限公司	(022) 87915010	外形尺寸(mm)：4245×1680×1500，轴距2425mm，油箱容积45L，整备质量995kg，3厢4门5座，最高车速178 km/h，发动机型号5A+，排量1.498L，最大功率75kW(6000 r/min)，最大扭矩130 N·m(4400 r/min)，前驱，5速手动，排放标准国Ⅲ、国Ⅳ，精英型
轿车	威志 1.5L 三厢	67800	天津一汽夏利汽车股份有限公司	(022) 87915010	外形尺寸(mm)：4245×1680×1500，轴距2425mm，油箱容积45L，整备质量995kg，3厢4门5座，最高车速178 km/h，发动机型号5A+，排量1.498L，最大功率75kW(6000 r/min)，最大扭矩130 N·m(4400 r/min)，前驱，手自一体变速，排放标准国Ⅲ、国Ⅳ，旗舰型
轿车	威姿 1.3L	73800	天津一汽夏利汽车股份有限公司	(022) 87915010	外形尺寸(mm)：3640×1660×1520，轴距2370mm，油箱容积45L，2厢5门5座，最高车速152 km/h，发动机型号8A，排量1.342L，最大功率63kW(6000 r/min)，最大扭矩110 N·m(5200 r/min)，前驱，排放标准国Ⅲ，4速自动，豪华型
轿车	威姿 1.3L	63800	天津一汽夏利汽车股份有限公司	(022) 87915010	外形尺寸(mm)：3640×1660×1520，轴距2370mm，油箱容积45L，整备质量975kg，2厢5门5座，最高车速170 km/h，发动机型号8A+，排量1.342L，最大功率68kW(6000 r/min)，最大扭矩114 N·m(5200 r/min)，前驱，排放标准国Ⅲ，5速手动，豪华型
轿车	沃尔沃 S40 2.0 AT	268000	长安福特马自达汽车有限公司	(023) 67458888	外形尺寸(mm)：4476×1770×1454，轴距2640mm，整备质量1430kg，3厢4门5座，发动机型号CAF488Q，排量1.999L，额定功率104kW(6000 r/min)，最大扭矩185 N·m(4500 r/min)，最高车速205 km/h，前驱，6速自动，排放标准国Ⅳ，智尚版
轿车	沃尔沃 S40 2.0 AT	288000	长安福特马自达汽车有限公司	(023) 67458888	外形尺寸(mm)：4476×1770×1454，轴距2640mm，整备质量1430kg，3厢4门5座，发动机型号CAF488Q，排量1.999L，额定功率104kW(6000 r/min)，最大扭矩185 N·m(4500 r/min)，最高车速205 km/h，前驱，6速自动，排放标准国Ⅳ，智雅版
轿车	沃尔沃 S40 2.0 AT	308000	长安福特马自达汽车有限公司	(023) 67458888	外形尺寸(mm)：4476×1770×1454，轴距2640mm，整备质量1430kg，3厢4门5座，发动机型号CAF488Q，排量1.999L，额定功率104kW(6000 r/min)，最大扭矩185 N·m(4500 r/min)，最高车速205 km/h，前驱，6速自动，排放标准国Ⅳ，智尊版
轿车	沃尔沃 S40 2.0 MT	248000	长安福特马自达汽车有限公司	(023) 67458888	外形尺寸(mm)：4476×1770×1454，轴距2640mm，整备质量1400kg，3厢4门5座，发动机型号CAF488Q，排量1.999L，额定功率104kW(6000 r/min)，最大扭矩185 N·m(4500 r/min)，最高车速210 km/h，前驱，5速手动，排放标准国Ⅳ

产品名称	型号规格	参考价格（元）	生产厂家	电话	主要参数及备注
轿车	沃尔沃 S80L 2.5T AT	398000	长安福特马自达汽车有限公司	(023) 67458888	外形尺寸(mm):4991×1861×1490,轴距 2976mm,整备质量 1745kg,油箱容积 70L,3 厢 4 门 5 座,发动机型号 B5254T,排量 2.521L,最大功率 147kW(4800 r/min),最大扭矩 300 N·m (1500~4500 r/min),前驱,最高车速 210 km/h,6 速手自一体,排放标准欧Ⅳ,智尚版
轿车	沃尔沃 S80L 2.5T AT	433000	长安福特马自达汽车有限公司	(023) 67458888	外形尺寸(mm):4991×1861×1490,轴距 2976mm,整备质量 1745kg,油箱容积 70L,3 厢 4 门 5 座,发动机型号 B5254T,排量 2.521L,最大功率 147kW(4800 r/min),最大扭矩 300 N·m (1500~4500 r/min),前驱,最高车速 210 km/h,6 速手自一体,排放标准欧Ⅳ,智雅版
轿车	沃尔沃 S80L 2.5T AT	468500	长安福特马自达汽车有限公司	(023) 67458888	外形尺寸(mm):4991×1861×1490,轴距 2976mm,整备质量 1745kg,油箱容积 70L,3 厢 4 门 5 座,发动机型号 B5254T,排量 2.521L,最大功率 147kW(4800 r/min),最大扭矩 300 N·m (1500~4500 r/min),前驱,最高车速 210 km/h,6 速手自一体,排放标准欧Ⅳ,智尊版
轿车	沃尔沃 S80L 3.0 T6	613800	长安福特马自达汽车有限公司	(023) 67458888	外形尺寸(mm):4991×1861×1490,轴距 2976mm,整备质量 1882kg,油箱容积 70L,3 厢 4 门 5 座,发动机型号 B6304,排量 2.953L,最大功率 210kW(5600 r/min),最大扭矩 400 N·m (1500~4800 r/min),四驱,最高车速 210 km/h,6 速手自一体,排放标准欧Ⅳ,智雅版
轿车	沃尔沃 S80L 3.0 T6	678600	长安福特马自达汽车有限公司	(023) 67458888	外形尺寸(mm):4991×1861×1490,轴距 2976mm,整备质量 1882kg,油箱容积 70L,3 厢 4 门 5 座,发动机型号 B6304,排量 2.953L,最大功率 210kW(5600 r/min),最大扭矩 400 N·m (1500~4800 r/min),四驱,最高车速 210 km/h,6 速手自一体,排放标准欧Ⅳ,智尊版
轿车	夏利 A+ 1.0L 二厢	33800	天津一汽夏利汽车股份有限公司	(022) 87915010	外形尺寸(mm):3680×1615×1385,轴距 2340mm,油箱容积 37L,整备质量 815kg,2 厢 5 门 5 座,最高车速 138 km/h,发动机型号 TJ376QE,排量 0.993L,最大功率 39kW(6000 r/min),最大扭矩 77 N·m (3600 r/min),前驱,5 速手动,排放标准国Ⅲ
轿车	夏利 A+ 1.0L 三厢	36800	天津一汽夏利汽车股份有限公司	(022) 87915010	外形尺寸(mm):3995×1615×1385,轴距 2340mm,油箱容积 37L,整备质量 845kg,3 厢 4 门 5 座,最高车速 138 km/h,发动机型号 TJ376QE,排量 0.993L,最大功率 39kW(6000 r/min),最大扭矩 77 N·m (3600 r/min),前驱,5 速手动,排放标准国Ⅲ

产品名称	型号规格	参考价格（元）	生产厂家	电话	主要参数及备注
轿车	夏利 N3 + 1.0L 二厢	36800	天津一汽夏利汽车股份有限公司	(022) 87915010	外形尺寸(mm):3745×1615×1385,轴距 2340mm,油箱容积 37L,整备质量 815kg,2 厢 5 门 5 座,最高车速 145 km/h,发动机型号 CA3GA2,排量0.993L,最大功率 48kW(6000 r/min),最大扭矩 89 N·m(3600 r/min),前驱,5 速手动,排放标准国Ⅲ
轿车	夏利 N3 + 1.0L 二厢	38800	天津一汽夏利汽车股份有限公司	(022) 87915010	外形尺寸(mm):3745×1615×1385,轴距 2340mm,油箱容积 37L,整备质量 815kg,2 厢 5 门 5 座,最高车速 145 km/h,发动机型号 CA3GA2,排量0.993L,最大功率 48kW(6000 r/min),最大扭矩 89 N·m(3600 r/min),前驱,5 速手动,排放标准国Ⅳ
轿车	夏利 N3 + 1.0L 三厢	39800	天津一汽夏利汽车股份有限公司	(022) 87915010	外形尺寸(mm):4070×1615×1385,轴距 2340mm,油箱容积 37L,整备质量 815kg,3 厢 4 门 5 座,最高车速 145 km/h,发动机型号 CA3GA2,排量0.993L,最大功率 48kW(6000 r/min),最大扭矩 89 N·m(3600 r/min),前驱,5 速手动,排放标准国Ⅲ
轿车	夏利 N3 + 1.0L 三厢	41800	天津一汽夏利汽车股份有限公司	(022) 87915010	外形尺寸(mm):4070×1615×1385,轴距 2340mm,油箱容积 37L,整备质量 815kg,3 厢 4 门 5 座,最高车速 145 km/h,发动机型号 CA3GA2,排量0.993L,最大功率 48kW(6000 r/min),最大扭矩 89 N·m(3600 r/min),前驱,5 速手动,排放标准国Ⅳ
轿车	夏利 N5 1.0MT	43900	天津一汽夏利汽车股份有限公司	(022) 87915010	外形尺寸(mm):4155×1645×1435,轴距 2405mm,3 厢 4 门 5 座,发动机排量1.0L,最大功率 50.5kW(6000 r/min),最大扭矩 90 N·m(3600 r/min),前置前驱,最高车速 156 km/h,油耗6.2 L/100km,5 速手动,排放标准国Ⅲ,标准型
轿车	夏利 N5 1.0MT	44900	天津一汽夏利汽车股份有限公司	(022) 87915010	外形尺寸(mm):4155×1645×1435,轴距 2405mm,3 厢 4 门 5 座,发动机排量1.0L,最大功率 50.5kW(6000 r/min),最大扭矩 90 N·m(3600 r/min),前置前驱,最高车速 156 km/h,油耗6.2 L/100km,5 速手动,排放标准国Ⅳ,标准型
轿车	夏利 N5 1.3MT	46900	天津一汽夏利汽车股份有限公司	(022) 87915010	外形尺寸(mm):4155×1645×1435,轴距 2405mm,3 厢 4 门 5 座,发动机排量1.399L,最大功率 67kW(6000 r/min),最大扭矩 120 N·m(4400 r/min),前置前驱,最高车速 173 km/h,5 速手动,排放标准国Ⅲ,标准型
轿车	夏利 N5 1.3MT	49900	天津一汽夏利汽车股份有限公司	(022) 87915010	外形尺寸(mm):4155×1645×1435,轴距 2405mm,3 厢 4 门 5 座,发动机排量1.399L,最大功率 67kW(6000 r/min),最大扭矩 120 N·m(4400 r/min),前置前驱,最高车速 173 km/h,5 速手动,排放标准国Ⅲ,豪华型

产品名称	型号规格	参考价格（元）	生产厂家	电话	主要参数及备注
轿车	夏利 N5 1.3MT	47900	天津一汽夏利汽车股份有限公司	（022）87915010	外形尺寸（mm）：4155×1645×1435，轴距2405mm，3厢4门5座，发动机排量1.399L，最大功率67kW（6000 r/min），最大扭矩120 N·m（4400 r/min），前置前驱，最高车速173 km/h，5速手动，排放标准国Ⅳ，标准型
轿车	夏利 N5 1.3MT	50900	天津一汽夏利汽车股份有限公司	（022）87915010	外形尺寸（mm）：4155×1645×1435，轴距2405mm，3厢4门5座，发动机排量1.399L，最大功率67kW（6000 r/min），最大扭矩120 N·m（4400 r/min），前置前驱，最高车速173 km/h，5速手动，排放标准国Ⅳ，豪华型
轿车	小贵族 1.1L	44900	石家庄双环汽车股份有限公司	（0311）86839003	外形尺寸（mm）：3010×1605×1600，轴距2025mm，2厢3门4座，油箱容积38L，最高车速140 km/h，发动机型号DA468QA，排量1.097L，最大功率50kW，最大扭矩88 N·m，前置前驱，5速手动，排放标准国Ⅲ+OBD，标准型
轿车	小贵族 1.1L	46900	石家庄双环汽车股份有限公司	（0311）86839003	外形尺寸（mm）：3010×1605×1600，轴距2025mm，2厢3门4座，油箱容积38L，最高车速140 km/h，发动机型号DA468QA，排量1.097L，最大功率50kW，最大扭矩88 N·m，前置前驱，5速手动，排放标准国Ⅲ+OBD，尊贵Ⅰ型B
轿车	小贵族 1.1L	49800	石家庄双环汽车股份有限公司	（0311）86839003	外形尺寸（mm）：3010×1605×1600，轴距2025mm，2厢3门4座，油箱容积38L，最高车速140 km/h，发动机型号DA468QA，排量1.097L，最大功率50kW，最大扭矩88 N·m，前置前驱，5速手动，排放标准国Ⅲ+OBD，尊贵Ⅰ型C
轿车	小贵族 1.1L	51900	石家庄双环汽车股份有限公司	（0311）86839003	外形尺寸（mm）：3010×1605×1600，轴距2025mm，2厢3门4座，油箱容积38L，最高车速140 km/h，发动机型号DA468QA，排量1.097L，最大功率50kW，最大扭矩88 N·m，前置前驱，5速手动，排放标准国Ⅲ+OBD，尊贵Ⅱ型
轿车	新爱丽舍二厢 SX MT	81800	神龙汽车有限公司	（027）84299881	外形尺寸（mm）：4136×1708×1413，轴距2540mm，整备质量1120kg，5门5座，发动机型号N6A10FX3APSA，排量1.587L，最大功率78kW（5750 r/min），最大扭矩142 N·m（4000 r/min），最高车速185 km/h，5速手动，前驱，排放标准国Ⅲ、国Ⅳ
轿车	新爱丽舍二厢 X AT	84800	神龙汽车有限公司	（027）84299881	外形尺寸（mm）：4136×1708×1413，轴距2540mm，整备质量1150kg，5门5座，发动机型号N6A10FX3APSA，排量1.587L，最大功率78kW（5750 r/min），最大扭矩142 N·m（4000 r/min），最高车速178 km/h，智能自动变速，前驱，排放标准国Ⅲ、国Ⅳ

产品名称	型号规格	参考价格（元）	生产厂家	电话	主要参数及备注
轿车	新爱丽舍二厢 X MT	73800	神龙汽车有限公司	（027）84299881	外形尺寸（mm）：4136×1708×1413，轴距 2540mm，整备质量 1120kg，5 门 5 座，发动机型号 N6A10FX3APSA，排量1.587L，最大功率 78kW（5750 r/min），最大扭矩 142 N·m（4000 r/min），最高车速 185 km/h，5 速手动，前驱，排放标准国Ⅲ、国Ⅳ
轿车	新爱丽舍三厢 AT	84800	神龙汽车有限公司	（027）84299881	外形尺寸（mm）：4367×1708×1413，轴距 2540mm，整备质量 1150kg，3 厢 4 门 5 座 发动机型号 N6A10FX3APSA，排量 1.587 L，最大功率 78kW（5750 r/min），最大扭矩 142 N·m（4000 r/min），最高车速 178 km/h，燃汽油，自动变速，前驱，排放标准国Ⅲ、国Ⅳ，科技型
轿车	新爱丽舍三厢 MT	73800	神龙汽车有限公司	（027）84299881	外形尺寸（mm）：4367×1708×1413，轴距 2540mm，整备质量 1110kg，3 厢 4 门 5 座，发动机型号 N6A10FX3APSA，排量 1.587 L，最大功率 78kW（5750 r/min），最大扭矩 142 N·m（4000 r/min），最高车速 185 km/h，5 速手动，前驱，排放标准国Ⅲ、国Ⅳ，科技型
轿车	新爱丽舍三厢 MT	82800	神龙汽车有限公司	（027）84299881	外形尺寸（mm）：4367×1708×1413，轴距 2540mm，整备质量 1110kg，3 厢 4 门 5 座，发动机型号 N6A10FX3APSA，排量 1.587 L，最大功率 78kW（5750 r/min），最大扭矩 142 N·m（4000 r/min），最高车速 185 km/h，5 速手动，前驱，排放标准国Ⅲ、国Ⅳ，尊贵型
轿车	新奥拓 AT	58900	重庆长安铃木汽车有限公司	（023）66288623	外形尺寸（mm）：3500×1600×1470，轴距 2360mm，整备质量 915kg，2 厢 5 门，乘员 4 人，发动机型号 K10B，排量0.996L，最大功率 52kW（6200 r/min），最大扭矩 92 N·m（2500 ~ 3500 r/min），最高车速 150 km/h，前驱，4 速自动，排放标准国Ⅳ，豪华型
轿车	新奥拓 MT	44900	重庆长安铃木汽车有限公司	（023）66288623	外形尺寸（mm）：3500×1600×1470，轴距 2360mm，整备质量 890kg，2 厢 5 门，乘员 4 人，发动机型号 K10B，排量0.996L，最大功率 52kW（6200 r/min），最大扭矩 92 N·m（2500 ~ 3500 r/min），最高车速 160 km/h，前驱，5 速手动，排放标准国Ⅳ，舒适型
轿车	新奥拓 MT	49900	重庆长安铃木汽车有限公司	（023）66288623	外形尺寸（mm）：3500×1600×1470，轴距 2360mm，整备质量 890kg，2 厢 5 门，乘员 4 人，发动机型号 K10B，排量0.996L，最大功率 52kW（6200 r/min），最大扭矩 92 N·m（2500 ~ 3500 r/min），最高车速 160 km/h，前驱，5 速手动，排放标准国Ⅳ，豪华型

产品名称	型号规格	参考价格（元）	生产厂家	电话	主要参数及备注
轿车	新东方之子1.8－MT	81800	奇瑞汽车有限公司	(0553)5951286	外形尺寸(mm)：4770×1815×1445，轴距2700mm，油箱容积60L，整备质量1440kg，3厢4门5座，发动机排量1.845L，最大功率97kW(5750 r/min)，最大扭矩170 N·m(4300～4500 r/min)，油耗5.3L/100km，最高车速190 km/h，5速手动，前驱，排放标准国Ⅲ、国Ⅳ，舒适型
轿车	新东方之子1.8－MT	91800	奇瑞汽车有限公司	(0553)5951286	外形尺寸(mm)：4770×1815×1445，轴距2700mm，油箱容积60L，整备质量1440kg，3厢4门5座，发动机排量1.845L，最大功率97kW(5750 r/min)，最大扭矩170 N·m(4300～4500 r/min)，油耗5.3L/100km，最高车速190 km/h，5速手动，前驱，排放标准国Ⅲ、国Ⅳ，豪华型
轿车	新东方之子2.0－AT	98800	奇瑞汽车有限公司	(0553)5951286	外形尺寸(mm)：4770×1815×1445，轴距2700mm，油箱容积60L，整备质量1470kg，3厢4门5座，发动机排量1.997L，最大功率92kW(6000 r/min)，最大扭矩168 N·m(3000 r/min)，油耗7.5 L/100km，最高车速190 km/h，4速手自动一体，前驱，排放标准国Ⅲ、国Ⅳ，舒适型
轿车	新东方之子2.0－AT	108800	奇瑞汽车有限公司	(0553)5951286	外形尺寸(mm)：4770×1815×1445，轴距2700mm，油箱容积60L，整备质量1470kg，3厢4门5座，发动机排量1.997L，最大功率92kW(6000 r/min)，最大扭矩168 N·m(3000 r/min)，油耗7.5 L/100km，最高车速190 km/h，4速手自动一体，前驱，排放标准国Ⅲ、国Ⅳ，豪华型
轿车	新嘉年华 二厢1.3MT	78900	长安福特马自达汽车有限公司	(023)67458888	外形尺寸(mm)：3950×1722×1467，轴距2490mm，整备质量1085kg，油箱容积42L，2厢5门5座，发动机型号ZJ，排量1.349 L，最大功率63kW(6000 r/min)，最大扭矩123 N·m(3500 r/min)，前置前驱，最高车速170 km/h，5速手动，排放标准欧Ⅲ、欧Ⅳ，风尚型
轿车	新嘉年华 二厢1.3MT	82900	长安福特马自达汽车有限公司	(023)67458888	外形尺寸(mm)：3950×1722×1467，轴距2490mm，整备质量1085kg，油箱容积42L，2厢5门5座，发动机型号ZJ，排量1.349 L，最大功率63kW(6000 r/min)，最大扭矩123 N·m(3500 r/min)，前置前驱，最高车速170 km/h，5速手动，排放标准欧Ⅲ、欧Ⅳ，时尚型
轿车	新嘉年华 二厢1.5AT	95900	长安福特马自达汽车有限公司	(023)67458888	外形尺寸(mm)：3950×1722×1467，轴距2490mm，整备质量1089kg，油箱容积42L，2厢5门5座，发动机型号ZY，排量1.498 L，最大功率76kW(6000 r/min)，最大扭矩138 N·m(4000 r/min)，前置前驱，最高车速167 km/h，4速手自一体，排放标准欧Ⅲ、欧Ⅳ，时尚版

产品名称	型号规格	参考价格(元)	生产厂家	电话	主要参数及备注
轿车	新嘉年华 二厢 1.5AT	100900	长安福特马自达汽车有限公司	(023) 67458888	外形尺寸(mm):3950×1722×1467,轴距 2490mm,整备质量 1089kg,油箱容积 42L,2 厢 5 门 5 座,发动机型号 ZY,排量1.498 L,最大功率 76kW(6000 r/min),最大扭矩 138 N·m(4000 r/min),前置前驱,最高车速 167 km/h,4 速手自一体,排放标准欧Ⅲ、欧Ⅳ,时尚版,限量版
轿车	新嘉年华 二厢 1.5AT	108900	长安福特马自达汽车有限公司	(023) 67458888	外形尺寸(mm):3950×1722×1467,轴距 2490mm,整备质量 1120kg,油箱容积 42L,2 厢 5 门 5 座,发动机型号 ZY,排量1.498 L,最大功率 76kW(6000 r/min),最大扭矩 138 N·m(4000 r/min),前置前驱,最高车速 167 km/h,4 速手自一体,排放标准欧Ⅲ、欧Ⅳ,运动版
轿车	新嘉年华 二厢 1.5MT	87900	长安福特马自达汽车有限公司	(023) 67458888	外形尺寸(mm):3950×1722×1467,轴距 2490mm,整备质量 1080kg,油箱容积 42L,2 厢 5 门 5 座,发动机型号 ZY,排量1.498 L,最大功率 76kW(6000 r/min),最大扭矩 138 N·m(4000 r/min),前驱,最高车速 181 km/h,5 速手动,排放标准欧Ⅲ、欧Ⅳ,时尚版
轿车	新嘉年华 二厢 1.5MT	92900	长安福特马自达汽车有限公司	(023) 67458888	外形尺寸(mm):3950×1722×1467,轴距 2490mm,整备质量 1080kg,油箱容积 42L,2 厢 5 门 5 座,发动机型号 ZY,排量1.498 L,最大功率 76kW(6000 r/min),最大扭矩 138 N·m(4000 r/min),前驱,最高车速 181 km/h,5 速手动,排放标准欧Ⅲ、欧Ⅳ,时尚版,限量版
轿车	新嘉年华 二厢 1.5MT	100900	长安福特马自达汽车有限公司	(023) 67458888	外形尺寸(mm):3950×1722×1467,轴距 2490mm,整备质量 1088kg,油箱容积 42L,2 厢 5 门 5 座,发动机型号 ZY,排量1.498 L,最大功率 76kW(6000 r/min),最大扭矩 138 N·m(4000 r/min),前驱,最高车速 181 km/h,5 速手动,排放标准欧Ⅲ、欧Ⅳ,运动版
轿车	新羚羊 SC7135A	45800	重庆长安铃木汽车有限公司	(023) 66288623	外形尺寸(mm):4105×1590×1380,轴距 2365mm,整备质量 870kg,3 厢 4 门 5 座,发动机型号 JL474Q8,排量1.301L,最大功率 63kW(6000 r/min),最大扭矩 110 N·m(3500 ~4500 r/min),最高车速 170 km/h,前驱,5 速手动,排放标准国Ⅲ,白金版
轿车	新羚羊 SC7135A	51800	重庆长安铃木汽车有限公司	(023) 66288623	外形尺寸(mm):4105×1590×1380,轴距 2365mm,整备质量 870kg,3 厢 4 门 5 座,发动机型号 JL474Q8,排量1.301L,最大功率 63kW(6000 r/min),最大扭矩 110 N·m(3500 ~4500 r/min),最高车速 170 km/h,前驱,5 速手动,排放标准国Ⅲ,舒适版

产品名称	型号规格	参考价格(元)	生产厂家	电话	主要参数及备注
轿车	新领驭 1.8T	181800	上海大众汽车有限公司	(021)95000789	外形尺寸(mm):4789×1765×1470,轴距 2803mm,整备质量 1458kg,3 厢 4 门 5 座,发动机排量 1.781 L,最大功率 120kW(5700 r/min),最大扭矩 220 N·m(1800～4600 r/min),最高车速 210 km/h,油耗 6.3 L/100km,5 速手动,前驱,排放标准国Ⅳ,尊享型
轿车	新领驭 1.8T	201800	上海大众汽车有限公司	(021)95000789	外形尺寸(mm):4789×1765×1470,轴距 2803mm,整备质量 1458kg,3 厢 4 门 5 座,发动机排量 1.781 L,最大功率 120kW(5700 r/min),最大扭矩 220 N·m(1800～4600 r/min),最高车速 210 km/h,油耗 6.3 L/100km,5 速手动,前驱,排放标准国Ⅳ,尊品型
轿车	新领驭 1.8T	215800	上海大众汽车有限公司	(021)95000789	外形尺寸(mm):4789×1765×1470,轴距 2803mm,整备质量 1522kg,3 厢 4 门 5 座,发动机排量 1.781 L,最大功率 120kW(5700 r/min),最大扭矩 220 N·m(1800～4600 r/min),最高车速 210 km/h,油耗 6.2 L/100km,5 速手自动一体,前驱,排放标准国Ⅳ,尊品型
轿车	新领驭 1.8T	240800	上海大众汽车有限公司	(021)95000789	外形尺寸(mm):4789×1765×1470,轴距 2803mm,整备质量 1522kg,3 厢 4 门 5 座,发动机排量 1.781 L,最大功率 120kW(5700 r/min),最大扭矩 220 N·m(1800～4600 r/min),最高车速 210 km/h,油耗 6.2 L/100km,5 速手自动一体,前驱,排放标准国Ⅳ,尊杰型
轿车	新领驭 2.0MFI	169800	上海大众汽车有限公司	(021)95000789	外形尺寸(mm):4789×1765×1470,轴距 2803mm,整备质量 1426kg,3 厢 4 门 5 座,发动机排量 1.984 L,最大功率 85kW(5400 r/min),最大扭矩 172 N·m(3500 r/min),最高车速 198 km/h,油耗 6.0 L/100km,5 速手动,前驱,排放标准国Ⅳ,尊享型
轿车	新领驭 2.0MFI	179800	上海大众汽车有限公司	(021)95000789	外形尺寸(mm):4789×1765×1470,轴距 2803mm,整备质量 1454kg,3 厢 4 门 5 座,发动机排量 1.984 L,最大功率 85kW(5400 r/min),最大扭矩 172 N·m(3500 r/min),最高车速 190 km/h,油耗 7.0 L/100km,4 速自动,前驱,排放标准国Ⅳ,尊享型
轿车	新领驭 2.8V6	303800	上海大众汽车有限公司	(021)95000789	外形尺寸(mm):4789×1765×1470,轴距 2803mm,整备质量 1580kg,3 厢 4 门 5 座,发动机排量 2.771 L,最大功率 140kW(6000 r/min),最大扭矩 260 N·m(3200 r/min),最高车速 210 km/h,油耗6.2L/100km,5 速手自动一体,前驱,排放标准欧Ⅳ,至尊型

产品名称	型号规格	参考价格(元)	生产厂家	电话	主要参数及备注
轿车	新萨拉·毕加索 1.6L	125800	神龙汽车有限公司	(027) 84299881	外形尺寸(mm):4287×1751×1642,轴距 2760mm,整备质量1315kg,发动机排量1.587L,最大功率78kW(5750 r/min),最大扭矩142 N·m(4000 r/min),最高车速 175 km/h,5 速手动,前驱,排放标准国Ⅲ、国Ⅳ,舒适型
轿车	新萨拉·毕加索 1.6L	129800	神龙汽车有限公司	(027) 84299881	外形尺寸(mm):4287×1751×1642,轴距 2760mm,整备质量1315kg,发动机排量1.587L,最大功率78kW(5750 r/min),最大扭矩142 N·m(4000 r/min),最高车速 175 km/h,5 速手动,前驱,排放标准国Ⅲ、国Ⅳ,舒适型,带天窗
轿车	新萨拉·毕加索 2.0L	153800	神龙汽车有限公司	(027) 84299881	外形尺寸(mm):4287×1751×1642,轴距 2760mm,整备质量1345kg,发动机排量1.997L,最大功率99kW(6000 r/min),最大扭矩190 N·m(4100 r/min),最高车速 187 km/h,4 速手自一体,前驱,排放标准国Ⅲ、国Ⅳ,豪华型
轿车	新萨拉·毕加索 2.0L	157800	神龙汽车有限公司	(027) 84299881	外形尺寸(mm):4287×1751×1642,轴距 2760mm,整备质量1345kg,发动机排量1.997L,最大功率99kW(6000 r/min),最大扭矩190 N·m(4100 r/min),最高车速 187 km/h,4 速手自一体,前驱,排放标准国Ⅲ、国Ⅳ,豪华型,带天窗
轿车	新赛欧二厢 1.2 EMT	66800	上海通用汽车有限公司	(021) 28902890	外形尺寸(mm):3947×1690×1503,轴距 2465mm,整备质量1030kg,3厢4门5座,发动机排量1.206L,最大功率64kW(5600 r/min),最大扭矩115 N·m(4400 r/min),最高车速160 km/h,油耗5.9L/100km,5速手自一体,前驱,排放标准欧Ⅳ,理想版
轿车	新赛欧二厢 1.2 MT	56800	上海通用汽车有限公司	(021) 28902890	外形尺寸(mm):3947×1690×1503,轴距 2465mm,整备质量1020kg,2厢5门5座,发动机排量1.206L,最大功率64kW(5600 r/min),最大扭矩115 N·m(4400 r/min),最高车速 165 km/h,油耗5.7L/100km,5 速手动,前驱,排放标准欧Ⅳ,温馨版
轿车	新赛欧二厢 1.2 MT	61800	上海通用汽车有限公司	(021) 28902890	外形尺寸(mm):3947×1690×1503,轴距 2465mm,整备质量1020kg,2厢5门5座,发动机排量1.206L,最大功率64kW(5600 r/min),最大扭矩115 N·m(4400 r/min),最高车速 165 km/h,油耗5.7L/100km,5 速手动,前驱,排放标准欧Ⅳ,理想版
轿车	新赛欧三厢 1.2 EMT	66800	上海通用汽车有限公司	(021) 28902890	外形尺寸(mm):4249×1690×1505,轴距 2465mm,整备质量1030kg,3厢4门5座,发动机排量1.206L,最大功率64kW(5600 r/min),最大扭矩115 N·m(4400 r/min),最高车速160 km/h,油耗5.9L/100km,5速手自一体,前驱,排放标准欧Ⅳ,理想版

产品名称	型号规格	参考价格(元)	生产厂家	电话	主要参数及备注
轿车	新赛欧三厢 1.2 MT	56800	上海通用汽车有限公司	(021)28902890	外形尺寸(mm):4249×1690×1505,轴距 2465mm,整备质量 1020kg,3厢4门5座,发动机排量1.206L,最大功率 64kW(5600 r/min),最大扭矩 115 N·m(4400 r/min),最高车速 165 km/h,油耗5.7L/100km,5速手动,前驱,排放标准欧Ⅳ,温馨版
轿车	新赛欧三厢 1.2 MT	57800	上海通用汽车有限公司	(021)28902890	外形尺寸(mm):4249×1690×1505,轴距 2465mm,整备质量 1020kg,3厢4门5座,发动机排量1.206L,最大功率 64kW(5600 r/min),最大扭矩 115 N·m(4400 r/min),最高车速 165 km/h,油耗5.7L/100km,5速手动,前驱,排放标准欧Ⅳ,时尚版
轿车	新赛欧三厢 1.2 MT	61800	上海通用汽车有限公司	(021)28902890	外形尺寸(mm):4249×1690×1505,轴距 2465mm,整备质量 1020kg,3厢4门5座,发动机排量1.206L,最大功率 64kW(5600 r/min),最大扭矩 115 N·m(4400 r/min),最高车速 165 km/h,油耗5.7L/100km,5速手动,前驱,排放标准欧Ⅳ,理想版
轿车	新赛欧三厢 1.4 EMT	75800	上海通用汽车有限公司	(021)28902890	外形尺寸(mm):4249×1690×1505,轴距 2465mm,整备质量 1070kg,3厢4门5座,发动机排量 1.399L,最大功率 76kW(6000 r/min),最大扭矩 131 N·m(4200 r/min),最高车速 165 km/h,油耗 6.1L/100km,5速手自一体,前驱,排放标准欧Ⅳ,优逸版
轿车	新赛欧三厢 1.4 MT	64800	上海通用汽车有限公司	(021)28902890	外形尺寸(mm):4249×1690×1505,轴距 2465mm,整备质量 1060kg,3厢4门5座,发动机排量1.399L,最大功率 76kW(6000 r/min),最大扭矩 131 N·m(4200 r/min),最高车速 170 km/h,油耗5.9L/100km,5速手动,前驱,排放标准欧Ⅳ,理想版
轿车	新赛欧三厢 1.4 MT	68800	上海通用汽车有限公司	(021)28902890	外形尺寸(mm):4249×1690×1505,轴距 2465mm,整备质量 1060kg,3厢4门5座,发动机排量1.399L,最大功率 76kW(6000 r/min),最大扭矩 131 N·m(4200 r/min),最高车速 170 km/h,油耗5.9L/100km,5速手动,前驱,排放标准欧Ⅳ,优逸版
轿车	新世代赛马 1.5	61800	哈尔滨哈飞汽车工业集团销售总公司	(0451)86506688	外形尺寸(mm):3945×1695×1635,轴距2440mm,整备质量1180kg,2厢5门5座,发动机型号4G15S,排量1.488L,额定功率76kW,最大扭矩130 N·m(4500 r/min),最高车速165 km/h,5速手动,前置前驱,排放标准国Ⅳ,标准型
轿车	新世代赛马 1.5	65800	哈尔滨哈飞汽车工业集团销售总公司	(0451)86506688	外形尺寸(mm):3945×1695×1695,轴距 2440mm,整备质量 1180kg,2厢5门5座,发动机型号4G15S,排量1.488L,额定功率 76kW,最大扭矩 130 N·m(4500 r/min),最高车速 165 km/h,5速手动,前置前驱,排放标准国Ⅳ,舒适型

产品名称	型号规格	参考价格（元）	生产厂家	电话	主要参数及备注
轿车	新世代赛马 1.5	69800	哈尔滨哈飞汽车工业集团销售总公司	（0451）86506688	外形尺寸（mm）：3945×1695×1695，轴距 2440mm，整备质量1180kg，2 厢 5 门 5 座，发动机型号 4G15S，排量 1.488 L，额定功率 76kW，最大扭矩 130 N·m（4500 r/min），最高车速 165 km/h，5 速手动，前置前驱，排放标准国Ⅳ，豪华型
轿车	新威乐 1.5L	76800	天津一汽夏利汽车股份有限公司	（022）87915010	外形尺寸（mm）：4185×1660×1510，轴距 2370mm，油箱容积45L，整备质量 1020kg，3 厢 4 门 5 座，最高车速 175 km/h，发动机型号 5A，排量 1.498 L，最大功率 68kW（6000 r/min），最大扭矩124 N·m（3200 r/min），前驱，排放标准国Ⅲ，4 速自动，豪华型
轿车	新威乐 1.5L	66800	天津一汽夏利汽车股份有限公司	（022）87915010	外形尺寸（mm）：4185×1660×1510，轴距 2370mm，油箱容积 45L，整备质量 990kg，3 厢 4 门 5 座，最高车速 180 km/h，发动机型号 5A+，排量 1.498 L，最大功率 75kW（6000 r/min），最大扭矩 130 N·m（4400 r/min），前驱，排放标准国Ⅲ、国Ⅳ，5 速手动，豪华型
轿车	新悦动 1.6 GL	99800	北京现代汽车有限公司	（010）59638122	外形尺寸（mm）：4543×1777×1490，轴距 2650mm，整备质量1198kg，3 厢 4 门 5 座，最高车速187 km/h，发动机排量 1.599 L，额定功率90.4kW（6300 r/min），最大扭矩 155 N·m（4200 r/min），前驱，排放标准国Ⅳ+OBD，5 速手动，舒适型，2011 款
轿车	新悦动 1.6 GL	109800	北京现代汽车有限公司	（010）59638122	外形尺寸（mm）：4543×1777×1490，轴距 2650mm，整备质量1215kg，3 厢 4 门 5 座，最高车速179 km/h，发动机排量 1.599 L，额定功率90.4kW（6300 r/min），最大扭矩 155 N·m（4200 r/min），前驱，排放标准国Ⅳ+OBD，4 速自动，舒适型，2011 款
轿车	新悦动 1.6 GLS	109800	北京现代汽车有限公司	（010）59638122	外形尺寸（mm）：4543×1777×1490，轴距 2650mm，整备质量1198kg，3 厢 4 门 5 座，最高车速187 km/h，发动机排量 1.599 L，额定功率90.4kW（6300 r/min），最大扭矩 155 N·m（4200 r/min），前驱，排放标准国Ⅳ+OBD，5 速手动，豪华型，2011 款
轿车	新悦动 1.6 GLS	120800	北京现代汽车有限公司	（010）59638122	外形尺寸（mm）：4543×1777×1490，轴距 2650mm，整备质量1215kg，3 厢 4 门 5 座，最高车速179 km/h，发动机排量 1.599 L，额定功率90.4kW（6300 r/min），最大扭矩 155 N·m（4200 r/min），前驱，排放标准国Ⅳ+OBD，4 速自动，豪华型，2011 款
轿车	新悦动 1.6 TOP	126800	北京现代汽车有限公司	（010）59638122	外形尺寸（mm）：4543×1777×1490，轴距 2650mm，整备质量1198kg，3 厢 4 门 5 座，最高车速187 km/h，发动机排量 1.599 L，额定功率90.4kW（6300 r/min），最大扭矩 155 N·m（4200 r/min），前驱，排放标准国Ⅳ+OBD，5 速手动，高级型，2011 款

产品名称	型号规格	参考价格(元)	生产厂家	电话	主要参数及备注
轿车	新悦动 1.6 TOP	137800	北京现代汽车有限公司	(010)59638122	外形尺寸(mm):4543×1777×1490,轴距 2650mm,整备质量 1215kg,3 厢 4 门 5 座,最高车速 179 km/h,发动机排量 1.599 L,额定功率 90.4 kW(6300 r/min),最大扭矩 155 N·m(4200 r/min),前驱,排放标准国Ⅳ+OBD,4 速自动,高级型,2011 款
轿车	新悦动 1.8 GLS	119800	北京现代汽车有限公司	(010)59638122	外形尺寸(mm):4543×1777×1490,轴距 2650mm,整备质量 1265kg,3 厢 4 门 5 座,最高车速 188 km/h,发动机型号 G4GB,排量 1.795 L,最大功率 96kW(6000 r/min),最大扭矩 162 N·m(4600 r/min),前驱,油耗 7.5L/100km,排放标准国Ⅳ+OBD,5 速手动,豪华型,2011 款
轿车	新悦动 1.8 GLS	128800	北京现代汽车有限公司	(010)59638122	外形尺寸(mm):4543×1777×1490,轴距 2650mm,整备质量 1279kg,3 厢 4 门 5 座,最高车速 185 km/h,发动机型号 G4GB,排量 1.795L,最大功率 96kW(6000 r/min),最大扭矩 162 N·m(4600 r/min),前驱,油耗 7.5 L/100km,排放标准国Ⅳ+OBD,4 速自动,豪华型,2011 款
轿车	新悦动 1.8 TOP	138800	北京现代汽车有限公司	(010)59638122	外形尺寸(mm):4543×1777×1490,轴距 2650mm,整备质量 1265kg,3 厢 4 门 5 座,最高车速 188 km/h,发动机型号 G4GB,排量 1.795 L,最大功率 96kW(6000 r/min),最大扭矩 162 N·m(4600 r/min),前驱,油耗 7.5L/100km,排放标准国Ⅳ+OBD,5 速手动,高级型,2011 款
轿车	新悦动 1.8 TOP	146800	北京现代汽车有限公司	(010)59638122	外形尺寸(mm):4543×1777×1490,轴距 2650mm,整备质量 1279kg,3 厢 4 门 5 座,最高车速 185 km/h,发动机型号 G4GB,排量 1.795L,最大功率 96kW(6000 r/min),最大扭矩 162 N·m(4600 r/min),前驱,油耗 7.5 L/100km,排放标准国Ⅳ+OBD,4 速自动,高级型,2011 款
轿车	熊猫 1.0L-5MT	39800	浙江吉利控股集团汽车销售有限公司	(0571)87766666	外形尺寸(mm):3598×1630×1465,轴距 2340mm,整备质量 937kg,3 厢 4 门 5 座,发动机型号 JL3G10A,排量 0.997 L,最大功率 50kW(6000 r/min),最大扭矩 88 N·m(3600 r/min),最高车速 145 km/h,5 速手动,前驱,排放标准国Ⅳ,活力版
轿车	熊猫 1.0L-5MT	43800	浙江吉利控股集团汽车销售有限公司	(0571)87766666	外形尺寸(mm):3598×1630×1465,轴距 2340mm,整备质量 937kg,3 厢 4 门 5 座,发动机型号 JL3G10A,排量 0.997 L,最大功率 50kW(6000 r/min),最大扭矩 88 N·m(3600 r/min),最高车速 145 km/h,5 速手动,前驱,排放标准国Ⅳ,灵动版

产品名称	型号规格	参考价格（元）	生产厂家	电话	主要参数及备注
轿车	熊猫 1.0L－5MT	46800	浙江吉利控股集团汽车销售有限公司	(0571)87766666	外形尺寸(mm):3598×1630×1465,轴距2340mm,整备质量937kg,3厢4门5座,发动机型号JL3G10A,排量0.997L,最大功率50kW(6000 r/min),最大扭矩88 N·m(3600 r/min),最高车速145 km/h,5速手动,前驱,排放标准国Ⅳ,乐动版
轿车	熊猫 1.3L－4AT	51800	浙江吉利控股集团汽车销售有限公司	(0571)87766666	外形尺寸(mm):3598×1630×1465,轴距2340mm,整备质量985kg,3厢4门5座,发动机型号MR479Q,排量1.342L,最大功率63kW(6000 r/min),最大扭矩110 N·m(5200 r/min),最高车速165 km/h,4速自动,前驱,排放标准国Ⅲ,标准型
轿车	熊猫 1.3L－4AT	54800	浙江吉利控股集团汽车销售有限公司	(0571)87766666	外形尺寸(mm):3598×1630×1465,轴距2340mm,整备质量985kg,3厢4门5座,发动机型号MR479Q,排量1.342L,最大功率63kW(6000 r/min),最大扭矩110 N·m(5200 r/min),最高车速165 km/h,4速自动,前驱,排放标准国Ⅲ,舒适型
轿车	熊猫 1.3L－4AT	57800	浙江吉利控股集团汽车销售有限公司	(0571)87766666	外形尺寸(mm):3598×1630×1465,轴距2340mm,整备质量985kg,3厢4门5座,发动机型号MR479Q,排量1.342L,最大功率63kW(6000 r/min),最大扭矩110 N·m(5200 r/min),最高车速165 km/h,4速自动,前驱,排放标准国Ⅲ,豪华型
轿车	熊猫 1.3L－5MT	41800	浙江吉利控股集团汽车销售有限公司	(0571)87766666	外形尺寸(mm):3598×1630×1465,轴距2340mm,整备质量985kg,3厢4门5座,发动机型号MR479Q,排量1.342L,最大功率63kW(6000 r/min),最大扭矩110 N·m(5200 r/min),最高车速165 km/h,5速手动,前驱,排放标准国Ⅳ,功夫版
轿车	熊猫 1.3L－5MT	45800	浙江吉利控股集团汽车销售有限公司	(0571)87766666	外形尺寸(mm):3598×1630×1465,轴距2340mm,整备质量985kg,3厢4门5座,发动机型号MR479Q,排量1.342L,最大功率63kW(6000 r/min),最大扭矩110 N·m(5200 r/min),最高车速165 km/h,5速手动,前驱,排放标准国Ⅳ,灵动版
轿车	熊猫 1.3L－5MT	48800	浙江吉利控股集团汽车销售有限公司	(0571)87766666	外形尺寸(mm):3598×1630×1465,轴距2340mm,整备质量985kg,3厢4门5座,发动机型号MR479Q,排量1.342L,最大功率63kW(6000 r/min),最大扭矩110 N·m(5200 r/min),最高车速165 km/h,5速手动,前驱,排放标准国Ⅳ,乐动版
轿车	熊猫 1.3L－5MT	51800	浙江吉利控股集团汽车销售有限公司	(0571)87766666	外形尺寸(mm):3598×1630×1465,轴距2340mm,整备质量985kg,3厢4门5座,发动机型号MR479Q,排量1.342L,最大功率63kW(6000 r/min),最大扭矩110 N·m(5200 r/min),最高车速165 km/h,5速手动,前驱,排放标准国Ⅳ,无敌版

产品名称	型号规格	参考价格(元)	生产厂家	电话	主要参数及备注
轿车	熊猫 1.5L－4AT	55800	浙江吉利控股集团汽车销售有限公司	(0571)87766666	外形尺寸(mm):3598×1630×1465,轴距2340mm,整备质量1000kg,3厢4门5座,发动机型号MR479QA,排量1.498L,最大功率69kW(6000r/min),最大扭矩128N·m(3400r/min),最高车速160km/h,4速自动,前驱,排放标准国Ⅲ、国Ⅳ,标准型
轿车	熊猫 1.5L－4AT	58800	浙江吉利控股集团汽车销售有限公司	(0571)87766666	外形尺寸(mm):3598×1630×1465,轴距2340mm,整备质量1000kg,3厢4门5座,发动机型号MR479QA,排量1.498L,最大功率69kW(6000r/min),最大扭矩128N·m(3400r/min),最高车速160km/h,4速自动,前驱,排放标准国Ⅲ、国Ⅳ,舒适型
轿车	熊猫 1.5L－4AT	61800	浙江吉利控股集团汽车销售有限公司	(0571)87766666	外形尺寸(mm):3598×1630×1465,轴距2340mm,整备质量1000kg,3厢4门5座,发动机型号MR479QA,排量1.498L,最大功率69kW(6000r/min),最大扭矩128N·m(3400r/min),最高车速160km/h,4速自动,前驱,排放标准国Ⅲ、国Ⅳ,豪华型
轿车	秀尔 1.6L GL AT	114800	东风悦达起亚汽车有限公司	(025)83186908	外形尺寸(mm):4096×1785×1663,轴距2550mm,2厢5门5座,整备质量1225kg,发动机型号G4FC,排量1.591L,最大功率90.4kW(6300r/min),最大扭矩155N·m(4200r/min),最高车速158km/h,油耗7.4L/100km,排放标准欧Ⅲ、欧Ⅳ,4速手自一体
轿车	秀尔 1.6L GL MT	103800	东风悦达起亚汽车有限公司	(025)83186908	外形尺寸(mm):4096×1785×1663,轴距2550mm,2厢5门5座,整备质量1198kg,发动机型号G4FC,排量1.591L,最大功率90.4kW(6300r/min),最大扭矩155N·m(4200r/min),最高车速170km/h,油耗6.61L/100km,排放标准欧Ⅲ、欧Ⅳ,5速手动
轿车	秀尔 1.6L GLS AT	125800	东风悦达起亚汽车有限公司	(025)83186908	外形尺寸(mm):4096×1785×1663,轴距2550mm,2厢5门5座,整备质量1225kg,发动机型号G4FC,排量1.591L,最大功率90.4kW(6300r/min),最大扭矩155N·m(4200r/min),最高车速158km/h,油耗7.4L/100km,排放标准欧Ⅲ、欧Ⅳ,4速手自一体
轿车	秀尔 1.6L GLS MT	115800	东风悦达起亚汽车有限公司	(025)83186908	外形尺寸(mm):4096×1785×1663,轴距2550mm,2厢5门5座,整备质量1198kg,发动机型号G4FC,排量1.591L,最大功率90.4kW(6300r/min),最大扭矩155N·m(4200r/min),最高车速170km/h,油耗6.61L/100km,排放标准欧Ⅲ、欧Ⅳ,5速手动

产品名称	型号规格	参考价格（元）	生产厂家	电话	主要参数及备注
轿车	秀尔 1.6L Premium AT	127800	东风悦达起亚汽车有限公司	(025) 83186908	外形尺寸（mm）：4096×1785×1663，轴距2550mm，2厢5门5座，整备质量1225kg，发动机型号G4FC，排量1.591L，最大功率90.4kW（6300 r/min），最大扭矩155 N·m（4200 r/min），最高车速158 km/h，油耗7.4L/100km，排放标准欧Ⅲ、欧Ⅳ，4速手自一体
轿车	秀尔 2.0L GLS MT	129800	东风悦达起亚汽车有限公司	(025) 83186908	外形尺寸（mm）：4096×1785×1663，轴距2550mm，2厢5门5座，整备质量1280kg，发动机型号G4GC，排量1.975L，最大功率104kW（6000 r/min），最大扭矩186 N·m（4600 r/min），最高车速180 km/h，油耗7.9L/100km，排放标准欧Ⅳ，5速手动
轿车	秀尔 2.0L Premium AT	142800	东风悦达起亚汽车有限公司	(025) 83186908	外形尺寸（mm）：4096×1785×1663，轴距2550mm，2厢5门5座，整备质量1300kg，发动机型号G4GC，排量1.975L，最大功率104kW（6000 r/min），最大扭矩186 N·m（4600 r/min），最高车速176 km/h，油耗8.05L/100km，排放标准欧Ⅳ，4速手自一体
轿车	轩逸1.6XE AT	134800	东风日产乘用车公司	8008308899	外形尺寸（mm）：4665×1700×1510，轴距2700mm，整备质量1220kg，3厢4门5座，发动机型号HR16DE，排量1.598L，最大功率80kW（6000 r/min），最大扭矩153 N·m（4400 r/min），最高车速175 km/h，油耗6.1L/100km，4速自动，前驱，排放标准欧Ⅳ，舒适版
轿车	轩逸1.6XE MT	124800	东风日产乘用车公司	8008308899	外形尺寸（mm）：4665×1700×1510，轴距2700mm，整备质量1180kg，3厢4门5座，发动机型号HR16DE，排量1.598L，最大功率80kW（6000 r/min），最大扭矩153 N·m（4400 r/min），最高车速175 km/h，油耗6.1L/100km，5速手动，前驱，排放标准欧Ⅳ，舒适版
轿车	轩逸1.6XL AT	145800	东风日产乘用车公司	8008308899	外形尺寸（mm）：4665×1700×1510，轴距2700mm，整备质量1220kg，3厢4门5座，发动机型号HR16DE，排量1.598L，最大功率80kW（6000 r/min），最大扭矩153 N·m（4400 r/min），最高车速175 km/h，油耗6.1L/100km，4速自动，前驱，排放标准欧Ⅳ，豪华版，带天窗
轿车	轩逸1.6XL MT	135800	东风日产乘用车公司	8008308899	外形尺寸（mm）：4665×1700×1510，轴距2700mm，整备质量1180kg，3厢4门5座，发动机型号HR16DE，排量1.598L，最大功率80kW（6000 r/min），最大扭矩153 N·m（4400 r/min），最高车速175 km/h，油耗6.1L/100km，5速手动，前驱，排放标准欧Ⅳ，豪华版，带天窗

产品名称	型号规格	参考价格（元）	生产厂家	电话	主要参数及备注
轿车	轩逸2.0XL CVT	154800	东风日产乘用车公司	8008308899	外形尺寸(mm):4665×1700×1510,轴距2700mm,整备质量1280kg,3厢4门5座,发动机型号MR20DE,排量1.997L,最大功率105kW(5200 r/min),最大扭矩189 N·m(4400 r/min),最高车速190 km/h,油耗6.1 L/100km,无级变速,前驱,排放标准欧Ⅳ,豪华版
轿车	轩逸2.0XL CVT	160800	东风日产乘用车公司	8008308899	外形尺寸(mm):4665×1700×1510,轴距2700mm,整备质量1280kg,3厢4门5座,发动机型号MR20DE,排量1.997L,最大功率105kW(5200 r/min),最大扭矩189 N·m(4400 r/min),最高车速190 km/h,油耗6.1 L/100km,无级变速,前驱,排放标准欧Ⅳ,科技版
轿车	轩逸2.0XL CVT	161800	东风日产乘用车公司	8008308899	外形尺寸(mm):4665×1700×1510,轴距2700mm,整备质量1280kg,3厢4门5座,发动机型号MR20DE,排量1.997L,最大功率105kW(5200 r/min),最大扭矩189 N·m(4400 r/min),最高车速190 km/h,油耗6.1 L/100km,无级变速,前驱,排放标准欧Ⅳ,豪华版,带天窗
轿车	轩逸2.0XL CVT	167800	东风日产乘用车公司	8008308899	外形尺寸(mm):4665×1700×1510,轴距2700mm,整备质量1280kg,3厢4门5座,发动机型号MR20DE,排量1.997L,最大功率105kW(5200 r/min),最大扭矩189 N·m(4400 r/min),最高车速190 km/h,油耗6.1 L/100km,无级变速,前驱,排放标准欧Ⅳ,科技版,带天窗
轿车	炫丽 CROSS 1.3L AMT	64900	长城汽车股份有限公司	(0312)2192888	外形尺寸(mm):3950×1717×1542,轴距2368mm,2厢5门5座,整备质量1080kg,发动机型号GM4G13,排量1.298L,最大功率68kW(6000 r/min),最大扭矩118 N·m(4200 r/min),最高车速162 km/h,5速序列变速器,排放标准国Ⅳ,2011款
轿车	炫丽 CROSS 1.3L MT	60900	长城汽车股份有限公司	(0312)2192888	外形尺寸(mm):3950×1717×1542,轴距2368mm,2厢5门5座,整备质量1091kg,发动机型号GM4G13,排量1.298L,最大功率68kW(6000 r/min),最大扭矩118 N·m(4200 r/min),最高车速160 km/h,5速手动,排放标准国Ⅳ,2011款
轿车	炫丽 CROSS 1.5L AMT	66900	长城汽车股份有限公司	(0312)2192888	外形尺寸(mm):3950×1717×1542,轴距2368mm,2厢5门5座,整备质量1091kg,发动机型号GW4G15,排量1.497L,最大功率77kW(6000 r/min),最大扭矩138 N·m(4200 r/min),最高车速162 km/h,5速序列变速器,排放标准国Ⅳ,2011款

产品名称	型号规格	参考价格（元）	生产厂家	电话	主要参数及备注
轿车	炫丽 CROSS 1.5L MT	62900	长城汽车股份有限公司	(0312) 2192888	外形尺寸(mm):3950×1717×1542,轴距2368mm,2厢5门5座,整备质量1091kg,发动机型号GW4G15,排量1.497L,最大功率77kW(6000 r/min),最大扭矩138 N·m(4200 r/min),最高车速162 km/h,5速手动,排放标准国Ⅳ,2011款
轿车	雅阁 V6 3.5L AT	339800	广州本田汽车有限公司	(020) 82270620	外形尺寸(mm):4945×1845×1480,轴距2800mm,整备质量1631kg,3厢4门5座,发动机型号J35Z2,排量3.471L,最大功率206kW(6200 r/min),最大扭矩339 N·m(5000 r/min),5速自动,前驱,排放标准欧Ⅳ
轿车	雅阁2.0 EX AT	199800	广州本田汽车有限公司	(020) 82270620	外形尺寸(mm):4945×1845×1480,轴距2800mm,3厢4门5座,发动机排量1.997L,最大功率115kW(6300 r/min),最大扭矩189 N·m(4300 r/min),5速自动,前驱,排放标准欧Ⅳ
轿车	雅阁2.0 EX Navi	219800	广州本田汽车有限公司	(020) 82270620	外形尺寸(mm):4945×1845×1480,轴距2800mm,3厢4门5座,发动机排量1.997L,最大功率115kW(6300 r/min),最大扭矩189 N·m(4300 r/min),5速自动,前驱,排放标准欧Ⅳ
轿车	雅阁2.0i－VTEC MT	181800	广州本田汽车有限公司	(020) 82270620	外形尺寸(mm):4945×1845×1480,轴距2800mm,3厢4门5座,发动机排量1.997L,最大功率115kW(6300 r/min),最大扭矩189 N·m(4300 r/min),5速手动,前驱,排放标准欧Ⅳ
轿车	雅阁2.4EX	229800	广州本田汽车有限公司	(020) 82270620	外形尺寸(mm):4945×1845×1480,轴距2800mm,整备质量1515kg,3厢4门5座,发动机型号K24Z2,排量2.354L,最大功率132kW(6500 r/min),最大扭矩225 N·m(4500 r/min),5速自动,前驱,排放标准欧Ⅳ
轿车	雅阁2.4EX Navi	264800	广州本田汽车有限公司	(020) 82270620	外形尺寸(mm):4945×1845×1480,轴距2800mm,整备质量1515kg,3厢4门5座,发动机型号K24Z2,排量2.354L,最大功率132kW(6500 r/min),最大扭矩225 N·m(4500 r/min),5速自动,前驱,排放标准欧Ⅳ
轿车	雅力士 1.3E AT	93800	广州丰田汽车有限公司	(020) 39398888	外形尺寸(mm):3915×1695×1545,轴距2460mm,2厢5门5座,发动机排量1.299L,最大功率63kW(6000 r/min),最大扭矩121 N·m(4400 r/min),最高车速165 km/h,前驱,油箱容积42L,4速自动,排放标准国Ⅳ,舒适版
轿车	雅力士 1.3E MT	92000	广州丰田汽车有限公司	(020) 39398888	外形尺寸(mm):3915×1695×1545,轴距2460mm,2厢5门5座,发动机排量1.299L,最大功率63kW(6000 r/min),最大扭矩121 N·m(4400 r/min),最高车速169 km/h,前驱,油箱容积42L,5速手动,排放标准国Ⅳ,舒适版

产品名称	型号规格	参考价格（元）	生产厂家	电话	主要参数及备注
轿车	雅力士 1.6E AT	99800	广州丰田汽车有限公司	(020)39398888	外形尺寸(mm):3915×1695×1545,轴距 2460mm,2 厢 5 门 5 座,发动机排量1.598L,最大功率 87kW(6000 r/min),最大扭矩 150 N·m(4400 r/min),最高车速 180 km/h,前驱,油箱容积 42L,4 速自动,排放标准国Ⅳ,舒适版
轿车	雅力士 1.6E MT	98000	广州丰田汽车有限公司	(020)39398888	外形尺寸(mm):3915×1695×1545,轴距 2460mm,2 厢 5 门 5 座,发动机排量1.598L,最大功率 87kW(6000 r/min),最大扭矩 150 N·m(4400 r/min),最高车速 195 km/h,前驱,油箱容积 42L,5 速手动,排放标准国Ⅳ,舒适版
轿车	雅力士 1.6G AT	106000	广州丰田汽车有限公司	(020)39398888	外形尺寸(mm):3915×1695×1545,轴距 2460mm,2 厢 5 门 5 座,发动机排量1.598L,最大功率 87kW(6000 r/min),最大扭矩 150 N·m(4400 r/min),最高车速 180 km/h,前驱,油箱容积 42L,4 速自动,排放标准国Ⅳ,精致版
轿车	雅力士 1.6G AT	109200	广州丰田汽车有限公司	(020)39398888	外形尺寸(mm):3915×1695×1545,轴距 2460mm,2 厢 5 门 5 座,发动机排量1.598L,最大功率 87kW(6000 r/min),最大扭矩 150 N·m(4400 r/min),最高车速 180 km/h,前驱,油箱容积 42L,4 速自动,排放标准国Ⅳ,精致智能版
轿车	雅力士 1.6G MT	100000	广州丰田汽车有限公司	(020)39398888	外形尺寸(mm):3915×1695×1545,轴距 2460mm,2 厢 5 门 5 座,发动机排量1.598L,最大功率 87kW(6000 r/min),最大扭矩 150 N·m(4400 r/min),最高车速 195 km/h,前驱,油箱容积 42L,5 速手动,排放标准国Ⅳ,精致版
轿车	雅力士 1.6RS AT	119600	广州丰田汽车有限公司	(020)39398888	外形尺寸(mm):3915×1695×1545,轴距 2460mm,2 厢 5 门 5 座,发动机排量1.598L,最大功率 87kW(6000 r/min),最大扭矩 150 N·m(4400 r/min),最高车速 180 km/h,前驱,油箱容积 42L,4 速自动,排放标准国Ⅳ,至尊版
轿车	雅力士 1.6RS MT	117100	广州丰田汽车有限公司	(020)39398888	外形尺寸(mm):3915×1695×1545,轴距2460mm,2 厢 5 门 5 座,发动机排量 1.598 L,最大功率 87kW(6000 r/min),最大扭矩 150 N·m(4400 r/min),最高车速 195 km/h,前驱,油箱容积 42L,5 速手动,排放标准国Ⅳ,至尊版
轿车	雅力士 1.6RS PIO AT	125600	广州丰田汽车有限公司	(020)39398888	外形尺寸(mm):3915×1695×1545,轴距 2460mm,2 厢 5 门 5 座,发动机排量1.598L,最大功率 87kW(6000 r/min),最大扭矩 150 N·m(4400 r/min),最高车速 180 km/h,前驱,油箱容积 42L,4 速自动,排放标准国Ⅳ,至尊锐动版

产品名称	型号规格	参考价格（元）	生产厂家	电话	主要参数及备注
轿车	雅力士 1.6RS PIO MT	123100	广州丰田汽车有限公司	(020) 39398888	外形尺寸(mm):3915×1695×1545,轴距 2460mm,2 厢 5 门 5 座,发动机排量1.598L,最大功率 87kW(6000 r/min),最大扭矩 150 N·m(4400 r/min),最高车速 195 km/h,前驱,油箱容积 42L,5 速手动,排放标准国Ⅳ,至尊锐动版
轿车	雅绅特 1.4L DLX AT	97800	北京现代汽车有限公司	(010) 59638122	外形尺寸(mm):4310×1695×1480,轴距 2500mm,油箱容积 45L,整备质量 1150kg,3 厢 4 门 5 座,发动机排量1.399L,最大功率 70kW(6000 r/min),最大扭矩 124 N·m(4700 r/min),最高车速 156 km/h,前驱,排放标准国Ⅳ,4 速自动,尊贵型,2011 款
轿车	雅绅特 1.4L GL AT	83800	北京现代汽车有限公司	(010) 59638122	外形尺寸(mm):4310×1695×1480,轴距 2500mm,油箱容积 45L,整备质量 1150kg,3 厢 4 门 5 座,发动机排量1.399L,最大功率 70kW(6000 r/min),最大扭矩 124 N·m(4700 r/min),最高车速 156 km/h,前驱,排放标准国Ⅳ,4 速自动,舒适型,2011 款
轿车	雅绅特 1.4L GL MT	71800	北京现代汽车有限公司	(010) 59638122	外形尺寸(mm):4310×1695×1480,轴距 2500mm,油箱容积 45L,整备质量 1115kg,3 厢 4 门 5 座,发动机排量1.399L,最大功率 70kW(6000 r/min),最大扭矩 124 N·m(4700 r/min),最高车速 180 km/h,前驱,排放标准国Ⅳ,5 速手动,舒适型,2011 款
轿车	雅绅特 1.4L GLS AT	94800	北京现代汽车有限公司	(010) 59638122	外形尺寸(mm):4310×1695×1480,轴距 2500mm,油箱容积 45L,整备质量 1150kg,3 厢 4 门 5 座,发动机排量1.399L,最大功率 70kW(6000 r/min),最大扭矩 124 N·m(4700 r/min),最高车速 156 km/h,前驱,排放标准国Ⅳ,4 速自动,豪华型,2011 款
轿车	雅绅特 1.4L GLS MT	85800	北京现代汽车有限公司	(010) 59638122	外形尺寸(mm):4310×1695×1480,轴距 2500mm,油箱容积 45L,整备质量 1115kg,3 厢 4 门 5 座,发动机排量1.399L,最大功率 70kW(6000 r/min),最大扭矩 124 N·m(4700 r/min),最高车速 180 km/h,前驱,排放标准国Ⅳ,5 速手动,豪华型,2011 款
轿车	阳光1.5XE CVT	92800	东风日产乘用车公司	8008308899	外形尺寸(mm):4426×1696×1518,轴距 2600mm,整备质量 1041kg,3 厢 4 门 5 座,发动机型号 HR15DE,排量1.498L,最大功率 82kW(5600 r/min),最大扭矩 139 N·m(4000 r/min),最高车速 165 km/h,无级变速,前驱,排放标准欧 Ⅳ + OBD,舒适版,2011 款

产品名称	型号规格	参考价格(元)	生产厂家	电话	主要参数及备注
轿车	阳光1.5XE MT	82800	东风日产乘用车公司	8008308899	外形尺寸(mm):4426×1696×1518,轴距2600mm,整备质量1021kg,3厢4门5座,发动机型号HR15DE,排量1.498L,最大功率82kW(5600 r/min),最大扭矩139 N·m(4000 r/min),最高车速175 km/h,5速手动,前驱,排放标准欧Ⅳ+OBD,舒适版,2011款
轿车	阳光1.5XL CVT	102800	东风日产乘用车公司	8008308899	外形尺寸(mm):4426×1696×1518,轴距2600mm,整备质量1069kg,3厢4门5座,发动机型号HR15DE,排量1.498L,最大功率82kW(5600 r/min),最大扭矩139 N·m(4000 r/min),最高车速165 km/h,无级变速,前驱,排放标准欧Ⅳ+OBD,豪华版,2011款
轿车	阳光1.5XL MT	92800	东风日产乘用车公司	8008308899	外形尺寸(mm):4426×1696×1518,轴距2600mm,整备质量1050kg,3厢4门5座,发动机型号HR15DE,排量1.498L,最大功率82kW(5600 r/min),最大扭矩139 N·m(4000 r/min),最高车速175 km/h,5速手动,前驱,排放标准欧Ⅳ+OBD,豪华版,2011款
轿车	阳光1.5XV CVT	112800	东风日产乘用车公司	8008308899	外形尺寸(mm):4426×1696×1518,轴距2600mm,整备质量1072kg,3厢4门5座,发动机型号HR15DE,排量1.498L,最大功率82kW(5600 r/min),最大扭矩139 N·m(4000 r/min),最高车速165 km/h,无级变速,前驱,排放标准欧Ⅳ+OBD,尊贵版,2011款
轿车	阳光1.5XV MT	102800	东风日产乘用车公司	8008308899	外形尺寸(mm):4426×1696×1518,轴距2600mm,整备质量1052kg,3厢4门5座,发动机型号HR15DE,排量1.498L,最大功率82kW(5600 r/min),最大扭矩139 N·m(4000 r/min),最高车速175 km/h,5速手动,前驱,排放标准欧Ⅳ+OBD,尊贵版,2011款
轿车	伊兰特 1.6GL AT	98800	北京现代汽车有限公司	(010)59638122	外形尺寸(mm):4545×1725×1425,轴距2610mm,油箱容积55L,发动机型号G4ED,排量1.598 L,最大功率82kW(6000 r/min),最大扭矩145 N·m(4500 r/min),最高车速173 km/h,前驱,排放标准国Ⅲ、国Ⅳ,4速自动,舒适型,2011款
轿车	伊兰特 1.6GL MT	89800	北京现代汽车有限公司	(010)59638122	外形尺寸(mm):4545×1725×1425,轴距2610mm,油箱容积55L,发动机型号G4ED,排量1.598 L,最大功率82kW(6000 r/min),最大扭矩145 N·m(4500 r/min),最高车速187 km/h,前驱,排放标准国Ⅲ、国Ⅳ,5速手动,舒适型,2011款

产品名称	型号规格	参考价格(元)	生产厂家	电话	主要参数及备注
轿车	颐达1.6J AT	116800	东风日产乘用车公司	8008308899	外形尺寸(mm):4480×1695×1535,轴距2600mm,整备质量1175kg,3厢4门5座,发动机型号HR16DE,排量1.598L,最大功率80kW(6000 r/min),最大扭矩153 N·m(4400 r/min),最高车速180 km/h,油耗6 L/100km,4速自动,前驱,排放标准欧Ⅲ,时尚型
轿车	颐达1.6J MT	106800	东风日产乘用车公司	8008308899	外形尺寸(mm):4480×1695×1535,轴距2600mm,整备质量1150kg,3厢4门5座,发动机型号HR16DE,排量1.598L,最大功率80kW(6000 r/min),最大扭矩153 N·m(4400 r/min),最高车速190 km/h,油耗5.6L/100km,5速手动,前驱,排放标准欧Ⅲ,时尚型
轿车	颐达1.6JE AT	126800	东风日产乘用车公司	8008308899	外形尺寸(mm):4480×1695×1535,轴距2600mm,整备质量1175kg,3厢4门5座,发动机型号HR16DE,排量1.598L,最大功率80kW(6000 r/min),最大扭矩153 N·m(4400 r/min),最高车速180 km/h,油耗6 L/100km,4速自动,前驱,排放标准欧Ⅲ,智能型
轿车	颐达1.6JE AT	132800	东风日产乘用车公司	8008308899	外形尺寸(mm):4480×1695×1535,轴距2600mm,整备质量1175kg,3厢4门5座,发动机型号HR16DE,排量1.598L,最大功率80kW(6000 r/min),最大扭矩153 N·m(4400 r/min),最高车速180 km/h,油耗6 L/100km,4速自动,前驱,排放标准欧Ⅲ,豪华型
轿车	颐达1.6JE MT	116800	东风日产乘用车公司	8008308899	外形尺寸(mm):4480×1695×1535,轴距2600mm,整备质量1150kg,3厢4门5座,发动机型号HR16DE,排量1.598L,最大功率80kW(6000 r/min),最大扭矩153 N·m(4400 r/min),最高车速190 km/h,油耗5.6L/100km,5速手动,前驱,排放标准欧Ⅲ,智能型
轿车	颐达1.6 JS NAVI AT	149800	东风日产乘用车公司	8008308899	外形尺寸(mm):4480×1695×1535,轴距2600mm,整备质量1175kg,3厢4门5座,发动机型号HR16DE,排量1.598L,最大功率80kW(6000 r/min),最大扭矩153 N·m(4400 r/min),最高车速180 km/h,油耗6 L/100km,4速自动,前驱,排放标准欧Ⅲ,尊贵型
轿车	英朗 GT 1.6L AT	152700	上海通用汽车有限公司	(021)28902890	外形尺寸(mm):4671×1815×1478,轴距2685mm,3厢4门5座,发动机排量1.6L,最大功率89kW(6000 r/min),最大扭矩150 N·m(3800 r/min),最高车速180 km/h,6速手自一体,前驱,排放标准国Ⅳ,时尚版
轿车	英朗 GT 1.6L MT	137700	上海通用汽车有限公司	(021)28902890	外形尺寸(mm):4671×1815×1478,轴距2685mm,3厢4门5座,发动机排量1.6L,最大功率89kW(6000 r/min),最大扭矩150 N·m(3800 r/min),最高车速185 km/h,5速手动,前驱,排放标准国Ⅳ,进取版

产品名称	型号规格	参考价格(元)	生产厂家	电话	主要参数及备注
轿车	英朗 GT 1.6T AT	174300	上海通用汽车有限公司	(021)28902890	外形尺寸(mm):4671×1815×1478,轴距2685mm,3厢4门5座,发动机排量1.598L,最大功率135kW(5800 r/min),最大扭矩235 N·m(4000 r/min),最高车速220 km/h,6速手自一体,前驱,排放标准国Ⅳ,时尚运动版
轿车	英朗 GT 1.6T AT	187300	上海通用汽车有限公司	(021)28902890	外形尺寸(mm):4671×1815×1478,轴距2685mm,3厢4门5座,发动机排量1.598L,最大功率135kW(5800 r/min),最大扭矩235 N·m(4000 r/min),最高车速220 km/h,6速手自一体,前驱,排放标准国Ⅳ,新锐运动版
轿车	英朗 GT 1.8L AT	162300	上海通用汽车有限公司	(021)28902890	外形尺寸(mm):4671×1815×1478,轴距2685mm,3厢4门5座,发动机排量1.796L,最大功率108kW(6200 r/min),最大扭矩177 N·m(3800 r/min),最高车速190 km/h,6速手自一体,前驱,排放标准国Ⅳ,时尚版
轿车	英朗 GT 1.8L AT	189700	上海通用汽车有限公司	(021)28902890	外形尺寸(mm):4671×1815×1478,轴距2685mm,3厢4门5座,发动机排量1.796L,最大功率108kW(6200 r/min),最大扭矩177 N·m(3800 r/min),最高车速190 km/h,6速手自一体,前驱,排放标准国Ⅳ,豪华版
轿车	英伦 SC7 1.5L-MT	63888	浙江吉利控股集团汽车销售有限公司	(0571)87766666	外形尺寸(mm):4682×1725×1485,轴距2602mm,整备质量1240kg,3厢4门5座,发动机型号JL4G15-G,排量1.498L,最大功率78kW(6000~6200 r/min),最大扭矩135 N·m(4800 r/min),最高车速165 km/h,5速手动,前驱,排放标准国Ⅳ,基本型
轿车	英伦 SC7 1.5L-MT	69888	浙江吉利控股集团汽车销售有限公司	(0571)87766666	外形尺寸(mm):4682×1725×1485,轴距2602mm,整备质量1240kg,3厢4门5座,发动机型号JL4G15-G,排量1.498L,最大功率78kW(6000~6200 r/min),最大扭矩135 N·m(4800 r/min),最高车速165 km/h,5速手动,前驱,排放标准国Ⅳ,标准型
轿车	英伦 SC7 1.5L-MT	72888	浙江吉利控股集团汽车销售有限公司	(0571)87766666	外形尺寸(mm):4682×1725×1485,轴距2602mm,整备质量1240kg,3厢4门5座,发动机型号JL4G15-G,排量1.498L,最大功率78kW(6000~6200 r/min),最大扭矩135 N·m(4800 r/min),最高车速165 km/h,5速手动,前驱,排放标准国Ⅳ,舒适型
轿车	英伦 SC7 1.8L-MT	69888	浙江吉利控股集团汽车销售有限公司	(0571)87766666	外形尺寸(mm):4682×1725×1485,轴距2602mm,整备质量1240kg,3厢4门5座,发动机型号JL4G18,排量1.792L,最大功率102kW(6200 r/min),最大扭矩172 N·m(4200 r/min),最高车速185 km/h,5速手动,前驱,排放标准国Ⅲ+OBD、国Ⅳ,基本型

产品名称	型号规格	参考价格（元）	生产厂家	电话	主要参数及备注
轿车	英伦 SC7 1.8L－MT	72888	浙江吉利控股集团汽车销售有限公司	（0571）87766666	外形尺寸（mm）：4682×1725×1485，轴距 2602mm，整备质量1240kg，3厢4门5座，发动机型号JL4G18，排量1.792L，最大功率102kW（6200 r/min），最大扭矩172 N·m（4200 r/min），最高车速185 km/h，5速手动，前驱，排放标准国Ⅲ＋OBD、国Ⅳ，标准型
轿车	英伦 SC7 1.8L－MT	78888	浙江吉利控股集团汽车销售有限公司	（0571）87766666	外形尺寸（mm）：4682×1725×1485，轴距 2602mm，整备质量1240kg，3厢4门5座，发动机型号JL4G18，排量1.792L，最大功率102kW（6200 r/min），最大扭矩172 N·m（4200 r/min），最高车速185 km/h，5速手动，前驱，排放标准国Ⅲ＋OBD、国Ⅳ，舒适型
轿车	英伦 SC7 1.8L－MT	101888	浙江吉利控股集团汽车销售有限公司	（0571）87766666	外形尺寸（mm）：4682×1725×1485，轴距 2602mm，整备质量1240kg，3厢4门5座，发动机型号JL4G18，排量1.792L，最大功率102kW（6200 r/min），最大扭矩172 N·m（4200 r/min），最高车速185 km/h，5速手动，前驱，排放标准国Ⅲ＋OBD、国Ⅳ，豪华型
轿车	英伦 TX4 2.4L MT	208000	浙江吉利控股集团汽车销售有限公司	（0571）87766666	外形尺寸（mm）：4566×1783×1823，轴距 2883mm，整备质量1800kg，2厢5门5座，发动机型号4G69S4N，排量2.378L，最大功率112kW（5500 r/min），最大扭矩212 N·m（4000 r/min），最高车速147 km/h，5速手动，后驱，排放标准国Ⅳ
轿车	英伦 TX4 2.5L AT	228000	浙江吉利控股集团汽车销售有限公司	（0571）87766666	外形尺寸（mm）：4566×1783×1823，轴距 2883mm，整备质量1940kg，2厢5门5座，发动机型号VMR425，排量2.499L，额定功率75kW（3800 r/min），最大扭矩240 N·m（1800 r/min），最高车速135 km/h，5速自动，后驱，排放标准国Ⅲ
轿车	英伦 TX4 2.5L MT	218000	浙江吉利控股集团汽车销售有限公司	（0571）87766666	外形尺寸（mm）：4566×1783×1823，轴距2883mm，整备质量1940kg，2厢5门5座，发动机型号VMR425，排量2.499L，额定功率75kW（3800 r/min），最大扭矩240 N·m（1800 r/min），最高车速135 km/h，5速手动，后驱，排放标准国Ⅲ
轿车	雨燕1.3L AT	70800	重庆长安铃木汽车有限公司	（023）66288623	外形尺寸（mm）：3695×1690×1510，轴距 2390mm，整备质量1070kg，2厢5门5座，发动机型号JL474Q8，排量1.301L，最大功率63kW（6000 r/min），最大扭矩110 N·m（3500～4500 r/min），最高车速163 km/h，前驱，4速自动，排放标准国Ⅲ，超值版
轿车	雨燕1.3L AT	84800	重庆长安铃木汽车有限公司	（023）66288623	外形尺寸（mm）：3695×1690×1510，轴距 2390mm，整备质量1070kg，2厢5门5座，发动机型号JL474Q8，排量1.301L，最大功率63kW（6000 r/min），最大扭矩110 N·m（3500～4500 r/min），最高车速163 km/h，前驱，4速自动，排放标准国Ⅲ，舒适版

产品名称	型号规格	参考价格(元)	生产厂家	电话	主要参数及备注
轿车	雨燕1.3L MT	59800	重庆长安铃木汽车有限公司	(023)66288623	外形尺寸(mm):3695×1690×1510,轴距 2390mm,整备质量1040kg,2厢5门5座,发动机型号JL474Q8,排量1.301L,最大功率63kW(6000 r/min),最大扭矩110 N·m(3500～4500 r/min),最高车速165 km/h,前驱,5速手动,排放标准国Ⅲ,超值版
轿车	雨燕1.3L MT	74800	重庆长安铃木汽车有限公司	(023)66288623	外形尺寸(mm):3695×1690×1510,轴距 2390mm,整备质量1040kg,2厢5门5座,发动机型号JL474Q8,排量1.301L,最大功率63kW(6000 r/min),最大扭矩110 N·m(3500～4500 r/min),最高车速165 km/h,前驱,5速手动,排放标准国Ⅲ,舒适版
轿车	雨燕1.5L AT	91800	重庆长安铃木汽车有限公司	(023)66288623	外形尺寸(mm):3695×1690×1510,轴距 2390mm,整备质量1075kg,2厢5门5座,发动机型号M15A,排量1.49L,最大功率76kW(6000 r/min),最大扭矩138 N·m(4000 r/min),最高车速173 km/h,前驱,4速自动,排放标准国Ⅳ,豪华版
轿车	雨燕1.5L MT	81800	重庆长安铃木汽车有限公司	(023)66288623	外形尺寸(mm):3695×1690×1510,轴距 2390mm,整备质量1050kg,2厢5门5座,发动机型号M15A,排量1.49L,最大功率76kW(6000 r/min),最大扭矩138 N·m(4000 r/min),最高车速175 km/h,前驱,5速手动,排放标准国Ⅳ,豪华版
轿车	远舰2.0GL AT	132800	东风悦达起亚汽车有限公司	(025)83186908	外形尺寸(mm):4728×1820×1420,轴距2700mm,油箱容积65L,整备质量1458kg,最高车速190 km/h,发动机型号G4GC,排量1.975L,最大功率101kW(6000 r/min),最大扭矩178 N·m(4500 r/min),油耗6.9L/100km,排放标准欧Ⅲ、欧Ⅳ,4速自动
轿车	远舰2.0GL MT	122800	东风悦达起亚汽车有限公司	(025)83186908	外形尺寸(mm):4728×1820×1420,轴距2700mm,油箱容积65L,整备质量1444kg,最高车速200 km/h,发动机型号G4GC,排量1.975L,最大功率101kW(6000 r/min),最大扭矩178 N·m(4500 r/min),油耗6.4L/100km,排放标准欧Ⅲ、欧Ⅳ,5速手动
轿车	远舰2.0GLS AT	154800	东风悦达起亚汽车有限公司	(025)83186908	外形尺寸(mm):4728×1820×1420,轴距2700mm,油箱容积65L,整备质量1458kg,最高车速190 km/h,发动机型号G4GC,排量1.975L,最大功率101kW(6000 r/min),最大扭矩178 N·m(4500 r/min),油耗6.9L/100km,排放标准欧Ⅲ、欧Ⅳ,5速手动
轿车	远舰2.0GLS MT－1	135800	东风悦达起亚汽车有限公司	(025)83186908	外形尺寸(mm):4728×1820×1420,轴距2700mm,油箱容积65L,整备质量1444kg,最高车速200 km/h,发动机型号G4GC,排量1.975L,最大功率101kW(6000 r/min),最大扭矩178 N·m(4500 r/min),油耗6.4L/100km,排放标准欧Ⅲ、欧Ⅳ,5速手动

产品名称	型号规格	参考价格(元)	生产厂家	电话	主要参数及备注
轿车	远舰2.0GLS MT－2	145800	东风悦达起亚汽车有限公司	(025) 83186908	外形尺寸(mm):4728×1820×1420,轴距2700mm,油箱容积65L,整备质量1444kg,最高车速200 km/h,发动机型号G4GC,排量1.975 L,最大功率101kW(6000 r/min),最大扭矩178 N·m(4500 r/min),油耗6.4 L/100km,排放标准欧Ⅲ、欧Ⅳ,5速手动
轿车	远舰2.0TOP	167800	东风悦达起亚汽车有限公司	(025) 83186908	外形尺寸(mm):4728×1820×1420,轴距2700mm,油箱容积65L,整备质量1458kg,最高车速190 km/h,发动机型号G4GC,排量1.975 L,最大功率101kW(6000 r/min),最大扭矩178 N·m(4500 r/min),油耗6.9 L/100km,排放标准欧Ⅲ、欧Ⅳ,4速自动,高级版
轿车	远景1.5 MT	61800	浙江吉利控股集团汽车销售有限公司	(0571) 87766666	外形尺寸(mm):4602×1725×1485,轴距2602mm,整备质量1200kg,3厢4门5座,发动机型号JL4G15D,排量1.498 L,最大功率78kW(6000 r/min),最大扭矩135 N·m(4800 r/min),5速手动,前驱,排放标准国Ⅲ、国Ⅳ,铂金版
轿车	远景1.5 MT	65800	浙江吉利控股集团汽车销售有限公司	(0571) 87766666	外形尺寸(mm):4602×1725×1485,轴距2602mm,整备质量1200kg,3厢4门5座,发动机型号JL4G15D,排量1.498 L,最大功率78kW(6000 r/min),最大扭矩135 N·m(4800 r/min),5速手动,前驱,排放标准国Ⅲ、国Ⅳ,尊贵版
轿车	远景1.5 MT	70800	浙江吉利控股集团汽车销售有限公司	(0571) 87766666	外形尺寸(mm):4602×1725×1485,轴距2602mm,整备质量1200kg,3厢4门5座,发动机型号JL4G15D,排量1.498 L,最大功率78kW(6000 r/min),最大扭矩135 N·m(4800 r/min),5速手动,前驱,排放标准国Ⅲ、国Ⅳ,天窗版
轿车	远景1.8 MT	65800	浙江吉利控股集团汽车销售有限公司	(0571) 87766666	外形尺寸(mm):4602×1725×1485,轴距2602mm,整备质量1200kg,3厢4门5座,发动机型号JL4G18,排量1.792 L,最大功率102kW(6200 r/min),最大扭矩172 N·m(4200 r/min),最高车速185 km/h 油耗6.5 L/100km,5速手动,前驱,排放标准国Ⅲ、国Ⅳ,基本型
轿车	远景1.8 MT	69800	浙江吉利控股集团汽车销售有限公司	(0571) 87766666	外形尺寸(mm):4602×1725×1485,轴距2602mm,整备质量1200kg,3厢4门5座,发动机型号JL4G18,排量1.792 L,最大功率102kW(6200 r/min),最大扭矩172 N·m(4200 r/min),最高车速185 km/h,油耗6.5 L/100km,5速手动,前驱,排放标准国Ⅲ、国Ⅳ,标准型

产品名称	型号规格	参考价格(元)	生产厂家	电话	主要参数及备注
轿车	远景1.8 MT	75800	浙江吉利控股集团汽车销售有限公司	(0571)87766666	外形尺寸(mm):4602×1725×1485,轴距2602mm,整备质量1200kg,3厢4门5座,发动机型号JL4G18,排量1.792L,最大功率102kW(6200 r/min),最大扭矩172 N·m(4200 r/min),最高车速185 km/h,油耗6.5 L/100km,5速手动,前驱,排放标准国Ⅲ、国Ⅳ,舒适型
轿车	远景1.8 MT	103800	浙江吉利控股集团汽车销售有限公司	(0571)87766666	外形尺寸(mm):4602×1725×1485,轴距2602mm,整备质量1200kg,3厢4门5座,发动机型号JL4G18,排量1.792L,最大功率102kW(6200 r/min),最大扭矩172 N·m(4200 r/min),最高车速185 km/h,油耗6.5 L/100km,5速手动,前驱,排放标准国Ⅲ、国Ⅳ,商务型
轿车	悦翔1.5 AT 二厢	64900	重庆长安汽车股份有限公司	(023)67591278	外形尺寸(mm):4080×1710×1475,轴距2515mm,整备质量1150kg,2厢5门5座,发动机型号JL475QD,排量1.497 L,最大功率72kW(5500 r/min),最大扭矩137 N·m(3500~4500 r/min),最高车速165 km/h,4速自动,排放标准国Ⅳ,舒适型
轿车	悦翔1.5 AT 二厢	67900	重庆长安汽车股份有限公司	(023)67591278	外形尺寸(mm):4080×1710×1475,轴距2515mm,整备质量1150kg,2厢5门5座,发动机型号JL475QD,排量1.497 L,最大功率72kW(5500 r/min),最大扭矩137 N·m(3500~4500 r/min),最高车速165 km/h,4速自动,排放标准国Ⅳ,豪华型
轿车	悦翔1.5 AT 二厢	71900	重庆长安汽车股份有限公司	(023)67591278	外形尺寸(mm):4080×1710×1475,轴距2515mm,整备质量1150kg,2厢5门5座,发动机型号JL475QD,排量1.497 L,最大功率72kW(5500 r/min),最大扭矩137 N·m(3500~4500 r/min),最高车速165 km/h,4速自动,排放标准国Ⅳ,尊贵型
轿车	悦翔1.5 AT 三厢	67900	重庆长安汽车股份有限公司	(023)67591278	外形尺寸(mm):4360×1710×1475,轴距2515mm,3厢4门5座,发动机型号JL475QD,排量1.497L,最大功率72kW(5500 r/min),最大扭矩137 N·m(3500~4500 r/min),最高车速165 km/h,油耗7.8 L/100km,4速自动,排放标准国Ⅳ,豪华型
轿车	悦翔1.5 AT 三厢	71900	重庆长安汽车股份有限公司	(023)67591278	外形尺寸(mm):4360×1710×1475,轴距2515mm,3厢4门5座,发动机型号JL475QD,排量1.497L,最大功率72kW(5500 r/min),最大扭矩137 N·m(3500~4500 r/min),最高车速165 km/h,油耗7.8 L/100km,4速自动,排放标准国Ⅳ,尊贵型

产品名称	型号规格	参考价格(元)	生产厂家	电话	主要参数及备注
轿车	悦翔1.5 MT 二厢	55900	重庆长安汽车股份有限公司	(023)67591278	外形尺寸(mm):4080×1710×1475,轴距2515mm,整备质量1120kg,2厢5门5座,发动机型号JL475QD,排量1.497L,最大功率72kW(5500 r/min),最大扭矩137 N·m(3500～4500 r/min),最高车速170 km/h,5速手动,排放标准国Ⅳ,舒适型
轿车	悦翔1.5 MT 二厢	58900	重庆长安汽车股份有限公司	(023)67591278	外形尺寸(mm):4080×1710×1475,轴距2515mm,整备质量1120kg,2厢5门5座,发动机型号JL475QD,排量1.497L,最大功率72kW(5500 r/min),最大扭矩137 N·m(3500～4500 r/min),最高车速170 km/h,5速手动,排放标准国Ⅳ,豪华型
轿车	悦翔1.5 MT 二厢	60900	重庆长安汽车股份有限公司	(023)67591278	外形尺寸(mm):4080×1710×1475,轴距2515mm,整备质量1120kg,2厢5门5座,发动机型号JL475QD,排量1.497L,最大功率72kW(5500 r/min),最大扭矩137 N·m(3500～4500 r/min),最高车速170 km/h,5速手动,排放标准国Ⅳ 尊贵型
轿车	悦翔1.5 MT 三厢	55900	重庆长安汽车股份有限公司	(023)67591278	外形尺寸(mm):4360×1710×1475,轴距2515mm,3厢4门5座,发动机型号JL475QD,排量1.497L,最大功率72kW(5500 r/min),最大扭矩137 N·m(3500～4500 r/min),最高车速170 km/h,油耗6.9L/100km,5速手动,排放标准国Ⅳ,舒适型
轿车	悦翔1.5 MT 三厢	58900	重庆长安汽车股份有限公司	(023)67591278	外形尺寸(mm):4350×1710×1475,轴距2515mm,3厢4门5座,发动机型号JL475QD,排量1.497L,最大功率72kW(5500 r/min),最大扭矩137 N·m(3500～4500 r/min),最高车速170 km/h,油耗6.9L/100km,5速手动,排放标准国Ⅳ,豪华型
轿车	悦翔1.5 MT 三厢	60900	重庆长安汽车股份有限公司	(023)67591278	外形尺寸(mm):4360×1710×1475,轴距2515mm,3厢4门5座,发动机型号JL475QD,排量1.497L,最大功率72kW(5500 r/min),最大扭矩137 N·m(3500～4500 r/min),最高车速170 km/h,油耗6.9L/100km,5速手动,排放标准国Ⅳ,尊贵型
轿车	悦悦 1.0L	43800	安徽江淮汽车股份有限公司	(0551)2296577	外形尺寸(mm):3535×1640×1475,轴距2390mm,2厢5门5座,发动机型号DAK10A,排量0.999L,最大功率50kW(6000 r/min),最大扭矩90 N·m(3500～4500 r/min),最高车速150 km/h,5速手动,前置前驱,排放标准国Ⅳ,舒适型,2011款
轿车	悦悦 1.0L	46800	安徽江淮汽车股份有限公司	(0551)2296577	外形尺寸(mm):3535×1640×1475,轴距2390mm,2厢5门5座,发动机型号DAK10A,排量0.999L,最大功率50kW(6000 r/min),最大扭矩90 N·m(3500～4500 r/min),最高车速150 km/h,5速手动,前置前驱,排放标准国Ⅳ,豪华型,2011款

产品名称	型号规格	参考价格(元)	生产厂家	电话	主要参数及备注
轿车	悦悦 1.3L	47800	安徽江淮汽车股份有限公司	(0551)2296577	外形尺寸(mm):3535×1640×1475,轴距2390mm,2厢5门5座,发动机型号4GB1,排量1.332 L,最大功率73kW(6000 r/min),最大扭矩126 N·m(4500 r/min),最高车速150 km/h,5速手动,前置前驱,排放标准国Ⅳ,舒适型,2011款
轿车	悦悦 1.3L	51800	安徽江淮汽车股份有限公司	(0551)2296577	外形尺寸(mm):3535×1640×1475,轴距2390mm,2厢5门5座,发动机型号4GB1,排量1.332 L,最大功率73kW(6000 r/min),最大扭矩126 N·m(4500 r/min),最高车速150 km/h,5速手动,前置前驱,排放标准国Ⅳ,豪华型,2011款
轿车	悦悦 1.3L AMT	52800	安徽江淮汽车股份有限公司	(0551)2296577	外形尺寸(mm):3535×1640×1475,轴距2390mm,2厢5门5座,发动机型号4GB1,排量1.332 L,最大功率73kW(6000 r/min),最大扭矩126 N·m(4500 r/min),最高车速150 km/h,5速序列变速,前置前驱,排放标准国Ⅳ,舒适型,2011款
轿车	悦悦 1.3L AMT	56800	安徽江淮汽车股份有限公司	(0551)2296577	外形尺寸(mm):3535×1640×1475,轴距2390mm,2厢5门5座,发动机型号4GB1,排量1.332 L,最大功率73kW(6000 r/min),最大扭矩126 N·m(4500 r/min),最高车速150 km/h,5速序列变速,前置前驱,排放标准国Ⅳ,豪华型,2011款
轿车	志翔1.6L	68800	重庆长安汽车股份有限公司	(023)67591278	外形尺寸(mm):4600×1800×1475,轴距2650mm,3厢4门5座,整备质量1260kg,最高车速175 km/h,发动机型号JL475Q6,排量1.59 L,最大功率71kW(6000 r/min),最大扭矩140 N·m(3500~4500 r/min),5速手动,前驱,排放标准国Ⅲ、国Ⅳ,手动标准型
轿车	志翔1.6L	73800	重庆长安汽车股份有限公司	(023)67591278	外形尺寸(mm):4600×1800×1475,轴距2650mm,3厢4门5座,整备质量1260kg,最高车速175 km/h,发动机型号JL475Q6,排量1.59 L,最大功率71kW(6000 r/min),最大扭矩140 N·m(3500~4500 r/min),5速手动,前驱,排放标准国Ⅲ、国Ⅳ,手动舒适型
轿车	志翔2.0L	106800	重庆长安汽车股份有限公司	(023)67591278	外形尺寸(mm):4600×1800×1475,轴距2650mm,3厢4门5座,整备质量1350kg,最高车速185 km/h,发动机型号JL486Q1,排量1.998 L,最大功率112kW(6000 r/min),最大扭矩192 N·m(4000~5000 r/min),4速自动,排放标准国Ⅲ、国Ⅳ,自动精英型

产品名称	型号规格	参考价格(元)	生产厂家	电话	主要参数及备注
轿车	志翔2.0L	115800	重庆长安汽车股份有限公司	(023)67591278	外形尺寸(mm):4600×1800×1475,轴距2650mm,3厢4门5座,整备质量1350kg,最高车速185 km/h,发动机型号JL486Q1,排量1.998L,最大功率112kW(6000 r/min),最大扭矩192 N·m(4000~5000 r/min),4速自动,排放标准国Ⅲ、国Ⅳ,自动豪华型
轿车	志翔2.0L	88800	重庆长安汽车股份有限公司	(023)67591278	外形尺寸(mm):4600×1800×1475,轴距2650mm,3厢4门5座,整备质量1350kg,最高车速200 km/h,发动机型号JL486Q1,排量1.998L,最大功率112kW(6000 r/min),最大扭矩192 N·m(4000~5000 r/min),5速手动,排放标准国Ⅲ、国Ⅳ,手动舒适型
轿车	志翔2.0L	96800	重庆长安汽车股份有限公司	(023)67591278	外形尺寸(mm):4600×1800×1475,轴距2650mm,3厢4门5座,整备质量1350kg,最高车速200 km/h,发动机型号JL486Q1,排量1.998L,最大功率112kW(6000 r/min),最大扭矩192 N·m(4000~5000 r/min),5速手动,排放标准国Ⅲ、国Ⅳ,手动精英型
轿车	志翔2.0L	107800	重庆长安汽车股份有限公司	(023)67591278	外形尺寸(mm):4600×1800×1475,轴距2650mm,3厢4门5座,整备质量1350kg,最高车速200 km/h,发动机型号JL486Q1,排量1.998L,最大功率112kW(6000 r/min),最大扭矩192 N·m(4000~5000 r/min),5速手动,排放标准国Ⅲ、国Ⅳ,手动豪华型
轿车	中华骏捷1.6MT	88800	华晨汽车集团控股有限公司	(024)31666338	外形尺寸(mm):4648×1800×1450,轴距2790mm,油箱容积74L,行李箱容积430L,3厢4门5座,发动机型号BL16L,排量1.586L,最大功率87kW(6000 r/min),最大扭矩150 N·m(4500 r/min),前置前驱,5速手动,排放标准欧Ⅳ,舒适型,2011款
轿车	中华骏捷1.6MT	98800	华晨汽车集团控股有限公司	(024)31666338	外形尺寸(mm):4648×1800×1450,轴距2790mm,油箱容积74L,行李箱容积430L,3厢4门5座,发动机型号BL16L,排量1.586L,最大功率87kW(6000 r/min),最大扭矩150 N·m(4500 r/min),前置前驱,5速手动,排放标准欧Ⅳ,豪华型,2011款
轿车	中华骏捷1.8AT	128800	华晨汽车集团控股有限公司	(024)31666338	外形尺寸(mm):4648×1800×1450,轴距2790mm,油箱容积74L,行李箱容积430L,3厢4门5座,发动机型号BL18L,排量1.793L,最大功率95kW(5800 r/min),最大扭矩168 N·m(4000 r/min),前置前驱,5速自动,排放标准欧Ⅳ,豪华型,2011款

产品名称	型号规格	参考价格（元）	生产厂家	电话	主要参数及备注
轿车	中华骏捷1.8MT	98800	华晨汽车集团控股有限公司	(024)31666338	外形尺寸(mm):4648×1800×1450,轴距2790mm,油箱容积74L,行李箱容积430L,3厢4门5座,发动机型号BL18L,排量1.793L,最大功率95kW(5800 r/min),最大扭矩168 N·m(4000 r/min),前置前驱,5速手动,排放标准欧Ⅳ,舒适型,2011款
轿车	中华骏捷1.8MT	108800	华晨汽车集团控股有限公司	(024)31666338	外形尺寸(mm):4648×1800×1450,轴距2790mm,油箱容积74L,行李箱容积430L,3厢4门5座,发动机型号BL18L,排量1.793L,最大功率95kW(5800 r/min),最大扭矩168 N·m(4000 r/min),前置前驱,5速手动,排放标准欧Ⅳ,豪华型,2011款
轿车	中华骏捷1.8T AT	158800	华晨汽车集团控股有限公司	(024)31666338	外形尺寸(mm):4648×1800×1450,轴距2790mm,油箱容积74L,行李箱容积430L,3厢4门5座,发动机型号BL18T,排量1.793L,最大功率125kW(5500 r/min),最大扭矩235 N·m(2000~4500 r/min),前置前驱,5速自动,排放标准欧Ⅳ+OBD,尊贵型,2011款
轿车	中华骏捷1.8T MT	138800	华晨汽车集团控股有限公司	(024)31666338	外形尺寸(mm):4648×1800×1450,轴距2790mm,油箱容积74L,行李箱容积430L,3厢4门5座,发动机型号BL18T,排量1.793L,最大功率125kW(5500 r/min),最大扭矩235 N·m(2000~4500 r/min),前置前驱,6速手动,排放标准欧Ⅳ+OBD,豪华型,2011款
轿车	中华骏捷FSV 1.5 AT	87800	华晨汽车集团控股有限公司	(024)31666338	外形尺寸(mm):4510×1758×1460,轴距2580mm,3厢4门5座,发动机型号4A91S,排量1.499L,最大功率77kW,最大扭矩141 N·m(4000 r/min),4速手自一体,排放标准欧Ⅳ,舒适型,2011款
轿车	中华骏捷FSV 1.5 AT	95800	华晨汽车集团控股有限公司	(024)31666338	外形尺寸(mm):4510×1758×1460,轴距2580mm,3厢4门5座,发动机型号4A91S,排量1.499L,最大功率77kW,最大扭矩141 N·m(4000 r/min),4速手自一体,排放标准欧Ⅳ,豪华型,2011款
轿车	中华骏捷FSV 1.5 AT新锐版	69800	华晨汽车集团控股有限公司	(024)31666338	外形尺寸(mm):4510×1758×1460,轴距2580mm,3厢4门5座,发动机型号4A91S,排量1.499L,最大功率77kW,最大扭矩141 N·m(4000 r/min),4速手自一体,排放标准欧Ⅳ,舒适型,2011款
轿车	中华骏捷FSV 1.5 AT新锐版	77800	华晨汽车集团控股有限公司	(024)31666338	外形尺寸(mm):4510×1758×1460,轴距2580mm,3厢4门5座,发动机型号4A91S,排量1.499L,最大功率77kW,最大扭矩141 N·m(4000 r/min),4速手自一体,排放标准欧Ⅳ,豪华型,2011款

产品名称	型号规格	参考价格(元)	生产厂家	电话	主要参数及备注
轿车	中华骏捷 FSV 1.5 MT	75800	华晨汽车集团控股有限公司	(024)31666338	外形尺寸(mm):4510×1758×1460,轴距2580mm,3厢4门5座,发动机型号4A15,排量1.495L,最大功率75kW(5600~6000r/min),最大扭矩135N·m(4000~4600r/min),5速手动,排放标准欧Ⅳ,舒适型,2011款
轿车	中华骏捷 FSV 1.5 MT	78800	华晨汽车集团控股有限公司	(024)31666338	外形尺寸(mm):4510×1758×1460,轴距2580mm,3厢4门5座,发动机型号4A91S,排量1.499L,最大功率77kW,最大扭矩141N·m(4000r/min),5速手动,排放标准欧Ⅳ,经典型,2011款
轿车	中华骏捷 FSV 1.5 MT	85800	华晨汽车集团控股有限公司	(024)31666338	外形尺寸(mm):4510×1758×1460,轴距2580mm,3厢4门5座,发动机型号4A91S,排量1.499L,最大功率77kW,最大扭矩141N·m(4000r/min),5速手动,排放标准欧Ⅳ,精英型,2011款
轿车	中华骏捷 FSV 1.5 MT 新锐版	65800	华晨汽车集团控股有限公司	(024)31666338	外形尺寸(mm):4510×1758×1460,轴距2580mm,3厢4门5座,发动机型号4A15,排量1.495L,最大功率75kW(5600~6000r/min),最大扭矩135N·m(4000~4600r/min),5速手动,排放标准欧Ⅳ,基本型,2011款
轿车	中华尊驰1.8T AT	140800	华晨汽车集团控股有限公司	(024)31666338	外形尺寸(mm):4880×1800×1450,轴距2790mm,油箱容积74L,行李箱容积550L,3厢4门5座,发动机型号BL18T,排量1.793L,最大功率125kW(5500r/min),最大扭矩235N·m(2000~4500r/min),前驱,5速手自一体,排放标准欧Ⅳ+OBD,舒适型,2011款
轿车	中华尊驰1.8T AT	150800	华晨汽车集团控股有限公司	(024)31666338	外形尺寸(mm):4880×1800×1450,轴距2790mm,油箱容积74L,行李箱容积550L,3厢4门5座,发动机型号BL18T,排量1.793L,最大功率125kW(5500r/min),最大扭矩235N·m(2000~4500r/min),前驱,5速手自一体,排放标准欧Ⅳ+OBD,豪华型,2011款
轿车	中华尊驰1.8T AT	202800	华晨汽车集团控股有限公司	(024)31666338	外形尺寸(mm):4880×1800×1450,轴距2790mm,油箱容积74L,行李箱容积550L,3厢4门5座,发动机型号BL18T,排量1.793L,最大功率125kW(5500r/min),最大扭矩235N·m(2000~4500r/min),前驱,5速手自一体,排放标准欧Ⅳ+OBD,行政版,2011款
轿车	中华尊驰1.8T AT	252800	华晨汽车集团控股有限公司	(024)31666338	外形尺寸(mm):4880×1800×1450,轴距2790mm,油箱容积74L,行李箱容积550L,3厢4门5座,发动机型号BL18T,排量1.793L,最大功率125kW(5500r/min),最大扭矩235N·m(2000~4500r/min),前驱,5速手自一体,排放标准欧Ⅳ+OBD,旗舰版,2011款

产品名称	型号规格	参考价格(元)	生产厂家	电话	主要参数及备注
轿车	中华尊驰1.8T MT	130800	华晨汽车集团控股有限公司	(024)31666338	外形尺寸(mm):4880×1800×1450,轴距2790mm,油箱容积74L,行李箱容积550L,3厢4门5座,发动机型号BL18T,排量1.793L,最大功率125kW(5500 r/min),最大扭矩235 N·m(2000～4500 r/min),前驱,6速手动,排放标准欧Ⅳ+OBD,舒适型,2011款
轿车	中华尊驰1.8T MT	140800	华晨汽车集团控股有限公司	(024)31666338	外形尺寸(mm):4880×1800×1450,轴距2790mm,油箱容积74L,行李箱容积550L,3厢4门5座,发动机型号BL18T,排量1.793L,最大功率125kW(5500 r/min),最大扭矩235 N·m(2000～4500 r/min),前驱,6速手动,排放标准欧Ⅳ+OBD,豪华型,2011款
轿车	中华尊驰2.0AT	132800	华晨汽车集团控股有限公司	(024)31666338	外形尺寸(mm):4880×1800×1450,轴距2790mm,油箱容积74L,行李箱容积550L,3厢4门5座,发动机型号BL20L,排量1.991L,最大功率102kW(5800 r/min),最大扭矩192 N·m(4000 r/min),5速手自一体,排放标准欧Ⅳ,舒适型,2011款
轿车	中华尊驰2.0AT	142800	华晨汽车集团控股有限公司	(024)31666338	外形尺寸(mm):4880×1800×1450,轴距2790mm,油箱容积74L,行李箱容积550L,3厢4门5座,发动机型号BL20L,排量1.991L,最大功率102kW(5800 r/min),最大扭矩192 N·m(4000 r/min),5速手自一体,排放标准欧Ⅳ,豪华型,2011款
轿车	中华尊驰2.0MT	108800	华晨汽车集团控股有限公司	(024)31666338	外形尺寸(mm):4880×1800×1450,轴距2790mm,油箱容积74L,行李箱容积550L,3厢4门5座,发动机型号BL20L,排量1.991L,最大功率102kW(5800 r/min),最大扭矩192 N·m(4000 r/min),5速手动,排放标准欧Ⅳ,舒适型,2011款
轿车	中华尊驰2.0MT	118800	华晨汽车集团控股有限公司	(024)31666338	外形尺寸(mm):4880×1800×1450,轴距2790mm,油箱容积74L,行李箱容积550L,3厢4门5座,发动机型号BL20L,排量1.991L,最大功率102kW(5800 r/min),最大扭矩192 N·m(4000 r/min),5速手动,排放标准欧Ⅳ,豪华型,2011款
轿车	众泰Z2008HB 1.3 MT	49600	众泰控股集团有限公司	(0579)87229888	外形尺寸(mm):3826×1640×1446,轴距2385mm,整备质量1095kg,2厢5门5座,发动机型号4A90M,排量1.296L,最大功率71kW(6000 r/min),最大扭矩126 N·m(4000 r/min),5速手动,前驱,排放标准国Ⅳ+OBD,舒适型,2011款
轿车	众泰Z2008HB 1.3 MT	54600	众泰控股集团有限公司	(0579)87229888	外形尺寸(mm):3826×1640×1446,轴距2385mm,整备质量1095kg,2厢5门5座,发动机型号4A90M,排量1.296L,最大功率71kW(6000 r/min),最大扭矩126 N·m(4000 r/min),5速手动,前驱,排放标准国Ⅳ+OBD,豪华型,2011款

产品名称	型号规格	参考价格（元）	生产厂家	电话	主要参数及备注
轿车	众泰 Z2008HB 1.3 MT	60600	众泰控股集团有限公司	（0579）87229888	外形尺寸(mm)：3826×1640×1446，轴距 2385mm，整备质量 1095kg，2 厢 5 门 5 座，发动机型号 4A90M，排量1.296L，最大功率 71kW(6000 r/min)，最大扭矩 126 N·m(4000 r/min)，5 速手动，前驱，排放标准国Ⅳ+OBD，尊贵型，2011 款
轿车	众泰 Z2008HB 1.3 MT	64600	众泰控股集团有限公司	（0579）87229888	外形尺寸(mm)：3826×1640×1446，轴距 2385mm，整备质量 1095kg，2 厢 5 门 5 座，发动机型号 4A90M，排量1.296L，最大功率 71kW(6000 r/min)，最大扭矩 126 N·m(4000 r/min)，5 速手动，前驱，排放标准国Ⅳ+OBD，科技型，2011 款
轿车	众泰 Z2008HB 1.5 MT	52600	众泰控股集团有限公司	（0579）87229888	外形尺寸(mm)：3826×1640×1446，轴距 2385mm，整备质量 1095kg，2 厢 5 门 5 座，发动机型号 4A91S，排量 1.5L，最大功率 88kW(6000 r/min)，最大扭矩 147 N·m(4000 r/min)，5 速手动，前驱，排放标准国Ⅳ+OBD，舒适型，2011 款
轿车	众泰 Z2008HB 1.5 MT	57600	众泰控股集团有限公司	（0579）87229888	外形尺寸(mm)：3826×1640×1446，轴距 2385mm，整备质量 1095kg，2 厢 5 门 5 座，发动机型号 4A91S，排量1.5L，最大功率 88kW(6000 r/min)，最大扭矩 147 N·m(4000 r/min)，5 速手动，前驱，排放标准国Ⅳ+OBD，豪华型，2011 款
轿车	众泰 Z2008HB 1.5 MT	63600	众泰控股集团有限公司	（0579）87229888	外形尺寸(mm)：3826×1640×1446，轴距 2385mm，整备质量 1095kg，2 厢 5 门 5 座，发动机型号 4A91S，排量1.5L，最大功率 88kW(6000 r/min)，最大扭矩 147 N·m(4000 r/min)，5 速手动，前驱，排放标准国Ⅳ+OBD，尊贵型，2011 款
轿车	众泰 Z2008HB 1.5 MT	67600	众泰控股集团有限公司	（0579）87229888	外形尺寸(mm)：3826×1640×1446，轴距 2385mm，整备质量 1095kg，2 厢 5 门 5 座，发动机型号 4A91S，排量1.5L，最大功率 88kW(6000 r/min)，最大扭矩 147 N·m(4000 r/min)，5 速手动，前驱，排放标准国Ⅳ+OBD，科技型，2011 款
进口轿车	奔驰 A 160	238000	北京保利星徽汽车销售服务有限公司	（010）87391111	外形尺寸(mm)：3883×1764×1593，轴距 2568mm，整备质量 1275kg，2 厢 5 门 5 座，发动机排量1.498L，额定功率 70kW(5200 r/min)，最大扭矩 140 N·m(3500～4000 r/min)，最高车速 170 km/h，前置前驱，7 速无级变速，排放标准欧Ⅳ
进口轿车	奔驰 A 180	278000	北京保利星徽汽车销售服务有限公司	（010）87391111	外形尺寸(mm)：3883×1764×1593，轴距 2568mm，整备质量 1279kg，2 厢 5 门 5 座，发动机排量1.699L，额定功率 85kW(5500 r/min)，最大扭矩 155 N·m(3500～4000 r/min)，最高车速 183 km/h，前置前驱，7 速无级变速，排放标准欧Ⅳ

产品名称	型号规格	参考价格（元）	生产厂家	电话	主要参数及备注
进口轿车	奔驰 S 300L	930000	北京保利星徽汽车销售服务有限公司	(010) 87391111	外形尺寸(mm):5230×1871×1485,发动机排量2.996L,额定功率170kW(6000 r/min),额定扭矩 300 N·m(2500～5000 r/min),商务型
进口轿车	奔驰 S 300L	1048000	北京保利星徽汽车销售服务有限公司	(010) 87391111	外形尺寸(mm):5230×1871×1485,发动机排量2.996L,额定功率170kW(6000 r/min),额定扭矩 300 N·m(2500～5000 r/min),尊贵型
进口轿车	奔驰 S 300L	1108000	北京保利星徽汽车销售服务有限公司	(010) 87391111	外形尺寸(mm):5230×1871×1485,发动机排量2.996L,额定功率170kW(6000 r/min),额定扭矩 300 N·m(2500～5000 r/min),豪华型
进口轿车	奔驰 S 350L	1398000	北京保利星徽汽车销售服务有限公司	(010) 87391111	外形尺寸(mm):5230×1871×1485,发动机排量3.498L,额定功率200kW(6000 r/min),额定扭矩 350 N·m(2400～5000 r/min),豪华型
进口轿车	奔驰 S 350L 4MATIC	1448000	北京保利星徽汽车销售服务有限公司	(010) 87391111	外形尺寸(mm):5230×1871×1485,发动机排量3.498L,额定功率200kW(6000 r/min),额定扭矩350 N·m(2400～5000 r/min)
进口轿车	奔驰 S 400L HY-BRID	1458000	北京保利星徽汽车销售服务有限公司	(010) 87391111	外形尺寸(mm):5230×1871×1485,发动机排量3.498L,额定功率220kW(6000 r/min),额定扭矩385 N·m(2400～5000 r/min)
进口轿车	奔驰 S 500L 4MATIC	2153000	北京保利星徽汽车销售服务有限公司	(010) 87391111	外形尺寸(mm):5230×1871×1485,发动机排量5.461L,额定功率285kW(6000 r/min),额定扭矩 530 N·m(2800～4800 r/min)
进口轿车	奔驰 S 600L	2598000	北京保利星徽汽车销售服务有限公司	(010) 87391111	外形尺寸(mm):5230×1871×1485,发动机排量5.513L,额定功率380kW(5000 r/min),额定扭矩 830 N·m(1900～3500 r/min)
进口轿车	沃尔沃 S60 2.0T	288800	北京中汽南方华北汽车服务有限公司	(010) 67886666	外形尺寸(mm):4628×1865×1484,轴距 2776mm,整备质量1560kg,3厢4门5座,发动机排量1.999 L,最大功率 149kW(6000 r/min),最大扭矩 300 N·m(1750～4000 r/min),前置前驱,6速双离合,排放标准国IV,智尚版
进口轿车	沃尔沃 S60 2.0T	305000	北京中汽南方华北汽车服务有限公司	(010) 67886666	外形尺寸(mm):4628×1865×1484,轴距 2776mm,整备质量1560kg,3厢4门5座,发动机排量1.999 L,最大功率 149kW(6000 r/min),最大扭矩 300 N·m(1750～4000 r/min),前置前驱,6速双离合,排放标准国IV,舒适版
进口轿车	沃尔沃 S60 2.0T	339800	北京中汽南方华北汽车服务有限公司	(010) 67886666	外形尺寸(mm):4628×1865×1484,轴距 2776mm,整备质量1560kg,3厢4门5座,发动机排量1.999 L,最大功率 149kW(6000 r/min),最大扭矩 300 N·m(1750～4000 r/min),前置前驱,6速双离合,排放标准国IV,智雅版

第 8 章　跑车、轿跑车

产品名称	型号规格	参考价格（元）	生产厂家	电话	主要参数及备注
敞篷跑车	比亚迪 S8 2.0L	165800	比亚迪汽车有限公司	(0755) 84218038	外形尺寸(mm):4490×1780×1405,轴距 2520mm,油箱容积 50L,3 厢 2 门,乘员 4 人,发动机型号 BYD483QB,排量 1.991 L,最大功率 103kW(6000 r/min),最大扭矩 186 N·m(4000～4500 r/min),前置前驱,最高车速 180 km/h,5 速手动,排放标准欧Ⅳ,手动尊贵型
敞篷跑车	比亚迪 S8 2.0L	190800	比亚迪汽车有限公司	(0755) 84218038	外形尺寸(mm):4490×1780×1405,轴距 2520mm,油箱容积 50L,3 厢 2 门,乘员 4 人,发动机型号 BYD483QB,排量 1.991 L,最大功率 103kW(6000 r/min),最大扭矩 186 N·m(4000～4500 r/min),前置前驱,最高车速 180 km/h,5 速手动,排放标准欧Ⅳ,手动旗舰型
敞篷跑车	比亚迪 S8 2.0L	181800	比亚迪汽车有限公司	(0755) 84218038	外形尺寸(mm):4490×1780×1405,轴距 2520mm,油箱容积 50L,3 厢 2 门,乘员 4 人,发动机型号 BYD483QB,排量 2.0 L,最大功率 103kW(6000 r/min),最大扭矩 186 N·m(4000～4500 r/min),前置前驱,最高车速 180 km/h,无级变速,排放标准欧Ⅳ,自动尊贵型
敞篷跑车	比亚迪 S8 2.0L	206800	比亚迪汽车有限公司	(0755) 84218038	外形尺寸(mm):4490×1780×1405,轴距 2520mm,油箱容积 50L,3 厢 2 门,乘员 4 人,发动机型号 BYD483QB,排量 2.0 L,最大功率 103kW(6000 r/min),最大扭矩 186 N·m(4000～4500 r/min),前置前驱,最高车速 180 km/h,无级变速,排放标准欧Ⅳ,自动旗舰型
轿跑车	马 6 睿翼 2.0L	191800	一汽轿车股份有限公司	(0431) 85781240	外形尺寸(mm):4755×1795×1440,轴距 2725mm,整备质量 1459kg,3 厢 4 门 5 座,发动机型号 LF,排量 1.999 L,额定功率 108kW(6500 r/min),最大扭矩 184 N·m(4000 r/min),最高车速 198 km/h,油耗 8 L/100km,前置前驱,5 速手自一体,排放标准欧Ⅳ+OBD,精英型
轿跑车	马 6 睿翼 2.0L	203800	一汽轿车股份有限公司	(0431) 85781240	外形尺寸(mm):4755×1795×1440,轴距 2725mm,整备质量 1459kg,3 厢 4 门 5 座,发动机型号 LF,排量 1.999 L,额定功率 108kW(6500 r/min),最大扭矩 184 N·m(4000 r/min),最高车速 198 km/h,油耗 8 L/100km,前置前驱,5 速手自一体,排放标准欧Ⅳ+OBD,豪华型

产品名称	型号规格	参考价格(元)	生产厂家	电话	主要参数及备注
轿跑车	马6 睿翼 2.0L	239800	一汽轿车股份有限公司	(0431)85781240	外形尺寸(mm):4755×1795×1440,轴距2725mm,整备质量1459kg,3厢4门5座,发动机型号LF,排量1.999 L,额定功率108kW(6500 r/min),最大扭矩184 N·m(4000 r/min),最高车速198 km/h,油耗8 L/100km,前置前驱,5速手自一体,排放标准欧Ⅳ+OBD,至尊版
轿跑车	马6 睿翼 2.5L	239800	一汽轿车股份有限公司	(0431)85781240	外形尺寸(mm):4755×1795×1440,轴距2725mm,整备质量1485kg,3厢4门5座,发动机型号L5,排量2.488 L,额定功率124kW(6000 r/min),最大扭矩226 N·m(4000 r/min),最高车速202 km/h,油耗8.3L/100km,5速手自一体,排放标准欧Ⅳ+OBD,至尊版
轿跑车	英朗 XT 1.6L MT	134900	上海通用汽车有限公司	(021)28902890	外形尺寸(mm):4419×1814×1487,轴距2685mm,2厢5门,发动机排量1.598 L,最大功率89kW(6000 r/min),最大扭矩150 N·m(3800 r/min),最高车速185 km/h,油耗6.7L/100km,5速手动,前驱,排放标准国Ⅳ,进取版
轿跑车	英朗 XT 1.6T AT	171500	上海通用汽车有限公司	(021)28902890	外形尺寸(mm):4419×1814×1487,轴距2685mm,2厢5门,发动机排量1.598 L,最大功率135kW(5800 r/min),最大扭矩235 N·m(4000 r/min),最高车速220 km/h,油耗7.8L/100km,6速手自一体,前驱,排放标准国Ⅳ,时尚运动版
轿跑车	英朗 XT 1.6T AT	181500	上海通用汽车有限公司	(021)28902890	外形尺寸(mm):4419×1814×1487,轴距2685mm,2厢5门,发动机排量1.598 L,最大功率135kW(5800 r/min),最大扭矩235 N·m(4000 r/min),最高车速220 km/h,油耗7.8L/100km,6速手自一体,前驱,排放标准国Ⅳ,新锐运动版
轿跑车	英朗 XT 1.8L AT	157900	上海通用汽车有限公司	(021)28902890	外形尺寸(mm):4419×1814×1487,轴距2685mm,2厢5门,发动机排量1.796 L,最大功率108kW(6200 r/min),最大扭矩177 N·m(3800 r/min),最高车速190 km/h,油耗7.7L/100km,6速手自一体,前驱,排放标准国Ⅳ,时尚版
轿跑车	英朗 XT 1.8L AT	185900	上海通用汽车有限公司	(021)28902890	外形尺寸(mm):4419×1814×1487,轴距2685mm,2厢5门,发动机排量1.796 L,最大功率108kW(6200 r/min),最大扭矩177 N·m(3800 r/min),最高车速190 km/h,油耗7.7L/100km,6速手自一体,前驱,排放标准国Ⅳ,豪华版
轿跑车	中国龙 1.3	88800	浙江吉利控股集团汽车销售有限公司	(0571)87766666	外形尺寸(mm):4085×1714×1370,轴距2440mm,整备质量1370kg,2门,乘员4人,发动机型号JL481Q,排量1.762 L,最大功率83.1kW(5600 r/min),最大扭矩156 N·m(3400 r/min),最高车速190 km/h,5速手动,前驱,排放标准国Ⅲ、国Ⅳ,标准型

产品名称	型号规格	参考价格(元)	生产厂家	电话	主要参数及备注
进口敞篷跑车	奔驰 E 260 CGI	738000	北京保利星徽汽车销售服务有限公司	(010)87391111	外形尺寸(mm):4695×1786×1402,发动机排量1.796L,额定功率150kW(5500 r/min),额定扭矩310 N·m(2000~4300 r/min)
进口敞篷跑车	奔驰 E 350	898000	北京保利星徽汽车销售服务有限公司	(010)87391111	外形尺寸(mm):4696×1786×1402,发动机排量3.498 L,额定功率 200kW (2400 ~ 5000 r/min),额定扭矩 350 N·m (6500 r/min)
进口敞篷跑车	奔驰 SL 300	1198000	北京保利星徽汽车销售服务有限公司	(010)87391111	外形尺寸(mm):4582×1820×1302,轴距 2560mm,整备质量1815kg,2门2座硬顶,发动机排量2.996 L,额定功率 180kW (6000 r/min),额定扭矩 300 N·m(2500~5000 r/min),最高车速 250 km/h,前置后驱,7速手自一体,排放标准欧Ⅳ,GrandEdition
进口敞篷跑车	奔驰 SL 350	1498000	北京保利星徽汽车销售服务有限公司	(010)87391111	外形尺寸(mm):4582×1820×1302,轴距 2560mm,整备质量1825kg,2门2座硬顶,发动机排量3.498 L,额定功率 232kW (6500 r/min),额定扭矩 360 N·m(4900 r/min),最高车速250 km/h,前置后驱,7速手自一体,排放标准欧Ⅳ,GrandEdition
进口敞篷跑车	奔驰 SL 500	1998000	北京保利星徽汽车销售服务有限公司	(010)87391111	外形尺寸(mm):4582×1820×1302,轴距 2560mm,整备质量1910kg,2门2座硬顶,发动机排量5.461 L,额定功率 285kW (6000 r/min),额定扭矩 530 N·m(2800~4800 r/min),最高车速 250 km/h,前置后驱,7速手自一体,排放标准欧Ⅳ,GrandEdition
进口敞篷跑车	奔驰 SLK 200K	598000	北京保利星徽汽车销售服务有限公司	(010)87391111	外形尺寸(mm):4105×1785×1292,发动机排量1.796 L,额定功率135kW(5500 r/min),额定扭矩 250 N·m (2800 ~ 5000 r/min)
进口敞篷跑车	奔驰 SLK 200K	598000	北京保利星徽汽车销售服务有限公司	(010)87391111	外形尺寸(mm):4105×1785×1292,发动机排量1.796 L,额定功率135kW(5500 r/min),额定扭矩 250 N·m (2800 ~ 5000 r/min),GrandEdition
进口敞篷跑车	奔驰 SLK 300	739000	北京保利星徽汽车销售服务有限公司	(010)87391111	外形尺寸(mm):4084×1785×1286,发动机排量2.996 L,额定功率170kW(6000 r/min),额定扭矩 300 N·m (2500 ~ 5000 r/min),GrandEdition
进口敞篷跑车	奔驰 SLK 500	861000	北京保利星徽汽车销售服务有限公司	(010)87391111	外形尺寸(mm):4105×1785×1292,发动机排量3.498 L,额定功率200kW(6000 r/min),额定扭矩 350 N·m (2400 ~ 5000 r/min),GrandEdition
进口轿跑车	奔驰 CLS 300	798000	北京保利星徽汽车销售服务有限公司	(010)87391111	外形尺寸(mm):4912×1875×1421,轴距 2854mm,整备质量1765kg,3厢4门,乘员4人,发动机排量2.996 L,额定功率170kW(6000 r/min),额定扭矩300 N·m(2500~5000 r/min),前置后驱,7速手自一体,排放标准欧Ⅳ

产品名称	型号规格	参考价格（元）	生产厂家	电话	主要参数及备注
进口轿跑车	奔驰 CLS 350	1198000	北京保利星徽汽车销售服务有限公司	（010）87391111	外形尺寸（mm）：4912×1875×1421，轴距 2854mm，整备质量 1730kg，3 厢 4 门，乘员 4 人，发动机排量 3.498 L，额定功率 200kW（6000 r/min），额定扭矩 350 N·m（2400～5000 r/min），前置后驱，7 速手自一体，排放标准欧Ⅳ
进口轿跑车	奔驰 CLS 500	1498000	北京保利星徽汽车销售服务有限公司	（010）87391111	外形尺寸（mm）：4912×1875×1421，轴距 2854mm，3 厢 4 门，乘员 4 人，发动机排量 4.966 L，额定功率 225kW（5600 r/min），额定扭矩 460 N·m（2700～4250 r/min），前置后驱，7 速手自一体，排放标准欧Ⅳ
进口轿跑车	奔驰 E 260 CGI	618000	北京保利星徽汽车销售服务有限公司	（010）87391111	外形尺寸（mm）：4701×1786×1393，发动机排量 1.796 L，额定功率 150kW（5500 r/min），额定扭矩 310 N·m（2000～4300 r/min），双门
进口轿跑车	奔驰 E 350	768000	北京保利星徽汽车销售服务有限公司	（010）87391111	外形尺寸（mm）：4701×1786×1393，发动机排量 3.498 L，额定功率 200kW（2400～5000 r/min），额定扭矩 350 N·m（6500 r/min），双门
进口跑车	保时捷 911 Carrera 4 GTS	1913000	北京长安保时捷中心	（010）65211911	外形尺寸（mm）：4435×1852×1300，轴距 2350mm，2 门 4 座，整备质量 1525kg，发动机排量 3.8 L，最大功率 300kW（7300 r/min），最大扭矩 420 N·m（4200～5600 r/min），后置四驱，7 速双离合，排放标准欧Ⅳ，软顶敞篷版，2011 款
进口跑车	保时捷 911 Carrera 4 GTS Cou	1786000	北京长安保时捷中心	（010）65211911	外形尺寸（mm）：4435×1852×1300，轴距 2350mm，2 门 4 座，整备质量 1525kg，发动机排量 3.8L，最大功率 300kW（7300 r/min），最大扭矩 420 N·m（4200～5600 r/min），后置四驱，7 速双离合，排放标准欧Ⅳ，2011 款
进口跑车	保时捷 911 Carrera GTS 3.8L	1701000	北京长安保时捷中心	（010）65211911	外形尺寸（mm）：4435×1852×1300，轴距 2350mm，2 门 4 座，整备质量 1525kg，发动机排量 3.8L，最大功率 300kW（7300 r/min），最大扭矩 420 N·m（4200～5600 r/min），后置后驱，7 速双离合，排放标准欧Ⅳ，2011 款
进口跑车	保时捷 911 Carrera GTS Cabri	1825000	北京长安保时捷中心	（010）65211911	外形尺寸（mm）：4435×1852×1300，轴距 2350mm，2 门 4 座，整备质量 1620kg，发动机排量 3.8 L，最大功率 300kW（7300 r/min），最大扭矩 420 N·m（4000～5600 r/min），后置后驱，7 速双离合，排放标准欧Ⅳ，软顶敞篷版，2011 款
进口跑车	保时捷 911 Edition Style	1499600	北京长安保时捷中心	（010）65211911	外形尺寸（mm）：4435×1852×1310，轴距 2350mm，2 门 4 座，整备质量 1520kg，发动机型号 M97/05，排量 3.，6L，最大功率 254kW（6500 r/min），最大扭矩 390 N·m（4400 r/min），后置后驱，7 速双离合，排放标准欧Ⅳ，硬顶版，2011 款

第9章 多功能乘用车(MPV)

产品名称	型号规格	参考价格(元)	生产厂家	电话	主要参数及备注
MPV	GL8 2.5 CT1	218000	上海通用汽车有限公司	(021)28902890	外形尺寸(mm):5100×1847×1729,轴距3047mm,油箱容积95L,整备质量1804kg,乘员7人,油箱容积75L,发动机型号LB8,排量2.49 L,最大功率112kW(5600 r/min),最大扭矩209 N·m(4400 r/min),最高车速168 km/h,油耗7.46L/100km,前驱,4速自动,排放标准国Ⅳ,舒适版
MPV	GL8 2.5 CT2	218000	上海通用汽车有限公司	(021)28902890	外形尺寸(mm):5100×1847×1729,轴距3047mm,油箱容积95L,整备质量1804kg,乘员8人,油箱容积75L,发动机型号LB8,排量2.49 L,最大功率112kW(5600 r/min),最大扭矩209 N·m(4400 r/min),最高车速168 km/h,油耗7.46L/100km,前驱,4速自动,排放标准国Ⅳ,舒适版
MPV	GL8 2.5 LT	238000	上海通用汽车有限公司	(021)28902890	外形尺寸(mm):5100×1847×1729,轴距3047mm,油箱容积95L,整备质量1804kg,乘员7人,油箱容积75L,发动机型号LB8,排量2.49 L,最大功率112kW(5600 r/min),最大扭矩209 N·m(4400 r/min),最高车速168 km/h,油耗7.46L/100km,前驱,4速自动,排放标准国Ⅳ,豪华版
MPV	GL8 陆尊 CT	288000	上海通用汽车有限公司	(021)28902890	外形尺寸(mm):5213×1847×1745,轴距3079mm,油箱容积95L,整备质量1975kg,乘员7人,发动机排量2.98L,最大功率131kW(5400 r/min),最大扭矩244 N·m(4400 r/min),最高车速168 km/h,油耗8.6L/100km,前驱,4速自动,排放标准国Ⅳ,舒适版
MPV	GL8 陆尊 GT	348000	上海通用汽车有限公司	(021)28902890	外形尺寸(mm):5213×1847×1745,轴距3079mm,油箱容积95L,整备质量1975kg,乘员7人,发动机排量2.98L,最大功率131kW(5400 r/min),最大扭矩244 N·m(4400 r/min),最高车速168 km/h,油耗8.6L/100km,前驱,4速自动,排放标准国Ⅳ,精英版
MPV	GL8 陆尊 LT	318000	上海通用汽车有限公司	(021)28902890	外形尺寸(mm):5213×1847×1745,轴距3079mm,油箱容积95L,整备质量1975kg,乘员7人,发动机排量2.98L,最大功率131kW(5400 r/min),最大扭矩244 N·m(4400 r/min),最高车速168 km/h,油耗8.6L/100km,前驱,4速自动,排放标准国Ⅳ,豪华版

产品名称	型号规格	参考价格(元)	生产厂家	电话	主要参数及备注
MPV	GL8 陆尊 XT	378000	上海通用汽车有限公司	(021) 28902890	外形尺寸(mm):5213×1847×1745,轴距 3079mm,油箱容积95L,整备质量 1975kg,乘员 7人,发动机排量2.98L,最大功率131kW(5400 r/min),最大扭矩244 N·m(4400 r/min),最高车速 168 km/h,油耗8.6L/100km,前驱,4 速自动,排放标准国Ⅳ,导航版
MPV	大捷龙3.3L	319000	东南(福建)汽车工业有限公司	(0591) 22766566	外形尺寸(mm):5096×1997×1803(1752),轴距 3030mm,油箱容积 76L,整备质量 1985kg,乘员 7 人,发动机型号 EGA,排量3.301L,最大功率 128kW(5100 r/min),最大扭矩 278 N·m(4000 r/min),最高车速 179 km/h,4 速自动,前驱,排放标准国Ⅳ,标准版
MPV	大捷龙3.3L	359000	东南(福建)汽车工业有限公司	(0591) 22766566	外形尺寸(mm):5096×1997×1803(1752),轴距 3030mm,油箱容积 76L,整备质量 1985kg,乘员 7 人,发动机型号 EGA,排量3.301L,最大功率 128kW(5100 r/min),最大扭矩 278 N·m(4000 r/min),最高车速 179 km/h,4 速自动,前驱,排放标准国Ⅳ,豪华版
MPV	道奇凯领3.0L	239000	东南(福建)汽车工业有限公司	(0591) 22766566	外形尺寸(mm):5096×1997×1752,轴距 3030mm,油箱容积76L,整备质量 1985kg,乘员 7人,发动机型号 EG1,排量2.975L,最大功率 123kW(5100 r/min),最大扭矩 240 N·m(4000 r/min),最高车速 170 km/h,油耗11.8L/100km,4 速自动,前驱,排放标准国Ⅳ,经典型
MPV	道奇凯领3.0L	289000	东南(福建)汽车工业有限公司	(0591) 22766566	外形尺寸(mm):5096×1997×1752,轴距 3030mm,油箱容积76L,整备质量 1985kg,乘员 7人,发动机型号 EG1,排量2.975L,最大功率 123kW(5100 r/min),最大扭矩 240 N·m(4000 r/min),最高车速 170 km/h,油耗11.8L/100km,4 速自动,前驱,排放标准国Ⅳ,豪华型
MPV	道奇凯领3.0L	339000	东南(福建)汽车工业有限公司	(0591) 22766566	外形尺寸(mm):5096×1997×1752,轴距 3030mm,油箱容积76L,整备质量 1985kg,乘员 7人,发动机型号 EG1,排量2.975L,最大功率 123kW(5100 r/min),最大扭矩 240 N·m(4000 r/min),最高车速 170 km/h,油耗11.8L/100km,4 速自动,前驱,排放标准国Ⅳ,至尊型
MPV	风行菱智 LZ6470AQAS	135800	东风柳州汽车有限公司	(0772) 3281111	外形尺寸(mm):4715×1720×1950,轴距 2800mm,油箱容积66L,整备质量 1810kg,4 门,乘员 7 人,发动机型号 4G69S4M,排量2.378 L,最大功率 121kW(5500 r/min),最大扭矩 215 N·m(4000 r/min),最高车速170 km/h,前驱,5 速手动,排放标准国Ⅳ,活力版

产品名称	型号规格	参考价格(元)	生产厂家	电话	主要参数及备注
MPV	风行菱智 LZ6470AQAS	158800	东风柳州汽车有限公司	(0772)3281111	外形尺寸(mm):4715×1720×1950,轴距2800mm,油箱容积66L,整备质量1810kg,4门,乘员7人,发动机型号4G69S4M,排量2.378L,最大功率121kW(5500 r/min),最大扭矩215 N·m(4000 r/min),最高车速170 km/h,前驱,5速手动,排放标准国Ⅳ,舒适版
MPV	风行菱智 LZ6470AQAS	172800	东风柳州汽车有限公司	(0772)3281111	外形尺寸(mm):4715×1720×1950,轴距2800mm,油箱容积66L,整备质量1810kg,4门,乘员7人,发动机型号4G69S4M,排量2.378L,最大功率121kW(5500 r/min),最大扭矩215 N·m(4000 r/min),最高车速170 km/h,前驱,5速手动,排放标准国Ⅳ,豪华版
MPV	风行菱智 LZ6510AQAS(N、Q)	129800	东风柳州汽车有限公司	(0772)3281111	外形尺寸(mm):5115×1720×1960,轴距3000mm,油箱容积66L,整备质量1830kg,乘员7人、9人、11人,发动机型号4G69S4M,排量2.378L,最大功率121kW(5500 r/min),最大扭矩215 N·m(4000 r/min),最高车速170 km/h,前驱,5速手动,排放标准国Ⅳ,活力版
MPV	风行菱智 LZ6510AQAS(N、Q)	153800	东风柳州汽车有限公司	(0772)3281111	外形尺寸(mm):5115×1720×1960,轴距3000mm,油箱容积66L,整备质量1830kg,乘员7人、9人、11人,发动机型号4G69S4M,排量2.378L,最大功率121kW(5500 r/min),最大扭矩215 N·m(4000 r/min),最高车速170 km/h,前驱,5速手动,排放标准国Ⅳ,舒适版
MPV	阁瑞斯3代2.0 MT睿翔	159800	华晨汽车集团控股有限公司	(024)31666338	外形尺寸(mm):4790×1800×1970,轴距2985mm,5门7座,发动机型号1TR,排量1.998L,最大功率98kW(5600 r/min),最大扭矩182 N·m(4000 r/min),前置后驱,5速手动,排放标准国Ⅳ+OBD,豪华型,2010款
MPV	阁瑞斯3代2.4 AT尊领	159800	华晨汽车集团控股有限公司	(024)31666338	外形尺寸(mm):4790×1800×1970,轴距2985mm,整备质量1980kg,5门7座,发动机型号4RB2,排量2.438L,最大功率102kW(4600~5000 r/min),最大扭矩217 N·m(2600~3200 r/min),前置后驱,4速自动,排放标准欧Ⅳ,标准型,2010款
MPV	阁瑞斯3代2.4 MT尊领	151800	华晨汽车集团控股有限公司	(024)31666338	外形尺寸(mm):4790×1800×1970,轴距2985mm,整备质量1980kg,5门7座,发动机型号4RB2,排量2.438L,最大功率102kW(4600~5000 r/min),最大扭矩217 N·m(2600~3200 r/min),前置后驱,5速手动,排放标准欧Ⅳ,豪华型,2010款

产品名称	型号规格	参考价格(元)	生产厂家	电话	主要参数及备注
MPV	阁瑞斯 3 代 2.4 MT 尊领	140800	华晨汽车集团控股有限公司	(024)31666338	外形尺寸(mm):5235×1800×1980,轴距 3430mm,整备质量 1980kg,5 门 11 座,发动机型号 4RB2,排量 2.438 L,最大功率 102kW(4600～5000 r/min),最大扭矩 217 N·m(2600～3200 r/min),前置后驱,5 速手动,排放标准欧Ⅳ,标准型,2010 款
MPV	阁瑞斯 3 代 2.4 MT 尊领	154800	华晨汽车集团控股有限公司	(024)31666338	外形尺寸(mm):5235×1800×1980,轴距 3430mm,整备质量 1980kg,5 门 11 座,发动机型号 4RB2,排量 2.438 L,最大功率 102kW(4600～5000 r/min),最大扭矩 217 N·m(2600～3200 r/min),前置后驱,5 速手动,排放标准欧Ⅳ,豪华型,2010 款
MPV	阁瑞斯 3 代 2.4 MT 尊领	137800	华晨汽车集团控股有限公司	(024)31666338	外形尺寸(mm):5235×1800×1980,轴距 3430mm,整备质量 1980kg,5 门 9 座,发动机型号 4RB2,排量 2.438 L,最大功率 102kW(4600～5000 r/min),最大扭矩 217 N·m(2600～3200 r/min),前置后驱,5 速手动,排放标准欧Ⅳ,标准型,2010 款
MPV	阁瑞斯 3 代 2.4 MT 尊领	152800	华晨汽车集团控股有限公司	(024)31666338	外形尺寸(mm):5235×1800×1980,轴距 3430mm,整备质量 1980kg,5 门 9 座,发动机型号 4RB2,排量 2.438 L,最大功率 102kW(4600～5000 r/min),最大扭矩 217 N·m(2600～3200 r/min),前置后驱,5 速手动,排放标准欧Ⅳ,豪华型,2010 款
MPV	阁瑞斯 3 代 2.7 AT 御领	249800	华晨汽车集团控股有限公司	(024)31666338	外形尺寸(mm):4790×1800×1970,轴距 2985mm,整备质量 1900kg,5 门 7 座,发动机型号 2TR,排量 2.693 L,最大功率 111kW(4800 r/min),最大扭矩 241 N·m(3800 r/min),前置后驱,4 速自动,排放标准国Ⅳ+OBD,旗舰型,2010 款
MPV	阁瑞斯 3 代 2.7 MT 御领	219800	华晨汽车集团控股有限公司	(024)31666338	外形尺寸(mm):4790×1800×1970,轴距 2985mm,整备质量 1900kg,5 门 7 座,发动机型号 2TR,排量 2.693 L,最大功率 111kW(4800 r/min),最大扭矩 241 N·m(3800 r/min),前置后驱,5 速手动,排放标准国Ⅳ+OBD,豪华型,2010 款
MPV	阁瑞斯 3 代 2.7 MT 御领	222800	华晨汽车集团控股有限公司	(024)31666338	外形尺寸(mm):5235×1800×1980,轴距 3430mm,整备质量 1900kg,5 门 11 座,发动机型号 2TR,排量 2.693 L,最大功率 111kW(4800 r/min),最大扭矩 241 N·m(3800 r/min),前置后驱,5 速手动,排放标准国Ⅳ+OBD,豪华型,2010 款
MPV	阁瑞斯 3 代 2.7 MT 御领	223800	华晨汽车集团控股有限公司	(024)31666338	外形尺寸(mm):5235×1800×1980,轴距 3430mm,整备质量 1900kg,5 门 9 座,发动机型号 2TR,排量 2.693 L,最大功率 111kW(4800 r/min),最大扭矩 241 N·m(3800 r/min),前置后驱,5 速手动,排放标准国Ⅳ+OBD,豪华型,2010 款

产品名称	型号规格	参考价格(元)	生产厂家	电话	主要参数及备注
MPV	和悦 RS 1.5L	65800	安徽江淮汽车股份有限公司	(0551)2296577	外形尺寸(mm):4550×1775×1600,轴距2710mm,5门5座,发动机型号4GB2,排量1.499L,最大功率83kW(6000 r/min),最大扭矩146 N·m(4000 r/min),前置前驱,最高车速175 km/h,5速手动,排放标准国Ⅳ+OBD,宜家标准型,2011款
MPV	和悦 RS 1.5L	69800	安徽江淮汽车股份有限公司	(0551)2296577	外形尺寸(mm):4550×1775×1600,轴距2710mm,5门5座,发动机型号4GB2,排量1.499L,最大功率83kW(6000 r/min),最大扭矩146 N·m(4000 r/min),前置前驱,最高车速175 km/h,5速手动,排放标准国Ⅳ+OBD,宜家舒适型,2011款
MPV	和悦 RS 1.5L	74800	安徽江淮汽车股份有限公司	(0551)2296577	外形尺寸(mm):4550×1775×1600,轴距2710mm,5门5座,发动机型号4GB2,排量1.499L,最大功率83kW(6000 r/min),最大扭矩146 N·m(4000 r/min),前置前驱,最高车速175 km/h,5速手动,排放标准国Ⅳ+OBD,宜家豪华型,2011款
MPV	和悦 RS 1.5L	69800	安徽江淮汽车股份有限公司	(0551)2296577	外形尺寸(mm):4550×1775×1600,轴距2710mm,5门5座,发动机型号4GB2,排量1.499L,最大功率83kW(6000 r/min),最大扭矩146 N·m(4000 r/min),前置前驱,最高车速175 km/h,5速手动,排放标准国Ⅳ+OBD,VVT,2011款
MPV	和悦 RS 1.8L	72800	安徽江淮汽车股份有限公司	(0551)2296577	外形尺寸(mm):4550×1775×1600,轴距2710mm,5门5座,发动机型号4G93D,排量1.834L,最大功率105kW(6500 r/min),最大扭矩165 N·m(5000 r/min),前置前驱,最高车速175 km/h,5速手动,排放标准国Ⅳ+OBD,优雅型,2011款
MPV	和悦 RS 1.8L	75500	安徽江淮汽车股份有限公司	(0551)2296577	外形尺寸(mm):4550×1775×1600,轴距2710mm,5门5座,发动机型号4G93D,排量1.834L,最大功率105kW(6500 r/min),最大扭矩165 N·m(5000 r/min),前置前驱,最高车速175 km/h,5速手动,排放标准国Ⅳ+OBD,舒适型,2011款
MPV	和悦 RS 1.8L	78800	安徽江淮汽车股份有限公司	(0551)2296577	外形尺寸(mm):4550×1775×1600,轴距2710mm,5门5座,发动机型号4G93D,排量1.834L,最大功率105kW(6500 r/min),最大扭矩165 N·m(5000 r/min),前置前驱,最高车速175 km/h,5速手动,排放标准国Ⅳ+OBD,豪华型,2011款
MPV	和悦 RS 1.8L	77800	安徽江淮汽车股份有限公司	(0551)2296577	外形尺寸(mm):4550×1775×1600,轴距2710mm,5门7座,发动机型号4G93D,排量1.834L,最大功率105kW(6500 r/min),最大扭矩165 N·m(5000 r/min),前置前驱,最高车速175 km/h,5速手动,排放标准国Ⅳ+OBD,舒适型,2011款

产品名称	型号规格	参考价格(元)	生产厂家	电话	主要参数及备注
MPV	和悦 RS 1.8L	88800	安徽江淮汽车股份有限公司	(0551)2296577	外形尺寸(mm):4550×1775×1600,轴距2710mm,5门7座,发动机型号4G93D,排量1.834L,最大功率105kW(6500 r/min),最大扭矩 165 N·m(5000 r/min),前置前驱,最高车速175 km/h,5速手动,排放标准国Ⅳ+OBD,尊逸型,2011款
MPV	嘉华 2.7GL	195800	东风悦达起亚汽车有限公司	(025)83186908	外形尺寸(mm):4930×1895×1760,轴距2910mm,油箱容积75L,整备质量2127kg,5门,乘员7人,最高车速180 km/h,发动机型号G6BA,排量2.656L,额定功率124kW(6000 r/min),最大扭矩238 N·m(4000 r/min),前驱,4速自动,排放标准国Ⅲ、国Ⅳ
MPV	嘉华 2.7GLS-1	219800	东风悦达起亚汽车有限公司	(025)83186908	外形尺寸(mm):4930×1895×1760,轴距2910mm,油箱容积75L,整备质量2127kg,5门,乘员7人,最高车速180 km/h,发动机型号G6BA,排量2.656L,额定功率124kW(6000 r/min),最大扭矩238 N·m(4000 r/min),前驱,4速自动,排放标准国Ⅲ、国Ⅳ
MPV	嘉华 2.7GLS-2	229800	东风悦达起亚汽车有限公司	(025)83186908	外形尺寸(mm):4930×1895×1760,轴距2910mm,油箱容积75L,整备质量2127kg,5门,乘员7人,最高车速180 km/h,发动机型号G6BA,排量2.656L,额定功率124kW(6000 r/min),最大扭矩238 N·m(4000 r/min),前驱,4速自动,排放标准国Ⅲ、国Ⅳ
MPV	嘉华 2.7TOP	249800	东风悦达起亚汽车有限公司	(025)83186908	外形尺寸(mm):4930×1895×1760,轴距2910mm,油箱容积75L,整备质量2127kg,5门,乘员7人,最高车速180 km/h,发动机型号G6BA,排量2.656L,额定功率124kW(6000 r/min),最大扭矩238 N·m(4000 r/min),前驱,4速自动,排放标准国Ⅲ、国Ⅳ
MPV	杰勋2.0L AT	125800	重庆长安汽车股份有限公司	(023)67591278	外形尺寸(mm):4445×1768×1640,轴距2710mm,油箱容积60L,整备质量1515kg,乘员5~7人,最高车速182 km/h,发动机型号JL486Q1,排量1.998 L,最大功率112kW(6000 r/min),最大扭矩192 N·m(4000~4500 r/min),前驱,智能自动变速,排放标准国Ⅲ、国Ⅳ,舒适型
MPV	杰勋2.0L AT	139800	重庆长安汽车股份有限公司	(023)67591278	外形尺寸(mm):4445×1768×1640,轴距2710mm,油箱容积60L,整备质量1515kg,乘员5~7人,最高车速182 km/h,发动机型号JL486Q1,排量1.998 L,最大功率112kW(6000 r/min),最大扭矩192 N·m(4000~4500 r/min),前驱,智能自动变速,排放标准国Ⅲ、国Ⅳ,豪华型

产品名称	型号规格	参考价格(元)	生产厂家	电话	主要参数及备注
MPV	杰勋2.0L AT	149800	重庆长安汽车股份有限公司	(023)67591278	外形尺寸(mm):4445×1768×1640,轴距2710mm,油箱容积60L,整备质量1515kg,乘员5~7人,最高车速182 km/h,发动机型号JL485Q1,排量1.998 L,最大功率112kW(6000 r/min),最大扭矩192 N·m(4000~4500 r/min),前驱,智能自动变速,排放标准国Ⅲ、国Ⅳ,超豪华型
MPV	杰勋2.0L MT	104800	重庆长安汽车股份有限公司	(023)67591278	外形尺寸(mm):4445×1768×1640,轴距2710mm,油箱容积60L,整备质量1485kg,乘员5~7人,最高车速195 km/h,发动机型号JL486Q1,排量1.998 L,最大功率112kW(6000 r/min),最大扭矩192 N·m(4000~4500 r/min),前驱,5速手动,排放标准国Ⅲ、国Ⅳ,标准型
MPV	杰勋2.0L MT	109800	重庆长安汽车股份有限公司	(023)67591278	外形尺寸(mm):4445×1768×1640,轴距2710mm,油箱容积60L,整备质量1485kg,乘员5~7人,最高车速195 km/h,发动机型号JL486Q1,排量1.998 L,最大功率112kW(6000 r/min),最大扭矩192 N·m(4000~4500 r/min),前驱,5速手动,排放标准国Ⅲ、国Ⅳ,舒适型
MPV	君阁2.0 AT	159800	东南(福建)汽车工业有限公司	(0591)22766566	外形尺寸(mm):4615×1775×1810,轴距2720mm,整备质量1720kg,乘员7人,发动机型号4G63S4N,排量1.997L,最大功率125kW(6400 r/min),最大扭矩190 N·m(4750 r/min),后驱,最高车速170 km/h,4速自动,排放标准国Ⅳ,豪华型
MPV	君阁2.0 AT	179800	东南(福建)汽车工业有限公司	(0591)22766566	外形尺寸(mm):4615×1775×1810,轴距2720mm,整备质量1725kg,乘员7人,发动机型号4G63S4N,排量1.997L,最大功率125kW(6400 r/min),最大扭矩190 N·m(4750 r/min),后驱,最高车速170 km/h,4速自动,排放标准国Ⅳ,旗舰型
MPV	君阁2.0 MT	136800	东南(福建)汽车工业有限公司	(0591)22766566	外形尺寸(mm):4615×1775×1810,轴距2720mm,整备质量1640kg,乘员5人,发动机型号4G63S4N,排量1.997L,最大功率125kW(6400 r/min),最大扭矩190 N·m(4750 r/min),后驱,最高车速170 km/h,5速手动,排放标准国Ⅳ,经典型
MPV	君阁2.0 MT	149800	东南(福建)汽车工业有限公司	(0591)22766566	外形尺寸(mm):4615×1775×1810,轴距2720mm,整备质量1705kg,乘员7人,发动机型号4G63S4N,排量1.997L,最大功率125kW(6400 r/min),最大扭矩190 N·m(4750 r/min),后驱,最高车速170 km/h,5速手动,排放标准国Ⅳ,豪华型

产品名称	型号规格	参考价格(元)	生产厂家	电话	主要参数及备注
MPV	浪迪 CH6391A1/A2	72400	江西昌河铃木汽车有限责任公司	(0798)8462010	外形尺寸(mm):3850×1510×1910,轴距 2400mm,整备质量 1095kg,2 厢 5 门,乘员 5~8 人,发动机型号 K14B-A,排量 1.372L,最大功率 70kW(6000 r/min),最大扭矩 115 N·m(3200 r/min),最高车速 140 km/h,4 速自动,二驱,排放标准国Ⅲ,豪华型 DLX
MPV	浪迪 CH6391A1/A2	77400	江西昌河铃木汽车有限责任公司	(0798)8462010	外形尺寸(mm):3850×1510×1910,轴距 2400mm,整备质量 1095kg,2 厢 5 门,乘员 5~8 人,发动机型号 K14B-A,排量 1.372L,最大功率 70kW(6000 r/min),最大扭矩 115 N·m(3200 r/min),最高车速 140 km/h,4 速自动,二驱,排放标准国Ⅲ,超豪华型 SDLX
MPV	浪迪 CH6391A1/A2	74400	江西昌河铃木汽车有限责任公司	(0798)8462010	外形尺寸(mm):3850×1510×1910,轴距 2400mm,整备质量 1095kg,2 厢 5 门,乘员 5~8 人,发动机型号 K14B-A,排量 1.372L,最大功率 70kW(6000 r/min),最大扭矩 115 N·m(3200 r/min),最高车速 140 km/h,4 速自动,二驱,排放标准国Ⅳ,豪华型 DLX
MPV	浪迪 CH6391A1/A2	79400	江西昌河铃木汽车有限责任公司	(0798)8462010	外形尺寸(mm):3850×1510×1910,轴距 2400mm,整备质量 1095kg,2 厢 5 门,乘员 5~8 人,发动机型号 K14B-A,排量 1.372L,最大功率 70kW(6000 r/min),最大扭矩 115 N·m(3200 r/min),最高车速 140 km/h,4 速自动,二驱,排放标准国Ⅳ,超豪华型 SDLX
MPV	浪迪 CH6391B1/B2	64200	江西昌河铃木汽车有限责任公司	(0798)8462010	外形尺寸(mm):3850×1510×1910,轴距 2400mm,整备质量 1105kg,2 厢 5 门,乘员 5~8 人,发动机型号 K14B-A,排量 1.372L,最大功率 70kW(6000 r/min),最大扭矩 115 N·m(3200 r/min),最高车速 140 km/h,5 速手动,四驱,排放标准国Ⅲ,标准型 STDⅠ
MPV	浪迪 CH6391B1/B2	67900	江西昌河铃木汽车有限责任公司	(0798)8462010	外形尺寸(mm):3850×1510×1910,轴距 2400mm,整备质量 1105kg,2 厢 5 门,乘员 5~8 人,发动机型号 K14B-A,排量 1.372L,最大功率 70kW(6000 r/min),最大扭矩 115 N·m(3200 r/min),最高车速 140 km/h,5 速手动,四驱,排放标准国Ⅲ,标准型 STDⅡ
MPV	浪迪 CH6391B1/B2	66200	江西昌河铃木汽车有限责任公司	(0798)8462010	外形尺寸(mm):3850×1510×1910,轴距 2400mm,整备质量 1105kg,2 厢 5 门,乘员 5~8 人,发动机型号 K14B-A,排量 1.372L,最大功率 70kW(6000 r/min),最大扭矩 115 N·m(3200 r/min),最高车速 140 km/h,5 速手动,四驱,排放标准国Ⅳ,标准型 STDⅠ

产品名称	型号规格	参考价格(元)	生产厂家	电话	主要参数及备注
MPV	浪迪 CH6391B1/B2	69900	江西昌河铃木汽车有限责任公司	(0798)8462010	外形尺寸(mm):3850×1510×1910,轴距 2400mm,整备质量1105kg,2厢5门,乘员5~8人,发动机型号 K14B－A,排量1.372L,最大功率 70kW(6000 r/min),最大扭矩 115 N·m(3200 r/min),最高车速 140 km/h,5速手动,四驱,排放标准国Ⅳ,标准型 STD Ⅱ
MPV	浪迪 CH6391C1/C2	56200	江西昌河铃木汽车有限责任公司	(0798)8462010	外形尺寸(mm):3850×1510×1910,轴距 2400mm,整备质量1045kg,2厢5门,乘员5~8人,发动机型号 K14B－A,排量1.372L,最大功率 70kW(6000 r/min),最大扭矩 115 N·m(3200 r/min),最高车速 140 km/h,5速手动,二驱,排放标准国Ⅲ,标准型 STD Ⅰ
MPV	浪迪 CH6391C1/C2	59900	江西昌河铃木汽车有限责任公司	(0798)8462010	外形尺寸(mm):3850×1510×1910,轴距 2400mm,整备质量1045kg,2厢5门,乘员5~8人,发动机型号 K14B－A,排量1.372L,最大功率 70kW(6000 r/min),最大扭矩 115 N·m(3200 r/min),最高车速 140 km/h,5速手动,二驱,排放标准国Ⅲ,标准型 STD Ⅱ
MPV	浪迪 CH6391C1/C2	62400	江西昌河铃木汽车有限责任公司	(0798)8462010	外形尺寸(mm):3850×1510×1910,轴距 2400mm,整备质量1045kg,2厢5门,乘员5~8人,发动机型号 K14B－A,排量1.372L,最大功率 70kW(6000 r/min),最大扭矩 115 N·m(3200 r/min),最高车速 140 km/h,5速手动,二驱,排放标准国Ⅲ,豪华型 DLX
MPV	浪迪 CH6391C1/C2	67400	江西昌河铃木汽车有限责任公司	(0798)8462010	外形尺寸(mm):3850×1510×1910,轴距 2400mm,整备质量1045kg,2厢5门,乘员5~8人,发动机型号 K14B－A,排量1.372L,最大功率 70kW(6000 r/min),最大扭矩 115 N·m(3200 r/min),最高车速 140 km/h,5速手动,二驱,排放标准国Ⅲ,超豪华型 SDLX
MPV	浪迪 CH6391C1/C2	58200	江西昌河铃木汽车有限责任公司	(0798)8462010	外形尺寸(mm):3850×1510×1910,轴距 2400mm,整备质量1045kg,2厢5门,乘员5~8人,发动机型号 K14B－A,排量1.372L,最大功率 70kW(6000 r/min),最大扭矩 115 N·m(3200 r/min),最高车速 140 km/h,5速手动,二驱,排放标准国Ⅳ,标准型 STD Ⅰ
MPV	浪迪 CH6391C1/C2	61900	江西昌河铃木汽车有限责任公司	(0798)8462010	外形尺寸(mm):3850×1510×1910,轴距 2400mm,整备质量1045kg,2厢5门,乘员5~8人,发动机型号 K14B－A,排量1.372L,最大功率 70kW(6000 r/min),最大扭矩 115 N·m(3200 r/min),最高车速 140 km/h,5速手动,二驱,排放标准国Ⅳ,标准型 STD Ⅱ

产品名称	型号规格	参考价格(元)	生产厂家	电话	主要参数及备注
MPV	浪迪 CH6391C1/C2	64400	江西昌河铃木汽车有限责任公司	(0798)8462010	外形尺寸(mm):3850×1510×1910,轴距 2400mm,整备质量 1045kg,2 厢 5 门,乘员 5～8 人,发动机型号 K14B－A,排量 1.372L,最大功率 70kW(6000 r/min),最大扭矩 115 N·m(3200 r/min),最高车速 140 km/h,5 速手动,二驱,排放标准国Ⅳ,豪华型 DLX
MPV	浪迪 CH6391C1/C2	69400	江西昌河铃木汽车有限责任公司	(0798)8462010	外形尺寸(mm):3850×1510×1910,轴距 2400mm,整备质量 1045kg,2 厢 5 门,乘员 5～8 人,发动机型号 K14B－A,排量 1.372L,最大功率 70kW(6000 r/min),最大扭矩 115 N·m(3200 r/min),最高车速 140 km/h,5 速手动,二驱,排放标准国Ⅳ,超豪华型 SDLX
MPV	浪迪 CH6391C2/C4	49990	江西昌河铃木汽车有限责任公司	(0798)8462010	外形尺寸(mm):3850×1510×1910,轴距 2400mm,整备质量 1045kg,2 厢 5 门,乘员 5～8 人,发动机型号 K14B－A,排量 1.372L,最大功率 70kW(6000 r/min),最大扭矩 115 N·m(3200 r/min),最高车速 140 km/h,5 速手动,二驱,排放标准国Ⅲ,阳光版,标准型
MPV	浪迪 CH6391C2/C4	51990	江西昌河铃木汽车有限责任公司	(0798)8462010	外形尺寸(mm):3850×1510×1910,轴距 2400mm,整备质量 1045kg,2 厢 5 门,乘员 5～8 人,发动机型号 K14B－A,排量 1.372L,最大功率 70kW(6000 r/min),最大扭矩 115 N·m(3200 r/min),最高车速 140 km/h,5 速手动,二驱,排放标准国Ⅲ,阳光版,舒适型
MPV	浪迪 CH6391C2/C4	50490	江西昌河铃木汽车有限责任公司	(0798)8462010	外形尺寸(mm):3850×1510×1910,轴距 2400mm,整备质量 1045kg,2 厢 5 门,乘员 5～8 人,发动机型号 K14B－A,排量 1.372L,最大功率 70kW(6000 r/min),最大扭矩 115 N·m(3200 r/min),最高车速 140 km/h,5 速手动,二驱,排放标准国Ⅳ,阳光版,标准型
MPV	浪迪 CH6391C2/C4	52490	江西昌河铃木汽车有限责任公司	(0798)8462010	外形尺寸(mm):3850×1510×1910,轴距 2400mm,整备质量 1045kg,2 厢 5 门,乘员 5～8 人,发动机型号 K14B－A,排量 1.372L,最大功率 70kW(6000 r/min),最大扭矩 115 N·m(3200 r/min),最高车速 140 km/h,5 速手动,二驱,排放标准国Ⅳ,阳光版,舒适型
MPV	浪迪 CH6392C/C1	49600	江西昌河铃木汽车有限责任公司	(0798)8462010	外形尺寸(mm):3850×1510×1910,轴距 2400mm,整备质量 1060kg,2 厢 5 门,乘员 5～8 人,发动机型号 K12B－A,排量 1.243L,最大功率 70kW(6000 r/min),最大扭矩 107 N·m(5200 r/min),最高车速 140 km/h,5 速手动,二驱,排放标准国Ⅲ,阳光版,标准型

产品名称	型号规格	参考价格(元)	生产厂家	电话	主要参数及备注
MPV	浪迪 CH6392C/C1	51600	江西昌河铃木汽车有限责任公司	(0798)8462010	外形尺寸(mm):3850×1510×1910,轴距2400mm,整备质量1060kg,2厢5门,乘员5~8人,发动机型号K12B-A,排量1.243L,最大功率70kW(6000r/min),最大扭矩107N·m(5200r/min),最高车速140km/h,5速手动,二驱,排放标准国Ⅲ,阳光版,舒适型
MPV	浪迪 CH6392C/C1	49900	江西昌河铃木汽车有限责任公司	(0798)8462010	外形尺寸(mm):3850×1510×1910,轴距2400mm,整备质量1060kg,2厢5门,乘员5~8人,发动机型号K12B-A,排量1.243L,最大功率70kW(6000r/min),最大扭矩107N·m(5200r/min),最高车速140km/h,5速手动,二驱,排放标准国Ⅳ,阳光版,标准型
MPV	浪迪 CH6392C/C1	51900	江西昌河铃木汽车有限责任公司	(0798)8462010	外形尺寸(mm):3850×1510×1910,轴距2400mm,整备质量1060kg,2厢5门,乘员5~8人,发动机型号K12B-A,排量1.243L,最大功率70kW(6000r/min),最大扭矩107N·m(5200r/min),最高车速140km/h,5速手动,二驱,排放标准国Ⅳ,阳光版,舒适型
MPV	陆风风尚1.6 MT	78300	北京达畅陆风汽车销售有限公司	(010)60292167	外形尺寸(mm):4410×1768×1640,轴距2710mm,5门5座,发动机型号JL475Q1,排量1.59L,最大功率71kW(5500r/min),最大扭矩142N·m(3800r/min),最高车速170km/h,5速手动,前置前驱,排放标准国Ⅳ,精质版,2011款
MPV	陆风风尚1.6 MT	79800	北京达畅陆风汽车销售有限公司	(010)60292167	外形尺寸(mm):4410×1768×1640,轴距2710mm,5门7座,发动机型号JL475Q1,排量1.59L,最大功率71kW(5500r/min),最大扭矩142N·m(3800r/min),最高车速170km/h,5速手动,前置前驱,排放标准国Ⅳ,精质版,2011款
MPV	陆风风尚1.8 MT	92300	北京达畅陆风汽车销售有限公司	(010)60292167	外形尺寸(mm):4410×1768×1640,轴距2710mm,整备质量1445kg,5门5座,发动机型号4G93D,排量1.834L,最大功率101kW(6500r/min),最大扭矩170N·m(5000r/min),最高车速180km/h,5速手动,前置前驱,排放标准国Ⅳ,精质版,2011款
MPV	陆风风尚1.8 MT	93800	北京达畅陆风汽车销售有限公司	(010)60292167	外形尺寸(mm):4410×1768×1640,轴距2710mm,整备质量1445kg,5门7座,发动机型号4G93D,排量1.834L,最大功率101kW(6500r/min),最大扭矩170N·m(5000r/min),最高车速180km/h,5速手动,前置前驱,排放标准国Ⅳ,精质版,2011款

产品名称	型号规格	参考价格(元)	生产厂家	电话	主要参数及备注
MPV	陆风风尚2.0 MT	92300	北京达畅陆风汽车销售有限公司	(010)60292167	外形尺寸(mm):4410×1768×1640,轴距2710mm,整备质量1470kg,5门5座,发动机型号JL486Q,排量1.998L,最大功率102kW(6000 r/min),最大扭矩186 N·m(4500 r/min),最高车速195 km/h,5速手动,前置前驱,排放标准国Ⅳ,精质版,2011款
MPV	陆风风尚2.0 MT	93800	北京达畅陆风汽车销售有限公司	(010)60292167	外形尺寸(mm):4410×1768×1640,轴距2710mm,整备质量1470kg,5门7座,发动机型号JL486Q,排量1.998L,最大功率102kW(6000 r/min),最大扭矩186 N·m(4500 r/min),最高车速195 km/h,5速手动,前置前驱,排放标准国Ⅳ,精质版,2011款
MPV	蒙派克 M200L	99000	北汽福田汽车股份有限公司	(010)69738888	外形尺寸(mm):5235×1825×1950,轴距3430mm,4门7座,发动机型号4G63S4M,排量1.997L,最大功率84kW(5500 r/min),最大扭矩 165 N·m(3500 r/min),前置后驱,5速手动,排放标准国Ⅲ,财富快车,经典版,2011款
MPV	蒙派克 M240SL	109800	北汽福田汽车股份有限公司	(010)69738888	外形尺寸(mm):5235×1825×1950,轴距3430mm,4门7座,发动机型号4G64,排量2.351L,最大功率89.5kW(5500 r/min),最大扭矩195 N·m(2500 r/min),前置后驱,5速手动,排放标准国Ⅳ,财富快车,舒适版,2011款
MPV	蒙派克 M280L	97800	北汽福田汽车股份有限公司	(010)69738888	外形尺寸(mm):5235×1825×1950,轴距3430mm,4门7座,发动机型号493ZQ3,排量2.771L,最大功率70kW(3600 r/min),最大扭矩225 N·m(2300 r/min),前置后驱,5速手动,排放标准国Ⅲ,财富快车,经典版,2011款
MPV	蒙派克 M280SL	102800	北汽福田汽车股份有限公司	(010)69738888	外形尺寸(mm):5235×1825×1950,轴距3430mm,4门7座,发动机型号E 2.8,排量2.776L,最大功率96kW(3600 r/min),最大扭矩260 N·m(1400~3000 r/min),前置后驱,5速手动,排放标准国Ⅳ,财富快车,舒适版,2011款
MPV	蒙派克 X240G	130800	北汽福田汽车股份有限公司	(010)69738888	外形尺寸(mm):4790×1825×1950,轴距2985mm,5门7座,发动机型号4G64,排量2.351 L,最大功率89.5 kW(5500 r/min),最大扭矩195 N·m(2500 r/min),前置后驱,5速手动,排放标准国Ⅳ,商务舱,豪华版,2011款
MPV	蒙派克 X240GL	103800	北汽福田汽车股份有限公司	(010)69738888	外形尺寸(mm):5235×1825×1950,轴距3430mm,4门7座,发动机型号4G64,排量2.351 L,最大功率89.5 kW(5500 r/min),最大扭矩195 N·m(2500 r/min),前置后驱,5速手动,排放标准国Ⅳ,商务舱,豪华版,2011款

产品名称	型号规格	参考价格(元)	生产厂家	电话	主要参数及备注
MPV	蒙派克 X280DL	103800	北汽福田汽车股份有限公司	(010)69738888	外形尺寸(mm):5235×1825×1950,轴距3430mm,4门7座,发动机型号493ZQ3,排量2.771L,最大功率70kW(3600 r/min),最大扭矩225 N·m(2300 r/min),前置后驱,5速手动,排放标准国Ⅲ,商务舱,标准版,2011款
MPV	迷笛1.3L	61800	北汽福田汽车股份有限公司	(010)69738888	外形尺寸(mm):4228×1725×1728,轴距2695mm,整备质量1290kg,5门6座,发动机型号4G13S,排量1.299L,最大功率62.5kW(6000 r/min),最大扭矩108 N·m(4500 r/min),前置前驱,5速手动,排放标准国Ⅲ,宜家,标准版,2011款
MPV	迷笛1.3L	59800	北汽福田汽车股份有限公司	(010)69738888	外形尺寸(mm):4338×1725×1768,轴距2695mm,整备质量1320kg,5门7座,发动机型号4G13S,排量1.299L,最大功率62.5kW(6000 r/min),最大扭矩108 N·m(4500 r/min),前置前驱,5速手动,排放标准国Ⅲ,宜商,标准版,2011款
MPV	迷笛1.5L	66400	北汽福田汽车股份有限公司	(010)69738888	外形尺寸(mm):4338×1725×1768,轴距2695mm,整备质量1290kg,5门6座,发动机型号4G15S,排量1.488L,最大功率76kW(6000 r/min),最大扭矩134 N·m(4500 r/min),前置前驱,5速手动,排放标准国Ⅳ,宜商,升级版,2011款
MPV	迷笛1.5L	64400	北汽福田汽车股份有限公司	(010)69738888	外形尺寸(mm):4338×1725×1768,轴距2695mm,整备质量1320kg,5门7座,发动机型号4A19,排量1.499L,最大功率77kW(6000 r/min),最大扭矩141 N·m(4000 r/min),前置前驱,5速手动,排放标准国Ⅳ,宜商,升级版,2011款
MPV	迷笛1.5L	62800	北汽福田汽车股份有限公司	(010)69738888	外形尺寸(mm):4338×1725×1768,轴距2695mm,整备质量1320kg,5门7座,发动机型号4G15S,排量1.488L,最大功率76kW(6000 r/min),最大扭矩134 N·m(4500 r/min),前置前驱,5速手动,排放标准国Ⅳ,宜商,标准版,2011款
MPV	瑞风 彩色之旅 2.4L	119800	北京城市捷运汽车贸易有限公司	(010)80772869	外形尺寸(mm):5035×1820×1970,轴距3080mm,发动机型号HFC4GA1-2B,排量2.350L,额定功率102kW(5500 r/min),最大扭矩193 N·m(2500 r/min),最高车速165 km/h,5速手动,4门7座,排放标准国Ⅲ、国Ⅳ,汽油,标准版,2011款
MPV	瑞风 彩色之旅 2.4L	130800	北京城市捷运汽车贸易有限公司	(010)80772869	外形尺寸(mm):5035×1820×1970,轴距3080mm,发动机型号HFC4GA1-2B,排量2.350L,额定功率102kW(5500 r/min),最大扭矩193 N·m(2500 r/min),最高车速165 km/h,5速手动,4门7座,排放标准国Ⅲ、国Ⅳ,汽油,舒适版,2011款

产品名称	型号规格	参考价格(元)	生产厂家	电话	主要参数及备注
MPV	瑞风 彩色之旅 2.4L	119800	安徽江淮汽车股份有限公司	(0551)2296577	外形尺寸(mm):5035×1820×1970,轴距3080mm,发动机型号HFC4GA1－2B,排量2.350L,额定功率102kW(5500 r/min),最大扭矩193 N·m(2500 r/min),最高车速165 km/h,5速手动,4门7座,排放标准国Ⅲ、国Ⅳ,汽油,标准版,2011款
MPV	瑞风 彩色之旅 2.4L	130800	安徽江淮汽车股份有限公司	(0551)2296577	外形尺寸(mm):5035×1820×1970,轴距3080mm,发动机型号HFC4GA1－2B,排量2.350L,额定功率102kW(5500 r/min),最大扭矩193 N·m(2500 r/min),最高车速165 km/h,5速手动,4门7座,排放标准国Ⅲ、国Ⅳ,汽油,舒适版,2011款
MPV	瑞风 和畅 2.0T	159800	安徽江淮汽车股份有限公司	(0551)2296577	外形尺寸(mm):5100×1840×1970,轴距3080mm,5门7座,发动机型号HFC4GA3－1C,排量1.997L,最大功率130kW(5400 r/min),最大扭矩250 N·m(3500～4500 r/min),前置后驱,最高车速170 km/h,6速手动,排放标准国Ⅳ+OBD,商务型
MPV	瑞风 和畅 2.0T	181800	安徽江淮汽车股份有限公司	(0551)2296577	外形尺寸(mm):5100×1840×1970,轴距3080mm,5门7座,发动机型号HFC4GA3－1C,排量1.997L,最大功率130kW(5400 r/min),最大扭矩250 N·m(3500～4500 r/min),前置后驱,最高车速170 km/h,6速手动,排放标准国Ⅳ+OBD,公务型
MPV	瑞风 祥和 2.0T	154800	北京城市捷运汽车贸易有限公司	(010)80772869	外形尺寸(mm):4740×1820×1880,轴距2810mm,发动机型号HFC4GA3－1B,排量1.997L,最大功率120kW(5400 r/min),最大扭矩235 N·m(3500～4500 r/min),最高车速165 km/h,5速手动,4门7座,排放标准国Ⅲ,汽油,标准版,2011款
MPV	瑞风 祥和 2.0T	163800	北京城市捷运汽车贸易有限公司	(010)80772869	外形尺寸(mm):4740×1820×1880,轴距2810mm,发动机型号HFC4GA3－1B,排量1.997L,最大功率120kW(5400 r/min),最大扭矩235 N·m(3500～4500 r/min),最高车速165 km/h,5速手动,4门7座,排放标准国Ⅲ,汽油,豪华版,2011款
MPV	瑞风 祥和 2.0T	154800	安徽江淮汽车股份有限公司	(0551)2296577	外形尺寸(mm):4740×1820×1880,轴距2810mm,发动机型号HFC4GA3－1B,排量1.997L,最大功率120kW(5400 r/min),最大扭矩235 N·m(3500～4500 r/min),最高车速165 km/h,5速手动,4门7座,排放标准国Ⅲ,汽油,标准版,2011款
MPV	瑞风 祥和 2.0T	163800	安徽江淮汽车股份有限公司	(0551)2296577	外形尺寸(mm):4740×1820×1880,轴距2810mm,发动机型号HFC4GA3－1B,排量1.997L,最大功率120kW(5400 r/min),最大扭矩235 N·m(3500～4500 r/min),最高车速165 km/h,5速手动,4门7座,排放标准国Ⅲ,汽油,豪华版,2011款

产品名称	型号规格	参考价格(元)	生产厂家	电话	主要参数及备注
MPV	瑞风 祥和 2.4L	149800	北京城市捷运汽车贸易有限公司	(010)80772869	外形尺寸(mm):4740×1820×1880,轴距2810mm,发动机型号HFC4GA1-B,排量2.350L,最大功率100kW(5500 r/min),最大扭矩193 N·m(2500 r/min),最高车速165 km/h,5速手动,4门7座,排放标准国Ⅲ、国Ⅳ,汽油,标准版,2011款
MPV	瑞风 祥和 2.4L	158800	北京城市捷运汽车贸易有限公司	(010)80772869	外形尺寸(mm):4740×1820×1880,轴距2810mm,发动机型号HFC4GA1-B,排量2.350L,最大功率100kW(5500 r/min),最大扭矩193 N·m(2500 r/min),最高车速165 km/h,5速手动,4门7座,排放标准国Ⅲ、国Ⅳ,汽油,舒适版,2011款
MPV	瑞风 祥和 2.4L	149800	安徽江淮汽车股份有限公司	(0551)2296577	外形尺寸(mm):4740×1820×1880,轴距2810mm,发动机型号HFC4GA1-B,排量2.350L,最大功率100kW(5500 r/min),最大扭矩193 N·m(2500 r/min),最高车速165 km/h,5速手动,4门7座,排放标准国Ⅲ、国Ⅳ,汽油,标准版,2011款
MPV	瑞风 祥和 2.4L	158800	安徽江淮汽车股份有限公司	(0551)2296577	外形尺寸(mm):4740×1820×1880,轴距2810mm,发动机型号HFC4GA1-B,排量2.350L,最大功率100kW(5500 r/min),最大扭矩193 N·m(2500 r/min),最高车速165 km/h,5速手动,4门7座,排放标准国Ⅲ、国Ⅳ,汽油,舒适版,2011款
MPV	瑞风穿梭 2.0L	99900	安徽江淮汽车股份有限公司	(0551)2296577	外形尺寸(mm):5035×1820×1970,轴距3080mm,4门7座,发动机型号HFC4GA3,排量1.997L,最大功率100kW(6000 r/min),最大扭矩190 N·m(4000 r/min),前置后驱,最高车速165 km/h,5速手动,排放标准欧Ⅳ,汽油,简配版,2011款
MPV	瑞风穿梭 2.0L	105800	安徽江淮汽车股份有限公司	(0551)2296577	外形尺寸(mm):5035×1820×1970,轴距3080mm,4门7座,发动机型号HFC4GA3,排量1.997L,最大功率100kW(6000 r/min),最大扭矩190 N·m(4000 r/min),前置后驱,最高车速165 km/h,5速手动,排放标准欧Ⅳ,汽油,标准版,2011款
MPV	瑞风穿梭 2.8L	123800	安徽江淮汽车股份有限公司	(0551)2296577	外形尺寸(mm):5035×1820×1970,轴距3080mm,4门7座,发动机型号HFC4DA1-2B1,排量2.771L,最大功率80kW(3600 r/min),最大扭矩240 N·m(2000～2200 r/min),前置后驱,最高车速150 km/h,5速手动,排放标准国Ⅲ,汽油,简配版,2011款
MPV	瑞风穿梭 2.8L	128800	安徽江淮汽车股份有限公司	(0551)2296577	外形尺寸(mm):5035×1820×1970,轴距3080mm,4门7座,发动机型号HFC4DA1-2B1,排量2.771L,最大功率80kW(3600 r/min),最大扭矩240 N·m(2000～2200 r/min),前置后驱,最高车速150 km/h,5速手动,排放标准国Ⅲ,汽油,标准版,2011款

产品名称	型号规格	参考价格(元)	生产厂家	电话	主要参数及备注
MPV	瑞风一家亲 2.0	119800	安徽江淮汽车股份有限公司	(0551)2296577	外形尺寸(mm):4695×1820×1880,轴距2810mm,4门7座,发动机型号HFC4GA3,排量1.997L,最大功率100kW(6000r/min),最大扭矩190N·m(4000r/min),前置后驱,最高车速165km/h,5速手动,排放标准欧Ⅳ,汽油,标准版,2011款
MPV	瑞风一家亲 2.0	127800	安徽江淮汽车股份有限公司	(0551)2296577	外形尺寸(mm):4695×1820×1880,轴距2810mm,4门7座,发动机型号HFC4GA3,排量1.997L,最大功率100kW(6000r/min),最大扭矩190N·m(4000r/min),前置后驱,最高车速165km/h,5速手动,排放标准欧Ⅳ,汽油,豪华版,2011款
MPV	瑞风一家亲 2.4	130800	安徽江淮汽车股份有限公司	(0551)2296577	外形尺寸(mm):4695×1820×1880,轴距2810mm,4门7座,发动机型号HFC4GA1-C,排量2.351L,最大功率110kW(5500r/min),最大扭矩210N·m(2800~4500r/min),前置后驱,最高车速165km/h,5速手动,排放标准国Ⅳ,汽油,标准版,2011款
MPV	瑞风一家亲 2.4	138800	安徽江淮汽车股份有限公司	(0551)2296577	外形尺寸(mm):4695×1820×1880,轴距2810mm,4门7座,发动机型号HFC4GA1-C,排量2.351L,最大功率110kW(5500r/min),最大扭矩210N·m(2800~4500r/min),前置后驱,最高车速165km/h,5速手动,排放标准国Ⅳ,汽油,豪华版,2011款
MPV	瑞禧 XML6510E13	116000	厦门金龙旅行车有限公司	(0592)5654488	外形尺寸(mm):5080×1820×1960,轴距3000mm,乘员5~9人,发动机型号4RB1,排量2.438L,额定功率90kW,最大扭矩205N·m(3200r/min),最高车速150km/h,5速手动,后轮驱动,排放标准国Ⅲ
MPV	瑞禧 XML6510E18	114000	厦门金龙旅行车有限公司	(0592)5654488	外形尺寸(mm):5080×1820×1960,轴距3000mm,乘员5~9人,发动机型号4RB2,排量2.438L,额定功率102kW,最大扭矩217N·m,最高车速150km/h,5速手动,后轮驱动,排放标准国Ⅳ
MPV	瑞禧 XML6510E23	115000	厦门金龙旅行车有限公司	(0592)5654488	外形尺寸(mm):5080×1820×1960,轴距3000mm,乘员5~9人,发动机型号JM491Q-ME,排量2.237L,额定功率76kW,最大扭矩193N·m(2800r/min),最高车速130km/h,5速手动,后轮驱动,排放标准国Ⅲ
MPV	帅客 1.6MT	74800	郑州日产汽车有限公司	(0371)66033666	外形尺寸(mm):4420×1695×1825,轴距2695mm,整备质量1430kg,乘员7人,发动机排量1.587L,最大功率78kW(5750r/min),最大扭矩142N·m(4000r/min),前驱,5速手动,排放标准国Ⅲ,实用型

产品名称	型号规格	参考价格(元)	生产厂家	电话	主要参数及备注
MPV	帅客 1.6MT	79800	郑州日产汽车有限公司	(0371)66033666	外形尺寸(mm):4420×1695×1825,轴距 2695mm,整备质量 1430kg,乘员 7 人,发动机排量 1.587L,最大功率 78kW(5750 r/min),最大扭矩 142 N·m(4000 r/min),前驱,5 速手动,排放标准国Ⅲ,舒适型
MPV	帅客 1.6MT	83800	郑州日产汽车有限公司	(0371)66033666	外形尺寸(mm):4420×1695×1825,轴距 2695mm,整备质量 1430kg,乘员 7 人,发动机排量 1.587L,最大功率 78kW(5750 r/min),最大扭矩 142 N·m(4000 r/min),前驱,5 速手动,排放标准国Ⅲ,豪华型
MPV	腾翼 V80 2.0L	69800	长城汽车股份有限公司	(0312)2192888	外形尺寸(mm):4574×1704×1845,轴距 2825mm,整备质量 1500kg,5 门 5 座,发动机型号 4G63S4M,最大功率 98kW,最大扭矩 175 N·m,5 速手动最高车速 160 km/h,排放标准国Ⅳ,标准型,2011 款
MPV	腾翼 V80 2.0L	74800	长城汽车股份有限公司	(0312)2192888	外形尺寸(mm):4574×1704×1845,轴距 2825mm,整备质量 1500kg,5 门 7 座,发动机型号 4G63S4M,最大功率 98kW,最大扭矩 175 N·m,5 速手动最高车速 160 km/h,排放标准国Ⅳ,实用型,2011 款
MPV	腾翼 V80 2.0L	79800	长城汽车股份有限公司	(0312)2192888	外形尺寸(mm):4574×1704×1845,轴距 2825mm,整备质量 1500kg,5 门 7 座,发动机型号 4G63S4M,最大功率 98kW,最大扭矩 175 N·m,5 速手动最高车速 160 km/h,排放标准国Ⅳ,舒适型,2011 款
MPV	腾翼 V80 2.0L	85800	长城汽车股份有限公司	(0312)2192888	外形尺寸(mm):4574×1704×1845,轴距 2825mm,整备质量 1500kg,5 门 7 座,发动机型号 4G63S4M,最大功率 98kW,最大扭矩 175 N·m,5 速手动最高车速 160 km/h,排放标准国Ⅳ,豪华型,2011 款
MPV	腾翼 V80 2.0L	99800	长城汽车股份有限公司	(0312)2192888	外形尺寸(mm):4574×1704×1845,轴距 2825mm,整备质量 1500kg,5 门 7 座,发动机型号 4G63S4M,最大功率 98kW,最大扭矩 175 N·m,5 速手动最高车速 160 km/h,排放标准国Ⅳ,精英型,2011 款
MPV	腾翼 V80 2.0L	79800	长城汽车股份有限公司	(0312)2192888	外形尺寸(mm):4574×1704×1845,轴距 2825mm,整备质量 1545kg,5 门 5 座,发动机型号 4G63S4N,排量 1.997L,最大功率 105kW(6000 r/min),最大扭矩 185 N·m(3000~4500 r/min),4 速手自一体,最高车速 160 km/h,排放标准欧Ⅳ,标准型,2011 款
MPV	腾翼 V80 2.0L	84800	长城汽车股份有限公司	(0312)2192888	外形尺寸(mm):4574×1704×1845,轴距 2825mm,整备质量 1545kg,5 门 7 座,发动机型号 4G63S4N,排量 1.997L,最大功率 105kW(6000 r/min),最大扭矩 185 N·m(3000~4500 r/min),4 速手自一体,最高车速 160 km/h,排放标准欧Ⅳ,实用型,2011 款

产品名称	型号规格	参考价格(元)	生产厂家	电话	主要参数及备注
MPV	腾翼 V80 2.0L	89800	长城汽车股份有限公司	(0312)2192888	外形尺寸(mm):4574×1704×1845,轴距 2825mm,整备质量 1545kg,5 门 7 座,发动机型号 4G63S4N,排量1.997L,最大功率 105kW(6000 r/min),最大扭矩 185 N·m(3000~4500 r/min),4速手自一体,最高车速 160 km/h,排放标准欧Ⅳ,舒适型,2011 款
MPV	腾翼 V80 2.0L	95800	长城汽车股份有限公司	(0312)2192888	外形尺寸(mm):4574×1704×1845,轴距 2825mm,整备质量 1545kg,5 门 7 座,发动机型号 4G63S4N,排量1.997L,最大功率 105kW(6000 r/min),最大扭矩 185 N·m(3000~4500 r/min),4速手自一体,最高车速 160 km/h,排放标准欧Ⅳ,豪华型,2011 款
MPV	腾翼 V80 2.0L	109800	长城汽车股份有限公司	(0312)2192888	外形尺寸(mm):4574×1704×1845,轴距 2825mm,整备质量 1545kg,5 门 7 座,发动机型号 4G63S4N,排量1.997L,最大功率 105kW(6000 r/min),最大扭矩 185 N·m(3000~4500 r/min),4速手自一体,最高车速 160 km/h,排放标准欧Ⅳ,精英型,2011 款
MPV	腾翼 V80 2.4L	84800	长城汽车股份有限公司	(0312)2192888	外形尺寸(mm):4574×1704×1845,轴距 2825mm,整备质量 1550kg,5 门 5 座,发动机型号 4G69S4M,排量2.378 L,最大功率 120kW(5500~6000 r/min),最大扭矩 210 N·m(3500~4500 r/min),4 速手自一体,最高车速 160 km/h,排放标准欧Ⅳ,标准型,2011 款
MPV	腾翼 V80 2.4L	89800	长城汽车股份有限公司	(0312)2192888	外形尺寸(mm):4574×1704×1845,轴距 2825mm,整备质量 1550kg,5 门 7 座,发动机型号 4G69S4M,排量2.378 L,最大功率 120kW(5500~6000 r/min),最大扭矩 210 N·m(3500~4500 r/min),4 速手自一体,最高车速 160 km/h,排放标准欧Ⅳ,实用型,2011 款
MPV	腾翼 V80 2.4L	94800	长城汽车股份有限公司	(0312)2192888	外形尺寸(mm):4574×1704×1845,轴距 2825mm,整备质量 1550kg,5 门 7 座,发动机型号 4G69S4M,排量2.378 L,最大功率 120kW(5500~6000 r/min),最大扭矩 210 N·m(3500~4500 r/min),4 速手自一体,最高车速 160 km/h,排放标准欧Ⅳ,舒适型,2011 款
MPV	腾翼 V80 2.4L	100800	长城汽车股份有限公司	(0312)2192888	外形尺寸(mm):4574×1704×1845,轴距 2825mm,整备质量 1550kg,5 门 7 座,发动机型号 4G69S4M,排量2.378 L,最大功率 120kW(5500~6000 r/min),最大扭矩 210 N·m(3500~4500 r/min),4 速手自一体,最高车速 160 km/h,排放标准欧Ⅳ,豪华型,2011 款

产品名称	型号规格	参考价格(元)	生产厂家	电话	主要参数及备注
MPV	腾翼 V80 2.4L	114800	长城汽车股份有限公司	(0312) 2192888	外形尺寸(mm):4574×1704×1845,轴距 2825mm,整备质量 1550kg,5 门 7 座,发动机型号 4G69S4M,排量2.378L,最大功率 120kW(5500～6000 r/min),最大扭矩 210 N·m(3500～4500 r/min),4 速手自一体,最高车速 160 km/h,排放标准欧Ⅳ,精英型,2011 款
MPV	途安1.8T	179800	上海大众汽车有限公司	(021) 95000789	外形尺寸(mm):4411×1794×1650,轴距 2678mm,油箱容积 60L,整备质量 1570kg,乘员 5 人,发动机型号 BPL,排量1.781L,最大功率 110kW(5800 r/min),最大扭矩 220 N·m(2000～4600 r/min),最高车速 198 km/h,油耗 7.5 L/100km,前驱,5 速手动,排放标准国Ⅳ,智尊版
MPV	途安1.8T	191800	上海大众汽车有限公司	(021) 95000789	外形尺寸(mm):4411×1794×1650,轴距 2678mm,油箱容积 60L,整备质量 1615kg,乘员 5 人,发动机型号 BPL,排量1.781 L,最大功率 110kW(5800 r/min),最大扭矩 220 N·m(2000～4600 r/min),最高车速 193 km/h,油耗7.8 L/100km,前驱,6 速手自一体,排放标准国Ⅳ,智尊版
MPV	途安1.8T	197800	上海大众汽车有限公司	(021) 95000789	外形尺寸(mm):4411×1794×1650,轴距 2678mm,油箱容积 60L,整备质量 1635kg,乘员 7 人,发动机型号 BPL,排量1.781L,最大功率 110kW(5800 r/min),最大扭矩 220 N·m(2000～4600 r/min),最高车速 193 km/h 油耗 8.0 L/100km,前驱,6 速手自一体,排放标准国Ⅳ,智尊版
MPV	途安2.0L AT	161800	上海大众汽车有限公司	(021) 95000789	外形尺寸(mm):4411×1794×1650,轴距 2678mm,油箱容积 60L,整备质量 1550kg,乘员 5 人,发动机型号 BJZ,排量1.984 L,最大功率 85kW(5200 r/min),最大扭矩 170 N·m(4000 r/min),最高车速 175 km/h,油耗7.6 L/100km,前驱,6 速手自一体,排放标准国Ⅳ,智享版
MPV	途安2.0L AT	171800	上海大众汽车有限公司	(021) 95000789	外形尺寸(mm):4411×1794×1650,轴距 2678mm,油箱容积 60L,整备质量 1550kg,乘员 5 人,发动机型号 BJZ,排量1.984 L,最大功率 85kW(5200 r/min),最大扭矩 170 N·m(4000 r/min),最高车速 175 km/h,油耗7.6 L/100km,前驱,6 速手自一体,排放标准国Ⅳ,智雅版
MPV	途安2.0L MT	149800	上海大众汽车有限公司	(021) 95000789	外形尺寸(mm):4411×1794×1650,轴距 2678mm,油箱容积 60L,整备质量 1505kg,乘员 5 人,发动机型号 BJZ,排量1.984 L,最大功率 85kW(5200 r/min),最大扭矩 170 N·m(4000 r/min),最高车速 180 km/h,油耗7.4L/100km,前驱,5 速手动,排放标准国Ⅳ,智享版

产品名称	型号规格	参考价格（元）	生产厂家	电话	主要参数及备注
MPV	威麟 H5	209800	奇瑞汽车有限公司	(0553)5951286	外形尺寸(mm):5410×1920×2290,轴距 3110mm,整备质量 2195kg,乘员 14 人,发动机排量 1.971L,额定功率 125kW(5500 r/min),最大扭矩 235 N·m(1900 r/min),最高车速 140 km/h,前置后驱,5 速手动,排放标准国Ⅳ,豪华型
MPV	威麟 V5 1.8 – 5MT	109800	奇瑞汽车有限公司	(0553)5951286	外形尺寸(mm):4662×1820×1590,轴距 2800mm,整备质量 1543kg,乘员 7 人,发动机型号 ACTECO – SQR481FC,排量 1.845L,额定功率 97kW(5750 r/min),最大扭矩 170 N·m(4300~4500 r/min),最高车速 170 km/h,前驱,5 速手动,排放标准国Ⅳ,舒适型
MPV	威麟 V5 1.8 – 5MT	119800	奇瑞汽车有限公司	(0553)5951286	外形尺寸(mm):4662×1820×1590,轴距 2800mm,整备质量 1543kg,乘员 7 人,发动机型号 ACTECO – SQR481FC,排量 1.845L,额定功率 97kW(5750 r/min),最大扭矩 170 N·m(4300~4500 r/min),最高车速 170 km/h,前驱,5 速手动,排放标准国Ⅳ,豪华型
MPV	威麟 V5 1.9TDDI – 6MT	139800	奇瑞汽车有限公司	(0553)5951286	外形尺寸(mm):4662×1820×1590,轴距 2800mm,整备质量 1620kg,乘员 7 人,发动机型号 ACTECO – SQR481A,排量 1.905 L,额定功率 93kW(4000 r/min),最大扭矩 271 N·m(2000 r/min),最高车速 184 km/h,前驱,6 速手动,排放标准国Ⅳ,舒适型
MPV	威麟 V5 1.9TDDI – 6MT	149800	奇瑞汽车有限公司	(0553)5951286	外形尺寸(mm):4662×1820×1590,轴距 2800mm,整备质量 1620kg,乘员 7 人,发动机型号 ACTECO – SQR481A,排量 1.905 L,额定功率 93kW(4000 r/min),最大扭矩 271 N·m(2000 r/min),最高车速 184 km/h,前驱,6 速手动,排放标准国Ⅳ,豪华型
MPV	威麟 V5 2.0 – 4AT	144800	奇瑞汽车有限公司	(0553)5951286	外形尺寸(mm):4662×1820×1590,轴距 2800mm,整备质量 1560kg,乘员 7 人,发动机型号 ACTECO – SQR484F,排量 1.971 L,额定功率 102kW(5750 r/min),最大扭矩 182 N·m(4300~4500 r/min),最高车速 170 km/h,前驱,4 速手自一体,排放标准国Ⅳ,豪华型
MPV	威麟 V5 2.0 – 5MT	117800	奇瑞汽车有限公司	(0553)5951286	外形尺寸(mm):4662×1820×1590,轴距 2800mm,整备质量 1505kg,乘员 7 人,发动机型号 ACTECO – SQR484F,排量 1.971 L,额定功率 102kW(5750 r/min),最大扭矩 182 N·m(4300~4500 r/min),最高车速 170 km/h,前驱,5 速手动,排放标准国Ⅳ,舒适型

产品名称	型号规格	参考价格(元)	生产厂家	电话	主要参数及备注
MPV	威麟 V5 2.0 - 5MT	127800	奇瑞汽车有限公司	(0553)5951286	外形尺寸(mm):4662×1820×1590,轴距 2800mm,整备质量 1505kg,乘员 7 人,发动机型号 ACTECO - SQR484F,排量1.971 L,额定功率 102kW(5750 r/min),最大扭矩 182 N·m(4300~4500 r/min)最高车速 170 km/h,前驱,5 速手动,排放标准国Ⅳ,豪华型
MPV	新奥德赛	229800	广州本田汽车有限公司	(020)82270620	外形尺寸(mm):4810×1802×1570,轴距 2830mm,整备质量 1655kg,乘员 7 人,发动机排量 2.354L,最大功率 133kW(6500 r/min),最大扭矩 218 N·m(4300 r/min),前驱,5 速自动,排放标准欧Ⅳ,舒适版
MPV	新奥德赛	256800	广州本田汽车有限公司	(020)82270620	外形尺寸(mm):4810×1802×1570,轴距 2830mm,整备质量 1705kg,乘员 7 人,发动机排量 2.354L,最大功率 133kW(6500 r/min),最大扭矩 218 N·m(4300 r/min),前驱,5 速自动,排放标准欧Ⅳ,豪华版
MPV	新奥德赛	282800	广州本田汽车有限公司	(020)82270620	外形尺寸(mm):4810×1802×1570,轴距 2830mm,整备质量 1705kg,乘员 7 人,发动机排量 2.354L,最大功率 133kW(6500 r/min),最大扭矩 218 N·m(4300 r/min),前驱 5 速自动,排放标准欧Ⅳ,领秀版
MPV	新普力马 1.6L	86800	一汽海马汽车有限公司	(0898)66820333	外形尺寸(mm):4384×1718×1579,轴距 2670mm,整备质量 1330kg,2 厢 5 门 5 座,发动机型号 479Q - A,排量1.598L,额定功率88.2kW(6000 r/min),最大扭矩 158 N·m(4500 r/min),前驱,5 速手动,排放标准国Ⅳ,手动基本型
MPV	新普力马 1.6L	91800	一汽海马汽车有限公司	(0898)66820333	外形尺寸(mm):4384×1718×1579,轴距 2670mm,整备质量 1330kg,2 厢 5 门 5 座,发动机型号 479Q - A,排量1.598L,额定功率88.2kW(6000 r/min),最大扭矩 158 N·m(4500 r/min),前驱,5 速手动,排放标准国Ⅳ,手动舒适型
MPV	新普力马 1.6L	99800	一汽海马汽车有限公司	(0898)66820333	外形尺寸(mm):4384×1718×1579,轴距 2670mm,整备质量 1350kg,2 厢 5 门 5 座,发动机型号 479Q - A,排量1.598L,额定功率88.2kW(6000 r/min),最大扭矩 158 N·m(4500 r/min),前驱,5 速手动,排放标准国Ⅳ,手动豪华型
MPV	新普力马 1.8L	99800	一汽海马汽车有限公司	(0898)66820333	外形尺寸(mm):4384×1718×1579,轴距 2670mm,整备质量 1350kg,2 厢 5 门 5 座,发动机型号 483Q,排量1.839L,额定功率 90kW(6000 r/min),最大扭矩 160 N·m(4000 r/min),最高车速 170 km/h,前置前驱,6 速无级变速,排放标准国Ⅳ,自动舒适型

产品名称	型号规格	参考价格(元)	生产厂家	电话	主要参数及备注
MPV	新普力马 1.8L	108800	一汽海马汽车有限公司	(0898)66820333	外形尺寸(mm):4384×1718×1579,轴距 2670mm,整备质量1350kg,2 厢 5 门 5 座,发动机型号 483Q,排量1.839L,额定功率90kW(6000 r/min),最大扭矩160 N·m(4000 r/min),最高车速 170 km/h,前置前驱,6 速无级变速,排放标准国Ⅳ,自动豪华型
MPV	御轩2.0L	132800	郑州日产汽车有限公司	(0371)66033666	外形尺寸(mm):4731×1695×1825,轴距 2695mm,整备质量1550kg,乘员 7 人,发动机型号PSARFN10LH3X,排量1.977 L,最大功率 108kW,最大扭矩 200 N·m(4000 r/min),最高车速175 km/h,油耗6.8 L/100km,前驱,5 速手动,排放标准欧Ⅲ、欧Ⅳ,标准型
MPV	御轩2.0L	142800	郑州日产汽车有限公司	(0371)66033666	外形尺寸(mm):4731×1695×1825,轴距 2695mm,整备质量1550kg,乘员 7 人,发动机型号PSARFN10LH3X,排量1.977 L,最大功率 108kW,最大扭矩 200 N·m(4000 r/min),最高车速175 km/h,油耗6.8 L/100km,前驱,5 速手动,排放标准欧Ⅲ、欧Ⅳ,豪华型
MPV	御轩2.0L	159800	郑州日产汽车有限公司	(0371)66033666	外形尺寸(mm):4731×1695×1825,轴距 2695mm,整备质量1550kg,乘员 7 人,发动机型号PSARFN10LH3X,排量1.977 L,最大功率 108kW,最大扭矩 200 N·m(4000 r/min),最高车速175 km/h,油耗6.8 L/100km,前驱,5 速手动,排放标准欧Ⅲ、欧Ⅳ,行政型
MPV	御轩2.5L	172800	郑州日产汽车有限公司	(0371)66033666	外形尺寸(mm):4731×1695×1825,轴距 2695mm,整备质量1635kg,乘员 7 人,发动机型号QR25N,排量2.488 L,最大功率117.7kW(5600 r/min),最大扭矩240.3 N·m(4000 r/min),最高车速 175 km/h,油耗 7.0 L/100km,前驱,4 速自动,排放标准欧Ⅳ,豪华型
MPV	御轩2.5L	192800	郑州日产汽车有限公司	(0371)66033666	外形尺寸(mm):4731×1695×1825,轴距 2695mm,整备质量1635kg,乘员 7 人,发动机型号QR25N,排量2.488 L,最大功率117.7kW(5600 r/min),最大扭矩240.3 N·m(4000 r/min),最高车速 175 km/h,油耗 7.0 L/100km,前驱,4 速自动,排放标准欧Ⅳ,旗舰型
MPV	众泰 M300 1.6	69800	众泰控股集团有限公司	(0579)87229888	外形尺寸(mm):4089×1871×1695,轴距 2666mm,整备质量1400kg,5 门 5 座,发动机排量1.596 L,最大功率 76kW(5750 r/min),最大扭矩 145 N·m(4000 r/min),5 速手动,前置前驱,排放标准国Ⅳ,基本型

产品名称	型号规格	参考价格(元)	生产厂家	电话	主要参数及备注
MPV	众泰 M300 1.6	79800	众泰控股集团有限公司	(0579)87229888	外形尺寸(mm):4089×1871×1695,轴距 2666mm,整备质量1400kg,5 门 5 座,发动机排量1.596L,最大功率 76kW(5750 r/min),最大扭矩 145 N·m(4000 r/min),5 速手动,前置前驱,排放标准国Ⅳ,豪华型
MPV	众泰 M300 1.6	138800	众泰控股集团有限公司	(0579)87229888	外形尺寸(mm):4089×1871×1695,轴距 2666mm,整备质量 1400kg,5 门 5 座,发动机排量 1.596 L,最大功率 76kW(5750 r/min),最大扭矩 145 N·m(4000 r/min),5 速手动,前置前驱,排放标准国Ⅳ,精锐型
MPV	众泰 M300 1.6	70800	众泰控股集团有限公司	(0579)87229888	外形尺寸(mm):4089×1871×1695,轴距 2666mm,整备质量 1400kg,5 门 6 座,发动机排量 1.596 L,最大功率 76kW(5750 r/min),最大扭矩 145 N·m(4000 r/min),5 速手动,前置前驱,排放标准国Ⅳ,基本型
MPV	众泰 M300 1.6	80800	众泰控股集团有限公司	(0579)87229888	外形尺寸(mm):4089×1871×1695,轴距 2666mm,整备质量 1400kg,5 门 6 座,发动机排量 1.596 L,最大功率 76kW(5750 r/min),最大扭矩 145 N·m(4000 r/min),5 速手动,前置前驱,排放标准国Ⅳ,豪华型
MPV	众泰 M300 1.6	141800	众泰控股集团有限公司	(0579)87229888	外形尺寸(mm):4089×1871×1695,轴距 2666mm,整备质量1400kg,5 门 6 座,发动机排量1.596L,最大功率 76kW(5750 r/min),最大扭矩 145 N·m(4000 r/min),5 速手动,前置前驱,排放标准国Ⅳ,精锐增配型
MPV	众泰 M300 1.6	88800	众泰控股集团有限公司	(0579)87229888	外形尺寸(mm):4089×1871×1695,轴距 2666mm,整备质量1405kg,5 门 5 座,发动机排量1.596L,最大功率 76kW(5750 r/min),最大扭矩 145 N·m(4000 r/min),5 速手动,前置前驱,排放标准国Ⅳ,尊贵型,双天窗
MPV	众泰 M300 1.6	89800	众泰控股集团有限公司	(0579)87229888	外形尺寸(mm):4089×1871×1695,轴距 2666mm,整备质量1405kg,5 门 6 座,发动机排量1.596L,最大功率 76kW(5750 r/min),最大扭矩 145 N·m(4000 r/min),5 速手动,前置前驱,排放标准国Ⅳ,尊贵型,双天窗
进口 MPV	奔驰 R 300L	778000	北京保利星徽汽车销售服务有限公司	(010)87391111	外形尺寸(mm):5157×1922×1674,轴距 3215mm,整备质量2175kg,5 门,乘员 6 人,发动机排量2.996 L,额定功率 170kW(6000 r/min),额定扭矩 300 N·m(2500~5000 r/min),最高车速 234 km/h,前置后驱,7 速手自一体,排放标准欧Ⅳ,豪华型

产品名称	型号规格	参考价格(元)	生产厂家	电话	主要参数及备注
进口 MPV	奔驰 R 300L	698000	北京保利星徽汽车销售服务有限公司	(010)87391111	外形尺寸(mm):5157×1922×1674,轴距 3215mm,整备质量 2175kg,5 门,乘员 7 人,发动机排量2.996 L,额定功率 170kW(6000 r/min),额定扭矩 300 N·m(2500 ~5000 r/min),最高车速 234 km/h,前置后驱,7 速手自一体,排放标准欧Ⅳ,商务型
进口 MPV	奔驰 R 350L 4MATIC	858000	北京保利星徽汽车销售服务有限公司	(010)87391111	外形尺寸(mm):5157×1922×1674,轴距 3215mm,整备质量 2230kg,5 门,乘员 6 人,发动机排量3.498 L,额定功率 200kW(6000 r/min),额定扭矩 350 N·m(2400~5000 r/min,最高车速 230 km/h,前置四驱,7 速手自一体,排放标准欧Ⅳ
进口 MPV	奔驰 R 500L 4MATIC	1248000	北京保利星徽汽车销售服务有限公司	(010)87391111	外形尺寸(mm):5157×1922×1674,轴距 3215mm,整备质量 2265kg,5 门,乘员 6 人,发动机排量5.461 L,额定功率 285kW(6000 r/min),额定扭矩 530 N·m(2800~4800 r/min),最高车速 250 km/h,前置四驱,7 速手自一体,排放标准欧Ⅳ
进口越野车	奔驰 G 500	1698000	北京保利星徽汽车销售服务有限公司	(010)87391111	外形尺寸(mm):4668×1774×1952,轴距 2850mm,整备质量 2456kg,5 门 5 座,发动机排量 5.461 L,额定功率 285kW(6000 r/min),额定扭矩 530 N·m(2800~4000 r/min),最高车速 210 km/h,前置四驱,7 速自动,排放标准欧Ⅳ
进口越野车	奔驰 GL 450	1478000	北京保利星徽汽车销售服务有限公司	(010)87391111	外形尺寸(mm):5099×1920×1840,V8 发动机,排量4.663 L,额定功率 250kW(6000 r/min),额定扭矩 460 N·m(2700~5000 r/min),经典型
进口越野车	奔驰 GL 450	1598000	北京保利星徽汽车销售服务有限公司	(010)87391111	外形尺寸(mm):5099×1920×1840,V8 发动机,排量4.663 L,额定功率 250kW(6000 r/min),额定扭矩 460 N·m(2700~5000 r/min),尊贵型
进口越野车	奔驰 ML 300 4MATIC	778000	北京保利星徽汽车销售服务有限公司	(010)87391111	外形尺寸(mm):4781×1911×1315,轴距 2915mm,5 门 5 座,发动机排量 2.996 L,额定功率 170kW(6000 r/min),额定扭矩 300 N·m(2500~5000 r/min),最高车速 210 km/h,前置四驱,7 速手自一体,排放标准欧Ⅳ
进口越野车	奔驰 ML 350 4MATIC	898000	北京保利星徽汽车销售服务有限公司	(010)87391111	外形尺寸(mm):4781×1911×1315,轴距 2915mm,5 门 5 座,发动机排量 3.498 L,额定功率 200kW(6000 r/min),额定扭矩 350 N·m(2400~5000 r/min,最高车速 225 km/h,前置四驱,7 速手自一体,排放标准欧Ⅳ,豪华型,特别版
进口越野车	奔驰 ML 500 4MATIC	1418000	北京保利星徽汽车销售服务有限公司	(010)87391111	外形尺寸(mm):4781×1911×1315,轴距 2915mm,5 门 5 座,发动机排量5.461 L,额定功率 285kW(6000 r/min),额定扭矩 530 N·m(2800~4800 r/min),最高车速 250 km/h,前置四驱,7 速手自一体,排放标准欧Ⅳ,特别版

第 10 章　运动型多用途乘用车(SUV)

产品名称	型号规格	参考价格(元)	生产厂家	电话	主要参数及备注
SUV	CR－V 2.0 EXi AT	217800	东风本田汽车有限公司	(027)84826000	外形尺寸(mm):4575×1820×1680,轴距2620mm,整备质量1590kg,乘员5人,发动机排量1.997L,最大功率110kW(6200 r/min),最大扭矩190 N·m(4200 r/min),前置四驱,5速自动,排放标准国Ⅳ,经典版
SUV	CR－V 2.0 LXi AT	197800	东风本田汽车有限公司	(027)84826000	外形尺寸(mm):4575×1820×1680,轴距2620mm,整备质量1510kg,乘员5人,发动机排量1.997L,最大功率110kW(6200 r/min),最大扭矩190 N·m(4200 r/min),前驱,5速自动,排放标准国Ⅳ,都市版
SUV	CR－V 2.0 LXi MT	189800	东风本田汽车有限公司	(027)84826000	外形尺寸(mm):4575×1820×1680,轴距2620mm,整备质量1475kg,乘员5人,发动机排量1.997L,最大功率110kW(6200 r/min),最大扭矩190 N·m(4200 r/min),前驱,6速手动,排放标准国Ⅳ,都市版
SUV	CR－V 2.4 VTi－AT	239800	东风本田汽车有限公司	(027)84826000	外形尺寸(mm):4575×1820×1680,轴距2620mm,整备质量1635kg,乘员5人,发动机排量2.354L,最大功率125kW(5800 r/min),最大扭矩220 N·m(4200 r/min),油耗7.6 L/100km,前置四驱,5速自动,排放标准国Ⅳ,豪华版
SUV	CR－V 2.4 VTi－S AT	252800	东风本田汽车有限公司	(027)84826000	外形尺寸(mm):4575×1820×1680,轴距2620mm,整备质量1635kg,乘员5人,发动机排量2.354L,最大功率125kW(5800 r/min),最大扭矩220 N·m(4200 r/min),油耗7.6 L/100km,前置四驱,5速自动,排放标准国Ⅳ,尊贵版
SUV	CR－V 2.4 VTi－S NAVI AT	262800	东风本田汽车有限公司	(027)84826000	外形尺寸(mm):4530×1820×1680,轴距2620mm,整备质量1590kg,乘员5人,发动机排量2.354L,最大功率125kW(5800 r/min),最大扭矩220 N·m(4200 r/min),油耗9.9 L/100km,全时四驱,6速手动,排放标准欧Ⅳ,尊贵导航版
SUV	ix35 2.0 GL 2WD AT	183800	北京现代汽车有限公司	(010)59638122	外形尺寸(mm):4420×1820×1660,轴距2640mm,5门5座,发动机排量1.998 L,额定功率120kW(6200 r/min),最大扭矩194 N·m(4600 r/min),最高车速182 km/h,6速手自一体,前置前驱,排放标准国Ⅳ＋OBD,新锐版

产品名称	型号规格	参考价格(元)	生产厂家	电话	主要参数及备注
SUV	ix35 2.0 GL 2WD MT	169800	北京现代汽车有限公司	(010) 59638122	外形尺寸(mm):4420×1820×1660,轴距2640mm,5门5座,发动机排量1.998 L,额定功率120kW(6200 r/min),最大扭矩194 N·m(4600 r/min),最高车速185 km/h,5速手动,前置前驱,排放标准国Ⅳ+OBD,新锐版
SUV	ix35 2.0GLS 2WD AT	195800	北京现代汽车有限公司	(010) 59638122	外形尺寸(mm):4420×1820×1660,轴距2640mm,5门5座,发动机排量1.998 L,额定功率120kW(6200 r/min),最大扭矩194 N·m(4600 r/min),最高车速182 km/h,6速手自一体,前置前驱,排放标准国Ⅳ+OBD,精英版
SUV	ix35 2.0GLS 2WD AT	203800	北京现代汽车有限公司	(010) 59638122	外形尺寸(mm):4420×1820×1660,轴距2640mm,5门5座,发动机排量1.998 L,额定功率120kW(6200 r/min),最大扭矩194 N·m(4600 r/min),最高车速182 km/h,6速手自一体,前置前驱,排放标准国Ⅳ+OBD,精英版,全景天窗
SUV	ix35 2.0GLS 4WD AT	215800	北京现代汽车有限公司	(010) 59638122	外形尺寸(mm):4420×1820×1660,轴距2640mm,5门5座,发动机排量1.998 L,额定功率120kW(6200 r/min),最大扭矩194 N·m(4600 r/min),最高车速182 km/h,6速手自一体,前置四驱,排放标准国Ⅳ+OBD,尊贵版
SUV	ix35 2.0GLS 4WD AT	230800	北京现代汽车有限公司	(010) 59638122	外形尺寸(mm):4420×1820×1660,轴距2640mm,5门5座,发动机排量1.998 L,额定功率120kW(6200 r/min),最大扭矩194 N·m(4600 r/min),最高车速182 km/h,6速手自一体,前置四驱,排放标准国Ⅳ+OBD,尊贵版,带导航
SUV	ix35 2.4GLS 2WD AT	228800	北京现代汽车有限公司	(010) 59638122	外形尺寸(mm):4420×1820×1660,轴距2640mm,5门5座,发动机排量2.359 L,额定功率128kW(6000 r/min),最大扭矩226 N·m(4000 r/min),最高车速180 km/h,6速手自一体,前置前驱,排放标准国Ⅳ+OBD,尊贵版,带导航
SUV	ix35 2.4GLS 2WD AT	213800	北京现代汽车有限公司	(010) 59638122	外形尺寸(mm):4420×1820×1660,轴距2640mm,5门5座,发动机排量2.359 L,额定功率128kW(6000 r/min),最大扭矩226 N·m(4000 r/min),最高车速180 km/h,6速手自一体,前置前驱,排放标准国Ⅳ+OBD,尊贵版
SUV	ix35 2.4GLS 4WD AT	242800	北京现代汽车有限公司	(010) 59638122	外形尺寸(mm):4420×1820×1660,轴距2640mm,5门5座,发动机排量2.359 L,额定功率128kW(6000 r/min),最大扭矩226 N·m(4000 r/min),最高车速180 km/h,6速手自一体,前置四驱,排放标准国Ⅳ+OBD,新锐版

产品名称	型号规格	参考价格(元)	生产厂家	电话	主要参数及备注
SUV	RAV4 2.0 AT	199800	天津一汽丰田汽车有限公司	(022)27944050	外形尺寸(mm):4630×1855×1685,轴距2660mm,整备质量1540kg,2厢4门5座,发动机型号1AZ,排量1.998L,最大功率110kW(6000 r/min),最大扭矩192 N·m(4000 r/min),最高车速175 km/h,4速自动,前驱,排放标准国Ⅳ,经典型
SUV	RAV4 2.0 AT	217800	天津一汽丰田汽车有限公司	(022)27944050	外形尺寸(mm):4630×1855×1685,轴距2660mm,整备质量1540kg,2厢4门5座,发动机型号1AZ,排量1.998L,最大功率110kW(6000 r/min),最大扭矩192 N·m(4000 r/min),最高车速175 km/h,4速自动,前驱,排放标准国Ⅳ,豪华型
SUV	RAV4 2.0 AT	235300	天津一汽丰田汽车有限公司	(022)27944050	外形尺寸(mm):4630×1855×1685,轴距2660mm,整备质量1540kg,2厢4门5座,发动机型号1AZ,排量1.998L,最大功率110kW(6000 r/min),最大扭矩192 N·m(4000 r/min),最高车速175 km/h,4速自动,前驱,排放标准国Ⅳ,豪华导航型
SUV	RAV4 2.0 MT	189800	天津一汽丰田汽车有限公司	(022)27944050	外形尺寸(mm):4630×1855×1685,轴距2660mm,整备质量1515kg,2厢4门5座,发动机型号1AZ,排量1.998L,最大功率110kW(6000 r/min),最大扭矩192 N·m(4000 r/min),最高车速180 km/h,5速手动,前驱,排放标准国Ⅳ,经典型
SUV	RAV4 2.0 MT	207800	天津一汽丰田汽车有限公司	(022)27944050	外形尺寸(mm):4630×1855×1685,轴距2660mm,整备质量1515kg,2厢4门5座,发动机型号1AZ,排量1.998L,最大功率110kW(6000 r/min),最大扭矩192 N·m(4000 r/min),最高车速180 km/h,5速手动,前驱,排放标准国Ⅳ,豪华型
SUV	RAV4 2.0 MT	225300	天津一汽丰田汽车有限公司	(022)27944050	外形尺寸(mm):4630×1855×1685,轴距2660mm,整备质量1515kg,2厢4门5座,发动机型号1AZ,排量1.998L,最大功率110kW(6000 r/min),最大扭矩192 N·m(4000 r/min),最高车速180 km/h,5速手动,前驱,排放标准国Ⅳ,豪华导航型
SUV	RAV4 2.4 AT	246800	天津一汽丰田汽车有限公司	(022)27944050	外形尺寸(mm):4630×1855×1720,轴距2660mm,整备质量1620kg,5门5座,发动机排量2.362L,最大功率125kW(6000 r/min),最大扭矩224 N·m(4000 r/min),最高车速185 km/h,4速自动,前置四驱,排放标准欧Ⅳ,豪华型
SUV	RAV4 2.4 AT	264300	天津一汽丰田汽车有限公司	(022)27944050	外形尺寸(mm):4630×1855×1720,轴距2660mm,整备质量1620kg,5门5座,发动机排量2.362L,最大功率125kW(6000 r/min),最大扭矩224 N·m(4000 r/min),最高车速185 km/h,4速自动,前置四驱,排放标准欧Ⅳ,豪华导航型

产品名称	型号规格	参考价格(元)	生产厂家	电话	主要参数及备注
SUV	RAV4 2.4 MT	236800	天津一汽丰田汽车有限公司	(022)27944050	外形尺寸(mm):4630×1855×1720,轴距 2660mm,整备质量 1585kg,5 门 5 座,发动机排量 2.362L,最大功率 125kW(6000 r/min),最大扭矩 224 N·m(4000 r/min),最高车速 185 km/h,5 速手动,前置四驱,排放标准欧Ⅳ,豪华型
SUV	RAV4 2.4 MT	254300	天津一汽丰田汽车有限公司	(022)27944050	外形尺寸(mm):4630×1855×1720,轴距 2660mm,整备质量 1585kg,5 门 5 座,发动机排量 2.362L,最大功率 125kW(6000 r/min),最大扭矩 224 N·m(4000 r/min),最高车速 185 km/h,5 速手动,前置四驱,排放标准欧Ⅳ,豪华导航型
SUV	翱龙 CUV DD6470	79800	丹东黄海汽车有限责任公司	(0415)6224302	外形尺寸(mm):4680×1790×1870,轴距 2730mm,整备质量 1750kg,乘员 5 人,发动机型号 4G63S4M,排量 1.997L,额定功率 85kW,最大扭矩 165 N·m,最高车速 140 km/h,燃汽油,二驱,5 速手动,排放标准国Ⅲ,标准型
SUV	翱龙 CUV DD6470	85800	丹东黄海汽车有限责任公司	(0415)6224302	外形尺寸(mm):4680×1790×1870,轴距 2730mm,整备质量 1750kg,乘员 5 人,发动机型号 4G63S4M,排量 1.997L,额定功率 85kW,最大扭矩 165 N·m,最高车速 140 km/h,燃汽油,二驱,5 速手动,排放标准国Ⅲ,豪华型
SUV	翱龙 CUV DD6470	106800	丹东黄海汽车有限责任公司	(0415)6224302	外形尺寸(mm):4680×1790×1870,轴距 2730mm,整备质量 1750kg,乘员 5 人,发动机型号 4G64S4M,排量 2.351L,额定功率 93kW,最大扭矩 196 N·m,最高车速 160 km/h,燃汽油,四驱,5 速手动,排放标准国Ⅲ,豪华型
SUV	翱龙 CUV DD6470H	88800	丹东黄海汽车有限责任公司	(0415)6224302	外形尺寸(mm):4680×1790×1870,轴距 2730mm,整备质量 1750kg,乘员 5 人,发动机型号 CF25TC,排量 2.498L,额定功率 62kW,最大扭矩 205 N·m,最高车速 130 km/h,燃柴油,二驱,5 速手动,排放标准国Ⅲ,标准型
SUV	翱龙 CUV DD6470N	81000	丹东黄海汽车有限责任公司	(0415)6224302	外形尺寸(mm):4680×1790×1870,轴距 2730mm,整备质量 1650kg,乘员 5 人,发动机型号 4G63S4M,排量 1.997L,额定功率 90kW,最大扭矩 175 N·m,最高车速 140 km/h,燃汽油,二驱,5 速手动,排放标准国Ⅳ,标准型
SUV	奥迪 Q5 2.0 TFSI	379800	一汽大众汽车有限公司	(0431)85990888	外形尺寸(mm):4629×1880×1653,轴距 2807mm,行李箱容积 540L,油箱容积 75L,整备质量 1900kg,最高车速 220 km/h,发动机排量 1.984 L,最大功率 155kW(4300～4600 r/min),最大扭矩 350 N·m(1500～4200 r/min),四驱,7 速双离合变速,排放标准国Ⅳ,进取型

产品名称	型号规格	参考价格(元)	生产厂家	电话	主要参数及备注
SUV	奥迪 Q5 2.0 TFSI	423800	一汽大众汽车有限公司	(0431)85990888	外形尺寸(mm):4629×1880×1653,轴距2807mm,行李箱容积540L,油箱容积75L,整备质量1900kg,最高车速220 km/h,发动机排量1.984 L,最大功率155kW(4300～4600 r/min),最大扭矩350 N·m(1500～4200 r/min),四驱,7速双离合变速,排放标准国Ⅳ,技术型
SUV	奥迪 Q5 2.0 TFSI	475800	一汽大众汽车有限公司	(0431)85990888	外形尺寸(mm):4629×1880×1653,轴距2807mm,行李箱容积540L,油箱容积75L,整备质量1900kg,最高车速220 km/h,发动机排量1.984 L,最大功率155kW(4300～4600 r/min),最大扭矩350 N·m(1500～4200 r/min),四驱,7速双离合变速,排放标准国Ⅳ,舒适型
SUV	奥迪 Q5 2.0 TFSI	539800	一汽大众汽车有限公司	(0431)85990888	外形尺寸(mm):4629×1880×1653,轴距2807mm,行李箱容积540L,油箱容积75L,整备质量1900kg,最高车速220 km/h,发动机排量1.984 L,最大功率155kW(4300～4600 r/min),最大扭矩350 N·m(1500～4200 r/min),四驱,7速双离合变速,排放标准国Ⅳ,豪华型
SUV	奥迪 Q5 3.2 FSI quattro	658000	一汽大众汽车有限公司	(0431)85990888	外形尺寸(mm):4629×1880×1653,轴距2807mm,行李箱容积540L,油箱容积75L,整备质量2075kg,最高车速234 km/h,发动机排量3.197 L,最大功率199kW(6500 r/min),最大扭矩330 N·m(3000～5000 r/min),四驱,7速双离合变速,排放标准欧Ⅳ,运动款
SUV	奥迪 Q5 3.2 FSI quattro	678000	一汽大众汽车有限公司	(0431)85990888	外形尺寸(mm):4529×1880×1653,轴距2807mm,行李箱容积540L,油箱容积75L,整备质量2075kg,最高车速234 km/h,发动机排量3.197 L,最大功率199kW(6500 r/min),最大扭矩330 N·m(3000～5000 r/min),四驱,7速双离合变速,排放标准欧Ⅳ,越野款
SUV	奥丁 2.4L	120800	郑州日产汽车有限公司	(0371)66033666	外形尺寸(mm):4580×1840×1820,轴距2650mm,油箱容积68L,整备质量1695kg,乘员5人,发动机型号4G69S4N,排量2.378L,最大功率110kW(5250 r/min),最大扭矩200 N·m(2500～3000 r/min),最高车速160 km/h,二驱,5速手动,排放标准国Ⅳ,燃汽油,豪华型
SUV	奥丁 2.4L	126800	郑州日产汽车有限公司	(0371)66033666	外形尺寸(mm):4580×1840×1820,轴距2650mm,油箱容积68L,整备质量1695kg,乘员5人,发动机型号4G69S4N,排量2.378L,最大功率110kW(5250 r/min),最大扭矩200 N·m(2500～3000 r/min),最高车速160 km/h,二驱,5速手动,排放标准国Ⅳ,燃汽油,行政型

产品名称	型号规格	参考价格(元)	生产厂家	电话	主要参数及备注
SUV	奥丁 2.4L AT	139800	郑州日产汽车有限公司	(0371)66033666	外形尺寸(mm):4580×1840×1820,轴距 2650mm,油箱容积 68L,整备质量 1695kg,乘员 5 人,发动机型号 4G64S4M,排量 2.351L,最大功率95.5kW(5250 r/min),最大扭矩 196 N·m(2500 r/min),最高车速 155 km/h,油耗8.0L/100km,二驱,4 速自动,排放标准国Ⅲ,燃汽油,豪华型
SUV	奥丁 2.4L MT	119800	郑州日产汽车有限公司	(0371)66033666	外形尺寸(mm):4580×1840×1820,轴距 2650mm,油箱容积 68L,整备质量 1695kg,乘员 5 人,发动机型号 4G64S4M,排量 2.351L,最大功率95.5kW(5250 r/min),最大扭矩 196 N·m(2500 r/min),最高车速 160 km/h,油耗7.8L/100km,二驱,5 速手动,排放标准国Ⅲ,燃汽油,豪华型
SUV	奥丁 2.4L MT	127800	郑州日产汽车有限公司	(0371)66033666	外形尺寸(mm):4580×1840×1820,轴距 2650mm,油箱容积 68L,整备质量 1695kg,乘员 5 人,发动机型号 4G64S4M,排量2.351L,最大功率95.5kW(5250 r/min),最大扭矩 196 N·m(2500 r/min),最高车速 160 km/h,油耗7.8L/100km,二驱,5 速手动,排放标准国Ⅲ,燃汽油,行政型
SUV	奥丁 2.5L	139800	郑州日产汽车有限公司	(0371)66033666	外形尺寸(mm):4580×1840×1820,轴距 2650mm,油箱容积 68L,整备质量 1860kg,乘员 5 人,发动机型号 ZD25TCR,排量 2.498L,最大功率 80kW(3800 r/min),最大扭矩 260 N·m(1600～2400 r/min),最高车速 160 km/h,二驱,5 速手动,排放标准国Ⅲ,燃柴油
SUV	奥丁 2.5L	154800	郑州日产汽车有限公司	(0371)66033666	外形尺寸(mm):4580×1840×1820,轴距 2650mm,油箱容积 68L,整备质量 1915kg,乘员 5 人,发动机型号 ZD25TCR,排量 2.498L,最大功率 80kW(3800 r/min),最大扭矩 260 N·m(1600～2400 r/min),最高车速 155 km/h,四驱,5 速手动,排放标准国Ⅲ,燃柴油
SUV	宝威 JX6501P3	96800	蚌埠连城江铃汽车销售服务有限公司	(0552)3111155	外形尺寸(mm):5050×1860×1770,最高车速 120 km/h,4×2 驱动,基本型,5 座,燃汽油
SUV	宝威 JX6501P3	100800	蚌埠连城江铃汽车销售服务有限公司	(0552)3111155	外形尺寸(mm):5050×1860×1770,最高车速 120 km/h,4×2 驱动,基本型,7 座,燃汽油
SUV	宝威 JX6501T3	97800	蚌埠连城江铃汽车销售服务有限公司	(0552)3111155	外形尺寸(mm):5050×1860×1770,总质量 1630kg,发动机最大功率 57kW,最大扭矩 172 N·m,最高车速 120 km/h,4×2 驱动,基本型,5 座,燃柴油
SUV	宝威 JX6501T3	101800	蚌埠连城江铃汽车销售服务有限公司	(0552)3111155	外形尺寸(mm):5050×1860×1770,总质量 1630kg,发动机最大功率 57kW,最大扭矩 172 N·m,最高车速 121 km/h,4×2 驱动,豪华型,5 座,燃柴油

产品名称	型号规格	参考价格(元)	生产厂家	电话	主要参数及备注
SUV	宝威 JX6501T3	105800	蚌埠连城江铃汽车销售服务有限公司	(0552)3111155	外形尺寸(mm):5050×1860×1770,总质量1630kg,发动机最大功率57kW,最大扭矩172N·m,最高车速122km/h,4×2驱动,豪华型,7座,燃柴油
SUV	宝威 JX6502P3	111800	蚌埠连城江铃汽车销售服务有限公司	(0552)3111155	外形尺寸(mm):5050×1860×1770,最高车速120km/h,4×4驱动,基本型,5座,燃汽油
SUV	宝威 JX6502T3	116800	蚌埠连城江铃汽车销售服务有限公司	(0552)3111155	外形尺寸(mm):5050×1860×1770,总质量1630kg,发动机最大功率57kW,最大扭矩172N·m,最高车速123km/h,4×4驱动,豪华型,5座,燃柴油
SUV	大迪霸道 2.2L	73800	保定大迪汽车工业有限公司	(0312)6921700	外形尺寸(mm):4870×1785×1780,轴距2850mm,整备质量1605kg,乘员5人,发动机型号SF491QE,排量2.237L,最大功率75kW,最大扭矩190N·m(2600r/min),最高车速160km/h,后驱,5速手动,排放标准国Ⅲ,燃汽油,豪华型
SUV	大迪霸道 2.4L	96800	保定大迪汽车工业有限公司	(0312)6921700	外形尺寸(mm):4870×1785×1780,轴距2850mm,整备质量1605kg,乘员5人,发动机型号4G64S4M,排量2.351L,最大功率92kW,最大扭矩192N·m(2600r/min),最高车速160km/h,前置四驱,5速手动,排放标准国Ⅲ,燃汽油,超豪华型
SUV	大迪霸道 2.4L	76800	保定大迪汽车工业有限公司	(0312)6921700	外形尺寸(mm):4870×1785×1780,轴距2850mm,整备质量1605kg,乘员5人,发动机型号SF491QE,排量2.237L,最大功率75kW,最大扭矩190N·m(2600r/min),最高车速160km/h,后驱,5速手动,排放标准国Ⅲ,燃汽油,超豪华型
SUV	大迪霸道 2.8L	83800	保定大迪汽车工业有限公司	(0312)6921700	外形尺寸(mm):4870×1785×1780,轴距2850mm,整备质量1605kg,乘员5人,发动机型号4JB1T,排量2.771L,最大功率65kW,最大扭矩210N·m(2000r/min),最高车速140km/h,前置后驱,5速手动,排放标准国Ⅲ,燃柴油,豪华型
SUV	大迪霸道 2.8L	86800	保定大迪汽车工业有限公司	(0312)6921700	外形尺寸(mm):4870×1785×1780,轴距2850mm,整备质量1605kg,乘员5人,发动机型号4JB1T,排量2.771L,最大功率65kW,最大扭矩210N·m(2000r/min),最高车速140km/h,前置后驱,5速手动,排放标准国Ⅲ,燃柴油,超豪华型
SUV	都市骏马 2.2L	63000	保定大迪汽车工业有限公司	(0312)6921700	外形尺寸(mm):4940×1760×1870,轴距3025mm,5门5座,发动机排量2.237L,最大功率65kW,最大扭矩193N·m,最高车速120km/h,后驱,5速手动,排放标准欧Ⅱ,燃汽油,豪华型
SUV	都市骏马 2.2L	67800	保定大迪汽车工业有限公司	(0312)6921700	外形尺寸(mm):4940×1760×1870,轴距3025mm,5门5座,发动机排量2.237L,最大功率65kW,最大扭矩193N·m,最高车速120km/h,后驱,5速手动,排放标准欧Ⅱ,燃汽油,超豪华型

产品名称	型号规格	参考价格(元)	生产厂家	电话	主要参数及备注
SUV	都市骏马 2.4L	85800	保定大迪汽车工业有限公司	(0312)6921700	外形尺寸(mm):4940×1760×1870,轴距3025mm,5门5座,发动机排量2.351 L,最大功率92kW,最大扭矩190 N·m,最高车速120 km/h,四驱,5速手动,排放标准国Ⅲ,燃汽油,超豪华型
SUV	都市骏马 2.8L	73000	保定大迪汽车工业有限公司	(0312)6921700	外形尺寸(mm):4940×1760×1870,轴距3025mm,5门5座,发动机排量2.771 L,最大功率67kW,最大扭矩174 N·m,最高车速120 km/h,后驱,5速手动,排放标准欧Ⅱ,燃柴油,豪华型
SUV	都市骏马 2.8L	77800	保定大迪汽车工业有限公司	(0312)6921700	外形尺寸(mm):4940×1760×1870,轴距3025mm,5门5座,发动机排量2.771 L,最大功率67kW,最大扭矩174 N·m,最高车速120 km/h,后驱,5速手动,排放标准欧Ⅱ,燃柴油,超豪华型
SUV	都市威菱 2.2L	74800	保定大迪汽车工业有限公司	(0312)6921700	外形尺寸(mm):4880×1780×1860,轴距3025mm,5门5座,发动机排量2.237L,最大功率75kW,最大扭矩190 N·m(2600 r/min),最高车速120 km/h,后驱,5速手动,排放标准国Ⅲ,燃汽油,豪华型
SUV	都市威菱 2.2L	76800	保定大迪汽车工业有限公司	(0312)6921700	外形尺寸(mm):4880×1780×1860,轴距3025mm,5门5座,发动机排量2.237 L,最大功率75kW,最大扭矩190 N·m(2600 r/min),最高车速120 km/h,后驱,5速手动,排放标准国Ⅲ,燃汽油,超豪华型
SUV	都市威菱 2.4L	92800	保定大迪汽车工业有限公司	(0312)6921700	外形尺寸(mm):4880×1780×1860,轴距3025mm,5门5座,发动机排量2.351 L,最大功率92kW,最大扭矩190 N·m,最高车速120 km/h,四驱,5速手动,排放标准国Ⅲ,燃汽油,豪华型
SUV	都市威菱 2.4L	94800	保定大迪汽车工业有限公司	(0312)6921700	外形尺寸(mm):4880×1780×1860,轴距3025mm,5门5座,发动机排量2.351 L,最大功率92kW,最大扭矩190 N·m,最高车速120 km/h,四驱,5速手动,排放标准国Ⅲ,燃汽油,超豪华型
SUV	都市威菱 2.8L	84800	保定大迪汽车工业有限公司	(0312)6921700	外形尺寸(mm):4880×1780×1860,轴距3025mm,5门5座,发动机排量2.771 L,最大功率67kW,最大扭矩210 N·m,最高车速120 km/h,后驱,5速手动,排放标准国Ⅲ,燃柴油,豪华型
SUV	都市威菱 2.8L	86800	保定大迪汽车工业有限公司	(0312)6921700	外形尺寸(mm):4880×1780×1860,轴距3025mm,5门5座,发动机排量2.771 L,最大功率67kW,最大扭矩210 N·m,最高车速120 km/h,后驱,5速手动,排放标准国Ⅲ,燃柴油,超豪华型
SUV	飞碟 UFO 1.6 L FD6392C	75000	浙江永源汽车有限公司	(0576)83431668	外形尺寸(mm):3850×1750×1665,轴距2280mm,整备质量1365kg,3门,乘员4人,最高车速155 km/h,发动机型号4G18S,排量1.584 L,功率74.2 kW,最大扭矩134 N·m(4500 r/min),前驱,5速手动,排放标准国Ⅳ,精英型

产品名称	型号规格	参考价格(元)	生产厂家	电话	主要参数及备注
SUV	飞碟 UFO 1.6 L FD6392C	76800	浙江永源汽车有限公司	(0576)83431668	外形尺寸(mm):3850×1750×1665,轴距2280mm,整备质量1365kg,3门,乘员4人,最高车速155 km/h,发动机型号4G18S,排量1.584 L,功率74.2 kW,最大扭矩134 N·m(4500 r/min),前驱,5速手动,排放标准国Ⅳ,钻石型
SUV	飞碟 UFO 1.6 L FD6392C	93800	浙江永源汽车有限公司	(0576)83431668	外形尺寸(mm):3850×1750×1665,轴距2280mm,整备质量1365kg,3门,乘员4人,最高车速155 km/h,发动机型号4G18S,排量1.584 L,功率74.2 kW,最大扭矩134 N·m(4500 r/min),前驱,5速手动,排放标准国Ⅳ,蓝钻型
SUV	飞碟 UFO 1.6 L FD6432	81800	浙江永源汽车有限公司	(0576)83431668	外形尺寸(mm):4295×1770×1680,轴距2515mm,整备质量1320kg,5门5座,最高车速150 km/h,发动机型号4G18S,排量1.584L,功率74.2kW,最大扭矩134 N·m(4500 r/min),前驱,5速手动,排放标准国Ⅳ,精英型
SUV	飞碟 UFO 1.6 L FD6432	87800	浙江永源汽车有限公司	(0576)83431668	外形尺寸(mm):4295×1770×1680,轴距2515mm,整备质量1320kg,5门5座,最高车速150 km/h,发动机型号4G18S,排量1.584L,功率74.2kW,最大扭矩134 N·m(4500 r/min),前驱,5速手动,排放标准国Ⅳ,钻石型
SUV	飞碟 UFO 2.0 L FD6421	87800	浙江永源汽车有限公司	(0576)83431668	外形尺寸(mm):4295×1770×1680,轴距2515mm,整备质量1370kg,5门5座,最高车速175 km/h,发动机型号4G63S4M,排量1.997 L,功率95kW,最大扭矩175 N·m(2750 r/min),前驱,5速手动,排放标准国Ⅳ,精英型
SUV	飞碟 UFO 2.0 L FD6421	93800	浙江永源汽车有限公司	(0576)83431668	外形尺寸(mm):4295×1770×1680,轴距2515mm,整备质量1370kg,5门5座,最高车速175 km/h,发动机型号4G63S4M,排量1.997L,功率95kW,最大扭矩175 N·m(2750 r/min),前驱,5速手动,排放标准国Ⅳ,钻石型
SUV	飞碟 UFO 2.0 L FD6930B4	78300	浙江永源汽车有限公司	(0576)83431668	外形尺寸(mm):3850×1750×1665,轴距2280mm,整备质量1365kg,3门,乘员4人,最高车速175 km/h,发动机型号4G63S4M,排量1.997 L,功率95kW,最大扭矩175 N·m(2750 r/min),前驱,5速手动,排放标准国Ⅳ,精英型
SUV	飞碟 UFO 2.0 L FD6930B4	81800	浙江永源汽车有限公司	(0576)83431668	外形尺寸(mm):3850×1750×1665,轴距2280mm,整备质量1365kg,3门,乘员4人,最高车速175 km/h,发动机型号4G63S4M,排量1.997 L,功率95kW,最大扭矩175 N·m(2750 r/min),前驱,5速手动,排放标准国Ⅳ,钻石型

产品名称	型号规格	参考价格(元)	生产厂家	电话	主要参数及备注
SUV	飞碟 UFO 2.0 L FD6930B4	98800	浙江永源汽车有限公司	(0576) 83431668	外形尺寸(mm):3850×1750×1665,轴距2280mm,整备质量1365kg,3门,乘员4人,最高车速175 km/h,发动机型号4G63S4M,排量1.997 L,功率95kW,最大扭矩175 N·m(2750 r/min),前驱,5速手动,排放标准国Ⅳ,蓝钻型
SUV	飞腾 CFA6400A	119800	广汽长丰汽车股份有限公司	(0731) 82881800	外形尺寸(mm):4210×1750×1840,轴距2450mm,油箱容积53L,整备质量1445kg,乘员5人,发动机型号4G94,排量1.999 L,最大功率89kW(5500 r/min),最大扭矩168 N·m(4500 r/min),最高车速160 km/h,前置四驱,5速手动,排放标准国Ⅲ、国Ⅳ,标准型
SUV	飞腾 CFA6400A	126800	广汽长丰汽车股份有限公司	(0731) 82881800	外形尺寸(mm):4210×1750×1840,轴距2450mm,油箱容积53L,整备质量1445kg,乘员5人,发动机型号4G94,排量1.999 L,最大功率89kW(5500 r/min),最大扭矩168 N·m(4500 r/min),最高车速160 km/h,前置四驱,5速手动,排放标准国Ⅲ、国Ⅳ,豪华型
SUV	飞腾 CFA6400G	99800	广汽长丰汽车股份有限公司	(0731) 82881800	外形尺寸(mm):4210×1750×1840,轴距2450mm,油箱容积53L,整备质量1365kg,乘员5人,发动机型号4G94,排量1.999L,最大功率89kW(5500 r/min),最大扭矩168 N·m(4500 r/min),最高车速155 km/h,前置后驱,5速手动,排放标准国Ⅲ、国Ⅳ,标准型
SUV	富利卡 菱动2.0L	99800	东南(福建)汽车工业有限公司	(0591) 22766566	外形尺寸(mm):4650×1750×1830,轴距2620mm,油箱容积57L,整备质量1550kg,乘员5~7人,最高车速140 km/h,发动机型号4G94,排量1.999 L,功率89kW(5500 r/min),最大扭矩168 N·m(4500 r/min),后驱,5速手动,排放标准国Ⅲ,基本型
SUV	富利卡 菱动2.0L	109800	东南(福建)汽车工业有限公司	(0591) 22766566	外形尺寸(mm):4650×1750×1830,轴距2620mm,油箱容积57L,整备质量1550kg,乘员5~7人,最高车速140 km/h,发动机型号4G94,排量1.999 L,功率89kW(5500 r/min),最大扭矩168 N·m(4500 r/min),后驱,5速手动,排放标准国Ⅲ,舒适型
SUV	富利卡 菱动2.0L	119800	东南(福建)汽车工业有限公司	(0591) 22766566	外形尺寸(mm):4650×1750×1830,轴距2620mm,油箱容积57L,整备质量1550kg,乘员5~7人,最高车速140 km/h,发动机型号4G94,排量1.999 L,功率89kW(5500 r/min),最大扭矩168 N·m(4500 r/min),后驱,5速手动,排放标准国Ⅲ,豪华型

产品名称	型号规格	参考价格(元)	生产厂家	电话	主要参数及备注
SUV	哈弗 H3 2.0 汽油二驱	89800	长城汽车股份有限公司	(0312)2192888	外形尺寸(mm):4650×1800×1810,轴距 2700mm,整备质量1720kg,5 门 5 座,发动机型号4G63S4M,排量1.997L,最大功率90kW(5250 r/min),最大扭矩170 N·m(2500~3000 r/min),前置后驱,5 速手动,排放标准国Ⅳ,锐意版,豪华型
SUV	哈弗 H3 2.0 汽油二驱	95800	长城汽车股份有限公司	(0312)2192888	外形尺寸(mm):4650×1800×1810,轴距 2700mm,整备质量1720kg,5 门 5 座,发动机型号4G63S4M,排量1.997L,最大功率90kW(5250 r/min),最大扭矩170 N·m(2500~3000 r/min),前置后驱,5 速手动,排放标准国Ⅳ,锐意版,精英型
SUV	哈弗 H3 2.0 汽油二驱	109800	长城汽车股份有限公司	(0312)2192888	外形尺寸(mm):4650×1800×1810,轴距 2700mm,整备质量1720kg,5 门 5 座,发动机型号4G63S4M,排量1.997L,最大功率90kW(5250 r/min),最大扭矩170 N·m(2500~3000 r/min),前置后驱,5 速手动,排放标准国Ⅳ,锐意版,天窗版
SUV	哈弗 H3 2.4 汽油二驱	107300	长城汽车股份有限公司	(0312)2192888	外形尺寸(mm):4620×1800×1810,轴距 2700mm,整备质量1720kg,5 门 5 座,发动机型号4G69S4N,排量2.378L,最大功率100kW(5250 r/min),最大扭矩200 N·m(2500~3000 r/min),前置后驱,5 速手动,排放标准国Ⅳ,领先版,豪华型
SUV	哈弗 H3 2.4 汽油二驱	121300	长城汽车股份有限公司	(0312)2192888	外形尺寸(mm):4620×1800×1810,轴距 2700mm,整备质量1720kg,5 门 5 座,发动机型号4G69S4N,排量2.378L,最大功率100kW(5250 r/min),最大扭矩200 N·m(2500~3000 r/min),前置后驱,5 速手动,排放标准国Ⅳ,领先版,超豪华型
SUV	哈弗 H3 2.4 汽油四驱	119300	长城汽车股份有限公司	(0312)2192888	外形尺寸(mm):4620×1800×1800,轴距 2700mm,整备质量1830kg,5 门 5 座,发动机型号4G69S4N,排量2.378L,最大功率100kW(5250 r/min),最大扭矩200 N·m(2500~3000 r/min),分时四驱,5 速手动,排放标准国Ⅳ,领先版,豪华型
SUV	哈弗 H3 2.4 汽油四驱	133300	长城汽车股份有限公司	(0312)2192888	外形尺寸(mm):4620×1800×1800,轴距 2700mm,整备质量1830kg,5 门 5 座,发动机型号4G69S4N,排量2.378L,最大功率100kW(5250 r/min),最大扭矩200 N·m(2500~3000 r/min),分时四驱,5 速手动,排放标准国Ⅳ,领先版,超豪华型
SUV	哈弗 H3 2.5 TCI 柴油二驱	123300	长城汽车股份有限公司	(0312)2192888	外形尺寸(mm):4620×1800×1810,轴距 2700mm,整备质量1881kg,5 门 5 座,发动机型号GW2.5TGI,排量2.499L,最大功率80kW(3600 r/min),最大扭矩300 N·m(1800~2400 r/min),前置后驱,5 速手动,排放标准国Ⅲ,领先版,豪华型

产品名称	型号规格	参考价格(元)	生产厂家	电话	主要参数及备注
SUV	哈弗 H3 2.5 TCI 柴油二驱	137300	长城汽车股份有限公司	(0312) 2192888	外形尺寸(mm):4620×1800×1810,轴距 2700mm,整备质量 1881kg,5 门 5 座,发动机型号 GW 2.5TGI,排量2.499L,最大功率 80kW(3600 r/min),最大扭矩 300 N·m(1800～2400 r/min),前置后驱,5 速手动,排放标准国Ⅲ,领先版,超豪华型
SUV	哈弗 H3 2.5 TCI 柴油四驱	138300	长城汽车股份有限公司	(0312) 2192888	外形尺寸(mm):4620×1800×1800,轴距 2700mm,整备质量 1950kg,5 门 5 座,发动机型号 GW 2.5TGI,排量2.499L,最大功率 80kW(3600 r/min),最大扭矩 300 N·m(1800～2400 r/min),分时四驱,5 速手动,排放标准国Ⅲ,领先版,豪华型
SUV	哈弗 H3 2.5 TCI 柴油四驱	152300	长城汽车股份有限公司	(0312) 2192888	外形尺寸(mm):4620×1800×1800,轴距 2700mm,整备质量 1950kg,5 门 5 座,发动机型号 GW 2.5TGI,排量2.499L,最大功率 80kW(3600 r/min),最大扭矩 300 N·m(1800～2400 r/min),分时四驱,5 速手动,排放标准国Ⅲ,领先版,超豪华型
SUV	哈弗 H5 2.0 二驱	94800	长城汽车股份有限公司	(0312) 2192888	外形尺寸(mm):4650×1800×1755,轴距 2700mm,5 门 5 座,发动机型号 4G63S4M,排量1.999L,最大功率 90kW(5250 r/min),最大扭矩 170 N·m(2500～3000 r/min),前置后驱,5 速手动,排放标准国Ⅳ+OBD,智尊版,豪华型,2011 款
SUV	哈弗 H5 2.0 二驱	101800	长城汽车股份有限公司	(0312) 2192888	外形尺寸(mm):4650×1800×1755,轴距 2700mm,5 门 5 座,发动机型号 4G63S4M,排量1.999L,最大功率 90kW(5250 r/min),最大扭矩 170 N·m(2500～3000 r/min),前置后驱,5 速手动,排放标准国Ⅳ+OBD,智尊版,精英型,2011 款
SUV	哈弗 H5 2.0 二驱	114800	长城汽车股份有限公司	(0312) 2192888	外形尺寸(mm):4650×1800×1755,轴距 2700mm,5 门 5 座,发动机型号 4G63S4M,排量1.999L,最大功率 90kW(5250 r/min),最大扭矩 170 N·m(2500～3000 r/min),前置后驱,5 速手动,排放标准国Ⅳ+OBD,智尊版,天窗版,2011 款
SUV	哈弗 H5 2.0T 二驱	137800	长城汽车股份有限公司	(0312) 2192888	外形尺寸(mm):4649×1810×1745,轴距 2700mm,整备质量 1790kg,5 门 5 座,发动机型号 GW4D20,排量1.996L,最大功率 110kW(4000 r/min),最大扭矩 310 N·m(1800～2800 r/min),前置后驱,最高车速 180 km/h,5 速手自一体,排放标准国Ⅳ,欧风版,绿静,豪华型,2011 款
SUV	哈弗 H5 2.0T 二驱	153800	长城汽车股份有限公司	(0312) 2192888	外形尺寸(mm):4649×1810×1745,轴距 2700mm,整备质量 1790kg,5 门 5 座,发动机型号 GW4D20,排量1.996L,最大功率 110kW(4000 r/min),最大扭矩 310 N·m(1800～2800 r/min),前置后驱,最高车速 180 km/h,5 速手自一体,排放标准国Ⅳ,欧风版,绿静,超豪华型,2011 款

产品名称	型号规格	参考价格(元)	生产厂家	电话	主要参数及备注
SUV	哈弗 H5 2.0T 二驱	125800	长城汽车股份有限公司	(0312)2192888	外形尺寸(mm):4649×1810×1745,轴距 2700mm,整备质量1790kg,5 门 5 座,发动机型号GW4D20,排量1.996L,最大功率110kW(4000 r/min),最大扭矩310 N·m(1800~2800 r/min),前置后驱,最高车速 180 km/h,5速手自一体,排放标准国Ⅳ,欧风版,绿静,舒适型,2011 款
SUV	哈弗 H5 2.0T 四驱	140800	长城汽车股份有限公司	(0312)2192888	外形尺寸(mm):4649×1810×1735,轴距 2700mm,整备质量1890kg,5 门 5 座,发动机型号GW4D20,排量1.996L,最大功率110kW(4000 r/min),最大扭矩310 N·m(1800~2800 r/min),前置四驱,最高车速 180 km/h,5速手自一体,排放标准国Ⅳ,欧风版,绿静,舒适型,2011 款
SUV	哈弗 H5 2.0T 四驱	152800	长城汽车股份有限公司	(0312)2192888	外形尺寸(mm):4649×1810×1735,轴距 2700mm,整备质量1890kg,5 门 5 座,发动机型号GW4D20,排量1.996L,最大功率110kW(4000 r/min),最大扭矩310 N·m(1800~2800 r/min),前置四驱,最高车速 180 km/h,5速手自一体,排放标准国Ⅳ,欧风版,绿静,豪华型,2011 款
SUV	哈弗 H5 2.0T 四驱	166800	长城汽车股份有限公司	(0312)2192888	外形尺寸(mm):4649×1810×1735,轴距 2700mm,整备质量 1890kg,5 门 5 座,发动机型号 GW4D20,排量 1.996 L,最大功率 110kW(4000 r/min),最大扭矩 310 N·m(1800~2800 r/min),前置四驱,最高车速 180 km/h,5 速手自一体,排放标准国Ⅳ,欧风版,绿静,超豪华型,2011 款
SUV	哈弗 H5 2.4 二驱	115800	长城汽车股份有限公司	(0312)2192888	外形尺寸(mm):4650×1800×1755,轴距 2700mm,整备质量 1720kg,5 门 5 座,发动机型号 4G69S4N,排量 2.378 L,最大功率 100kW(5250 r/min),最大扭矩 200 N·m(2500~3000 r/min),前置后驱,5 速手动,排放标准国Ⅳ,智尊版,豪华差速版,2011 款
SUV	哈弗 H5 2.4 二驱	131800	长城汽车股份有限公司	(0312)2192888	外形尺寸(mm):4650×1800×1755,轴距 2700mm,整备质量1720kg,5 门 5 座,发动机型号4G69S4N,排量2.378L,最大功率100kW(5250 r/min),最大扭矩200 N·m(2500~3000 r/min),前置后驱,5 速手动,排放标准国Ⅳ,智尊版,超豪华差速版,2011 款
SUV	哈弗 H5 2.4 四驱	127800	长城汽车股份有限公司	(0312)2192888	外形尺寸(mm):4650×1800×1745,轴距 2700mm,整备质量1830kg,5 门 5 座,发动机型号4G69S4N,排量2.378L,最大功率100kW(5250 r/min),最大扭矩200 N·m(2500~3000 r/min),前置四驱,5 速手动,排放标准国Ⅳ,智尊版,豪华差速版,2011 款

产品名称	型号规格	参考价格(元)	生产厂家	电话	主要参数及备注
SUV	哈弗 H5 2.4 四驱	143800	长城汽车股份有限公司	(0312)2192888	外形尺寸(mm):4650×1800×1745,轴距 2700mm,整备质量 1830kg,5 门 5 座,发动机型号 4G69S4N,排量2.378L,最大功率 100kW(5250 r/min),最大扭矩 200 N·m(2500~3000 r/min),前置四驱,5 速手动,排放标准国Ⅳ,智尊版,超豪华差速版,2011 款
SUV	哈弗 M2 1.5 二驱	65900	长城汽车股份有限公司	(0312)2192888	外形尺寸(mm):4011×1744×1720,轴距 2499mm,整备质量 1170kg,5 门 5 座,发动机型号 GW4G15,排量1.497L,最大功率 77kW(6000 r/min),最大扭矩 138 N·m(4200 r/min),前置前驱,最高车速 158 km/h,5 速手动,排放标准国Ⅳ,豪华型
SUV	哈弗 M2 1.5 二驱	69900	长城汽车股份有限公司	(0312)2192888	外形尺寸(mm):4011×1744×1720,轴距 2499mm,整备质量 1170kg,5 门 5 座,发动机型号 GW4G15,排量1.497L,最大功率 77kW(6000 r/min),最大扭矩 138 N·m(4200 r/min),前置前驱,最高车速 158 km/h,5 速手动,排放标准国Ⅳ,精英型
SUV	哈弗 M2 1.5 二驱	79900	长城汽车股份有限公司	(0312)2192888	外形尺寸(mm):4011×1744×1720,轴距 2499mm,整备质量 1170kg,5 门 5 座,发动机型号 GW4G15,排量1.497L,最大功率 77kW(6000 r/min),最大扭矩 138 N·m(4200 r/min),前置前驱,最高车速 158 km/h,5 速手动,排放标准国Ⅳ,天窗版
SUV	哈弗 M2 1.5 四驱	74900	长城汽车股份有限公司	(0312)2192888	外形尺寸(mm):4011×1744×1740,轴距 2499mm,整备质量 1255kg,5 门 5 座,发动机型号 GW4G15,排量1.497L,最大功率 77kW(6000 r/min),最大扭矩 138 N·m(4200 r/min),分时四驱,最高车速 158 km/h,5 速手动,排放标准国Ⅳ,豪华型
SUV	哈弗 M2 1.5 四驱	84900	长城汽车股份有限公司	(0312)2192888	外形尺寸(mm):4011×1744×1740,轴距 2499mm,整备质量 1255kg,5 门 5 座,发动机型号 GW4G15,排量1.497L,最大功率 77kW(6000 r/min),最大扭矩 138 N·m(4200 r/min),分时四驱,最高车速 158 km/h,5 速手动,排放标准国Ⅳ,精英型
SUV	哈弗 M2 1.5 四驱	52900	长城汽车股份有限公司	(0312)2192888	外形尺寸(mm):4011×1744×1740,轴距 2499mm,整备质量 1255kg,5 门 5 座,发动机型号 GW4G15,排量1.497L,最大功率 77kW(6000 r/min),最大扭矩 138 N·m(4200 r/min),分时四驱,最高车速 158 km/h,5 速手动,排放标准国Ⅳ,天窗版
SUV	哈弗 M2 1.5 CVT 二驱	75900	长城汽车股份有限公司	(0312)2192888	外形尺寸(mm):4011×1744×1720,轴距 2499mm,整备质量 1170kg,5 门 5 座,发动机型号 GW4G15,排量1.497L,最大功率 77kW(6000 r/min),最大扭矩 138 N·m(4200 r/min),前置前驱,最高车速 158 km/h,无级变速,排放标准国Ⅳ,豪华型

产品名称	型号规格	参考价格(元)	生产厂家	电话	主要参数及备注
SUV	哈弗 M2 1.5 CVT 二驱	79900	长城汽车股份有限公司	(0312) 2192888	外形尺寸(mm):4011 × 1744 × 1720,轴距 2499mm,整备质量 1170kg,5 门 5 座,发动机型号 GW4G15,排量1.497L,最大功率 77kW(6000 r/min),最大扭矩 138 N·m(4200 r/min),前置前驱,最高车速 158 km/h,无级变速,排放标准国Ⅳ,精英型
SUV	哈弗 M2 1.5 CVT 二驱	89900	长城汽车股份有限公司	(0312) 2192888	外形尺寸(mm):4011 × 1744 × 1720,轴距 2499mm,整备质量 1170kg,5 门 5 座,发动机型号 GW4G15,排量1.497L,最大功率 77kW(6000 r/min),最大扭矩 138 N·m(4200 r/min),前置前驱,最高车速 158 km/h,无级变速,排放标准国Ⅳ,天窗版
SUV	汉兰达 2.7L	248800	广州丰田汽车有限公司	(020) 39398888	外形尺寸(mm):4785 × 1910 × 1730,轴距 2790mm,整备质量 1775kg,乘员 5 人,发动机型号 1AR－FE,排量2.672L,最大功率 140kW(5800 r/min),最大扭矩 252 N·m(4200 r/min),前置前驱,6 速自动,排放标准国Ⅳ,精英版
SUV	汉兰达 2.7L	262800	广州丰田汽车有限公司	(020) 39398888	外形尺寸(mm):4785 × 1910 × 1730,轴距 2790mm,整备质量 1815kg,乘员 7 人,发动机型号 1AR－FE,排量2.672L,最大功率 140kW(5800 r/min),最大扭矩 252 N·m(4200 r/min),前置前驱,6 速自动,排放标准国Ⅳ,精英版
SUV	汉兰达 2.7L	278800	广州丰田汽车有限公司	(020) 39398888	外形尺寸(mm):4785 × 1910 × 1760,轴距 2790mm,整备质量 1805kg,乘员 5 人,发动机型号 1AR－FE,排量2.672L,最大功率 140kW(5800 r/min),最大扭矩 252 N·m(4200 r/min),前置前驱,6 速自动,排放标准国Ⅳ,运动版
SUV	汉兰达 2.7L	298800	广州丰田汽车有限公司	(020) 39398888	外形尺寸(mm):4785 × 1910 × 1760,轴距 2790mm,整备质量 1855kg,乘员 7 人,发动机型号 1AR－FE,排量2.672L,最大功率 140kW(5800 r/min),最大扭矩 252 N·m(4200 r/min),前置前驱,6 速自动,排放标准国Ⅳ,豪华版
SUV	汉兰达 2.7L	318800	广州丰田汽车有限公司	(020) 39398888	外形尺寸(mm):4785 × 1910 × 1760,轴距 2790mm,整备质量 1855kg,乘员 7 人,发动机型号 1AR－FE,排量2.672L,最大功率 140kW(5800 r/min),最大扭矩 252 N·m(4200 r/min),前置前驱,6 速自动,排放标准国Ⅳ,豪华导航版
SUV	汉兰达 2.7L	338800	广州丰田汽车有限公司	(020) 39398888	外形尺寸(mm):4785 × 1910 × 1760,轴距 2790mm,整备质量 1875kg,乘员 7 人,发动机型号 1AR－FE,排量2.672L,最大功率 140kW(5800 r/min),最大扭矩 252 N·m(4200 r/min),前置前驱,6 速自动,排放标准国Ⅳ,至尊版

产品名称	型号规格	参考价格(元)	生产厂家	电话	主要参数及备注
SUV	汉兰达 3.5L	329800	广州丰田汽车有限公司	(020)39398888	外形尺寸(mm):4785×1910×1730,轴距2790mm,整备质量2005kg,乘员7人,发动机型号2GR－FE,排量3.456L,最大功率201kW(6200r/min),最大扭矩337 N·m(4700 r/min),最高车速180km/h,5速自动,排放标准国Ⅳ,四驱,精英版
SUV	汉兰达 3.5L	399800	广州丰田汽车有限公司	(020)39398888	外形尺寸(mm):4785×1910×1730,轴距2790mm,整备质量2020kg,乘员7人,发动机型号2GR－FE,排量3.456L,最大功率201kW(6200r/min),最大扭矩337 N·m(4700 r/min),最高车速180km/h,5速自动,排放标准国Ⅳ,四驱,豪华导航版
SUV	汉兰达 3.5L	379800	广州丰田汽车有限公司	(020)39398888	外形尺寸(mm):4785×1910×1760,轴距2790mm,整备质量2020kg,乘员5人,发动机型号2GR－FE,排量3.456L,最大功率201kW(6200r/min),最大扭矩337 N·m(4700 r/min),最高车速180km/h,5速自动,排放标准国Ⅳ,四驱,豪华版
SUV	汉兰达 3.5L	429800	广州丰田汽车有限公司	(020)39398888	外形尺寸(mm):4785×1910×1760,轴距2790mm,整备质量2030kg,乘员7人,发动机型号2GR－FE,排量3.456L,最大功率201kW(6200r/min),最大扭矩337 N·m(4700 r/min),最高车速180km/h,5速自动,排放标准国Ⅳ,四驱,至尊版
SUV	黑金刚 CFA6470L3/A	179800	广汽长丰汽车股份有限公司	(0731)82881800	外形尺寸(mm):4800×1830×1890,轴距2725mm,油箱容积92L,整备质量1960kg,乘员7人,发动机型号4G64S4M,排量2.351L,额定功率92kW(5500r/min),最大扭矩190 N·m(2750 r/min),最高车速140km/h,前置四驱,5速手动,排放标准国Ⅲ、国Ⅳ
SUV	黑金刚 CFA6470M3/A	146800	广汽长丰汽车股份有限公司	(0731)82881800	外形尺寸(mm):4800×1830×1890,轴距2725mm,油箱容积92L,整备质量1840kg,乘员7人,发动机型号4G64S4M,排量2.351L,额定功率92kW(5500r/min),最大扭矩190 N·m(2750 r/min),最高车速140km/h,前置后驱,5速手动,排放标准国Ⅲ、国Ⅳ
SUV	黑金刚 CFA6480A	158000	广汽长丰汽车股份有限公司	(0731)82881800	外形尺寸(mm):4800×1830×1890,轴距2725mm,油箱容积92L,整备质量1950kg,乘员7人,发动机型号DK4A,排量2.498L,额定功率75kW(3600r/min),最大扭矩260 N·m(1800～2600 r/min),最高车速140 km/h,前置后驱,5速手动,排放标准国Ⅲ

产品名称	型号规格	参考价格(元)	生产厂家	电话	主要参数及备注
SUV	江铃宝威 JX6501P3	94800	江铃汽车股份有限公司	(0791) 5232888	外形尺寸(mm):5110×1860×1795(1895),轴距3025mm,油箱容积47L,整备质量1610kg,乘员5人,最高车速150 km/h,发动机型号4G63S4M,排量1.997 L,额定功率84kW(5500 r/min),最大扭矩163 N·m(3500 r/min),燃汽油,二驱,5速手动,排放标准国Ⅲ
SUV	江铃宝威 JX6501P3	98800	江铃汽车股份有限公司	(0791) 5232888	外形尺寸(mm):5110×1860×1795(1895),轴距3025mm,油箱容积47L,整备质量1610kg,乘员7人,最高车速150 km/h,发动机型号4G63S4M,排量1.997 L,额定功率84kW(5500 r/min),最大扭矩163 N·m(3500 r/min),燃汽油,二驱,5速手动,排放标准国Ⅲ
SUV	江铃宝威 JX6501T3	102800	江铃汽车股份有限公司	(0791) 5232888	外形尺寸(mm):5110×1860×1795(1895),轴距3025mm,油箱容积47L,整备质量1750kg,乘员5人,最高车速120 km/h,发动机型号JX493ZQ5A,排量2.771 L,额定功率68kW(3600 r/min),最大扭矩210 N·m(1600~2100 r/min),燃柴油,二驱,5速手动,排放标准国Ⅲ
SUV	江铃宝威 JX6501T3	106800	江铃汽车股份有限公司	(0791) 5232888	外形尺寸(mm):5110×1860×1795(1895),轴距3025mm,油箱容积47L,整备质量1750kg,乘员7人,最高车速120 km/h,发动机型号JX493ZQ5A,排量2.771 L,额定功率68kW(3600 r/min),最大扭矩210 N·m(1600~2100 r/min),燃柴油,二驱,5速手动,排放标准国Ⅲ
SUV	凯睿 GA6490ME3 H3B-33	97800	广汽吉奥汽车有限公司	(0576) 82612888	外形尺寸(mm):4940×1780×1837,轴距2745mm,整备质量1571kg,乘员5人,发动机型号4G94,排量1.999L,额定功率89kW(5500 r/min),最大扭矩168 N·m(4500 r/min),后驱,手动变速,排放标准国Ⅲ
SUV	凯睿 GA6490WME3 H3B-34	105800	广汽吉奥汽车有限公司	(0576) 82612888	外形尺寸(mm):4940×1780×1837,轴距2760mm,整备质量1745kg,乘员5人,发动机型号4G64S4M,排量2.351 L,额定功率92kW(5250 r/min),最大扭矩190 N·m(2500 r/min),四驱,手动变速,排放标准国Ⅲ
SUV	兰德酷路泽 4.0L GX-R	770000	四川一汽丰田汽车有限公司	(028) 84717126	外形尺寸(mm):5150×1970×1945,轴距2850mm,整备质量2600kg,乘员8人,发动机型号1GR,排量3.956 L,最大功率179kW(5200 r/min),最大扭矩376 N·m(3800 r/min),最高车速190 km/h,全时四驱,5速手自一体,排放标准欧Ⅳ

产品名称	型号规格	参考价格(元)	生产厂家	电话	主要参数及备注
SUV	兰德酷路泽 4.0L VX	790000	四川一汽丰田汽车有限公司	(028) 84717126	外形尺寸(mm):5170×1970×1945,轴距 2850mm,整备质量 2630kg,乘员 8 人,发动机型号 1GR,排量 3.956L,最大功率 179kW(5200 r/min),最大扭矩 376 N·m(3800 r/min),最高车速 190 km/h,全时四驱,5 速手自一体,排放标准欧Ⅳ
SUV	兰德酷路泽 4.7L VX	998000	四川一汽丰田汽车有限公司	(028) 84717126	外形尺寸(mm):5170×1970×1945,轴距 2850mm,整备质量 2665kg,乘员 8 人,发动机型号 2UZ,排量 4.664 L,最大功率 202kW(5400 r/min),最大扭矩 410 N·m(3400 r/min),最高车速 200 km/h,全时四驱,5 速手自一体,排放标准欧Ⅳ
SUV	兰德酷路泽 4.7L VX-R	1127800	四川一汽丰田汽车有限公司	(028) 84717126	外形尺寸(mm):5170×1970×1945,轴距 2850mm,整备质量 2660kg,乘员 8 人,发动机型号 2UZ,排量 4.664 L,最大功率 202kW(5400 r/min),最大扭矩 410 N·m(3400 r/min),最高车速 200 km/h,全时四驱,5 速手自一体,排放标准欧Ⅳ
SUV	兰德酷路泽 4.0L V6 GX-R	770000	天津一汽丰田汽车有限公司	(022) 27944050	外形尺寸(mm):5150×1970×1905,轴距 2850mm,整备质量 2600kg,5 门 8 座,发动机排量 3.956L,最大功率 179kW(5200 r/min),最大扭矩 376 N·m(3800 r/min),最高车速 190 km/h,5 速手自一体,前置四驱,排放标准欧Ⅳ
SUV	兰德酷路泽 4.0L V6 VX	790000	天津一汽丰田汽车有限公司	(022) 27944050	外形尺寸(mm):5170×1970×1905,轴距 2850mm,整备质量 2630kg,5 门 8 座,发动机排量 3.956L,最大功率 179kW(5200 r/min),最大扭矩 376 N·m(3800 r/min),最高车速 190 km/h,5 速手自一体,前置四驱,排放标准欧Ⅳ
SUV	兰德酷路泽 4.7L V8 VX	998000	天津一汽丰田汽车有限公司	(022) 27944050	外形尺寸(mm):5170×1970×1905,轴距 2850mm,整备质量 2665kg,5 门 8 座,发动机排量 4.664L,最大功率 202kW(5400 r/min),最大扭矩 410 N·m(3400 r/min),最高车速 200 km/h,5 速手自一体,前置四驱,排放标准欧Ⅳ
SUV	兰德酷路泽 4.7L V8 VX-R	1127800	天津一汽丰田汽车有限公司	(022) 27944050	外形尺寸(mm):5170×1970×1905,轴距 2850mm,整备质量 2660kg,5 门 8 座,发动机排量 4.664L,最大功率 202kW(5400 r/min),最大扭矩 410 N·m(3400 r/min),最高车速 200 km/h,5 速手自一体,前置四驱,排放标准欧Ⅳ
SUV	猎豹 CS6 CFA2032A	199800	广汽长丰汽车股份有限公司	(0731) 82881800	外形尺寸(mm):4980×1870×1890,轴距 2725mm,整备质量 2100kg,发动机型号 R425,排量 2.499L,最大功率 105kW(4000 r/min),最大扭矩 340 N·m(2000 r/min),最高车速 160 km/h,前置四驱,5 速手动,排放标准国Ⅲ,舒适型

产品名称	型号规格	参考价格(元)	生产厂家	电话	主要参数及备注
SUV	猎豹 CS6 CFA2032A	226800	广汽长丰汽车股份有限公司	(0731)82881800	外形尺寸(mm):4980×1870×1890,轴距2725mm,整备质量2100kg,发动机型号R425,排量2.499L,最大功率105kW(4000r/min),最大扭矩340N·m(2000r/min),最高车速160km/h,前置四驱,5速手动,排放标准国Ⅲ,豪华型
SUV	猎豹 CS6 CFA6501AA	169800	广汽长丰汽车股份有限公司	(0731)82881800	外形尺寸(mm):4980×1870×1890,轴距2725mm,整备质量1960kg,发动机型号4G64,排量2.4L,最大功率92kW(5250r/min),最大扭矩190N·m(2500~2750r/min),最高车速140km/h,前置四驱,5速手动,排放标准国Ⅳ,舒适型
SUV	猎豹 CS6 CFA6501AA	197800	广汽长丰汽车股份有限公司	(0731)82881800	外形尺寸(mm):4980×1870×1890,轴距2725mm,整备质量1960kg,发动机型号4G64,排量2.4L,最大功率92kW(5250r/min),最大扭矩190N·m(2500~2750r/min),最高车速140km/h,前置四驱,5速手动,排放标准国Ⅳ,豪华型
SUV	猎豹 CS6 CFA6501BA	146800	广汽长丰汽车股份有限公司	(0731)82881800	外形尺寸(mm):4980×1870×1890,轴距2725mm,整备质量1875kg,发动机型号4G64,排量2.4L,最大功率92kW(5250r/min),最大扭矩190N·m(2500~2750r/min),最高车速140km/h,前置后驱,5速手动,排放标准国Ⅳ,舒适型
SUV	猎豹 CS7 CFA6420A	115600	广汽长丰汽车股份有限公司	(0731)82881800	外形尺寸(mm):4210×1730×1700,轴距2550mm,整备质量1435kg,发动机型号4G94,排量1.999L,最大功率89kW(5500r/min),最大扭矩168N·m(4500r/min),最高车速160km/h,前置四驱,5速手动,排放标准国Ⅳ,标准型
SUV	猎豹 CS7 CFA6420A	123800	广汽长丰汽车股份有限公司	(0731)82881800	外形尺寸(mm):4210×1730×1700,轴距2550mm,整备质量1435kg,发动机型号4G94,排量1.999L,最大功率89kW(5500r/min),最大扭矩168N·m(4500r/min),最高车速160km/h,前置四驱,5速手动,排放标准国Ⅳ,豪华型
SUV	猎豹 CS7 CFA6420B	99800	广汽长丰汽车股份有限公司	(0731)82881800	外形尺寸(mm):4210×1730×1700,轴距2550mm,整备质量1345kg,发动机型号4G94,排量1.999L,最大功率89kW(5500r/min),最大扭矩168N·m(4500r/min),最高车速160km/h,前置后驱,5速手动,排放标准国Ⅳ,标准型
SUV	猎豹 CS7 CFA6420B	108600	广汽长丰汽车股份有限公司	(0731)82881800	外形尺寸(mm):4210×1730×1700,轴距2550mm,整备质量1345kg,发动机型号4G94,排量1.999L,最大功率89kW(5500r/min),最大扭矩168N·m(4500r/min),最高车速160km/h,前置后驱,5速手动,排放标准国Ⅳ,豪华型

产品名称	型号规格	参考价格(元)	生产厂家	电话	主要参数及备注
SUV	陆霸 2400	155200	北京汽车制造厂有限公司	(010) 87742817	外形尺寸(mm):4795×1835×1925,轴距 2675mm,油箱容积 90L,整备质量 1890kg,乘员 7 人,发动机型号 G4CA,排量 2.438L,最大功率 105kW(4800 r/min),最大扭矩 217 N·m(3000~4000 r/min),最高车速 145 km/h,油耗8.2L/100km,4×2 驱动,5 速手动,排放标准国Ⅲ、国Ⅳ
SUV	陆霸 2400	166500	北京汽车制造厂有限公司	(010) 87742817	外形尺寸(mm):4795×1835×1925,轴距 2675mm,油箱容积 90L,整备质量 1950kg,乘员 7 人,发动机型号 G4CA,排量 2.438L,最大功率 105kW(4800 r/min),最大扭矩 217 N·m(3000~4000 r/min),最高车速 150 km/h,油耗8.5L/100km,4×4 驱动,5 速手动,排放标准国Ⅲ、国Ⅳ
SUV	陆霸 2700	194300	北京汽车制造厂有限公司	(010) 87742817	外形尺寸(mm):4795×1835×1925,轴距 2675mm,油箱容积 90L,整备质量 1950kg,乘员 7 人,发动机型号 G4BA,排量 2.693L,最大功率 110kW(4800 r/min),最大扭矩 235 N·m(2400~4000 r/min),最高车速 150 km/h,油耗9.0L/100km,4×4 驱动,5 速手动,排放标准国Ⅲ、国Ⅳ
SUV	陆风 X6 2.0 汽油	90000	北京达畅陆风汽车销售有限公司	(010) 60292167	外形尺寸(mm):4800×1800×1750,轴距 2760mm,整备质量 1750kg,5 门 5 座,发动机型号 4G63S4M,排量1.998L,最大功率 84kW(5500 r/min),最大扭矩 163 N·m(3500 r/min),最高车速 140 km/h,5 速手动,排放标准国Ⅳ,前置后驱,超值版,2011 款
SUV	陆风 X6 2.0 汽油	100000	北京达畅陆风汽车销售有限公司	(010) 60292167	外形尺寸(mm):4800×1800×1750,轴距 2760mm,整备质量 1750kg,5 门 5 座,发动机型号 4G63S4M,排量1.998L,最大功率 84kW(5500 r/min),最大扭矩 163 N·m(3500 r/min),最高车速 140 km/h,5 速手动,排放标准国Ⅳ,前置后驱,豪华版,2011 款
SUV	陆风 X6 2.8 柴油	99800	北京达畅陆风汽车销售有限公司	(010) 60292167	外形尺寸(mm):4800×1800×1750,轴距 2760mm,整备质量 1860kg,5 门 5 座,发动机型号 JX493ZQ5A,排量2.771 L,最大功率 68kW(3600 r/min),最大扭矩 210 N·m(1600~2000 r/min),最高车速 140 km/h,5 速手动,排放标准国Ⅲ+OBD,前置后驱,超值版,2011 款
SUV	陆风 X6 2.8 柴油	109800	北京达畅陆风汽车销售有限公司	(010) 60292167	外形尺寸(mm):4800×1800×1750,轴距 2760mm,整备质量 1860kg,5 门 5 座,发动机型号 JX493ZQ5A,排量2.771 L,最大功率 68kW(3600 r/min),最大扭矩 210 N·m(1600~2000 r/min),最高车速 140 km/h,5 速手动,排放标准国Ⅲ+OBD,前置后驱,豪华版,2011 款

产品名称	型号规格	参考价格(元)	生产厂家	电话	主要参数及备注
SUV	陆风 X6 2.8 柴油	118800	北京达畅陆风汽车销售有限公司	(010)60292167	外形尺寸(mm):4800×1800×1750,轴距 2760mm,整备质量1935kg,5 门 5 座,发动机型号JX493ZQ5A,排量2.771 L,最大功率68kW(3600 r/min),最大扭矩 210 N·m(1600 ~ 2000 r/min),最高车速140 km/h,5 速手动,排放标准国Ⅲ + OBD,前置四驱,超值版,2011 款
SUV	陆风 X6 2.8 柴油	125800	北京达畅陆风汽车销售有限公司	(010)60292167	外形尺寸(mm):4800×1800×1750,轴距 2760mm,整备质量1935kg,5 门 5 座,发动机型号JX493ZQ5A,排量2.771 L,最大功率68kW(3600 r/min),最大扭矩 210 N·m(1600 ~ 2000 r/min),最高车速140 km/h,5 速手动,排放标准国Ⅲ + OBD,前置四驱,豪华版,2011 款
SUV	陆风 X8 2.4 汽油	119800	北京达畅陆风汽车销售有限公司	(010)60292167	外形尺寸(mm):4636×1865×1810,轴距 2760mm,整备质量1775kg,5 门 5 座,发动机型号4G69,排量2.378 L,最大功率118kW(6000 r/min),最大扭矩210 N·m(4500 r/min),最高车速170 km/h,5 速手动,排放标准国Ⅳ,4×2 驱动,豪华型,2011 款
SUV	陆风 X8 2.4 汽油	131800	北京达畅陆风汽车销售有限公司	(010)60292167	外形尺寸(mm):4636×1865×1810,轴距 2760mm,整备质量1775kg,5 门 5 座,发动机型号4G69,排量2.378 L,最大功率118kW(6000 r/min),最大扭矩210 N·m(4500 r/min),最高车速170 km/h,5 速手动,排放标准国Ⅳ,4×2 驱动,超豪华型,2011 款
SUV	陆风 X8 2.4 汽油	139800	北京达畅陆风汽车销售有限公司	(010)60292167	外形尺寸(mm):4636×1865×1810,轴距 2760mm,整备质量1775kg,5 门 5 座,发动机型号4G69,排量2.378 L,最大功率118kW(6000 r/min),最大扭矩210 N·m(4500 r/min),最高车速170 km/h,5 速手动,排放标准国Ⅳ,4×2 驱动,导航版,2011 款
SUV	陆风 X8 2.4 汽油	139800	北京达畅陆风汽车销售有限公司	(010)60292167	外形尺寸(mm):4636×1865×1810,轴距 2760mm,整备质量1850kg,5 门 5 座,发动机型号4G69,排量2.378 L,最大功率118kW(6000 r/min),最大扭矩210 N·m(4500 r/min),最高车速170 km/h,5 速手动,排放标准国Ⅳ,4×4 驱动,豪华型,2011 款
SUV	陆风 X8 2.4 汽油	151800	北京达畅陆风汽车销售有限公司	(010)60292167	外形尺寸(mm):4636×1865×1810,轴距 2760mm,整备质量1850kg,5 门 5 座,发动机型号4G69,排量2.378 L,最大功率118kW(6000 r/min),最大扭矩210 N·m(4500 r/min),最高车速170 km/h,5 速手动,排放标准国Ⅳ,4×4 驱动,超豪华型,2011 款

产品名称	型号规格	参考价格(元)	生产厂家	电话	主要参数及备注
SUV	陆风 X8 2.4 汽油	159800	北京达畅陆风汽车销售有限公司	(010)60292167	外形尺寸(mm):4636×1865×1810,轴距 2760mm,整备质量 1850kg,5 门 5 座,发动机型号 4G69,排量 2.378 L,最大功率 118kW(6000 r/min),最大扭矩 210 N·m(4500 r/min),最高车速 170 km/h,5 速手动,排放标准国Ⅳ,4×4 驱动,导航版,2011 款
SUV	陆风 X8 2.5T 柴油	129800	北京达畅陆风汽车销售有限公司	(010)60292167	外形尺寸(mm):4636×1865×1810,轴距 2760mm,整备质量 1885kg,5 门 5 座,发动机型号 VMR425,排量2.499L,最大功率 105kW(4000 r/min),最大扭矩 340 N·m(2000 r/min),最高车速 170 km/h,5 速手动,排放标准国Ⅲ+OBD,4×2 驱动,豪华型,2011 款
SUV	陆风 X8 2.5T 柴油	141800	北京达畅陆风汽车销售有限公司	(010)60292167	外形尺寸(mm):4636×1865×1810,轴距 2760mm,整备质量 1885kg,5 门 5 座,发动机型号 VMR425,排量2.499L,最大功率 105kW(4000 r/min),最大扭矩 340 N·m(2000 r/min),最高车速 170 km/h,5 速手动,排放标准国Ⅲ+OBD,4×2 驱动,超豪华型,2011 款
SUV	陆风 X8 2.5T 柴油	149800	北京达畅陆风汽车销售有限公司	(010)60292167	外形尺寸(mm):4636×1865×1810,轴距 2760mm,整备质量 1885kg,5 门 5 座,发动机型号 VMR425,排量2.499L,最大功率 105kW(4000 r/min),最大扭矩 340 N·m(2000 r/min),最高车速 170 km/h,5 速手动,排放标准国Ⅲ+OBD,4×2 驱动,导航版,2011 款
SUV	陆风 X8 2.5T 柴油	149800	北京达畅陆风汽车销售有限公司	(010)60292167	外形尺寸(mm):4636×1865×1810,轴距 2760mm,整备质量 1975kg,5 门 5 座,发动机型号 VMR425,排量2.499L,最大功率 105kW(4000 r/min),最大扭矩 340 N·m(2000 r/min),最高车速 170 km/h,5 速手动,排放标准国Ⅲ+OBD,4×4 驱动,豪华型,2011 款
SUV	陆风 X8 2.5T 柴油	161800	北京达畅陆风汽车销售有限公司	(010)60292167	外形尺寸(mm):4636×1865×1810,轴距 2760mm,整备质量 1975kg,5 门 5 座,发动机型号 VMR425,排量2.499L,最大功率 105kW(4000 r/min),最大扭矩 340 N·m(2000 r/min),最高车速 170 km/h,5 速手动,排放标准国Ⅲ+OBD,4×4 驱动,超豪华型,2011 款
SUV	陆风 X8 2.5T 柴油	169800	北京达畅陆风汽车销售有限公司	(010)60292167	外形尺寸(mm):4636×1865×1810,轴距 2760mm,整备质量 1975kg,5 门 5 座,发动机型号 VMR425,排量2.499L,最大功率 105kW(4000 r/min),最大扭矩 340 N·m(2000 r/min),最高车速 170 km/h,5 速手动,排放标准国Ⅲ+OBD,4×4 驱动,导航版,2011 款

产品名称	型号规格	参考价格(元)	生产厂家	电话	主要参数及备注
SUV	帕杰罗 V73 3.0 GL	29800	广汽长丰汽车股份有限公司	(0731)82881800	外形尺寸(mm):4830×1895×1885,轴距2780mm,整备质量2120kg,乘员7人,发动机型号6G72,排量2.972L,最大功率120kW(5000 r/min),最大扭矩224N·m(4000 r/min),最高车速170km/h,四驱,5速手动,排放标准国Ⅳ
SUV	帕杰罗 V73 3.0 GLS	398600	广汽长丰汽车股份有限公司	(0731)82881800	外形尺寸(mm):4830×1895×1885,轴距2780mm,整备质量2120kg,乘员7人,发动机型号6G72,排量2.972L,最大功率120kW(5000 r/min),最大扭矩224N·m(4000 r/min),最高车速170km/h,四驱,4速自动,排放标准国Ⅳ
SUV	帕杰罗 V73 3.0 GLS	389000	广汽长丰汽车股份有限公司	(0731)82881800	外形尺寸(mm):4830×1895×1885,轴距2780mm,整备质量2120kg,乘员7人,发动机型号6G72,排量2.972L,最大功率120kW(5000 r/min),最大扭矩224N·m(4000 r/min),最高车速170km/h,四驱,5速手动,排放标准国Ⅳ
SUV	帕杰罗 V73 3.0 GLS NAV1	410600	广汽长丰汽车股份有限公司	(0731)82881800	外形尺寸(mm):4830×1895×1885,轴距2780mm,整备质量2120kg,乘员7人,发动机型号6G72,排量2.972L,最大功率120kW(5000 r/min),最大扭矩224N·m(4000 r/min),最高车速170km/h,四驱,4速自动,排放标准国Ⅳ
SUV	帕杰罗 V73 3.0 GLX	349000	广汽长丰汽车股份有限公司	(0731)82881800	外形尺寸(mm):4830×1895×1885,轴距2780mm,整备质量2120kg,乘员7人,发动机型号6G72,排量2.972L,最大功率120kW(5000 r/min),最大扭矩224N·m(4000 r/min),最高车速170km/h,四驱,4速自动,排放标准国Ⅳ
SUV	帕杰罗 V73 3.0 GLX	339400	广汽长丰汽车股份有限公司	(0731)82881800	外形尺寸(mm):4830×1895×1885,轴距2780mm,整备质量2120kg,乘员7人,发动机型号6G72,排量2.972L,最大功率120kW(5000 r/min),最大扭矩224N·m(4000 r/min),最高车速170km/h,四驱,5速手动,排放标准国Ⅳ
SUV	帕拉丁 二驱	159800	郑州日产汽车有限公司	(0371)66033666	外形尺寸(mm):4550×1840×1880,轴距2650mm,油箱容积68L,整备质量1675kg,乘员5人,发动机型号KA24,排量2.388L,最大功率110kW(4800 r/min),最大扭矩208N·m(3600 r/min),最高车速160km/h,油耗7.8L/100km,二驱,5速手动,排放标准国Ⅲ+OBD,标准型
SUV	帕拉丁 二驱	164800	郑州日产汽车有限公司	(0371)66033666	外形尺寸(mm):4550×1840×1880,轴距2650mm,油箱容积68L,整备质量1675kg,乘员5人,发动机型号KA24,排量2.388L,最大功率110kW(4800 r/min),最大扭矩208N·m(3600 r/min),最高车速160km/h,油耗7.8L/100km,二驱,5速手动,排放标准国Ⅲ+OBD,舒适型

产品名称	型号规格	参考价格(元)	生产厂家	电话	主要参数及备注
SUV	帕拉丁 二驱	197800	郑州日产汽车有限公司	(0371)66033666	外形尺寸(mm):4550×1840×1880,轴距2650mm,油箱容积68L,整备质量1675kg,乘员5人,发动机型号KA24,排量2.388L,最大功率110kW(4800 r/min),最大扭矩208 N·m(3600 r/min),最高车速160 km/h,油耗7.8L/100km,二驱,5速手动,排放标准国Ⅲ+OBD,豪华型
SUV	帕拉丁 二驱	202800	郑州日产汽车有限公司	(0371)66033666	外形尺寸(mm):4550×1840×1880,轴距2650mm,油箱容积68L,整备质量1675kg,乘员5人,发动机型号KA24,排量2.388L,最大功率110kW(4800 r/min),最大扭矩208 N·m(3600 r/min),最高车速160 km/h,油耗7.8L/100km,二驱,5速手动,排放标准国Ⅲ+OBD,行政型
SUV	帕拉丁 二驱	164800	郑州日产汽车有限公司	(0371)66033666	外形尺寸(mm):4550×1840×1880,轴距2650mm,油箱容积68L,整备质量1675kg,乘员5人,发动机型号KA24,排量2.388L,最大功率110kW(4800 r/min),最大扭矩208 N·m(3600 r/min),最高车速160 km/h,油耗7.8L/100km,二驱,5速手动,排放标准国Ⅳ+OBD,标准型
SUV	帕拉丁 二驱	169800	郑州日产汽车有限公司	(0371)66033666	外形尺寸(mm):4550×1840×1880,轴距2650mm,油箱容积68L,整备质量1675kg,乘员5人,发动机型号KA24,排量2.388L,最大功率110kW(4800 r/min),最大扭矩208 N·m(3600 r/min),最高车速160 km/h,油耗7.8L/100km,二驱,5速手动,排放标准国Ⅳ+OBD,舒适型
SUV	帕拉丁 二驱	202800	郑州日产汽车有限公司	(0371)66033666	外形尺寸(mm):4550×1840×1880,轴距2650mm,油箱容积68L,整备质量1675kg,乘员5人,发动机型号KA24,排量2.388L,最大功率110kW(4800 r/min),最大扭矩208 N·m(3600 r/min),最高车速160 km/h,油耗7.8L/100km,二驱,5速手动,排放标准国Ⅳ+OBD,豪华型
SUV	帕拉丁 二驱	207800	郑州日产汽车有限公司	(0371)66033666	外形尺寸(mm):4550×1840×1880,轴距2650mm,油箱容积68L,整备质量1675kg,乘员5人,发动机型号KA24,排量2.388L,最大功率110kW(4800 r/min),最大扭矩208 N·m(3600 r/min),最高车速160 km/h,油耗7.8L/100km,二驱,5速手动,排放标准国Ⅳ+OBD,行政型
SUV	帕拉丁 四驱	199800	郑州日产汽车有限公司	(0371)66033666	外形尺寸(mm):4550×1840×1880,轴距2650mm,油箱容积68L,整备质量1815kg,乘员5人,发动机型号KA24,排量2.388L,最大功率110kW(4800 r/min),最大扭矩208 N·m(3600 r/min),最高车速155 km/h,油耗8.0L/100km,四驱,5速手动,排放标准国Ⅲ+OBD,标准型

产品名称	型号规格	参考价格(元)	生产厂家	电话	主要参数及备注
SUV	帕拉丁 四驱	204800	郑州日产汽车有限公司	(0371)66033666	外形尺寸(mm):4550×1840×1880,轴距2650mm,油箱容积68L,整备质量1815kg,乘员5人,发动机型号KA24,排量2.388L,最大功率110kW(4800 r/min),最大扭矩208 N·m(3600 r/min),最高车速155 km/h,油耗8.0L/100km,四驱,5速手动,排放标准国Ⅲ+OBD,舒适型
SUV	帕拉丁 四驱	239800	郑州日产汽车有限公司	(0371)66033666	外形尺寸(mm):4550×1840×1880,轴距2650mm,油箱容积68L,整备质量1815kg,乘员5人,发动机型号KA24,排量2.388L,最大功率110kW(4800 r/min),最大扭矩208 N·m(3600 r/min),最高车速155 km/h,油耗8.0L/100km,四驱,5速手动,排放标准国Ⅲ+OBD,豪华型
SUV	帕拉丁 四驱	244800	郑州日产汽车有限公司	(0371)66033666	外形尺寸(mm):4550×1840×1880,轴距2650mm,油箱容积68L,整备质量1815kg,乘员5人,发动机型号KA24,排量2.388L,最大功率110kW(4800 r/min),最大扭矩208 N·m(3600 r/min),最高车速155 km/h,油耗8.0L/100km,四驱,5速手动,排放标准国Ⅲ+OBD,行政型
SUV	帕拉丁 四驱	204800	郑州日产汽车有限公司	(0371)66033666	外形尺寸(mm):4550×1840×1880,轴距2650mm,油箱容积68L,整备质量1815kg,乘员5人,发动机型号KA24,排量2.388L,最大功率110kW(4800 r/min),最大扭矩208 N·m(3600 r/min),最高车速155 km/h,油耗8.0L/100km,四驱,5速手动,排放标准国Ⅳ+OBD,标准型
SUV	帕拉丁 四驱	209800	郑州日产汽车有限公司	(0371)66033666	外形尺寸(mm):4550×1840×1880,轴距2650mm,油箱容积68L,整备质量1815kg,乘员5人,发动机型号KA24,排量2.388L,最大功率110kW(4800 r/min),最大扭矩208 N·m(3600 r/min),最高车速155 km/h,油耗8.0L/100km,四驱,5速手动,排放标准国Ⅳ+OBD,舒适型
SUV	帕拉丁 四驱	244800	郑州日产汽车有限公司	(0371)66033666	外形尺寸(mm):4550×1840×1880,轴距2650mm,油箱容积68L,整备质量1815kg,乘员5人,发动机型号KA24,排量2.388L,最大功率110kW(4800 r/min),最大扭矩208 N·m(3600 r/min),最高车速155 km/h,油耗8.0L/100km,四驱,5速手动,排放标准国Ⅳ+OBD,豪华型

产品名称	型号规格	参考价格（元）	生产厂家	电话	主要参数及备注
SUV	帕拉丁 四驱	249800	郑州日产汽车有限公司	(0371) 66033666	外形尺寸(mm):4550×1840×1880,轴距 2650mm,油箱容积68L,整备质量 1815kg,乘员 5 人,发动机型号 KA24,排量2.388L,最大功率 110kW(4800 r/min),最大扭矩 208 N·m(3600 r/min),最高车速 155 km/h,油耗8.0L/100km,四驱,5速手动,排放标准国Ⅳ+OBD,行政型
SUV	普拉多 4.0L V6 TX	538000	四川一汽丰田汽车有限公司	(028) 84717126	外形尺寸(mm):4760×1885×1845,轴距 2790mm,油箱容积 87L,整备质量 2210kg,乘员 7 人,发动机型号 1GR,排量 3.956 L,额定功率 202kW(5600 r/min),最大扭矩 381 N·m(4400 r/min),全时四驱,5 速手自一体,排放标准国Ⅳ
SUV	普拉多 4.0L V6 TX－L	578000	四川一汽丰田汽车有限公司	(028) 84717126	外形尺寸(mm):4760×1885×1845,轴距 2790mm,油箱容积 87L,整备质量 2210kg,乘员 7 人,发动机型号 1GR,排量 3.956 L,额定功率 202kW(5600 r/min),最大扭矩 381 N·m(4400 r/min),全时四驱,5 速手自一体,排放标准国Ⅳ
SUV	普拉多 4.0L V6 TX－L NAVI	618000	四川一汽丰田汽车有限公司	(028) 84717126	外形尺寸(mm):4760×1885×1845,轴距 2790mm,油箱容积 87L,整备质量 2210kg,乘员 7 人,发动机型号 1GR,排量 3.956 L,额定功率 202kW(5600 r/min),最大扭矩 381 N·m(4400 r/min),全时四驱,5 速手自一体,排放标准国Ⅳ
SUV	普拉多 4.0L V6 VX	638000	四川一汽丰田汽车有限公司	(028) 84717126	外形尺寸(mm):4820×1885×1890,轴距 2790mm,油箱容积87L,整备质量 2280kg,乘员 7人,发动机型号 1GR,排量3.956 L,额定功率 202kW(5600 r/min),最大扭矩 381 N·m(4400 r/min),全时四驱,5 速手自一体,排放标准国Ⅳ
SUV	普拉多 4.0L V6 VX NAVI	698000	四川一汽丰田汽车有限公司	(028) 84717126	外形尺寸(mm):4820×1885×1880,轴距 2790mm,油箱容积 87L,整备质量 2310kg,乘员 7 人,发动机型号 1GR,排量 3.956 L,额定功率 202kW(5600 r/min),最大扭矩 381 N·m(4400 r/min),全时四驱,5 速手自一体,排放标准国Ⅳ
SUV	奇兵 CFA6473A3	99800	广汽长丰汽车股份有限公司	(0731) 82881800	外形尺寸(mm):4800×1760×1880,轴距 2725mm,油箱容积 92L,整备质量 1780kg,乘员7人,发动机型号 4RB3,排量2.185L,最大功率 95kW(5000 r/min),最大扭矩 195 N·m(2200～4000 r/min),最高车速 140 km/h,油耗 10.7 L/100km,前置后驱,5 速手动,排放标准国Ⅲ

产品名称	型号规格	参考价格(元)	生产厂家	电话	主要参数及备注
SUV	奇兵 CFA6473B3	124800	广汽长丰汽车股份有限公司	(0731)82881800	外形尺寸(mm):4800×1760×1880,轴距2725mm,油箱容积92L,整备质量1890kg,乘员7人,发动机型号4RB3,排量2.185L,最大功率95kW(5000 r/min),最大扭矩195 N·m(2200~4000 r/min),最高车速140 km/h,油耗11.5 L/100km,前置四驱,5速手动,排放标准国Ⅲ
SUV	奇骏2.0L XE CVT 4WD	217800	东风日产乘用车公司	8008308899	外形尺寸(mm):4630×1785×1685,轴距2630mm,5门5座,发动机型号MR20,排量1.997 L,最大功率106kW(5200 r/min),最大扭矩198 N·m(4400 r/min),油耗8.8 L/100km,无级变速,前置四驱,排放标准欧Ⅳ,舒适版
SUV	奇骏2.0L XE MT 4WD	207800	东风日产乘用车公司	8008308899	外形尺寸(mm):4630×1785×1685,轴距2630mm,5门5座,发动机型号MR20,排量1.997 L,最大功率106kW(5200 r/min),最大扭矩198 N·m(4400 r/min),油耗8.9 L/100km,6速手动,前置四驱,排放标准欧Ⅳ,舒适版
SUV	奇骏2.5L XL CVT 4WD	239800	东风日产乘用车公司	8008308899	外形尺寸(mm):4630×1785×1685,轴距2630mm,5门5座,发动机型号QR25,排量2.488L,最大功率135kW(6000 r/min),最大扭矩227 N·m(4400 r/min),油耗9.4L/100km,无级变速,前置四驱,排放标准欧Ⅳ,豪华版
SUV	奇骏2.5L XL MT 4WD	229800	东风日产乘用车公司	8008308899	外形尺寸(mm):4630×1785×1685,轴距2630mm,5门5座,发动机型号QR25,排量2.488L,最大功率135kW(6000 r/min),最大扭矩227 N·m(4400 r/min),油耗9.7L/100km,6速手动,前置四驱,排放标准欧Ⅳ,豪华版
SUV	奇骏2.5L XV CVT 4WD	258800	东风日产乘用车公司	8008308899	外形尺寸(mm):4630×1785×1685,轴距2630mm,5门5座,发动机型号QR25,排量2.488 L,最大功率135kW(6000 r/min),最大扭矩227 N·m(4400 r/min),油耗9.4 L/100km,无级变速,前置四驱,排放标准欧Ⅳ,旗舰版
SUV	奇骏2.5L XV CVT 4WD	269800	东风日产乘用车公司	8008308899	外形尺寸(mm):4630×1785×1685,轴距2630mm,5门5座,发动机型号QR25,排量2.488L,最大功率135kW(6000 r/min),最大扭矩227 N·m(4400 r/min),油耗9.4L/100km,无级变速,前置四驱,排放标准欧Ⅳ,至尊版
SUV	骑士 HAIMA7	113800	一汽海马汽车有限公司	(0898)66820333	外形尺寸(mm):4421×1830×1740,轴距2619mm,4门5座,发动机型号484Q,排量1.995L,最大功率110kW(6000 r/min),最大扭矩180 N·m(4500 r/min),前置前驱,最高车速165 km/h,5速手动,排放标准国Ⅳ+OBD,都市精英型

产品名称	型号规格	参考价格(元)	生产厂家	电话	主要参数及备注
SUV	骑士 HAIMA7	125800	一汽海马汽车有限公司	(0898)66820333	外形尺寸(mm):4421×1830×1740,轴距2619mm,4门5座,发动机型号484Q,排量1.995L,最大功率110kW(6000 r/min),最大扭矩180 N·m(4500 r/min),前置前驱,最高车速165 km/h,5速手动,排放标准国Ⅳ+OBD,丝路限量版,2011款
SUV	骑士 HAIMA7	136800	一汽海马汽车有限公司	(0898)66820333	外形尺寸(mm):4421×1830×1740,轴距2619mm,4门5座,发动机型号484Q,排量1.995L,最大功率110kW(6000 r/min),最大扭矩180 N·m(4500 r/min),前置前驱,最高车速165 km/h,5速手动,排放标准国Ⅳ+OBD,智能领航型
SUV	骑士2.0L	78800	北京汽车制造厂有限公司	(010)87742817	外形尺寸(mm):4300×1790×1700,轴距2576mm,油箱容积76L,整备质量1545kg,5门5座,发动机型号4G20D4,排量1.977 L,最大功率90kW(5000 r/min),最大扭矩180 N·m(3600~4400 r/min),最高车速150 km/h,4×2驱动,5速手动,排放标准国Ⅲ、国Ⅳ,舒适型,2011款
SUV	骑士2.0L	83800	北京汽车制造厂有限公司	(010)87742817	外形尺寸(mm):4300×1790×1700,轴距2576mm,油箱容积76L,整备质量1545kg,5门5座,发动机型号4G20D4,排量1.977 L,最大功率90kW(5000 r/min),最大扭矩180 N·m(3600~4400 r/min),最高车速150 km/h,4×2驱动,5速手动,排放标准国Ⅲ、国Ⅳ,豪华型,2011款
SUV	骑士2.2L	93800	北京汽车制造厂有限公司	(010)87742817	外形尺寸(mm):4300×1790×1700,轴距2576mm,油箱容积76L,整备质量1610kg,5门5座,发动机型号4G22D4,排量2.237 L,最大功率104kW(5400 r/min),最大扭矩205 N·m(4000~4400 r/min),最高车速165 km/h,4×4驱动,5速手动,排放标准国Ⅲ、国Ⅳ,豪华型,2011款
SUV	瑞虎 1.6MT	84800	奇瑞汽车有限公司	(0553)5951286	外形尺寸(mm):4285×1765×1705,轴距2510mm,乘员5人,发动机型号ACTECO-SQR481F,排量1.597L,最大功率80kW(5800 r/min),最大扭矩147 N·m(4300~4500 r/min),最高车速160 km/h,5速手动,前驱,排放标准国Ⅲ、国Ⅳ,舒适型
SUV	瑞虎 1.6MT	94800	奇瑞汽车有限公司	(0553)5951286	外形尺寸(mm):4285×1765×1705,轴距2510mm,乘员5人,发动机型号ACTECO-SQR481F,排量1.597L,最大功率80kW(5800 r/min),最大扭矩147 N·m(4300~4500 r/min),最高车速160 km/h,5速手动,前驱,排放标准国Ⅲ、国Ⅳ,豪华型

产品名称	型号规格	参考价格(元)	生产厂家	电话	主要参数及备注
SUV	瑞虎 1.8AMT	98800	奇瑞汽车有限公司	(0553)5951286	外形尺寸(mm):4285×1765×1705,轴距 2510mm,乘员 5 人,发动机型号 ACTECO-SQR481FC,排量1.845L,最大功率97kW(5750 r/min),最大扭矩170 N·m(4300~4500 r/min),最高车速 175 km/h,5 速手自一体,前驱,排放标准国Ⅳ,舒适型,大师版
SUV	瑞虎 1.8AMT	108800	奇瑞汽车有限公司	(0553)5951286	外形尺寸(mm):4285×1765×1705,轴距 2510mm,乘员 5 人,发动机型号 ACTECO-SQR481FC,排量1.845L,最大功率97kW(5750 r/min),最大扭矩170 N·m(4300~4500 r/min),最高车速 175 km/h,5 速手自一体,前驱,排放标准国Ⅳ,豪华型,大师版
SUV	瑞虎 1.8MT	91800	奇瑞汽车有限公司	(0553)5951286	外形尺寸(mm):4285×1765×1705,轴距 2510mm,乘员 5 人,发动机型号 ACTECO-SQR481FC,排量1.845L,最大功率97kW(5750 r/min),最大扭矩170 N·m(4300~4500 r/min),最高车速 175 km/h,5 速手动,前驱,排放标准国Ⅲ、国Ⅳ,舒适型
SUV	瑞虎 1.8MT	101800	奇瑞汽车有限公司	(0553)5951286	外形尺寸(mm):4285×1765×1705,轴距 2510mm,乘员 5 人,发动机型号 ACTECO-SQR481FC,排量1.845L,最大功率97kW(5750 r/min),最大扭矩170 N·m(4300~4500 r/min),最高车速 175 km/h,5 速手动,前驱,排放标准国Ⅲ、国Ⅳ,豪华型
SUV	瑞虎 2.0AT	105800	奇瑞汽车有限公司	(0553)5951286	外形尺寸(mm):4285×1765×1705,轴距 2510mm,乘员 5 人,发动机型号 ACTECO-SQR484F,排量 1971L,最大功率102kW(5750 r/min),最大扭矩182 N·m(4300~4500 r/min),最高车速 170 km/h,4 速手自一体,前驱,排放标准国Ⅲ、国Ⅳ,舒适型
SUV	瑞虎 2.0AT	115800	奇瑞汽车有限公司	(0553)5951286	外形尺寸(mm):4285×1765×1705,轴距 2510mm,乘员 5 人,发动机型号 ACTECO-SQR484F,排量 1971L,最大功率102kW(5750 r/min),最大扭矩182 N·m(4300~4500 r/min),最高车速 170 km/h,4 速手自一体,前驱,排放标准国Ⅲ、国Ⅳ,豪华型
SUV	瑞虎 2.0MT	105800	奇瑞汽车有限公司	(0553)5951286	外形尺寸(mm):4285×1765×1705,轴距 2510mm,乘员 5 人,发动机型号 ACTECO-SQR484F,排量 1971L,最大功率102kW(5750 r/min),最大扭矩182 N·m(4300~4500 r/min),最高车速 170 km/h,5 速手动,适时四驱,排放标准国Ⅲ、国Ⅳ,舒适型

产品名称	型号规格	参考价格(元)	生产厂家	电话	主要参数及备注
SUV	瑞虎 2.0MT	115800	奇瑞汽车有限公司	(0553)5951286	外形尺寸(mm):4285×1765×1705,轴距 2510mm,乘员 5 人,发动机型号 ACTECO-SQR484F,排量 1971L,最大功率 102kW(5750 r/min),最大扭矩 182 N·m(4300~4500 r/min),最高车速 170 km/h,5 速手动,适时四驱,排放标准国Ⅲ、国Ⅳ,豪华型
SUV	瑞虎 DR 1.8-MT	99800	奇瑞汽车有限公司	(0553)5951286	外形尺寸(mm):4285×1765×1705,轴距 2510mm,乘员 5 人,发动机型号 ACTECO-SQR481FC,排量1.845L,最大功率 97kW(5750 r/min),最大扭矩 170 N·m(4300~4500 r/min),最高车速 175 km/h,5 速手动,前驱,排放标准国Ⅲ、国Ⅳ,舒适型
SUV	瑞虎 DR 1.8-MT	109800	奇瑞汽车有限公司	(0553)5951286	外形尺寸(mm):4285×1765×1705,轴距 2510mm,乘员 5 人,发动机型号 ACTECO-SQR481FC,排量1.845L,最大功率 97kW(5750 r/min),最大扭矩 170 N·m(4300~4500 r/min),最高车速 175 km/h,5 速手动,前驱,排放标准国Ⅲ、国Ⅳ,豪华型
SUV	瑞虎 DR 2.0-AT	113800	奇瑞汽车有限公司	(0553)5951286	外形尺寸(mm):4285×1765×1705,轴距 2510mm,乘员 5 人,发动机型号 ACTECO-SQR484F,排量 1971L,最大功率 102kW(5750 r/min),最大扭矩 182 N·m(4300~4500 r/min),最高车速 170 km/h,4 速手自一体,前驱,排放标准国Ⅲ、国Ⅳ,舒适型
SUV	瑞虎 DR 2.0-AT	123800	奇瑞汽车有限公司	(0553)5951286	外形尺寸(mm):4285×1765×1705,轴距 2510mm,乘员 5 人,发动机型号 ACTECO-SQR484F,排量 1971L,最大功率 102kW(5750 r/min),最大扭矩 182 N·m(4300~4500 r/min),最高车速 170 km/h,4 速手自一体,前驱,排放标准国Ⅲ、国Ⅳ,豪华型
SUV	瑞麒 X1 1.3 MT	55800	奇瑞汽车有限公司	(0553)5951286	外形尺寸(mm):3866×1622×1638,轴距 2330mm,2 厢 5 门 5 座,发动机型号 ACTECO—SQR473F,排量 1.297 L,最大功率 62kW(5750 r/min),最大扭矩 122 N·m(3800~4500 r/min),最高车速 150 km/h,前驱,5 速手动,排放标准国Ⅳ,舒适型
SUV	瑞麒 X1 1.3 MT	59800	奇瑞汽车有限公司	(0553)5951286	外形尺寸(mm):3866×1622×1638,轴距 2330mm,2 厢 5 门 5 座,发动机型号 ACTECO—SQR473F,排量 1.297 L,最大功率 62kW(5750 r/min),最大扭矩 122 N·m(3800~4500 r/min),最高车速 150 km/h,前驱,5 速手动,排放标准国Ⅳ,豪华型

产品名称	型号规格	参考价格(元)	生产厂家	电话	主要参数及备注
SUV	瑞麒 X1 1.3 MT	61800	奇瑞汽车有限公司	(0553)5951286	外形尺寸(mm):3866×1622×1638;轴距2330mm,2厢5门5座,发动机型号ACTECO—SQR473F,排量1.297L,最大功率62kW(5750 r/min),最大扭矩122 N·m(3800～4500 r/min),最高车速150 km/h,前驱,5速手动,排放标准国Ⅳ,精英型
SUV	瑞麒 X1 1.3 MT	66800	奇瑞汽车有限公司	(0553)5951286	外形尺寸(mm):3866×1622×1638,轴距2330mm,2厢5门5座,发动机型号ACTECO—SQR473F,排量1.297L,最大功率62kW(5750 r/min),最大扭矩122 N·m(3800～4500 r/min),最高车速150 km/h,前驱,5速手动,排放标准国Ⅳ,尊贵型
SUV	瑞鹰 2.0	89800	安徽江淮汽车股份有限公司	(0551)2296577	外形尺寸(mm):4500×1875×1730,轴距2620mm,整备质量1645kg,5门5座,发动机型号HFC4GA3.C,排量1.997L,额定功率95kW(6000 r/min),最大扭矩172 N·m(3000 r/min),最高车速160 km/h,5速手动,前置前驱,排放标准国Ⅳ,亚运版,2011款
SUV	瑞鹰 2.0 AMT	128800	北京城市捷运汽车贸易有限公司	(010)80772869	外形尺寸(mm):4500×1875×1730,轴距2620mm,发动机型号HFC4FA3－B,排量1.997L,额定功率95kW(6000 r/min),最大扭矩172 N·m(2500～3000 r/min),5速序列变速器,二驱,排放标准欧Ⅳ,时尚版,2011款
SUV	瑞鹰 2.0 MT	143800	北京城市捷运汽车贸易有限公司	(010)80772869	外形尺寸(mm):4500×1875×1730,轴距2620mm,5门5座,发动机排量1.997 L,额定功率130kW(5200 r/min),最大扭矩235 N·m(1800 r/min),5速手动,前置四驱,排放标准欧Ⅳ,商务版,2011款
SUV	瑞鹰 2.0 MT	129800	北京城市捷运汽车贸易有限公司	(010)80772869	外形尺寸(mm):4500×1875×1730,轴距2620mm,5门5座,发动机排量1.997 L,额定功率130kW(5200 r/min),最大扭矩235 N·m(1800 r/min),5速手动,前置四驱,排放标准欧Ⅳ,越野版,2011款
SUV	瑞鹰 2.0T AMT	128800	安徽江淮汽车股份有限公司	(0551)2296577	外形尺寸(mm):4500×1820×1730,轴距2620mm,整备质量1645kg,5门5座,发动机型号HFC4GA3.1C,排量1.997L,额定功率130kW(5200 r/min),最大扭矩235 N·m(1800 r/min),最高车速170 km/h,5速手动,前置前驱,排放标准欧Ⅳ,时尚型,2011款
SUV	瑞鹰 2.0T MT	129800	安徽江淮汽车股份有限公司	(0551)2296577	外形尺寸(mm):4500×1820×1730,轴距2620mm,整备质量1810kg,5门5座,发动机型号HFC4GA3.1C,排量1.997L,额定功率130kW(5200 r/min),最大扭矩235 N·m(1800 r/min),最高车速160 km/h,5速手动,前置四驱,排放标准欧Ⅳ,越野版,2011款

产品名称	型号规格	参考价格(元)	生产厂家	电话	主要参数及备注
SUV	瑞鹰 2.0T MT	143800	安徽江淮汽车股份有限公司	(0551)2296577	外形尺寸(mm):4500×1820×1730,轴距 2620mm,整备质量1810kg,5 门 5 座,发动机型号HFC4GA 3.1C,排量1.997L,额定功率 130kW(5200 r/min),最大扭矩 235 N·m(1800 r/min),最高车速 160 km/h,5 速手动,前置四驱,排放标准欧Ⅳ,商务版,2011 款
SUV	瑞鹰 2.4	151800	安徽江淮汽车股份有限公司	(0551)2296577	外形尺寸(mm):4500×1820×1730,轴距 2620mm,整备质量 1810kg,5 门5 座,发动机型号 HFC4GA 1.C,排量2.351L,最大功率 110kW(5500 r/min),最大扭矩 210 N·m(2800~4500 r/min),最高车速 160 km/h,5速手动,前置四驱,排放标准国Ⅳ,四驱公务版,2011 款
SUV	狮跑2.0GL AT	169800	东风悦达起亚汽车有限公司	(025)83186908	外形尺寸(mm):4350×1840×1730,轴距 2630mm,整备质量1495kg,乘员 5 人,发动机型号G4GC,排量1.975L,最大功率104kW(6000 r/min),最大扭矩184 N·m(4500 r/min),最高车速 156 km/h,油耗7.8L/100km,二驱,4 速自动,排放标准欧Ⅲ
SUV	狮跑2.0GL MT	159800	东风悦达起亚汽车有限公司	(025)83186908	外形尺寸(mm):4350×1840×1730,轴距 2630mm,整备质量1481kg,乘员 5 人,发动机型号G4GC,排量1.975L,最大功率104kW(6000 r/min),最大扭矩184 N·m(4500 r/min),最高车速 171 km/h,油耗7.6L/100km,二驱,5 速手动,排放标准欧Ⅲ
SUV	狮跑2.0GLS AT	183800	东风悦达起亚汽车有限公司	(025)83186908	外形尺寸(mm):4350×1840×1730,轴距 2630mm,整备质量1495kg,乘员 5 人,发动机型号G4GC,排量1.975L,最大功率104kW(6000 r/min),最大扭矩184 N·m(4500 r/min),最高车速 156 km/h,油耗7.8L/100km,二驱,4 速自动,排放标准欧Ⅲ
SUV	狮跑2.0GLS MT	173800	东风悦达起亚汽车有限公司	(025)83186908	外形尺寸(mm):4350×1840×1730,轴距 2630mm,整备质量1481kg,乘员 5 人,发动机型号G4GC,排量1.975L,最大功率104kW(6000 r/min),最大扭矩184 N·m(4500 r/min),最高车速 171 km/h,油耗7.6L/100km,二驱,5 速手动,排放标准欧Ⅲ
SUV	狮跑2.0GLS MT	188800	东风悦达起亚汽车有限公司	(025)83186908	外形尺寸(mm):4350×1840×1730,轴距 2630mm,整备质量1545kg,乘员 5 人,发动机型号G4GC,排量1.975L,最大功率104kW(6000 r/min),最大扭矩184 N·m(4500 r/min),最高车速 171 km/h,油耗7.6L/100km,四驱,5 速手动,排放标准欧Ⅲ
SUV	狮跑2.7GLS AT	238800	东风悦达起亚汽车有限公司	(025)83186908	外形尺寸(mm):4350×1840×1730,轴距 2630mm,整备质量1595kg,乘员 5 人,发动机型号G6BA,排量2.656L,最大功率127kW(6000 r/min),最大扭矩241 N·m(4500 r/min),最高车速 173 km/h,油耗9.07L/100km,四驱,4 速自动,排放标准欧Ⅲ

产品名称	型号规格	参考价格(元)	生产厂家	电话	主要参数及备注
SUV	帅豹 GA6460ME3	96800	广汽吉奥汽车有限公司	(0576)82612888	外形尺寸(mm):4620×1885×1830,轴距 2700mm,整备质量 1780kg,乘员 5 人,发动机型号 4G64S4M,排量2.351 L,额定功率 92kW(5250 r/min),最大扭矩 192 N·m(2500 r/min),后驱,5 速手动,排放标准国Ⅲ
SUV	帅舰 GA6510 B6B－18	70800	广汽吉奥汽车有限公司	(0576)82612888	外形尺寸(mm):5095×1780×1850,轴距 3025mm,整备质量 1580kg,乘员 5 人、7 人,发动机型号 4GE1,排量1.997L,额定功率 70kW(4200～4600 r/min),最大扭矩 193 N·m(2000～2600 r/min),后驱,手动变速,排放标准国Ⅲ＋OBD
SUV	帅舰 GA6510CRE3A B6B－36	85800	广汽吉奥汽车有限公司	(0576)82612888	外形尺寸(mm):5095×1780×1850,轴距 3025mm,整备质量 1650kg,乘员 7 人,发动机型号 4L20CR,排量1.997L,额定功率 66kW(3600 r/min),最大扭矩 206 N·m(2200 r/min),后驱,手动变速,排放标准国Ⅲ
SUV	双环 SCEO 2.0 L AT	126800	石家庄双环汽车股份有限公司	(0311)86839003	外形尺寸(mm):4710×1870×1820,轴距 2850mm,油箱容积 68L,整备质量 1820kg,5 门 5 座,发动机型号 4G63S4M,排量 1.997 L,功率 82kW(5250 r/min),最大扭矩 163 N·m(3500 r/min),最高车速 125 km/h,前置后驱,4 速自动,排放标准国 IV＋OBD,豪华型,2011 款
SUV	双环 SCEO 2.0 L AT	136800	石家庄双环汽车股份有限公司	(0311)86839003	外形尺寸(mm):4710×1870×1820,轴距 2850mm,油箱容积 68L,整备质量 1820kg,5 门 5 座,发动机型号 4G63S4M,排量 1.997 L,功率 82kW(5250 r/min),最大扭矩 163 N·m(3500 r/min),最高车速 125 km/h,前置后驱,4 速自动,排放标准国 IV＋OBD 超豪华型,2011 款
SUV	双环 SCEO 2.0 L MT	99800	石家庄双环汽车股份有限公司	(0311)86839003	外形尺寸(mm):4710×1870×1820,轴距 2850mm,油箱容积 68L,整备质量 1820kg,5 门 5 座,发动机型号 4G63S4M,排量 1.997 L,功率 82kW(5250 r/min),最大扭矩 163 N·m(3500 r/min),最高车速 125 km/h,前置后驱,5 速手动,排放标准国 IV＋OBD,标准型,2011 款
SUV	双环 SCEO 2.0 L MT	116800	石家庄双环汽车股份有限公司	(0311)86839003	外形尺寸(mm):4710×1870×1820,轴距 2850mm,油箱容积 68L,整备质量 1820kg,5 门 5 座,发动机型号 4G63S4M,排量 1.997 L,功率 82kW(5250 r/min),最大扭矩 163 N·m(3500 r/min),最高车速 125 km/h,前置后驱,5 速手动,排放标准国 IV＋OBD,豪华型,2011 款

产品名称	型号规格	参考价格(元)	生产厂家	电话	主要参数及备注
SUV	双环 SCEO 2.0 L MT	126800	石家庄双环汽车股份有限公司	(0311) 86839003	外形尺寸(mm):4710×1870×1820,轴距2850mm,油箱容积68L,整备质量1820kg,5门5座,发动机型号4G63S4M,排量1.997 L,功率82kW(5250 r/min),最大扭矩163 N·m(3500 r/min),最高车速125 km/h,前置后驱,5速手动,排放标准国 IV + OBD,超豪华型,2011款
SUV	双环 SCEO 2.4 L 二驱	137800	石家庄双环汽车股份有限公司	(0311) 86839003	外形尺寸(mm):4710×1870×1820,轴距2850mm,油箱容积68L,整备质量1820kg,5门5座,发动机型号4G69S4N,排量2.378 L,功率100kW(5250 r/min),最大扭矩200 N·m(2500~3000 r/min),最高车速140 km/h,前置后驱,4速自动,排放标准国 IV + OBD,豪华型,2011款
SUV	双环 SCEO 2.4 L 二驱	147800	石家庄双环汽车股份有限公司	(0311) 86839003	外形尺寸(mm):4710×1870×1820,轴距2850mm,油箱容积68L,整备质量1820kg,5门5座,发动机型号4G69S4N,排量2.378 L,功率100kW(5250 r/min),最大扭矩200 N·m(2500~3000 r/min),最高车速140 km/h,前置后驱,4速自动,排放标准国 IV + OBD,超豪华型,2011款
SUV	双环 SCEO 2.4 L 二驱	109800	石家庄双环汽车股份有限公司	(0311) 86839003	外形尺寸(mm):4710×1870×1820,轴距2850mm,油箱容积68L,整备质量1820kg,5门5座,发动机型号4G69S4N,排量2.378 L,功率100kW(5250 r/min),最大扭矩200 N·m(2500~3000 r/min),最高车速140 km/h,前置后驱,5速手动,排放标准国 IV + OBD,标准型,2011款
SUV	双环 SCEO 2.4 L 二驱	129800	石家庄双环汽车股份有限公司	(0311) 86839003	外形尺寸(mm):4710×1870×1820,轴距2850mm,油箱容积68L,整备质量1820kg,5门5座,发动机型号4G69S4N,排量2.378 L,功率100kW(5250 r/min),最大扭矩200 N·m(2500~3000 r/min),最高车速140 km/h,前置后驱,5速手动,排放标准国 IV + OBD,豪华型,2011款
SUV	双环 SCEO 2.4 L 二驱	139800	石家庄双环汽车股份有限公司	(0311) 86839003	外形尺寸(mm):4710×1870×1820,轴距2850mm,油箱容积68L,整备质量1820kg,5门5座,发动机型号4G69S4N,排量2.378L,功率100kW(5250 r/min),最大扭矩200 N·m(2500~3000 r/min),最高车速140 km/h,前置后驱,5速手动,排放标准国 IV + OBD,超豪华型,2011款

产品名称	型号规格	参考价格(元)	生产厂家	电话	主要参数及备注
SUV	双环 SCEO 2.4 L 四驱	147800	石家庄双环汽车股份有限公司	(0311) 86839003	外形尺寸(mm):4710×1870×1820,轴距 2850mm,油箱容积 68L,整备质量 1820kg,5 门 5 座,发动机型号 4G69S4N,排量 2.378 L,功率 100kW(5250 r/min),最大扭矩 200 N·m(2500~3000 r/min),最高车速 140 km/h,前置四驱,4 速自动,排放标准国 IV+OBD,豪华型,2011 款
SUV	双环 SCEO 2.4 L 四驱	157800	石家庄双环汽车股份有限公司	(0311) 86839003	外形尺寸(mm):4710×1870×1820,轴距 2850mm,油箱容积 68L,整备质量 1820kg,5 门 5 座,发动机型号 4G69S4N,排量 2.378 L,功率 100kW(5250 r/min),最大扭矩 200 N·m(2500~3000 r/min),最高车速 140 km/h,前置四驱,4 速自动,排放标准国 IV+OBD,超豪华型,2011 款
SUV	双环 SCEO 2.4 L 四驱	119800	石家庄双环汽车股份有限公司	(0311) 86839003	外形尺寸(mm):4710×1870×1820,轴距 2850mm,油箱容积 68L,整备质量 1880kg,5 门 5 座,发动机型号 4G69S4N,排量 2.378 L,功率 100kW(5250 r/min),最大扭矩 200 N·m(2500~3000 r/min),最高车速 140 km/h,前置四驱,5 速手动,排放标准国 IV+OBD,标准型,2011 款
SUV	双环 SCEO 2.4 L 四驱	139800	石家庄双环汽车股份有限公司	(0311) 86839003	外形尺寸(mm):4710×1870×1820,轴距 2850mm,油箱容积 68L,整备质量 1880kg,5 门 5 座,发动机型号 4G69S4N,排量 2.378 L,功率 100kW(5250 r/min),最大扭矩 200 N·m(2500~3000 r/min),最高车速 140 km/h,前置四驱,5 速手动,排放标准国 IV+OBD,豪华型,2011 款
SUV	双环 SCEO 2.4 L 四驱	149800	石家庄双环汽车股份有限公司	(0311) 86839003	外形尺寸(mm):4710×1870×1820,轴距 2850mm,油箱容积 68L,整备质量 1880kg,5 门 5 座,发动机型号 4G69S4N,排量 2.378L,功率 100kW(5250 r/min),最大扭矩 200 N·m(2500~3000 r/min),最高车速 140 km/h,前置四驱,5 速手动,排放标准国 IV+OBD,超豪华型,2011 款
SUV	双环 SCEO 2.5 T 二驱	119800	石家庄双环汽车股份有限公司	(0311) 86839003	外形尺寸(mm):4710×1870×1820,轴距 2850mm,油箱容积 68L,整备质量 1900kg,5 门 5 座,发动机型号 YC4FB100-30,排量 2.488 L,燃柴油,最大功率 75kW(3600 r/min),最大扭矩 245 N·m(1600~2200 r/min),最高车速 125 km/h,前置后驱,5 速手动,排放标准国 III+OBD,标准型,2011 款

产品名称	型号规格	参考价格(元)	生产厂家	电话	主要参数及备注
SUV	双环 SCEO 2.5 T 二驱	138800	石家庄双环汽车股份有限公司	(0311)86839003	外形尺寸(mm):4710 × 1870 × 1820,轴距 2850mm,油箱容积 68L,整备质量 1900kg,5 门 5 座,发动机型号 YC4FB100 - 30,排量 2.488 L,燃柴油,最大功率 75kW(3600 r/min),最大扭矩 245 N · m(1600 ~ 2200 r/min),最高车速 125 km/h,前置后驱,5 速手动,排放标准国 III + OBD,豪华型,2011 款
SUV	双环 SCEO 2.5 T 二驱	148800	石家庄双环汽车股份有限公司	(0311)86839003	外形尺寸(mm):4710 × 1870 × 1820,轴距 2850mm,油箱容积 68L,整备质量 1900kg,5 门 5 座,发动机型号 YC4FB100 - 30,排量 2.488 L,燃柴油,最大功率 75kW(3600 r/min),最大扭矩 245 N · m(1600 ~ 2200 r/min),最高车速 125 km/h,前置后驱,5 速手动,排放标准国 III + OBD,超豪华型,2011 款
SUV	双环 SCEO 2.5 T 四驱	129800	石家庄双环汽车股份有限公司	(0311)86839003	外形尺寸(mm):4710 × 1870 × 1820,轴距 2850mm,油箱容积 68L,整备质量 1980kg,5 门 5 座,发动机型号 YC4FB100 - 30,排量 2.488 L,燃柴油,最大功率 75kW(3600 r/min),最大扭矩 245 N · m(1600 ~ 2200 r/min),最高车速 125 km/h,前置四驱,5 速手动,排放标准国 III + OBD,标准型,2011 款
SUV	双环 SCEO 2.5 T 四驱	148800	石家庄双环汽车股份有限公司	(0311)86839003	外形尺寸(mm):4710 × 1870 × 1820,轴距 2850mm,油箱容积 68L,整备质量 1980kg,5 门 5 座,发动机型号 YC4FB100 - 30,排量 2.488 L,燃柴油,最大功率 75kW(3600 r/min),最大扭矩 245 N · m(1600 ~ 2200 r/min),最高车速 125 km/h,前置四驱,5 速手动,排放标准国 III + OBD,豪华型,2011 款
SUV	双环 SCEO 2.5 T 四驱	158900	石家庄双环汽车股份有限公司	(0311)86839003	外形尺寸(mm):4710 × 1870 × 1820,轴距 2850mm,油箱容积 68L,整备质量 1980kg,5 门 5 座,发动机型号 YC4FB100 - 30,排量 2.488 L,燃柴油,最大功率 75kW(3600 r/min),最大扭矩 245 N · m(1600 ~ 2200 r/min),最高车速 125 km/h,前置四驱,5 速手动,排放标准国 III + OBD,超豪华型,2011 款
SUV	挑战者 DD6490A	69800	丹东黄海汽车有限责任公司	(0415)6224302	外形尺寸(mm):4900 × 1725 × 1850,轴距 3025mm,整备质量 1790kg,乘员 5 ~ 7 人,发动机型号 4G63S4M,排量 1.997L,额定功率 85kW,最大扭矩 165 N · m,最高车速 140 km/h,燃汽油,二驱,5 速手动,排放标准国Ⅲ
SUV	挑战者 DD6490L	81800	丹东黄海汽车有限责任公司	(0415)6224302	外形尺寸(mm):4900 × 1725 × 1850,轴距 3025mm,整备质量 1710kg,乘员 5 ~ 7 人,发动机型号 CF25TC,排量 2.498L,额定功率 62kW,最大扭矩 205 N · m,最高车速 130 km/h,燃柴油,二驱,5 速手动,排放标准国Ⅲ

产品名称	型号规格	参考价格(元)	生产厂家	电话	主要参数及备注
SUV	挑战者 DD6490P	71000	丹东黄海汽车有限责任公司	(0415)6224302	外形尺寸(mm):4860×1725×1850,轴距 3025mm,整备质量 1650kg,乘员 5~7 人,发动机型号 4G63S4M,排量1.997L,额定功率 90kW,最大扭矩 175 N·m,最高车速 140 km/h,燃汽油,二驱,5 速手动,排放标准国Ⅳ
SUV	挑战者 DD6491A	75800	丹东黄海汽车有限责任公司	(0415)6224302	外形尺寸(mm):4860×1725×1850,轴距 3025mm,整备质量 1720kg,乘员 5~7 人,发动机型号 4D25,排量2.433L,额定功率 65kW,最大扭矩 225 N·m,最高车速 130 km/h,燃柴油,二驱,5 速手动,排放标准国Ⅲ
SUV	途胜 2.0GL 2WD AT	183800	北京现代汽车有限公司	(010)59638122	外形尺寸(mm):4325×1795×1680,轴距 2630mm,整备质量 1550kg,发动机排量1.975L,最大功率 104kW(6000 r/min),最大扭矩 184 N·m(4500 r/min),前驱,4 速手自一体,排放标准国Ⅳ,舒适型
SUV	途胜 2.0GL 2WD MT	165800	北京现代汽车有限公司	(010)59638122	外形尺寸(mm):4325×1795×1680,轴距 2630mm,整备质量 1541kg,发动机排量1.975L,最大功率 104kW(6000 r/min),最大扭矩 184 N·m(4500 r/min),前驱,5 速手动,排放标准国Ⅳ,舒适型
SUV	途胜 2.0GL 2WD MT	169800	北京现代汽车有限公司	(010)59638122	外形尺寸(mm):4325×1795×1680,轴距 2630mm,整备质量 1541kg,发动机排量1.975L,最大功率 104kW(6000 r/min),最大扭矩 184 N·m(4500 r/min),前驱,5 速手动,排放标准国Ⅳ,时尚型
SUV	途胜 2.0GLS 4WD MT	195800	北京现代汽车有限公司	(010)59638122	外形尺寸(mm):4325×1795×1680,轴距 2630mm,整备质量 1625kg,乘员 5 人,发动机型号 G4GC,排量1.975L,最大功率 104kW(6000 r/min),最大扭矩 184 N·m(4500 r/min),四驱,5 速手动,排放标准国Ⅳ,豪华型
SUV	途胜 2.0GLS 4WD MT	203800	北京现代汽车有限公司	(010)59638122	外形尺寸(mm):4325×1795×1680,轴距 2630mm,整备质量 1625kg,乘员 5 人,发动机型号 G4GC,排量1.975L,最大功率 104kW(6000 r/min),最大扭矩 184 N·m(4500 r/min),四驱,5 速手动,排放标准国Ⅳ,尊贵型
SUV	威麟 X5	159800	奇瑞汽车有限公司	(0553)5951286	外形尺寸(mm):4697×1878×1836,轴距 2725mm,乘员 5 人,发动机排量1.971L,额定功率 125kW(5500 r/min),最大扭矩 235 N·m(1900 r/min),前置四驱,5 速手动,排放标准国Ⅳ,舒适型
SUV	无限 V7 BQ6475Z1	79000	河北中兴汽车制造有限公司	(0312)3313800	外形尺寸(mm):4750×1790×1780,轴距 2850mm,整备质量 1670kg,乘员 5 人、7 人,发动机型号 V19,排量1.997L,额定功率 78kW(4600~4800 r/min),最大扭矩 178 N·m(2400~3600 r/min),最高车速 140 km/h,后驱,手动变速,排放标准国Ⅳ

产品名称	型号规格	参考价格(元)	生产厂家	电话	主要参数及备注
SUV	逍客 1.6 XE 5MT 2WD	139800	东风日产乘用车公司	8008308899	外形尺寸(mm):4315×1783×1606,轴距 2630mm,整备质量 1321kg,5 门 5 座,发动机型号 HR16DE,排量1.598L,最大功率 89kW(6000 r/min),最大扭矩 154 N·m(4400 r/min),最高车速 174 km/h,5 速手动,前置前驱,排放标准欧 IV + OBD,风车型,2011 款
SUV	逍客 2.0 XL 6MT 2WD	151800	东风日产乘用车公司	8008308899	外形尺寸(mm):4315×1783×1606,轴距 2630mm,整备质量 1383kg,5 门 5 座,发动机型号 MR20DE,排量1.997L,最大功率 106kW(5200 r/min),最大扭矩 198 N·m(4400 r/min),最高车速 191 km/h,6 速手动,前置前驱,排放标准欧 IV + OBD,火车型,2011 款
SUV	逍客 2.0 XL CVT 2WD	164800	东风日产乘用车公司	8008308899	外形尺寸(mm):4315×1783×1606,轴距 2630mm,整备质量 1407kg,5 门 5 座,发动机型号 MR20DE,排量1.997L,最大功率 106kW(5200 r/min),最大扭矩 198 N·m(4400 r/min),最高车速 179 km/h,6 速手自一体,前置前驱,排放标准欧 IV + OBD,火车型,2011 款
SUV	逍客 2.0 XL CVT 2WD	180800	东风日产乘用车公司	8008308899	外形尺寸(mm):4315×1783×1606,轴距 2630mm,整备质量 1407kg,5 门 5 座,发动机型号 MR20DE,排量1.997L,最大功率 106kW(5200 r/min),最大扭矩 198 N·m(4400 r/min),最高车速 179 km/h,6 速手自一体,前置前驱,排放标准欧 IV + OBD,雷车型,2011 款
SUV	逍客 2.0 XL CVT 4WD	201800	东风日产乘用车公司	8008308899	外形尺寸(mm):4315×1783×1606,轴距 2630mm,整备质量 1515kg,5 门 5 座,发动机型号 MR20DE,排量1.997L,最大功率 106kW(5200 r/min),最大扭矩 198 N·m(4400 r/min),最高车速 177 km/h,6 速手自一体,前置四驱,排放标准欧 IV + OBD,虎车型,2011 款
SUV	逍客 2.0 XL CVT 4WD	219800	东风日产乘用车公司	8008308899	外形尺寸(mm):4315×1783×1606,轴距 2630mm,整备质量 1515kg,5 门 5 座,发动机型号 MR20DE,排量1.997L,最大功率 106kW(5200 r/min),最大扭矩 198 N·m(4400 r/min),最高车速 177 km/h,6 速手自一体,前置四驱,排放标准欧 IV + OBD,龙车型,2011 款
SUV	新旗胜 CUV DD6460D	95000	丹东黄海汽车有限责任公司	(0415)6224302	外形尺寸(mm):4620×1860×1830,轴距 2730mm,整备质量 1780kg,乘员 5 人,发动机型号 4G63S4M,排量1.997L,额定功率 90kW,最大扭矩 165 N·m,最高车速 175 km/h,燃汽油,二驱,5 速手动,排放标准国Ⅳ

产品名称	型号规格	参考价格(元)	生产厂家	电话	主要参数及备注
SUV	新旗胜 CUV DD6470	93800	丹东黄海汽车有限责任公司	(0415)6224302	外形尺寸(mm):4620×1860×1830,轴距 2730mm,整备质量 1750kg,乘员 5 人,发动机型号 4G63S4M,排量 1.997L,额定功率 85kW,最大扭矩 165 N·m,最高车速 140 km/h,燃汽油,二驱,5 速手动,排放标准国Ⅲ
SUV	新旗胜 CUV DD6470	119800	丹东黄海汽车有限责任公司	(0415)6224302	外形尺寸(mm):4620×1860×1830,轴距 2730mm,整备质量 1750kg,乘员 5 人,发动机型号 4G64S4M,排量 2.351L,额定功率 93kW,最大扭矩 196 N·m,最高车速 140 km/h,燃汽油,二驱,自动变速,排放标准国Ⅲ
SUV	新旗胜 CUV DD6470C	118800	丹东黄海汽车有限责任公司	(0415)6224302	外形尺寸(mm):4620×1860×1830,轴距 2730mm,整备质量 1860kg,乘员 5 人,发动机型号 VMR425,排量 2.499L,额定功率 105kW,最大扭矩 340 N·m,最高车速 140 km/h,燃柴油,二驱,5 速手动,排放标准国Ⅲ
SUV	新旗胜 CUV DD6470C	132800	丹东黄海汽车有限责任公司	(0415)6224302	外形尺寸(mm):4620×1860×1830,轴距 2730mm,整备质量 1860kg,乘员 5 人,发动机型号 VMR425,排量 2.499L,额定功率 105kW,最大扭矩 340 N·m,最高车速 140 km/h,燃柴油,四驱,5 速手动,排放标准国Ⅲ
SUV	新旗胜 CUV DD6470E	105800	丹东黄海汽车有限责任公司	(0415)6224302	外形尺寸(mm):4620×1860×1830,轴距 2730mm,整备质量 1830kg,乘员 5 人,发动机型号 4G69S4N,排量 2.378 L,功率 105kW,最大扭矩 200 N·m,最高车速 160 km/h,燃汽油,二驱,5 速手动,排放标准国Ⅳ
SUV	新旗胜 CUV DD6470E	119800	丹东黄海汽车有限责任公司	(0415)6224302	外形尺寸(mm):4620×1860×1830,轴距 2730mm,整备质量 1830kg,乘员 5 人,发动机型号 4G69S4N,排量 2.378L,功率 105kW,最大扭矩 200 N·m,最高车速 160 km/h,燃汽油,四驱,5 速手动,排放标准国Ⅳ
SUV	勇士	208000	北京汽车制造厂有限公司	(010)87742817	外形尺寸(mm):4490×1825×1950,轴距 2600mm,整备质量 2005kg,乘员 5 人,发动机型号 G4BA,排量 2.693L,最大功率 110kW(4800 r/min),最大扭矩 235 N·m(2400~4000 r/min),最高车速 150 km/h,油耗 8.5 L/100km,4×4 驱动,5 速手动,排放标准国Ⅲ、国Ⅳ,短轴版
SUV	勇士	206000	北京汽车制造厂有限公司	(010)87742817	外形尺寸(mm):4690×1825×1950,轴距 2800mm,整备质量 2055kg,乘员 8 人,发动机型号 G4BA,排量 2.693L,最大功率 110kW(4800 r/min),最大扭矩 235 N·m(2400~4000 r/min),最高车速 150 km/h,油耗 8.8 L/100km,4×4 驱动,5 速手动,排放标准国Ⅲ、国Ⅳ,长轴版

产品名称	型号规格	参考价格(元)	生产厂家	电话	主要参数及备注
SUV	域胜 007 2.0L MT 2WD	89800	北京汽车制造厂有限公司	(010)87742817	外形尺寸(mm):4595×1828×1827,轴距 2600mm,油箱容积 75L,整备质量 1640kg,5门5座,发动机型号 4G20D4,排量 1.977L,最大功率 89kW(4600 r/min),最大扭矩 180 N·m(2000~4200 r/min),最高车速 150 km/h,4×2 驱动,5速手动,排放标准国Ⅳ+OBD,都市版,舒适型,2011 款
SUV	域胜 007 2.0L MT 2WD	98800	北京汽车制造厂有限公司	(010)87742817	外形尺寸(mm):4595×1828×1827,轴距 2600mm,油箱容积 75L,整备质量 1640kg,5门5座,发动机型号 4G20D4,排量 1.977L,最大功率 89kW(4600 r/min),最大扭矩 180 N·m(2000~4200 r/min),最高车速 150 km/h,4×2 驱动,5速手动,排放标准国Ⅳ+OBD,都市版,豪华型,2011 款
SUV	域胜 007 2.4L MT 2WD	102800	北京汽车制造厂有限公司	(010)87742817	外形尺寸(mm):4595×1828×1827,轴距 2600mm,油箱容积 75L,整备质量 1655kg,5门5座,发动机型号 G4CA,排量 2.438L,最大功率 105kW(4800 r/min),最大扭矩 217 N·m(3000~4000 r/min),最高车速 155 km/h,4×2 驱动,5速手动,排放标准国Ⅳ+OBD,运动版,舒适型,2011 款
SUV	域胜 007 2.4L MT 2WD	111800	北京汽车制造厂有限公司	(010)87742817	外形尺寸(mm):4595×1828×1827,轴距 2600mm,油箱容积 75L,整备质量 1655kg,5门5座,发动机型号 G4CA,排量 2.438L,最大功率 105kW(4800 r/min),最大扭矩 217 N·m(3000~4000 r/min),最高车速 155 km/h,4×2 驱动,5速手动,排放标准国Ⅳ+OBD,运动版,豪华型,2011 款
SUV	域胜 007 2.4L MT 4WD	113800	北京汽车制造厂有限公司	(010)87742817	外形尺寸(mm):4595×1828×1827,轴距 2600mm,油箱容积 75L,整备质量 1770kg,5门5座,发动机型号 G4CA,排量 2.438L,最大功率 105kW(4800 r/min),最大扭矩 217 N·m(3000~4000 r/min),最高车速 155 km/h,4×4 驱动,5速手动,排放标准国Ⅳ+OBD,精英版,舒适型,2011 款
SUV	域胜 007 2.4L MT 4WD	122800	北京汽车制造厂有限公司	(010)87742817	外形尺寸(mm):4595×1828×1827,轴距 2600mm,油箱容积 75L,整备质量 1770kg,5门5座,发动机型号 G4CA,排量 2.438L,最大功率 105kW(4800 r/min),最大扭矩 217 N·m(3000~4000 r/min),最高车速 155 km/h,4×4 驱动,5速手动,排放标准国Ⅳ+OBD,精英版,豪华型,2011 款
SUV	众泰 2008 1.3 MT	43800	众泰控股集团有限公司	(0579)87229888	外形尺寸(mm):3900×1555×1670,轴距 2420mm,整备质量 1130kg,2厢5门5座,发动机型号 RN413EF,排量 1.297L,最大功率 65kW(6000 r/min),最大扭矩 115 N·m(3200 r/min),最高车速 140 km/h,油箱容积 46L,燃汽油,5速手动,前置后驱,排放标准国Ⅲ、国Ⅳ,实用型

产品名称	型号规格	参考价格(元)	生产厂家	电话	主要参数及备注
SUV	众泰 2008 1.3 MT	48800	众泰控股集团有限公司	(0579)87229888	外形尺寸(mm):3900×1555×1670,轴距 2420mm,整备质量 1130kg,2 厢 5 门 5 座,发动机型号 RN413EF,排量1.297 L,最大功率 65kW(6000 r/min),最大扭矩 115 N·m(3200 r/min),最高车速 140 km/h,油箱容积 46L,燃汽油,5 速手动,前置后驱,排放标准国Ⅲ、国Ⅳ,标准型
SUV	众泰 2008 1.3 MT	51800	众泰控股集团有限公司	(0579)87229888	外形尺寸(mm):3900×1555×1670,轴距 2420mm,整备质量 1130kg,2 厢 5 门 5 座,发动机型号 RN413EF,排量1.297 L,最大功率 65kW(6000 r/min),最大扭矩 115 N·m(3200 r/min),最高车速 140 km/h,油箱容积 46L,燃汽油,5 速手动,前置后驱,排放标准国Ⅲ、国Ⅳ,舒适型
SUV	众泰 2008 1.5 MT	54800	众泰控股集团有限公司	(0579)87229888	外形尺寸(mm):3900×1555×1670,轴距 2420mm,装备质量 1130kg,2 厢 5 门 5 座,发动机型号 4G15,排量1.488L,最大功率 78kW(6000 r/min),最大扭矩 134 N·m(4500 r/min),最高车速 145 km/h,5 速手动,前置后驱,排放标准国Ⅲ、国Ⅳ,舒适型
进口 SUV	ASX 劲炫 2.0 二驱	183800	三菱汽车销售(中国)有限公司	(021)60963030	外形尺寸(mm):4295×1770×1625,轴距 2670mm,整备质量 1375kg,5 门 5 座,发动机型号 4B11,排量 1.998 L,最大功率 110kW(6000 r/min),最大扭矩 197 N·m(4200 r/min),最高车速 190 km/h,6 速手自一体,前置前驱,排放标准欧 IV,炫悦版,2011 款
进口 SUV	ASX 劲炫 2.0 二驱	198000	三菱汽车销售(中国)有限公司	(021)60963030	外形尺寸(mm):4295×1770×1625,轴距 2670mm,整备质量 1375kg,5 门 5 座,发动机型号 4B11,排量 1.998 L,最大功率 110kW(6000 r/min),最大扭矩 197 N·m(4200 r/min),最高车速 190 km/h,6 速手自一体,前置前驱,排放标准欧 IV,炫动版,2011 款
进口 SUV	ASX 劲炫 2.0 二驱	208000	三菱汽车销售(中国)有限公司	(021)60963030	外形尺寸(mm):4295×1770×1625,轴距 2670mm,整备质量 1375kg,5 门 5 座,发动机型号 4B11,排量 1.998 L,最大功率 110kW(6000 r/min),最大扭矩 197 N·m(4200 r/min),最高车速 190 km/h,6 速手自一体,前置前驱,排放标准欧 IV,炫逸版,2011 款
进口 SUV	ASX 劲炫 2.0 四驱	218000	三菱汽车销售(中国)有限公司	(021)60963030	外形尺寸(mm):4295×1770×1625,轴距 2670mm,整备质量 1440kg,5 门 5 座,发动机型号 4B11,排量 1.998 L,最大功率 110kW(6000 r/min),最大扭矩 197 N·m(4200 r/min),最高车速 188 km/h,6 速手自一体,前置四驱,排放标准欧 IV,劲尚版,2011 款

产品名称	型号规格	参考价格(元)	生产厂家	电话	主要参数及备注
进口 SUV	ASX 劲炫 2.0 四驱	239800	三菱汽车销售(中国)有限公司	(021)60963030	外形尺寸(mm):4295×1770×1625,轴距 2670mm,整备质量 1440kg,5 门 5 座,发动机型号 4B11,排量 1.998 L,最大功率 110kW(6000 r/min),最大扭矩 197 N·m(4200 r/min),最高车速 188 km/h,6 速手自一体,前置四驱,排放标准欧Ⅳ,劲酷版,2011 款
进口 SUV	昂科雷 3.6L	529000	河北怡和骏祥汽车销售服务有限公司	(0316)2036969	外形尺寸(mm):5118×2007×1842,轴距 3020mm,5 门 7 座,发动机排量 3.564 L,最大功率 215kW(6300 r/min),最大扭矩 366 N·m(3400 r/min),最高车速 174 km/h,6 速自动,前置四驱,排放标准欧Ⅳ,精英版
进口 SUV	昂科雷 3.6L	599000	河北怡和骏祥汽车销售服务有限公司	(0316)2036969	外形尺寸(mm):5118×2007×1842,轴距 3020mm,5 门 7 座,发动机排量 3.564 L,最大功率 215kW(6300 r/min),最大扭矩 366 N·m(3400 r/min),最高车速 174 km/h,6 速自动,前置四驱,排放标准欧Ⅳ,旗舰版
进口 SUV	傲虎 2.5i	324800	北京五方中冀汽车销售有限公司	(010)51352810	外形尺寸(mm):4775×1820×1615,轴距 2745mm,整备质量 1578kg,2 厢 5 门 5 座,发动机排量 2.457 L,最大功率 123kW(5600 r/min),最大扭矩 229 N·m(4000 r/min),全时四驱,最高车速 198 km/h,无级变速,排放标准欧Ⅳ,豪华导航版,2011 款
进口 SUV	傲虎 2.5i	299800	北京五方中冀汽车销售有限公司	(010)51352810	外形尺寸(mm):4775×1820×1615,轴距 2745mm,整备质量 1578kg,2 厢 5 门 5 座,发动机排量 2.457 L,最大功率 123kW(5600 r/min),最大扭矩 229 N·m(4000 r/min),全时四驱,最高车速 198 km/h,无级变速,排放标准欧Ⅳ,豪华版,2011 款
进口 SUV	傲虎 3.6R	429800	北京五方中冀汽车销售有限公司	(010)51352810	外形尺寸(mm):4775×1820×1615,轴距 2745mm,整备质量 1632kg,2 厢 5 门 5 座,发动机排量 3.63 L,最大功率 191kW(5600 r/min),最大扭矩 350 N·m(4400 r/min),全时四驱,最高车速 230 km/h,5 速自动,排放标准欧Ⅳ,豪华版,2011 款
进口 SUV	傲虎 3.6R	449800	北京五方中冀汽车销售有限公司	(010)51352810	外形尺寸(mm):4775×1820×1615,轴距 2745mm,整备质量 1632kg,2 厢 5 门 5 座,发动机排量 3.63L,最大功率 191kW(5600 r/min),最大扭矩 350 N·m(4400 r/min),全时四驱,最高车速 230 km/h,5 速自动,排放标准欧Ⅳ,豪华导航版,2011 款
进口 SUV	奔驰 GLK300 4MATIC	448000	北京保利星徽汽车销售服务有限公司	(010)87391111	外形尺寸(mm):4528×1840×1691,发动机排量 2.996 L,额定功率 170kW(6000 r/min),额定扭矩 300 N·m(2500~5000 r/min),动感型

产品名称	型号规格	参考价格(元)	生产厂家	电话	主要参数及备注
进口 SUV	奔驰 GLK300 4MATIC	495000	北京保利星徽汽车销售服务有限公司	(010)87391111	外形尺寸(mm):4528×1840×1691,发动机排量2.996L,额定功率170kW(6000 r/min),额定扭矩300 N·m(2500~5000 r/min),时尚型
进口 SUV	奔驰 GLK300 4MATIC	618000	北京保利星徽汽车销售服务有限公司	(010)87391111	外形尺寸(mm):4528×1840×1691,发动机排量2.996L,额定功率170kW(6000 r/min),额定扭矩300 N·m(2500~5000 r/min),豪华型
进口 SUV	奔驰 GLK350 4MATIC	728000	北京保利星徽汽车销售服务有限公司	(010)87391111	外形尺寸(mm):4528×1840×1691,发动机排量3.498L,额定功率200kW(6000 r/min),额定扭矩350 N·m(2400~5000 r/min)
进口 SUV	大切诺基 3.6	539900	克莱斯勒(中国)汽车销售有限公司	(010)59037766	外形尺寸(mm):4882×2154×1781,轴距2915mm,5门5座,整备质量2279kg,发动机排量3.6 L,最大功率210kW(6350 r/min),最大扭矩347 N·m(4300 r/min),最高车速206 km/h,5速自动,前置四驱,排放标准欧Ⅳ,经典版,2011款
进口 SUV	大切诺基 3.6	559900	克莱斯勒(中国)汽车销售有限公司	(010)59037766	外形尺寸(mm):4882×2154×1781,轴距2915mm,5门5座,整备质量2279kg,发动机排量3.6 L,最大功率210kW(6350 r/min),最大扭矩347 N·m(4300 r/min),最高车速206 km/h,5速自动,前置四驱,排放标准欧Ⅳ,舒适版,2011款
进口 SUV	大切诺基 3.6	609900	克莱斯勒(中国)汽车销售有限公司	(010)59037766	外形尺寸(mm):4882×2154×1781,轴距2915mm,5门5座,整备质量2279kg,发动机排量3.6 L,最大功率210kW(6350 r/min),最大扭矩347 N·m(4300 r/min),最高车速206 km/h,5速自动,前置四驱,排放标准欧Ⅳ,豪华版,2011款
进口 SUV	大切诺基 3.6	639900	克莱斯勒(中国)汽车销售有限公司	(010)59037766	外形尺寸(mm):4882×2154×1781,轴距2915mm,5门5座,整备质量2279kg,发动机排量3.6 L,最大功率210kW(6350 r/min),最大扭矩347 N·m(4300 r/min),最高车速206 km/h,5速自动,前置四驱,排放标准欧Ⅳ,豪华导航版,2011款
进口 SUV	大切诺基 3.6	659900	克莱斯勒(中国)汽车销售有限公司	(010)59037766	外形尺寸(mm):4882×2154×1781,轴距2915mm,5门5座,整备质量2279kg,发动机排量3.6L,最大功率210kW(6350 r/min),最大扭矩347 N·m(4300 r/min),最高车速206 km/h,5速自动,前置四驱,排放标准欧Ⅳ,70周年限量版,2011款
进口 SUV	大切诺基 3.6	679900	克莱斯勒(中国)汽车销售有限公司	(010)59037766	外形尺寸(mm):4882×2154×1781,轴距2915mm,5门5座,整备质量2279kg,发动机排量3.6 L,最大功率210kW(6350 r/min),最大扭矩347 N·m(4300 r/min),最高车速206 km/h,5速自动,前置四驱,排放标准欧Ⅳ,旗舰版,2011款

产品名称	型号规格	参考价格(元)	生产厂家	电话	主要参数及备注
进口 SUV	大切诺基 3.6	699900	克莱斯勒(中国)汽车销售有限公司	(010)59037766	外形尺寸(mm):4882×2154×1781,轴距 2915mm,5 门 5 座,整备质量 2279kg,发动机排量3.6 L,最大功率 210kW(6350 r/min),最大扭矩 347 N·m(4300 r/min),最高车速206 km/h,5 速自动,前置四驱,排放标准欧Ⅳ,旗舰导航版,2011 款
进口 SUV	大切诺基 5.7	789900	克莱斯勒(中国)汽车销售有限公司	(010)59037766	外形尺寸(mm):4882×2154×1781,轴距 2915mm,5 门 5 座,整备质量 2424kg,发动机排量5.7 L,最大功率 259kW(5200 r/min),最大扭矩 520 N·m(4200 r/min),最高车速 224 km/h,5 速自动,前置四驱,排放标准欧Ⅳ,旗舰导航版,2011 款
进口 SUV	卡宴 Cayenne 3.0 T	866000	北京长安保时捷中心	(010)65211911	外形尺寸(mm):4846×1939×1705,轴距 2895mm,整备质量2155kg,5 门 5 座,发动机排量3.0L,最大功率 245kW(5500~6500 r/min),最大扭矩 440 N·m(3000~5250 r/min),前置四驱,8 速手自一体,排放标准欧Ⅳ,2011 款
进口 SUV	卡宴 Cayenne S 4.8L	1482000	北京长安保时捷中心	(010)65211911	外形尺寸(mm):4846×1939×1705,轴距 2895mm,整备质量2065kg,5 门 5 座,发动机排量4.8L,最大功率 294kW(6500 r/min),最大扭矩 500 N·m(3500 r/min),前置四驱,8 速自动,排放标准欧Ⅳ,2011 款
进口 SUV	卡宴 Cayenne S Hybrid	1375000	北京长安保时捷中心	(010)65211911	外形尺寸(mm):4846×1939×1705,轴距 2895mm,整备质量2240kg,5 门 5 座,发动机排量3.0L,最大功率 245kW(5500~6500 r/min),最大扭矩 440 N·m(3000~5250 r/min),前置四驱,8 速手自一体,排放标准欧Ⅳ,2011 款
进口 SUV	卡宴 Cayenne Turbo 4.8T	2076000	北京长安保时捷中心	(010)65211911	外形尺寸(mm):4846×1939×1705,轴距 2895mm,整备质量2170kg,5 门 5 座,发动机排量4.8L,最大功率 368kW(6000 r/min),最大扭矩 700 N·m(2250~4500 r/min),前置四驱,8 速自动,排放标准欧Ⅳ,2011 款
进口 SUV	路虎 发现 4 5.0 V8 HSE	1188000	北京合富凯达汽车销售有限公司	(010)85796888	外形尺寸(mm):4838×2176×1882,轴距 2885mm,整备质量2616kg,5 门 7 座,发动机排量5.0L,最大功率 276kW(6500 r/min),最大扭矩 510 N·m(3500 r/min),最高车速 195 km/h,前置四驱,6 速自动,排放标准欧Ⅳ,2011 款
进口 SUV	路虎 揽胜 3.6 TDV8	1498000	北京合富凯达汽车销售有限公司	(010)85796888	外形尺寸(mm):4972×2034×1865,轴距 2880mm,5 门 5 座,发动机排量 3.628 L,最大功率200kW(4000 r/min),最大扭矩640 N·m(2000 r/min),前置四驱,6 速手自一体,排放标准欧Ⅳ,2011 款

产品名称	型号规格	参考价格(元)	生产厂家	电话	主要参数及备注
进口 SUV	路虎 揽胜 5.0 V8 NA HSE	1728000	北京合富凯达汽车销售有限公司	(010)85796888	外形尺寸(mm):4972×2034×1865,轴距2880mm,5门5座,发动机排量5.0L,最大功率276kW(6500 r/min),最大扭矩510 N·m(3500 r/min),前置四驱,6速手自一体,排放标准欧Ⅳ,2011款
进口 SUV	路虎 揽胜 5.0 V8 SC	2188000	北京合富凯达汽车销售有限公司	(010)85796888	外形尺寸(mm):4972×2034×1865,轴距2880mm,5门5座,发动机排量5.0L,最大功率375kW(6000~6500 r/min),最大扭矩625 N·m(2500~5500 r/min),前置四驱,6速手自一体,排放标准欧Ⅳ,2011款
进口 SUV	路虎 揽胜 5.0 V8 SC	2738000	北京合富凯达汽车销售有限公司	(010)85796888	外形尺寸(mm):4972×2034×1865,轴距2880mm,5门5座,发动机排量5.0L,最大功率375kW(6000~6500 r/min),最大扭矩625 N·m(2500~5500 r/min),前置四驱,6速手自一体,排放标准欧Ⅳ,创世尊崇版,2011款
进口 SUV	路虎 揽胜运动版 3.0 TDV6 Sporty 柴油	998000	北京合富凯达汽车销售有限公司	(010)85796888	外形尺寸(mm):4783×2004×1874,轴距2745mm,整备质量2603kg,5门5座,发动机排量2.993L,最大功率180kW(4000 r/min),最大扭矩600 N·m(2000 r/min),最高车速193 km/h,前置四驱,6速手自一体,排放标准欧Ⅳ,极致运动版,2011款
进口 SUV	路虎 揽胜运动版 3.0 TDV6 柴油版	918000	北京合富凯达汽车销售有限公司	(010)85796888	外形尺寸(mm):4783×2004×1874,轴距2745mm,整备质量2603kg,5门5座,发动机排量2.993L,最大功率180kW(4000 r/min),最大扭矩600 N·m(2000 r/min),最高车速193 km/h,前置四驱,6速手自一体,排放标准欧Ⅳ,2011款
进口 SUV	路虎 揽胜运动版 5.0 V8 NA HSE	1418000	北京合富凯达汽车销售有限公司	(010)85796888	外形尺寸(mm):4783×2004×1874,轴距2745mm,整备质量2557kg,5门5座,发动机排量5.0L,最大功率276kW(6500 r/min),最大扭矩510 N·m(3500 r/min),最高车速209 km/h,前置四驱,6速手自一体,排放标准欧Ⅳ,2011款
进口 SUV	路虎 揽胜运动版 5.0 V8 SC Auto-biog	1798000	北京合富凯达汽车销售有限公司	(010)85796888	外形尺寸(mm):4783×2004×1874,轴距2745mm,整备质量2659kg,5门5座,发动机排量5.0L,最大功率375kW(6000~6500 r/min),最大扭矩625 N·m(2500~5500 r/min),最高车速225 km/h,前置四驱,6速手自一体,排放标准欧Ⅳ,锋尚创世版,2011款
进口 SUV	路虎 揽胜运动版 5.0 V8 SC HSE	1648000	北京合富凯达汽车销售有限公司	(010)85796888	外形尺寸(mm):4783×2004×1874,轴距2745mm,整备质量2659kg,5门5座,发动机排量5.0 L,最大功率375kW(6000~6500 r/min),最大扭矩625 N·m(2500~5500 r/min),最高车速225 km/h,前置四驱,6速手自一体,排放标准欧Ⅳ,2011款

产品名称	型号规格	参考价格(元)	生产厂家	电话	主要参数及备注
进口 SUV	路虎 发现 4 2.7 TDV6 HSE 柴油版	748000	北京合富凯达汽车销售有限公司	(010)85796888	外形尺寸(mm):4838×2176×1882,轴距2885mm,5门7座,发动机排量2.7L,最大功率190kW(4000 r/min),最大扭矩440 N·m(1900 r/min),前置四驱,6速自动,排放标准欧Ⅳ,2011款
进口 SUV	路虎 发现 4 2.7 TDV6 S 柴油版	698000	北京合富凯达汽车销售有限公司	(010)85796888	外形尺寸(mm):4838×2176×1882,轴距2885mm,整备质量2554kg,5门7座,发动机排量2.7L,最大功率190kW(4000 r/min),最大扭矩440 N·m(1900 r/min),最高车速180 km/h,前置四驱,6速自动,排放标准欧Ⅳ,2011款
进口 SUV	路虎 发现 4 3.0 SDV6 HSE 柴油版	798000	北京合富凯达汽车销售有限公司	(010)85796888	外形尺寸(mm):4838×2176×1882,轴距2885mm,5门7座,发动机排量3.0L,最大功率180kW(4000 r/min),最大扭矩600 N·m(2000 r/min),前置四驱,6速自动,排放标准欧Ⅳ,2011款
进口 SUV	路虎 发现 4 4.0 V6 HSE	858000	北京合富凯达汽车销售有限公司	(010)85796888	外形尺寸(mm):4838×2176×1882,轴距2885mm,整备质量2465kg,5门7座,发动机型号,406PN,排量4.0 L,最大功率160kW(4500 r/min),最大扭矩360 N·m(3000 r/min),最高车速180 km/h,前置四驱,6速自动,排放标准欧Ⅳ,2011款
进口 SUV	路虎 神行者2 2.2 T SD4 HSE 柴油款	588000	北京合富凯达汽车销售有限公司	(010)85796888	外形尺寸(mm):4500×2005×1765,轴距2660mm,整备质量1805kg,5门5座,发动机排量2.179 L,燃柴油,最大功率140kW,最大扭矩420 N·m,最高车速190 km/h,前置四驱,6速手自一体,排放标准欧Ⅳ,2011款
进口 SUV	路虎 神行者2 2.2 T SD4 SE 柴油款	498000	北京合富凯达汽车销售有限公司	(010)85796888	外形尺寸(mm):4500×2005×1765,轴距2660mm,整备质量1805kg,5门5座,发动机排量2.179 L,燃柴油,最大功率140kW,最大扭矩420 N·m,最高车速190 km/h,前置四驱,6速手自一体,排放标准欧Ⅳ,2011款
进口 SUV	路虎 神行者2 3.2 L i6 HSE 汽油款	658000	北京合富凯达汽车销售有限公司	(010)85796888	外形尺寸(mm):4500×2005×1765,轴距2660mm,整备质量1775kg,5门5座,发动机型号B6324S,排量3.192L,最大功率171kW(6300 r/min),最大扭矩317 N·m(3200 r/min),最高车速200 km/h,前置四驱,6速手自一体,排放标准欧Ⅳ,2011款
进口 SUV	路虎 神行者2 3.2 L i6 SE 汽油	568000	北京合富凯达汽车销售有限公司	(010)85796888	外形尺寸(mm):4500×2005×1765,轴距2660mm,整备质量1775kg,5门5座,发动机型号B6324S,排量3.192L,最大功率171kW(6300 r/min),最大扭矩317 N·m(3200 r/min),最高车速200 km/h,前置四驱,6速手自一体,排放标准欧Ⅳ,2011款

产品名称	型号规格	参考价格(元)	生产厂家	电话	主要参数及备注
进口 SUV	路虎 神行者2 3.2 L 中国红限量版	688000	北京合富凯达汽车销售有限公司	(010) 85796888	外形尺寸(mm):4500×2005×1765,轴距2660mm,整备质量1775kg,5门5座,发动机型号B6324S,排量3.192L,最大功率171kW(6300 r/min),最大扭矩317 N·m(3200 r/min),最高车速200 km/h,前置四驱,6速手自一体,排放标准欧Ⅳ,2011款
进口 SUV	牧马人 3.8	418900	克莱斯勒(中国)汽车销售有限公司	(010) 59037766	外形尺寸(mm):4223×1873×1865,轴距2425mm,2门4座,整备质量1752kg,发动机排量3.778L,最大功率146kW(5000 r/min),最大扭矩315 N·m(4000 r/min),最高车速176 km/h,4速自动,前置四驱,排放标准欧Ⅳ,2011款
进口 SUV	牧马人 3.8	478900	克莱斯勒(中国)汽车销售有限公司	(010) 59037766	外形尺寸(mm):4223×1873×1865,轴距2425mm,2门4座,整备质量1924kg,发动机排量3.778L,最大功率146kW(5000 r/min),最大扭矩315 N·m(4000 r/min),最高车速176 km/h,4速自动,前置四驱,排放标准欧Ⅳ,2011款
进口 SUV	牧马人 3.8	456900	克莱斯勒(中国)汽车销售有限公司	(010) 59037766	外形尺寸(mm):4751×1877×1865,轴距2947mm,4门5座,整备质量1919kg,发动机排量3.778L,最大功率146kW(5000 r/min),最大扭矩315 N·m(4000 r/min),最高车速176 km/h,4速自动,前置四驱,排放标准欧Ⅳ,2011款
进口 SUV	牧马人 3.8	516900	克莱斯勒(中国)汽车销售有限公司	(010) 59037766	外形尺寸(mm):4751×1877×1865,轴距2947mm,4门5座,整备质量2053kg,发动机排量3.778L,最大功率146kW(5000 r/min),最大扭矩315 N·m(4000 r/min),最高车速176 km/h,4速自动,前置四驱,排放标准欧Ⅳ,2011款
进口 SUV	帕杰罗3.0 AT	408000	三菱汽车销售(中国)有限公司	(021) 60963030	外形尺寸(mm):4900×1875×1900,轴距2780mm,整备质量2170kg,5门7座,发动机型号6G72,排量2.972 L,最大功率130kW(5250 r/min),最大扭矩259 N·m(4000 r/min),最高车速175 km/h,5速手自一体,前置四驱,排放标准欧Ⅳ,豪华版,2011款
进口 SUV	帕杰罗3.0 AT	438000	三菱汽车销售(中国)有限公司	(021) 60963030	外形尺寸(mm):4900×1875×1900,轴距2780mm,整备质量2170kg,5门7座,发动机型号6G72,排量2.972 L,最大功率130kW(5250 r/min),最大扭矩259 N·m(4000 r/min),最高车速175 km/h,5速手自一体,前置四驱,排放标准欧Ⅳ,精英版,2011款
进口 SUV	帕杰罗3.0 AT	453000	三菱汽车销售(中国)有限公司	(021) 60963030	外形尺寸(mm):4900×1875×1900,轴距2780mm,整备质量2170kg,5门7座,发动机型号6G72,排量2.972 L,最大功率130kW(5250 r/min),最大扭矩259 N·m(4000 r/min),最高车速175 km/h,5速手自一体,前置四驱,排放标准欧Ⅳ,精英超越版,2011款

产品名称	型号规格	参考价格(元)	生产厂家	电话	主要参数及备注
进口 SUV	帕杰罗3.0 MT	398000	三菱汽车销售(中国)有限公司	(021)60963030	外形尺寸(mm):4900×1875×1900,轴距 2780mm,整备质量2160kg,5 门 7 座,发动机型号6G72,排量2.972 L,最大功率130kW(5250 r/min),最大扭矩259 N·m(4000 r/min),最高车速175 km/h,5 速手动,前置四驱,排放标准欧Ⅳ,豪华版,2011款
进口 SUV	帕杰罗3.8 GLS	545000	三菱汽车销售(中国)有限公司	(021)60963030	外形尺寸(mm):4900×1875×1870,轴距 2780mm,整备质量2120kg,油箱容积88L,发动机型号 8G75,排量3.828L,最大功率 179kW(6000 r/min),最大扭矩 327 N·m(2750 r/min),燃 93 号汽油,最高车速200 km/h,3 门 5 座,5 速手自一体,前置四驱,排放标准欧Ⅳ,炫酷版,2011 款
进口 SUV	帕杰罗3.8 GLS	543000	三菱汽车销售(中国)有限公司	(021)60963030	外形尺寸(mm):4900×1875×1870,轴距 2780mm,整备质量2230kg,油箱容积88L,发动机型号 8G75,排量3.828L,最大功率 179kW(6000 r/min),最大扭矩 327 N·m(2750 r/min),燃 93 号汽油,最高车速200 km/h,5 门 7 座,5 速手自一体,前置四驱,排放标准欧Ⅳ,尊贵版,2011 款
进口 SUV	帕杰罗3.8 GLS	561000	三菱汽车销售(中国)有限公司	(021)60963030	外形尺寸(mm):4900×1875×1870,轴距 2780mm,整备质量2245kg,油箱容积88L,发动机型号 8G75,排量3.828L,最大功率 179kW(6000 r/min),最大扭矩 327 N·m(2750 r/min),燃 93 号汽油,最高车速200 km/h,5 门 7 座,5 速手自一体,前置四驱,排放标准欧Ⅳ,旗舰版,2011 款
进口 SUV	森林人 2.0X MT	229800	北京五方中冀汽车销售有限公司	(010)51352810	外形尺寸(mm):4560×1780×1700,轴距 2615mm,整备质量1475kg,5 门 5 座,发动机排量1.995L,最大功率 110kW(6000 r/min),最大扭矩 198 N·m(4200 r/min),前置四驱,5 速手动,排放标准欧Ⅳ,舒适版,2011款
进口 SUV	森林人 2.0XS AT	234800	北京五方中冀汽车销售有限公司	(010)51352810	外形尺寸(mm):4560×1780×1700,轴距 2615mm,整备质量1520kg,5 门 5 座,发动机排量1.995L,最大功率 110kW(6000 r/min),最大扭矩 198 N·m(4200 r/min),全时四驱,4 速手自一体,排放标准欧Ⅳ,舒适版,2011 款
进口 SUV	森林人 2.0XS AT	254800	北京五方中冀汽车销售有限公司	(010)51352810	外形尺寸(mm):4560×1780×1700,轴距 2615mm,整备质量1520kg,5 门 5 座,发动机排量1.995L,最大功率 110kW(6000 r/min),最大扭矩 198 N·m(4200 r/min),全时四驱,4 速手自一体,排放标准欧Ⅳ,豪华版,2011 款

产品名称	型号规格	参考价格(元)	生产厂家	电话	主要参数及备注
进口 SUV	森林人 2.0XS AT	264800	北京五方中冀汽车销售有限公司	(010) 51352810	外形尺寸(mm):4560×1780×1700,轴距 2615mm,整备质量 1520kg,5 门 5 座,发动机排量 1.995L,最大功率 110kW(6000 r/min),最大扭矩 198 N·m(4200 r/min),全时四驱,4 速手自一体,排放标准欧Ⅳ,豪华导航版,2011 款
进口 SUV	森林人 2.0XS MT	249800	北京五方中冀汽车销售有限公司	(010) 51352810	外形尺寸(mm):4560×1780×1700,轴距 2615mm,整备质量 1510kg,5 门 5 座,发动机排量 1.995L,最大功率 110kW(6000 r/min),最大扭矩 198 N·m(4200 r/min),前置四驱,5 速手动,排放标准欧Ⅳ,豪华版,2011 款
进口 SUV	森林人 2.5T S–EDITION AT	359800	北京五方中冀汽车销售有限公司	(010) 51352810	外形尺寸(mm):4560×1780×1700,轴距 2615mm,整备质量 1585kg,5 门 5 座,发动机型号 EJ25,排量 2.457L,最大功率 169kW(5200 r/min),最大扭矩 320 N·m(2800 r/min),全时四驱,5 速手自一体,排放标准欧Ⅳ,豪华版,2011 款
进口 SUV	森林人 2.5T S–EDITION AT	369800	北京五方中冀汽车销售有限公司	(010) 51352810	外形尺寸(mm):4560×1780×1700,轴距 2615mm,整备质量 1585kg,5 门 5 座,发动机型号 EJ25,排量 2.457L,最大功率 169kW(5200 r/min),最大扭矩 320 N·m(2800 r/min),全时四驱,5 速手自一体,排放标准欧Ⅳ,豪华导航版,2011 款
进口 SUV	森林人 2.5XS AT	269800	北京五方中冀汽车销售有限公司	(010) 51352810	外形尺寸(mm):4560×1780×1700,轴距 2615mm,整备质量 1520kg,5 门 5 座,发动机排量 2.498L,最大功率 126kW(5800 r/min),最大扭矩 235 N·m(4100 r/min),全时四驱,4 速手自一体,排放标准欧Ⅳ,豪华版,2011 款
进口 SUV	森林人 2.5XS AT	284800	北京五方中冀汽车销售有限公司	(010) 51352810	外形尺寸(mm):4560×1780×1700,轴距 2615mm,整备质量 1520kg,5 门 5 座,发动机排量 2.498L,最大功率 126kW(5800 r/min),最大扭矩 235 N·m(4100 r/min),全时四驱,4 速手自一体,排放标准欧Ⅳ,豪华导航版,2011 款
进口 SUV	森林人 2.5XT AT	339800	北京五方中冀汽车销售有限公司	(010) 51352810	外形尺寸(mm):4560×1780×1700,轴距 2615mm,整备质量 1560kg,5 门 5 座,发动机型号 EJ25,排量 2.457L,最大功率 169kW(5200 r/min),最大扭矩 320 N·m(2800 r/min),全时四驱,4 速手自一体,排放标准欧Ⅳ,豪华版,2011 款
进口 SUV	森林人 2.5XT AT	354800	北京五方中冀汽车销售有限公司	(010) 51352810	外形尺寸(mm):4560×1780×1700,轴距 2615mm,整备质量 1560kg,5 门 5 座,发动机型号 EJ25,排量 2.457L,最大功率 169kW(5200 r/min),最大扭矩 320 N·m(2800 r/min),全时四驱,4 速手自一体,排放标准欧Ⅳ,豪华导航版,2011 款

产品名称	型号规格	参考价格(元)	生产厂家	电话	主要参数及备注
进口 SUV	双龙 爱腾 2.0T	199800	庞大汽贸集团股份有限公司	(0315)7181566	外形尺寸(mm):4455×1880×1735,轴距 2740mm,整备质量1773kg,5 门 5 座,发动机型号D20DT,排量1.998 L,最大功率104kW(4000 r/min),最大扭矩310 N·m(1800～2750 r/min),6速手自一体,前置后驱,排放标准欧Ⅳ,两驱精英柴油版,2011版
进口 SUV	双龙 爱腾 2.0T	234800	庞大汽贸集团股份有限公司	(0315)7181566	外形尺寸(mm):4455×1880×1735,轴距 2740mm,整备质量1795kg,5 门 5 座,发动机型号D20DT,排量1.998 L,最大功率104kW(4000 r/min),最大扭矩310 N·m(1800～2750 r/min),6速手自一体,前置后驱,排放标准欧Ⅳ,两驱豪华柴油版,2011版
进口 SUV	双龙 爱腾 2.0T	169800	庞大汽贸集团股份有限公司	(0315)7181566	外形尺寸(mm):4455×1880×1735,轴距 2740mm,整备质量1870kg,5 门 5 座,发动机型号 D23T,排量2.295 L,最大功率 110kW(5500 r/min),最大扭矩 214 N·m(3500～4600 r/min),5 速手动,前置后驱,排放标准国Ⅳ,两驱舒适汽油版,2011 版
进口 SUV	双龙 爱腾 2.0T	189800	庞大汽贸集团股份有限公司	(0315)7181566	外形尺寸(mm):4455×1880×1735,轴距 2740mm,整备质量1892kg,5 门 5 座,发动机型号D23T,排量2.295 L,最大功率110kW(5500 r/min),最大扭矩214 N·m(3500～4600 r/min),6速手自一体,前置后驱,排放标准国Ⅳ,两驱精英汽油版,2011版
进口 SUV	双龙 爱腾 2.0T	234800	庞大汽贸集团股份有限公司	(0315)7181566	外形尺寸(mm):4455×1880×1735,轴距 2740mm,整备质量1892kg,5 门 5 座,发动机型号D23T,排量2.295 L,最大功率110kW(5500 r/min),最大扭矩214 N·m(3500～4600 r/min),6速手自一体,前置四驱,排放标准国Ⅳ,四驱豪华汽油版,2011版
进口 SUV	双龙 爱腾 2.0T	229800	庞大汽贸集团股份有限公司	(0315)7181566	外形尺寸(mm):4455×1880×1735,轴距 2740mm,整备质量1903kg,5 门 5 座,发动机型号D20DT,排量1.998 L,最大功率104kW(4000 r/min),最大扭矩310 N·m(1800～2750 r/min),6速手自一体,前置四驱,排放标准欧Ⅳ,四驱精英柴油版,2011版
进口 SUV	双龙 爱腾 2.0T	244800	庞大汽贸集团股份有限公司	(0315)7181566	外形尺寸(mm):4455×1880×1735,轴距 2740mm,整备质量1903kg,5 门 5 座,发动机型号D20DT,排量1.998 L,最大功率104kW(4000 r/min),最大扭矩310 N·m(1800～2750 r/min),6速手自一体,前置四驱,排放标准欧Ⅳ,四驱豪华柴油版,2011版

产品名称	型号规格	参考价格(元)	生产厂家	电话	主要参数及备注
进口 SUV	沃尔沃 XC60 2.0T	398000	北京中汽南方华北汽车服务有限公司	(010) 67886666	外形尺寸(mm):4627×1713×1891,轴距 2774mm,整备质量 1710kg,5 门 5 座,发动机排量 1.999L,最大功率 149kW(6000 r/min),最大扭矩 300 N·m(1750~4000 r/min),前置前驱,6 速双离合,排放标准欧Ⅳ+OBD,舒适版
进口 SUV	沃尔沃 XC60 2.0T	458000	北京中汽南方华北汽车服务有限公司	(010) 67886666	外形尺寸(mm):4627×1713×1891,轴距 2774mm,整备质量 1710kg,5 门 5 座,发动机排量 1.999L,最大功率 149kW(6000 r/min),最大扭矩 300 N·m(1750~4000 r/min),前置前驱,6 速双离合,排放标准欧Ⅳ+OBD,智雅版
进口 SUV	沃尔沃 XC60 2.0T	508000	北京中汽南方华北汽车服务有限公司	(010) 67886666	外形尺寸(mm):4627×1713×1891,轴距 2774mm,整备质量 1710kg,5 门 5 座,发动机排量 1.999L,最大功率 149kW(6000 r/min),最大扭矩 300 N·m(1750~4000 r/min),前置前驱,6 速双离合,排放标准欧Ⅳ+OBD,智尊版
进口 SUV	沃尔沃 XC60 2.0T	498000	北京中汽南方华北汽车服务有限公司	(010) 67886666	外形尺寸(mm):4627×1713×1891,轴距 2774mm,整备质量 1710kg,5 门 5 座,发动机排量 1.999L,最大功率 149kW(6000 r/min),最大扭矩 300 N·m(1750~4000 r/min),前置前驱,6 速双离合,排放标准欧Ⅳ+OBD,个性运动版
进口 SUV	沃尔沃 XC60 T6 AWD	568000	北京中汽南方华北汽车服务有限公司	(010) 67886666	外形尺寸(mm):4627×1713×1891,轴距 2774mm,整备质量 1944kg,5 门 5 座,发动机排量 2.953L,最大功率 224kW(5600 r/min),最大扭矩 440 N·m(2100~4200 r/min),前置四驱,6 速手自一体,排放标准欧Ⅳ+OBD,智雅版
进口 SUV	沃尔沃 XC60 T6 AWD	678000	北京中汽南方华北汽车服务有限公司	(010) 67886666	外形尺寸(mm):4627×1713×1891,轴距 2774mm,整备质量 1944kg,5 门 5 座,发动机排量 2.953L,最大功率 224kW(5600 r/min),最大扭矩 440 N·m(2100~4200 r/min),前置四驱,6 速手自一体,排放标准欧Ⅳ+OBD,智尊版
进口 SUV	沃尔沃 XC60 T6 AWD	608000	北京中汽南方华北汽车服务有限公司	(010) 67886666	外形尺寸(mm):4627×1713×1891,轴距 2774mm,整备质量 1944kg,5 门 5 座,发动机排量 2.953L,最大功率 224kW(5600 r/min),最大扭矩 440 N·m(2100~4200 r/min),前置四驱,6 速手自一体,排放标准欧Ⅳ+OBD,个性运动版
进口 SUV	沃尔沃 XC90 3.2L	788000	北京中汽南方华北汽车服务有限公司	(010) 67886666	外形尺寸(mm):4807×1898×1784,轴距 2857mm,5 门 5 座,发动机排量3.2L,最大功率 175kW(6200 r/min),最大扭矩 320 N·m(3200 r/min),四驱,6 速手自一体,排放标准欧Ⅳ,北欧行政版

产品名称	型号规格	参考价格(元)	生产厂家	电话	主要参数及备注
进口 SUV	沃尔沃 XC90 3.2L	818000	北京中汽南方华北汽车服务有限公司	(010)67886666	外形尺寸(mm):4807×1898×1784,轴距2857mm,5门5座,发动机排量3.2L,最大功率175kW(6200 r/min),最大扭矩320 N·m(3200 r/min),四驱,6速手自一体,排放标准欧Ⅳ,北欧个性运动版
进口 SUV	沃尔沃 XC90 T5	598000	北京中汽南方华北汽车服务有限公司	(010)67886666	外形尺寸(mm):4807×1898×1784,轴距2857mm,5门5座,发动机排量2.5L,最大功率154kW(5000 r/min),最大扭矩320 N·m(4500 r/min),四驱,5速手自一体,排放标准欧Ⅳ,北欧豪华版
进口 SUV	沃尔沃 XC90 T5	688000	北京中汽南方华北汽车服务有限公司	(010)67886666	外形尺寸(mm):4807×1898×1784,轴距2857mm,5门5座,发动机排量2.5L,最大功率154kW(5000 r/min),最大扭矩320 N·m(4500 r/min),四驱,5速手自一体,排放标准欧Ⅳ,北欧行政版
进口 SUV	沃尔沃 XC90 T5	728000	北京中汽南方华北汽车服务有限公司	(010)67886666	外形尺寸(mm):4807×1898×1784,轴距2857mm,5门5座,发动机排量2.5L,最大功率154kW(5000 r/min),最大扭矩320 N·m(4500 r/min),四驱,5速手自一体,排放标准欧Ⅳ,北欧个性运动版
进口 SUV	指南者 2.4	265900	克莱斯勒(中国)汽车销售有限公司	(010)59037766	外形尺寸(mm):4448×1812×1718,轴距2635mm,5门5座,整备质量1530kg,发动机排量2.4L,最大功率125kW(6000 r/min),最大扭矩220 N·m(45000 r/min),最高车速185 km/h,6速手自一体,前置四驱,排放标准国Ⅳ,豪华版,2011款
进口 SUV	指南者 2.4	235900	克莱斯勒(中国)汽车销售有限公司	(010)59037766	外形尺寸(mm):4448×1812×1718,轴距2635mm,5门5座,整备质量1530kg,发动机排量2.4L,最大功率125kW(6000 r/min),最大扭矩220 N·m(45000 r/min),最高车速185 km/h,6速手自一体,前置四驱,排放标准国Ⅳ,经典版,2011款
进口 SUV	指南者 2.4	238900	克莱斯勒(中国)汽车销售有限公司	(010)59037766	外形尺寸(mm):4448×1812×1718,轴距2635mm,5门5座,整备质量1530kg,发动机排量2.4L,最大功率125kW(6000 r/min),最大扭矩220 N·m(45000 r/min),最高车速185 km/h,6速手自一体,前置四驱,排放标准国Ⅳ,经典升级版,2011款
进口 SUV	指南者 2.4	242900	克莱斯勒(中国)汽车销售有限公司	(010)59037766	外形尺寸(mm):4448×1812×1718,轴距2635mm,5门5座,整备质量1530kg,发动机排量2.4L,最大功率125kW(6000 r/min),最大扭矩220 N·m(45000 r/min),最高车速185 km/h,6速手自一体,前置四驱,排放标准国Ⅳ,舒适版,2011款

第11章 皮 卡 车

产品名称	型号规格	参考价格(元)	生产厂家	电话	主要参数及备注
皮卡车	PICKUP D22 柴油	143800	郑州日产汽车有限公司	(0371)66033666	外形尺寸(mm):4885×1690×1650,轴距2950mm,油箱容积60L,整备质量1590kg,乘员5人,4门,发动机型号YD25CTI,排量2.488L,功率98kW(3600 r/min),最大扭矩294 N·m(2000 r/min),最高车速155 km/h,二驱,5速手动,排放标准国Ⅲ,标准型
皮卡车	PICKUP D22 柴油	158800	郑州日产汽车有限公司	(0371)66033666	外形尺寸(mm):4885×1690×1650,轴距2950mm,油箱容积60L,整备质量1590kg,乘员5人,4门,发动机型号YD25CTI,排量2.488L,功率98kW(3600 r/min),最大扭矩294 N·m(2000 r/min),最高车速155 km/h,二驱,5速手动,排放标准国Ⅲ,高级型
皮卡车	PICKUP D22 柴油	178800	郑州日产汽车有限公司	(0371)66033666	外形尺寸(mm):4885×1690×1650,轴距2950mm,油箱容积60L,整备质量1765kg,乘员5人,4门,发动机型号YD25CTI,排量2.488L,功率98kW(3600 r/min),最大扭矩294 N·m(2000 r/min),最高车速150 km/h,四驱,5速手动,排放标准国Ⅲ,标准型
皮卡车	PICKUP D22 柴油	188800	郑州日产汽车有限公司	(0371)66033666	外形尺寸(mm):4885×1690×1650,轴距2950mm,油箱容积60L,整备质量1765kg,乘员5人,4门,发动机型号YD25CTI,排量2.488L,功率98kW(3600 r/min),最大扭矩294 N·m(2000 r/min),最高车速150 km/h,四驱,5速手动,排放标准国Ⅲ,高级型
皮卡车	PICKUP D22 汽油	128800	郑州日产汽车有限公司	(0371)66033666	外形尺寸(mm):4885×1690×1650,轴距2950mm,油箱容积60L,整备质量1475kg,乘员5人,4门,发动机型号KA24,排量2.388L,功率110kW,最大扭矩208 N·m(3600 r/min),最高车速170 km/h,油耗8 L/100km,二驱,5速手动,排放标准国Ⅲ+OBD,标准型
皮卡车	PICKUP D22 汽油	133800	郑州日产汽车有限公司	(0371)66033666	外形尺寸(mm):4885×1690×1650,轴距2950mm,油箱容积60L,整备质量1475kg,乘员5人,4门,发动机型号KA24,排量2.388L,功率110kW,最大扭矩208 N·m(3600 r/min),最高车速170 km/h,油耗8 L/100km,二驱,5速手动,排放标准国Ⅲ+OBD,高级型

产品名称	型号规格	参考价格（元）	生产厂家	电话	主要参数及备注
皮卡车	PICKUP D22 汽油	128800	郑州日产汽车有限公司	(0371) 66033666	外形尺寸(mm):4885×1690×1650,轴距2950mm,油箱容积60L,整备质量1475kg,乘员5人,4门,发动机型号KA24,排量2.388L,功率110kW,最大扭矩208 N·m(3600 r/min),最高车速170 km/h,油耗8 L/100km,二驱,5速手动,排放标准国Ⅳ+OBD,标准型
皮卡车	PICKUP D22 汽油	133800	郑州日产汽车有限公司	(0371) 66033666	外形尺寸(mm):4885×1690×1650,轴距2950mm,油箱容积60L,整备质量1475kg,乘员5人,4门,发动机型号KA24,排量2.388L,功率110kW,最大扭矩208 N·m(3600 r/min),最高车速170 km/h,油耗8 L/100km,二驱,5速手动,排放标准国Ⅳ+OBD,高级型
皮卡车	PICKUP D22 汽油	128800	郑州日产汽车有限公司	(0371) 66033666	外形尺寸(mm):4885×1690×1650,轴距2950mm,油箱容积60L,整备质量1665kg,乘员5人,4门,发动机型号KA24,排量2.388L,功率110kW,最大扭矩208 N·m(3600 r/min),最高车速170 km/h,油耗8 L/100km,四驱,5速手动,排放标准国Ⅲ+OBD,标准型
皮卡车	PICKUP D22 汽油	133800	郑州日产汽车有限公司	(0371) 66033666	外形尺寸(mm):4885×1690×1650,轴距2950mm,油箱容积60L,整备质量1665kg,乘员5人,4门,发动机型号KA24,排量2.388L,功率110kW,最大扭矩208 N·m(3600 r/min),最高车速170 km/h,油耗8 L/100km,四驱,5速手动,排放标准国Ⅲ+OBD,高级型
皮卡车	PICKUP D22 汽油	128800	郑州日产汽车有限公司	(0371) 66033666	外形尺寸(mm):4885×1690×1650,轴距2950mm,油箱容积60L,整备质量1665kg,乘员5人,4门,发动机型号KA24,排量2.388L,功率110kW,最大扭矩208 N·m(3600 r/min),最高车速170 km/h,油耗8 L/100km,四驱,5速手动,排放标准国Ⅳ+OBD,标准型
皮卡车	PICKUP D22 汽油	133800	郑州日产汽车有限公司	(0371) 66033666	外形尺寸(mm):4885×1690×1650,轴距2950mm,油箱容积60L,整备质量1665kg,乘员5人,4门,发动机型号KA24,排量2.388L,功率110kW,最大扭矩208 N·m(3600 r/min),最高车速170 km/h,油耗8 L/100km,四驱,5速手动,排放标准国Ⅳ+OBD,高级型
皮卡车	QL1020NGDRC	94600	庆铃汽车股份有限公司	(023) 65263350	汽油4×2双排电喷,0.6t,单碟CD,前排空调,方向助力,电动窗,中控锁,电动后视镜
皮卡车	QL1020NGDRC	100600	庆铃汽车股份有限公司	(023) 65263350	汽油4×2双排电喷,豪华型,0.6t,单碟CD,前排空调,方向助力,电动窗,中控锁,电动后视镜,全车真皮坐套,倒车雷达,遥控防盗器,桃木内饰

产品名称	型号规格	参考价格（元）	生产厂家	电话	主要参数及备注
皮卡车	QL1020NGDSC	108800	庆铃汽车股份有限公司	(023)65263350	汽油4×4双排电喷,0.6t,单碟CD,前排空调,方向助力,电动窗,中控锁,电动后视镜
皮卡车	QL1020NGDSC	114800	庆铃汽车股份有限公司	(023)65263350	汽油4×4双排电喷,豪华型,0.6t,单碟CD,前排空调,方向助力,电动窗,中控锁,电动后视镜,全车真皮坐套,倒车雷达,遥控防盗器,桃木内饰
皮卡车	QL1020XGDRC	101200	庆铃汽车股份有限公司	(023)65263350	柴油4×2双排增压,0.6t,单碟CD,前排空调,方向助力,电动窗,中控锁,电动后视镜
皮卡车	QL1020XGDRC	107200	庆铃汽车股份有限公司	(023)65263350	柴油4×2双排增压,豪华型,0.6t,单碟CD,前排空调,方向助力,电动窗,中控锁,电动后视镜,全车真皮坐套,倒车雷达,遥控防盗器,桃木内饰
皮卡车	QL1030XGDSC	115600	庆铃汽车股份有限公司	(023)65263350	柴油4×4双排增压,0.6t,单碟CD,前排空调,方向助力,电动窗,中控锁,电动后视镜
皮卡车	QL1030XGDSC	121600	庆铃汽车股份有限公司	(023)65263350	柴油4×4双排增压,豪华型,0.6t,单碟CD,前排空调,方向助力,电动窗,中控锁,电动后视镜,全车真皮坐套,倒车雷达,遥控防盗器,桃木内饰
皮卡车	傲骏 DD1020C	60800	丹东黄海汽车有限责任公司	(0415)6224302	外形尺寸(mm):5145×1725×1690,轴距3025mm,整备质量1600kg,额定载客5人,发动机型号4D25,排量2.433L,额定功率65kW,最大扭矩225 N·m,最高车速120 km/h,燃柴油,二驱,5速手动,排放标准国Ⅲ
皮卡车	傲骏 DD1020H	52800	丹东黄海汽车有限责任公司	(0415)6224302	外形尺寸(mm):5145×1725×1690,轴距3025mm,整备质量1480kg,额定载客5人,发动机型号JM491Q－ME,排量2.237L,额定功率76kW(4600 r/min),最大扭矩193 N·m(2000～2600 r/min),最高车速130 km/h,燃汽油,二驱,5速手动,排放标准国Ⅲ
皮卡车	奥腾 GA1020CRE3A	73800	广汽吉奥汽车有限公司	(0576)82612888	外形尺寸(mm):5155×1690×1710,轴距3025mm,整备质量1610kg,乘员5人,4门,最高车速120 km/h,发动机型号4L22CR,排量2.156 L,额定功率66kW(3600 r/min),最大扭矩206 N·m(2200 r/min),后驱,手动变速,排放标准国Ⅲ,B6B－35标准型
皮卡车	奥腾 GA1020CRE3A	77800	广汽吉奥汽车有限公司	(0576)82612888	外形尺寸(mm):5155×1690×1710,轴距3025mm,整备质量1610kg,乘员5人,4门,最高车速120 km/h,发动机型号GA4D28TC,排量2.771L,额定功率70kW(3600 r/min),最大扭矩225 N·m(1600～2600 r/min),后驱,手动变速,排放标准国Ⅲ,B6B－37标准型
皮卡车	奥腾 GA1020E3	61900	广汽吉奥汽车有限公司	(0576)82612888	外形尺寸(mm):5155×1690×1710,轴距3025mm,整备质量1520kg,乘员5人,4门,最高车速120 km/h,发动机型号BJ491EQ3,排量2.237L,额定功率76kW(4600 r/min),最大扭矩193 N·m(2000～2600 r/min),后驱,5速手动,排放标准国Ⅲ＋OBD,豪华型

产品名称	型号规格	参考价格（元）	生产厂家	电话	主要参数及备注
皮卡车	奥腾 GA1020E3A	69300	广汽吉奥汽车有限公司	(0576) 82612888	外形尺寸(mm)：5155×1690×1710，轴距 3025mm，整备质量 1520kg，乘员 5 人，4 门，最高车速 120 km/h，发动机型号 GA491QE，排量 2.237L，额定功率 75kW(4600 r/min)，最大扭矩 190 N·m(2200～2800 r/min)，后驱，5 速手动，排放标准国Ⅲ，豪华型
皮卡车	奥腾 GA1021CT	67800	广汽吉奥汽车有限公司	(0576) 82612888	外形尺寸(mm)：5155×1690×1710，轴距 3025mm，油箱容积 60L，整备质量 1520kg，乘员 5 人，4 门，最高车速 110 km/h，发动机型号 4L20TDI，排量 1.997L，额定功率 62kW(3600 r/min)，最大扭矩 193 N·m(2400 r/min)，后驱，4 速手动，排放标准国Ⅱ，豪华型
皮卡车	宝典 JX1020TS3	85800	蚌埠连城江铃汽车销售服务有限公司	(0552) 3111155	外形尺寸(mm)：5110×1690×1645，轴距 3025mm，整备质量 1570kg，乘员 5 人，发动机型号 JX493ZQ5A，排量 2.771L，额定功率 68kW(3600 r/min)，最大扭矩 210 N·m(1600～2200 r/min)，二驱，最高车速 120 km/h，5 速手动，排放标准国Ⅲ，白色，基本型，无胶，带外置钩
皮卡车	宝典 JX1020TS3	87300	蚌埠连城江铃汽车销售服务有限公司	(0552) 3111155	外形尺寸(mm)：5110×1690×1645，轴距 3025mm，整备质量 1570kg，乘员 5 人，发动机型号 JX493ZQ5A，排量 2.771L，额定功率 68kW(3600 r/min)，最大扭矩 210 N·m(1600～2200 r/min)，二驱，最高车速 120 km/h，5 速手动，排放标准国Ⅲ，单色金属漆基本型，无胶，带外置钩
皮卡车	宝典 JX1020TS3	88300	蚌埠连城江铃汽车销售服务有限公司	(0552) 3111155	外形尺寸(mm)：5110×1690×1645，轴距 3025mm，整备质量 1570kg，乘员 5 人，发动机型号 JX493ZQ5A，排量 2.771L，额定功率 68kW(3600 r/min)，最大扭矩 210 N·m(1600～2200 r/min)，二驱，最高车速 120 km/h，5 速手动，排放标准国Ⅲ，双色金属漆基本型，无胶，带外置钩
皮卡车	宝典 JX1020TS3	82700	蚌埠连城江铃汽车销售服务有限公司	(0552) 3111155	外形尺寸(mm)：5110×1690×1645，轴距 3025mm，整备质量 1570kg，乘员 5 人，发动机型号 JX493ZQ5A，排量 2.771L，额定功率 68kW(3600 r/min)，最大扭矩 210 N·m(1600～2200 r/min)，二驱，最高车速 120 km/h，5 速手动，排放标准国Ⅲ，白色，基本型，二类底盘
皮卡车	宝典 JX1020TS3	89500	蚌埠连城江铃汽车销售服务有限公司	(0552) 3111155	外形尺寸(mm)：5110×1690×1645，轴距 3025mm，整备质量 1570kg，乘员 5 人，发动机型号 JX493ZQ5A，排量 2.771L，额定功率 68kW(3600 r/min)，最大扭矩 210 N·m(1600～2200 r/min)，二驱，最高车速 120 km/h，5 速手动，排放标准国Ⅲ，白色，豪华型，无胶，带外置钩

产品名称	型号规格	参考价格（元）	生产厂家	电话	主要参数及备注
皮卡车	宝典 JX1020TS3	91000	蚌埠连城江铃汽车销售服务有限公司	（0552）3111155	外形尺寸（mm）：5110×1690×1645，轴距 3025mm，整备质量 1570kg，乘员 5 人，发动机型号 JX493ZQ5A，排量 2.771 L，额定功率 68kW（3600 r/min），最大扭矩 210 N·m（1600 ~ 2200 r/min），二驱，最高车速 120 km/h，5 速手动，排放标准国Ⅲ，单色金属漆，无胶，带外置钩
皮卡车	宝典 JX1020TS3	92000	蚌埠连城江铃汽车销售服务有限公司	（0552）3111155	外形尺寸（mm）：5110×1690×1645，轴距 3025mm，整备质量 1570kg，乘员 5 人，发动机型号 JX493ZQ5A，排量 2.771 L，额定功率 68kW（3600 r/min），最大扭矩 210 N·m（1600 ~ 2200 r/min），二驱，最高车速 120 km/h，5 速手动，排放标准国Ⅲ，双色金属漆，无胶，带外置钩
皮卡车	宝典 JX1020TS3	86200	蚌埠连城江铃汽车销售服务有限公司	（0552）3111155	外形尺寸（mm）：5110×1690×1645，轴距 3025mm，整备质量 1570kg，乘员 5 人，发动机型号 JX493ZQ5A，排量 2.771 L，额定功率 68kW（3600 r/min），最大扭矩 210 N·m（1600 ~ 2200 r/min），二驱，最高车速 120 km/h，5 速手动，排放标准国Ⅲ，白色，豪华型，二类底盘
皮卡车	宝典 JX1021TS3	102000	蚌埠连城江铃汽车销售服务有限公司	（0552）3111155	外形尺寸（mm）：5110×1690×1645，轴距 3025mm，整备质量 1720kg，乘员 5 人，发动机型号 JX493ZQ5A，排量 2.771 L，额定功率 68kW（3600 r/min），最大扭矩 210 N·m（1600 ~ 2200 r/min），四驱，最高车速 120 km/h，5 速手动，排放标准国Ⅲ，白色，基本型，无胶，带外置钩
皮卡车	宝典 JX1021TS3	103500	蚌埠连城江铃汽车销售服务有限公司	（0552）3111155	外形尺寸（mm）：5110×1690×1645，轴距 3025mm，整备质量 1720kg，乘员 5 人，发动机型号 JX493ZQ5A，排量 2.771 L，额定功率 68kW（3600 r/min），最大扭矩 210 N·m（1600 ~ 2200 r/min），四驱，最高车速 120 km/h，5 速手动，排放标准国Ⅲ，单色金属漆，无胶，带外置钩
皮卡车	宝典 JX1021TS3	104500	蚌埠连城江铃汽车销售服务有限公司	（0552）3111155	外形尺寸（mm）：5110×1690×1645，轴距 3025mm，整备质量 1720kg，乘员 5 人，发动机型号 JX493ZQ5A，排量 2.771 L，额定功率 68kW（3600 r/min），最大扭矩 210 N·m（1600 ~ 2200 r/min），四驱，最高车速 120 km/h，5 速手动，排放标准国Ⅲ，双色金属漆，无胶，带外置钩
皮卡车	宝典 JX1021TS3	98900	蚌埠连城江铃汽车销售服务有限公司	（0552）3111155	外形尺寸（mm）：5110×1690×1645，轴距 3025mm，整备质量 1720kg，乘员 5 人，发动机型号 JX493ZQ5A，排量 2.771 L，额定功率 68kW（3600 r/min），最大扭矩 210 N·m（1600 ~ 2200 r/min），四驱，最高车速 120 km/h，5 速手动，排放标准国Ⅲ，白色，基本型，二类底盘

产品名称	型号规格	参考价格（元）	生产厂家	电话	主要参数及备注
皮卡车	宝典 JX1021TS3	106000	蚌埠连城江铃汽车销售服务有限公司	（0552）3111155	外形尺寸（mm）：5110×1690×1645，轴距 3025mm，整备质量 1720kg，乘员 5 人，发动机型号 JX493ZQ5A，排量 2.771 L，额定功率 68kW（3600 r/min），最大扭矩 210 N·m（1600～2200 r/min），四驱，最高车速 120 km/h，5 速手动，排放标准国Ⅲ，白色，豪华型，无胶，带外置钩
皮卡车	宝典 JX1021TS3	107500	蚌埠连城江铃汽车销售服务有限公司	（0552）3111155	外形尺寸（mm）：5110×1690×1645，轴距 3025mm，整备质量 1720kg，乘员 5 人，发动机型号 JX493ZQ5A，排量 2.771 L，额定功率 68kW（3600 r/min），最大扭矩 210 N·m（1600～2200 r/min），四驱，最高车速 120 km/h，5 速手动，排放标准国Ⅲ，单色金属漆，无胶，带外置钩
皮卡车	宝典 JX1021TS3	108500	蚌埠连城江铃汽车销售服务有限公司	（0552）3111155	外形尺寸（mm）：5110×1690×1645，轴距 3025mm，整备质量 1720kg，乘员 5 人，发动机型号 JX493ZQ5A，排量 2.771 L，额定功率 68kW（3600 r/min），最大扭矩 210 N·m（1600～2200 r/min），四驱，最高车速 120 km/h，5 速手动，排放标准国Ⅲ，双色金属漆，无胶，带外置钩
皮卡车	宝典 JX1021TS3	102400	蚌埠连城江铃汽车销售服务有限公司	（0552）3111155	外形尺寸（mm）：5110×1690×1645，轴距 3025mm，整备质量 1720kg，乘员 5 人，发动机型号 JX493ZQ5A，排量 2.771 L，额定功率 68kW（3600 r/min），最大扭矩 210 N·m（1600～2200 r/min），四驱，最高车速 120 km/h，5 速手动，排放标准国Ⅲ，白色，豪华型，二类底盘
皮卡车	财运 GA1020CRE3A	71800	广汽吉奥汽车有限公司	（0576）82612888	外形尺寸（mm）：5255×1690×1710，轴距 3025mm，整备质量 1610kg，乘员 5 人，4 门，最高车速 120 km/h，发动机型号 4L22CR，排量 2.156 L，额定功率 66kW（3600 r/min），最大扭矩 206 N·m（2200 r/min），后驱，手动变速，排放标准国Ⅲ，B6B－35 型
皮卡车	财运 GA1020CRE3A	75800	广汽吉奥汽车有限公司	（0576）82612888	外形尺寸（mm）：5255×1690×1710，轴距 3025mm，整备质量 1610kg，乘员 5 人，4 门，最高车速 120 km/h，发动机型号 GA4D28TC，排量 2.771 L，额定功率 70kW（3600 r/min），最大扭矩 225 N·m（1600～2600 r/min），后驱，手动变速，排放标准国Ⅲ，B6B－37 型
皮卡车	财运 GA1020E3	64800	广汽吉奥汽车有限公司	（0576）82612888	外形尺寸（mm）：5255×1690×1710，轴距 3025mm，整备质量 1520kg，乘员 5 人，4 门，最高车速 120 km/h，发动机型号 BJ491EQ3，排量 2.237 L，额定功率 76kW（4600 r/min），最大扭矩 193 N·m（2000～2600 r/min），后驱，5 速手动，排放标准国Ⅲ＋OBD

产品名称	型号规格	参考价格（元）	生产厂家	电话	主要参数及备注
皮卡车	财运 GA1020E3A	64300	广汽吉奥汽车有限公司	(0576)82612888	外形尺寸(mm):5255×1690×1710,轴距 3025mm,整备质量1520kg,乘员 5 人,4 门,最高车速 120 km/h,发动机型号GA491QE,排量2.237 L,额定功率75kW(4600 r/min),最大扭矩190 N·m(2200~2800 r/min),后驱,5 速手动,排放标准国Ⅲ
皮卡车	财运 GA1021C	60300	广汽吉奥汽车有限公司	(0576)82612888	外形尺寸(mm):5255×1690×1710,轴距 3025mm,整备质量1520kg,乘员 5 人,4 门,最高车速 110 km/h,发动机型号LL485BZL,排量2.156 L,额定功率48kW(3200 r/min),最大扭矩170 N·m(2200 r/min),后驱,4速手动,排放标准国Ⅱ
皮卡车	长铃 BQ1028N6B2	80000	河北中兴汽车制造有限公司	(0312)3313800	外形尺寸(mm):5070×1740×1720,轴距 3025mm,整备质量1695kg,4 门双排 5 座位,发动机型号 4D25,排量 2.433 L,功率65kW,最大扭矩 225 N·m,最高车速 120 km/h,燃柴油,后驱,手动变速,排放标准国Ⅲ
皮卡车	长铃 BQ1028Y2B2 - G3	102000	河北中兴汽车制造有限公司	(0312)3313800	外形尺寸(mm):5070×1740×1720,轴距 3025mm,整备质量1480kg,4 门双排 5 座位,发动机型号 XG491Q - ME,排量2.237 L,功率 76kW,最大扭矩 193 N·m(2200~2800 r/min),最高车速 120 km/h,燃汽油,后驱,手动变速,排放标准国Ⅱ
皮卡车	大柴神 DD1022E	79800	丹东黄海汽车有限责任公司	(0415)6224302	外形尺寸(mm):5350×1725×1690,轴距 3380mm 整备质量1780kg,额定载客 5 人,发动机型号 CA4DC2 - 10E3,排量3.168 L,额定功率76kW,最大扭矩 245 N·m,最高车速 120 km/h,燃柴油,二驱,5 速手动,排放标准国Ⅲ,豪华型
皮卡车	大柴神 DD1022F	65800	丹东黄海汽车有限责任公司	(0415)6224302	外形尺寸(mm):5350×1725×1690,轴距 3380mm,整备质量1625kg,额定载客 5 人,发动机型号 JM491Q - ME,排量2.237 L,额定功率76kW(4600 r/min),最大扭矩 193 N·m(2000~2600 r/min),最高车速 130 km/h,燃汽油,二驱,5 速手动,排放标准国Ⅲ,豪华型
皮卡车	大柴神 DD1022G	69800	丹东黄海汽车有限责任公司	(0415)6224302	外形尺寸(mm):5350×1725×1690,轴距 3380mm,整备质量1725kg,额定载客 5 人,发动机型号 4G64S4M,排量2.351 L,额定功率93kW,最大扭矩 196 N·m,最高车速 130 km/h,燃汽油,二驱,5速手动,排放标准国Ⅲ,豪华型
皮卡车	大柴神 DD1022G	85800	丹东黄海汽车有限责任公司	(0415)6224302	外形尺寸(mm):5350×1725×1690,轴距 3380mm,整备质量1725kg,额定载客 5 人,发动机型号 4G64S4M,排量2.351 L,额定功率 93kW,最大扭矩 196 N·m,最高车速 130 km/h,燃汽油,四驱,5 速手动,排放标准国Ⅲ,豪华型

产品名称	型号规格	参考价格（元）	生产厂家	电话	主要参数及备注
皮卡车	大柴神 DD1022H	89800	丹东黄海汽车有限责任公司	（0415）6224302	外形尺寸（mm）：5350×1725×1690，轴距 3380mm，整备质量 1740kg，额定载客 5 人，发动机型号 CF25TC，排量2.498L，额定功率 62kW，最大扭矩 205 N·m，最高车速 120 km/h，燃柴油，四驱，5 速手动，排放标准国Ⅲ，豪华型
皮卡车	大柴神 DD1022K	69800	丹东黄海汽车有限责任公司	（0415）6224302	外形尺寸（mm）：5350×1725×1690，轴距 3380mm，整备质量 1740kg，额定载客 5 人，发动机型号 4D25，排量2.433 L，额定功率 65kW，最大扭矩 225 N·m，最高车速 120 km/h，燃柴油，二驱，5 速手动，排放标准国Ⅲ，标准型
皮卡车	风骏 3 CC1021PA03 汽油大双	67800	长城汽车股份有限公司	（0312）2192888	外形尺寸（mm）：5340×1720×1675，轴距 3350mm，整备质量 1595kg，发动机型号 GW491QE，排量2.237 L，最大功率 78kW（4600 r/min），最大扭矩 190 N·m（2400～2800 r/min），后驱，最高车速 130 km/h，5 速手动，排放标准国Ⅲ，财富版，标准型
皮卡车	风骏 3 CC1021PA03 汽油大双	70800	长城汽车股份有限公司	（0312）2192888	外形尺寸（mm）：5340×1720×1675，轴距 3350mm，整备质量 1595kg，发动机型号 GW491QE，排量2.237 L，最大功率 78kW（4600 r/min），最大扭矩 190 N·m（2400～2800 r/min），后驱，最高车速 130 km/h，5 速手动，排放标准国Ⅲ，财富版，豪华型
皮卡车	风骏 3 CC1021PS03 汽油小双	66800	长城汽车股份有限公司	（0312）2192888	外形尺寸（mm）：5040×1720×1675，轴距 3050mm，整备质量 1565kg，发动机型号 GW491QE，排量2.237 L，最大功率 78kW（4600 r/min），最大扭矩 190 N·m（2400～2800 r/min），后驱，最高车速 130 km/h，5 速手动，排放标准国Ⅲ，财富版，标准型
皮卡车	风骏 3 CC1021PS03 汽油小双	69800	长城汽车股份有限公司	（0312）2192888	外形尺寸（mm）：5040×1720×1675，轴距 3050mm，整备质量 1565kg，发动机型号 GW491QE，排量2.237 L，最大功率 78kW（4600 r/min），最大扭矩 190 N·m（2400～2800 r/min），后驱，最高车速 130 km/h，5 速手动，排放标准国Ⅲ，财富版，豪华型
皮卡车	风骏 3 CC1031PA22 汽油大双	82800	长城汽车股份有限公司	（0312）2192888	外形尺寸（mm）：5340×1720×1675，轴距 3350mm，整备质量 1785kg，发动机型号 GW491QE，排量2.237 L，最大功率 78kW（4600 r/min），最大扭矩 190 N·m（2400～2800 r/min），分时四驱，最高车速 130 km/h，5 速手动，排放标准国Ⅲ，标准型
皮卡车	风骏 3 CC1031PA22 汽油大双	85800	长城汽车股份有限公司	（0312）2192888	外形尺寸（mm）：5340×1720×1675，轴距 3350mm，整备质量 1785kg，发动机型号 GW491QE，排量2.237 L，最大功率 78kW（4600 r/min），最大扭矩 190 N·m（2400～2800 r/min），分时四驱，最高车速 130 km/h，5 速手动，排放标准国Ⅲ，豪华型

产品名称	型号规格	参考价格（元）	生产厂家	电话	主要参数及备注
皮卡车	风骏3 CC1031PS22 汽油小双	81800	长城汽车股份有限公司	(0312) 2192888	外形尺寸(mm):5040×1720×1675,轴距3050mm,整备质量1765kg,发动机型号GW491QE,排量2.237L,最大功率78kW(4600 r/min),最大扭矩190 N·m(2400～2800 r/min),分时四驱,最高车速130 km/h,5速手动,排放标准国Ⅲ,标准型
皮卡车	风骏3 CC1031PS22 汽油小双	84800	长城汽车股份有限公司	(0312) 2192888	外形尺寸(mm):5040×1720×1675,轴距3050mm,整备质量1765kg,发动机型号GW491QE,排量2.237L,最大功率78kW(4600 r/min),最大扭矩190 N·m(2400～2800 r/min),分时四驱,最高车速130 km/h,5速手动,排放标准国Ⅲ,豪华型
皮卡车	风骏5 CC1021PS05 汽油K2	88800	长城汽车股份有限公司	(0312) 2192888	外形尺寸(mm):5040×1800×1730,轴距3050mm,整备质量1660kg,发动机型号GW4G69S4N,排量2.378L,最大功率100kW(5250 r/min),最大扭矩200 N·m(2500～3000 r/min),最高车速140 km/h,后驱,5速手动,排放标准国Ⅳ,公务版,豪华型
皮卡车	风骏5 CC1021PS05 汽油K2	102800	长城汽车股份有限公司	(0312) 2192888	外形尺寸(mm):5040×1800×1730,轴距3050mm,整备质量1660kg,发动机型号GW4G69S4N,排量2.378L,最大功率100kW(5250 r/min),最大扭矩200 N·m(2500～3000 r/min),最高车速140 km/h,后驱,5速手动,排放标准国Ⅳ,公务版,尊贵型
皮卡车	风骏5 CC1021PS05 汽油K2	98800	长城汽车股份有限公司	(0312) 2192888	外形尺寸(mm):5040×1800×1730,轴距3050mm,整备质量1780kg,发动机型号GW4G69S4N,排量2.378L,最大功率100kW(5250 r/min),最大扭矩200 N·m(2500～3000 r/min),最高车速140 km/h,分时四驱,5速手动,排放标准国Ⅳ,公务版,豪华型
皮卡车	风骏5 CC1021PS05 汽油K2	112800	长城汽车股份有限公司	(0312) 2192888	外形尺寸(mm):5040×1800×1730,轴距3050mm,整备质量1780kg,发动机型号GW4G69S4N,排量2.378L,最大功率100kW(5250 r/min),最大扭矩200 N·m(2500～3000 r/min),最高车速140 km/h,分时四驱,5速手动,排放标准国Ⅳ,公务版,尊贵型
皮卡车	风骏5 CC1021PS06 汽油	77800	长城汽车股份有限公司	(0312) 2192888	外形尺寸(mm):5040×1720×1675,轴距3050mm,整备质量1620kg,发动机型号GW4G69S4N,排量2.378L,最大功率100kW(5250 r/min),最大扭矩200 N·m(2500～3000 r/min),最高车速140 km/h,后驱,5速手动,排放标准国Ⅳ,商务版,豪华型

产品名称	型号规格	参考价格（元）	生产厂家	电话	主要参数及备注
皮卡车	风骏5 CC1021PS06 汽油	81800	长城汽车股份有限公司	(0312) 2192888	外形尺寸(mm):5040×1720×1675,轴距3050mm,整备质量1620kg,发动机型号GW4G69S4N,排量2.378L,最大功率100kW(5250 r/min),最大扭矩200 N·m(2500~3000 r/min),最高车速140 km/h,后驱,5速手动,排放标准国Ⅳ,商务版,超豪华型
皮卡车	风骏5 CC1031PS44 柴油小双	94800	长城汽车股份有限公司	(0312) 2192888	外形尺寸(mm):5040×1800×1730,轴距3050mm,整备质量1740kg,发动机型号GW 2.8TC-2,排量2.771 L,最大功率70kW(3600 r/min),最大扭矩225 N·m(1600~2600 r/min),最高车速140 km/h,后驱,5速手动,排放标准国Ⅲ,公务版,豪华型
皮卡车	风骏5 CC1031PS44 柴油小双	108800	长城汽车股份有限公司	(0312) 2192888	外形尺寸(mm):5040×1800×1730,轴距3050mm,整备质量1740kg,发动机型号GW 2.8TC-2,排量2.771 L,最大功率70kW(3600 r/min),最大扭矩225 N·m(1600~2600 r/min),最高车速140 km/h,后驱,5速手动,排放标准国Ⅲ,公务版,尊贵型
皮卡车	风骏5 CC1031PS45 柴油小双	83800	长城汽车股份有限公司	(0312) 2192888	外形尺寸(mm):5040×1720×1730,轴距3050mm,整备质量1700kg,发动机型号GW 2.8TC-2,排量2.771 L,最大功率70kW(3600 r/min),最大扭矩225 N·m(1600~2600 r/min),最高车速140 km/h,后驱,5速手动,排放标准国Ⅲ,商务版,豪华型
皮卡车	风骏5 CC1031PS45 柴油小双	87800	长城汽车股份有限公司	(0312) 2192888	外形尺寸(mm):5040×1720×1730,轴距3050mm,整备质量1700kg,发动机型号GW 2.8TC-2,排量2.771 L,最大功率70kW(3600 r/min),最大扭矩225 N·m(1600~2600 r/min),最高车速140 km/h,后驱,5速手动,排放标准国Ⅲ,商务版,超豪华型
皮卡车	风骏5 CC1031PS64 柴油小双	109800	长城汽车股份有限公司	(0312) 2192888	外形尺寸(mm):5040×1800×1730,轴距3050mm,整备质量1860kg,发动机型号GW 2.8TC-2,排量2.771 L,最大功率70kW(3600 r/min),最大扭矩225 N·m(1600~2600 r/min),最高车速140 km/h,分时四驱,5速手动,排放标准国Ⅲ,公务版,豪华型
皮卡车	风骏5 CC1031PS64 柴油小双	123800	长城汽车股份有限公司	(0312) 2192888	外形尺寸(mm):5040×1800×1730,轴距3050mm,整备质量1860kg,发动机型号GW 2.8TC-2,排量2.771 L,最大功率70kW(3600 r/min),最大扭矩225 N·m(1600~2600 r/min),最高车速140 km/h,分时四驱,5速手动,排放标准国Ⅲ,公务版,尊贵型

产品名称	型号规格	参考价格(元)	生产厂家	电话	主要参数及备注
皮卡车	富顺 2.8T	59800	保定大迪汽车工业有限公司	(0312)6921700	外形尺寸(mm):5035×1740×1680,轴距 3025mm,4门5座,发动机排量2.771 L,最大功率65kW,最高车速 110 km/h,燃柴油,后驱,5速手动,排放标准国Ⅲ,豪华型
皮卡车	富顺 2.8T	61800	保定大迪汽车工业有限公司	(0312)6921700	外形尺寸(mm):5035×1740×1680,轴距 3025mm,4门5座,发动机排量2.771 L,最大功率65kW,最高车速 110 km/h,燃柴油,后驱,5速手动,排放标准国Ⅲ,超豪华型
皮卡车	华北骏风 HC1020S	86000	高碑店市中客华北汽车有限责任公司	(0312)2813366	外形尺寸(mm):5140×1720×1750,轴距 3025mm,整备质量1500kg,货厢栏板内尺寸(mm):1480×1470×480,发动机型号4G64,4×2驱动
皮卡车	华北骏风 HC1020S	95800	高碑店市中客华北汽车有限责任公司	(0312)2813366	外形尺寸(mm):5140×1720×1750,轴距 3025mm,整备质量1500kg,货厢栏板内尺寸(mm):1480×1470×480,发动机型号4G64,4×4驱动
皮卡车	华北骏风 HC1020S	82000	高碑店市中客华北汽车有限责任公司	(0312)2813366	外形尺寸(mm):5140×1720×1750,轴距 3025mm,整备质量1500kg,货厢栏板内尺寸(mm):1480×1470×480,发动机型号4JB1,4×2驱动
皮卡车	江铃宝典 JX1020TS3 GL	94800	江铃汽车股份有限公司	(0791)5232888	外形尺寸(mm):5110×1690×1645,轴距 3025mm,油箱容积53L,整备质量 1570kg,4门乘员5人,最高车速 120 km/h,发动机型号 JX493ZQ5A,排量2.771 L,额定功率68kW(3600 r/min),最大扭矩 210 N·m(1600~2200 r/min),燃柴油,二驱,5速手动,排放标准国Ⅲ
皮卡车	江铃宝典 JX1020TS3 LX	100800	江铃汽车股份有限公司	(0791)5232888	外形尺寸(mm):5110×1690×1645,轴距 3025mm,油箱容积53L,整备质量 1570kg,4门乘员5人,最高车速 120 km/h,发动机型号 JX493ZQ5A,排量2.771 L,额定功率68kW(3600 r/min),最大扭矩 210 N·m(1600~2200 r/min),燃柴油,二驱,5速手动,排放标准国Ⅲ
皮卡车	江铃宝典 JX1021TS3 LX	117800	江铃汽车股份有限公司	(0791)5232888	外形尺寸(mm):5110×1690×1645,轴距 3025mm,油箱容积53L,整备质量 1720kg,4门乘员5人,最高车速 120 km/h,发动机型号 JX493ZQ5A,排量2.771 L,额定功率68kW(3600 r/min),最大扭矩 210 N·m(1600~2200 r/min),燃柴油,四驱,5速手动,排放标准国Ⅲ
皮卡车	金迪尔 CC1021DAD00 汽油大双	63800	长城汽车股份有限公司	(0312)2192888	外形尺寸(mm):5305×1705×1685,轴距 3380mm,整备质量1425kg,发动机型号 GW491QE,排量2.237L,额定功率 78kW,最大扭矩 190 N·m,最高车速 130 km/h,后驱,5速手动,排放标准国Ⅲ,豪华型

产品名称	型号规格	参考价格（元）	生产厂家	电话	主要参数及备注
皮卡车	金迪尔CC1021DAD00汽油大双	67800	长城汽车股份有限公司	(0312)2192888	外形尺寸(mm):5305×1705×1685,轴距3380mm,整备质量1425kg,发动机型号GW491QE,排量2.237L,额定功率78kW,最大扭矩190 N·m,最高车速130 km/h,后驱,5速手动,排放标准国Ⅲ,超豪华型
皮卡车	金迪尔CC1021DAD41柴油小双	70800	长城汽车股份有限公司	(0312)2192888	外形尺寸(mm):5305×1705×1685,轴距3380mm,整备质量1525kg,发动机型号GW 2.8TC－2,排量2.771 L,额定功率70kW,最大扭矩225 N·m,最高车速140 km/h,后驱,5速手动,排放标准国Ⅲ,豪华型
皮卡车	金迪尔CC1021DAD41柴油小双	74800	长城汽车股份有限公司	(0312)2192888	外形尺寸(mm):5305×1705×1685,轴距3380mm,整备质量1525kg,发动机型号GW 2.8TC－2,排量2.771 L,额定功率70kW,最大扭矩225 N·m,最高车速140 km/h,后驱,5速手动,排放标准国Ⅲ,超豪华型
皮卡车	金迪尔CC1021DSD00汽油小双	59800	长城汽车股份有限公司	(0312)2192888	外形尺寸(mm):4890×1705×1685,轴距2850mm,整备质量1395kg,发动机型号GW491QE,排量2.237L,额定功率78kW,最大扭矩190 N·m,最高车速130 km/h,后驱,5速手动,排放标准国Ⅲ,标准型
皮卡车	金迪尔CC1021DSD00汽油小双	62800	长城汽车股份有限公司	(0312)2192888	外形尺寸(mm):4890×1705×1685,轴距2850mm,整备质量1395kg,发动机型号GW491QE,排量2.237L,额定功率78kW,最大扭矩190 N·m,最高车速130 km/h,后驱,5速手动,排放标准国Ⅲ,豪华型
皮卡车	金迪尔CC1021DSD00汽油小双	66800	长城汽车股份有限公司	(0312)2192888	外形尺寸(mm):4890×1705×1685,轴距2850mm,整备质量1395kg,发动机型号GW491QE,排量2.237L,额定功率78kW,最大扭矩190 N·m,最高车速130 km/h,后驱,5速手动,排放标准国Ⅲ,超豪华型
皮卡车	金迪尔CC1021DSD41柴油小双	65800	长城汽车股份有限公司	(0312)2192888	外形尺寸(mm):4890×1705×1685,轴距2850mm,整备质量1495kg,发动机型号GW 2.8TC－2,排量2.771 L,额定功率70kW,最大扭矩225 N·m,最高车速140 km/h,后驱,5速手动,排放标准国Ⅲ,标准型
皮卡车	金迪尔CC1021DSD41柴油小双	69800	长城汽车股份有限公司	(0312)2192888	外形尺寸(mm):4890×1705×1685,轴距2850mm,整备质量1495kg,发动机型号GW 2.8TC－2,排量2.771 L,额定功率70kW,最大扭矩225 N·m,最高车速140 km/h,后驱,5速手动,排放标准国Ⅲ,豪华型
皮卡车	金迪尔CC1021DSD41柴油小双	73800	长城汽车股份有限公司	(0312)2192888	外形尺寸(mm):4890×1705×1685,轴距2850mm,整备质量1495kg,发动机型号GW 2.8TC－2,排量2.771 L,额定功率70kW,最大扭矩225 N·m,最高车速140 km/h,后驱,5速手动,排放标准国Ⅲ,超豪华型

产品名称	型号规格	参考价格（元）	生产厂家	电话	主要参数及备注
皮卡车	旗舰 BQ1023N5V	98900	河北中兴汽车制造有限公司	(0312)3313800	外形尺寸(mm):5080×1750×1710,轴距2900mm,整备质量1650kg,4门双排5座位,发动机型号4JB1T1,排量2.771L,额定功率75kW,最大扭矩235N·m(2000 r/min),最高车速130 km/h,燃柴油,后驱,手动变速,排放标准国Ⅲ,豪华型
皮卡车	旗舰 BQ1023Y2V－G3	78900	河北中兴汽车制造有限公司	(0312)3313800	外形尺寸(mm):5080×1750×1710,轴距2900mm,整备质量1520kg,4门双排5座位,发动机型号XG491Q－ME,排量2.237L,额定功率76kW(4300～4600 r/min),最大扭矩193 N·m(2200～2800 r/min),最高车速130 km/h,燃汽油,后驱,手动变速,排放标准国Ⅲ,豪华型
皮卡车	旗舰 BQ2030Q3	104800	河北中兴汽车制造有限公司	(0312)3313800	外形尺寸(mm):5080×1750×1710,轴距2900mm,整备质量1860kg,4门双排5座位,发动机型号CYQD80－E3,排量2.951L,额定功率80.9kW,燃柴油,后驱,手动变速,排放标准国Ⅲ,豪华型
皮卡车	旗舰 BQ2030Q3	113800	河北中兴汽车制造有限公司	(0312)3313800	外形尺寸(mm):5080×1750×1710,轴距2900mm,整备质量1860kg,4门双排5座位,发动机型号CYQD80－E3,排量2.951L,额定功率80.9kW,燃柴油,后驱,手动变速,排放标准国Ⅲ,超豪华型
皮卡车	旗舰 A9 BQ1021Y2A－G3	57900	河北中兴汽车制造有限公司	(0312)3313800	外形尺寸(mm):4943×1696×1705,轴距2850mm,整备质量1420kg,4门双排5座位,发动机型号XG491Q－ME,排量2.237L,功率76kW(4300～4600 r/min),最大扭矩193 N·m(2200～2800 r/min),最高车速140 km/h,燃汽油,后驱,手动变速,排放标准国Ⅲ,豪华型
皮卡车	旗舰 A9 BQ1021Y2A－G3	62900	河北中兴汽车制造有限公司	(0312)3313800	外形尺寸(mm):4943×1696×1705,轴距2850mm,整备质量1420kg,4门双排5座位,发动机型号XG491Q－ME,排量2.237L,功率76kW(4300～4600 r/min),最大扭矩193 N·m(2200～2800 r/min),最高车速140 km/h,燃汽油,后驱,手动变速,排放标准国Ⅲ,超豪华型
皮卡车	旗舰 A9 BQ1022N6	54900	河北中兴汽车制造有限公司	(0312)3313800	外形尺寸(mm):4943×1696×1705,轴距2850mm,整备质量1560kg,4门双排5座位,发动机型号4D25,排量2.433L,功率62.4kW(3200 r/min),最大扭矩235 N·m(2000～2200 r/min),最高车速130 km/h,燃柴油,后驱,手动变速,排放标准国Ⅲ,豪华型
皮卡车	旗舰 A9 BQ1022N6	62900	河北中兴汽车制造有限公司	(0312)3313800	外形尺寸(mm):4943×1696×1705,轴距2850mm,整备质量1560kg,4门双排5座位,发动机型号4D25,排量2.433L,功率62.4kW(3200 r/min),最大扭矩235 N·m(2000～2200 r/min),最高车速130 km/h,燃柴油,后驱,手动变速,排放标准国Ⅲ,超豪华型

产品名称	型号规格	参考价格（元）	生产厂家	电话	主要参数及备注
皮卡车	庆铃 TFR17HDLMD	93800	大庆世纪庆铃汽车销售服务有限公司	（0459）5998570	外形尺寸（mm）：4975×1690×1640，轴距 3025mm，整备质量 1440kg，满载质量 2215kg，发动机排量2.6L，最大功率 89kW，排放标准欧Ⅲ，4×2 驱动，燃汽油
皮卡车	庆铃 TFR55HDLJD	95600	大庆世纪庆铃汽车销售服务有限公司	（0459）5998570	外形尺寸（mm）：4975×1690×1610，发动机排量2.8L，最大功率 70kW，最大扭矩 220 N·m，4×2 驱动，燃柴油
皮卡车	庆铃 TFS17HDLMD	107900	大庆世纪庆铃汽车销售服务有限公司	（0459）5998570	外形尺寸（mm）：4975×1690×1680，轴距 3025mm，整备质量 1520kg，满载质量 2295kg，发动机排量2.6L，最大功率 89kW，排放标准欧Ⅲ，4×4 驱动，燃汽油
皮卡车	庆铃 TFS55HDLJD	114400	大庆世纪庆铃汽车销售服务有限公司	（0459）5998570	外形尺寸（mm）：4975×1690×1610，发动机排量2.8L，最大功率 70kW，最大扭矩 220 N·m，4×4 驱动，燃柴油
皮卡车	锐骐 ZN1022U2M	83800	郑州日产汽车有限公司	（0371）66033666	外形尺寸（mm）：4980×1690×1650，轴距 2950mm，油箱容积 60L，整备质量 1662kg，乘员 5 人，4 门，发动机型号 CYQD80－E3，排量2.951L，最大功率80.9kW（3600 r/min），最大扭矩 221 N·m（2200～2600 r/min），最高车速 140 km/h，二驱，5 速手动，排放标准国Ⅲ，标准型
皮卡车	锐骐 ZN1022U2N	79800	郑州日产汽车有限公司	（0371）66033666	外形尺寸（mm）：4980×1690×1650，轴距 2950mm，油箱容积 60L，整备质量 1495kg，乘员 5 人，4 门，发动机型号 4RB2，排量 2.438L，额定功率 102kW（4600～5000 r/min），最大扭矩 217 N·m（2600～3200 r/min），最高车逗 160 km/h，二驱，5 速手动，排放标准国Ⅲ，标准型
皮卡车	锐骐 ZN1022U2X	99800	郑州日产汽车有限公司	（0371）66033666	外形尺寸（mm）：4980×1690×1650，轴距 2950mm，油箱容积 60L，整备质量 1620kg，乘员 5 人，4 门，发动机型号 ZD25TCR，排量2.494L，最大功率 80kW（3800 r/min），最大扭矩 260 N·m（1600～2400 r/min），最高车速 150 km/h，二驱，5 速手动，排放标准国Ⅲ，标准型
皮卡车	锐骐 ZN1022U2X	109800	郑州日产汽车有限公司	（0371）66033666	外形尺寸（mm）：4980×1690×1650，轴距 2950mm，油箱容积 60L，整备质量 1620kg，乘员 5 人，4 门，发动机型号 ZD25TCR，排量2.494L，最大功率 80kW（3800 r/min），最大扭矩 260 N·m（1600～2400 r/min），最高车速 150 km/h，二驱，5 速手动，排放标准国Ⅲ，豪华型
皮卡车	锐骐 ZN1032U2M	103800	郑州日产汽车有限公司	（0371）66033666	外形尺寸（mm）：4980×1820×1715，轴距 2950mm，油箱容积 60L，整备质量 1790kg，乘员 5 人，4 门，发动机型号 CYQD80－E3，排量2.951L，最大功率80.9kW（3600 r/min），最大扭矩 221 N·m（2200～2600 r/min），最高车速 1450 km/h，四驱，5 速手动，排放标准国Ⅲ，豪华型

产品名称	型号规格	参考价格（元）	生产厂家	电话	主要参数及备注
皮卡车	锐骐 ZN1032UBX	121800	郑州日产汽车有限公司	(0371)66033666	外形尺寸(mm)：4980×1820×1715，轴距 2950mm，油箱容积 60L，整备质量 1760kg，乘员 5 人，4 门，发动机型号 ZD25TCR，排量 2.498 L，最大功率 80kW(3800 r/min)，最大扭矩 260 N·m(1600～2400 r/min)，最高车速 150 km/h，四驱，5 速手动，排放标准国Ⅲ，标准型
皮卡车	锐骐 ZN1032UBX	124800	郑州日产汽车有限公司	(0371)66033666	外形尺寸(mm)：4980×1820×1715，轴距 2950mm，油箱容积 60L，整备质量 1760kg，乘员 5 人，4 门，发动机型号 ZD25TCR，排量 2.498 L，最大功率 80kW(3800 r/min)，最大扭矩 260 N·m(1600～2400 r/min)，最高车速 150 km/h，四驱，5 速手动，排放标准国Ⅲ，豪华型
皮卡车	萨普 BJ1027V2MD5－S	89800	北汽福田汽车股份有限公司	(010)69738888	外形尺寸(mm)：5150×1750×1695，轴距 3025mm，整备质量 1580kg，乘员 5 人，发动机型号 BJ493ZQ3，排量 2.771 L，功率 70kW，最大扭矩 225 N·m，最高车速 125 km/h，油耗 7 L/100km，5 速手动，排放标准欧Ⅲ，征服者Ⅰ型
皮卡车	萨普 C BJ1027V2MA5－S	69800	北汽福田汽车股份有限公司	(010)69738888	外形尺寸(mm)：5105×1710×1615，轴距 3025mm，整备质量 1550kg，乘员 5 人，发动机型号 4D20，排量 1.998 L，功率 52kW，最大扭矩 175 N·m，最高车速 100 km/h，5 速手动，排放标准欧Ⅲ
皮卡车	萨普 T BJ1027V2MW5－SA	64900	北汽福田汽车股份有限公司	(010)69738888	外形尺寸(mm)：5120×1690×1615，轴距 3025mm，整备质量 1495kg，乘员 5 人，发动机型号 BJ491EQ3，排量 2.237 L，功率 76kW，最大扭矩 193 N·m，最高车速 125 km/h，5 速手动，排放标准欧Ⅲ
皮卡车	萨普 T BJ1027V2MA5－S	65800	北汽福田汽车股份有限公司	(010)69738888	外形尺寸(mm)：5105×1710×1615，轴距 3025mm，整备质量 1550kg，乘员 5 人，发动机型号 4D20，排量 1.998 L，功率 52kW，最大扭矩 175 N·m 最高车速 100 km/h，5 速手动，排放标准欧Ⅲ
皮卡车	萨普 V BJ1027V2MD5－S2	70300	北汽福田汽车股份有限公司	(010)69738888	外形尺寸(mm)：5120×1710×1615，轴距 3025mm，整备质量 1540kg，乘员 5 人，发动机型号 BJ493ZQ3，排量 2.771 L，功率 70kW，最大扭矩 225 N·m，最高车速 125 km/h，油耗 7 L/100km，5 速手动，排放标准欧Ⅲ，经典型
皮卡车	萨普 V BJ1027V2MW5－S	74100	北汽福田汽车股份有限公司	(010)69738888	外形尺寸(mm)：5160×1750×1645，轴距 3025mm，整备质量 1480kg，乘员 5 人，发动机型号 BJ491EQ3，排量 2.237 L，功率 76kW，最大扭矩 193 N·m，最高车速 125 km/h，5 速手动，排放标准欧Ⅲ

产品名称	型号规格	参考价格（元）	生产厂家	电话	主要参数及备注
皮卡车	萨普 V BJ1027V2MW5 – X	78800	北汽福田汽车股份有限公司	(010) 69738888	外形尺寸（mm）：5160×1750×1695，轴距 3025mm，整备质量 1480kg，乘员 5 人，发动机型号 BJ491EQ4，排量 2.237 L，功率 76kW，最大扭矩 193 N·m，最高车速 125 km/h，5 速手动，排放标准欧Ⅳ
皮卡车	顺驰 2.8T	69800	保定大迪汽车工业有限公司	(0312) 6921700	外形尺寸（mm）：5035×1740×1680，轴距 2850mm，装备质量 1495kg，5 座位，4 车门，发动机型号 SF493ZQ，排量2.771 L，最大功率 67kW，最大扭矩 210 N·m（2200 r/min），最高车速 110 km/h，燃柴油，前置后驱，5 速手动，排放标准国Ⅲ，豪华型
皮卡车	顺驰 2.8T	71800	保定大迪汽车工业有限公司	(0312) 6921700	外形尺寸（mm）：5035×1740×1680，轴距 2850mm，装备质量 1495kg，5 座位，4 车门，发动机型号 SF493ZQ，排量2.771 L，最大功率 67kW，最大扭矩 210 N·m（2200 r/min），最高车速 110 km/h，燃柴油，前置后驱，5 速手动，排放标准国Ⅲ，超豪华型
皮卡车	威虎 BQ1023G4S	84800	河北中兴汽车制造有限公司	(0312) 3313800	外形尺寸（mm）：5280（5330）×1750×1735，轴距 3100mm，整备质量 1670kg，4 门双排 5 座位，发动机型号 4G69S4N，排量2.378 L，最大功率 100kW（5250 r/min），最大扭矩 200 N·m（2500～3000 r/min），最高车速 140 km/h，燃汽油，后驱，手动变速，排放标准国Ⅳ，豪华型
皮卡车	威虎 BQ1023G4S	94800	河北中兴汽车制造有限公司	(0312) 3313800	外形尺寸（mm）：5280（5330）×1750×1735，轴距 3100mm，整备质量 1670kg，4 门双排 5 座位，发动机型号 4G69S4N，排量2.378L，最大功率 100kW（5250 r/min），最大扭矩 200 N·m（2500～3000 r/min），最高车速 140 km/h，燃汽油，后驱，手动变速，排放标准国Ⅳ，超豪华型
皮卡车	威虎 BQ1023G4S	99800	河北中兴汽车制造有限公司	(0312) 3313800	外形尺寸（mm）：5280（5330）×1750×1735，轴距 3100mm，整备质量 1670kg，4 门双排 5 座位，发动机型号 4G69S4N，排量2.378L，最大功率 100kW（5250 r/min），最大扭矩 200 N·m（2500～3000 r/min），最高车速 140 km/h，燃汽油，四驱，手动变速，排放标准国Ⅳ，豪华型
皮卡车	威虎 BQ1023G4S	104800	河北中兴汽车制造有限公司	(0312) 3313800	外形尺寸（mm）：5280（5330）×1750×1735，轴距 3100mm，整备质量 1670kg，4 门双排 5 座位，发动机型号 4G69S4N，排量2.378 L，最大功率 100kW（5250 r/min），最大扭矩 200 N·m（2500～3000 r/min），最高车速 140 km/h，燃汽油，四驱，手动变速，排放标准国Ⅳ，超豪华型

产品名称	型号规格	参考价格(元)	生产厂家	电话	主要参数及备注
皮卡车	威虎 BQ1023G – G3	84800	河北中兴汽车制造有限公司	(0312)3313800	外形尺寸(mm):5080(5130)×1750×1735,轴距2900mm,整备质量1620kg,4门双排5座位,发动机型号4G69S4N,排量2.378L,最大功率100kW(5250 r/min),最大扭矩200 N·m(2500~3000 r/min),最高车速140 km/h,燃汽油,后驱,手动变速,排放标准国Ⅲ,豪华型
皮卡车	威虎 BQ1023G – G3	94800	河北中兴汽车制造有限公司	(0312)3313800	外形尺寸(mm):5080(5130)×1750×1735,轴距2900mm,整备质量1620kg,4门双排5座位,发动机型号4G69S4N,排量2.378L,最大功率100kW(5250 r/min),最大扭矩200 N·m(2500~3000 r/min),最高车速140 km/h,燃汽油,后驱,手动变速,排放标准国Ⅲ,超豪华型
皮卡车	威虎 BQ1023G – G3	99800	河北中兴汽车制造有限公司	(0312)3313800	外形尺寸(mm):5080(5130)×1750×1735,轴距2900mm,整备质量1730kg,4门双排5座位,发动机型号4G69S4N,排量2.378L,最大功率100kW(5250 r/min),最大扭矩200 N·m(2500~3000 r/min),最高车速140 km/h,燃汽油,四驱,手动变速,排放标准国Ⅲ,豪华型
皮卡车	威虎 BQ1023G – G3	104800	河北中兴汽车制造有限公司	(0312)3313800	外形尺寸(mm):5080(5130)×1750×1735,轴距2900mm,整备质量1730kg,4门双排5座位,发动机型号4G69S4N,排量2.378L,最大功率100kW(5250 r/min),最大扭矩200 N·m(2500~3000 r/min),最高车速140 km/h,燃汽油,四驱,手动变速,排放标准国Ⅲ,超豪华型
皮卡车	威虎 BQ1023M	103800	河北中兴汽车制造有限公司	(0312)3313800	外形尺寸(mm):5080(5130)×1750×1735,轴距2900mm,整备质量1820kg,4门双排5座位,发动机型号VMR425,排量2.499L,最大功率105kW(4000 r/min),最大扭矩340 N·m(2000 r/min),最高车速160 km/h,燃柴油,后驱,手动变速,排放标准国Ⅲ,豪华型
皮卡车	威虎 BQ1023M	119800	河北中兴汽车制造有限公司	(0312)3313800	外形尺寸(mm):5080(5130)×1750×1735,轴距2900mm,整备质量1820kg,4门双排5座位,发动机型号VMR425,排量2.499L,最大功率105kW(4000 r/min),最大扭矩340 N·m(2000 r/min),最高车速150 km/h,燃柴油,后驱,手动变速,排放标准国Ⅲ,超豪华型
皮卡车	威虎 BQ1023M	118800	河北中兴汽车制造有限公司	(0312)3313800	外形尺寸(mm):5080(5130)×1750×1735,轴距2900mm,整备质量1820kg,4门双排5座位,发动机型号VMR425,排量2.499L,最大功率105kW(4000 r/min),最大扭矩340 N·m(2000 r/min),最高车速160 km/h,燃柴油,四驱,手动变速,排放标准国Ⅲ,豪华型

产品名称	型号规格	参考价格(元)	生产厂家	电话	主要参数及备注
皮卡车	威虎 BQ1023M	133800	河北中兴汽车制造有限公司	(0312)3313800	外形尺寸(mm):5080(5130)×1750×1735,轴距 2900mm,整备质量 1820kg,4 门双排 5 座位,发动机型号 VMR425,排量2.499L,最大功率 105kW(4000 r/min),最大扭矩 340 N·m(2000 r/min),最高车速 160 km/h,燃柴油,四驱,手动变速,排放标准国Ⅲ,超豪华型
皮卡车	威虎 G3 2.4 MT	98900	河北中兴汽车制造有限公司	(0312)3313800	外形尺寸(mm):5280×1750×1710,轴距 3100mm,4 门双排 5 座位,发动机型号 4G69S4N,排量 2.378 L,最大功率 100kW(5250 r/min),最大扭矩 200 N·m(2500~3000 r/min),最高车速 125 km/h,燃汽油,后驱,手动变速,排放标准国Ⅲ
皮卡车	威虎 G3 2.8 MT	98900	河北中兴汽车制造有限公司	(0312)3313800	外形尺寸(mm):5280×1750×1710,轴距 3100mm,4 门双排 5 座位,发动机型号 4JB1T1,排量 2.771L,额定功率 75kW,最大扭矩 235 N·m(2000 r/min),最高车速 125 km/h,燃柴油,后驱,手动变速,排放标准国Ⅲ
皮卡车	威虎 G3 3.0 MT	104800	河北中兴汽车制造有限公司	(0312)3313800	外形尺寸(mm):5280×1750×1710,轴距 3100mm,4 门双排 5 座位,发动机型号 CYQD80-E3,排量2.951 L,额定功率80.9 kW,最大扭矩 221 N·m,燃柴油,后驱,手动变速,排放标准国Ⅲ
皮卡车	小柴神 DD1023E	54800	丹东黄海汽车有限责任公司	(0415)6224302	外形尺寸(mm):5190×1730×1680,轴距 3085mm,整备质量 1470kg,额定载客 5 人,发动机型号 JM491Q-ME,排量2.237 L,额定功率76kW(4600 r/min),最大扭矩 193 N·m(2000~2600 r/min),最高车速 130 km/h,燃汽油,二驱,5 速手动,排放标准国Ⅲ,豪华型
皮卡车	小柴神 DD1023F	61800	丹东黄海汽车有限责任公司	(0415)6224302	外形尺寸(mm):5190×1730×1680,轴距 3085mm,整备质量 1470kg,额定载客 5 人,发动机型号 4D25,排量2.433L,额定功率 65kW,最大扭矩 225 N·m,最高车速 120 km/h,燃柴油,二驱,5 速手动,排放标准国Ⅲ,标准型
皮卡车	小柴神 DD1023F	62800	丹东黄海汽车有限责任公司	(0415)6224302	外形尺寸(mm):5190×1730×1680,轴距 3085mm,整备质量 1470kg,额定载客 5 人,发动机型号 4D25,排量2.433 L,额定功率 65kW,最大扭矩 225 N·m,最高车速 120 km/h,燃柴油,二驱,5 速手动,排放标准国Ⅲ,豪华型
皮卡车	小超人 NHQ1021LV3	63800	广东福迪汽车有限公司	(0757)81201038	外形尺寸(mm):5275×1690×1670,轴距 3380mm,油箱容积 60L,整备质量 1545kg,乘员 5 人,最高车速 120 km/h,发动机型号 4D28TC,排量2.834L,额定功率 65kW(3200 r/min),最大扭矩 217 N·m(2200 r/min),后驱,5 速手动,排放标准国Ⅲ

产品名称	型号规格	参考价格（元）	生产厂家	电话	主要参数及备注
皮卡车	新柴神 GA1020E3	69800	广汽吉奥汽车有限公司	(0576) 82612888	外形尺寸(mm):5080×1725×1730,轴距3025mm,整备质量1520kg,乘员5人,4门,最高车速120 km/h,发动机型号BJ491EQ3,排量2.237L,额定功率76kW(4600 r/min),最大扭矩193 N·m(2000～2600 r/min),后驱,5速手动,排放标准国Ⅲ+OBD
皮卡车	新柴神 GA1020E3A	69300	广汽吉奥汽车有限公司	(0576) 82612888	外形尺寸(mm):5080×1725×1730,轴距3025mm,整备质量1520kg,乘员5人,4门,最高车速120 km/h,发动机型号GA491QE,排量2.237L,额定功率75kW(4600 r/min),最大扭矩190 N·m(2200～2800 r/min),后驱,5速手动,排放标准国Ⅲ
皮卡车	新柴神 GA1023CT	69800	广汽吉奥汽车有限公司	(0576) 82612888	外形尺寸(mm):5080×1725×1730,轴距3025mm,整备质量1665kg,乘员5人,4门,最高车速110 km/h,发动机型号4L20TDI,排量1.997L,额定功率62kW(3600 r/min),最大扭矩193 N·m(2400 r/min),后驱,4速手动,排放标准国Ⅱ
皮卡车	雄师 NHQ1028Q3	73800	广东福迪汽车有限公司	(0757) 81201038	外形尺寸(mm):5035×1740×1700,轴距3025mm,油箱容积60L,整备质量1585kg,乘员5人,最高车速120 km/h,发动机型号GW2.8TC－2,排量2.771L,额定功率70kW(3600 r/min),最大扭矩225 N·m(1600～2600 r/min),后驱,5速手动,排放标准国Ⅲ
厢式皮卡	QL5020XX YNGCRC	96900	庆铃汽车股份有限公司	(023) 65263350	汽油4×2,分体,0.6t,单碟CD,前排空调,方向助力,电动窗,中控锁,电动后视镜
厢式皮卡	QL5020XX YNGLRE	100700	庆铃汽车股份有限公司	(023) 65263350	汽油4×2,连体,0.495t,单碟CD,前排空调,方向助力,电动窗,中控锁,电动后视镜
厢式皮卡	QL5020XX YNGLSE	114900	庆铃汽车股份有限公司	(023) 65263350	汽油4×4,连体,0.495t,单碟CD,前排空调,方向助力,电动窗,中控锁,电动后视镜
厢式皮卡	QL5030XX YNGCSC	111100	庆铃汽车股份有限公司	(023) 65263350	汽油4×4,分体,0.6t,单碟CD,前排空调,方向助力,电动窗,中控锁,电动后视镜
厢式皮卡	QL6490PGCR	102000	庆铃汽车股份有限公司	(023) 65263350	汽油4×2,分体,单碟CD,前排空调,方向助力,电动窗,中控锁,电动后视镜
厢式皮卡	QL6490PGCS	116200	庆铃汽车股份有限公司	(023) 65263350	汽油4×4,分体,单碟CD,前排空调,方向助力,电动窗,中控锁,电动后视镜
厢式皮卡	QL6490PGLR	105800	庆铃汽车股份有限公司	(023) 65263350	汽油4×2,连体,单碟CD,前排空调,方向助力,电动窗,中控锁,电动后视镜
厢式皮卡	QL6490PGLS	120000	庆铃汽车股份有限公司	(023) 65263350	汽油4×4,连体,单碟CD,前排空调,方向助力,电动窗,中控锁,电动后视镜
厢式皮卡	QL6490XGCS	122800	庆铃汽车股份有限公司	(023) 65263350	柴油4×4分体,单碟CD,前排空调,方向助力,电动窗,中控锁,电动后视镜
厢式皮卡	QL6490XGLS	126600	庆铃汽车股份有限公司	(023) 65263350	柴油4×4连体,单碟CD,前排空调,方向助力,电动窗,中控锁,电动后视镜

第12章 电 动 车

产品名称	型号规格	参考价格(元)	生产厂家	电话	主要参数及备注
电动货车	T54	86000	天津清源电动车辆有限责任公司	(022) 66320013	外形尺寸(mm):4320×1528×1930,乘员2人,最高车速55 km/h,续行里程100km,免维护铅酸蓄电池,充电时间8~10h,封闭货厢尺寸(mm):2185×1240×1494
电动货车	城乡大力神TF101	23800	石家庄泰丰车业有限公司	(0311) 85499588	外形尺寸(mm):3600×1460×1690,轴距2105mm,整备质量860kg,2门,乘员2人,最高车速60 km/h,续行里程120~130km,铅酸蓄电池5块12V、120~140Ah,2组4块,充电时间6~8h,驱动电机48V/4000W、永磁有刷,液压碟刹制动)选装(Optional)
电动货车	宏昌电卡	28000	济南宏昌车辆有限公司	(0531) 83726158	外形尺寸(mm):2000×2200×1300,整备质量660kg,乘员2人,最高车速45 km/h,续行里程80~100km,铅酸蓄电池120Ah/72V
电动轿车	御捷马	38000	河北御捷车业有限公司	(0319) 8196950	外形尺寸(mm):3000×1400×1480,轴距2175mm,座位2+2,整备质量450kg,最高车速55 km/h,续驶里程120km,充电器48V/25A,自动变速,胶体免维护电池
电动垃圾车	QY5020ZLJBEVYC	100000	天津清源电动车辆有限责任公司	(022) 66320013	外形尺寸(mm):4430×1528×2030,乘员2人,最高车速40 km/h,续行里程80km,免维护铅酸蓄电池,充电时间8~10h,封闭货厢尺寸(mm):2310×1500×1200
电动汽车	EM1	26800	山东梅亿邦赛电动车制造有限公司	(0537) 8018088	5只大洋120A型蓄电池,电动机功率1.8kW,控制器功率1.8kW
电动汽车	EM10	26800	山东梅亿邦赛电动车制造有限公司	(0537) 8018088	5只大洋120A型蓄电池,电动机功率1.8kW,控制器功率1.8kW
电动汽车	EM2	36800	山东梅亿邦赛电动车制造有限公司	(0537) 8018088	10只大洋120A型蓄电池,电动机功率4kW,控制器功率4kW
电动汽车	EM3	35800	山东梅亿邦赛电动车制造有限公司	(0537) 8018088	10只大洋120A型蓄电池,电动机功率4kW,控制器功率4kW
电动汽车	EM4	35800	山东梅亿邦赛电动车制造有限公司	(0537) 8018088	10只大洋120A型蓄电池,电动机功率4kW,控制器功率4kW
电动汽车	EM5	43800	山东梅亿邦赛电动车制造有限公司	(0537) 8018088	10只大洋120A型蓄电池,电动机功率4kW,控制器功率4kW
电动汽车	EM7	75800	山东梅亿邦赛电动车制造有限公司	(0537) 8018088	10只大洋120A型蓄电池,电动机功率4kW,控制器功率4kW
电动汽车	EM8	44800	山东梅亿邦赛电动车制造有限公司	(0537) 8018088	10只大洋120A型蓄电池,电动机功率4kW,控制器功率4kW
电动汽车	EM9	45800	山东梅亿邦赛电动车制造有限公司	(0537) 8018088	10只大洋120A型蓄电池,电动机功率4kW,控制器功率4kW

产品名称	型号规格	参考价格(元)	生产厂家	电话	主要参数及备注
电动汽车	GS4DJ-205	48000	潍坊广生新能源有限公司	(0536)8199779	外形尺寸(mm):3350×1450×1500,整备质量900kg,4门,乘员4或5人,最高车速48 km/h,续行里程120~180km,铅酸蓄电池6V、260Ah/60V
电动汽车	GSA136	53000	潍坊广生新能源有限公司	(0536)8199779	外形尺寸(mm):3745×1620×1430,整备质量780kg,4门5座,最高车速55~60 km/h,续行里程120~160km,铅酸蓄电池6V、200Ah/48V
电动汽车	城乡财富TF301	39800	石家庄泰丰车业有限公司	(0311)85499588	外形尺寸(mm):3400×1610×1800,轴距2355mm,整备质量940kg,4门5座,最高车速75 km/h,续行里程120~150km,铅酸蓄电池12V、120~140Ah,2组4块,充电时间6~8h,驱动电机48V/3000W、永磁无刷,液压碟制动
电动汽车	老年代步车TF202	19800	石家庄泰丰车业有限公司	(0311)85499588	外形尺寸(mm):2900×1380×1580,轴距1830mm,整备质量530kg,4门,乘员4人,最高车速45 km/h,续行里程100~120km,铅酸蓄电池12V、120~140Ah,5块,充电时间6~8h,驱动电机60V/2200W、永磁无刷,液压制动
电动汽车	时风电动观光车	33800	山东时风(集团)有限责任公司北京通州飞艾车行(北京总代理)	(010)69530223	外形尺寸(mm):3350×1450×1500,轴距2170mm,整备质量920~1000kg,4门5座,掀背式,最高车速40~50 km/h,续行里程120~180km,铅酸蓄电池6V、260Ah
电动汽车	小不点	9800	济南宏昌车辆有限公司	(0531)83726158	外形尺寸(mm):2250×1100×1500,整备质量250kg,乘员3人,最高车速40 km/h,续行里程80~100km,电压48V/24V
电动汽车	新路宝	19800	济南宏昌车辆有限公司	(0531)83726158	外形尺寸(mm):2700×1450×1580,整备质量580kg,4门,乘员4人,最高车速40 km/h,续行里程80~100km,铅酸蓄电池120Ah/60V
电动汽车	雅宝BY-E-CAR-08L	110000	山东宝雅新能源汽车股份有限公司	(0531)88892768	外形尺寸(mm):3618×1563×1533,最高车速100 km/h,续行里程180km,锂电池3.2V×100Ah45节,充电时间8h
电动四轮车	YF2200DSK-A	25000	山东扬帆迪东车业有限公司	(0534)8789666	外形尺寸(mm):3400×1460×1520,轴距2200mm,整备质量600kg,4门,乘员4人,最高车速40 km/h,续行里程100km,蓄电池12V、140Ah/5块,充电时间8~10h
电动四轮车	YFDD都市精灵	30000	山东扬帆迪东车业有限公司	(0534)8789666	外形尺寸(mm):3690×1500×1400,整备质量1000kg,2门,乘员2人,最高车速80 km/h,续行里程120km,蓄电池12V、190Ah/8块,充电时间6~10h
电动微型客车	M60	83500	天津清源电动车辆有限责任公司	(022)66320013	外形尺寸(mm):4320×1528×1845,乘员2~7人,最高车速55 km/h,续行里程80km,免维护铅酸蓄电池,充电时间8~10h,封闭货厢尺寸(mm):1950×1330×1300

产品名称	型号规格	参考价格(元)	生产厂家	电话	主要参数及备注
蓄电池平台搬运车	BD1	32000	杭州格灵电瓶车有限公司	(0571)88748833	额定载重1t,装载平台尺寸(mm):1560×1200,蓄电池电压36V,敞篷式
蓄电池平台搬运车	BD2	38000	杭州格灵电瓶车有限公司	(0571)88748833	额定载重2t,装载平台尺寸(mm):2200×1400,蓄电池电压48V,敞篷式
蓄电池平台搬运车	BD2A	39500	杭州格灵电瓶车有限公司	(0571)88748833	额定载重2t,装载平台尺寸(mm):2200×1400,蓄电池电压48V,驾驶室
蓄电池平台搬运车	BD3	42800	杭州格灵电瓶车有限公司	(0571)88748833	额定载重3t,装载平台尺寸(mm):2200×1400,蓄电池电压48V,敞篷式
蓄电池平台搬运车	BD3A	43800	杭州格灵电瓶车有限公司	(0571)88748833	额定载重3t,装载平台尺寸(mm):2200×1400,蓄电池电压48V,驾驶室
蓄电池平台搬运车	BD4	50500	杭州格灵电瓶车有限公司	(0571)88748833	额定载重4t,装载平台尺寸(mm):2200×1400,蓄电池电压48V,敞篷式
蓄电池平台搬运车	BD4A	52000	杭州格灵电瓶车有限公司	(0571)88748833	额定载重4t,装载平台尺寸(mm):2200×1400,蓄电池电压48V,驾驶室
蓄电池平台搬运车	BD5	54500	杭州格灵电瓶车有限公司	(0571)88748833	额定载重5t,装载平台尺寸(mm):2500×1500,蓄电池电压48V,敞篷式
蓄电池平台搬运车	BD5A	56000	杭州格灵电瓶车有限公司	(0571)88748833	额定载重5t,装载平台尺寸(mm):2500×1500,蓄电池电压48V,驾驶室
蓄电池平台搬运车	BD8	87000	杭州格灵电瓶车有限公司	(0571)88748833	额定载重8t,装载平台尺寸(mm):3500×1800,蓄电池电压48V,敞篷式
蓄电池平台搬运车	BD10	99500	杭州格灵电瓶车有限公司	(0571)88748833	额定载重10t,装载平台尺寸(mm):3500×1800,蓄电池电压48V,敞篷式
蓄电池普通搬运车	BD1	33600	衡阳市金力尔美电瓶车有限责任公司	(0734)8241803	额定载重1t
蓄电池普通搬运车	BD1－T	35700	衡阳市金力尔美电瓶车有限责任公司	(0734)8241803	额定载重1t,带驾驶室(自制)
蓄电池普通搬运车	BD2	41000	衡阳市金力尔美电瓶车有限责任公司	(0734)8241803	额定载重2t,带驾驶室(自制)
蓄电池普通搬运车	BD2－C	39900	衡阳市金力尔美电瓶车有限责任公司	(0734)8241803	额定载重2t,长料车
蓄电池普通搬运车	BD2－T	43100	衡阳市金力尔美电瓶车有限责任公司	(0734)8241803	额定载重2t,带驾驶室(自制)
蓄电池普通搬运车	BD3－T	58800	衡阳市金力尔美电瓶车有限责任公司	(0734)8241803	额定载重3t,带驾驶室(自制)
蓄电池普通搬运车	BD4－T	75600	衡阳市金力尔美电瓶车有限责任公司	(0734)8241803	额定载重4t,带驾驶室(自制)
蓄电池普通搬运车	BD5－T	90300	衡阳市金力尔美电瓶车有限责任公司	(0734)8241803	额定载重5t,带驾驶室(自制)
蓄电池普通搬运车	BD6－T	108200	衡阳市金力尔美电瓶车有限责任公司	(0734)8241803	额定载重6t,带驾驶室(自制)
蓄电池普通搬运车	BD8－T	136500	衡阳市金力尔美电瓶车有限责任公司	(0734)8241803	额定载重8t,带驾驶室(自制)
蓄电池普通搬运车	BD10－T	194300	衡阳市金力尔美电瓶车有限责任公司	(0734)8241803	额定载重10t,带驾驶室(自制)
蓄电池普通搬运车	BD15－T	262500	衡阳市金力尔美电瓶车有限责任公司	(0734)8241803	额定载重15t,带驾驶室(自制)

第 13 章 船 艇

产品名称	型号规格	参考价格（元）	生产厂家	电话	主要参数及备注
2 人冲锋艇	JD－02	3200	广州利马运动用品有限公司	（020）32211685	尺寸（mm）：2300×1310，气室 2+1，净重 43kg，主要配置：桨 1 对，脚踏气泵 1 只，铝合金底板
3 人冲锋艇	JD－03	3900	广州利马运动用品有限公司	（020）32211685	尺寸（mm）：2700×1520，气室 3+1，净重 50kg，主要配置：桨 1 对，脚踏气泵 1 只，铝合金底板
12 人冲锋艇	JD－12	9800	广州利马运动用品有限公司	（020）32211685	尺寸（长×宽）（mm）：4700×1900，4+1 气室，净重 120kg，铝合金底板
半篷快艇	JD－538	12000	常州金典游艇有限公司	（0519）88232208	主尺寸（长×宽×型深）（m）：5.38×1.76×0.73，乘员 8 人，航速 40～55 km/h，功率 40～85hp，内河 B 级航区，价格不含发动机
半篷钓鱼船	UF31	214286	重庆京穗船舶制造有限公司	（023）58304118	总长 9.96 m，型宽 2.675 m，型深 1.283 m，吃水 0.4 m，船重约 2800kg，乘员 10 人，功率 225～300hp，航速 45～70 km/h，航区近海，标准配置
玻璃钢充气船	R－520	36000	广州利马运动用品有限公司	（020）32211685	尺寸（mm）：5200×2000，约重 130kg，载人数 7，承重 650kg，豪华型
玻璃钢充气游艇	YT－780	390000	广州利马运动用品有限公司	（020）32211685	尺寸（mm）：7800×3000，有卧室，有炉具，有淋浴，马桶，300L 油箱，100L 水箱，双挂机 150 马力 2 台，豪华型
彩布篷高速艇	TZ700－1	18000	驻马店市高新区天中玻璃钢船艇有限公司	（0396）2955366	乘员 12 人，配备汽油机或柴油机，艇壳价
敞开式快艇	JD－630	14000	常州金典游艇有限公司	（0519）88232208	主尺寸（长×宽×型深）（m）：6.3×2.2×0.95，乘员 11 人，航速 40～65 km/h，功率 80～150hp，内河 B 级航区，价格不含发动机
敞口高速艇	TZ380	6600	驻马店市高新区天中玻璃钢船艇有限公司	（0396）2955366	乘员 4 人，配备汽油机，15～30 马力，艇壳价
敞口高速艇	TZ468	8000	驻马店市高新区天中玻璃钢船艇有限公司	（0396）2955366	乘员 6 人，配备汽油机，40～60 马力，艇壳价
敞口高速艇	TZ520	12000	驻马店市高新区天中玻璃钢船艇有限公司	（0396）2955366	乘员 8 人，配备汽油机，60～85 马力，艇壳价
敞口高速艇	TZ600	18000	驻马店市高新区天中玻璃钢船艇有限公司	（0396）2955366	乘员 10 人，配备汽油机，85～115 马力，艇壳价
敞口篷高速艇	TZ700－2	16000	驻马店市高新区天中玻璃钢船艇有限公司	（0396）2955366	乘员 12 人，配备汽油机或柴油机，艇壳价
敞口游艇	TZ900	47000	驻马店市高新区天中玻璃钢船艇有限公司	（0396）2955366	乘员 26 人，配备柴油机，18～30 马力，艇壳价
冲锋艇	HC－2－3	3500	广州华安电子科技有限公司	（020）61131685	
冲锋艇	HC－4－5	4800	广州华安电子科技有限公司	（020）61131685	
冲锋艇	HC－5－6	5800	广州华安电子科技有限公司	（020）61131685	

产品名称	型号规格	参考价格（元）	生产厂家	电话	主要参数及备注
冲锋艇	HC－6－8	6000	广州华安电子科技有限公司	（020）61131685	
冲锋艇	HC－8－10	6500	广州华安电子科技有限公司	（020）61131685	
冲锋艇	HC－12－14	11000	广州华安电子科技有限公司	（020）61131685	
冲锋艇	JD－520	75000	常州金典游艇有限公司	（0519）88232208	主尺寸（长×宽×型深）（m）：5.35×1.84×0.85，乘员8～10人，航速45～60 km/h，功率50～100hp，内河B级航区，价格不含发动机
冲锋艇	TZ270J	4000	驻马店市高新区天中玻璃钢船艇有限公司	（0396）2955366	外形尺寸（m）：2.7×1.5×0.4，乘员3+1人，净重30kg，安全载重275kg
冲锋艇	TZ300J	4200	驻马店市高新区天中玻璃钢船艇有限公司	（0396）2955366	外形尺寸（m）：3×1.5×0.4，乘员4+1人，净重40kg，安全载重350kg
冲锋艇	TZ330J	4800	驻马店市高新区天中玻璃钢船艇有限公司	（0396）2955366	外形尺寸（m）：3.3×1.5×0.4，乘员5+1人，净重50kg，安全载重425kg
冲锋艇	TZ360J	6100	驻马店市高新区天中玻璃钢船艇有限公司	（0396）2955366	外形尺寸（m）：3.6×1.7×0.45，乘员6+1人，净重60kg，安全载重500kg
冲锋艇	TZ390J	6500	驻马店市高新区天中玻璃钢船艇有限公司	（0396）2955366	外形尺寸（m）：3.9×1.7×0.45，乘员8+1人，净重70kg，安全载重650kg
冲锋艇	TZ430J	8200	驻马店市高新区天中玻璃钢船艇有限公司	（0396）2955366	外形尺寸（m）：4.3×1.9×0.5，乘员9+1人，净重80kg，安全载重725kg
冲锋艇	TZ470J	9100	驻马店市高新区天中玻璃钢船艇有限公司	（0396）2955366	外形尺寸（m）：4.7×1.9×0.5，乘员10+1人，净重90kg，安全载重825kg
冲锋舟	2人	3500	广州航海家水上用品有限公司	（020）61135530	长2.2m，宽1.15m，产品重19kg
冲锋舟	3人	4200	广州航海家水上用品有限公司	（020）61135530	长2.95m，宽1.58m，产品重60.5kg
冲锋舟	5人	5900	广州航海家水上用品有限公司	（020）61135530	长3.48m，宽1.68m，产品重79kg
冲锋舟	6人	6800	广州航海家水上用品有限公司	（020）61135530	长3.8m，宽1.75m，产品重90kg
冲锋舟	8人	8000	广州航海家水上用品有限公司	（020）61135530	长4.25m，宽1.75m，产品重98kg
冲锋舟	10人	9650	广州航海家水上用品有限公司	（020）61135530	长4.72m，宽1.9m，产品重132kg
冲锋舟	12人	13800	广州航海家水上用品有限公司	（020）61135530	长5.5m，宽2.3m，产品重150kg
冲锋舟	AXPL－3	3970	亳州市安旭充气设备制造有限公司	（0558）5580568	长2.8m，宽1.4m，弦直径0.36m，3+1气室，额定乘员3人，配划浆2支
冲锋舟	AXPL－4	5020	亳州市安旭充气设备制造有限公司	（0558）5580568	长3.4m，宽1.5m，弦直径0.4m，5+1气室，额定乘员4人，配划浆2支
冲锋舟	AXPL－6	5680	亳州市安旭充气设备制造有限公司	（0558）5580568	长4m，宽1.6m，弦直径0.45m，5+1气室，额定乘员6人，配划浆4支
冲锋舟	AXPL－8	8310	亳州市安旭充气设备制造有限公司	（0558）5580568	长4.5m，宽1.7m，弦直径0.45m，5+1气室，额定乘员8人，配划浆4支

产品名称	型号规格	参考价格（元）	生产厂家	电话	主要参数及备注
单人独木舟	QP000262N	1300	广州华安电子科技有限公司	(020) 61131685	充气后尺寸(m):3×0.9,乘员1人,3气室,承重107kg,毛重14kg
电动船	680	68000	德清德航游艇制造有限公司	(0572) 8420000	外形尺寸(m):6.8×1.9×0.55,10座,材质玻璃钢
电动船	860	250000	德清德航游艇制造有限公司	(0572) 8420000	外形尺寸(m):8.6×2.5×0.9,16座,材质玻璃钢
电动船	950	270000	德清德航游艇制造有限公司	(0572) 8420000	外形尺寸(m):9.5×2.5×0.9,20座,材质玻璃钢
电动船	980	290000	德清德航游艇制造有限公司	(0572) 8420000	外形尺寸(m):9.8×2.76×0.9,24座,材质玻璃钢
电动船	1090	320000	德清德航游艇制造有限公司	(0572) 8420000	外形尺寸(m):10.9×2.76×0.9,32座,材质玻璃钢
电动船	1185	390000	德清德航游艇制造有限公司	(0572) 8420000	外形尺寸(m):11.85×3.36×1.2,36座,材质玻璃钢
电动船	1250	450000	德清德航游艇制造有限公司	(0572) 8420000	外形尺寸(m):12.5×3.38×1.2,36座,材质玻璃钢
电动船	1360	500000	德清德航游艇制造有限公司	(0572) 8420000	外形尺寸(m):13.6×3.38×1.2,40座,材质玻璃钢
电动船	1365	500000	德清德航游艇制造有限公司	(0572) 8420000	外形尺寸(m):13.65×3.8×1.2,40座,材质玻璃钢
电动船	1450	550000	德清德航游艇制造有限公司	(0572) 8420000	外形尺寸(m):14.5×3.38×1.2,46座,材质玻璃钢
电动船	1680	980000	德清德航游艇制造有限公司	(0572) 8420000	外形尺寸(m):16.8×4.25×1.1,75座,材质玻璃钢
电动船	2060	2900000	德清德航游艇制造有限公司	(0572) 8420000	外形尺寸(m):20.6×5.8×1.35,单层,材质玻璃钢
电动船	2060	3600000	德清德航游艇制造有限公司	(0572) 8420000	外形尺寸(m):20.6×5.8×1.35,双层,材质玻璃钢
电动船	4~5人	4300	常州华舶游艇有限公司	(0519) 86235085	尺寸(mm):3800×1450×700,乘员4~5人,航速8 km/h,转向盘转向,续航时间≥6h,充电时间≤10h,推荐使用蓄电池(12V,195~200Ah)×2,价格不含蓄电池
电动船	5~7人	7500	常州华舶游艇有限公司	(0519) 86235085	尺寸(mm):4100×1500×700,乘员5~7人,航速10 km/h,转向盘转向,续航时间≥8h,价格不含蓄电池
电动船	10人	9500	常州华舶游艇有限公司	(0519) 86235085	尺寸(mm):5200×1850×800,乘员10人,航速10~12 km/h,转向盘转向,续航时间≥6h,充电时间≤10h,推荐使用蓄电池(12V,150~200Ah)×4,价格不含蓄电池
电动船	CSJ-5	5500	扬州市邗江长三角玻璃钢船艇制造厂	(0514) 87286856	主尺寸(长×宽×型深)(m):3×1.45×0.7,舱容2~3人载重量0.5t,电动圣骑士战斗款
电动船	TZ700	20000	驻马店市高新区天中玻璃钢船艇有限公司	(0396) 2955366	乘员12人,艇壳价
电动船	八人双体	7800	扬州市邗江长三角玻璃钢船艇制造厂	(0514) 87286856	主尺寸(长×宽×型深)(m):4.2×1.7×0.8,乘员8~10人,航速8~10 km/h,电动机功率500W,蓄电池(12V,195Ah)×2,每条电动船配直流电动机1台,500W,蓄电池由客户自配
电动船	茶座式休闲	6200	扬州市邗江长三角玻璃钢船艇制造厂	(0514) 87286856	主尺寸(长×宽×型深)(m):4.35×1.48×0.9,乘员7人,航速9~10 km/h,电动机功率500W,蓄电池(12V,195Ah)×2

产品名称	型号规格	参考价格(元)	生产厂家	电话	主要参数及备注
电动船	仿古水中亭	8900	扬州市邗江长三角玻璃钢船艇制造厂	(0514)87286856	主尺寸(长×宽×型深)(m):4.2×1.7×0.8,乘员8~10人,航速8~10 km/h,电动机功率500W,蓄电池(12V,195Ah)×2,每条电动船配直流电动机1台,500W
电动船	咖啡屋	8200	扬州市邗江长三角玻璃钢船艇制造厂	(0514)87286856	主尺寸(长×宽×型深)(m):4.32×1.58×1.92,新款
电动碰碰船	300W	8500	珠海美蓝游艇有限公司	(0756)8511385	乘员2人
电瓶船	300W	9800	珠海美蓝游艇有限公司	(0756)8511385	乘员2人
电瓶船	600W	11000	珠海美蓝游艇有限公司	(0756)8511385	乘员4人
电动游艇	CSJYT	4200	扬州市邗江长三角玻璃钢船艇制造厂	(0514)87286856	主尺寸(长×宽×型深)(m):3.96×1.42×0.7,乘员4~5人,航速9~11 km/h,电动机功率300W,续航时间8~10h,蓄电池(12V,195~200Ah)×2,轻便型
电动豪华商务游艇	CSJYT	18800	扬州市邗江长三角玻璃钢船艇制造厂	(0514)87286856	主尺寸(长×宽×型深)(m):4.2×1.75×0.75,乘员4~5人,航速7~8 km/h,电动机功率750W,续航时间6~7h,蓄电池(12V,195~200Ah)×2
电动游艇	WH580	45000	常州万豪游艇有限公司	(0519)89180005	外形尺寸(m):5.8×1.95×0.7,乘员8人,速度12 km/h,航行区域公园
钓鱼船	TZ210B	1800	驻马店市高新区天中玻璃钢船艇有限公司	(0396)2955366	外形尺寸(m):2.1×1.1×0.3,乘员2人,净重13kg,安全载重215kg
钓鱼船	TZ250B	2800	驻马店市高新区天中玻璃钢船艇有限公司	(0396)2955366	外形尺寸(m):2.5×1.2×0.33,乘员4人,净重16kg,安全载重255kg
钓鱼船	TZ260A	2600	驻马店市高新区天中玻璃钢船艇有限公司	(0396)2955366	外形尺寸(m):2.5×1.2×0.35,乘员3人,净重18kg,安全载重255kg
钓鱼船	TZ260B	2600	驻马店市高新区天中玻璃钢船艇有限公司	(0396)2955366	外形尺寸(m):2.6×1.35×0.35,乘员3人,净重18kg,安全载重315kg
防汛冲锋舟	TZ590	16000	驻马店市高新区天中玻璃钢船艇有限公司	(0396)2955366	乘员12人,配备汽油机,40~60马力,艇壳价
高档独木舟	Aqua Marina	1600	广州华安电子科技有限公司	(020)61131685	尺寸(m):3×1,乘员1人,2气室+充气底,承重90kg,毛重19kg
观光彩旗游艇	TZ900	57000	驻马店市高新区天中玻璃钢船艇有限公司	(0396)2955366	乘员26人,配备柴油机,18~30马力,艇壳价
观光水上巴士	TZ1320	320000	驻马店市高新区天中玻璃钢船艇有限公司	(0396)2955366	乘员26人,配备玉柴卧机,140马力,艇壳价
观光艇	WH750	160000	常州万豪游艇有限公司	(0519)89180005	外形尺寸(m):7.5×2.2×1,乘员15人,功率90hp,速度45 km/h,航行区域内河B级
豪华半篷艇	TZ600	27000	驻马店市高新区天中玻璃钢船艇有限公司	(0396)2955366	乘员10人,配备汽油机,85~115马力,艇壳价
豪华彩旗游艇	TZ900	60000	驻马店市高新区天中玻璃钢船艇有限公司	(0396)2955366	乘员26人,配备柴油机,18~30马力,艇壳价
豪华独木舟	Aqua Marina	2250	广州华安电子科技有限公司	(020)61131685	尺寸(m):4×1,乘员2人,4气室+充气底,承重180kg,毛重27kg

产品名称	型号规格	参考价格(元)	生产厂家	电话	主要参数及备注
豪华画舫艇	TZ900	63000	驻马店市高新区天中玻璃钢船艇有限公司	(0396)2955366	乘员26人,配备柴油机,18~30马力,艇壳价
豪华快艇	JD-578	23200	常州金典游艇有限公司	(0519)88232208	外形尺寸(m):5.78×2.24×1.02,乘客9人,艇员1人,航速65 km/h,功率115hp,115hpYAMAHA汽油舷外机,平静水域,价格不含发动机
豪华快艇	JD-608	10300	常州金典游艇有限公司	(0519)88232208	外形尺寸(m):6.08×1.85×0.98,乘客11人,艇员1人,载重1t,满载排水量1.68m^3,航速50~70 km/h,功率75~115hp汽油舷外机,内河A级航区,价格不含发动机
豪华全篷艇	TZ600	29000	驻马店市高新区天中玻璃钢船艇有限公司	(0396)2955366	乘员10人,配备汽油机,85~115马力,艇壳价
豪华小型游艇	WH550	65000	常州万豪游艇有限公司	(0519)89180005	外形尺寸(m):5.5×2.2×0.93,吃水0.4 m,乘员10人,功率50hp,速度45 km/h,航行区域内河B级
红柱子画舫船	TZ410	4800	驻马店市高新区天中玻璃钢船艇有限公司	(0396)2955366	乘员5人,脚踏或电动,艇壳价
画舫船	WH1200	300000	常州万豪游艇有限公司	(0519)89180005	外形尺寸(m):12×4×0.96,乘员60人,功率70hp,速度18 km/h,航行区域内河C级
激光碰碰船	WH	10000	常州万豪游艇有限公司	(0519)89180005	总长1.8 m,总宽1.8 m,功率200W,航速3.6km/h,乘员2人,航区公园
脚踏船	2人	5000	珠海美蓝游艇有限公司	(0756)8511385	乘员2人
脚踏船	4人	5800	珠海美蓝游艇有限公司	(0756)8511385	乘员4人
脚踏船	4人天鹅	3800	常州华舶游艇有限公司	(0519)86235085	尺寸(mm):3750×1450×600,重量160kg,乘员4人,材质玻璃钢,不含运费及蓄电池,不含税
脚踏船	6人	6800	珠海美蓝游艇有限公司	(0756)8511385	乘员6人
脚踏船	古画舫	3500	扬州市邗江长三角玻璃钢船艇制造厂	(0514)87286856	主尺寸(长×宽×型深)(m):4.06×1.48×0.76,总高1.8m,乘员4人+1小孩,航速4~6 km/h,船重238kg,每条电动船配直流电动机1台,500W
脚踏船	喜羊羊	4600	常州华舶游艇有限公司	(0519)86235085	尺寸(mm):2800×1500×1000,重量90kg,乘员2~3人,自排水,不含运费及蓄电池,不含税
脚踏船	戏水	7800	珠海美蓝游艇有限公司	(0756)8511385	乘员5人
脚踏船	象形	5000	珠海美蓝游艇有限公司	(0756)8511385	乘员2人
脚踏船	新款小火箭	3300	常州华舶游艇有限公司	(0519)86235085	尺寸(mm):3100×1400×800,重量160kg,乘员2~3人,不含运费及蓄电池,不含税
脚踏船	鸳鸯	5600	珠海美蓝游艇有限公司	(0756)8511385	乘员4人
进口雅马哈摩托艇	MTT-01	98000	广州利马运动用品有限公司	(020)32211685	尺寸(mm):3220×1170×1150,载3人,艇身重325kg,发动机4缸,4冲程,最大排量1.052L,最大功率110马力
救生艇	CSJ-468	5200	扬州市邗江长三角玻璃钢船艇制造厂	(0514)87286856	主尺寸(长×宽×型深)(m):4.68×1.68×0.70,乘员6人,航速45~55 km/h,功率30~40hp,内河B级航区

产品名称	型号规格	参考价格(元)	生产厂家	电话	主要参数及备注
客船	JD－1360	250000	常州金典游艇有限公司	(0519)88232208	主尺寸(长×宽×型深)(m):13.6×2.88×1.2,乘员30人,航速25 km/h,功率190hp
快艇	520	15000	德清德航游艇制造有限公司	(0572)8420000	6座,不含发动机
快艇	580	18000	德清德航游艇制造有限公司	(0572)8420000	8座,不含发动机
快艇	CSJ－489	5600	扬州市邗江长三角玻璃钢船艇制造厂	(0514)87286856	主尺寸(长×宽×型深)(m):4.89×1.78×0.78,乘员6～8人,航速35～60 km/h,功率30～60hp,内河B级航区
快艇	JS－180	57143	重庆京穗船舶制造有限公司	(023)58304118	总长5.75m,型宽2.23m,型深0.912m,吃水0.35m,船重约700kg,乘员7人,功率115～150hp,航速50～65 km/h,航区内河B级,标准配置,敞篷运动型
木质摇橹船		12000	德清德航游艇制造有限公司	(0572)8420000	外形尺寸(m):5.67×1.6×0.56,4座
木质摇橹船		15000	德清德航游艇制造有限公司	(0572)8420000	外形尺寸(m):6.5×1.5×0.55,6座
木质摇橹船		16000	德清德航游艇制造有限公司	(0572)8420000	外形尺寸(m):6.8×1.6×0.55,8座
漂流船	2人	2100	广州航海家水上用品有限公司	(020)61135530	长2.4m,宽1.29m,产品重26kg
漂流船	4人	3300	广州航海家水上用品有限公司	(020)61135530	长2.95m,宽1.41m,产品重30kg
漂流船	6人	4000	广州航海家水上用品有限公司	(020)61135530	长3.43m,宽1.6m,产品重35.5kg
漂流船	8人	4850	广州航海家水上用品有限公司	(020)61135530	长3.9m,宽1.6m,产品重40.3kg
漂流船	10人	5800	广州航海家水上用品有限公司	(020)61135530	长4.6m,宽1.82m,产品重46kg
漂流船	TZ240P	2200	驻马店市高新区天中玻璃钢船艇有限公司	(0396)2955366	外形尺寸(m):2.4×1.2×0.33,乘员2人,净重16kg,安全载重215kg,方头
漂流船	TZ280P	3200	驻马店市高新区天中玻璃钢船艇有限公司	(0396)2955366	外形尺寸(m):2.8×1.4×0.35,乘员4人,净重20kg,安全载重450kg
漂流船	TZ320P	4800	驻马店市高新区天中玻璃钢船艇有限公司	(0396)2955366	外形尺寸(m):3.2×1.5×0.4,乘员6人,净重35kg,安全载重600kg
漂流船	TZ360P	5500	驻马店市高新区天中玻璃钢船艇有限公司	(0396)2955366	外形尺寸(m):3.6×1.6×0.45,乘员8人,净重40kg,安全载重800kg
漂流船	TZ430P	8500	驻马店市高新区天中玻璃钢船艇有限公司	(0396)2955366	外形尺寸(m):4.3×2×0.5,乘员12人,净重60kg,安全载重1000kg
漂流艇	AXPL－1	1100	亳州市安旭充气设备制造有限公司	(0558)5580568	长2m,宽1m,弦直径0.25m,2+1气室,额定乘员1人,配划浆2支,手划式
漂流艇	AXPL－2	1450	亳州市安旭充气设备制造有限公司	(0558)5580568	长2.4m,宽1.16m,弦直径0.325m,2+1气室,额定乘员2人,配划浆2支,手划式
漂流艇	AXPL－2	1680	亳州市安旭充气设备制造有限公司	(0558)5580568	长2.5m,宽1.3m,弦直径0.325m,2+1气室,额定乘员2人,配划浆2支,手划式
漂流艇	AXPL－2	1800	亳州市安旭充气设备制造有限公司	(0558)5580568	长2.5m,宽1.3m,弦直径0.35m,2+1气室,额定乘员2人,配划浆2支,手划式

产品名称	型号规格	参考价格（元）	生产厂家	电话	主要参数及备注
漂流艇	AXPL－4	3050	亳州市安旭充气设备制造有限公司	（0558）5580568	长3m，宽1.45m，弦直径0.4m，4+1气室，额定乘员4人，配划浆4支，手划式
漂流艇	AXPL－6	4250	亳州市安旭充气设备制造有限公司	（0558）5580568	长3m，宽1.45m，弦直径0.4m，4+1气室，额定乘员6人，配划浆4支，手划式
漂流艇	AXPL－8	5250	亳州市安旭充气设备制造有限公司	（0558）5580568	长4m，宽1.6m，弦直径0.45m，4+1气室，额定乘员8人，配划浆4支，手划式
漂流艇	AXPL－10	6800	亳州市安旭充气设备制造有限公司	（0558）5580568	长4.8m，宽1.8m，弦直径0.5m，6+1气室，额定乘员10人，配划浆6支，手划式
漂流艇	AXPL－12	8240	亳州市安旭充气设备制造有限公司	（0558）5580568	长5.5m，宽1.8m，弦直径0.5m，6+1气室，额定乘员12人，配划浆6支，手划式
漂流艇	AXPLT－8	5185	亳州市安旭充气设备制造有限公司	（0558）5580568	长4.5m，宽1.8m，弦直径0.5m，10气室，额定乘员8人，配尾板1块，机动式
漂流艇	AXPLT－10	5980	亳州市安旭充气设备制造有限公司	（0558）5580568	长4.85m，宽1.8m，弦直径0.5m，10气室，额定乘员10人，配尾板1块，机动式
漂流艇	AXPLT－12	6800	亳州市安旭充气设备制造有限公司	（0558）5580568	长5.2m，宽1.8m，弦直径0.5m，10气室，额定乘员12人，配尾板1块，机动式
漂流艇	HC－6	3800	广州华安电子科技有限公司	（020）61131685	
全篷艇	JD－730	45000	常州金典游艇有限公司	（0519）88232208	主尺寸（长×宽×型深）（m）：7.3×1.06×1.3，乘员12～16人，航速45～60 km/h，功率115～200hp，价格不含发动机
商务休闲电动船	太阳能高档棋牌室	52000	扬州市邗江长三角玻璃钢船艇制造厂	（0514）87286856	主尺寸（长×宽×型深）（m）：6×2.05×1.28，11座
手划船	2人	4000	珠海美蓝游艇有限公司	（0756）8511385	乘员2人
手划船	4人	4800	珠海美蓝游艇有限公司	（0756）8511385	乘员4人
手划船	6人	5600	珠海美蓝游艇有限公司	（0756）8511385	乘员6人
手划船	10人	6800	珠海美蓝游艇有限公司	（0756）8511385	乘员10人
手划船	欧式	4600	珠海美蓝游艇有限公司	（0756）8511385	乘员4人
双人独木舟	QP000262N－1N	1580	广州华安电子科技有限公司	（020）61131685	充气后尺寸（m）：4×0.9，乘员2人，3气室，承重170kg，毛重18.5kg
双体船	400	50000	德清德航游艇制造有限公司	（0572）8420000	外形尺寸（m）：4×1.9×0.5，6座，材质玻璃钢
香蕉船	BN－02	1200	广州利马运动用品有限公司	（020）32211685	尺寸（mm）：3050×1200，3气室，净重12kg，乘员2人
香蕉船	BN－03	1500	广州利马运动用品有限公司	（020）32211685	尺寸（mm）：3350×1200，3气室，净重15kg，乘员3人
香蕉船	BN－04	1800	广州利马运动用品有限公司	（020）32211685	尺寸（mm）：3800×1200，3气室，净重18kg，乘员4人
香蕉船	BN－05	2100	广州利马运动用品有限公司	（020）32211685	尺寸（mm）：5100×1200，3气室，净重23kg，乘员5人
香蕉船	BN－06	2500	广州利马运动用品有限公司	（020）32211685	尺寸（mm）：5400×1200，3气室，净重25kg，乘员6人
香蕉船	BN－07	2800	广州利马运动用品有限公司	（020）32211685	尺寸（mm）：6000×1200，3气室，净重33kg，乘员7人

产品名称	型号规格	参考价格(元)	生产厂家	电话	主要参数及备注
香蕉船	BN－08	3000	广州利马运动用品有限公司	(020)32211685	尺寸(mm):6400×1200,3气室,净重33kg,乘员8人
香蕉船	BN－3+3	3300	广州利马运动用品有限公司	(020)32211685	尺寸(mm):3350×2040,5气室,净重27kg,乘员6人
香蕉船	BN－4+4	3500	广州利马运动用品有限公司	(020)32211685	尺寸(mm):3900×2040,5气室,净重32kg,乘员8人
香蕉船	BN－5+5	3700	广州利马运动用品有限公司	(020)32211685	尺寸(mm):5100×2040,5气室,净重45kg,乘员10人
香蕉船	BN－6+6	4000	广州利马运动用品有限公司	(020)32211685	尺寸(mm):5400×2040,5气室,净重48kg,乘员12人
香蕉船	BN－7+7	4500	广州利马运动用品有限公司	(020)32211685	尺寸(mm):6000×2040,5气室,净重55kg,乘员14人
香蕉船	BN－8+8	4900	广州利马运动用品有限公司	(020)32211685	尺寸(mm):6400×2040,5气室,净重59kg,乘员16人
香蕉船	SG－BN2	1200	广州瑞高游艇有限公司	(020)39998064	尺寸(mm):3050×1200,3气室,净重12kg,乘员2人
香蕉船	SG－BN3	1500	广州瑞高游艇有限公司	(020)39998064	尺寸(mm):3350×1200,3气室,净重15kg,乘员3人
香蕉船	SG－BN3+3	3300	广州瑞高游艇有限公司	(020)39998064	尺寸(mm):3350×2040,5气室,净重27kg,乘员6人
香蕉船	SG－BN4	1800	广州瑞高游艇有限公司	(020)39998064	尺寸(mm):3800×1200,3气室,净重18kg,乘员4人
香蕉船	SG－BN4+4	3500	广州瑞高游艇有限公司	(020)39998064	尺寸(mm):3900×2040,5气室,净重32kg,乘员8人
香蕉船	SG－BN5	2100	广州瑞高游艇有限公司	(020)39998064	尺寸(mm):5100×1200,3气室,净重23kg,乘员5人
香蕉船	SG－BN5+5	3700	广州瑞高游艇有限公司	(020)39998064	尺寸(mm):5100×2040,5气室,净重45kg,乘员10人
香蕉船	SG－BN6	2500	广州瑞高游艇有限公司	(020)39998064	尺寸(mm):5400×1200,3气室,净重25kg,乘员6人
香蕉船	SG－BN6+6	4000	广州瑞高游艇有限公司	(020)39998064	尺寸(mm):5400×2040,5气室,净重48kg,乘员12人
香蕉船	SG－BN7	2800	广州瑞高游艇有限公司	(020)39998064	尺寸(mm):6000×1200,3气室,净重33kg,乘员7人
香蕉船	SG－BN7+7	4500	广州瑞高游艇有限公司	(020)39998064	尺寸(mm):6000×2040,5气室,净重55kg,乘员14人
香蕉船	SG－BN8	3000	广州瑞高游艇有限公司	(020)39998064	尺寸(mm):6400×1200,3气室,净重33kg,乘员8人
香蕉船	SG－BN8+8	4900	广州瑞高游艇有限公司	(020)39998064	尺寸(mm):6400×2040,5气室,净重59kg,乘员16人
香蕉船	TXJ－2	1600	广州华安电子科技有限公司	(020)61131685	总长3.05m,宽1.2m,3气室,包装尺寸(cm):95×50×20
香蕉船	TXJ－3	2400	广州华安电子科技有限公司	(020)61131685	总长3.35m,宽1.2m,3气室,包装尺寸(cm):95×50×20
香蕉船	TXJ－3+3	4800	广州华安电子科技有限公司	(020)61131685	总长3.35m,宽2.04m,5气室,包装尺寸(cm):100×95×30
香蕉船	TXJ－4	3000	广州华安电子科技有限公司	(020)61131685	总长3.8m,宽1.2m,3气室,包装尺寸(cm):95×50×25
香蕉船	TXJ－5	3600	广州华安电子科技有限公司	(020)61131685	总长5.1m,宽1.2m,3气室,包装尺寸(cm):95×50×30
香蕉船	TXJ－5+5	7200	广州华安电子科技有限公司	(020)61131685	总长5.1m,宽2.04m,5气室,包装尺寸(cm):100×95×35
香蕉船	TXJ－6	5000	广州华安电子科技有限公司	(020)61131685	总长5.4m,宽1.2m,3气室,包装尺寸(cm):95×50×30
香蕉船	TXJ－6+6	10000	广州华安电子科技有限公司	(020)61131685	总长5.4m,宽2.04m,5气室,包装尺寸(cm):100×95×40

产品名称	型号规格	参考价格（元）	生产厂家	电话	主要参数及备注
香蕉船	TXJ－7＋7	11000	广州华安电子科技有限公司	（020）61131685	总长6m，宽2.04m，5气室，包装尺寸（cm）：100×95×40
香蕉船	TXJ－8	6000	广州华安电子科技有限公司	（020）61131685	总长6.4m，宽1.2m，5气室，包装尺寸（cm）：95×50×40
香蕉艇	H－520	1500	广州华安电子科技有限公司	（020）61131685	
香蕉艇	H－700	3000	广州华安电子科技有限公司	（020）61131685	
消防艇	WH960	160000	常州万豪游艇有限公司	（0519）89180005	外形尺寸（m）：9.6×2.8×1.26，乘员10人，功率250hp，速度50km/h，航行区域内河B级
小龙舟	LZ－12	19500	广州瑞高游艇有限公司	（020）39998064	尺寸（m）：12×1.06，乘员12人
雅马哈摩托艇	MTT－2	108000	广州利马运动用品有限公司	（020）32211685	尺寸（mm）：3220×1170×1150，载3人，艇身重325kg，发动机4缸，4冲程，最大排量1.052L，最大功率110马力，豪华版
摇橹船	680	50000	德清德航游艇制造有限公司	（0572）8420000	外形尺寸（m）：6.8×1.9×0.55，10座，材质玻璃钢
游览船	天鹅	5500	珠海美蓝游艇有限公司	（0756）8511385	乘员2人
游艇	270 SSG001	7200	武汉市凯研游艇有限公司	（027）83952021	长2.7m，宽1.62m，3气室，最大乘员数量3＋1人，最大功率10hp，材质玻璃钢，不带驾驶台，不带座椅
游艇	360 SSG001	9800	武汉市凯研游艇有限公司	（027）83952021	长3.6m，宽1.62m，3气室，最大乘员数量6＋1人，最大功率15hp，材质玻璃钢，不带驾驶台，不带座椅
游艇	390 SSG002	16500	武汉市凯研游艇有限公司	（027）83952021	长3.9m，宽1.62m，3气室，最大乘员数量6＋1人，最大功率30hp，材质玻璃钢，带驾驶台，带座椅，带前储物箱
游艇	400 SSG001	13800	武汉市凯研游艇有限公司	（027）83952021	长4m，宽1.69m，3气室，最大乘员数量6＋1人，最大功率30hp，材质玻璃钢，不带驾驶台，不带座椅
游艇	430 SSG001	26000	武汉市凯研游艇有限公司	（027）83952021	长4.2m，宽1.88m，4气室，最大乘员数量7＋1人，最大功率40hp，材质玻璃钢，豪华版
游艇	470A SSG001	28000	武汉市凯研游艇有限公司	（027）83952021	长4.7m，宽1.88m，4气室，最大乘员数量8＋1人，最大功率50hp，材质玻璃钢，豪华版
游艇	470B SSG002	38600	武汉市凯研游艇有限公司	（027）83952021	长4.7m，宽1.88m，4气室，最大乘员数量8＋1人，最大功率50hp，材质玻璃钢，豪华版
游艇	470C SSG003	39800	武汉市凯研游艇有限公司	（027）83952021	长4.7m，宽1.88m，4气室，最大乘员数量8＋1人，最大功率50hp，材质玻璃钢，豪华版
游艇	520 SSG001	38000	武汉市凯研游艇有限公司	（027）83952021	长5.2m，宽1.96m，5＋1气室，最大乘员数量7人，最大功率90hp，材质玻璃钢，豪华版
游艇	520 SSG002	65800	武汉市凯研游艇有限公司	（027）83952021	长5.2m，宽1.96m，5＋1气室，最大乘员数量7人，最大功率90hp，材质玻璃钢，豪华版
游艇	520 SSG003	68000	武汉市凯研游艇有限公司	（027）83952021	长5.2m，宽1.96m，5＋1气室，最大乘员数量7人，最大功率90hp，材质玻璃钢，豪华版

产品名称	型号规格	参考价格（元）	生产厂家	电话	主要参数及备注
游艇	580 SSG002	73500	武汉市凯研游艇有限公司	（027）83952021	长5.8m，宽2.18m，5+1气室，最大乘员数量8+2人，最大功率150hp，材质玻璃钢，豪华版
游艇	580 SSG003	75000	武汉市凯研游艇有限公司	（027）83952021	长5.8m，宽2.18m，5+1气室，最大乘员数量8+2人，最大功率150hp，材质玻璃钢，豪华版
游艇	850 SSG001	198000	武汉市凯研游艇有限公司	（027）83952021	长8.5m，宽2.88m，7+1气室，最大乘员数量18+2人，最大功率300hp，材质玻璃钢，豪华版
游艇	BH－S200	1800	青岛滨海游艇有限公司	（0532）81877797	载员1，艇长2m，宽1.27m，气室数量2+1，功率1.5hp，净重32kg，木合板地板
游艇	BH－S200	2000	青岛滨海游艇有限公司	（0532）81877797	载员1，艇长2m，宽1.27m，气室数量2+1，功率1.5hp，净重32kg，铝合金地板
游艇	BH－S230	2100	青岛滨海游艇有限公司	（0532）81877797	载员2，艇长2.3m，宽1.27m，气室数量3+1，功率2.5hp，净重38kg，木合板地板
游艇	BH－S230	2300	青岛滨海游艇有限公司	（0532）81877797	载员2，艇长2.3m，宽1.27m，气室数量3+1，功率2.5hp，净重38kg，铝合金地板
游艇	BH－S250	2300	青岛滨海游艇有限公司	（0532）81877797	载员2，艇长2.5m，宽1.27m，气室数量3+1，功率4hp，净重42kg，木合板地板
游艇	BH－S250	2500	青岛滨海游艇有限公司	（0532）81877797	载员2，艇长2.5m，宽1.27m，气室数量3+1，功率4hp，净重42kg，铝合金地板
游艇	BH－S270	2500	青岛滨海游艇有限公司	（0532）81877797	载员3，艇长2.7m，宽1.51m，气室数量3+1，功率10hp，净重46kg，木合板地板
游艇	BH－S270	2800	青岛滨海游艇有限公司	（0532）81877797	载员3，艇长2.7m，宽1.51m，气室数量3+1，功率10hp，净重46kg，铝合金地板
游艇	BH－S300	2800	青岛滨海游艇有限公司	（0532）81877797	载员4，艇长3m，宽1.51m，气室数量3+1，功率10hp，净重50kg，木合板地板
游艇	BH－S300	3200	青岛滨海游艇有限公司	（0532）81877797	载员4，艇长3m，宽1.51m，气室数量3+1，功率10hp，净重50kg，铝合金地板
游艇	BH－S330	3100	青岛滨海游艇有限公司	（0532）81877797	载员4+1，艇长3.3m，宽1.51m，气室数量3+1，功率15hp，净重50kg，木合板地板
游艇	BH－S330	3500	青岛滨海游艇有限公司	（0532）81877797	载员4+1，艇长3.3m，宽1.51m，气室数量3+1，功率15hp，净重50kg，铝合金地板
游艇	BH－S360	3500	青岛滨海游艇有限公司	（0532）81877797	载员5+1，艇长3.6m，宽1.7m，气室数量3+1，功率20hp，净重68kg，木合板地板
游艇	BH－S360	4000	青岛滨海游艇有限公司	（0532）81877797	载员5+1，艇长3.6m，宽1.7m，气室数量3+1，功率20hp，净重68kg，铝合金地板
游艇	BH－S380	3800	青岛滨海游艇有限公司	（0532）81877797	载员6，艇长3.8m，宽1.7m，气室数量3+1，功率25hp，净重73kg，木合板地板
游艇	BH－S380	4300	青岛滨海游艇有限公司	（0532）81877797	载员6，艇长3.8m，宽1.7m，气室数量3+1，功率25hp，净重73kg，铝合金地板
游艇	BH－S430	4300	青岛滨海游艇有限公司	（0532）81877797	载员8，艇长4.3m，宽2m，气室数量5+1，功率30hp，净重100kg，木合板地板

产品名称	型号规格	参考价格（元）	生产厂家	电话	主要参数及备注
游艇	BH－S430	4800	青岛滨海游艇有限公司	（0532）81877797	载员8，艇长4.3m，宽2m，气室数量5＋1，功率30hp，净重100kg，铝合金地板
游艇	BH－S470	4700	青岛滨海游艇有限公司	（0532）81877797	载员10，艇长4.7m，宽2m，气室数量5＋1，功率40hp，净重120kg，木合板地板
游艇	BH－S470	5300	青岛滨海游艇有限公司	（0532）81877797	载员10，艇长4.7m，宽2m，气室数量5＋1，功率40hp，净重120kg，铝合金地板
游艇	BH－S600	9300	青岛滨海游艇有限公司	（0532）81877797	载员14，艇长6m，宽2.3m，气室数量6＋1，功率50hp，净重200kg，铝合金地板
游艇	BH－S650	10000	青岛滨海游艇有限公司	（0532）81877797	载员16，艇长6.5m，宽2.3m，气室数量7＋1，功率50hp，净重240kg，铝合金地板
游艇	BH－S700	11000	青岛滨海游艇有限公司	（0532）81877797	载员18，艇长7m，宽2.3m，气室数量7＋1，功率60hp，净重280kg，铝合金地板
游艇	BH－S750	12000	青岛滨海游艇有限公司	（0532）81877797	载员20，艇长7.5m，宽2.3m，气室数量7＋1，功率60hp，净重320kg，铝合金地板
游艇	CSJ 12.8	260000	扬州市邗江长三角玻璃钢船艇制造厂	（0514）87286856	主尺寸（长×宽×型深）（m）：12.8×3.5×1.4，乘员30人，功率170～200hp舷内机和舷外挂机，航区沿海和内河
游艇	JD－1180	208000	常州金典游艇有限公司	（0519）88232208	主尺寸（长×宽×型深）（m）：11.8×2.65×1.2，乘员12～20人，航速20～40 km/h，功率108～220hp，内河B级航区
游艇	RIB270	4600	青岛滨海游艇有限公司	（0532）81877797	载员3＋1，艇长2.7m，宽1.62m，自重64kg，气室数量3，功率5hp，载重510kg，双层玻璃钢底
游艇	RIB300	4900	青岛滨海游艇有限公司	（0532）81877797	载员4，艇长3m，宽1.62m，自重70kg，气室数量3，功率10hp，载重600kg，双层玻璃钢底
游艇	RIB335	5300	青岛滨海游艇有限公司	（0532）81877797	载员4＋1，艇长3.3m，宽1.62m，自重74kg，气室数量3，功率15hp，载重650kg，双层玻璃钢底
游艇	RIB360	7000	青岛滨海游艇有限公司	（0532）81877797	载员5，艇长3.6m，宽1.62m，自重85kg，气室数量3，功率30hp，载重800kg，双层玻璃钢底
游艇	RIB420A	12000	青岛滨海游艇有限公司	（0532）81877797	载员6，艇长4.2m，宽1.88m，自重143kg，气室数量3，功率30hp，载重1000kg，双层玻璃钢底
游艇	RIB470A	14500	青岛滨海游艇有限公司	（0532）81877797	载员6，艇长4.7m，宽1.88m，自重183kg，气室数量3，功率40hp，载重1250kg，双层玻璃钢底
游艇	RIB470B	18500	青岛滨海游艇有限公司	（0532）81877797	载员6，艇长4.7m，宽1.88m，自重200kg，气室数量3，功率40hp，载重1250kg，双层玻璃钢底
游艇	RIB470C	21500	青岛滨海游艇有限公司	（0532）81877797	载员6，艇长4.7m，宽1.88m，自重240kg，气室数量3，功率40hp，载重1250kg，双层玻璃钢底
游艇	RIB520A	24000	青岛滨海游艇有限公司	（0532）81877797	载员7，艇长5.2m，宽2.28m，自重240kg，气室数量4，功率50hp，载重1350kg，双层玻璃钢底

第14章　其他交通运输设备

产品名称	型号规格	参考价格(元)	生产厂家	电话	主要参数及备注
爆破器材运输车	东风小霸王	118000	湖北江南专用特种汽车有限公司	(0722)3328333	额定载质量1200kg,扬柴发动机,6.00－14轮胎
爆破器材运输车	福田轻卡	135000	湖北江南专用特种汽车有限公司	(0722)3328333	额定载质量975kg,可翻驾驶室,带天窗,五十铃变速器,后桥
爆破器材运输教练车	福田奥铃	155000	湖北江南专用特种汽车有限公司	(0722)3328333	额定载质量4800kg,新型豪华加宽驾驶室,一汽大柴,6速变速器,选配方向助力,断气制动,8.25－16轮胎
爆破器材运输教练车	江淮轻卡	148000	湖北江南专用特种汽车有限公司	(0722)3328333	额定载质量2400kg,爆破器材运输教练车平头排半,前翻驾驶室,朝柴,锡柴发动机,方向助力,气制动
防弹车	JX5047XYCMA	205300	蚌埠连城江铃汽车销售服务有限公司	(0552)3111155	全顺,12座,普通低顶,排放标准欧Ⅲ
防弹车	JX5047XYCMC	242600	蚌埠连城江铃汽车销售服务有限公司	(0552)3111155	全顺,15座,普通中顶,排放标准欧Ⅲ
防弹车	JX5047XYCML2	229200	蚌埠连城江铃汽车销售服务有限公司	(0552)3111155	全顺,卡车长轴,中顶,排放标准欧Ⅲ
工程车	JX5047XGCMLA2/EGT	174200	蚌埠连城江铃汽车销售服务有限公司	(0552)3111155	3排座,低顶,中冷,后双胎,底盘车型全顺长轴单排JX1049DL2,上白下黄,适用于电力、通信、市政及油田、道路等户外施工作业时必备的理想车辆
工程车	JX5047XGCMLA2/EGW	174200	蚌埠连城江铃汽车销售服务有限公司	(0552)3111155	3排座,低顶,中冷,后双胎,底盘车型全顺长轴单排JX1049DL2,白色,适用于电力、通信、市政及油田、道路等户外施工作业时必备的理想车辆
工程车	JX5047XGCMLA2/EGY	174200	蚌埠连城江铃汽车销售服务有限公司	(0552)3111155	3排座,低顶,中冷,后双胎,底盘车型全顺长轴单排JX1049DL2,黄色,适用于电力、通信、市政及油田、道路等户外施工作业时必备的理想车辆
工程车	JX5047XGCMLB2/EGT	181700	蚌埠连城江铃汽车销售服务有限公司	(0552)3111155	3排座,中顶,中冷,后双胎,底盘车型全顺加长轴单排JX1049DLA2,上白下黄,适用于电力、通信、市政及油田、道路等户外施工作业时必备的理想车辆
工程车	JX5047XGCMLB2/EGW	181700	蚌埠连城江铃汽车销售服务有限公司	(0552)3111155	3排座,中顶,中冷,后双胎,底盘车型全顺加长轴单排JX1049DLA2,白色,适用于电力、通信、市政及油田、道路等户外施工作业时必备的理想车辆
工程车	JX5047XGCMLB2/EGY	181700	蚌埠连城江铃汽车销售服务有限公司	(0552)3111155	3排座,中顶,中冷,后双胎,底盘车型全顺加长轴单排JX1049DLA2,黄色,适用于电力、通信、市政及油田、道路等户外施工作业时必备的理想车辆
工程车	JX5047XGCMLC2/EGT	183700	蚌埠连城江铃汽车销售服务有限公司	(0552)3111155	4排座,中顶,中冷,后双胎,底盘车型全顺长轴单排JX1049DLA2,上白下黄,适用于电力、通信、市政及油田、道路等户外施工作业时必备的理想车辆

产品名称	型号规格	参考价格(元)	生产厂家	电话	主要参数及备注
工程车	JX5047XGCMLC2/EGW	183700	蚌埠连城江铃汽车销售服务有限公司	(0552) 3111155	4排座,中顶,中冷,后双胎,底盘车型全顺长轴单排JX1049DLA2,白色,适用于电力、通信、市政及油田、道路等户外施工作业时必备的理想车辆
工程车	JX5047XGCMLC2/EGY	183700	蚌埠连城江铃汽车销售服务有限公司	(0552) 3111155	4排座,中顶,中冷,后双胎,底盘车型全顺长轴单排JX1049DLA2,黄色,适用于电力、通信、市政及油田、道路等户外施工作业时必备的理想车辆
进口运动旅行车	奔驰 B200	319000	北京保利星徽汽车销售服务有限公司	(010) 87391111	外形尺寸(mm):4273×1777×1604,轴距2778mm,整备质量1345kg,2厢5门5座,发动机型号266960,排量2.034L,额定功率100kW(5500 r/min),额定扭矩185 N·m(3500~4000 r/min),最高车速196 km/h,前置前驱,7速无级变速,排放标准欧Ⅳ发动机,时尚型
进口运动旅行车	奔驰 B200	358000	北京保利星徽汽车销售服务有限公司	(010) 87391111	外形尺寸(mm):4273×1777×1604,轴距2778mm,整备质量1345kg,2厢5门5座,发动机型号266960,排量2.034L,额定功率100kW(5500 r/min),额定扭矩185 N·m(3500~4000 r/min),最高车速196 km/h,前置前驱,7速无级变速,排放标准欧Ⅳ发动机,豪华型
旅行车	中华骏捷 Wagon 1.8T AT	165800	华晨汽车集团控股有限公司	(024) 31666338	外形尺寸(mm):4763×1836×1508,轴距2790mm,油箱容积74L,3厢5门5座,发动机型号BL18T,排量1.793L,最大功率125kW(5500 r/min),最大扭矩235 N·m(2000~4500 r/min),前置前驱,5速手自一体,排放标准欧Ⅳ+OBD,尊贵型,2011款
旅行车	中华骏捷 Wagon 1.8T MT	148800	华晨汽车集团控股有限公司	(024) 31666338	外形尺寸(mm):4763×1836×1508,轴距2790mm,油箱容积74L,3厢5门5座,发动机型号BL18T,排量1.793L,最大功率125kW(5500 r/min),最大扭矩235 N·m(2000~4500 r/min),前置前驱,6速手动,排放标准欧Ⅳ+OBD,豪华型,2011款
旅行车	中华骏捷 Wagon 2.0AT	144800	华晨汽车集团控股有限公司	(024) 31666338	外形尺寸(mm):4763×1836×1508,轴距2790mm,油箱容积74L,3厢5门5座,发动机型号BL20L,排量1.991L,最大功率102kW(5800 r/min),最大扭矩192 N·m(4000 r/min),5速手自一体,排放标准欧Ⅳ,豪华型,2011款
旅行车	中华骏捷 Wagon 2.0MT	114800	华晨汽车集团控股有限公司	(024) 31666338	外形尺寸(mm):4763×1836×1508,轴距2790mm,油箱容积74L,3厢5门5座,发动机型号BL20L,排量1.991L,最大功率102kW(5800 r/min),最大扭矩192 N·m(4000 r/min),5速手动,排放标准欧Ⅳ,舒适型,2011款

产品名称	型号规格	参考价格（元）	生产厂家	电话	主要参数及备注
旅行车	中华骏捷 Wagon 2.0MT	124800	华晨汽车集团控股有限公司	（024）31666338	外形尺寸（mm）：4763×1836×1508，轴距 2790mm，油箱容积 74L，3 厢 5 门 5 座，发动机型号 BL20L，排量 1.991L，最大功率 102kW（5800 r/min），最大扭矩 192 N·m（4000 r/min），5 速手动，排放标准欧Ⅳ，豪华型，2011 款
农药喷洒车	东风福瑞卡	136000	随州市烈山专用汽车有限公司	（0722）3818156	上户吨位2.9t，容积 3～4m^3，四达发动机，功率 70kW、朝柴发动机，功率 70kW
农药喷洒车	东风尖头	173000	随州市烈山专用汽车有限公司	（0722）3818156	上户吨位4.5t，容积 6m^3，玉柴发动机，功率 105kW
喷洒车	东风 140 汽油	109000	湖北江南专用特种汽车有限公司	（0722）3328333	额定载质量 4500kg，容积 6～10m^3，尖头单桥，6 速变速器，9.00－20 轮胎，底盘型号 EQ1092F19DJ，玉柴 YC4E140－20 发动机，排放标准欧Ⅱ，厢长 4.05m
喷洒车	东风 153	228000	湖北江南专用特种汽车有限公司	（0722）3328333	额定载质量 7000kg，容积 10～15m^3，平头带卧，康明斯发动机，1000 轮胎，厢长 5.3m
喷洒车	东风前四后八	306000	湖北江南专用特种汽车有限公司	（0722）3328333	额定载质量 14800kg，容积 20～30m^3，平头带卧，四轴，康明斯 230 马力或 260 马力发动机，加强型，11.00－20 钢丝胎，厢长 9.5m
喷洒车	东风天锦绿化	218000	湖北江南专用特种汽车有限公司	（0722）3328333	额定载质量 8000kg，容积 8～12m^3，平头单桥，带卧，动力转向，6 速变速器，900 轮胎，康明斯 ISDE180－30 发动机，排放标准欧Ⅲ
喷药洒水多功能车	东风多利卡	173000	湖北合力专用汽车制造有限公司	（0722）3989579	上户吨位3.7t，容积 4～8m^3，朝柴 120 马力发动机，玉柴 140 马力加0.8万元
喷药洒水多功能车	东风金霸	135000	湖北合力专用汽车制造有限公司	（0722）3989579	上户吨位1.5t，容积 3～5m^3，玉柴发动机，90 马力柴油机
喷药洒水多功能车	东风小霸王	103000	湖北合力专用汽车制造有限公司	（0722）3989579	上户吨位1.5t，容积 3～4m^3，云内 95 马力柴油机
喷药洒水多功能车	尖头 140	138000	湖北合力专用汽车制造有限公司	（0722）3989579	上户吨位 4t、4.5t、5t，容积 6～10m^3，140 马力汽油发动机
平板运输车	解放 CA1140P	180000	随州市晨阳专用汽车销售有限公司	（0722）3801178	一汽 195 马力，轴距 4.97m、5.05m
平板运输车	解放 CA1140P	180000	厦工楚胜（湖北）专用汽车有限公司	（0722）7067946	一汽 195 马力，轴距 4.97m、5.05m
平板运输车	解放 CA1140P	176000	湖北大力专用汽车制造有限公司	（0722）7609688	一汽 195 马力，轴距 4.97m、5.05m
平板运输拖车	东风低平板	137000	湖北江南东风专用特种汽车改装厂	（0722）3588620	底盘型号 EQ1122GJ12D6，发动机型号 YC4E140－30，功率 105kW，货厢尺寸（mm）：6200×2500×（880～980）
平板运输拖车	东风多利卡	118000	湖北江南东风专用特种汽车改装厂	（0722）3588620	底盘型号 EQ1056CD3JAC，发动机型号 CY4102，功率 80kW，货厢尺寸（mm）：4400×2370×850
平板运输拖车	解放 CA1123 低平板	138000	湖北江南东风专用特种汽车改装厂	（0722）3588620	底盘型号 CA1123，发动机型号 CA4DF3－14E3F，功率 105kW，货厢尺寸（mm）：（6600～5500）×2500×（880～980）

产品名称	型号规格	参考价格(元)	生产厂家	电话	主要参数及备注
平板运输拖车	解放 CA116 低平板	129000	湖北江南东风专用特种汽车改装厂	(0722)3588620	底盘型号 CA1168PK2L2EA80，发动机型号 CA4DF3－14E3，功率 105kW，货厢尺寸（mm）：(6600～5500)×2500×(880～980)，上户吨位 8.5t
平板运输拖车	解放单桥	157000	湖北江南东风专用特种汽车改装厂	(0722)3588620	底盘型号 CA1140PK2L3EA80，发动机型号 BF4M1013－16E3，货厢尺寸(mm)：(6600～5500)×2500×(880～980)，上户吨位 7.6t
清洗吸污两用车	东风 1110G 型	368000	湖北江南专用特种汽车有限公司	(0722)3328333	额定载质量 4000kg，容积 3＋$3m^3$，平头单桥，带卧，动力转向，6 速变速器，900 轮胎
社区服务车	HFC5036X JHH2LF(B 型)	268000	北京城市捷运汽车贸易有限公司	(010)80772869	外形尺寸(mm)：5035×1820×2350，轴距 3080mm，医疗舱尺寸(mm)：2400×1550×1680，发动机型号 HFC4GA1－C，排量 2.4 L，额定功率 110kW（5500 r/min），最大扭矩 210 N·m(2500 r/min)，5 速手动，最高车速 150 km/h，排放标准欧Ⅳ，前盘后鼓式制动，加强钢板弹簧，标准配置
社区服务车	HFC5036X JHH2LF(B 型)	268000	北京城市捷运汽车贸易有限公司	(010)80772869	外形尺寸(mm)：5035×1820×2350，轴距 3080mm，医疗舱尺寸(mm)：2400×1550×1680，发动机型号 HFC4GA1－C，排量 2.4 L，额定功率 110kW（5500 r/min），最大扭矩 210 N·m(2500 r/min)，5 速手动，最高车速 150 km/h，排放标准欧Ⅳ，前盘后鼓式制动，加强钢板弹簧，标准配置
物流车	经典全顺 6 座中顶	116900	蚌埠连城江铃汽车销售服务有限公司	(0552)3111155	外形尺寸(mm)：4666×1974×2228，6 座，排放标准国Ⅲ，配置轿车式仪表，动力转向，中控门锁，电动窗，CD 音响，8 向调节司机座，无盲区后视镜等，超值版
厢式多功能车	旗舰 BQ5023XYN5V	75000	河北中兴汽车制造有限公司	(0312)3313800	外形尺寸(mm)：5080×1750×1885，轴距 2900mm，整备质量 1720kg，5 座位，发动机型号 4JB1T1，排量 2.771 L，额定功率 75kW，最大扭矩 235 N·m(2000 r/min)，最高车速 130 km/h，燃柴油，后驱，手动变速，排放标准国Ⅲ

企业名录

北京市

北京中天行投资管理有限公司

地　址:北京市朝阳区和平街东土城路12号怡和阳光大厦C座1706室
邮　编:100013
电　话:(010)64229339
传　真:(010)64580529
网　址:http://www.crvc.com
E-mail:sales@crvc.com

克莱斯勒(中国)汽车销售有限公司

地　址:北京市朝阳区建国路91号金地中心A座16层
邮　编:100022
电　话:(010)59037766

北京达畅陆风汽车销售有限公司

地　址:北京市朝阳区十八里店乡吕家营村博大路甲1号
邮　编:100023
电　话:(010)60292167,60292157

北京五方中冀汽车销售有限公司

地　址:北京市朝阳区五方桥西南侧王四营乡孛罗营村北一街1号
邮　编:100023
电　话:(010)51352810,51352888
传　真:(010)51354588,51352804
网　址:http://www.subaru-bj.com

北京保利星徽汽车销售服务有限公司

地　址:北京市朝阳区王四营马房寺路333号
邮　编:100023
电　话:(010)87391111
传　真:(010)87390220
E-mail:Plolystar01@yahoo.com.cn

北京合富凯达汽车销售有限公司

地　址:北京市朝阳区四惠桥东南角建国路70号
邮　编:100025
电　话:(010)85796888
传　真:(010)85796898

华晨宝马汽车有限公司

地　址:北京市朝阳区东三环北路霞光里18号佳程大厦B座25层
邮　编:100027
电　话:(010)84557000
传　真:(010)82255800
网　址:http://www.bmw-brilliance.cn
E-mail:Servicecenter@bmw.com.cn

北京现代汽车有限公司

地　址:北京市朝阳区霄云路38号现代汽车大厦6层
邮　编:100027
电　话:(010)59638122,59638114
网　址:http://www.beijing-hyundai.com.cn

北京奥德行丰田汽车销售服务有限公司

地　址:北京市丰台区南三环西路39号
邮　编:100054
电　话:(010)83520100
网　址:http://www.adh-toyota.com

北京北方华德尼奥普兰客车股份有限公司

地　址:北京市丰台区朱家坟五里5号
邮　编:100072
电　话:(010)83807309,83883556,83883557
传　真:(010)83806689
网　址:http://www.northbus.com.cn
E-mail:bfyx618@sina.com

北京汽车制造厂有限公司

地　址:北京市朝阳区广渠东路方家村51号
邮　编:100124
电　话:(010)87742817
传　真:(010)87744140
网　址:http://www.baw.com.cn
E-mail:callcenter@baw.com.cn

北京中汽南方华北汽车服务有限公司

地　址:北京市大兴区北京经济技术开发区东环北路丙1号
邮　编:100176
电　话:(010)67886666
传　真:(010)67878922
网　址:http://www.bjscas.com

北京奔驰汽车有限公司

地　址:北京市丰台区经济技术开发区博兴路8号
邮　编:100176
电　话:(010)67824888
传　真:(010)67711363
网　址:http://www.bbdc.com.cn

北京长安保时捷中心

地　址:北京市东城区东长安街10号
邮　编:100740
电　话:(010)65211911
传　真:(010)65211912
网　址:http://www.porsche-beijing.com

E－mail:wtgj6124@163.com

山东时风(集团)有限责任公司北京通州飞艾车行(北京总代理)

地　址:北京市通州区后南仓1号楼
邮　编:101199
电　话:(010)69530223
传　真:(010)69530223

北汽福田汽车股份有限公司

地　址:北京市昌平区沙河镇沙阳路
邮　编:102206
电　话:(010)69738888,80722999
网　址:http://www.foton.com.cn
E－mail:80722999@foton.com.cn

北京城市捷运汽车贸易有限公司

地　址:北京市昌平区回龙观欧德宝国际汽车城江淮汽车4S店
邮　编:102208
电　话:(010)80772869,80772880
传　真:(010)80771753
网　址:http://www.cityjieyun.com.cn
E－mail:cityjieyun@163.com

天津市

天津一汽夏利汽车股份有限公司

地　址:天津市西青区中北斜乡李楼南
邮　编:300380
电　话:(022)87915010
传　真:(022)28010878
网　址:http://www.tjfaw.com.cn

天津一汽丰田汽车有限公司

地　址:天津市西青区柳丽路2号
邮　编:300380
电　话:(022)27944050
传　真:(022)27944060,27944062
网　址:http://www.tftm.com.cn

天津清源电动车辆有限责任公司

地　址:天津市开发区西区新业五街19号
邮　编:300457
电　话:(022)66320013,66320020
传　真:(022)66320013－6615
网　址:http://www.qyev.com
E－mail:qyev@.qyev.com

河北省

石家庄泰丰车业有限公司

地　址:河北省石家庄市建设北大街26号
邮　编:050000
电　话:(0311)85499588
传　真:(0311)85499566
网　址:http://www.tfddqc.com
E－mail:tfddqc@126.com

石家庄双环汽车股份有限公司

地　址:河北省石家庄市胜利北街368号
邮　编:050041
电　话:(0311)86839003,86839099
网　址:http://www.hbshauto.com

河北御捷车业有限公司

地　址:河北省邢台市清河县漓江街36号
邮　编:054800
电　话:(0319)8196950
传　真:(0319)8196970
网　址:http://www.yogomo.net

庞大汽贸集团股份有限公司

地　址:河北省唐山市滦县火车站广场东侧
邮　编:063700
电　话:(0315)7181566,7181576
传　真:(0315)7181515
网　址:http://www.pdqmjt.com

河北怡和骏祥汽车销售服务有限公司

地　址:河北省廊坊市广阳区光明东道65号
邮　编:065000
电　话:(0316)2035969
传　真:(0316)2095678

河北中兴汽车制造有限公司

地　址:河北省保定市建国路860号
邮　编:071000
电　话:(0312)3313800
网　址:http://www.zxauto.com.cn

长城汽车股份有限公司

地　址:河北省保定市朝阳南大街2266号
邮　编:071000
电　话:(0312)2192888,2192855
传　真:(0312)2134889
网　址:http://www.gwm.com.cn

保定大迪汽车工业有限公司

地　址:河北省保定市定兴县迎宾南街111号
邮　编:072650
电　话:(0312)6921700,6821572
网　址:http://www.bddqc.com.cn
E－mail:bddqc@bddqc.com.cn

高碑店市中客华北汽车有限责任公司

地　址:河北省高碑店市幸福南路42号
邮　编:074000
电　话:(0312)2813356
传　真:(0312)2812777

山西省

山西大运汽车制造有限公司

地　址:山西省运城市空港新区通达北路8号
邮　编:044000
电　话:(0359)2537888
传　真:(0359)2537537
网　址:http://www.dayunmotor.com

内蒙古自治区

包头北奔重型汽车有限公司

地　址:内蒙古包头市青山区民主路北
邮　编:014032
电　话:(0472)3116048
传　真:(0472)3118809
网　址:http://www.beiben.cn

辽宁省

华晨汽车集团控股有限公司

地　址:辽宁省沈阳市大东区东望街39号
邮　编:110044
电　话:(024)31666338
传　真:(024)31660420
网　址:http://www.brilliance-auto.com

丹东黄海汽车有限责任公司

地　址:辽宁省丹东市黄海大街542号
邮　编:118008
电　话:(0415)6224302,6272488
传　真:(0415)6221375

吉林省

一汽大众汽车有限公司

地　址:吉林省长春市汽车产业开发区安庆路5号
邮　编:130011
电　话:(0431)85990888
传　真:(0431)85750888
网　址:http://www.faw-volkswagen.com
E-mail:vw@CRM.faw-volkswagen.com

一汽轿车股份有限公司

地　址:吉林省长春市高新技术产业开发区蔚山路4888号
邮　编:130012
电　话:(0431)85781240
传　真:(0431)85781000
网　址:http://www.fawcar.com.cn

一汽吉林汽车有限公司

地　址:吉林省吉林市高新区恒山东路18号
邮　编:132013
电　话:(0432)4641333,4662638
传　真:(0432)4662638,4648010
网　址:http://www.fawjlqx.com

黑龙江省

哈尔滨哈飞汽车工业集团销售总公司

地　址:黑龙江省哈尔滨市平房区友协大街274楼
邮　编:150060
电　话:(0451)86506688,86501113
网　址:http://www.hafeiauto.com.cn

大庆世纪庆铃汽车销售服务有限公司

地　址:黑龙江省大庆市让胡路区红旗村
邮　编:163458
电　话:(0459)5998570,6131521
传　真:(0459)5999240

上海市

上海汽车集团股份有限公司

地　址:上海市威海路489号
邮　编:200041
电　话:(021)22011688
传　真:(021)22011188
网　址:http://www.saicgroup.com
E-mail:saicgroup@saicgroup.com

三菱汽车销售(中国)有限公司

地　址:上海市浦东新区世纪大道1588号中建大厦3楼
邮　编:200122
电　话:(021)60963030
传　真:(021)60963198
网　址:http://www.mitsubishi-motors.com.cn

上海奥狮汽车销售有限公司

地　址:上海市浦东新区沪南路周南村682号
邮　编:201004
电　话:(021)68063421
传　真:(021)68063421

上海通用汽车有限公司

地　址:上海市浦东新区申江路1500号
邮　编:201206
电　话:(021)28902890
传　真:(021)50316575
网　址:http://www.shanghaigm.com
E-mail:gmchina.cac@gm.com.cn

上海大众汽车有限公司

地　址:上海市嘉定区安亭国际汽车城
邮　编:201805
电　话:(021)95000789
网　址:http://www.csvw.com

江苏省

东风悦达起亚汽车有限公司

地　址:江苏省南京市汉中路1号南京国际金融中心27楼
邮　编:210005
电　话:(025)83186908,83186905,83186902

传　真:(025)83186992
网　址:http://www.dyk.com.cn

南京依维柯汽车有限公司

地　址:江苏省南京市玄武区黑墨营100号
邮　编:210028
电　话:(025)85402923
传　真:(025)85402794
网　址:http://www.naveco.com.cn

常州万豪游艇有限公司

地　址:江苏省常州市新北区汉江西路123号
邮　编:213125
电　话:(0519)89180005,85480006
传　真:(0519)85480006
网　址:http://www.czwhyt.com

常州金典游艇有限公司

地　址:江苏省常州市武进区礼嘉镇工业集中区
邮　编:213176
电　话:(0519)88232208,88232218
传　真:(0519)86231632
网　址:http://www.jindianboat.cn
联 系人:孙伟锋

常州华舶游艇有限公司

地　址:江苏省常州市武进区礼嘉镇秦巷时家村工业园西
邮　编:213176
电　话:(0519)86235085
传　真:(0519)86235685
网　址:http://www.czhbyt.cn

金龙联合汽车工业（苏州）有限公司

地　址:江苏省苏州市工业园区苏虹东路288号
邮　编:215026
电　话:(0512)62581658
传　真:(0512)62581659,62581679
网　址:http://www.kinglong-sz.com.cn
E-mail:market@higer.com

扬州亚星客车股份有限公司

地　址:江苏省扬州市渡江南路41号
邮　编:225001
电　话:(0514)82989099,82989100
传　真:(0514)87866131,87854295
网　址:http://www.yaxingkeche.com.cn
E-mail:zongjingban@yaxingkeche.com.cn

扬州市邗江长三角玻璃钢船艇制造厂

地　址:江苏省扬州市邗江区泰安工业园12号
邮　编:225600
电　话:(0514)87286856
传　真:(0514)87860175
网　址:http://www.cnyzyt.cn

浙江省

浙江中誉汽车有限公司

地　址:浙江省杭州市萧山区通惠中路838号中誉现代城
邮　编:311202
电　话:(0571)82839988
传　真:(0571)82874488
网　址:http://www.zyauto.net

浙江吉利控股集团汽车销售有限公司

地　址:浙江省杭州市滨江区江陵路1760号
邮　编:310051
电　话:(0571)87766666
传　真:(0571)87766000
网　址:http://www.geely.com

杭州格灵电瓶车有限公司

地　址:浙江省杭州市余杭区良渚镇运河村城村庙88号
邮　编:311112
电　话:(0571)88748833,88092713
传　真:(0571)88748822
网　址:http://www.hzgldpc.cn
E-mail:a8282899@126.com

联 系人:冯东升

德清德航游艇制造有限公司

地　址:浙江省湖州市德清县乾元镇乾龙经济开发区
邮　编:313216
电　话:(0572)8420000
传　真:(0572)8422576
网　址:http://www.ftboat.com
联 系人:邱建强

浙江永源汽车有限公司

地　址:浙江省台州市三门县健跳镇临港工业园区
邮　编:317109
电　话:(0576)83431668,83431969
传　真:(0576)83431911,83431968
网　址:http://www.jonwayauto.com
E-mail:info@jonwayauto.com

广汽吉奥汽车有限公司

地　址:浙江省台州市路桥区中心工业园
邮　编:318055
电　话:(0576)82612888,82610967
传　真:(0576)82610968
网　址:http://www.gonowauto.com

浙江青年乘用车集团有限公司

地　址:浙江省金华市八达中路501号
邮　编:321016
电　话:(0579)89186388
传　真:(0579)89186161
网　址:http://www.youngmanlotus.com

众泰控股集团有限公司

地　址:浙江省永康市经济开发区
邮　编:321301
电　话:(0579)87229888,87229900
传　真:(0579)87229901
网　址:http://www.zotye.com

安徽省

安徽江淮汽车股份有限公司

地　址:安徽省合肥市东流路176号
邮　编:230022
电　话:(0551)2296577,2296410
传　真:(0551)2296557,2296999
网　址:http://www.jac.com.cn

安徽江淮专用汽车有限公司

地　址:安徽省合肥市包河区繁华大道与天津路交叉口江淮重工基地
邮　编:230051
电　话:(0551)2293428
传　真:(0551)2293430
网　址:http://www.jaczyc.com
E-mail:jac_zyc@126.com

蚌埠连城江铃汽车销售服务有限公司

地　址:安徽省蚌埠市解放路702号
邮　编:233000
电　话:(0552)3111155
传　真:(0552)3127736
网　址:http://www.bbjlqc.cn

亳州市安旭充气设备制造有限公司

地　址:安徽省亳州市经济开发区亳涡路
邮　编:236800
电　话:(0558)5580568
传　真:(0558)5580568
网　址:http://www.axplt.com

奇瑞汽车有限公司

地　址:安徽省芜湖市经济技术开发区长春路8号
邮　编:241006
电　话:(0553)5951286,5951289
传　真:(0553)5951289
网　址:http://www.chery.cn

安徽华菱汽车股份有限公司

地　址:安徽省马鞍山市经济技术开发区
邮　编:243061
电　话:(0555)8323600
传　真:(0555)8323531
网　址:http://www.camc.cc
E-mail:hlzq@camc.biz

福建省

东南(福建)汽车工业有限公司

地　址:福建省福州市闽侯县青口东南汽车城
邮　编:350119
电　话:(0591)22766566
传　真:(0591)22766568
网　址:http://www.soueast-motor.com

厦门金龙旅行车有限公司

地　址:福建省厦门市湖里工业区湖里大道69号
邮　编:361006
电　话:(0592)5654488,5622527
传　真:(0592)5608800
网　址:http://www.xmjl.com
E-mail:sales@xmjl.com

厦门金龙联合汽车工业有限公司

地　址:福建省厦门市集美区金龙路9号
邮　编:361023
电　话:(0592)6371888,6371999
传　真:(0592)6371020
网　址:http://www.king-long.com.cn
E-mail:kinglong@mail.king-long.com.cn

厦门金龙礼宾车有限公司

地　址:福建厦门市集美区航天路506-510号
邮　编:361023
电　话:(0592)3159888-281
传　真:(0592)3159860
网　址:http://www.kinglongcoach.com
E-mail:zrr@kinglongcoach.com

江西省

江铃汽车股份有限公司

地　址:江西省南昌市迎宾北大道509号
邮　编:330001
电　话:(0791)5232888
传　真:(0791)5232839
网　址:http://www.jmc.com.cn
E-mail:relations@jmc.com.cn

江西昌河铃木汽车有限责任公司

地　址:江西省景德镇市新厂东路208号
邮　编:333002
电　话:(0798)8462010,8446688
传　真:(0798)8462016
网　址:http://www.changhe-suzuki.com
E-mail:rlzyb@changheauto.com

江西昌河汽车有限责任公司

地　址:江西省景德镇市珠山区
邮　编:333002
电　话:(0798)8442019-204
网　址:http://www.changheauto.com

山东省

济南宏昌车辆有限公司

地　址:山东省章丘市绣惠镇桃花山工业园8号
邮　编:250201
电　话:(0531)83726158,83483973

传　真:(0531)83726668
网　址:http://www.jnhongchang.com
E-mail:hongchangcheye@163.com

山东宝雅新能源汽车股份有限公司

地　址:山东省济南市经十东路以南济南出口加工区围网内10号厂房
邮　编:250103
电　话:(0531)88892768
传　真:(0531)88893889
网　址:http://www.baoya-ev.com

山东扬帆迪东车业有限公司

地　址:山东省德州市经济开发区西外环南首
邮　编:253500
电　话:(0534)8789666,6122666
传　真:(0534)6155688
网　址:http://www.avadidon.com
E-mail:avadidon@163.com

潍坊广生新能源有限公司

地　址:山东省潍坊市高新区高科工业园
邮　编:261061
电　话:(0536)8199779
传　真:(0536)8199779

一汽解放青岛汽车厂

地　址:山东省青岛市李沧区娄山路2号
邮　编:266043
电　话:(0532)84913615
传　真:(0532)84816687
网　址:http://www.qdfaw.com

青岛滨海游艇有限公司

地　址:山东省青岛市莱西市南京南路7号
邮　编:266600
电　话:(0532)81877797,83109866
传　真:(0532)81877798
网　址:http://www.binhaimarina.com
E-mail:qdbinhaiyt@sina.com

山东梅亿邦赛电动车制造有限公司

地　址:山东省济宁市金乡县经济开发区王杰路西段17号
邮　编:272200
电　话:(0537)8018088,8018889
传　真:(0537)8018088
网　址:http://www.ddqc.info
E-mail:myecar@163.com

梁山挂车集团专用汽车制造有限公司

地　址:山东省济宁市济董路23号
邮　编:272402
电　话:(0537)7601898
传　真:(0537)7793077
网　址:http://www.zggcjd.com
联　系人:张波

山东梁山恒源挂车制造有限公司

地　址:山东省济宁市梁山县经济开发区
邮　编:272600
电　话:(0537)6783062
传　真:(0537)6783062
网　址:http://www.hengjiaxumu.com
E-mail:fxr456@126.com
联　系人:范效哲

河南省

海马汽车销售有限公司

地　址:河南省郑州市航海东路1689号第十七大街
邮　编:450016
电　话:(0371)67399797
传　真:(0371)65372083
网　址:http://www.haima-zz.com
E-mail:kfgl@haimazz.sina.net

郑州日产汽车有限公司

地　址:河南省郑州市经济技术开发区航海东路1405号
邮　编:450016
电　话:(0371)66033666
网　址:http://www.zznissan.com.cn
E-mail:sale@zznissan.com.cn

郑州宇通客车股份有限公司

地　址:河南省郑州市管城区宇通路宇通工业园
邮　编:450016
电　话:4006596666
网　址:http://www.yutong.com
E-mail:ytkf@yutong.com
联　系人:刘小溪

河南五洲行特种车辆有限公司

地　址:河南省郑州市国家经济技术开发区航海东路1058号
邮　编:450016
电　话:(0371)67391981,67391982
传　真:(0371)67391981
网　址:http://www.hnwzx.com
E-mail:wuzhouxing888@163.com

驻马店市高新区天中玻璃钢船艇有限公司

地　址:河南省驻马店市南开发区梧桐路11号东隔壁
邮　编:463000
电　话:(0396)2955366,2955655
传　真:(0396)2955655,3314566
网　址:http://www.tzboat.com
联　系人:徐巧云

湖北省

武汉市凯研游艇有限公司

地　址:湖北省武汉市东西湖区吴家山台商工业园
邮　编:430000
电　话:(027)83952021
传　真:(027)83952021

东风本田汽车有限公司

地　址:湖北省武汉市经济技术开发区车城东道283号

邮　编:430056
电　话:(027)84826000,84893818
网　址:http://www.dongfeng-honda.com

神龙汽车有限公司

地　址:湖北省武汉市经济技术开发区神龙大道165号
邮　编:430056
电　话:(027)84299881
传　真:(027)84290147
网　址:http://www.dpca.com.cn
E-mail:shenlong@dpca.com.cn

东风汽车集团股份有限公司乘用车公司

地　址:湖北省武汉市经济技术开发区东风大道1969号
邮　编:430058
电　话:80088066008
传　真:(027)84284099
网　址:http://www.dfpv.com.cn
E-mail:dfpv@dfmc.com.cn
联系人:李春荣

随州市东风专用汽车有限公司

地　址:湖北省随州市两水经济开发区
邮　编:441300
电　话:(0722)3308618,3309655
传　真:(0722)3308588
网　址:http://www.dfzyqc.com

随州市东风专用汽车销售中心

地　址:湖北省随州市南郊汽车工业园
邮　编:441300
电　话:(0722)3817209
网　址:http://www.csspv.com
E-mail:szqczm@126.com
联系人:谢海平

随州市晨阳专用汽车销售有限公司

地　址:湖北省随州市南郊平原岗汽车工业园区
邮　编:441300
电　话:(0722)3801178
传　真:(0722)3801178
网　址:http://www.cyzzc.com
E-mail:cyzyqc@163.com

随州双龙专用汽车有限公司

地　址:湖北省随州市经济技术开发区88号
邮　编:441300
电　话:(0722)3242369
传　真:(0722)3242369
网　址:http://www.szhtsl.com

随州市广益专用汽车销售有限公司

地　址:湖北省随州市解放路西端7小区99号
邮　编:441300
电　话:(0722)3813608,3225236
传　真:(0722)3223315,3813608
网　址:http://www.hbgyzq.com
E-mail:hbgyzq@126.com

随州市圣丰专用汽车有限公司

地　址:湖北省随州市交通大道288号
邮　编:441300
电　话:(0722)7095688,7095788
传　真:(0722)7095599
网　址:http://www.hbtzc.com
E-mail:tlzyqc@163.com

随州市力神专用汽车有限公司

地　址:湖北省随州市南郊区树淌工业园
邮　编:441300
电　话:(0722)3818777,3818555,3818222
传　真:(0722)3813333
网　址:http://www.lszyqc.com
E-mail:lsqc001@163.com

湖北元通专用汽车有限公司

地　址:湖北省随州市交通大道258号
邮　编:441300
电　话:(0722)3332112,3332119
传　真:(0722)3332118
网　址:http://www.qcxs.com
E-mail:fc189@163.com

湖北天威专用汽车有限公司

地　址:湖北省随州市曾都区两水工业园6号
邮　编:441300
电　话:(0722)3308885
传　真:(0722)3308269
网　址:http://www.hbtwqc.com
E-mail:huangsui888@hotmail.com

随州市烈山专用汽车有限公司

地　址:湖北省随州市解放路西端七小区99号
邮　编:441300
电　话:(0722)3818156,3242508
传　真:(0722)3819576
网　址:http://www.dflszq.com
E-mail:hb3242508q@126.com

湖北俊龙专用汽车有限公司

地　址:湖北省随州市曾都经济开发区
邮　编:441300
电　话:(0722)3309005,3813636
传　真:(0722)3308199
网　址:http://www.dfzq123.com
E-mail:hbdfzq123@163.com

随州东正(惠通)专用汽车有限公司

地　址:湖北省随州市曾都区星光工业园
邮　编:441300
电　话:(0722)3330357
传　真:(0722)3330357
网　址:http://www.dzhtgs.com
E-mail:dzhtgs@163.com
联系人:祁光洲

湖北江南专用特种汽车有限公司

地　址:湖北省随州市北郊江南东风汽车工业园
邮　编:441300
电　话:(0722)3328333
传　真:(0722)3328578,3308119

网　址:http://www.dfszzy.com
E-mail:dfszzy@tom.com

湖北东风大运汽车有限公司

地　址:湖北省随州市北郊江南汽车工业园
邮　编:441300
电　话:(0722)3311666
传　真:(0722)3313377
网　址:http://www.dfszdy.com
E-mail:dfszdy@163.com

湖北大力专用汽车制造有限公司

地　址:湖北省随州市两水工业园1号
邮　编:441300
电　话:(0722)7609688,7609888
传　真:(0722)3309665
网　址:http://www.dalihb.com
E-mail:zhanglei@hbdali.com

湖北程力专用汽车有限公司

地　址:湖北省随州市南郊平原岗程力汽车工业园
邮　编:441300
电　话:(0722)7020979
传　真:(0722)7020979
网　址:http://www.clczzc.com
E-mail:clczzc@163.com

湖北成龙威专用汽车有限公司

地　址:湖北省随州市两水工业园区
邮　编:441300
电　话:(0722)3308899,3308866
传　真:(0722)3309114
网　址:http://www.clqc8.com

湖北东正专用汽车有限公司

地　址:湖北省随州市曾都区星光工业园
邮　编:441300
电　话:(0722)3233567
传　真:(0722)3233567
网　址:http://www.dfdztq.com
E-mail:dfdztq@163.com

联　系人:陈继东

湖北合力专用汽车制造有限公司

地　址:湖北省随州市北郊星光工业园1号
邮　编:441300
电　话:(0722)3989579
传　真:(0722)3330092
网　址:http://www.heliqc.com
E-mail:heli.qc@163.com

湖北江南东风专用特种汽车改装厂

地　址:湖北省随州市北郊星光工业园特1号
邮　编:441300
电　话:(0722)3588620
传　真:(0722)3588620
网　址:http://www.jndf.net

湖北东日专用汽车有限公司

地　址:湖北省随州市北郊星光东风汽车工业园
邮　编:441300
电　话:(0722)3801285
传　真:(0722)3801285
网　址:http://www.drgzc.com
E-mail:hbdrgzc@126.com

随州义兴和汽车工贸有限责任公司

地　址:湖北省随州市烈山大道北端(明珠广场后)
邮　编:441300
电　话:(0722)3234688
网　址:http://www.yxhqc.com
联　系人:陈建明

湖北金元专用汽车有限公司

地　址:湖北省随州市明珠广场附1号
邮　编:441300
电　话:(0722)7078338
传　真:(0722)7078338
网　址:http://www.dfqc123.com

厦工楚胜(湖北)专用汽车有限公司

地　址:湖北省随州市解放路西端99号
邮　编:441300
电　话:(0722)7067946
网　址:http://www.tqzzc.com
E-mail:sztqzzc@163.com
联　系人:苏建议

随州市双诚专用汽车销售有限公司

地　址:湖北省随州市南郊汽车工业园
邮　编:441300
电　话:(0722)3805158
传　真:(0722)3819568
网　址:http://www.szsczq.com

随州市天龙专用汽车有限公司

地　址:湖北省随州市星光汽车工业园特1号
邮　编:441300
电　话:(0722)3330008,3330009
传　真:(0722)3330007,3308277
网　址:http://www.tlzyqc.com
E-mail:tlzyqc@163.com
联　系人:沈正军

随州五环同盛专用汽车有限公司

地　址:湖北省随州市经济开发区五环工业园
邮　编:441300
电　话:(0722)3586612
传　真:(0722)3586602
网　址:http://www.whts7.com
E-mail:www.tszyqc@163.com
联　系人:汪倩

湖北华胜特种汽车制造有限公司

地　址:湖北省随州市北郊星光工业园1号
邮　编:441300
电　话:(0722)3315993,7098588
传　真:(0722)3315954
网　址:http://www.hbhstq.com
E-mail:hbhstq@163.com

湖南省

广汽菲亚特汽车有限公司

地　址:湖南省长沙市经济技术开发区映霞路18号
邮　编:410100
电　话:(0731)89989998
传　真:(0731)89989600,89989700
网　址:http://www.gacfiatauto.com

广汽长丰汽车股份有限公司

地　址:湖南省长沙市经济技术开发区漓湘中路15号
邮　编:410101
电　话:(0731)82881800
网　址:http://www.cfmotors.com

衡阳市金力尔美电瓶车有限责任公司(原衡阳电瓶车总厂)

地　址:湖南省衡阳市珠晖区东阳渡(原核工业部710厂)
邮　编:421002
电　话:(0734)8241803,8316766
传　真:(0734)8258466,8316966
网　址:http://www.hyjlemdpc.com
E-mail:hyjlemdpc@163.com

衡阳市美力电瓶车有限公司

地　址:湖南省衡阳市雁峰区铜桥港66号
邮　编:421007
电　话:(0734)8564708
传　真:(0734)8480299
网　址:http://www.hymldpc.com
联　系人:陆屏

广东省

广州利马运动用品有限公司

地　址:广东省广州市天河区大观南路18号
邮　编:510663
电　话:(020)32211685,82372390
传　真:(020)82372390
网　址:http://www.cnlima.cn
E-mail:599242100@qq.com

广州航海家水上用品有限公司

地　址:广东省广州市黄埔区海员路106号
邮　编:510799
电　话:(020)61135530
传　真:(020)89530451
网　址:http://www.diaoyuting.com

广州本田汽车有限公司

地　址:广东省广州市黄埔区广本路1号
邮　编:510700
电　话:(020)82270620,82277789
传　真:(020)82270620
网　址:http://www.guangzhouhonda.com.cn

东风日产乘用车公司

地　址:广东省广州市花都区风神大道8号
邮　编:510800
电　话:8008308899
网　址:http://www.dongfeng-nissan.com.cn

广州瑞高游艇有限公司

地　址:广东省广州市番禺区市桥镇桥兴大道224号1楼
邮　编:511400
电　话:(020)39998064,39998062,39998063
传　真:(020)39998060
网　址:http://www.suigo.com.cn
E-mail:suigo@suigo.com.cn

广州丰田汽车有限公司

地　址:广东省广州市南沙区市南大道8号
邮　编:511455
电　话:(020)39398888
传　真:(020)39398889
网　址:http://www.guangzhoutoyota.com.cn
E-mail:c_master@gtmc.com.cn

深圳霸特尔防爆科技有限公司

地　址:广东省深圳市宝安区石岩街道水田社区祝龙田第四工业区76号
邮　编:518108
电　话:(0755)89485850,89485839
传　真:(0755)89485963
网　址:http://www.szbater.com
E-mail:bater@szbater.com

比亚迪汽车有限公司

地　址:广东省深圳市龙岗区葵涌延安路比亚迪高新科技园
邮　编:518119
电　话:(0755)84218038
网　址:http://www.bydauto.com.cn
E-mail:bydauto@byd.com.cn

珠海美蓝游艇有限公司

地　址:广东省珠海市前山沥溪第二工业园
邮　编:519075
电　话:(0756)8511385,8533586
传　真:(0756)8653176
网　址:http://www.meilanboats.com

广州华安电子科技有限公司

地　址:广东省广州市西槎路粤溪北路2号
邮　编:510407
电　话:(020)61131685
传　真:(020)61131685
网　址:http://www.ha518.com
E-mail:heyineng@qq.com

广东福迪汽车有限公司

地　址:广东省佛山市南海区狮山科技工业园B区博爱东路
邮　编:528225

电　话:(0757)81201038
传　真:(0757)81201036
网　址:http://www.fdqc.com

广西壮族自治区

东风柳州汽车有限公司

地　址:广西壮族自治区柳州市屏山大道286号
邮　编:545005
电　话:(0772)3281111
传　真:(0772)3281579
网　址:http://www.fxauto.com.cn

上汽通用五菱汽车股份有限公司

地　址:广西壮族自治区柳州市河西路18号
邮　编:545007
电　话:(0772)8895050
传　真:(0772)3719805
网　址:http://www.sgmw.com.cn
E-mail:sales@sgmw.com.cn

海南省

一汽海马汽车有限公司

地　址:海南省海口市金盘工业开发区
邮　编:570216
电　话:(0898)66820333
传　真:(0898)66820505
网　址:http://www.haima.com

重庆市

重庆长安汽车股份有限公司

地　址:重庆市江北区建新东路260号
邮　编:400023
电　话:(023)67591278,67591349
传　真:(023)67866055,67870261
网　址:http://www.changan.com.cn

庆铃汽车股份有限公司

地　址:重庆市九龙坡区中梁山协兴村1号
邮　编:400052
电　话:(023)65263350
传　真:(023)65262920
网　址:http://www.qingling.com.cn

上汽依维柯红岩商用车有限公司

地　址:重庆市双桥区建设新村1号
邮　编:400900
电　话:(023)63119909,49639464
网　址:http://www.sih.cq.cn

重庆力帆乘用车有限公司

地　址:重庆市渝北区金开大道1539号
邮　编:401120
电　话:(023)61663956
传　真:(023)61663955
网　址:http://www.lifan.com

长安福特马自达汽车有限公司

地　址:重庆市北部新区长福西路1号
邮　编:401122
电　话:(023)67458888
传　真:(023)67457017
网　址:http://ford.chinaepu.com

重庆长安铃木汽车有限公司

地　址:重庆市巴南区鱼洞镇
邮　编:401321
电　话:(023)66288623
传　真:(023)66280283
网　址:http://www.changansuzuki.com
E-mail:webmaster@changansuzuki.com

重庆京穗船舶制造有限公司

地　址:重庆市万州区高梁镇高梁路2号
邮　编:404041
电　话:(023)58304118,58302608
网　址:http://www.jingsui.cq.cn

四川省

四川一汽丰田汽车有限公司

地　址:四川省成都市成华区跳蹬河南路9号
邮　编:610051
电　话:(028)84717126
传　真:(028)84712783

陕西省

陕西重卡专用车有限公司

地　址:陕西省西安市未央区泾河开发区
邮　编:710016
电　话:(029)86951616
传　真:(029)86951616

中集陕汽重卡专用车有限公司

地　址:陕西省西安市泾渭工业园
邮　编:710075
电　话:(029)86216977
传　真:(029)86216877
网　址:http://www.zhongqijixin.com
E-mail:qdtruck@gmail.com